Adenauer
Rhöndorfer Ausgabe

Adenauer
Rhöndorfer Ausgabe

Stiftung Bundeskanzler-Adenauer-Haus

Herausgegeben
von Rudolf Morsey und
Hans-Peter Schwarz

Siedler Verlag

Adenauer im Dritten Reich

Bearbeitet
von Hans Peter Mensing

Siedler Verlag

Inhalt

Einführung in die Edition

»Schwere 6 Monate liegen hinter mir, die schwersten meines bisherigen Lebens und die entscheidungsvollsten für mein Inneres. Ob sie zu meinem Besten ausgeschlagen sind? ... Alles ist ungewiß, alles ist schwankend« *(Tagebucheintragung Konrad Adenauers vom 13. September 1933).*

I

Anfang 1933, am 5. Januar 57 Jahre alt geworden, amtierte und agierte Konrad Adenauer noch als einer der herausragenden Repräsentanten der Weimarer Demokratie: Seit 16 Jahren als der im Westen Deutschlands sehr einflußreiche Oberbürgermeister von Köln, seit 12 Jahren als Präsident des Preußischen Staatsrats – er gehörte dem Geschäftsführenden Vorstand der Deutschen Zentrumspartei an, war Vorstandsmitglied des Deutschen Städtetages und Vorsitzender des Provinzialausschusses in der preußischen Rheinprovinz. Besonders sein Präsidentenamt, in das er am 18. Januar 1933 wiedergewählt wurde[1] – wie seit 1921 alljährlich mit großer Stimmenmehrheit, vom Vertrauen aller demokratischen Parteien getragen –, brachte es mit sich, daß er die »Machtergreifung« Hitlers und ihre direkten Folgen in Berlin in entscheidenden Situationen unmittelbar miterlebte: Bis zum April 1933 stand ihm während seiner Aufenthalte in der Reichshauptstadt die Dienstwohnung des Staatsratspräsidenten in der Wilhelmstraße Nr. 64, östlich des Brandenburger Tors, zur Verfügung[2], unweit der eigentlichen Zentren der Macht und der Machtverschiebung nach dem 30. Januar 1933.
Seine ersten Reaktionen auf den Beginn der nationalsozialistischen Herrschaft waren noch von Irritation und Ratlosigkeit bestimmt: »Wir sind mitten in einem regelrechten Umsturz, Recht und Verfassung gelten nichts mehr, es ist wie 1918, nur auf andere Weise« (4. Februar 1933[3]). Dennoch war er angesichts der »sehr bösen und traurigen Verhältnisse« – »... wohin die Entwicklung treibt, kann man noch gar nicht übersehen«

(17. Februar 1933[4]) – im Rahmen des noch Möglichen energisch darum bemüht, wenigstens den elementaren Grundregeln der Verfassungsordnung Geltung zu verschaffen.

Als Präsident des Staatsrats, der sich »stets als Hüter der Verfassung betrachtet habe«, brachte er mit Nachdruck in Erinnerung: »Das Fundament jeden Staates sei und bleibe das Recht« (6. Februar 1933[5]); in gleicher Funktion, als der »letzte verbliebene Repräsentant der Systemzeit«[6], mahnte er wenig später bei Reichsminister und Reichskommissar *Hermann Göring* brieflich an, »daß *jeder* Übertreter von Gesetzen verfolgt werden wird, gleichgültig, welcher Partei er angehört« (25. Februar 1933[7]). Als Stadtoberhaupt von Köln scheute Adenauer auch den Konflikt mit dem Führer der NSDAP und neuen Reichskanzler nicht, brüskierte Hitler durch demonstrative Nichtbeachtung vor und während eines Wahlkampfauftritts vom 19. Februar in der Domstadt und wußte alle Anzeichen einer offiziellen Ehrung des Regierungschefs zu vermeiden[8]. Auch als Zentrumspolitiker griff er engagiert in den Wahlkampf vor den Reichstagswahlen vom 5. März 1933 ein (»Diejenigen, die jetzt von der Rechten aus am Rechtsgedanken rütteln, begehen die schwerste Sünde, die ein Mensch oder eine Partei an der Seele des Volkes begehen kann«[9]) – und hatte dabei in seiner Frau Gussie eine ebenso unerschrockene Mitstreiterin an seiner Seite.

Ein von *Gussie Adenauer* an erster Stelle unterzeichneter, Ende Februar 1933 verbreiteter Wahlaufruf des Frauenbeirats der Zentrumspartei – gegen eine »Gesinnung, die hemmungslos Haß predigt und die Vernichtung des Gegners will«[10] – machte den Namen Adenauer bei den Machthabern doppelt unliebsam. Durch ihren Schritt in die Öffentlichkeit, den Partei- und Staatsapparat genau registrierten[11], wurde zugleich auch erstmals die gemeinsame Gegnerschaft von Konrad *und* Gussie Adenauer zum Dritten Reich offenkundig; sie sollte sich später verhängnisvoll auswirken, als durch die Inhaftierungen vom Spätsommer und Herbst 1944[12] »sowohl ich wie auch meine Frau wegen unseres Widerstandes schwer unter dem Nationalsozialismus haben leiden müssen« (aus einem Privatbrief vom Juni 1946[13]).

So früh sich Adenauer der Herrschaft Hitlers widersetzte – ihr unter großer persönlicher Gefährdung widerstand –, so direkt und aggressiv zog die Agitation und Propaganda der NSDAP gegen ihn zu Felde und mobilisierte den »Volkszorn«: »Herr Adenauer mag wissen, daß solche Herausforderungen sich in Zukunft rächen werden! ... Das neue Deutschland ist ohne und gegen Herrn Adenauer entstanden und wird deshalb auch mit Herrn Adenauer restlos fertig werden!« (»Westdeutscher Beobachter« am 21. Februar 1933[14]). Dabei ging es um mehr als um die Abrechnung mit einer regionalen Größe, um mehr auch als um die Zurechtweisung nach einer lokalen Affäre, über die sich die braune »Bewegung« bei einem Widersacher geringeren Gewichts nach erster Erregung hätte hinwegsetzen können. Der exponierten Stellung Adenauers vor 1933 entsprechend, zielten seine Amtsenthebung in Köln – am 12./13. März unter lebensbedrohlichen äußeren Umständen (»Bei dem Vorbeimarsch vor den SA-Führern ist unaufhörlich gerufen worden: ›Adenauer an die Mauer‹« – »Es kann fast von einem Rausch gegen Adenauer gesprochen werden«[15]) – wie auch die Entmachtung in Berlin auf eine grundsätzlichere Bereinigung ab. Adenauer wurde zum Staatsfeind erklärt.

Die Staatsaktion des im April 1933 eröffneten Dienststrafverfahrens, deren Stadien in dieser Edition erstmals in den Einzelheiten dokumentiert werden[16], wie auch die später gegen ihn gerichteten Maßnahmen wurden mit der Entschlossenheit durchgeführt, unter die Karriere eines ebenso prominenten wie populären und daher auch gefährlichen Gegners des Nationalsozialismus mit allen nur erdenklichen Mitteln des Rufmords einen endgültigen Schlußstrich zu ziehen. »Weil sein Wirken von außergewöhnlichem Nachteil für Köln und das ganze Deutschland war« (Gauleiter *Grohé* am 30. März 1933[17]), war der Prozeß seiner persönlichen Ächtung und Entrechtung – der »Fall Adenauer, der in der weiten deutschen Öffentlichkeit als Schulfall angesehen wurde«[18] – immer auch eng verknüpft mit dem Angriff auf das von ihm vertretene und verfochtene System von Weimar, letztendlich auch auf die von ihm verkörperten demokratischen und republikanischen Traditionen des rheinischen Katholizismus. Wie exzessiv die Kampagne geführt wurde, geht besonders auch daraus hervor, daß das Feindbild Adenauer 1933 sogar auf die antisemitische Vernichtungsideologie des Nationalsozialismus projiziert wurde. In »Juden sehen Dich an« erschien auch er – »Der Großprotz von Köln, ruinierte durch Verschwendung usw. Köln« – als »Blutjude«[19].

Der für Adenauer nur scheinbar günstige Verlauf des Dienststrafverfahrens, in dem sich die Vorhaltungen persönlicher und dienstlicher Verfehlungen, der Korruption und des Amtsmißbrauchs ausnahmslos als haltlos erwiesen, hat an der gefahrenvollen Lebenslage nichts geändert, im Gegenteil! Nach der Einstellung am 4. Juni 1934 – die dem Einsturz eines Kartenhauses gleichkam – nahmen Beobachtung und Verfolgung sogleich an Schärfe zu und führten zur mehrtägigen Verhaftung nach dem sogenannten »Röhm-Putsch« vom 30. Juni 1934[20]. Und noch im gleichen

Jahr wurde im Reichsinnenministerium vermerkt (mit einer Betonung, die die ominöse Preußen-Phobie, die Bundeskanzler Adenauer später oft nachgesagt wurde, neu akzentuiert): »Dr. Adenauer gehörte zu denjenigen Persönlichkeiten, die als Träger des verflossenen Systems in besonders ausgesprochener Weise hervorgetreten sind. Er vertrat es in enger Verbindung mit den führenden Sozialdemokraten rückhaltlos in seinen verschiedenen politisch hoch bedeutsamen Ämtern, insbesondere auch als langjähriger Präsident des Preußischen Staatsrats und gehörte zu denjenigen Persönlichkeiten, die für die Linie der preußischen Politik lange Zeit mitbestimmend gewesen sind«[21].

In den folgenden Jahren der inneren Stabilisierung und äußeren Anerkennung schien das Interesse des Regimes an Adenauer und weiteren Auseinandersetzungen mit dem »Machthaber der Vergangenheit«[22] nachzulassen, zumal er seinerseits – bereits im Oktober 1933 »fast am Ende meiner Widerstandskraft« (aus einem Brief an *Dannie N. Heineman*[23]) – den Rückzug in den privaten Bereich suchte: 1934/35 in Neubabelsberg und danach in anderen Zufluchtsorten (»... weil ich von der ganzen politischen Vergangenheit nichts mehr hören will«[24]), ab 1935 dann auch in der rheinischen Heimat um »peinlichste Zurückhaltung«[25] bemüht. Sicher vor Bespitzelung und erneutem Zugriff war er aber selbst in den entlegenen Refugien nie – auch wenn ihm die einzelnen Vorkehrungen und die geheimen Anweisungen des Überwachungsstaates, die aus diesem Band ersichtlich sind, damals naturgemäß nicht bekannt wurden. Beispiele hierfür: eine 1934/35 »über Adenauer wegen Verdachts der Separatistenförderung wiederholt verhängte Briefsperre« (über die die Kölner Staatspolizeistelle berichtete[26]) oder die Observation vom Frühsommer 1935: »Adenauer lebt in Rhöndorf in spartanischer Zurückgezogenheit. Er besucht lediglich jeden Morgen den katholischen Gottesdienst. Zu anderen Zeiten und anderen Gelegenheiten ist er außerhalb seiner Wohnung nicht angetroffen worden. Auch sind keinerlei außergewöhnliche Verbindungen mit irgendwelchen auswärtigen Persönlichkeiten ermittelt. Scharfe weitere Beobachtung ist sichergestellt«, wie der Landrat des Siegkreises vermerkte[27].

Vor diesem Hintergrund konnte auch ein kleiner Anlaß und beliebig konstruierter Eklat – so die »Provinzposse«[28] der Rhöndorfer Schützenaffaire vom Juli 1935[29] – schwerwiegende Folgen haben und weitere Phasen der Verfolgung nach sich ziehen: die Ausweisung aus dem Regierungsbezirk und erneute Trennung von Frau und Kindern von August 1935 bis April 1936[30]. Nach dem Motto »Adenauer und Recht bekommen! – nein, das gibt es nicht« (Regierungspräsident *Rudolf Diels* am 29. August 1935 im Gespräch mit Adenauers älterem Bruder, Justizrat *August Adenauer*[31]) wurde auch der Rechtsstreit mit der Stadt Köln, in dem es 1934 – 1937 um den Zwangsverkauf der beiden Adenauer-Häuser in der Max-Bruch-Straße und um die Ruhestandsbezüge ging[32], schikanös verschleppt (» ... ausdrücklich politisch motiviert«, wie Adenauer schon damals zu Ohren kam[33]). Zwar willigte der mittlerweile 61jährige Ende August 1937 in eine vergleichsweise, unter den damaligen Verhältnissen akzeptable Lösung des Konflikts ein, die ihm einen Teil seiner Ansprüche sicherte und den Bau seines Hauses am Rhöndorfer Zennigsweg ermöglichte. Doch auch in dieser Situation der scheinbaren Normalisierung blieb er, ›weiter scharf beobachtet‹, für die offiziellen Stellen der »politische Gegner des Nationalsozialismus«[34], wie vorher und nachher auch: Von der Erfassung in den SS-Listen »führender Männer der Systemzeit« im Juni 1939[35] bis hin zur Festnahme, mehrfachen Haft und eigentlichen Leidenszeit nach dem 20. Juli 1944, auf die an anderer Stelle näher einzugehen ist.

Bei aller Heftigkeit und Härte der politischen Verfolgung Konrad Adenauers darf sein persönliches und familiäres Schicksal nicht losgelöst von der allgemeinen Leidenszeit im Dritten Reich betrachtet werden. In diesem Sinne leitmotivisch, weitsichtig und sensibel, schrieb Gussie Adenauer – die am 3. März 1948 an den Folgen der Gestapo-Haft verstarb[36] – bereits im Februar 1936 ihrem Mann: »Ich muß an mich halten, um nicht in jähes Ungestüm auszubrechen vor dem offensichtlichen Wahnsinn der Aufrüstung, sollte sie auch nur als Mittel zum Zweck der Arbeitsbeschaffung sein! Der ganze Krieg steht wieder lebendig vor einem, nur in noch grauenhafterer Auswirkung, da Verwüstung und Tod sich nicht nur auf die Front beschränken, sondern auch die Heimat heimsuchen werden«[37].

II

Adenauers Lebensweg 1933 – 1945 wird in dieser Edition möglichst lückenlos rekonstruiert, für viele Etappen Tag für Tag. Neben zahlreichen zentralen Ergänzungen bisheriger Erkenntnisse – in den nach wie vor maßgeblichen Studien von *Rudolf Morsey* (1976) und *Hans-Peter Schwarz* (1986)[38] – stützt sich der Band auf umfangreiches Archivgut, das teilweise erst in jüngster Vergangenheit nachgewiesen und ausgewertet werden konnte.

Die Kontakte und Korrespondenzen Adenauers, seine vielseitigen Aktivitäten und häufig wechselnden Aufenthaltsorte, die zeitbedingten Varianten in seiner Lageanalyse und die Konstanten in seiner Verhaltensweise im Familien- und Freundeskreis werden also auf dem aktuellsten Forschungsstand reichhaltig belegt. Das gleiche gilt für die Beurteilung seiner politischen Leistung durch andere, für die Bewertung seiner Fehler und Verdienste in der Vergangenheit durch Freunde und Gegner – wie nicht zuletzt auch für seine Einschätzung in den Planungen sowohl der deutschen Widerstandskreise als auch der alliierten Kriegsgegner Hitler-Deutschlands.

Darüber hinaus werden durch den weit geöffneten Blickwinkel der Briefwechsel, Berichte und anderer biographischer Unterlagen allgemeinere Aspekte der Lebensbedingungen unter dem Nationalsozialismus sichtbar. Wegen der weitreichenden Beziehungen Adenauers, seiner Verbindungen zu Vertretern verschiedener gesellschaftlicher Gruppen in nahen und fernen Regionen – in auffallendem Ausmaß auch zu Bekannten im Ausland[39] –, kommen die Ereignisse und Entwicklungen, ihre Einwirkungen und Auswirkungen auf unterschiedlichste Weise zur Sprache. So entsteht ein gruppenbiographischer Gesamteindruck seiner Lebensgeschichte vor 1945 (mit vielen Rückbezügen zur Zeit vor 1933), der – nicht nur auf Adenauer fixiert, sondern auch auf das Schicksal der Angehörigen und Freunde bedacht –, den Neuanfang und die Nachkriegskarriere in historischen Kontext und zwischenmenschliche Dimension rückt. Vor diesem Hintergrund erscheint Adenauer nicht anweisend oder abweisend wie im Kanzler-Klischee, sondern, für ihn durchaus wesentlich, als einer, der auch auf andere angewiesen ist.

Diesem Aspekt kommt um so größere Bedeutung zu, als Adenauer seine in den letzten Lebensjahren geäußerte Absicht, »die große Hilfe, die mir von meinen Weggenossen zuteil wurde«[40], eigens zu würdigen, nicht mehr verwirklichen konnte.

Miteinander chronologisch verbunden, umfassen die neu erschlossenen Adenauer-Dokumente nahezu den gesamten Zeitraum vom 30. Januar 1933 bis zum 8. Mai 1945 – einige verdeutlichen im Detail, was in einzelnen Abschnitten geschah (so die Materialien zur Amtsausübung im Staatsrat[41] und zum Dienststrafverfahren[42]), andere zeigen Zusammenhänge und den Zusammenhalt in längeren Zeiträumen auf.

Nach Dichte und inhaltlichem Gewicht gilt letzteres vor allem für Adenauers Briefwechsel mit seiner Frau Gussie aus den Trennungszeiten der ersten vier Jahre des Dritten Reiches. Diese sehr privat und familiär gehaltenen Schreiben, die der Adenauer-Forschung früher noch nicht zugänglich waren[43], tragen erheblich zur Erweiterung des Wissensstandes, teilweise sogar zur Neubewertung seiner Persönlichkeit bei.

Zum einen zeichnen sie sich durch den eindrucksvollen und detaillierten

Informationsaustausch zu den Notlagen und Notwendigkeiten des Alltagsgeschehens aus, die anders als im Dialog der Ehepartner oft nicht nachweisbar sind[44]. – *Gussie Adenauer* im April 1934: »Dein Anruf gestern hat großen Jubel und Aufregung verursacht. Die Kleinen waren so untröstlich, daß wir noch einen künstlich arrangierten Anruf von Dir in Scene setzten (Konrad in Bibliothek, die Kinder im Biedermeier-Zimmer)«[45]. Konrad Adenauer im Februar 1936: »Es erscheint mir nun dringend wünschenswert, mit den lokalen Stellen – Ortsgruppenleiter, Kreisleiter – in Fühlung zu kommen«[46].

Zum anderen prägt diese Dokumente des »unbekannten«[47], anderen Adenauer (»... ich bin aus so mancherlei zusammengesetzt«[48]) und die Briefe seiner Frau eine ungewöhnliche Offenheit bei der Beschreibung ureigenster Ansichten und Absichten, der jeweiligen Gemütsverfassung und wechselnden Befindlichkeit. Auch offenbart diese Korrespondenz – neu für Adenauers Profil als Briefschreiber – innere Konflikte und seelische Nöte, besonders auch religiöse Empfindungen. »... daß sich bestimmte Glaubenserfahrungen in schwerer Zeit bei den Eltern gebildet hatten« (*Paul Adenauer* 1976[49]), wird also mit diesen Briefen erstmals vor Augen geführt:

»Ich bin durch diese neue sinnlose, zwecklose Verfolgung ... auf das tiefste verbittert. Ich bin auch religiös ganz verstört und aus dem Gleichgewicht gebracht. ... Wir wollen beide das Leid so tragen und so wenden, daß es uns zum Segen wird« (Konrad Adenauer Ende August 1935[50]). – »Ich bin im Augenblick so voll Empörung gegen das Leid, das über unsere Familie gekommen ist, daß ich ganz außer Fassung bin. Es kam so furchtbar unerwartet, daß mich nur Arbeit, Bewegung und Tätigkeit zum Ertragen bringt – nicht einmal Gebet« (*Gussie Adenauer* im Oktober 1935[51]).

Um die Briefe der Eheleute als Herzstück dieser Edition gruppieren sich die Briefwechsel mit anderen Familienmitgliedern[52]: mit seiner Tochter Ria und seinen Söhnen Konrad, Max und Paul sowie den Brüdern August und Johannes (zeitweise wichtigen Informanten und Fürsprechern in Köln, z. B. bei der Auseinandersetzung mit dem »Separatismus«-Vorwurf), auch mit den Schwiegereltern *Wilhelmine* und *Ferdinand Zinsser* in Tübingen, nicht zuletzt mit *Ella Schmittmann*. Als Verwandte der ersten Frau Adenauers, Emma Weyer, stand sie vor allem in gedanklicher Verbindung zu ihm, die durch das Schicksal ihres Mannes – des 1939, kurz nach Kriegsbeginn, im Konzentrationslager Sachsenhausen ermordeten Kölner Wissenschaftlers *Benedikt Schmittmann*[53] – von sehr leidvoller Erfahrung bestimmt war.

Die familiären Vorgänge bilden die Basis für ein besseres Verständnis der Haltung Adenauers nach 1933 und erläutern, worauf sein Sohn Paul vor 15 Jahren aufmerksam machte: »Ohne den Zwangsruhestand der NS-Zeit hätte ich meinen Vater Konrad Adenauer wohl kaum so gut als Menschen kennengelernt«[54]. Nur die liebevolle Unterstützung und der bedingungslose Rückhalt, die er im innersten Kreis fand, inmitten aller äußeren Anfeindungen, können die Selbstbehauptung und den Überlebenswillen erklären, mit denen er diese Zeit überstand und in den widrigen Umständen mit Anstand Abstand wahren konnte. »Adenauer im Dritten Reich« meint also mehr als die biographische Dokumentation zum Lebensabschnitt einer herausragenden Einzelpersönlichkeit. Vielmehr fügen sich seine Briefe *und* die Beiträge seiner Angehörigen »zu einer Familiengeschichte von seltener Eindringlichkeit während der Jahre der nationalsozialistischen Herrschaft. Sie legen beredt Zeugnis davon ab, daß Liebe und opferbereite Menschlichkeit stärker sind als Haß und brutale Gewalt« (wie dies schon die vergleichbare Überlieferung der kürzlich publizierten Briefwechsel *Reinhold Maiers* mit seiner Familie anschaulich machte[55]).

Mit diesen privaten Zeugnissen sind die bislang zum größten Teil unbekannt gebliebenen Korrespondenzen aus dem Kreis der Freunde und Bekannten qualitativ durchaus vergleichbar. Daß es solche Briefbeziehungen überhaupt gab, war schon früher bekannt – seit der Veröffentlichung einiger exemplarischer Schreiben an *Wilhelm Marx*[56] und *Hermann Pünder*[57], vor allem an *Dora Pferdmenges*[58] und *Dannie N. Heineman*[59], die sich als essentielle Bestandteile auch in dieser Edition finden. Wie beständig aber und mit welcher Intensität sich Adenauer der Pflege dieser Verbindungen widmete – in der »Generalpause«[60] seines Lebens, in der sein Schreibtisch nicht politisches Schaltpult wie in der späteren »Ära Adenauer« war, sondern Ausgangspunkt vertraulicher Gedankengänge –, wird erst jetzt erkennbar, anhand des regen Briefverkehrs mit[61]:

– *Carl Duisberg, Peter Klöckner* und *Friedrich Spennrath,* die ihm als namhafte Industrielle mit Rat und Tat zur Seite standen – wie er überhaupt in größerem Umfang die lebensnotwendige Hilfestellung von Repräsentanten des Wirtschaftslebens erhielt;

– *Ildefons Herwegen* und *Johannes Vollmar,* die ihm in Maria Laach und vom Kloster aus weit mehr als nur Obhut und andächtige Stille der Benediktiner-Abtei vermittelten – als die ihm persönlich seit langem eng verbundenen Vertreter des Ordensklerus und der katholischen Geistlichkeit (zu denen auch die Kölner Erzbischöfe *Schulte* und *Frings* gehörten, die ihn nach Kräften unterstützten);

– *Walter Braunfels, Paul Clemen* und *Fritz Schumacher* aus dem musisch-wissenschaftlichen Bereich, mit denen er seine Interessen gerade auch nach 1933 teilte – mit ersterem in dem wohl bedeutendsten Gedankenaustausch der Weltkriegsjahre, der für sich genommen eine eigenständige Familien- und Freundschaftsgeschichte erzählt (21. Dezember 1941: »Damit haben Sie eigentlich unsere ganze Chronik«[62]);
– *Hans Fuchs, Josef Giesen* und *Ernst Schwering*, die ihm als gute alte Bekannte auch weiterhin den Kontakt zu den politischen Freunden im Rheinland und zu den Kölner Kreisen ermöglichten – deren Namen hier auch stellvertretend stehen für die vielen anderen aus dem traditionellen Milieu, die in Treue zu ihm hielten[63];
– *Wim J. Schmitz* in den Niederlanden, der als Studienfreund seiner ältesten Söhne in den späten 30er Jahren und ab 1940 verstärkt zum wichtigen Vertrauten im Ausland und zum Informanten über das Kriegsgeschehen wurde (nachdem Kriegsausbruch und deutsche Okkupation Belgiens der bis 1939 kontinuierlichen Korrespondenz mit *Dannie N. Heineman* in Brüssel ein Ende gesetzt hatten).

Dem so umrissenen Personenkreis waren die Gedanken Konrad Adenauers in einer Weise zugewandt, die seine Ausdrucksform und Umgangsart in ihrem Variantenreichtum ebenso zeigt wie viele bisher nicht vermutete Facetten seiner Persönlichkeit: »... daß dieser Ausdruck einer Freundschaft, an der ich bei Ihrer verehrten Gattin und Ihnen nie gezweifelt habe – manche rücken ab – mir im Herzen wohlgetan hat ...« (am 2. Juni 1933 an *Carl Duisberg*[64]). – »Dieses untätige, nicht ausgefüllte Dasein bringt mich fast um, und ich denke geradezu mit Grauen an die Zukunft, wenn das so jahraus jahrein weitergehen soll« (am 11. Juli 1933 an *Dannie N. Heineman*[65]). – »... darüber hinaus ist für jemand, der sein ganzes bisheriges Leben in einer – scheinbar – sicheren Bahn verbracht hat, der Blick in eine vollständig verhangene Zukunft ein schweres Problem« (am 29. August 1933 an *Dora Pferdmenges*[66]). – »Man muß sich also wieder das Lied von der Geduld vorsingen. Allmählich aber erhält man einen solchen Horror vor dieser Stadt, daß ich mich entschlossen habe, Mitte nächster Woche in Euer schönes Kloster zurückzukehren« (am 16. Februar 1934 an *Ildefons Herwegen*, aus Berlin[67]). – »... man muß in sich hineinhorchen, um Herr zu bleiben, und die Zukunft steht sehr ernst vor einem. Ich finde es ... so außerordentlich schwer, geistig frisch und produktiv zu bleiben, weil alles, was ich tue, so fern ab von dem liegt, was mich früher ausfüllte, vom ›Handeln‹. Jetzt kann man nur betrachten, und das ist schwer. ... Ich hatte mir auch nie träumen lassen, daß ich im Alter soviel körperliche Arbeit zu verrichten haben würde« (am 21. März 1940 an *Walter Braun-*

fels[68]). – »… ich bin eben nicht mehr aktiver Mitspieler, sondern betrachtender Beobachter …« (am 11. Januar 1941 an *Dora Pferdmenges*[69]). – »Ich bin ja älter als Sie, und wenn man doch schon dieses Alter erreicht hat, dann empfindet man es doppelt hart, daß der letzte Lebensabschnitt von diesem Weltgeschehen erfüllt ist. … Und trotzdem sagte mir neulich jemand, gegenüber den Verhältnissen in Berlin lebten wir in den Vorhöfen des Paradieses. Dieser Sommer wird ja nun wohl die Entscheidung bringen, wenn auch vielleicht noch kein Ende des Krieges, so doch die Entscheidung. Wenn man bedenkt, daß in vier bis fünf Monaten alles vorbei sein wird, und wenn man weiter sieht, wie wenig die Menschen sich der Größe und der Tragik der Entscheidungen unserer Zeit bewußt sind, dann … ja, man verstummt« (am 1. April 1942 an *Walter Braunfels*[70]).

* * *

Nähe zu Adenauer konnte sich auch anders artikulieren als im Schriftverkehr – so in Tagebuchnotizen und Gesprächsaufzeichnungen, die als Belege aus seiner unmittelbaren Umgebung weitere Bausteine der Edition bilden. In dieser kleineren Quellengruppe fallen besonders die aufschlußreichen Tagebücher von *Josef Busley* auf[71]: Schlüsseldokumente sowohl für den gesellschaftlichen Umgang befreundeter Familien im Raum Köln – Bonn – Rhöndorf ab 1935 als auch für die internen Bewertungen der Situation in der Vorkriegszeit (9. November 1938: »Auch er beurteilt wie wir die Lage! … Gewaltige Erfolge Hitlers für die Geschichte Deutschlands! … Aber völliges Versagen von Paris und London, die Hitler's Vorsprung nicht mehr so leicht einholen können«[72]). Neben Aperçus zu einzelnen Vorkommnissen (13. Januar 1938: »Adenauers Portrait wird nun im Kölner Rathaus aufgehängt!! … Welche Zeichen und Wunder!«[73]) enthalten die Eintragungen des Kunsthistorikers *Busley,* der ab 1933 in Bonn für die Bestandsaufnahme rheinischer Kunstdenkmäler zuständig war und sich in diesem Tätigkeitsbereich recht frei und unbeobachtet bewegen konnte, einige der ganz wenigen zeitgenössischen Hinweise auf die Verbindung Adenauers zu *Paul Franken*[74].

Als Mittelsmann katholischer Oppositionskreise im Rheinland (der auch *Jakob Kaiser* und *Heinrich Körner* gut kannte und im Krieg den Vatikan über die Absichten innerdeutscher Gegenbewegungen informierte[75]) hat *Franken* später mehrfach an diese verschwiegenen Zusammenkünfte mit Adenauer, an die Gespräche und gemeinsamen Unternehmungen mit ihm erinnert[76]. Aber erst die Busley-Überlieferung gibt Gelegenheit, die Rückbezüge zu überprüfen und neben dem, was *Franken* nach 1945 wohl auch verklärt haben mag, die konkreteren Konturen und den zeitlichen Bezugsrahmen dieser Kontakte sichtbar zu machen – dies unter anderem für die spannungsgeladenen Wochen und Monate nach der Verhaftung *Frankens* durch die Gestapo im November 1937[77].

Auch der Besuch des amerikanischen Historikers *George N. Shuster* im Sommer 1938 in Rhöndorf galt als eher legendär, bevor für »Adenauer im Dritten Reich« seine Niederschriften über das damals im Beisein von *Joseph Joos* und *Hugo Mönnig* geführte Gespräch entdeckt wurden[78]. Da *Shusters* Aufzeichnungen eine eher rückwärtsgewandte Analyse Adenauers wiedergeben – vornehmlich seiner eigenen Rolle in der Rheinlandpolitik nach dem Ersten Weltkrieg –, sind nicht alle Erwartungen erfüllt, die sich an den entsprechenden Passus in *Shusters* Lebenserinnerungen knüpften (»Wieder wurden Unterhaltungen geführt, um mich darüber zu unterrichten, wie die Situation in Deutschland wirklich war und was in strengstem Vertrauen über die Pläne der Opposition gesagt werden konnte«[79]). Doch gerade auch der reale Gehalt dieser Unterredung – soweit er nun nachvollziehbar ist (vorbehaltlich *nicht* aktenkundiger Mitteilungen am Rande der Begegnung) – hebt hervor, was für die Haltung Adenauers nach den extremen Belastungen 1933 – 1937 im weiteren Verlauf des Dritten Reiches wesentlich ist: Äußerste Vorsicht und umsichtige Zurückhaltung, beides bestimmt von Rückblick und Rechtfertigung – der Bilanz des bisher Geleisteten – und getragen von familiärer Rücksichtnahme.

Pläne jedenfalls zur aktiven Bekämpfung Hitlers hat Adenauer, der sich – wie oben zitiert – im »letzten Lebensabschnitt« nur noch als »betrachtender Beobachter« begriff, »keine ... gemacht. Ich habe nur immer den einen Wunsch gehabt und die eine Hoffnung gehabt, daß die Welt erlöst würde vom Nationalsozialismus« (1962 im Gespräch mit *Daniel Schorr*[80]). So nimmt nicht wunder, was der Dominikaner *Laurentius Siemer* später zur Situation im Herbst 1942 berichtete: »An diesem Abend war Goerdeler sehr niedergeschlagen. Dr. Adenauer hatte sich geweigert, ihn zum empfangen«[81].

Welche Hoffnungen andere in ihn setzten, steht auf einem anderen Blatt der Zeitgeschichte: Steht in der Notiz von *Peter Graf Yorck von Wartenburg* vom 9. August 1943 – »Der Vorschlag Adenauer für Mittelrhein wurde angenommen«[82] –, die ihn als Kandidaten des Kreisauer Kreises für die Übernahme einer Funktion im neuen Deutschland nach Gewaltherrschaft und Krieg ausweist. Wenige Wochen später begannen auch die für Adenauers Zukunft ausschlaggebenden, auch von *George N. Shuster* beeinflußten Nachkriegsplanungen der USA. Ab Oktober 1943 (da

Adenauer noch Bekannten gegenüber bekundete, er hielte »nichts von einem Putsch, der sich auf Generäle stützen sollte«[83]) wurde *John K. Patterson* an der Universität von Virginia auf seinen Einsatz bei der Befreiung im Westen Deutschlands vorbereitet. Er erhielt bereits dort, wie er in seinen letzten Lebensjahren für diese Edition zu Papier brachte, erste personelle Instruktionen (»Adenauer had never been a member of the Nazi Party«[84]), die dann im Frühjahr 1945 – nachdem *Patterson* zum amerikanischen Militärgouverneur von Köln ernannt worden war – zum Leitfaden der Reaktivierung des »prominenten Anti-Nazis«[85] Adenauer wurden: »Nach der Machtergreifung durch die Nazis waren er und seine Familie ständiger Verfolgung ausgesetzt. Heute erfreut er sich im Rheinland größerer Beliebtheit als jeder andere Deutsche. Er ist charakterstark, vertritt klare Meinungen und besitzt einen schnellen und scharfen Verstand«[86] – aus dem Tagesbericht des Militärgouverneurs vom 5. Mai 1945, der mit anderen Auszügen aus dem privaten Patterson-Nachlaß jetzt im Erstdruck in der »Rhöndorfer Ausgabe« erscheint.

III

Das Editionsprinzip der größtmöglichen Texttreue, das in den seit 1983 erschienenen acht Bänden der »Rhöndorfer Ausgabe« entwickelt wurde und Anwendung fand[87], gilt weitgehend unverändert auch für »Adenauer im Dritten Reich«. Oberster Grundsatz ist die konsequente Beachtung stilistischer und orthographischer Eigentümlichkeiten. Nicht nur bei den Briefen Adenauers, auch und gerade bei den zahlreichen Schriftstücken anderer Herkunft mit ihren unterschiedlichen Gestaltungsformen waren individuelle Besonderheiten und zeittypische Spezifika in Wortwahl und Sprachgebrauch beizubehalten (so beispielsweise, in Einzelfällen, die für die damalige Zeit bezeichnende formale Konzession beim »deutschen Gruß«). Offenkundige Flüchtigkeitsfehler aber und jene Lücken, die bei der Transkription der zumeist eigenhändigen, oft schwer lesbaren Vorlagen in Kauf genommen werden mußten, zwangen zu kleineren, immer kenntlich gemachten textkritischen Eingriffen.

Auch waren aufgrund des ausgesprochen persönlichen Charakters und wegen des weitaus höheren Anteils rein familiärer Mitteilungen als in der überwiegend politischen Adenauer-Korrespondenz der Nachkriegszeit Auslassungen einzelner, für sein Itinerar 1933–1945 irrelevanter Sätze oder Absätze häufiger erforderlich als sonst in der »Rhöndorfer Ausgabe« üblich. Ohnehin ist davon auszugehen, daß das Gros der Dokumente – aus damaliger Sicht, nach der Absicht ihrer Verfasser – nie für die weitere Verwendung oder gar Veröffentlichung gedacht war.

Um so mehr ist es der Familie Adenauer wie auch den Angehörigen wichtiger Briefpartner und Freunde – *Walter Braunfels, Josef Busley, Dannie N. Heineman, Dora und Robert Pferdmenges, Fritz Schliebusch, Wim J. Schmitz* und *Ernst Schwering* – zu danken, daß sie im großen und ganzen auch den Abdruck der privaten Passagen gestatteten, ohne die die Existenzbedingungen im Dritten Reich, besonders im Zweiten Weltkrieg kaum verständlich wären.

Der relativ hohe Prozentsatz gekürzt wiedergegebener Vorlagen ist auch überlieferungsgeschichtlich zu erklären. So waren Materialien in die Auswahl aufzunehmen – z.B. die nur teilweise, in Abschriften oder Fragmenten erhaltene Korrespondenz Adenauers mit seinem Rechtsanwalt *Friedrich Grimm* –, zu denen die vollständigen Originale bzw. Erstausfertigungen unauffindbar waren. Bei dieser Aktengruppe entsprechen die Auslassungen also denen der Vorlagen.

Anders verhält es sich mit den reich dokumentierten Ereignissen wie dem Dienststrafverfahren der Jahre 1933/34 (mit den Akten des Preußischen Innenministeriums und dem partiellen Parallelbestand im Nachlaß Adenauer) und dem von ihm 1934–1937 geführten Rechtsstreit mit der Stadt Köln (mit den umfassenden Belegen im Nachlaß von *Ernst Schwering*). Hier ging es darum, eine aussagekräftige Auswahl zu treffen und zugleich Wiederholungen weitgehend gleichförmiger Abschnitte zu vermeiden, wie sie bei solchen juristischen Darlegungen häufig vorkommen. Zu beiden genannten Komplexen wie übrigens auch zu Adenauers Beschäftigung mit kunstgeschichtlichen Fragen[88] und zu seiner technischen Erfindertätigkeit[89], nicht zuletzt zur Pflege und Nutzung des Gartens[90] sind in Rhöndorf bemerkenswert große Materialsammlungen überliefert. Aus ihnen ließen sich ohne weiteres eigenständige, sachthematisch ausgerichtete Einzelpublikationen erstellen. Diese Edition aber mit ihrer zeitgeschichtlich-biographischen Akzentsetzung verlangte die Beschränkung auf das Wesentliche und die Einbindung nur der markantesten Texte bzw. prototypischen Textteile in das Ensemble der vielen anderen Vorgänge, vornehmlich der Briefwechsel.

Kürzungen waren auch erforderlich beim Abdruck damaliger Presseberichte über Adenauer[91] (in denen oft auch andere Personen und Sachverhalte erwähnt werden) sowie bei der erneuten Wiedergabe einiger bereits veröffentlichter Quellenfunde und zeitgenössischer Aufzeichnungen in späterer Bearbeitung. Hierzu zählen die bislang weniger beachteten Erinnerungen der Schwiegertochter *Lola Adenauer*[92] (Zeugin im Zentrum der Adenauer-Vita ab 1942/43), die für den Zeitraum 1944/45 überaus ergiebigen Berichte des Schweizer Diplomaten *Franz-Rudolph von*

Weiss[93] oder die Tagebuchaufzeichnungen von *Werner Bornheim gen. Schilling*[94] zum Geschehen bei Kriegsende. Auf ihre jeweilige Kernaussage reduziert und in die Chronologie integriert, sollen diese Ergänzungen Lücken der Dokumentation schließen, ohne sie durch unnötige Längen zu belasten. Nicht zuletzt machen sie auf andere Forschungsergebnisse aufmerksam und zeigen dem interessierten Leser weiterführende Informationsmöglichkeiten auf – dies in Verbindung mit dem Kommentar, der die unerläßlichen biographischen, zeitgeschichtlichen und bibliographischen Hinweise enthält.

Ebenfalls in Abweichung vom sonstigen Vorgehen und von den Auswahlkriterien der »Rhöndorfer Ausgabe« wurden in die Dokumentation Auszüge aus den Memoiren und anderen autobiographischen Aussagen Adenauers, auch aus der zum Teil entlegenen Erinnerungsliteratur seiner Weggefährten einbezogen[95]. Diese Rückblendungen und Rekonstruktionen, die als Einschübe *kursiv* gesetzt und deutlich abgesetzt sind (damit die andersartige Zeitebene und Betrachtungsweise sofort sichtbar wird), komplettieren das Adenauer-Itinerar, wenn originäre Quellen zu wichtigen Begebenheiten, Begegnungen und Unterredungen nicht nachweisbar waren.

Hingegen wurden allgemeinere Reminiszenzen ohne konkreten Datierungsanhalt oder analytische Auseinandersetzungen mit dem Nationalsozialismus aus methodischen Gründen nicht berücksichtigt, da sie vom Unionspolitiker und Bundeskanzler Adenauer in großer Zahl bekannt sind – aus seinen Nachkriegsbriefen[96], auch aus seinen »Teegesprächen«[97] und Lageberichten vor dem CDU-Bundesvorstand[98], insbesondere aus seinen eindringlichen öffentlichen Reden, so aus der ersten großen Ansprache nach Kriegsende: »Schuld an diesem namenlosen Jammer, an diesem unbeschreiblichen Elend sind jene Fluchwürdigen, die in den unseligen Jahren 1933 zur Macht kamen, jene, die den deutschen Namen vor der ganzen zivilisierten Welt mit Schmach bedeckt und geschändet haben, unser Reich zerstörten, die unser verführtes und gelähmtes Volk, als ihr eigener, mehr als verdienter Untergang gewiß war, planmäßig und bewußt in das tiefste Elend gestürzt haben« (1. Oktober 1945[99]). Die thematische Erweiterung und Ausdehnung der Dokumentation von »Adenauer im Dritten Reich« zu »Adenauer und der Nationalsozialismus« muß also einer späteren Gesamtdarstellung vorbehalten bleiben. Sie ist mit dem vorrangigen Interesse an einer überschaubaren und anschaulichen Präsentation aktueller Ergebnisse der Erschließung des Adenauer-Nachlasses nicht vereinbar.

Anschaulichkeit strebt dieser Band auch im eigentlichen Wortsinn an. Je stärker die Forschung gerade für diesen Zeitraum Lücken in Adenauers Korrespondenz und seinen anderen eigenen Aktenunterlagen zu beklagen hat (die Zensurmaßnahmen und Hausdurchsuchung zum Opfer fielen) – je mehr er sich auch seinerseits der vorbeugenden Selbstkontrolle unterzog (nach dem 20. Juli 1944: »... ich würde in Zukunft nichts mehr aufbewahren, dadurch erspare ich mir solche Untersuchungen ...«[100]) –, desto größere Bedeutung kommt anderen Zeugnissen aus jener Zeit zu:

Beispielsweise jenem kleinen braunen Stück Papier, auf dem ein Gestapobeamter drei Tage nach dem gescheiterten Attentat auf Hitler Adenauer die Beschlagnahmung seiner Bücher quittierte[101] – der Handwerkerbestellung vom 14. August 1944 zur »Reparatur des Warmwasserbereiters«, mit der Adenauer über *Bernhard Günther* getarnten Kontakt zu Widerstandszirkeln in Köln aufnahm[102] – dem Zettel zur Einlieferung in die Zelle 57 der Strafanstalt Brauweiler am 25. September 1944[103] – den Familienfotos vom Tage nach der Rückkehr aus der dreimonatigen Haft, vom gemeinsamen Frühstück am 27. November 1944 in Rhöndorf[104] – der minutiösen Abrechnung über die Beschäftigung von Kriegsgefangenen noch im Februar 1945[105] – der Kollegmappe[106] Adenauers, die in den letzten Weltkriegswochen Jugenderinnerungen heraufbeschwor, während ihn Abtransport und Deportation bedrohten[107] – oder den Fotografien aus dem Familienalbum von *John K. Patterson,* auf denen seine erste Begegnung mit den Adenauers in Rhöndorf Mitte März 1945 festgehalten ist[108], beispielhaft für das »menschliche ..., gute Verhältnis zur amerikanischen Besatzungsmacht«[109], das Konrad Adenauer später oft rühmte.

Derartige ›objets trouvés‹, aufbewahrt und aufgefunden in privaten Nachlaßteilen, die bisher unbemerkt blieben, illustrieren im Bildteil der Edition einen Lebenslauf, der unter den Bedingungen des totalitären Systems mit reflektierten Texten und kompletten Aktenserien (wie zu Adenauers Karrieren vor 1933 und ab 1945) nicht zu fassen ist. Ohnedies ist das konkrete geschichtliche Detail, ist gerade auch die historische Miniatur dem Erleben und Erleiden Adenauers, auch dem seiner Frau und seiner Familie eher angemessen als die heroisierende Selbststilisierung, mit der andere Politiker ihre Biographie 1933–1945 später plakativ aufwerteten.

* * *

Ebenso vielschichtig wie die schriftlichen und die nichtschriftlichen Unterlagen, auf die dieser Band baut, war auch die Hilfe vielfältig, die bei der Erarbeitung von Dokumentation und Kommentar im In- und Aus-

land von Zeitzeugen, Angehörigen der Zeitgenossen Adenauers, Nachlaßeignern, Archiven und Archivaren gegeben wurde. Wie stark Rat und Unterstützung bei der Spurensuche und bei den Recherchen in Anspruch genommen wurden, welche Bereicherungen ihnen zu verdanken sind, geht im einzelnen aus dem Quellenverzeichnis und dem Nachweis schriftlicher und mündlicher Auskünfte hervor.
Hier ist in erster Linie die verständnisvolle Hilfestellung durch die sieben Kinder Konrad Adenauers hervorzuheben, ohne deren grundlegendes Einverständnis und zahlreiche wesentliche Informationen »Adenauer im Dritten Reich« nicht darstellbar gewesen wäre. Dieser Dank fällt um so herzlicher aus, da die Stiftung Bundeskanzler-Adenauer-Haus primär den Nachkriegs-Nachlaß des Gründungskanzlers der Bundesrepublik Deutschland betreut und die Benutzung der anderen von Adenauer tradierten Materialien in ihren wesentlichen Teilen der Genehmigung der Erbengemeinschaft bedarf.

Rhöndorf im August 1991

Hans Peter Mensing

Anmerkungen zur Einführung

1 Vgl. Nr. 2 (Kopfregest). – Hier wie auch in den nachfolgenden Anmerkungen zur Einleitung werden generell nur die Verbindungen zu Dokumentation und Kommentar hergestellt, um die Schwerpunkte der Adenauer-Vita 1933–1945 und der dazu ermittelten Materialien aufzuzeigen. Die zu den einzelnen thematischen Komplexen vorliegende Literatur – wie hier die Arbeit des Adenauer-Enkels Konrad Adenauer über die Präsidentschaft im Staatsrat – wird in den Fußnoten benannt.
2 Vgl. die Abb. auf S. 32. Dort (S. 31-43) auch die zeitgenössischen Photographien zu anderen biographischen Stationen im Dritten Reich.
3 Vgl. Nr. 3.
4 Vgl. Nr. 10.
5 Vgl. Nr. 5 A.
6 Vgl. Hans-Peter *Schwarz,* Adenauer. Der Aufstieg, S. 344.
7 Vgl. Nr. 19.
8 Vgl. Nr. 11.
9 Vgl. Nr. 7.
10 Vgl. Nr. 18.
11 Vgl. Nr. 22.
12 Vgl. Nr. 427-448.
13 Adenauer am 18.6.1946 an Frans *van Cauwelaert;* vgl. Hans Peter *Mensing,* Frühe Westdiplomatie, S. 80f.
14 Vgl. Nr. 12.
15 Vgl. Nr. 28-30.
16 Zur Vorbereitung des Verfahrens im Preußischen Innenministerium vgl. Nr. 37, 47, 49, 54 – zur Durchführung und Abwicklung in der Regie des Kölner Regierungspräsidenten, zu den Vorwürfen und zu ihrer Widerlegung durch Adenauer Nr. 56, 67-68, 77, 89-91, 94, 97, 99, 112, 114, 116, 118-119, 121, 123, 126, 127, 133, 134, 138 – zu den zusammenfassenden Stellungnahmen und zum Abschluß Nr. 146, 148, 156, 160, 175, 180.
17 Vgl. Nr. 50.
18 Vgl. Nr. 148.
19 Vgl. Johann *von Leers,* Juden sehen Dich an, Berlin-Schöneberg 1933, S. 10. Zu diesem Vorgang vgl. a. Hans-Peter *Schwarz,* Adenauer. Der Aufstieg, S. 327.
20 Vgl. Nr. 189, 189 A.
21 Vgl. Nr. 200.
22 Vgl. Nr. 88 A.
23 Vgl. Nr. 129.
24 Vgl. Nr. 234.

25 Vgl. Nr. 231.
26 Vgl. Nr. 222. – Zur »Separatismus«-Kampagne und zu den Richtigstellungen Adenauers wie auch zu den anderen diesbezüglichen Korrespondenzen vgl. Nr. 12, 25, 45 (Anm. 2), 63, 87, 104, 112, 117, 124, 125, 128, 130, 186, 194, 198, 210 A, 219, 234, 340.
27 Aus einem Bericht des Landrats des Siegkreises an den Regierungspräsidenten in Köln vom 10.8.1935; vgl. Nr. 222 (Kopfregest).
28 Vgl. Hans-Peter *Schwarz,* Adenauer. Der Aufstieg, S. 390.
29 Vgl. Nr. 227, 228, 230-239.
30 Vgl. Nr. 230.
31 Vgl. Nr. 237.
32 Der Verlauf der Verhandlungen ist aus Adenauers Briefen an seinen Bruder August Adenauer und an seine Anwälte Friedrich Manstetten und Ernst Schwering sowie aus den auch erhaltenen zeitgenössischen Aufzeichnungen ersichtlich; vgl. Nr. 207, 212, 214, 218, 238, 241, 247, 249, 287, 290, 293, 297, 299, 310, 311, 314, 317.
33 Vgl. Nr. 310.
34 Vgl. Nr. 314.
35 Vgl. Nr. 353.
36 Vgl. Nr. 438 (Anm. 1).
37 Vgl. Nr. 266.
38 Vgl. Rudolf *Morsey,* Adenauer und der Nationalsozialismus, passim. – Hans-Peter *Schwarz,* Adenauer. Der Aufstieg, S. 343-423.
39 Neben den Korrespondenzen mit Dannie N. Heineman (Brüssel) und Wim J. Schmitz (Heemstede, Niederlande), die in dieser Edition breiten Raum einnehmen – wie auch die Belege für die Beziehung zu Franz-Rudolph von Weiss (über den Adenauer seine traditionellen Verbindungen in die Schweiz aufrecht hielt) – ist die Kontaktaufnahme und -pflege mit Sidney Clive und Julian Ito Piggott in Großbritannien, auch mit dem dorthin emigrierten Ernst Jäckh hervorzuheben; vgl. Nr. 80, 161, 166, 210-211, 221, 231 (Anm. 5), 307.
40 Vgl. Konrad *Adenauer,* Erinnerungen 1945–1953, S. 14.
41 Vgl. Nr. 5, 6, 6 A, 14, 17, 19, 39, 60 (Anm. 2).
42 Vgl. Anm. 16.
43 Die Korrespondenz mit seiner zweiten Frau wurde von Konrad Adenauer separat in einem Seitenschrank seines Arbeitszimmers im Rhöndorfer Wohnhaus aufbewahrt. Als Teil des privaten, nicht der Stiftung Bundeskanzler-Adenauer-Haus übereigneten Nachlasses konnten die Vorgänge mit Genehmigung der Familie Adenauer im Zeitraum Herbst 1990–Frühjahr 1991 eingesehen und unter wissenschaftlichen Aspekten ausgewertet werden.
44 Hierfür die Belege (jeweils mit Ergänzungen im Kommentar, dort zumeist in den Kopfregesten) u. a. unter Nr. 73, 76, 82, 84, 85, 88, 110, 124, 125, 142, 149, 154, 157, 170, 224, 226, 233, 234, 246, 263, 264, 266, 267, 270-275.
45 Vgl. Nr. 170.
46 Vgl. Nr. 270.

47 Vgl. Hans-Peter *Schwarz,* Der unbekannte Adenauer, passim.
48 Vgl. Nr. 273.
49 Vgl. Paul *Adenauer,* Briefe Konrad Adenauers an einen Sohn im Reichsarbeitsdienst 1941/42, S. 157.
50 Vgl. Nr. 236.
51 Vgl. Nr. 244.
52 Zu allen nachfolgend genannten Briefpartnern werden die Nummernbezüge zu Dokumentation und Kommentar hier nicht eigens angemerkt, da das Personenregister mit seinen typographischen Hervorhebungen den schnellen Zugriff zu den jeweiligen Korrespondenzen und den ergänzend abgedruckten Materialien ermöglicht.
53 Vgl. Nr. 358 (Anm. 1).
54 Vgl. Paul *Adenauer,* Briefe Konrad Adenauers an einen Sohn im Reichsarbeitsdienst 1941/42, S. 156.
55 Vgl. Paul *Sauer* (Hrsg.), Reinhold Maier – Briefwechsel mit seiner Familie 1930–1946, S. 11.
56 Vgl. Hugo *Stehkämper* (Bearb.), Der Nachlaß des Reichskanzlers Wilhelm Marx, Teil II, S. 116-120.
57 Vgl. Rudolf *Morsey,* Vom Kommunalpolitiker zum Kanzler, S. 76.
58, 59 Vgl. die zahlreichen Auszüge aus beiden Briefwechseln bei Hans-Peter *Schwarz,* Adenauer. Der Aufstieg.
60 Vgl. Peter *Berglar,* Die Generalpause im Leben Konrad Adenauers. Umriß und Ertrag der Warte- und Überlebensjahre zwischen 1933 und 1945, in: »Frankfurter Allgemeine« vom 10.12.1975.
61 Vgl. Anm. 52.
62 Vgl. Nr. 382.
63 Belege hierfür sind u. a. mit den in Rhöndorf archivierten Briefen vom März/April 1933 (zum Teil besonders couragierten Bekundungen der Anteilnahme am Schicksal Adenauers und seiner Familie; vgl. Nr. 36, 52) sowie in der Glückwunschkorrespondenz zum 60. und 65. Geburtstag am 5.1.1936 bzw. 1941 erhalten; vgl. Nr. 32 (Anm. 1), 257 (Kopfregest), 371 (Kopfregest).
64 Vgl. Nr. 81.
65 Vgl. Nr. 96.
66 Vgl. Nr. 115.
67 Vgl. Nr. 162.
68 Vgl. Nr. 362.
69 Vgl. Nr. 374.
70 Vgl. Nr. 388.
71 Vgl. Nr. 278, 279, 281, 282, 288 (Kopfregest), 294, 319, 320, 323, 327-330, 332, 346, 351.
72 Vgl. Nr. 346.
73 Vgl. Nr. 327.
74 Mit *ersten* Anhaltspunkten macht der Briefwechsel Gussie–Konrad Adenauer auf die Verbindung zu *Franken* aufmerksam; vgl. Nr. 271, 275.

75 Vgl. Nr. 407 (Anm. 1).
76 Vgl. Paul *Franken,* 20 Jahre später, passim; seine Interviewauskünfte bei Klaus *Dreher,* Der Weg zum Kanzler, S. 33, 61-63, 69-79, 84, 262, 269-271, sowie die Angaben in: Verfolgung und Widerstand 1933–1945, S. 225, 229, 235-237. – Für diese Edition konnten auch benutzt werden: die Niederschrift seines 1975 mit Heinrich *Krone* und Klaus *Gotto* geführten Gesprächs (ACDP I-013-003/2) sowie mehrere von *Franken* im März 1977 Prof. Dr. Rudolf *Morsey* (Speyer) zugeleitete briefliche Rekonstruktionen der Adenauer-Aktivitäten und -kontakte im Dritten Reich; vgl. Nr. 275 (Anm. 1), 281 (Kopfregest), 397 (Kopfregest).
77 Vgl. Nr. 320 (Kopfregest), 323 (Anm. 2), 329 (Kopfregest).
78 Vgl. Nr. 340.
79 Vgl. George N. *Shuster,* In Amerika und Deutschland, S. 166.
80 Gespräch des Bundeskanzlers mit Daniel *Schorr* (1953–1976 Berichterstatter für CBS News) vom 21., 22. und 23.8.1962 (dazu das unkorrigierte Manuskript in StBKAH 02.27). – Im Sinne dieser Aussage Adenauers auch die Zusammenfassung von Rudolf *Morsey:* »Adenauer gehörte nicht zu jenen Persönlichkeiten, die glaubten, durch aktiven Widerstand den Sturz der Diktatur herbeiführen zu können. Er ging davon aus, daß Hitler das Reich in den Krieg führen und daß dieser Krieg verloren gehen würde. Nach seiner Überzeugung mußten die Deutschen das Unrechts- und Terrorsystem bis zum bitteren Ende durchstehen, um anschließend aus eigener Kraft eine innere Selbstreinigung und Bestrafung der Schuldigen vornehmen zu können« (Vom Kommunalpolitiker zum Kanzler, S. 33).
81 Vgl. Nr. 393.
82 Vgl. Nr. 406. – Dazu der Hinweis bei Rudolf *Morsey,* Christliche Demokraten in Emigration und Widerstand 1933–1945, S. 14.
83 Vgl. Nr. 409. – Ähnlich die Bewertung in Nr. 285.
84 Vgl. Nr. 458 (Anm. 2).
85 Aus einem Bericht des amerikanischen Diplomaten Robert *Murphy* an das State Department vom 30.7.1945; vgl. Foreign Relations of the United States, Diplomatic Papers 1945, Vol. III, Washington 1986, S. 945.
86 Vgl. Nr. 481.
87 Hierzu am ausführlichsten die Erläuterungen in Adenauers »Briefen 1945–1947«, S. XVIII-XXII. Vgl. a. Hans Peter *Mensing,* Die Edition der Adenauer-Briefe im Rahmen der »Rhöndorfer Ausgabe«. Ein Unternehmen der Stiftung Bundeskanzler-Adenauer-Haus, in: Jahrbuch der historischen Forschung in der Bundesrepublik Deutschland. Berichtsjahr 1987, München–New York–London–Paris, S. 57-60.
88 Vgl. Nr. 159, 333, 339, 343, 350, 350 A, 387.
89 Vgl. Nr. 220, 229, 263, 266, 267, 291, 300, 331, 364, 392.
90 Vgl. Nr. 321, 362 (Anm. 2), 363, 394.
91 Vgl. Nr. 9, 12, 20, 38, 64 (Anm. 1), 88 A, 98, 108, 113, 140, 147, 179, 193, 203, 205, 301.

92 Vgl. Lola *Adenauer,* Mein Schwiegervater, der Kanzler; Auszüge aus dieser Artikelserie u. a. in Nr. 395 (Anm. 1), 424 (Anm. 2), 435 (Anm. 1), 438 (Anm. 1).
93 Vgl. Nr. 424 (Anm. 1), 427, 432, 458, 462, 463, 468, 476.
94 Vgl. Nr. 456, 460, 464, 467, 469, 471, 474, 475, 477, 479, 482.
95 Vgl. Nr. 26, 27, 62, 150, 151, 172, 189, 189 A, 215 A, 250, 255, 256, 258, 277, 285, 286, 296, 305, 315, 344, 349, 354, 357, 393, 397, 404, 407, 409, 422, 428, 429, 433, 434, 438, 441, 442, 452-454, 480. – Ergänzend zu Adenauers 1945 einsetzenden Memoiren ist hier generell auf seine zahlreichen eigenen Angaben und die Informationen von Familienmitgliedern, Freunden und anderen Beobachtern bei Paul *Weymar* (Adenauer, S. 144-268) sowie auf die Erinnerungen seiner Mitarbeiterin Anneliese *Poppinga* zu verweisen, da sich »die Pläne von Konrad Adenauer, auch über die Zeit vor 1945 zu schreiben, ... nicht mehr verwirklichen ließen, auch nicht im Ansatz. Näheres darüber finden Sie in dem soeben [1970] bei uns erschienenen Buch von Anneliese Poppinga ›Meine Erinnerungen an Konrad Adenauer‹« (aus einem Schreiben der Deutschen Verlags-Anstalt Stuttgart an Klaus *Dreher,* zitiert in: Der Weg zum Kanzler, S. 263).
96 Erinnerungen an Ereignisse und Begegnungen 1933–1945 finden sich in großer Zahl in der zweibändigen Edition der »Briefe 1945–1949«; mit dem Stichwort »Nationalsozialismus« des Sachregisters (Bd. 2, S. 737) sind sie leicht auffindbar.
97 Belege hierfür auch in dieser Edition unter Nr. 286, 349, 442.
98 Vgl. Adenauer: »Es mußte alles neu gemacht werden«; Adenauer: »Wir haben wirklich etwas geschaffen«, im jeweiligen Sachregister unter dem Stichwort »Nationalsozialismus«.
99 Vgl. Konrad Adenauer. Reden 1917–1967, S. 80. – Zur Beschäftigung mit diesem Thema in den öffentlichen Äußerungen ab 1945: Anneliese *Poppinga,* Konrad Adenauer. Geschichtsverständnis, Weltanschauung und politische Praxis.
100 Vgl. Nr. 424.
101 Vgl. Nr. 423.
102 Vgl. Nr. 425.
103 Vgl. Nr. 439.
104 Hierzu die Abb. auf S. 429.
105 Vgl. Nr. 450.
106 Vgl. Nr. 451.
107 Vgl. Nr. 451 (Kopfregest), 483.
108 Hierzu die Abb. auf S. 435.
109 Konrad *Adenauer,* Erinnerungen 1945–1953, S. 23.

Stationen der Adenauer-Biographie 1933 – 1945

Wohnhaus der Familie Adenauer
Köln-Lindenthal, Max-Bruch-Straße 4-6

Februar-April 1933: Berlin, Wilhelmstraße 63/64
Nr. 64: Dienstwohnung des Präsidenten des Preußischen Staatsrats

oben: Berlin, Wilhelmstraße

unten: 1933/34: Berlin, Hotel Kaiserhof am Wilhelmplatz
Begegnungsstätte Adenauer-Dannie N. Heineman

oben: Frühjahr 1933: Deutsches Caritasinstitut Köln-Hohenlind
Aufenthaltsort Gussie Adenauers und ihrer Kinder

unten: 1933/34: Benediktiner-Abtei Maria Laach

oben: Mai 1934-April 1935: Neubabelsberg, Augustastraße 40

unten: 30. Juni-2. Juli 1934: Nach dem »Röhm-Putsch«
Inhaftierung in der »Villa Alexander« in Potsdam

Anfang 1935: Benediktinerinnen-Abtei Herstelle an der Weser
unten: »An der Klosterpforte«, Zufluchtsort Adenauers (hinter dem Fenster oben rechts)

oben: April 1935-Dezember 1937: Rhöndorf, Löwenburger Straße 76

unten: Rhöndorf (zeitgenössische Ansichtskarte)

oben: September/Oktober 1935 und Mai/Juni 1936: Kurhaus St. Elisabeth, Freudenstadt/Schwarzwald

unten: November 1935-April 1936: Erholungsheim Pax, Unkel am Rhein

Februar 1936: Gebäude der AEG-Hauptverwaltung
am Friedrich-Karl-Ufer 2/4, Berlin

1937: Bau des Adenauer-Hauses am Zennigsweg in Rhöndorf

oben: Juli/August 1938 und August 1939: Hotel Chandolin, bei Sierre/Wallis

unten: September 1944: Nistermühle bei Hachenburg/Westerwald

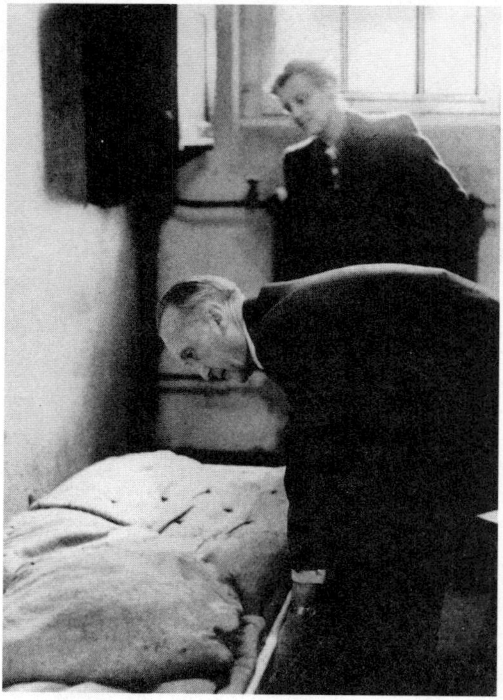

links oben: September-November 1944: Strafanstalt Brauweiler
links unten: Gussie und Konrad Adenauer bei der Besichtigung seiner Zelle (1945)

oben: März-Mai 1945: Deutsches Caritasinstitut Köln-Hohenlind

Dokumente

Nr. 1
Aufzeichnung Adenauers vom 11. Januar 1946

Rhöndorf, den 11.1.46

Ich bin seit 1933 während der ganzen nationalsozialistischen Zeit
bald mehr bald weniger intensiv verfolgt worden. Zunächst musste ich
1933 Köln verlassen, von dem Westdeutschen Beobachter und andern natio-
nalsozialistischen Blättern auf das Gemeinste angegriffen und aller
möglichen Verbrechen beschuldigt, auch der als mein Nachfolger einge-
setzte Dr. Riesen bezeichnete mich wiederholt als Verbrecher. Die Stadt
Köln stellte zunächst alle Zahlungen an mich ein. Am 30.6.1934 wurde
ich aus Anlass der Röhmaffäre verhaftet und mit Erschiessen bedroht.
Nach einigen Tagen wurde ich wieder freigelassen.- Frühjahr 1935 kehr-
te ich in das Rheinland zurück, wurde aber dann neun Monate lang aus
dem Regierungsbezirk Köln ausgewiesen. Mein Briefwechsel, mein Telefon,
mein Haus wurde ständig überwacht. 1944 fanden mehrfach sehr gründli-
che Haussuchungen bei mir statt. Im Juli 1944 dauerte eine Haussuchung,
die von 7 Leuten vorgenommen wurde, zwei Tage. Meine ganzen Akten, mein
ganzer Birefwechsel, den ich aufbewahrt hatte, wurde sorgfältigst durch-
gesehen und zum Teil beschlagnahmt. August 1944 wurdeich verhaftet
und in das Lager Köln-Messe gebracht. Aus diesem musste ich wegen schwe-
rer Erkrankung entlassen werden. Ich wurde nach 14 Tagen wieder ver-
haftet und in das Gestapogefängnis Brauweiler gebracht. Gleichzeitig
wurde meine Frau verhaftet, diese wurde nach 10 Tagen wiederfreigelas-
sen, ich Ende November 1944. Gleichzeitig wurde mir eröffnet, dass ich
bei Annäherung der Alliierten wieder verhaftet und weggeschafft werden
würde.

Nr. 2

3. Februar 1933: Notizen Adenauers zur geplanten Auflösung des preußischen Landtags

Grund: preußische Volk solle wie das deutsche Stellung nehmen[1]. Er sei dagegen gewesen, solle Preußen in Ruhe lassen, nach 5.3.[2] werde Regierung in Pr[eußen] gebildet werden.
H. sei von Zusammensetzung des Kab[inetts] überrascht worden. von P[apen][3] und H. neben ihn gesetzt – niemals wieder weggehen. L[andtag] w[erde] auf andere Weise aufgelöst.
Würden nicht über jur[istische] Zwirnsfäden stolpern[4] – wolle versuchen, Hitler zu sprechen, es liege aber ja ein Kabinettsbeschluß vor.

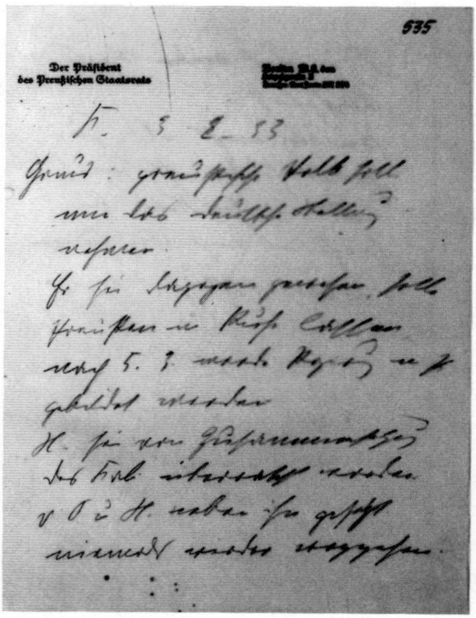
535

Der Präsident des Preußischen Staatsrats

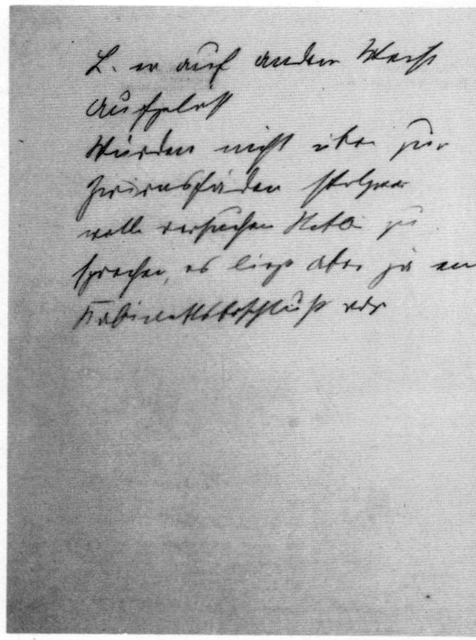

Nr. 3

4. Februar 1933 (Berlin): An Ella Schmittmann, Köln

Liebe Ella[1]!

‹...›[a]

Ich muß hier länger bleiben, als ich erwartet hatte[2]; ich hoffe aber, heute abend fahren zu können. Wir sind mitten in einem regelrechten Umsturz,

Recht und Verfassung gelten nichts mehr, es ist wie 1918, nur auf andere Weise. Wohin das führt? Ich weiß es nicht, aber man kann sehr besorgt sein.

Mit vielen herzlichen Grüßen, auch an Benedikt, Dein

Konrad

Nr. 4

4. Februar 1933 (Berlin): Im Dreimänner-Kollegium: Erklärung Adenauers zum Antrag auf Auflösung des Preußischen Landtags

Eine Auflösung des Landtags auf Grund des Art. 14 der Preußischen Verfassung[1] setzt voraus, daß lebenswichtigen Interessen des Landes Preußen auf andere Weise als durch Auflösung und Neuwahl des Landtags nicht genügt werden kann. Ich kann nicht anerkennen, daß dieser Fall vorliegt. Die gegenwärtige Verteilung der Regierungsgewalt in Preußen zwischen Staatsregierung und Reichskommissar schädigt zwar unbedingt lebenswichtige Interessen Preußens, und sie kann nach Lage der Sache allein durch die Wahl eines Ministerpräsidenten durch den Landtag beseitigt werden. Ich habe aber gute Gründe für die Annahme, daß diese Wahl durch Auflösung und Neuwahl des Landtags nicht beschleunigt, sondern im Gegenteil verzögert und evtl. erschwert wird. Ich spreche mich deshalb gegen die Auflösung des Landtages aus[2].

Nr. 5

6. Februar 1933 (Berlin): Verlautbarung zur Besprechung des Dreimänner-Kollegiums über die geplante Auflösung des Preußischen Landtags

Auf Veranlassung des Herrn Präsidenten des Preußischen Landtags versammelten sich heute nachmittag zu einer Besprechung über die Auflösung des Preußischen Landtags gemäß Artikel 14 der Preußischen Verfassung

der Herr Präsident des Preußischen Staatsrats Dr. Adenauer

der Herr Präsident des Preußischen Landtags Kerrl

und der Herr Reichskommissar für das Land Preußen Vizekanzler von Papen

im Preußischen Staatsministerium.

Nach längerer Aussprache über die politische Lage gab Herr Präsident Adenauer folgende Erklärung ab:

Der Artikel 17 der Reichsverfassung[1] gewährleistet, wie durch das Urteil

des Staatsgerichtshofs vom 25. Oktober 1932[2] nochmals ausdrücklich erklärt worden ist, die Eigenstaatlichkeit der Länder. Die Verordnung des Herrn Reichspräsidenten[3] vom 6. Februar 1933[4] widerspricht diesem Artikel und den vom Staatsgerichtshof in dem angeführten Urteil daraus gezogenen Folgerungen. Ich bin daher nicht in der Lage anzuerkennen, daß der Herr Reichskommissar von Papen das nach Artikel 14 der Preußischen Verfassung dem Ministerpräsidenten zustehende Recht auszuüben befugt ist. Ich lehne es daher ab, an der Abstimmung teilzunehmen und verweise in sachlicher Hinsicht auf meine Erklärung vom 4. Februar 1933.
Die beiden anderen Herren nahmen von dieser Erklärung Kenntnis und beschlossen: gemäß Artikel 14 der Preußischen Verfassung wird der Preußische Landtag mit Wirkung vom 4. März 1933 aufgelöst.

gez. Kerrl
gez. Adenauer
gez. von Papen

Nr. 5 A

6. Februar 1933 (Berlin): Adenauers Ausführungen im Dreimänner-Kollegium: nach der Aktennotiz von Staatssekretär Dr. Ludwig Eduard Nobis (Preußisches Staatsministerium)

Auf Veranlassung des Herrn Präsidenten des Preußischen Landtags versammelten sich heute nachmittag 4 1/2 Uhr im Preußischen Staatsministerium, Wilhelmstr. 63, zu einer Besprechung über die Auflösung des Preußischen Landtags gemäß Artikel 14 der Preußischen Verfassung
die Herren Dr. Adenauer, Präsident des Preuß. Staatsrats,
Kerrl, Präsident des Preuß. Landtags,
von Papen, Vizekanzler und Reichskommissar für das Land Preußen.
Außerdem war der Staatssekretär des Preuß. Staatsministeriums Dr. Nobis[1] anwesend. [...]
Herr Adenauer führte zunächst aus, daß wohl kein Zweifel bestehe, daß jedes Mitglied des sogenannten Dreimänner-Kollegiums das Recht habe, jederzeit dessen Zusammentreten zu verlangen. Er gehe wohl nicht fehl in der Auffassung, daß der Herr Reichskommissar von Papen auf Grund der heute ergangenen Verordnung des Herrn Reichspräsidenten das Recht des Ministerpräsidenten zur Teilnahme an diesem Kollegium ohne weiteres für sich in Anspruch nehme. Wenn man dem Landtag den Vorwurf mache, daß er bisher zu einer Wahl des Ministerpräsidenten noch nicht gelangt sei, obgleich der Staatsgerichtshof in der Begründung seiner Entscheidung vom 25. Oktober zu erkennen gegeben habe, daß dies nun-

mehr die Aufgabe des Landtags sei, so müsse er feststellen, daß der Staatsgerichtshof keinesfalls den Landtag zur Wahl eines Ministerpräsidenten aufgefordert habe, er habe vielmehr nur die Feststellung gemacht, daß es bei dem Preußischen Landtag stehe, zu versuchen, ob durch Bildung einer neuen Preußischen Landesregierung dem jetzigen Zustand ein Ende bereitet werden könne. Tatsächlich habe der Landtag niemals über die Wahl eines Ministerpräsidenten abgestimmt, es sei also mindestens theoretisch die Frage offen, ob ein solcher Versuch zu einem Erfolg geführt haben würde oder nicht. Er als Präsident des Staatsrats müsse besonders hervorheben, daß der Staatsrat sich stets als Hüter der Verfassung betrachtet habe. Er müsse von diesem Standpunkt aus die heute ergangene neue Verordnung des Reichspräsidenten insofern, als sie die plena potestas übertrage, verfassungsmäßig als sehr zweifelhaft ansehen. Das Fundament jedes Staates sei und bleibe das Recht. Er bekenne, daß er Sorge habe, auf der jetzt vorliegenden Basis den Landtag aufzulösen, zudem werde die Zusammensetzung des Landtags nach einer Neuwahl sich wesentlich nicht ändern. Die Wahl eines Ministerpräsidenten werde ohne Auflösung auch leichter und schneller zu erreichen sein als nach einer Auflösung. Er habe Grund, es als sicher zu betrachten, daß im Falle der Nichtauflösung spätestens Anfang ‹ April ›[a] mit einer die Homogenität zwischen Reich und Preußen sichernden Wahl eines Ministerpräsidenten zu rechnen wäre, und auch deshalb könne er nicht anerkennen, daß ein ausreichender Grund zur Auflösung vorliege. [...]

Herr Adenauer führte aus, er müsse doch daran erinnern, daß ernsthafte Verhandlungen über die Wahl eines Ministerpräsidenten stattgefunden hätten. Es sei die Wahl des Reichstagsabgeordneten Göring[2] in Aussicht genommen gewesen, das Zentrum sei damit einverstanden gewesen, aber Herr Reichskanzler von Schleicher[3] habe zunächst den Herren Präsidenten Kerrl und Göring erklärt, daß er mit dieser Wahl völlig einverstanden sei und darauf den Reichskommissar zurückziehen werde. Einige Stunden später habe aber Reichskanzler von Schleicher dem Führer der Zentrums-Fraktion Prälat Lauscher[4] das gerade Gegenteil erklärt und gesagt, daß für den Fall dieser Wahl mit einer Zurückziehung des Reichskommissars nicht gerechnet werden könne. Es sei aber doch selbstverständlich gewesen, daß eine Wahl des Ministerpräsidenten überhaupt nur dann einen Sinn gehabt hätte, wenn damit gleichzeitig das Verschwinden des Reichskommissars erreicht worden wäre. [...]

Herr Dr. Adenauer stellte fest, daß der Grund für die Verordnung von heute lediglich die Tatsache der Nichtwahl des Ministerpräsidenten durch den Landtag und die durch die doppelte Regierung in Preußen entstande-

nen Verhältnisse sei. Den Anschauungen, daß die jetzigen Verhältnisse in Preußen unmöglich seien, stimme er restlos zu, aber er müsse feststellen, daß nach seiner Auffassung die Sachlage folgendermaßen liege:
Bleibe der Landtag, dann werde fast sicher Mitte März ein Ministerpräsident gewählt, und zwar ein solcher, der die Homogenität mit dem Reiche nicht störe, werde der Landtag aufgelöst, so werde das gleiche Ziel frühestens erst Mitte April erreicht werden. [...]
Herr Dr. Adenauer erwiderte darauf[5], das könne er nicht als richtig anerkennen. Nach seiner Kenntnis der Dinge sei das Zentrum durchaus bereit gewesen, sich von gewissen hemmenden Einflüssen aus dem Reichstagszentrum zu distanzieren. [...]
Herr Dr. Adenauer betonte, daß man sich keiner Täuschung darüber hingeben solle, daß die Auflösung des Landtags in weiten Kreisen als Verfassungsverletzung aufgefaßt werde. Von dem Standpunkt seiner Partei aus müsse er im übrigen erklären, daß dieses Vorgehen vielleicht sogar bei den Wahlen für sie günstig sein könnte. [...]
Herr Dr. Adenauer erwiderte[6], er löse sich durchaus von jeder Parteirücksicht los und folge nur seiner eigenen Überzeugung, aber der letzten Bemerkung des Vorredners gegenüber müsse er doch feststellen, daß ohne Landtagswahl die spätere Zusammenarbeit der beiden Fraktionen vielleicht einfacher zu erreichen gewesen wäre. Wesentlich ändern werde sich nach seiner Ansicht bei der Neuwahl nichts. Die jetzt schon vorhandene Mehrheit beider Fraktionen werde bleiben, also wäre es auch wohl möglich gewesen, sich jetzt auf einen der Reichsregierung genehmen Kandidaten zu einigen. [...]
Herr Adenauer erwiderte[7], daß er durchaus bemüht sei, zur Eintracht beizutragen, aber es für seine Pflicht erachten müsse, auf das Bedenkliche der neuen Verordnung hinzuweisen. ‹...›[b]
Schluß der Besprechung: 6 Uhr Nachm.

Nr. 6

7. Februar 1933 (Köln): An Ministerialdirektor Dr. Arnold Brecht, Preußisches Staatsministerium, Berlin

Sehr verehrter Herr Ministerialdirektor[1]!

Im Anschluß an unser heutiges Telefongespräch[2] bitte ich, davon abzusehen, mich in der Klage des Herrn Ministerpräsidenten gegen den Reichskommissar mit aufzuführen. ‹In sachlicher Hinsicht›[a] ist die Mitaufführrung gleichgültig; ich ‹glaube›[b] aber, daß es, wenn ich mich der Klage anschließe, zu einer Besprechung im Staatsrat kommt, die ich vermeiden möchte.

Mit freundlichen Grüßen

Ihr sehr ergebener
A[denauer]

Nr. 6 A

8. Februar 1933 (Köln): Notizen zu einem Telefongespräch mit Ministerialdirektor Dr. Arnold Brecht (Preußisches Staatsministerium)

Am 7. Februar rief mich Herr Ministerialdirektor Brecht an und frug mich, ob er mich in der Klage des Ministerpräsidenten Braun gegen den Reichskommissar wegen der falschen Besetzung des Dreimänner-Kollegiums mit als Mitkläger aufführen könne. Ich habe ihm geantwortet, daß ich ihm schreiben würde. Ich habe dann das anliegende Schreiben vom 7.2. an ihn gerichtet[1]. Maßgebend für meine Entschließung war insbesondere die Überlegung, daß diese Klage nur formale Bedeutung hat – die eigentliche Entscheidung in der ganzen Angelegenheit fällt in der Hauptklage des Preußischen Staatsministeriums gegen die Reichsregierung – und ferner, daß das Ministerium Braun sich in seiner ganzen Amtszeit gegenüber dem Staatsrat doch so unfreundlich benommen hat, daß ich es nicht für angemessen halte, als Präsident des Staatsrats ihm besondere Hilfsstellung zu leisten[2].

Nr. 7

7. Februar 1933 (Köln): Ansprache bei einer Wahlkampfveranstaltung der Rheinischen Zentrumspartei

»Seit dem Jahre 1918 hat sich Deutschland nicht mehr in einer so gefahrvollen Situation befunden wie jetzt. Zwei radikale Lager stehen sich gegenüber: auf der einen Seite die radikalisierte Rechte mit einer privaten Armee, auf der anderen Seite die Kommunisten, die außerordentlich gefährlich sind, nicht nur wegen ihrer Organisation, ihrer Waffen und Hemmungslosigkeit, sondern noch gefährlicher wegen ihrer geistigen Ideen, die sie ins Volk schleudern. Zwischen diesen beiden Lagern stehen eigentlich nur wir. Wenn Deutschland nur noch aus diesen beiden Lagern bestünde, dann würde der Bürgerkrieg unausbleiblich sein. Das wäre der furchtbarste Krieg, der mit der Vernichtung des einen Teiles enden würde. Es ergibt sich daher für uns eine Aufgabe von mindest so großer Bedeu-

tung wie 1918/19: die Aufgabe, ‹*eine*›[a] *Mitte zu sammeln,* die absolut notwendig ist, damit das Volk nicht in zwei Teile zerfällt; alles zu tun, was die Gegensätze mildert und beseitigt. *Joos*[1] hat recht, wenn er sagt, in diesem Wahlkampfe kann es sich nicht darum handeln, ob es dem einen oder anderen Stande schlechter geht; in diesem Wahlkampfe handelt es sich um viel größere und höhere Dinge, es handelt sich um die Gesamtexistenz des Deutschen Volkes.«
Für die Führung des Wahlkampfes[2] unterstrich Adenauer die Notwendigkeit, *die großen ethischen Grundlagen der Partei stark hervorzukehren.* Diese Gedanken müßten dem Volke vorgetragen und als Ziel hingestellt werden, dann werde es gelingen, in noch verstärktem Maße auch die Jugend zu gewinnen. Die drei Worte der Zentrumsdevise: *Wahrheit, Freiheit, Recht* besäßen gerade in unserer Zeit eine außergewöhnliche Wichtigkeit. Adenauer warb für die Wahrhaftigkeit in allen politischen, wirtschaftlichen und persönlichen Dingen, für die Freiheit als edelste Errungenschaft des Bürgertums und für die Durchsetzung des Rechtsgedankens. Warnend rief Adenauer aus: »Diejenigen, die jetzt von der Rechten aus am Rechtsgedanken rütteln, begehen die schwerste Sünde, die ein Mensch oder eine Partei an der Seele des Volkes begehen kann.« Das habe er den Männern im Dreimänner-Kollegium auch vorgehalten. »Ich habe gesagt: ›Gewiß ist salus publica suprema lex, noch richtiger und wichtiger aber ist der Satz: Justitia est fundamentum rei publicae!‹«

Nr. 8

8. Februar 1933 (Paris): Edouard Herriot in einer außenpolitischen Debatte der Kommission für auswärtige Angelegenheiten der französischen Deputiertenkammer

Der Kampf der Reichsregierung gegen Preußen ist von bedrohlicher Tragweite. Das Reich will einen Freistaat zunichte machen, der unter der energischen Führung von Männern wie Braun ehrlich versucht hatte, ein demokratisches Programm durchzuführen. Bayern scheint sich mit Preußen solidarisch erklären zu wollen im Interesse des Rechts und der Verfassung. Aber die juristischen Diskussionen, in denen sich heute noch einige mutige Männer wie der Kölner Bürgermeister Adenauer herumschlagen, gleichen allzusehr den Formalitäten eines Begräbnisses.

Nr. 9

10. Februar 1933 (Köln): Bericht des »Westdeutschen Beobachters« über die Ansprache Adenauers bei der Einweihung des Kölner Universitätsmuseums am 9. Februar 1933 (Auszug)

Abschließend ergriff Oberbürgermeister Dr. Adenauer das Wort. Er würdigte eingehend die Eigenart des Museums und machte anschließend interessante Ausführungen über den Neubau der Universität[1]. Er sprach von einer ungewöhnlichen Feier, wenn man bedenke, daß in die noch lange nicht vollendete Universität ein Teil der Hochschule einziehe. Raumnot, die ewige, leidige Raumnot sei der Grund für diesen Schritt. Seit dem Sommer 1931 konnte an diesem Bau kein Pfennig mehr aus städtischen Mitteln verbaut werden. Darlehen der Studentenschaft und Stiftungen finanzierten die Bautätigkeit, soweit sie nicht ganz ruhte. Die Schau müsse zeigen, was Westdeutschland für das übrige Gesamtdeutschland bedeute. Auch solle sie das Heimatgefühl im westdeutschen Menschen erwecken.

Nr. 10

17. Februar 1933 (Köln): An Generalkonsul Raban Graf Adelmann, Kattowitz

Sehr verehrter Herr Graf[1]!

Ich hatte vor einiger Zeit von Herrn Landeshauptmann Dr. Horion[2] gehört, daß das von Ihnen erwähnte Bild in Koblenz Aufsehen erregt habe. Ich habe Herrn Dr. Horion gegenüber sofort zum Ausdruck gebracht, daß jedenfalls Sie daran vollkommen unbeteiligt seien. Ich glaube aber, es ist ganz gut, wenn ich von dem Inhalt Ihres Briefes Herrn Oberpräsidenten Dr. Fuchs[3] gegenüber Gebrauch mache, und zwar gelegentlich, damit nicht die Angelegenheit zu wichtig erscheint.
Ich glaube, daß Sie dort jetzt besser dran sind als wir hier im inneren Deutschland. Es sind doch sehr böse und traurige Verhältnisse, und wohin die Entwicklung treibt, kann man *noch* gar nicht übersehen[4].
Meine Frau[5] und ich grüßen Sie vielmals.

Ihr aufrichtig ergebener
[Adenauer]

Nr. 11

20. Februar 1933 (Köln): Bericht des Beigeordneten Dr. Heinrich Billstein »über die Vorkommnisse am 19. Februar 1933« (Auszug)

Am Sonntag, den 19.2.1933, etwa 11 Uhr, wurde ich von Herrn Direktor Wolfgarten[1] angerufen, der mir mitteilte, daß zum Vorzimmer des Herrn Oberbürgermeisters die Nachricht eingegangen sei, daß auf der Hängebrücke Köln-Deutz 4 Hakenkreuzfahnen angebracht seien. Direktor Wolfgarten sagte ferner, daß er bei Herrn Beigeordneter Bönner[2] dieserhalb angefragt habe, der aber erklärt habe, daß ihn das nichts anginge, das sei Sache des Fachdezernenten. Ich erwiderte Herrn Direktor Wolfgarten, daß ich der Fachdezernent sei und für die Beseitigung der Fahnen sofort sorgen würde, und zwar durch die mir unterstehende zuständige Wasserbauabteilung.

Alsdann rief ich Herrn Stadtingenieur Schüssler[3] telefonisch an, der einen unmittelbaren Telefonanschluß nicht hat, sondern telefonisch nur zu erreichen ist durch ein Telefon in der Nachbarschaft. Dementsprechend mußte ich warten, bis Herr Schüssler benachrichtigt worden war und an das Telefon gekommen war. Nach einiger Zeit meldete sich dann Frau Schüssler und teilte mit, daß ihr Mann mit einer starken Geschwulst am Kiefer erkrankt zu Bett liege. Ich bat sie dann unter kurzer Angabe der Angelegenheit, um die es sich handele, ihren Mann zu fragen, wen ich in der Angelegenheit von der Wasserbauabteilung am schnellsten und sichersten erreichen könnte und wie.

Nach etwa 1/4 Stunde meldete sich Herr Stadtingenieur Ahrens[4] am Telefon. Ich gab demselben Auftrag, sofort die Fahnen auf der Hängebrücke herunterzuziehen; ich fragte ihn, wer das Hissen und Herunternehmen der Fahnen auf der Hängebrücke in der Regel besorge, worauf er mir erwiderte, daß das der Schlossermeister der Wasserbauabteilung mache. Ich bat also Herrn Ahrens, sofort schnellstens mit diesem Schlossermeister für das Herunterholen der Fahnen besorgt zu sein.

Gleichzeitig gab ich Herrn Ahrens den Auftrag, bei dem zuständigen Polizeirevier polizeilichen Schutz zu erbitten für den Fall, daß von irgendeiner Seite Schwierigkeiten gemacht würden beim Herunterholen der Fahnen.

Darauf rief ich Herrn Direktor Wolfgarten telefonisch an und teilte ihm mit, daß ich die entsprechenden Maßnahmen zur Beseitigung der Fahnen in die Wege geleitet hätte. Herr Direktor Wolfgarten erklärte mir, daß er inzwischen mit dem Herrn Oberbürgermeister gesprochen, von dem Vorhandensein der Fahnen auf der Hängebrücke Mitteilung gemacht und

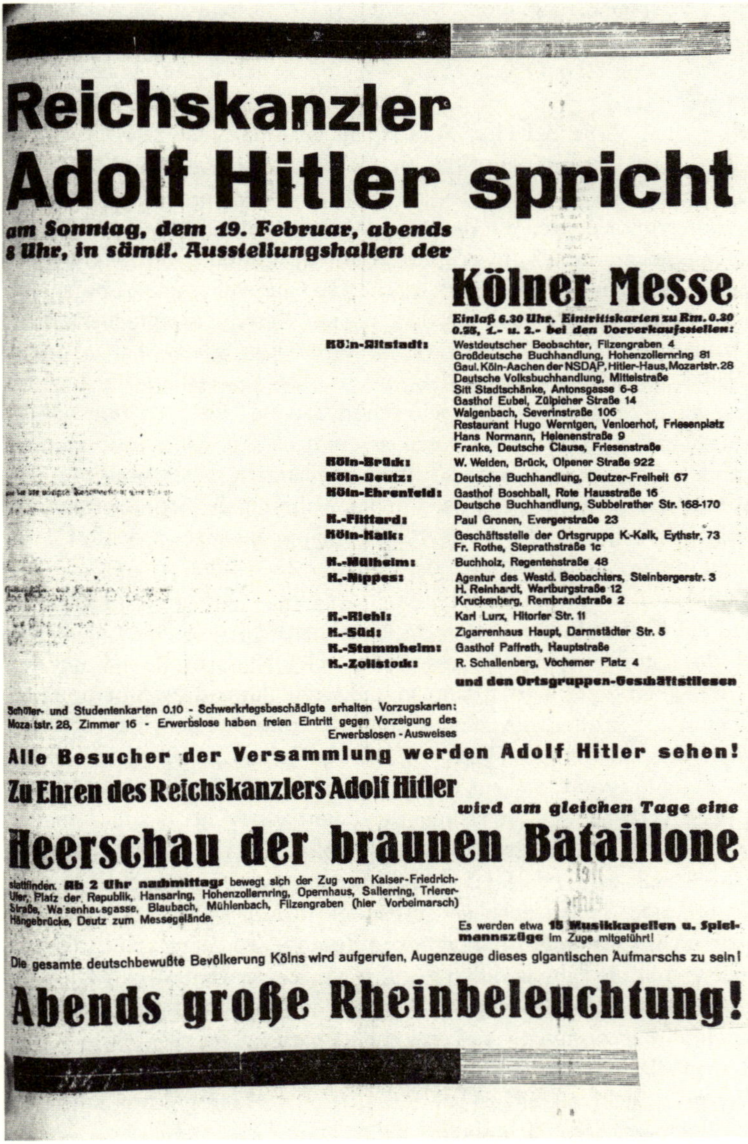

Reichskanzler Adolf Hitler spricht

am Sonntag, dem 19. Februar, abends 8 Uhr, in sämtl. Ausstellungshallen der

Kölner Messe

Einlaß 6.30 Uhr. Eintrittskarten zu Rm. 0.30 0.75, 1.- u. 2.- bei den Vorverkaufsstellen:

Köln-Altstadt: Westdeutscher Beobachter, Filzengraben 4
Großdeutsche Buchhandlung, Hohenzollernring 81
Gaul. Köln-Aachen der NSDAP, Hitler-Haus, Mozartstr. 28
Deutsche Volksbuchhandlung, Mittelstraße
Sitt Stadtschänke, Antonsgasse 6-8
Gasthof Eubel, Zülpicher Straße 14
Walgenbach, Severinstraße 106
Restaurant Hugo Werntgen, Venloerhof, Friesenplatz
Hans Normann, Helenenstraße 9
Franke, Deutsche Clause, Friesenstraße

Köln-Brück: W. Weiden, Brück, Olpener Straße 922

Köln-Deutz: Deutsche Buchhandlung, Deutzer-Freiheit 67

Köln-Ehrenfeld: Gasthof Boschball, Rote Hausstraße 16
Deutsche Buchhandlung, Subbelrather Str. 168-170

K.-Flittard: Paul Gronen, Evergerstraße 23

Köln-Kalk: Geschäftsstelle der Ortsgruppe K.-Kalk, Eythstr. 73
Fr. Rothe, Steprathstraße 1c

K.-Mülheim: Buchholz, Regentenstraße 48

K.-Nippes: Agentur des Westd. Beobachters, Steinbergerstr. 3
H. Reinhardt, Wartburgstraße 12
Kruckenberg, Rembrandstraße 2

K.-Riehl: Karl Lurx, Hitorfer Str. 11

K.-Süd: Zigarrenhaus Haupt, Darmstädter Str. 5

K.-Stammheim: Gasthof Paffrath, Hauptstraße

K.-Zollstock: R. Schallenberg, Vochemer Platz 4

und den Ortsgruppen-Geschäftstellen

Schüler- und Studentenkarten 0.10 - Schwerkriegsbeschädigte erhalten Vorzugskarten: Mozartstr. 28, Zimmer 16 - Erwerbslose haben freien Eintritt gegen Vorzeigung des Erwerbslosen - Ausweises

Alle Besucher der Versammlung werden Adolf Hitler sehen!

Zu Ehren des Reichskanzlers Adolf Hitler wird am gleichen Tage eine

Heerschau der braunen Bataillone

stattfinden. Ab 2 Uhr nachmittags bewegt sich der Zug vom Kaiser-Friedrich-Ufer, Platz der Republik, Hansaring, Hohenzollernring, Opernhaus, Salierring, Trierer-Straße, Waisenhausgasse, Blaubach, Mühlenbach, Filzengraben (hier Vorbeimarsch) Hängebrücke, Deutz zum Messegelände.

Es werden etwa 15 Musikkapellen u. Spielmannszüge im Zuge mitgeführt!

Die gesamte deutschbewußte Bevölkerung Kölns wird aufgerufen, Augenzeuge dieses gigantischen Aufmarschs zu sein!

Abends große Rheinbeleuchtung!

ihm erklärt habe, daß Herr Beigeordneter Dr. Billstein als Fachdezernent bereits für die Entfernung der Fahnen das Erforderliche in die Wege geleitet habe. Herr Oberbürgermeister hätte sich damit einverstanden erklärt.
Nach einer Weile rief Herr Stadtingenieur Ahrens telefonisch an und teilte mit, daß er mit dem Schlossermeister in der Nähe der Markthalle säße, in dessen Wohnung; es sei gänzlich ausgeschlossen die Fahnen herunterzuholen, weil ein derartiger Verkehr auf der Hängebrücke sei, daß unbedingt mit Schwierigkeiten und Angriffen gerechnet werden müsse, wenn man den Versuch mache, die Fahnen herunterzuholen. Ich fragte Herrn Ahrens, ob er sich denn meiner Weisung entsprechend nicht mit dem zuständigen Polizeirevier in Verbindung gesetzt habe. Ahrens bejahte dies und fügte hinzu, daß der Leiter des Reviers ihm zur Antwort gegeben habe, das wäre doch sehr schön, daß die Fahnen da hingen, man solle dieselben doch ruhig hängen lassen; der Leiter habe sich für außerstande erklärt, polizeilichen Schutz zu stellen. Ich gab Anweisung, daß Ahrens und der Schlossermeister in der Wohnung des Schlossermeisters verbleiben sollten und weiteren Befehl von mir abwarten möchten (Telefonnummer Ahrens beim Schlossermeister 22 36 90).
Kurz darauf rief mich das Vorzimmer des Herrn Oberbürgermeisters an und teilte mir mit, daß der Herr Oberbürgermeister gebeten habe, daß ich ihn sofort in seiner Privatwohnung telefonisch anrufe. Ich rief den Herrn Oberbürgermeister dann an und setzte ihn von der Situation und den bisher getroffenen Maßnahmen in Kenntnis und berichtete ihm vor allem, daß die mit dem Herunterholen der Fahnen Beauftragten erklärt hätten, außerstande zu sein, die Fahnen herunterzuholen angesichts des starken Verkehrs auf der Hängebrücke und angesichts des Umstandes, daß von dem zuständigen Polizeirevier polizeilicher Schutz nicht in Aussicht gestellt worden sei. Herr Oberbürgermeister ersuchte mich, Herrn Grohé[5] oder Herrn Schaller[6] anzurufen und dieselben zu bitten, die widerrechtlich auf der Hängebrücke aufgezogenen Fahnen zu entfernen, anderenfalls die Fahnen durch Beauftragte der Verwaltung entfernt werden müßten. Falls die Herren nicht bindend und für in kürzester Zeit durchführbar zusagten, die Fahnen entfernen zu lassen, sollte ich den Herrn Polizeipräsidenten[7] anrufen und denselben bitten, den erforderlichen polizeilichen Schutz zu gewähren, damit das Herunterholen der Fahnen reibungslos vor sich ginge.
Dementsprechend rief ich Herrn Grohé unter der im Stadtverordnetenverzeichnis verzeichneten Nummer telefonisch an. Es meldete sich die Geschäftsstelle des »Westdeutschen Beobachters«, und zwar ein Fräulein.

Dieselbe erklärte, nachdem sie sich zuerst erkundigt hatte, daß Herr Grohé nicht anwesend sei, derselbe sei im Belgischen Hof. Ich fragte dann nach Herrn Schaller; es wurde mir erwidert, daß auch Herr Schaller nicht anwesend sei, auch er sei im Belgischen Hof. Da ich mir nun nichts davon versprach, im Belgischen Hof nach Herrn Grohé und Herrn Schaller zu forschen, weil ich annahm, daß dort ein derartig großer Betrieb herrschte, daß die Herren entweder nicht gefunden werden könnten oder keine Zeit hätten, an den Apparat zu kommen, fragte ich, ob denn niemand da wäre, der die Herren zu vertreten hätte und der dringende und wichtige Mitteilungen entgegennehmen und dementsprechend das Erforderliche veranlassen könnte. Darauf wurde ich mit dem Leiter der Gau-Pressestelle verbunden. Ich fragte ihn, ob er zuständig sei, eine wichtige Mitteilung entgegenzunehmen und das Erforderliche daraufhin veranlasse. Der betr. Leiter fragte mich dann, worum es sich handele. Ich erwiderte ihm, daß, was ihm vielleicht schon bekannt sei, auf der Hängebrücke 4 Hakenkreuzfahnen widerrechtlich angebracht seien. Der Herr Oberbürgermeister habe die Beseitigung der Fahnen angeordnet und mir den Auftrag gegeben, Herrn Grohé oder Herrn Schaller zu bitten, für die sofortige Beseitigung der Fahnen zu sorgen, anderenfalls die Verwaltung ihrerseits die Fahnen beseitigen lassen müsse. Der Herr erwiderte, daß ihm von diesen Fahnen nichts bekannt sei, daß er aber auch in der Angelegenheit nichts veranlassen könne; vielleicht empfehle es sich, daß ich in der Angelegenheit einmal die Gauleitung in der Mozartstr. anrufe. Ich erwiderte ihm, daß ich mir davon nichts verspreche, weil bei der Kürze der Zeit diese doch viel zu weit abliege und wahrscheinlich mit der Aufstellung des Festzuges beschäftigt sei. Der betr. Herr versprach mir dann, Herrn Grohé Mitteilung zu machen, daß die Fahnen auf der Hängebrücke auf Anordnung der Verwaltung beseitigt werden müßten; er fügte aber hinzu, daß er nicht wisse, ob und wann er Herrn Grohé sehen würde. [...]

Nach etwa 10 Minuten wurde ich wieder von Herrn Oberbürgermeister angerufen, der mir folgendes mitteilte: Er habe mit dem Polizeipräsidenten gesprochen; der Polizeipräsident habe ihm erklärt, daß er es für richtiger halte und in dieser Auffassung sich auch in Übereinstimmung befinde mit dem Regierungspräsidenten[8], daß die Fahnen nicht entfernt würden. Einmal sei für die Entfernung der Fahnen die Zeit schon zu weit vorgeschritten, auch befänden sich der Polizeipräsident und der Regierungspräsident in Übereinstimmung mit der Meinung des Ministers Göring, der auf dem Standpunkt stände, daß man Verständnis dafür haben müsse, daß die Nationalsozialisten nach ihrem langen Kampf um die Herrschaft berechtigte Freude darüber empfinden müßten, daß sie endlich zum Ziel gekommen seien; dieser Freude müsse man aber ein Ventil lassen. Der Herr Oberbürgermeister teilte mir weiter mit, daß er dem Polizeipräsidenten gegenüber die Erklärung abgegeben habe, daß er sich darauf nicht einlassen könne; er habe den Polizeipräsidenten gefragt, ob er keinen polizeilichen Schutz gewähren würde, wenn seitens der Verwaltung die Fahnen heruntergeholt würden. Der Polizeipräsident habe geantwortet, daß er selbstverständlich polizeilichen Schutz gewähren würde. Der Herr Oberbürgermeister gab mir dann den Auftrag dafür zu sorgen, daß durch meine Leute sofort die Fahnen beseitigt würden; weiter sollte ich mich mit dem Herrn Polizeipräsidenten in Verbindung setzen und demselben berichten, daß mit der Beseitigung der Fahnen sofort begonnen würde [und] die Beseitigung etwa 45 Minuten dauern würde. Der Herr Oberbürgermeister ließe bitten, für den nötigen polizeilichen Schutz zu sorgen. [...] Ich habe dann ebenfalls von der Pförtnerstelle aus dem Herrn Oberbürgermeister berichtet, daß die 4 Fahnen auf der Hängebrücke entfernt worden seien; über gewisse Schwierigkeiten, die dabei zutage getreten seien, würde ich noch berichten. Herr Oberbürgermeister erkannte die Leistung an und sagte, daß die betr. Leute noch besonders belobt werden müßten. Ich berichtete dem Herrn Oberbürgermeister dann weiter über die Situation, wie ich sie auf dem Messegelände angetroffen hätte. Herr Oberbürgermeister entschied, daß ein Anbringen der Fahnen auf dem Presseturm durchaus nicht in Frage kommen könnte. Er fragte dann, ob die Fahnenstangen nicht etwa an den Fenstern der Messehalle herausgehängt werden könnten, was ich angesichts der Schwere der Stangen und des Mangels an erforderlichem Material verneinte. Herr Oberbürgermeister sagte dann, ich möchte sehen, wie ich es fertig brächte, die Fahnenstangen aufzurichten, damit die Fahnen angebracht werden könnten.

Nr. 12

21. Februar 1933 (Köln): Leitartikel des »Westdeutschen Beobachters«: »Adenauer und der Nationalsozialismus«

Es ist gut, daß sich die Geister scheiden, und daß auch die letzten Zweifel über das wirkliche Wesen von Parteien und Personen beseitigt werden. In diesen Tagen und Wochen der Erhebung des deutschen Volkes gegen Marxismus und Judentum und internationale Sklaverei entlarven sich auch jene, die in der hinter uns liegenden Zeit sich hier und da den Anschein zu geben versuchten, als hätten sie doch etwas von Größe an sich.

Zu diesen zählt sich zweifellos Herr Dr. h.c. Adenauer, Oberbürgermeister von Köln und Präsident des Preußischen Staatsrates. Er muß schon eine abgrundtiefe Abneigung gegen das junge nationalsozialistische Deutschland haben. Anders ist sein Verhalten in diesen Tagen, welches nicht nur unklug und kleingeistig, sondern auch im höchsten Maße herausfordernd ist, nicht zu erklären!

Sein Widerspruch im Drei-Männer-Kollegium gegen die Auflösung eines unmöglichen Landtags[1] zeigte seine innere Verbundenheit mit dem Marxismus, von dem das Zentrum wie auch Herr Adenauer persönlich offenbar nicht mehr loskommen. Die Ablehnung der Rheinbeleuchtung gelegentlich der Anwesenheit des Reichskanzlers, die er mit dem angeblich »parteipolitischen« Charakter der Veranstaltung begründete, bewies, daß Adenauer ein Mann des Parteienstaates und der Klassen- und Konfessionsgegensätze geblieben ist.

Denn wie kann sonst jemand das junge Deutschland, welches in seinem politischen Ideal Klassengegensätze, Standesdünkel und Konfessionshader überwunden hat, als »parteipolitisch« bezeichnen? Wo wäre jemals ein Volk mit seiner ganzen Verbundenheit aller Schichten mehr verkörpert gewesen, als in der nationalsozialistischen Bewegung?

Und außerdem: wenn die Rheinbeleuchtung einen Sinn hat, dann war er am Sonntag gegeben, wo mehr Menschen zusammengeströmt waren, als je bei einem Anlaß zuvor!

Derselbe Herr Adenauer ordnete persönlich (!) die Entfernung der Hakenkreuzfahnen von den Masten der Hängebrücke an[2]! Die Entfernung der Fahnen war möglich, weil die Bevölkerung zur gleichen Zeit in anderen Stadtteilen dem Aufmarsch der braunen Bataillone zusah.

Herr Adenauer mag wissen, daß solche Herausforderungen sich in Zukunft rächen werden!

Konnte man aber überhaupt von Herrn Adenauer etwas anderes erwarten? Von jenem Mann, der in der Separatistenzeit eine sehr umstrittene Rolle gespielt hat[3], der mit der Sozialdemokratie bei jeder Gelegenheit Hand in Hand ging und noch vor kurzem die Anstellung eines sozialdemokratisch-marxistischen Bürgermeisters[4] in Köln mit Erfolg betrieb?!

Kann man von einem Mann Verständnis für ein neues Deutschland erwarten, der selbst an der völkischen Verheerung der Vergangenheit mitgewirkt hat, die Finanzen der Stadt ruinierte, sich selbst aber ein Jahreseinkommen von 108 000 RM. sicherte[5]!!

Nein, hier zeigt es sich, daß niemand aus seiner Haut heraus kann. Und das ist gut so. Das neue Deutschland ist ohne und gegen Herrn Adenauer entstanden und wird deshalb auch mit Herrn Adenauer restlos fertig werden!

Nr. 13

22. Februar 1933 (Düsseldorf): Nachruf auf Landeshauptmann Dr. Johannes Horion (Auszug)

Jetzt ist er von uns geschieden, eine schmerzliche Lücke hinterlassend, eine Lücke, doppelt schmerzlich in dieser Zeit. Er ist gegangen in der Vollkraft der Jahre und der Erfahrungen, auf der Höhe seines Lebens. So soll sein Bild in uns lebendig bleiben als das Bild eines Mannes, der Führer und Diener zugleich ist. Wir alle, das ganze Rheinland, werden in Treue und Dankbarkeit seiner gedenken als eines der besten Söhne, die der rheinischen Erde entsprossen sind[1].

Nr. 14

24. Februar 1933 (Berlin): Mitteilung von Beschlüssen des Preußischen Staatsrats in seiner Sitzung vom 23.2.1933 an das Preußische Staatsministerium

Der Preußische Staatsrat hat heute in einer allgemeinen Aussprache über die gegenwärtigen staatsrechtlichen Verhältnisse in Preußen, mit der die Beratung über den

Runderlaß vom 4. Februar 1933[1], betreffend die Neuwahl der kommunalen Vertretungskörperschaften – Drucks. *Nr. 27* –

verbunden war, folgenden Beschluß gefaßt:

I.

1. Die durch Verordnung vom 4. Februar 1933 verfügte allgemeine Auflösung aller kommunalen Vertretungskörperschaften widerspricht den gesetzlichen Bestimmungen.
Das »allgemeine Staatsaufsichtsrecht« und »die veränderte Einstellung weitester Bevölkerungskreise« geben nicht das Recht, entgegen den bestehenden gesetzlichen Bestimmungen oder ohne solche die Auflösung zu verfügen.
Der Staatsrat beschließt, die Auflösung derjenigen Wahlkörper, von denen die Mitglieder des Staatsrats gewählt sind (Provinziallandtage, Stadtverordnetenversammlung in Berlin, Kommunallandtage für Hessen und Nassau, sowie für die Hohenzollerischen Lande), durch Klage beim Staatsgerichtshof anzufechten.
Der Präsident des Staatsrats wird beauftragt, das Weitere zu veranlassen.

2. Die am 6. Februar 1933 erlassene Verordnung zur Herstellung geordneter Regierungsverhältnisse in Preußen[2] ist mit der Reichsverfassung und dem Urteil des Staatsgerichtshofs vom 25. Oktober 1932[3] nicht vereinbar.

3. Die am 5. Februar 1933 durch den Präsidenten des Landtages und den Reichskommissar für das Land Preußen beschlossene Auflösung des Preußischen Landtags ist verfassungswidrig.

4. Die im Amtlichen Preußischen Pressedienst mitgeteilten Runderlasse des Kommissars des Reichs für das Preußische Ministerium des Innern vom 10.[4] und 17. Februar 1933[5] verstoßen gegen die Artikel 109 und 114 der Reichsverfassung[6], da sie eine verschiedene Behandlung der Staatsbürger durch Staatsorgane anordnen.

5. Der Amtliche Preußische Pressedienst vom 20. Februar 1933 gibt einen Erlaß des Kommissars des Reichs für das Preußische Ministerium des Innern, Reichsminister Göring, an alle Polizeibehörden vom 17. Februar d. Js. wieder. Ebenso liegt der Erlaß des Reichskommissars Göring vom 10. 2. 1933 vor. Diese Erlasse entehren nicht nur weite Schichten des deutschen Volkes, sondern sie schaffen ganz offensichtlich zweierlei Recht, beeinflussen die Polizeibehörden in einseitigem Maße und schaffen dadurch eine Rechtsunsicherheit, die der Herstellung geordneter Verhältnisse im Lande Preußen widerspricht. Der Kommissar des Reichs für das Preußische Ministerium des Innern, Reichsminister Göring, leitet seine Befugnisse aus der Autorität des Herrn Reichspräsidenten her. Solange diese Erlasse bestehen, finden sie mithin ihre Rechtsgrundlage ausschließlich in den dem Herrn Reichspräsidenten auf Grund des Artikels 48 der Reichsverfassung gewährten Vollmachten.
Der Staatsrat als die zur Zeit einzige in Preußen in Funktion befindliche Volksvertretung hält es für seine unabweisbare Pflicht gegenüber Volk und Vaterland, auf die schweren Gefahren und die unausbleiblichen Folgen dieser Erlasse hinzuweisen und fordert die sofortige Aufhebung dieser Erlasse. Er ersucht zu diesem Zweck den Präsidenten des Preußischen Staatsrats, dem Herrn Reichspräsidenten die schweren Bedenken gegen den Fortbestand dieser Erlasse zu unterbreiten und den Herrn Reichspräsidenten persönlich zu bitten, für die Aufhebung der Erlasse Sorge zu tragen.

6. Die vom Ministerialdirektor Dr. Schütze[7] im Auftrage des Reichskommissars für das Land Preußen in der Sitzung des Verfassungsausschusses am 21. Februar 1933 abgegebene Erklärung bedauert der Staatsrat. Dem Staatsrat, der es stets als sein Recht und seine Pflicht angesehen hat, über

die Beachtung der Verfassungsvorschriften zu wachen, kann auch jetzt nicht die Befugnis abgesprochen werden, die Verfassungsmäßigkeit der vom Reichskommissar erlassenen Verordnungen nachzuprüfen.

Da die Entscheidung über die vorerwähnten rechtlichen Fragen durch den Staatsgerichtshof in Kürze zu erwarten ist, erklärt sich der Staatsrat zwecks Herstellung geordneter Zustände in Preußen und verfassungsmäßiger Erledigung der Staatsgeschäfte bereit, die ihm zugehenden Vorlagen sachgemäß zu erledigen, ohne damit die Frage ihrer Rechtsgültigkeit vorzugreifen. Der Staatsrat setzt dabei voraus, daß der Reichskommissar für das Land Preußen dem Staatsrat die Ausübung seiner verfassungsmäßigen Rechte pflichtgemäß ermöglicht.

II.
Der Staatsrat hat ferner beschlossen:

1. die sofortige Aufhebung aller Versammlungs-, Demonstrations- und Presseverbote sowie aller anderen Regierungs- oder Polizeimaßnahmen, die geeignet sind, die Wahlfreiheit zu behindern, zu fordern,

2. schärfsten Protest einzulegen gegen den einseitigen Mißbrauch des Rundfunks durch die Reichsregierung zur Wahlpropaganda für die N.S.D.A.P und die Deutschnationale Volkspartei.

III.
Der Staatsrat hat im übrigen den Runderlaß auf Nr. 27 der Drucksachen durch Kenntnisnahme für erledigt erklärt.

Hiervon beehre ich mich dem Staatsministerium ergebenst Kenntnis zu geben.

A

Nr. 15

24./25. Februar 1933 (Berlin): Aufzeichnung über Verhandlungen zur Vorbereitung eines Empfangs bei Reichspräsident Paul von Hindenburg

Nachmitt[ag], 5,30, bei Staatssekretär Meissner[1].
Ich vorgeschlagen am 25. mit dem am 24. abwesenden Herrn v. Papen u[nd] Göring Aussprache, je nachdem Empfang beim Reichspräsidenten. M[eissner] richtig, er habe d[em] H[errn] Reichspräsidenten morgens Vortrag gehalten, er habe gefragt, ob ich mich schon angesagt habe, ev[entuell] Empfang Samstag Nachmittag zwischen 5-7 Uhr. Ich solle ihm Beschlüsse des Staatsrats schon dort lassen.

25.2.1933
11 1/2 Uhr Mitteilung Dr. Albrechts[2] von Ministerialrat Gr[i]tzbach[3], Herr v. Papen bedauere außerordentlich, mich nicht empfangen zu können, habe gleich Kabinettssitzung.
Ich habe darauf H[errn] Meissner telef[onisch] dies mitgeteilt u[nd] gebeten, heute Nachmittag meinen Empfang beim Reichspräs[identen] zu vermitteln. Meissner nach kurzer Zeit mir telef[onisch] gesagt, er habe mit H[errn] v. P[apen] gesprochen, Herr v. P[apen] sei über die Bedeutung der Angelegenheit nicht richtig informiert gewesen, er werde mich am Nachmitt[ag] mit H[errn] Göring empfangen. Ev[entueller] Empfang beim Reichspräs[identen] dann heute vor 7 Uhr oder nächste Woche, Montag sehr schwierig. [...] in die Presse geben, ich hätte den Protest des Staatsrats dem R[eichs] Präs[identen] z[u] H[änden] des Herrn Staatssekretär Meissner übergeben, R[eichs] Präs[ident] habe sich bereit erklärt, mich zu empfangen, dem Empfang solle eine gemeinsame Aussprache mit [den Herren] v. P[apen] u[nd] G[öring] vorausgehen[4]. Dann Mitt[woch] Unterredung bei ihm 3,45.

Nr. 16

25. Februar 1933: Portrait Adenauers auf der Titelseite des »Feuerreiter«

9. Jahrgang · Nr. 8
Erscheint wöchentlich

Der Feuerreiter

Köln, 25. Februar 1933
Einzelpreis 20 Pf., 40 Groschen

Verlag Hans Struth · Köln · Hochhaus

Das neueste Porträt des Kölner Oberbürgermeisters

Dr. h. c. Konrad Adenauer

Das lebensgroße Gemälde, das ausdrucksvolle Lebenswahrheit mit höchster künstlerischer Qualität verbindet, ist das kürzlich vollendete Werk des rheinischen Malers Johannes Greferath

Nr. 17

25. Februar 1933 (Berlin): Aktenvermerk des Verwaltungsdirektors des Preußischen Staatsrats, Dr. Wilhelm Albrecht, zur Vorbereitung einer Unterredung Adenauers mit Vizekanzler Franz von Papen und Reichsminister Hermann Göring (Auszug)

I.

Am Sonnabend, den 25. Februar 1933, vormittags 8 3/4 Uhr rief mich der Herr Präsident Dr. Adenauer von seiner Amtswohnung aus an und beauftragte mich, dem Ministerialrat Gr[i]tzbach im Staatsministerium folgende Mitteilung zur Weitergabe an den Herrn Vizekanzler von Papen zu machen:

Am gestrigen Freitag um 5 1/2 Uhr habe eine Rücksprache zwischen dem Herrn Staatssekretär Meissner und Herrn Dr. Adenauer stattgefunden, in der Herr Dr. Adenauer dem Herrn Staatssekretär Meissner den Beschluß des Staatsrats auf Staatsratsdrucksache Nr. 38[1] zur Kenntnisnahme gebracht habe und gleichzeitig in Ausführung dieses Beschlusses um Vermittlung einer Unterredung mit dem Herrn Reichspräsidenten gebeten habe. Im Verlauf der Rücksprache habe Herr Dr. Adenauer darauf hingewiesen, daß die Sache am besten und vielleicht ohne Inanspruchnahme des Herrn Reichspräsidenten erledigt werden könne, wenn am heutigen Vormittag eine Unterredung zwischen Herrn Dr. Adenauer einerseits und dem Herrn Vizekanzler von Papen und Herrn Reichsminister Göring andererseits stattfinden würde[2]. Herr Staatssekretär Meissner habe diese Absicht durchaus gebilligt und den Herrn Präsidenten gebeten, ihn bis 1 1/2 Uhr Bescheid über den Ausgang der Besprechung mit Herrn von Papen und Herrn Göring zukommen zu lassen, er sei alsdann bereit, die Unterredung mit dem Herrn Reichspräsidenten, falls sie noch stattfinden müsse, zwischen 5 und 7 Uhr zu vermitteln. [...]

IV.

Um 11.10 Uhr rief mich der Herr Präsident Dr. Adenauer an und teilte mir mit, daß er soeben von dem Herrn Staatssekretär Dr. Meissner telefonisch die Auskunft erhalten habe, Herr von Papen sei über die Wichtigkeit der Angelegenheit vom Staatsministerium nicht richtig unterrichtet worden. Herr v[on] P[apen] habe dem Herrn Staatssekretär Meissner erklärt, daß er zu der erbetenen Besprechung selbstverständlich gern bereit sei, die Besprechung aber aus Mangel an Zeit erst am frühen Nachmittag stattfinden lassen könne.

V.

Der Weisung des Herrn Präsidenten entsprechend rief ich unmittelbar nach Empfang dieser Nachricht erneut beim Staatsministerium an und bat Herrn Gr[i]tzbach um Mitteilung eines Termins für die Besprechung. Herr Gr[i]tzbach erwiderte darauf, daß die Besprechung um 3.45 Uhr stattfinden werde. Er erklärte ferner, daß er den Herrn Vizekanzler genau im Sinne der vorstehend unter I. fixierten Weisung informiert habe. Die Mitteilung des Herrn Staatssekretärs Meissner, daß Herr von Papen nicht genügend informiert worden sei, sei seiner Ansicht nach so aufzufassen, daß Herr von Papen im Gespräch mit dem Herrn Staatssekretär nähere und erschöpfende Auskünfte erhalten habe, als sie in dem Auftrag des Herrn Staatsratspräsidenten enthalten wären. Auf meine Frage, ob denn auch Herr Minister Göring an der Besprechung teilnehmen würde, erklärte Herr Gr[i]tzbach, daß er anheim geben müsse, sich dieserhalb an Herrn Göring direkt zu wenden. Ein Einfluß auf Herrn Göring in dieser Beziehung könne vom Staatsministerium nicht ausgeübt werden, Herr Göring tue, was er für gut halte. Im übrigen glaube er (Gr[i]tzbach) nicht, daß Göring zurzeit in Berlin sei.

VI.

Ich gab diese Mitteilung sofort an den Herrn Präsidenten Dr. Adenauer weiter, worauf dieser mich beauftragte, nochmals im Staatsministerium anzurufen und Herrn Gr[i]tzbach mitzuteilen, daß die Hinzuziehung des Herrn Göring zu der Unterredung auf einer mit dem Staatssekretär Meissner getroffenen Vereinbarung beruhe. Herr Staatssekretär Meissner habe ihn (Dr. Adenauer) ausdrücklich ermächtigt, über den Ausgang dieser Unterredung eine Mitteilung an die Presse zu geben. Herr Gr[i]tzbach solle gebeten werden, sich bei Herrn von Papen persönlich zu erkundigen, ob dieser es nicht für besser halte, Herrn Göring von sich aus zu der Unterredung einzuladen, oder ob er es wirklich Herrn Dr. Adenauer überlassen wolle, die zur Hinzuziehung des Herrn Göring erforderlichen Schritte zu tun.

VII.

Um 12.20 Uhr habe ich den unter 5 erteilten Auftrag an die Vorzimmerbeamtin des Herrn von Papen weitergegeben, da mir auf mehrfache telefonische Anfrage stets mitgeteilt wurde, Herr Gr[i]tzbach befände sich außerhalb des Hauses in einer wichtigen Besprechung, werde aber jeden Augenblick zurückerwartet.

VIII.
13.05 Uhr rief mich Herr Ministerialrat Gr[i]tzbach an und teilte mir mit, daß er sich inzwischen mit Herrn Minister Göring in Verbindung gesetzt habe. Herr Minister Göring sei bereit, an der Unterredung teilzunehmen, verlasse aber bereits um 3.30 mit dem Flugzeug Berlin, die Besprechung müsse also vor diesem Zeitpunkt stattfinden. Er (Gr[i]tzbach) werde sich bemühen, die Unterredung um 2.10 Uhr zustande zu bringen. Ort der Zusammenkunft würde alsdann nicht das Staatsministerium, sondern die Privatwohnung des Herrn Vizekanzlers von Papen, Wilhelmstr. 74 sein.

IX.
1.45 rief Herr Gr[i]tzbach erneut an und teilt mit, daß es bei dem Termin um 2.10 in der Privatwohnung des Herrn Vizekanzlers Wilhelmstr. 74 nunmehr endgültig verbleibe. – Der Herr Präsident wurde von mir entsprechend verständigt.

Nr. 18
25. Februar 1933: Wahlflugblatt des Frauenbeirats der Zentrumspartei (siehe folgende Seite)

Nr. 19
25. Februar 1933 (Berlin): An den Reichsminister und Reichskommissar für den Geschäftsbereich des Preußischen Ministeriums des Innern, Hermann Göring, Berlin

Sehr geehrter Herr Minister!

Im Anschluß an unsere heutige Unterredung[1] in Gegenwart des Herrn Vizekanzlers von Papen erlaube ich mir, das Ergebnis dieser Besprechung dahin wiederzugeben, daß Sie, Herr Minister, am Montag, den 27. d. Mts., durch den Amtlichen Pressedienst eine Erklärung des Inhalts verbreiten lassen werden, daß *jeder* Übertreter von Gesetzen verfolgt werden wird, gleichgültig welcher Partei er angehört[2].

Mit dem Ausdruck meiner vorzüglichen Hochachtung
Ihr ergebener
A

Köln, den 25. Februar 1933.

Sehr verehrte Frau!

Bitte nehmen Sie in diesen Tagen der Erregung ein ruhiges Wort freundlich auf und geben es weiter.

Es geht um deutsches Schicksal. Wir Frauen sind mitverantwortlich für seine Gestaltung. Wir gestalten es durch die Abgabe unserer Stimme. Wer der Entscheidung ausweichen will und deshalb nicht wählt, wird mitschuldig an der weiteren Radikalisierung unseres Volkes, die ein Unglück und eine Gefahr für Vaterland und Kirche bedeutet.

Wir haben bisher diesen Radikalismus durch die besonnenen Elemente im Volke einzudämmen vermocht; jetzt aber ist er ins Maßlose angewachsen. Denken Sie nur an die traurigen Ereignisse der letzten Tage und Wochen. Sie werden mit uns bestürzt sein, daß die Polizei bei Aufrechterhaltung von Ruhe und Ordnung nicht mehr wie bisher gegen jeden Angreifer, gleichgültig welcher Partei er angehört, vorgehen kann, sondern daß sie verpflichtet ist, gegenüber bestimmten Volkskreisen rücksichtslos von der Waffe Gebrauch zu machen, gegenüber anderen sich aber zurückzuhalten, sich sogar „gut mit ihnen zu stellen."

Die ersten Folgen einer solchen Anweisung haben wir erlebt. Unsere Versammlungen wurden gesprengt, die Redner am Sprechen verhindert, Minister Stegerwald verwundet, Geistliche tätlich angegriffen, katholische Druckereien gestürmt, ohne daß die Polizei eingegriffen hätte. Die Straßenüberfälle häufen sich. Jeder Tag bringt Tote und Verwundete, nicht nur aus den Reihen der radikalen Parteien, sondern auch aus der ruhigen und unbeteiligten Bevölkerung.

Die traurigen Vorfälle lassen sich nicht allein aus der Erregung des Wahlkampfes erklären; sie sind Ausfluß einer Gesinnung, die hemmungslos Haß predigt und die Vernichtung des Gegners will. Es erschüttert uns zutiefst, daß selbst die Jugend mit solchen Gedanken vergiftet wird.

Sie wollen gewiß wie wir, daß diese Zustände bald ihr Ende finden. Dann beherzigen Sie bitte die eindringliche Mahnung unserer Bischöfe und wählen Männer und Frauen, **„deren Charakter und erprobte Haltung Zeugnis geben von ihrem Eintreten für Frieden und soziale Wohlfahrt des Volkes, für den Schutz der konfessionellen Schule, der christlichen Religion und der katholischen Kirche."**

Für diese Güter sind die Männer und Frauen des Zentrums unentwegt eingetreten. Darum bitten wir, geben auch Sie Ihre Stimme am 5. und 12. März dieser Partei und wählen Liste **4**.

Wir begrüßen Sie herzlich!

Frau Gussie Adenauer, Antonie Hopmann,
Frau Barbara Joos, Dr. Amalie Lauer,
Christine Teusch, Katharina Zinnicken.

Dok. Nr. 18

Nr. 20
26. Februar 1933 (Berlin): Meldung der »Vossischen Zeitung« über die Aussprache Adenauer–Göring

Nachdem der Preußische Staatsrat beschlossen hat, durch seinen Präsidenten, Oberbürgermeister Adenauer, dem Reichspräsidenten die Bedenken gegen die Göringschen Schießerlasse vorzutragen[1], hat Vizekanzler von Papen in dieser Angelegenheit vermittelt. Seine Aktion hatte den Erfolg, daß am gestrigen Sonnabend eine unmittelbare Aussprache zwischen Reichsminister Göring und dem Staatsratspräsidenten Adenauer stattfand[2]. Ein parlamentarisches Nachrichtenbüro teilt darüber mit, daß Adenauer von Göring zufriedenstellende Erklärungen hinsichtlich der Erlasse erhalten hat. Präsident Adenauer werde infolgedessen nicht mehr genötigt sein, zu einem Empfang beim Reichspräsidenten nachzusuchen.

Nr. 21
1. März 1933 (Köln): An Vizekanzler Franz von Papen, Berlin

Sehr verehrter Herr Kanzler!

Bis jetzt hat, soviel ich feststellen kann, Herr Reichsminister Göring nicht die in der Besprechung am 25. v. Mts.[1] zugesagte Erklärung durch den amtlichen preußischen Pressedienst verbreiten lassen. Ich nehme an, daß die Unterlassung auf die starke Inanspruchnahme des Herrn Göring in den vergangenen Tagen zurückzuführen ist. Ich wäre Ihnen aber, sehr geehrter Herr Kanzler, besonders dankbar, wenn Sie darauf hinwirken würden, daß Herr Göring nunmehr diese Erklärung abgibt[2].
Ich habe mit Herrn Professor Lauscher die Angelegenheiten nochmals besprochen, die zwischen uns berührt worden sind, und dabei wiederum festgestellt, daß er durchaus derselben Meinung ist wie ich. Es wird Sie wohl auch interessieren, zu hören, daß Herr Grass[3] mit Entschiedenheit bestreitet, die ihm in den Mund gelegte Äußerung getan zu haben. Herr Lauscher oder Herr Grass werden dieserhalb aber noch mit Ihnen nach der Wahl Fühlung nehmen. Ich bitte daher, diese Mitteilung nur als für Sie persönlich bestimmt zu betrachten.
Es herrscht in den weitesten Kreisen, nicht nur hier in Köln, sondern insbesondere auch in ländlichen Bezirken, große Besorgnis, daß die Wahl sowohl am 5. wie am 12. März[4] nicht absolut frei vonstatten gehen werde. Man befürchtet sowohl Belästigungen der Wähler durch kommunisti-

sche Gruppen wie auch Beeinträchtigungen der Wahlfreiheit durch Anwesenheit von SA- oder SS-Leuten in den Wahllokalen. Ich glaube, Sie würden sich, sehr verehrter Herr Kanzler, ein außerordentlich großes Verdienst nicht nur vor der deutschen, sondern auch vor der gesamten Öffentlichkeit erwerben, wenn Sie sich dafür einsetzen würden, daß zur Sicherung der Wahlfreiheit nur uniformierte Polizei herangezogen werden darf und daß in den Wahllokalen selbst nur der Wahlvorstand und die ihre Stimme abgebenden Wähler sich aufhalten dürfen. Nach mir gegebenen Schilderungen wird, wie ich glaube, die Heranziehung von Hilfspolizei, namentlich wenn diese in der Uniform ihrer Organisation auftritt, als eine Beeinträchtigung der Wahlfreiheit allgemein empfunden werden[5].
Ich bin mit hochachtungsvollen Grüßen

Ihr sehr ergebener
Adenauer

Nr. 22

6. März 1933 (Köln): Der Regierungspräsident in Köln, Hans Elfgen, an den Reichskommissar für den Geschäftsbereich des Preußischen Ministeriums des Innern, Hermann Göring, Berlin

In der Anlage überreiche ich ein Wahlflugblatt[1], das hier in Köln in der Hauptsache durch Umhertragen von Haus zu Haus verbreitet wurde und das an erster Stelle von der Gattin des hiesigen Oberbürgermeisters Adenauer unterzeichnet ist. Der Polizeipräsident hat das Flugblatt, das auch einem Mitgliede des Stahlhelms übergeben worden war, wegen seines Inhaltes, der gegen den § 7 der Verordnung des Reichspräsidenten zum Schutze des Deutschen Volkes vom 4. Februar 1933[2] in Verbindung mit dem § 1 der Notverordnung zum Schutze von Volk und Staat vom 28.2.1933[3] verstößt, beanstandet und mit vollem Recht beschlagnahmt. Außerdem ist auf dem Flugblatt der Name des Druckers nicht angegeben.
Offenbar handelt es sich bei den Unterzeichnern um Mitglieder des Frauenbeirats der Zentrumspartei. Da die Angelegenheit wegen der Persönlichkeit der Unterzeichner vielleicht noch die Presse beschäftigen wird, glaube ich von dem Vorfall besonders Kenntnis geben zu sollen.

Nr. 23

7. März 1933 (Berlin und Köln): Funkspruch des Reichskommissars für den Geschäftsbereich des Preußischen Ministeriums des Innern, Hermann Göring, dazu ein Vermerk Adenauers

[Göring] In Freude über den außerordentlichen Wahlerfolg[1] hat die Bevölkerung vieler Orte das Hissen der Hakenkreuzfahne auf staatlichen und kommunalen Dienstgebäuden gefordert und durchgesetzt[2]. Ich bitte, dieser verständlichen Volksstimmung in den nächsten Tagen Rechnung zu tragen.

[Adenauer] Heute habe ich, als ich anliegenden Funkspruch ‹erhielt›[a], mich telefonisch mit Herrn Regierungs-Präsidenten Elfgen in Verbindung gesetzt und ihn gefragt, ob dieser Erlaß so zu verstehen sei, daß die Polizei nicht zur Verfügung stehe, um gewaltsames Hissen der Hakenkreuzfahne zu verhindern. Herr Regierungs-Präsident Elfgen erklärte, diese Auffassung sei richtig, Polizei würde ‹für diesen Fall›[b] nicht zur Verfügung ‹gestellt werden›[c].

Nr. 24

7. März 1933 (Köln): Vermerk zum Hissen der Hakenkreuzfahne

Herr Beigeordneter Dr. Billstein telefonierte mir heute vor 4 Uhr nach meiner Wohnung, daß ein S.A.-Mann zu dem Oberkommissar Hoffmann[1] gekommen sei und ihm gesagt habe, in einigen Minuten werde Herr Grohé mit einer Hundertschaft S.A.-Leuten zum Rathaus kommen, um dort die Hakenkreuzfahne zu hissen, wie er sich verhalten solle. Ich habe ihm gesagt, er solle in meinem Namen protestieren und erklären, da die staatliche Polizei keinen Schutz gewähre, müsse ihm überlassen bleiben, was er tue. Ich habe dann versucht, Herrn Polizei-Präsidenten Lingens telefonisch zu sprechen. Er war vor 1 Stunde ausgegangen. Darauf habe ich Herrn Oberregierungsrat Winkler[2], den Vertreter des Polizei-Präsidenten, telefonisch in der Weidenbach-Kaserne erreicht und ihn gefragt, ob die Polizei in der Abwehr dieses Vorhabens hilfreiche Hand leisten werde. Er hat mir erklärt, die Polizei sei dazu nicht in der Lage, sie sei angewiesen, das nicht zu tun. Ich bin dann zum Rathaus gefahren. Bei meinem Eintreffen um 4 1/2 Uhr waren die Nationalsozialisten noch nicht erschienen.

Fort mit Adenauer!

Wir hatten den Herrn Oberbürgermeister gebeten, uns den Wortlaut seiner Rede bereits vor der geplanten Messekundgebung zu überlassen, um ihren Inhalt nicht nur den Besuchern, sondern weitesten Kreisen der Bevölkerung zur Kenntnis zu bringen. Ihr Inhalt ist nicht nur für den Augenblick bedeutsam, sondern auch für die Zukunft von historischem Wert.

Die Kölner Zentrumspartei.

„Fort mit Adenauer"

Zeitungsartikel des Westdeutschen Beobachters, 600 Plakate der NSDAP. rufen das als Parole für den Wahlkampf um den spanischen Bau aus.

Uebrigens ist diese Devise bei den Sozialdemokraten entlehnt: Die letzte Stadtverordnetenwahl im Jahre 1929 ist unter genau der gleichen Devise bei den Sozialdemokraten geführt worden.

Diese Wahlparole „Fort mit Adenauer" zwingt mich, aus meiner Zurückhaltung herauszutreten, von mir und meiner Arbeit zu sprechen, Ihnen und der ganzen Oeffentlichkeit Rechenschaft zu geben über das, was in Köln seit dem Zusammenbruch 1918 geleistet ist.

Nach dem Krieg

Am 8. November 1918 wurde mir, ich war damals ein Jahr Oberbürgermeister, gemeldet, in Köln habe sich ein Arbeiter- und Soldatenrat gebildet, der die gesamte Macht übernommen habe. Ich habe mich darauf sofort telephonisch mit dem damaligen Gouverneur der Festung Köln, Generalleutnant K r u g e, dem als Gouverneur der Festung die ganze vollziehende Gewalt zustand, in Verbindung gesetzt und ihn nach dem Stande der Dinge gefragt. Er hat mir erwidert, er werde im Gouvernement festgehalten, seine ganzen Offiziere seien fort, irgendwelche Machtmittel ständen ihm nicht zur Verfügung, ich müsse im Interesse der Bürgerschaft sehen, mit dem Arbeiter- und Soldatenrat fertig zu werden, so gut es gehe.

In Köln sah es damals trostlos aus:

Als Hauptfestung des Westens und größte Stadt in der Nähe der Westfront war Köln Sitz einer sehr starken Garnison, 50 000—60 000 Mann, aber diese Truppen waren binnen 24 Stunden von ihren Führern verlassen — nur wenige rühmliche Ausnahmen gab es —; die großen Militärgefängnisse waren mit Tausenden von Gefangenen angefüllt, darunter manche schwere Verbrecher; diese Gefängnisse waren geöffnet worden, ihre Insassen trieben sich in der Stadt umher. Seit Tagen hielten sich Tausende von Deserteuren in der Stadt auf. Jede Stunde zeigte ein traurigeres Bild der Auflösung und Desorganisation: Jeder Zug, der auf der Fahrt zur Front oder von der Front Köln passierte, wurde s t i l l g e l e g t, und seine Insassen vermehrten die Gefahren, die in der Zusammenballung einer führerlosen Soldatenmenge liegen. Aus der Etappe kamen dann die Flüchtlinge, vielfach höchst unerwünschte Elemente. Alles Mögliche wurde auf der Straße verkauft: Militärpferde, Feldküchen, Maschinengewehre, Waffen, Pistolen, Gewehre, Munition, Handgranaten.

Nacht um Nacht fanden während der ersten Zeit P l ü n d e r u n g e n statt, krachten Handgranaten und Pistolen. Plündernde und brandstiftende Haufen bedrohten die Lebensmittellager, raubten und verwüsteten in den Geschäften und Läden. Die Polizei war schwach, nicht entsprechend organisiert und ausgebildet und der Lage nicht gewachsen.

Die Bevölkerung hungerte.

Das gebrechliche Gebäude der staatlichen Zwangsbewirtschaftung der Lebensmittel, das bis dahin der Bevölkerung wenigstens den allernotwendigsten Lebensbedarf gesichert hatte, war zusammengebrochen, die Zufuhren stockten, die täglichen Vorräte schwanden dahin.

Gesetze und Verordnungen wurden nicht mehr beachtet,

die rationalisierten Lebensmittel ohne Marken verkauft, alle Autorität war geschwunden, auf dem Regierungsgebäude wehte die rote Fahne — auf dem Rathause ist sie infolge meines Widerstandes nicht gehißt worden —, die verwaltungsmäßigen Verbindungen mit Berlin funktionierten nicht mehr. Die Bürgerschaft und ich als ihr Vertreter waren ganz a u f u n s s e l b s t g e s t e l l t. Der Winter stand vor der Tür, keine Kleidung, kein Brand, keine Kartoffeln, kein Mehl für die hungernden Massen.

Das gesamte Wirtschaftsleben, das bis dahin ganz auf den Krieg eingestellt war, s t o c k t e plötzlich; die Arbeitslosigkeit war katastrophal, die heimkehrenden Soldaten ohne Arbeit, ohne Kleidung, vielfach ohne Obdach. Die Mutlosigkeit, die Enttäuschung, die Erbitterung über diesen Ausgang des Krieges, die Verzweiflung über die umsonst gebrachten Opfer, die Hoffnungslosigkeit der Zukunft, die Zügellosigkeit verbrecherischer Elemente, die besonderen, oben von mir geschilderten Verhältnisse der Festungsstadt Köln: alles das zusammen war furchtbar, Köln stand vor einem Abgrund.

Das war in Wahrheit ein Trümmerfeld, ein einziges großes Trümmerfeld!

I c h habe damals kein Titelchen meiner Ueberzeugung preisgegeben, ich bin nicht geflohen wie so mancher andere. Ich habe im Verein mit anderen wackeren und mutigen Männern versucht, dem Unheil Einhalt zu tun, für Ruhe und Ordnung und Sicherheit zu sorgen. Und unsere Arbeit, die auch von

Zu Dok. Nr. 25
10. März 1933 »Fort mit Adenauer«
(Flugblatt mit dem Wortlaut einer nicht gehaltenen Rede)

Nr. 25
10. März 1933 (Köln): Entwurf der Ansprache bei einer Wahlveranstaltung des Zentrums (Auszug)

»Fort mit Adenauer«
Zeitungsartikel des »Westdeutschen Beobachter«[1], 600 Plakate der N.S.D.A.P. rufen das als Parole für den Wahlkampf um den spanischen Bau aus.
Übrigens ist diese Devise entlehnt, und, was für ihre Künder noch schlimmer ist, sie ist bei den Sozialdemokraten entlehnt: Die letzte Stadtverordneten-Wahl im Jahre 1929[2] ist unter genau der gleichen Devise von den Sozialdemokraten geführt worden. –
Diese Wahlparole »Fort mit Adenauer« zwingt mich, aus meiner Zurückhaltung herauszutreten, von mir und meiner Arbeit zu sprechen, Ihnen und der ganzen Öffentlichkeit Rechenschaft zu geben über das, was in Köln seit dem Zusammenbruch 1918 geleistet worden ist. [...]
Und nun zum Hauptpunkte der Vorwürfe: Der angeblichen Überschuldung der Stadt Köln. Die Schulden der Stadt Köln betragen insgesamt 390 Millionen Mark, und nicht, wie in einer Versammlung der Nationalsozialistischen Partei am 10.3. behauptet worden ist, 548 Millionen. Das Vermögen der Stadt Köln ist im Dezember 1932 durch den Vertreter der Inhaber der städtischen Schuldverschreibungen nachgeprüft worden. Er kommt zu dem Ergebnis, daß die Schätzung der Stadt in ihrer Gesamtsumme von 975 Millionen Mark richtig sei. Das Vermögen der Stadt beträgt demnach nach Abzug der Schulden rd. 600 Millionen RM. Es wird behauptet, das Vermögen liege vollkommen fest. Auch das ist durchaus unrichtig. Die Versorgungsbetriebe der Stadt Köln können auch in der jetzigen wirtschaftlich so schlechten Zeit aus ihren Reinerträgnissen den gesamten Schuldendienst der Stadt Köln decken; sie stellen also einen höchst greifbaren Vermögenswert dar. Dabei sind die Tarife zwar bei Gas und Wasser höher als vor dem Kriege, beim Strom aber liegen sie erheblich unter den Vorkriegspreisen. Die finanzielle Lage der Stadt ist ungünstig nicht wegen ihrer Verschuldung, denn die im Anleihewege aufgenommenen Summen sind zum größten Teil ertragbringend verwandt. Die finanzielle Lage ist vielmehr schlecht wegen der trostlosen Wirtschaftslage in Deutschland. Diese trostlose Wirtschaftslage hat zur Folge, daß die Steuereinnahmen katastrophal zurückgegangen sind, die Reichsüberweisungssteuern betrugen im Jahre 1928 39,2 Mill. Mark, im Jahre 32 8,7 Mill. Mark, und daß die Ausgaben für die Erwerbslosen in unerträglicher Weise, nämlich von 10 Millionen im Jahre 1928 auf 33,6 Millionen im

Jahre 1932 gestiegen sind. Bei einer Besserung der Wirtschaftslage oder bei einer Übernahme der Erwerbslosenkosten auf das Reich würde die Finanzlage der Stadt so gut sein, daß sofort eine erhebliche Senkung der Gemeinde-Grund-Steuer und der Gewerbesteuer eintreten könnte.
Ich komme zu einem neuen Kapitel meiner Tätigkeit, meiner politischen Tätigkeit, namentlich während der Separatistenzeit. Wenn ich auf einen Teil meiner Lebensarbeit mit warmer, innerer Befriedigung zurücksehe, dann sehe ich zurück auf mein Verhalten in dem Separatistenjahre[3].
Es ist gelungen trotz größter Gefahr, unsere Heimat dem Reiche zu erhalten, und ich bin stolz darauf, sagen zu können, daß meine Arbeit mit zu diesem Erfolge beitragen konnte. Was über meine Tätigkeit im Jahre [19]18/19 verbreitet worden ist, ist unwahr. Wie man mit der Wahrheit umgeht, das bitte ich Sie, aus einem Artikel des »Westdeutschen Beobachter« zu ersehen, der heute erschienen ist, und der so beginnt: »Schon eine Stunde, bevor Scheidemann[4] am 9.11.1918 in Berlin die Republik ausgerufen hat, waren im Kölner Rathaus einige Herren zusammengekommen. Alle vom Zentrum. Der Plan der Errichtung einer selbständigen Rheinischen Republik wurde besprochen. Es ist die Geburtsstunde des Separatismus. Der Schauplatz war das Zimmer vom Oberbürgermeister Adenauer.« Der Artikelschreiber muß wissen, daß ich damals den Herren, die zu mir kamen, gesagt habe[5], ich hielte alles, was sie sagten, für unrichtig und falsch, wolle unter keinen Umständen etwas mit diesen Dingen zu tun haben, man solle mich mit solchen Gedankengängen verschonen. Das sagt er nicht, und so ruft er durch Verschweigung meiner Worte einen ganz unrichtigen Eindruck hervor. Ich will Ihnen sagen, meine Damen und Herren, wann das Rheinland in allergrößter Gefahr geschwebt hat. Ich glaube, man ist jetzt verpflichtet, den Schleier zu lüften von Dingen, die nur wenigen bekannt sind. Am 13. November 1923 hat Herr Reichskanzler Stresemann[6] eine kleine Anzahl von Rheinländern, darunter auch mich, in das Reichskanzlerpalais gebeten[7]. Dort hat er uns in Gegenwart mehrerer Reichsminister und des Ministerpräsidenten Braun folgendes eröffnet: Wenn man die eben eingeführte Rentenmark nicht wieder gefährden wolle, könne man keine Zahlungen an das besetzte Gebiet weiter leisten. Die Reichsregierung sei deshalb schweren Herzens zu dem Entschlusse gekommen, die Sorge für das besetzte Gebiet dem Feinde zu überlassen. Wir Rheinländer sollten de facto, nicht de jure einen eigenen Staat bilden, am anderen Tage zur Rheinlandkommission nach Koblenz fahren und uns von dieser ein Besteuerungsrecht bewilligen lassen. Er und die übrigen Mitglieder des Reichskabinetts hofften, daß das Rheinland später wieder einmal zum Reich kommen würde. Es seien die Vertreter

aller in- und ausländischen Zeitungen in Berlin für den Nachmittag bestellt, um diese Erklärung der Reichsregierung entgegen zu nehmen. Es war der tragischste und schicksalschwerste Augenblick, meine Damen und Herren, den ich je erlebt habe: Wir waren von der Reichsregierung aufgegeben. Wir alle, die wir damals anwesend waren, haben in der erbittersten und heftigsten Weise mit Stresemann und den übrigen anwesenden Mitgliedern der Reichsregierung gerungen und schließlich nach zehnstündigem Kampf erreicht, daß wenigstens die Ausführung des mitgeteilten Beschlusses zunächst vertagt wurde. Stresemann trat zurück, Marx[8] trat an seine Stelle. Von neuem hob der Kampf der Rheinländer mit der Reichsregierung an, bis schließlich Reichskanzler Marx in einer denkwürdigen Sitzung entschied, daß der Beschluß des Reichskabinetts einer Nachprüfung unterzogen werden solle. Hätten wir uns damals dem Beschluß der Reichsregierung gefügt, so wären wir Rheinländer jetzt nicht mehr deutsch, die Karte Europas sähe anders aus. Entscheidend mitgewirkt zu haben, bei diesem Kampfe mit der Reichsregierung, beim Kampf um die Erhaltung beim Deutschen Reich, das ist mein Stolz. Sie werden verstehen, meine Damen und Herren, welch innere Erbitterung mich erfaßt, wenn mir Separatismus vorgeworfen wird. Ich habe bis jetzt über diese Vorgänge geschwiegen, ich muß jetzt darüber reden, um der historischen Wahrheit willen: wenn das Rheinland deutsch geblieben ist, so verdankt es das nur sich selbst, seinen eigenen Kämpfen, seinen eigenen Leiden und seiner eigenen Aufopferung, und niemand hat das Recht, uns Rheinländer irgendwie einen Mangel an Nationalgefühl oder separatistische Neigung vorzuwerfen.

Es waren schwere Jahre, schwere Zeiten, in denen wir den Boden der Heimat unter uns zittern fühlten. Aber es war eine große Zeit. Wir wußten, wofür wir kämpften, wofür wir stritten. Das ganze Rheinland, alle Parteien, waren einig und geschlossen. Damals fühlten wir uns wirklich als Brüder, fühlten wir uns nur als Deutsche, stellten in der Not der Heimat unseres Vaterlandes alles Trennende weit zurück. Und heute? Fast auf den Tag ist es 7 Jahre her, da hat in diesem Saale unser greiser Reichspräsident gesprochen[9], er hat gesagt: »Alle diese Opfer sind vergeblich nicht gebracht worden, sie haben der Welt gezeigt, daß das Volk am Rhein fest und unbeugsam seine Volksgemeinschaft behauptet; sie haben die Vaterlandsliebe des ganzen Rheinlandes im Feuer der Not gestählt und gehärtet; sie haben durch ihre vorbildliche Geschlossenheit in Kampf und Gefahr die Einigkeit, die uns allen so not tut, gefördert und gestärkt.« Lassen Sie mich noch zwei Sätze wiedergeben, die er damals gesprochen hat: »Im Rahmen der Geschichte erscheint der Rhein uns als unser Schicksalsstern; oft aber auch ein dunkles Bild deutschen Leides, dann nämlich, wenn unser alter Erbfehler, die Uneinigkeit, die deutsche Stärke lähmte.« Und weiter lassen Sie uns hoffen, daß das deutsche Volk auch über den inneren Zwist und die Fehde des Tages hinweg durch einen neuen Geist brüderlichen Verstehens emporgetragen werde zur Einigkeit und zu starkem gemeinsamen Empfinden seines Volkstums.

Nr. 26

10.–13. März 1933: Die letzten Tage im Amt des Kölner Oberbürgermeisters (nach den Erinnerungen von Peter Joseph Schaeven; Auszug)

Am Freitag (10. März) wimmelt es am Rathause bereits treppauf und treppab von Leuten, die sich wohl am Schauplatz ihres künftigen Wirkens einmal umschauen wollten.
Ich wollte zum Zwecke einer Flugblattverbreitung in letzter Stunde den Text einer Rede abholen, die Dr. Adenauer auf dem Messegelände am gleichen Abend halten sollte, aber nicht halten durfte[1]*. Diese Versammlung war verboten, weil, wie mir der Polizeipräsident sagte, eine Gefährdung der öffentlichen Ordnung zu befürchten sei. Aber zu gleicher Stunde war auf dem Neumarkt auf grellen Plakaten eine Versammlung proklamiert, in der reden sollten: Seine Königliche Hoheit Prinz August Wilhelm*[2] *von Preußen und der Bauhilfsarbeiter Richard Schaller.*
Einige besorgte Freunde saßen also im Zimmer des Oberbürgermeisters Dr. Adenauer. Von draußen her verschaffte sich ein beherzter Bürger Einlaß, um in fliegender Hast mitzuteilen, daß die Absicht bestünde, den OB auf den Neumarkt zu schleppen, um ihn dort dem Volke zu zeigen. Es würde zu weit führen, auseinanderzusetzen, wie es Dr. Adenauer und mir gelang, in einem unscheinbaren Automobil Köln zu verlassen. Unterwegs telefonierte Adenauer bei einem Freunde an seine Frau, daß er in Sicherheit sei. Am Verteilerkreis der Bonner Autobahn schlug es irgendwo acht Uhr.
Und dann sagte mir auf der Flucht aus Köln der große Kölner OB: »Sehen Sie, jetzt um diese Stunde spricht ein preußischer Prinz zu den Bürgern der ehemaligen Freien Reichsstadt Köln.«
Über unseren mehrstündigen Aufenthalt in einem Bonner Freundeskreis[3] *will ich hier nichts erzählen, aber davon berichten, daß gegen Mitternacht Dr. Konrad Adenauer den Entschluß faßte, nach Hause zu fahren und sich dadurch mitten in die Gefahr zu begeben.*
Kurz vor seiner Wohnung bemerkte er, daß er aufrecht und in Treue zu seinen Freunden untergehen werde, daß er sich aber entschlossen habe,

niemals mehr einen Menschen zuerst zu grüßen, denn er wisse nicht, ob sein Gruß willkommen sei. Dann ging er in das von zwei baumlangen SS-Leuten bewachte Haus[4].
In den nächsten Tagen fühlte er sein und seiner Familie Leben stündlich bedroht. Er ging aber doch ins Rathaus zu seinen Verpflichtungen[5], *als wenn nichts geschehen wäre, und empfing am Sonntag, dem 12. März, den offiziellen Anruf der NSDAP, am anderen Morgen zeitig im Rathaus zu sein, da in einer Verwaltungskonferenz die neue Lage besprochen werden müsse. Ein anonymer Anruf warnte ihn, dieser Einladung Folge zu leisten. Man habe böse Dinge mit ihm vor. Mit Unterstützung guter Freunde*[6] *war Dr. Adenauer am Morgen des 13. März in der Lage, sein Haus zu verlassen, um dann zunächst bei Bonn über den Rhein zu fahren und in Dortmund den Berliner Zug zu besteigen. In Hannover hörte er von seiner inzwischen erfolgten Absetzung.*
Zwischendurch warteten die Nazihäuptlinge im Rathaus zu Köln, um ihn vom Balkon aus dem Volke zu präsentieren und seinen Nachfolger auszurufen. Ein Häuptling erster Klasse suchte persönlich den Hauptbahnhof ab, um den verschwundenen Adenauer zu finden – vergebens.
(Peter Joseph Schaeven am 5.1.1951 in der »Kölnischen Rundschau«)

Nr. 27
12./13. März 1933: Vor der Amtsenthebung als Kölner Oberbürgermeister

An dem entscheidenden Sonntag, den 12. März 1933, rief abends gegen 7.00 Uhr bei mir der in der Zwischenzeit verstorbene Beigeordnete Bönner, der Verbindung mit der NSDAP hatte, telefonisch an und sagte mir, die NSDAP habe vor, am anderen Tage morgens das Rathaus zu besetzen und mich dann im Triumph durch die Stadt zu führen. Er halte sich für verpflichtet, mir das mitzuteilen. Ich habe mich darauf telefonisch an Ihren Herrn Vater, als den damaligen Polizeipräsident, gewandt. Ich habe ihm diese Mitteilung wiedergegeben und ihn gefragt, was er zu tun gedenke. Er hat mir darauf zur Antwort gegeben, was ich dann von ihm erwarte? Ich habe ihm gesagt, daß die Polizei die Aufgabe hätte, für Ruhe und Ordnung zu sorgen und daß ich von ihm erwarte, daß eine oder mehrere Hundertschaften der Polizei das Rathaus und mich persönlich schützen. Er hat mir erwidert, er müsse Weisungen abwarten. Er hat mir dann mitgeteilt, die Polizei habe von Berlin die Anweisung bekommen, es zu keinen Zusammenstößen mit der SA kommen zu lassen. Er sei nicht in der Lage, etwas zu tun.

Diese Erklärung hat mich zu dem Entschluß veranlaßt, am anderen Morgen nach Berlin zu fahren und mich dort über die Kölner Polizei zu beschweren. (Adenauer am 19.11.1955 an Dr. Ralf Lingens)

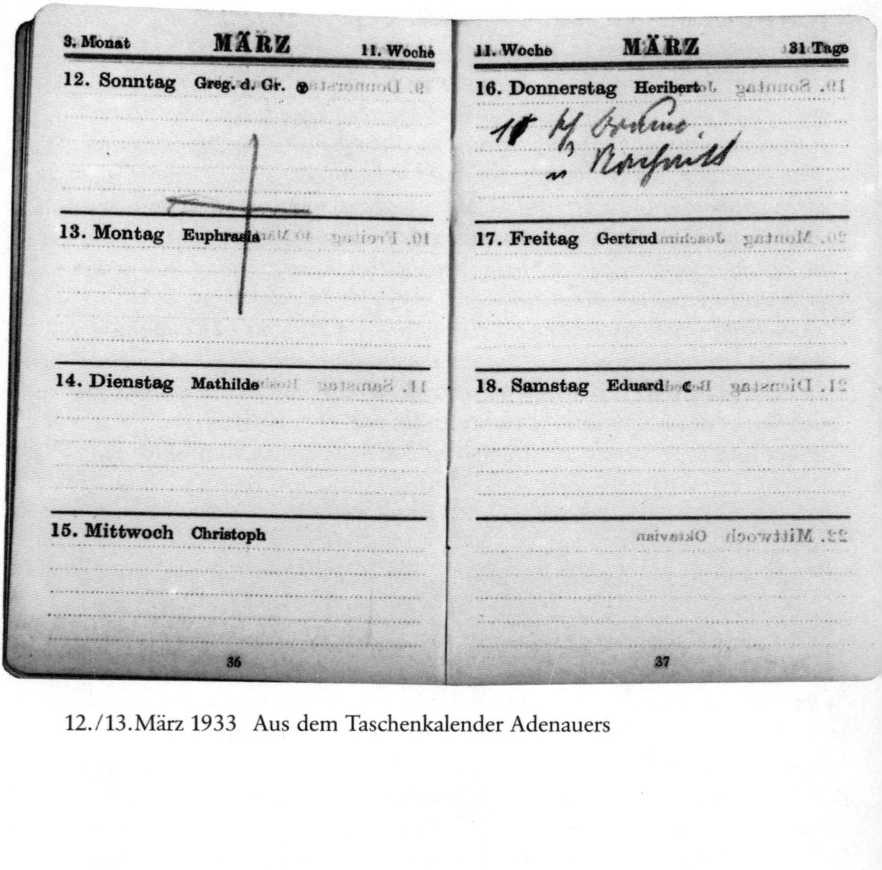

12./13.März 1933 Aus dem Taschenkalender Adenauers

Nr. 28

13. März 1933 (Köln): Funkspruch des Regierungspräsidenten in Köln, Hans Elfgen, an den Reichskommissar für den Geschäftsbereich des Preußischen Ministeriums des Innern, Hermann Göring, Berlin

Insbesondere gelegentlich der großen Veranstaltung der NSDAP am vergangenen Freitag[1] in Köln ist eine scharfe Stimmung gegen den Oberbürgermeister Dr. Adenauer zum Ausdruck gekommen. Bei dem Vorbeimarsch vor den SA-Führer[n] ist unaufhörlich gerufen worden »Adenauer an die Mauer«. Heute Nacht hat Adenauer dem Pol[izei] Präs[identen] in großer Erregung mitgeteilt, ihm angekündigt, heute morgen werde eine große Menschenmenge vor dem Rathaus erscheinen mit der nachdrücklichen Forderung seines sofortigen Rücktritts. Der Pol. Präs. ist von Adenauer ersucht worden, das Rathaus und seinen nächsten Umkreis so abzusperren, daß diese Demonstration unmöglich sei. Pol. Präs. hat erwidert, es bestehe auf Grund konkreter Feststellungen kein Anlaß zur Annahme, daß über die politische Demonstration hinaus es zu Gewalttätigkeiten komme. Jedenfalls sei für ihn kein Zweifel, daß angesichts der Stimmung in Köln die Polizei nicht in der Lage sein werde, eine wirksame Absperrung aufrecht zu erhalten. Pol. Präs. hat vorgeschlagen, über die Regierung Köln den Versuch einer Einwirkung auf die Gauleitung hier zu machen. Adenauer hat dies abgelehnt und erklärt, er werde sich sofort bei dem Herrn Reichspräsidenten und dem Herrn Minister Göring über den mangelnden Polizeischutz beklagen. Der soeben erscheinende »Westdeutsche Beobachter« wie das liberale »Kölner Tageblatt« melden den Rücktritt Adenauers. Auf dem Rathaus und bei dem nächsten Vertreter des Oberbürgermeisters war vom Rücktritt nichts bekannt. Soweit festzustellen, ist Adenauer heute morgen nach Berlin gefahren, um mit den Zentralstellen unmittelbar Fühlung zu nehmen. Die Volksmenge erscheint also vor dem leeren Rathause. Dadurch ist eher mit einer weiteren Verschärfung der Lage zu rechnen. Adenauer ist persönlich gefährdet. Alle möglichen Maßnahmen zum Schutze seiner Familie und seiner Wohnung sind getroffen. Mit Sicherheit ist anzunehmen, daß die erregte Bevölkerung heute früh vom Reg. Präs. die Zwangsbeurlaubung Adenauers fordern wird. Die Gauleitung fordert aufs schärfste und mit größtem Nachdruck sofortigen Rücktritt. Also ohne Beurlaubung keinerlei Beruhigung zu erwarten. Stimmung war am vergangenen Freitag bereits so, daß erhebliche Gefahren bestanden. Mit einem freiwilligen Urlaubsgesuch Adenauers ist nicht zu rechnen. Angesichts der sonst nicht mehr zu bemeisternden Gesamtlage beabsichtige ich heute vormittag, den Oberbürgermeister hier zu beurlauben, falls nicht hier sofort gegenteilige Weisung des Innenministeriums zugeht, dem ich die Angelegenheit vortrage, weil Adenauer noch Präsident des Preuß[ischen] Staatsrates ist[2].

Nr. 29

13. März 1933 (Köln): Mitteilung des Regierungspräsidenten in Köln, Hans Elfgen, an den Reichskommissar für den Geschäftsbereich des Preußischen Ministeriums des Innern, Hermann Göring, Berlin

Abschrift im Nachgang zum heutigen Funkspruch[1]. Ich habe den Oberbürgermeister Dr. Adenauer inzwischen beurlaubt, da die Gesamtlage sonst nicht mehr zu meistern war. Es kann fast von einem Rausch gegen Adenauer gesprochen werden, welcher Rausch durch die Siegesstimmung heute über den Ausgang der Kommunalwahlen nicht gemindert wird; bei Außerachtlassung der KPD-Sitze hat die NSDAP und die Kampffront seit gestern eine glatte Mehrheit in der Kölner Stadtverordnetenversammlung.

Nr. 30

13. März 1933 (Köln): Bericht des Kölner Polizeipräsidenten Walter Lingens an den Regierungspräsidenten in Köln, Hans Elfgen

In der vergangenen Nacht zwischen 1 und 2 Uhr rief mich der Herr Oberbürgermeister Adenauer an und teilte mir mit, er habe genaue Nachricht darüber, daß heute vormittag zwischen 9 und 10 Uhr stärkere Abteilungen von SS und SA vor dem Rathaus aufmarschieren sollten. Unter dem Druck der Anwesenheit dieser Abteilungen beabsichtige man, ihn, den Herrn Oberbürgermeister, zu zwingen, seinen Rücktritt bekannt zu geben. Der Herr Oberbürgermeister betonte, daß er auf Grund der Ausführungen des Herrn Reichspräsidenten und des Herrn Reichskanzlers vom 12. 3.[1] zu der Überzeugung komme, daß eine derartige Kundgebung nicht stattfinden dürfe. Außerdem müsse er, der Herr Oberbürgermeister, sich auf § 114 des Reichsstrafgesetzbuches[2] berufen. Er erblicke in einer derartigen Handlungsweise gegen ihn eine Beamtennötigung. Im übrigen könne er mir als dem staatlichen Polizeiverwalter auch nicht den Vorwurf vorenthalten, daß die staatliche Polizei bei den Kundgebungen am Freitag, den 10. 3. abends, nichts veranlaßt habe gegen die dauernden Sprechchöre, die in der Stadt stundenlang den Ruf ertönen ließen: An die Mauer – Adenauer.

Ich habe dem Herrn Oberbürgermeister auf diese Mitteilungen hin etwa folgendes geantwortet: Zunächst müsse ich daran erinnern, der Herr Minister des Innern habe in unmißverständlicher Weise ausgesprochen, daß Zusammenstöße zwischen der Schutzpolizei und SS bezw. SA-Abteilungen mit allen Mitteln vermieden werden sollten. Außerdem müsse ich mich berufen auf die Gedankengänge, welche der Herr Minister in seiner Rede am 12.3. abends über alle Rundfunksender Deutschlands der Allgemeinheit übermittelt habe[3]. Ich sähe die Sachlage *so* an, daß die staatliche Polizei »eine politische Demonstration« vor dem Rathaus nicht verhindern solle. Als daraufhin der Herr Oberbürgermeister in starker Ablehnung meiner Auffassung die Absicht aussprach, sich unmittelbar an den Herrn Reichspräsidenten und an den Herrn Minister des Innern Göring zu wenden, stellte ich meinerseits dem Herrn Oberbürgermeister die Frage, ob er von mir erwarte, daß ich die staatliche Schutzpolizei rund um das Rathaus herum antreten ließe, mit dem Auftrag, den Anmarsch der politischen Demonstranten mit Gewalt zu verhindern. Diese Frage *bejahte* der Herr Oberbürgermeister ausdrücklich. Daraufhin allerdings habe ich klar ausgesprochen, daß ich mich zu einer derartigen Anordnung unter keinen Umständen entschließen könne, und zwar einmal auf Grund der für die Polizei gegebenen Lage, dann aber auch aus dem weiteren Grund, weil ich in einer politischen Demonstration keine Gefahr für Leib und Leben des Herrn Oberbürgermeisters erblicke.
Meine Absicht, den Herrn Vizepräsidenten der Regierung, Dr. zur Bonsen[4], von dem Gespräch mit Herrn Oberbürgermeister Adenauer fernmündlich in Kenntnis zu setzen und ihn zu bitten, auf politischem Wege eine Änderung der Absicht – zu demonstrieren – gegebenenfalls zu fördern, konnte ich nicht ausführen, da die fernmündliche Verbindung nicht hergestellt werden konnte. Deshalb beschloß ich, mit dem Kraftwagen sofort mich in die Wohnung des Herrn Vizepräsidenten zu begeben. Da ich auf diese Weise aber das Haus verlassen mußte, rief ich den Herrn Oberbürgermeister vorerst erneut an, um ihm hiervon und von meiner Absicht Kenntnis zu geben. Zunächst kam der Herr Oberbürgermeister auf die erste Aussprache zurück. Er sei der Meinung, daß er von der Polizei keinen Schutz erhalte und somit auch in seiner Wohnung jedem Überfall preisgegeben wäre. Diese Ansicht wies ich scharf zurück, indem ich ihm sagte, eine politische Demonstration vor dem Rathaus sei in meinen Augen etwas wesentlich anderes als eine Gefahr für Leib und Leben in der Privatwohnung. Für diese Gefahr der Person des Herrn Oberbürgermeisters sei von mir aus alles veranlaßt worden. Ich müsse darauf verzichten, ihm diesbezüglich Bekanntes noch einmal zu wiederholen. Im übrigen

habe ich sogar die Postierungen vor seinem Haus im Laufe des Nachmittags persönlich besucht. Darüber hinaus könne ich aber nur, wenn er trotzdem seine Person in Gefahr sähe, daran erinnern, daß der Staatspräsident des badischen Staates Schmitt[5] in Schutzhaft genommen worden wäre. Ich hätte meinerseits die Inschutzhaftnahme des Herrn Oberbürgermeisters Adenauer zurückgestellt, weil ich es als die besondere Pflicht des staatlichen Polizeiverwalters ansähe, den »ersten Bürger« der Stadt zu schützen. Ob dieser Bürger Adenauer oder anders heiße, spiele dabei keine Rolle. Diesen Schutz auch weiterhin auszuüben, wäre meine bestimmte Absicht.

Der Herr Oberbürgermeister bat mich auf Grund dieser Mitteilungen, davon Abstand zu nehmen, Herrn Vizepräsidenten Dr. zur Bonsen aufzusuchen. Der Herr Oberbürgermeister wünschte nicht, daß die politischen Schritte in der von mir gedachten Weise in die Wege geleitet würden. Zum Schluß teilte ich dem Herrn Oberbürgermeister noch mit, daß ich selbstverständlich jederzeit zu erreichen wäre.

Heute vormittag habe ich von 6.30 Uhr vormittags am Schreibtisch gesessen, um den Anruf des Herrn Oberbürgermeisters zu erwarten. Er hat nicht angerufen. Als ich um 8.15 Uhr im »Kölner Tageblatt« das Stichwort las: »Adenauer geht«, habe ich es für zweckmäßig erachtet, fernmündlich Verbindung mit dem Herrn Oberbürgermeister aufzunehmen. *Frau* Adenauer teilte mir mit, ihr Mann sei heute vormittag nach Berlin gefahren, um seine Lage dort zur Sprache zu bringen. Ich habe an Frau Adenauer die Bitte gerichtet, mir zu sagen, ob ich zu einer offiziellen Bekanntgabe des Entschlusses des Herrn Oberbürgermeisters gebeten oder ermächtigt sei. Frau Adenauer hat mir eine Zusage hierzu nicht gegeben. Infolgedessen habe ich hiervon lediglich Ihnen, Herr Regierungspräsident, Meldung erstattet.

Um 9.15 Uhr heute vormittag rief Beigeordneter Billstein an und bat, »das Erforderliche zu veranlassen«, weil vor 10 Uhr heute vormittag ein größerer Demonstrationszug vor das Rathaus ziehe. Ich habe dem Oberst der Schutzpolizei daraufhin folgendes befohlen: Ein Schutzpolizeikommando unter einem Offizier ist sofort ins Revier 3 (zur Höhle) zu entsenden. Der Polizeioffizier begibt sich zu Bürgermeister Billstein und teilt ihm die Anwesenheit dieses Kommandos auf Revier 3 mit. Sollte der Bürgermeister das Einschreiten der Schutzpolizei beantragen, so müsse er, Billstein, sich fernmündlich mit dem Polizeioffizier in Verbindung setzen und dabei den Grund für das Einschreiten genau angeben. Eine Verhinderung der Demonstration als solcher käme nicht in Frage.

Nr. 31

13. März 1933 (Berlin): Polizeifunkspruch Hermann Görings zur Beurlaubung Adenauers und anderer führender Kommunalpolitiker

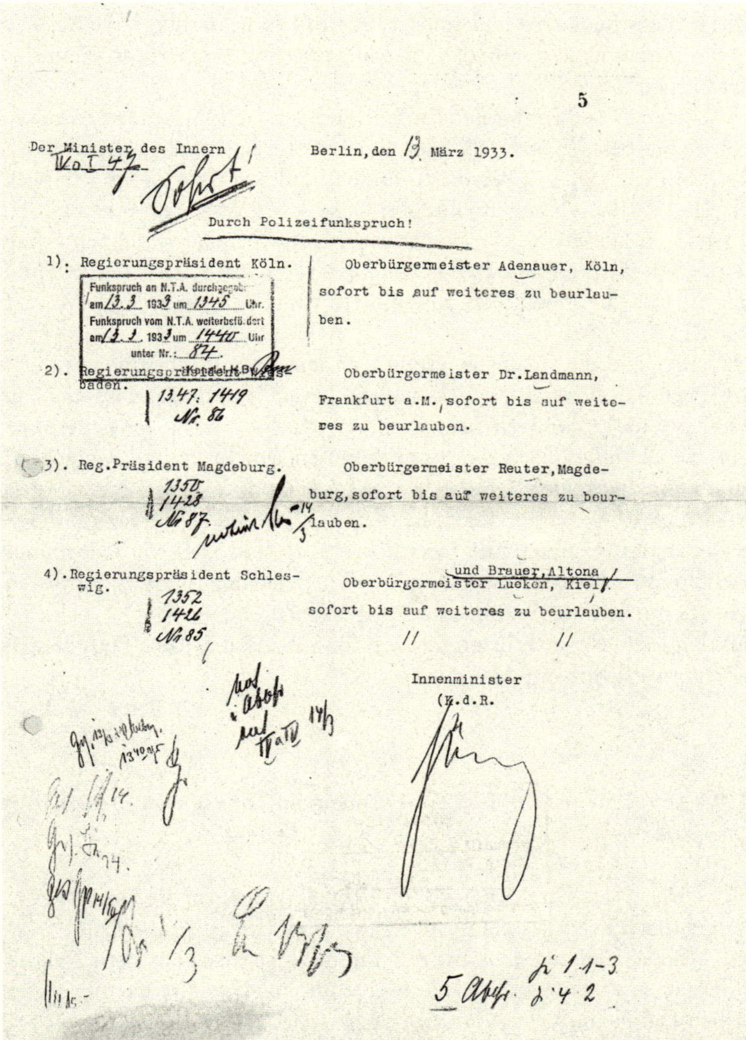

5

Der Minister des Innern

Berlin, den 13. März 1933.

Sofort!

Durch Polizeifunkspruch!

1). Regierungspräsident Köln. — Oberbürgermeister Adenauer, Köln, sofort bis auf weiteres zu beurlauben.

Funkspruch an N.T.A. durchgegeben am 13.3. 1933 um 1345 Uhr.
Funkspruch vom N.T.A. weiterbefördert am 13.3. 1933 um 1440 Uhr
unter Nr.: 84.

2). Regierungspräsident Wiesbaden. — Oberbürgermeister Dr. Landmann, Frankfurt a.M., sofort bis auf weiteres zu beurlauben.

3). Reg. Präsident Magdeburg. — Oberbürgermeister Reuter, Magdeburg, sofort bis auf weiteres zu beurlauben.

4). Regierungspräsident Schleswig. — Oberbürgermeister Lueken, Kiel, und Brauer, Altona sofort bis auf weiteres zu beurlauben.

Innenminister
(K.d.R.)

Göring

Nr. 32

13. März 1933 (Duisburg): Geheimrat Peter Klöckner an Adenauer, Berlin

Mein lieber Adenauer!

Mit großem Bedauern und starker innerer Erschütterung habe ich von Ihrer Beurlaubung durch den Herrn Regierungspräsidenten Kenntnis genommen[1].
Ich hoffe, daß es Ihrer großen Energie und den einflußreichen Freunden, welche Sie bei der maßgebenden Staatspartei besitzen, gelingen wird, Gerechtigkeit für Ihre Person zu finden, und zwar gerade im Hinblick auf das, was Sie in langen Jahren in Köln – und ganz besonders in den schwersten Jahren, welche das linke Rheinufer jemals durchzumachen hatte –, für die Stadt, die Provinz und das Vaterland geleistet haben, und daß deshalb die Ihnen jetzt zugemutete Ruhe nicht von langer Dauer sein wird.
Ich hoffe, daß die Reichsregierung sich bei den Entscheidungen nicht von Personen bestimmen läßt, welche gemäß ihrem Temperament in erster Stunde gerne weit über das Ziel schießen; auch der neue Staat muß bei allem Drang, vorwärts zu kommen, überlegen und wägen und dann erst entscheiden.
Es ist mir ein Bedürfnis, Ihnen heute zu sagen, daß meine Frau und ich in Gedanken bei Ihnen und Ihrer lieben Frau sind, daß wir aber immer noch hoffen und dem Resultat der von Ihnen jedenfalls unternommenen Schritte mit größter Spannung entgegensehen.
Mit den freundschaftlichsten Grüßen für Sie und Ihre liebe Frau bin ich Ihr stets aufrichtig ergebener

Peter Klöckner

Nr. 33

13./14. März 1933 (Köln): Ella Schmittmann an Professor Dr. Benedikt Schmittmann, Rom (Auszüge)

[13.3.] Doch das Unglück schreitet schnell. Adenauer ist sofort heute morgen nach Ergebnis der gestrigen Kommunalwahlen beurlaubt worden. Man scheint zu beabsichtigen, ihn disziplinarisch aus dem Amt zu entfernen, und zwar ohne Pensionsberechtigung. Dann steht er mit seiner großen Familie plötzlich vor dem Nichts.
Gussie Adenauer ist mit den Kindern im Caritas-Krankenhaus Hohenlind[1]. [...] Wo er ist, kann ich nicht in Erfahrung bringen. Auf dem Görreshaus haben SA-Truppen die Hakenkreuzfahne gehißt. Alle Insas-

sen des Hauses mußten als Reverenzbezeugung für die Fahne ans Fenster treten. [...]
[14.3.] Heute morgen war ich bei Gussie Adenauer, zuerst in der Wohnung, wo sie war, weil Karl Günter Riesen[2], der neue Oberbürgermeister, seinen Besuch angesagt hatte. Ich habe sie dann ins Krankenhaus begleitet. Sie ist sehr niedergeschlagen, aber tapfer. Sie haben schon in der vorigen Woche furchtbare Nächte durchgemacht, weil jede Nacht Sprechchöre vor ihrem Hause kommandierten »Nieder mit ihm« etc. [...] Nach dem Fackelzug am letzten Freitag wurde bei den Teilnehmern gesammelt »für eine Kugel für ihn«.

Nr. 34
15. März 1933 (Köln): Ella Schmittmann an Adenauer, Berlin

Lieber Konrad.

Für heute nur einen kleinen Gruß als Zeichen unseres treuen Gedenkens. Uns allen ist ja jetzt die Aufgabe gestellt, uns größer zu erweisen als die Verhältnisse. Das Schicksal scheint in dieser Zeit jeden packen und auf seinen inneren Wert hin prüfen zu wollen. Wer heil aus dem Kriege herauskam, sich halbwegs durch Besetzungs- und Inflationszeit hindurch rettete, scheint jetzt gepackt werden zu sollen. Nun kommt es darauf an, uns innerlich loszulösen von so vielem, was sich in unserem Leben vielleicht ungebührlich vorgedrängt hatte. Wie die Fastenzeit in einem von religiösen Motiven dirigiertem körperlichen Leben die Herrschaft des Geistes noch neu befestigen soll über all die kleinen irdischen Dinge, so auch eine Fastenzeit [bezüglich] der gesamten Lebensposition. Ich glaube, daß unsere Feinde unfreiwillig unsere besten Freunde sind, wenn sie uns das allzu [Widerliche] des Alltags abnehmen. In diesem Sinne habe ich die mancherlei beruflichen Zurücksetzungen, die B[enedikt] aus Anlaß seiner Einstellung schon mehr als ein Jahrzehnt hindurch zuteil wurden, sehr zu würdigen gewußt. Möge uns nun allen miteinander die Kraft geschenkt sein, die weit größeren Opfer, die voraussichtlich vor uns liegen, mit freiem Geist und innerer Größe hinzunehmen. So werden wir uns stärker erweisen als die widrigen Umstände und als Sieger aus diesem scheinbaren Zusammenbruch der bisherigen Lebensordnung hervorgehen.
Es freute mich sehr, heute von Gussie zu hören, daß sie sich sehr beruhigt fühle über die Nachricht, die Herr Pferdm[enges] ihr übermittelte, daß Du diese Tage des Zwischenzustandes sehr gelassen hinnähmest. Sie scheint

auch wohl gerne Deinem Vorschlage zu folgen, bald einmal dort hinzukommen.
Hast Du gelesen, wie tadellos die »Frankfurter Zeitung«[1] den Bericht formulierte, in dem sie die Gelegenheit benutzte, in kurzen Worten auf all das Große hinzuweisen, was Du für Köln geleistet und was die Stadt Dir verdankt?
B[enedikt] läßt Dich recht herzlich grüßen. Er ist für einige Tage verreist, da bei der nervösen politischen Lage hier an stilles Studium nicht zu denken war. Er möchte sich aber trotz allem möglichst wenig aus der Arbeit herausreißen lassen, gleichgültig an welcher Stelle er sie in Zukunft einsetzen wird. Ich konnte mich aber nicht entschließen, mit ihm zu gehen, da ich gerade jetzt hier Haus und Mädchen nicht im Stich lassen möchte.
Ich würde mich sehr freuen, gelegentlich ein Wort von Dir zu hören, wie es geistig und körperlich um Dich bestellt ist. Ich mache mir etwas Sorge und bedauere, Dich nicht besuchen kommen zu können.
Mit herzlichen Grüßen zugleich in B[enedikt]'s Namen bin ich mit besonderen Grüßen

D[eine] E[lla]

Nr. 35
16. März 1933 (Berlin): An Ella Schmittmann, Köln

Liebe Ella!

Ich danke Dir recht von Herzen für Deinen lieben Brief[1], der mir sehr wohlgetan hat. Ich kann nicht gut viele Worte machen, aber ich werde Dir diesen Brief nicht vergessen.
Die Vorgänge in Köln haben mich im Innersten erschüttert, und ich habe qualvolle Tage durchgemacht. Das ganze Unglück ist durch die Feigheit des Regierungspräsidenten verursacht. Ich war heute bei Göring und bin mit dem Ergebnis der Aussprache nicht unzufrieden[2]. Wann ich wieder nach Köln zurückkomme, weiß ich noch nicht, vielleicht Ende nächster Woche, es hängt davon ab, wie sich alles entwickelt. In Berlin ist es ruhig. Grüße bitte Benedikt. Dir nochmals herzlichsten Dank und Grüße

Dein
Konrad

Nr. 36

16. März 1933 (Köln): Görresring. Bund Katholischer Deutscher Jungakademiker an Adenauer, Köln

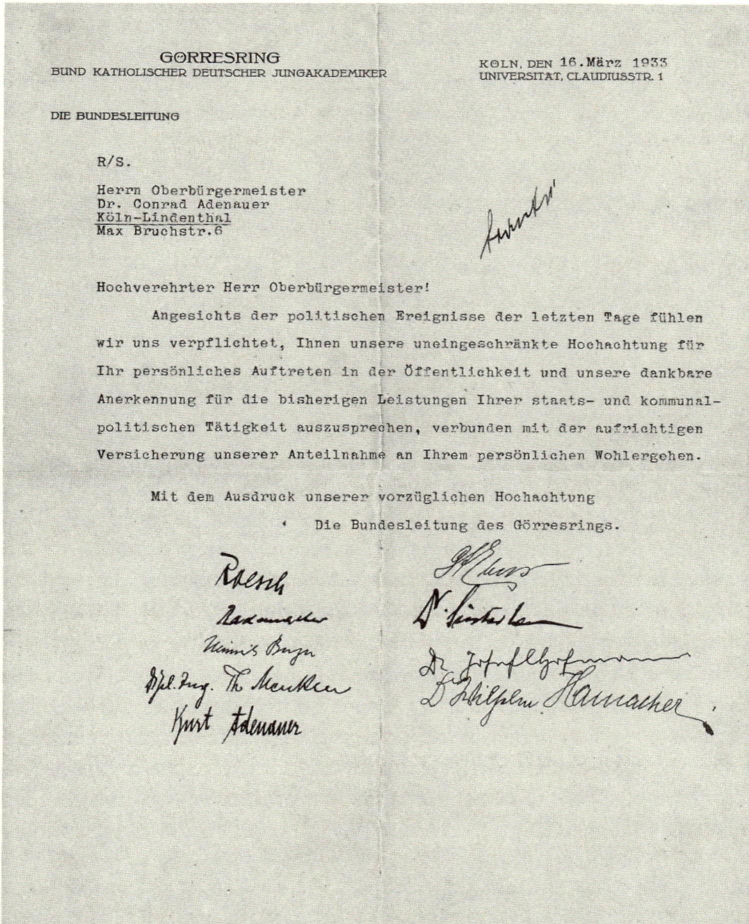

GÖRRESRING
BUND KATHOLISCHER DEUTSCHER JUNGAKADEMIKER

KÖLN, DEN 16. März 1933
UNIVERSITÄT, CLAUDIUSSTR. 1

DIE BUNDESLEITUNG

R/S.

Herrn Oberbürgermeister
Dr. Conrad Adenauer
Köln-Lindenthal
Max Bruchstr. 6

Hochverehrter Herr Oberbürgermeister!

Angesichts der politischen Ereignisse der letzten Tage fühlen wir uns verpflichtet, Ihnen unsere uneingeschränkte Hochachtung für Ihr persönliches Auftreten in der Öffentlichkeit und unsere dankbare Anerkennung für die bisherigen Leistungen Ihrer staats- und kommunalpolitischen Tätigkeit auszusprechen, verbunden mit der aufrichtigen Versicherung unserer Anteilnahme an Ihrem persönlichen Wohlergehen.

Mit dem Ausdruck unserer vorzüglichen Hochachtung

Die Bundesleitung des Görresrings.

Kurt Adenauer

Dr. Wilhelm Hamacher

Nr. 37

17. März 1933 (Berlin): An den Reichsminister und Reichskommissar für den Geschäftsbereich des Preußischen Ministeriums des Innern, Hermann Göring, Berlin

Sehr geehrter Herr Reichsminister!

In Verfolg der gestrigen Unterredung[1], die Sie mir gewährt haben, beehre ich mich, folgende bereits mündlich abgegebenen Erklärungen schriftlich zu wiederholen.

1. An der Verteilung von 1,4 Millionen RM durch das Ministerium Braun an Zeitungen oder politische Parteien bin ich völlig unbeteiligt[2]. Ich habe von der Angelegenheit überhaupt erst durch die vor einigen Wochen in der Presse erfolgten amtlichen Veröffentlichungen erfahren.
2. Aus Mitteln der Stadt Köln ist, solange ich Oberbürgermeister bin, niemals irgend ein Geldbetrag für parteipolitische Zwecke einschließlich Zeitungen verwandt worden.
3. Ich habe weder Akten noch irgendwelches amtliches Material vernichtet oder beiseite geschafft.
4. Zum Vorwurf der Vetternwirtschaft.

Beigeordneter Suth[3] in Köln ist mein Schwager. Er ist 1915 unter meinem Vorgänger Oberbürgermeister Wallraf[4] als Assessor bei der Stadt Köln eingetreten; er war damals mit meiner Schwester weder verheiratet noch verlobt. Im Mai 1918 hat er meine Schwester geheiratet. Es bestand damals noch die Bestimmung der Städteordnung, daß Verschwägerte nicht gleichzeitig Magistratspersonen sein könnten; er konnte also gar nicht daran denken, einmal Beigeordneter in Köln zu werden. Nach der Revolution wurde diese Bestimmung der Städteordnung aufgehoben. Im Jahre 1920 wurde er dann mit mehreren anderen Herren zum Beigeordneten gewählt. Wie sehr er sich gerade für die Tätigkeit eines Finanzdezernenten eignet, geht am besten daraus hervor, daß er Vorsitzender der Deutschen Finanzdezernentenvereinigung ist. Sonst ist kein Verwandter von mir in der Kölner Stadtverwaltung tätig.

Ich benutze diese Gelegenheit, um Ihnen, sehr geehrter Herr Minister, nochmals zu versichern, wie sehr ich es begrüße, daß die von Ihnen zur Prüfung der Verhältnisse in den Gemeinden einzusetzende Kommission zuerst Köln besuchen und die mir wegen der angeblichen Zerrüttung der Finanzen Kölns gemachten Vorwürfe prüfen wird.

Ich darf wohl annehmen, daß diese Kommission, wie von Ihnen in Aus-

sicht gestellt, ihre Tätigkeit im Laufe der nächsten Woche aufnehmen und daß ihr Vorsitzender sich dann mit mir in Verbindung setzen wird.
Ich bin, sehr geehrter Herr Reichsminister,
mit ausgezeichneter Hochachtung

Ihr sehr ergebener
Adenauer

Nr. 38
17. März 1933: Meldung der »Frankfurter Zeitung«:
»Sitzung des Preußischen Staatsrates abgesagt«

Der Preußische Staatsrat, der die Absicht hatte, in seiner bisherigen Zusammensetzung am Dienstag nächster Woche noch einmal zu einem auf mehrere Tage berechneten Sitzungsabschnitt zusammenzutreten, wird, wie nunmehr feststeht, diese Tagung nicht mehr abhalten. Vizekanzler von Papen hat angesichts der veränderten politischen Lage und aus Sparsamkeitsgründen an den Präsidenten des bisherigen Staatsrats Dr. Adenauer, Köln, das Ersuchen[1] gerichtet, die Tagung nicht stattfinden zu lassen. Präsident Dr. Adenauer hat daraufhin an die Mitglieder des Staatsrats eine Benachrichtigung versenden lassen, in der es heißt: »Ich habe mich nach reiflicher Überlegung und da dringende Beratungsgegenstände nicht vorliegen, entschlossen, diesem Ersuchen stattzugeben, und sage hiermit die Tagung für den 21. d. M. und folgende Tage ab.«

Nr. 39
18. März 1933 (Berlin): An das Mitglied des Preußischen Staatsrats, Justizrat Eduard Windthorst, Hamm/Westfalen

Sehr geehrter Herr Justizrat!

Auf Ihr gefälliges Schreiben vom 17. d. Mts. übersende ich Ihnen beifolgend eine Abschrift des an mich gerichteten Schreibens des Herrn Vizekanzlers von Papen vom 15. März d. Js.[1] Ich habe die Gründe, die Herr von Papen für die Absagung der Staatsratstagung geltend gemacht hat, eingehend nachgeprüft und bin dabei zu der Überzeugung gelangt, daß mit erheblichen Störungen der Tagung unbedingt zu rechnen gewesen wäre. Infolgedessen habe ich mich entschlossen, dem Ersuchen des Herrn Vizekanzlers stattzugeben.
Mit dem Ausdruck meiner vorzüglichen Hochachtung

Ihr ergebener
A[denauer]

Nr. 40

18. März 1933 (Köln): Justizrat Professor Dr. August Adenauer an Adenauer, Berlin

Lieber Konrad!

Du wirst meinen Brief erhalten und inzwischen die Entfernung der 7 gehört haben ebenso die Pressenotiz vom Beweis größter Korruption[1]. Wie ich gehört habe, will man Dir persönliche Bereicherung vorwerfen oder nachweisen, und zwar dahin, daß Du von der Stadt Deine Grundstücke zum Inflations-, also Papiermarkwert in der Zeit nach der Inflation erworben hättest, etc., der ja nicht erfolgt ist. Es handelt sich bestimmt um persönlichen Kampf einer Anzahl von Personen gegen Dich. Davon mußt Du ausgehen. Ich meine übrigens selbst, daß, wenn auch die Radikalen im Kabinett ganz auf diese Leute schwören, der bedeutendste von ihnen, G[öring], wenn völlige Klarstellung möglich ist, Mann genug ist, wie er auf der einen Seite ein Draufgänger ist, auf der anderen Seite auch ein Unrecht wiedergutzumachen.
Vielleicht glauben auch selbst diese Kölner Leute an diese Dinge, die sie eben nicht übersehen und nicht verstehen.
Du mußt aber kämpfen, und zwar von Gesicht zu Gesicht mit den maßgebenden Leuten. Ich meine immer, wenn man ihre Ehrenhaftigkeit anruft, daß sie dann zu haben sind, selbst wenn sie aus politischen Gründen einen Schritt nach außen nicht zurücktun. ‹. . .›[a]
Besten Gruß August

Nr. 41

19. März 1933 (Berlin): An den Staatskommissar für die Stadt Köln, Dr. Günter Riesen

Wie ich höre, haben im »Westdeutschen Beobachter« offenbar aus amtlicher Quelle herrührende Angaben über die Kosten der Unterhaltung meines Gartens gestanden. In der Abendausgabe der »Kölnischen Zeitung« vom 18. d. Mts.[1] lese ich, daß nach einer Mitteilung des städtischen Pressedienstes Zeugenvernehmung und Aktenprüfung die Beweise ungeheuerlichster Korruptionsvorkommnisse erbracht hätten.
Ich glaube, von der Loyalität Euer Hochwohlgeboren erwarten zu dürfen, daß mir in Zukunft vor mich oder meine Amtsführung betreffenden Verlautbarungen Gelegenheit zur Äußerung gegeben wird.

Hochachtungsvoll
Adenauer

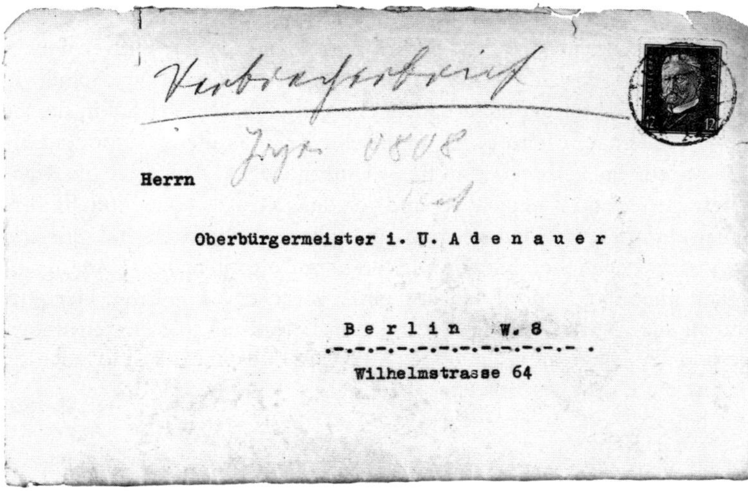

Nr. 42
21. März 1933 (Köln): Der Staatskommissar für die Stadt Köln, Dr. Günter Riesen, an Adenauer, Berlin

In Ihrem Schreiben vom 19.3. beschweren Sie sich über die bisher auf meine Veranlassung erfolgten Veröffentlichungen in den Zeitungen, durch die Sie und die Stadtverwaltung der tollsten Verschwendung und der ungeheuerlichsten Korruptionsvorkommnisse bezichtigt werden. Sie erwarten von meiner Loyalität, daß ich Ihnen in Zukunft vor Verlautbarungen, die Ihre Amtsführung betreffen, Gelegenheit zur Äußerung gebe. Hierzu habe ich folgendes zu erwidern:
In der Nachprüfung Ihrer Amtsführung sind der Sonderkommissar für Korruptionsverfolgung und ich weiter in die Materie eingedrungen, als Sie anzunehmen scheinen. Die veröffentlichten Fälle sind erst ein Anfang, es kommen hierfür nur Angelegenheiten in Frage, deren Richtigkeit sich nach den vorliegenden Akten mit unbedingter Sicherheit feststellen läßt, so daß Ihre Interessen durch die von mir angeordnete und angewandte Objektivität genügend gewahrt sind. Ihre vorherige Anhörung ist daher nicht erforderlich, die nackten Tatsachen sprechen für sich. Persönliche oder unsachliche Motive zwischen Ihnen und mir scheiden aus, ich kenne Sie kaum und habe persönlich nie etwas mit Ihnen zu tun gehabt.
Sie erwarten Loyalität von mir, Herr Adenauer, die muß ich Ihnen leider

versagen; was von mir aus Ihnen gegenüber in Frage kommt, ist lediglich Sachlichkeit; denn Sie sind ein Verbrecher, Herr Adenauer, ein Verbrecher an dem Volk, das Ihnen anvertraut war, das Sie durch Ihre Schuld in schrecklichste Not gebracht haben, ein Verbrecher an der Stadt, die Sie ruiniert haben, ein Verbrecher an unserer Religion, deren Exponent Sie hier waren, ein Verbrecher an Ihren Untergebenen, denen Sie die Menschenwürde genommen haben, und von denen viele – ohne Ihren Einfluß sicher ehrenwerte Männer – nun aufs schwerste belastet sind. Sie sind ein Verbrecher an Ihrer Familie und Ihrer Frau, die mir in ihrer Ahnungslosigkeit unendlich leid tat. Sie sind ein Verbrecher an unserem Herrgott und an allen Menschen, die mit Ihnen in Berührung gekommen sind.
Sie sind der Angeklagte, ich bin Ihr Ankläger, und das Volk ist Ihr Richter. Das ist die Lage zwischen uns.

Riesen

Nr. 43
22. März 1933 (Köln): Dora Pferdmenges an Gussie Adenauer, Berlin

Liebe Frau Adenauer,

heute abend fährt mein Mann wieder nach Berlin[1], und ich bin sehr glücklich in dem Gedanken, daß Sie sich dann noch einmal aussprechen können über das, was sich jetzt in schneller Reihenfolge abspielt und das, was werden wird; besonders aber auch darüber, was Ihre persönliche Zukunft angeht, für deren günstige Gestaltung wir mit Ihnen die innigsten Wünsche hegen. Sicher wird Ihr Mann Recht haben, wenn er von der Unmöglichkeit der Rückkehr in sein bisheriges Amt spricht; ich glaube, es würde nach verschiedenen Richtungen hin untragbar für ihn sein. Aber wenn auch der Gedanke einer Trennung vom Kölner Rathaus noch so schwer ist, es werden sich bestimmt wieder Möglichkeiten auftun, in denen Ihr Mann Befriedigung finden kann und wird. Man darf nur nichts überstürzen – einstweilen müssen Sie sich nur erholen wollen, und da ist es ja wunderschön, daß Sie zusammensein können.
Und nun komme ich erst zum Danke für Ihren so lieben Brief[2]. Den Dank an uns darin muß ich ganz entschieden zurückweisen, denn was ist selbstverständlicher, als wenn Freundschaft sich im Leid bewährt – ich freue mich aber glauben zu dürfen, daß sie sich in den letzten Wochen nur noch fester geknüpft hat. –
Alle Ereignisse von hier werden Sie durch meinen Mann in mündlicher Aussprache hören; mit meinen Gedanken werde ich dann auch bei Ihnen sein und grüße Sie beide herzlichst

als Ihre ergebene
Dora Pferdmenges

Nr. 44

23. März 1933 (Berlin): An Regierungspräsident Dr. Hermann Pünder, Münster/Westfalen

Lieber Herr Pünder[1]!

Ich danke Ihnen recht herzlich für Ihre warmherzigen Worte[2]; ich habe mich wirklich darüber gefreut.
Ich habe die Zähne zusammenbeißen müssen in diesen Tagen. – Sie haben übrigens den Nagel mit Ihrer Vermutung auf den Kopf getroffen; die staatlichen Stellen haben versagt, sie haben mir die erbetene Hilfe ausdrücklich verweigert. Ich bleibe sicher noch einige Zeit hier, vielleicht führt Sie Ihr Weg einmal nach hier, wir – meine Frau ist seit einigen Tagen auch hier, sie konnte vorher nicht wagen, unsere Kinder[3] zu verlassen, – würden uns sehr freuen, Sie zu sehen. Grüßen Sie Ihre verehrte Gattin und Ihre Kinder vielmals von uns.
Recht herzliche Grüße Ihr

Adenauer

Nr. 45

23. März 1933 (Berlin): Der Vizekanzler und Reichskommissar für das Land Preußen, Franz von Papen, an Erzbischof Karl Joseph Kardinal Schulte, Köln

Euerer Eminenz[1]

danke ich verbindlichst für die verschiedenen Schreiben[2] der letzten Tage. Ich bin glücklich, daß durch die Regierungserklärung des Herrn Reichskanzlers und die verständnisvolle Art, mit der das Zentrum sich der gegebenen Lage angepaßt hat, eine wesentliche Klärung der Verhältnisse eingetreten ist.
Euere Eminenz wollen überzeugt sein, daß ich es seit dem 30. Januar als meine besondere Pflicht angesehen habe, dem Herrn Reichskanzler das Problem der Behandlung des deutschen Katholizismus nahezubringen. Zu meiner Freude darf ich sagen, daß er ein ausgezeichnetes Verständnis für die Notwendigkeit einer Begleichung der Differenzen zwischen seiner Bewegung und der Heiligen Kirche hat, wie dies ja auch in der Regierungserklärung klar und deutlich zum Ausdruck gekommen ist. In einer kürzlichen Unterredung mit Seiner Eminenz dem Herrn Kardinal Bertram[3] hatte ich die Bitte ausgesprochen, doch auch von seiten des Hochwürdigsten Episkopats den Weg ebnen zu helfen. Dieselbe Bitte möchte

ich Euerer Eminenz unterbreiten mit dem gehorsamen Hinzufügen, daß mir baldige Entschließungen des Hochwürdigsten Episkopats in dieser Richtung von außerordentlichem Wert erscheinen, – schon um zu vermeiden, daß etwa in der Zwischenzeit durch neue Vorfälle die Spannungen vermehrt werden.

Bezüglich der Persönlichkeit des Herrn Oberbürgermeisters ‹ Adenauer ›[a] von Köln werde ich mich mit dem Herrn Innenminister in Verbindung setzen. Auch ich bin der Ansicht, daß wir baldmöglichst wieder zu geordneten Verhältnissen gerade auf dem kommunalen Gebiete zurückkehren müssen[4].

In besonderer Verehrung habe ich die Ehre zu sein

Euerer Eminenz gehorsamster F. von Papen

Nr. 46

25. März 1933 (Köln): Ella Schmittmann an Gussie und Konrad Adenauer, Berlin

Liebe Gussie, lieber Konrad.

Heute habe ich mit der Max-Bruch-Straße mich verständigt, daß ein Kleid von Ria zu Frau Gerdolle[1] gebracht wird, die es ihr mitnehmen will. Die Kinder gingen gerade spazieren, und wird ihnen jetzt nach dem Winter die Sonne gut tun.

Mit den uns näher stehenden beurlaubten Beigeordneten[2] sprach ich am Telefon und war erstaunt, wie tragisch sie alle die Bemerkungen über Korruption nahmen, während doch im Publikum jeder weiß, daß das nicht ihnen persönlich galt, sondern mit dem politischen Kampf und der Verurteilung des alten »Systems« durch die neuen Machthaber zusammenhängt. Da ist mir doch so recht klargeworden, wie sehr die mancherlei Anfeindungen der letzten Jahre uns die Haut gegerbt haben und uns immun gemacht haben gegen Überempfindlichkeit im politischen Kampf. Das hilft doch, alles wesentlich leichter zu nehmen.

Bened[ikt] wird wohl in den nächsten Tagen zurückkommen. Er scheint sehr befriedigt von seiner Reise. Hoffentlich können wir bald einmal in Flehe über alles plaudern.

Heute sah ich eine Fotographie der Reichstagssitzung[3], auf der anscheinend auch Gussie mit auf die Platte kam (als Zuhörerin im Saalgang an einem Seiteneingang).

Hoffentlich hilft Euch das schöne Wetter dort, etwas Erholung zu finden.

Mit besonders herzlichem Sonntagsgruß stets

Eure

Ella

Nr. 47

25. März 1933 (Berlin): Im Preußischen Ministerium des Innern: Staatssekretär Carl Christian Schmid an Ministerialdirektor Dr. Friedrich-Karl Surén

Namens des Herrn Ministers Göring bitte ich Sie, nunmehr einen Erlaß an den Regierungspräsidenten in Köln betreffend Einleitung des förmlichen Dienststrafverfahrens gegen den Oberbürgermeister Dr. Adenauer in Köln entwerfen zu lassen und nach Mitzeichnung der zuständigen Stellen des Hauses dem Herrn Minister durch mich zur persönlichen Unterschrift vorzulegen[1]. Der Regierungspräsident ist zugleich anzuweisen, beim Vorsitzenden der Dienststrafkammer die Bestellung des Ministerialdirektors z. D. Miller[2] in Berlin-Lichterfelde, Enzianstr. 3, als Untersuchungsführer zu beantragen. Die Bestellung des Beamten der Staatsanwaltschaft wird dem Ermessen des Regierungspräsidenten überlassen werden können. Die Anschuldigungspunkte sind etwa folgendermaßen zu formulieren: Anschuldigung einer Verletzung der Amtspflichten und der Unwürdigkeit, indem er ‹...›[a]

Nr. 48

28. März 1933 (Kloster Lichtental bei Baden-Baden): Abt Dr. Ildefons Herwegen an Adenauer, Berlin

Lieber Adenauer!

Hier am Fuße des Schwarzwaldes, wo ich eine schwere Heiserkeit zu kurieren hoffe, erfahre ich, daß Du aus Deinem Amte geschieden bist, was das für Dich bedeutet, kann ich Dir einigermaßen nachfühlen, da ich weiß, welche Mühe, Arbeit, Sorge und Kraft Du für Köln geopfert hast.
Was mir aber in dieser Stunde am Herzen liegt, das ist meine tiefgefühlte Dankbarkeit für all das Wohlwollen, Entgegenkommen und die Hülfe, die Du mir in langen Jahren amtlich und persönlich erwiesen hast.
Gott ist ein gerechterer Vergelter als die Menschen. Im Gebete werde ich meiner Dankespflicht eingedenk bleiben.
Mit der Bitte, mich Deiner verehrten Frau Gemahlin verehrungsvoll empfehlen zu dürfen, verbleibe ich unter den besten Wünschen in steter Dankbarkeit

Dein getreuer
Herwegen

Nr. 49

29. März 1933 (Köln): Der Staatskommissar für die Stadt Köln, Dr. Günter Riesen, an Staatssekretär Carl Christian Schmid, Preußisches Ministerium des Innern, Berlin

Auf das gestrige Ferngespräch berichte ich wie folgt:
Die Ermittlungen haben bisher noch nicht zum Abschluß gebracht werden können. Bei dem Umfang des zu prüfenden Materials wird sich dessen Sichtung voraussichtlich auch noch eine Reihe von Wochen hinziehen.

Aber schon die beigefügten Anlagen, die das Ergebnis der Ermittlungen kurz zusammengefaßt wiedergeben, beweisen das Vorhandensein größter Mißstände und Korruption in der früheren städtischen Verwaltung[1]. Verantwortlich für diese Mißstände sind neben dem Oberbürgermeister die verschiedenen beurlaubten Beigeordneten[2]. Abgesehen von den ihnen nach den Anlagen persönlich zur Last zu legenden Einzelfällen haben sie es allgemein dem Oberbürgermeister gegenüber am nötigen Rückgrat fehlen lassen und schon dadurch die Pflichten, die ihnen ihr Amt auferlegt, verletzt. Wenn sie pflichtgemäß den Ansinnen des Oberbürgermeisters entgegengetreten wären, wären diese Zustände nie möglich geworden. Das gilt in erster Linie vom Finanzdezernenten Suth, dem Schwager des Oberbürgermeisters. Dem Justitiar, Beigeordneten Greven[3], kann der Vorwurf nicht erspart werden, daß er es unterlassen hat, in geeigneten Fällen pflichtgemäß Bedenken geltend zu machen, ferner, daß er als Dezernent des Wohnungsbauamts eine große Baugesellschaft, bei der er gegen besondere erhebliche Vergütung tätig war, in der Zuteilung von Baugeldern auffallend bevorzugt hat. Der Wohlfahrtsdezernent Dr. Schwering[4] hat jahrelang die in seinem Dezernat von einer marxistischen Leiterin[5] geführte und von marxistischem Geiste erfüllte Frauenwirtschaft geduldet sowie bedürftige Kreise aus dem sozialistischen und dem Zentrumslager bevorzugt. Über den Dezernenten des Liegenschaftsamtes Herlet[6] geben die einschlägigen Anlagen ausreichend Auskunft.

Zu der Fassung der anliegenden Darstellungen von Einzelfällen ist zu bemerken, daß es sich zum Teil um Durchschläge der an die Presse gegebenen Mitteilungen handelt, die ich wegen der Kürze der Zeit nicht mehr in eine rein berichtsmäßige Form abändern wollte.

Im übrigen werde ich demnächst, dem Fortgang der Ermittlungen entsprechend, weiter berichten.

Riesen

Nr. 50

30. März 1933 (Köln): Erklärung des Gauleiters Josef Grohé in der Kölner Stadtverordnetenversammlung (Auszug)

Wir haben Herrn Adenauer abgesetzt, nicht etwa, weil er sich zur Zentrumspartei zählte, sondern weil wir in ihm einen Menschen erkannt haben, zu dessen Auffassung von Moral und Charakter uns das Verständnis abgeht, und weil sein Wirken von außergewöhnlichem Nachteil für Köln und das ganze Deutschland war. Wir können deshalb auch nicht anerkennen, daß irgendeine auf Ehre, Anstand und Sauberkeit wertlegende Gruppe glaubt, sich schützend vor diesen Mann und seine Handlungen stellen zu können. Eine Identifizierung mit der Person dieses abgesetzten Oberbürgermeisters ist gleich einer Identifizierung mit dem Verhalten und den Handlungen dieses Mannes und verdient daher auch die gleiche Beurteilung und Bekämpfung.

Nr. 51

30. März 1933 (Köln): Erklärung der Zentrumsfraktion der Kölner Stadtverordnetenversammlung (Auszug)

Die vom Reichspräsidenten berufene, durch den erfolgreichen Verlauf der nationalen Revolution bestätigte Regierung darf nicht gefährdet werden, da sonst die Folgen unabsehbar sind, sondern muß unter Würdigung der gegebenen Verhältnisse auf möglichst breite Grundlage sich stützen können, um in der Innenpolitik Verfassungsrecht, Ordnung und Sicherheit zu gewährleisten und in der Außenpolitik die von den früheren Regierungen mühevoll begonnene, zum Teil durchgeführte Befreiung und Gleichberechtigung der Nation zu einem guten, erfolgreichen Ende zu führen. Diesem größten Gesichtspunkt hat sich vieles andre, vor allem *parteimäßiges Denken unterzuordnen*. Die Bewegung, die unsre Fraktion vertritt, ist gekennzeichnet durch die Ziele: »Katholisch und deutsch«.

Nr. 52

31. März 1933 (Köln): Katholischer Deutscher Frauenbund (Zweigverein Köln) an Gussie Adenauer, Köln

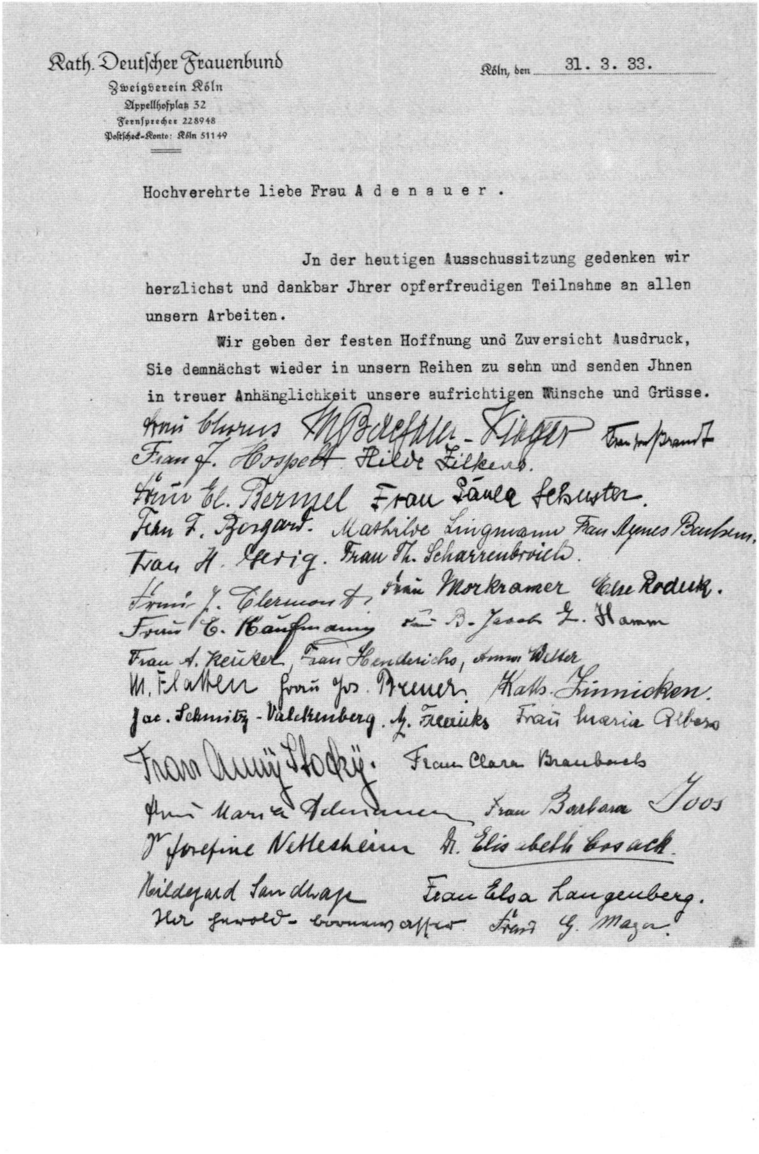

Kath. Deutscher Frauenbund
Zweigverein Köln
Appellhofplatz 32
Fernsprecher 228948
Postscheck-Konto: Köln 51149

Köln, den 31. 3. 33.

Hochverehrte liebe Frau A d e n a u e r .

Jn der heutigen Ausschussitzung gedenken wir herzlichst und dankbar Jhrer opferfreudigen Teilnahme an allen unsern Arbeiten.

Wir geben der festen Hoffnung und Zuversicht Ausdruck, Sie demnächst wieder in unsern Reihen zu sehn und senden Jhnen in treuer Anhänglichkeit unsere aufrichtigen Wünsche und Grüsse.

Nr. 53
1. April 1933 (Berlin): An Ella Schmittmann, Köln

Liebe Ella!

Dein l[ieber] Brief[1] kam gerade zur rechten Zeit an: nämlich kurz vor dem Eintreffen der Zeitungen aus Köln mit dem Bericht über den Verlauf der Kölner St[adt] V[erordneten] V[ersammlung]. Es sind weniger die Beschimpfungen des H[errn] Gr[ohé][2], die mich gepackt haben, als der feige Verrat der Zentrumsfraktion[3], mit der ich nun fast 27 Jahre Schulter an Schulter gearbeitet habe, und die jetzt nicht einmal mehr den Mut aufbringt, eine Erklärung für mich abzugeben oder gegen den mich betreffenden Teil des Antrages zu stimmen, die auch kein Wort für die Zentrumsbeigeordneten findet[4]. Das Verhalten der Fraktion wird von der Reichsparteileitung auf das Schärfste gemißbilligt. Aber diese Mißbilligung schafft natürlich die Tatsache selbst nicht aus der Welt. – An den Universitäten ist der Sturm bis jetzt ja vorübergegangen, hoffentlich bleibt es dabei, so daß Ihr keine Schwierigkeiten bekommt[5]. Außerordentlich bedauere ich die Plackerei, die Du jetzt in den Steuerangelegenheiten hast; wenn Du wenigstens Erfolg damit hast! –
Im Laufe der nächsten Woche soll das Gesetz[6] kommen, das die Wahlzeit der kommunalen Wahlbeamten für beendet erklärt. Wie die finanzielle Seite geregelt wird, steht noch nicht fest, sicher aber wird diese Regelung keine angenehmen Überraschungen bringen.
Wann wir nach Köln zurückkommen, ist sehr zweifelhaft. Ich hatte ursprünglich gedacht, im Laufe der nächsten Woche, damit das gegen mich eingeleitete Disziplinarverfahren beginnen könne. Ich werde aber von den verschiedensten Seiten gewarnt, schon nach Köln zurückzukehren, die Situation sei so, daß ich mich ernsten Gefährdungen aussetze und dann in Schutzhaft genommen werden müsse[7]. Man meint, ich solle erst einmal Ostern vorübergehen lassen, in der Hoffnung, daß sich allmählich die allgemeine Erregung, die übrigens in Köln besonders stark sei, lege; ich solle auch nicht nach Düsseldorf zum Provinziallandtag gehen. –
Den Kindern scheint es ja gut zu gehen, wir haben aber große Sehnsucht nach ihnen. Für die beiden Großen ist es auch sehr hart, einen solchen Sturz ihres Vaters erleben zu müssen, sie scheinen sich aber ganz tapfer zu halten.
Ich danke Dir nochmals herzlich für Deine Briefe, die ein wirklicher Trost sind. Benedikt, der uns aus Rom schrieb[8], wird nun auch wohl bald wieder einrücken. Grüße ihn vielmals. Dir einen besonders herzlichen Gruß

Dein
Konrad.

Meine liebe Ella!

Auch ich möchte Dir innig danken für Deinen lieben guten Brief, der eine große Innerlichkeit und Größe offenbart, um die ich Dich beneide. Ich kann zu den ganzen Dingen jetzt in gar kein rechtes inneres Verhältnis kommen, weil mich die äußeren Auswirkungen dieser Revolution zu sehr belasten. Ich kann nur neuen Schlägen und Schwierigkeiten in Ruhe entgegensehen, wenn ich mir sage, daß wir in einer ganz ungewöhnlichen Zeit leben und daß es nicht darauf ankommt, was für Pflichten einer von Gott bekommt, sondern daß er sie gut löst.
Gruß und Kuß und Dank für alle Liebe! Deine
Gussie

Nr. 54
1. April 1933 (Berlin): Im Preußischen Ministerium des Innern: Staatssekretär Carl Christian Schmid an Ministerialdirektor Dr. Friedrich-Karl Surén

Die Anweisung an den Regierungspräsidenten in Köln betr. Einleitung des förmlichen Dienststrafverfahrens[1] gegen den Oberbürgermeister Dr. Adenauer ist vom Minister gestern unterzeichnet worden und liegt gegenwärtig dem Reichskommissar von Papen zur Kenntnisnahme vor. Ich habe den Regierungspräsidenten in Köln fernmündlich auf diese Anweisung vorbereitet und gleichzeitig ersucht, keine Pressenotiz seitens der Regierung herauszugeben, da die Öffentlichkeit über die Behandlung des Falles Adenauer von zentraler Stelle aus unterrichtet wird. Angesichts der außerordentlich überhitzten Atmosphäre in Köln ist Herrn Adenauer von mir nahegelegt worden, die Absicht einer Rückkehr nach Köln vorläufig aufzugeben, womit er sich einverstanden erklärt hat[2]. Erst nach Ingangsetzung des Dienststrafverfahrens wird er sich zu den erforderlichen Vernehmungen in Köln einfinden.
‹...›[a]

Nr. 55
3. April 1933 (Köln): Willy Suth an Adenauer, Berlin

Lieber Konrad!

Ich habe gestern mehrere Stunden mit H[errn] Burgbacher[1] verhandelt. Dieser erklärte mir, daß die Fraktion nur Dein Bestes im Auge gehabt habe[2]. Man habe ihr nämlich gedroht, jede Erklärung zu dem Thema »Wechsel in der Leitung« mit einer durch Rundfunk zu übertragenden fulminanten »Adenauer-Rede« zu beantworten. Eine falsche Rede aber gerade in diesem Augenblick zu provozieren, habe man nicht für opportun gehalten. Zudem habe man von der Parteileitung in Berlin, trotzdem man sie wiederholt und dringend schriftlich, telefonisch und telegraphisch um Direktiven geradezu angefleht habe, einfach keine Antwort bekommen. Im übrigen denke man trotz der nicht abgegebenen Erklärung nicht daran, und habe auch keinen Augenblick daran gedacht, Dich irgendwie fallenzulassen. Die Fraktion sei jederzeit bereit, einen entsprechenden Brief an Dich oder an D.R. [die Reichspartei?] zu richten und diesen Brief der Presse zu übergeben. Irgendwelche Anregungen Deinerseits für einen solchen Brief sei er gerne bereit, als eigene Vorschläge vorzubringen und durchzudrücken zu versuchen. Auf alle Fälle wünsche man allerdings zu wissen, ob Du ein solches Vorgehen überhaupt für richtig hieltest oder ob Du vielleicht irgendwelche anderen Vorschläge für eine zweckmäßigere Betätigung der Fraktion zu machen hättest. Auch wegen der Kollegen sei man bereit, in ähnlicher Weise einen Brief zu schreiben und zu veröffentlichen. (Ich habe dieserhalb inzwischen einen Teil der Kollegen befragt; diese haben also *alle* den Standpunkt vertreten, daß sie ein solches Vorgehen im Augenblick *nicht* für zweckmäßig hielten.)
Sonst ist hier alles beim alten. Wir hören *nichts*. Wenn ich irgendetwas Neues erfahren sollte, werde ich Dir sofort wieder schreiben. Inzwischen kann ich Dir nur raten, Dich möglichst der Pflege Deiner Gesundheit zu widmen. Wir werden, glaube ich, alle eine gute Gesundheit und vor allem gute Nerven noch sehr nötig haben.
Mit recht herzlichen Grüßen, auch für Gussie

Dein
Willy

[Notiz Adenauers auf der Rückseite des Schreibens]
Ich habe auf s[einen] Brief vom 3.4. geantwortet, daß ich mit der Kölner Zentrumsfraktion fertig sei[3]. Wenn sie zu bang gewesen sei, öffentlich für mich einzutreten, so haben sie wenigstens nach ihrem ersten Zusammentreten mir einen Brief schreiben können.

A.

Nr. 56

4. April 1933 (Köln): Mitteilung des Regierungsvizepräsidenten in Köln, Dr. Rudolf zur Bonsen, zum vorläufigen Ergebnis der Ermittlungen und zur Einleitung des Dienststrafverfahrens

Nach dem vorläufigen Ergebnis der Ermittlungen sind Sie dringend verdächtigt,

1. in dem Jahre 1930 und auch später die Preußische Zentralgenossenschaftskasse in Berlin durch Einsatz politischer Beziehungen und durch bewußte Mitwirkung an einer Verschleierung der Transaktion zur satzungswidrigen Gewährung eines Kommunalkredits an die Stadt Köln in Höhe von 12 Millionen Reichsmark mißbraucht zu haben[1];
2. im Falle der Müllverwertungsanlage[2] der Stadt Köln den aus der Bevölkerung und in der Öffentlichkeit erhobenen Beschwerden über schwere Mißstände in der Städtischen Verwaltung nicht mit der nach Lage der Sache gebotenen Entschiedenheit nachgegangen zu sein, sondern gegenüber den im einzelnen belegten Vorwürfen eine absichtlich ausweichende Haltung eingenommen zu haben;
3. bei verschiedenen Liegenschaftsgeschäften der Stadt Köln eine Begünstigung von Einzelpersonen auf Kosten der städtischen Interessen herbeigeführt zu haben[3];
4. bei der Regelung Ihrer Dienstbezüge, insbesondere auch in Form einer Wohnungsentschädigung und der Inanspruchnahme freier Gartenunterhaltung, Blumen- und Pflanzenlieferungen unverhältnismäßige Sondervorteile zu Lasten der Stadt Köln für Ihre Person in Anspruch genommen zu haben[4];
5. bei Veranstaltung der Internationalen Presse-Ausstellung 1928[5], bei Einweihung der Mülheimer Brücke[6] und bei verschiedenen sonstigen Anlässen durch übermäßigen Aufwand für repräsentative Zwecke die finanziellen Interessen der Stadt Köln geschädigt und die Stadtverwaltung dem Rufe hemmungsloser Ausgabenwirtschaft ausgesetzt zu haben[7];
6. allgemein in der Finanzpolitik der Stadt Köln während der letzten 10 Jahre, insbesondere durch die Übersteigerung der Ausgaben, durch übermäßige Anhäufung von Schulden und durch Überspannung der Kommunalisierungstendenzen alle Anforderungen gesunder und vernünftiger öffentlicher Finanzgebarung mißachtet zu haben[8];
7. Verwandten und Verschwägerten durch Übertragung von Gutachten und Prozeßmandaten der Stadt Köln bezw. durch bevorzugte Verwendung im städtischen Dienst Begünstigung gewährt zu haben[9];

8. in Formen, die mit der Stellung eines leitenden Beamten unvereinbar sind, persönliche Spekulationsgeschäfte in Wertpapieren getrieben und entstandene Verluste zur Abdeckung gebracht zu haben[10];
9. die Verfügungen der Aufsichtsbehörde, die auf Grund der preußischen Sparverordnung vom 12.9.1931[11] in Besoldungsangelegenheiten der städtischen Ruhestandsbeamten ergangen sind, beharrlich nicht durchgeführt zu haben, obgleich die Befolgung dieser Anordnungen immer wieder gefordert wurde, und ausdrücklich darauf hingewiesen worden ist, daß der Herr Preußische Minister des Innern gleichfalls auf der Durchführung dieser von der Aufsichtsbehörde verfügten Maßnahmen bestehe;
10. nachdem das Staatsgerichtshofsurteil vom 20.6.1932[12] ergangen war, eigenmächtig am 12. Oktober 1932 für Ihre Person und die Beigeordneten der Stadt Köln Gehaltsnachzahlungen veranlaßt zu haben, ohne die vom Herrn Preußischen Minister des Innern im Erlaß vom 22.1.1932 ([Ministerialblatt für die innere Verwaltung], S.56) und im Erlaß vom 16.7.1932 (MBliV., S. 729) in Aussicht gestellten Weisungen abzuwarten und ohne sich des Einverständnisses der Aufsichtsbehörde, die die Gehaltskürzung verfügt hatte und diese ihre Anordnung nicht aufgehoben hat, zu versichern, und damit sich selbst und die Beigeordneten durch Nachzahlung gekürzter Gehaltssummen bevorzugt behandelt zu haben, während die Stadt Köln sich in einer außergewöhnlichen Finanznot befand und nicht in der Lage war, andere vordringliche fällige und unbestrittene Forderungen zu befriedigen

und

hierdurch als Beamter die Pflichten, die Ihnen Ihr Amt auferlegt, verletzt und sich durch Ihr Verhalten in und außer dem Amte der Achtung, des Ansehens und des Vertrauens, die Ihr Beruf erfordert, unwürdig gezeigt zu haben.

Auf Grund der §§ 2,22 und 95 der Beamtendienststrafordnung vom 27.1.32 (GS.S.59)[13] ordne ich deshalb hiermit die Einleitung des förmlichen Dienststrafverfahrens mit dem Ziele der Dienstentlassung gegen Sie an.

Zugleich verfüge ich gemäß § 90 in Verbindung mit §§ 54 und 55 der Dienststrafordnung[14] Ihre sofortige vorläufige Enthebung vom Dienste und ordne an, daß Ihnen mit Wirkung vom 1. Mai 1933 an Ihr Diensteinkommen zur Hälfte einbehalten wird.

Für die Bestellung des Untersuchungsführers durch den Vorsitzenden der Dienststrafkammer bei der Regierung in Köln habe ich gemäß Erlaß des Herrn Preußischen Ministers des Innern – Kommissar des Reichs – vom

31. März 1933 – IV a IV 478 I/VII – den Ministerialdirektor z. D. Miller in Berlin-Lichterfelde, Enzianstraße 3, in Vorschlag gebracht. Der Vorsitzende der Dienststrafkammer wird Ihnen seine Entscheidung demnächst mitteilen[15]. Über die Bestellung des Beamten der Staatsanwaltschaft wird Ihnen weitere Mitteilung zugehen[16].

In Vertretung
Dr. Rudolf zur Bonsen

Nr. 57

5. April 1933 (Köln): Generalsekretariat der Rheinischen Zentrumspartei an Adenauer, Berlin

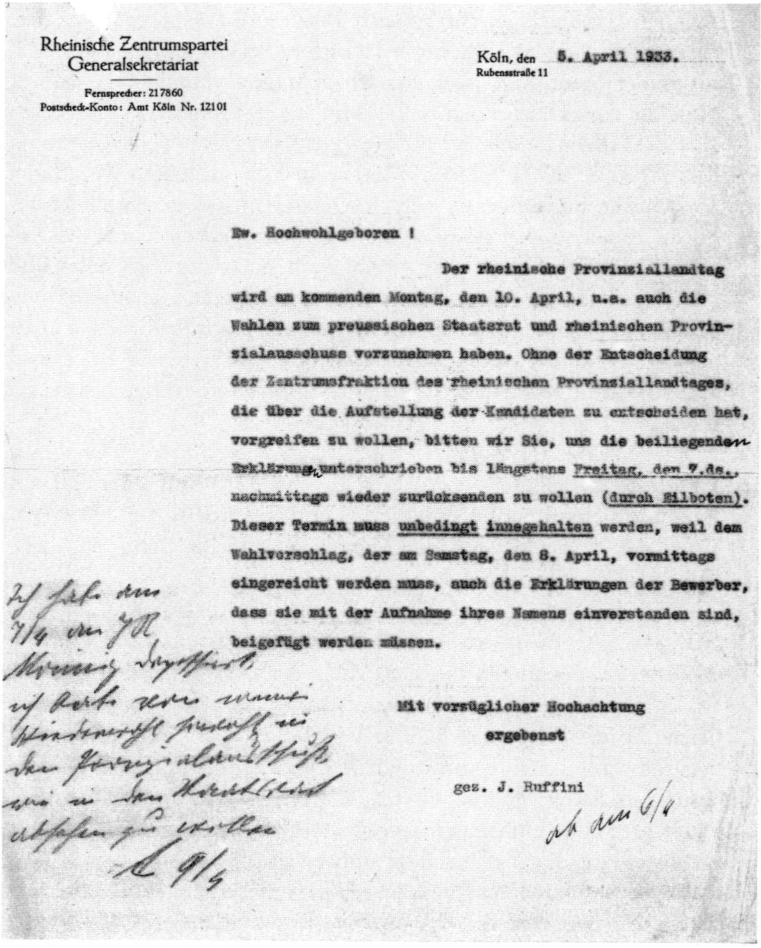

Rheinische Zentrumspartei
Generalsekretariat

Fernsprecher: 217860
Postscheck-Konto: Amt Köln Nr. 12101

Köln, den 5. April 1933.
Rubensstraße 11

Ew. Hochwohlgeboren !

Der rheinische Provinziallandtag wird am kommenden Montag, den 10. April, u.a. auch die Wahlen zum preussischen Staatsrat und rheinischen Provinzialausschuss vorzunehmen haben. Ohne der Entscheidung der Zentrumsfraktion des rheinischen Provinziallandtages, die über die Aufstellung der Kandidaten zu entscheiden hat, vorgreifen zu wollen, bitten wir Sie, uns die beiliegenden Erklärungen unterschrieben bis längstens Freitag, den 7.ds., nachmittags wieder zurücksenden zu wollen (durch Eilboten). Dieser Termin muss unbedingt innegehalten werden, weil dem Wahlvorschlag, der am Samstag, den 8. April, vormittags eingereicht werden muss, auch die Erklärungen der Bewerber, dass sie mit der Aufnahme ihres Namens einverstanden sind, beigefügt werden müssen.

Mit vorzüglicher Hochachtung
ergebenst

gez. J. Ruffini

Nr. 58

8. April 1933 (Berlin): An Ella Schmittmann, Flehe bei Düsseldorf

Liebe Ella!

Herzlichen Dank für Deinen lieben Brief[1] und Deinen Vorschlag wegen der Flehe. Leider werde ich ihn nicht annehmen können, ich glaube, ich würde dort ebenso gefährdet sein wie in Köln; man hat mir auch von durchaus ernst zu nehmenden Leuten abgeraten, über Ostern nach Plittersdorf in das St. Leonhardusstift zu gehen[2]. Ich werde deshalb so lange als möglich, d. i. bis Ende des Monats, hier in Berlin bleiben. Was ich dann tue, ob ich nach Köln zurück kann oder in die Nähe von Köln, müssen wir abwarten. Gussie fährt morgen – Sonntag – für einige Tage nach Köln und kommt dann nach hier zurück. Sie läßt Dich bitten, morgen, Sonntagabend, bei ihr in der Max-Bruchstr. zu Abend zu essen. – Das Disziplinarverfahren ist jetzt gegen mich offiziell eröffnet mit dem Ziele der Entfernung aus dem Amte[3]. Es ist an sich schrecklich, und doch begrüße ich andererseits die Eröffnung in der Hoffnung, daß dadurch eine objektive Prüfung ermöglicht und die wüsten Veröffentlichungen gegen mich inhibiert werden. Zum Untersuchungskommissar gegen mich ist der Ministerialdirektor z. D. Miller ernannt worden, ein korrekter Beamter, er geht am Montag nach Köln. –
Ich bin Dir sehr dankbar, daß Du Dich Konrad und Max annimmst, sie haben es ja beide jetzt nicht leicht.
Gussie wird Dir alles erzählen.
Viele herzliche Grüße an Dich und Benedikt

Dein
Konrad

Liebe Ella. Ich freue mich sehr, Dich bald zu sehen und rufe gleich bei Dir an, wenn ich heimkomme. Für all Deine treue Teilnahme an unserem Geschick vielen Dank und Benedikt und Dir beste Grüße!

Deine
Gussie

[Nachsatz Adenauers]
Ich habe Wahl in den Provinzialausschuß und in den Staatsrat abgelehnt, es hat doch keinen Zweck, und das Zentrum in Köln ist mir zuwider[4].

Nr. 59

10. April 1933 (Berlin): An Abt Dr. Ildefons Herwegen, Abtei Maria Laach

Lieber Herwegen!

Herzlichen Dank für Deine teilnehmenden Worte vom 28.3.[1] Es sind sehr schwere Zeiten, aber ich vertraue auf den Sieg der Gerechtigkeit, wenngleich ich in mein Amt nicht zurückkehren werde.
Mit herzlichem Gruße, dem sich meine Frau anschließt,

Dein Dir sehr ergebener
Adenauer

Nr. 60

11. April 1933 (Berlin): An Dannie N. Heineman, Brüssel

Sehr verehrter Herr Heineman[1]!

Von den Veränderungen, die in Deutschland seit unserm letzten Briefwechsel eingetreten sind, werden Sie sich nur schwer ein Bild machen können. Ich habe infolge stärkster Agitation und Hetze gegen mich Köln verlassen und hier in Berlin Zuflucht suchen müssen, wo man mich nicht kennt.
Ich bin seit 13.3. in der Wohnung, die ich als Staatsratspräsident – ich werde es bis zum 25.4. sein[2] – habe; dann muß ich auch hier fort. Wohin ich dann gehe, weiß ich noch nicht; nach Köln werde ich voraussichtlich dann noch nicht zurückkehren können, das Volk, das mir bis vor kurzem noch so ergeben war, ist zu verhetzt. Meine Frau ist bei mir, meine Kinder sind in Köln, das ist nun der Erfolg einer 16jährigen hingebenden Arbeit als Oberbürgermeister und der Rettung der Stadt aus der Revolution 1918 und der Bewahrung der Rheinlande vor der Gefahr, von Deutschland abgetrennt zu werden! Es ist furchtbar, wenn man darüber nachdenkt.
In mein Amt werde ich nicht mehr zurückkehren können, günstigsten Falls erhalte ich eine kleine Pension. In dieser Lage, ohne Tätigkeit und ohne nennenswertes bzw. irgendwie auskömmliches Einkommen, doppelt schwierig für mich bei meinen 7 Kindern, wende ich mich mit der herzlichen Bitte an Sie zu prüfen, ob es Ihnen nicht möglich ist, mir zu helfen, daß ich wieder zu einer wenigstens teilweise mich ausfüllenden Tätigkeit und Einkommen gelange. Vielleicht wird es trotz der schwierigen wirtschaftlichen Lage Ihnen irgendwie möglich sein, mir zu helfen.
Ich bitte mich zu verstehen, wenn ich mich brieflich so kurz wie möglich fasse, und Ihnen nur sage, daß meine Lage innerlich und äußerlich geradezu trostlos ist.
Ich bin mit herzlichen Grüßen von Haus zu Haus

Ihr ergebener
Adenauer

Nr. 61

12. April 1933 (Berlin): An Dannie N. Heineman, Berlin

Sehr verehrter Herr Heineman!

Eben höre ich, daß Sie diesen Nachmittag um 4 Uhr bei Herrn Bücher[1] sind. Ich möchte Sie gerne dringend sprechen – ich habe Ihnen gestern nach Brüssel geschrieben – und bitte Sie, Flora 5940 zu telefonieren, wann und wo.

Ich bin hier als Flüchtling. Ich wohne z. Zt. Wilhelmstr. 64. Im Kaiserhof möchte ich Sie nicht gerne aufsuchen, ich bin dort zu bekannt[2]. In meiner Wohnung Wilhelmstr. 64 sind wir ganz ungestört.

Mit freundlichen Grüßen Ihr

Adenauer

Nr. 62

12. April 1933: Begegnung mit Dannie N. Heineman in Berlin

In dieser Situation kam mein guter Freund Dannie Heineman aus Greenwich, Connecticut, zu mir. Heineman war Jude. Er sagte, ohne daß ich von meinen finanziellen Sorgen gesprochen hatte, er könne sich denken, daß ich finanziell in einer ernsten Situation sei. Er habe mir einen Betrag von 10 000 Reichsmark mitgebracht, damit ich nicht in Schwierigkeiten komme.

(Adenauer in seinen »Erinnerungen 1953–1955«)

Nr. 63

12. April 1933 (Köln): Domkapitular Johannes Adenauer an Lilli und Willy Suth, Köln

Lieber Willy und Lilli!

Gretchen will einen Brief[1] des H[errn] Kardinals an Gussie, den ich eben erhalten habe, ihr bringen, weil ich nicht weiß, was darin steht und ob es eilt. Wollt Ihr nicht der Gussie sagen, daß sie doch erreichen soll, daß Baron von Schröder[2] Schritte tut. Es kommt m. E., wie Ihr wißt, darauf an, daß Göring und Hitler eine andere Meinung von Konrad erhalten und evtl. *später* Hitler ihm eine Unterredung gewährt. Es muß allerdings das genaue Material gesammelt werden von Konrad bzw. über Konrad, über sein Verhalten. Einiges habe ich ja erzählt, 1. was Tirard[3] gesagt hat, 2. die

Kardinalsfeierlichkeit[4] (Widerspruch Konrads gegen die Einladung Tirard's usw.), 3. was der »Mittag« gebracht hat über den Beschluß der Separatisten, Konrad zu ermorden[5], alles Wichtige. Ferner was August noch sagen wollte, daß Konrad ferner nur die Treue dem Gesetz und seiner Partei halten wollte, vor allem auch, daß er bereits im Herbst einen nationalsozialistischen Ministerpräsident haben wollte[6] usw. Ihr wißt ja doch alles. Wer aber soll das Material sammeln? Kann Konrad nicht nach seinem Gedächtnis etwas niederschreiben? Überlegt doch bitte alles. – Wann Gussie nach hierhin kommt, weiß ich ja auch nicht. ‹...›[a] Ich möchte auch gern wissen, was der Kardinal Gussie geschrieben hat, wenn es etwas Besonderes, Tröstendes ist.
‹...›[b]
Herzliche Grüße Hans

Nr. 64
13. April 1933 (Berlin): An Ella Schmittmann, Flehe bei Düsseldorf

Liebe Ella!

Dir und Benedikt wünsche ich stärkende und aufrichtende Feiertage; Ihr werdet sie wohl in der Flehe verbringen und das enge Zusammensein mit der Natur wird Euch wohl tun. Gussie kommt morgen, Karfreitag, nach hier zurück, und so werden wir Ostern fern von den Kindern hier in Berlin verbringen. Am 26.4. tritt der neue Staatsrat zusammen, dann muß ich die Wohnung, die mir in diesen Wochen sehr wertvoll war, räumen. Wohin ich gehe, weiß ich noch nicht; es hängt das auch davon ab, welche Nachrichten der in meinem Verfahren eingesetzte Untersuchungskommissar, der zur Zeit in Köln ist, von dort mitbringt. Jetzt hat man mein Verfahren in die Liste der von der besonderen Anticorruptionsabteilung des Justizministeriums zu verfolgenden Corruptionsfälle aufgenommen und diese Liste veröffentlicht; mein Name steht da in einer Nachbarschaft, deren man sich schämen muß[1]; es ist wirklich schrecklich; man stumpft ganz ab, so furchtbar ist das alles.
Die Nachricht von den in Düsseldorf vorgenommenen Verhaftungen[2] hat mich erschüttert; ich kann mir gar nicht denken, daß die Herren strafbare Handlungen begangen haben sollten.
Mit großem Bedauern erfüllt mich auch, wie Ihr Euch denken könnt, die Entwicklung an der Universität[3]; ich wünsche und hoffe sehr, daß dort keine Ranküne vorkommen. –

Wenn ich nach Köln oder in die Nähe von Köln zurückkomme, können wir uns hoffentlich bald einmal sehen, um uns mündlich auszutauschen. – Ich habe heute nochmals Deine Briefe durchgelesen, sie waren sehr wahr und sehr trostreich. Wir wollen alle versuchen, diese Zeiten innerlich ungebrochen zu überstehen.
Mit recht herzlichen Grüßen an Dich und Benedikt Dein
Konrad

Nr. 65
17. April 1933 (Berlin): An Abt Dr. Ildefons Herwegen, Abtei Maria Laach

Lieber Herwegen!

Heute komme ich mit einer großen Bitte zu Dir. Von den verschiedensten Seiten, auch von amtlichen Stellen, wird mir dringend abgeraten, schon jetzt nach Köln zurückzukehren[1], ich sei dort vor Insulten nicht sicher. Anderseits muß ich die Wohnung des Staatsratspräsidenten hier in Berlin, in der ich mich seit dem 13.3. aufhalte, spätestens am 26. d. M. für meinen Nachfolger räumen. Würdest Du mir nun vom 25. oder 26.4. ab für 1–2 Monate Aufenthalt in Deinem Kloster gewähren können? Ich hätte dort die Stille, insbesondere auch die geistige Atmosphäre, deren ich zu meiner körperlichen und seelischen Erholung nach dem, was ich habe durchmachen müssen, dringend bedarf, und wäre anderseits nicht zu weit von Köln fort.
Ich habe keine besonderen Bedürfnisse, nur den einen Wunsch nach Stille. Darum möchte ich auch gern die Mahlzeiten auf meinem Zimmer einnehmen. In einem Hotel würde ich nicht die nötige Ruhe, Zurückgezogenheit und geistige Atmosphäre finden. Selbstverständlich würde ich Wert darauf legen, Euch keine Kosten zu machen, und ebenso selbstverständlich ist, daß ich Dir persönlich nicht irgendwie zur Last fallen werde. Ich wäre Dir wirklich von Herzen dankbar, wenn ich kommen könnte, und Du würdest ein gutes Werk an mir tun.
Vielen Dank für den schönen Ostergruß.
Mit herzlichen Grüßen Dein
Adenauer

Für baldige Antwort wäre ich sehr dankbar.

Nr. 66

17. April 1933 (Berlin): An Ministerialdirektor z. D. Adolf Miller, Berlin–Köln

In dem Dienststrafverfahren gegen mich gestatte ich mir, auf die Einleitungsverfügung vom 4.4.1933[1] vorläufig folgendes zu erwidern. Ich bemerke dabei, daß mir Akten oder sonstige Unterlagen nicht zur Verfügung stehen, daß ich nur aus meinem Gedächtnis schöpfen und daher bitten muß, mir zur gegebenen Zeit die nötigen Akten zur Verfügung zu stellen, damit ich aus diesen meine Aussage ergänzen und vervollständigen kann.

Ich bestreite mit aller Entschiedenheit, mich irgendwie gegen den § 2 der Dienststrafordnung vergangen zu haben; ich brauche wohl nur anzudeuten, wie hart mich ein ‹solcher Vorwurf›[a] trifft, nachdem ich 36 Jahre im staatlichen bezw. kommunalen Dienst verbracht und insbesondere in den fast 16 Jahren, die ich nunmehr Oberbürgermeister der Stadt Köln bin, im Kriege, im Zusammenbruch, während der Besatzungszeit und später meinem Amte und darüber hinaus dem Rheinland und der deutschen Sache am Rhein unter Einsatz meiner ganzen Persönlichkeit und mit vollster Hingabe und Kraft gedient habe.

Zu den einzelnen mir gemachten Vorwürfen bemerke ich vorläufig folgendes:

Zu 1) Die Preußische Zentralgenossenschaftskasse hat niemals der Stadt Köln irgend einen Kredit gewährt; den Vorwurf einer bewußten Mitwirkung an einer Verschleierung einer Transaktion verstehe ich überhaupt nicht. Der Hergang ist folgender. Im Herbst 1930 hatte die Filiale Köln der Dedibank [Deutsche Bank und Discontogesellschaft] der Stadt Köln ein kurzfristiges Darlehen von 12 Millionen Mark gegeben, die Verhandlungen sind zwischen dem damaligen Direktor der Kölner Filiale Dr. Brüning[2] und dem Finanzdezernenten Beigeordneten Suth geführt worden. Meiner Erinnerung nach nahm Beigeordneter Suth an, daß der Betrag im Jahre 1931 aus einem von einer anderen Stelle der Stadt Köln in Aussicht gestellten Darlehen zurückgezahlt werden könne. Im Dezember 1930 bat Dr. Brüning um Rückzahlung vor dem 31.12.1930, da die Bilanz der Kölner Filiale infolge der Gewährung dieses Darlehens zu ungünstig aussähe. Beigeordneter Suth setzte mich hiervon in Kenntnis, er sagte, die Stadt Köln sei nicht in der Lage, der Kölner Filiale den Betrag vor dem 31. Dezember zurückzuzahlen, ob ich nicht den Versuch machen wolle, um Dr. Brüning, der der Stadt Köln immer sehr gefällig gewesen sei, vor persönlichen Unannehmlichkeiten durch seine Direktion zu schützen, ein

Darlehen von 12 Millionen Mark etwa bei der Firma Otto Wolff[3] aufzunehmen, dann könne die Stadt der Kölner Filiale der Dedibank den dieser geschuldeten Betrag vor dem 31.12. zurückzahlen. Die Firma Otto Wolff hatte der Stadt Köln bereits Geld geliehen und war nach Auffassung des Beigeordneten Suth in der Lage, sich noch Geld zu beschaffen.
Ich habe daraufhin gelegentlich meiner aus einem anderen Grunde notwendigen Anwesenheit in Berlin im Dezember 1930 versucht, den Teilhaber der Firma Otto Wolff, Otto Wolff, zu erreichen, es ist mir dies aber nicht gelungen. Ich habe dann bei einer zufälligen Begegnung den damaligen Wohlfahrtsminister Dr. Hirtsiefer[4] gefragt, ob wohl die Preußische Zentralgenossenschaftskasse der Stadt Köln 12 Millionen Mark leihen könne; Dr. Hirtsiefer erwiderte mir, er könne mir darüber nichts sagen, ich solle doch einmal zu dem damaligen Präsidenten Dr. Klepper[5] gehen. Ich habe das getan und bei dieser Gelegenheit Herrn Klepper zuerst kennengelernt. Ich habe ihm die Sachlage, wie oben geschildert, vorgetragen. Er hat mir sofort erwidert, er könne meinen Wunsch nicht erfüllen, trotzdem die Kasse sehr flüssig sei, weil diese satzungsgemäß keinen Kommunalkredit geben dürfe. Wenn es sich aber lediglich darum handele, Dr. Brüning darin zu helfen, daß die Bilanz der Kölner Filiale besser aussähe, gäbe es vielleicht eine Möglichkeit. Er könne der Kölner Filiale für 12 Millionen Mark Wechsel verkaufen, er habe genügend Wechsel und es sei für die Zentralgenossenschaftskasse gleichgültig, ob er die Wechsel der Kölner Dedifiliale oder einer anderen Bank verkaufe, ich solle Dr. Brüning sagen, daß er einmal zu ihm – Klepper – komme. Mir waren die Geschäfte und die geschäftlichen Gewohnheiten der Preußenkasse völlig unbekannt, ich habe mich deshalb darauf beschränkt, Dr. Brüning zu sagen, er solle zu Herrn Klepper gehen. Damit war für mich die Angelegenheit erledigt.
Später – meiner Erinnerung nach im Februar 1931 – hat mich Dr. Brüning gebeten, noch einmal zu Dr. Klepper zu gehen und zu fragen, ob das im Dezember abgeschlossene Geschäft erneuert werden könne; bei dieser Gelegenheit hörte ich zuerst davon, daß es auf 3 Monate abgeschlossen war. Ich bin dann Dr. Brüning zuliebe zum Präsidenten Klepper gegangen. Er hat mir erklärt, wenn die Verhältnisse sich nicht verschlechterten, sei er zur Wiederholung des Geschäfts in der Lage; er müsse die Entscheidung natürlich von der Lage der Preußenkasse abhängig machen. Später haben sich persönliche Differenzen zwischen dem früheren Vorstandsmitglied der Dedibank Kehl[6], Klepper und Brüning entwickelt. Diese Differenzen sind mir im einzelnen nicht bekannt, sie sind, glaube ich, aus Prestigefragen entstanden. Die Stadt Köln konnte diesen 12 Millionenkredit nicht im

Laufe des Jahres 1931, wie ursprünglich angenommen, der Kölner Filiale zurückzahlen, weil infolge der im Sommer 1931 eintretenden Bankenkrise die der Stadt Köln in Aussicht gestellten Darlehen nicht gegeben wurden. Ich stelle zum Schlusse als wesentlich nochmals fest: Die Preußenkasse hat der Stadt Köln niemals einen Kredit gegeben, die 12 Millionen waren der Stadt Köln von der Kölner Filiale gegeben worden, ehe irgend jemand an die Preußenkasse gedacht hatte; sie sind der Dedibank nicht zurückgegeben worden, weil die Stadt Köln dazu nicht in der Lage war. Das Geschäft Preußenkasse–Dedibank, das in gar keinem irgendwie gearteten juristischen Zusammenhange mit dem Darlehnsgeschäft Stadt Köln–Kölner Filiale steht, ist ein Geschäft, das sich nach der mir bei der ersten Begegnung mit dem Präsidenten Klepper von diesem gegebenen Erklärung innerhalb des üblichen Geschäftsbetriebes der Preußenkasse hielt.
Zu 2) Ich habe während meiner ganzen Amtszeit immer den Grundsatz befolgt, sobald der Verdacht einer strafbaren oder disziplinar zu ahndenden Handlung gegen einen Beamten entsteht, die Angelegenheit der Staatsanwaltschaft bezw. dem Regierungspräsidenten zu übergeben. Ich habe den bisherigen Personaldezernenten Beigeordneten Berndorff[7] immer angewiesen, nach diesem Grundsatze zu verfahren, und bitte ihn hierzu als Zeugen zu vernehmen.
Die Akten, betr. Müllverwertung, werden ergeben, daß auch im vorliegenden Falle nach diesem Grundsatze verfahren worden ist. Ich bitte, zu dem gegen mich erhobenen Vorwurfe den Beigeordneten Berndorff und den früheren Beigeordneten Baurat Spennrath[8], jetziges Vorstandsmitglied der A.E.G. in Berlin, den ich, als er noch Beigeordneter war, mit der Nachprüfung der ganzen Angelegenheit betraut hatte, sowie den Stadtbaurat Piehl[9], Köln, und den Stadtverordneten Rechtsanwalt Söhling[10], Köln, der Vorsitzender eines von der Stadtverordnetenversammlung zur Untersuchung der Angelegenheit eingesetzten Ausschusses gewesen ist, zu vernehmen.
Zu 3) Ich bitte um nähere Angaben. Es ist mir vollkommen unbekannt, worum es sich überhaupt handeln könnte.
Zu 4) Meine Dienstbezüge sind s. Zt. von den zuständigen Stellen genehmigt worden.
Zur Frage der Wohnungsentschädigung.
Mein 2. Vorgänger Exzellenz von Becker[11] hatte als Dienstwohnung ein sehr großes städtisches herrschaftliches Haus in der Rheinaustraße mit großem Garten. Nach seinem Abgang wurde das Haus für meinen Vorgänger Exzellenz Wallraf unter Aufwendung erheblicher Mittel – mir schwebt eine Summe von 40-50 000 M vor – instandgesetzt. Die Räume,

insbesondere Repräsentationsräume und Küche des Hauses, waren auf Kosten der Stadt Köln möbliert und ausgestattet. Die Rheinaustraße war, als das Haus als Haus des Oberbürgermeisters gekauft wurde, eine der vornehmsten Wohnstraßen Kölns. Sie war aber im Laufe der Jahre minderwertiger geworden, so daß Exzellenz Wallraf sich nach einem neuen Hause für den Oberbürgermeister umsah. Es wurden 2 Häuser zum Ankauf in Betracht gezogen: eine den Erben des Direktors Schröder des Schaaffhausenschen Bankvereins gehörige Villa in Köln-Marienburg und eine dem Kommerzienrat Wahlen[12] gehörige Villa am Kaiser Friedrich-Ufer – jetzt von Otto Wolff bewohnt –, erstere sollte 1/2 oder 3/4 Millionen Mark kosten, letztere gegen 400 000 Mark. Exzellenz Wallraf lehnte beide Häuser ab, letzteres weil der Garten zu klein sei; er beschloß, ein eigenes Haus für den Oberbürgermeister zu bauen, und reservierte dafür ein sehr großes parkartiges Gelände am Oberländer Ufer, auf dem ursprünglich ein städtisches Wasserwerk sich befunden hatte. Alles das geschah im Einvernehmen mit den Stadtverordneten.
Im Jahre 1917 wurde ich Oberbürgermeister[13]. Die Stadtverordneten erklärten in Übereinstimmung mit mir, daß das Haus Rheinaustraße als Dienstwohnung für den Oberbürgermeister nicht mehr in Betracht komme – die städtische Wohlfahrtsschule bezog das Haus –, und boten mir den Ankauf eines großen repräsentablen Hauses an. Ich bat, mit Rücksicht auf den Krieg bis auf weiteres von dem Ankauf eines Hauses abzusehen, man solle erst den Ausgang des Krieges abwarten, bis dahin solle man mich in meinem von mir 1910/1911 erbauten Hause Max Bruchstr. 6 wohnen lassen gegen Zahlung einer entsprechenden Vergütung seitens der Stadt an mich. Die Stadtverordneten stimmten dem Vorschlage zu. Als 1918 der Zusammenbruch kam, und ebenso in den folgenden schweren Besatzungsjahren, kam ich im Interesse der Stadt nicht auf die Frage des Ankaufs oder des Baues eines repräsentablen Hauses zurück, sondern blieb in meinem für den Oberbürgermeister der Stadt Köln wirklich nicht genügenden Hause – ich hatte nicht einmal ein Fremdenzimmer – wohnen. Als nach der Stabilisierung der Mark, infolge der damaligen wirtschaftlichen Verhältnisse, die Repräsentationspflichten erheblich größer wurden und auch meine Familie – ich hatte zum zweiten Male geheiratet – sich vergrößert hatte, mußte meine Wohnungsfrage in irgendeiner Weise gelöst werden. Da meine und meiner Frau Vermögensverhältnisse damals gut waren, auch meine Wahlperiode zum größten Teile vorbei war, und ich meinen etwaigen Nachfolger nicht noch durch Ankauf oder Bau eines der Stadt gehörigen, meinem Geschmack entsprechenden Hauses festlegen wollte, entschloß ich mich, den nach meinem

Anstellungsvertrag mir zustehenden Anspruch auf Zuweisung einer angemessenen Wohnung nicht zu erheben und schlug statt dessen den Stadtverordneten unter Vorlage eines Planes und Kostenüberschlages vor, ich wolle mein Haus durch einen vom städtischen Hochbauamt nach diesem Plane auszuführenden Anbau vergrößern, die Stadt solle mir dann für die nachweisbar von mir aufgewendete Bausumme und das Grundstück Zinsen nach dem Zinsfuß, den die städtische Sparkasse für erste Hypotheken erhalte, zahlen, ebenso die auf das Haus entfallenden Steuern und die Reparaturen, die ja auch die Stadt träfen, wenn der Oberbürgermeister ein städtisches Haus als Amtswohnung habe, vergüten.
Da ich nach meinem Anstellungsvertrage einen Rechtsanspruch auf Zurverfügungstellung einer angemessenen Wohnung hatte, erklärten sich die Stadtverordneten gerne mit der von mir vorgeschlagenen Regelung einverstanden, bei der die Stadt kein Kapital aufzuwenden hatte und sich nicht mit dem Besitz eines Hauses belastete. Für mich war die Regelung in keiner Weise materiell günstig: ich legte Kapital fest zu einem nicht besonders günstigen Zinsfuße, ich baute zur Zeit eines ungewöhnlich hohen Bauindexes, und ich machte vor allem aus meinem gut verkäuflichen normalen mittelgroßen Hause ein anormales, großes und darum viel schwerer – jetzt gar nicht – verkäufliches Objekt. Ich habe die Regelung damals nur im Interesse der Stadt vorgeschlagen und glaubte es mit Rücksicht auf meine damals günstige Vermögenslage mir gegenüber verantworten zu können. Ich glaubte, das auch deswegen tun zu können, weil der Kostenüberschlag des Hochbauamtes mit einer nicht sehr hohen Baukostensumme abschloß – meiner Erinnerung nach 60 000 Friedensmark –. Leider hatte das Hochbauamt die Kosten erheblich zu gering geschätzt; denn der An- und Umbau kostete tatsächlich später gegen 75 % mehr als von ihm angenommen.
Durch die Regelung meiner Wohnungsfrage habe ich nicht etwa Sondervorteile für mich zu Lasten der Stadt Köln in Anspruch genommen. Ich habe lediglich die Zinsen des von mir aufgewendeten Kapitals und Ersatz der Steuern und Reparaturkosten erhalten; alles das hätte die Stadt auch aufwenden müssen, wenn sie für den Oberbürgermeister ein Haus gekauft hätte; ich bin sogar durch diese Regelung erheblich geschädigt, während die Regelung für die Stadt Köln vorteilhaft ist: ich und nicht sie besitze jetzt leider ein durch das Sinken der Baukosten und die gesamte wirtschaftliche Lage gegenüber dem ursprünglichen Wert erheblich gesunkenes Objekt.
Das Haus in seiner heutigen Gestalt, also mit dem Anbau, ist als Wohnung für den Oberbürgermeister der Stadt Köln weder unangemessen groß

noch übertrieben ausgestattet. Sämtliche Schlafzimmer sind durch meine Familie und das Personal belegt, mit Ausnahme eines Fremdenzimmers. Außer den Schlafzimmern enthält das Haus noch ein Kinderspielzimmer – für 4 Kinder –, ein Wohnzimmer und ein Eßzimmer, meine Familie besteht aus neun Köpfen, ferner ein Sprechzimmer für die zahlreichen Personen, welche meine Frau oder mich sprechen wollen, ein Musikzimmer, ein Bibliothekzimmer, einen Wintergarten. Die Dienstwohnungen aller Chefs der in Köln vorhandenen Behörden – Regierungspräsident, Oberlandesgerichtspräsident, Landesfinanzamtspräsident, Eisenbahndirektionspräsident – sind größer und zum Teil erheblich besser ausgestattet als meine Wohnung.

Ich bemerke noch, daß ich niemals ‹ von der Stadt ›[b] Ausstattung des Hauses oder auch nur der Küche und der Repräsentationsräume, wie das meine Vorgänger gehabt haben, und die Behördenchefs es haben, verlangt habe.

Was den Vorwurf angeht, bei der Inanspruchnahme freier Gartenunterhaltung, Blumen- und Pflanzenlieferung unverhältnismäßige Sondervorteile in Anspruch genommen zu haben, so darf ich ja hier noch genauere Angaben zur Erläuterung dieser Beschuldigung erwarten; ich bemerke aber jetzt schon folgendes. Ich habe die Blumendekorationen bei Festlichkeiten in meinem Hause immer bei Blumengeschäften bezogen und bezahlt. Ich habe den Garten beim Bau des Hauses vollständig auf meine Kosten angelegt. Ich habe ferner einige Jahre nach Errichtung des Hausanbaues ein neben meinem Hause befindliches Stück Land gepachtet, mit einer Mauer umgeben und auf ihm einen Tennisplatz und ‹ auf dringenden Rat meines Hausarztes ›[c] ein Schwimmbassin anlegen lassen. Die nicht unerheblichen Kosten hierfür habe ich aus eigenen Mitteln genommen. Ich habe mir nie Zinsen hierfür von der Stadt ersetzen lassen, weil die Herrichtung dieses Geländes in dem seinerzeit bei Errichtung des Anbaues den Stadtverordneten vorgelegten Plane nicht enthalten war. ‹ Es sind Akten vorhanden, welche über alle Einzelheiten der Hausangelegenheit Auskunft geben; in welcher Abteilung sich diese Akten befinden, wird Bürodirektor Wolfgarten angeben können. ›[d]

Zu 5) Bei welchen »sonstigen« Anlässen auf meine Veranlassung durch übermäßigen Aufwand für repräsentative Zwecke die finanziellen Interessen der Stadt Köln geschädigt sein sollen, wird mir wohl noch mitgeteilt werden. Ich bitte festzuhalten, bei welchen Anlässen und in welchem Umfange Aufwendungen für repräsentative Zwecke seit der erheblichen Verschlechterung der Wirtschaftslage 1931 in Köln und im Gegensatz dazu in anderen Städten gemacht worden sind.

Was die Aufwendungen für derartige Zwecke bei der Pressa angeht, so bitte ich zunächst darauf hinweisen zu dürfen, daß die Pressa die erste international anerkannte Ausstellung in Deutschland seit dem Kriege gewesen ist, auf Grund des sogenannten Pariser Abkommens ist das Ausstellungswesen international geordnet. Welche Bedeutung die Pressa hatte, geht aus folgendem hervor. Es waren auf ihr ‹ über ›[e] 25 Staaten offiziell vertreten, die Reichsregierung hatte in der Person des Reichsministers a. D. Külz[14] einen besonderen Reichskommissar bestellt, ‹ sie hat das jetzt von dem Propagandaministerium benutzte Palais am Wilhelmplatz vor der Eröffnung der Pressa dieser zu einem Empfang zur Verfügung gestellt, ›[f] das Auswärtige Amt hatte besondere Beamte zur Beratung der bei den Veranstaltungen, insbesondere den Festlichkeiten, sich ergebenden schwierigen Rang- und Etikettefragen bestimmt, an der Eröffnungsfeier nahmen 3 Botschafter und der Generalsekretär des Völkerbundes[15] teil.

Eine derartig von den ausländischen Staaten offiziell beschickte internationale Ausstellung brachte ganz zwangsläufig eine für die Veranstalter der Ausstellung fast unerträgliche ‹ und von diesen wirklich nicht gewünschte ›[g] Fülle von repräsentativen Verpflichtungen mit sich. Dadurch sind erhebliche Kosten entstanden, die Höhe dieser Kosten ist aber auf die große Zahl der Veranstaltungen und die Menge der notwendigerweise dazu einzuladenden Persönlichkeiten zurückzuführen, nicht dagegen auf eine besonders zahlreiche Folge von Speisen oder Getränken; die Speisefolge bestand fast immer nur aus Suppe, einem Fischgang, einem Fleischgang, Nachtisch. Sekt ist m. W. z. B. niemals gegeben worden.

Zu berücksichtigen ist ferner, daß Speisen und Getränke damals 66 % bis 100 % teurer waren als jetzt.

Ich bitte, alles das an Hand der vorhandenen Akten und Belege nachzuprüfen.

Veranstaltungen anderer Städte, des Reichs und der Länder in jener Zeit waren erheblich reichhaltiger.

Was die Einweihung der Mülheimer Brücke angeht, so habe ich die darauf sich beziehenden Zahlen nicht zur Hand; ich bitte, sie aus den Akten festzustellen. Ich weise aber darauf hin, daß der Bau dieser Brücke dem großen Stadtteil Mülheim die Erfüllung eines seit Jahrzehnten gehegten dringenden Wunsches bedeutete und daß keine Bauwerke so das öffentliche Interesse erregen wie Brücken. Mit der Einweihung der Brücke wurde die Kölner Befreiungsfeier der Rheinlande verbunden, auch dadurch gewann die Feier einen besonderen Charakter. Zu der Feier mußten daher die weitesten Volkskreise herangezogen werden. Ich bitte, aus den Akten festzustellen, welche Kreise herangezogen wurden. Ich weise darauf hin, daß gerade in unseren Tagen die Notwendigkeit, die Bevölkerung an öffentlichen Feiern in weitestem Umfange zu beteiligen, allgemein anerkannt wird.

Allgemein bemerke ich noch zu meiner Tätigkeit bei der Vorbereitung derartiger Festlichkeiten folgendes. Das zuständige Amt und der zuständige Dezernent prüfen zunächst, ob eine Festlichkeit veranstaltet werden muß, und welcher Personenkreis zu laden ist. Sie legen dann das fertige Programm dem Oberbürgermeister vor. Selbstverständlich übernimmt dieser mit der Gutheißung die Verantwortung, aber er muß sich doch in großem Umfange, namentlich bei Veranstaltungen wie die aus Anlaß der Pressa gegebenen, auf die Richtigkeit der vom Amt und Dezernenten nach Prüfung der Notwendigkeit und des Umfanges der Veranstaltungen gemachten Vorschläge verlassen.

Endlich weise ich noch darauf hin, daß bei den in anderen Ländern veranstalteten internationalen Ausstellungen (Spanien, Frankreich, Belgien) ganz erheblich aufwandreichere Festlichkeiten veranstaltet worden sind. Ich bin selbst in Lüttich und Antwerpen Gegenstand solcher Veranstaltungen gewesen [sic!].

Zu 6) Ich bitte, die gesamte Finanzgebarung der Stadt Köln einer Nachprüfung, und zwar sowohl in formeller wie in materieller Hinsicht zu unterziehen.

Seit Jahren sind ausführliche Vorberichte zu den Haushaltsplänen erschienen; es liegen ferner aus den letzten Jahren vor ein Bericht des damaligen Oberregierungsrats im Ministerium des Innern Tapolski[16] und des Ministerialdirektors a. D. Bail[17], eine genaue Übersicht über die Verwendung der aufgenommenen Anleihen und Darlehen. Ich bitte, alles dies Material hinzuzuziehen und durch Vernehmung des Finanzdezernenten Beigeordneten Suth ergänzen zu lassen.

Ich darf bitten, mir anzugeben, welche Kommunalisierungstendenzen ich überspannt haben soll; ich bin immer ein Gegner der Kommunalisierungstendenzen gewesen.

Ich darf mir weitere Ausführungen namentlich zu dieser Ziffer 6) vorbehalten.

Zu 7) Der begünstigte Verwandte wird mein Bruder Justizrat Professor Dr. Adenauer, der begünstigte Verschwägerte mein Schwager Beigeordneter Suth sein sollen.

Was meinen Bruder angeht, so hatten er und sein damaliger Associé Justizrat Schniewind[18], noch ehe ich als Beigeordneter im Jahre 1906 in den Dienst der Stadt Köln trat, mit dieser einen Vertrag dahingehend geschlossen, daß sie die Vertretung der Stadt Köln übernahmen gegen die Verpflichtung, keine Vertretung gegen die Stadt Köln zu übernehmen.

Im Laufe der Jahre ist die Vertretung der Stadt Köln durch Rechtsanwälte mehrfach im Rechtsausschuß der Stadtverordnetenversammlung besprochen worden, die althergebrachte Vertretung durch meinen Bruder ist m. W. niemals beanstandet worden.

Beigeordneter Suth ist 1915 unter Oberbürgermeister Wallraf als Assessor bei der Stadt Köln eingetreten, er war damals mit meiner Schwester weder verheiratet noch verlobt. Im Mai 1918 hat er meine Schwester geheiratet. Damals bestand noch die Bestimmung der Rheinischen Städteordnung, daß Verschwägerte nicht gleichzeitig Mitglieder des Magistrats sein könnten. Er konnte also, da ich damals schon Oberbürgermeister war, gar nicht daran denken, daß er einmal Beigeordneter in Köln werden könnte. Im Jahre 1919 wurde die oben erwähnte Bestimmung der Städteordnung aufgehoben, und er wurde dann im Jahre 1920 gleichzeitig mit mehreren anderen Herren zum Beigeordneten gewählt. Ich habe ihm ‹, nach Besprechung dieser Angelegenheit mit den Stadtverordneten,›[h] das Finanzdezernat wegen seiner besonderen Eignung hierfür übertragen. Daß er diese besondere Eignung besitzt, geht wohl am besten daraus hervor, daß er schon seit Jahren von den Finanzdezernenten der deutschen Städte zum Vorsitzenden ihrer Vereinigung gewählt worden ist.

Er hat übrigens im Gegensatz zu den meisten Finanzdezernenten kein höheres Gehalt als die übrigen Beigeordneten; das ist wohl auch ein Beweis dafür, daß er keine Begünstigung erfahren hat.

Zu 8) Inwiefern ich mich hier disziplinarisch verfehlt haben soll, ist mir unverständlich. Ich bitte, mir anzugeben, welche »Formen« beanstandet werden.

Zu 9) Ich habe mich nicht schlechthin geweigert, Anordnungen durchzuführen, sondern wiederholt um Nachprüfung der Rechtsfrage gebeten, und zwar zuletzt noch einmal, weil das in der preußischen Sparverordnung vorgesehene Schiedsgericht in einer Sache Rheinische Provinzialverwaltung gegen Oberpräsident der Rheinprovinz die Rechtslage ebenso beurteilt hatte wie ich. M. W. hat auch das für die Staatsverwaltung federführende Preußische Finanzministerium in einer öffentlich bekanntgemachten Verfügung den gleichen Standpunkt eingenommen. Ich bitte, die Akten einer Durchsicht zu unterziehen; es wird sich daraus ergeben, daß ich pflichtgemäß so handeln zu müssen glaubte, und der

Stadt sowie den davon Betroffenen – wie mir der Personaldezernent damals sagte, nur kleine Leute – Rechtsstreitigkeiten, die die Stadt verlieren mußte und die auch für die Betroffenen unangenehm waren, ersparen wollte.

Zu 10) In einer Besprechung, die der engere Vorstand des Preußischen Städtetages im Herbst 1931 mit dem damaligen Preußischen Staatsministerium hatte – ich war bei dieser Besprechung zugegen –, ist von dem damaligen Innenminister Severing[19] erklärt worden, ein die Sparverordnung in dem betreffenden Punkte für verfassungswidrig erklärendes Urteil des Staatsgerichtshofes würde von der Staatsregierung respektiert werden. Das Urteil ist dann ergangen am 20.6.1932. Eine Erklärung der Preußischen Staatsregierung erfolgte zunächst nicht. Nach der Ferienzeit wurde bekannt, daß das Preußische Unterrichtsministerium in Verfolg des Staatsgerichtshofsurteils alle Universitätskassen angewiesen hatte, den Universitätsprofessoren, hinsichtlich deren ebenfalls das Urteil Bestimmungen der Sparverordnung für verfassungswidrig erklärt hatte, die Nachzahlungen zu leisten. Es wurde ferner damals mir mündlich entweder im engeren Vorstand des Städtetages oder aus der Geschäftsstelle des Vereins höherer Kommunalbeamten mitgeteilt, das Innenministerium beabsichtige nicht, noch eine Verfügung zu erlassen, nachdem das Urteil des Staatsgerichtshofes die Angelegenheit rechtlich geklärt habe. Von den Beigeordneten wurde ich außerordentlich wegen der Zahlung gedrängt, sie wiesen darauf hin, daß sie ein Recht darauf hätten, einige erklärten, daß sie Schulden gemacht hätten und diese bezahlen müßten. Da die Beigeordneten ein Recht auf die Zahlung hatten, da ich annahm, daß eine Verfügung des Innenministeriums nicht mehr zu erwarten sei, und da Personalausgaben – um diese handelte es sich hier – immer als vordringliche Ausgaben angesehen wurden, habe ich mich dazu bewegen lassen, die Verfügung zu erlassen. Sie war mir persönlich nicht angenehm; ich habe mich nicht davon ausgenommen, lediglich im Interesse der Beigeordneten. Ich habe aber diesen empfohlen, wer es eben könne, möge sich den seinem Spar-‹kassen›[i]konto überwiesenen Betrag, so lange es geht, nicht auszahlen lassen. Dementsprechend habe ich auch für mich verfahren.

Im übrigen ist meiner Erinnerung nach schon kurze Zeit darauf eine Verfügung des Ministers des Innern ergangen, welche die Nachzahlung für den Fall, daß der A Bedarf nicht gedeckt war, ausschloß – die Nachzahlung wäre ja in diesem Falle aus staatlichen Mitteln erfolgt –. Der A Bedarf war aber in jener Zeit bei der Stadt Köln durch eigene Mittel gedeckt, so daß die Nachzahlung der kurz darauf ergangenen ministeriellen Verfügung entsprach.

Nr. 67

17. April 1933 (Berlin): An den Regierungspräsidenten in Köln

Durch Verfügung vom 4.4.33[1] ist gegen mich das ‹förmliche Dienststrafverfahren›[a] mit dem Ziel der Dienstentlassung angeordnet worden. Durch die gleiche Verfügung bin ich vorläufig vom Dienste enthoben, und es ist mit Wirkung vom 1.5. ab die Einbehaltung der Hälfte meines Diensteinkommens angeordnet worden.

Da ich mich zum ersten Male zu dieser Verfügung äußern kann und damit aus meinem Stillschweigen nicht etwa im Laufe des Verfahrens falsche Schlüsse gezogen werden, erkläre ich hiermit, daß ich die ‹Richtigkeit der gegen mich erhobenen Beschuldigungen›[b] ausdrücklich bestreite.

Es sind die schärfsten vorläufigen Maßnahmen, die die Dienststrafordnung[2] kennt, kumulativ gegen mich zur Anwendung gebracht worden – Dienstentlassung als Ziel des Verfahrens, Amtssuspension, Kürzung der Dienstbezüge um die Hälfte –, obgleich keine dieser Maßnahmen nach der Dienststrafordnung von 1932 bei Eröffnung des förmlichen Dienststrafverfahrens vorgeschrieben ist. Was insbesondere die Kürzung der Dienstbezüge angeht, so soll diese nach dem Sinn des Gesetzes im Gegensatz zu der früheren Regelung normaler Weise nicht eintreten; vgl. Brand, Die preuß[ischen] Dienststrafordnungen vom 27.1.32, 2. Aufl., Carl Heymann Verlag, Erläuterungen zu § 55, S. 288 ff. Diese Anordnung trifft mich besonders schwer und ist geeignet, die wirtschaftliche Existenz meiner Familie zu zerstören. Ich weise darauf hin, daß mein ganzes Vermögen aus meinem Hause Max-Bruchstr. 6 besteht, für das ich Steuern und Zinsen in vollem Umfange weiter zahlen muß, das auch zur Zeit weder zu veräußern noch zu vermieten ist, daß nach § 10 des Gesetzes zur Wiederherstellung des Berufsbeamtentums vom 7.4.33[3] in Zukunft mein Gehalt auf den Betrag des Richtliniengehalts gekürzt wird, daß nach § 10 Abs. 2[4] desselben Gesetzes ich die seit 1.4.32 empfangenen Mehrbeträge an die Staatskasse zu erstatten habe, daß nach einer Mitteilung des kommissarischen Oberbürgermeisters der Stadt Köln vom 3.4.33 mir 1532,67 M Krisenlohnsteuer nachträglich vom Gehalt abgehalten werden. Ich erwähne noch, daß mir besondere Auslagen auch noch dadurch entstehen, daß ich bis auf weiteres nicht nach Köln zurückgehen kann und daß ich sieben Kinder habe, die ich unterhalten muß.

Ich bitte unter Berücksichtigung der gesamten Verhältnisse, die Anordnung der Kürzung meiner Bezüge wieder aufzuheben[5].

Nr. 68

[19. April 1933 (Berlin)]: Aufzeichnung zur Vernehmung durch Ministerialdirektor z. D. Adolf Miller am 19. April 1933 in Berlin

Bei meiner Vernehmung am 19.4.33[1] habe ich dem Untersuchungsführer Miller den anliegenden Schriftsatz übergeben[2]. Er hat denselben durchgelesen und Verschiedenes gefragt.
Zu 1) hat er aufnehmen lassen, daß m. W. der Geldbedarf der Stadt Köln von 12 Mill. Mark durch Rückziehung von Auslandsgeld entstanden sei, ferner, daß ich zwar im Verlauf der Angelegenheit mich mehrfach mit Klepper und Kehl mündlich und schriftlich in Verbindung gesetzt habe, aber im Interesse des Herrn Brüning, der gegenüber der Stadt Köln durch die Gewährung des 12 Mill. Kredits sehr gefällig gewesen sei, und daß ich mit den Herrn Reichskanzler Brüning[3], Dr. Kaas[4], Reichsbankpräsident Luther[5] nie wegen der Sache in Verbindung getreten sei[6].

Nr. 69

19. April 1933 (Abtei Maria Laach): Abt Dr. Ildefons Herwegen an Adenauer, Berlin

Lieber Adenauer,

es ist mir eine aufrichtige Freude, Dir unsere Gastfreundschaft anbieten zu können, und ich lade Dich herzlich ein, einige Zeit bei uns zuzubringen, um Dich in der Stille wieder zu sammeln und zu beruhigen. Du kannst jederzeit kommen. Da ich in dieser Woche zu Einkleidungen und Entgegennahme von Professen in mehreren Frauenklöstern tätig bin, bitte ich Dich, Deine Ankunft hier dem Gastpater Johannes[1] mitzuteilen. Es wird alles für Dich bereit sein. Ich habe P. Prior von Deiner bevorstehenden Ankunft unterrichtet. Du kannst Dich hier nach Wunsch in allem einrichten.
In der Hoffnung eines baldigen Wiedersehens verbleibe ich unter besten Grüßen und Wünschen

Dein getreuer
Herwegen

Nr. 70

22. April 1933 (Berlin): An Ella Schmittmann, Flehe bei Düsseldorf

Liebe Ella!

Wir senden Dir und Benedikt einen besonders herzlichen Sonntagsgruß. Ich danke Dir sehr für die Zusendung des Hilty[1]-Heftes, Hilty verdanke ich sehr viel und er interessiert mich auch jetzt noch so sehr. Es ist rührend, daß Du so darüber nachdenkst, wie Du uns helfen kannst. Glaube mir, daß wir Deine gute Ansicht ihrem vollen Werte nach zu schätzen wissen. Einstweilen aber können wir uns nichts gegenseitig spenden als die geistige Hilfe, und das wollen wir gegenseitig tun, wobei wir ja immer mehr der empfangende als der gebende Teil sind. – Ich werde in wenigen Tagen meine hiesige Wohnung räumen müssen. Dann gehe ich zu Herwegen. Ich bitte, das aber ganz für Euch zu behalten, damit dort keine Schwierigkeiten entstehen. Gussie wird Dich anrufen, sobald sie wieder in Köln ist. Hoffentlich werden wir uns in absehbarer Zeit einmal sehen, man hat sich so mancherlei zu sagen. Bis dahin von Herzen alles Gute für Euch.
Mit vielen herzlichen Grüßen an Dich und Benedikt, auch von Gussie, stets

Dein
Konrad

Nr. 71

25. April 1933 (München): K.St.V. Saxonia München an Adenauer, Köln

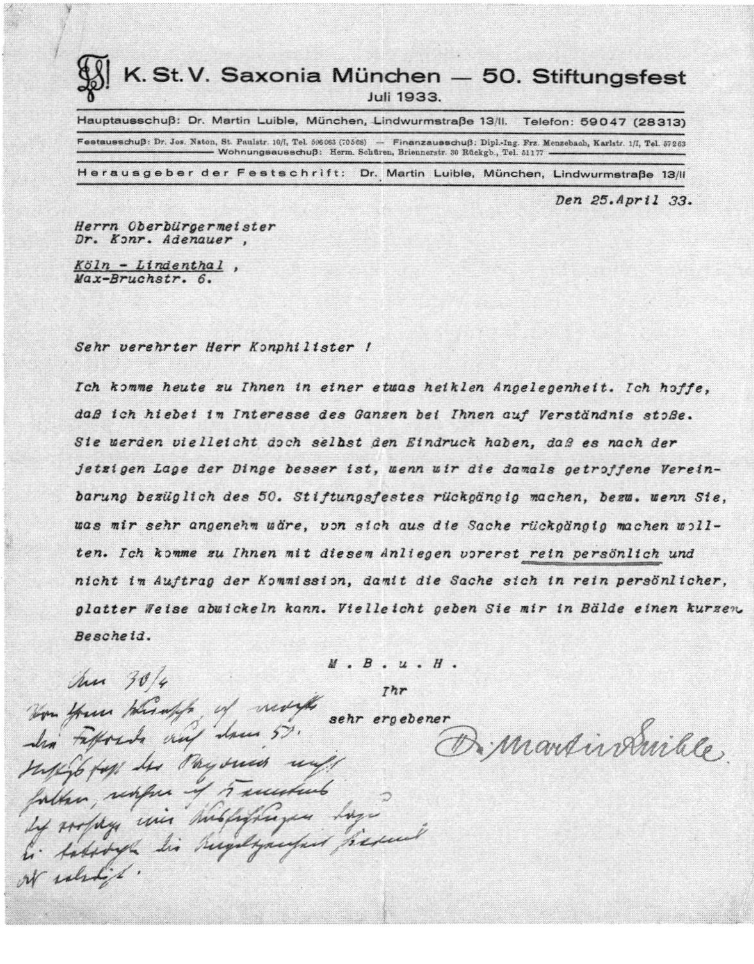

K. St. V. Saxonia München — 50. Stiftungsfest
Juli 1933.

Hauptausschuß: Dr. Martin Luible, München, Lindwurmstraße 13/II. Telefon: 59047 (28313)

Festausschuß: Dr. Jos. Naton, St. Paulstr. 10/I, Tel. 596063 (70568) — Finanzausschuß: Dipl.-Ing. Frz. Menzebach, Karlstr. 1/I, Tel. 57263
Wohnungsausschuß: Herm. Schüren, Briennerstr. 30 Rückgb., Tel. 51177

Herausgeber der Festschrift: Dr. Martin Luible, München, Lindwurmstraße 13/II

Den 25. April 33.

Herrn Oberbürgermeister
Dr. Konr. Adenauer,

Köln - Lindenthal,
Max-Bruchstr. 6.

Sehr verehrter Herr Konphilister!

Ich komme heute zu Ihnen in einer etwas heiklen Angelegenheit. Ich hoffe, daß ich hiebei im Interesse des Ganzen bei Ihnen auf Verständnis stoße. Sie werden vielleicht doch selbst den Eindruck haben, daß es nach der jetzigen Lage der Dinge besser ist, wenn wir die damals getroffene Vereinbarung bezüglich des 50. Stiftungsfestes rückgängig machen, bezw. wenn Sie, was mir sehr angenehm wäre, von sich aus die Sache rückgängig machen wollten. Ich komme zu Ihnen mit diesem Anliegen vorerst rein persönlich und nicht im Auftrag der Kommission, damit die Sache sich in rein persönlicher, glatter Weise abwickeln kann. Vielleicht geben Sie mir in Bälde einen kurzen Bescheid.

M. B. u. H.
Ihr
sehr ergebener
Dr. Martin Luible

Am 30/4
[illegible]

Nr. 72

2. Mai 1933 (Abtei Maria Laach): An Dannie N. Heineman, Brüssel

Sehr geehrter Herr Heineman!

Was ich Ihnen bei Ihrem letzten Besuch in Berlin[1] als eventuelle Möglichkeit andeutete, ist inzwischen eingetreten. Ich kann von Dr. Brüning – Köln – den Betrag von 20 000 M, den ich jetzt verbrauchen wollte, nicht zurückerhalten. Herr Dr. Brüning ist, wie Sie vielleicht aus den Zeitungen ersehen haben, inzwischen im Zusammenhang mit Vorgängen bei der Gründung der Verlagsgesellschaft des Zentrumsblattes »Kölnische Volkszeitung« im Jahre 1930 verhaftet worden[2]. Wenn es sich auch anscheinend nur um formelle Verstöße bei der Gründung handelt, so ist doch m. E. in den nächsten Monaten nicht mit der Freilassung Brüning's zu rechnen. Ob er nach seiner Freilassung mir mein Geld zurückgeben kann, weiß ich auch noch nicht; ich fürchte, daß er beim Bankhaus Levy ausscheiden muß.

Die Stadt Köln hat seit Mitte April ihre Verpflichtungen mir gegenüber nicht mehr erfüllt. Zur Zeit habe ich von ihr etwa 5 000 M zu fordern; eine Klage hat unter den gegenwärtigen Verhältnissen keinen Zweck, sie würde nur den entgegengesetzten Erfolg hervorrufen.

Meine Lage verschärft sich noch weiter dadurch, daß durch vor 14 Tagen erlassenen Bestimmungen – auf Grund des Ermächtigungsgesetzes – die Gehälter der kommunalen Wahlbeamten rückwärts (!) ab 1. 4. 32 gekürzt worden sind[3], so daß ich etwa 8 000 M von meinem ab 1. 4. 32 rechtmäßig bezogenen Gehalt zurückzahlen muß; die Zahlung ist schon zum 1. 5. von mir verlangt. Ferner werde ich zum 15. 5. Steuern zahlen müssen, ich weiß noch nicht wieviel, sicher aber mehrere tausend Mark. Und nun kommt der Unterhalt für meine Familie!

Diese mich mit wirklicher Sorge erfüllende Lage – mein Haus ist zur Zeit unverkäuflich – bringt mich dazu, von Ihrem großmütigen Anerbieten Gebrauch zu machen und Sie um Hülfe zu bitten. Ich kann Ihnen allerdings noch nicht sagen, wann ich zur Rückzahlung in der Lage sein werde. Ich wäre Ihnen sehr verbunden, wenn die Überweisung an das Bankhaus Sal. Oppenheim jr. & Co Köln, Große Budengasse, und zwar auf den Namen meiner Frau, Gussie Adenauer geb. Zinsser, erfolgen würde[4].

Ich danke Ihnen im voraus von ganzem Herzen. Ich bin jetzt fast eine Woche hier, die Stille und Einsamkeit wirkt zuerst bedrückend, aber man gewöhnt sich an sie. Ich arbeite und studiere etwas[5] und beobachte mit Sorge die Entwicklung der Dinge, auch in Europa und Amerika[6].

Ich hoffe, daß es Ihnen und den Ihrigen gut geht, und bin mit vielen Grüßen

Ihr ergebener
Adenauer

Schreiben an mich bitte ich auf dem geschlossenen Umschlag mit meiner Adresse zu versehen und in einen 2. Umschlag mit der Adresse »Abtei Maria Laach Bez. Coblenz, Rheinland« zu stecken.

Nr. 73

2. Mai 1933 (Köln): Gussie an Konrad Adenauer, Abtei Maria Laach

Mein liebster Schatz.

Vielen Dank für Deinen Brief[1] und die entzückende Karte[2], sie zaubert mir so recht die Stimmung herauf, die Dich umgibt, und wenn ich sie ansehe, fühle ich mich Dir etwas näher, deshalb steht sie vor mir auf meinem Schreibtisch. Also das neueste Schreckliche: Benedikt Schmittmann sitzt seit 2 Tagen im politischen Gefängnis am Bonner Tor[3]. Das Haus ist unter Bewachung, Ella kann kaum frei reden, sie ist heute zum Polizeipräsidium, um zu verhandeln. Entsetzlich, ich bin ganz außer mir, die armen Menschen, und Ella war so tapfer und zuversichtlich, als wir bei ihnen waren. Die Sache hat mich schrecklich aufgeregt. ‹...›[a]

Deine
Gussie

Nr. 74

2. Mai 1933 (Köln): Eintragung in die Chronik des Rotary-Clubs Köln

Frhr. v. Schröder scheidet auf eigenen Wunsch aus politischen Gründen aus. Ebenso Mann[1]. Adenauer, Braunfels[2], Elfgen verlieren infolge Aufgabe ihres Amtes die Mitgliedschaft.

Nr. 75

6. Mai 1933 (Abtei Maria Laach): An Dora Pferdmenges, Köln (Auszug)

Ich fürchte, daß wir in absehbarer Zeit einen Zusammenstoß zwischen der politischen Gewalt und den beiden Kirchen, der ev. und der kath., erleben; es kann, wenn diese konsequent bleibt, gar nicht ausbleiben. Schade, daß ich Ihnen das, wie so vieles andere in dieser von Grund auf aufgewühlten Zeit nicht einmal mündlich vortragen kann.
Ich glaube nicht an einen nennenswerten Erfolg für uns. Das politische Vertrauen fehlt in der Welt – siehe Genf[1] –, von der Festlegung des Dollars und des Pfundes haben wir nichts, es sei denn, wir gingen mit, und

dann ist schließlich alles wie vorher, unsere Waren wird man nur herein lassen, wenn wir die Produkte der anderen nehmen, Kriegsschulden bezahlen wir schon lange nicht mehr, jetzt auch keine sonstigen Auslandsschulden, was soll sich also besonders Gutes für uns ereignen! Schließlich wird die Londoner Konferenz[2] die Schuld ihres Mißerfolgs der Genfer Konferenz zuschieben und umgekehrt. Und in Deutschland! Es geht alles langsamer, als man denkt, zum Guten wie zum Schlechten, bis ganz plötzlich doch das eintritt, was sich allmählich und fast unbemerkt angekündigt hat. Mehr wie je glaube ich das, was ich Ihnen sagte: entweder man wird sich ändern oder man hat schnell abgewirtschaftet.
Ich habe noch nie im Frühjahr die gesamte Natur so beobachten können wie hier, wo ich in der Natur lebe; ich bin darum ganz bewegt und erschüttert von der ungeheuren Kraft, welche die Natur in diesen 6 Wochen entfaltet hat, fast jeder Tag ein ganz anderes Bild; sie schafft wirklich Ungeheures in dieser Zeit. – Jetzt ist in 14 Tagen schon wieder Sonnenwende – Wintersonnenwende ist soviel bedeutungsvoller –, dann fängt die Natur schon wieder an, für das nächste Frühjahr zu sorgen; wenn wir doch so stetige, wenn auch ernste Zeiten hätten, daß wir das auch könnten. Ich fürchte, der Ablauf der Dinge ist so, daß wir nichts anderes tun können, als sich in Geduld üben ... Natürlich gibt es Rückfälle, aber es gibt auch Fortschritte; man ist ja auch nie zu alt, sich erziehen zu lassen. – Es geht mir überhaupt geistig besser als körperlich. Nervosität ist ja nicht gefährlich, aber unangenehm.

Nr. 76
11. Mai 1933 (Köln): Gussie an Konrad Adenauer, Abtei Maria Laach

Mein Liebster.

Ich zehre noch immer von dem Zusammensein[1] mit Dir und unseren Kindern, die Familiengemeinschaft ist doch das herrlichste und reichste, was es an Gottesgaben auf Erden gibt, und jetzt getrennt, spürt man erst recht, wie fest man zusammengehört. Für Deine lieben Briefe[2] und Blumengrüße innigen Dank. Was für eine entzückende Karte mit dem Blick in den Klostergarten. Ich vertiefe mich in den Anblick, da ich weiß, daß es Deine Umgebung ist, daß Du dort einhergehst, daß Deine Augen auf allem liegen, und so kann ich etwas mit daran teilnehmen. Ich kann so fühlen, wie traurig und einsam Du bist zeitweise, wie Du Dich alleine fühlst ohne Freunde und wie schwer dann auf Dir die Zukunft lastet.

Daß Heineman nichts von sich hören läßt[3], verstehe ich nicht, ich nehme doch an, daß Oppenheim sofort Mitteilung machen wird, aber man bekommt von dort überhaupt wenig schriftliche Mitteilungen, ich bat schon vor einigen Tagen um Zusendung eines Auszuges unseres Konto's. ‹...›[a] Tante Mia[4] will gehört haben, daß in der Zeitung stehe, daß Dein Verfahren eingestellt sei. Wenn es doch stimmte. Ich werde wohl am Mittwoch mit Frau zur Bonsen im Heim zusammen kommen, sie ist in den Vorstand gewählt worden, und hat nach mir gefragt. Schröders hatten gestern Abend Gesellschaft, sicher wurde der Präsident[5] gefeiert.
Heute kommt August zu Dir, hoffentlich kann er etwas für Dich tun. Ich komme, wenn Du meinst, es ginge, wegen der Damen am Donnerstag den 18., so früh wie neulich, hoffentlich haben wir dann einen so strahlend schönen Tag wie neulich; Ella rufe ich gleich an. Soll Herder Lexikon[6] weiter bestellt werden? ‹...›[b]

Deine Frau

Nr. 77
12. Mai 1933 (Köln): Der Regierungspräsident in Köln, Dr. Rudolf zur Bonsen, an Adenauer, Abtei Maria Laach

Ich bedaure, Ihrem Antrag[1], die bei Einleitung des förmlichen Dienststrafverfahrens getroffene Anordnung der Kürzung Ihrer laufenden Gehaltsbezüge abzuändern, bei der Art und dem Umfang der gegen Sie erhobenen Anschuldigungen nicht stattgeben zu können.

Dr. zur Bonsen

Nr. 78
16. Mai 1933 (Abtei Maria Laach): An Dora Pferdmenges, Köln (Auszug)

Der außenpolitische Aspekt ist sicher niederdrückend, ich weiß auch nicht, ob die morgige Reichstagssitzung[1] eine starke außenpolitische Wirkung haben wird, aber trotzdem, ich kann noch nicht glauben, daß nicht ein Ausweg aus der Situation gefunden würde; wenn er nicht gefunden wird, sehen wir allerdings einer sehr bösen Entwicklung entgegen.
Ich war schon einige Tage in recht depressiver Stimmung – die außenpolitische Lage, die Zukunft meiner Familie, meine zukünftige Arbeit, die Trennung, das Demütigende meiner gegenwärtigen Lage usw. Ihr am Sonntag eintreffender Brief[2] kam so sehr im richtigen Augenblick, um

doppelt tröstlich empfunden zu werden. Wenn Sie überzeugt sind, daß ich Herr der Dinge werde, so will ich auch davon überzeugt sein und diese Überzeugung nicht enttäuschen ... Sie haben recht, wenn Sie sagen, daß sich jede Schuld auf Erden rächt, von dem Satz gibt es keine Ausnahme, ich glaube auch darum wie Sie, daß die Zukunft für unser Land noch manches Trübe bringt. Dann bleibt uns also gar nichts übrig, als uns innerlich möglichst stark zu machen, und dann werden wir die Kraft zum Überwinden besitzen. Ich glaube, man überwindet diese Zeiten nur, wenn man sich gewöhnt, in größeren Zusammenhängen zu denken, wenn man das irdische Dasein nur als Teil des menschlichen Lebens zu betrachten sich bestrebt, und wenn man fest glaubt, daß es einen Gott gibt, der zwar auch in den sichtbaren Dingen sich zeigt, der aber über diesen steht und unabhängig von ihnen ist. Lächeln Sie nicht über ›klösterliche‹ Betrachtungen, solchen Betrachtungen ist hier die Atmosphäre sicher günstig, aber deshalb sind sie nicht weniger wichtig.

Nr. 79

20. Mai 1933 (Köln): Lilli Suth an den Staatssekretär im Preußischen Ministerium des Innern, Ludwig Grauert, Berlin

Sehr geehrter Herr Staatssekretär[1]!

Vergangenen Sommer saß ich während eines Essens, welches der Stadiontennisklub Rot-Weiß in der Bastei gab, an Ihrem Tisch. – Es ist ungewöhnlich, daß ich aus dieser Tatsache heraus an Sie schreibe. – Aber so Ungewöhnliches und so viel Unglück ist seit dieser Zeit über uns gekommen, daß ich sogar es auf mich nehmen muß, etwas Ungewöhnliches und vielleicht Unbescheidenes zu tun, indem ich mich an Sie wende. Ich habe aber das Vertrauen zu Ihnen, daß, wenn Sie mir helfen können, Sie helfen werden. – Sollten Sie meinen Vorschlag nicht für annehmbar halten, zerreißen Sie meinen Brief, von dem niemand, selbst mein Mann nichts ahnt. Ich bitte Sie um nichts Geringeres, als daß Sie mir eine Unterredung mit Herrn Ministerpräsidenten Göring vermitteln. –

Ich kann einfach nicht mehr länger es ansehen, wie meinem Bruder, Oberb[ürgermeister] K. Adenauer, das allergrößte Unrecht geschieht. Er ist ein durch und durch anständiger und ehrenwerter Mann, der sein ganzes Leben lang nur gearbeitet hat, nicht für sich, sondern nur für das gemeinnützige Wohl, und dessen ganzes Bestreben es war, seine Vaterstadt groß und schön zu machen zum Besten seiner Mitbürger und folgender Geschlechter. – Er hat sich während der Revolution 1918 die allergrößten Verdienste erworben, ebenso während der Besatzungszeit, und ebenso, ich sage es mit Nachdruck, immer wieder dafür gesorgt, daß die Rheinlande dem Deutschen Reich erhalten bleiben. Die Beweise kann ich Ihnen geben. – Man soll mich hören oder besser, soll ihn zu allem hören, aber nicht mit Vorurteilen, sondern ihn hören, wie man einen ehrenwerten Menschen anhört, der genauso deutsch fühlt wie Sie alle. Meinen Mann hat man auch mit 6 Kollegen einfach gegangen, und das Tollste ist, mit der Begründung ungeheuerlichster Corruption. Bis heute sucht man 8 Wochen schon danach vergebens. Mein Mann hat 17 Jahre hier geschuftet, er ist seit 8 Jahren Vorsitzender der Finanzdezern[entenvereinigung] großer deutscher Städte, ebenso der westdeutschen Vereinigung. Aber das gehört nicht hierhin. Wir wollen nichts mehr wie unsere Ehre zurück haben. Übrigens fällt mir da ein, es ist doch gar nicht nötig, daß man sich an die vorhin genannten Herren wendet. Eine Unterredung von 1/2 Std. mit Ihnen würde doch genügen, und diese Bitte, schlagen Sie mir sie nicht ab. Teilen Sie mir doch mit, wann und wo ich Sie einmal sprechen kann. Seien Sie menschlich und gerecht und denken Sie daran, daß auch einmal in späteren Jahren die Geschichte Ihrer Revolution vorurteilsfrei und objektiv geschrieben wird. Man ist so verzweifelt ob aller Ungerechtigkeit, zu der man schweigen muß. Lassen Sie mich einmal bei Ihnen offen reden können. Ich bitte Sie so sehr.

Mit vorzüglicher Hochachtung
Lilli Suth geb. Adenauer

Nr. 80

20. Mai 1933 (Köln): Gussie an Konrad Adenauer, Abtei Maria Laach

Mein lieber Schatz.

‹...›[a]

Der Glücksbote von Heineman läßt auf sich warten[1]. Wir haben nichts mehr gehört.

Herr Dr. Silverberg[2], der mich in den Pfingsttagen besuchen will, sagt, er habe die Adresse Piggotts[3] nicht, aber man könne bestimmt einen Brief über seinen Club an ihn richten, das sei in England üblich.

Frau Pferdmenges rief eben an, ihr Mann hätte die Herren noch nicht sprechen können, werde es aber baldigst tun, er sei jeden Tag jetzt auswärts. In der Woche nach Pfingsten fahren beide nach Berlin. ‹...›[b]

Heute Abend gehe ich für ein Stündchen zu Ella, wir können dort ganz ungestört zusammen sein, und die Arme hat etwas Ablenkung nötig. Gestern war von Papen bei Schröder's. Sonst gibts von hier nichts neues[4]. ‹...›[c]

Gussie

Nr. 81

2. Juni 1933 (Abtei Maria Laach): An Geheimrat Carl Duisberg, Leverkusen

Lieber Herr Duisberg!

Ich danke Ihnen recht herzlich für die Grüße, die Sie mir durch Abt Herwegen bestellen ließen, und für Ihren so warmen freundschaftlichen Brief. Seien Sie versichert, daß dieser Ausdruck einer Freundschaft, an der ich bei Ihrer verehrten Gattin und Ihnen nie gezweifelt habe – manche rücken ab –, mir im Herzen wohlgetan hat.
Ich war zuerst 6 Wochen in Berlin und bin seit 5 Wochen hier. Die religiöse, sowie die ganze geistige und künstlerische Atmosphäre hier tun mir sehr gut. Wann ich nach Köln zurückkehre, weiß ich noch nicht, man kann heutzutage mit wenig Leuten die Volksseele nur zu gut zum Kochen bringen.
Der Abt sagte mir, daß Sie davon gesprochen hätten, mich einmal hier zu besuchen. Das würde mir eine besonders große Freude sein. Von Köln ist es knapp 1 1/2 Stunden mit dem Auto. Sehr schön wäre es, wenn Ihre verehrte Gattin Sie begleiten würde, und wenn Sie unterwegs meine Frau in Lindenthal mitnähmen, sie könnte dann, wenn Sie die für Frauen nicht zugänglichen Teile des Klosters besichtigen, Ihrer Gattin Gesellschaft leisten. Ich weiß nicht, ob Sie Maria Laach kennen, jedenfalls lege ich Ihnen ein Bild der prachtvollen Kirche, um Sie zum Besuch zu reizen, bei.
Ich danke Ihnen nochmals herzlichst für Ihren Brief und bin mit vielen herzlichen Grüßen an Ihre Gattin und Sie stets

Ihr treu ergebener
Adenauer.

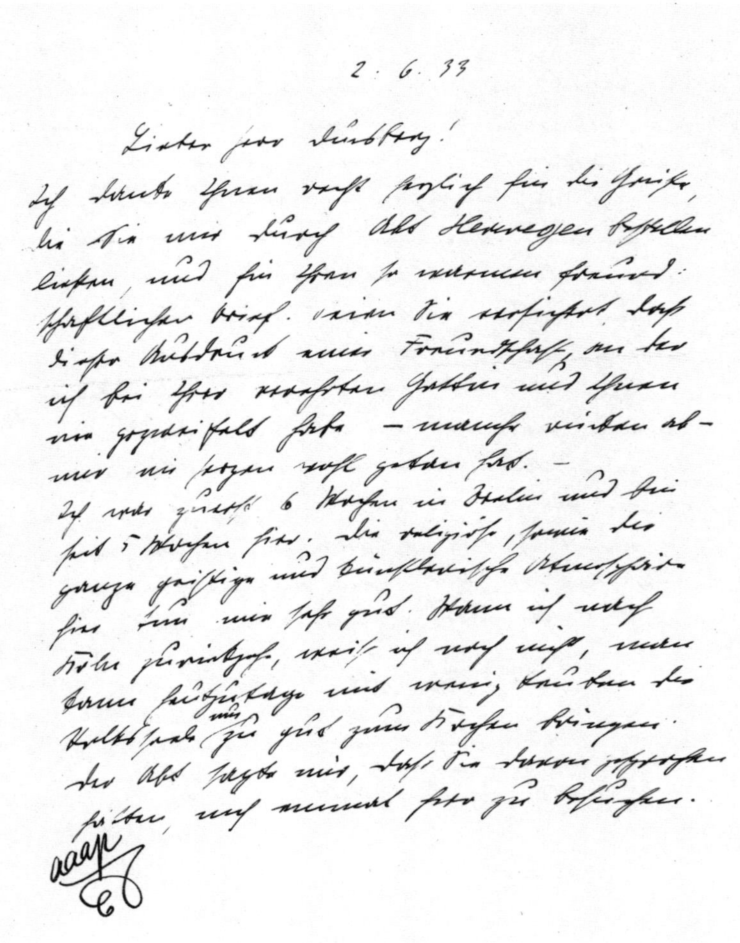

2. 6. 33

Lieber Herr Dülberg!

Ich danke Ihnen recht herzlich für die Schrift, die Sie mir durch Abt Herwegen bestellen ließen, und für Ihren so warmen freundschaftlichen Brief. Seien Sie versichert, daß dieser Ausdruck einer Freundschaft, an der ich bei Ihrer verehrten Gattin und Ihnen nie gezweifelt habe – [illegible] – mir im Herzen wohl getan hat. –

Ich war zuerst 6 Wochen in Italien und bin seit 5 Wochen hier. Die religiöse, sowie die ganze geistige und künstlerische Atmosphäre hier tut mir sehr gut. Wann ich nach Köln zurückgehe, weiß ich noch nicht, [illegible] mir zu gut zum [illegible] bringen.

Der Abt sagte mir, daß Sie davon gesprochen hätten, mich einmal hier zu besuchen.

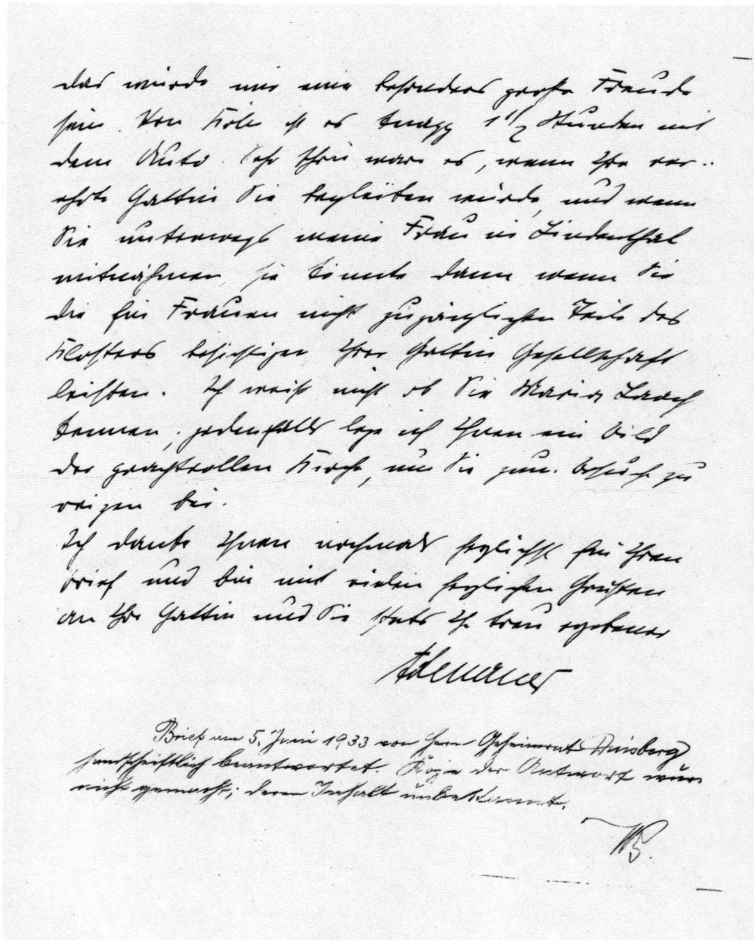
das würde mir eine besonders große Freude sein. Von Köln ist es knapp 1 1/2 Stunden mit dem Auto. Noch schöner wäre es, wenn Ihre verehrte Gattin Sie begleiten würde und wenn Sie unterwegs meine Frau in Lindenthal mitnehmen, sie könnte dann, wenn Sie die für Frauen nicht zugänglichen Teile des Klosters besichtigen, Ihrer Gattin Gesellschaft leisten. Ich weiß nicht, ob Sie Maria Laach kennen; jedenfalls lege ich Ihnen ein Bild der prachtvollen Kirche, um Sie zum Besuch zu reizen, bei.

Ich danke Ihnen nochmals herzlichst für Ihren Brief und bin mit vielen herzlichen Grüßen an Ihre Gattin und Sie stets Ihr treu ergebener

Adenauer

Brief vom 5. Juni 1933 von Herrn Geheimrat Duisberg handschriftlich beantwortet. Kopie der Antwort wurde nicht gemacht; deren Inhalt unbekannt.

Nr. 82

2. Juni 1933 (Köln): Gussie an Konrad Adenauer, Abtei Maria Laach

Mein liebster Schatz.

Soeben war ein Herr aus Berlin hier, der von Heinemans Freund ein Paket brachte (Inhalt 10.000,–)[1]. Ich fahre sofort zu Oppenheim und werde es auf unser Konto notieren lassen. Fein, gelt? Ich freue mich noch mehr über die Zuverlässigkeit und Menschenfreundlichkeit von Heineman, doch das Geld ist auch herrlich. ‹...›[a]
Wie geht es Dir heute, gleich bekommst Du also viel Besuch, und Odermann kommt auch noch vor den Feiertagen. Von Conrad[2] ist hier: Jugend, Freibeuter, Merkwürdige Käuze, Der Nigger von Narzissus. Heute ist der Gärtner da, er hat Geranien in die Kästen gesetzt, 12 à 40 Pg. Es ist ein herrlicher Tag heute, schade, daß Du Dich nicht etwas auf den Liegestuhl in den Garten legen kannst. Hier ist alles wohl. Ich wünsche Dir ein schönes feierliches Pfingstfest. ‹...›[b]

Gussie

Nr. 83

4. Juni 1933 (Abtei Maria Laach): An Dannie N. Heineman, Brüssel

Lieber Freund!

Von meiner Frau erhielt ich gestern die Nachricht, daß Ihr Auftrag ausgeführt worden sei[1]. Lassen Sie mich Ihnen herzlichst für Ihre in so ausgezeichneter Weise durch die Tat gezeigte freundschaftliche Gesinnung danken. Sie helfen mir dadurch ganz wesentlich, auszuhalten bis zu einer hoffentlich in nicht zu langer Zeit eintretenden Besserung der ganzen Lage. Es drängt mich aber auch Ihnen zu sagen, wie sehr mich Ihre Selbstlosigkeit in der heutigen Zeit rührt und stärkt, ich hoffe, daß Sie mich verstehen, man braucht auch diese seelische Hülfe. –
Ich bleibe bis auf weiteres hier, wie lange, weiß ich nicht; die psychischen Erschütterungen der letzten Monate waren doch sehr stark; ich fürchte auch, daß ich mich noch auf manches gefaßt machen muß.
Sie sahen bei Ihrem letzten Besuch in Berlin[2] recht gut aus, hoffentlich entsprach das Aussehen Ihrem Befinden. Ich hoffe auch, daß es Ihrer Frau und Ihren Kindern gut geht; meiner Frau geht es leidlich, meinen Kindern gut, alle halten sich recht aufrecht und tapfer.
Wenn Sie mir ein kurzes Wort darüber zukommen lassen könnten, wie

Sie die Aussichten der Weltwirtschaftskonferenz[3] beurteilen, so wäre mir das sehr wertvoll. Ich glaube nicht an einen allgemeinen Erfolg.
Ich danke Ihnen nochmals von Herzen und bin mit vielen Grüßen an Ihre Gattin und Sie

Ihr aufrichtig ergebener
Adenauer

Nr. 84
4. Juni 1933 (Köln): Gussie an Konrad Adenauer, Abtei Maria Laach

Mein liebster Schatz.

Nur schnell noch den Bescheid, daß wir Mittwoch 11 Uhr morgens dort ankommen[1], ich schlage vor, Paul und Lotte mitzunehmen, und dann wollen wir irgendwo am Waldrand zusammen Picknick machen. Ich werde für alles sorgen. Im Hotel ist es so teuer. Wir können dann ja zusammen im Kloster Kaffee trinken. Die Eltern freuen sich sehr, Dich endlich zu sehen, Papa[2] war heute bei Merrills[3], fährt morgen nach Düsseldorf; er ist sehr frisch und unternehmend. Wir sitzen eben alle auf unserer Veranda, Papa, Mama[4], Ria, Max; Konrad ist mit Leber[5] und Berndorff[6] auf einer Autotour.

‹...›[a]

Deine
Gussie

Nr. 85
Vor dem 15. Juni 1933 (Köln): Gussie an Konrad Adenauer, Abtei Maria Laach

Mein lieber Schatz.

Die Eltern wollen am Sonntag oder Montag fahren, je nachdem, wie Grohé auf Papa's Brief[1] reagiert, bis jetzt haben wir noch nichts deswegen gehört. Ich kann dann leider nicht mitkommen, da der ganze Wagen voller Gepäck ist. Ich komme Freitag, den 16., und bringe alle Antworten mit. Der Gedanke, daß Du verhaftet werden solltest[2], hat mich schrecklich angegriffen, Gott sei Dank ist die Gefahr nun beseitigt und die Sache erledigt, was für eine schwere Wolke lag über uns, ohne daß wir es ahnten. Es soll sehr schwer sein, an Grohé heranzukommen, Papa ist bei einem sehr guten Bekannten von Grohé gewesen, er will ihn aber nochmals anrufen, wenn er morgen nichts hört.

Deine
Gussie

7. Juni 1933, am Laacher See
oben links: mit Tochter Lotte und Sohn Paul
unten links: mit Ehefrau Gussie

Nr. 86

18. Juni 1933 (Abtei Maria Laach): An Dannie N. Heineman, Brüssel

Lieber Herr Heineman.

Prüfen Sie bitte den nachfolgenden Gedanken unter Würdigung Ihrer Interessen und in zweiter Linie unter Würdigung meiner Lage; vielleicht erweist er sich als gut und durchführbar. –
Wie ich weiß, beabsichtigt Herr R. Pferdmenges, der Teilhaber von Oppenheim und Levy, dem Bankhaus A. Levy in Köln eine andere Form zu geben und es umzugestalten[1]. Er hat die Herren Vögler[2] und Flick[3] für den Plan gewonnen, sie beteiligen sich mit Einlagen.
Zunächst ein Wort zu diesen drei Personen. Pferdmenges ist ein ausgezeichneter Charakter und ein hervorragend begabter Bankier vom alten Schlage, besonders solide und vorsichtig, der keine Spekulationen macht, aber eine sehr gute Witterung für geschäftliche Möglichkeiten und ein außergewöhnliches Geschick in der Behandlung der Menschen hat. Vögler kennen Sie, jedenfalls kennen Sie seine Position, er ist vor allem auch ein grundanständiger Mensch. Ich weiß nicht, ob Sie Flick kennen. Er stammt aus Siegen, wohnt jetzt in Berlin. Er hat sich aus eigener Kraft emporgearbeitet, ist ein sehr großer Eisen- und Stahlindustrieller – Maxhütte, Charlottenhütte – und wahrscheinlich heute einer der reichsten Männer Deutschlands. Er ist, wie ich aus eigner Erfahrung weiß, im persönlichen Verkehr sehr angenehm, wie ich von Pferdmenges, der mit ihm befreundet ist, immer gehört habe, als Mensch und als Geschäftsmann anständig und ehrlich. –
Das Transfermoratorium in Deutschland, das m. E. günstigsten Falls Jahre dauern wird, hat nun in mir den Gedanken entstehen lassen, ob Sie nicht Geld Ihrer Gesellschaft, das Sie nicht transferieren können, in diesem neuen Unternehmen anlegen, ihm ferner – was wohl das Wesentlichste wäre – Ihre geschäftlichen Beziehungen und Erfahrungen mit zur Verfügung stellen und – nun kommt, werden Sie denken, der Pferdefuß – mich dabei in irgend einer Form zum Hüter Ihrer Interessen bestellen wollen. Der Pferdefuß ist nicht so groß, wie er vielleicht auf den ersten Blick scheint. Ich habe natürlich nicht die Kenntnisse, um Partner oder etwas Derartiges eines solchen Unternehmens zu sein, aber ich glaube doch, so viele Kenntnisse auch von geschäftlichen Dingen zu haben, daß ich in irgend einer Form etwas dabei leisten kann; und wenn Pferdmenges zu dieser Umgründung namentlich zusammen mit den oben genannten Herren schreitet, dann wird das neue Unternehmen sicher gut, davon bin ich überzeugt.

Ich bitte Sie, sich die von mir angeregte Frage durch den Kopf gehen zu lassen[4]. Ich betone nochmals, daß ich eine Beteiligung für sehr aussichtsreich halte.
Herr Pferdmenges weiß von diesem meinem Schritte bei Ihnen gar nichts, und ich darf ja wohl auf Ihre Diskretion rechnen. Er hat mir lediglich vor Wochen von seinen Plänen erzählt; der oben entwickelte Gedanke ist mir bei den Nachrichten über das Transfermoratorium gekommen. Ich habe ihn 14 Tage mit mir herumgetragen und überlegt, ich glaube es verantworten zu können, ihn Ihnen vorzutragen. Ich wäre Ihnen dankbar, wenn Sie mir demnächst Ihre Ansicht mitteilten; sollten Sie ihm näher zu treten geneigt sein, so würde ich bei Pferdmenges das Gelände zu erkunden versuchen.
Ich bin noch immer in M[aria] L[aach] und gedenke, dort auch noch zu bleiben. Ich arbeite und studiere allerlei, so daß mir wenigstens die Zeit nicht lang wird. Ich denke, daß ich meinen Sturz ziemlich überwunden habe, aber natürlich drückt die Trennung von der Familie und der Gedanke an deren Zukunft.
Ihnen, Ihrer Gattin und Ihren Kindern geht es hoffentlich gut. Ich würde mich ganz besonders freuen, Sie einmal hier begrüßen zu können.
Mit freundschaftlichen Grüßen

Ihr
Adenauer

Nr. 87
20. Juni 1933 (Köln): Domkapitular Johannes Adenauer an Adenauer, Abtei Maria Laach

Lieber Konrad!

Anbei erhälst Du die letzten Berichte des »Stadtanzeigers« sowie ferner die Fortsetzungen der Berichte des »Westdeutschen Beobachters« über den Separatisten-Putsch 1923[1].
Besonders der letzte Bericht vom heutigen Tage ist wieder so kennzeichnend, so zweideutig und so unwahrhaftig in seinen Behauptungen über Stresemann u. Dich[2], daß jemand, der die Wahrheit nicht wirklich kennt, irre werden muß.
Morgen kommt ja Gussie und, wie ich hoffe, Dein Schwiegervater u. evtl. Willy [Suth]. Überleg doch bitte einmal, ob und was man in der Separatisten-Sache jetzt *sofort* tun kann. – Dann ferner möchte ich Dich doch dringend und herzlichst bitten, daß bei der Zeugenvernehmung entweder Du selbst oder doch ein geeigneter Vertreter für Dich da ist.

Es *muß* jemand dabei sein. Bitte sorge dafür, um Deines Namens und um Deiner Kinder willen. –
Samstag war ich bei Lauscher. Er hoffte, bis Dienstag oder Mittwoch mit Göring gesprochen zu haben. Samstag war ich in Holthausen und habe dort bei dem 25jährigen Jubiläum der Erhebung zur Pfarrei gepredigt, bin aber seit gestern so heiser, daß ich überhaupt nicht sprechen kann. Also bitte gehe doch nach Berlin zur Zeugenvernehmung. Dann siehe doch, daß man jetzt irgendwie jemand veranlaßt, über Dich in der Separatistenzeit zu schreiben, z. B. auch die Wahrheit bzw. Unwahrheit in dem heutigen Berichte, in dem die Dinge ja vollständig auf den Kopf gestellt werden, herauszustellen.
Hoffentlich bin ich bald soweit, daß ich Dich noch einmal sehe.
Ich bete, daß Du doch Kraft und Gesundheit und Gnade erhälst in jeder Beziehung.
Viele herzliche Grüße

Dein Bruder
Hans.

[Nachsatz] Ob wir die Broschüre von Brüggemann erhalten, weiß ich noch nicht; vielleicht bekommen wir sie geliehen von der Universitätsbibliothek in Bonn.

Nr. 88

Nach dem 22. Juni 1933 (Köln): Gussie an Konrad Adenauer, Abtei Maria Laach

Mein liebster Schatz.

Soll ich gegen einliegenden Artikel im »Westdeutschen Beobachter«[1] etwas tun, vielleicht gegen die Beleidigung wegen einer Bemerkung über Hitler?
Hier in Köln ist dicke Luft, besonders unter den Jugendverbänden. Neudeutschland[2] wird dauernd gestört[3], ich habe Paul untersagt, einstweilen in Uniform zu gehen. Gestern war Frau Deichmann[4] bei mir.
Leb wohl, mein Bester.

Deine
Gussie

Nr. 88 A

Anlage zum Brief von Gussie Adenauer: Artikel des »Westdeutschen Beobachters« (Ausgabe vom 22. Juni 1933; Auszug)

Sie stellen an uns eine Frage, die nun schon hundertfach von vielen Parteigenossen an uns gestellt wurde und die sich mit der Persönlichkeit des ehemaligen Kölner Oberbürgermeisters Dr. Adenauer befaßt. Es ist in der Tat ein richtiges Rätselraten geworden, wo sich dieser Machthaber der Vergangenheit nun eigentlich aufhält und ob er sich nicht etwa irgendwo in weiser Vorsicht, die stets seine Sache gewesen ist, versteckt hält.

Es wurde behauptet, daß er sich nach England zurückgezogen habe[1], wo ihm angeblich verwandtschaftliche Beziehungen den Aufenthalt erleichtert hätten. Auch viele andere Gerüchte sind bekannt geworden, die jedoch ebensowenig zutreffen. Dr. Adenauer, der übrigens auch mehrfacher Ehrendoktor geworden ist, wie sich das von selbst versteht und aus der Zeit erklärt, wo er noch über besonders gute Beziehungen verfügte, hat sich nun in die Beschaulichkeit am Laacher See zurückgezogen. Dort hat er gute Freunde, die sich seiner annehmen und ihm täglich Trost zusprechen mit dem Hinweis, daß auch einmal wieder andere Zeiten kommen können und man als »strammer Zentrumsmann« die Hoffnung nicht aufgeben dürfe, wieder zu Macht und zu Ansehen zu kommen. [...]

Es trifft übrigens zu, daß kurz bevor sich das deutsche Volk auf unsren Führer Adolf Hitler in seiner überwiegenden Mehrheit besonnen hat und ihm das Staatssteuer in die Hand gab, die Frau des Oberbürgermeisters Dr. Adenauer sich darin gefallen hat, in vertrautem Kreis aus Anlaß eines Gesellschaftsabends eine Rezitation zu halten, in der sie Adolf Hitler in einer Weise behandelte, die sie besser unterlassen hätte. Wenn man diese Gattin des verflossenen Oberbürgermeisters, die sich aus Ehrgeiz zu der Heirat mit dem Oberbürgermeister entschlossen hat und um dessentwillen ihren Glauben wechselte und ohne Bedenken katholisch geworden ist, wirklich ernst nähme, könnte ihr jetzt leicht aus der unklugen Rezitation rechte Unannehmlichkeit entstehen. Es erübrigt sich aber, näher darauf einzugehen, denn schließlich ist diese ehrgeizige Frau nunmehr doch kaltgestellt[2].

Nr. 89

26. Juni 1933 (Köln): Der Staatskommissar für die Stadt Köln, Dr. Günter Riesen, an das Preußische Ministerium des Innern, Berlin

Ich verweise auf das schwebende Dienststrafverfahren. Oberbürgermeister Dr. Adenauer ist als politisch unzuverlässig im Sinne des § 4 des Gesetzes zur Wiederherstellung des Berufsbeamtentums[1] vom 7.4.1933 zu bezeichnen, weil nach seiner Persönlichkeit anzunehmen ist, daß er nicht vorbehaltlos die gegenwärtige Regierung unterstützen wird. Auf Grund der Ziffer 2 zu § 7 der dritten Verordnung vom 6.5.1933[2] zur Durchführung des Gesetzes zur Wiederherstellung des Berufsbeamtentums vom 7.4.1933 wurde ihm eine Frist zur Abgabe einer Erklärung bis zum 29. d. Mts. gestellt. Als Beauftragter des Oberbürgermeisters Dr. Adenauer erschien heute Justizrat Dr. Adenauer und teilte mit, daß Oberbürgermeister Dr. Adenauer eine erschöpfende schriftliche Erklärung[3] einsenden werde; diese werde ich nach Eingang sofort nachreichen.
Gegebenenfalls kommt ersatzweise die Anwendung des § 6 Abs. 2 des Gesetzes vom 7.4.1933 in der Fassung des Gesetzes vom 23.6.1933[4] in Frage, da ein Ausscheiden im Interesse des Dienstes erforderlich ist.

Nr. 90

27. Juni 1933 (Abtei Maria Laach): An den Oberbürgermeister von Köln

Durch Schreiben vom 24.6.1933[1] ist mir mitgeteilt worden, daß dort beabsichtigt sei, meine Entlassung aus dem Dienste der Stadt Köln auf Grund des § 4 des Gesetzes vom 7.4.33 betr. Wiederherstellung des Berufsbeamtentums zu beantragen[2]. Gleichzeitig ist mir eine Frist von 3 Tagen zur Abgabe einer schriftlichen oder mündlichen Erklärung hierzu gestellt worden. Weitere Angaben enthält das Schreiben nicht. Meinem Bruder Justizrat Professor Dr. Adenauer ist heute von dem kommissarischen Beigeordneten Herrn Dr. Ludwig auf seine Frage, was gegen mich vorgebracht würde, erwidert worden, es handele sich um die in dem gegen mich schwebenden Dienststrafverfahren angeführten Punkte und einige weitere; worum es sich bei diesen handele, ist ihm nicht gesagt worden.
Ziffer 7 der Durchführungsbestimmungen für die Beamten der Gemeinden und Gemeindeverbände (Erlaß des M[inisters] D[es] I[nnern] vom 27.5.1933) ordnet an, daß dem Beamten Gelegenheit zu geben ist, »sich zu Behauptungen im Sinne der §§ 2-4, die über ihn erhoben werden, binnen 3 Tagen zu äußern«. Daraus folgt, daß die Mitteilung der Absicht,

einen Antrag auf Grund des § 4 zu stellen, nicht genügt, sondern daß dem Beamten die »Behauptungen«, mit denen dieser Antrag gestützt werden soll, mitgeteilt werden müssen, damit er sich dazu äußern könne. Da die Entlassung auf Grund des § 4 eine nationale Diffamierung des Beamten und eine dauernde finanzielle erhebliche Beeinträchtigung des Beamten und später seiner Hinterbliebenen zur Folge hat, ist es wohl verständlich, wenn die Durchführungsverordnung dem Beamten volle Klarheit über das, was gegen ihn vorgebracht wird, sichern will, damit er in die Lage versetzt wird, vollkommene Aufklärung zu schaffen und sich zu verteidigen. Ich beantrage daher, daß alle Behauptungen, die gegen mich im Sinne des § 4 erhoben werden, mir mitgeteilt werden, damit ich mich dazu äußern kann.

Soweit der Antrag auf die gegen mich im Dienststrafverfahren erhobenen Anschuldigungen gestützt wird, bemerke ich generell, daß diese Anschuldigungen, selbst wenn sie erwiesen wären, eine Entlassung auf Grund des § 4 des angeführten Gesetzes nicht rechtfertigen. Der Tatbestand des § 4 ist ganz allein auf die bisherige politische Betätigung des Beamten abgestellt; das besagt der klare Wortlaut der Bestimmung und alle dazu ergangenen Durchführungsverordnungen. Keine einzige der gegen mich im Dienststrafverfahren erhobenen Anschuldigungen betrifft aber meine »politische Betätigung«, sie können deshalb hier nicht zur Begründung des Antrages herangezogen werden.

Im übrigen bestreite ich mit aller Entschiedenheit die Richtigkeit der gegen mich im Dienststrafverfahren erhobenen Vorwürfe[3]. Ich beziehe mich auf die schriftliche Erklärung[4], die ich in diesem abgegeben habe und die ich als Anlage 1 beifüge. Ich beziehe mich ferner auf die Feststellungen, die inzwischen in dem Dienststrafverfahren gemacht sein werden. Ergänzend bemerke ich zu meinen Ausführungen zu Punkt 4 und 6 des Dienststrafverfahrens noch folgendes:

Zu Punkt 4

a) *In rechtlicher Beziehung.* Nach dem Stadtverordnetenbeschluß vom 10.6.1920 hatte ich Anspruch auf freie Wohnung, solange diese nicht gewährt wurde, auf Ersatz der Verzinsung, und zwar nach dem von der städt[ischen] Sparkasse für erste Hypotheken geforderten Zinsfuß. Der Beschluß galt, solange mir nicht eine angemessene Wohnung gewährt wurde. Ich war demnach rechtlich befugt, meine im Jahre 1910 für meine damaligen Verhältnisse als Beigeordneter gebaute Wohnung zu erweitern und auch die Verzinsung für die Erweiterung zu fordern, solange nicht das Haus über die Ansprüche, die ein Oberbürgermeister der Stadt Köln berechtigter Weise machen kann, herausging. Ich brauchte vor der Erweiterung weder einen Stadtverordneten noch die Stadtverordnetenversammlung zu fragen. Ich habe diese Rechtsauffassung ausweislich der dort befindlichen Akten den Fraktionsführern vorgetragen – es befanden sich mehrere Juristen unter ihnen – sie sind meiner Auffassung beigetreten. Damit nicht später eine Auseinandersetzung darüber entstehe, ob die Vergrößerung angemessen sei oder nicht, habe ich ihnen die Pläne und den Kostenüberschlag vorgelegt; gegen sie wurden keine Einwendungen erhoben.

b) *In tatsächlicher Beziehung.*

aa) Die Höhe der mir gezahlten Zinsen mag auf den ersten Blick befremden; sie wird aber erklärlich, wenn man die Höhe des Hypothekenzinsfußes in jenen Jahren bedenkt und wenn man weiter bedenkt, daß der Anbau zur Zeit des höchsten Bauindex errichtet wurde. Wenn man die Angelegenheit rechnerisch und wirtschaftlich nachprüft, so wird man finden, daß auch abgesehen von dem Risiko, das in dem Besitz eines so schwer verkäuflichen Objektes liegt, die getroffene Vereinbarung für mich nicht nur keinen besonderen Vorteil, sondern das Gegenteil herbeiführte. Ich habe im Jahre 1929 von der Stadt an Zinsen für das Haus gezahlt erhalten RM 33.596,98 (ohne die Abschreibungsquote auf Gebäude von 3/4 %). Im gleichen Jahre habe ich, wie ich festgestellt habe, an Zinsen für zwei auf dem Hause lastende Hypotheken und für den für den Hausbau in Anspruch genommenen Bankkredit gezahlt RM 29.489,–. Da in dem Hause ein Eigenkapital von rd. RM 130.000,– steckte, habe ich dem – nach diesen Betrag mit RM 33.596,– – RM 29.489,– = rd. RM 4.000,– = mit 3 % verzinst erhalten. Ich habe das Jahr 1929 als Beispiel genommen, weil in diesem Jahre die höchsten Beträge von der Stadt an mich gezahlt worden sind. Ich weise hier nochmals darauf hin, daß mein Haus mit Anbau keineswegs übertrieben groß für meine 9köpfige Familie – ohne Hausangestellte – ist, daß die Häuser oder Wohnungen der übrigen Behördenchefs in Köln (Regierungspräsident, Oberlandesgerichtspräsident, Eisenbahndirektionspräsident, Landesfinanzamtspräsident) erheblich größer als mein Haus sind. Ich habe ferner nicht die Ausstattung der Repräsentationszwecken dienenden Räume von der Stadt verlangt, während in den Wohnungen der Behördenchefs und der früheren Oberbürgermeister sowie der Oberbürgermeister anderer Städte stets die Repräsentationszwecken dienenden Räume von Staat, Reich oder Stadt mit Mobiliar ausgestattet wurden.

bb) In der das Disziplinarverfahren eröffnenden Verfügung ist mir der Vorwurf gemacht worden, bei der Inanspruchnahme freier Gartenunterhaltung, Blumen- und Pflanzenlieferungen unverhältnismäßige Sondervorteile für mich in Anspruch genommen zu haben. Von amtlicher Seite weiß ich keine Einzelheiten über das, was mir hier vorgeworfen wird, ich habe aber seiner Zeit in der Presse Ziffern gelesen, deren Richtigkeit ich mit Entschiedenheit bestreite. Der Gartendirektor Giesen[5] hat auch meiner Frau gegenüber erklärt, daß die veröffentlichten Berechnungen, da in größter Eile angestellt, falsch gewesen seien. Jeder Sachverständige, der den Garten sieht, wird bestätigen, daß seine Unterhaltung – die erste Anlage habe ich selbst bezahlt – unmöglich diesen Betrag erfordert haben kann. Ich habe beständig bei dem Garteninspektor Intemann[6] und wiederholt auch bei dem Gartendirektor Giesen mich darüber beschwert, daß zuviele Arbeiter im Garten seien, und ferner, daß zuviele Pflanzen in den Garten gesetzt und sie zu oft erneuert würden; ich wolle keine öffentliche Anlage, bei der man immer sofort ein fertiges Bild sehen wolle, ich hätte als Pflanzenfreund vielmehr Freude am Wachstum der einzelnen Pflanzen. Trotzdem ist es ausgeschlossen, daß für den Garten diese Summen verwendet sein sollen. Ich bitte evtl. die Aufstellung der Kosten mir zugänglich zu machen.

Zu Punkt 6

Die jetzige Stadtverwaltung wird inzwischen festgestellt haben, daß die Finanzverwaltung in formeller Hinsicht durchaus in Ordnung ist, daß alle Einrichtungen und Kontrollen vorhanden sind.

In materieller Hinsicht weise ich auf die in den dortigen Akten vorhandene Aufstellung über die Verwendung der aufgenommenen Darlehn hin. Es ergibt sich daraus, daß der größte Teil der Darlehn sich selbst trägt, daß den Schulden entsprechende Vermögenswerte gegenüberstehn. Insbesondere weise ich darauf hin, daß jedenfalls noch bei meiner Beurlaubung die städtischen Werke, zu deren Ausbau ein sehr großer erheblicher Teil der aufgenommenen Kapitalien verwendet worden ist, die Zinsen und Tilgungsbeträge für die gesamte städtische Schuld mit ihren Gewinnen deckten, während im Jahre 1913 das nicht der Fall war, die Gewinne der Werke deckten damals nur einen Teil der Zinsen und Tilgungsbeträge. Die Ausgaben für die Wohlfahrtspflege, die infolge der Arbeitslosigkeit so außergewöhnlich groß sind, sind, wie der kommissarische Oberbürgermeister Dr. Riesen in seiner Etatsrede mit Recht hervorgehoben hat, die Hauptursache der finanziellen Notlage. Ich weise weiter darauf hin, daß die Verwendung fast der gesamten aufgenommenen Beträge zur Linderung der Arbeitslosigkeit in der Stadt seit Jahren erheblich beigetragen hat, und daß ich mich dabei von denselben Gesichtspunkten habe leiten lassen, wie die jetzige Reichsregierung bei ihrem umfangreichen Arbeitsprogramm, nämlich von der Überzeugung, daß Arbeitsbeschaffung besser sei als Wohlfahrtsunterstützung.

Was die Höhe der kurzfristigen Verschuldung angeht, so weise ich darauf hin, daß die Umwandlung des größten Teiles der kurzfristigen Schulden in langfristige durch die Haltung der Genehmigungsstelle vereitelt worden ist. Die Stadt Köln hatte auf eine zugesagte langfristige Anleihe von 25 Millionen Dollar schon eine große Anzahlung erhalten und mußte diese wegen der Haltung der Genehmigungsstelle wieder zurückzahlen.

Ich verweise auf eine Rede, die ich in einer Versammlung, die am 10.3.1933[7] hatte stattfinden sollen, halten wollte und die ich als Anlage 2 beifüge. In ihr ist wenigstens ein Teil der von mir beim Zusammenbruch unter feindlicher Besatzung, während der Inflation und der Deflation geleisteten Arbeit aufgezeigt. Ich bin bereit, Zeugen für die Richtigkeit meiner in dieser Rede gemachten Angaben über die Verhandlungen mit den Reichskanzlern Stresemann und Marx im Jahre 1923 zu benennen.

Da die 3. Durchführungsverordnung in Ziffer 2 zu § 4 sagt, daß die Voraussetzungen des § 4 Satz 1 dann erfüllt seien, wenn ein Beamter in Wort, Schrift oder durch sein sonstiges Verhalten *gehässig* gegen die nationale Bewegung aufgetreten sei, ihre Führer beschimpft oder seine dienstliche Stellung dazu mißbraucht habe, ‹um›[a] national gesinnte Beamte zu verfolgen, zurückzusetzen oder sonst zu schädigen, so erlaube ich mir, über meine Haltung gegenüber der N.S.d.A.P. in der Vergangenheit folgendes zu sagen[8]. Ich habe die N.S.d.A.P. immer als nationale Partei geachtet und den Bekennermut mancher ihrer Anhänger geschätzt. Ich habe mich daher gegen die N.S.d.A.P. und ihre Vertreter immer durchaus korrekt verhalten. Insbesondere habe ich aus Gerechtigkeitsgefühl trotz der entgegenstehenden Verfügung des Preuß[ischen] Innenministers der N.S.d.A.P. die städt[ischen] Sportplätze zur Verfügung gestellt. In dem zuständigen städt[ischen] Ausschuß bin ich dafür eingetreten – ebenfalls entgegen der ministeriellen Verfügung –, dem nationalsozialistischen »Westdeutschen Beobachter« die städtischen Bekanntmachungen zu geben. Ich habe ‹seiner Zeit›[b] angeordnet, daß die Verfügung des Preuß[ischen] Staatsministeriums vom Sommer 1930, die nationalsozialistischen Beamten zwecks Disziplinierung namhaft zu machen, die mir vom

Regierungspräsidenten zur Ausführung übersandt war, nicht ausgeführt worden ist. Ich habe später dem nationalsozialistischen Gauleiter Grohé in Köln auf dessen Frage, ob ich gegen Beamte, die sich offen zum Nationalsozialismus bekennten, vorgehen würde, erklärt, nationalsozialistische Beamte hätten von mir keine Benachteiligung zu befürchten.
Es ist mir von nationalsozialistischer Seite verdacht worden, daß ich an einem Sonntage vor der Reichstagswahl Hakenkreuzfahnen, die auf den Pylonen der Hängebrücke von unbekannter Hand aufgezogen worden waren, habe herunternehmen lassen[9]. Ich habe diese Anordnung getroffen, weil ich glaubte, dazu verpflichtet zu sein, da es sich um eine öffentliche Brücke handelte, – bei ihren Veranstaltungen im Stadion und auf den Rheinwiesen habe ich der N.S.d.A.P. das Aufziehen ihrer Fahnen an den städtischen Flaggenmasten gestattet –. Ich würde jeder anderen Partei gegenüber genauso verfahren haben, die Hakenkreuzfahne war damals noch nicht Nationalfahne. Ich habe aber größten Wert darauf gelegt, daß das Herabholen der Fahnen nicht in kränkender Weise, sondern in vornehmer Form erfolge. Ich habe deshalb die Fahnen unter Aufsicht eines Beigeordneten abnehmen lassen und nach vorheriger Benachrichtigung der N.S.d.A.P., die gebeten wurde, jemanden zu schicken, der die Fahnen in Empfang nehmen könnte, die Fahnen dem anwesenden Vertreter der N.S.d.A.P. übergeben lassen. Ich habe gleichzeitig den Auftrag gegeben, an den Messehallen, die das Ziel des Zuges bildeten und in denen abends eine große Versammlung stattfinden sollte, vier Fahnenmasten zu errichten, an denen die vier herabgenommenen Hakenkreuzfahnen gehißt werden könnten. Da das Einrammen dieser Masten wegen des Fehlens erfahrener Arbeiter – es war sonntagnachmittags – nur langsam vonstatten ging, erklärte sich der anwesende Vertreter der N.S.d.A.P. nach der Aufstellung zweier Masten gegenüber dem die Aufstellung leitenden Beigeordneten als damit zufriedengestellt, so daß die Aufrichtung der beiden anderen Masten unterblieb. Der betreffende Beigeordnete hat über diese Vorgänge sofort eine Niederschrift gefertigt, die sich bei den städtischen Akten befindet; ich beziehe mich auf sie.
Ich wiederhole endlich noch einmal den Antrag, mir, falls weitere Behauptungen im Sinne des § 4 gegen mich erhoben werden, diese mitzuteilen, damit ich mich dazu äußern kann.
Ich bin im Jahre 1906 zuerst als Beigeordneter in den Dienst der Stadt Köln eingetreten[10]. Ich habe dann als Erster Beigeordneter und Finanzdezernent vor dem Kriege die Finanzen der Stadt Köln neu geordnet; im Kriege habe ich mich vom ersten Tage an mit aller Hingabe den schwieri-

gen Kriegsaufgaben der städtischen Verwaltung gewidmet, bis ich im Jahre 1917 durch die Schuld eines städtischen Chauffeurs schwer verunglückte[11]. Im September 1917 bin ich dann einstimmig zum Oberbürgermeister der Stadt Köln gewählt worden[12]. Ich habe dieses Amt als meine Lebensaufgabe angesehen; ich habe ihr zuliebe finanziell sehr verlockende Angebote zum Eintritt in die Industrie ausgeschlagen, ich habe im Anfang der zwanziger Jahre mehrfach abgelehnt, Minister zu werden. Ich habe unter Reichspräsident Ebert und unter dem jetzigen Herrn Reichspräsidenten das mir von diesen angebotene Amt des Reichskanzlers abgelehnt[13], nicht zuletzt von dem ‹Gefühl›[c] der Verantwortung gegenüber der von mir in Köln übernommenen Aufgabe geleitet. Diese Aufgabe erblickte ich darin, die verkrüppelte Großstadt Köln nach der Entfestigung städtebaulich gesund zu machen[14], ihrer in engen und schlechten Vierteln zusammengedrängten Bevölkerung wieder Licht und Sonne, die Verbundenheit mit der Erde und ein neues Heimatgefühl zu geben, ihr nach der Aufhebung der allgemeinen Dienstpflicht die Möglichkeiten körperlicher Ertüchtigung in Spiel und Sport zu geben – das Kölner Stadion war das erste in Deutschland[15]–. Ich wollte ferner die große kulturelle Tradition der alten Stadt neu beleben und zum Gemeingut der gesamten Bevölkerung machen. In wirtschaftlicher Hinsicht wollte ich der durch das Industriegebiet stark bedrohten Stadt den Anschluß an die neu entstehenden Industrien geben, ihre Handels- und Verkehrsmöglichkeiten und Gegebenheiten den Anforderungen der Zeit entsprechend ausbauen. Durch die Schaffung der Universität wollte ich der Stadt den dringend nötigen geistigen und nationalen Mittelpunkt geben[16].

Das sind in gedrängter Kürze die wesentlichsten Punkte der Lebensaufgabe, die ich mir gestellt hatte. Wenn ich für mich hätte sorgen wollen, nach materiellem Gewinn oder nach äußeren Ehren gestrebt hätte, hätte ich durch den mehrfach mir angebotenen Übertritt zur Wirtschaft oder in höchste Staats- oder Reichsämter dies tun können. Ich habe es nicht getan im Gefühl der Verpflichtung gegen meine Arbeit und meine Vaterstadt.

Adenauer

Nr. 90 A

18. Juni 1933: Fragebogen zur Durchführung des Gesetzes zur Wiederherstellung des Berufsbeamtentums

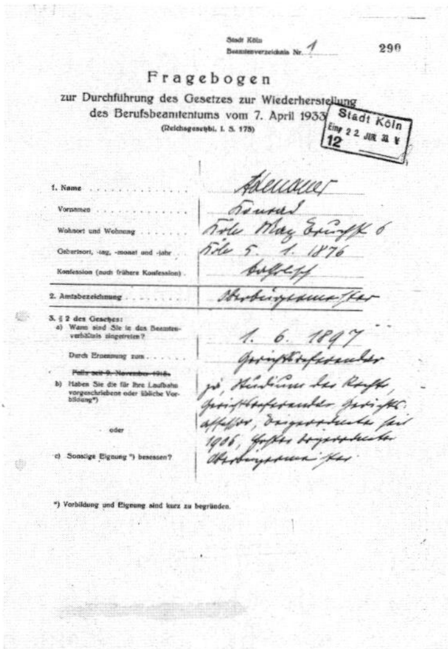

Stadt Köln
Beamtenverzeichnis Nr. 1 290

Fragebogen
zur Durchführung des Gesetzes zur Wiederherstellung des Berufsbeamtentums vom 7. April 1933
(Reichsgesetzbl. I. S. 175)

Stadt Köln Eing 22 JUN 33 12

1. Name	Adenauer
Vornamen	Konrad
Wohnort und Wohnung	Köln Max Bruchstr. 6
Geburtsort, -tag, -monat und -jahr	Köln 5. 1. 1876
Konfession (auch frühere Konfession)	katholisch
2. Amtsbezeichnung	Oberbürgermeister
3. § 2 des Gesetzes: a) Wann sind Sie in das Beamtenverhältnis eingetreten?	1. 6. 1897
Durch Ernennung zum	Gerichtsreferendar
~~Falls seit 9. November 1918.~~ b) Haben Sie die für Ihre Laufbahn vorgeschriebene oder übliche Vorbildung*) oder c) Sonstige Eignung *) besessen?	ja, Studium der Rechte, Gerichtsreferendar, Gerichtsassessor, Beigeordneter seit 1906, Erster Beigeordneter, Oberbürgermeister

*) Vorbildung und Eignung sind kurz zu begründen.

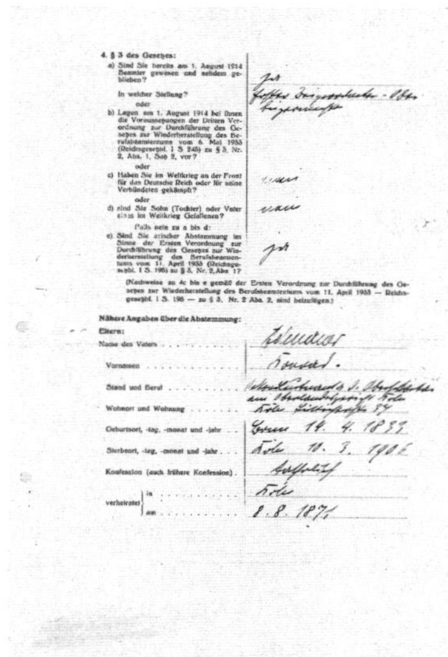

4. § 3 des Gesetzes: a) Sind Sie bereits am 1. August 1914 Beamter gewesen und seitdem geblieben?	ja
In welcher Stellung?	Erster Beigeordneter – Oberbürgermeister
oder b) Lagen am 1. August 1914 bei Ihnen die Voraussetzungen der Dritten Verordnung zur Durchführung des Gesetzes zur Wiederherstellung des Berufsbeamtentums vom 6. Mai 1933 (Reichsgesetzbl. I S. 245) zu § 3, Nr. 2, Abs. 1, Satz 2, vor?	
oder c) Haben Sie im Weltkrieg an der Front für das Deutsche Reich oder für seine Verbündeten gekämpft?	nein
oder d) sind Sie Sohn (Tochter) oder Vater eines im Weltkrieg Gefallenen?	nein
Falls nein zu a bis d: e) Sind Sie arischer Abstammung im Sinne der Ersten Verordnung zur Durchführung des Gesetzes zur Wiederherstellung des Berufsbeamtentums vom 11. April 1933 (Reichsgesetzbl. I S. 195) zu § 3, Nr. 2, Abs. 1?	ja

(Nachweise zu 4c bis e gemäß der Ersten Verordnung zur Durchführung des Gesetzes zur Wiederherstellung des Berufsbeamtentums vom 11. April 1933 — Reichsgesetzbl. I S. 195 — zu § 3, Nr. 2 Abs. 2, sind beizufügen.)

Nähere Angaben über die Abstammung:

Eltern:

Name des Vaters	Adenauer
Vornamen	Konrad.
Stand und Beruf	Rechnungsrat u. Obersekretär am Oberlandesgericht Köln
Wohnort und Wohnung	Köln [illegible] 24
Geburtsort, -tag, -monat und -jahr	Bonn 14. 4. 1833
Sterbeort, -tag, -monat und -jahr	Köln 10. 3. 1906
Konfession (auch frühere Konfession)	katholisch
verheiratet in	Köln
verheiratet am	8. 8. 1871

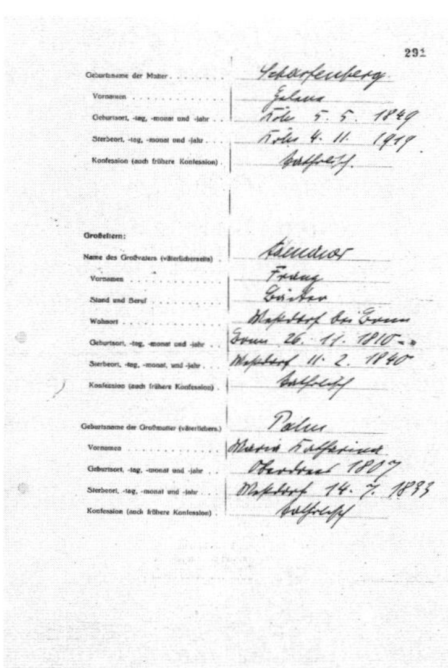

291

Geburtsname der Mutter	Scharfenberg.
Vornamen	Helene
Geburtsort, -tag, -monat und -jahr	Köln 5. 5. 1849
Sterbeort, -tag, -monat und -jahr	Köln 4. 11. 1919
Konfession (auch frühere Konfession)	katholisch.

Großeltern:

Name des Großvaters (väterlicherseits)	Adenauer
Vornamen	Franz
Stand und Beruf	Bäcker
Wohnort	[illegible] bei Bonn
Geburtsort, -tag, -monat und -jahr	Bonn 26. 11. 1810
Sterbeort, -tag, -monat, und -jahr	[illegible] 11. 2. 1840
Konfession (auch frühere Konfession)	katholisch
Geburtsname der Großmutter (väterlicherseits)	Palm
Vornamen	Maria Katharina
Geburtsort, -tag, -monat und -jahr	[illegible] 1807
Sterbeort, -tag, -monat und -jahr	[illegible] 14. 7. 1893
Konfession (auch frühere Konfession)	katholisch

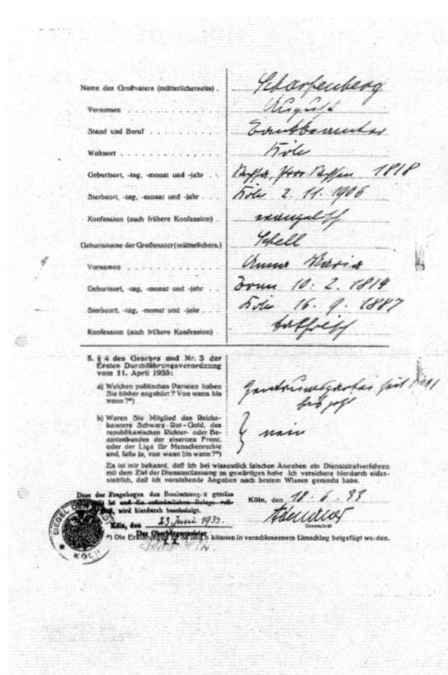

Name des Großvaters (mütterlicherseits)	Scharfenberg
Vornamen	August
Stand und Beruf	[illegible]
Wohnort	Köln
Geburtsort, -tag, -monat und -jahr	[illegible] 1818
Sterbeort, -tag, -monat und -jahr	Köln 2. 11. 1906
Konfession (auch frühere Konfession)	evangelisch
Geburtsname der Großmutter (mütterlichers.)	Schell
Vornamen	Anna Maria
Geburtsort, -tag, -monat und -jahr	Bonn 10. 2. 1814
Sterbeort, -tag, -monat und -jahr	Köln 16. 9. 1887
Konfession (auch frühere Konfession)	katholisch
5. § 4 des Gesetzes und Nr. 3 der Ersten Durchführungsverordnung vom 11. April 1933: a) Welchen politischen Parteien haben Sie bisher angehört? Von wann bis wann?*)	Zentrumspartei seit 1901 [illegible]
b) Waren Sie Mitglied des Reichsbanners Schwarz-Rot-Gold, des republikanischen Richter- oder Beamtenbundes der eisernen Front, oder der Liga für Menschenrechte und, falls ja, von wann bis wann?*)	nein

Es ist mir bekannt, daß ich bei wissentlich falschen Angaben ein Dienststrafverfahren mit dem Ziel der Dienstentlassung zu gewärtigen habe. Ich versichere hierdurch eidesstattlich, daß ich vorstehende Angaben nach bestem Wissen gemacht habe.

Köln, den 18. 6. 33
Adenauer
Unterschrift

Daß der Fragebogen den Bestimmungen gemäß [illegible] ist ~~und die erforderlichen Belege vorliegen~~, wird hierdurch bescheinigt.
Köln, den 23. Juni 1933.
Der Oberbürgermeister

*) Die Erklärungen zu 5a und b können in verschlossenem Umschlag beigefügt werden.

Nr. 91

27. Juni 1933 (Abtei Maria Laach): An Rechtsanwalt Professor Dr. Friedrich Grimm, Essen

Sehr verehrter Herr Professor[1]!

Aus den Zeitungen werden Sie wissen, daß ich seit dem 13. März d. J. beurlaubt bin. In der nationalsozialistischen Zeitung, dem »Westdeutschen Beobachter«, sind dann von dem kommissarischen Oberbürgermeister verschiedene Behauptungen über meine Amtsführung aufgestellt worden, die meine Ehre schwer beeinträchtigten. Ich habe mich zuerst an den kommissarischen Oberbürgermeister Dr. Riesen gewandt und ihn gebeten, mir vor etwaigen Veröffentlichungen Gelegenheit zur Stellungnahme zu geben[2]. Die Antwort, die ich darauf erhalten habe, füge ich in Abschrift bei (Anl. 1[3]). Ich habe mich darauf an das Preußische Innenministerium gewandt und gebeten, zwecks Klarstellung der gegen mich erhobenen Vorwürfe das Dienststrafverfahren gegen mich zu eröffnen[4]. Diesem Antrag hat das Ministerium stattgegeben und den Regierungspräsidenten in Köln entsprechend angewiesen. Der Regierungspräsident in Köln hat darauf das Verfahren gegen mich eröffnet (Anl. 2)[5]. Ich habe mich, da ich mich seit dem 13. März in Berlin befand und irgendwelche Akten nicht zur Verfügung habe, darauf beschränkt, eine vorläufige schriftliche Erklärung in einer kurzen Vernehmung durch den Untersuchungsführer, Ministerialdirektor z. D. Miller zu übergeben (Anl. 3[6]). Was seit dieser Zeit geschehen ist, ist mir genauer nicht bekannt; soviel ich weiß, sind Herrn Miller von der Stadtverwaltung Köln Akten zugeleitet worden, die er studiert. ‹. . .›[a]

Ich darf also meine Bitte an Sie dahin zusammenfassen, daß ich Sie bitte, meine Vertretung in dem gegen mich angestellten Disziplinarverfahren und, soweit nötig, auch in dem gegen mich auf Grund des § 4 des Gesetzes zur Wiederherstellung des Berufsbeamtentums eröffneten Verfahren zu übernehmen.

Was die Honorarfrage angeht, so bitte ich gütigst zu berücksichtigen, daß ich mich infolge des Disziplinarverfahrens augenblicklich in einer schwierigen finanziellen Lage befinde; ich hege keinen Zweifel, daß eine Ihrem Wunsche entsprechende Verständigung erfolgen wird, namentlich, wenn Sie zeitlich etwas Geduld haben würden.

Mein Bruder, Justizrat Professor Dr. Adenauer, wird sich erlauben, Sie zwecks Besprechung der Angelegenheit aufzusuchen.

Ich war zunächst einige Wochen in Berlin und bin seit über 2 Monaten in der Abtei Maria Laach. Da es zur Zeit für mich nicht möglich ist nach Köln oder Essen zu kommen, bitte ich Sie, mich hier in der nächsten Zeit einmal aufzusuchen[7].

Mit ausgezeichneter Hochachtung
Ihr ergebener
Adenauer

Nr. 92

29. Juni 1933 (Abtei Maria Laach): An Dora Pferdmenges, Köln (Auszug)

Dem Zentrum weine ich keine Träne nach[1]; es hat versagt, in den vergangenen Jahren nicht rechtzeitig sich mit neuem Geiste erfüllt. [...]
Darf ich noch einmal politisieren? Jede Revolution zerstört, sie muß zerstören. Es fragt sich nur was und wieviel. Wenn sie soviel und so schnell und so gründlich zerstört, daß der Neuaufbau unmöglich oder fast unmöglich wird, wenn der revolutionäre Zustand nicht rechtzeitig in die Periode der neuen Ruhe und des neuen Aufbaus übergeht, dann kommt die Katastrophe. Also warten wir jetzt ab, aber es wird Zeit, daß die Zeit der Beruhigung und des Aufbaus angeht.
M. E. ist unsere einzige Rettung ein Monarch[2], ein Hohenzoller oder meinetwegen auch Hitler, erst Reichspräsident auf Lebenszeit, dann kommt die folgende Stufe. Dadurch würde die Bewegung in ein ruhigeres Fahrwasser kommen.
Ich danke Ihnen für Ihre optimistische Meinung hinsichtlich meiner Zukunft[3]. Ich kann sie leider nicht teilen. Seit einer Woche ist ein Generalangriff auf meine Nerven im Gange. Der Antrag auf Grund des § 4 des Beamtengesetzes[4] hat mich innerlich sehr tief getroffen. Dann noch andere Demütigungen, das ganze Demütigende meiner jetzigen Lage, meines Aufenthaltes ..., kurz, von Vollkommenheit und ruhigem Ertragen bin ich zur Zeit sehr weit entfernt; ich weiß wirklich nicht, wie das alles enden, was einmal aus meiner Familie werden soll.

Nr. 93

3. Juli 1933 (Abtei Maria Laach): An Regierungspräsident Dr. Hermann Pünder, Münster / Westfalen

Lieber Herr Pünder!

Mit welchem Bedauern ich die Nachricht von Ihrer Beurlaubung[1] gelesen habe, werden Sie an den Gefühlen meiner Freundschaft für Sie

ermessen können. Das Bedauern ist ein klein wenig gemildert worden durch den ehrenvollen Commentar[2]; ich hoffe zugleich, daraus entnehmen zu können, daß Sie, wenn die Zeiten ruhiger geworden sind, doch wieder eine Sie ausfüllende Tätigkeit erhalten.
Ich bin seit 2 1/2 Monaten in der Abtei Maria Laach, deren Abt Conpennäler von mir ist. Die Ruhe und vollkommene Abgeschiedenheit, vor allem aber die geistige Atmosphäre tun gut, aber die Wunde ist noch offen; dazu kommt die Trennung von Frau und Kind und der Kampf um die Wiederherstellung meiner beruflichen Ehre und nicht zuletzt die Sorge für die Zukunft. –
Wie geht es Ihrer Frau und Ihren Kindern? Werden Sie nach Berlin zurückgehen und wann?
Grüßen Sie Ihre Frau herzlich. Ihnen recht herzliche Grüße und ein treues Gedenken.

Ihr
Adenauer

Wenn Sie mir schreiben, adressieren Sie bitte nach Köln-Lindenthal, Max-Bruchstr. 6.

Nr. 94

4. Juli 1933 (Abtei Maria Laach): An Staatssekretär Ludwig Grauert, Preußisches Ministerium des Innern, Berlin

Sehr geehrter Herr Staatssekretär!

Wie ich höre, ist auf Grund des Gesetzes zur Wiederherstellung des Berufsbeamtentums der Antrag, mich aus dem Dienste der Stadt Köln zu entlassen, nach dort abgegangen[1]. Gegen Entlassung auf Grund des § 6 werde ich Einwendungen nicht erheben können, wenngleich eine Verabschiedung auf meinen Antrag im normalen Verfahren mir natürlich lieber gewesen wäre.
Sollte aber meine Entlassung auf Grund des § 4 in Erwägung gezogen werden, so bitte ich Sie, sehr geehrter Herr Staatssekretär, mir Gelegenheit zu einer mündlichen Äußerung zu geben und mir zu diesem Zwecke einen Termin zu bestimmen[2].
Ich bin in ausgezeichneter Hochachtung und Ergebenheit

Adenauer
Oberbürgermeister

Nr. 95
5. Juli 1933 (Abtei Maria Laach): An Dora Pferdmenges, Köln (Auszug)

Das Zentrum wird wohl, während ich das schreibe, aufgehört haben zu existieren[1]. Ich begrüße es mit geteilten Gefühlen. Auf der einen Seite fällt mir eine Last von der Seele. Ich habe eine konfessionelle Partei immer für ein allerdings notwendiges Übel[2], oder besser weniger Gutes gehalten, und ich bin, wie Sie wissen, seit Jahren mit der Zentrumsführung nicht zufrieden[3]; auf der anderen Seite scheidet man doch nur schweren Herzens von einer Partei, der man sein ganzes Leben angehört hat[4], und ferner, wie wird die Zukunft sein? –
Ich habe das Gefühl, als ob seit einigen Monaten in der Stellung der Staaten zueinander die stärksten Verschiebungen vor sich gingen; die aktive Politik Rußlands ist auch ein Teil davon, und als ob sich die Welt ganz gedreht hätte.

Nr. 96
11. Juli 1933 (Abtei Maria Laach): An Dannie N. Heineman, Brüssel

Lieber Herr Heineman!

Am 18.6. sandte ich Ihnen einen Brief. Da ich inzwischen Erfahrungen über Unzuverlässigkeit in der Briefzustellung gemacht habe, sende ich Ihnen in der Anlage eine Abschrift dieses Briefes durch Herrn Messersmith[1].
‹...›[a]
Ich wäre Ihnen von ganzem Herzen dankbar, wenn Sie dieser Angelegenheit Ihr förderndes Interesse zuwenden möchten, damit ich doch endlich eine Aussicht auf Tätigkeit habe. Dieses untätige, nicht ausgefüllte Dasein bringt mich fast um, und ich denke geradezu mit Grauen an die Zukunft, wenn das so jahraus jahrein weitergehen soll. Sie können mir auf diesem Wege den wirklich denkbar größten Freundesdienst tun. Wenn Sie dem Gedanken nicht durchaus abgeneigt sind, so teilen Sie es mir bitte mit, damit ich zwischen Ihnen und Herrn Pferdmenges eine Aussprache herbeiführen kann, die die Angelegenheit weiter klären kann[2].
Aus Zeitungsberichten über die Generalversammlungen verschiedener Gesellschaften entnehme ich, daß Sie in letzter Zeit viel gereist sein müssen, hoffentlich kommt bald für Sie die Zeit der Erholung und Entspannung.

Ich werde wahrscheinlich noch bis Herbst hier bleiben, bis sich in Köln alles beruhigt hat. Der Gedanke, alsdann auf die oben geschilderte Weise wieder in Tätigkeit zu kommen, wäre die beste Medizin für meine derangierten Nerven. Empfehlen Sie mich bitte Ihrer Gattin, meine Frau und meine Kinder sind sehr tapfer.
Mit herzlichen Grüßen und der Bitte um baldige Antwort Ihr
Adenauer

Nr. 97
12. Juli 1933 (Essen): Rechtsanwalt Professor Dr. Friedrich Grimm an Adenauer, Abtei Maria Laach

Sehr geehrter Herr Oberbürgermeister!

Ich bestätige Ihr Schreiben vom 8. ds. Mts.[1] und die gehabte Besprechung mit Herrn Justizrat Dr. Adenauer, wonach ich Ihre Vertretung in dem Disziplinarverfahren übernehme[2].
Was die jetzt wieder erhobenen Privatvorwürfe anbelangt, so können diese mit Rücksicht auf das Londoner Abkommen[3] im Disziplinarverfahren nicht geklärt werden. Ich würde deshalb vorschlagen, diese Frage auf schiedsgerichtlichem Wege klären zu lassen.

Mit vorzüglicher Hochachtung
Dr. Grimm

Nr. 98
13. Juli 1933 (Berlin): Artikel des »Völkischen Beobachters«: »Hochverräter Adenauer. Der frühere Kölner Oberbürgermeister des offenen Landesverrats überführt« (Auszug)

Soeben kommen wir in den Besitz des genauen Wortlauts der Rede des früheren Oberbürgermeister's Dr. Adenauer, die dieser in der schon oft besprochenen Separatisten-Versammlung in der Kölner Bürgergesellschaft am 1.2.1919[1] gehalten hat.
Diese Rede ist sowohl als Ganzes wie auch in ihren einzelnen Abschnitten nichts anderes als gewissenloser Verrat der deutschen Interessen zugunsten Frankreichs. Leider macht es die Londoner Amnestie (192[4])[2] den deutschen Behörden unmöglich, das Strafverfahren gegen Adenauer zu eröffnen. Eine öffentliche Feststellung und Besprechung seines Handelns aber ist uns auch durch diese Amnestie nicht untersagt, so daß das ganze deutsche Volk nun doch noch erfahren kann, welches Subjekt jahrelang

Kölner Oberbürgermeister sein und im Deutschland der November-Republik eine große Rolle spielen konnte.
Die Rede Adenauers soll die Notwendigkeit der Gründung einer Rheinischen bezw. Westdeutschen Republik dartun. Dabei kommt Adenauer zu folgender Formulierung:
»Aus diesen Erwägungen heraus folgt für Frankreich die absolute Notwendigkeit, zum Schutze seiner nationalen Existenz Garantien zu verlangen und zu schaffen, die nach menschlichem Ermessen es Deutschland unmöglich machen, in unabsehbarer Zeit diese Revanche an ihm zu nehmen.«

Nr. 99
17. Juli 1933 (Berlin): Staatssekretär Ludwig Grauert (Preußisches Ministerium des Innern) an Adenauer, Abtei Maria Laach

Sehr geehrter Herr Oberbürgermeister!

Mit Schreiben vom 4. Juli d. Js. hatten Sie mich gebeten, Ihnen Gelegenheit zur mündlichen Äußerung zu geben, ehe die Entscheidung nach dem Gesetz zur Wiederherstellung des Berufsbeamtentums getroffen würde. Eine solche Aussprache erübrigt sich jedoch.
Ich kann mich daher für Sie nicht zur Verfügung stellen.

Mit vorzüglicher Hochachtung
Grauert

Nr. 100
17. Juli 1933 (Berlin): Der Preußische Minister des Innern, in Vertretung: Staatssekretär Ludwig Grauert, an Adenauer, Abtei Maria Laach

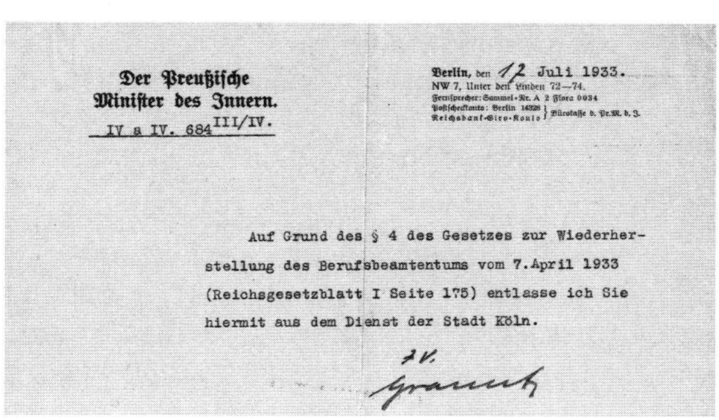

Der Preußische
Minister des Innern.
IV a IV. 684 III/IV.

Berlin, den 17 Juli 1933.
NW 7, Unter den Linden 72–74.
Fernsprecher: Sammel-Nr. A 2 Flora 0034
Postscheckkonto: Berlin 14328 } Bürokasse d. Pr.M. d. J.
Reichsbank-Giro-Konto

Auf Grund des § 4 des Gesetzes zur Wiederherstellung des Berufsbeamtentums vom 7. April 1933 (Reichsgesetzblatt I Seite 175) entlasse ich Sie hiermit aus dem Dienst der Stadt Köln.

I. V.
Grauert

Nr. 101

22. Juli 1933 (Köln): Justizrat Professor Dr. August Adenauer an Erzbischof Karl Joseph Kardinal Schulte, Köln

Eminenz

‹...›[a] Unter diesen Umständen habe ich die innigste Bitte, daß Ew. Eminenz morgen die Gelegenheit wahrnehmen[1], sowohl dem Herrn Vizekanzler von Papen wie dem Herrn Staatssekretär Dr. Grauert, der ja gerade zuständig ist, in ernstester Weise zu erklären, daß Eminenz aus eigenem Wissen bezeugen könnten, daß die Anwendung des § 4 auf meinen Bruder in jeder Hinsicht ein schreiendes Unrecht sei und daß Eminenz überzeugt seien, daß die Anwendung dieses Paragraphen nur denkbar sei, wenn die zuständigen Stellen über den richtigen und wahren Sachverhalt nicht voll im Bilde seien oder wenn ihnen von irgend einer Seite Unrichtiges mitgeteilt sei. Ew. Eminenz würden es nicht verstehen, wenn mein Bruder anders als in ehrenvoller Weise wie so manche andere, die es viel weniger verdienten als er, ausscheide. Es liege ganz bestimmt ein schreckliches Mißverständnis vor, das gerade im Interesse der Sache äußerst bedauert werden müsse. Eminenz seien auch bereit, sich an den Herrn Ministerpräsidenten und an den Herrn Reichskanzler in diesem Sinne zu wenden, Eminenz verbürgten sich für meinen Bruder. Selbstverständlich bitte ich Ew. Eminenz ganz so zu sprechen, wie Eminenz es für richtig halten. Aber ich bitte dringendst, die beiden Herren gleich morgen früh wissen zu lassen, daß Eminenz sie sprechen möchten, damit dieser Versuch der Hülfe wenigstens ermöglicht wird.

Ich brauche nicht hinzuzufügen, daß alle diese Dinge indirekt auch meine ganze Familie, insbesondere meine Kinder, soweit sie schon in Stellungen sind oder zu solchen kommen möchten, hart treffen. Auch ich wäre daher Ew. Eminenz zu allergrößtem Dank verpflichtet, wenn es zu erreichen wäre, daß das Ausscheiden meines Bruders in Frieden vor sich geht. Daß eine Figur wie mein Bruder von so ausgeprägter Eigenart viele Gegner gehabt hat, ist klar. Dadurch ist aber für Dritte die Beurteilung nicht leicht, Sie müssen sich schon auf das Urteil von solchen Persönlichkeiten, wie Ew. Eminenz eine darstellen, verlassen.

Ich bin Ew. Eminenz gehorsamster und dankbarster Sohn

August Adenauer

Nr. 102

24. Juli 1933 (Abtei Maria Laach): An Rechtsanwalt Professor Dr. Friedrich Grimm, Essen

Sehr verehrter Herr Professor!

‹...›[a] Der Wechsel in der Haltung des Herrn Miller erscheint mir immer auffallender[1]. Als ich Mitte April von ihm vernommen wurde[2], sprach er aus freien Stücken davon, daß im Disziplinarverfahren die *gesamte* Tätigkeit des Beamten gewürdigt werden müsse, und unter diesem Gesichtspunkte, d. h. um mir zu helfen, erbat er sich Material über meine Tätigkeit in der Besatzungszeit. Er war jetzt ja wie ausgetauscht und hat m. E. nicht, wie Sie es ihm ja auch zu verstehen gaben, im Geiste des Gesetzes gehandelt. Ich glaube, daß er sehr empfindlich und dann auch eigensinnig ist; ich würde es daher sehr begrüßen, wenn Sie ihn aufsuchen und unter vier Augen einmal mit ihm sprechen würden. Vielleicht ist es auch gut, wenn Sie Herrn Regierungspräsident Schmid mündlich den Verlauf der Vernehmungen schildern würden; Herr Schmid, der frühere Vorgesetzte des Herrn Miller, hat ihn als Untersuchungsführer ausgesucht wegen der absoluten Objektivität, die er bei ihm voraussetzte. Ich glaube, daß Herr Miller auf Herrn Schmid viel gibt. – ‹...›[b]

Nr. 103

24. Juli 1933 (Köln): Der Regierungspräsident in Köln, Dr. Rudolf zur Bonsen, an Adenauer, Abtei Maria Laach

Anliegend übersende ich ergebenst den Erlaß des Herrn Preußischen Ministers des Innern vom 17. ds. Mts.[1], betreffend Ihre Entlassung aus den Diensten der Stadt Köln. Im Auftrage des Herrn Ministers habe ich Ihnen zu eröffnen, daß Ihnen das Betreten der Dienstgebäude Ihrer bisherigen Anstellungsbehörde und der Aufsichtsbehörden zwecks mündlicher Vorstellung aus Anlaß Ihrer Entlassung verboten wird.

R. zur Bonsen

Nr. 104

24. Juli 1933 (Köln): Erzbischof Karl Joseph Kardinal Schulte an Staatssekretär Ludwig Grauert, Preußisches Ministerium des Innern, Berlin

Hochverehrter Herr Staatssekretär,

von Trier[1] brachte ich gestern Abend nicht als letzten erfreulichen Gewinn mit nach Hause, daß ich Ihre Bekanntschaft machen und in einem Gespräch trotz seiner Kürze Anknüpfungspunkte persönlicher und sachlicher Art für künftige gute vertrauensvolle Beziehungen feststellen konnte.

So wird es mir nicht schwer, gleich heute, da mir ein Brief[2] zu Gesicht kommt, der vor meiner Reise nach Trier am Samstag zu spät mir ins Haus geschickt wurde, mich in der Angelegenheit des früheren Kölner Oberbürgermeisters an Sie zu wenden.

Ich sende Ihnen in Anlage diesen Brief des Bruders des Oberbürgermeisters Adenauer zu geneigter Kenntnisnahme und beliebiger Verwendung. Einer Rücksendung bedarf es nicht.

Den Inhalt des Briefes kann ich speziell bzgl. der Stellung des früheren Oberbürgermeisters zum Separatismus bestätigen. In bezug auf diesen Punkt übergab ich vergangene Woche dem hiesigen Herrn Regierungspräsidenten Dr. zur Bonsen einen Bericht in Abschrift, den ich am 29. Oktober o[der] November 1923 an das Auswärtige Amt gesandt hatte und der den Oberbürgermeister Adenauer als konsequenten national zuverlässigen Gegner des Separatismus erkennen läßt[3].

Auch weiß ich, daß Herr Adenauer mir wenigstens zweimal – nach meiner bestimmten Erinnerung war es Mitte 1932 und ganz Anfang dieses Jahres – von der notwendigen baldigsten Befriedung mit der NSDAP tief ernst gesprochen hat[4].

Engere Beziehungen zu Herrn Adenauer unterhielt ich nicht, und deutlich trat ich ihm entgegen, so oft unsere Ansichten in amtlichen Dingen auseinandergingen.

Diesen Brief schreibe ich nur, weil ich als Bischof glaube, ohne Ansehen der Person für Gerechtigkeit eintreten zu müssen, und weil ich glaube, unserem neuen Reich einen wirklichen Dienst zu erweisen, wenn ich vor einer Beurteilung Dr. Adenauers warne, die vor dem Richterspruch der kommenden Zeit nicht standhalten wird.

In beachtlichen Kreisen der Kölner Bevölkerung ohne Unterschied des Bekenntnisses beginnt nach meiner Wahrnehmung bereits seit vielen

Wochen ein nachdenklich stimmender Wandel im Urteil über Dr. Adenauer, ohne daß dabei die Fehler und Schattenseiten dieses Mannes vergessen oder übersehen werden.
In besonderer Hochschätzung verbleibe ich, Herr Staatssekretär,

Ihr ergebenster
Card. Schulte,
Erzbischof von Köln.

Nr. 105
26. Juli 1933 (Abtei Maria Laach): An Dannie N. Heineman, Brüssel

Lieber Herr Heineman!

Ihr freundschaftliches Interesse für mich gestattet mir, Ihnen eine Schilderung der weiteren Entwicklung meiner persönlichen Verhältnisse zu geben.
Gestern bin ich durch den preußischen Innenminister auf Grund des § 4 eines Gesetzes, das Gesetz zur Wiederherstellung des Berufsbeamtentums heißt, aus dem Dienst der Stadt Köln entlassen worden[1]. Dieser § 4 lautet wie folgt: »Beamte, die nach ihrer bisherigen politischen Betätigung nicht die Gewähr dafür bieten, daß sie jeder Zeit rückhaltlos für den nationalen Staat eintreten, können aus dem Dienste entlassen werden.« Dazu ist meine schon an sich nicht ausreichende Pension auf 3/4 gekürzt, und ich muß nach einer andern Bestimmung desselben Gesetzes einen Teil meines im Jahre 1932 bezogenen Gehalts – 8 000 M – zurückzahlen[2]. Eine weitere Verschlimmerung meiner Lage ist dadurch eingetreten, daß der kommissarische Oberbürgermeister die Absicht meiner Freunde, mich als Privatmann in dem Aufsichtsrat der Rheinbraun zu belassen, durch seinen kategorischen Widerspruch vereitelt hat[3] – die Stadt Köln ist an der Rheinbraun beteiligt –. Wenn ich auch voraussichtlich während der nächsten Monate dank Ihrer Hülfe nicht in Verlegenheit komme, so sehe ich doch in die Zukunft, was Beschäftigung und Verdienst für mich angeht, ganz außerordentlich trübe. Sie sprachen im April[4] davon, daß Sie in bezug auf mich einen Plan hätten; läßt sich noch nichts über meine Zukunft sagen? Ist insbesondere der in meinen beiden letzten Briefen[5] hinsichtlich des Bankhauses Levy entwickelte Plan nicht möglich? Sie glauben nicht, wie sehr ich in meiner gegenwärtigen Verfassung einer gewissen Hoffnung für die Zukunft bedarf.

Ich würde Sie sehr gern in Brüssel aufsuchen, um mich mit Ihnen auszusprechen, das ist aber leider ganz unmöglich. Ich bleibe einstweilen noch in Abtei Maria Laach, Bez. Coblenz, und wäre sehr froh, bald von Ihnen eine Nachricht zu erhalten[6].

Mit herzlichen Grüßen

Ihr

Adenauer

Nr. 106

27. Juli 1933 (Abtei Maria Laach): An Dora Pferdmenges, Köln (Auszug)

Sie haben von meiner Frau telephonisch gehört, daß sie mir gestern die Entlassungsverfügung[1] mitgebracht hat; am Tag vorher hatte mein Sohn sie mir telephonisch vorgelesen. Ich bin dann auf den Berg gegangen, auf dem wir im Frühjahr einmal waren, von dem man einen so schönen Blick auf den See und ins weite Land hat. Dort habe ich mich hingesetzt und die Bilanz meiner Arbeit gezogen, und ich war mit ihr zufrieden. Nicht als ob ich keine Fehler gemacht hätte, die macht jeder, aber ich habe die Überzeugung, daß die Conception der mir gestellten Aufgabe richtig war und daß ich an sie meine ganze Kraft hingegeben habe; die Arbeit wird auch nicht umsonst gewesen sein, des bin ich sicher. Ich habe auch für meine Heimat und für Deutschland aus besten Kräften gearbeitet. Ich habe mir schon vor Jahren den Wahlspruch gesagt, es ist wichtiger und richtiger, was die Nachwelt über einen sagt, als die Mitwelt. Das war immer meine Maxime, das soll sie auch jetzt bleiben. Einen Vorwurf muß ich mir machen: ich habe über der Besessenheit für meine Arbeit meine privaten Interessen vernachlässigt, und das tut mir leid wegen meiner Familie. Gott sei Dank ist aber meine ganze Familie recht tapfer, und wenn der Körper, was mir mein alter Hausarzt mit Verwunderung bescheinigt hat, es aushält, dann wird sich schon einmal wieder etwas finden. – Es ist merkwürdig, wie es im Leben geht. Ich habe schon vom ersten Mannesalter an immer in Gedanken gesorgt und gesorgt bis in die späte Zukunft hinein, und nun bringt mir unser Herrgott die mir an sich furchtbar schwere und drückende Wahrheit bei, nicht so sehr sich auf sich selbst zu verlassen, sondern Ihm zu vertrauen. Ich bin trotz allem fast heiter, sicher kommen trübe Stunden und Tage – im ›Cavour‹[2], der mich sehr interessiert, ich schreibe Ihnen später einmal darüber, habe ich gelesen, daß es ein Zeichen ganz passiver Naturen sei, sich ohne Schwankungen zu ergeben, und passiv bin ich nun einmal nicht –, aber ich komme ganz gut darüber weg. Sie wissen, ›verlorene Würde kann man nicht mehr erlangen‹, und das soll mir keiner meiner Feinde nachsagen, daß ich die Würde verloren hätte. Innerlich hatte ich mich schon langsam seit Monaten von meiner Arbeit gelöst, und Gott sei Dank habe ich seit 2 Jahren eine feste Führung, der ich in meiner inneren Struktur unendlich viel verdanke. Nun verzeihen Sie, wenn ich zuviel von diesem Vorfall geschrieben habe; man kann besser darüber reden als schreiben.

Nr. 107
28. Juli 1933 (Köln): Kölner Männer-Gesang-Verein an Adenauer, Köln
(siehe folgende Seite)

Nr. 108
28. Juli 1933: Bericht des »Westdeutschen Beobachters«:
»Adenauer entlassen!«

Heute: Großer Bilderbericht von Grenzlands Goering-Tag

Westdeutscher Beobachter

Amtliches Organ der NSDAP

Nr. 181 / Jahrgang 9 Köln, Freitag, 28. Juli 1933 Preis 15 Pfg.

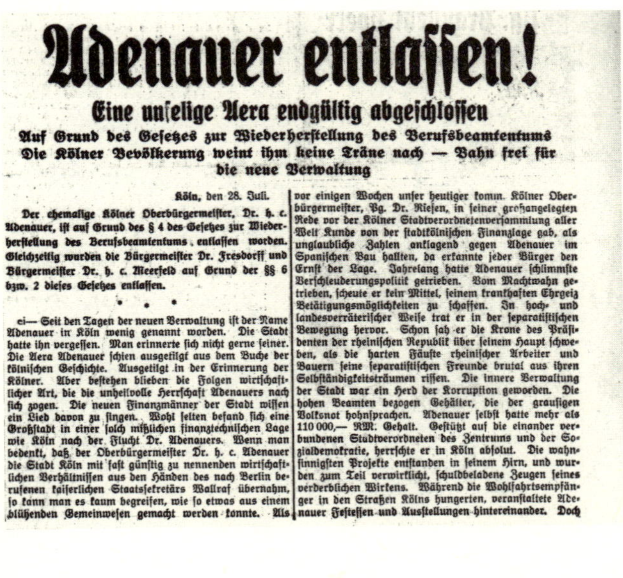

Adenauer entlassen!

Eine unselige Aera endgültig abgeschlossen

Auf Grund des Gesetzes zur Wiederherstellung des Berufsbeamtentums
Die Kölner Bevölkerung weint ihm keine Träne nach — Bahn frei für die neue Verwaltung

Köln, den 28. Juli.

Der ehemalige Kölner Oberbürgermeister, Dr. h. c. Adenauer, ist auf Grund des § 4 des Gesetzes zur Wiederherstellung des Berufsbeamtentums entlassen worden. Gleichzeitig wurden die Bürgermeister Dr. Fresdorff und Bürgermeister Dr. h. c. Meerfeld auf Grund der §§ 6 bzw. 2 dieses Gesetzes entlassen.

• • •

ei— Seit den Tagen der neuen Verwaltung ist der Name Adenauer in Köln wenig genannt worden. Die Stadt hatte ihn vergessen. Man erinnerte sich nicht gerne seiner. Die Aera Adenauer schien ausgetilgt aus dem Buche der kölnischen Geschichte. Ausgetilgt in der Erinnerung der Kölner. Aber bestehen blieben die Folgen wirtschaftlicher Art, die die unheilvolle Herrschaft Adenauers nach sich zogen. Die neuen Finanzmänner der Stadt wissen ein Lied davon zu singen. Wohl selten befand sich eine Großstadt in einer solch mißlichen finanztechnischen Lage wie Köln nach der Flucht Dr. Adenauers. Wenn man bedenkt, daß der Oberbürgermeister Dr. h. c. Adenauer die Stadt Köln mit fast günstig zu nennenden wirtschaftlichen Verhältnissen aus den Händen des nach Berlin berufenen kaiserlichen Staatssekretärs Wallraf übernahm, so kann man es kaum begreifen, wie so etwas aus einem blühenden Gemeinwesen gemacht werden konnte. Als vor einigen Wochen unser heutiger komm. Kölner Oberbürgermeister, Pg. Dr. Riesen, in seiner großangelegten Rede vor der Kölner Stadtverordnetenversammlung aller Welt Kunde von der stadtkölnischen Finanzlage gab, als unglaubliche Zahlen anklagend gegen Adenauer im Spanischen Bau hallten, da erkannte jeder Bürger den Ernst der Lage. Jahrelang hatte Adenauer schlimmste Verschleuderungspolitik getrieben. Vom Machtwahn getrieben, scheute er kein Mittel, seinem krankhaften Ehrgeiz Betätigungsmöglichkeiten zu schaffen. In hoch- und landesverräterischer Weise trat er in der separatistischen Bewegung hervor. Schon sah er die Krone des Präsidenten der rheinischen Republik über seinem Haupt schweben, als die harten Fäuste rheinischer Arbeiter und Bauern seine separatistischen Freunde brutal aus ihren Selbständigkeitsträumen rissen. Die innere Verwaltung der Stadt war ein Herd der Korruption geworden. Die hohen Beamten bezogen Gehälter, die der grausigen Volksnot hohnsprachen. Adenauer selbst hatte mehr als 110 000,— RM. Gehalt. Gestützt auf die einander verbundenen Stadtverordneten des Zentrums und der Sozialdemokratie, herrschte er in Köln absolut. Die wahnsinnigsten Projekte entstanden in seinem Hirn, und wurden zum Teil verwirklicht, schuldbeladene Zeugen seines verderblichen Wirkens. Während die Wohlfahrtsempfänger in den Straßen Kölns hungerten, veranstaltete Adenauer Festessen und Ausstellungen hintereinander. Doch

Kölner Männer-Gesang-Verein

Gegründet 1842

Fernsprecher 218627
Postscheck-Konto Köln 10288
Giro-Konto bei der Sparkasse der Stadt Köln 7064
Vereinshaus „Wolkenburg“ Wollküche 1-3

Köln, den 28. Juli 1933.

Herrn Dr. Conrad Adenauer,
Köln-Lindenthal,
Max-Bruchstrasse 6.

Sehr geehrter Herr Doktor,

In meiner Eigenschaft als Präsident des Kölner Männer-Gesang-Vereins hatte ich vor einigen Wochen Ihren Herrn Bruder gebeten, Ihnen die Niederlegung der Ehrenmitgliedschaft beim Kölner Männer-Gesang-Verein nahe zu lagen. Er versprach mir dies, hat aber die Ausführung des Versprechens, wie er mir heute mitteilt, vergessen. Der Vorstand ist einhellig der Ansicht, dass die Ehrenmitgliedschaft nicht aufrecht erhalten werden kann. Ich möchte die Angelegenheit möglichst schonungsvoll und geräuschlos erledigt sehen, deshalb wende ich mich mit dieser Bitte an Sie. Ich darf um baldige Rückäusserung bitten.

Mit vorzüglicher Hochachtung

Präsident.

Herrn Dr. Klefisch
Präsident des K. M. G. V.
Köln

Inhalt und Fassung Ihres Schreibens vom 28. 7. 33 veranlaßt mich, Ihnen mitzuteilen, daß ich auf die Ehrenmitgliedschaft keinen Wert lege.

Hochachtend

Dok. Nr. 107

Nr. 109

29. Juli 1933 (Abtei Maria Laach): An Rechtsanwalt Professor Dr. Friedrich Grimm, Essen

‹...›[a] Soweit ich aus den Zeitungen ersehe, hat man den Ersten Beigeordneten, Bürgermeister Fresdorf (der Sozialdemokrat war), auf Grund des § 6 des Gesetzes zur Wiederherstellung des Berufsbeamtentums pensioniert[1], mich, der ich dem Zentrum angehöre, auf Grund des § 4, da muß doch ein besonderer persönlicher Grund vorliegen. Aber was könnte es sein? Vielleicht mein Verhalten in dem sogenannten Dreimänner-Kollegium in Preußen im ‹Februar›[b] d. Js. (Ministerpräsident, Landtagspräsident, Staatsratspräsident). Es ist zuerst in der Zusammensetzung Braun, Kerrl, Adenauer zusammengetreten zwecks Beschlußfassung über eine etwaige Auflösung des Landtags, um, wie der Antragsteller Kerrl ausführte, die Bildung einer Regierung zu ermöglichen[2]. Ich habe gegen die Auflösung gestimmt mit der Begründung, daß eine Regierungsbildung zwischen N.S.d.A.P. und Zentrum sofort möglich wäre, wenn die Reichstagswahl vorüber sei. Dann kam die Notverordnung des Reichspräsidenten, die Braun seine letzten Rechte absprach und sie dem Reichskommissar von Papen zuteilte. Die Zusammensetzung war nunmehr von Papen, Kerrl, Adenauer. Ich habe meiner von politischen Ansichten bewußt nicht beeinflußten rechtlichen Überzeugung nach erklärt, daß m. E. der Reichskommissar das dem Ministerpräsidenten zustehende Recht der Teilnahme an dem Dreimänner-Kollegium nicht habe und daß ich mich daher an einer Abstimmung nicht beteiligen könne; diese Verhandlung, über die ein Protokoll sich im Preußischen Staatsministerium befindet[3], verlief durchaus in urbanen Formen. Vielleicht geben Ihnen diese Angaben einen Anhaltspunkt, um festzustellen, weshalb man so besonders scharf gegen mich vorgeht, ‹...›[c] Feststellung, die ja sowohl im Hinblick auf mein Disziplinarverfahren wie meine Zukunft von Bedeutung ist. ‹...›[d]

Nr. 110

29. Juli 1933 (Köln): Gussie an Konrad Adenauer, Abtei Maria Laach

Mein liebster Schatz.

Hier wird allgemein vorgeschlagen, Du solltest Dich nach Berlin wegen Deiner Absetzung nach Paragraph 4 äußern, und zwar ungefähr so: daß Du innerlich *unter keinen Umständen* diese Behandlung anerkennen könntest, daß Du bedauertest, ohne gehört zu sein über die Gründe, so ehrlos behandelt zu sein, daß Dir aber nichts anderes übrig bliebe, als die Sache als ein Opfer für Dein Vaterland anzusehen, und daß Du hofftest, daß die Zeit bald käme, wo anerkannt würde, was Du für Deutschland und den nationalen Gedanken geleistet hättest. Was meinst Du? Schade, daß nun Grimms doch nach Norderney gehen. Grimm will ja jetzt auch Mönnig verteidigen[1], den er als Ehrenmann bezeichnet. Eben war ich zum Tee bei Frau Pferdmenges, wo ich auch Frau Herbst[2] traf. Sie war mit Göring auf einer Hochzeit zusammen. Ria kommt am Sonntag mit Tante Mia, Konrad Anfang der Woche, ebenso Rings[3]. Daß der Sozialdemokrat Fresdorf nach Paragraph 6 entlassen ist[4], nützt Dir sehr. ‹...›[a]

Deine
Gussie

Nr. 111

2. August 1933 (Abtei Maria Laach): An Rechtsanwalt Professor Dr. Friedrich Grimm, Essen

Sehr verehrter Herr Professor!

Ihren Bericht[1] über Ihren Besuch in Berlin habe ich erhalten. Wie ich höre, werden Sie Ihren Urlaub doch an der Nordsee zubringen. Es wäre mir sehr lieb, wenn ich Sie vorher hier sprechen könnte. Setzen Sie sich bitte mit meinem Bruder in Verbindung, damit er für Fahrgelegenheit nach hier sorgt. Sie werden sicher mit Rücksicht auf den Prozeß Mönnig[2] nicht länger im voraus disponieren können, eine telefonische Mitteilung nach hier, wann Sie kommen, möglichst am Tage vorher, wäre mir sehr lieb.

Für alle Fälle möchte ich Sie vor Ihren Besprechungen mit dem Kölner Regierungspräsidenten und dem Kölner Oberbürgermeister über mein Verhalten im Staatsrat gegenüber der nationalsozialistischen Bewegung orientieren.

Im ‹Februar 1933›[a] hat der Staatsrat mit Stimmenmehrheit (Zentrum und S.P.D.) in *meiner Abwesenheit* den Beschluß gefaßt, den Präsidenten des Staatsrats zu beauftragen, beim Reichspräsidenten dahin vorstellig zu werden, daß Herr Göring, der namens des Reichskommissars von Papen das Preußische Ministerium des Innern verwaltete und kurz vorher eine Rede gehalten hatte, die großes Aufsehen erregt hatte, alle Bürger gleichmäßig behandele. Ich habe daraufhin Herrn von Papen gebeten, eine Zusammenkunft zwischen Herrn Göring und mir zu vermitteln, und Herrn Staatssekretär Meissner, in diesem Sinne auf Herrn von Papen ein-

zuwirken, ich würde versuchen, ohne den Reichspräsidenten mich mit Herrn Göring zu verständigen. Die Besprechung hat dann bei Herrn von Papen zwischen diesem, Göring und mir stattgefunden, sie hat damit geendigt, daß Herr Göring zusagte, in einigen Tagen eine seine Rede erläuternde Erklärung abgeben zu wollen; er hat das getan, ich habe meine Mission damit als erfüllt angesehen.
Im Januar oder Februar 1933 hat der Landtagspräsident Kerrl den damaligen Ministerpräsidenten Braun und mich als Staatsratspräsidenten zu einer Sitzung des in der Preuß[ischen] Verfassung vorgesehenen Dreimänner-Kollegiums eingeladen zwecks Abstimmung über Auflösung des Landtags, da eine Regierungsbildung unmöglich sei. Ich habe gegen den Antrag gestimmt, da eine Regierungsbildung zwischen N.S.d.A.P. und Zentrum sofort möglich sei[3].
Dann kam die bekannte Verordnung des Reichspräsidenten, die dem Reichskommissar von Papen alle Rechte zusprach. In einer Sitzung, die dann in Anwesenheit des Herrn von Papen, Herrn Kerrl und meiner Person stattfand, habe ich mich an der Abstimmung nicht beteiligt mit der Begründung, daß ich Herrn von Papen nicht zur Teilnahme legitimiert halte[4].
Im Staatsrat war überhaupt kein ordentliches Mitglied Angehöriger der N.S.d.A.P., so daß eine andere Möglichkeit, in Konflikt mit der N.S.d.A.P. zu kommen – außer den oben angeführten Fällen –, nicht vorhanden war. Für die Zukunft wäre es mir sehr wertvoll, wenn irgendwie festgelegt werden könnte, daß mein Verhalten als Präsident des Staatsrats bestimmend für die Anwendung des § 4 gegen mich gewesen ist. Überlegen Sie sich bitte, wie eine solche Feststellung möglich wäre. –
Ich wäre Ihnen dankbar, wenn Sie die Ausgabe des »Westdeutschen Beobachter« vom Samstag, den 29. Juli, lesen würden[5], ehe Sie mit den Kölner Herren sprechen.
Ich weiß nicht, ob diese Atmosphäre gegen mich in Köln entstanden ist und von dort nach Berlin gewirkt hat, oder umgekehrt oder beide zusammen. Vielleicht gelingt es Ihnen nach der Richtung etwas zu klären, man kann dann überlegen, wo man mit Aufklärung einsetzen muß. Mein Schwiegervater, Professor Zinsser aus Tübingen, kommt Freitag nach Köln, nachdem er mich vorher aufgesucht hat; ich werde ihn bitten, sich mit Ihnen in Verbindung zu setzen, damit er keine Schritte in Köln ohne Ihr Wissen tut. – Ihre Honorarforderung bitte ich mir freundlichst mitzuteilen.

Mit ausgezeichneter Hochachtung
Ihr ergebener
Adenauer

Nr. 112

19. August 1933 (Berlin): Vermerk von Ministerialdirektor z. D. Adolf Miller

Am Sonnabend, den 11. August d. J., hat mir der Beigeordnete der Stadt Köln, Bürgermeister Haas[1], im Auftrage des beurlaubten Oberbürgermeisters Dr. Riesen folgendes fernmündlich mitgeteilt:
Zwei Tage, nachdem der große Separatistenputsch in Bonn[2] stattgefunden hatte, seien in Barmen etwa 30 führende Männer des Rheinlandes unter dem Vorsitz des Oberbürgermeisters Dr. Jarres[3] zusammengekommen[4]. In dieser Versammlung seien von dem Prälaten Kaas und danach von dem Oberbürgermeister Adenauer sehr bedenkliche Reden gehalten worden[5]. Namentlich die Rede Adenauers sei derart gewesen, daß die Versammlung aufs äußerste bedrückt gewesen sei. Adenauers Rede sei dahin gegangen, daß man das Rheinland abtrennen werde. Dr. Jarres habe daraufhin mit der Faust auf den Tisch geschlagen und es sei ihm schließlich gelungen, die Stimmung der Versammlung durch seine Ausführungen wieder zu heben.
Über diese Reden, insbesondere über die Rede Adenauers, habe Dr. Jarres im Anschluß an die Zusammenkunft ein Protokoll aufgestellt[6] und dieses Protokoll in einem Berliner Archiv hinterlegt. Die von ihm (Haas) an Jarres gerichtete Bitte, ihm das Protokoll auszuhändigen, habe Jarres mit Rücksicht auf seine Kollegenschaft zu Adenauer abgelehnt; Adenauer würde dadurch schwer belastet werden.

Nr. 113

20. August 1933 (Köln): Artikel des »Westdeutschen Beobachters«: »Sieben Tage zurück« (Auszug)

In letzter Zeit scheint das Kloster der Zufluchtsort vieler Leute geworden zu sein. Herr Konrad Adenauer sonnt sich im Klostergarten von Maria Laach und fühlt sich glücklich wie einst im Mai auf der Pressa[1] im Kreise der als nationalistisch verschrienen Mönche von Maria Laach[2].

Nr. 114

22. August 1933 (Berlin): Ministerialdirektor z. D. Adolf Miller an das Preußische Ministerium des Innern, Berlin

Auf Grund des vorbezeichneten Erlasses[1] wurde ich unter dem 6. April d. Js. von dem Vorsitzenden der Dienststrafkammer bei der Regierung in Köln – D.St.K. 22/33 (mir zugestellt am 7. April) – zum Untersuchungsführer bestellt. Das Schreiben wurde mir am 7. April vormittags zugestellt. Bereits vorher, Ende März, hatte mich der damalige Kommissar z. b. V., Staatssekretär i. e. R., jetziger Regierungspräsident, Schmid, zu mehreren Vorbesprechungen in der Angelegenheit zugezogen[2]. Noch am Tage der Bestellung nahm ich meine Tätigkeit zunächst im Ministerium des Innern und vom 11. April ab in Köln teils bei der Regierung, teils bei der Stadtverwaltung Köln auf. Ich habe sie ohne Unterbrechung bis zum heutigen Tage weitergeführt, teils in Köln, teils in Berlin. Alle Zeugenvernehmungen mußten in Berlin stattfinden, da der Angeschuldigte, dessen Recht der Teilnahme an den Vernehmungen im Gesetze vorgesehen ist, aus Gründen seiner persönlichen Sicherheit nicht nach Köln vorgeladen werden konnte. Dies galt nach den von mir beim Regierungspräsidenten und beim Polizeipräsidenten in Köln eingezogenen Erkundigungen auch noch für die letzte Zeit.

Mit dem heutigen Tage habe ich der Einleitungsbehörde die mir seiner Zeit übergebenen Akten wieder zurückgegeben und die in der Voruntersuchung erwachsenen umfangreichen Akten ihr vorgelegt.

Ich halte die Voruntersuchung für beendet und den Zeitpunkt für gekommen, zunächst möglichst bald die Einleitungsbehörde und letzten Endes den Herrn Minister in die Lage zu versetzen, sich selbst ein Urteil darüber zu bilden, ob angesichts der inzwischen erfolgten Entlassung des Angeschuldigten das Verfahren mit dem Ziele der Aberkennung des Ruhegehalts usw. noch fortgesetzt werden soll.

Den deutschen Gerichten wird ohnehin vielfach der Vorwurf gemacht, daß die Verfahren zu lange dauern, bis sie zur Hauptverhandlung vorwärtsgetrieben sind. Auch scheint es mir angebracht, nicht an Einzelheiten hängen zu bleiben, sondern den Nachdruck auf die großen Gesichtspunkte zu legen und zur Beschleunigung des Verfahrens gegebenenfalls schwache Punkte fallen zu lassen[3].

In meiner der Einleitungsbehörde gemachten Vorlage, von der ich hiermit Abschrift überreiche, habe ich zu dem bisherigen Ergebnisse der Voruntersuchung im einzelnen Stellung genommen. Auf Grund dieses Ergebnisses komme ich zu dem Schlusse, daß es bei strenger Beurteilung mög-

lich ist, das mit der Einleitung des förmlichen Dienststrafverfahrens angestrebte Ziel der Dienstentlassung oder nunmehr der Aberkennung des Ruhegehalts, der Hinterbliebenenversorgung und der Amtsbezeichnung auf Grund der Punkte 1, 6 (im Zusammenhang mit Punkt 5), Punkt 8, 9, u[nd] 10 des Einleitungsbeschlusses zu erreichen[4].
Abschrift des Einleitungsbeschlusses füge ich gleichfalls bei. Ob die Dienststrafgerichte, namentlich im zweiten Rechtsgange, zu dem gleichen Ergebnisse kommen würden, läßt sich freilich nicht mit Bestimmtheit voraussehen. Es wäre sehr wohl denkbar, daß das Dienststrafgericht von dem § 13 der Dienststrafordnung (»mildere Beurteilung infolge besonderer Umstände«) Gebrauch macht und dem Angeschuldigten das nach § 4 des Gesetzes zur Wiederherstellung des Berufsbeamtentums vom 7. April 1933 zulässige Höchstruhegehalt beläßt.
Wird ein solcher Ausgang des Dienststrafverfahrens für wahrscheinlich gehalten und für erwünscht erachtet, so wäre das Verfahren mit Rücksicht auf die inzwischen erfolgte Dienstentlassung einzustellen. Der Einstellungsbeschluß ist nur bis zur Ladung des Angeschuldigten vor die erkennende Dienststrafkammer zulässig.

Nr. 115
29. August 1933 (Abtei Maria Laach): An Dora Pferdmenges, Köln (Auszug)

Ich weiß nicht, ob Sie die Berichte über die Internationale Tagung der Sozialdemokratie in Paris[1] gelesen haben. Die sozialistische Bewegung, soweit sie von den Sozialdemokraten geführt wurde, scheint auch international zu erlahmen. Die Rede, die der Vorsitzende der früheren deutschen Sozialdemokratie, Wels[2], gehalten hat, fand ich sehr schwach; ›Rache‹ – darüber sprach er[3] – finde ich, ich glaube, ich treffe mich darin mit Ihnen, unwürdig, so schwer auch an und für sich manchem der Verzicht darauf sein mag.
Wie lange ich hier noch bleiben werde, läßt sich auch nicht annähernd übersehen; es ist doch eine schwere Geduldsprüfung; darüber hinaus ist für jemand, der sein ganzes bisheriges Leben in einer – scheinbar – sicheren Bahn verbracht hat, der Blick in eine vollständig verhangene Zukunft ein schweres Problem. Man muß sich im wahrsten Sinne des Wortes Gott ganz in die Hand geben, und das erfordert starken Glauben und starkes Vertrauen.

Nr. 116

Anfang September 1933 (Essen): Rechtsanwalt Professor Dr. Friedrich Grimm an den Regierungspräsidenten in Köln, Dr. Rudolf zur Bonsen

In dem gegen Herrn Oberbürgermeister Dr. Adenauer schwebenden Dienststrafverfahren, das durch die dortige Verfügung vom 4. April 1933 A 178 (P) eingeleitet worden ist[1], wende ich mich an Euer Hochwohlgeboren als Einleitungsbehörde mit der Bitte, veranlassen zu wollen, daß Herr Adenauer, ehe die Entscheidung über Einreichung oder Nichteinreichung einer Anschuldigungsschrift durch den Beamten der Staatsanwaltschaft gefällt wird, entsprechend den Bestimmungen der Dienststrafordnung vernommen und die Beweise erhoben werden, die er angeboten hat und die er bei seiner Vernehmung eventuell noch anbieten wird, sobald er bezüglich mehrerer ganz allgemein gefaßter Punkte der Einleitungsverfügung weiß, was ihm vorgeworfen wird. Bezüglich der rechtlichen Stellung der Einleitungsbehörde weise ich darauf hin, daß sie auch durch den Beamten der Staatsanwaltschaft auf die Innehaltung der gesetzlichen Vorschriften hinwirken kann und daß die Einleitungsbehörde ferner das Recht hat, die Anschuldigungsschrift, wenn sie die geführte Voruntersuchung nicht für vollständig erachtet, dem Vertreter der Staatsanwaltschaft zurückzugeben s. Brand[2], Die preuß[ischen] Dienststrafordnungen, 2. Aufl., S. 243, Ziff. 1 2. Abs. und die dort angeführte Entscheidung O[ber] V[erwaltungs] G[ericht] 83, 406. Ich weise ferner hin auf die Ausführungen von Brand S. 244 oben »Die Einleitungsbehörde wird daher dafür sorgen müssen, daß ihr die Anschuldigungsschrift zur eigenen Sachprüfung vorgelegt wird, bevor sie dem Dienststrafgericht eingereicht wird«.

Zur Sache selbst bemerke ich folgendes:

Herr Adenauer weiß nicht, in welchem Stadium die Voruntersuchung sich befindet. Ich vermute aber, daß der Herr Untersuchungsführer sie als abgeschlossen ansieht, da irgendwelche Mitteilungen über noch beabsichtigte Beweiserhebungen seitens des Herrn Untersuchungsführers an mich oder an Herrn Adenauer nicht ergangen sind.

Herr Adenauer ist in dem Verfahren noch nicht der Vorschrift des § 40 der Dienststrafordnung[3] entsprechend gehört worden. Bereits bei seiner ersten Vernehmung soll der Angeschuldigte »genau wissen, um was es sich im einzelnen handelt« (s. Brand S. 229, Ziff. 4), siehe ferner Brand S. 230 Abs. 5 »Die Vernehmung des Angeschuldigten bildet sehr oft den wichtigsten Teil der Voruntersuchung und kann nicht nur von dem Untersuchungsführer selbst, der das ganze Material *kennt und übersieht,* zweckdienlich und erschöpfend gestaltet werden«.

Eine solche »Vernehmung« ist bisher nicht erfolgt.
Die bisherigen Vorgänge, bei denen Herr Adenauer in den Akten zu Wort gekommen ist, genügen nicht den Anforderungen, die § 40 der D[ienst] St[raf] O[rdnung] an die »Vernehmung des Angeschuldigten« stellt. Sie sind in folgender Weise zustande gekommen: Herr Adenauer hat, sobald er hörte, daß Herr Ministerialdirektor z. D. Miller zum Untersuchungsführer ernannt sei, ihn in Berlin telefonisch gebeten, ihn zu empfangen. Er hat das zuerst abgelehnt, da er ohne Protokollführer ihn nicht sprechen könne und nicht wisse, ob er in den Tagen nach Ostern einen solchen erhalte; er wolle zuerst nach Köln fahren, um dort das Material zu studieren. Herr Adenauer hat ihn dann dringend gebeten, ihn doch vorher zu empfangen. Er hat es ihm darauf zugestanden und ihn auf den 19. April 1933 zu sich bestellt[4]. Er hatte einen Protokollführer zugezogen. Herr Ministerialdirektor Miller hat dann von vornherein erklärt, daß er mit der ganzen Sache noch nicht genügend vertraut sei und zunächst in Köln einige Wochen das Material studieren wolle; dann erst habe eine Vernehmung Zweck. Herr Adenauer hat ihn dann gebeten, doch die schriftliche Darlegung, die er mitgebracht hatte, entgegenzunehmen. Er hat dann diese Schrift durchgelesen. Herr Adenauer hat zu einer Reihe von Punkten mündliche Ausführungen gemacht. Er hat wiederholt erklärt, daß er darauf später zurückkommen werde, wenn er erst das Material studiert habe. ‹...›[a]
Ich beantrage daher, dafür Sorge zu tragen, daß vor der Entscheidung über die Frage, ob eine Anschuldigungsschrift eingereicht werden soll oder nicht, die Voruntersuchung den gesetzlichen Vorschriften entsprechend ergänzt wird. Ich bitte die Vernehmung des Herrn Adenauer in Berlin stattfinden zu lassen, wo auch ich mich in den nächsten 4 Wochen aufhalten muß. Ich wende mich mit diesem Antrage an die Einleitungsbehörde, weil sie die Aufgabe hat, auf die Innehaltung der gesetzlichen Bestimmungen zu achten, und darf wohl die Bitte aussprechen, daß gerade in dieser Sache alle »diejenigen gesetzlichen Bestimmungen auch wirklich zur Anwendung kommen, die den Zweck haben, den Angeschuldigten gegen eine nicht hinreichend sorgfältige Prüfung der ihm zur Last gelegten Verfehlungen zu schützen, und daß ihm im weitesten Umfange Gelegenheit gegeben wird, sich zu verteidigen und die ihm gemachten Vorwürfe zu entkräften« (O.V.G. 84, 429 Brand, S. 227, Ziff. 1 zu § 40).
Zugleich wiederhole ich nochmals meine Bitte um Gestattung der Akteneinsicht[5].

Nr. 117

2. September 1933 (Abtei Maria Laach): An Reichskanzler i. R. Dr. Wilhelm Marx, Bonn

Sehr verehrter Herr Reichskanzler!

Vielleicht wissen Sie, daß in gewissen Zeitungen maßlose und vollkommen ungerechtfertigte Angriffe gegen mich wegen meiner Haltung insbesondere im Winter 1923/1924 erhoben werden[1]. Ich beabsichtige, da kein anderer Weg zur Klarstellung übrig bleibt, mich einem Schiedsgericht zu stellen. Zwei Tatbestände werden dabei eine Rolle spielen, und zwar handelt es sich um folgende:

1) Am 13.11.1923 wurden wir – ein kleiner Kreis von Vertretern des Rheinlandes – in die Reichskanzlei geladen[2]. Anwesend waren u. a. Reichskanzler Stresemann, Reichsminister Jarres, Luther, Brauns[3], Ministerpräsident Braun. Dort wurde uns eröffnet, das Kabinett habe beschlossen, alle Zahlungen in das besetzte Gebiet nach einer kurzen Übergangsfrist einzustellen; wir sollten de facto, nicht de jure einen eigenen Staat bilden und uns von der Rheinlandkommission ein Besteuerungsrecht geben lassen. Auf 6 Uhr nachmittags seien die Vertreter der ganzen Presse in die Reichskanzlei bestellt, denen mitgeteilt werde, daß die Reichsregierung den Friedensvertrag als gebrochen ansehe und daß sie die Sorge für das besetzte Gebiet den Feindmächten überlassen werde.

Wir haben uns mit aller Entschiedenheit hiergegen zur Wehr gesetzt und zunächst erreicht, daß diese Mitteilung an die Presse unterblieb. Dann kam der Rücktritt Stresemanns, und Sie wurden sein Nachfolger. Anfang Dezember waren wir dann in kleinem Kreise unter Ihnen geladen[4]. Vorher hatte mir der spätere Staatssekretär Schmid folgendes mitgeteilt. Man habe Ihnen bei einer Vorbesprechung am Tage vorher seitens des Reichsfinanzministeriums falsche Zahlen über den Bedarf des besetzten Gebietes mitgeteilt und absichtlich den Ministerialdirektor v. Brand[t][5] aus der Besprechung weggelassen, damit dieser, der die richtigen Zahlen kenne, diese nicht nenne. Schmid hat mir dann die richtigen Zahlen mitgeteilt und mich gebeten, auf Erscheinen des Herrn v. Brand[t] zu bestehen. Ich habe Sie dann gebeten, Herrn v. Brand[t] kommen zu lassen und mir zu erlauben, Fragen an ihn zu stellen. Sie haben meiner Bitte willfahrt und zum Schluß der Verhandlung erklärt, wenn Sie sich am Tage vorher hätten entscheiden sollen, würden Sie dem Beschlusse des Kabinetts Stresemann beigetreten sein, nach dem, was Sie heute gehört hätten, würden Sie eine nochmalige Nachprüfung des Beschlusses veranlassen. Das ist dann

geschehen, und das Kabinett hat unter Ihnen völlige Gleichstellung des besetzten mit dem unbesetzten Gebiete beschlossen.
2) Am 9.1.1924[6] sollen unter Ihrem Vorsitz in Anwesenheit der Minister Jarres und Brauns Stinnes[7], Vögler, Silverberg und ich den Vorschlag der Gründung einer westdeutschen Republik unter internationaler Controlle gemacht haben, und zwar soll ich Wortführer nach Fühlungnahme mit einem Herrn Arnaud[8] und durch diesen mit dem früheren Botschafter Laurent[9] gewesen sein. Sie hätten mit Entschiedenheit abgelehnt, über die Verhandlung ein Protokoll aufgenommen und dies in Ihren persönlichen Verwahr genommen.
Ich bitte um Ihren baldigen Besuch hier in der Abtei, weil ich mich gerne über diese beiden Vorgänge mit Ihnen unterhalten möchte. Die Dinge sind für mich von größter Wichtigkeit, ich wäre Ihnen daher sehr dankbar, wenn Sie meinem Wunsche baldigst willfahren würden. Mir paßt jeder Tag mit Ausnahme Mittwoch, den 6.9.; vorherige telefonische Mitteilung über Ihr Kommen wäre mir sehr erwünscht. Punkt 2 ist meiner Erinnerung nach unbedingt ein Irrtum. Richtig ist, daß ich Ihnen als Reichskanzler Vorschläge Tirards und Arnauds als Bote weitergegeben habe, ohne selbst dazu Stellung zu nehmen.
Für eine baldige Mitteilung bezüglich Ihres Kommens wäre ich Ihnen sehr dankbar. Ich benutze die Anwesenheit meines Schwagers Weyer[10], um ihm diesen in aller Hast geschriebenen Brief mitzugeben. Vielleicht können Sie ihm schon ein Wort über den Tatbestand Ziffer II sagen, das Herr Weyer mir dann möglichst morgen schon telefonisch weitergeben könnte.
Mit vielen Grüßen und bestem Dank im voraus. Ihr ergebener
Adenauer
[PS] Arnaud war ein Freund des Direktor Hamspohn[11].

Nr. 118
5. September 1933 (Berlin): Ministerialdirektor Dr. Friedrich-Karl Surén (Preußisches Ministerium des Innern) an den Regierungspräsidenten in Köln, Dr. Rudolf zur Bonsen

Sehr geehrter Herr Regierungspräsident!

Wie mir der Untersuchungsführer im Dienststrafverfahren gegen Oberbürgermeister a. D. Dr. Adenauer, Herr Ministerialdirektor z. D. Miller, mitgeteilt hat[1], ist die Voruntersuchung in diesem Verfahren so weit

vorgeschritten, daß, sofern etwa mit Rücksicht auf den Ausfall der Voruntersuchung eine Einstellung des Verfahrens in Betracht kommen *sollte,* diese Entscheidung demnächst getroffen werden müßte. Die Einstellung, die durch Beschluß der Dienststrafkammer ohne mündliche Verhandlung erfolgt, ist, wie das O[ber]V[erwaltungs]G[ericht] neuerdings entschieden hat, nur zulässig, wenn sie vor Eingang der Anschuldigungsschrift bei der Dienststrafkammer erfolgt.
Soweit mir bisher das Ergebnis der Voruntersuchung bekannt geworden, glaube ich, annehmen zu müssen, daß das Dienststrafverfahren jedenfalls nicht ohne eine Verurteilung des Oberbürgermeisters a. D. Dr. Adenauer – das Strafmaß mag zweifelhaft erscheinen – abgeschlossen wird. Damit wäre das Verfahren an sich gerechtfertigt. Ich wäre aber für eine Mitteilung dankbar, wie das Ergebnis von Ihnen unter dem Gesichtspunkt einer zu treffenden Entscheidung darüber, ob dem Verfahren Fortgang gegeben werden soll, beurteilt wird[2].
Ich bitte ergebenst, sicherzustellen, daß die Anschuldigungsschrift der Dienststrafkammer erst zugeleitet wird, nachdem sich der Herr Minister nach Ihrer Stellungnahme in dieser Frage schlüssig gemacht hat.
Mit verbindlichstem Gruß und Hitler-Heil

Ihr sehr ergebener
[Surén]

Nr. 119

9. September 1933 (Köln): Gauleiter Josef Grohé an den Regierungspräsidenten in Köln, Dr. Rudolf zur Bonsen

Sehr geehrter Herr Regierungspräsident!

Ich bin der Meinung, daß das Verfahren gegen Adenauer unbedingt durchgeführt werden muß, ich halte es aber ebenso für richtig, wenn in der Anklage jene Punkte fallen gelassen werden, von denen auf Grund des Untersuchungsergebnisses feststeht[1], daß sie zu keiner Verurteilung führen können.

Heil Hitler
gez. Grohé
Gauleiter.

Nr. 120
13. September 1933 (Abtei Maria Laach): Tagebucheintragung Adenauers

Heute vor 6 Monaten bin ich von Köln abgereist, ich dachte in kurzer Zeit wieder zu Hause zu sein. – Schwere 6 Monate liegen hinter mir, die schwersten meines bisherigen Lebens und die entscheidungsvollsten für mein Inneres. Ob sie zu meinem Besten ausgeschlagen sind? Ich hoffe es. Ich will versuchen, in Zukunft auf diesen Blättern einiges zur Erinnerung an diese Zeit niederzuschreiben, so wie man es heute tun darf und kann. Ich werde aus den vergangenen 6 Monaten hier und da etwas mit einfließen lassen. Wie mag es in Deutschland in 6 Monaten aussehen, wo mag ich sein, wo meine Familie; ich weiß es nicht. – Alles ist ungewiß, alles ist schwankend. –

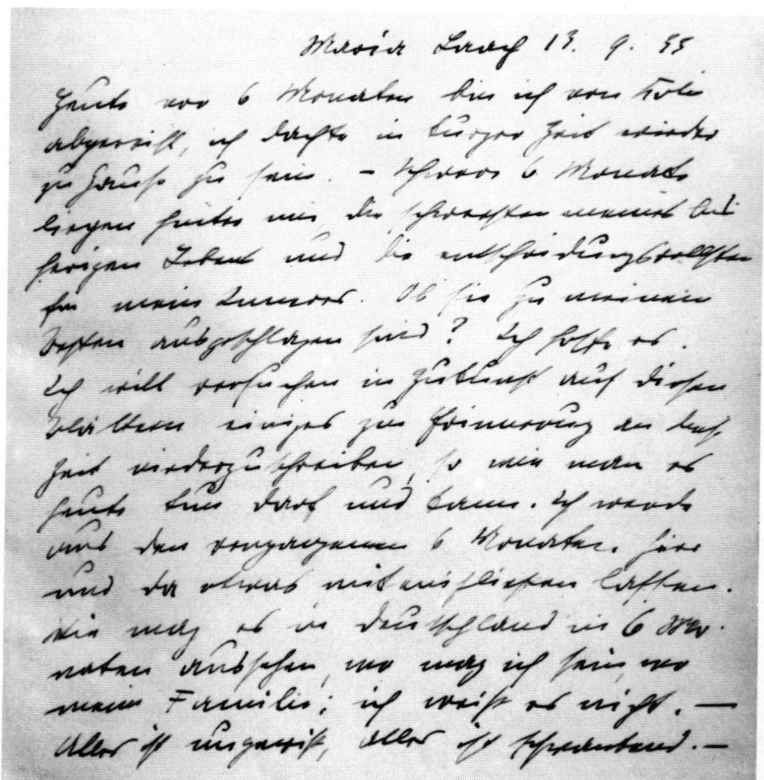

Maria Laach 13. 9. 33

Heute vor 6 Monaten bin ich von Köln abgereist, ich dachte in kurzer Zeit wieder zu Hause zu sein. – Schwere 6 Monate liegen hinter mir, die schwersten meines bisherigen Lebens und die entscheidungsvollsten für mein Inneres. Ob sie zu meinem Besten ausgeschlagen sind? Ich hoffe es. Ich will versuchen in Zukunft auf diesen Blättern einiges zur Erinnerung an diese Zeit niederzuschreiben, so wie man es heute tun darf und kann. Ich werde aus den vergangenen 6 Monaten hier und da etwas mit einfließen lassen. Wie mag es in Deutschland in 6 Monaten aussehen, wo mag ich sein, wo meine Familie; ich weiß es nicht. – Alles ist ungewiß, alles ist schwankend. –

Nr. 121
13. September 1933 (Köln): Der Regierungspräsident in Köln, Dr. Rudolf zur Bonsen, an Ministerialdirektor Dr. Friedrich-Karl Surén, Preußisches Ministerium des Innern, Berlin

Das auf Anweisung des Herrn Ministers von mir am 4.4.33[1] gegen den ehemaligen Oberbürgermeister Dr. h c. Adenauer mit dem Ziele der Dienstentlassung eingeleitete Dienststrafverfahren kann, nachdem Adenauer durch Erlaß vom 17.7.33 – IVa IV 684 III/IV – auf Grund des § 4 des Gesetzes zur Wiederherstellung des Berufsbeamtentums aus dem Dienst der Stadt Köln entlassen worden ist[2], in sinngemäßer Anwendung des § 14 Abs. 1[3] des angezogenen Gesetzes nur noch zwecks Aberkennung des Ruhegehalts, der Hinterbliebenen-Versorgung, der Amtsbezeichnung pp durchgeführt werden, wobei zweifelhaft sein kann, ob das Recht zur Führung der Amtsbezeichnung mit dem Zusatz a. D. nicht schon durch den Akt der Entlassung nach § 4 a.a.O. erloschen ist, so daß eine besondere Aberkennung sich nunmehr erübrigt. Ein verurteilendes Erkenntnis kann nach meiner Rechtsauffassung, die sich auf § 14 a.a.O. im Zusammenhalt mit § 12 der Dienststrafordnung stützt, nur noch auf Aberkennung der Bezüge pp lauten, wobei allerdings gemäß § 13 der Dienststrafordnung[4] ein Teil des Ruhegeldes als Unterstützung belassen werden kann. Ordnungsstrafen und Gehaltskürzung können nach der bereits erfolgten Entlassung m. E. nicht mehr ausgesprochen werden.
Für einen auf Aberkennung der Bezüge lautenden Spruch müssen aber m. E. die gleichen Voraussetzungen gegeben sein, wie für die Verhängung der eigentlichen Dienstentlassung. Mit anderen Worten: Auf Aberkennung der Bezüge wird nur erkannt werden können, wenn die festgestellten Verfehlungen so schwer sind, daß sie bei einem aktiven Beamten zur Dienstentlassung führen würden.
Dies vorausgeschickt, nehme ich zu den einzelnen Punkten der Einleitungsverfügung auf Grund des auch dort vorgelegten Berichtes des Untersuchungsführers, Ministerialdirektor z. D. A. Miller, vom 22.8.33[5] im Einvernehmen mit dem Beamten der Staatsanwaltschaft, Regierungsvizepräsidenten Dr. Dietz von Bayer, wie folgt Stellung:
Es erscheint wenig erwünscht, das Verfahren auch mit solchen Anklagepunkten der Einleitungsverfügung weiterhin zu belasten, die nach dem Ergebnis der Voruntersuchung zu einem schuldig voraussichtlich nicht führen werden. Dem entspricht auch im wesentlichen die Stellungnahme des Gauleiters, die ich erbeten habe und in Abschrift beifüge[6]. Darüber hinaus wird jedoch auch zu prüfen sein, inwieweit solche Anschuldigungspunkte aufrecht zu erhalten sind, die nur geeignet sind, kumulativ in

Verbindung mit anderen das Strafmaß zu stützen, solange keine anderen Punkte vorliegen, die durchschlagenden Erfolg mit einiger Sicherheit versprechen. Dies gilt insbesondere dann, wenn die sachgemäße Bearbeitung der nur geringere Erfolgsaussichten bietenden Punkte ein ungewöhnliches Maß von Arbeit erfordert, die den Abschluß des Verfahrens erheblich verzögern würde.
Die Sichtung des in der Voruntersuchung benutzten Materials nach vorstehenden Gesichtspunkten ergab für *folgende Anschuldigungspunkte keine oder nur geringe Erfolgsaussichten:* ‹...›[a] Zusammengefaßt: Ich bin der Meinung, daß die Anklage nur erhoben werden sollte hinsichtlich der Punkte 8, 9 u. 10[7].
Für eine Einstellung des gesamten Verfahrens kann ich mich aus allgemein-politischen Gründen in Übereinstimmung mit dem Gauleiter nicht aussprechen. Bei einer Einstellung würde in der Öffentlichkeit zweifellos der Eindruck entstehen, daß Adenauer nichts vorzuwerfen sei. Die Einstellung würde nicht unbekannt bleiben, da das Verfahren in der Öffentlichkeit aufmerksam verfolgt wird. Auch würde Adenauer zweifellos selbst die Einstellung zu seinen Gunsten in der Öffentlichkeit auszuwerten versuchen.

gez.
Dr. zur Bonsen.

Nr. 122
15. September 1933 (Abtei Maria Laach): An Dannie N. Heineman, Brüssel

Lieber Freund!

Da alle über die Grenzen gehenden Briefe wegen etwaiger Devisenübertretungen geöffnet werden[1] und ich nicht gern habe, daß meine Privatangelegenheiten von Unberufenen erörtert werden, benutze ich die Gelegenheit Ihrer Anwesenheit in Deutschland[2], Ihnen diese Briefe zukommen zu lassen. Ich habe in dem einen den größten Teil dessen, was ich Ihnen bei Ihrem Besuche mündlich vortragen wollte, niedergelegt. Es tut mir sehr leid, daß ich Sie mit meinen Angelegenheiten so behellige, aber zwingende, mich fast zur Verzweiflung drängende Umstände treiben mich dazu, und ich kann zu meiner Entschuldigung weiter nur noch anführen, daß ich auch immer für meine Freunde eingetreten bin. Ich nehme an, daß Sie auf Ihrer langen Rückreise Zeit haben, alles in Ruhe zu lesen, ich denke nicht daran, daß Sie bei Ihrem jetzigen Aufenthalt in Berlin schon mit den Herren der Deutschen Bank sprechen.

Ich prüfe jetzt meine Ansprüche gegen Ver[einigte] Glanzstoff-Fabriken A.G. Elberfeld. Ich brauche dazu einiges in U.S.A. zu beschaffendes Tatsachenmaterial[3]. Ich wäre Ihnen dankbar, wenn Sie einen geeigneten Herrn Ihres Büros anwiesen, mir dabei zu helfen. Haben Sie zu Ver[einigte] Glanzstoff A.G. bezw. Aku[4] (Holland) persönliche Verbindungen?
Wie die Verhältnisse bei uns geworden sind, sind Sie der Einzige, der mir ev[entuell] helfen kann, ich bitte Sie daher sehr, sich alles recht angelegen sein zu lassen. Sie haben mich früher einmal an einer Transaktion beteiligen wollen, es ging damals nicht wegen meiner amtlichen Stellung; wenn Sie jetzt vorkommenden Falls an mich denken würden, wäre ich Ihnen sehr dankbar.
Ich halte es für unmöglich oder doch für sehr unwahrscheinlich, daß ich nochmals eine mich ganz in Anspruch nehmende Tätigkeit erhalte, daher meine verschiedenartigen Vorschläge.
Ich darf wohl bestimmt damit rechnen, Sie doch bald einmal hier zu sehen?
Ich danke Ihnen vielmals und bin
mit herzlichen Grüßen Ihr

Adenauer

Nr. 123

19. September 1933 (Essen): Rechtsanwalt Professor Dr. Friedrich Grimm an Adenauer, Abtei Maria Laach

Sehr geehrter Herr Oberbürgermeister!

Ich habe in Köln Gelegenheit gehabt, mich einmal vertraulich eingehend mit dem Vertreter der Anklage, dem Herrn Vizepräsidenten [Dr. Dietz von Bayer], über den Stand des Disciplinarverfahrens zu unterhalten. Ich bitte aber, die nachfolgenden Mitteilungen durchaus vertraulich zu behandeln.
Das Ergebnis der Besprechung war folgendes:
1.) Der wesentliche Inhalt des Disciplinarverfahrens wird Ihre allgemeine Finanzgebarung sein. Alle anderen Punkte, einschließlich der privaten Spekulation, werden zurücktreten[1].
2.) Herr Miller betrachtet die Voruntersuchung als abgeschlossen[2]. Er hat sie sozusagen geheim geführt. ‹ Auf das Bedenkliche dieses Verfahrens habe ich hingewiesen. ›[a] Ich erachte es aber nicht für nützlich, jetzt zuviel Aufhebens davon zu machen. Die Akten liegen z. Zt. Herrn Ministerial[-direktor] Surén vor zur Entscheidung darüber, was jetzt geschehen soll.

Da Herr Surén wegen § 4 des Beamtengesetzes bis Ende dieses Monats mit Arbeit überhäuft ist, wird z. Zt. nichts geschehen. Dann werden die Akten an die Regierung in Köln zurückgeleitet, wo der Herr Vizepräsident die Anschuldigungsschrift machen wird. Das wird wieder mehrere Wochen in Anspruch nehmen. Die Anschuldigungsschrift wird uns dann zur Stellungnahme zugeleitet, und man erwartet, daß wir in wochenlanger Arbeit eine eingehende Replik verfassen werden[3], nachdem wir dann Abschriften der Akten entnommen haben. Das eigentliche kontradiktorische Verfahren soll dann erst beginnen. Dann sollen wir unsere Beweisanträge stellen und ausgiebig gehört werden. Daß es in diesem Jahre etwa zur Verhandlung kommt, ist ausgeschlossen. Man rechnet kaum damit, daß das Verfahren in einem Jahr abgeschlossen sein könnte.
3.) Ausdrücklich versicherte mir der Herr Vizepräsident, daß in keiner Weise auf die politischen Gesichtspunkte eingegangen werden dürfte, weder von seiten der Anklage, noch auch von seiten der Verteidigung. Wenn Sie selbst zu Ihrer Rechtfertigung dieses Gebiet beschreiten würden, dann würde er widersprechen und den Vorsitzenden bitten, Ihnen das Wort abzuschneiden. Das Disciplinarverfahren soll also ausschließlich auf Ihre Amtsführung beschränkt werden. Irgendwelche Kollisionsmöglichkeiten wird es also auch für mich in dieser Disciplinarsache nicht geben.
4.) Der Herr Vizepräsident sagte mir dann weiter, er riete mir davon ab, daß wir jetzt irgend etwas unternähmen. Auch Ihre Äußerung zur Sache Blüthgen[4] sollten wir vorläufig noch nicht einreichen.
5.) Was die Regelung der finanziellen Angelegenheiten anbelangt, so sprach ich mit Herrn Türk[5], dem Sachbearbeiter. Er sagte, im Augenblick geschähe auch darin nichts. Es würde nur eine Anfrage der Stadt Köln geprüft, wie es mit der Kürzungsfrage sei. Er riet mir, wir sollten an die Stadt Köln und an die Regierung jetzt eine Eingabe machen, worin Ihr Standpunkt im einzelnen dargelegt ist.
Ich habe Ihnen ja die Entwürfe vom 4.9.1933[6] zugesandt und wäre Ihnen dankbar, wenn Sie diese Entwürfe nochmals durchprüfen würden und diejenigen Änderungen darin anbringen, die Sie für richtig halten. Ich will dann die Schreiben an die Stadt Köln und den Regierungspräsidenten in der von Ihnen korrigierten endgültigen Fassung absenden.
Ich erbitte mir also die Entwürfe mit Ihren Bemerkungen zurück.

Mit vorzüglicher Hochachtung
Ihr sehr ergebener
Grimm

Nr. 124
Vor dem 22. September 1933 (Köln): Gussie an Konrad Adenauer, Abtei Maria Laach

Mein liebster Schatz.

Ich bin innerlich so empört über den Artikel in den Monatsheften[1], aber es wird die Zeit kommen, wo auch diese Taten von Dir *richtig* gewürdigt werden. Ich gehe gleich zu Ruffini[2], ich war eben vergebens dort, er ist spazieren, kommt erst nach 7 Uhr zurück. Hoffentlich kann er gegen diese Meinung an einer einflußreichen Stelle angehen. Laß uns auch das hinnehmen in dem Gedanken, daß Du innerlich immer das Beste für Deutschland wolltest. In ruhigeren Zeiten läßt sich auch über diese Periode eine sachliche Aussprache herbeiführen. ‹...›[a]

Deine
Gussie

Nr. 125
Nach dem 22. September 1933 (Köln): Gussie an Konrad Adenauer, Abtei Maria Laach

Mein Liebster.

Das Buch über Separatismus[1] ist mal wieder recht erschütternd und zeigt offen die Tendenz der heutigen Verfasser Deutscher Geschichten.
Van Acken[2] sagte mir, er wüßte bestimmt von Regierungs-Seite, daß man nichts gegen Dich fände und nicht wüßte, wie aus der Sache herauszukommen. ‹...›[a]
Soeben war Herr Ruffini bei mir, er riet mir ab, mit Ilges in Verbindung zu treten. Der Mann habe kein Interesse, sich in sachliche Auseinandersetzungen einzulassen, wer sich mit Leuten wie Bac[meister][3] etc. zusammentäte, dem käme es nur auf Sensationen und gemeine Effekte an. Wenn ich hinginge, so hieße das, den Sachen eine viel zu große Wichtigkeit beimessen und sie glauben machen, wir hätten Angst. Thedieck[4] kennt Ilges auch nicht weiter. Beide sagen, das einzige, was man tun könne, wäre, daß Grimm die Akten fordere[5]; er solle Ilges schreiben, daß er Dich verträte und daher ein Interesse habe, über jemand Neues zu erfahren, den er vertreten müsse; sie meinen, daß Grimm der einzige wäre, dem Akten über diese Zeit ausgehändigt würden.
Übrigens meint Ruffini, daß nicht viel Neues in dem Buch erscheinen könne, was nicht schon bekannt wäre. Außerdem wollen beide veranlassen, daß in der »K[ölnischen] V[olkszeitung]« regelmäßige Aufklä-

rungsartikel über diese Zeit erscheinen, und Du möchtest dabei helfen, zu diesem Zweck wollen beide gerne einmal zu Dir kommen. Zwei Drucksachen, eine von Ilges, sende ich dieser Tage nach. ‹...›[b]
Pastor Frings[6] war heute früh hier, er war sehr nett und läßt beste Grüße bestellen. Ruffini sagte mir auch, daß Dir D[ietz] v[on] B[ayer], der Staatsanwalt, nicht gut gesonnen sei (nach Thedieck), jedoch zur Bonsen wohl.

Deine
Gussie

Nr. 126

25. September 1933 (Essen): Rechtsanwalt Professor Dr. Friedrich Grimm an den Preußischen Minister des Innern

‹...›[a] Ich wiederhole daher meine Bitte, mir die Akteneinsicht schon jetzt zu gewähren[1] und unter allen Umständen [vor] dem Zeitpunkt zu gewähren, an dem der Vertreter der Regierung sich über die Frage schlüssig wird, ob überhaupt eine Anschuldigungsschrift angefertigt werden soll und in welchen Punkten.
Die Verteidigung legt das größte Gewicht darauf und hat m. E. auch einen gesetzlichen Anspruch darauf, vor diesem Zeitpunkt ausgiebig gehört zu werden, damit der Herr Vertreter der Regierung den Standpunkt der Verteidigung kennenlernt, bevor er zu der Frage der Erhebung der Anschuldigung Stellung nimmt.
Ich bitte, mir gegebenenfalls eine Unterredung zu gewähren, damit ich den diesseitigen Standpunkt vortragen kann.

Mit vorzüglicher Hochachtung
ergebenst
[Grimm]

Nr. 127

6. Oktober 1933 (Berlin): Der Preußische Minister des Innern an den Regierungspräsidenten in Köln

Ich stimme Ihren Berichtsausführungen[1] dahin zu, daß nunmehr die Anklage gegen Oberbürgermeister a. D. Adenauer durch Zustellung der Anschuldigungsschrift zu erheben ist. Zum Gegenstande der Anklage werden auch m. E. die Punkte 8, 9 und 10 des dortigen Berichts zu machen sein. ‹Darüber hinaus halte ich es aber auch für erforderlich, den Punkt 1 (12-Millionenkredit) zum Gegenstand der Anklage zu machen. Ob und›[a] welche weiteren Punkte aus dem in der Voruntersuchung erörterten Material zum Gegenstand der Anklage über die Punkte 1, 8, 9 und 10 hinaus gemacht werden sollen, ‹überlasse ich Ihnen.›[b] Dabei bin ich mit Ihnen der Auffassung, daß in erster Linie solche Punkte in Betracht kommen, die verhältnismäßig leicht erweisbar, sachlich von erheblicher Bedeutung und so geartet sind, daß sie eine Verschleppung des Dienststrafverfahrens durch Beweisanträge der Verteidigung nicht leicht ermöglichen. Demgemäß stimme ich mit Ihnen darin überein, daß jedenfalls Punkt 6, der die allgemeine Finanzpolitik der Stadt betrifft, auszuscheiden hat.

Für größte Beschleunigung bei der weiteren Fortführung des Verfahrens ist Sorge zu tragen. Gleichzeitig ersuche ich, mich über den Fortgang dauernd auf dem laufenden zu halten. Abschrift der Anschuldigungsschrift ist mir vorzulegen.

In der Anlage füge ich zwei, das Dienststrafverfahren gegen Oberbürgermeister a. D. Dr. Adenauer betreffende Eingaben des Prof. Dr. Grimm[2] zur gefl. Verfügung bei.

Nr. 128

10. Oktober 1933 (Abtei Maria Laach): An Reichskanzler i. R. Dr. Wilhelm Marx, Bonn

Sehr verehrter Herr Reichskanzler!

Bitte kaufen Sie sich sofort das Oktoberheft 1933 der »Süddeutschen Monatshefte«, das unter dem Gesamttitel »Separatismus« erschienen ist[1]. Es enthält einen Artikel von Wentzke überschrieben »Separatismus«. Für Sie ist von besonderer Bedeutung Seite 48,49[2]. Ich hoffe, daß morgen Herr Ruf[f]ini zu mir kommt[3] und dann Sie gegen 8 Uhr abends aufsuchen wird, um zu überlegen, welche Schritte ev[entuell] zu tun sind. Ich danke Ihnen für Ihren Brief[4], auf den ich dann auch zurückkomme, und bin mit freundlichen Grüßen

Ihr

Adenauer

Nr. 129

14. Oktober 1933 (Abtei Maria Laach): An Dannie N. Heineman, Brüssel

Lieber Freund!

Da ich weiß, wie sehr Sie in Anspruch genommen sind, und es vielleicht daher doch nicht möglich machen können, mich im Oktober aufzusuchen, möchte ich versuchen, einen Teil wenigstens dessen, was ich Ihnen vortragen wollte, zu schreiben. –

Ich kann Ihnen nicht im Einzelnen beschreiben, was man mir seit 7 Monaten alles angetan hat an Beschimpfungen und Schädigungen. Ich lebe nun diese ganze Zeit über von meiner Familie getrennt, in einer Unsicherheit über meine Familie und meine Zukunft und in einer Untätigkeit, die fast nicht mehr zu ertragen ist. Wie es mit mir steht, geht am besten daraus hervor, daß ich seit dem 13. März nicht mehr ohne Schlafmittel geschlafen habe und auch mit Schlafmitteln immer nur wenige Stunden[1]. Ich bin fast am Ende meiner Widerstandskraft. Meiner armen Frau geht es ähnlich, sie hält sich tapfer, aber auch sie ist fast fertig. Da ich in Köln sofort in Schutzhaft genommen würde[2], müssen wir baldmöglichst auch ohne Verkauf oder Vermietung des Kölner Hauses nach Bonn oder Godesberg ziehen[3], damit die Familie zusammen durch diese Zeit durchkommt. ‹...›[a]

Mit herzlichen Grüßen Ihr

Adenauer

Nr. 130

14. Oktober 1933 (Abtei Maria Laach): An Reichskanzler i. R. Dr. Wilhelm Marx, Bonn

‹...›[a]

Ich beabsichtige auch, Wentzke und dem Verlag Protestschreiben zu schicken[1], in denen ich sage, daß der Aufsatz tendenziöse Entstellungen und Unterstellungen enthalte, auch Tatsachen verschweige, und daß deshalb bei der Reichsregierung Schritte getan seien, um von der Wahrung der Verschwiegenheit entbunden zu werden. Wenn Sie auch solche Schreiben an diese beiden Stellen schicken wollen[2] – ich würde es sehr empfehlen –, so bitte ich um Mitteilung, damit wir möglichst gleichzeitig und gleichlautend schreiben.

Nr. 131

25. Oktober 1933 (Köln): Domkapitular Johannes Adenauer an Adenauer, Abtei Maria Laach

Lieber Konrad!

Herzlich danke ich Dir für Deine schönen Glückwünsche zu meinem 60. Geburtstage, ebenso auch für das Geschenk, das mir Gussie schon geschickt hat. Es war wirklich überreichlich und hat mich sehr gefreut. Gussie hatte sogar am Sonntag 4 Flaschen selbst mitgeschleppt – die übrigen mir dann Montag geschickt –, was ich direkt rührend gefunden habe. Überaus leid hat es mir getan, daß Du nicht dabei warst; ich hoffe zu Gott, daß es doch bald so kommen möge, daß wir alle auch wieder vereint zusammenkommen. – Meine Erkrankung hat mir viele Schmerzen bereitet – es war die alte Geschichte, nur besonders schlimm –, aber es geht jetzt viel besser, so daß ich hoffe, nächste Woche wieder arbeiten zu können. Über Dich bekomme ich ja zuweilen Bescheid, aber es ist doch so entsetzlich, daß noch immer kein Ende da ist. Ich hoffe aber, daß nun endlich auch das kommt, und um so besser wird, je länger es gedauert hat. Ich möchte ja zu gern mehr tun für Eure Sache, aber ich kann ja schließlich nur beten und die hl. Messe öfters dafür lesen. Gestern Mittag war Pasch[en][1] bei mir (Otto P.) und sagte mir, *jemand* (wer, weiß ich nicht, er wollte den Namen nicht sagen; ob es Oberdörfer[2] war?) sei bei ihm gewesen und habe ihm gesagt, Riesen hätte s. Z. einen groben Brief an Dich geschrieben[3]; nun sei gesagt worden, Reichskanzler Hitler würde diese Woche (er redet ja Donnerstag abend in Köln[4]) Maria Laach besuchen und Riesen befürchte nun, daß bei dieser Gelegenheit dem Herrn Reichskanzler der Brief Riesen's gezeigt werde. Das würde R. sehr unangenehm sein und er möchte den Brief gern wiederhaben. Paschen sagte mir, er überließe es mir, ob ich Dir das schreiben wolle oder nicht, er (Paschen) möchte aber nicht genannt sein. – Es ist mir klar, daß Du den Brief nicht herausgeben wirst; ich schreibe es Dir nur, damit Du mit dem Abte redest. *Wenn* der Reichskanzler nach Maria Laach kommt[5], wird vielleicht, wenn der Abt es geschickt anfängt, doch etwas zu machen sein, vielleicht durch den Abt oder auch eine persönliche Aussprache mit dem Reichskanzler, was mir ja immer als erstrebenswert schien[6]. – Ich schreibe gleich dem Kardinal einen Dank für seinen Glückwunsch und will ihn dabei bitten, *wenn* der Reichskanzler ihm einen Besuch machen sollte, etwas von Dir zu sagen. ‹...›[a]

In steter Treue Dein Bruder

Hans

Nr. 132

25. Oktober 1933 (Köln): Max Adenauer an Gussie und Konrad Adenauer, Abtei Maria Laach

Liebe Eltern

‹ . . . ›[a] Mit Frau Pferdmenges war ich zum ersten Male in Honnef[1]. Sie wird sicher schon selbst berichtet haben. Es war natürlich zu erwarten, daß die erste Besichtigung kein Ergebnis haben konnte. Wir haben uns in der Berglage etwas umgesehen, und zwar in der Gegend zwischen Rhöndorf und Honnef. Abgesehen davon, daß von außen nicht erkennbar war, ob ein Haus zum vermieten ausstand, machen die Häuser teilweise einen sehr kleinen Eindruck und sind m. E. mehr für kleine Familien ‹ . . . ›[b]. Nur ganz vereinzelt war mal ein Haus zu treffen, das unseren Haushalt hätte aufnehmen können. Möglicherweise waren wir nicht in der richtigen Gegend, es mag sein, daß zum Rhein zu [genügendere] Wohnungen sind. Übrigens macht Rhöndorf auch einen ganz ordentlichen Eindruck. ‹ . . . ›[c]
Herzliche Grüße

Euer
Max

Nr. 133

31. Oktober 1933 (Köln): Der Regierungspräsident in Köln, Dr. Rudolf zur Bonsen, an den Preußischen Minister des Innern

Zum Gegenstand der Anklage beabsichtige ich auf Grund des in der Voruntersuchung sich ergebenden Materials in Verbindung mit den Richtlinien des dortigen Erlasses vom 6. ds. Mts.[1] die Punkte 1,4,7,8,9, und 10 des Einleitungsbeschlusses vom 4. April 1933[2] zu machen. Sollte der Inhalt der noch zu erwartenden Verteidigungsschrift des Vertreters des Angeschuldigten hierzu Anlaß geben, darf ich mir eine erneute Stellungnahme vorbehalten.
Der Vertreter des Angeschuldigten, Prof. Dr. Grimm, hat in einem hier kürzlich vorgelegten Schreiben ohne Datum, das ich mit der Bitte um gefl. Rückgabe beifüge, beantragt, die Voruntersuchung durch eine besondere Vernehmung des Angeschuldigten zu ergänzen, bezw. diese wieder zu eröffnen und ferner, ihm in umfassender Weise vor Anfertigung der Anschuldigungsschrift die Akteneinsicht zu gestatten[3]. Ich halte ersteres für entbehrlich, da eine Vernehmung, die der Vorschrift des § 40 Abs. 1 B[eamten]D[ienst]St[raf]O[rdnung] genügen dürfte[4], bereits bei Beginn der Voruntersuchung stattgefunden hat[5], wobei allerdings festzu-

stellen ist, daß von dem gesamten nunmehr vorliegenden Material damals nur ein Teil vorlag und der Angeschuldigte sich daher nur allgemein zu den einzelnen Punkten des Einleitungsbeschlusses äußern konnte. Um so notwendiger wird daher nunmehr die Zugänglichmachung der Akten an den Vertreter sein, damit die später auszufertigende Anschuldigungsschrift zugleich Stellung zu den bestimmt zu erwartenden umfangreichen Ausführungen [der] Verteidigungsschrift nehmen kann. Ich habe daher die Akten dem Polizeipräsidenten in Berlin zwecks Aushändigung an den dort sich für längere Zeit aufhaltenden Vertreter des Angeschuldigten mit Rückgabefrist bis zum 18.11. ds.Js. übersandt[6]. Das Verfahren wird daher bis dahin und dem Eingang der Gegenäußerung des Angeschuldigten[7] (etwa Anfang Dezember) ruhen. Über den weiteren Fortgang werde ich berichten.

gez.
Dr. zur Bonsen

Nr. 134

31. Oktober 1933 (Köln): Der Regierungspräsident in Köln, Dr. Rudolf zur Bonsen, an Rechtsanwalt Professor Dr. Friedrich Grimm, Berlin

In der Dienststrafsache gegen den früheren Oberbürgermeister Dr. h. c. Adenauer in Köln habe ich das Aktenmaterial[1] dem Herrn Polizeipräsidenten in Berlin zugesandt. Ich habe den Herrn Polizeipräsidenten gebeten, Ihnen auf besonderen Antrag hin die Unterlagen gegen Behändigungsschein bei Vorzeigen Ihres persönlichen Ausweises zur Einsichtnahme bis zum 18.11.33[2] einschließlich auszuhändigen. Nach Ablauf dieser Frist bitte ich, die Akten umgehend an den Herrn Polizeipräsidenten in Berlin zurückzugeben. Eine Nachfrist kann nicht gewährt werden, um den dringend notwendigen Fortgang des Verfahrens nicht zu gefährden. Den Herrn Polizeipräsidenten in Berlin habe ich entsprechend verständigt. Die etwa beabsichtigte Verteidigungsschrift bitte ich mir bis zum 1.12.33 bestimmt zuzusenden[3].

gez.
Dr. zur Bonsen

Nr. 135
7. November 1933 (Abtei Maria Laach): An Dannie N. Heineman, Brüssel

Lieber Freund!

In meiner Angelegenheit muß ich plötzlich nach Berlin fahren[1]; ich werde voraussichtlich bis 17. oder 18.11. dort bleiben müssen.
Ich kann leider am Sonnabend den 11. nicht hier sein. Kommen Sie nicht in dieser Zeit einmal nach Berlin, so daß ich Sie dort sprechen könnte? Meine Adresse in Berlin ist: Maria Victoria Krankenhaus, Berlin, Karlstraße. Ich gebe Ihnen sofort nach meiner Rückkehr Bescheid; vielleicht ist es Ihnen dann möglich nach hier zu kommen.
Es ist mir sehr schmerzlich, daß aus Ihrem Besuch am 11. ds. Mts. auf diese Weise nichts wird, aber ich muß unbedingt nach Berlin. Hoffentlich wird es doch bald sich ermöglichen lassen, daß wir uns sehen.
Geben Sie mir bitte eine kurze Nachricht nach Berlin, daß Sie meinen Brief erhalten haben; ich mache mir sonst Sorge, Sie würden am 11. unnötigerweise nach hier reisen.
Mit herzlichen Grüßen von Haus zu Haus Ihr
Adenauer

Nr. 136
13. November 1933 (Berlin): An Reichskanzler i. R. Dr. Wilhelm Marx, Bonn

Sehr verehrter Herr Reichskanzler!

Dankend bestätige ich den Empfang Ihres freundlichen Schreibens vom 9. d. M.[1] Ich bin für kurze Zeit hier, um Einsicht in meine Dienststrafakte zu nehmen[2]; ich habe die Gelegenheit benutzt, um mit Herrn Dr. Hackelsberger[3] über unsere Angelegenheit zu sprechen. Er will in diesen Tagen deshalb mit dem Staatssekretär[4] Fühlung nehmen[5].
Mit herzlichen Grüßen

Ihr
Adenauer

Nr. 137

15. November 1933 (Berlin): An Dr. Oscar Schlitter, Berlin

Sehr verehrter Herr Schlitter[1],

Herrn von Stauß[2] habe ich heute die Auszüge, die Herr von Schröder Herrn Schacht[2] in Basel gegeben hat, hereingereicht. Der Herr im M[inisterium]D[es]I[nnern], mit dem Herr von Schröder gesprochen hatte, ist Herr Tengelmann[4]. Ich habe Herrn von Stauß weiter gebeten, nach seiner Rücksprache mit Schacht morgen abend baldigst beim M.D.I. den Antrag zu stellen, durch das Reichswirtschaftsministerium ein Gutachten der Reichsbank bez. beider Punkte einzufordern. Die Akten sind noch bis zum 18. d. M. bei Professor Grimm[5], Kaiserhof, das M.D.I. müßte sie also schon dort telefonisch einfordern. Ich wäre Ihnen sehr dankbar, wenn Sie die Erledigung der Angelegenheit mit im Auge halten würden; es hängt für meine Familie und mich so viel davon ab.

Mit freundlichen Grüßen

Ihr sehr ergebener

Adenauer

Nr. 138

15. November 1933 (Berlin): Der Preußische Minister des Innern an den Regierungspräsidenten in Köln

Nachdem ich im Erl[aß] v. 6.10.33[1] – IVa IV 1878 III/33 – meine Auffassung zu den die Durchführung des Dienststrafverfahrens gegen Dr. Adenauer betreffenden grundsätzlichen Fragen dargelegt habe, muß die weitere Behandlung der Angelegenheit, soweit sie zu Ihrer Zuständigkeit gehört, Ihnen, Herr Regierungspräsident, überlassen bleiben. Das gilt insbesondere auch hinsichtlich der Prüfung, ob die die Voruntersuchung betreffenden Verfahrensvorschriften voll gewahrt wurden oder noch ergänzende Maßnahmen erforderlich erscheinen.

Daß ich auf die größtmögliche Beschleunigung des Verfahrens besonderen Wert lege, habe ich schon zum Ausdruck gebracht[2].

Wegen der damit verbundenen Verzögerung erscheint es mir bedenklich, die Ausfertigung der Anschuldigungsschrift bis zum Eingang einer Verteidigungsschrift[3] des Dr. Adenauer zurückzustellen. Die B[eamten]D[ienst]St[raf]O[rdnung] verpflichtet hierzu nicht. Ich vermag auch eine sachliche Notwendigkeit nicht anzuerkennen. Falls daher nicht sehr gewichtige Gründe dafür sprechen, die von hier aus sich nicht übersehen lassen und über die mir unverzüglich zu berichten wäre, ersuche ich, davon abzusehen. Die Anschuldigungsschrift bitte ich mir nach erfolgter Zustellung vorzulegen.

Nr. 139

18. November 1933 (Berlin): An Reichskanzler i. R. Dr. Wilhelm Marx, Bonn

Sehr verehrter Herr Reichskanzler!

Herrn Prof. Grimm habe ich gebeten, bei dem Staatssekretär des Propagandaministeriums [Funk] dahin vorstellig zu werden, daß man uns gestattet, uns zu wehren oder, wenn man glaubt, das nicht tun zu können, Herrn Wentzke das Handwerk legt[1]. Herr Grimm wird Sie ja morgen, Sonntag nachmittag, aufsuchen; vielleicht werden Sie im selben Sinne bei ihm tätig. Ich glaube nicht, daß es Zweck hat, sich an Wentzke zu wenden; eher wäre es schon richtig, sich an die »Süddeutschen Monatshefte« zu wenden, falls feststeht, daß der neue Artikel dort erscheinen soll.
Wie ich die Gladbacher Sache[2] bedauere, kann ich Ihnen gar nicht sagen.
Mit vielen Grüßen

Ihr
Adenauer

Nr. 140

23. November 1933: Artikel der Tageszeitung »Der Bund« (Bern): »Herbstfahrt ins Dritte Reich« (Auszug)

Auf dem Wege nach Köln durchquerte unser Wagen ausgedehnte neue Parkanlagen, folgte neuen Straßen und fuhr an einem mächtigen Stadion entlang, um zuletzt vor dem Riesengebäude einer neuen Universität anzuhalten. »Alles Werke des ›verflossenen‹, genialen Oberbürgermeisters Adenauer, des vierfachen Doktors und mächtigen Führers der Zentrumspartei (›auch verflossen‹), der von der neuen politischen Welle weggefegt worden ist und der dieser Stadt zwar einen mächtigen Aufschwung, aber zugleich auch Schulden verursacht hat. Köln war ›einst‹ das Haupt der katholischen Zentrumspartei«. So die Instruktionen meines Führers.
Wir sahen nachher zufälligerweise im Konzert, das wir besuchen gingen, den Nachfolger Adenauers, ein junges, frisches, aber unbeschriebenes Blatt. »Adenauer war ein genialer Mann; dieser hier ist ein guter, getreuer Beamter«, ging die Instruktion weiter.

Nr. 141

28. November 1933 (Berlin): An Geheimrat Carl Duisberg, Leverkusen

Sehr verehrter Herr Geheimrat!

Von Maria Laach wird mir nach hier, wo ich mich in meinen Angelegenheiten einige Zeit aufhalte, mitgeteilt, daß Sie mir Ihre Reden 1922–1933, Kunst in Leverkusen und Ihre Lebenserinnerungen übersandt haben[1]. – Ich danke Ihnen herzlich dafür, es wird mir nach meiner Rückkehr in das im Winter besonders stille Maria Laach eine besondere Freude und willkommene Ablenkung und Erholung sein, mich in diese Bücher zu vertiefen. – ‹...›[a]
Mit vielen Grüßen an Ihre verehrte Gattin und Sie, auch von meiner Frau,

Ihr
Adenauer

Nr. 142

2. Dezember 1933 (Köln): Gussie an Konrad Adenauer, Berlin

Mein lieber Schatz.

Gestern war ich bei van Acken. Er ist in großer Not. Das Kuratorium, das bis jetzt nicht mehr getagt hat, soll in neuer Nazi-Zusammensetzung nächstens zusammenkommen. Er könne Dir nicht schreiben, daß Du zurücktreten möchtest, und so wollte ich es übernehmen, Dir zu sagen, Du möchtest als Förderermitglied im Verein bleiben und Deinen Platz einem Vertreter der neuen Behörde freigeben[1]. Haake[2] soll herein und noch ein *Nazi-Katholik,* den zu finden, innerhalb der Behörden sehr schwer ist. Übrigens ist hier jetzt im Rheinland fast alles in evangelischen Händen.
‹...›[a]

Deine
Gussie

Nr. 143

6. Dezember 1933 (Berlin): Reichsbankpräsident Dr. Hjalmar Schacht an Adenauer, Berlin

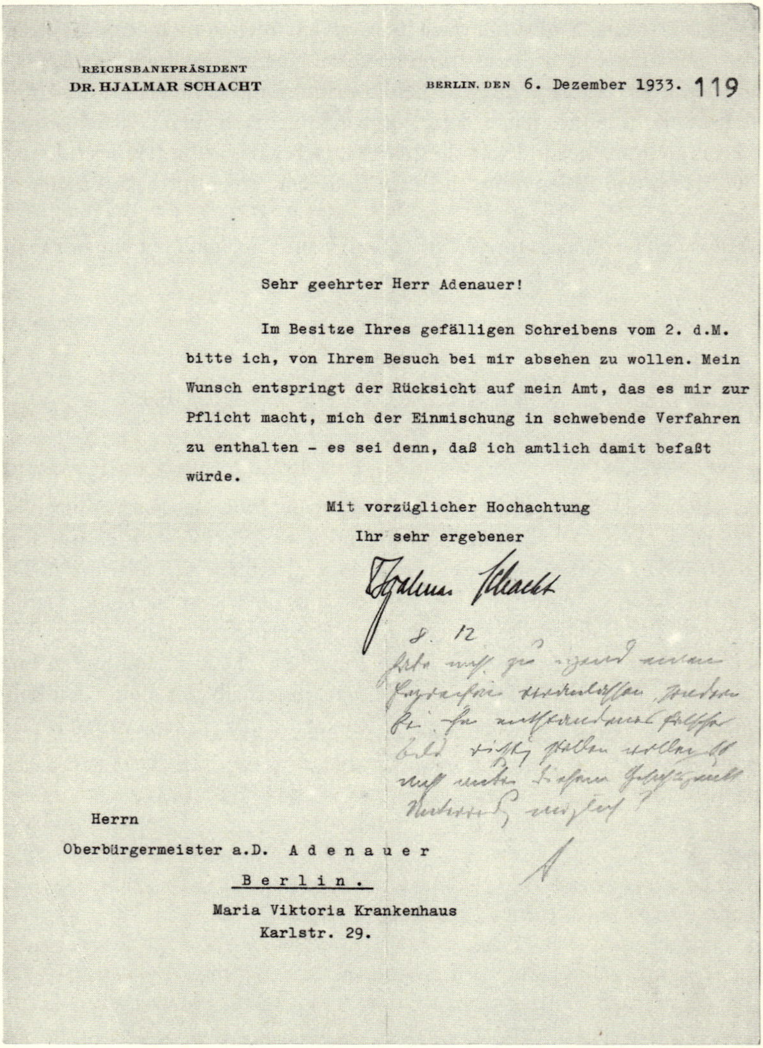

REICHSBANKPRÄSIDENT
DR. HJALMAR SCHACHT

BERLIN, DEN 6. Dezember 1933. 119

Sehr geehrter Herr Adenauer!

Im Besitze Ihres gefälligen Schreibens vom 2. d.M. bitte ich, von Ihrem Besuch bei mir absehen zu wollen. Mein Wunsch entspringt der Rücksicht auf mein Amt, das es mir zur Pflicht macht, mich der Einmischung in schwebende Verfahren zu enthalten - es sei denn, daß ich amtlich damit befaßt würde.

Mit vorzüglicher Hochachtung
Ihr sehr ergebener
Hjalmar Schacht

8. 12
[illegible]
A

Herrn
Oberbürgermeister a.D. Adenauer
Berlin.
Maria Viktoria Krankenhaus
Karlstr. 29.

Nr. 144

12. Dezember 1933 (Berlin): An Geheimrat Carl Duisberg, Leverkusen

Sehr verehrter Herr Duisberg!

‹. . .›[a] Ich bin nun einen Monat in Berlin in meiner Sache, die aber nur sehr langsam von der Stelle kommt; durch Drängen schadet man mehr, als man nützt. Ich wohne in dem mir bekannten Krankenhause der Ruhe wegen, womit aber nicht gesagt sein soll, daß meine Nerven in bester Verfassung seien. Ende der Woche gehe ich nach Maria Laach zurück, Weihnachten kommen dann meine Frau und Kinder dorthin[1]; hoffentlich wird das Jahr 1934 besser für meine Familie und mich als 1933.
Ihrer verehrten Gattin und Ihnen wünsche ich ein recht frohes Weihnachtsfest und alles Gute zum neuen Jahr.
Mit herzlichen Grüßen von Haus zu Haus Ihr

gez. Adenauer

Nr. 145

12. Dezember 1933 (Brüssel): Dannie N. Heineman an Adenauer, Berlin

Lieber Freund!

Ich werde schon am Donnerstag, den 14. ds., in Berlin eintreffen[1] und bis Freitag abend bleiben.
Freitag, den 15., morgens um 9 Uhr habe ich schon eine Sitzung. Freitag bin ich eingeladen, vermutlich auch Donnerstag mittag. Donnerstag um 11 Uhr habe ich eine Zusammenkunft auf dem Rathaus. Wir können uns sicherlich Donnerstag nachmittag treffen[2]. Würden Sie so freundlich sein und mich Donnerstag vormittag zwischen 1/2 10 und 10 Uhr im Kaiserhof anrufen?
Mit herzlichen Grüßen Ihr

Heineman

Nr. 146

14. Dezember 1933 (Berlin): Vermerk von Oberregierungsrat Dr. Scheffler, Preußisches Ministerium des Innern

Die Disziplinarvorgänge sind von Landrat Tengelmann – preuß[isches] Staatsministerium –, der Einsicht genommen hatte, hierher übersandt worden[1]. In einer fernmündlichen Rücksprache äußerte sich ‹. . .›[a] Tengelmann dahin: Er habe mit dem Verteidiger Grimm und dem Vizepräsidenten Dietz v. Bayer über die Sache gesprochen. Herr Grimm sei der Auffassung, daß die Sache für Dr. Adenauer absolut sicher stünde. Auch Vizepr[äsident] D[ietz] v. Bayer verspräche sich von einer Weiterführung der Sache keinen Erfolg[2]. ‹...›[b]

Nr. 147

16. Dezember 1933: Zeitungsmeldung über einen Bericht des »Daily Telegraph« (London)

Der von Oberbürgermeister Dr. Adenauer gebaute Grüngürtel[1] der Stadt Köln wird heute im »Daily Telegraph« als Muster für ähnliche Anregungen, die für Groß-London gemacht wurden, hingestellt. Es wird dabei u. a. die Art und Weise der Landabtretung für die Stadt Köln auseinandergelegt und eine den Londoner Verhältnissen angepaßte Übernahme der Kölner Methode befürwortet[2].

Nr. 148

19. Dezember 1933 (Köln): Der Regierungspräsident in Köln, Dr. Rudolf zur Bonsen, an den Preußischen Minister des Innern

‹...›[a]

Zusammenfassend möchte ich noch hervorheben, daß der Fall Adenauer, wie ich mehrfach Gelegenheit hatte festzustellen, im Laufe der Zeit, besonders nach der erfolgten Dienstentlassung, in der Öffentlichkeit wesentlich an Interesse verloren hat; das wird noch mehr der Fall sein, wenn bekannt wird, daß Punkt 6 [Finanzpolitik der Stadt Köln] aus der Anklage ausscheidet. Sollte nunmehr eine Einstellung des Verfahrens erwogen werden, so könnte das nur unter zuverlässigen Garantien geschehen, die der Vertreter des Angeschuldigten und er selbst dafür geben müßten, daß sie sich jeder Auswertung dieser Maßnahme zu ihren Gunsten enthalten.

Gegen eine Einstellung des Verfahrens vor Erhebung der Anklage spricht allerdings, wie ich nicht verkenne, die Erwägung, daß es mißlich ist, unter den zahlreichen, gegen leitende Gemeindebeamte laufende Dienststrafverfahren gerade den Fall Adenauer, der in der weiten deutschen Öffentlichkeit als Schulfall angesehen wird, nicht weiter zu verfolgen. Immerhin ist zu bedenken, daß eine Einstellung nach vorhergegangener mündlicher Verhandlung – wenn nämlich die festgestellten Tatsachen zur Aberkennung des Ruhegehaltsanspruches nicht ausreichen – der Gefahr unterliegt, in der Öffentlichkeit als ein Freispruch gewertet zu werden. Zum mindesten würde deutlich werden, daß die Verfehlungen nicht so erheblich sind, um eine Dienstentlassung zu rechtfertigen. Damit würde vielleicht der Öffentlichkeit die bereits erfolgte Dienstentlassung, obgleich sie aus anderen Gründen erfolgt ist, unverständlich erscheinen. Eine Einstellung im jetzigen Stande des Verfahrens ließe sich der Öffentlichkeit gegenüber damit begründen, daß, nachdem die Dienstentlassung erfolgt ist, der Staat kein weiteres Interesse an der Verfolgung des Falles Adenauer hat[1].

Dr. zur Bonsen

Nr. 149

22. Dezember 1933 (Köln): Gussie an Konrad Adenauer, Abtei Maria Laach

Mein Liebling.

Eben war Prof. Bering[1] hier und sagte mir, daß ihm gestern abend auf einem Abendessen ein Herr, der in Deiner Sache mitzubestimmen habe, gesagt habe, daß das Verfahren in den nächsten Tagen wohl eingestellt würde[2], er wollte mir den Namen nicht sagen und war auch gebeten worden, nicht weiter darüber zu sprechen, aber Prof. Bering kam extra, um es mir mitzuteilen. Allerdings sagte er auch, daß Du wohl dann am besten hier aus dem Gau wegzögest, damit die Leute sich nicht beschämt fühlen müßten und die Sache deswegen hinzuhalten versuchten, aus Angst, Du würdest Dich hier an ihnen rächen wollen. Ich sagte Bering, daß schon so oft solche Gerüchte umgegangen wären, er meinte aber, das sei ganz gewiß bestimmt, da der Herr mitentscheidend sei. Hoffentlich!!!!! Das mußte ich Dir nur schnell schreiben. Ich habe viel zu tun. Ich will auch Berings eine Kleinigkeit schenken.
Dein letzter Anruf aus Berlin hat in mir eine große, aber stille Freude ausgelöst, jetzt können wir uns doch etwas der frohen Weihnachtsstimmung hingeben. Wenn nur auch alles so eintrifft, wie man es mit Sehnsucht Tag und Nacht erwartet[3]. Die Nerven werden wirklich auf die Folter gespannt. Glücklicherweise sind die Kinder so reizend in ihrer Weihnachtsvorfreude, das gibt immer etwas Entspannung.
Gestern nachmittag hörten wir von Pater Hilarius[4] liturgische Lieder durchs Radio. Wir alle, besonders aber Paul, lauschten in tiefer Andacht, Paul erkannte die einzelnen Stimmen genau. Wir freuen uns so sehr auf die Christnacht. ‹...›[a]

Deine
Gussie

Nr. 150

24. Dezember 1933: Heiligabend in Maria Laach

Ein Weihnachtsfest vor allem kommt mir wieder in den Sinn. Es war ein Weihnachten in der nationalsozialistischen Zeit, als ich aus meiner Heimatstadt verjagt und verbannt und von einem Jugendfreunde, dem Abt des Klosters Maria Laach, aufgenommen war. Ich weiß nicht, ob das nicht das schönste meiner Weihnachtsfeste war. Meine Frau und meine Kinder waren gekommen, der Christbaum war klein in einem Hotelzimmer aufgebaut, es gab nur wenige Geschenke, aber wir, die wir getrennt worden waren, freuten uns des Zusammenseins. Und der Gottesdienst war so ergreifend. Er begann am hl. Abend um 10 Uhr in der herrlichen Basilika, er dauerte bis 2 Uhr nachts. Die alten Metten und Choräle wurden gesungen und unsere schönen deutschen Weihnachtslieder. Die Kirche war übervoll, noch aus dem fernen Industriegebiet waren die Menschen gekommen. Alle waren hingegeben dem großen Geheimnis, das gefeiert wurde. Draußen lag Schnee, es funkelten die Sterne, eine große wunderbare Stille lag auf Berg und See.

(Adenauer in seiner Weihnachtsansprache 1951)

Eintrittskarte
zur Feier der
Weihnachtsmetten
in der Abteikirche zu Maria-Laach.
Textbüchle[illegible] 80 Pfg. sind in der Buch- und Kunsthandlung Maria-Laach zu haben.

Nr. 151

1933/1934: Gespräch mit Rudolf Amelunxen bei einem Spaziergang am Laacher See

Auf unserer einsamen Waldpromenade blickten wir uns von Zeit zu Zeit um. Wir wollten sicher sein, von einem Nazispitzel nicht belauscht zu werden. Wir erörterten die blutigen Ereignisse der jüngsten Vergangenheit. Mitten im schattigen Bergwald hielt Adenauer inne. Er führte mich an einen heckenförmigen Buschstrauch, schlug behutsam einen Strauchzweig zurück, zeigte mir drei, vier kirschenähnliche Beeren und fragte mich, ob ich wohl wisse, was das für Früchte seien. Ich kannte die Beeren nicht, worauf Adenauer mich belehrte:

»Das ist Tollkirsche, Atropa belladonna! Die ist den heutigen Zeitgenossen völlig unbekannt! Noch keiner meiner Freunde kannte diese Früchte. Sowas lernt man natürlich nicht auf dem Gymnasium!«

Auf eine andere Spaziergangsfrage meines Gesprächspartners, wie lange nach meiner Meinung die Nazis wohl noch am Staatsruder sein würden, antwortete ich:
»Das kann noch zwei Jahre dauern! Gegen Attentate haben diese Staatsverbrecher sich abgeschirmt! Sie fahren in gepanzerten Wagen! Die Reichswehr ist nazifromm! Die Professoren haben vergessen, daß sie Bekenner sein sollen! Die Wirtschaftsmagnaten scheffeln viel Geld! Die Millionen, die sie einst dem Trommler gaben, haben sich gut verzinst! Die Kirchenführer lavieren und haben sich dem Tyrannen gegenüber zu willfährig gezeigt! Und der alte Hindenburg, von der Umwelt abgesperrt, sitzt auf seinem Gut Neudeck, in dem kleinsten Konzentrationslager Deutschlands!«
»Zwei Jahre! Um Gottes willen!« rief Adenauer, »dann bin ich ja zu alt, um wieder einsteigen zu können[1]! Sie sind dann noch jung und können an der notwendigen Aufbauarbeit mitwirken! Dann greifen Sie aber fest durch! Sorgen Sie dafür, daß nur zuverlässige Demokraten in alle Staatsstellungen kommen!«
(Rudolf Amelunxen in seinen Erinnerungen »Ehrenmänner und Hexenmeister«)

Nr. 152
3. Januar 1934 (Abtei Maria Laach): An Josef Giesen, Urfeld bei Wesseling

Sehr geehrter Herr Giesen!

Es freut mich von Herzen, daß Sie noch verhältnismäßig gut durch den ganzen Gewittersturm hindurchgekommen sind. Paßt Ihnen vielleicht Mittwoch, der 18., nachmittags gegen 2 1/2 Uhr – ich nehme an, daß Sie mit Ihrem Auto kommen –?
Mit allen guten Wünschen für das neue Jahr und mit freundlichen Wünschen für Ihre Frau[1] und Sie

Ihr
Adenauer

Nr. 153
6. Januar 1934 (Abtei Maria Laach): An Prälat Johannes van Acken, Deutsches Caritasinstitut für Gesundheitsfürsorge, Köln-Hohenlind

Sehr verehrter Herr Präsident!

Für Ihr freundliches Schreiben vom 19.12.[1] danke ich Ihnen vielmals. Ich hoffe, daß das Caritasinstitut, das ich, nach wie vor, für unbedingt nötig im Interesse der katholischen Caritas halte, auch diese schweren Zeiten glücklich überstehen und Ihnen immer weniger Sorge machen möge[2]. Für Ihre Erkundigung nach meinem persönlichen Befinden danke ich Ihnen herzlich; es ist eine schwere Zeit für meine Familie und mich, und es ist viel Gottvertrauen und Geduld nötig, um hindurchzukommen. Mit verehrungsvollen Grüßen bin ich

Ihr sehr ergebener
Adenauer

Nr. 154
10. Januar 1934 (Köln): Gussie an Konrad Adenauer, Berlin

Mein Liebling.

Prof. Bering, der die Familie Tengelmann als Freund kennt, sagte, es seien sehr nette Leute, und der Vater Tengelmann hat ihm (Bering) gesagt, daß die Sache sich jetzt erledige[1]. Was hat Tengelmann denn in Köln ausgerichtet? Kann ich von hier aus etwas unternehmen? Bering will jedenfalls Ende der Woche die Gelegenheit benützen, da er Tengelmann sieht, zu fragen, was los sei. Ist Dir das recht? Im übrigen ist es für Dich sicher trostlos in Berlin, wenn ich kommen soll, um Dir nützlich sein zu können, so sage es nur[2].
Der Gedanke, Dich so unerreichbar weit weg zu wissen, ist arg bedrückend, und ich verfolge ständig Deine Wege und Aufgaben, die Du in Berlin tust. In Maria Laach wußte man Dich so sicher geborgen, aber harre nur jetzt aus, vielleicht beginnt für uns eine entscheidende Epoche. Hier ist strahlend kaltes Winterwetter, die Schule hat wieder angefangen, und ich gehe voller Hoffnungen dem Frühjahr entgegen, allerdings ist das Warten auf die Entscheidung in unserer Sache zermürbend, aber ich will nicht klagen, sondern mit Vertrauen auf eine gute Lösung hier meine Pflichten tun.
Mir ist es so, als müßte ich Dir jeden Tag wenigstens einen Gruß schicken, um Dir in der Eintönigkeit des Klosters etwas Ablenkung zu verschaffen. Einliegenden Brief brachte der Chauffeur von Müller[3]. Herr [Ernst] Schwering sagte mir heute, daß das Oberverwaltungsgericht Berlin alle schwebenden Verfahren einzustellen sich sehr einsetze, nicht zu Gunsten der Angeklagten, sondern zur Rettung des Ansehens der Dienststrafkammern[4]. Ich bin hier an der Bahnpost, gehe gleich bei Ella [Schmittmann] vorbei. ‹...›[a]

Deine
Gussie

Nr. 155

17. Januar 1934 (Berlin): An Dannie N. Heineman, Brüssel

Lieber Freund!

Die A.E.G. nimmt meinen ältesten Sohn zur Ausbildung; Herr Spennrath und Herr Bücher, der sich auch für meine Zukunft sehr interessiert zeigte und Ihnen schreiben wollte[1], haben das gemacht. Das ist der erste Lichtblick für mich seit 10 Monaten. Da ich Ihre Anteilnahme kenne, erlaube ich mir, es Ihnen mitzuteilen. Ich bleibe noch 2 Wochen hier. – Ich hoffe, daß Sie viel Sonnenschein haben – sonst scheint über Europa wenig Sonne – und daß Sie und Ihre Gattin, der ich meine besten Empfehlungen auszurichten bitte, sich recht gut erholen.

Mit vielen Grüßen

Ihr

Adenauer

Nr. 156

19. Januar 1934 (Köln): Der Regierungspräsident in Köln, Dr. Rudolf zur Bonsen, an den Preußischen Minister des Innern, Berlin

In dem zur Zeit gegen den früheren Oberbürgermeister Dr. h. c. Adenauer schwebenden Dienststrafverfahren habe ich Gelegenheit genommen, die abschließende Stellungnahme[1] des hiesigen Gauleiters einzuholen. Diese geht dahin, daß bei dem Gauleiter ein politisches Interesse an der Weiterverfolgung des Dienststrafverfahrens nicht mehr besteht, nachdem Dr. Adenauer durch den Erlaß vom 17. Juli 1933[2] – IVa IV 684 III/4 – auf Grund des § 4 des Gesetzes zur Wiederherstellung des Berufsbeamtentums entlassen worden ist. Somit hängt die Entscheidung über die Frage der Weiterverfolgung des Dienststrafverfahrens davon ab, ob zwingende Gründe der Verwaltung eine Durchführung des Verfahrens notwendig machen. Daneben wird nicht übersehen werden können, daß, falls es zur Durchführung und damit zu einer öffentlichen Verhandlung kommt, das öffentliche politische Interesse in einer nach Ansicht der Gauleitung unnötigen Weise erregt wird, wie das bei einer früher so prominenten Persönlichkeit unausbleiblich ist. Die Erwartungen der Öffentlichkeit werden weitaus höher gespannt sein und auf Enthüllungen rechnen, die nach dem Ergebnis der Voruntersuchung und der Aktenlage nicht entfernt befriedigt werden können. Eine gewisse Enttäuschung würde die Folge sein, Erörterungen würden nicht ausbleiben in Verbindung mit der Entlassung nach dem Berufsbeamtengesetz, deren gesonderte Durchführung nach anderen Gesichtspunkten gemeinhin nicht verstanden wird. Auf diese Nebenwir-

kungen, die zwar zunächst nur die politische Seite des Falles betreffen, glaube ich erneut hinweisen zu müssen, bevor die endgültige Entscheidung über die Durchführung des Verfahrens fällt.
Sachlich hängt diese ab von dem Ergebnis der Voruntersuchung, wie sie sich aus den dort vorliegenden Akten ergibt; ich darf hierzu auf meine Berichte vom 13.9.[3] und 19.12.[4] – A 1782 (P) Adenauer – verweisen und kurz zusammenfassend noch bemerken, daß für die notwendige Aberkennung des Ruhegehalts die Punkte 9 und 10 der Einleitungsverfügung[5] unter Berücksichtigung aller Verhältnisse kaum eine hinreichende Unterlage bieten dürften. Punkt 1 berührt mehr das politische Gebiet, die Ermittlungen hierzu haben darüber hinaus vom Standpunkt der Verwaltung, keine besonders ins Gewicht fallende Belastung des Angeschuldigten ergeben; Punkt 8 (Spekulationen) berührt die Politik und das Dienststrafrecht. Das Untersuchungsergebnis bestätigt mehr die zahlenmäßige ungeheure Höhe der Engagements und wirkt dadurch sensationell, als daß angesichts der vollen Deckung durch Effektenbesitz Korruptionserscheinungen nachgewiesen werden könnten. Der einen Millionenwert darstellende Schuldennachlaß der Deutschen Bank war schließlich eine Abschreibung auf einen faulen Debitor, der durch die nicht in vollem Umfange vorauszusehenden Einbrüche am Effektenmarkt notleidend geworden war. Es würde auch zu berücksichtigen sein, ob gerade die genaue Erörterung dieser Geschäftsvorfälle in der Öffentlichkeit im Hinblick auf das zu erwartende Ergebnis als notwendig und erwünscht zu bezeichnen ist.
Abschließend und nach Abwägung aller Gründe möchte ich mich für eine Einstellung des Verfahrens aussprechen[6].

Nr. 157
29. Januar 1934 (Köln): Gussie an Konrad Adenauer, Berlin

Mein liebster Schatz.

Mit Paul war ich gestern bei einer Knappenweihe von Neudeutschland in der Apostelkirche. Alle Neudeutschen Kölns versammelten sich am Apostelmarkt, aber als ich merkte, daß von allen Seiten provozierende Hitlerjungens herankamen, mit Autos, Fahnen etc., sich ostentativ gegenüber aufstellten und die Polizei anrücken mußte, bin ich mit Paul still davongegangen, es soll auch zu einer Schlägerei gekommen sein[1]. Ich glaube, ich tue Paul unseres Namens wegen wieder aus Neudeutschland, das gar keine rechte Existenzmöglichkeit mehr hat, durch von Papens letzten Appell an die Hitlerjugend[2]. ‹...›[a]

Deine
Gussie

Nr. 158

31. Januar 1934 (Berlin): An Reichskanzler i. R. Dr. Wilhelm Marx, Bonn

Lieber Herr Reichskanzler!

Vielen Dank für Ihre freundlichen Mitteilungen. Mir scheint, daß man wohl in absehbarer Zeit doch um Antwort bitten müßte. Ich hoffe, daß Ihre sonstigen Angelegenheiten[1] einen sachgemäßen Verlauf nehmen. Ich werde noch etwa 14 Tage hierbleiben müssen, um mich etwas zu kurieren, die ganzen Dinge gehen doch nicht spurlos an einem vorüber.

Mit freundlichen Grüßen an Ihre verehrte Gattin und Sie Ihr

Adenauer

Nr. 159

Nach dem 1. Februar 1934: Aufzeichnung von Dora Pferdmenges über den Besuch einer Galerie in Berlin

Am 1.2.34 bin ich auf Bitten des Herrn Dr. Adenauer mit ihm zur Galerie Haberstock, Berlin, Bellevuestraße gegangen. Herr Adenauer sagte mir, daß dort ein ihm gehöriges, mir bekanntes Gemälde[1] – einen Mann in reicher Tracht darstellend – näher untersucht werden solle. Herr Haberstock halte das Bild für einen echten Rembrandt[2], es habe sich auf ihm eine Signierung »Rembrandt 1640« gefunden, die Haberstock nicht für echt halte. Diese Signierung solle heute untersucht werden. Wir trafen in der Galerie außer Herrn Haberstock noch zwei Herren an, die mir als Photograph Missmann und Restaurator Boehnke, beide aus Berlin, vorgestellt wurden. Das Gemälde wurde zunächst von Herrn Missmann unter Benutzung einer starken Lampe photographiert. Dann wurde gesagt, daß nunmehr von dem Restaurator die hinter dem Namen stehende Jahreszahl »geputzt« werden solle. Das Putzen wurde so erklärt, daß durch Auftragen einer Flüssigkeit die Jahreszahl, falls sie später auf das Bild gesetzt worden sei, zum Verschwinden gebracht werde, während sie stehen bleiben werde, falls sie beim Malen des Bildes angebracht worden sei. Der Restaurator stellte durch Zusammengießen aus mehreren Fläschchen eine Flüssigkeit her, mit der er ziemlich robust über die die Jahreszahl enthaltende Stelle des Bildes pinselte. Dann erklärte er: »Die Operation ist gelungen, der Patient ist tot, die Jahreszahl ist weg.« Tatsächlich war die Jahreszahl verschwunden. Es wurde nunmehr von ihm die Frage aufgeworfen, ob er in gleicher Weise auch den Namen »Rembrandt« »putzen« solle. Er und Herr Haberstock rieten dazu, wobei der Restaurator erwähnte, es sei durchaus erlaubt, etwa durch »Putzen« zum

Verschwinden gebrachte Schriftzeichen nachher wieder anzubringen. Herr Adenauer lehnte ab, an dem Gemälde noch etwas machen zu lassen[3].
Es wurde dann, also nach dem »Putzen« der Jahreszahl, von dem Photographen eine zweite Aufnahme des Gemäldes gemacht.

Dora Pferdmenges

Nr. 160
5. Februar 1934 (Berlin): Im Preußischen Ministerium des Innern: Ministerialdirektor Dr. Friedrich-Karl Surén an Staatssekretär Ludwig Grauert

Die Frage der Fortführung des Dienststrafverfahrens gegen Dr. Adenauer steht nunmehr zur Entscheidung.
Zunächst ist festzustellen, daß sich die örtlichen Stellen sämtlich gegen die Durchführung des Verfahrens aussprechen.
Der Regierungspräsident nimmt in dieser Weise – wenn auch noch mit gewisser Zurückhaltung – Stellung in seinem Bericht vom 19.12. v. Js.[1], in bestimmter Weise alsdann im Bericht vom 19.1. d. Js.[2]; außerdem hat er sich meinem Referenten gegenüber mehrfach dahin ausgesprochen. Das gleiche gilt von dem Beamten der Staatsanwaltschaft, dem Regierungsvizepräsidenten Dietz von Bayer[3].
Der Gauleiter, Staatsrat Grohé, hat seine Meinung zunächst dahin abgegeben, daß ein politisches Interesse an der Durchführung des Verfahrens nach der Entlassung des Oberbürgermeisters auf Grund des Berufsbeamtengesetzes nicht mehr bestünde und er infolgedessen auch selbst an dem Dienststrafverfahren nicht mehr nennenswert interessiert sei[4]. Nach einer Mitteilung des Regierungspräsidenten in Köln hat sich Herr Grohé, nachdem ihm das Ergebnis der Voruntersuchung näher bekannt geworden, vor kurzem noch eindeutiger dahin erklärt, daß ihm ein weiteres Verfahren nicht wünschenswert erscheine, wobei er wohl davon ausging, daß das gegen Dr. Adenauer nach dem Ergebnis der Voruntersuchung vorliegende Material die Erwartungen in der Bevölkerung auch nicht annähernd befriedigen würde.
Wenn an sich schon gewisse Bedenken vorliegen, ein Verfahren entgegen der Auffassung sämtlicher örtlicher, sachlich und politisch verantwortlicher Stellen durchzuführen, so erhalten die für eine Einstellung des Verfahrens sich aussprechenden Stimmen noch ein besonderes Gewicht durch die Beurteilung, die das Untersuchungsergebnis und damit der voraussichtliche Ausgang des Prozesses erfahren müssen.

Rechtsanwalt Dr. Grimm hat, nachdem ihm die Untersuchungsakten zugänglich gemacht waren[5], mit der Verteidigungsschrift[6] entlastende Unterlagen in einem Umfange und von solcher Geschlossenheit und zugleich sachlichen Bedeutung vorgelegt, daß m. E. mit einer Entziehung der Pension gegenüber Adenauer unter Verlust der Amtsbezeichnung nicht mehr gerechnet werden kann.

Gerade die zu den beiden noch verbliebenen Hauptanschuldigungspunkten[7]

Punkt 1: 12 Millionen-Kredit der Preußischen Zentralgenossenschaftskasse bezw. der Deutschen Bank und

Punkt 8: Spekulationsgeschäfte

getroffenen Erhebungen lassen unter der gebotenen Berücksichtigung des von Dr. Grimm beigebrachten Materials es nicht unzweifelhaft erscheinen, ob das Dienststrafgericht in diesen Fällen überhaupt eine ernstlichere Pflichtverletzung feststellen wird.

Das 12 Millionen-Geschäft ist von der Preußischen Zentralgenossenschaftskasse ohne Satzungswidrigkeit abgewickelt worden, und eine *pflicht*widrige Einwirkung des Dr. Adenauer ist kaum nachweisbar. Seine Einwirkung auf das Zustandekommen des Geschäfts stellt jedenfalls eine Pflichtwidrigkeit nicht ohne weiteres dar.

Die Feststellungen hinsichtlich der Spekulationsgeschäfte des Dr. Adenauer ergeben einmal, daß die Aktienkäufe nach außerordentlich sorgfältiger Prüfung aller einschlägigen wirtschaftlichen Fragen, insbesondere nach sorgfältiger Einholung von Auskünften bei der hierzu s. Zt. berufensten und maßgeblichsten Persönlichkeit, dem Generaldirektor Blüthgen von Bemberg, getätigt wurden, daß Dr. Adenauer weiterhin bei seinen großen Käufen in Kunstseideaktien tatsächlich in erster Linie eine Vermögensanlage gesucht hat und daß hierbei, soweit Kauf auf Kredit erfolgte, volle Effektendeckung vorlag. Wenn Adenauer schließlich dann, als der Wert seiner im Depot befindlichen Aktien unter die Kreditsumme sank, nicht zu einem Verkauf der Aktien schritt, so ist er auch darin der Beratung des vorgenannten, s. Zt. allgemein anerkannten Fachmannes, gefolgt.

Der Schriftwechsel mit Blüthgen legt in sehr eindringlicher Weise den ernstlichen, fortlaufend zum Ausdruck gekommenen Willen Adenauer's dar, die durch die Aktienkäufe für ihn entstandene finanzielle Situation zu bereinigen. Daß es hierzu nicht kam, ist im wesentlichen auf die falsche Beratung und den unaufhaltsam scharfen und in diesem Ausmaß allgemein unerwarteten Rückgang der Aktienwerte zurückzuführen.

Die anderen Anschuldigungen treten an Bedeutung hinter den beiden erörterten Punkten wesentlich zurück. Auch das zu diesen übrigen

Anschuldigungspunkten herangezogene und beigebrachte Material hat den Angeschuldigten nur stark entlastet, nicht belastet.
Zu dem die Höhe der Dienstbezüge der leitenden städtischen Beamten betreffenden Punkte (Anschuldigungspunkt 10) sei noch bemerkt, daß die bekannte Entscheidung des Staatsgerichtshofes [vom 20. Juni 1932] über die wohlerworbenen Rechte s. Zt. eine solche Unsicherheit in die Beurteilung der einschlägigen Besoldungsfragen hin[ein]getragen hat, daß Dr. Adenauer sich wahrscheinlich nicht ohne Erfolg hierauf wird berufen können, zumal auch die dem Rechtsanwalt Dr. Grimm bekannt gewordenen Berichte, die der Regierungspräsident, also die Aufsichtsbehörde, zu diesen Fragen dem Minister vorgelegt hat, diese Unsicherheit deutlich erkennen lassen. Hinsichtlich seiner persönlichen Bezüge ist Dr. Adenauer im übrigen durch die erforderlichen Beschlüsse gedeckt.
Der Vorwurf wegen der Höhe der Ausgaben für Garten und Blumen (Anschuldigungspunkt 4) wird kaum aufrecht zu erhalten sein, weil die aufgemachten Rechnungen wahrscheinlich in sich grobe Unrichtigkeiten enthalten und zu zahlenmäßigen Fehlschätzungen geführt haben.
Eine Durchsicht des gesamten Materials führt zu der Feststellung: Es bleibt kaum ein Punkt, der mit Sicherheit zur Verurteilung führt.
Meine Beurteilung möchte ich dahin zusammenfassen:
Die zur Verfügung stehenden Unterlagen bieten nicht die Aussicht, daß die Durchführung des Verfahrens zu einer weitergehenden Verurteilung führt – insbesondere in den Augen der Öffentlichkeit –, als sie durch die Entlassung nach § 4 Berufsbeamtengesetz bereits erfolgt ist. Die öffentliche Meinung erwartet, wenn es zur Verhandlung kommt und nicht anderes schwerwiegendes Material bekannt gegeben werden kann, daß namentlich die Klarlegung der Adenauer'schen Finanz- und Wirtschaftspolitik in einer Weise und mit dem Ergebnis erfolgt, daß die Berechtigung der Entlassung des Oberbürgermeisters nach § 4 a.a.O. nicht nur erneut erwiesen wird, sondern daß darüber hinaus seine gesamte Kommunal- und Finanzpolitik als *die* gewissenlose Politik des verflossenen Systems öffentlich gebrandmarkt und über sie durch das Gericht auf Grund einer Fülle des Materials ein vernichtendes Urteil gesprochen wird. Gerade die hierfür in Betracht kommenden Punkte sind jedoch schon früher als Anschuldigungspunkte aus bestimmten Gründen fallen gelassen worden. Die übrigen Punkte allein werden, wie immer sie auch ausgewertet werden mögen, die Öffentlichkeit immer enttäuschen.
Danach kann, staatspolitisch gesehen, die Durchführung des Verfahrens nicht zweckmäßig erscheinen. Eine Einstellung desselben, die auf Antrag der Einleitungsbehörde, also des Regierungspräsidenten, durch Beschluß

der Dienststrafkammer ohne mündliche Verhandlung zu erfolgen hätte, fände in der bereits ausgesprochenen Dienstentlassung nach außen ihre Rechtfertigung.
Ich möchte mich danach, so unerwünscht die Einstellung an sich ist, doch hierfür aussprechen und darf um Entscheidung gehorsamst bitten. Entscheidung durch den Herrn Ministerpräsidenten wird erforderlich sein[8].

Surén

Nr. 161
9. Februar 1934 (London): Julian I. Piggott an Adenauer, Abtei Maria Laach

Dear Doktor Adenauer,

I shall be spending a few hours in Cologne next Wednesday afternoon and evening, the 14th inst., arriving from Düsseldorf about 1 p.m., and leaving the next day early for Paris. If there is any chance of seeing you (or possibly Doktor Grimm), please let me have a message awaiting me at the Dom Hotel by Wednesday morning.
I have also written to Doktor Paul Müller[1] telling him of my intended visit, and that I am anxious to see you if at all possible.
With warmest remembrances to Frau Adenauer, yourself and the boys.

Yours very sincerely
J. I. Piggott

Nr. 162
16. Februar 1934 (Berlin): An Abt Dr. Ildefons Herwegen, Abtei Maria Laach

Lieber Herwegen!

Meine Angelegenheit hat sich wieder einen Schritt weiter entwickelt, und zwar günstig[1], aber das Letzte fehlt noch, weil die Stelle, die ihr Placet zu geben hat[2], z. Zt. so sehr mit sehr wichtigen Fragen beschäftigt ist, daß die laufenden Angelegenheiten liegen bleiben. Man muß sich also wieder das Lied von der Geduld vorsingen. Allmählich aber erhält man einen solchen Horror vor dieser Stadt[3], daß ich mich entschlossen habe, Mitte nächster Woche in Euer schönes Kloster zurückzukehren,

gleichgültig, ob bis dahin die Entscheidung schon getroffen ist oder nicht. Ich hoffe, Dich dann in bestem Wohlbefinden anzutreffen.
Mit herzlichen Grüßen

Dein treu ergebener
Adenauer

Nr. 163
26. Februar 1934 (Berlin): An Dannie N. Heineman, Brüssel

Lieber Freund!

Die Angelegenheit, die mich solange hier zurückhielt, ist zu meiner Zufriedenheit erledigt[1]. Ich bin nunmehr in meinen ganzen Bewegungen freier, und ich hoffe, daß diese gute Erledigung auch helfen wird, Pläne, die Sie für meine Zukunft hegen, der Verwirklichung näher zu bringen.
Ich fürchte, daß der jähe Tod Ihres Königs[2] Sie sehr schmerzlich berührt haben wird, und habe oftmals Ihrer gedacht. –
Ich bin im Begriffe, nach Maria Laach zurückzufahren. Ich freue mich sehr, dort meine Frau und meine Kinder nach der günstigen Erledigung der Angelegenheit, die mich sehr gedrückt hat, zu sehen.
Ich hoffe, daß Sie und die Ihrigen wohl sind, und bin mit herzlichen Grüßen von Haus zu Haus

Ihr
Adenauer

Denken Sie bitte an Ihr Versprechen, mich einmal in Maria Laach zu besuchen.

Nr. 164
27. Februar 1934 (Tübingen): Professor Dr. Ferdinand Zinsser an Adenauer, Berlin

Lieber Konrad!

Wir sind glücklich über Deine Nachricht[1]! Dieses ewige Hinausziehen der Entscheidung war ja zum Verzweifeln, und wir fürchteten schon sehr, daß man Dich absichtlich noch recht lange treten wollte. So ganz freuen kann man sich freilich noch nicht, so lange Du es nicht schwarz auf weiß besitzest[2], wenn das auch lediglich eine Formsache ist. Die gute Flasche wird jedenfalls erst dann entkorkt. ‹...›[a]
Viele gute Grüße und Wünsche zum weiteren Verlaufe der Dinge.

Vater

Nr. 165

4. März 1934 (Abtei Maria Laach): An Dora Pferdmenges, Köln (Auszug)

Hier ist tiefer Winter, hoher Schnee und viel Nebel, im Hause herrscht die strenge Luft der Fastenzeit, die Orgel z. Bsp. wird, abgesehen von den Sonntagen, von Aschermittwoch bis Ostern nicht gespielt, Text und Melodie der Gesänge sind sehr streng[1]. Es war nach der Abwesenheit von 7 Wochen mir einige Tage sehr schwer, mich zurechtzufinden. Weihnachten ging es viel leichter[2]; jetzt geht es wieder einigermaßen.
Gewiß hat Berlin vor Bonn manche Vorzüge, die einheimische Luft ist vielleicht noch etwas nervenreizender, auf der anderen Seite fürchte ich, daß die große Entfernung Fäden, die mich an das Rheinland fesseln, lockern möchten[3].
Den Jahrestag meines ›Auszugs aus Köln‹, 13. März, werde ich in Berlin festlich begehen[4].

Nr. 166

13. März 1934 (Warschau): Julian I. Piggott an Adenauer, Berlin

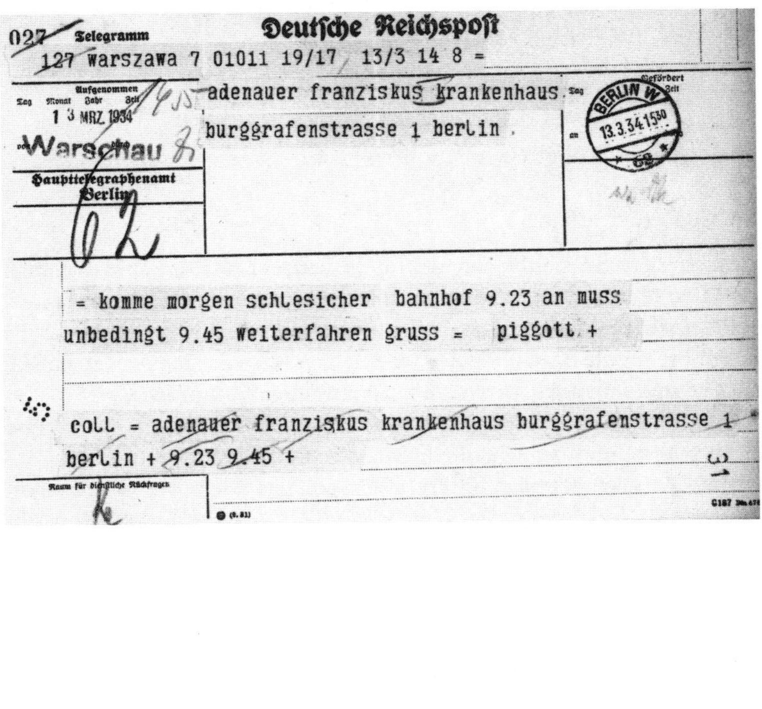
Deutsche Reichspost
Telegramm
127 warszawa 7 01011 19/17 13/3 14 8 =
Aufgenommen 1 3 MRZ 1934
Warschau
Haupttelegraphenamt Berlin
adenauer franziskus krankenhaus
burggrafenstrasse 1 berlin
BERLIN W 13.3.34 15 30
= komme morgen schlesicher bahnhof 9.23 an muss
unbedingt 9.45 weiterfahren gruss = piggott +
coll = adenauer franziskus krankenhaus burggrafenstrasse 1
berlin + 9.23 9.45 +

Nr. 167

28. März 1934 (Abtei Maria Laach): An Dannie N. Heineman, Brüssel

Lieber Freund!

Es war sehr schade, daß Sie während der letzten Wochen, während deren ich fast ständig in Berlin war, dort nichts zu erledigen hatten. Ich habe nunmehr in Neubabelsberg, zwischen Berlin und Potsdam, hinter Wannsee gelegen, gemietet, und wir beabsichtigen, Anfang Mai dorthin zu ziehen[1]. Irgendeine Tätigkeit habe ich zwar nicht gefunden, aber wir wollen doch wieder zusammenziehen, und ich kann auch nicht dauernd hierbleiben. Ich würde mich sehr freuen, wenn Sie vorher einmal hierhin kämen; mit dem Auto ist die Reise doch nicht weit, und die Fahrt hierhin sowie der Aufenthalt hier ist sehr lohnend. Besonders würde ich mich freuen, wenn Ihre Frau, die hoffentlich wieder ganz hergestellt ist, Sie begleiten würde[2]. Jedenfalls denke ich, daß wir Sie sehen, wenn wir in Neubabelsberg wohnen. Der Entschluß, dorthin zu ziehen, ist mir übrigens sehr schwer geworden. – Sie hatten seiner Zeit die Freundlichkeit, sich für eine Stellung für meine Tochter [Ria] bemühen zu wollen; ich darf Ihnen mitteilen, daß sie inzwischen eine Stellung bei Kindern in Bath angenommen hat. Ich wünsche Ihnen und Ihrer Familie ein frohes Osterfest und bin mit vielen Grüßen

Ihr

Adenauer

Nr. 168

29. März 1934 (Köln): Gussie an Konrad Adenauer, Abtei Maria Laach

Liebster guter Schatz.

Gestern rief ich Scheuble[1] an, der für die Pariser Messe arbeitet und auch von Frankreich dafür bezahlt wird, er ist sehr glücklich, Verbindungen mit Frankreich angeknüpft zu haben, da auf Italien doch kein Verlaß sei. Er scheint sehr gute Beziehungen zum dortigen Auswärtigen Amt zu haben, und es sind ihm auch Grüße an Dich ausgerichtet worden.
Gestern kam Frau Goldstein[2] hochbeladen mit Paketen in einem Taxi nach Hause, und der Chauffeur frug sie, was das für nette Kinder auf der Straße seien (nämlich unsere). Sie sagte, das seien dem Oberbürger-

meister Adenauer seine Kinder, da packte er die 3 ganz begeistert auf und fuhr sie einmal um das Viereck und gab jedem ein Händchen, die Kinder waren entzückt und erstaunt. Das sind so kleine erfreuliche Dinge des Alltags. ‹...›[a]

Deine
Gussie

Nr. 169
30. März 1934 (Abtei Maria Laach): An Geheimrat Carl Duisberg, Leverkusen

Sehr verehrter Herr Duisberg!

Bei meiner Rückkehr von einem längeren Aufenthalte in Berlin finde ich das Buch über die Feier Ihres Goldenen Berufsjubiläums[1] vor. Ich habe es mit wirklichem Interesse gelesen und danke Ihnen für die Zusendung. –
Ende April werde ich von hier weggehen; wir ziehen dann nach Neubabelsberg, Augustastraße 40. Es wird mich sehr freuen, dann Sie und Ihre verehrte Gattin – hoffentlich bald – zu sehen.
Frohe Ostern und herzliche Grüße an Ihre Gattin und Sie.

Ihr
gez. Adenauer

Nr. 170
Anfang April 1934 (Köln): Gussie an Konrad Adenauer, Berlin

Mein Liebling.

Heute abend habe ich mich für nach dem Nachtessen bei Schröders[1] angesagt wegen Grauert, er fährt heute abend sowieso nach Berlin. Dein Anruf gestern hat großen Jubel und Aufregung verursacht. Die Kleinen waren so untröstlich, daß wir noch einen künstlich arrangierten Anruf von Dir in Scene setzten (Konrad in Bibliothek, die Kinder im Biedermeier-Zimmer). ‹...›[a]

Gussie

Nr. 170 A

Anlage zum Brief von Gussie Adenauer: »Chinesische Weisheit«

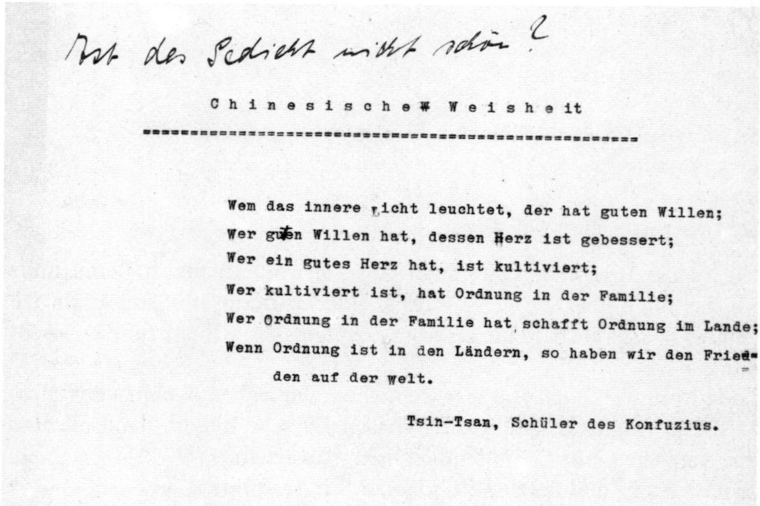

Ist das Gedicht nicht schön?

C h i n e s i s c h e W e i s h e i t

Wem das innere Licht leuchtet, der hat guten Willen;
Wer guten Willen hat, dessen Herz ist gebessert;
Wer ein gutes Herz hat, ist kultiviert;
Wer kultiviert ist, hat Ordnung in der Familie;
Wer Ordnung in der Familie hat, schafft Ordnung im Lande;
Wenn Ordnung ist in den Ländern, so haben wir den Frie-
den auf der Welt.

Tsin-Tsan, Schüler des Konfuzius.

Nr. 171

3. April 1934 (London): »Statement« von Julian I. Piggott für Adenauer

Ich war von November 1920 bis Februar 1925 britischer Delegierter bei der Interalliierten Rheinlandkommission in Köln. Ich hatte ständig Gelegenheit, das Werk von Dr. Adenauer zu beobachten und lernte ihn dabei außerordentlich gut kennen. Ich war ferner besonders gut vertraut mit den gesamten von ihm geführten Verhandlungen während der Besatzungszeit.

Dr. Adenauer hat, nach meiner Auffassung, unermüdlich und bis zur äußersten Grenze seiner Macht für Deutschlands Interessen gearbeitet und bei allen Gelegenheiten einen von tiefster Loyalität getragenen Geist an den Tag gelegt.

Aus meiner persönlichen Erinnerung kann ich feststellen, daß er während der Dauer meines Aufenthaltes in Köln niemals auch nur das geringste Interesse und Sympathie für die Separatistenbewegung gezeigt hat, er hat im Gegenteil jedes in seiner Macht stehende Mittel benutzt, um diese Bewegung zu bekämpfen.

Ich bin der Ansicht, daß man es in erster Linie ihm gerade auf Grund seiner korrekten und standhaften Haltung zu verdanken hat, wenn in der staatlichen Verbindung der Rheinlande mit Preußen keine Änderung eingetreten ist.
Es ist keine Frage, daß sich Dr. Adenauer, nach der Ansicht derjenigen britischen Amtspersonen, die ihn wirklich gut gekannt haben, unschätzbare Verdienste um sein Vaterland erworben hat.

Julian I. Piggott

Nr. 172
27. April 1934: Gespräch mit Rechtsanwalt Alfred Dorff in Maria Laach

Ich habe Herrn Adenauer persönlich kennengelernt, als Sie [D. N. Heineman] mich kurz nach der Machtergreifung Hitlers gebeten hatten, ihn in seinem Zufluchtsort Maria Laach zu besuchen. Er war von den Nazis aus Köln verjagt worden und zu den Benediktinermönchen geflohen. Selbst sein Leben war bedroht worden, und ich erinnere mich, daß der Prior mich gebeten hatte, unsere Spaziergänge auf die unmittelbare Umgebung der Abtei zu beschränken, damit der Oberbürgermeister nicht über einen abgelegenen Weg entführt werden konnte.
Im Laufe der langen Unterhaltung, die ich mit dem Oberbürgermeister hatte, äußerte dieser sehr antinazistische Meinungen und machte Hitler namentlich den Vorwurf: »Er will das Volk verdummen.«
(Alfred Dorff am 1.6.1953 an Dannie N. Heineman)

Nr. 173
29. April 1934 (Abtei Maria Laach): An Dannie N. Heineman, Brüssel

Lieber Freund!

Herr Dorff war am Freitag hier[1], er wird Sie unterrichten; er hat auf mich einen vorzüglichen Eindruck gemacht.
Darf ich annehmen, daß Sie einverstanden sind, wenn jährlich bis *3 000 M* für Unkosten aufgewendet werden[2]?
Die Adresse meiner Frau ist bis 4. Mai wie bisher, dann bis einschließlich 6. Mai Caritaskrankenhaus Hohenlind, Köln-Lindenthal, dann Neubabelsberg bei Berlin, Augustastr. 40; ich gehe am 3.5. dorthin, Telef[on] Potsdam 7774.

Ich würde mich freuen, Sie bald in Berlin zu sehen. Ich hoffe, daß es Ihrer Frau besser geht.
Mit herzlichen Grüßen stets Ihr
Adenauer

Nr. 174
1. Mai 1934 (Abtei Maria Laach): An Reichskanzler i. R. Dr. Wilhelm Marx, Bonn

Sehr verehrter Herr Reichskanzler!

Sie werden wahrscheinlich auf Ihre Anfrage im November 1933 nichts mehr gehört haben[1]. Würde es nicht richtig sein, auf die Sache zurückzukommen?
Ich gehe übermorgen von hier fort, ich ziehe mit meiner Familie nach Neubabelsberg bei Berlin, Augustastr. 40, Telef[on] Potsdam 7774. Der Weggang von der Heimat fällt mir sehr schwer.
Ich hoffe, daß es Ihrer Gattin und Ihnen recht gut geht.
Mit vielen Grüßen an Ihre Gattin und Sie Ihr
Adenauer

Nr. 175
12. Mai 1934 (Berlin): Der Preußische Minister des Innern an den Regierungspräsidenten in Köln

Nach eingehender Prüfung der Vorgänge, die in dem Untersuchungsverfahren gegen Oberbürgermeister a. D. Dr. Adenauer herangezogen wurden und in diesem Verfahren selbst entstanden sind, trete ich der abschließenden Beurteilung in Ihrem Bericht vom 19. 1. d. Js.[1] dahin bei, daß bei der gegebenen Sachlage mit Rücksicht auf den Ausfall der Voruntersuchung die Einstellung des Verfahrens geboten erscheint. Ich ersuche danach ergebenst, die Einstellung des Dienststrafverfahrens gegen Oberbürgermeister a. D. Dr. Adenauer nach § 97b[2] der Beamten- Dienststrafordnung vom 27.1.1932 bei der Dienststrafkammer zu beantragen und einen entsprechenden Beschluß derselben herbeizuführen.
Den Einstellungsbeschluß ersuche ich ergebenst, mir abschriftlich vorzulegen.
Die dortigen Akten folgen hierneben zurück[3].

Nr. 176

16. Mai 1934 (Neubabelsberg): An Abt Dr. Ildefons Herwegen, Abtei Maria Laach

Lieber Herwegen!

Recht herzlich danke ich Dir für die Übersendung Deines Bildes[1], Du bist damit einem mir sehr von Herzen kommenden Wunsche entgegengekommen; Du weißt ja, mit welch' herzlicher Dankbarkeit ich an die freundschaftliche Aufnahme und Gesinnung [denke], die ich bei Dir und Deiner Gemeinschaft gefunden habe.
Wir sind einigermaßen hier eingewöhnt, aber die Umstellung ist doch nicht leicht. Auch die Nöte der Diaspora lernen wir – insbesondere durch den Schulbesuch unserer Kinder – kennen[2]. Ich habe bis jetzt wenig Verkehr aufgenommen und beabsichtige auch, jedenfalls zunächst, nicht umfangreicheren Verkehr zu pflegen; ich habe aber den bestimmten Eindruck, als wenn die Situation, abgesehen von einigen Stürmen, hier dieselbe ist wie dort.

Ich wünsche Dir, auch im Namen meiner Frau, ein recht frohes Pfingstfest. Es war im vorigen Jahr das erste große Fest, das ich dort verleben konnte, und ich denke seiner noch mit großer Freude.
Wenn das Grammophon Euch dann und wann erfreut und gelegentlich an mich erinnert, so erfüllt es seinen Zweck.
Ich empfehle mich Deinem Gebete, ich erlebe eine recht kritische Zeit.
Ich hoffe, daß Dich keine besonderen Sorgen drücken, daß auch die Angelegenheit Pat[er] Desiderius[3] bald erledigt ist.
In herzlicher Dankbarkeit und mit vielen herzlichen Grüßen an Dich und Deine große Familie

Dein Dir treu ergebener
K. Adenauer

Es geht dem alten Herrn nicht gut[4].

Nr. 177
23. Mai 1934 (Neubabelsberg): An Dannie N. Heineman, Brüssel

Lieber Freund!

Auf dem Umwege über Maria Laach erhalte ich Ihre Ansprache vom 26.4.[1] Ich danke Ihnen für Ihre Zusendung; ich wünsche, andere Wirtschaftsführer hätten die gleiche Auffassung über den Kapitalismus und gäben dieser Auffassung ebenso öffentlich Ausdruck[2].
Ich hoffe, daß Ihre Gattin ganz wiederhergestellt ist; wenn es zu unserm Bedauern noch nicht der Fall sein sollte, so nehmen Sie uns vielleicht bei einer Fahrt zu ihr mit?
Wir fangen an, uns hier einzugewöhnen, wir würden uns sehr freuen, Sie bald einmal hier zu sehen; ich hoffe sicher, daß Sie vor Ihrer Reise nach Amerika uns besuchen.
Der Herr, den Sie schicken wollten, ist bis jetzt nicht gekommen.
Von Herrn Dorff werde ich wohl noch Nachricht erhalten?
Mit vielen Grüßen stets

Ihr
Adenauer

Nr. 178

29. Mai 1934 (Neubabelsberg): An Reichsminister a. D. Dr. Hans Fuchs, Cochem/Mosel

Lieber Hans!

Herzlichen Dank für Deinen l[ieben] Brief[1] und Eure guten Wünsche. Wir haben uns so ziemlich hier eingelebt[2], wir sind froh, wieder beisammen zu sein, sind auch mit dem Hause sehr zufrieden; andererseits macht sich für mich in einer so fremden und andersartigen Umgebung und fern der Heimat – die bleibt das Rheinland ja trotz allem – das Fehlen einer ausfüllenden Beschäftigung doch doppelt bemerkbar. – Der Hausbau wird Euch sicher allerlei Beschäftigung, und zwar in der Hauptsache schöne Beschäftigung, bringen; sich ein eignes Haus zu bauen, ist ja wirklich etwas Schönes. Ich freue mich, wenn Ihr so bald wieder Wurzeln schlagt.
Mit recht herzlichen Grüßen an Hedwig, der es hoffentlich wieder besser geht, und Dich, auch von Gussie,

Dein
Konrad

Nr. 179

29. Mai 1934: Artikel des ›Westdeutschen Beobachters‹: »Wovon man spricht. Gerüchte um Dr. Adenauer«

In Köln sind zur Zeit Gerüchte im Umlauf, die sich mit der Person des früheren Oberbürgermeisters Dr. Adenauer befassen[1]. Man hat inzwischen erfahren, daß Dr. Adenauer sein geruhsames Asyl im Kloster Maria Laach verlassen habe und sich nun in der Reichshauptstadt befinde.
Dort soll er, so wird erzählt, mit einem seiner Söhne eine Anwaltspraxis aufgemacht haben. Diese Angabe trifft jedoch nicht zu. Es ist zwar richtig, daß der frühere Oberbürgermeister mit seiner Familie inzwischen nach Berlin verzogen ist, doch ließ sich bisher nicht in Erfahrung bringen, was er weiter zu tun gedenkt.
Angeblich Unterrichtete wollen wissen, daß er sich für einen großen Konzern juristisch betätige. Der Sohn des ehemaligen Oberbürgermeisters, der inzwischen sein Assessorexamen abgelegt hat, ist in Stuttgart in einem Großkonzern angestellt[2].
Was mit der leerstehenden Villa des ehemaligen Oberbürgermeisters am Stadtwaldgürtel in Köln geschieht, steht zur Zeit noch nicht fest.

Nr. 180

4. Juni 1934 (Köln): Einstellungsbeschluß der Dienststrafkammer bei der Regierung zu Köln

Das durch den Regierungspräsidenten in Köln mit Verfügung vom 4. April 1933 gegen den Oberbürgermeister a. D. Dr. Adenauer eingeleitete Dienststrafverfahren wird eingestellt.
Die Kosten des Verfahrens fallen der Staatskasse zur Last.

Gründe

Da der Angeschuldigte im Juli 1933 auf Grund des § 4 des Gesetzes zur Wiederherstellung des Berufsbeamtentums vom 7.4.1933 aus dem Dienste entlassen worden ist[1], ist das gegen ihn eingeleitete Dienststrafverfahren unzulässig geworden und einzustellen, wenn nicht das Ergebnis auf die schwerste, bei einem noch im Dienst befindlichen Beamten der Dienstentlassung entsprechende Strafe, nämlich auf Aberkennung des Ruhegeldes und der Amtsbezeichnung lauten würde. Die Verhängung sowohl einer Gehaltskürzung wie einer Ordnungsstrafe ist unzulässig. Vergl. § 14 a.a.O.
Nach dem Ergebnis der Voruntersuchung aber liegen dienststrafrechtliche Verfehlungen, die mit der schwersten Strafe zu ahnden wären, nicht vor[2].
Das Verfahren mußte daher entsprechend dem auf Anweisung des Herrn Preußischen Ministers des Innern gestellten Antrag des Regierungspräsidenten[3] eingestellt werden, obgleich bei einem noch im Dienst befindlichen Beamten eine Verurteilung erfolgt sein würde.
Die Kosten des Verfahrens treffen mangels einer Vorschrift, nach der sie dem Angeschuldigten auferlegt werden könnten, die Staatskasse.

gez.
Schuberth

Nr. 181

6. Juni 1934 (Neubabelsberg): An Geheimrat Carl Duisberg, Leverkusen

Sehr verehrter Herr Duisberg!

Zu der großen Ehrung[1], die Sie erfahren haben, wünsche ich Ihnen von Herzen Glück; Sie werden mit Recht eine große Freude darüber empfunden haben.
Seit Anfang Mai bin ich wieder mit meiner Familie zusammen; wir wohnen sehr ruhig und fernab von allem in Neubabelsberg. Wir würden uns

sehr freuen, Sie und Ihre l[iebe] Frau bald einmal hier begrüßen zu können. Das Dienststrafverfahren gegen mich ist vor einigen Tagen durch Beschluß der Dienststrafkammer Köln eingestellt worden[2].
Mit herzlichen Grüßen von uns an Ihre Frau und Sie Ihr
gez. Adenauer

Nr. 182
6. Juni 1934 (Neubabelsberg): An Josef Giesen, Urfeld bei Wesseling

Sehr geehrter Herr Giesen!

Das Dienststrafverfahren gegen mich ist durch Beschluß der Dienststrafkammer in Köln eingestellt worden[1]. Ich weiß, welches Interesse Sie an dem Verlauf der Angelegenheit genommen haben und möchte Ihnen daher auch den Schluß mitteilen. Wir gewöhnen uns hier ein, es ist nicht so ganz einfach.
Ich arbeite jeden Tag mehrere Stunden in dem großen, seit Jahren verwilderten Garten – s. Zt. von Späth[2] angelegt –; der Boden besteht aus reinem Sand, dazu die Trockenheit! Man muß seine Ansprüche sehr herunterschrauben. –
Ich hoffe, daß es Ihnen gut geht. Wenn Sie nach Köln kommen, so sehen Sie sich bitte einmal den Garten in der Max-Bruchstraße an, ob er leidlich in Ordnung ist. Wenn Sie nach Berlin kommen, hoffe ich Sie hier zu sehen (Telef. Potsdam 7774).
Mit freundlichen Grüßen, auch von meiner Frau, Ihr
Adenauer

Nr. 183
7. Juni 1934 (Neubabelsberg): An Dannie N. Heineman, Brüssel

Lieber Freund!

Es wird Sie interessieren zu hören, daß, nach einer gestern durch den Deutschen Rundfunk verbreiteten Nachricht, in London ein Dr. Winter[1] für ein deutsches Reichsministerium einen Vortrag gehalten hat, in dem er auseinandergesetzt hat, die einzige Rettung Europa's bestehe darin, die Abnahmefähigkeit des europäischen Ostens und Südostens Europa's für industrielle Produkte des übrigen Europa's zu steigern. Es war im wesentlichen der Gedanke, den Sie schon vor einigen Jahren entwickelt haben[2]. –

Das Dienststrafverfahren ist nunmehr definitiv eingestellt[3]. – Für den durch Fräulein Schönfelder übermittelten Gruß danke ich vielmals[4]. – Ist Ihre Frau wiederhergestellt? Wann kommen Sie nach Berlin?
Mit herzlichen Grüßen Ihr
Adenauer

Nr. 184
9. Juni 1934 (Köln): Erzbischof Karl Joseph Kardinal Schulte an Adenauer, Neubabelsberg

Hochverehrter Herr Oberbürgermeister.

Von Herzen freudig gratuliere ich, daß auch nun das Gerichtsverfahren Ihnen gerecht geworden ist[1]. Gott gebe, daß Ihnen und Ihrer ver[ehrten] Frau Gemahlin und Ihrer ganzen Familie wieder gute Jahre winken! In diesem Sinne bete ich. Glatte Worte zu schreiben über das, was Sie durchgemacht haben, ist mir unmöglich. Dafür ist mir Ihr Leid selbst viel zu nahe gegangen.
Ihre Sorge um meine Beziehungen zu M[aria] Laach kann ich leicht zerstreuen. Der hochw. Abt Ildefons sieht viel zu schwarz. Eine Aussprache mit ihm wird ihn in 15 Minuten überzeugen, daß er von mir und meiner Haltung wirklich keinen Schaden für seine Abtei zu fürchten braucht. Um Ihrer Bitte willen will ich gern eine Gelegenheit suchen, den hochw. Herrn Abt zu sprechen.
Mit herzlichem ›Gott befohlen‹ und mit den besten Empfehlungen an Ihre Frau Gemahlin grüßt Sie
in bekannter treuer Hochschätzung und Verehrung Ihr ergebenster
Kardinal Schulte

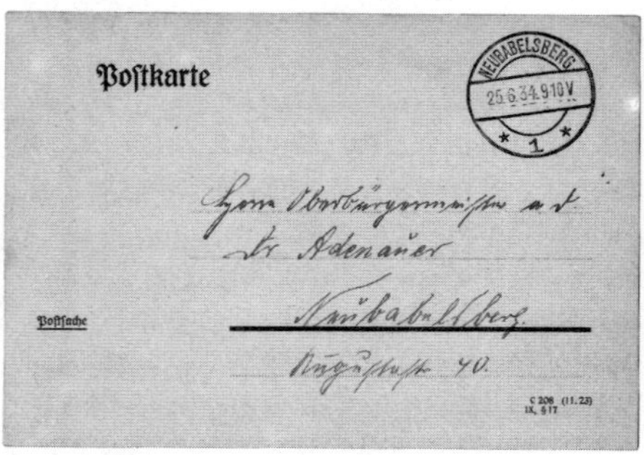
Postkarte
NEUBABELSBERG 25.6.34.9-10 V 1
Postsache

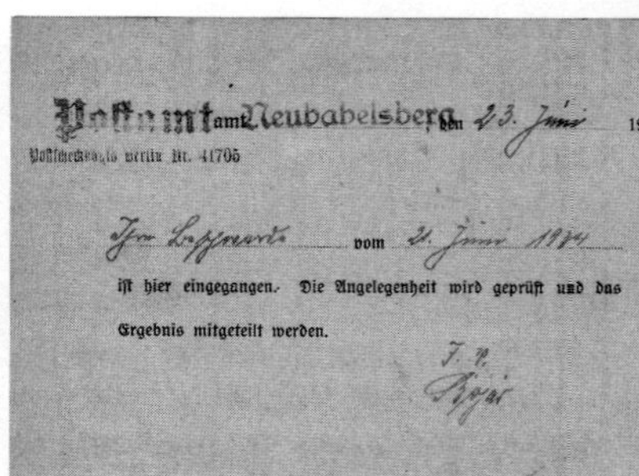
Postamt Neubabelsberg, den 23. Juni 19
vom 21. Juni 1934
ist hier eingegangen. Die Angelegenheit wird geprüft und das Ergebnis mitgeteilt werden.

Dok. Nr. 187

‹Die Gewährung der Dispens v[om] Gebote des Nüchternseins habe ich schon vor 14 Tagen dem Generalvikariat zur Expedierung an Sie überwiesen. Ich will gleich sehen, wo das Schreiben geblieben, damit Sie quam primum von der Vergünstigung Gebrauch machen können.›[a]

Nr. 185

11. Juni 1934 (Tübingen): Professor Dr. Ferdinand Zinsser an Gussie Adenauer, Neubabelsberg

Liebe Gussie!

Ihr wißt, wie wir uns mit Euch über die Nachricht von heute vor acht Tagen gefreut haben[1]. Wenn nur das glückliche Ergebnis der Quälerei nun auch weitere gute Folgen zeitigt! Ich stürze mich 2x täglich auf die Zeitungen, um darin die Nachricht zu finden. Leider bisher vergeblich. Wird das Resultat verheimlicht? ‹...›[a]
Hoffentlich seid Ihr mit den Kindern wohl.
Seid umarmt vom a. H.

Nr. 186

15. Juni 1934 (Neubabelsberg): An Professor Dr. Christian Eckert, Köln (Auszug)

Dorten[1], der mir unbekannt war, stellte sich als ehemaliger Staatsanwalt und Offizier vor, dem es wegen seiner Gesinnung unmöglich sei, dem republikanischen Staate zu dienen. Er kam dann in der Folgezeit mit allerlei merkwürdigen Angaben über Absichten der Franzosen, daß ich Sie bat, in Mainz und Wiesbaden unter Ausnutzung der persönlichen Beziehungen, die Sie in Mainz hatten, Erkundigungen über den in Wiesbaden wohnenden Dorten einzuziehen. Sie kamen mit sehr ungünstigen Mitteilungen zurück. Zwar waren damals meiner Erinnerung nach bei Dorten noch keine landesverräterischen Pläne zutage getreten, aber es ergab sich doch bei Ihren Erkundigungen, daß er eitel und unzuverlässig war.

Nr. 187

23. Juni 1934: Postamt Neubabelsberg an Adenauer, Neubabelsberg

Nr. 188

28. Juni 1934 (Neubabelsberg): An das Postamt in Neubabelsberg

Am 27. ds. habe ich wieder eine ganze Anzahl von Briefen mit großer Verspätung erhalten. Ich füge die Briefumschläge bei. Die Briefe mit der Nummer 1 und 2 sind am 21. aufgegeben, am 27. bestellt, die Briefe 3 bis 6 sind am 22. aufgegeben, am 27. bestellt, der Brief 7 ist am 22. vormittags in Neubabelsberg angekommen und erst am 27. bestellt worden. Ich bitte nochmals um Aufklärung und Abhülfe.

Nr. 189

30. Juni 1934: Verhaftung durch die Gestapo nach dem »Röhm-Putsch«

Ich versichere hiermit an Eidesstatt, daß ich am 30. Juni 1934 zusammen mit dem damaligen Major Jenö von Egan-Krieger von der Gestapo verhaftet und in Potsdam eingesperrt wurde.
(Adenauer in einer Bescheinigung vom 3.4.1947)

Nr. 189 A

30. Juni – 2. Juli 1934: Nach dem »Röhm-Putsch« in Haft
(nach den Erinnerungen von Paul Adenauer)

Mein Vater sah uns an, sagte nicht mehr viel, ging nach oben, packte sich was zusammen, und binnen 10 Minuten fuhren die weg; und er sagte nur noch, »also ich komm ja bald wieder.« Und dann schlief man natürlich nicht. Etwas später hörten wir in der Nachbarschaft Schüsse fallen, und am nächsten Morgen erfuhren wir, daß das Schüsse waren, mit denen der General Schleicher, der frühere Reichskanzler Schleicher, und seine Frau erschossen worden waren in ihrem Wohnraum oder im Schlafzimmer[1]. *Dann kamen am nächsten Morgen die Nachrichten und wir hörten diese entsetzliche Stimme von dem Hitler, der da erklärte: »Ich bin der oberste Gerichtsherr.«*[2] *[...] Ja, dann haben wir gewartet und hörten nichts weiter, außer, daß der Vater im Gefängnis in Potsdam sei. Und dann kam er plötzlich nach drei oder vier Tagen zurück; er sah bleich aus und sprach nicht viel davon. Was ich erfuhr, das war, daß er da ins Gefängnis geschafft worden sei und unterwegs schon gedacht habe, man würde ihn erschießen, als das Auto an einem Waldstück hielt. Dann habe man ihn aber doch dahin gebracht und habe ihn verhört, aber er habe ja nichts damit zu tun gehabt, mit diesem Putsch.*
(Adenauer. Das Buchmanuskript zur Fernseh-Biographie)

Nr. 190

5. Juli 1934 (Tübingen): Professor Dr. Ferdinand Zinsser an Gussie Adenauer, Neubabelsberg

Liebe Gussie!

Wir sind ganz entsetzt über die Nachricht von der neuen Quälerei, die man Euch angetan hat[1]. Wenn es auch nur eine verhältnismäßig kurze Episode war, so werdet Ihr doch schrecklich darunter gelitten haben, und namentlich Du Ärmstes zu Hause in der Ungewißheit, magst auch gezittert haben. Und die ganze Schinderei so ohne Grund und Zweck. Wir wollen froh sein, daß es nicht länger gedauert hat, bis man den Irrtum erkannte. ‹...›[a]

Seid alle miteinander umarmt von

Euren getreuen
Alten

Nr. 191

12. Juli 1934 (Neubabelsberg): An die Redaktion der »Frankfurter Zeitung«, Frankfurt/Main

In Ihrer Reichsausgabe vom 11. Juli 34 findet sich in einer Meldung über den Hirtsiefer-Prozeß der Satz: »Im ersten Falle handelt es sich um eine Sendung von hundert Flaschen Wein, die Hirtsiefer von Adenauer aus Düsseldorf erhielt.«[1] In dem Vorbericht über den Prozeß, der der Presse zugegangen ist, ist als Gegenstand der Anklage die Annahme von Wein (100 Fl.), der von dem früheren Oberbürgermeister Lehr[2] von Düsseldorf dem Angeklagten gesandt worden sei, genannt worden. Über die mündliche Verhandlung haben die Zeitungen, die ich zu Gesicht bekommen habe, dementsprechend richtig berichtet, während Ihr Blatt den mich verletzenden falschen Bericht bringt. Dabei dürfte doch Ihr Korrespondent wissen müssen, daß ich niemals mit Düsseldorf etwas zu tun gehabt habe. Ich bitte ergebenst um Richtigstellung[3].

Mit deutschem Gruß

Adenauer
Oberbürgermeister i. R.

Nr. 192

26. Juli 1934 (Köln): Katholischer Club Köln an Adenauer, Neubabelsberg

Sehr geehrter Herr Oberbürgermeister!

Unter Beifügung der Mitgliedskarte für 1934 bestätigen wir ergebenst den Empfang des Jahresbeitrages im Betrag von 30.– RM und gleichzeitig

auch der durch Ihre Frau Gemahlin übermittelten Bitte um Streichung in unserer Mitgliederliste[1]. Der Vorstand bedauert es lebhaft, auf Ihre weitere Mitgliedschaft infolge Verlegung Ihres Wohnsitzes verzichten zu müssen. Bei dieser Gelegenheit möchte er seinem tiefsten Mitgefühl Ausdruck geben über das schwere Geschick, das Sie betroffen. Möge der gütige Gott aber auch Ihren Lebensweg wieder in bessere Bahnen lenken.
Gerne gibt der Vorstand der Hoffnung Ausdruck, Sie und Ihre Lieben doch wieder in Ihrer Vaterstadt und besonders im Club begrüßen zu können.

Mit ausgezeichneter Hochachtung
i. A. des Vorstandes
Ihr stets ergebener
‹...›[a]
I. Vorsitzender

Nr. 193
3. August 1934: Bericht des »Westdeutschen Beobachters« über den Besuch von Reichspräsident Hindenburg 1926 in Köln
(siehe folgende Seite)

Nr. 194
10. August 1934 (Neubabelsberg): An den Preußischen Minister des Innern, Berlin

Durch Verfügung des Herrn Preußischen Ministers des Inneren vom 17.7.33[1] bin ich auf Grund des § 4 des Gesetzes zur Wiederherstellung des Berufsbeamtentums aus dem Dienst entlassen worden. Gründe sind mir nicht mitgeteilt worden. Ich beantrage, die Gründe dieser Verfügung einer Nachprüfung zu unterziehen und mich auf Grund des § 6 dieses Gesetzes in den Ruhestand zu versetzen.
In der Durchführungsverordnung vom ‹11.›[a] 4.33 zu dem B[erufs]B[eamten]G[esetz] heißt es zu § 4: »Bei der Prüfung, ob die Voraussetzungen des § 4 gegeben sind, ist die gesamte politische Betätigung des Beamten, insbesondere seit dem 9. November 1918 in Betracht zu ziehen.«
Die Durchführungsverordnung vom 6.5.33 lautet zu § 4:
»I) Die Zugehörigkeit eines Beamten zu einer politischen Partei – ausgenommen die kommunistische Partei – rechtfertigt allein noch nicht die Annahme nationaler Unzuverlässigkeit. Dies gilt auch dann, wenn der Beamte eingeschriebenes Mitglied der Partei gewesen ist, an sie Beiträge bezahlt und ihre Versammlungen besucht hat.

Als Hindenburg in der Domstadt weilte

Der Kölner Besuch des heimgegangenen Reichspräsidenten anläßlich der Rheinlandbefreiung / Ein Blatt des Gedenkens

Am 31. Januar 1926 wurde um Mitternacht feierlichst vor dem Dom des befreiten Rheinlandes gedacht. Damals sandte der nun tote Reichspräsident als einer der ersten seine innigsten Glückwünsche an die befreite Stadt. Kurze Zeit später wurde dann bekannt, daß das Reichsoberhaupt im Laufe des März dem befreiten Gebiet einen Besuch abstatten würde. Mit großer Freude wurde diese Kunde damals in allen Kreisen der rheinischen Bevölkerung aufgenommen. Am 20. März traf der Reichspräsident dann in Köln ein. Zu einer noch größeren Befreiungsfeier als die mitternächtliche vom 31. Januar zum 1. Februar sollte der Besuch Anlaß geben. Ueberaus reich war der Flaggen- und Blumenschmuck, den die rheinische Metropole zu diesem vaterländischen Festtag angelegt hatte.

Pünktlich um 9.04 Uhr lief der Sonderzug auf dem Kölner Hauptbahnhof ein. Vom Bahnhof ging es in Kraftwagen durch die Straßen, an denen eine dichte, sich drängende Menge Spalier bildete, zum Regierungsgebäude in der Zeughausstraße, von dort zum Rathaus. Ueberall, wo sich der Wagen des Reichspräsidenten zeigte, brach spontan ein ungeheurer, nicht endenwollender Beifall los. Tücherschwenken und Hochrufe wollten nicht aufhören. Die gesamte Kölner Bevölkerung, ganz gleich, welcher

Der Herr Reichspräsident mit Sr. Eminenz, dem Herrn Kardinal, und dem damaligen Regierungspräsidenten Grafen Adelmann vor der Messe

mit Wappen, Fahnentüchern, mit Lorbeerbäumen und Girlanden, mit weißen Hortensien und roten Azaleen war der Saal vornehm geziert. Als die Beleuchtung aufflammte, ein Augenblick weihetiefe Stille. Der Reichspräsident betrat den Saal. Dann rauschte der Beifall hoch und in Sekunden formte sich ein allgewaltiger Jubel von Heil, Hoch und Hurra, der nur allmählich verebbte. Reichspräsident von Hindenburg nahm die Huldigung in freundlicher Weise entgegen. Dann begann mit Orgelkonzert die Feier.

Wiederum brach ein Sturm des Jubels los, als gegen Ende der Feier der Reichspräsident selber ans Rednerpult trat, gemessenen Schrittes und ernsten Antlitzes. Sein Wort klang streng, gewichtig und prophetisch:

„Alle diese Opfer sind nicht vergeblich gebracht worden; sie haben der Welt gezeigt, daß das Volk am Rhein fest und unbeugsam seine Volksgemeinschaft behauptet; sie haben die Vaterlandsliebe des ganzen Rheinlandes im Feuer der Not gestählt und gehärtet, und sie haben durch ihre vorbildliche Geschlossenheit in Kampf und Gefahr die Einigkeit, die uns allen so not tut, „gefördert [illegible] gestärkt.

Wie sie, die diesen Kampf so tapfer bestanden, wollen wir uns alle zu diesem Glauben an deutsche Zukunft bekennen. Lassen sie uns hoffen, daß das deutsche Volk auch über den inneren Zwist und die Fehde des Tages hinweg durch einen neuen Geist brüderlichen Verstehens emporgetragen werde zur Einigkeit und zu starkem gemeinsamen Empfinden seines Volkstums. Hierzu beizutragen wollen wir geloben, indem wir rufen: Deutschland, unser teueres Vaterland, es lebe! Hurra! Hurra! Hurra!"

Das begeistert gesungene Deutschland-Lied und der Schlußchor aus Beethovens Neunter Sinfonie bildeten den Abschluß der Feier.

Eine nationale Feierstunde von unvergeßlicher Eindruckskraft war verrauscht. Langsam leerten sich die Hallen, während der Reichspräsident durch das Spalier der Korporationen zurückfuhr, umjubelt von neuen Menschenscharen, die am Rheinufer die Straßen säumten.

Am Abend wurde ihm zu Ehren ein großer Fackelzug veranstaltet, den er auf dem Balkon des Rathauses an sich vorüberziehen ließ. Später bei seiner Abfahrt bildete groß und klein Spalier auf dem Wege zum Bahnhof. Unter den Klängen des Deutschland-Liedes, das eine Schülerkapelle in-

Bei der Kundgebung in der großen Messehalle

oben: Dok. Nr. 193
unten: Die vollständige Originalvorlage des Photos, *mit Adenauer*; neben ihm, v. r. n. l.: Reichspräsident Hindenburg, Kardinal Schulte, Regierungspräsident Graf Adelmann von Adelmannsfelden

II) Die Voraussetzungen des § 4 Satz I sind insbesondere dann erfüllt, wenn ein Beamter in Wort, Schrift oder durch sein sonstiges Verhalten gehässig gegen die nationale Bewegung aufgetreten ist, ihre Führung beschimpft oder seine dienstliche Stellung dazu mißbraucht hat, um national gesinnte Beamte zu verfolgen, zurückzusetzen oder sonst zu schädigen.«

Ich bin im Jahre 1906, nachdem ich im Jahre 1902 das Examen als Gerichtsassessor bestanden hatte, in den Dienst der Stadtv[erwaltung] Köln als Beigeordneter eingetreten[2]. Im Jahre 1917 bin ich einstimmig zum Oberbürgermeister der Stadt Köln gewählt und vom Könige bestätigt worden. Im Jahre 1929 bin ich als solcher wiedergewählt worden, trotzdem die Sozialdemokraten und die Kommunisten den heftigsten Kampf gegen meine Wiederwahl geführt haben.

Ich bin seit langer Zeit eingeschriebenes Mitglied der Zentrumspartei gewesen, einer anderen Partei habe ich niemals angehört. Die NSDAP habe ich immer durchaus korrekt behandelt und mich dadurch wiederholt im Gegensatz zu den damaligen ministeriellen Anweisungen und auch zu den von der Zentrumsfraktion der Kölner Stadtverordnetenversammlung vertretenen Anschauungen gesetzt.

So habe ich jahrelang entgegen der damaligen Verfügung des Preußischen Innenministers der NSDAP die städtischen Sportplätze zur Verfügung gestellt und ihr bei ihren Veranstaltungen auf diesen das Hissen ihrer Hakenkreuzfahnen an den städtischen Flaggenmasten gestattet. Ich beziehe mich auf die einschlägigen Akten der Stadt Köln und auf das Zeugnis des Beigeordneten i. R. Billstein.

Seit Jahren bin ich in dem zuständigen städtischen Ausschuß entgegen den ministeriellen Verfügungen dafür eingetreten, dem »Westdeutschen Beobachter« die städtischen Bekanntmachungen zu geben. Siehe das Protokollbuch des Verfassungsausschusses der Stadt Köln.

Im Sommer 1930 habe ich angeordnet, daß die Verfügung des Preußischen Staatsministeriums, die nationalsozialistischen Beamten zwecks Disciplinierung namhaft zu machen – die Verfügung war vom Regierungspräsidenten zur Durchführung übersandt worden – nicht ausgeführt worden ist, da ich sie für unberechtigt und für ungerecht hielt. Beweis: Zeugnis des Beigeordneten i. R. Berndorff in Köln.

Dem national[sozial]istischen Stadtverordneten Gauleiter Grohé habe ich in jener Zeit auf seine an mich gerichtete Frage, ob städtische Beamte, die für [die] NSDAP sich bekännten, von mir etwas zu befürchten hätten, geantwortet, daß kein Beamter – gleichgültig, welcher Partei er angehöre – im Dienste für diese Partei agitieren dürfe; wenn aber außerhalb des

Dienstes ein Beamter für die NSDAP eintrete, so sei das seine persönliche Angelegenheit, deretwegen er von mir nichts zu befürchten habe.
Ein Vorfall, der sich an einem der letzten Sonntage vor der Reichstagswahl vom 5. März 33 abspielte, hat in dem Teil der Kölner NSDAP, der nicht die ganzen Vorgänge kannte, den Eindruck einer feindseligen Behandlung der Partei entstehen lassen. In der Nacht vor diesem Sonntage waren auf den Pylonen der Hängebrücke heimlich Hakenkreuzfahnen aufgezogen worden. Die Brücke war städtisches Eigentum, ihre Beflaggung fand immer nur dann statt, wenn die Stadtverwaltung selbst flaggte.
Ich habe infolgedessen der Kölner Parteileitung mitteilen lassen, ich könne verstehen, daß die Partei bei ihrer Kundgebung ihre Flagge zeigen wolle, es handle sich aber hier um ein städtisches Bauwerk, das in keinem örtlichen Zusammenhange mit dieser Kundgebung stehe; ich sei damit einverstanden, daß die Fahnen vor den Messehallen, in denen die Kundgebung stattfinden sollte, gehißt würden, die Parteileitung möge jemanden schicken, der angebe, wo dort die Flaggen gehißt werden sollten. Es sind dann in Gegenwart eines Vertreters der Parteileitung unter Aufsicht eines Beigeordneten durch städtische Beamte vor den Messehallen Fahnenmaste in den Boden gerammt und an diesen die Fahnen gehißt worden. Beweis: Zeugnis des Beigeordneten i. R. Billstein in Köln.
Ich bin von der Errichtung des Preußischen Staatsrates an Mitglied und Präsident gewesen bis zum Jahre 1933. Im Staatsrat sind höchst selten parteipolitische Debatten gewesen. Ich habe mich an ihnen nie beteiligt, weil ich als Präsident Wert darauf legte, nur dort in Aktion zu treten, wo ich das als Vertreter des ganzen Staatsrates tun konnte.
Das in der damaligen Preußischen Verfassung vorgesehene sogenannte Dreimänner-Kollegium – Ministerpräsident, Landtagspräsident, Staatsratspräsident – ist nur zweimal zusammengetreten, und zwar im ‹Februar 1933›[b] auf Veranlassung des damaligen Landtagspräsidenten Kerrl, um über die Auflösung des Landtags zu beschließen. Ich habe beim ersten Male gegen die Auflösung gestimmt, beim zweiten Zusammentreten erklärt, daß ich Herrn von Papen nicht für rechtlich befugt hielte, teilzunehmen; die Verhandlungen verliefen nicht nur in der sachlichsten und höflichsten Form, ich habe auch bei ihnen ausdrücklich erklärt, daß nach meiner Meinung eine so große Partei wie die NSDAP unbedingt führend in der Regierung vertreten sein müsse. Ich berufe mich auf das Zeugnis des Herrn Ministers Kerrl sowie auf die über die Verhandlungen aufgenommenen, bei den Akten des Staatsministeriums befindlichen Protokolle.
Während der Revolution 1918 und während der Zeit der feindlichen

Besatzung habe ich mich um die deutsche Sache am Rhein verdient gemacht. Während der Revolution 1918 habe ich meine Tätigkeit als Oberbürgermeister der Stadt Köln erst wieder aufgenommen, als der damalige Gouverneur[3] der Festung Köln mich im Interesse des Heeres, da Köln für den Rückzug der Deutschen Armeen so wichtig sei, und im Interesse der Bürgerschaft darum ersucht hatte, und als mir von den Sozialdemokraten die Zusage gegeben worden war, daß die rote Fahne nicht auf dem Rathause aufgezogen würde – es ist mir übrigens gelungen, auch das Gouvernementsgebäude vor dem Aufziehen der roten Fahne zu schützen, auf allen anderen öffentlichen Gebäuden in Köln ist sie aufgezogen worden –. Es gelang mir, während die staatlichen Stellen nichts taten, im Zusammenarbeiten mit Männern aller Parteien in Köln Ordnung zu schaffen, sehr große Heeresvorräte vor dem Zugriff durch den Feind zu retten und alle Vorkehrungen zu treffen, damit der Durchzug der Köln passierenden Deutschen Armeen ungehindert erfolgen konnte. Ich beziehe mich auf die einschlägigen Akten der Stadt Köln und das Zeugnis des Majors a.D. Schwink[4] in München, der damals von der Obersten Heeresleitung nach Köln geschickt wurde, um in Zusammenarbeit mit mir alles zu tun, was einen glatten Durchmarsch der Truppen sichern konnte.

Über meine Tätigkeit Ende 1918 und in den ersten Monaten 1919 gegenüber den damaligen Bestrebungen zur Errichtung einer Rheinischen Republik hat im Sommer 1933 auf Veranlassung des Herrn Preußischen Ministerpräsidenten im Preußischen Innenministerium eine Untersuchung stattgefunden[5]. Ich beziehe mich auf das Ergebnis dieser Untersuchung und beschränke mich hier auf folgende Ausführungen. Gegenüber den Bestrebungen auf Errichtung einer Rheinischen Republik habe ich mich, als sie am 9.11.[19]18 an mich herangetragen wurden, vollständig ablehnend verhalten[6], ich hielt sie für falsch und für gefährlich und habe dieser Ansicht auch klaren Ausdruck verliehen. Man zog mich deshalb in der Folgezeit zu den fast ständig stattfindenden Besprechungen nicht mehr zu, so daß ich z. Beispiel von der Entschließung, die am 4.12. [1918] in der bekannten Versammlung in der Bürgergesellschaft in Köln gefaßt wurde[7], erst am anderen Tage aus der Zeitung erfuhr.

Inzwischen hatte mich die damalige Reichsregierung gebeten, bemüht zu sein, daß keine Unüberlegtheiten geschähen. Die Bewegung gewann an Boden, sie wurde namentlich deshalb so gefährlich, weil sie drohte, die Bevölkerung in zwei Lager zu trennen, während vollste Einigkeit der rheinischen Bevölkerung im Hinblick auf die von Frankreich drohenden Gefahren das oberste Gebot war. Ich versuchte deshalb im Laufe des

Dezember und des Januar die Verbindung und das Vertrauen zwischen den verschiedenen politischen Parteien, das insbesondere auch durch die oben erwähnte Versammlung in der Bürgergesellschaft empfindlich gestört war, wiederherzustellen. Die Bestrebungen zur Errichtung einer rheinischen Republik wählten sich nunmehr zum Platze ihrer Tätigkeit kleine Conventikel in allen möglichen Orten des besetzten Gebietes; sie wurden dadurch unkontrollierbar und sehr gefährlich. –
Inzwischen hatten die Wahlen zur Deutschen Nationalversammlung und zur Preußischen Landesversammlung stattgefunden[8], so daß durch diese Wahl legitimierte Vertreter der Bevölkerung vorhanden waren. Ich schlug deshalb den politischen Parteien vor, alle im Rheinland gewählten Abgeordneten der Nationalversammlung und der Landesversammlung, die Oberbürgermeister der Städte, die Vertreter der Kirchen, von Handel und Industrie, der Provinzialverwaltung usw. zu einer Aussprache nach Köln zusammen zu berufen. Köln kam als Tagungsort allein in Frage, weil man annehmen konnte, daß die Engländer die Versammlung nicht einem politischen Druck aussetzen würden. Ich wollte auf dieser Versammlung die Einigkeit und Geschlossenheit der Rheinischen Bevölkerung wieder herstellen und die Behandlung der wichtigen politischen Fragen den Conventikeln, die sich allenthalben gebildet hatten, entziehen. Die Versammlung fand am 1.2. [19]19 im Rathause in Köln statt[9]. Die aktivistische Richtung suchte durch einen am gleichen Tage in der »Kölnischen Volkszeitung« erschienenen Artikel[10], den man bis zu seinem Erscheinen sorgfältig vor mir geheim gehalten hatte, die Versammlung im Sinne eines Beschlusses auf baldigste Bildung eines Rheinischen Bundesstaates zu beeinflussen.

Es gelang mir, nachdem ich zuerst ein umfangreiches Referat gehalten hatte, das auch den Bestrebungen und Überlegungen desjenigen, zunächst die Mehrheit bildenden Teiles der Versammlung, der auf dem Boden des oben erwähnten Artikels der »Kölnischen Volkszeitung« stand, gerecht wurde, die Versammlung nach vielstündiger Dauer dahin zu bringen, daß ein einstimmiger Beschluß gefaßt wurde, und zwar dahingehend, daß ein energischer Einspruch gegen die französischen Absichten und Pläne eingelegt wurde und daß ferner beschlossen wurde, unter meinem Vorsitz einen Ausschuß einzusetzen, der die Pläne »zur Errichtung einer Westdeutschen Republik im Verbande des Deutschen Reiches und auf dem Boden der von der Deutschen Nationalversammlung zu schaffenden Reichsverfassung« weiter bearbeiten sollte.

Da die Verhältnisse in Deutschland sich nach der Einberufung der Nationalversammlung konsolidierten, da die Aspirationen Frankreichs auf den

Rhein bei seinen Verbündeten keine Gegenliebe fanden, und weil in der ursprünglich von Deutscher Vaterlandsliebe getragenen Bewegung sich nach einiger Zeit französische Einflüsse geltend machten, erschien mir schon die Einberufung des Ausschusses nicht opportun, ich habe sie deshalb unterlassen.

Georges Clemenceau[11] sagt in seinem Buche »Größe und Tragik eines Siegers« (Union Deutsche Verlagsanstalt 1930), Seite 153 zu dieser Episode: »Einige Wochen vergingen. Der Bürgermeister von Köln, Adenauer, hatte die Leitung der Bewegung übernommen.

Am 1. Februar 1919 wurden alle rheinischen Abgeordneten, die zu Mitgliedern der Nationalversammlung gewählt worden waren, nach Köln berufen, ebenso auch die Bürgermeister der rheinischen Städte. Es handelte sich darum, feierlich die Gründung der rheinischen Republik auszurufen.

Was geschah? Man begnügte sich, unter dem Einfluß Adenauers einen Ausschuß zu wählen, der den Auftrag erhielt, an der Bildung eines selbständigen Rheinlandes im Verbande des Deutschen Reiches zu arbeiten. Wie oft trat dieser Ausschuß zusammen? Nicht ein einziges Mal!«

Als einige Zeit später, am 1.6.1919, von Dorten und seinen Anhängern in Wiesbaden und Mainz die Rheinische Republik ausgerufen wurde und diese Ausrufung von den französischen Militärbehörden, aber auch von der Rheinlandkommission in Koblenz teils ausdrücklich, teils durch konkludente Handlungen anerkannt wurde, gelang es mir, durch die Argumentation, die englische Besatzung sei völkerrechtlich verpflichtet, dem Deutschen Reiche das englisch besetzte Gebiet in der staatsrechtlichen Form wiederzugeben, in der sie es bei Antritt der Besatzung übernommen habe, den Erlaß einer Ordonnanz durch die englische Besatzungsbehörde zu erwirken, durch die eine Änderung der Staatsform im britisch besetzten Gebiet ohne Zustimmung der Besatzungsbehörde verboten wurde. Damit war das Übergreifen der Bewegung auf die Kölner Zone verhindert und der separatistische Vorstoß zur Erfolglosigkeit verurteilt, da eine Rheinische Republik ohne Köln unmöglich war[12].

Ich möchte noch erwähnen, daß ich vor Unterzeichnung des Versailler Vertrags gleichzeitig im Auftrage einer Anzahl maßgebender Rheinländer den damaligen Reichskanzler Scheidemann aufgesucht[13] und ihn gebeten habe, den Vertrag unter keinen Umständen zu unterzeichnen. Die Rheinländer seien durchaus bereit, den ungeregelten Zustand der Besatzung weiter zu ertragen, man werde jeder separatistischen Bewegung mit Erfolg entgegentreten. Besonders kritisch war die Lage des Rheinlandes im Winter 1923–24 nach Abbruch des passiven Widerstandes, und zwar

einmal wegen der Verhältnisse im Rheinlande selbst, vor allem aber, weil die damalige Reichsregierung unter dem Reichskanzler Stresemann zu der Überzeugung gekommen war, daß sie das ganze damals besetzte Gebiet aufgeben müsse.
Am 13. November 1923[14] wurde einer kleinen Anzahl führender Rheinländer in der Reichskanzlei von Reichskanzler Stresemann in Anwesenheit mehrerer Mitglieder der Reichsregierung mitgeteilt, daß die Reichsregierung beschlossen habe, jede Zahlung in das besetzte Gebiet einzustellen, weil durch die Fortsetzung dieser Zahlungen die eben eingeführte Rentenmark gefährdet werde; das besetzte Gebiet solle de facto, nicht de jure, einen eigenen Staat bilden, die anwesenden Vertreter des Rheinlandes sollten am anderen Tage nach Koblenz zur Rheinlandkommission fahren und von dieser ein Besteuerungsrecht erbitten, die Reichsregierung hoffe, daß das besetzte Gebiet später einmal zum Reich zurückkomme, dieser Beschluß der Reichsregierung werde am Abend dieses Tages in einer Pressekonferenz von ihr der Weltöffentlichkeit mitgeteilt werden.
Die anwesenden Rheinländer erhoben unter meiner Führung entschiedensten Einspruch gegen diese Absichten der Reichsregierung, die unbedingt zur Vernichtung Deutschlands geführt hätten. Es kam zu so erregten Auseinandersetzungen, daß ein Reichsminister Tätlichkeiten zwischen mir und einem anderen Minister befürchtete, der Reichskanzler Stresemann erlitt einen Anfall von Herzschwäche. Die Reichsregierung zögerte gegenüber diesem entschiedenen Widerspruche mit der Durchführung ihres Beschlusses. Sie stürzte kurz darauf infolge einer Abstimmung im Reichstage, es folgte ein Kabinett Marx. Unser Kampf gegen den noch bestehenden Beschluß des früheren Kabinetts Stresemann ging weiter, und es gelang erst auf Grund von Zahlenmaterial, das ich durch besondere Informationen erhielt und dem Reichskanzler Marx unterbreiten konnte, nach weiteren stundenlangen Verhandlungen in einem Ausschuß der Reichsregierung diese für eine Aufhebung des Beschlusses der Regierung Stresemann zu gewinnen[15]. Öffentlich sind diese Vorgänge, bei denen das Schicksal Deutschlands auf des Messers Schneide stand, nicht bekannt geworden. Ich beziehe mich zum Nachweise der Richtigkeit der obigen Darstellung auf die Akten der Reichskanzlei und nötigen Falles auf das Zeugnis der in diesen Akten als anwesend angeführten Personen.
Über die Einschätzung meiner Tätigkeit durch die Separatisten gibt folgender Auszug aus den »Geheimprotokollen der Rheinischen Republik«[16], die im Jahre 1933 in der rheinischen Presse veröffentlicht wurden, Auskunft (entnommen aus Nr. 76 des Düsseldorfer »Mittag« vom 30.3.33)[17]:

»Ärger auf Köln und Adenauer. Koblenz, den 29. Oktober 1923
Mit dem militärischen Bevollmächtigten Graf d'Arboneau[18] verhandelte heute Herr Matthes[19] über seinen Plan, mit etlichen tausend Mann die Kölnische Zone zu zernieren; Köln müsse von dem übrigen besetzten Gebiet ganz abgesperrt werden, der Besatzungsverkehr werde natürlich nicht gestört. Wenn sich die Berliner Parteiführer aus dem preußisch-englischen Fuchsbau Köln ins Gebiet der rheinischen Regierung wagen sollten, auch nach Koblenz, wolle er sie verhaften lassen. Das sei doch logisch die von Herrn Tirard als Oberkommissar Frankreichs ausdrücklich anerkannte de facto Gewaltausübung der provisorischen Regierung. D'Arboneau sagte, das würde den französisch-englischen Konflikt noch verschärfen, die Sache müßte von Herrn Tirard und in Paris erst wohlerwogen werden. Dr. Kremers und einige engere Parteigenossen haben sich in der Schloßstraße 8 zusammengetan,

um einen Anschlag auf Adenauer vorzubereiten,

den man ebensogut beseitigen könne bzw. müsse, wie man lange vor jeder Aktion in Köln Smeets tödlich verwundet und seinen Schwager Kaiser erschossen habe; der Generalsekretär Trier sei bei jenem Attentat nur wie durch ein Wunder unverletzt geblieben. Man müsse endlich den Preußen mit gleicher Münze heimzahlen.
Als Matthes davon hörte, sagte er, er habe nichts dagegen, Adenauer, wenn man ihn habe, vor ein rheinisches Revolutionsgericht zu stellen und ihn eventuell standrechtlich erschießen zu lassen; politische Meuchelmorde, wie sie verschiedentlich an Rheinländern verübt worden seien, dulde er aber nicht.«
Der Haß der Separatisten gegen mich währte auch später noch fort, da sie in mir einen Hauptgegner sahen. Als ich im Herbst 192[9] in der Deutschen Gesellschaft in Amsterdam einen öffentlichen Vortrag hielt[20], wollte der inzwischen aus Deutschland geflohene Separatist Matthes meine Anwesenheit in Amsterdam zur Ausführung eines Attentats gegen mich benutzen. Ich mußte deshalb während meiner zweitägigen Anwesenheit in Amsterdam unter sorgfältigsten polizeilichen Schutz gestellt werden[21].
Die in der Entlassung nach § 4 des B[erufs]B[eamten]G[esetzes] liegende Kennzeichnung als national unzuverlässig ist für mich und meine Familie – ich habe sieben Kinder – in höchstem Maße schmerzlich und unverdient. Ich glaube sagen zu dürfen, daß ich mir unter den schwierigsten Verhältnissen erhebliche Verdienste um die Rettung der Deutschen Rheinlande erworben habe. Der Herr Reichspräsident von Hindenburg hat nach dem Abzug der englischen Besatzung diese meine Verdienste

in sehr warmen Worten anerkannt und mir sein Bild geschenkt. Um so bitterer ist für mich die Entlassung auf Grund des § 4. Ich bitte daher dringend um eine Nachprüfung der Entscheidung[22]. Wenn noch über irgendeinen Punkt Unklarheiten oder Zweifel bestehen sollten, so bitte ich mir Gelegenheit zur Stellungnahme dazu geben zu wollen.

Adenauer

Nr. 195
4. September 1934 (Kappel bei Lenzkirch / Schwarzwald): An Dannie N. Heineman, Brüssel

Lieber Freund!

Infolge eines Zufalls sind meine Frau und ich bis längstens 13.9. in Kappel, nicht zu weit von Baden-Baden[1]. Sollten Sie zufällig in der Zeit in Bühler Höhe[2] sein, so würde es mir eine Freude sein, Sie aufsuchen zu können.
Spätestens am 14.9. kommen wir nach Berlin zurück; hoffentlich ist es Ihnen bei Ihrer nächsten Anwesenheit dort möglich, eine Stunde für mich zu reservieren.
Mit herzlichen Grüßen von Haus zu Haus

Ihr
Adenauer

Nr. 196
21. September 1934 (Neubabelsberg): An Reichsminister a. D. Dr. Hans Fuchs, Cochem / Mosel

Lieber Hans!

Die Nachricht[1] vom Hinscheiden Deiner Mutter löst unser herzlichstes Mitgefühl aus. Das Gefühl, noch das Elternhaus zu besitzen, wird Dir gerade in diesen schweren Zeiten viel gewesen sein und Dir oft Trost gegeben haben, und den letzten Elternteil zu verlieren, bedeutet immer einen Abschnitt im Leben. Wir nehmen an Deiner und an Hedwigs Trauer herzlichsten Anteil und schließen Deine heimgegangene Mutter in unser Gebet ein.
Mit recht herzlichen Grüßen von Haus zu Haus, wie stets

Dein
Konrad

Nr. 197
19. Oktober 1934 (Neubabelsberg): An Geheimrat Carl Duisberg, Leverkusen

Sehr verehrter Herr Duisberg!

»Gottes Wort Deutsch«[1] füllt eine Lücke in meiner Bibliothek in ausgezeichneter Weise aus; es ist mir zugleich eine liebe Erinnerung an den Namen »Duisberg«. Ich danke Ihnen herzlich dafür.
Mit vielen Grüßen, auch von meiner Frau, an Ihre Frau und Sie,

Ihr
gez. Adenauer

Nr. 198
30. Oktober 1934 (Prag): Bericht der Sozialdemokratischen Partei Deutschlands (SOPADE) über »Katholische Kirche und Drittes Reich« (Auszug)

Von den föderalistischen Bestrebungen ist der sogenannte »Separatismus« zu unterscheiden. Es gab eine legitime, nach der neuen Reichsverfassung erlaubte Bestrebung, den katholischen preußischen Gebieten am Rhein ein staatliches Eigenleben im ungelösten Rahmen des Reichsganzen zu geben (das gleiche galt für die ähnlichen Bestrebungen in der Pfalz im Verhältnis zu Bayern). Und es bestand schon in den ersten Stadien der Republik die separatistische Bewegung der »Rheinischen Republik«, die auf einen vom Reich losgelösten, selbständigen katholischen Pufferstaat zwischen Frankreich und Deutschland unter französischem Protektorat hinzielte und ihren Plan in mehreren Putschepisoden auch für kurze Zeit wenigstens annähernd erreichte. Beide Bewegungen zogen ihre Nahrung aus der Gegnerschaft gegen Preußen, die in großen Teilen der katholischen Bevölkerung des Westens immer wach geblieben war.
Bei der ersten, der »loyalen« Bewegung haben ohne allen Zweifel hervorragende Zentrumsführer wie Kaas–Trier und Adenauer–Köln mitgewirkt[1]. Bei dieser Bewegung hat manchmal auch wohl weniger der politische Wille, unter allen Umständen die Trennung vom preußischen Staat durchzusetzen, die entscheidende Rolle gespielt, als vielmehr die taktische Absicht, mit der föderalistischen Idee ein immer brauchbares Druckmittel gegen das neue Preußen und das staatspolitische Gewicht der Sozialdemokratie in die Hände zu bekommen und zu gebrauchen.

Nr. 199

7. November 1934 (Neubabelsberg): An Abt Dr. Ildefons Herwegen, Abtei Maria Laach

Lieber Herwegen!

Wie ich annehme, bist Du inzwischen zurückgekehrt[1], und zwar gestärkt und gekräftigt für die kommende Zeit. Pater Joannes[2] wird Dir wohl schon mitgeteilt haben, daß ich Sehnsucht nach Maria Laach und seinen Bewohnern habe und daß ich deshalb angefragt habe, ob es nicht stören würde, wenn ich im November einige Tage dorthin käme. Deine Zustimmung vorausgesetzt, würde ich am 12.11. abends dort eintreffen[3]. Ich freue mich von ganzem Herzen auf einen Austausch mit Dir und den Aufenthalt dort.
In alter Treue und mit herzlichen Grüßen, denen sich meine Frau anschließt,

Dein
Adenauer

Nr. 200

8. November 1934 (Berlin): Vermerk von Ministerialrat Dr. Scheffler, Reichs- und Preußisches Ministerium des Innern

Es erscheint nicht erforderlich, sich mit den einzelnen Punkten der Eingabe des Oberbürgermeisters a. D. Dr. Adenauer vom 10. 8. d. Js.[1], in der er die Umwandlung der Entlassung nach § 4 in Pensionierung nach § 6 B[erufs]B[eamten]G[esetz] beantragt, auseinanderzusetzen.
Dr. Adenauer gehörte zu denjenigen Persönlichkeiten, die als Träger des verflossenen Systems in besonders ausgesprochener Weise hervorgetreten sind. Er vertrat es in enger Verbindung mit den führenden Sozialdemokraten rückhaltlos in seinen verschiedenen politisch hochbedeutsamen Ämtern, insbesondere auch als langjähriger Präsident des Preußischen Staatsrats, und gehörte zu denjenigen Persönlichkeiten, die für die Linie der preußischen Politik lange Zeit mitbestimmend gewesen sind. Dr. Adenauer trennte sich von seinen politischen Ämtern und den damaligen Mehrheitsparteien auch nicht, als diese ihre Machtstellung selbst unter Anwendung besonders unlauterer Mittel zu erhalten suchten, wie dies z. B. in dem die Änderung der Geschäftsordnung des preußischen Landtags betreffenden Vorgang in Erscheinung trat. Dr. Adenauers politische Bedeutung trat ganz besonders hervor, als er als Präsident des Staatsrats unter der Regierung von Papen zusammen mit dem Präsidenten des

Landtags, Kerrl, die Möglichkeit der Auflösung des Landtags gehabt hätte. Er versagte jedoch seine Mitwirkung[2].
Abgesehen von seiner Haltung als Präsident des Staatsrats hat auch seine Kommunalpolitik durchaus in der Linie des verflossenen Systems gelegen. Das tritt namentlich in seiner aufwendigen Repräsentation und seiner maßlosen Kreditpolitik in Erscheinung. Zu dem ersten Punkt[3] ist in der Voruntersuchung des nunmehr eingestellten Dienststrafverfahrens[4] z. B. festgestellt worden, daß die Aufwendungen anläßlich der Einweihung der Mülheimer Brücke 133 000 RM und die Repräsentationskosten für die »Pressa« sich auf rd. 800 000 RM beliefen. Zum zweiten Punkt sei auf die ganz außergewöhnlich hohen Kredite der Stadt bei der Rheinischen Landesbank (rd. 45 Millionen langfristige und rd. 43 Mill. mittel- und kurzfristige Kredite) und das Anwachsen der *Gesamt*verschuldung der Stadt verwiesen und genau von rd. 28 Mill. RM im Jahre 1924 auf rd. 400 Mill. RM im Jahre 1933, davon rd. 239 Mill. RM kurz- und mittelfristig.
Es erscheint nicht angängig, nachdem verschiedentlich Zentrumsangehörige in weniger führenden Stellen und ohne unmittelbaren Einfluß auf die allgemeine Linie der Staatspolitik auf Grund ihrer Einstellung und Haltung in lokalen Fragen nach § 4 a.a.O. behandelt werden mußten, Dr. Adenauer durch Änderung der Entlassung nach § 4 in eine Pensionierung nach § 6 in seiner früheren politischen Gesamthaltung staatlicherseits zu rechtfertigen und ihm eine Bescheinigung der politischen Unbedenklichkeit zu geben.
Der Antrag Dr. Adenauers ist daher abzulehnen.

Nr. 201

8. November 1934 (Berlin): Der Reichs- und Preußische Minister des Innern, Dr. Wilhelm Frick, an Adenauer, Neubabelsberg
(siehe folgende Seite)

Nr. 202

21. November 1934 (Neubabelsberg): Gussie an Konrad Adenauer, Abtei Maria Laach

Mein liebster Schatz.

Vielen Dank für Deinen Brief[1], den ich gestern Abend pünktlich erhielt und der mir wieder so recht die ganze Stimmung von Maria Laach heraufbeschwor. Eigentlich sind mit der ganzen Welt dort herrliche Erlebnisse für uns beide verbunden, in innerlicher und äußerer Art. Ich freue mich, daß Du dort so lieb und wohlmeinend empfangen wurdest, das gibt Dir für die kommenden schweren Stunden Kraft und Ruhe. Max ist sicher glücklich, daß er mit Dir etwas zusammen sein kann, und Dir kann er auch durch eine Aussprache Erleichterung geben. Wirst Du Gelegenheit haben, mit Manstetten zusammenzukommen[2], wie wichtig und gut wäre das, wenn wir in dieser Sache etwas weiter kämen. ‹...›[a]

Gussie

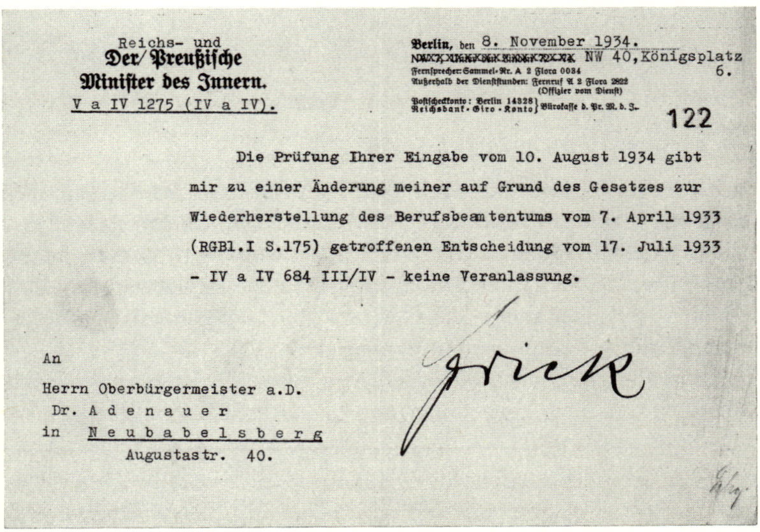

Reichs- und
Der/ Preußische
Minister des Innern.
V a IV 1275 (IV a IV).

Berlin, den 8. November 1934.
NW 40, Königsplatz 6.
Fernsprecher: Sammel-Nr. A 2 Flora 0034
Außerhalb der Dienststunden: Fernruf A 2 Flora 2822 (Offizier vom Dienst)
Postscheckkonto: Berlin 14328 / Reichsbank-Giro-Konto } Bürokasse d. Pr. M. d. J.

122

Die Prüfung Ihrer Eingabe vom 10. August 1934 gibt mir zu einer Änderung meiner auf Grund des Gesetzes zur Wiederherstellung des Berufsbeamtentums vom 7. April 1933 (RGBl. I S.175) getroffenen Entscheidung vom 17. Juli 1933 - IV a IV 684 III/IV - keine Veranlassung.

Frick

An
Herrn Oberbürgermeister a.D.
Dr. A d e n a u e r
in N e u b a b e l s b e r g
Augustastr. 40.

Dok. Nr. 201

Nr. 203

24. November 1934: Meldung im »Berliner Tageblatt«: »Adenauers Geldgeschäfte«

In der heutigen Verhandlung im Brüning-Prozeß[1] sollte ein besonders wichtiger Punkt der Anklage erörtert werden, die Geldgeschäfte, die Dr. Brüning zusammen mit dem früheren Oberbürgermeister Dr. Adenauer gemacht haben soll. Es handelt sich um Effektenspekulationen Brünings, an denen Adenauer beteiligt war. Auf Drängen Adenauers, der damals dringend Geld brauchte und Brüning fragte, ob er die Gewinne nicht realisieren könnte, überwies der Angeklagte auf das Konto Adenauers den Betrag von 55 000 RM. In Wirklichkeit hatte das Geschäft gar keinen Gewinn abgeworfen, was den Vorsitzenden bereits früher zu der Bemerkung veranlaßte, daß es sich also um ein Geldgeschenk gehandelt habe. Die Verhandlung, die um 9 Uhr beginnen sollte, fand vorläufig nicht statt, da heute vormittag Dr. Adenauer kommissarisch vernommen wird. In Erwartung der Zeugenvernehmung Dr. Adenauers ist der Andrang des Publikums heute sehr stark, was die Gerichtsbehörde zu einem verstärkten Polizeischutz veranlaßte.

Nr. 204

25. November 1934 (Abtei Maria Laach): An den Vorsitzenden der 3. Großen Strafkammer des Landgerichts in Köln, Landgerichtsdirektor Fehr

Sehr geehrter Herr Landgerichtsdirektor[1]!

Da ich nicht ohne weiteres nach Köln kommen kann, bitte ich auf diesem Wege folgende Erklärungen von mir entgegennehmen zu wollen:

1. Nach dem im »Stadtanzeiger«, Abendblatt vom 24.11.34, enthaltenen Bericht über die Strafsache Brüning sollen Sie gesagt haben: »Das alles sei nur zu verstehen unter dem Gesichtswinkel der persönlichen Beziehungen Brünings zum Oberbürgermeister.«

Ich erkläre hierzu auf das entschiedenste unter Abwägung eines jeden Wortes und mit dem Hinzufügen, daß ich jederzeit zur eidlichen Erhärtung dieser Erklärung bereit bin: »Ich habe niemals und auf keine irgendwie mögliche Weise irgend eine Person, [einen] Beamten oder Angestellten der Stadt Köln, davon abgehalten oder abzuhalten versucht, gegen Brüning oder die Deutsche Bank so vorzugehen oder Vorstellungen zu erheben, wie er es für erforderlich hielt.«

Wenn ich gewußt hätte, daß an irgendeiner Stelle die eben wiedergegebene Ansicht bestanden hätte, würde ich diese Erklärung in meiner Zeugenaussage abgegeben haben. ‹Die Richtigkeit dieser Erklärung wird bestätigt durch die Aussage des Zeugen Stadtdirektor Steeg[2], der nach dem Verhandlungsbericht in der »Kölnischen Zeitung«, Morgenblatt vom 25.11.34, gesagt hat, »das persönliche Verhältnis Dr. Brünings zum Oberbürgermeister könne dabei überhaupt keine Rolle gespielt haben, weil es im Büro überhaupt nicht bekannt gewesen sei.«›[a]
Ich bemerke noch, daß man von »persönlichen« im Sinne von »freundschaftlichen« Beziehungen zwischen Brüning und mir erst vom Sommer 1930 an – der Hochzeit der Adoptivtochter des Oberpräsidenten Fuchs – sprechen kann.
Ich bitte Sie unter Berufung auf das verantwortungsvolle Amt, das Sie bekleiden, im Interesse der Ehre der in Frage kommenden Beamten und im Interesse meiner Ehre in einer Ihnen geeignet erscheinenden Form den Eindruck, den diese Äußerung, falls sie gefallen ist, hervorrufen mußte, richtig zu stellen.

2. Nach einem Zeitungsbericht sollen Sie, sehr geehrter Herr Landgerichtsdirektor, die Zustände in der Verwaltung als skandalös bezeichnet haben. – Aus meinen Vernehmungen und aus den Zeitungsberichten habe ich ein ganz klares Bild nicht gewinnen können. Aber wenn auch Versäumnisse, wie es nach diesen Berichten scheint, vorliegen sollten, so bitte ich zu bedenken, daß in allen vor Gericht zur Sprache gekommenen Fällen – bei der Deutschen Bank, Neuerburg usw. – viel gröbere Verstöße vorgekommen sind, die dazu noch zu großen materiellen Verlusten geführt haben. Die eigenartige Persönlichkeit des Angeklagten hat also diese Geschädigten getäuscht. Durch den Ausdruck »skandalöse Zustände« würden aber zahlreiche ehrenhafte und pflichtgetreue Beamte in ihrer Ehre empfindlich getroffen werden. Ich bin überzeugt, daß das nicht Ihr Wille ist.

3. Die Angaben in der »Kölnischen Zeitung« vom 25.11.34, Morgenblatt, über mein Sparkassenkonto sind nicht nur unvollständig, sondern zum Teil falsch; es geht auch aus ihnen nicht hervor, daß die 55.000,– Mark aus einem Konto »Adenauer« bei der Amylobank, das ohne mein Wissen angelegt, unterhalten und abgedeckt ist, überwiesen worden sind[3].

4. Als der Angeklagte nach seiner Vernehmung wieder abgeführt werden sollte, habe ich vor den Augen des Herrn beauftragten Richters und des Herrn Staatsanwaltschaftsrates Thomas[4] ihm die Hand gegeben. Ich habe das getan, weil ich ihm im Sommer 1933 auf einen Brief[5], in dem er

mich um Verzeihung bat, überhaupt nicht geantwortet habe und weil ich ihm nach diesem Zeichen der Mißachtung einen Ausdruck der Vergebung dafür habe geben wollen, daß er wenigstens in diesem Falle versucht hat, das schwere Unrecht, das er begangen hat, wieder gut zu machen.

Mit deutschem Gruß
Adenauer

Nr. 205
6. Dezember 1934 (Neubabelsberg): An die Redaktion der »Kölnischen Zeitung«, Köln

Sehr geehrte Herren!

In dem »Das Brüning-Urteil« überschriebenen Artikel in Nr. 614 der »K[ölnischen] Z[eitung]« vom 4. Dezember, Abendblatt, befindet sich eine Stelle, die mit dem Satze beginnt: »Er hat auch Gelder nach Stellen überwiesen, die solche Geschenke unter allen Umständen abweisen mußten.«[1]
Falls Sie hiermit auch mich gemeint haben sollten, lege ich auf das Entschiedenste Verwahrung dagegen ein. Ich würde nicht verstehen, wie entgegen meiner Aussage als Zeuge, entgegen den Feststellungen des Buchprüfers, den Erklärungen, die der als durch und durch unwahr erkannte Brüning zunächst aufgestellt hat und die er bei der Gegenüberstellung mit mir nicht hat aufrecht erhalten können, von Ihnen hat Glauben geschenkt werden können; weder habe ich ein Geschenk erhalten, noch habe ich mich bei einer Spekulation mitnehmen lassen, das erkläre ich auch Ihnen gegenüber ausdrücklich. Da eine schriftliche Erledigung dieser Angelegenheit, die mich in meiner Ehre auf das Empfindlichste kränkt, nicht möglich ist, so habe ich meinen Bruder, Justizrat Adenauer, ersucht, sich mit Ihnen in Verbindung zu setzen[2].

Hochachtungsvoll
Adenauer

Nr. 206

10. Dezember 1934 (Köln): Justizrat Professor Dr. August Adenauer an die Redaktion des »Westdeutschen Beobachters«, Köln

Kürzlich brachten Sie die Mitteilung[1], Oberbürgermeister a. D. Dr. Adenauer sei Rechtsberater Sr. Excellenz des Hochwürdigsten Herrn Bischofs[2] von Berlin geworden.
Hieran ist kein wahres Wort.
Er kennt weder Se. Excellenz noch sonst jemand von der bischöflichen Kurie und steht in keinerlei direkten oder indirekten Beziehungen zu ihr. Ebenso unrichtig sind frühere Gerüchte, die ihn mit der Nuntiatur in Verbindung brachten, und solche, die wissen wollten, daß er eine Stellung bei einem industriellen Unternehmen bekleide[3].
Ich wäre Ihnen dankbar, wenn Sie die irrigen Angaben richtigstellen wollten.

Heil Hitler
Mit deutschem Gruß
Adenauer

Nr. 207

12. Dezember 1934 (Neubabelsberg): An Rechtsanwalt Dr. Ernst Schwering, Köln

Lieber Herr Schwering!

Herrn Manstetten habe ich an dem Tage noch gesprochen[1], er hat mir zugesagt, meine finanziellen Fragen mit der Stadt nunmehr zur Erledigung zu bringen. Ich habe nichts mehr von ihm gehört seitdem. Würden Sie die große Liebenswürdigkeit haben, auf die Erledigung etwas zu drükken, wenn Sie das können? Ich habe das Geld so dringend nötig, es sieht auch so schlecht aus, wenn man in einer solchen Sache nicht voranmacht[2], ich fürchte auch, daß man sich seine Position schwächt. –
Ich habe mich sehr gefreut, Sie gesehen zu haben. Hat man dort erfaßt, was man vorgehabt hat?
Ich hoffe, daß es Ihnen, Ihrer Frau[3] und Ihren Kindern[4] gut geht und daß Sie ein so frohes Weihnachtsfest feiern, wie die Verhältnisse es zulassen. Unsere Kinder werden alle hiersein, das Zusammensein gibt wieder eine gewisse Stärke; man hat sie nötig, die Reise nach dort hat mich mehr angegriffen als ich angenommen hatte.
Mit herzlichen Grüßen an Sie und die Ihren, auch von meiner Frau,

Ihr
Adenauer

Nr. 208

13. Dezember 1934 (Neubabelsberg): An Dannie N. Heineman, Brüssel

Lieber Freund!

Da ich weiß, daß Sie sich für historische Arbeiten interessieren[1], darf ich Sie wohl auf das in diesen Tagen bei Callwey in München erschienene Buch des Professors der Geschichte in Zürich und Genf Carl Burckhardt »Richelieu«[2] aufmerksam machen, es scheint ein wirklich lesenswertes Buch zu sein. Wenn Sie Schwierigkeiten haben, es dort zu bekommen, bin ich gern bereit, es zu schicken. – Von Fräulein Schönfelder habe ich in der Zwischenzeit nähere Mitteilung bekommen, und ich war darüber sehr erfreut[3]. – Würden Sie nicht Herrn Dorff autorisieren können, mich über den Stand der Kunstseide zu unterrichten? Er schrieb mir seiner Zeit[4], daß Sie es mündlich tun wollten, nun kommen Sie ja leider so selten nach hier, daß ich fürchte, es verstreicht zu viel Zeit, bis ich etwas höre. – Weihnachten sehen wir auch unsere erwachsenen Kinder bei uns, das erste Mal seit fast 2 Jahren, im übrigen geht es uns unverändert. – Sie werden sich wohl zum Winteraufenthalt in der Schweiz rüsten, beneidenswert. – Hoffentlich sehen wir uns doch bald einmal hier.
Mit herzlichen Grüßen von Haus zu Haus
wie immer

Ihr
Adenauer

Nr. 209

1935: Biographische Angaben zu Adenauer im Nachschlagewerk »Wer ist's?«
(siehe folgende Seite)

Nr. 210

12. Januar 1935 (Berlin): Sir Sidney Clive an Adenauer, Neubabelsberg

Geehrter Herr Adenauer,

vor fünfzehn Jahren habe ich Ihnen versprochen, einen Besuch zu machen; jetzt bin ich hier[her] gekommen, um mein Wort zu erfüllen. Obgleich unsere Umstände seitdem verändert sind und Sie nicht mehr Oberbürgermeister sind noch ich Soldat im Dienst, hoffe ich, daß ich Sie in guter Gesundheit finden werde.
Wollen Sie so gut sein, ein Rendezvous vorzuschlagen für morgen oder

ADENAUER, Konrad, Ob.-Bürgermst. a. D., Dr. rer. pol. h. c., Dr. med. h. c., Dr. jur. h. c., Dr. phil. h. c. — * 5. I 76 Köln. — V: Konrad A., Kanzleirat; M: Helene Scharfenberg. — Verh: I) m. Emma Weyer; II) m. Gussie, T. d. Univ.-Prof. Dr. Zinsser, Köln. — K: Konrad * 21. IX 06; Max * 21. IX 10; Maria * 7. X 12; Paul * 28. I 23; Lotte * 30. IV 25. — Gymn. St. Aposteln Köln; Univ. Freibg. Br., Münch. u. Bonn; Stud. Rechtswiss. u. Volkswirtsch.; 7. III 06 Beigeordn. d. St. Köln; 1. X 09 1. Beigeordn. Köln; 18. IX 17 i. Stadtv.-Vslg. einstimm. z. Bürgerm. d. St. Köln gew., Einfhrg. a. 18. X. 17; Oberbürgermst. b. 18. VII 33; früh. Mitgl. d. Pr. H.-H.; fr. Präs. d. Pr. Staatsrat., s. dessen Bestehen; fr. M. d. Aufs.-R. u. Vors. e. Reihe bedeut. wirtsch. Untern. — Dr. rer. pol. h. c., Dr. med. h. c., Dr. jur. h. c., Dr. phil. h. c. d. Univ. Köln. — Neubabelsberg, Augustastr. 40.

ADICKES, Franz Erich Wilh., Dr., tit. ao. Prof., Pdoz. — * 8. XI 97 Kiel; ev., ar. — V: Dr. Erich A., Univ.-Prof.; M: Elisabeth Waldmann. — Verh: Osnabrück 9. VIII 23 m. Gertrud de Reuler, ev. — K: Dietrich * 11. VIII 24; Burkhard * 2. IX 27; Roland * 12. III 30. — Gymn. Tübingen; Univ. Tübingen u. Kiel; TH. München; Univ. Freiburg; 22 Dr.; 27 Hab.; 33 tit. ao. Prof. — W: Veröff. i. Berichten d. Dtsch. chem. Ges., d. Ztschr. f. angew. Chem. u. i. Jl. f. prakt. Chem. — Spez: Organ. Chem. — LB: Mus., Lit., Photogr., Wandern. — Dt. Chem. Ges.; Ver. Dt. Chem. — Tübingen, Eberhardshöhe Auf d. Kreuz.

ADLER, Alfred, Dr. med., Prof., Nervenarzt u. Pädag. — * 7. II 70 Wien. — V: Leopold A., Kfm.; M: Pauline Beer. — Vorf: Ldleute, Arb., Kfl. — Verh: 98 m. Raissa, T. d. Kfm. Eppstein, Moskau. — K: Valentine, Dr. d. Staatswiss. * 98; Alexandra, Dr. med. * 01; Kurt * 05; Nelly * 09. — Univ. Wien; frühztg. Inter. f. Med.; mäßiger Schüler; Inter. f. Soziol., Philos. u. Psychol.; unausges. tätig in d. Organisat. s. Anschauung., bestrebt s. f. d. Allgemeinh. nutzbar zu mach.; Reisen zwecks Vortr. i. Europa u. Amerika. — W: Studie üb. Minderwertigk. v. Organen; Üb. d. nervös. Charakter; Praxis u. Theorie d. Individualpsych.; Probl. d. Homosexualit.; Menschenkenntnis; zhlr. kl. Arb. in d. v. ihm gegr. Internat. Ztschr. f. Individualpsych. u. versch. Slwerke. — Spez: Neuros., Schwererziehbarkt., Kriminalität, Individualpsych. — L-B: S. Spez. — Ges. d. Ärzte i. Wien; Psychagog. Ges. in Genf. — Wien I, Dominikanerbastei 10.

ADLER, Bruno, Bischof v. Münster. — * 96 Itzehoe. — V: Ob.-Zahlmstr. — Vorf: Bauern i. Schles. — 14—19 Krgst.; Lt. d. R. u. Batt.-F.; 20—23 Stud. Theol. Münster u. Göttingen; 1. XI 33 Bischof v. Münster; Mitbegrdr. u. Prov.-Ltr. d. „Dt. Christen". — Münster i. W., Kais.-Wilh.-Ring 7.

ADLER, Friedrich, Dr. jur., Schriftstell., Sekr. d. Prager Handelsgremiums, i. R. — * 13. II 1857 Amschelberg, Böhm. — Prag-Smichow, Zborovská 2.
Siehe IX. Ausg.

ADLER, Guido, o. Prof., Dr. phil. u. jur. — * 11. I 1855 Eibenschütz (Mähr.). — Wien XIX/1, Lannerstr. 9.
Siehe IX. Ausg.

ADLER, Leonhard, Dr.-Ing., Stadtbaurat i. R. — * 4. VIII 82 Mailand; kath. — V: Bes. e. größ. Industrieunt. — Verh: m. Ada Poppy. — Stud. Wien TH., d. A. E. G. Wien, d. Berlin. Obering. Bahnabt. d. A. E. G.; 20 Stadtr., übern. a. Stadtbaur. d. Ltg. d. Brln. Verkehrswes.; 23 auch Dez. f. Maschinenwes.; Vors. d. Aufs.-R. d. Brln. Flughaf.-Ges. — Zhlr. wiss. Veröff. i. Fachztschr. — Biesdorf b. Berlin, Fortunaallee 27.

ADLER, Oscar, Dr. med., Doz. f. inn. Med. an d. dtsch. Univ. Prag. — *30. VIII 79 Karlsbad i. B. — V: Wilhelm A.; M: Charlotte Lederer. — Vorf: Neffe des Dicht. Dr. Friedrich Adler Prag. — Gymn.; Univ. Prag u. Berlin; 06 u. 07 Ass. pharmak. Inst. (Geh.-R. Prof. Pohl); 08—14 Ass. I. med. Klin. (Hof-R. Prof. Pribram) Prag; 13 Priv.-Doz. f. inn. Med. dtsch. Univ. Prag; 14—18 Leit. e. Epid.-Spitals im Felde. — W: Zahlr. Arb. aus d. Geb. d. inn. Med.; Benzidinprobe z. Nachw. v. Blut, Tierkohle b. inn. Krankh. u. v. a. — Spez: Inn. Med. — E. K. II. — Mehr. ärztl. u. wiss. Vereinigg. — Karlsbad, Marktplatz „3 Mohren".

ADLER, Otto, Gen.-Kons. f. Rumänien. — Frankfurt a. M., Mainzer Landstr. 169.

ADLERSFELD-BALLESTREM, Eufemia A. C. Grfn. v., Schriftst. — * 18. VIII 1854 Ratibor, Oberschl. — V: Alexander Graf v. B., Landschafts-Dir. Ratibor; M: Mathilde geb. v. Hertell. — Privatunterr. — Verh: 14. V 84 m. d. ehem. Rittmstr. jetzt Oberstlt. a. D. Joseph v. Adlersfeld, † 07, S. d. Lt. a. D. u. Steuerinsp. Ludwig v. A. u. Josephine geb. Clemenz. — T: Dagmar * 6. VIII 85. verh. 6. X 09 m. Oberstlt. Albert v. Bezold. — Lebte b. d. Eltern zu Ratibor, Brieg u. Hirschberg, Riesengeb., dann mit d. Mutter in Breslau, verheir. sich das., lebte m. d. Gatten in dessen Garnisonen Militsch, Karlsruhe B., Durlach, dann Baden-Baden, v. 1899—1903 auf Reisen, 03—08 Vevey, d. Karlsruhe, Winter in Rom. — W: S. 28 (früh. siehe „Wer ist's?" Ausg. IX) Harzveilch., Hum. 28; Gefüllte Datteln, R. 28; Filax u. d. 4 Jahreszt., Hum. 29; Gradaus, Mac Catrine, R. 30; Mit veilchenbl. Seide, R. 31; Spinne, Netz u. Anneliese Holderbusch, R. 32; Über Nacht, R. 33. — L-B: Genealogie, Geschichte, Musik, Liebhaberkünste. — Inhaberin der kgl. Württemb. G. Med. f. Kunst u. Wissensch. am Bande d. Friedrichs-O. — M. d. Ak. Arkadia Rom. — München, Isartalstr. 6.

ADLIW, O., siehe Wilda, Oscar.

ADLOFF, Josef, Dr. jur. can., Prof. a. Priester-Sem. Straßburg. — * 24. VIII 1865 Reutenburg. — W: Römisch-kath. u. evang. Sittlichkeitskontroverse 00; Kath. Moral u. Sittlichkeit 01; Kath. Moral u. inn. Überzeugg. 03; Beichtv. u. Seelenführ. 10; Seelenfhrg. u. Berufspflege 18; Verschied. Abhandlungen in d. Straßburger Diözes.-Bl. u. Katholik (Mainz) sow. versch. Rezens. in d. Theol. Revue (Münster) u. in d. literar. Rundsch. (Freiburg). — Straßburg, Bruderhofgasse 2.

ADOLPH, Heinrich, Dr. phil., Lic. theol., Stud.-R. u. a. o. Prof. — * 13. XII 85 Watzenborn (Hessen). — V: Heinrich A., Pfarr.; M: Anna Melior. — Verh: Gießen 24. II 18 m. Ida † 18. III 24, T. v. Prof. Dr. Adolf Strack (†) u. Emilie geb. Holzapfel, ev. — K: Hilde * 5. XII 18; Heinrich * 28. IX 20; Marianne * 13. III 24. — Gymn. Darmstadt; Univ. Gießen, Tübingen, Berlin; Repetent a. d. theol. Fak. Gießen; Pfarrass. Darmstadt; 14—18 Kriegst. (Lt. d. Res.); Pfarr. Herbstein; Stud.-R. Gießen (Oberrealsch.); Priv.-Doz. Theol. Fak. (Systematik); a. o. Prof. 28. — W: D. Weltanschauung G. Th. Fechners 23; Organ. Grdlagen d. Religion 24; D. Philos. d. Graf. Keyserling 27. — Gießen, Goethestr. 40.

Montag; wenn Sie ein Restaurant wählen können, so könnten wir ein Mittagessen zusammen nehmen. Leider dauert meine Zeit hier nicht länger als [bis] Dienstag [15. Januar 1935][1].

In freundlichster Erinnerung bin ich

Ihr ergebener
Clive

Nr. 210 A

22. Januar 1935 (London): Bescheinigung von Sir Sidney Clive für Adenauer

Ich war von Dezember 1918 bis November 1919 in Köln und fast während der ganzen Zeit militärischer Befehlshaber dieser Stadt[1]. In dieser Eigenschaft war der Beamte, mit dem ich naturgemäß in allen Angelegenheiten, die die Zivilbevölkerung betrafen, zusammenarbeitete, der Oberbürgermeister, Herr Adenauer.

Es sei bemerkt, daß diese Fragen praktisch die ganze Zivilverwaltung einschlossen, seitdem die Reichsleitung nicht mehr befragt werden konnte. Die Möglichkeit für eine Bewegung, die Unabhängigkeit des Rheinlandes vom Reich zu erreichen, lebte unter der Oberfläche. ‹ Selbstverständlich bestand für eine solche Bewegung, wenn sie in Köln aufgezogen würde, nicht die geringste Aussicht, da die Treue der Einwohnerschaft zum übrigen Reich niemals zweifelhaft war. ›[a] Aber wenn eine solche Bewegung in einem anderen Teil des besetzten Gebiets ins Leben gerufen wurde, mußte ihren Rückwirkungen auf Köln Rechnung getragen werden.

Dieser Fall trat im Sommer ‹ 1919 ›[b] ein, als die Unabhängigkeit des Rheinlandes von Dr. Dorten in Wiesbaden ausgerufen wurde[2]. Die französischen Militärbehörden in Mainz teilten mir dies sofort mit. Es war ein Sonntagmorgen, an dem niemand, abgesehen von den Militärbehörden, die Möglichkeit hatte, zu telephonieren. Wir konnten daher den ganzen Tag ausnutzen. Ich fragte zunächst bei Herrn Adenauer an, der der Meinung war, daß strenge Maßregeln ergriffen werden müßten, um der Bewegung jede Gelegenheit zu nehmen, nach außen in Erscheinung zu treten. Er war also ihr scharfer Gegner. Ich folgte seinem Vorschlage nicht, da wir nach seiner Ansicht uns bemühen sollten, den Putsch nicht ernsthaft aufzufassen. Ich versammelte daher die Schriftleiter der Zeitungen am Nachmittag, teilte ihnen die Nachricht mit und erlaubte ihnen, sie in den Montagszeitungen abzudrucken, aber ohne Schlagzeilen, ohne Fettdruck und ohne jeden Zusatz. Diese Politik war richtig, und am folgenden Tage lachte Köln über den Gedanken, daß eine Stadt wie Wiesbaden den

Versuch unternommen hatte, der Stadt Köln die Politik vorzuschreiben, der sie folgen sollte.
Ich erwähne diesen Vorfall nur als augenscheinlichen Beweis dafür, daß niemand, der mit Herrn Adenauer zusammenarbeitete, sich auch nur für einen Augenblick hätte einbilden können, daß er die geringste Sympathie für den Gedanken einer Trennung vom Reich hatte.
In dieser wie in vielen anderen Sachen, in denen wir miteinander zu tun hatten, war sein Verhalten korrekt, hilfsbereit und umsichtig. Wenn die Last einer fremden militärischen Besetzung nicht so stark auf der Einwohnerschaft von Köln ruhte, als hätte erwartet werden können, so ist dies in sehr großem Umfange zurückzuführen auf die Eigenschaften ihres Oberbürgermeisters.

gez.
G. S. Clive

Nr. 211
26. Januar 1935 (London): Der deutsche Botschafter in London, Dr. Leopold von Hoesch, an das Auswärtige Amt, Berlin

In der Anlage beehre ich mich in Urschrift ein an mich gerichtetes Schreiben des neu ernannten Marshal of the Diplomatic Corps, Generalleutnant Sir Sidney Clive, nebst seiner Anlage[1] vorzulegen.
Sir Sidney berichtet in diesem Schreiben, daß er bei einem kürzlichen Aufenthalt in Berlin den ehemaligen Oberbürgermeister von Köln, Dr. Adenauer, besucht[2] und von diesem erfahren habe, daß er unter dem gegen ihn erhobenen Vorwurf der Begünstigung der Separatistenbewegung im Rheinland schwer leide. Der General bittet mich, dem Herrn Reichsaußenminister[3] die dem Schreiben beigelegte Aufzeichnung zu übermitteln mit dem Bemerken, daß er sie in Berlin Baron Neurath selbst habe überreichen wollen, wegen der Abwesenheit des Ministerrats aber dazu nicht imstande gewesen sei. In der Aufzeichnung stellt Sir Sidney Clive Herrn Adenauer das Zeugnis aus, daß er bei ihm selbst strenge Maßnahmen gegen die Separatistenbewegung beantragt habe.
In einer persönlichen Aussprache mit mir betonte er mit größtem Nachdruck, daß er seinen Brief aus eigener Initiative und nicht etwa auf Antrag des Dr. Adenauer geschrieben habe, der von dieser ganzen Aktion überhaupt nichts wisse.
Sir Sidney Clive ist aus seiner Tätigkeit als Militärgouverneur von Köln in den Jahren 1918 und 1919 in Deutschland bekannt, und zwar hat er daselbst, soweit ich unterrichtet bin, wegen seiner verständnisvollen und maßvollen Haltung die Achtung der deutschen Behörden genossen.

Später war Sir Sidney mehrere Jahre lang englischer Militärbevollmächtigter in Paris und gehörte als englischer Vertreter dem sogenannten Comité Militaire Interallié de Versailles an, das unter dem Vorsitz des Marschall Foch[4] stand. In diesen Jahren des Ringens um die deutsche Abrüstung habe ich viel mit dem damaligen General Clive zu tun gehabt und bei ihm stets Verständnis für unseren Standpunkt, Hilfsbereitschaft und vornehme Gesinnung gefunden. Seiner Einwirkung war es zu danken, daß verschiedentlich bei sehr schwierigen Streitfällen Lösungen gefunden werden konnten, durch die eine schlimmere Entwicklung vermieden wurde. Bei aller Loyalität gegenüber dem alten Marschall war er doch Manns genug, wenn nötig, seinen Einfluß nachdrücklich geltend zu machen.

Später wurde dann General Clive, der dem vornehmsten englischen Garde-Infanterie-Regiment, nämlich den Grenadier Guards, entstammt, ins Kriegsministerium berufen und hatte dort bis letzten Sommer den verantwortungsvollen Posten des Personalchefs inne. Seit diesem Herbst hat er von Generalmajor Sir John Hanbury-Williams[5] die Stellung des Marschalls des Diplomatischen Corps übernommen.

Sir Sidney Clive bringt Deutschland warme Sympathien entgegen. Er hat große Bewunderung für die Taten der deutschen Armee und volles Verständnis für die Leiden, die das deutsche Volk durchgemacht hat. Deutsche Musik und deutsche Literatur sind ihm wohl vertraut, und er nimmt ein warmes Interesse an der Entwicklung des neuen Deutschland. Erinnerlich wird sein, daß wir, als nach dem Tode des Grafen Gravina[6] die Frage der Neubesetzung des Postens des Kommissars des Völkerbundes in Danzig zur Erörterung stand, Sir Sidney Clive als einen unserer bevorzugten Kandidaten namhaft gemacht haben, und daß er wohl die Stellung erhalten haben würde, wenn Polen nicht widersprochen hätte. Sir Sidney nimmt hier eine überaus geachtete Stellung ein, wie sich ja auch aus seiner Ernennung auf den bevorzugten Posten des Marshalls für das Diplomatische Corps ergibt. Auch besitzt er in dieser Stellung wegen des nahen Kontakts mit dem Hofe und dem Außenministerium, der damit verbunden ist, einen beachtlichen Einfluß. Ich möchte hiernach die weitere Behandlung der Angelegenheit dem Auswärtigen Amt anheimstellen.

Nr. 212

23. Februar 1935 (Neubabelsberg): An Rechtsanwalt Dr. Ernst Schwering, Köln

Lieber Herr Schwering!

Herr Manstetten hat mir auf meine Briefe[1] nicht einmal eine Empfangsbestätigung geschickt, geschweige denn eine der darin angeschnittenen taktischen Fragen beantwortet (Stellung der Regierung in meiner Sache u.s.w.). Dazu kommt, daß mir aus Köln mitgeteilt wird, er habe Besorgnis, meine Interessen zu ‹vertreten›[a]. Sagen Sie mir bitte doch offen, ob das richtig ist, der eine hat nun ja einmal mehr Mut als der andere. Wenn Herr Manstetten es vorzieht, mich nicht zu vertreten, dann ist es doch viel besser, er sagt mir das. Ich glaube, daß sein zögerndes Verhalten meine Lage außerordentlich verschlechtert hat. Lassen Sie sich bitte doch einmal seine Akten geben, und lesen Sie sie einmal durch, Sie werden dann sehen, daß er mit Riesen und dem Dezernenten der Regierung auf einem ganz vernünftigen Wege war. Das alles scheint sich nunmehr geändert zu haben, mein Anspruch auf die Wohnungsentschädigung ist z. Bsp. früher nie bestritten worden, auch Riesen hat ihn in einem Briefe an meine Frau vom September 33 anerkannt[2]. – Ich glaube, daß Sie bei einer Durchsicht der Akten noch manches Material finden. Ich lege Ihnen Durchschlag eines von mir an Prof. Grimm gerichteten Briefes vom 27.7.33 bei[3], der für Sie vielleicht auch wertvoll ist, ich nehme an, daß dieses Schreiben jetzt in den Handakten Manstetten ist. – Ich glaube, daß Herr Manstetten meine Rechnung gegenüber der Stadt gar nicht auf dem laufenden hat, sie verändert sich ja von Monat zu Monat, wenigstens hat er mir auf meine Bitte Ende 1934, mir diese auf den letzten Stand gebrachte Aufstellung zu schicken, überhaupt nicht geantwortet.

Bitte sehen Sie sich doch alles, insbesondere auch seine Akten, einmal an und sagen Sie mir dann, was ich tun soll. Von einer guten Bearbeitung dieser, wie ich zugebe, zeitraubenden Arbeit, hängt für mich so außerordentlich viel ab[4].

Mit herzlichem Dank und Grüßen Ihr

Adenauer

Nr. 213

8. März 1935 (Tübingen): Professor Dr. Ferdinand Zinsser an Gussie Adenauer, Neubabelsberg

Liebe Gussie!

Wir hatten so lange keinen Brief von Euch, daß wir immer wieder meinen, es müßte Euch nicht so gut gehen wie es zu wünschen wäre. Seid Ihr alle wohl? Sind die Kinder alle gesund? Ernst [Zinsser][1] hatte ja nichts Besonderes zu berichten, aber seine Nachrichten waren ja auch nicht ganz frisch. Ist es wirklich wahr, daß Ihr entschlossen seid, zum ersten Mai wieder von Berlin an den Rhein zu ziehen[2]? Habt Ihr schon ein neues Heim gefunden? Schreib uns einmal ein paar Worte, wenn es auch nur Stichworte sind.

‹...›[a]

Mit einem herzlichen Kuß Dein

a. H.

Nr. 214

10. März 1935 (Neubabelsberg): An Rechtsanwalt Dr. Friedrich Manstetten, Köln

‹...›[a]

Sie glauben nicht, wie bitter es ist, solche Auseinandersetzungen mit der Stadt zu haben, der man seine ganze Kraft gewidmet hat. Vielleicht ist auch der Regierungspräsident[1] dafür empfänglich, daß es auch für das gegenwärtige Regime nicht gerade angenehm ist, wenn die Stadt Zwangsmaßnahmen gegen mich vornimmt.

Nr. 215

11. März 1935 (Neubabelsberg): An Dr. Robert Pferdmenges, Köln

Lieber Herr Pferdmenges!

In der Angelegenheit der Abtei Herstelle (Schwester Neuerburg[1]) vergaß ich Sie zu fragen, ob ein Schreiben des Cardinal Schulte an einen der Herren Neuerburg[2] wegen Hülfe für die Abtei zweckmäßig sein würde. Ich glaube, daß es möglich sein würde, den Cardinal dazu zu veranlassen. – In der Sache selbst darf ich das Gesagte noch einmal kurz wiederholen. Die Benediktinerinnenabtei Herstelle ist sehr arm, im buchstäbli-

chen Sinne des Wortes. Sie leidet unter einer drückenden Raumnot, sie ist so groß, daß eine Anzahl der 91 Schwestern des Klosters zu mehreren eine kleine Zelle haben. Neuaufnahmen sind trotz zahlreicher Meldungen geeigneter Bewerberinnen wegen Raummangel nicht möglich. Übrigens handelt es sich um einen recht schweren Orden, viel schwerer als der der männlichen Benediktiner. ‹...›[a]
Unsere Wohnungsfrage kommt jetzt doch in Schuß, und meine Frau und ich werden am Donnerstag dieser Woche nach Köln fahren, ein bis zwei Tage bei meinem Bruder, Stadtwaldgürtel, wohnen, dann für einige Tage nach Plittersdorf[3] gehen, um von dort aus die Wohnungsfrage zu regeln. Vielleicht können wir während unserer Anwesenheit dort über diese Frage einmal sprechen. Wir möchten auch gern Ihrer Frau nach ihrer Genesung einmal guten Tag sagen.
Herzliche Grüße von uns an Sie und Ihre Frau
wie stets Ihr
[Adenauer]

Nr. 215 A
Anfang 1935: Aufenthalt in der Benediktinerinnen-Abtei vom Heiligen Kreuz Herstelle

Damals hatten wir nur wenige Gäste. Dr. Adenauer wohnte und aß getrennt von ihnen an der Pforte. Frau Äbtissin Theresia[1] und unser Pater Spiritual Odo Casel[2] (Mönch der Abtei Maria Laach) standen mit dem »Gast an der Pforte« im Gespräch und versuchten, ihm in seiner bedrängten und gefahrvollen Lage beizustehen. Um ihn abzulenken, schickte man einige Schwestern zu ihm, unter ihnen auch Sr. Genovefa Neuerburg, die ihm Arbeiten aus ihrem künstlerischen Schaffen zeigten, an denen er interessiert war. Diese Schwestern wußten aber nicht, wen sie in diesem Herrn vor sich hatten. Die Pforten- und Sakristeischwester wurde angewiesen, sich seiner besonders anzunehmen. Sie begleitete ihn um die Klausurmauer auf seinen Wegen zur Kirche; hielt auch schon einmal mit weit ausgespanntem großen Klosterschirm neugierige Blicke ab. In der Kirche hatte Dr. Adenauer seinen Platz auf dem Presbyterium hinter dem dicken Pfeiler, wo die Kniebank für die Priester stand. Von hier aus konnte er in der Gästekapelle nicht gesehen werden.
Das Versteck an unserer Klosterpforte war für Dr. Adenauer absolut nicht sicher. Als er einmal Besuch erhielt von Freunden oder Bekannten, waren sie entsetzt über die gefahrvolle Situation im Falle einer Hausdurchsuchung. Die baulich engen Verhältnisse an der Pforte, die damals noch übli-

chen Klausurgitter und das Fehlen einer zweiten Haustüre ermöglichten keinen Fluchtweg. Das war der Grund, warum Dr. Adenauer uns verlassen mußte.
(Aus einer Mitteilung von Sr. Eunike Wilkens OSB, Archiv der Abtei Herstelle)

Nr. 216
23. März 1935 (Berlin): Mitteilung der Deutschen Kolonialgesellschaft

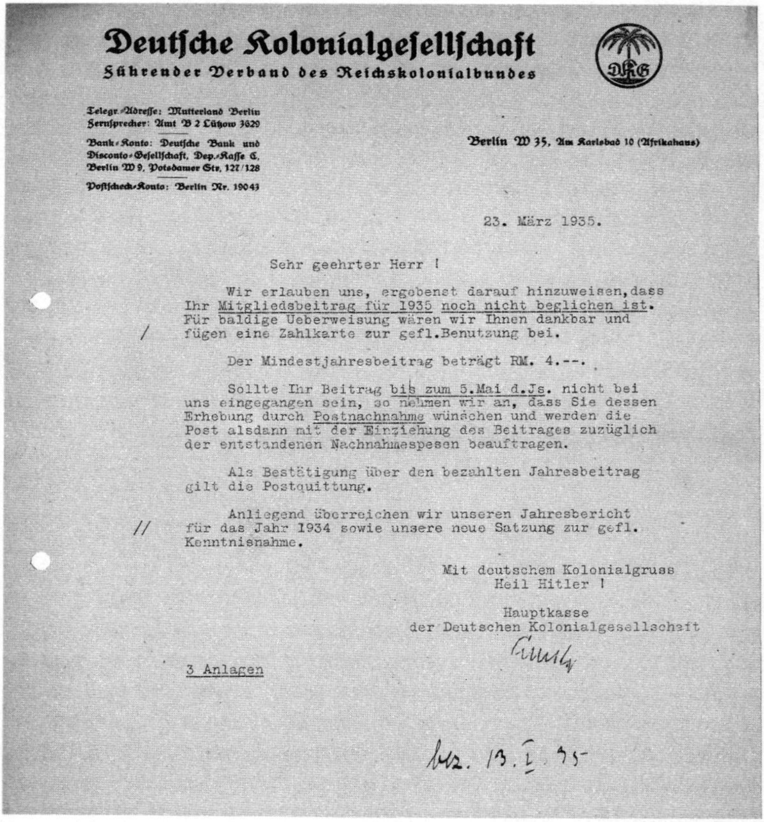

Deutsche Kolonialgesellschaft
Führender Verband des Reichskolonialbundes

DKG

Telegr.-Adresse: Mutterland Berlin
Fernsprecher: Amt B 2 Lützow 3629

Bank-Konto: Deutsche Bank und Disconto-Gesellschaft, Dep.-Kasse C, Berlin W 9, Potsdamer Str. 127/128

Postscheck-Konto: Berlin Nr. 19043

Berlin W 35, Am Karlsbad 10 (Afrikahaus)

23. März 1935.

Sehr geehrter Herr !

Wir erlauben uns, ergebenst darauf hinzuweisen, dass Ihr Mitgliedsbeitrag für 1935 noch nicht beglichen ist. Für baldige Ueberweisung wären wir Ihnen dankbar und fügen eine Zahlkarte zur gefl. Benutzung bei. /

Der Mindestjahresbeitrag beträgt RM. 4.--.

Sollte Ihr Beitrag bis zum 5. Mai d. Js. nicht bei uns eingegangen sein, so nehmen wir an, dass Sie dessen Erhebung durch Postnachnahme wünschen und werden die Post alsdann mit der Einziehung des Beitrages zuzüglich der entstandenen Nachnahmespesen beauftragen.

Als Bestätigung über den bezahlten Jahresbeitrag gilt die Postquittung.

Anliegend überreichen wir unseren Jahresbericht // für das Jahr 1934 sowie unsere neue Satzung zur gefl. Kenntnisnahme.

Mit deutschem Kolonialgruss
Heil Hitler !

Hauptkasse
der Deutschen Kolonialgesellschaft
[Unterschrift]

3 Anlagen

bez. 13. V. 35

Nr. 217

30. März 1935 (Neubabelsberg): An Dannie N. Heineman, Brüssel

Lieber Freund!

In der Woche nach Ostern verlegen wir unsern Wohnsitz nach Rhöndorf am Rhein, Bez. Köln, Löwenburgerstraße 76[1]. Rhöndorf ist Ihnen sicher aus Ihrer Bonner oder Kölner Zeit[2] bekannt, es liegt am Fuße des Drachenfelses stromaufwärts. Unser zukünftiges Haus ist sehr klein und bescheiden, aber es hat eine wundervolle Lage. Wir hoffen, daß die schöne Natur uns reichen Ersatz für das geben wird, was wir aufgeben müssen. Ich würde mich sehr freuen, Sie vor unserm Wegzuge von hier noch einmal in Berlin sehen zu können. Seit wir uns zuletzt trafen[3], hat sich ja mancherlei verändert.
Ich danke Ihnen wegen Ihrer Erklärung bez. des Herrn Dorff, es ist wohl am besten, daß ich mich mit ihm selbst nunmehr in Verbindung setze, sobald ich soweit bin[4].
Es geht uns nicht so, wie wir es wünschen, insbesondere macht Köln allerlei finanzielle Schwierigkeiten[5], doppelt unangenehm wegen der Kosten, die der Umzug mit sich bringt.
Mit Spannung beobachte ich die Folgen der belgischen Abwertung auf die anderen Goldblockländer[6].
Meine Frau würde sich freuen, wenn sie vor unserm Wegzuge von hier Fräulein Schönfeld[er] sprechen könnte[7].
Wenn Sie im Laufe des April nicht nach hier kommen, hoffe ich, Sie doch bestimmt in absehbarer Zeit am Rhein zu sehen, das Versprechen des Besuchs in Maria Laach, das ja noch nicht erfüllt ist, muß dann dementsprechend umgewandelt werden.
Mit recht herzlichen Grüßen von Haus zu Haus Ihr
wie immer K. Adenauer

Nr. 218

22. April 1935 (Neubabelsberg): An Rechtsanwalt Dr. Friedrich Manstetten, Köln

Sehr geehrter Herr Manstetten!

Am 25. April gehen wir von hier fort. Ich übernachte vom 25./26. bei meinem Bruder auf dem Stadtwaldgürtel und werde am 26. vormittags nach Godesberg-Plittersdorf, Leonhardusstift, gehen, dort bis 30.4. blei-

ben[1]. Von da an ist unsere Adresse Rhöndorf, Löwenburgerstr. 76, Tel. Amt Honnef 747[2].
Aufenthalt in Köln scheue ich sehr, er geht mir noch immer auf die Nerven, auch werde ich auf der Straße von zu vielen erkannt – die Leute verhalten sich übrigens sehr anständig –. Wenn Sie mich am Freitag früh sprechen wollen, so geben Sie bitte Herrn Billstein Bescheid, er steht mir immer gern mit seinem Wagen zur Verfügung. Sonst setzen Sie bitte einen anderen Termin an wegen einer Besprechung. In Rhöndorf wird es aber wohl nicht vor dem 3. Mai gehen. Herr Billstein wird sicher gern bereit sein, Sie und Herrn Schwering herauszubringen[3].
Herr Billstein schrieb mir, daß Sie an die Steuerverwaltung wegen Nachlasses bezw. Erlasses der Grundsteuer u.s.w. schreiben würden, er meinte weiter, es würde sich empfehlen, die fälligen Monatsraten von nun an zu zahlen, damit mir keine unnützen Kosten entstünden[4].
Ich bitte um Ihre Mitteilung – bitte sofort nach hier, da die Aprilzahlung am 15. fällig war –, ob ich das tun soll oder ob Sie erst der Steuerverwaltung, die ja wegen der rückständigen Steuern mein Ruhegehalt gepfändet hat, einen dahingehenden Vorschlag machen wollen, damit diese nicht auf einmal wegen der rückständigen Steuern drängt. Ob es sich empfiehlt, gleichzeitig der Stadt zu schreiben, werden Sie zweckmäßig entscheiden.
Auf demnächstiges Wiedersehen und mit besten Grüßen

Adenauer

Nr. 219

[25. April 1935 (Rhöndorf)]: An den Staatssekretär und Chef der Reichskanzlei, Berlin

Hochgeehrter Herr Staatssekretär[1]!

Am 20. Oktober 1933 hat Herr Reichskanzler a. D. Marx Euer Hochwohlgeboren für sich und für mich gebeten, die Genehmigung der Reichsregierung herbeizuführen zum öffentlichen Gebrauch der Kenntnisse, die wir im Winter 1923/1924 durch Verhandlungen in der Reichskanzlei erhalten haben[2]. Es sollte dies geschehen zwecks Abwehr von Angriffen, die im Oktoberheft der »Süddeutschen Monatshefte«[3] enthalten waren.
Soviel ich weiß, ist eine Entscheidung über diesen Antrag bis jetzt nicht erfolgt.
Nunmehr ist im Verlag von Teubner Leipzig und Berlin ein Buch erschienen »Volkswerden der Deutschen, die letzten 15 Jahre« von Moritz Edelmann, Oberstudiendirektor in Berlin Mariendorf. Seite 34 dieses Buches befindet sich folgende Stelle:

»Die Loslösung des gesamten Ruhr-Rheingebietes scheint bevorzustehen: Poincaré glaubt sich am Ziel seiner Wünsche. Die augenblickliche Gefahr kommt von zwei Seiten, von den heimlichen und den offenen, den halben und den ganzen Verrätern. Die ersten sind die Parteigrößen, die in den Stadtparlamenten und Regierungsstellen sitzen; ihr kennzeichnender Vertreter ist der Kölner Oberbürgermeister Adenauer. Er verhandelt wie viele seiner Gesinnungsgenossen mit Frankreich über den neutralen Rheinlandstaat. In einem Ausschuß wird die Loslösung des besetzten Gebietes aus dem preußisch-deutschen Verbande beraten.«
Soviel ich weiß, ist der Antrag gestellt, dieses Buch für den Geschichtsunterricht in den höheren Schulen einzuführen. Die Ausführungen widersprechen der historischen Wahrheit, ich beziehe mich dieserhalb auf die Angaben des oben angeführten Schreibens des Herrn Marx. Meine Ehre wird dadurch auf das Schwerste verletzt.
Ich bitte Euer Hochwohlgeboren ebenso ergebenst wie dringend, mich in die Lage zu versetzen, mich gegen solch ehrenrührige Behauptungen zur Wehr zu setzen[4].

Euer Hochwohlgeboren ergebenster
Adenauer
Oberbürgermeister a. D.

Nr. 220
11. Mai 1935 (Rhöndorf): An Dr. Friedrich Spennrath, Berlin

Lieber Herr Spennrath!

Gestern war Herr Lenze[1] bei mir. Ich habe die Angelegenheit mit ihm besprochen[2]. Sie sieht sehr günstig aus. Er wird den modus procedendi mit Ihnen besprechen, wenn Sie ihn nächste Woche besuchen. Ich empfehle dringend, diesen Besuch wegen Besprechung der näheren Umstände nicht zu unterlassen.
Die andere Frage[3] habe ich mit Direktor Giesen besprochen, dieser hat sich mit dem Botaniker an der Kölner Universität, Professor Sierp[4], ausgetauscht – mit meiner Zustimmung, Herr Sierp ist mir auch persönlich als ein durchaus zuverlässiger Mann bekannt –. Beide sind von dem Gedanken sehr angetan und glauben, daß er praktisch durchführbar ist. Überlegen Sie bitte die Frage, ob es sich nicht empfiehlt, schon sehr bald zur Patentanmeldung zu schreiten, auch ehe die Sache vollständig durchgeprobt ist. Dazu ist ja ziemlich lange Zeit nötig, da die zur experimentellen Ausprobung benötigten Objekte immer nur während gewisser Zeiten vorhanden sind, und auch die Ausbildung der benötigten Apparate im einzelnen Zeit und Erfahrung erfordert. Während dieser Zeit könnten

aber sehr leicht Indiskretionen erfolgen. Der zu Grunde liegende Gedanke könnte m. E. sehr leicht für die Zwecke der Anmeldung in die richtige Form gefaßt werden. Überlegen Sie sich bitte diese Frage. Es wäre mir sehr lieb, wenn wir sie dann bei Ihrer Anwesenheit im Rheinland nächste Woche besprechen könnten.
Unser Umzug hat natürlich gewisse Schwierigkeiten gehabt, wie alle Umzüge, aber wir haben wenigstens Glück mit dem Wetter gehabt, es regnete in jenen Tagen fast ständig [sic!]. Unser Haus ist sehr klein und einfach, hat auch gewisse Mängel. Dafür ist seine Lage und die ganze Umgegend geradezu einzig schön. Das entschädigt für vieles. Die Kinder gehen zur Schule, sie haben sich schon ganz gut eingewöhnt[5].
Jetzt hoffen wir sehr, daß Sie recht bald, möglichst mit Ihrer Frau, zu uns kommen. Reservieren Sie sich aber einen Nachmittag für uns, wir machen dann auch zusammen einen Spaziergang, der Ihnen ganz sicher gefallen, und der eine wohltuende Erholung bei den Strapazen Ihrer Reise sein wird.
Ich hoffe, daß Sie mit den Erfolgen Ihrer letzten Reise sehr zufrieden sind. Dem Büro in Stuttgart ist mitgeteilt worden, daß Konrad demnächst nach Oslo komme, weitere Nachrichten sind dann nicht mehr gekommen. Hoffentlich sind Sie in Berlin, wenn Konrad dorthin bestellt wird, damit er Ihnen auch seine Aufwartung machen kann.
Ich hoffe, daß es Ihrer Frau, die ich vielmals von uns zu grüßen bitte, Ihren Kindern und Ihnen recht gut geht.
Mit recht herzlichen Grüßen, auch von meiner Frau, Ihr

Adenauer

Nr. 221

15. Mai 1935 (London): Professor Dr. Ernst Jäckh an Adenauer, Rhöndorf (siehe folgende Seite)

Nr. 222

21. Mai 1935 (Köln): Die Staatspolizeistelle für den Regierungsbezirk Köln an den Landrat in Siegburg

Nach Mitteilung[1] der Staatspolizeistelle in Potsdam ist der Oberbürgermeister a. D. Dr. Adenauer am 25. April 1935 von Neubabelsberg (Kr. Teltow), Augustastraße 40, nach Rhöndorf (Rhein) zur polizeilichen Abmeldung gelangt.
Ich bitte um Mitteilung, ob Adenauer in Rhöndorf eingetroffen ist.

THE NEW COMMONWEALTH INSTITUTE

OBJECT: STUDY OF FUNDAMENTAL PRINCIPLES OF INTERNATIONAL RELATIONS AND RESEARCH INTO PARTICULAR PROBLEMS OF INTERNATIONAL JUSTICE AND SECURITY

President: Professor H. W. V. TEMPERLEY (Cambridge) *Treasurer:* The Rt. Hon. LORD DAVIES
Director: Professor ERNST JÄCKH

TELEPHONE: VICTORIA 9034
TELEGRAMS: POLTRIB. PARL. LONDON

THORNEY HOUSE, SMITH SQUARE
WESTMINSTER, LONDON, S.W. 1

15.Mai 1935
EJ/Rei.

Herrn Dr. Adenauer
Rhöndorf am Rhein
Löwenburgerstr.76

Verehrter lieber Herr Adenauer:-

Da sich herausstellt, dass Sie meinen Brief vom 14.März (wohl infolge eines Missverständnisses) nicht abholen liessen, wiederhole ich hiermit seinen Inhalt:

"Gleich nach meiner Ankunft in London habe ich mich mit dem Hofmarschall des Königs in Verbindung gesetzt. Dabei hat es am Telefon, als wir unser Rendezvous festsetzten, sich schon ergeben, dass wir uns kannten: er war im vorigen Jahr mein Tischnachbar - bei einem Diner, das die "Times" mir gegeben hatte. Und in der Tat, als ich heute im Schloss ihn aufsuchte, erkannte ich ihn gleich wieder, nur hatte ich, als Sie seinen Namen mir nannten, keine Vorstellung davon.

Was er mir für Sie berichtet ist dies: er hat Ihren Brief in der Englischen Botschaft erhalten und hat an Reichsminister von Neurath geschrieben. Nach Rücksprache mit dem Englischen Botschafter in London hat er sein Schreiben an Reichsminister von Neurath durch den Deutschen Botschafter hier, Herrn von Hoesch, übersandt, Ende Januar. Ueber den Inhalt erzählt er mir, dass er "very strongly" Ihre patriotischen Verdienste auf Grund seiner eigenen Erfahrungen schilderte, und dass er betonte, dass - wenn für die deutsche Bevölkerung die schwere Prüfung der englischen Besatzung erleichtert wurde - dies Ihrer persönlichen Haltung und Ihrem verdienstvollen Zusammenwirken mit ihm zu danken sei; er sprach in seinem Brief die Hoffnung aus, dass ein Mann wie Sie nicht solchen Ungerechtigkeiten ausgesetzt sein sollte, wie dies nach seinen Informationen der Fall sei.

Er regte jetzt bei mir an, ich möge, wenn ich wieder in Berlin sei, versuchen von Reichsminister von Neurath zu erfahren, ob und was er getan habe."

Mit den besten Wünschen und Grüssen, auch an Ihre Frau,

Ihr Jäckh

Dok. Nr. 221

Die über Adenauer wegen Verdachts der Separatistenförderung wiederholt verhängte Briefsperre[2] hat Belastendes nicht ergeben. Eine erneute Briefsperre halte ich deshalb vorerst nicht für erforderlich. Ich bitte jedoch, Adenauer vertraulich überwachen zu lassen, um festzustellen, ob er eine Beschäftigung ausübt und mit welchen Personen er in Verbindung steht[3].

gez.
Dr. Nockemann

Nr. 223

24. Mai 1935 (Berlin): Der Reichsminister für Volksaufklärung und Propaganda an den Staatssekretär und Chef der Reichskanzlei, Berlin

Auf Ihr Schreiben vom 29. April 1935[1] – Rk 3372 – teile ich Ihnen mit, daß ich der von Ihnen vertretenen Auffassung zustimme. Auch nach meiner Meinung kommt eine Ermächtigung Adenauers, gegen den Inhalt des Buches öffentlich Stellung zu nehmen, nicht in Betracht. Adenauer steht es ja frei, den Klageweg zu beschreiten[2].

Heil Hitler!
In Vertretung
gez. Funk

Nr. 224

20. Juni 1935 (Tübingen): Gussie an Konrad Adenauer, Rhöndorf

Mein liebster Schatz.

Bei einer Sammlung für katholische Zwecke tat auch ein katholischer Geistlicher hier mit. Ein SA-Mann sagte ihm, als er ihn für seine Büchse ansprach, er gäbe nichts einem Landesverräter; darauf sagt der Geistliche: Ich mache Sie ja auch nicht für Röhm[1] verantwortlich. Großartig, nicht? Wir waren zusammen im Evangelimann[2]. Ich mußte bei der bekannten Stelle (Selig sind, die leiden um der Gerechtigkeit willen und die Verfolgten) so stark an Dich denken, daß mir es im Hals würgte und ich heulen mußte wie ein Kind. ‹...›[a]

Gussie

Nr. 225

29. Juni 1935 (Köln): Görres-Gesellschaft an Adenauer, Rhöndorf
(siehe folgende Seite)

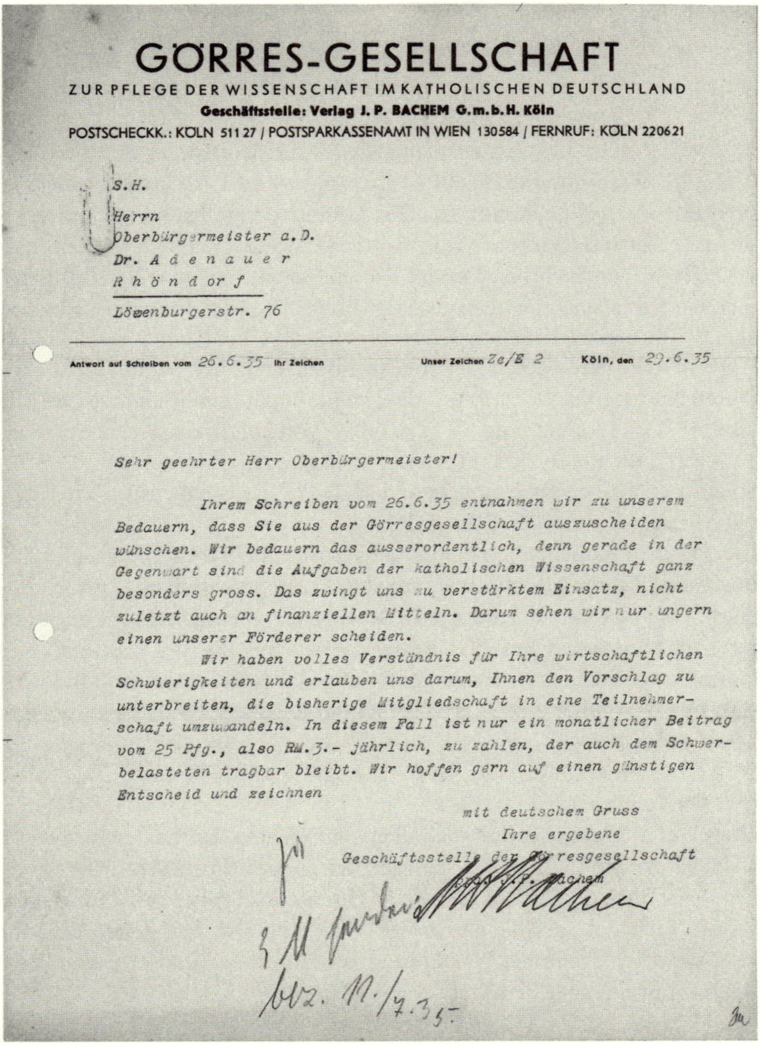

GÖRRES-GESELLSCHAFT
ZUR PFLEGE DER WISSENSCHAFT IM KATHOLISCHEN DEUTSCHLAND
Geschäftsstelle: Verlag J. P. BACHEM G.m.b.H. Köln
POSTSCHECKK.: KÖLN 51127 / POSTSPARKASSENAMT IN WIEN 130584 / FERNRUF: KÖLN 220621

S.H.

Herrn
Oberbürgermeister a.D.
Dr. A d e n a u e r
R h ö n d o r f

Löwenburgerstr. 76

Antwort auf Schreiben vom 26.6.35 Ihr Zeichen Unser Zeichen Ze/E 2 Köln, den 29.6.35

Sehr geehrter Herr Oberbürgermeister!

Ihrem Schreiben vom 26.6.35 entnahmen wir zu unserem Bedauern, dass Sie aus der Görresgesellschaft auszuscheiden wünschen. Wir bedauern das ausserordentlich, denn gerade in der Gegenwart sind die Aufgaben der katholischen Wissenschaft ganz besonders gross. Das zwingt uns zu verstärktem Einsatz, nicht zuletzt auch an finanziellen Mitteln. Darum sehen wir nur ungern einen unserer Förderer scheiden.

Wir haben volles Verständnis für Ihre wirtschaftlichen Schwierigkeiten und erlauben uns darum, Ihnen den Vorschlag zu unterbreiten, die bisherige Mitgliedschaft in eine Teilnehmerschaft umzuwandeln. In diesem Fall ist nur ein monatlicher Beitrag vom 25 Pfg., also RM.3.- jährlich, zu zahlen, der auch dem Schwerbelasteten tragbar bleibt. Wir hoffen gern auf einen günstigen Entscheid und zeichnen

mit deutschem Gruss
Ihre ergebene
Geschäftsstelle der Görresgesellschaft
gez. J.P. Bachem

bez. 11./7.35.

Dok. Nr. 225

Nr. 226

30. Juni 1935 (Rhöndorf): An Gussie Adenauer, Tübingen

Liebe Frau!

‹...›[a] Hier geht alles seinen Gang. Den Kindern geht es gut. Fräulein Maria [Schwab-Lohmer][1] geht es auch so ziemlich, sie muß demnächst in Erholung, Hilde nimmt zu. Der Garten bringt leider noch immer nichts, er ist offenbar Jahre lang vollständig vernachlässigt worden und deshalb ganz unfruchtbar. Gestern nachmittag und abend waren Billsteins hier, wir haben nachher oben gesessen bis nach 11 Uhr, sie waren sehr entzückt. Am Freitag habe ich Schmittmanns kurz bei Embs[2] gesehen, ihr Auto ist sehr nett. Max ist eben gekommen, er ist aber schon auf 4 Uhr diesen Nachmittag zu Embs geladen, kleine Jugendgesellschaft. Mitte Juli kommt Wim Schmitz[3] einen Tag zu uns. – Von Politik u.s.w. schreibt man am besten nichts dorthin, Persönliches liegt aber nicht vor.
Sollen wir Erdbeeren einmachen? Pfd. 25 Pf.? Es ist höchste Zeit. Und wie? Da der Carnifix ja nicht geht.
Die Trauben blühen, auch die Linden, es ist ein köstlicher Duft, und die Bienen vollführen an unserm Lindenbaum ein prachtvolles Concert. Im Garten hat eine große Schlange ihr Nest, wahrscheinlich eine Ringelnatter – ich habe einen Teil ihres Körpers gesehen – sie ist ganz harmlos.
Nun wünsche ich Dir noch einige schöne Tage, ehe Du das Paradies verläßt, um zur rauhen Erde zurückzukehren. Grüße alle von mir.
Gruß und Kuß

D[ein] M[ann]

‹Nachmittags:
Eben waren Herr und Frau Schollen[4] zum Kaffee hier, sie lassen Dich vielmals grüßen. Wir hatten uns seit der Revolution noch nicht gesehen. – In Rhöndorf ist heute eine furchtbare Hitze, bei uns ganz angenehm. Nächsten Sonntag ist Kirmes[5]. Ich habe dem Junggesellenverein 10 M gestiftet[6]. Sonntag Nachmittag ist dann hier Fähndelschwenken. Dann mußt Du aber hier sein.

K[onrad]

Heute vor einem Jahr bin ich verhaftet worden[7].›[b]

8. Juli 1935: Ständchen des Rhöndorfer Junggesellenschützenvereins im Garten Adenauers (zu Dok. Nr. 227, 228, 231)

Nr. 227

23. Juli 1935 (Siegburg): Der NSDAP-Kreisleiter für den Siegkreis an den Landrat in Siegburg

Es wird mir von der Ortsgruppe Honnef berichtet, daß sich vor kurzem in Rhöndorf folgendes ereignet hat: Der Junggesellen-Schützenverein brachte gelegentlich der Kirmes dem ehemaligen Oberbürgermeister Adenauer, der in Rhöndorf seit kurzem seinen Wohnsitz hat, ein Ständchen. Diese Junggesellen veranstalteten zu Ehren Adenauers ein Fähndelschwenken und die Feuerwehrkapelle spielte dabei auf. Zum Schluß spielte diese Kapelle den Badenweiler Marsch[1]. Adenauer soll bei dieser Gelegenheit, wie die Ortsgruppe nachgeforscht hat, einen Barbetrag von R.Mk. 80.– und 100 Flaschen Wein gestiftet haben.

Der Junggesellenverein setzt sich fast ausnahmslos aus Leuten zusammen, die dem Nationalsozialismus ablehnend gegenüberstehen. Dasselbe ist bei der Feuerwehrkapelle der Fall, diese ist für nationalsozialistische Veranstaltungen kaum zu haben. Ich habe diesen Fall gestern dem Gauleiter und auch dem Regierungspräsidenten unterbreitet. Der Gauleiter verlangt die Auflösung dieser Vereine.

Ich bitte Sie daher, die Auflösung sofort in die Wege zu leiten. Ferner bitte ich, durch Ihre Beamten noch genauestens feststellen zu lassen, ob die von der Ortsgruppe angegebene Spende in ihrer Höhe richtig ist und mir dieses mitzuteilen. Nach Auflösung der Vereine und nach Abschluß der Untersuchung bitte ich mir zu berichten[2].

Nr. 228

29. Juli 1935 (Honnef): Bericht des Polizei-Hauptwachtmeisters Butt über die Vorkommnisse vom 8. Juli 1935

An den Kirmestagen in Rhöndorf übernahm ich aus verkehrspolizeilichen Gründen die Aufsicht bei dem Umzug des Junggesellenschützenvereins. Der Verein, der seit etwa 100 Jahren besteht, zog am Nachmittage vom Rhöndorferhof aus zum Fähndelschwenken bei verschiedenen Bürgern, u. a. zum Pensionat Steinkühler, Lehrerheim, Hotel Wolkenburg, Bellevue, Löwenburg und auch zum ehemaligen Oberbürgermeister Adenauer.

Nachdem das Fähndelschwenken bei Adenauer beendet war, spielte die Feuerwehrkapelle verschiedene Stücke, u. a. auch den Badenweiler Marsch.

Der Junggesellenschützenverein zog zurück über die Rhöndorferstraße, wo jemand an mich herantrat und mir sagte, der Ortsgruppenleiter Weber hätte Kenntnis davon erhalten, daß bei Adenauer der Badenweiler Marsch gespielt worden wäre, dies' sei verboten. Daraufhin habe ich den Kapellmeister der Feuerwehr gefragt, ob er wisse, was er spielen dürfe bezw. was verboten sei. Dieser erklärte mir, daß das Deutschlandlied sowie das Horst-Wessel-Lied[1] verboten sei. Mir selbst war von einem Verbot auch nichts bekannt. Trotzdem verbot ich, den Badenweiler Marsch weiter zu spielen. Ich zog Erkundigungen darüber ein und stellte fest, daß der Marsch nicht verboten sei. Dies' teilte ich dann dem Kapellmeister mit und der Marsch wurde später beim Einzug des Junggesellenschützenvereins in den Rhöndorferhof nochmals gespielt.
Der Kapellmeister erklärte mir, daß Adenauer den Wunsch geäußert habe, den Marsch zu spielen, was die Kapelle auch tat.
Der Kirmesball, der des Abends im Rhöndorferhof stattfand, gestaltete sich zu einem wahren Volksfest und verlief ohne jegliche Störungen.

Nr. 229

6. August 1935 (Rhöndorf): Notizen zu einem Versuch der »Schädlingsbekämpfung mit elektrischem Strom«

Am 6.8.35 habe ich mit Strom, den ich dem Lichtnetz in meinem Hause entnahm, folgendes festgestellt.
Ich habe den Strom durch Blattstiel, Blatt, Blütenstiel und im Aufbrechen begriffene Blüte von Tropäolum geleitet. Die genannten Teile der Pflanze waren von dieser getrennt, sie waren sehr empfindlich und saftreich. Sie waren dick mit schwarzen Milben besetzt. Wenn ich mit dem einen Pole den Milben nahe kam oder sie berührte, trat ein kleiner Funke in Erscheinung. Die Milben waren sofort tot, die genannten Teile der Pflanze zeigten keine sichtbare Beschädigung durch den Strom.

Nr. 230

10. August 1935 (Köln): Ausweisung aus dem Regierungsbezirk Köln durch den Regierungspräsidenten in Köln

Zur Aufrechterhaltung der öffentlichen Ruhe, Ordnung und Sicherheit gebe ich Ihnen auf Grund des § 14 des P[olizei]V[erwaltungs]G[esetzes] vom 1. Juni 1931 (G.S. S. 77)[1] in Verbindung mit § 1 der Verordnung des

Herrn Reichspräsidenten zum Schutze von Volk und Staat vom 28.2.1933 (RGBl. I S. 83)[2] auf, den Regierungsbezirk Köln bis zum 20. ds. Mts. zu verlassen und fürderhin nicht mehr zu betreten. Für den Fall der Zuwiderhandlung haben Sie mit Zwangsgeldverhängung und gegebenenfalls Schutzhaft zu rechnen[3].

In Vertretung:
gez. Dr. Schlemmer

Nr. 231
[ohne Datum]: Aufzeichnung zur Ausweisungsverfügung und zu den Vorkommnissen vom 8. Juli 1935

Die Verfügung vom 10. August[1] wurde mir am 14. August, Vormittag, zugestellt. Der Polizeibeamte, der mir die Verfügung zustellte, erklärte mir, die Polizeiverwaltung Honnef habe eine Verfügung des Regierungspräsidenten bekommen, dafür Sorge zu tragen, daß meine Abreise unauffällig erfolge.
Der Grund der Verfügung ist mir nicht bekannt. Ich habe absichtlich in einer Seitenstraße Rhöndorfs ein weitzurückliegendes, kleines Haus gemietet, um möglichst wenig in Erscheinung zu treten. Möglicherweise ist Anlaß das Fähndelschwenken, das der Rhöndorfer Junggesellenschützenverein bei der Rhöndorfer Kirmes vor meinem Haus im Garten ausgeführt hat[2].
Das Fähndelschwenken hat folgende Vorgeschichte:
Einige Zeit vor dem Kirmestag kam ein mir unbekannter junger Mann ins Haus, der frug, ob wie früher auch in diesem Jahr im Garten Fähndel geschwenkt werden könnten. Gleichzeitig legte er eine Liste vor, in der die Namen einer größeren Zahl von Rhöndorfer Einwohnern standen mit Beiträgen. Er gab an, daß vor deren Häusern auch geschwenkt würde. Ich habe darauf, weil ich die rheinische Sitte des Fähndelschwenkens kannte und weil ich durch eine Ablehnung kein Aufsehen erregen wollte, zugesagt und einen Beitrag von RM 10.– – es waren in der Liste mehrere dieser Beiträge gezeichnet – gezeichnet. Ich habe mich dann erkundigt, ob man die Leute bewirten müsse, es wurde mir gesagt, daß es Sitte sei, den Leuten ein Glas Wein zu geben. Die Leute kamen mit einer Feuerwehrkapelle an dem Kirmessonntagnachmittag, sie haben wie üblich Fähndel geschwenkt und dann ein Glas Wein bekommen. Ich habe auf den Fähnrich getrunken, aber keine Rede gehalten. Als die Leute weggehen wollten, bat meine Frau sie, sie möchten zum Schluß einen Marsch spielen. Einer der Leute hat darauf meiner Frau gesagt, sie könnten den Badenwei-

ler Marsch auswendig, ob sie diesen spielen sollten. Meine Frau hat dem zugestimmt. Ich habe hiervon erst gehört, als die Musik im Begriff war anzufangen.

Die Verfügung trifft mich außerordentlich hart. Ich bin seit Anfang Mai in Rhöndorf zugezogen. Ich habe das Haus zuerst auf ein Jahr gemietet. Durch die Instandsetzung des Hauses, die die in schlechten Verhältnissen sich befindenden Eigentümer auf ihre Kosten nicht vornehmen konnten, und durch den Umzug sind mir für meine Verhältnisse sehr erhebliche Kosten entstanden. Ich leide ferner unter sehr starker Schlaflosigkeit und bin daher auf häusliche Pflege angewiesen. Wenn ich getrennt von meiner Familie leben müßte, würden mir dadurch wieder erhebliche Unkosten entstehen. Meine Kinder besuchen das Realgymnasium und das Lyzeum in Honnef, durch einen Wechsel des Aufenthalts würden sie in ihrer Ausbildung erheblich beeinträchtigt werden. Verhandlungen, die ich mit der Stadt Köln über finanzielle Fragen zu führen habe, die Frage der Verwertung meines Kölner Hauses, werden durch weitere Entfernung von Köln und durch das Verbot, Köln zu betreten, das in der Verfügung enthalten ist, für mich sehr schwierig.

Ich bin augenblicklich in einer langwierigen zahnärztlichen Behandlung bei einem Bonner Zahnarzt[3], die bis in den September hinein dauern wird. Mein Mund ist durch den Autounfall[4], den ich seiner Zeit erlitten habe, stark deformiert, so daß ein anderer Zahnarzt mitten während der Durchführung die Arbeit nicht übernehmen kann.

Wie mir der Polizeibeamte, der mir die Verfügung zustellte, sagte, sei der Polizeiverwaltung Honnef aufgegeben worden, dafür zu sorgen, daß meine Abreise ohne Aufsehen erfolge. Sehr angesehene und einflußreiche englische Persönlichkeiten[5] kennen meine jetzige Adresse, einer von diesen Herren hat mich schon besucht und will mich im Herbst wieder besuchen. Mein Weggang von Rhöndorf würde bei diesen, die der auswärtigen Politik sehr nahe stehen, unbedingt Aufsehen erregen.

Ich habe in Rhöndorf die peinlichste Zurückhaltung bewahrt. Ich habe z. B. deshalb nicht an der Fronleichnamsprozession teilgenommen und dem Ortspfarrer[6] auch erklärt, daß ich nicht teilnehmen würde, weil ich mich vollkommen von allem zurückhalten wolle. Eine Ablehnung des Fähndelschwenkens durch mich würde, nachdem jahrelang vor den Bewohnern des Hauses Fähndel geschwenkt worden waren, ganz sicher viel mehr Aufsehen erregt haben als die Annahme des Anerbietens.

Nr. 232

19. August 1935 (Honnef): Polizeiliche Abmeldung Adenauers aus Honnef-Rhöndorf

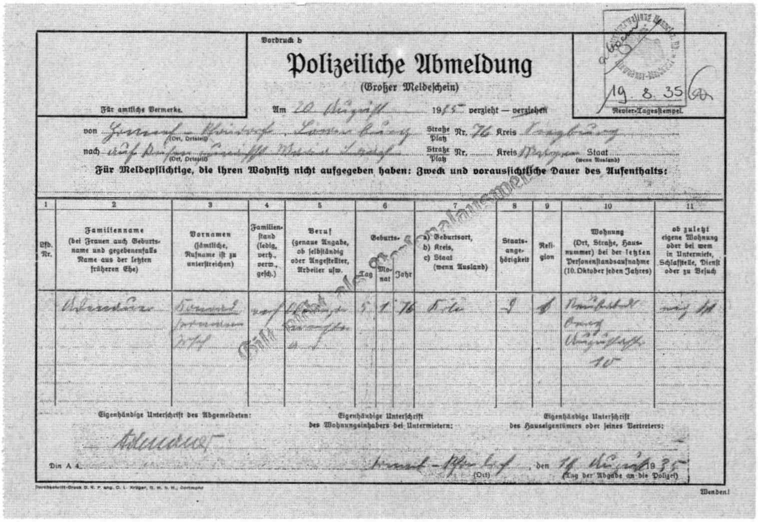

Vordruck b

Polizeiliche Abmeldung

(Großer Meldeschein)

Für amtliche Vermerke.

Am ... 19... verzieht — verzogen

19. 8. 35

Revier-Tagesstempel.

von ... (Ort, Ortsteil) Straße/Platz Nr. 76 Kreis ...

nach ... (Ort, Ortsteil) Straße/Platz Nr. ... Kreis ... Staat ... (wenn Ausland)

Für Meldepflichtige, die ihren Wohnsitz nicht aufgegeben haben: Zweck und voraussichtliche Dauer des Aufenthalts:

1	2	3	4	5	6			7	8	9	10	11
Lfd. Nr.	Familienname (bei Frauen auch Geburtsname und gegebenenfalls Name aus der letzten früheren Ehe)	Vornamen (sämtliche, Rufname ist zu unterstreichen)	Familienstand (ledig, verh., verw., gesch.)	Beruf (genaue Angabe, ob selbständig oder Angestellter, Arbeiter usw.	Geburts- Tag	Monat	Jahr	a) Geburtsort, b) Kreis, c) Staat (wenn Ausland)	Staatsangehörigkeit	Religion	Wohnung (Ort, Straße, Hausnummer) bei der letzten Personenstandsaufnahme (10. Oktober jeden Jahres)	ob zuletzt eigene Wohnung oder bei wem in Untermiete, Schlafstelle, Dienst oder zu Besuch
					5	1	76					

Eigenhändige Unterschrift des Abgemeldeten: Adenauer

Eigenhändige Unterschrift des Wohnungsinhabers bei Untermietern:

Eigenhändige Unterschrift des Hauseigentümers oder seines Vertreters:

Din A 4 ... (Ort), den ... 1935 (Tag der Abgabe an die Polizei)

Durchschrift-Druck D. R. P. ang. O. L. Krüger, G. m. b. H., Dortmund

Wenden!

Nr. 233

22. August 1935 (Abtei Maria Laach): An Gussie Adenauer, Rhöndorf

Liebe Frau!

Herr Lenze war schon gestern Nachmittag hier – weil er heute nicht kann –. Er war sehr freundschaftlich; er hat zu Terb[oven][1] keine direkten Beziehungen, wohl aber sehr gute indirekte. Er will diese heute schon mit der Angelegenheit beschäftigen. – In der Auftragssache Spennrath sind die Aussichten günstig, ein kleiner Trost. – Der Oberwachtmeister wird noch heute zurückkommen, und dann wirst Du ihn, denke ich, bald sprechen können. Die Unterlagen findest Du in meiner mittleren Schreibtischschublade. Lenze will darauf hinaus, daß die Verfügung aufgehoben wird gegen mein Versprechen, bis auf weiteres die Stadt K[öln] nicht zu betreten. Daraufhin müßte man auch bei dem Wachtmeister hinauskommen[2]. Dieser darf von Terb[oven] nichts wissen. – Von dem Wachtmeister und von St[ehle][3] wirst Du ja auch hören, ob es sich empfiehlt, daß Du zu dem Ortsgruppenleiter und dem Kreisleiter gehst. –

Hier ist man sehr nett zu mir – der Abt ist verreist –, aber ich bin doch

durch die ganze Sache sehr mitgenommen, und mein Befinden und mein Schlaf ist dementsprechend. Auch die – von Dir so mit Unrecht gefürchtete – Atmosphäre des Klosters kam dagegen – gegen meine Stimmung – noch nicht an. Aber man muß lernen, auf Gott zu vertrauen, und man darf in seinen Bemühungen nicht nachlassen. –
Vielleicht habt Ihr inzwischen etwas von Plittersdorf[4] gehört. –
Heute gehst Du wohl nach Godesberg; ich wäre gerne mit dabei. – Paul geht es ausgezeichnet; er ist seelenvergnügt, er wohnt in einer richtigen Zelle und schläft prachtvoll auf einem Strohsack. –
Es erinnert mich so vieles an den Sommer 33, und doch welch' ein Abstand, und was ist seit jener Zeit alles passiert!
Du bist ja am Montag zeitig beim Zahnarzt[5], damit Du ihn aufklären kannst? – Ich denke, wir essen nachher in Niederbreisig zu Mittag. Konrad gibt mir ja Nachricht, ehe er kommt. Es ist sehr warm hier, wärmer als in Rhöndorf – des Nachts –.
Unten einige geschäftliche Dinge.
Busse[6] will Ende der Woche wegen des Herdes Bescheid sagen. Das Angebot wegen der Öfen und des Herdes liegt in der Mappe Briefe, geschäftlich, oder so ähnlich.
Was machen die Kinder? Als ich fortfuhr, stand Profittlich[7] vor seinem Hause und grüßte mit erhobenem Arm. Grüße alle recht herzlich. Dir herzlichsten Gruß und Kuß.

D[ein] M[ann]. –

Inzwischen kamen Deine lieben Briefe[8] an, und ich danke Dir herzlich dafür. Es ist sehr hart, und am härtesten ist die Ungewißheit, auf wie lange? – Ich bin noch immer ziemlich aus dem seelischen Gleichgewicht. – Was alles aus Dir sprach, habe ich wohl verstanden, vor allem, daß es Deine Liebe war. – Wenn ich mich etwas erholt habe, kann ich auf alles das wohl noch einmal zurückkommen; es greift mich jetzt zu sehr an. – Halte Du nur jetzt alles aufrecht, und halte den Kopf hoch, und glaube mir: den Glauben an Gott muß ich mir auch jeden Tag neu belegen und neu erkämpfen. Ich werde nächster Tage an Dr. Stroomann[9] schreiben und bitten, mir einen recht niedrigen Preis zu machen – nach der Saison – oder mir ein Sanatorium zu nennen[10]; ich glaube, es ist Zeit, daß ich etwas für mich tue. – Paul ist reizend zu mir. Die Adresse von Frau Pferdmenges ist Rittergut Lindenberg Kreis Beestrum bei Berlin[11]; ich nehme wenigstens an, daß sie noch dort ist. – Anbei der Wunschzettel.

Nr. 234

23. August 1935 (Abtei Maria Laach): An Gussie Adenauer, Rhöndorf

Liebe Frau!

Daß Du morgen Herrn Gr[ohé], Honnef, sprechen kannst und daß dieser noch am gleichen Tag seinen Bruder bei einer solchen Gelegenheit sieht, ist vielleicht ein großes Glück. Ich hatte einige Notizen[1] gemacht, die in meiner Schreibtischschublade liegen. Nimm sie bitte zu der Unterredung mit, Du kannst sie ev. auch Herrn Gr[ohé] dalassen. Ich hatte seiner Zeit Frau Stehle wegen der Sache gefragt. Sie hatte dringend geraten, das Fähndel schwenken zu lassen und darnach ein Glas Wein zu geben, es sei das in Rhöndorf so Brauch, insbesondere sei es immer an dem von uns bewohnten Haus so gehandhabt worden, wir dürften gegen diesen Brauch nicht verstoßen[2].

Es könnte sein, daß in dem Gespräch der beiden Brüder die Rede allgemein auf mich käme. Für diesen Fall die nachfolgenden Angaben, die Du an Herrn Gr[ohé] auf alle Fälle bitte weitergeben willst[3]. Ich habe, seitdem ich aus meinem Amt entfernt worden bin, nur den Wunsch, fern von aller Politik zu leben und eines Tages anerkannt zu sehen, daß ich nicht in der Besatzungszeit antinational gehandelt habe. Während wir in Neubabelsberg wohnten, habe ich mit keinem der in Berlin wohnenden früheren Zentrumsleuten irgendeine Verbindung angeknüpft, weil ich von der ganzen politischen Vergangenheit nichts mehr hören will. Auch in Rhöndorf haben wir ja in gleicher Zurückgezogenheit gelebt. – Es ist mir noch immer unverständlich, warum gerade ich so behandelt worden bin. Daß ich bei einem so vollständigen Umschwung aus meinem Amte scheiden mußte, sehe ich vollkommen ein, dagegen sehe ich noch immer nicht den Grund, warum man mich so viel schlechter behandelt als andere. Ich habe, als ich noch im Amte war, niemals einen Anhänger der NSDAP zurückgesetzt oder schlecht behandeln lassen, im Gegenteil angeordnet, daß entgegen der damaligen, mir vom Regierungspräsidenten übermittelten Verfügung gegen keinen nationalsozialistischen Beamten ein Verfahren eingeleitet werden solle. Ich habe der Partei ferner die Turn- und Sportplätze gegeben und dafür gestimmt, daß ihrer Zeitung die amtlichen Anzeigen gegeben werden sollten. Diese meine Stellungnahme habe ich aus Gerechtigkeitsgefühl eingenommen, und weil ich die NSDAP für eine nationale Partei ansah. –

Am tiefsten hat mich geschmerzt, daß ich als national unzuverlässig entlassen worden bin, und daß man behauptet hat, ich sei in der Besatzungszeit national nicht zuverlässig gewesen. Ich würde es jederzeit

begrüßen, daß ein objektiver Mann mein damaliges Verhalten nachprüfte. Ich weiß, daß das Ergebnis die glänzendste Rechtfertigung für mich sein würde. Vielleicht kannst Du auch Herrn Gr[ohé], Honnef, sagen, daß der Hofmarschall Clive, der eine besonders wichtige Stellung beim englischen König hat, meinetwegen an Herrn von Neurath geschrieben hat[4], daß Herr Piggott, den Herr Gr[ohé], Köln, kennt, uns in Rhöndorf besucht hat und im Herbst wiederkommen will[5].
Vielleicht läßt es sich erreichen, daß die Verfügung, wenn nicht sofort, dann doch für einen bestimmten Termin, vielleicht zum 10. oder 15. September aufgehoben wird gegen meine Zusage, die Stadt Köln nicht ohne ausdrückliche Genehmigung zu betreten[6]. – Den Besuch meines Zahnarztes gestattet man mir vielleicht auf Grund eines Attestes.
Nun sieh, liebe Frau, was Du erreichst, meine heißen Wünsche begleiten Dich.
Gruß und Kuß Dir und den Kindern Dein
⟨...⟩[a]

Soviel ich weiß, ist mein Verhalten in der Besatzungszeit im Sommer 33 im Ministerium des Innern nachgeprüft worden[7], das Ergebnis sei für mich sehr günstig gewesen.
Über die Flaggensache im Februar oder März 1933 – Hängebrücke – hat seiner Zeit Herr Billstein einen amtlichen Bericht[8] zu den städtischen Akten gegeben. Ich habe ihn meines Wissens nie gelesen. Er wird aber klar zeigen, daß der ganze Vorgang nicht das geringste beschimpfende oder auch nur kränkende oder ehrverletzende Moment enthielt.

Nr. 235
24. August 1935 (Abtei Maria Laach): An Dannie N. Heineman, Brüssel

Lieber Freund!

Recht herzlichen Dank für Ihre mir sehr willkommene Mitteilung[1]. – Ich hoffe, daß Sie einen Ihnen nach jeder Richtung zusagenden Aufenthalt finden, der Ihnen gute Erholung bringt. – Ich habe meinen Aufenthaltsort bis auf weiteres wechseln müssen[2], meine Familie nicht. Ich werde wohl auch einmal mich in ärztliche Behandlung begeben müssen und schreibe heute Herrn Dr. Stroomann, was der billigste Nachsaisonpreis in seinem Sanatorium ist[3]. Ich hoffe, daß er entgegenkommt und daß es dort ruhig ist. Ich habe Vertrauen zu seiner ärztlichen Kunst. Mein ältester Sohn ist jetzt bei der AEG Auslandsabteilung in Berlin. Ich bin sehr zufrieden darüber;

denn er lernt viel dort und kann andererseits zeigen, ob er was kann. Wenn Sie einmal dort sind, lassen Sie ihn sich vielleicht einmal kommen. – Ich hoffe, daß die Ausbildung Ihrer Söhne gut fortschreitet; für seine Kinder zu sorgen, gewährt ja die schönste Befriedigung.
Mit vielen herzlichen Grüßen von Haus zu Haus wie stets Ihr
Adenauer

Nr. 236
29. August 1935 (Abtei Maria Laach): An Gussie Adenauer, Rhöndorf

Liebe Frau!

‹. . .›[a] Es steht zur Zeit so mit mir: Ich bin durch diese neue sinnlose, zwecklose Verfolgung, die man nicht irgendwie mit Überschwang der Revolution begründen oder erklären kann, auf das tiefste verbittert. Ich bin auch religiös ganz verstört und aus dem Gleichgewicht gebracht. Ich will versuchen, in Maria Laach zuerst mein Inneres, mein religiöses Gleichgewicht wiederzufinden, dann will ich etwas für meinen Körper tun. Das Bestreben, mein inneres Gleichgewicht wieder zu finden, ist es, was mich in erster Linie dort festhält. Erst dann hat es auch Zweck, daß ich körperlich etwas für mich tue. –
Wir wollen aber, liebe Frau, alle beide den Kopf unentwegt hochhalten, für uns beide und für unsere Kinder! – Ich glaube auch, daß das jetzt nur eine vorübergehende Sache ist. – Wir wollen beide das Leid so tragen und so wenden, daß es uns zum Segen wird.

D[ein]
Ich werde gestört und mußte aufhören. M[ann]

Nr. 237
29. August 1935 (Köln): Aufzeichnung von Justizrat Professor Dr. August Adenauer über ein Gespräch mit dem Regierungspräsidenten in Köln, Dr. Rudolf Diels

Herr D[iels] bemerkte, über die Tragweite der Maßnahme[1] gefragt, sie werde vorübergehend sein. Er hat bestätigt, daß der Anlaß aufgeklärt sei. Veranlassung ist der G[au]l[eiter] gewesen. Herr D[iels] erklärte auch, erst durch diese Sache von dem Wohnen [in Rhöndorf] gehört zu haben. Er erklärte weiter, an der Sache sei nichts zu machen. Er würde ausgelacht werden, wenn er etwas dagegen tun wolle. Auch sei es nicht zu verantworten, gerade ausgerechnet in *der* Ecke zu wohnen, wo die 2

Führerschulen[2] seien, gewissermaßen die wildesten Männer der Partei. Er erwähnt eine Heimsuchung von Ottmar Strauss[3], dem Gut von Louis Hagen, ferner der Besitzung eines Adeligen, einen Angriff auf die Kirche in Honnef[4].
Auf meine Bemerkung über
a) Verhalten während der Besatzungszeit
b) als Oberbürgermeister
meinte er, das sei ihm alles bekannt, er habe auch keine abfälligen Bemerkungen in der Richtung gehört.
Als ich das Scriptum Clive[5] zu lesen gab, erwähnte er, es könne praktisch sein, diese Sache zu mobilisieren, etwa so, daß er vom Ausw[ärtigen] Amt ein Schreiben erhalte, dafür zu sorgen, daß Herrn Ad. mit Rücksicht auf die engl[ischen] Wünsche nichts geschehe, da man dafür doch kein Verständnis habe. Noch besser sei es, wenn etwas über Ribbentrop[6] geschehe als über v[on] N[eurath].
Er bemerkte weiter, es sei neulich ein Schreiben an die Stadt gerichtet worden, das habe in einer Sondernummer des »W[estdeutschen] B[eobachter]« mit sehr häßlichen Bemerkungen behandelt werden sollen. Er habe das verhindert. Auf meine Bemerkung, Ad. müsse doch sein Recht bekommen, lachte er: Ad. und Recht bekommen!, nein, das gibt es nicht.
Er habe alles vorgebracht, so daß er nur RM 600 monatlich habe.
Antwort, das sei unerhört!
‹Man habe erklärt, man sperre ihn ein, wenn er die Forderung aufstelle.›[a] Adenauer habe aber auch gar keine politischen Instinkte, wenn er wenigstens, als er dorthin gezogen sei, es der Partei angezeigt und einige Versicherungen dazu geschrieben habe.
Er deutete dann an, er wolle eine Besprechung zwischen mir und dem G[au]l[eiter] vermitteln. Oder es könne ein schriftlicher Antrag gemacht werden. Aber es müsse noch wenigstens 14 Tage gewartet werden.
Vorher hatte er erwähnt, was er dann tun solle – er habe die Sache in Berlin gehört und mit Staatssekretär (Körner[7]?) einige Worte darüber gesprochen, der habe es ganz richtig gefunden, was geschehen sei.
Meine Frage, ob die anderen Regierungsbezirke denn erlaubt seien, wurde entschieden bejaht.
Herr D[iels] erwähnte noch, es sei nicht ratsam, gegenüber dem G[au]l[eiter] zu erwähnen, daß man von seiner Urheberschaft wisse.

Nr. 238

31. August 1935 (Abtei Maria Laach): An Rechtsanwalt Dr. Ernst Schwering, Köln

Lieber Herr Schwering!

Daß ich aus dem Regierungsbezirk Köln aufgrund der Communistenverordnung[1] seit dem ‹20.8.›[a] ausgewiesen und seit dieser Zeit hier bin, werden Sie wissen. Gegen Mitte September möchte ich einige Zeit in ein Sanatorium gehen[2], die Nerven leiden doch unter diesen ständigen Attacken. Vorher scheint mir eine Unterredung mit Herrn Manstetten dringend nötig[3]. Da diese ja zweckmäßig hier stattfindet – anderswo würde man nicht ungestört sein –, habe ich heute Herrn Manstetten gebeten, bald nach hier zu kommen, Herr Billstein hat sich freundlicherweise bereit erklärt, ihn nach hier zu fahren. Würden Sie so gut sein, mitzukommen und gleichzeitig darauf zu drücken, daß Manstetten bald kommt? Ich bin Ihnen sehr dankbar dafür, ich lege auf Ihre Anwesenheit entscheidenden Wert. –

Ich hoffe, daß Sie von Ihrer Reise recht zufrieden zurückgekommen sind, und auch, daß es Ihrer verehrten Gattin, die ich vielmals zu grüßen bitte, gut geht.

Mit recht herzlichen Grüßen

Ihr
Adenauer

Am 4.9. und am 9.9. bin ich verhindert.

Nr. 239

31. August 1935 (Abtei Maria Laach): An Wilhelmine und Professor Dr. Ferdinand Zinsser, Tübingen

Lieber Vater, liebes Mamachen!

Herzlichen Dank für Eure teilnehmenden Worte[1]. – Es war wirklich ein schwerer Schlag, der uns getroffen hat[2]. Wir hatten angefangen, uns in Rhöndorf einzuleben und etwas aufzuatmen, das ist nun auch wieder vorbei, wenigstens bis auf weiteres. Das Fähndelschwenken[3] war natürlich nur der Anlaß, die Sache ist betrieben worden von Gr[ohé][4], Köln, dem die staatlichen Stellen bis nach Berlin hin zu willen sind. Jetzt Schritte zu tun, ist zwecklos, man muß zunächst warten. Getan habe ich natürlich nichts, das einen Anlaß gegeben hätte. Der Regierungspräsident, bei dem mein Bruder dieser Tage war, hat diesem in aller Offenheit erklärt, für mich gebe es kein »Recht«[5]. Ich denke, etwa bis Mitte September hier zu

bleiben, dann möchte ich zunächst in ein gutes, nicht zu teures Sanatorium gehen – auch finanziell trifft uns die Sache sehr –, ich denke an Freudenstadt[6] oder Schloß Horneck. Was ich dann tun werde, weiß ich noch nicht. Wenn Ihr mich dann brauchen könnt, komme ich vielleicht etwas zu Euch, vorausgesetzt, daß ich als Hausgenosse zu ertragen bin, denn diese fortgesetzte Verfolgung macht einen natürlich sehr bitter. Gussie ist natürlich auch sehr mitgenommen, wir sehen uns so oft es geht, aber die Verbindung hierhin ist schwierig.
Ich hoffe, daß Ihr beide wieder ganz in Ordnung seid, so daß Ihr Euren demnächstigen Einzug in voller Gesundheit vollzieht.

Recht herzliche Grüße
Euer
[Konrad]

Nr. 240

19. September 1935 (Freudenstadt): Eintragung in das Gäste- und Fremdenbuch des Kurhauses St. Elisabeth

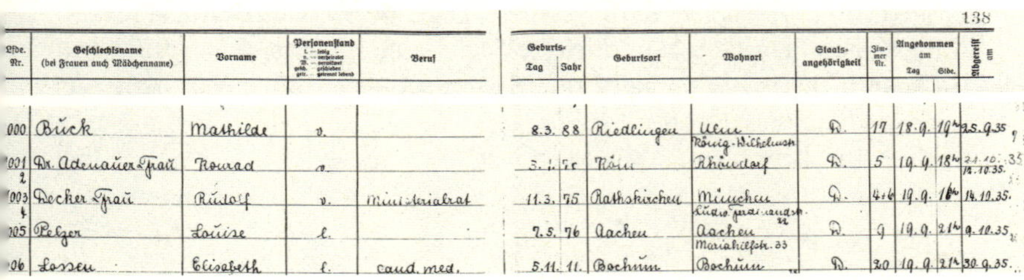

138

Lfde. Nr.	Geschlechtsname (bei Frauen auch Mädchenname)	Vorname	Personenstand (l. = ledig, v. = verheiratet, W. = verwitwet, gesch. = geschieden, getr. = getrennt lebend)	Beruf	Geburts- Tag	Geburts- Jahr	Geburtsort	Wohnort	Staatsangehörigkeit	Zimmer Nr.	Angekommen am Tag	Angekommen am Stde.	Abgereist am
000	Buck	Mathilde	v.		8.3.	88	Riedlingen	Ulm	D.	17	18.9.	19h	25.9.35
001 2	Dr. Adenauer u. Frau	Konrad	v.		5.1.	76	Köln	König-Wilhelmstr. Rhöndorf	D.	5	19.9.	18h	~~21.10.35~~ 12.10.35.
003 4	Decker u. Frau	Rudolf	v.	Ministerialrat	11.3.	75	Rathskirchen	München	D.	4+6	19.9.	16h	14.10.35.
005	Pelzer	Louise	l.		7.5.	76	Aachen	Ludw. Ferdinandstr. 22 Aachen	D.	9	19.9.	21h	9.10.35
006	Lossen	Elisabeth	l.	cand. med.	5.11.	11.	Bochum	Mariahilfstr. 33 Bochum	D.	20	19.9.	21h	30.9.35.

Nr. 241

25. September 1935 (Freudenstadt): An Rechtsanwalt Dr. Ernst Schwering, Köln

Lieber Herr Schwering!

Beiliegenden Brief[1] sandte ich heute an Manstetten. Bitte drücken Sie doch auf ihn. Ich komme ja überhaupt nicht weiter, und die Sorge läßt einen nicht zur Ruhe kommen. Was Süsterhenn für Hirtsiefer erreicht hat[2], sollte Manstetten doch auch für mich erreichen können. Ev. muß er in Berlin Schritte tun. Bitte flößen Sie ihm doch von Ihrer Energie und Rührigkeit etwas ein. – Uns gefällt es hier ganz gut, aber wodurch jede Erholung verhindert wird, das besagt Ihnen wohl mein Brief.
Hoffentlich geht es Ihrer Frau gut.

Viele Grüße
Ihr
Adenauer

Nr. 242

4. Oktober 1935 (Freudenstadt): An Generaldirektor Dr.-Ing. Franz Lenze, Mülheim/Ruhr

Sehr geehrter Herr Lenze!

Erlauben Sie mir bitte die Frage, ob Sie in der Angelegenheit meiner Ausweisung inzwischen noch etwas unternehmen konnten[1] oder etwas gehört haben.
Ich werde mich nämlich in kurzem entschließen müssen, wohin ich nun gehen soll[2]. Hier kann ich nicht mehr lange bleiben, weil das Wetter schon zu herbstlich ist. Nach M[aria] L[aach] kann ich nicht zurück, weil meine Anwesenheit dort bei der Stimmung gegenüber den Klöstern beengt[3] – ich kann das wohl verstehen, und ich nehme das in keiner Weise übel –. Wenn ich in absehbarer Zeit nach Rhöndorf zurück kann[4], so wäre ich aus diesen ganzen traurigen Überlegungen heraus. – Ich will nicht gern klagen, aber ich kann Ihnen gegenüber doch ausdrücken, daß mich diese ganze so unmotivierte Sache außerordentlich angreift, das Zusammensein mit meiner Familie war noch das Einzige, was man mir gelassen hatte.
Mit herzlichem Dank und vielen Grüßen Ihr
[Adenauer]

Nr. 243

5. Oktober 1935 (Freudenstadt): An Domkapitular Johannes Adenauer, Köln

Lieber Hans!

In meiner Ausweisungsangelegenheit[1] habe ich noch keinen Erfolg zu verzeichnen, und ich muß damit rechnen, daß bis auf weiteres das Verbot bleibt. Auf der Suche nach einem geeigneten Aufenthalt für mich sind wir auch auf das Paxheim in Unkel gekommen, das im Winter ja wenig Verkehr hat. Gussie ist vor unserer Reise nach hier einmal dort gewesen und sie hat einen guten Eindruck bekommen. Es wird ja von Schwestern aus der Kupfergasse bewirtschaftet. Die Oberin verlangte für zwei Zimmer 8 RM den Tag. Das ist für mich zuviel. Ich finde es auch ziemlich teuer, da es sich doch ev. um einen längeren Aufenthalt, und zwar im Winter handelt. Auch hatte sie gewisse Bedenken, zwei Zimmer nebeneinander im ersten Stock zu geben, weil sie dann zum Servieren immer nach oben müßten. Ich möchte möglichst zurückgezogen leben,

darum oben wohnen und auf meinem Zimmer essen. An Diät brauche ich die Dir ja zur Genüge bekannte Gallen- und Leberdiät, aber nicht sehr streng. –
Würdest Du die Güte haben, nach Unkel einen Wink zu geben, daß man mir soweit entgegenkommt, wie die Interessen des Heims es erlauben? Gussie wird Donnerstag nächster Woche zurückfahren – ich bleibe eine Woche länger –, sie möchte dann sofort in das Paxheim, um alles zu besorgen. Es wäre mir sehr wertvoll, wenn Dein Wink dorthin dann dort wäre. Wir haben hier sehr viel schlechtes Wetter. Das Haus ist sehr gut. Aber die ungewisse Zukunft, ständig neue Sorgen – die Steuersache nimmt nicht den erwarteten Verlauf – reißen immer wieder an den Nerven. – Hoffentlich hast Du Dich so gut erholt, daß Du gestärkt in den Winter gehst. Gussie läßt Dich dringend bitten, auf der Rückreise in Rhöndorf Station zu machen, sie und die Kinder würden sich sehr darüber freuen. Vielen Dank und herzliche Grüße

Dein
[Konrad]

Nr. 244
Vor dem 16. Oktober 1935 (Rhöndorf): Gussie an Konrad Adenauer, Freudenstadt

Mein liebster Schatz.

Ich bin im Augenblick so voll Empörung gegen das Leid, das über unsre Familie gekommen ist, daß ich ganz außer Fassung bin. Es kam so furchtbar unerwartet, daß mich nur Arbeit, Bewegung und Tätigkeit zum Ertragen bringt – nicht einmal Gebet. Bist Du auch wie gelähmt? Aber wir wollen mit ganzer Willenskraft keine Leidenssklaven sein, sondern in der Arbeit Heilung suchen.
Ich muß sagen, daß in meinem Geistesleben eine Wandlung vor sich geht, ich sehe auf einmal vieles anders, ich denke anders, ich urteile und werte anders. Nur in der Nacht, dann legt sich mir die Finsternis so auf die Seele, und ich finde keinen beruhigenden Ausgleich zu der Hast des Tages – es sei denn, ich könnte Deine Hand fassen und Deinen Atem hören –, und wie durch die ganze Natur jetzt im Herbst das Weh des Scheidens zittert, so auch in mir der Jammer und die Schwermut. Wie eine Erlösung kommt dann der Morgen und man fühlt sich wie neugeboren in der Taufrische, die ich jetzt regelmäßig ausnütze, um den Rolf[1] in Bewegung zu bringen. Die Einsamkeit des Waldes und das Aufsteigen zur Höhe macht alle Last leichter und die Brust freier und die Seele froher. Das

wirst Du ja da oben im Laacher Wald sicher auch als wohltuend empfinden. Für mich ist der Wald auch ein Ersatz für die schöne Laacher Kirche, denn in unsre hiesige Pfarrkirche zieht es mich wenig hin. Ich kann überhaupt die Majestät Gottes am besten in der Natur unter einem großen freien Himmel verstehen. Und nun laß uns Sonntagsgedanken wehen zwischen Dir und mir und festhalten an der Zuversicht auf baldige Wiedervereinigung.
‹...›[a]

Gussie

Nr. 245
16. Oktober 1935 (Freudenstadt): Konrad Adenauer an seine Kinder, Rhöndorf

Liebe Kinder, alle miteinander!

Eure Sonntagsgrüße waren mir eine sehr große Freude. Es war recht trübseliges Wetter, und ich dachte daran, wie wir im Sommer nach der Messe sonntags um den großen Tisch gesessen haben, da kam Euer lieber Brief. Es war mir, als säßen wir zusammen dort.
Ich habe mich auch sehr darüber gefreut, daß es in der Schule gut geht. Gerade Ihr müßt in der Schule besonders fleißig sein.
Nun freue ich mich sehr, wenn Ihr demnächst alle Sonntagnachmittags zu mir zum Kaffee kommt.
Recht herzliche Grüße

Euer
Vater

Für Paul:
Ob es gut ist, wenn Mussolini[1] einen »aufs Dach bekommt«, weiß ich nicht.

Nr. 246
20. Oktober 1935 (Freudenstadt): An Gussie Adenauer, Rhöndorf

Liebe Frau!

Heute ist ein richtiger häßlicher Herbsttag: Sturm, Regen, kalt. Es kommt mir nicht ungelegen, da ich [mich] so ohne Gewissensbisse auf der Schreibmaschine austoben kann. – Ich schreibe heute auch Herrn Giesen[1], er möchte mich am Donnerstag 18.45 in Remagen abholen. Da es ein unangenehmes Gefühl ist, nicht bestimmt zu wissen, ob er kann, so rufe

Du ihn bitte morgen, Montag, telef[onisch] an, Wesseling 59. Wenn er nicht kann, so rufe bitte Billstein an. Gib mir dann aber bitte *sofort* durch Eilbrief nach Tübingen Bescheid, damit ich ihn Mittwoch früh sicher habe; ich muß sonst meine Reise anders disponieren.
Eine Erklärung des Kap. 13 Offenbar[ung] Joh[annes][2] aus der ‹...›[a] Z[ei]t[ung] füge ich bei; warum beschäftigt man sich damit?
Heute Nacht träumte ich, wir führen alle zusammen auf einem großen Überseedampfer fort; nur Rolf mußten wir zurücklassen, da er den Anstrengungen nicht mehr gewachsen war. –
Hoffentlich erhalte ich heute Mittag einen Sonntagsgruß, Schwester Theophila hat schon bedauernd bemerkt, daß nichts bei der Morgenpost war.
Herz[liche] Grüße

Gr[uß] u[nd] K[uß]
D[ein] M[ann]

Über das Anschreiben[3] müssen wir einmal sprechen; ich meine, das Buch[4] gibt Dir allein keinen Überblick.
Karl V. lese ich heute abend aus[5]. Ein interessantes Buch, aus dem man allerlei lernt. Aber kein Buch zum Jahrestag der Hochzeit[6], dafür ist es zu ernst und traurig. Dafür hast Du noch etwas zu Gut.
Deine Blumen stehen noch immer auf meinem Schreibtisch; ich kann sie morgen nach d[einer] M[utter] bringen[7].

Nr. 247
20. Oktober 1935 (Freudenstadt): An Rechtsanwalt Dr. Ernst Schwering, Köln

Lieber Herr Schwering!

Am 24.10. fahre ich »nach Hause«, d. h. nach Unkel, Pax-Erholungsheim[1], Tel. Amt Honnef. – Ich schreibe gleichzeitig Herrn Manstetten, daß ich hoffe, wir würden uns bald nach meiner Rückkehr sehen können, um zu überlegen, wie wir nun endlich weiterkommen[2]. Wenn ich daran denke, daß noch die Ministerialinstanz und drei Gerichtsinstanzen erschöpft werden müssen, dann weiß ich nicht, ob ich das Ende überhaupt noch erlebe. Ich würde mich sehr freuen, wenn Sie ‹mit Manstetten›[a] mitkämen. Daß Sie aber auch so immer herzlich willkommen sind, das wissen Sie, kommen Sie also recht bald einmal, es gibt soviel zu plaudern. Ich hoffe, daß es Ihrer Frau gut geht.

Ich fahre morgen nach Tübingen und dann von dort am Donnerstag nach Unkel. Trotz fast andauernd schlechten Wetters bin ich mit dem Aufenthalt nicht unzufrieden.
Mit herzlichen Grüßen an Ihre Frau und Sie

Ihr
Adenauer

Nr. 248
29. Oktober 1935 (Unkel): An Dannie N. Heineman, Brüssel

Lieber Freund!

Bis auf weiteres bin ich von nun an in Unkel am Rhein, Erholungsheim Pax[1], da mir der Arzt noch immer die Luft in Rhöndorf verboten hat[2]. Meine Frau und meine Kinder sind nach wie vor in Rhöndorf. Es geht mir so ziemlich, jedenfalls hoffe ich, daß es Ihnen besser geht als mir. Herr Schlüter[3] würde sich sehr freuen, wenn er Anfang November etwas von Fräulein Schönfelder hörte.
Ich hoffe, daß es auch den Ihrigen gut geht, und bin mit herzlichen Grüßen von Haus zu Haus wie immer

Ihr
Adenauer

Nr. 249
12. November 1935 (Unkel): An Rechtsanwalt Dr. Ernst Schwering, Köln

Lieber Herr Schwering!

Wir haben uns über Ihren von »Vaterstolz« getragenen Brief[1] sehr gefreut. Ihre Gattin ist hoffentlich ganz wohl, wir hoffen weiter, daß Sie nun wieder ungetrübte Nachtruhe haben. –
Sie werden gehört haben, daß ich einen Teil meines Gartens verkauft habe[2] und mit dem Erlös mein Haus umzubauen beabsichtige. Wir haben im Hause noch viele Möbel usw. Ich möchte davon ein Inventar aufnehmen lassen und denke, daß ein pensionierter Beamter wohl am besten dafür wäre[3]. Wissen Sie einen, der das gegen Entgelt zuverlässig und verschwiegen tun würde? – Ich werde mich sehr freuen, wenn Sie – hoffentlich bald – hierhin kommen.
Herzliche Grüße an Ihre Frau und Sie

Ihr
Adenauer

Nr. 250

17. November 1935: Aufenthalt im Pax-Erholungsheim in Unkel/Rhein

Als einen der schlimmsten Tage dort habe ich den Buß- und Bettag, den 17. November 1935 in Erinnerung[1]*. Es regnete von morgens früh bis abends spät. Mein Fenster ging auf den Strom heraus, der führte Hochwasser und sah trostlos aus. Die Zukunft stand grau in grau vor mir, die Zukunft Deutschlands und die Zukunft meiner Familie. Da kam mir ein Buch, das ich mir mitgebracht hatte, der ›Taifun‹ von Joseph Conrad*[2]*, einer meiner liebsten Schriftsteller, in die Hand. Ich las es am Nachmittag dieses Tages und las über den Kampf, den der Kapitän mit dem Sturm führte. Ich las, daß der Kapitän ihn nicht durch seine Klugheit, sondern durch Geduld und Ausdauer bestand. Das Buch hat mich getröstet und meine Hoffnung neu belebt. Ich habe in den folgenden Jahren noch wiederholt in ganz schlechten, schwierigen Situationen nach ihm gegriffen.*
(Adenauer am 4.1.1961 im Gespräch mit Ludwig von Danwitz)

Nr. 251

15. Dezember 1935 (Unkel): An den Regierungspräsidenten in Köln

Ich bitte, das gegen mich erlassene Aufenthaltsverbot[1] für den Regierungsbezirk Köln für die Zeit vom 24. bis 28.12. außer Kraft zu setzen, damit ich mit meiner Frau und meinen sieben Kindern zusammen das Weihnachtsfest begehen kann.

Adenauer

Nr. 252

19. Dezember 1935 (Köln): Der Regierungspräsident in Köln, in Vertretung: Dr. Dietz von Bayer, an Adenauer, Unkel

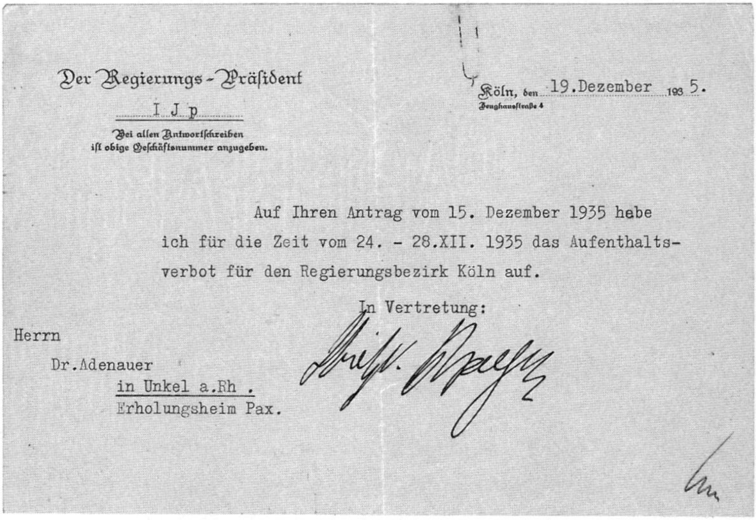

Der Regierungs-Präsident

I J p

Bei allen Antwortschreiben ist obige Geschäftsnummer anzugeben.

Köln, den 19. Dezember 1935.

Zeughausstraße 4

Auf Ihren Antrag vom 15. Dezember 1935 hebe ich für die Zeit vom 24. - 28.XII. 1935 das Aufenthaltsverbot für den Regierungsbezirk Köln auf.

In Vertretung:

Herrn

Dr. Adenauer

in Unkel a. Rh.

Erholungsheim Pax.

Nr. 253

23. Dezember 1935 (Unkel): An Abt Dr. Ildefons Herwegen, Abtei Maria Laach

Lieber Herwegen!

Ein sehr herzliches Gedenken weilt in diesen Tagen in Maria Laach, ein Gedenken an das schöne Weihnachtsfest 1933[1]. – Dir und Deiner großen Klosterfamilie wünsche ich von Herzen ein gleich schönes und friedvolles Weihnachtsfest wie damals. Ich wünsche Dir auch, daß das Jahr 1936 ein Abklingen und Vergehen aller so bedrückenden Sorgen des Jahres 35 bringen möge[2]! –
Das gegen mich erlassene Aufenthaltsverbot ist auf meinen Antrag für die Tage vom 24.–28.12. aufgehoben worden[3], so daß wir Weihnachten zusammen in Rhöndorf begehen können.
Mit recht herzlichen Grüßen an Dich und die mir bekannten Herren

Dein

K. Adenauer

Nr. 254

30. Dezember 1935 (Tübingen): Professor Dr. Ferdinand Zinsser an Gussie und Konrad Adenauer, Rhöndorf

Liebstes Gussiechen!

Nun sind die Weihnachtstage herum, und der Alltag ist wieder da! Wir waren so froh zu hören, daß Konrad wenigstens ein paar Tage nach Hause kommen konnte und daß es Lottchen besser geht, so daß Ihr wenigstens einigermaßen erleichtert das Weihnachtsfest begehen konntet. Leider scheinen aber die Aussichten für eine vollständige Aufhebung des Aufenthaltsverbots nicht günstig zu sein. Auf meinen Brief[1] an den Reg[ierungs] Praes[identen] erhielt ich folgende Antwort (dat. 19. Dez.): »Herr Reg. Praes. Diels ist nach Weihnachten bis in den Januar hinein verreist, so daß die Besprechung nach den Feiertagen leider nicht stattfinden kann. Der Bitte Ihres Herrn Schwiegersohnes habe ich für die Weihnachtstage entsprochen. Heil Hitler. N.N. Regierungs-Vizepräsident. –«
Ich hatte die Absicht, gerade heute morgen noch einmal um eine Unterredung nach Neujahr zu bitten, als mir die heutige Post einen Brief aus der Gauleitung brachte mit folgendem Wortlaut: »Betr. Ihr Schreiben vom 21. d. M. Mit dem Einverständnis des Gauleiters konnte Herr Dr. Adenauer über Weihnachten in Honnef sein. Darüber hinaus konnte Ihrem Wunsche nicht entsprochen werden. Eine Besprechung dieserhalb wäre zwecklos. Heil Hitler! Schneider (?), Abteilungsleiter. –«
Ich werde deshalb auch vorerst nicht mehr an den Reg. Praes. schreiben, denn wenn die Gauleitung nicht will, dann wird auch der Reg. Praes. nicht wollen. Und da scheint es mir vernünftiger, erst einmal eine Zeitlang abzuwarten. – Ich wäre es sonst gerne noch einmal angegangen[2].
‹...›[a]
Lebt wohl miteinander. Das kommende Jahr soll Euch Erfüllung Eurer Hoffnungen bringen.

a. H.

Nr. 255

1936: Hitler über Adenauer, im Gespräch mit Hermann Giesler

Nach dem Mittagessen wollte Adolf Hitler mit mir weiter über die Planung von Weimar sprechen. So lag es nahe, daß die Unterhaltung bei Tisch in dem großartigen Speiseraum der Reichskanzlei, den Ludwig Troost[1] gestaltet hatte, schon dem Thema Städtebau und Architektur galt. Ich hörte interessiert zu; das taten auch zwei Gäste aus Köln, und nach dem Essen klagten

sie lebhaft über städtebauliche Aufwendungen, die Adenauer veranlaßt habe. Erst jetzt erkenne man den Umfang der Verschuldung der Stadt Köln. [...] Und ausgerechnet dieser Mann, der als Oberbürgermeister der Stadt Köln diese Schuldenlast aufgebürdet habe, der ehemalige Separatist und erklärte Parteigegner, erhalte seine volle Pension. Ich dachte mir meinen Teil, und genauso kam es dann auch. Adolf Hitler hatte sich das alles ruhig angehört, ich hatte den Eindruck, daß er leicht belustigt war. Er sagte dann: »Das ist uns allen gegenwärtig. Adenauer war Separatist und ist Parteigegner schon aus seinem militanten Katholizismus heraus und deshalb für uns untragbar als Oberbürgermeister.
Aber Adenauer war Oberbürgermeister von großem Format, und das hat er unter Beweis gestellt. Er war sich der geschichtlichen und landschaftlichen Bedeutung dieser Stadt bewußt. Er hat sie mit allen Mitteln gefördert. Er hat auch den Kölner Stadtorganismus klar erkannt und deshalb die zwingenden städtebaulichen Maßnahmen veranlaßt und verantwortet. Das kostet natürlich Geld, und mit den Schulden kam er dann in den wirtschaftlichen Niedergang. Aber die Stadt Köln wird diese Schulden tilgen, und die Kölner Bürger werden erkennen, daß diese Leistungen Adenauers Anerkennung verdienen und nicht Pensionsentzug.«
(Hermann Giesler: Ein anderer Hitler)

Nr. 256
1936: Hitler über Adenauer, im Gespräch mit Albert Speer

Ich erinnere mich noch, daß Hitler ihn, es war wohl im Jahre 1936, beim Tee im Nürnberger »Deutschen Hof« einen fähigen Mann genannt hatte, als Liebel[1] *das Gespräch auf die Rolle der Oberbürgermeister gebracht hatte, um seine eigene Tätigkeit für Nürnberg herauszustellen. Adenauer, so meinte Hitler damals, habe durch seinen vorausschauenden Eigensinn den Kölner Grüngürtel*[2] *mit seinem Ringstraßensystem geschaffen, wichtige Bauherren nach Köln gezogen, ein einzigartiges Messegelände am rechten Rheinufer gebaut. Ihm imponiere noch heute die Voraussicht und der Mut, mit denen Adenauer die Stadt in Schulden gestürzt habe. Was bedeuteten schon ein paar lächerliche Millionen angesichts einer kühnen städtebaulichen Konzeption. Er bedauere geradezu, diesen Mann wegen seiner politischen Unvernunft nicht heranziehen zu können.*
Hitler lobte Adenauer seiner Starrköpfigkeit wegen, in Wirklichkeit wäre er mit dem unbequemen Mann sofort zusammengeraten.
(Albert Speer: Spandauer Tagebücher)

Nr. 257

4. Januar 1936 (Unkel): An Professor Dr. Walter Braunfels, Bad Godesberg

Lieber Herr Braunfels!

Herzlichen Dank für Ihre Wünsche und Ihren Brief vom 2.1. –
Sie werden verstehen, wenn ich nicht viel darauf antworte. Wenn ich auch ziemlich ausgeglichen bin, über den Verlust meiner Stellung kein Bedauern empfinde, so hat man doch Stunden, in denen man das Demütigende meiner gegenwärtigen Lage besonders stark empfindet.
Man muß sich Gottes Willen zur Verfügung stellen.
Ich hörte von meiner Frau, daß Sie mich bald besuchen wollen; ich freue mich sehr, wenn Ihre Frau[1] und Sie kommen.
Mit herzlichem Dank für Ihre treue freundschaftliche Gesinnung und vielen Grüßen an Ihre Frau und Sie

Ihr
Adenauer

Nr. 258

5. Januar 1936: Fahrt mit Dr. Paul Franken ins Moseltal und nach Maria Laach

So holte ich dann an diesem Tage morgens Frau Adenauer und die Tochter Ria aus erster Ehe in Rhöndorf ab. In Unkel wurden wir bereits erwartet. An diesem Tage wollte Konrad Adenauer die Richtung der Reise bestimmen dürfen. Da ich dies bei meinen Fahrten mit ihm schon mehrfach erlebt hatte, fand ich dabei nichts Besonderes. Von Niederlahnstein aus ging es ins Moseltal. Wir hielten in Cochem[1]. Er machte den Vorschlag, in einem der dortigen Hotels zu Mittag zu essen. Als wir das Hotel betraten, fanden wir eine für vier Personen besonders geschmückte Tafel. Auf meinen erstaunten Blick sagte er, daß es jetzt wohl Zeit sei, das Geheimnis zu lüften. Er feiere an diesem Tage seinen 60. Geburtstag. Beim Essen sprach er von seinem 40. und schilderte genau den Verlauf seines 50. Geburtstages. Den Nachmittag verbrachten wir, wie schon häufiger, bei seinem alten Jugendfreund, dem Abt Ildefons Herwegen in Maria Laach. Konrad Adenauer war ernst. Wir sprachen von der Möglichkeit, ob er wohl seinen 70., ja vielleicht seinen 75. Geburtstag erleben werde. Von seinem 80. Geburtstag sprach niemand[2].
Auch der Abt war ernst. Längst waren das Frühjahr und der Sommer 1933 vorüber, wo anti-demokratische Grundinstinkte eines Teiles des deutschen Adels Hitler so stark unterstützt hatten[3]. Über den Juli 1933 wurde gespro-

chen. Damals hatte sich ein bestimmter anti-demokratischer Kreis katholischer Intellektueller in der Abtei getroffen und Herrn von Papen zum Abschluß seines Konkordats beglückwünscht[4]*. Einer dieser katholischen Adligen – sein Name sei schamhaft verschwiegen – erklärte, das Einzige, was er an diesem Konkordat bedauere, sei, daß es nicht die Verpflichtung enthalte, nach jeder Messe ein Gebet für den »Führer« beten zu müssen. Der Abt selbst hatte unterdessen schwere Monate hinter sich. Auch er hatte längere Zeit sein Kloster verlassen müssen, weil sein Leben zeitweise ernstlich durch die Nazis bedroht war*[5]*.*

(Paul Franken: 20 Jahre später)

Nr. 259

4.–25. Januar 1936: Rechnungsbelege zum Aufenthalt im Pax-Erholungsheim in Unkel/Rhein

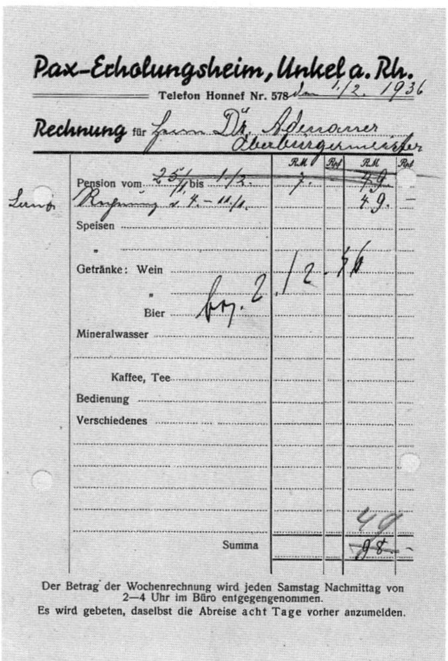

Pax-Erholungsheim, Unkel a. Rh.
Telefon Honnef Nr. 578 den 1/2. 1936
Rechnung für Herrn Dr. Adenauer Oberbürgermeister
RM Rpf RM Rpf
Pension vom 25/1 bis 1/2. 7. – 49
Speisen
Getränke: Wein
Bier
Mineralwasser
Kaffee, Tee
Bedienung
Verschiedenes
Summa 49
Der Betrag der Wochenrechnung wird jeden Samstag Nachmittag von 2—4 Uhr im Büro entgegengenommen.
Es wird gebeten, daselbst die Abreise acht Tage vorher anzumelden.

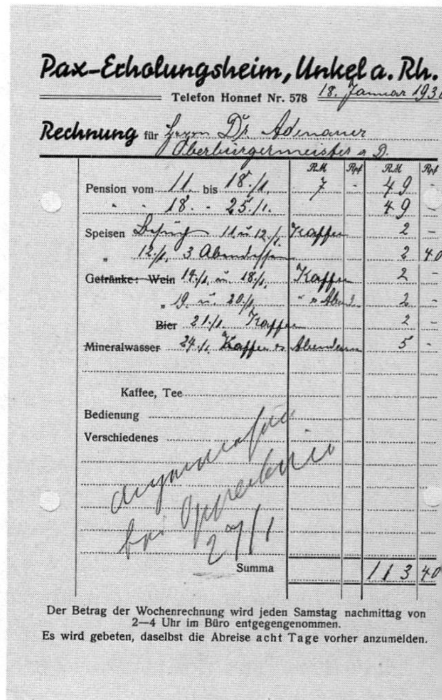

Pax-Erholungsheim, Unkel a. Rh.
Telefon Honnef Nr. 578 18. Januar 1936
Rechnung für Herrn Dr. Adenauer Oberbürgermeister a. D.
RM Rpf RM Rpf
Pension vom 11. bis 18./1. 7 – 49 –
18. – 25./1. 49 –
Speisen 2 –
2 40
Getränke: Wein 2 –
2 –
Bier 2 –
Mineralwasser 5 –
Kaffee, Tee
Bedienung
Verschiedenes
Summa 113 40
Der Betrag der Wochenrechnung wird jeden Samstag nachmittag von 2—4 Uhr im Büro entgegengenommen.
Es wird gebeten, daselbst die Abreise acht Tage vorher anzumelden.

Nr. 260
15. Januar 1936 (Meiningen): Major a.D. Dr. Otto Schwink an Adenauer, Unkel

Hochverehrter Herr Oberbürgermeister!

Ihr Neujahrsgruß[1], für den ich herzlich danke, hat mich tief erschüttert. Von Ochs[2] wußte ich, daß Sie im Rheinland Schwierigkeiten hatten; daß man Sie aber aus Ihrer Heimat ausgewiesen hat[3], hätte ich nicht für möglich gehalten. Hat man vergessen, daß Sie in der Besatzungszeit aufrechter als irgendeiner für das Deutschtum eingetreten sind? Was mag es für Sie bedeuten, fern der Familie zur Untätigkeit verurteilt zu sein! Besteht keine Möglichkeit, daß Sie in München oder in dessen nächster Umgebung ruhigere Tage mit den Ihren verbringen?
Ich arbeite in einer Brauerei in Meiningen, bin jedoch auch von meiner Familie getrennt, weil wegen der nichtarischen Abstammung meiner Frau hier sofort Schwierigkeiten entstanden. Wir haben in München ein Häuschen gebaut, wo ich mein Wochenende verbringe. Die Wege zum Heer wurden mir aus den gleichen Gründen verbaut. Nicht einmal als Reserveoffizier wurde ich alter Soldat für würdig befunden. Frau und Kinder sind der einzige Trost. Der neue Beruf, den ich nur halb ausfüllen kann, ist mir nichts.
Nehmen Sie meine herzlichen Wünsche dafür, daß sich Ihr Schicksal bald zum Besseren wendet, und die Grüße

Ihres ergebendsten
Dr. Schwink

Nr. 261
15. Januar 1936: Herbert Eulenberg widmet Adenauer sein »Selbstbildnis« (siehe folgende Seite)

Nr. 262
1. Februar 1936 (Unkel): An Dr. Friedrich Spennrath, Berlin

Lieber Herr Spennrath!

Sie und die Ihrigen werden sich schon eingewöhnt haben und mit Freuden die frische Luft atmen. Hoffentlich haben Sie nur Sonne und blauen Himmel.
Herr Lenze war heute bei mir und hat allerlei Interessantes erzählt.
Ich fahre am 3.2. nach Berlin und wohne im Franziskuskrankenhaus[1],

Burggrafenstr. 1. Ich werde warten, bis Sie zurück sind, wie ich höre, kommen Sie gegen den 14. zurück.
Bitte geben Sie Ihrem Adlatus, dem Regierungsrat, Anweisung, mir behülflich zu sein, damit ich alles schon vorbereiten kann[2]. Ich kann dann bald nach Ihrer Rückkehr wieder fort.
Ihrer verehrten Gattin, Ihrem Jungen und Ihnen wünsche ich ausgezeichnete Erholung.
Mit vielen herzlichen Grüßen an Sie und Ihre Frau Ihr
[Adenauer]

Nr. 263
9. Februar 1936 (Berlin): An Gussie Adenauer, Rhöndorf

Liebe Frau!

Am Dienstag abend trage ich Herrn Schwering[1], der von Haus aus Ingenieur ist, die Lokomotivsache vor[2], am Mittwoch morgen um 9 Uhr Professor Ramsauer[3] von der AEG die Schädlingsbekämpfung[4]. Am

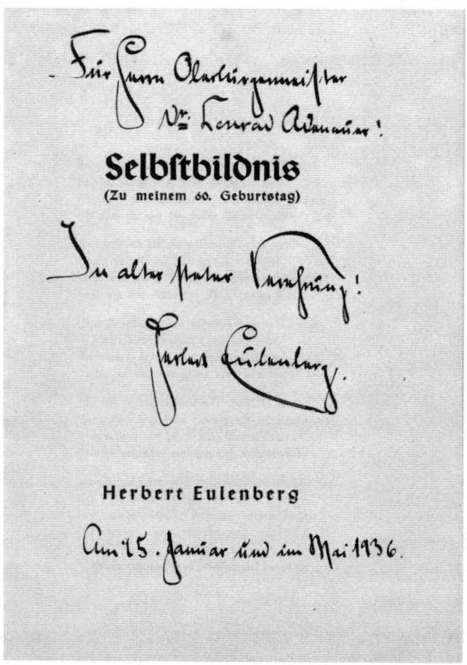
Für Herrn Oberbürgermeister
Dr. Konrad Adenauer!

Selbstbildnis
(Zu meinem 60. Geburtstag)

In alter steter Verehrung!
Herbert Eulenberg.

Herbert Eulenberg

Am 25. Januar und im Mai 1936.

Dok. Nr. 261

Donnerstag kommt Spennrath zurück. – Ich denke, daß ich gegen den 20.2. zurückkomme. Aber ich kann es noch gar nicht übersehen, da ich ja nicht weiß, wie die Besprechungen mit den sachverständigen Technikern verlaufen werden. –
Am Freitag war der Fliegerpater Schulte[5] zum Kaffee bei mir – ich habe Paul sein Buch geschickt, damit er etwas zum Lesen hat –, ein origineller Kerl! Er kommt nächste Woche wieder nach hier, vielleicht kann er etwas tun; aber das Wichtigste ist und bleibt Köln und Grohé. Pflege nur ja die Verbindung mit der Dame in Königswinter[6]; es ist noch das Allerbeste.
Ob ich mit den Besuchen, die ich hier machen wollte, irgendwie durchkomme, ist mir zweifelhaft; es sind zu viele, die Entfernungen sind zu groß, und ich will mich nicht überanstrengen. Deswegen vermeide ich auch abends auszugehen. – Ich war einmal abends bis 9 Uhr bei Overhues[7], wo es wirklich nett und gemütlich war! Gestern war ich in der Clemenskirche beichten und kam so nach den Linden und der Leipzigerstraße. Welche Veränderungen! Das Luftfahrtministerium ist geradezu ein riesenhafter Bau – anscheinend auch schön. – Heute gehe ich mit Konrad zu Brugger[8] zum Mittagessen, gegen Abend zu Lore[9] zum Essen, Konrad hatte seinen Freund Mertens[10] eingeladen. ‹...›[a]
Gruß und Kuß (gib jedem der Kinder einen von mir und Du Dir selbst einen)

Dein
Mann

Nr. 264
10. Februar 1936 (Berlin): An Gussie Adenauer, Rhöndorf

Liebe Frau!

Gehe bitte noch nicht zu Diels, warte in allem meine Rückkehr ab, pflege nur die Verbindung mit Königswinter[1]. Heute habe ich einmal in aller Ruhe meine Vorträge »Lokomotive« und »Schädlingsbekämpfung«[2] für morgen und übermorgen präpariert. Du bekommst sofort Nachricht. – Was Du von den »vielen meiner Bücher religiösen und sonstigen Inhalts« schreibst, habe ich nicht recht verstanden. Ich habe ihr [Dora Pferdmenges] geliehen die Kaiserin Konstanze[3], um die sie gebeten hatte, Amerika von Colin Ross[4], weil ihr Sohn jetzt dort ist, eine kleine Broschüre von Huizinga über holländische Kultur[5]. Ob ich sonst noch ein Buch geliehen habe, weiß ich nicht, ich glaube aber kaum, sicher nicht mit für dort angestrichenen Stellen. – Wann sie diese Woche kommen, bin ich neugierig; ich habe von ihm ja seit langem nichts mehr gesehen. – Gleich

habe ich ein »Herrenessen« auf meinem Zimmer; Konrad und einen jungen Mann, den ich in Maria Laach kennenlernte. Von Schwiegertochter Falk[6] erhielt ich einen sehr netten Brief[7] aus Amerika, Frl. Kraus scheint für Ria etwas zu präparieren. Morgen nachmittag bin ich bei ihren Eltern (Kraus)[8] zum Tee, abends bei Schwering. ‹...›[a]
Gruß und Kuß

Dein
Mann

Nr. 265
10. Februar 1936: Bericht im »Berner Tagblatt«: »Politiker von ehedem« (Auszug)

Mit dem nationalsozialistischen Umsturz in Deutschland sind neue Namen als Leiter der deutschen Geschicke aufgetaucht und diejenigen der Männer aus den »14 elenden Jahren« der Weimarer Republik zum größten Teil in Vergessenheit geraten. Man weiß, daß der Name Stresemanns, der seinem am Boden liegenden Vaterland große Dienste geleistet hatte, selbst nicht mehr auf Straßenschildern beliebt ist[1]. Seltsam ist das Schicksal des frühern Reichskanzlers Dr. *Brüning*[2]. Dieser führte bis zum 30. Juni 1934 – an welchem ereignisvollen Tag in der Geschichte des Dritten Reiches er nur durch Eingreifen des englischen Botschafters in Berlin gerettet worden ist – ein zurückgezogenes Leben. Nachher verbrachte er aus verständlichen Gründen mehrere Monate in der Umgebung Londons auf dem Gute seines Freundes Ramsay MacDonald[3], des frühern Premiers und jetzigen Lordpräsidenten. Später reiste Brüning nach Nordamerika, wo er schon früher weilte.
[...]
Ein anderer Zentrumsführer, Prälat *Kaas*[4], verfolgt als Kanonikus in Rom die deutschen politischen Geschehnisse mit Aufmerksamkeit. [...] Der frühere Kölner Oberbürgermeister *Adenauer,* ein typischer »Systembonze«, befindet sich (wie die »Weltwoche« mitteilt[5]) im Kloster Maria Laach (Rheinland) und ist »selbst für seine besten Freunde nicht zu sprechen«[6].

Nr. 266
11. Februar 1936 (Rhöndorf): Gussie an Konrad Adenauer, Berlin

Mein Liebling.

Ich danke Dir für Deinen guten Brief, die kurzen Worte haben mir so wohl getan. Das Gefühl Deiner körperlichen Nähe ist in mir und ist mir eine unbeschreibliche Beruhigung, und das Gefühl vertieft sich, wenn ich so ganz allein und still über Dich nachdenke. Darauf freue ich mich schon den ganzen Tag. Eigentlich solltest Du gestern schon diesen Brief haben, doch fand ich tagsüber keine rechte Ruhe zum Schreiben, und abends war Luftschutz. Diese Übungen sind angetan, einen zur leidenschaftlichen Pazifistin auszubilden. Ich muß an mich halten, um nicht in jähes Ungestüm auszubrechen vor dem offensichtlichen Wahnsinn der Aufrüstung[1], sollte sie auch nur als Mittel zum Zweck der Arbeitsbeschaffung sein! Der ganze Krieg steht wieder lebendig vor einem, nur in noch grauenhafterer Auswirkung, da Verwüstung und Tod sich nicht nur auf die Front beschränken, sondern auch die Heimat heimsuchen werden. Mit einem unbeschreiblich elenden Gefühl lege ich mich nach einem solchen Abend zu Bett. All die ewigen nationalen Probleme dürfte man nur noch als Weltprobleme erkennen und so behandeln, sonst müßte man ja fluchen über alle Kräfte, die die Entwicklung entbunden hat, Technik, Verkehr, Geldwirtschaft, ach, ich könnte bei all dem Kriegsgerede zur begeisterten Pazifistin werden.
Morgen werde ich sehr fest an Dich denken, wenn Du Deine Erfindungsstunde[2] hast, Du Lieber. Mir ist es, als wenn Du als Junge ein Examen zu bestehen hättest, und da wird mir klar, daß ich überhaupt das etwas Knabenhafte an Dir so besonders liebe, das Eifrige, Direkte und Unbefangene. Und daß das so geblieben ist in einem Leben, das soviel Großes und Schönes und auch Schmerzliches umspannt, das finde ich gerade so schön. Vielleicht ist auch durch alle Erlebnisse der letzten Zeit die ganze natürliche Einfachheit in Dir auf besondere Weise neu erschafft worden und gibt Dir den Schwung zu Deiner Erfindungsarbeit. Schreib mir bitte gleich, wie die Besprechung verlaufen ist, ich bin so gespannt.
Im Wald ist es jetzt einfach herrlich, so still und verheißungsvoll, an den sonnigen Stellen blühen die Kätzchen in Fülle – ach, es ist viel zu schön, um es allein, ohne Dich, zu sehen! ‹...›[a]

Deine
Gussie

Nr. 267
12. Februar 1936 (Berlin): An Gussie Adenauer, Rhöndorf

Liebe Frau!

Eben 12 Uhr komme ich von der wissenschaftlichen Versuchsanstalt der A.E.G. zurück, wohin ich um 8 Uhr aufgebrochen war. Sie liegt weit im Norden in Reinickendorf. Mit Prof. Ramsauer hatte ich eine 5/4stündige Unterredung[1], die nach einer Seite hin den gewollten Effekt erreichte. Er erkennt meine Vorschläge und Gedanken als richtig an, teilt ein sehr wesentliches Bedenken nicht, das ich hatte; auf der anderen Seite hat er ein Bedenken, das J. Giesen – in dessen Fach es schlägt – nicht hat: ob nämlich die Bepinselung der Bäume nicht zu zeitraubend sei. – Von Versuchen im Laboratorium – auf die ich hinauswollte – hält er nicht viel; er meint, man solle sofort in der Natur versuchen, die dazu nötigen Geräte u.s.w. will er zur Verfügung stellen. Ich glaube fast, daß er recht hat; gerade in einem solchen Falle ist die praktische Anwendung entscheidend. – Ich muß nun sehen, mit J. Giesen weiter zu arbeiten. Morgen kommt Spennrath zurück. Mit ihm muß ich in den nächsten Tagen auch wegen der Kosten überlegen. Gestern Vormittag rief Frau Pferdmenges an; – ich war mit ihr ab 11 Uhr in der römischen Abteilung des alten Museums. Ich hätte sie gerne einmal nach ihren »religiösen Büchern« gefragt[2], habe es aber wohl klüglicher Weise unterdrückt. Heute abend sollen wir – Konrad und ich – mit ihnen und ihrer Schwester in ein Theater gehen, wohin, hören wir noch. – ‹...›[a]
Euch allen, besonders Dir, recht herzhaften Gruß und Kuß

Dein
Mann

Nr. 268

12. Februar 1936 (Berlin): An Dannie N. Heineman, Brüssel

Lieber Freund!

Ich mußte einige Tage nach hier zum Zwecke einer genauen ärztlichen Untersuchung durch den ausgezeichneten, mir bekannten Professor v. Bergmann[1]. Es hat sich herausgestellt, daß alle Erscheinungen nervöser Natur waren. Ich bleibe noch etwa eine Woche hier. Sollten Sie in dieser Zeit nach hier kommen, so geben Sie mir bitte Bescheid.
Sie haben hoffentlich das schöne Winterwetter dort oben in vollen Zügen genossen.
Herr Schlüter würde sich sehr freuen, etwas von Frl. Schönfelder zu hören.
Mein ältester Sohn geht am 1.3. zur AEG nach Oslo. Wenn Sie ihm dorthin irgend eine Empfehlung geben können, so tun Sie es bitte.
Mit vielem Dank und herzlichen Grüßen an Sie und die Ihrigen

Ihr
K. Adenauer

Nr. 269

Vor dem 14. Februar 1936 (Rhöndorf): Max Adenauer an Adenauer, Berlin

Lieber Vater!

Hans Adenauer hat von Pi[ggott] aus London folgendes mitgeteilt erhalten: Er habe mit Poe[nsgen][1] aus Düsseldorf gesprochen, dieser habe sich mit Gr[imm] in Berlin in Verbindung gesetzt und von diesem dann den Bescheid bekommen, er, Gr[imm], habe sich mit den [lokalen Stellen] in Verbindung gesetzt.
Weiteres ist Hans nicht bekannt.
Pi[ggott] habe auch geschrieben, er wolle mit von H[aberer][2], den er jetzt gut kenne, über die Angelegenheit sprechen. (Es handelt sich in allen Fällen um die Ausweisung.)[3] ‹...›[a]

Dein
Max

Nr. 270
15. Februar 1936 (Berlin): An Gussie Adenauer, Rhöndorf

Liebe Frau!

Es erscheint mir nun dringend wünschenswert, mit den lokalen Stellen – Ortsgruppenleiter, Kreisleiter – in Fühlung zu kommen. Vielleicht kann Dir bei letzterem die Frau aus Königswinter[1] helfen, sie kann wohl auch etwas über Köln hören. Frau Stehle sagte damals mit Recht, daß sie uns s. Zt. die Sache eingebrockt habe, weil sie uns überredet habe, die – harmlose – Sache mitzumachen[2]. Wenn sie persönlich das dem Ortsgruppenleiter und dem Kreisleiter sagen würde, so würde das, wie ich *bestimmt glaube,* sehr wichtig sein. Sprich bitte morgen – Sonntag – mit ihr, damit sie es unverzüglich tut. Sie darf natürlich von P ‹...›[a] nichts wissen; es genügt wohl, ihr zu sagen, daß Schritte eingeleitet seien, und daß die Haltung der örtlichen Stellen von größter Bedeutung sei. Vielleicht kann sie auch durch Profittlich nach der Richtung etwas tun. Sie ist ja eine kluge und ehrliche Frau, bitte sie um Hilfe in dem Sinne. –
Mit Frau Pferdmenges war ich nur im Pergamonmuseum und in der griechischen und ägyptischen Abteilung, nicht einmal in den Gemäldegalerien. Ich wußte ja nicht, daß sie kamen und hatte schon zuviel Termine vereinbart. ‹...›[b]
Gestern habe ich Frau Burkart[3] einen Besuch gemacht, sie läßt vielmals grüßen. Sie war – äußerlich – gealtert. Frau Gutmann[4] liegt an Grippe zu Bett, ihr Mann ist in London. Dein Onkel Bachofen[5] ist hier, zur Automobilausstellung, vielleicht sehen wir ihn heute abend bei Lore. – Morgen Mittag sind Konrad und ich bei Mulerts[6] zum Mittagessen. Da hast Du einstweilen das Programm. Ich hörte so gerne einmal gute Musik, weiß aber nicht, ob es gelingt. ‹...›[c]
An alle Gruß und Kuß, besonders an Dich, Dein
Mann

Nr. 271
19. Februar 1936 (Berlin): An Gussie Adenauer, Rhöndorf

Liebe Frau!

‹...›[a]
Ich hatte vor, am 24. zurückzukommen, und das auch schon Dr. Franken geschrieben[1]. Da nun Max hierhin kommt und am 24. in Jüterbog[2] ein-

treten muß, werde ich erst am 25. fahren. Bitte stelle doch bei Vollmar telefonisch die Adresse von Franken fest und *schreibe sie mir sofort.* Ich freue mich sehr zurückzukommen, nicht wegen Unkel, aber wegen Deiner und der Kinder Nähe. Berlin ist wirklich nichts für mich. Ich habe es allerdings mit dem Wetter denkbar ungünstig getroffen, abgesehen von ganz wenigen Tagen. Aber das ist es nicht allein. Ich merke auch bei dem Begegnen mit den verschiedensten Menschen hier, wie sehr man sich in den letzten 12 Monaten von ihnen abgewandt und andern Dingen zugewandt hat. – Vorgestern abend waren wir bei Spennraths. Sie waren sehr nett, auch die Tochter[3] hat sich körperlich und geistig vorteilhaft entwickelt. –
Gestern war ich, weil ich mich die letzten Tage übernommen hatte, völlig schachmatt und erledigt, heute geht es wieder, aber ich sehe doch, daß ich mir nicht zuviel zumuten darf. – Zur Besprechung der geschäftlichen Angelegenheiten war, weil ich mich richtig elend fühlte, gestern Spennrath bei mir. Ich werde nunmehr in den nächsten Tagen noch mehrere Besprechungen mit Herren der AEG – Patentabteilung, Rechtsabteilung – wegen Abschluß eines Vertrages, Lokomotivbau, haben. Wann ich diese haben werde, hoffe ich heute mittag telefonisch zu erfahren. Hoffentlich werden sie alle noch in dieser Woche sein können. Die Angelegenheit Lenze ist sehr angenehm erledigt; eine gewisse Beruhigung. ‹...›[b]
Die Hauptsache bleiben die lokalen Stellen – Ortsgruppenleiter und Kreisleiter –, kannst Du da nichts tun, eventuell mit Hilfe von Dr. Riese[4]? Die Leute müssen aufgeklärt werden, daß es eine ganz harmlose, unauffällige, alltägliche, von mir in keiner Weise herbeigeführte Sache war, und Frau Stehle muß ihnen sagen, daß sie die Ursache gewesen ist[5]. Alles das ist deshalb von so großer Wichtigkeit, weil Gr[imm] zu Piggott bzw. Poensgen gesagt hat, er wolle die lokalen Stellen fragen[6], und weil er, wie ich gehört habe, auch anderwärts vertritt, daß diese dagegen seien. – Ich wiederhole nochmals meine Bitte, doch gerade hier zu versuchen, was möglich ist. – Vielleicht versucht man auch noch einmal über Ringsdorf[7]. – Es ist doch so dringend nötig, daß die Sache endlich in Ordnung kommt. Du weißt gar nicht, wie schwer diese Monate für mich waren. –
Heute früh erhalte ich von Franken einen Brief, er wohnt also noch Koblenzerstraße. ‹...›[c]
Euch allen, besonders Dir, herzl. Gruß und Kuß K[onrad]

Nr. 272

21. Februar 1936: Rechnungsbeleg zum Aufenthalt im Franziskus-Krankenhaus, Berlin

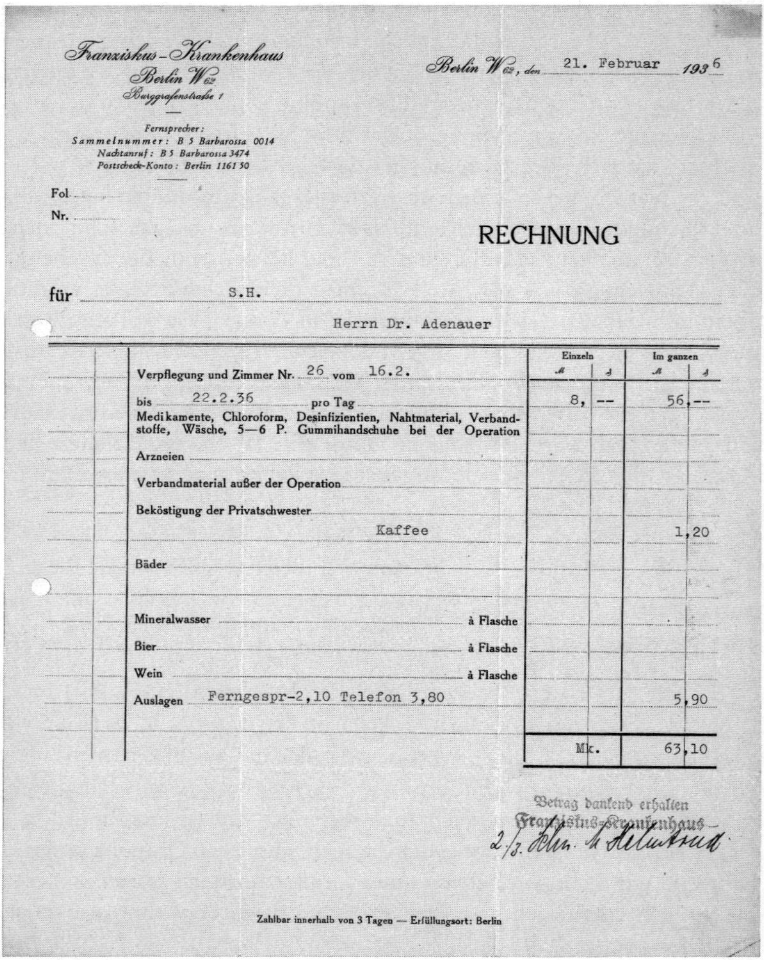

Franziskus-Krankenhaus
Berlin W 62
Burggrafenstraße 1

Fernsprecher:
Sammelnummer: B 5 Barbarossa 0014
Nachtanruf: B 5 Barbarossa 3474
Postscheck-Konto: Berlin 1161 50

Berlin W 62, den 21. Februar 1936

Fol.
Nr.

RECHNUNG

für S.H.
Herrn Dr. Adenauer

	Einzeln ℳ	Einzeln ₰	Im ganzen ℳ	Im ganzen ₰
Verpflegung und Zimmer Nr. 26 vom 16.2.				
bis 22.2.36 pro Tag	8,	--	56	--
Medikamente, Chloroform, Desinfizientien, Nahtmaterial, Verbandstoffe, Wäsche, 5—6 P. Gummihandschuhe bei der Operation				
Arzneien				
Verbandmaterial außer der Operation				
Beköstigung der Privatschwester				
Kaffee			1	20
Bäder				
Mineralwasser à Flasche				
Bier à Flasche				
Wein à Flasche				
Auslagen Ferngespr-2,10 Telefon 3,80			5	90
	Mk.		63	10

Betrag dankend erhalten
Franziskus-Krankenhaus
2/3. [illegible]

Zahlbar innerhalb von 3 Tagen — Erfüllungsort: Berlin

Nr. 273
22. Februar 1936 (Berlin): An Gussie Adenauer, Rhöndorf

Liebe Frau!

Ich hoffe, daß dieser Sonntagsgruß noch zur rechten Zeit kommt. Die Kinder werden dann wohl darauf brennen, ihre Kostüme anzuziehen, Du machst ein Bildchen von ihnen, und das bekomme ich demnächst. Auch hoffe ich, daß Ihr altem Brauche getreu Muzen und Muzenmändelchen[1] holt. Ria wird wohl die 3 Tage in Köln sein, und so bist Du wohl viel allein. Schlafe Dich einmal ordentlich aus! – Von Deinem Befinden schreibst Du nichts. Ich hoffe, es geht aber so, und ich denke, das Wegfallen der Reisen nach Unkel während dieser Zeit, die neue Kraft, Frl. Cläre, werden Dir gestattet haben, Dich etwas zu pflegen. – Ich wünsche es Dir so sehr! – Auf einige Deiner Briefe kann ich ja nur mündlich antworten; ich denke, das verstehst Du. Es mag wohl sein, daß ich manchmal noch etwas Knabenhaftes habe, ich bin aus so mancherlei zusammengesetzt[2]. – Die gestrige Aufführung der Matthäus-Passion war sehr schön. Der Kittel'sche Chor[3] ist viel besser als der der Conzertgesellschaft, auch gestaltete Furtwängler[4] das Ganze viel dramatischer als Abendroth[5], auch im Tempo. Ich glaube, ich war aber auch noch nie innerlich so reif für die Passion. Es war so schade, daß Du nicht da warst. ‹...›[a]
Heute kommt nun Max, und ich freue mich, mit den beiden etwas zusammen zu sein. Max wohnt bei mir. Konrad geht heute in den Zoo auf den Maskenball. Für morgen habe ich uns zum Tee bei Lore [Lehmann] eingeladen. Montag früh wird Max wohl weiter müssen. Montag Abend bin ich bei Schwering in der Lokomotivsache, Dienstag Nachmittag bei Spennrath zu Kaffee mit Muzen, um 5 Uhr bei Bücher. – Ich werde noch verschiedene technische Besprechungen haben, hoffe aber nunmehr bestimmt, nächsten Freitag »heim« kommen zu können. Ich hoffe sehr, daß Du mich in Ems abholst[6]. – Ich werde Dr. Franken deswegen schreiben. Wenn wir die Steuersache zu 50% geregelt bekämen und die Rhöndorfer Sache auch, dann könnten wir für die nächsten Jahre aufatmen. Aber unser Herrgott hat ja seine eignen Wege und eignen Absichten, und wir müssen in Gelassenheit nehmen, was Er schickt. ‹...›[b]
Euch allen viele Grüße

Gruß und Kuß
D[ein] M[ann]

Nr. 274
25. Februar 1936 (Rhöndorf): Gussie an Konrad Adenauer, Berlin

Mein Liebling.

Wie freu' ich mich auf Freitag[1], wenn ich wieder bei Dir bin, ist alles leichter und alles schöner. Hoffentlich hast Du nun nicht zuviel zu tun die letzten Tage, damit Du nicht gar zu ermüdet zurückkommst.
Am Samstag war ich hier beim Lehrer[2], der wirklich allen guten Willens voll ist. Er kennt sehr intim den Dichter ‹...›[a], der täglich mit Gr[ohé] zusammen ist, und den will er dieser Tage aufsuchen. Er ist auch empört über die Sache und will seinen Einfluß in der Richtung überall geltend machen. Vielleicht hatte man auch in Königswinter an Karneval ein Rendezvous. Unsre Kinder amüsieren sich großartig hier im Ort, Paul macht als »al Möhn«[3] das Dorf unsicher. Er hat eine Maske auf, die ihm alle Hemmungen nimmt, und er fühlt sich als Vertreterin des weiblichen Geschlechts sehr wohl. Ein alter Rock, Kopftuch und Schirm, schwarze Handschuhe und ein paar ausgetretene Schuhe von Hilde vervollkommnen das Bild. Die andern 3 als Schusterjungen, besonders Schorsch, sind auch köstlich. Heute wollen sie mit ihrem geschmückten Leiterwagen einen Zug veranstalten.
‹...›[b]

Gussie

Nr. 275
1. März 1936 (Berlin): An Gussie Adenauer, Rhöndorf

Liebe Frau!

Ich fahre *Dienstag*, den 3.3., hier ab und bin abends 18.46 in Ems. Ich halte dort nach Dr. Franken Ausschau und fahre, falls ich ihn nicht auf dem Bahnsteig sehen sollte, nach Niederlahnstein weiter, wo ich kurz vor 7 Uhr eintreffen würde. – Ich schreibe gleichzeitig an Dr. Franken und nach Unkel. Dr. Franken werde ich bitten, sich mit Dir wegen des Abholens in Verbindung zu setzen[1]. Es wäre mir *sehr* wertvoll, wenn ich Ernst [Zinsser] noch, eventuell an dem betreffenden Abend, sprechen könnte. Ich lasse ihn *dringend* bitten, mich, wenn irgend möglich, abzuwarten. – Ich freue mich sehr auf die Rückkehr. – Gleich fahre ich mit Konrad zum Stettiner Bahnhof. Er hat sehr schönes Reisewetter. Stimmung: bedeckt.
‹...›[a]
Alles weitere mündlich.
Grüße alle.

Gruß und Kuß
Dein M[ann]

Nr. 276

28. Februar 1936 (München): Rechnungsbeleg der Gesellschaft für christliche Kunst

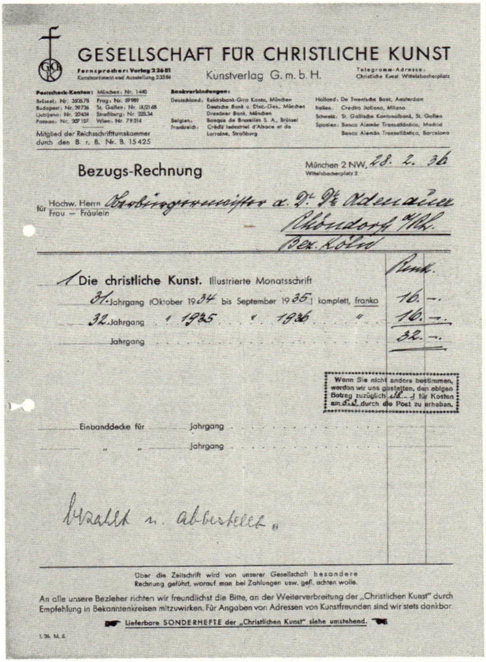

GESELLSCHAFT FÜR CHRISTLICHE KUNST

Fernsprecher: Verlag 22681
Kunstsortiment und Ausstellung 23384

Kunstverlag G. m. b. H.

Telegramm-Adresse:
Christliche Kunst Wittelsbacherplatz

Postscheck-Konten: München: Nr. 1440
Brüssel: Nr. 3505.78 Prag: Nr. 59989
Budapest: Nr. 39736 St. Gallen: Nr. IX/2168
Ljubljana: Nr. 20434 Straßburg: Nr. 223.34
Poznan: Nr. 207127 Wien: Nr. 79314

Bankverbindungen:
Deutschland: Reichsbank-Giro Konto, München
Deutsche Bank u. Disc.-Ges., München
Dresdner Bank, München
Belgien: Banque de Bruxelles S. A., Brüssel
Frankreich: Crédit Industriel d'Alsace et de Lorraine, Straßburg
Holland: De Twentsche Bank, Amsterdam
Italien: Credito Italiano, Milano
Schweiz: St. Gallische Kantonalbank, St. Gallen
Spanien: Banco Alemán Transatlántico, Madrid
Banco Alemán Transatlántico, Barcelona

Mitglied der Reichsschrifttumskammer
durch den B. r. B. Nr. B. 15425

Bezugs-Rechnung

München 2 NW, 28. 2. 36
Wittelsbacherplatz 2

für Hochw. Herrn / Frau – Fräulein Oberbürgermeister a. D. Dr. Adenauer
Rhöndorf a/Rh.
Bez. Köln

1 **Die christliche Kunst.** Illustrierte Monatsschrift

31. Jahrgang (Oktober 1934 bis September 1935) komplett, franko	16.–
32. Jahrgang " 1935 " 1936 "	16.–
Jahrgang	32.–

Wenn Sie nicht anders bestimmen, werden wir uns gestatten, den obigen Betrag zuzüglich … für Kosten am … durch die Post zu erheben.

Einbanddecke für Jahrgang
" " Jahrgang

Bezahlt u. abbestellt.

Über die Zeitschrift wird von unserer Gesellschaft besondere Rechnung geführt, worauf man bei Zahlungen usw. gefl. achten wolle.

An alle unsere Bezieher richten wir freundlichst die Bitte, an der Weiterverbreitung der „Christlichen Kunst" durch Empfehlung in Bekanntenkreisen mitzuwirken. Für Angaben von Adressen von Kunstfreunden sind wir stets dankbar.

Lieferbare SONDERHEFTE der „Christlichen Kunst" siehe umstehend.

1. 36. M. 5.

Nr. 277

7. März 1936: Einmarsch der Deutschen Wehrmacht in das entmilitarisierte Rheinland

Das Jahr 1936 war ein sehr entscheidendes Jahr für den Größenwahn von Hitler, für seine Überzeugung, daß man mit Gewalt alles machen könne. Zwei Dinge sind damals passiert: Im Frühjahr des Jahres 1936 hat er den Locarno-Vertrag[1] als erledigt erklärt und hat das Land westlich des Rheines besetzt. Ich weiß genau, daß er Befehl gegeben hatte, nicht zu schießen, wenn die Franzosen sich dagegen wehren sollten. Ich war damals in Unkel. Ich war ja aus Köln vertrieben, ich durfte mich in Köln nicht aufhalten. Ich erinnere mich dieses Tages noch genau. Damals sagte ich mir, wenn bis gegen 16–17 Uhr keine französischen Soldaten am linken Rheinufer

erscheinen, dann ist der Krieg unvermeidlich. Und es kamen keine französischen Soldaten! Es geschah nichts. Später wurde bekannt, daß Frankreich in London angefragt habe, ob es Gewalt entgegensetzen sollte – und in London hat man abgeraten, Hitler mit Gewalt entgegenzutreten!
(Adenauer am 21.8.1962 im Gespräch mit Daniel Schorr)

Nr. 278
28. März 1936: Tagebucheintragung von Dr. Josef Busley

Heute nachmittag wollen Ilse und ich nach Rhöndorf und Unkel fahren, um Adenauers zu besuchen und um sie zu einer Fahrt in die schöne ‹...›[a] mitzunehmen. ... Auch ein gewagtes Unternehmen! – Aber wir sagen uns, daß er wie sie gerade heute furchtbar leiden müssen – *heute,* wo sich in seinem Köln, in seiner Messehalle all' der Zauber dieser Schweinehunde abspielen wird[1]!! – ... Und da soll man so armen Leuten nicht *diese* kleine Freude und Ablenkung bereiten können? Ich tue es – und wenn es mich den Kopf kosten soll!! Und ich freue mich sogar darauf, den armen verfolgten Menschen diesen kleinen Liebesdienst antun zu können!! –

Nr. 279
10. April 1936: Tagebucheintragung von Dr. Josef Busley

Eine besondere Freude war es, daß wir Adenauers mitnehmen konnten! – Was sind das liebe und herzliche Menschen – er wie sie!! – wie ihre Seelen geöffnet sind für die Gaben der Schöpfung Gottes. ... und ich weiß nicht, was ich mehr bestaunen soll, die kindliche Art ihrer Freude und Dankbarkeit – oder die Selbstverständlichkeit, mit der sie beide uns beiden gegenüber treten! – Oft sage ich mir in den letzten Wochen, hier ist auch irgendwie eine Fügung Gottes, die in unser gemeinsames Geschick hineinwaltet und die uns zusammenbrachte.

Nr. 280
11. April 1936 (Rhöndorf): An Abt Dr. Ildefons Herwegen, Abtei Maria Laach

Lieber Herwegen!

Dir und Deiner Klosterfamilie wünsche ich ein recht frohes Osterfest. Weitz[1] wird Dir berichtet haben. Ich hoffe, Dich bald einmal aufsuchen zu können.
Herzliche Grüße

Dein
K. Adenauer

Nr. 281
15. April 1936: Tagebucheintragung von Dr. Josef Busley

Nachmittags wieder im Institut, dann im Auto n[ach] Mehlem, Adenauers abholen, abends bei uns: Hinsenkamp[1], Ehepaar Adenauer, Ehepaar Dempf[2], Hanna Adenauer[3], Dr. Franken.

Nr. 282
20./21. Mai 1936: Tagebucheintragungen von Dr. Josef Busley

In Freudenstadt[1] zu Besuch b[ei] A[denauer] ‹...›[a] ... Ein schöner Tag!! – Viele, viele herrliche Eindrücke nehmen wir in uns auf!! Und am gleichen Tage wurde in Köln *das Rheinische Museum* ‹...›[b] eröffnet[2]!! – Wie wird Ewald[3] triumphiert haben!! – Aber *ein* Mann wird vergessen: K. Adenauer!! – Und der lächelt überlegen zu allem.

Nr. 283
21. Mai 1936 (Bonn): Professor Dr. Paul Clemen an Adenauer, Rhöndorf

Hochverehrter Herr Oberbürgermeister!

Der Tag der Eröffnung des Rheinischen Museums[1] ist zugleich *Ihr* Ehrentag, denn das Haus und die in ihm verkörperte Idee ist *Ihr* Werk, wie die Jahrtausendausstellung mit den Messehallen als die Vorgängerin und Keimzelle des Museums *Ihre* Schöpfung war. Von sehr vielen Seiten wird heute Ihrer dankbar und verehrungsvoll gedacht werden. – Da es nicht laut geschehen kann, muß das in aller Stille vor sich gehen. Lassen Sie mich Ihnen in Gedanken in alter Anhänglichkeit und ... Ergebenheit die Hand drücken. Die »Kölnische Zeitung« hatte mich um einen Begrüßungsartikel gebeten, der an der Spitze stehen sollte – ich hatte erklärt, ich könne die Geschichte des Museums nicht verfälschen, und habe der Wahrheit die Ehre gegeben. Man ist doch ängstlich, Ihr Name überall gestrichen, und selbst ›der damalige Oberbürgermeister‹ ist weggelassen. Ich hatte geschrieben, daß die Geschichte des Museums von Konrad Adenauer zu Günter Riesen führe. – Jetzt steht der letzte Name ganz isoliert da. Die Redaktion hat sich wohl etwas unbehaglich gefühlt – sie hat den Absatz zuletzt noch in der Reihenfolge an einen späteren Platz gesetzt, wo er nicht mehr auffällig wirken konnte. Man schüttelt den Kopf und lächelt dazu. Sie haben längst an anderen Paradigmen die Worte Dankbarkeit und Erkenntlichkeit mit negativem Vorzeichen abwandeln gelernt und blicken überlegen auf diese furchtsame Kölner Welt hin. Die Geschichte der Stadt Köln wird einst die Gesamtleistung Ihrer Regierung zu würdigen haben – und Ihnen gerecht werden. Heute abend möchte ich noch einigen Zeitgenossen das Gewissen schärfen.
Sie sind wieder in geographische Nähe gerückt – wenn Sie von Ihrer Reise in Rhöndorf wieder eingezogen sind, möchte ich um Erlaubnis bitten, Sie in Ihrer Eremitage einmal zu begrüßen.
Mit den besten Empfehlungen auch an Ihre verehrte Frau Gemahlin verbleibe ich

Ihr ergebener
Paul Clemen

Nr. 284

12. Juni 1936 (Freudenstadt): Eintragung in das Gäste- und Fremdenbuch des Kurhauses St. Elisabeth

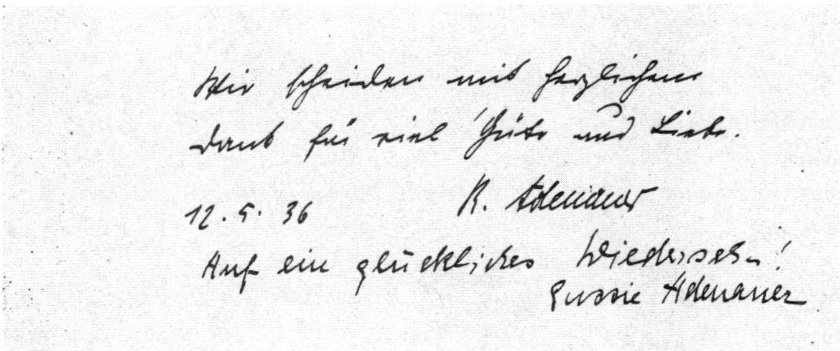

Wir scheiden mit herzlichem Dank für viel Güte und Liebe.

12. 6. 36 K. Adenauer

Auf ein glückliches Wiedersehen!
Gussie Adenauer

Im Sommer 1936 in Rhöndorf,
mit Paul, Gussie, Ria, Konrad und Libet Adenauer (v. l. n. r.)

Nr. 285

Sommer 1936: Gespräch mit Jakob Kaiser in Rhöndorf

Jakob Kaiser[1] war damals daran gelegen, Konrad Adenauer über den sich stabilisierenden Widerstand zu informieren und eventuell seine Unterstützung zu gewinnen. Auf seine Anregung hin begleiteten Paul Franken und Heinrich Körner[2] ihn zu Adenauer, der damals noch in seinem alten kleinen Haus in Rhöndorf wohnte. Während Franken und Körner sich mit Frau Adenauer unterhielten, kam es zwischen Kaiser und Adenauer zu einer langen Unterhaltung, in der Kaiser einen Einblick in die bisherige Arbeit des Berliner Widerstandskreises mit seinen weiteren Verzweigungen und auch in dessen Ziele für eine künftige Arbeiterbewegung gab.

Selbstverständlich wies er dabei nicht zuletzt auch auf die Erkenntnis der Notwendigkeit hin, die Wehrmacht zu gewinnen, da ohne sie Hitler nicht überwunden werden könne, und sprach von dem Anfang, der in dieser Richtung schon gemacht worden sei. Adenauer verhielt sich – auch was die Wehrmacht anging – sehr skeptisch. Er war nach dem späteren Bericht Kaisers der Auffassung, daß die Hitlerdiktatur nun einmal unweigerlich in den Krieg und damit in den Abgrund führe. Was diese Deutung des Weges der Hitlerdiktatur anging, so war man im Widerstandskreis selbstverständlich gleicher Auffassung – diese Deutung war ja stets mit ein Hauptpunkt in Denkschriften an die Wehrmacht –, aber man sah die drohende Katastrophe nur dann auf Deutschland zukommen, wenn nichts geschehe, das Verhängnis aufzuhalten. Deshalb stimmten weder Kaiser noch seine Freunde je einer Haltung zu, die nichts von einer aktiven Rolle der Wehrmacht Hitler gegenüber wissen wollte. Aber Adenauer schätzte nun einmal die Einsicht der Generale nur gering ein. »Haben Sie schon einmal einen General mit einem klugen Gesicht gesehen?«, so fragte er Kaiser[3].

(Elfriede Nebgen: Jakob Kaiser. Der Widerstandskämpfer)

Nr. 286

August 1936: Olympische Spiele in Berlin

Im Jahre 1936 waren die Olympischen Spiele in Berlin. Da sind alle andern Staaten vertreten gewesen und haben dem Hitler, obwohl der damals schon ein Verbrecher war, gehuldigt in einer Art, die für jeden anständigen Deutschen unmöglich war. Aber dadurch, daß diese Staaten alle nach Berlin zu den Olympischen Spielen kamen, empfangen wurden von Hitler usw., wurde Hitler auch in den Augen der Deutschen gewissermaßen legitimiert.

Die Judenverfolgungen durch die Nazis hatten damals schon lange angefangen. Aber kein Mensch sprach davon, weder ein Amerikaner noch ein Engländer noch ein Franzose noch ein Belgier oder Holländer, kein Mensch sprach davon.
(Adenauer am 30.5.1963 im Informationsgespräch mit amerikanischen Journalisten)

Nr. 287
21. August 1936 (Rhöndorf): An Rechtsanwalt Dr. Ernst Schwering, Köln

Lieber Herr Schwering!

Gestern habe ich mit meinem Bruder [August Adenauer] gesprochen. Er will mit dem gleichen Herrn[1] sprechen, mit dem er in seiner Sache gesprochen hat. Er glaubt, daß er ihm bei dieser Gelegenheit doch etwas über die von mir erstrebte Regelung sagen müsse, wenigstens in Umrissen. Er meint ferner, daß die ihm seiner Zeit von diesem Herrn gemachte Mitteilung, daß Gr[ohé] die Angelegenheit A[denauer] als erledigt ansehe[2], daß daher in der Presse keine Angriffe mehr erfolgen sollten, sich auf den ganzen Komplex A[denauer], nicht nur auf den Rhöndorfer Zwischenfall[3] beziehe. –
Was mir mein Bruder gestern über die Behandlung seines Vergleichs durch die beiden Herren sagte, bestätigt nur meine Auffassung, daß man bei den Besprechungen mit ihnen nur die größte Vorsicht haben dürfe. – Anderseits kann die Unterredung, die Sie haben werden, doch die Angelegenheit durchaus fördern. Ich darf Ihnen daher noch die folgenden Ausführungen senden.
Wie die bisherigen Ausführungen der Gegenseite seit Januar 1936 zeigen, insbesondere auch die Einsetzung einer besonderen Verhandlungskommission[4] zeigt, besteht dort der Wunsch zu einer vergleichsweisen Erledigung. Diese Absicht dürfte durch die Gestattung meiner Rückkehr nach Rhöndorf[5] noch verstärkt worden sein. Wenn man jetzt wieder zum Abwarten rät, so tut man das höchstwahrscheinlich aus taktischen Gründen, um meine Forderungen möglichst herunterzudrücken. ‹...›[a]
Ich werde Ihnen sehr dankbar sein, wenn Sie mir nach Ihrer Unterredung am Montag eine Mitteilung zugehen lassen.
Mit herzlichen Grüßen von Haus zu Haus

Ihr
Adenauer

‹ Versuchen Sie bitte festzustellen, in welcher Hinsicht eine Ergänzung des Gutachtens nötig ist, und sprechen Sie doch darüber mit Manstetten. ›[b]

Nr. 288

15. September 1936 (Rothenburg o. d. Tauber): An Rechtsanwalt Dr. Ernst Schwering, Köln

Viele Grüße Ihrer Gattin und Ihnen von einer Kunstreise durch Süddeutschland.

Nr. 289

10. Oktober 1936 (Rhöndorf): An Bernhard Günther, Bonn

Unter Bezugnahme auf Herrn Dr. Vieth[1] Köln bitte ich um gefällige Mitteilung, ob und wann Sie mich im Laufe der nächsten Woche hier aufsuchen können. Ich bitte ev. mehrere Tage vorzuschlagen, da ich an einem Tage ev. verhindert sein könnte. Mir paßt vormittags wie nachmittags, Dienstag vormittag bin ich verhindert.

Mit Deutschem Gruß
[Adenauer]

Nr. 290

25. Oktober 1936 (Rhöndorf): An Rechtsanwalt Dr. Ernst Schwering, Köln

Lieber Herr Schwering!

Mein Bruder wird Ihnen das Ergebnis seiner Besprechung mit Herrn Dr. Schmidt mitgeteilt haben: Herr Gr[ohé] erklärt, soweit es an ihm liege, sei er mit einer rein sachlichen und rechtlichen Erledigung meiner Differenzen einverstanden, er, Herr Schmidt, habe das Herrn OB R[iesen] mitgeteilt[1]. – Man wird jetzt die Sache beschleunigt zu Ende zu bringen versuchen müssen[2]. Ehe ich mit Herrn M[anstetten] darüber spreche, möchte ich aber zuerst mit Ihnen sprechen. Können Sie recht bald einmal kommen? Ev. auch ohne Herrn Berndorffs Auto? Ich glaube, unsere Unterredung würde für ihn zu lange dauern.

Mit herzlichen Grüßen Ihr
Adenauer

Nr. 291

26. Oktober 1936 (Berlin): An das Reichspatentamt (Berlin) – Patentanmeldung für »Verfahren und Einrichtung zur Verhütung der Verunreinigung der Luft durch die Abgase, den Ruß usw. der Feuerstellen«

Die schädlichen Folgen der Verunreinigung der Luft durch die Abgase, den Ruß usw. der Feuerstellen sind bekannt. Man hat zwecks Abhilfe vorgeschlagen, die Feuerstellen an ein in die Straßen zu verlegendes Rohrnetz anzuschließen und dann durch dieses die Abgase mittels Ventilatoren, die ev[entuell] an verschiedenen Stellen des Rohrnetzes aufzustellen seien, abzusaugen und unschädlich zu machen. Dieser Vorschlag ist in nennenswertem Umfange nicht zur Durchführung gelangt wegen der großen Kosten der Schaffung des Rohrnetzes und wegen der Schwierigkeiten, die seine Verlegung in den oft schon durch Leitungen übermäßig in Anspruch genommenen Straßenkörpern mit sich bringen würde.

Die vorliegende Erfindung setzt die Kosten der zentralen Absaugung der Abgase auf ein sehr erträgliches Maß herunter und vermeidet eine weitere Belastung der Straßenkörper durch Leitungen, indem sie die Abwässerkanalisation zur zentralen Absaugung der Abgase benutzt, bei Trennsystem, soweit nötig, beide Rohrnetze.
Zu dem Zwecke werden bei vorhandenen Häusern die Schornsteine oben geschlossen, unten werden sie an die Abwässerkanalisation angeschlossen. Beim Bau von neuen Häusern ist es nicht mehr nötig, Schornsteine über Dach hochzuführen, sondern es können die Feuerstellen durch Schornsteine, die keine Auslaßöffnung nach oben haben, oder durch Röhren mit der Abwässerkanalisation verbunden werden.
Man kann auch für den Notfall die Schornsteine oben mit einer Klappe, Schieber, schließen, die geöffnet werden kann, so daß nach ihrer Öffnung und bei gleichzeitiger Schließung der Verbindung mit dem Kanalsystem die Abführung der Abgase durch den Schornstein nach oben in die Luft stattfindet.
Falls man die Temperatur der Gase, bevor sie in das Kanalnetz gelangen, herabsetzen will, kann man das auf doppelte Weise erreichen: man kann in das Verbindungsstück zwischen Schornstein und Kanal durch dort anzubringende Öffnungen Luft von normaler Temperatur einströmen lassen, die sich dann mit den Abgasen mischt und dabei deren Temperatur heruntersetzt, oder man kann das Verbindungsstück aus einem Material und in einer solchen Form herstellen, daß eine erhebliche Abgabe von Wärme an die das Verbindungsstück umgebende Luft stattfindet. Man kann auch beide Maßnahmen miteinander verbinden. Durch diese Abkühlung der Abgase wird gleichzeitig eine Verringerung ihres Volumens bewirkt.
Offene Kaminfeuer kann man auch bei dieser Art der Abgasentfernung dadurch beibehalten, daß man in den oben geschlossenen Schornstein ein bis über die höchstgelegene Feuerstelle hinausreichendes Rohr einbaut und es unten mit der Kanalisation verbindet. Es entsteht dann in dem Schornstein ein saugender Zug, der nach oben gerichtet ist und die Abgase nach oben zieht; oben werden sie dann durch das eingebaute Rohr in den Kanal abgesaugt.
Unter Umständen kann es sich empfehlen, eine oder mehrere regulierbare Öffnungen anzubringen, um durch sie Außenluft in das Kanalnetz eintreten zu lassen oder einzublasen. Es entsteht dann dadurch, daß gleichzeitig am anderen Ende des Netzes der Ventilator Luft absaugt, innerhalb des Netzes ein ständiger Luftstrom, der die Abgase der angeschlossenen Feuerstellen mitnimmt.

Patentansprüche.

1. Beseitigung der Verunreinigung der Luft durch Abgase, Ruß usw. von Feuerstellen, dadurch gekennzeichnet, daß die Feuerstellen keinen Abzug in die Luft erhalten, sondern an die Schwemmkanalisation angeschlossen werden, und daß die Abgase dann durch diese mittels Ventilatoren abgesaugt und unschädlich gemacht werden.
2. Einrichtung zur Durchführung des Verfahrens nach Anspruch 1, dadurch gekennzeichnet, daß die Verbindung zwischen den Feuerstellen und der Kanalisation in der Weise hergestellt wird, daß in den Schornstein, der oben geschlossen ist, ein Rohr eingebaut wird, das bis über die oberste Feuerstelle hinausragt, oben offen und unten mit dem Kanalnetz verbunden ist, so daß die Abgase im Schornstein zunächst nach oben und dann durch das Rohr nach unten in das Kanalnetz gesaugt werden.
3. Ausführungseinrichtung nach Ziffer 1 dadurch gekennzeichnet, daß die Temperatur der Abgase vor dem Eintritt in das Kanalnetz heruntergesetzt wird, indem man in das Verbindungsstück zwischen Schornstein und Kanalisation gleichzeitig Luft von normaler Temperatur eintreten läßt, oder indem man das Verbindungsstück aus einem Material und in einer Form herstellt, die eine schnelle Wärmeabgabe an die umgebende Luft befördert, oder indem man beide Maßnahmen miteinander verbindet.
4. Ausführungseinrichtung nach Anspruch 1, dadurch gekennzeichnet, daß man in das Kanalnetz an einer oder mehreren Stellen atmosphärische Luft eintreten läßt oder einbläst und gleichzeitig am anderen Ende des Netzes absaugt, so daß ein kontinuierlicher Luftstrom entsteht, der die Abgase der angeschlossenen Feuerstellen mitnimmt.

Nr. 292

6. Dezember 1936 (Rhöndorf): An Dannie N. Heineman, Brüssel

Lieber Freund!

Es hat mich sehr gefreut, Sie so frisch und wohl getroffen zu haben[1]. Ich war Ihnen recht dankbar, daß ich wegen der Zukunft meiner Kinder mit Ihnen sprechen konnte[2]. Ich werde mir erlauben, Sie demnächst weiter zu unterrichten.

Herr Schlüter würde sich sehr freuen, von Frl. Schönfelder etwas zu hören.

Mit herzlichen Grüßen von Haus zu Haus wie immer Ihr

Adenauer

Nr. 293

18. Dezember 1936 (Rhöndorf): An Rechtsanwalt Dr. Ernst Schwering, Köln

Lieber Herr Schwering!

Ihrer Frau, Ihren Kindern und Ihnen wünschen wir ein gesegnetes Weihnachtsfest und für das Jahr 1937 Ihnen, wie uns allen, recht viel Kraft und Ausdauer. – Bitte nehmen Sie das beiliegende Buch[1], das eine Zeit behandelt, objektiv behandelt, in der wir mitgearbeitet haben, als ein kleines Zeichen meiner Dankbarkeit für Ihre so außerordentlich wertvolle Hilfe im Jahre 1936.
Mit recht herzlichen Grüßen an Sie und Ihre Frau Ihr
Adenauer

Nr. 294

23. Dezember 1936: Tagebucheintragung von Dr. Josef Busley

Dazu nun dieses Abenteuer in Spanien[1]! Über 10 000 deutsche Kämpfer sind da. ‹...›[a] Wie das deutsche Volk dumm gehalten wird!! – Von diesen Verbrechern und Staatsverrätern!! ‹...›[b] Nachmittags war ich in Rhöndorf: ... auch dort sehr pessimistische Beurteilung der Lage.

Nr. 295

[ohne Datum]: Exzerpte Adenauers aus Heinrich Wolfs »Geschichte der katholischen Staatsidee«
(siehe folgende Seite)

Nr. 296

1937: Begegnungen und Gespräche mit Dr. Ella Bebber-Buch in Honnef-Rhöndorf

Frau Dr. Ella Bebber-Buch[1], Bad Honnef, ist seit 1937 unsere Hausärztin. Sie hat im Laufe der Zeit oft meine Frau, mich und meine Kinder behandelt. Ich habe mich vor dem Zusammenbruch des Nationalsozialismus wiederholt mit ihr über politische Fragen, den Nationalsozialismus und Hitler unterhalten[2]. Bei diesen Besprechungen kam in der ersten Zeit zum Ausdruck, daß sie mit nationalen und sozialen Bestrebungen des Nationalso-

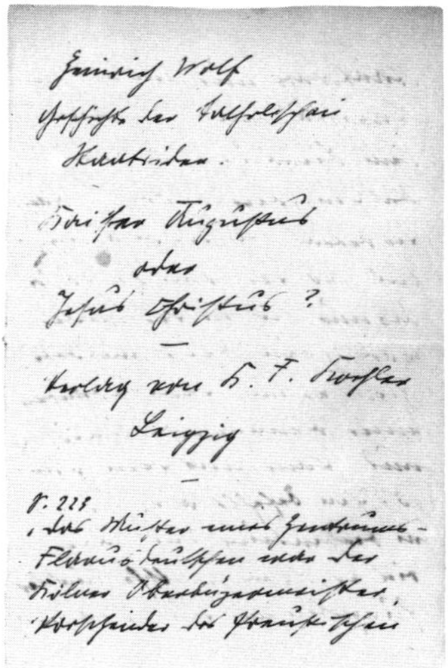
Heinrich Wolf
Geschichte der katholischen
Staatsidee.

Kaiser Augustus
oder
Jesus Christus?
—
Verlag von [illegible]
Leipzig
—
S. 223
„Der Mutter- und Zentrums-
Flamandentum oder der
Kölner Oberbürgermeister,
Vorsitzender des Preußischen

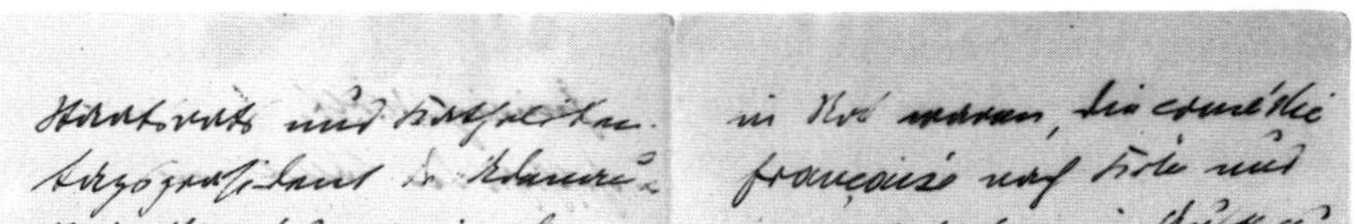
Staatsrats und katholischer
[illegible] Adenauer
Sein Liebäugeln mit den
Welschen [illegible] des Rhein-
landes [illegible]. In der Besatzungs-
zeit, wo der französische Mi-
litarismus sich in der wider-
wärtigsten Weise auslebte,
spielte er mit dem Gedanken
einer rheinischen Republik
und stand mit dem fran-
zösischen Befehlshaber Tirard
in Verbindung. Und später
rief er, obgleich deutsche Künstler
hungerten und deutsche [illegible]
in Not waren, die comédie
française nach Köln und
veranstaltete eine Aufführung
[illegible] Stücks.“
—
S. 155
„Wir sehen zwei Wege der
Entwicklung: der eine
Weg ist die Vollendung
von Wittenberg, Potsdam,
Weimar; den anderen
Weg gehen die Flamandenkatho-
liken, d. h. die internationalen
Demokraten, [illegible],
Vertreter der katholischen
Staatsidee verschiedenster
Färbung.“

Dok. Nr. 295

zialismus in gemäßigtem Umfange sympathisierte, während sie aber gleichzeitig die Übertreibungen auf diesem Gebiete und insbesondere die Ausschreitungen des Nationalsozialismus und seiner Repräsentanten entschieden ablehnte. Ich gewann aus diesen Gesprächen auch den Eindruck, daß sie sich gegenüber den örtlichen Stellen der NSDAP *volle Unabhängigkeit wahrte. Sie zeigte das auch darin, daß sie während dieser Jahre für meine Frau und mich öfters Atteste ausstellte zwecks Bewilligung von zusätzlichen Nahrungsmitteln, trotzdem die Ausstellung dieser Atteste, die den nationalsozialistischen Behörden vorgelegt werden mußten, sie verdächtig machte.*
(Adenauer in einer Bescheinigung vom 18.10.1947)

Nr. 297
10. Januar 1937 (Rhöndorf): An Rechtsanwalt Dr. Ernst Schwering, Köln

Lieber Herr Schwering!

Neuerdings wird erzählt, Schaller werde Gauleiter, Grohé komme nach Berlin[1]. Ob es wahr ist, kann ich nicht beurteilen. Aber ein Wechsel in der Leitung des Gaues kann vielleicht auch wieder die Erledigung meiner Sache hemmend beeinflussen[2]. – Bitte halten Sie doch mit B[önner] möglichst Fühlung, damit die Sache endlich weiter und zu Ende kommt. – Wer weiß, was noch passiert.
Herzlichen Dank und viele Grüße

Ihr
Adenauer

Nr. 298
13. Januar 1937 (Tübingen): Wilhelmine Zinsser an Gussie Adenauer, Rhöndorf

Mein liebes Schnüßchen!

‹...›[a] Und nun der Hausbau[1]! Kinder, wäre das herrlich, wenn's wirklich dazu käme. Wie beneide ich Euch um's Plänchen machen und überhaupt um's bauen. Ihr werdet es bestimmt auch genießen. Also Glückauf! ‹...›[b]
In Liebe

Euer
Mamachen

Nr. 299

14. Februar 1937 (Mülheim/Ruhr): An Justizrat Professor Dr. August Adenauer, Köln

Lieber August!

Anbei sende ich die Rechtsausführungen[1].
Ich darf nochmals die Etappen skizzieren:

1. Forderung Rente, auch für Frau und Kinder, jetzt jährlich 16 000 M
2. Vorschlag A: Ersatz seines Schadens. Stadt erklärt, das sei eine Verständigungsbasis
3. Gutachten Rechtsausschuß
4. Jetziger Vorschlag:
   Trotzdem Gutachten Rechtsausschuß die Forderung zu 1 rechtfertigt, bei Vorschlag 2 zu bleiben.
   A. verzichtet ferner auf seine Forderung »Rückzahlung der auf Grund des Berufsbeamtengesetzes abgehaltenen Beträge« (10 000 M).

Bitte gib mir möglichst bald Bescheid[2].
Zu meiner Lage noch folgendes:
Mit 1.4.33 wurden meine Einkünfte außerordentlich reduziert, ich erhalte bis jetzt nur den nichtpfändbaren Teil meines Ruhegehaltes. Ich habe ziemlich erhebliche Schulden gemacht, ich muß von einem Teil des mir zu zahlenden Betrages Einkommensteuer, ich muß Manstetten und Schwering Honorare zahlen.
Herzliche Grüße Konrad

Nr. 300

26. Februar 1937 (Rhöndorf): An das Reichspatentamt (Berlin) – Patentanmeldung für eine »Einrichtung zum Schutz gegen Blendung durch Scheinwerfer entgegenkommender Fahrzeuge«

Man hat Brillen für Auto- und Motorradfahrer mit einem vor Licht schützenden Belag in ihrem oberen Teil versehen und ebenso Kopfschirmen in ihrem oberen Teil einen gegen Licht schützenden Teil gegeben, damit der Träger der Einrichtung sich durch leichte Senkung des Kopfes gegen von vorn kommende Lichtstrahlen schützen kann. – Zum Schutz gegen von der Seite kommende Lichtstrahlen, der ebenso wichtig ist, sind bisher erfolgreiche Einrichtungen nicht getroffen worden, weil man keine Möglichkeit sah, ohne unerträgliche Beschränkung der Sicht auf

die eigne Fahrbahn gleichzeitig beide Augen gegen von derselben Seite kommende Lichtstrahlen zu schützen. Hier bringt die vorliegende Erfindung auf folgende Weise Abhülfe. Eine Abschirmung gegen Licht, die man zwischen den beiden Augen in genügender Breite – bis vor die Pupillen reichend –, in genügender Länge, sowie etwas vom Gesicht abstehend – nicht sich der Nase anschmiegend – anbringt, schützt das rechte Auge gegen Lichtstrahlen von links, das linke Auge gegen Lichtstrahlen von rechts, ohne daß die Augen im Sehen durch diese Abschirmung irgendwie beeinträchtigt werden. Bringt man diese Abschirmung in die Mitte zwischen den Augen an und vergrößert man gleichzeitig die Abschirmung auf den beiden Seiten des Gesichts soweit, wie zulässig, so ist der Träger der Einrichtung gegen Lichtstrahlen von beiden Seiten auf beiden Augen geschützt, ohne daß die Sicht auf die eigne Fahrbahn beeinträchtigt wird.
Bei einem Kopfschirm ergibt sich die Ausführung auf Grund des oben Gesagten von selbst.
Will man eine Brille, die selbstverständlich mit einer überall an das Gesicht gut anschließenden Dichtung versehen sein muß, zu einem derartigen Schutz ausgestalten, so stellt man die Brille zweckmäßig aus einem einzigen Glas- oder Zellonstreifen her, der über beide Augen und gleichzeitig quer über die Gesichtsgegend zwischen den Augen in genügender Breite und in genügendem Abstande vom Gesichte herübergeht. Man versieht dann diese Brille an den Seiten, oben und zwischen den Augen in genügender Breite und Länge mit dem Schutz gegen Lichtstrahlen.
Man kann auch eine Brille mit zwei getrennten Augenöffnungen im Sinne dieser Erfindung dadurch ausgestalten, daß man die Mittelabschirmung zwischen die beiden Augenöffnungen quer über den Nasenansatz hinweg in ausreichendem Abstand vom Gesichte anbringt. Daß die Brille gut gegen Licht dort, wo sie das Gesicht berührt, abgedichtet sein muß, daß ihre Öffnungen auch Schutz gegen oben und die Seiten erhalten müssen, versteht sich von selbst.
Die Vorrichtung ist auch für Radfahrer, Führer von irgendwelchen Fahrzeugen und Fußgänger geeignet.

Anspruch.

Einrichtung zum Schutz gegen Blendung durch Scheinwerfer entgegenkommender Fahrzeuge, bestehend aus einem Kopfschirm oder einer Brille, dadurch gekennzeichnet, daß die Augen nicht nur von vorn und von den Seiten des Gesichts, sondern daß beide Augen gleichmäßig gegen von der Seite kommende Lichtstrahlen dadurch geschützt werden, daß auch zwischen den Augen eine Abschirmung gegen Licht in genügender Ausdehnung, Breite und Länge und in einem bestimmten Abstande vom Gesichte angebracht wird.

Nr. 301

8. März 1937 (Köln): Bericht der »Weltwarte« über die Beisetzungsfeierlichkeiten für Domkapitular Johannes Adenauer

Domkapitular Prälat Adenauer von Köln wurde am Montag, dem 8. Febr., zu Grabe getragen. Seine letzte Ruhestätte fand er in der Gruft des Domkapitels auf der Domterrasse. Unsere Bilder zeigen den Offizianten, Dompropst Prälat Dr. Paschen, vor dem Sarg herschreitend (oben rechts) und Kardinal Schulte beim Inzenz des Grabes (nebenstehend). Radermacher

Nr. 302

9. März 1937 (Bonn): Dr. Paul Franken an Adenauer, Rhöndorf

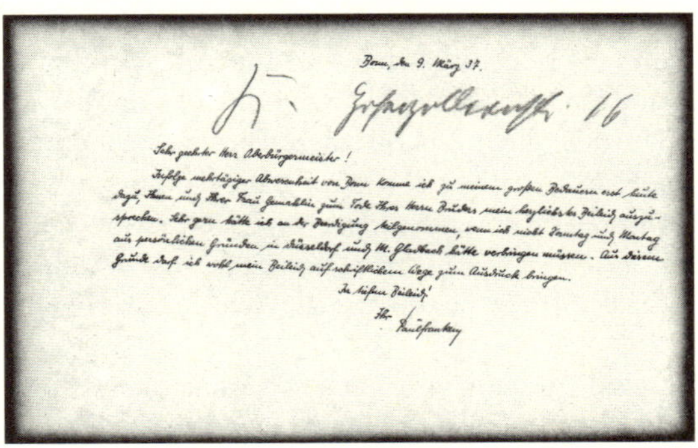

Bonn, den 9. März 37.

Sehr geehrter Herr Oberbürgermeister!

Infolge mehrtägiger Abwesenheit von Bonn komme ich zu meinem großen Bedauern erst heute dazu, Ihnen und Ihrer Frau Gemahlin zum Tode Ihres Herrn Bruders mein herzlichstes Beileid auszusprechen. Sehr gern hätte ich an der Beerdigung teilgenommen, wenn ich nicht Sonntag und Montag aus persönlichen Gründen in Düsseldorf und M. Gladbach hätte verbringen müssen. Aus diesem Grunde darf ich wohl mein Beileid auf schriftlichem Wege zum Ausdruck bringen.

In tiefem Beileid!

Ihr

Paul Franken

Nr. 303

12. März 1937 (Köln): Bericht des Schweizerischen Konsuls Dr. Franz-Rudolph von Weiss an die Schweizerische Gesandtschaft, Berlin (Auszug)

Am 8. März wurde hier der Bruder des früheren Kölner Oberbürgermeisters, Herr Domkapitular Adenauer, Hausprälat des Papstes, zur letzten Ruhe bestattet. Die gesamte Geistlichkeit, an der Spitze S. E. Kardinal Schulte, war im Dom versammelt, wo eine Messe gelesen wurde. »Viel Volk« war erschienen, sicherlich nicht zuletzt aus Sympathie für den früheren Oberbürgermeister, der von den jetzigen Machthabern so schmählich behandelt wurde, während von seinen ehemaligen, nicht zu zählenden Anbetern, die ihm soviel verdanken, kaum 100 zugegen waren. Als der Leichenzug den Dom verließ, um an seiner Ostseite den Sarg in die Domgruft zu versenken, umsäumten, trotzdem es frühmorgens war, einige 1000 Personen den Dom, während ein Ordnungsdienst von über 30 Schutzleuten mit Mühe die Straßen freihielt. Wohl kaum ein Anwesender, der nicht tief ergriffen war beim Wiedersehen des früheren, allmächtigen Oberbürgermeisters, ehemals Präsident des Preußischen Staatsrates, der nunmehr als gefallene Größe seit 4 Jahren zum ersten Male wieder in der Öffentlichkeit auftrat.

Nr. 304

20. März 1937 (Berlin): An Dr. Robert Pferdmenges, Berlin

Lieber Herr Pferdmenges!

Da man Verabschiedungen vor dem Hotelportier zweckmäßig abkürzt, habe ich mich von Ihnen und Ihrer Frau vorgestern auch nur mit kurzem Dank verabschiedet. Lassen Sie mich ihn für Sie und Ihre Frau mit einigen Sätzen schriftlich ergänzen und Ihnen beiden für den schönen Tag danken und Sie herzlich beglückwünschen zu diesem wundervollen Besitztum. Wie ich Ihnen schon sagte, besitze ich durch jahrelange Unterrichtung durch den verstorbenen Landesökonomierat Bollig[1], der als einer der besten rheinischen Landwirte galt, ein wenig theoretische Ahnung. Ich bin daher vielleicht in der Lage, mir ein kleines theoretisches Urteil zu bilden; also nochmals: alle Achtung und herzlichen Glückwunsch.

Das Haus ist wirklich schön und behaglich, ohne irgendwie überladen zu sein (es gibt ja sogar noch leere Wandstellen dort).

Hoffentlich können wir Sie und Ihre Frau zur Zeit der Obstblüte einmal bei uns in Rhöndorf sehen (jeder zeigt gern, was er hat).
Mit herzlichen Grüßen an Ihre Frau und Sie

Ihr
K. Adenauer

Nr. 305
Frühjahr 1937: Gespräch mit Dr. Paul Franken und Professor Dr. Alois Dempf im Elisabeth-Krankenhaus, Bonn

Im Frühjahr 1937 lag ich mit einer Lungenentzündung im Elisabethkrankenhaus in der Marienstraße. Freund Franz Stroucken[1] *behandelte mich. Zu den Besuchern gehörten Alois Dempf und auch Konrad Adenauer. Ich führte lange Gespräche mit Alois Dempf über die Entwicklung, die Deutschland in den nächsten Jahrzehnten nehmen werde. Aus diesen Gesprächen entwickelte sich halb scherzhaft, halb ernst gemeint der Plan eines Buches unter dem Thema »Deutschland nach X-Jahren«. Wir stritten darüber, ob wir sagen sollten »Deutschland in 10« oder »Deutschland in 50 Jahren«. Dahinter verbarg sich die Frage nach der tatsächlichen Entwicklung. Über ein solches Gespräch trat Konrad Adenauer ins Krankenzimmer. Alois Dempf trug ihm scherzhaft unsere Kontroverse vor. Konrad Adenauers Vorschlag: »Sagen Sie ›Deutschland nach 20 Jahren‹. Wenn Sie das Buch nennen werden ›Deutschland nach 10 Jahren‹, werden viele skeptisch den Kopf schütteln und antworten, so schnell geht es nicht. Wenn Sie das Buch nennen ›Deutschland nach 50 Jahren‹, werden alle älteren Menschen gelangweilt, aber auch ein wenig enttäuscht das Buch beiseite legen mit dem pessimistischen Unterton, ›diese Zeit erlebe ich doch nicht mehr!‹«*
(Paul Franken: 20 Jahre später)

Nr. 306
25. April 1937 (Rhöndorf): An Dannie N. Heineman, Brüssel

Lieber Freund!

Vor einigen Tagen erhielt ich das Buch[1]. – Ich habe es heute zu Ende gelesen, und zwar mit höchstem Interesse gelesen. Es ist in seinem Aufbau und in seinen Darlegungen zwingend und überzeugend. – Ich las in den Zeitungen über die Ergebnisse Ihrer Gesellschaft und habe mich aufrichtig über sie gefreut. Wie kunstvoll muß doch dieser Apparat aufgebaut sein und gesteuert werden, wenn er diese Stöße in der internationalen Wirtschaft so ausgezeichnet übersteht.

Darf ich Ihnen heute auch berichten, was mein Sohn Max in USA anfängt[2]? – Ich schrieb Ihnen seiner Zeit, daß er ein Stipendium an der Universität Washington erhalten habe. Er hat naturgemäß zunächst einige Schwierigkeiten gehabt, da er nur geringe Sprachkenntnisse hatte. Da er aber mit graduierten Studenten zusammenwohnt, mit denen er, wie er schreibt, ausgezeichnet auskomme, und da diese etwa unsern Privatdozenten in ihrer Bildung entsprechen, scheint er verhältnismäßig schnell sich befriedigende Sprachkenntnisse erworben zu haben. Für Juli und August hat er nunmehr ein Stipendium in einem Quäker Camp in Tennessee erhalten. Bis Ende August ist er nunmehr gesichert, was dann wird, muß man sehen. – Da er sich auf der Hinfahrt nur ganz kurze Zeit in New York aufgehalten hat – an dem Tage war auch nationaler Feiertag –, hat er sich Ihrem dortigen Freunde[3] noch nicht vorstellen können. Er ist inzwischen noch nicht wieder nach New York gefahren, da er mit seinen nicht gerade großen Mitteln haushälterisch umgehen muß. Vielleicht darf ich Ihnen, ehe er Ihren Freund aufsucht, hiervon Mitteilung machen, damit Sie diesen Besuch Ihrem Freunde noch avisieren können.
Mein Sohn Konrad ist noch immer in Oslo. Herr Bücher hat mir fest zugesagt, daß seine Ausbildung als abgeschlossen angesehen werde, und daß er baldigst eine selbständige Stellung erhalten solle, in der [er] zeigen könne, was er leisten kann. Hoffentlich kommt es endlich dazu[4].
Uns geht es im allgemeinen unverändert, natürlich könnte es besser gehen. Herr Schlüter war über die Mitteilung sehr erfreut, er möchte gern weitere Nachrichten im Juni haben.
Wir hoffen sehr, daß es Ihnen, Ihrer verehrten Gattin und Ihren Kindern recht wohl geht.
Mit herzlichen Grüßen Ihr

Adenauer

Nr. 307
1. Mai 1937 (London): Professor Dr. Ernst Jäckh an Adenauer, Rhöndorf

Lieber Herr Dr. Adenauer:

Sie können sich nicht vorstellen, wie oft ich die Beantwortung Ihres Memorandums[1] der Rauchbekämpfung gemahnt habe; alles Mögliche hat zusammengewirkt, daß das Studium so lange Zeit in Anspruch genommen hat, sowohl die Notwendigkeit einer englischen Übersetzung wie auch das ernsthafte Interesse, das die zuständigen Herrn daran verwendet haben. Die englische Übersetzung füge ich für alle Fälle bei und

ebenso eine Abschrift der leider negativen Antwort[2]. Ich weiß nicht, ob darüber hinaus hier noch irgend etwas versucht werden kann. Die untersuchende Stelle ist ein Studienkomitee der Ocean Coal Company, die Antwort ist an Lord Davis[3] persönlich gerichtet.
Hoffentlich höre ich gelegentlich wieder von Ihnen. Mir persönlich geht es nach wie vor gut. Sir Sidney Clive fragt mich jedes Mal nach Ihnen und läßt Sie bestens grüßen.
Mit herzlichem Gruß von Haus zu Haus

Ihr
E. Jäckh

Nr. 308
13. Mai 1937 (Berlin): Dr. Alfons Scheuble an Adenauer, Rhöndorf

Sehr verehrter Herr Oberbürgermeister,

‹. . .›[a] Meine Ostergrüße aus Belgrad werden Sie erhalten haben[1]. Ich habe im Auftrag einer südostdeutschen Wirtschaftskammer, deren ständiger Mitarbeiter ich bin, eine Informationsreise nach dem Balkan machen müssen und nach dem Urteil der Kammer »Bombenerfolg« gehabt. Die Reise war in jeder Hinsicht sehr interessant. In Belgrad war ich gerade, als Graf Ciano[2] ankam. Da er von einer Unmenge von Journalisten begleitet war, traf ich natürlich auch einige Bekannte. Ich habe von den Serben gehört, was man inoffiziell denkt. An den Demonstrationen gegen Italien habe ich mich natürlich nicht beteiligt, weil es die Achse Berlin–Rom gibt (was auf dem Balkan niemand recht begreift).
Vor einigen Wochen war übrigens Prof. Gabetti[3] hier. Er hielt in der Kaiser-Wilhelm-Gesellschaft einen Vortrag und war erstaunt, als er plötzlich meine liebliche Stimme hörte. Er hat dann sämtliche Abendeinladungen für den folgenden Tag abgesagt, weil er eine Aussprache mit mir wünschte. Die dauerte 5 Stunden. Ich hielt mit meiner Meinung nicht hinterm Berg. Dabei stellte ich fest, daß man jenseits der Alpen einige seltsame Vorstellungen über deutsche Politik hat. Gabetti hat mich gebeten, Ihnen seine und Gentiles[4] Grüße zu übermitteln. Mussolini habe Gentile gegenüber bedauert, daß die Zeitverhältnisse es ihm nicht erlaubten, das zu tun, was er gerne getan hätte[5]. Gabetti war, wie er mir sagte, seit Jahren nicht mehr im Rheinland. ‹. . .›[b]
Nun hoffe ich, gelegentlich auch von Ihnen, sehr verehrter Herr Oberbürgermeister, gute Nachrichten zu erhalten, und verbleibe mit den besten Grüßen und Empfehlungen an Sie und Ihre Frau Gemahlin, auch von meiner Frau,

Ihr immer ergebener
Scheuble

Nr. 309

23. Mai 1937 (Rhöndorf): An den Präsidenten des Deutschen Caritasverbandes, Prälat Dr. Benedikt Kreutz, Freiburg/Breisgau

Sehr verehrter Herr Prälat[1]!

Das Hinscheiden des Herrn van Acken[2] hat mich sehr geschmerzt und mich mit aufrichtiger Trauer erfüllt. In den Jahren des Aufbaues von Hohenlind habe ich seine männliche Tatkraft und seinen weitschauenden Blick, dann seine tiefe priesterliche Frömmigkeit und Gesinnung kennen und schätzen gelernt. Er war immer einer der ausgezeichnetsten und verehrungswürdigen Männer, denen ich begegnet bin. Daß ein solcher Mann in einer solchen Zeit Ihrem Verbande und Ihrem Institute genommen wurde, ist eine schwere Heimsuchung Gottes, die wir in Demut hinnehmen müssen.

Ich hoffe sehr, daß es Ihnen gelingen wird, die Maßnahmen zu treffen, die nötig sind, damit das Werk, das uns ja so überaus notwendig ist, weitergeführt wird.

Ich bitte Sie, den Caritasverband und das Curatorium Hohenlind meiner herzlichsten Teilnahme gewiß zu sein. – Es war mir bitter, ihm nicht das letzte Geleit geben zu können.

In besonderer Hochachtung und mit ergebensten Grüßen Ihr

K. Adenauer

Nr. 310

Juni 1937 (Rhöndorf): Aufzeichnung zum Stand der Verhandlungen mit der Stadt Köln

Für die Verhandlungen mit Dr. Schm[idt].

Die Durchsicht der Akten ergibt, daß die von der Verhandlungskommission[1] der Stadt für die vergleichsweise Erledigung vorgeschlagene Grundlage von der Stadt ganz zielbewußt verschoben und dann verlassen worden ist. Ich weise insbesondere hin auf die Aufzeichnungen des Herrn Dr. Manstetten über die Verhandlungen mit Laut[2] und der städt. Verhandlungskommission im Januar 1936[3], auf die Einigung über die Grundlage des Vergleichs »Ersatz des O[ber]B[ürgermeister] A[denauer] erwachsenen Schadens begrenzt durch die von der Stadt infolge der Regelung gemachten Ersparnisse«, auf die Einigung über den Gegenstand des von den beiden Sachverständigen einzuholenden Gutachtens, »das Gutachten soll zum Gegenstand die Frage haben, welchen Verkaufswert der im Jahre 1926 geschaffene Anbau ohne die jetzigen Umbauten im Jahre

1933 gehabt hat, ob RM 194 294,83 nur für die repräsentativen Zwecke der Oberbürgermeisterwohnung aufgewendet sind und welcher Verlust sich für A[denauer] daraus ergibt.« Nachdem dies Gutachten der Sachverständigen zu Gunsten A[denauer] ausgefallen ist, nachdem dann der Rechtsausschuß, der über die Frage der vergleichsweisen Erledigung gehört werden sollte, einen Standpunkt eingenommen hatte, der die in Aussicht genommene Erledigung mehr wie deckte[4], kommt das vollkommene Verlassen des beiderseits in Aussicht genommenen Weges durch Bönner, der das in einer Unterredung[5] mit Herrn Ma[nstetten] ausdrücklich mit politischen Gründen motiviert hat.

Ich meine, man sollte in der Verhandlung mit Dr. Schmidt diesen über diesen Gang der Dinge ins Bild setzen.

Ich bitte ferner zu erwägen, ob es sich nicht empfiehlt, in diesen Verhandlungen ganz offen zu erklären, daß ich nicht beabsichtige, einen Prozeß anzufangen, daß der wiederholte Hinweis von Bö[nner], man solle doch prozessieren, nichts anderes darstelle, wie ein von seiten der stärkeren Partei ausgeübter Druck, daß man nicht annehmen könne, daß die Stadt Köln in einer Rechtsfrage ihre politische Machtposition in die Waagschale werfen wolle.

Vielleicht ist es auch von Interesse zu wissen, daß Dr. Schmidt sich noch unlängst gegenüber dem amerikanischen Generalkonsul[6] in höchst anerkennender Weise über A[denauer] geäußert hat.

Adenauer

Nr. 311

21. Juni 1937 (Köln): Aktennotiz von Dr. Friedrich Manstetten über eine Besprechung zwischen Vertretern der Stadt Köln und den Anwälten Adenauers

Entgegen dem eingangs von Herrn Oberbürgermeister Dr. Schmidt gemachten Vorschlag, die Rechtsfragen nicht zu diskutieren, kam es doch zu sehr ausführlicher Debatte über die rechtlichen Grundlagen. Dr. Schmidt betonte, daß die Rechtslage für die Stadt sehr günstig sei. Dadurch war für die Vertreter von Dr. A ein schlechter Start für die Verhandlungen gegeben. Es mußte deshalb dargelegt werden, daß die Rechtslage keineswegs ungünstig sei. Neue Gesichtspunkte ergab die Diskussion über die Rechtsfrage nicht mehr. Als Kernfrage des Rechtsproblems wurde lediglich herausgeschält, daß es für die Begründung des Anspruches auf die Rente darauf ankomme, ob die Rente »mit Rücksicht auf ein früheres Dienstverhältnis« zugesagt worden sei oder aus dem

rein privatrechtlichen Grunde der Abmachungen über die Ersatzleistung für die nicht gestellte freie Wohnung.
Das Gutachten des Rechtsausschusses wurde wiederum nicht bekanntgegeben, trotzdem den Vertretern der Stadt bedeutet wurde, daß gerade deshalb die Rechtsposition der Stadt als ungünstig betrachtet werden müsse, weil man den Inhalt des Gutachtens verheimliche.
Dr. Schmidt machte folgendes Vergleichsangebot:
Die Regelung sei nur möglich derart, daß er die beiden Häuser erwerbe, um einen Sachwert für die Stadt zu beschaffen und im Zusammenhang damit die Frage Wertersatz zu regeln. Die beiden Häuser seien abgeschätzt mit RM 142.000,- und höchstens mit RM 160.000-. Er biete sofort den Höchstwert von RM 160.000,- an. Deshalb könne er die von Bö[nner] bisher für Wertersatz angebotene Ziffer von RM 70.000,- nicht ohne weiteres zu Grunde legen. Er gehe von RM 60.000,- Wertersatz aus als 1. Angebot der Stadt und erhöhe dies auf RM 80.000,-, so daß insgesamt für die Häuser plus Wertersatz RM 240.000,- geboten würden.
Die weitere Diskussion erstreckte sich auf die Frage, ob auf den Wert der Häuser mit RM 160.000,- die Belastung mit dem Kapitalwert von rund RM 103.740,- anzurechnen sei derart, daß die bei der Sparkasse rückständigen Zinsen wettgeschlagen würden gegen die Zinsen des Wertersatzes, der Valuta 1.11.1933 RM 168.000,- betragen habe[1].
Dr. Schmidt war in diesem Punkt zunächst unnachgiebig. Schließlich erklärte er sich bereit, als ihm die Unbilligkeit seines Standpunktes, den Wertersatz bei dem Kapitalwert 1933 zu berechnen, die Häuser aber zu übernehmen mit Kapitalschuld 1933 zuzüglich inzwischen aufgelaufener Zinsen, dargelegt wurde, die Zinsfrage noch einmal zu prüfen.
Die Posten rückständiger Bezüge sind mit Dr. Schmidt nur kursorisch durchgegangen worden. Er gab generell Anweisung an Dr. Bönner, in allen etwa noch rückständigen Bezügen entgegenkommend zu sein[2].
Bei der Beurteilung des Wertes der Grundstücke Max-Bruch-Straße ist Dr. Schmidt wesentlich geleitet von seinen Erfahrungen, die er gelegentlich des Erwerbs der Grundstücke Krauss, Katzenstein und der sonst bei dieser Gelegenheit besichtigten Grundstücke gemacht hat.
Wegen der Bewertung der Häuser wird Dr. Schmidt das Hochbauamt veranlassen, durch einen Architekten das Gutachten Hilgen[3] noch einmal überprüfen zu lassen.

Dr. Manstetten

Nr. 312

6. August 1937 (Rhöndorf): An Dannie N. Heineman, Brüssel

Lieber Freund!

‹...›[a] Meine Tochter heiratet am 2.9. in Maria Laach[1]. Die Tochter fortzugeben ist schwer, aber sie hat eine gute Wahl getroffen. – Uns geht es im übrigen so leidlich. Ich habe ja gegen die Stadt eine nicht unerhebliche Forderung. Es finden fortgesetzt Vergleichsverhandlungen statt, aber sie haben trotz sehr großen Entgegenkommens meinerseits noch nicht zu einer Einigung geführt[2]. Die fortgesetzte Untätigkeit wird im Laufe der Jahre eigentlich noch drückender.

Ich hoffe, daß es Ihnen und den Ihrigen recht gut geht. Soweit ich aus den spärlichen Nachrichten unserer Zeitungen etwas ersehen kann, geht es Ihrer Gesellschaft recht gut, was mich sehr freut. – Wenn Herr Schlüter im Laufe des August oder September etwas hören würde[3], würde es ihm sicher angenehm sein.

Mit recht herzlichem Dank und vielen Grüßen wie immer Ihr

K. Adenauer

‹Bitte geben Sie mir eine kurze Empfangsbestätigung[4].›[b]

Nr. 313

10. August 1937 (Berlin): Der Adjutant beim Reichsführer-SS und Chef der Deutschen Polizei im Reichsministerium des Innern übermittelt dem Chef der Personalkanzlei des Reichsführers-SS, SS-Obergruppenführer Schmitt, Abschrift eines Berichtes über den SS-Standartenführer Kurt Freiherr von Schröder (Auszug)

Zweifellos hat Baron Schröder früher in enger Verbindung und Zusammenarbeit mit damals führenden Persönlichkeiten des Systems im Rheinland gestanden, so z. B. mit dem früheren Bürgermeister Adenauer, dem Bankier Louis Hagen[1] (Levy) und anderen solchen Größen[2].

Berichte aus der damaligen Zeit stimmen darin im wesentlichen überein, daß Schröder als Mitinhaber eines bedeutenden Privat-Bankhauses und führende Persönlichkeit in der rheinischen Wirtschaft in einem guten Verhältnis der Zusammenarbeit mit den genannten Kreisen gestanden hat, mit ihnen wohl nicht persönlich und freundschaftlich eng verbunden war, sich jedoch auch andererseits von ihnen keineswegs deutlich sichtbar distanzierte. [...]

Zusammengefaßt ist zu sagen, daß Baron Schröder zweifellos kein Aktivist im Sinne der SS ist, daß er aber aufrecht und sauber, in vieler Hinsicht etwas undurchsichtig ist. Mit Kritik ist er vorsichtig und zurückhaltend, doch zweifellos dem Führer in jeder Hinsicht auch menschlich treu ergeben und sicherlich auch bereit, seine Zugehörigkeit zur SS und seine Verbundenheit mit ihr in jeder Weise, die seinem Wesen entspricht, zum Ausdruck zu bringen[3].

Nr. 314

26. August 1937 (Rhöndorf): Niederschrift über die abschließenden Verhandlungen mit dem Oberbürgermeister von Köln, Dr. Karl Georg Schmidt, im Rathaus in Bonn

Er habe den Wunsch, die Sache aus der Welt zu schaffen, er könne aber, da es sich bei mir um einen politischen Gegner des Nationalsozialismus handelte, juristischen und Billigkeitsgründen nur bis zu einer gewissen Grenze Raum geben, darüber hinaus könne er nicht gehen, da das von den Leuten, denen, ob mit Recht oder mit Unrecht sei gleichgültig, meine Amtszeit als mit Schuld beladen erscheine, nicht verstanden werden würde[1].
Ich: auch ich sei zu einer vergleichsweisen Erledigung bereit, ich hielte meine rechtliche Position für einwandfrei, sei aber schon aus psychologischen Gründen nicht in der Lage, einen Prozeß gegen die Stadt Köln zu führen.
Er: Seinem in der Unterredung mit Manstetten und J[ustiz]R[at] Adenauer gemachten Vorschlage[2] wolle er noch zugeben RM 10.000 + 5.000. Weiter könne er nicht gehen, er habe sich seinen Herren gegenüber dazu verpflichtet und fühle sich innerlich diesen gegenüber gebunden. Ich müsse bedenken, daß ein Prozeß mir viele Aufregungen zuziehen würde.
Ich: Wenn er erkläre, daß er nicht weiter gehen könne, bliebe mir, da ich keinen Prozeß führen könne, nur übrig anzunehmen, ich könne aber nur erklären, daß ich diesen Vergleich nicht als billigen Vergleich ansehen könne.

Nr. 315
28. August 1937: Standesamtliche Trauung von Ria Adenauer

Hitlers Kampf habe ich in die Hände bekommen, als das Buch bei der standesamtlichen Trauung meiner ältesten Tochter feierlich ihr überreicht wurde.
(Adenauer am 17.12.1955 an Dr. Gisela Adenauer)

Nr. 316
14. September 1937 (Rhöndorf): An Professor Dr. Walter Braunfels, Überlingen/Bodensee

Lieber Herr Braunfels!

Herzlichen Dank für Ihren Brief vom 3.8.37[1]. Wir haben uns sehr gefreut, aus ihm ersehen zu können, daß es Ihnen und den Ihrigen gut geht. – Die größten Bausorgen werden Sie jetzt hinter sich haben, da Sie ja, wenn es alles weiter nach Wunsch gegangen hat, kurz vor dem Einzug in Ihr neues Heim stehen. Unsere herzlichsten Wünsche begleiten Sie dorthin, möge das neue Haus Ihnen, Ihrer lieben Frau und den Ihrigen eine Stätte friedlichen Glücks werden!
Stephan wird sich in seiner neuen Schule inzwischen eingewöhnt haben, hoffentlich geht es ihm gut, wenn auch der Unterschied gegen Godesberg sehr stark sein wird. –
Inzwischen haben wir auch ein Hochzeitsfest gehabt, meine Tochter hat am 3.9. in Maria Laach geheiratet[2]. Es war ein sehr ernstes und dabei aber sehr schönes und frohes Fest. Sie zieht nach M.Gladbach, das ist zwar nicht weit, aber das Ausscheiden einer Tochter aus dem Elternhause ist doch etwas schmerzlich. Sie werden es auch empfunden haben. Michi wird es nicht leicht haben, hoffentlich geht die Zeit gut vorüber. Was macht Ihr Schaffen[3]? Ich denke, wir halten doch über die Entfernung hinweg ein wenig Tuchfühlung miteinander, geben uns etwas Nachrichten, und wenn man in die Nähe kommt, sucht man sich auf! Soviel ich weiß, werden Sie demnächst nach London gehen, wird Sie dann nicht Ihr Weg über hier führen?
Unser Hausbau[4] hat uns noch sehr viel Arbeit und Sorgen gemacht, er wird uns das auch noch eine Zeitlang machen, denn er ist noch keineswegs fertig, wir sind froh, wenn wir Mitte November einziehen können, wir freuen uns sehr, aus der Nässe hier in die Sonne zu kommen.

Meine Differenzen mit der Stadt Köln sollen jetzt durch einen Vergleich aus der Welt geschaffen werden[5], der mir 50 % von dem gibt, was mir nach dem Gutachten des städtischen Rechtsausschusses zusteht. Da ich keinen Prozeß führen kann, bleibt mir nichts übrig als anzunehmen. Das Kapitel ist dann wenigstens abgeschlossen.
Gesundheitlich könnte es uns besser gehen, ich denke, das neue Haus wird eine Besserung bringen.
Ihnen und Ihrer Frau sowie Ihren Kindern senden wir recht herzliche Grüße Ihr

Adenauer

Nr. 317

28. September 1937 (Rhöndorf): An Rechtsanwalt Dr. Ernst Schwering, Köln

Lieber Herr Schwering!

Vielen Dank für Ihren Gruß aus Mergentheim. Es freut mich sehr, daß Ihnen die Kur gut bekommt, der Haupterfolg kommt, wie man Ihnen ja auch dort sagen wird, später. Hoffentlich bleibt Ihnen das gute Wetter treu.
In dieser Woche soll also nun meine Sache mit der Stadt endgültig erledigt werden[1]. Die »Ratsherren« haben letzten Freitag in geheimer Sitzung den Ankauf der Häuser genehmigt, z. Zt. werden die letzten Ziffern festgestellt, und dann soll – nach Rückkehr des ausnahmsweise einmal verreisten Dezernenten Bönner – der Schlußstrich gezogen werden[2]. – Schon vorher aber drängt es mich, Ihnen, lieber Herr Schwering, herzlichst zu danken für alle Ihre Mühe, Ausdauer, Geschicklichkeit und diplomatische Kunst, die Sie in der Sache gezeigt haben. Wenn es zu einem halbwegs zufriedenstellenden Ende kommt, dann ist das zum wesentlichen Teile auf Ihre Tätigkeit zurückzuführen. Ich bin Ihnen von ganzem Herzen dafür dankbar. – Ich hoffe, daß wir uns recht bald nach Ihrer Rückkehr sehen.
Mit herzlichen Grüßen, denen sich meine Frau anschließt, Ihr

Adenauer

Nr. 318
27. Oktober 1937 (Rhöndorf): An Professor Theodor Georgii, München

Sehr geehrter Herr Professor[1]!

Vor kurzem war ich nach langer Zeit – ich vermeide es, nach Köln zu gehen – dort und in Melaten. Ich fand, daß das Grabdenkmal[2] sehr schön ist, es entspricht jetzt, nachdem man zeitlichen Abstand gewonnen hat, noch mehr den Gedanken, die ich bei seiner Auswahl hatte. –
Der Stein ist sehr weiß geworden, er wird wohl behandelt werden müssen, womit? ‹...›[a]
Ich habe keine Tätigkeit, ich habe die letzten Mittel benutzt, um mir hier ein Haus zu bauen. Unsern Kindern geht es gut, meine ältesten Söhne kommen aber nicht voran, meine Tochter hat im September geheiratet.
Mit recht herzlichen Grüßen von Haus zu Haus

Ihr ergebener
[Adenauer]

Nr. 319
30. Oktober 1937: Tagebucheintragung von Dr. Josef Busley

Und auch das herrliche herbstliche Sonnenwetter!! ... Wir waren nachm[ittags] bei Adenauer's u. mit ihnen im ‹...›[a] Siebengebirge, – oben von der Terrasse des Petersberges aus! – Unvergeßlich schön! – Und wir haben uns sehr gefreut über das schöne neue Haus von Adenauer in Rhöndorf. ‹...›[b] Stadt Köln hat ‹...›[c] endlich einen sehr günstigen Vergleichsvertrag[1]! Gott sei Dank!

Nr. 320
9. November 1937: Tagebucheintragung von Dr. Josef Busley

... nachm[ittags] ... Besuch von Adenauer und Franken. Fahrt nach Rhöndorf.

Nr. 321
13. November 1937 (Rhöndorf): Aufzeichnung über eine Besprechung mit Josef Giesen
(siehe folgende Seite)

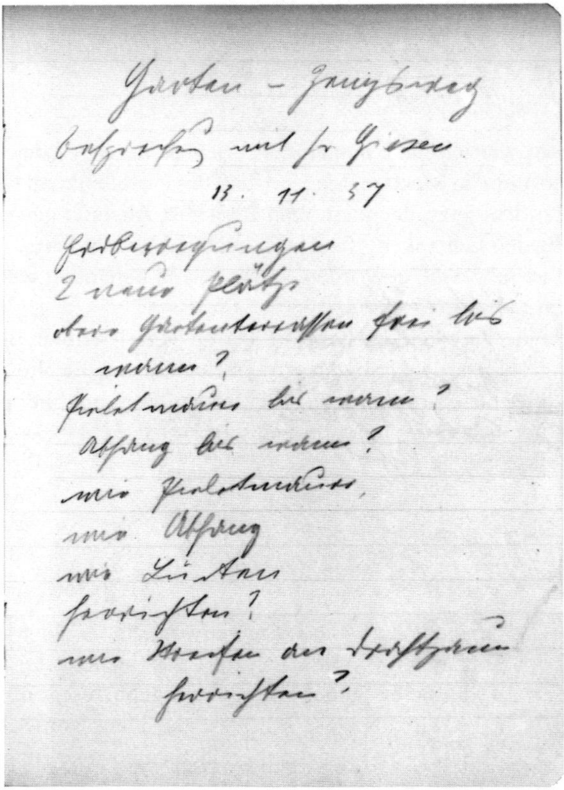
13. 11. 37

Dok. Nr. 32

Nr. 322
20. November 1937 (Rhöndorf): An Dannie N. Heineman, Brüssel

Lieber Freund!

Da ich nicht recht wußte, ob Sie schon zurück seien, habe ich Ihnen länger nicht geschrieben. – Ich hoffe, daß Sie von Ihrer Reise durchaus zufrieden zurückgekehrt sind[1]. – Mein Sohn Max war, Einladungen folgend, während einiger Monate nach seinem Aufenthalte im Camp, in den verschiedensten Staaten von USA[2]. – Er war dann einige Zeit in einem Textilunternehmen in Wyomissing, muß aber jetzt zurück, da leider sein Visum nicht verlängert worden ist. Er hatte ein Visum für Studienzwecke. Er reist am 25.11. von New York ab. Er wird die Gelegenheit seines Aufenthaltes in New York benutzen und sich dort Ihrem Freunde vorstellen[3]. – Da er sich eine Woche in London einer Einladung folgend aufhalten wird, wird er am 10.12. zurückkommen. – Mein ältester Sohn bei der AEG ist zur Zeit zur Revision der Pariser Filiale der AEG in Paris. – Meine Tochter ist seit Anfang September sehr glücklich verheiratet[4]. – Mein Befinden hat sich gebessert, allerdings nicht so, wie es Herr Hett[5] Ihnen wahrscheinlich erzählt haben wird, natürlich in gutem Glauben, aber Fama crescit eundo[6]. – Wenn Sie erlauben, wird sich mein Sohn Max demnächst Ihnen vorstellen. Wenn es geht, werde ich ihn begleiten, da es mir ein Bedürfnis ist, Sie wiederzusehen[7]. – Haben Sie bitte die Freundlichkeit, mir mitzuteilen, wann Sie Ihre Winterreise machen werden. – Wir ziehen demnächst um, bleiben aber in Rhöndorf[8]. Es freut uns das sehr, meine Frau und meine Kinder hätten auf die Dauer in unserer bisherigen Wohnung schweren Schaden gelitten[9]. – Ich hoffe, daß es Ihnen und den Ihrigen recht gut geht.
In der Hoffnung, Sie bald persönlich begrüßen zu können, bin ich mit herzlichen Grüßen stets

Ihr
Adenauer

Nr. 323
5. Dezember 1937: Tagebucheintragung von Dr. Josef Busley

Adenauer's haben das neue Haus auf dem faulen Berg bezogen[1]. Auch er ist in großer Sorge um Fr[anken] u. befürchtet, daß er Dummheiten in D'dorf gemacht hat[2]! – Sein Urteil ist genau das gleiche wie bei mir.

Nr. 324

13. Dezember 1937: Polizeiliche Ummeldung zum Umzug in Rhöndorf

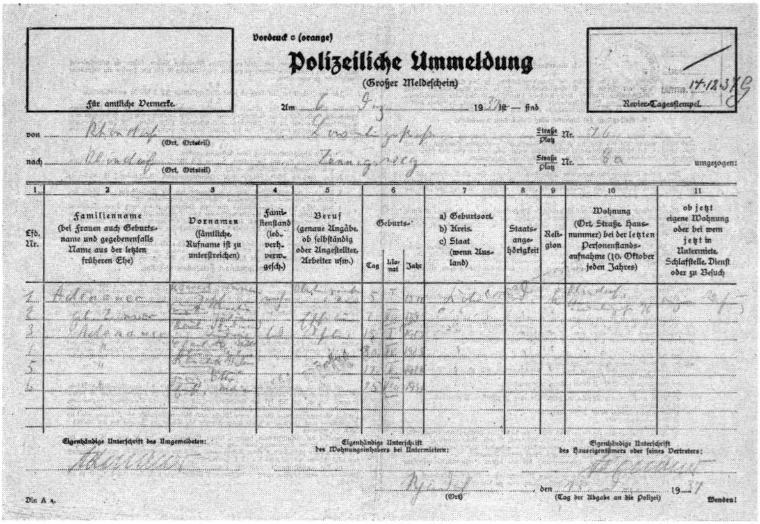

Vordruck c (orange)

Polizeiliche Ummeldung

(Großer Meldeschein)

Für amtliche Vermerke.

Am 6. Dez. 1937 ist — sind

Revier-Tagesstempel. 14.12.37

von Rhöndorf (Ort, Ortsteil) Löwenburgstr. Straße/Platz Nr. 76

nach Rhöndorf (Ort, Ortsteil) Zennigsweg Straße/Platz Nr. 8a umgezogen:

1 Lfd. Nr.	2 Familienname (bei Frauen auch Geburtsname und gegebenenfalls Name aus der letzten früheren Ehe)	3 Vornamen (sämtliche, Rufname ist zu unterstreichen)	4 Familienstand (led., verh., verw., gesch.)	5 Beruf (genaue Angabe, ob selbständig oder Angestellter, Arbeiter usw.)	6 Geburts- Tag	Monat	Jahr	7 a) Geburtsort b) Kreis c) Staat (wenn Ausland)	8 Staatsangehörigkeit	9 Religion	10 Wohnung (Ort, Straße, Hausnummer) bei der letzten Personenstandsaufnahme (10. Oktober jeden Jahres)	11 ob jetzt eigene Wohnung oder bei wem jetzt in Untermiete, Schlafstelle, Dienst oder zu Besuch
1	Adenauer										Rhöndorf Löwenburgstr. 76	
2												
3	Adenauer											
4												
5												
6												

Eigenhändige Unterschrift des Umgemeldeten: Adenauer

Eigenhändige Unterschrift des Wohnungsinhabers bei Untermietern:

Eigenhändige Unterschrift des Hauseigentümers oder seines Vertreters: Adenauer

Rhöndorf (Ort), den 13. 12. 1937 (Tag der Abgabe an die Polizei)

Din A 4. Wenden!

Nr. 325

22. Dezember 1937 (Rhöndorf): An Professor Dr. Walter Braunfels, Überlingen/Bodensee

Lieber Herr Braunfels!

Sie haben es besser geschafft als wir: wir sind erst vor einigen Tagen in das Haus Zennigsweg 8a eingezogen unter den üblichen bedrückenden Erscheinungen: Handwerker und Arbeiter von morgens früh bis abends spät. Zum wirklichen Genuß des eigenen Hauses sind wir daher noch nicht gekommen, und mit Bildern können wir auch erst in einiger Zeit aufwarten. – Wir freuen uns sehr, daß es Ihnen allen dort so gut gefällt. In mancher Hinsicht wird die Lage unseres Hauses derjenigen Ihres Hauses gleichen. Ich finde, daß die Weite des Blicks und die Fülle und der Wechsel des Lichts einen innerlich befreit und seelisch erhebt[1]. Ich meine, das gleiche aus Ihrem Briefe[2] herauszufühlen und freue mich darüber. Ich hoffe, daß diese Umgebung Ihre schöpferische Kraft stark beeinflußt. –

Wir wünschen Ihrer Gattin, Ihren Kindern und Ihnen ein recht gesegnetes und frohes Weihnachtsfest und alles Gute für 1938. Geistige Fäden sind ja nicht an Raum und Zeit gebunden, und so denke ich, daß wir trotz örtlicher Entfernung in unseren Beziehungen zueinander die alten bleiben. Mit recht herzlichen Grüßen von Haus zu Haus

Ihr
Adenauer

Nr. 326
[ohne Datum]: Handlungsmaximen Adenauers

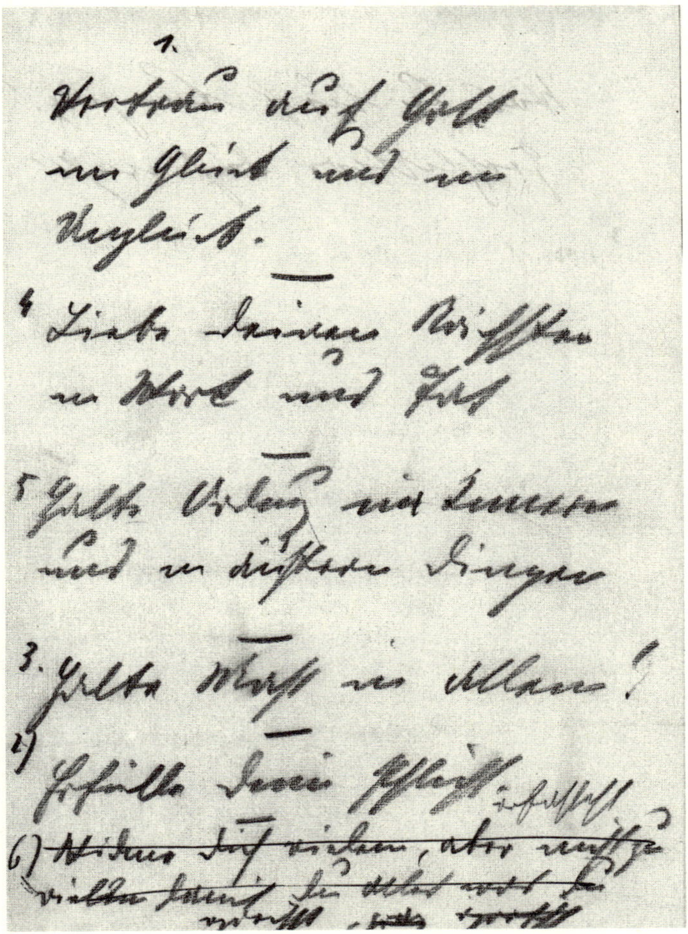
1. Vertraue auf Gott im Glück und im Unglück.

4 Liebe deinen Nächsten in Wort und Tat

5 Halte Ordnung in inneren und in äußeren Dingen

3. Halte Maß in allem!

2) Erfülle deine Pflicht

Nr. 327

13. Januar 1938: Tagebucheintragung von Dr. Josef Busley

Adenauers Portrait wird nun im Kölner Rathaus aufgehängt[1]!! ... Welche Zeichen und Wunder! – Wir sind sprachlos.

Nr. 328

Januar 1938 (Brüssel): An Dr. Konrad Adenauer jun., Berlin-Charlottenburg

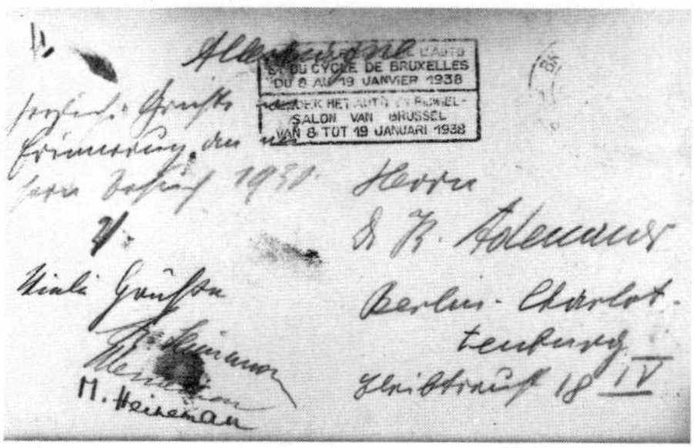

oben: Das Wohnhaus Dannie N. Heinemans in Brüssel unten: Mit Gussie Adenauer, Hettie, Marion und Dannie N. Heineman (v. l. n. r.)

Nr. 329

23. Januar 1938: Tagebucheintragung von Dr. Josef Busley

Zum Abend dann bei Adenauer's, ‹...›[a] bedrückende Stimmung um den Fall Franken[1] ‹...›[b]! – Offenbar ist der Fall immer noch vollständig geheimnisvoll ...

Nr. 330

20. März 1938: Tagebucheintragung von Dr. Josef Busley

Auch Adenauer ist sehr erfreut über das Gelingen des Anschlusses Österreichs[1]!! – Er bezeichnet ihn als ganz großen Erfolg Hitler's, den man rückhaltlos anerkennen und bewundern müsse.

Nr. 331

29. März 1938 (Rhöndorf): An das Reichspatentamt (Berlin) – Patentanmeldung für eine »Einrichtung zur Ausbesserung von Geweben«

Beim Ausbessern von Geweben, insbesondere auch von Strümpfen, gebraucht man eine helle oder farbige, feste Unterlage, z. Bsp. in Form eines Stopfeis oder Stopfpilzes, um die schadhaften Stellen dadurch, daß man das Gewebe über die Unterlage hinüberzieht, besser erkennen zu können und gleichzeitig dem Gewebe an der schadhaften Stelle die zur Ausbesserung nötige Spannung zu geben. Bei weniger hellem Tageslicht und bei künstlichem Licht sind die schadhaften Stellen aber nur schwer oder gar nicht zu erkennen. Auch muß bei der Ausbesserung feinerer Gewebe ohne Tageslicht die künstliche Lichtquelle sehr stark sein, damit die auszubessernde Stelle genügend belichtet ist und die Ausbesserung einigermaßen genau vorgenommen werden kann.

Die vorliegende Erfindung bringt eine erhebliche Verbesserung gegenüber den jetzt im Gebrauch befindlichen Unterlagen und eine Erleichterung der Arbeit unter Einsparung von Licht, indem sie die aus einem durchscheinenden Material herzustellenden Unterlagen von innen her, d. h. von der dem herübergezogenen Gewebe entgegengesetzten Seite her, durch eine kleine elektrische Birne erhellt. Der nötige Strom kann aus einer Lichtleitung oder wie bei Taschenlampen aus einer Batterie entnommen werden. Auf einer solchen, durchscheinenden, von innen erhellten Unterlage läßt sich der Zustand des Gewebes, jede kleinste

Beschädigung, ausgezeichnet erkennen, und das durch die Unterlage durchscheinende Licht gibt gleichzeitig eine sehr gute und angenehme, die Ausbesserungsarbeit erleichternde und die Augen nicht schädigende oder ermüdende Belichtung der Ausbesserungsstelle.
Das elektrische Licht kann in einer ganz oder teilweise hohlen, eventuell mit Luftlöchern versehenen – um jede Erwärmung der Unterlage auszuschließen – Unterlage angebracht werden; man kann natürlich das elektrische Licht auch selbst dadurch, daß man es aus geeignetem Material herstellt und ihm die geeignete Form gibt, als Unterlage herrichten.

Patentansprüche.

1. Einrichtung zur Ausbesserung von schadhaften Geweben, dadurch gekennzeichnet, daß die zur Ausbesserung verwendete Unterlage aus durchscheinendem Material hergestellt und von innen her elektrisch erhellt ist.
2. Einrichtung nach Anspruch 1 dadurch gekennzeichnet, daß ein Stopfei, Stopfpilz oder dgl. aus durchscheinendem Material in seinem hohlen Innern durch ein elektrisches, aus einem Leitungsnetz oder durch eine Batterie gespeistes Licht erhellt wird.
3. Einrichtung nach Anspruch 1 dadurch gekennzeichnet, daß ein elektrisches Licht selbst durch Verwendung passenden Materials und einer passenden Form als Unterlage zur Ausbesserung von Geweben ausgebildet ist.

Nr. 332
23. April 1938: Tagebucheintragung von Dr. Josef Busley

– Alles in bester Stimmung! – Der Garten in Blüte! – Wundervoll der Rembrandt[1]!! – Wir freuen uns für A[denauer] mit! – Auch dort große Sorgen um die Weiterentwicklung der politischen Dinge[2] ...

Nr. 333
17. Juni 1938 (Rhöndorf): Aufzeichnung über ein Gespräch mit Professor Fritz Schumacher (Hamburg) am 13./14. Juni 1938 in Rhöndorf

Am 13./14. Juni 1938 war Herr Professor Fritz Schumacher[1]-Hamburg bei mir in Rhöndorf. In meinem Arbeitszimmer sah er das »Bild«[2]. Es fiel ihm so sehr auf, daß ich ihm die Einzelheiten über das Bild erzählte, ihm

auch eine Abbildung des Pariser Bildes mit dem Pudel zeigte. Er war von der Schönheit meines Bildes sehr entzückt. Den Pudel auf dem Pariser Bild fand er völlig »unrembrandtisch«. Er wies ferner darauf hin, daß Beine und Füße auf meinem Bilde derartig organisch mit dem Körper zusammengingen, daß unmöglich jemand, der das Pariser Bild kopiert, den Pudel fortgelassen, dafür die Beine und die Füße gemalt habe, so etwas habe machen können, und wenn er auch ein Maler von ganz großen Qualitäten gewesen sei.
Ich legte ihm Abbildungen vor seines Selbstbildnisses Haag Mauritiushuis von 1629, seines Selbstbildnisses Braunschweig um 1631, seines Selbstbildnisses London National Gallery von 1640 und sagte ihm, daß das Pariser Bild mit dem Pudel 1631 datiert sei. Er erklärte, daß der Mann auf meinem Bilde etwa einem 35jährigen entspreche und daß das ihm vorgelegte Portrait von 1640 dem auf meinem Bilde Dargestellten am nächsten komme, auf dem Portrait von 1640 London sei der Dargestellte nur etwas eleganter zurecht gemacht. Endlich wies er auf den verkniffenen Ausdruck des Gesichtes bei dem Bilde mit dem Pudel hin. Er meinte auch, daß durch das Hinsetzen des Pudels der ganze Raumeindruck gestört sei, der auf meinem Bilde in einer so ausgezeichneten, Rembrandt eigentümlichen Weise in die Erscheinung trete.
Ich persönlich finde, daß auf dem Pariser Bild der Schatten des Pudels nicht richtig fällt. Der Kopf des Hundes verschwimmt in seinem Schatten mit dem Schatten der Wölbung des Leibes des Mannes, das scheint mir nicht richtig zu sein nach der allgemeinen Beleuchtung, die auf dem Bilde wiedergegeben ist.

Adenauer

Nr. 334
17. Juni 1938 (Köln): Professor Fritz Schumacher an Adenauer, Rhöndorf

Sehr verehrter Herr Oberbürgermeister.

Ehe ich Köln gleich verlassen werde, möchte ich Ihnen sagen, wie wertvoll mir das Wiedersehen mit Ihnen gewesen ist[1]. Daß es mir zugleich den harmonischen Einblick in Ihre Familie und in Ihre schöne neue Heimstätte brachte, war mir eine besondere Freude. Nehmen Sie und Ihre verehrte Frau Gemahlin herzlichen Dank für Ihre liebenswürdige Gastfreundschaft!

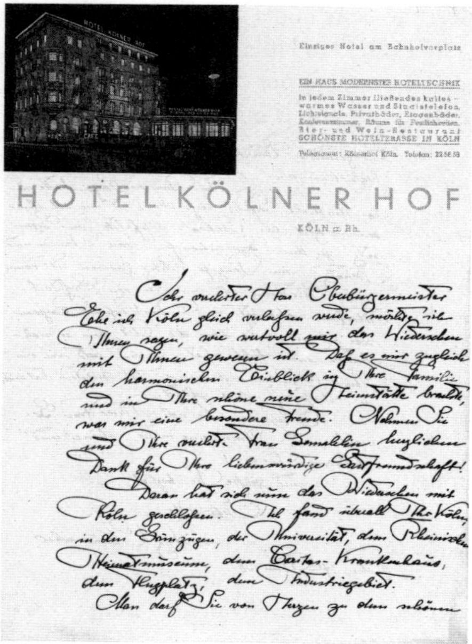
Einziges Hotel am Bahnhofvorplatz

EIN HAUS MODERNSTER HOTELTECHNIK

HOTEL KÖLNER HOF

KÖLN a. Rh.

Sehr verehrter Herr Oberbürgermeister
Ehe ich Köln gleich verlassen werde, möchte ich Ihnen sagen, wie wertvoll mir das Wiedersehen mit Ihnen gewesen ist. Daß es mir zugleich den harmonischen Einblick in Ihre Familie und in Ihre schöne neue Heimstätte brachte, war mir eine besondere Freude. Nehmen Sie und Ihre verehrte Frau Gemahlin herzlichen Dank für Ihre liebenswürdige Gastfreundschaft!
Daran hat sich nun das Wiedersehen mit Köln geschlossen. Ich fand überall Ihr Köln, in den Grünzügen, der Universität, dem Rheinischen Heimatmuseum, dem Caritas-Krankenhaus, dem Flugplatz, dem Industriegebiet.
Man darf Sie von Herzen zu dem schönen

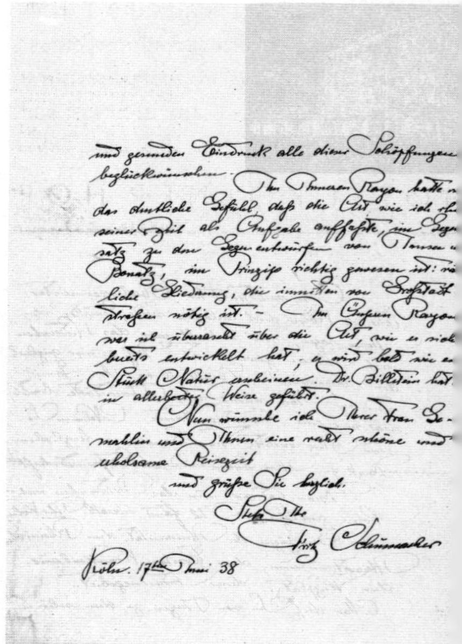
und gesunden Eindruck aller dieser Schöpfungen beglückwünschen. Im Inneren Rayon hatte ich das deutliche Gefühl, daß die Art, wie ich ihn seinerzeit als Aufgabe auffaßte, im Gegensatz zu den Gegenentwürfen von Jansen u. Bonatz, im Prinzip richtig gewesen ist: räumliche Gliederung, die inmitten von Großstadtstraßen nötig ist. – Im Äußeren Rayon war ich überrascht über die Art, wie er sich bereits entwickelt hat; er wird bald wie ein Stück Natur erscheinen. Dr. Billstein hat mich in allerbester Weise geführt.
Nun wünsche ich Ihrer Frau Gemahlin und Ihnen eine recht schöne und erholsame Reisezeit
und grüße Sie herzlich.
Stets Ihr
Fritz Schumacher
Köln. 17ten Juni 38

Daran hat sich nun das Wiedersehen mit Köln geschlossen. Ich fand überall *Ihr* Köln, in den Grünzügen, der Universität, dem Rheinischen Heimatmuseum, dem Caritas-Krankenhaus, dem Flugplatz, dem Industriegebiet. Man darf Sie von Herzen zu dem schönen und gesunden Eindruck aller dieser Schöpfungen beglückwünschen.

Im Inneren Rayon hatte ich das deutliche Gefühl, daß die Art, wie ich ihn seinerzeit als Aufgabe auffaßte, im Gegensatz zu den Gegenentwürfen von Jansen[2] und Bonatz[3] im Prinzip richtig gewesen ist: räumliche Gliederung, die inmitten von Großstadtstraßen nötig ist. – Im Äußeren Rayon war ich überrascht über die Art, wie er sich bereits entwickelt hat; er wird bald wie ein Stück Natur erscheinen. Dr. Billstein hat mich in allerbester Weise geführt.

Nun wünsche ich Ihrer Frau Gemahlin und Ihnen eine recht schöne und erholsame Reisezeit[4] und grüße Sie herzlich. Stets

Ihr

Fritz Schumacher

Nr. 335
27. Juni 1938 (Rhöndorf): An den Schweizerischen Konsul Dr. Franz-Rudolph von Weiss, Köln

Sehr geehrter Herr von Weiss!

Sie erleichtern einem alle Schwierigkeiten in geradezu rührender Weise. Herzlichsten Dank! Wir werden mit Vergnügen in Bern in dem Hotel Bellevue übernachten.
Haben Sie bitte die Freundlichkeit, die beiden Billets zu bestellen, eines Basel–Basel, eins Basel usw. und Endpunkt Lindau, und teilen Sie mir freundlichst mit, welchen Betrag, und wohin, ich überweisen soll.
Allmählich wird es mir greifhaft, daß ich wieder in die Schweiz reisen werde. Sie können kaum sich vorstellen, mit welchen Gefühlen.
Mit herzlichen Grüßen, denen sich meine Frau anschließt, wie immer

Ihr
Adenauer

Nr. 336
7. Juli 1938 (Rhöndorf): An Abt Dr. Ildefons Herwegen, Abtei Maria Laach

Lieber Freund!

An dem großen Gedenktage[1], den Du demnächst zusammen mit Deiner Communität und einer so großen Schar von dankbaren Freunden und Verehrern feiern wirst, nehme ich im Geiste in herzlichster Mitfreude und in tiefer Dankbarkeit teil. Mein Gebet vereint sich mit dem Gebet so vieler, daß Gott Dir Glück und Frieden gebe und Dich segnen möge, so wie Er bisher mit Dir und Deinem Wirken gewesen ist. Was Du und Dein Kloster mir in schwerster Zeit[2] gewesen ist, habe ich Dir schon manches Mal sagen dürfen, aber bei diesem Anlaß gedenke ich dessen in Dankbarkeit gegen Gott, der mir diesen Aufenthalt in M[aria] Laach geschenkt hat. – Ich würde Dir so gern am Feste selbst meine mündlichen Glückwünsche ausgesprochen haben, aber es ist wohl besser, das demnächst, wenn wieder Ruhe bei Euch eingekehrt ist, nachzuholen.
Möge Gott Dir noch viele Jahre in Kraft und Gesundheit geben, das ist meiner Frau und mein herzlichster Wunsch.
In herzlichster und tiefer Verbundenheit stets Dein
K. Adenauer

Nr. 337
14. Juli 1938 (Chandolin): An den Schweizerischen Konsul Dr. Franz-Rudolph von Weiss, Köln

Sehr geehrter Herr von Weiss!

Als wir durch den Lötschberg gefahren waren – in Kandersteg regnete es –, begrüßte uns im Rhonetal blauer Himmel und strahlende Sonne, in Chandolin zierte unser Zimmer ein prächtiger Strauß Alpenrosen mit Ihrer Karte: die Schweiz hätte uns dank Ihrer so wohltuenden und großen Liebenswürdigkeit und Fürsorge niemals zuvor schöner empfangen können[1]. – Meine Frau und ich danken Ihnen sehr herzlich für alle Ihre Freundlichkeit, seien Sie überzeugt, daß wir sie in dem Geiste aufnehmen, in dem sie geboten ist, und daß wir Ihnen von Herzen dafür dankbar sind. – Chandolin ist wundervoll und groß wie immer. Für uns ist hier alles erfüllt mit Erinnerungen, über die sich siegreich die strahlende Sonne und die wundervolle Bergwelt erhebt. –
Mit herzlichem Dank und vielen Grüßen von meiner Frau und mir, wie stets

Ihr sehr ergebener
Adenauer

August 1938: Begegnung der Ehepaare Heineman und Adenauer in Ouchy-Lausanne (in der Mitte: Gussie Adenauer und Hettie Heineman)

Nr. 338

23. Juli 1938 (Chandolin): An Dannie N. Heineman, Brüssel

Lieber Freund,

ich habe von Ihrem Unfall und von Ihrem Aufenthalt in Hohenlychen nichts gewußt[1]. Ich freue mich, daß es Ihnen besser geht und hoffe, daß Sie bald ganz wiederhergestellt sind. – Der Aufenthalt hier – 2000 m Höhe – tut uns nach den schweren Jahren besonders wohl; man sieht wieder etwas aktiver in die Zukunft. Wir bleiben hier bis 8. oder 9. August, dann wollen wir über Montreux–Glion, Fribourg zurück. Ich gedenke, gegen den 15.8. in Basel zu sein und dann zurückzufahren. – Wenn wir uns irgendwo treffen könnten, so würde ich das mit Freuden begrüßen[2]. Alles ist ja so sehr im Fluß. – ‹ . . . ›[a] Meine Frau und ich hoffen, daß Ihrer verehrten Frau der damalige Aufenthalt im Hochgebirge gut bekommen ist und daß es Ihnen allen gut geht.
Mit recht herzlichen Grüßen von Haus zu Haus wie stets Ihr

K. Adenauer

Nr. 339

August 1938: Notizen über die Besichtigung eines Bildes in Spiez/Schweiz

Notizen, die ich bei der Besichtigung des Bildes »Saskia« im Besitz des Herrn de Bruyn in Spiez im August 1938 gemacht habe. (Das Bild ist in dem Buche von Bredius von 1935 unter Nr. 94 abgebildet, bei HdG[1] hat es Nr. 606).
Augen und Gesicht sind meinem Bilde außerordentlich ähnlich. Nur der Mund ist anders, der Schleier ist weißlich, das Ohr schimmert durch. Die Fältelung des Hemdes ist auf dem Bilde etwas grob. Vom Kleid ist wenig zu sehen, der Haarschmuck, insbesondere aber die Ohrperle sind nicht so schön gemalt wie bei meinem Bilde. Der Haaransatz ist bei meinem Bilde viel schöner.

Nr. 340

August 1938: Gespräch mit Professor Dr. George N. Shuster in Rhöndorf

Nachstehende Fußnote[1] beruht auf einem Gespräch, das ich in den frühen Morgenstunden eines Augusttages 193[8][2] mit Konrad Adenauer in seinem Haus in Rhöndorf führte. Das Ganze hatte etwas Romantisches an sich, denn ich fuhr mit zwei deutschen Freunden von Köln nach Rhöndorf, wir parkten den Wagen vor einem Entbindungsheim und stapften die obstbaum- und gebüschbestandene Anhöhe hinauf, die später als Adenauer-Hügel bekannt wurde. Es war stockfinster, und oben angekommen, war ich voller Kratzer und Schrammen. Doch unser Gastgeber empfing uns mit großer Herzlichkeit und beantwortete bereitwillig viele Fragen; als wir ihn einige Stunden später verließen und den Abhang hinuntergingen, graute gerade der Morgen. Grund für die Heimlichkeit war, daß Adenauer unter Hausarrest stand.

Eine Analyse der jetzigen Lage in Deutschland muß meines Erachtens[3] *eine Reihe von Faktoren berücksichtigen, die weit vor 1933 zurückreichen: Die schnelle Industrialisierung des Landes hatte zur Folge, daß gewisse Schichten zu schnell zu reich wurden und die Arbeiter so massiv wie nirgendwo sonst in die Städte strömten. Millionen Deutsche waren fast völlig entwurzelt. Mit der Anlage natürlicher Wohnbezirke (Gartenstädte) wurde viel zu spät begonnen, und der Ausdruck »Steinwüste« traf den Nagel auf den Kopf. Zum andern wirkte sich die religiöse Spaltung des Landes besonders katastrophal aus, denn ein Großteil des deutschen Nordens und Ostens war erst sehr spät christianisiert worden. Man muß sich stets vor Augen halten, daß in einigen Teilen des ursprünglich von einem besiegten Volksstamm bewohnten Preußen, das später für einen Großteil des Reiches tonangebend werden und ihm den Namen geben sollte, bis ins 14. Jahrhundert hinein heidnische Götter verehrt worden sind. Als daher der Protestantismus in Deutschland Fuß faßte, konnte er nicht ohne weiteres aus einer soliden christlichen Tradition Kraft schöpfen. Die Tünche war sehr schnell abgewetzt, und der Paganismus schimmerte wieder durch. Die Kenntnis dieser Dinge erleichtert das Verständnis der seitherigen Geschehnisse beträchtlich.*

Hierin auch lag mehr oder weniger bewußt der Grund für die Preußenfeindlichkeit im Rheinland vor dem Kriege. Bei Kriegsende war die Auffassung ziemlich verbreitet, nun sei der Augenblick gekommen, die Bindungen der Rheinprovinzen an Preußen zu kappen. Andere meinten, die Rheinprovinzen könnten ihre Position gegenüber möglichen französischen Herrschaftsansprüchen verbessern, wenn sie innerhalb des Deutschen Reiches einen eigenständigen Staat bildeten. Praktische Bedeutung erlangten solcherlei Überlegungen, als eine Gruppe, die mit der »K[ölnischen]V[olkszeitung]« in Verbindung stand, Aktionspläne auszuhecken begann[4]*.*

Den ersten Kontakt mit der Gruppe erhielt ich, als mich Dr. Joseph Froberger[5] *aufsuchte. Dieser Geistliche war im Elsaß geboren und für eine Missionarstätigkeit in Afrika ausgebildet worden. Er beherrschte eine ansehnliche Zahl von Sprachen. Ich traute Dr. Froberger von Anfang an nicht über den Weg, hatte ihn sogar im Verdacht, im Sold der Franzosen zu stehen. Zuvor schon hatte mich Dr. Adam Dorten, den ich vor dem Krieg oberflächlich kennengelernt hatte, aufgesucht*[6] *und erklärt, als ehemaligem preußischen Offizier und überzeugtem Monarchisten sei ihm die sogenannte Weimarer Republik derart zuwider, daß er unmöglich in Berlin bleiben könne, weshalb er mich bitte, ihm eine Stellung zu verschaffen, in der er seine Rechtsanwaltsfähigkeiten im Rheinland ausüben könne.*

Sehr bald stellte ich fest, daß sich Dorten und Joseph Froberger zusammengetan hatten, Bürgerversammlungen für einen entsprechenden Schritt abgehalten worden waren und Industrielle die beabsichtigte Republik befürworteten. Ich mußte mich der Sache also sehr ernsthaft annehmen. Als erstes brachte ich Herrn Schorlemer[7] *davon ab, rheinische Industrielle in die Bewegung einzubinden, und nach und nach gelang es mir, die allgemeine Diskussion aus den Volksversammlungen in die Hände der gewählten Abgeordneten der Nationalversammlung zu verlagern. Nach Verabschiedung des Artikels 18 der Verfassung*[8] *bildeten wir einen Exekutivausschuß, der sich mit der weiteren Behandlung dieser Frage befassen sollte, aber natürlich nie etwas unternahm. Beteiligt waren auch sehr viele eitle und unpolitische Leute, darunter Prälat Ludwig Kaas.*

Wenig später wurde die französische Regierung in der Sache aktiv, und man beschloß, noch vor Unterzeichnung des Versailler Vertrages eine Krise zu provozieren. Ich setzte mich mit dem damaligen Befehlshaber der brischen Besatzungstruppen, General Clive, in Verbindung, der in beträchtlicher Verlegenheit war, was er und seine Kollegen angesichts der französischen Forderungen unternehmen sollten[9]. *Ich überredete ihn zu folgender Politik: Er solle erklären, im britisch besetzten Gebiet dürfe ohne Zustimmung der Behörden keinerlei Änderung der Verfassung vorgenommen werden. Ich versicherte ihm, keiner der Separatisten würde den Mut aufbringen, ihn oder andere britische Behörden dazu zu konsultieren. Dann diktierte ich die Anordnung*[10], *die General Clive später erließ und die in einem der Dorten-Bücher abgedruckt ist*[11]. *Spätere Bemühungen ähnlicher Art galten der Errichtung einer Goldbank, die das Recht haben sollte, eine Währung für das Rheinland auszugeben. Initiator hierbei war Schröder*[12].

Die Endphase der Rheinland-Kontroverse wurde erreicht, als angesichts der Inflation sogar Berlin selbst mit dem Gedanken zu spielen anfing, das Rheinland abzustoßen. Eine Fortsetzung der finanziellen

Unterstützung galt als unmöglich, und sogar Männer wie Dr. Brauns verfielen dem Reiz der »Versackungstheorie«. Ich suchte Luther und Stresemann in Berlin auf und brandmarkte aufs schärfste den völligen Mangel an Vaterlandsliebe, der sich in ihrem Verhalten niederschlage[13]. *Vielleicht hat die Heftigkeit meiner Bemerkungen dieser vermutlich stärksten antinationalen Tendenz in der deutschen Geschichte ein Ende gesetzt.*

‹. . .›[a] *Inzwischen neige ich zu der Annahme, daß Froberger, ein elsässischer Patriot und Autonomieverfechter, nie im Sold der französischen Regierung gestanden hat. Ich habe eher den Eindruck, daß er ein autonomes Rheinland einrichten zu können und dieses dann als Hebel für die Autonomie des Elsaß benutzen zu können hoffte. Jedenfalls ist Froberger, ein seltsam bedächtiger und schwerzüngiger Mann, in völliger Armut gestorben. Nach dem Zusammenbruch der Separatistenbewegung konnte er weder in Deutschland noch in Frankreich seinen Lebensunterhalt verdienen. Er liegt im Elsaß begraben.*

[Fußnote 2] Auf meine Frage zu den Äußerungen einiger Sozialdemokraten, für viele nichtdeutsche Historiker sei wohl der Aufstieg der Nazis zur Macht nichts als ein Deckmäntelchen, unter dem die Herren von Industrie und Armee aus der Niederlage wieder zur Macht strebten, sagte Adenauer, seine eigene Erfahrung beweise die Unhaltbarkeit dieser Theorie. Nach der Niederlage von 1918 sei die deutsche Heeresleitung völlig handlungsunfähig und vor Angst wie gelähmt gewesen. Sie habe die Revolution für unausweichlich gehalten und nur die höchsten Offiziere in Sicherheit zu bringen versucht. Die sogenannte Revolution in Köln sei geradezu albern gewesen. Adenauer sagte, er habe den kommandierenden General angerufen und gebeten, eine Kompanie Soldaten zum Rathaus zu schicken[14]. *Damit hätte sich ohne weiteres die Ordnung aufrechterhalten lassen, aber der General sei vor Angst völlig kopflos gewesen und habe sich geweigert. Wer sich so verhalte, lauere nicht auf eine günstige Gelegenheit zum Losschlagen, sondern bange nur um seinen Kopf. Das komme davon, wenn man jahrelang völlig vom Volk abgeschnitten und ohne jeden Kontakt mit der politischen Wirklichkeit lebe.*

(Aufzeichnung im Nachlaß George N. Shuster)

Nr. 341
August 1938: Gespräch zwischen Professor Dr. George N. Shuster und Dr. Hugo Mönnig, im Beisein von Josef Ruffini

[Mönnig:] Mein erster Kontakt mit der sogenannten Separatistenbewegung[1] *ergab sich, als ich aufgefordert wurde, Dorten und andere bei einer Zusammenkunft einiger Leute kennenzulernen, denen Dorten seine Vorstellungen vortrug. Ich sagte ihm, ich hielte es für höchst gefährlich, eine solche Idee in die Öffentlichkeit zu tragen. Dorten meinte, Gefahr sei für ihn Ehrensache. Nach dieser Zusammenkunft bat mich Adenauer zu sich und ließ sich über Adam Dorten aus, den er offenkundig für einen hoffnungslosen Dummkopf hielt. Was Dr. Froberger anbelangt, entnahm ich seinen Äußerungen, daß bei ihm die Schriften von Maurice Barrès*[2] *über die französischen Ansprüche auf das Rheinland einen tiefen Eindruck hinterlassen hatten. Die Franzosen, meinte er, würden ihre Pläne auf jeden Fall zu verwirklichen suchen; die Frage sei lediglich, ob mit Zuckerbrot oder Peitsche. Sei es da nicht am besten, wenn man vorgebe, daß man das Zuckerbrot nehme? Jedenfalls müsse entschieden werden, ehe die Engländer kämen. Doch die Engländer kamen trotzdem, weitgehend, weil Adenauer alle Versuche, sie daran zu hindern, rigoros abblockte. Natürlich gab es solche Versammlungen und sogar eine Art Abstimmung zugunsten des Separatismus*[3]*. (Hier unterbrach Ruffini mit der Bemerkung, zu seiner Zeit als Parteisekretär seien derartige Stimmzettel verfaßt und verteilt worden.) Sie waren als Petition aufgemacht, an die die Unterschriften angehängt wurden. Wieviele wirklich eingingen, läßt sich heute unmöglich noch feststellen, aber es müssen doch recht viele gewesen sein. Als ich 1933 meinen Schreibtisch ausräumte, fand ich immer noch welche, die ich natürlich vernichtete. Dorten erklärte, weitere befänden sich in der Hoover War Library.*

In den ersten Tagen der britischen Besatzung[4] *ging es ziemlich hoch her, und manchmal befürchteten wir wirkliches Unheil. Die schottischen Truppen kamen geradewegs von der Front und betranken sich schrecklich. Die britischen Chauffeure rasten mit einer für die Bevölkerung völlig ungewohnten Geschwindigkeit durch die Straßen, und in den ersten Monaten gab es 180 Verkehrstote. Andererseits waren die britischen Offiziere alles in allem sehr vernünftig. Das Büro des Bürgermeisters brachten sie allerdings völlig durcheinander, weil sie ihre Zigarettenstummel achtlos auf die Teppiche warfen.*

Ich erinnere mich mit diebischem Vergnügen an einen Vorfall, als Adenauer vergeblich immer wieder Aschenbecher hinstellte, aber obwohl sämtliche Tische mit Aschenbechern vollstanden, brannten die Zigarettenstummel weiter Löcher in den Teppich. Immerhin gelang es uns, mit viel Einfühlungsvermögen gefährliche Klippen zu umschiffen. So stand beispielsweise im Originalbefehl, jeder britische Offizier sei zu grüßen. Ich fragte, ob er den Gruß denn auch erwidern werde, und beschrieb, was passieren würde, wenn ein Hauptmann durch die Hauptstraße spazierte. Hauptmann Piggott nahm wortlos einen Stift und strich den Teil heraus. Die britischen Behörden zeigten wenig Neigung, die Autonomie zu begünstigen, in der sie nur ein französisches Komplott sahen, das ihnen selbst nichts einbringen würde.

Im weiteren machten wir uns diesen ohnehin vorhandenen Unwillen nach Kräften zunutze. Meine Aufgaben führten mich auch nach Köln, wo sich die Hohe Kommission der Besatzungsarmee niedergelassen hatte. Dort protestierte ich zum Beispiel, so gut ich konnte, gegen den Einsatz schwarzer Truppen, mußte mir aber sagen lassen, sie seien keineswegs anstößiger als einige der slawischen Truppen, die wir in Frankreich eingesetzt hätten. Dies Wie-du-mir-so-ich-dir gab es übrigens öfters. Beispielsweise tauchte einmal ein belgischer Offizier in einer Kleinstadt bei Köln auf und quartierte sich im Haus eines Geschäftsmannes ein, der als deutscher Feldwebel in Belgien gedient hatte. Der Offizier überraschte die brave Hausfrau mit der Forderung, er brauche täglich frische Bett- und Tischwäsche. Sie protestierte und sagte: »Aber Sir, das ist unmöglich. Das haben wir ja selber nicht.« Woraufhin der Offizier erwiderte, da täusche sie sich aber, und einen Befehl ihres Mannes in Belgien aus der Tasche zog, der täglich frische Bett- und Tischwäsche verlangte, denn so sei er es daheim gewöhnt.

Was nun den weiteren Verlauf angeht, so muß man sich vor Augen halten, daß Dorten, nachdem er die Bevölkerung nicht dafür zu mobilisieren vermocht hatte, mit französischer Hilfe eine Gruppe professioneller Separatisten aufzustellen begann, die weitgehend aktenkundig waren. Oft handelte es sich um Kriminelle oder Agenten, die schon vorher bei vielen bedenklichen Unternehmungen mitgemacht hatten. Darunter gab es eine ganze Reihe Russen, keine Bolschewiken, sondern ehemalige Kriegsgefangene. Diese Leute durften mit einem Revolver bewaffnet durch die Straßen gehen, während der Bevölkerung das Tragen von Waffen untersagt war. Ich ging zum französischen Kommissar und beklagte mich über diesen unhaltbaren Zustand. Ich sagte zu ihm, wenn es einen Befehl gäbe, daß jeder, der eine Waffe mit sich führe, mit dem Tode bestraft würde, wäre im ganzen Rheinland kein einziger Separatist mehr am Leben. Diese Erklärung stieß

auf höchsten Unwillen, und danach wurde ich nie mehr nach Köln eingeladen.
Aber wie richtig meine Bemerkung war, zeigte sich beim Aegidienberg-Zwischenfall[5]*, wo eine unbekannte Zahl Separatisten buchstäblich niedergemäht wurde. Über diese Schlacht ist nie ausführlich berichtet worden, und man wird auch nie alle Fakten aufdecken können. Soweit wir wissen, hat sich folgendes abgespielt: Die Separatistengruppe hatte in Bergnähe ein Lager aufgeschlagen und machte von dort aus Jagd auf das Vieh der Bauern. Das löste große Verbitterung aus, so daß es für ein paar Soldaten ein leichtes war, von jenseits der Grenzlinie einen Gegenangriff zu starten. Die Separatisten wurden in einen Hinterhalt gelockt, und kein einziger entging der Wut der Bauern. Es stimmt aber nicht, daß Geistliche aus der Umgebung bei der Schlacht mitgemacht hätten. Zweifellos halfen einige beim Aufbau des Widerstands gegen den Separatismus mit, aber das war auch alles.*
Später erregte die »Versackungstheorie« bei uns größten Unmut. Ich selbst protestierte vehement bei [Dr. Heinrich] Brauns. Dieses Vorgehen der preußischen Regierung wird zweifellos als eine der häßlichsten Episoden in die deutsche Geschichte eingehen.
(Aufzeichnung im Nachlaß George N. Shuster)

Nr. 342
19. August 1938 (Rhöndorf): An Abt Dr. Ildefons Herwegen, Abtei Maria Laach

Lieber Herwegen!

Bei meiner Rückkehr aus der Schweiz finde ich zu meinem Schrecken die beiden anliegenden Briefe[1] vor, die ich unmittelbar vor meiner Abreise geschrieben hatte und die infolge eines Versehens nicht abgegangen waren. – Nimm bitte die von ganzem Herzen kommenden Glückwünsche noch nachträglich gütigst entgegen und entschuldige das so bedauerliche Versehen. – Ich habe von dem so schönen Verlauf des Festes gehört. – In der Schweiz war es ganz herrlich. Wie ich hörte, wirst Du auch hingehen, und so wünsche ich Dir recht gute Erholung.
Ich würde mich sehr freuen, wenn wir uns bald einmal sehen würden.
Mit vielen herzlichen Grüßen bin ich wie immer
Dein Dir treu ergebener K. Adenauer

Nr. 343

6. September 1938 (Rhöndorf): An Dr. Wim J. Schmitz, Heemstede, Niederlande

Lieber Wim!

Sie und Ihre Frau[1] werden inzwischen hoffentlich gut erholt und leidlich mit dem Wetter zufrieden nach Hause zurückgekehrt sein[2] und dort alles, insbesondere Ihre kleine Titia[3], in bester Verfassung angetroffen haben. Meine Frau war bei Eintreffen Ihres Briefes schon zurückgekehrt, so daß leider eine Begegnung dort unmöglich war. – Wir hoffen aber, daß es Ihnen beiden bei uns gut gefallen hat, so daß Sie Ihren willkommenen Besuch recht bald wiederholen werden. – Wir haben jetzt für eine Woche, die letzte seines Urlaubs, Konrad bei uns, leider bei sehr schlechtem Wetter. – Die anderen Kinder gehen wieder zur Schule, es ist alles wieder im üblichen Geleise.

Die kunstwissenschaftlichen Fragen[4], die uns beschäftigten, habe ich an Hand der mir zugänglichen Literatur noch weiter studiert, und ich habe mir über die meisten eine Meinung bilden können. – Nur folgende habe ich nicht klären können, vielleicht können Sie mir ohne zu große Mühe darüber Klarheit verschaffen. Wo ist der Stich von de Marcenay[5], der »La Dame aux Perles« oder »La Dame à la Plume«, wie sie in der Kunstgeschichte genannt wird, aufbewahrt, ist er in einem Buche reproduciert oder wo? – Ferner: Wo sind die ersten selbständig gemalten Bilder von Govaert Flinck[6] und von Bol[7], was stellen sie dar, wo sind sie abgebildet? –

Die Adresse von Max, nach der Sie fragten, ist Castrop Rauxel in Westfalen, Casino der Klöckner Werke A.G. – Ich glaube, er will Sie im Oktober besuchen.

Ich habe mich sehr gefreut, Ihre Frau kennenzulernen, und hoffe, Sie beide bald wiederzusehen.

Mit herzlichen Grüßen an Ihre Frau und Sie

Ihr

Adenauer

Nr. 344

22./23. September 1938: Verhandlungen des britischen Premierministers Neville Chamberlain mit Hitler in Bad Godesberg

In Rhöndorf habe ich auch, aus der Entfernung natürlich, das Gespräch zwischen Chamberlain[1] *und Hitler in dem am Rhein liegenden Rüngsdorf im Hotel Dreesen miterlebt. Ich war erschüttert über Chamberlains Unkenntnis über die wahre Natur Hitlers und der NSDAP. Es war die gleiche Unkenntnis, die bei den Olympischen Spielen im Jahre 1936 von den Vertretern aller freien Völker, die dort waren, gezeigt wurde*[2]*. Ich weiß noch, als wenn es gestern gewesen wäre, daß ich vor Ärger und Schmerz und Kummer fast mich verzehrt habe, wenn ich die Bilder in illustrierten Zeitungen sah, wenn ich sah, wie damals Angehörige dieser Völker dem Manne huldigten, der seine Landsleute versklavte und peinigte und der die Welt in einen schrecklichen Krieg ziehen würde. Von Freunden war mir mehrfach geraten worden, doch Deutschland zu verlassen, da ich sehr gefährdet sei. Ich lehnte das ab. Ich wollte, gleichgültig, was kommen würde, bei meiner Familie und bei meinem Volke bleiben und alles das mitmachen, was die Zukunft bringt.*
(Adenauer am 4.1.1961 im Gespräch mit Ludwig von Danwitz)

Nr. 345

7. November 1938 (Duisburg): Geheimrat Peter Klöckner an Adenauer, Rhöndorf

Lieber Herr Adenauer!

Im Begriff, mit meiner Frau den Wagen zu besteigen, um einige Tage mit unbekanntem Ziel zu verschwinden, empfing ich heute früh Ihre liebenswürdigen Zeilen vom 5. d. M.[1] und beeile mich, vor der Abfahrt Ihnen und Ihrer lieben Frau herzlichst zu danken für die anerkennenden Worte, welche ich in diesem Maße niemals verdient habe. Ich weiß aber, daß wir ein Menschenleben in Freundschaft verbunden sind, und ein Freund schätzt den anderen vielleicht immer etwas höher als die Wirklichkeit dieses rechtfertigt.
Wir hoffen, Sie und Ihre liebe Frau im Dezember einmal bei uns sehen zu dürfen[2]. Wir werden uns mit Herrn Pferdmenges in Verbindung setzen[3] und versuchen, gemeinsam einige Stunden im Haus Hartenfels zu verleben. Ich darf deshalb demnächst hierauf zurückkommen.

Inzwischen danke ich Ihnen nochmals verbindlichst mit der Bitte, Ihre liebe Frau zu grüßen und selbst entgegenzunehmen die freundlichsten Grüße

Ihres stets aufrichtig ergebenen
Peter Klöckner

Nr. 346
9. November 1938: Tagebucheintragung von Dr. Josef Busley

Nachm[ittags] mit Ilse im Siebengebirge – dann zum Thée in Rhöndorf. [–] Auch er beurteilt wie wir die Lage[1]! – Gewaltige Erfolge Hitlers für die Geschichte Deutschlands! – Zerschlagen des Versailler Vertrages ‹...›[a]! – Aber völliges Versagen von Paris und London, die Hitler's Vorsprung nicht mehr so leicht einholen können. – Die Demokratien sind absolut heruntergekommen und haben keine großen und geeigneten Führer mehr! – Dabei geht es dauernd weiter mit ihnen bergab! – Auf der ganzen Linie.

Nr. 347
23. Dezember 1938 (Rhöndorf): An Abt Dr. Ildefons Herwegen, Abtei Maria Laach

Lieber Herwegen!

Dir und Deiner großen Klosterfamilie wünschen wir von ganzem Herzen ein frohes und gesegnetes, von Frieden erfülltes Weihnachtsfest. Seit jenem mir unvergeßlichen Weihnachtsfeste 1933[1] weile ich in Gedanken Weihnachten jedes Jahr inmitten Eurer Gemeinschaft. – Möge Gott Dich auch im kommenden Jahre segnen, Dir Kraft und Gesundheit geben, Deine Aufgaben zu erfüllen! Ich hoffe zuversichtlich, Dir bald nach Jahresbeginn meine Wünsche mündlich aussprechen zu können.
Mit herzlichsten Grüßen, denen meine Frau und meine Kinder sich anschließen, stets

Dein
K. Adenauer

Nr. 348

3. Januar 1939 (Duisburg): Geheimrat Peter Klöckner an Adenauer, Rhöndorf

Lieber Herr Adenauer!

Aus unserer heutigen fernmündlichen Unterhaltung habe ich zu meiner Freude entnommen, daß Sie mit Frau Gemahlin der einliegenden Einladung zum 14. d. M. zum Abendessen Folge leisten können und daß Sie uns auch das Vergnügen machen werden, bei uns zu übernachten und den Sonntag mit uns zu verleben. Wir haben auch Herrn und Frau Pferdmenges eingeladen, und ich nehme an, daß Sie die Fahrt nach hier vielleicht mit denselben zusammen vereinbaren können. Zu der Rückfahrt werde ich Ihnen gerne einen Wagen zur Verfügung stellen[1].
Mit den freundschaftlichsten Grüßen stets

Ihr ergebener
Peter Klöckner

Nr. 349

14. Januar 1939: Gespräch mit General Hans Günther von Kluge bei einem Empfang in Duisburg

Ich habe ihm[1] gesagt: Das ist doch heller Wahnsinn, was da gemacht wird! Sie können sich doch nicht vorstellen, daß Deutschland die ganze Welt besiegt, und wenn die amerikanische Macht da ist, dann hört es doch auf. Die Antwort, die ähnlich gegeben wurde vor 1914: Wir würden einen nach dem anderen besiegen; das gehe so schnell, daß Amerika zu spät komme und dann nichts tun könne.
(Adenauer in seinen »Teegesprächen 1959 – 1961«)

Nr. 350

16. März 1939 (Rhöndorf): Aufzeichnung zum Studium eines Gemäldes (siehe folgende Seite)

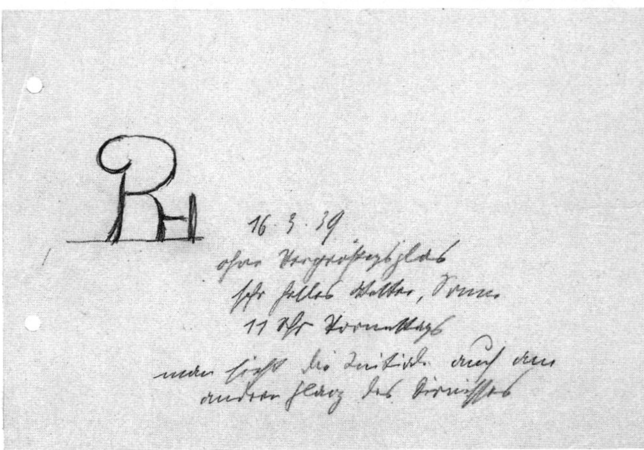

RH

16. 3. 39
ohne Vergrößerungsglas
sehr helles Wetter, Sonne
11 Uhr Vormittags
unten liegt die Zeichn. auf dem
andern Platz des [illegible]

Dok. Nr. 350

Nr. 350 A

[ohne Datum]: Liste kunstgeschichtlicher Fragestellungen

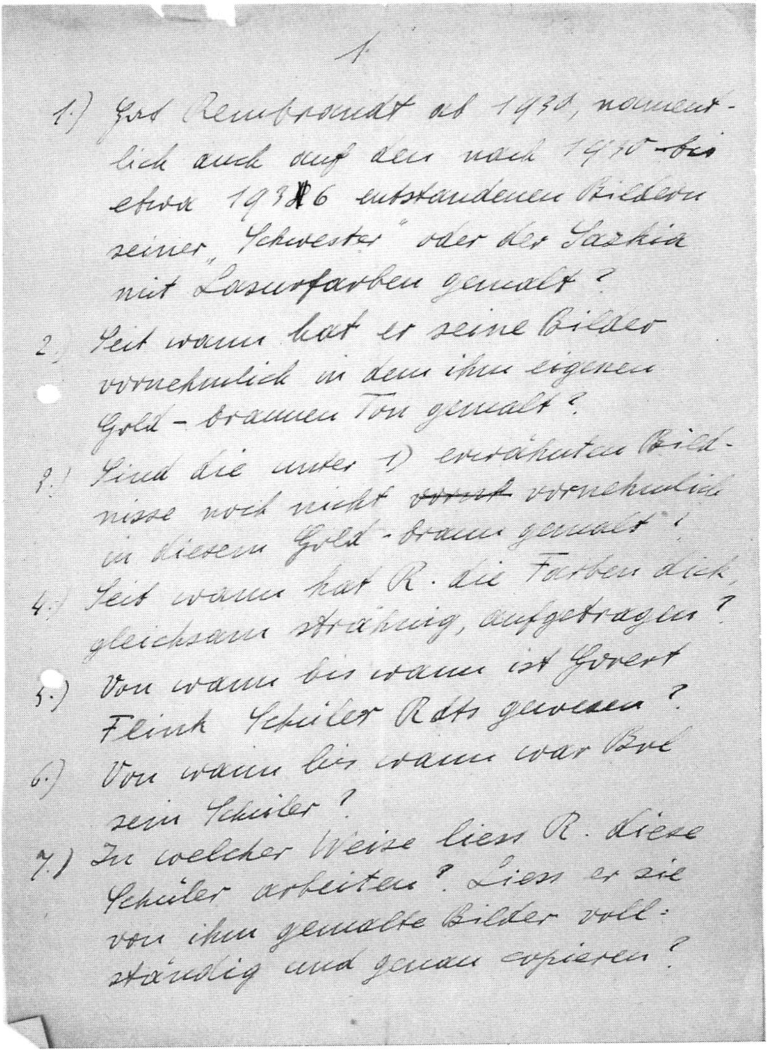

1.

1.) Hat Rembrandt ab 1930, namentlich auch auf den nach 1930 bis etwa 193~~[illegible]~~6 entstandenen Bildern seiner „Schwester" oder der Saskia mit Lasurfarben gemalt?

2.) Seit wann hat er seine Bilder vornehmlich in dem ihm eigenen Gold-braunen Ton gemalt?

3.) Sind die unter 1) erwähnten Bildnisse noch nicht ~~vornl~~ vornehmlich in diesem Gold-braun gemalt?

4.) Seit wann hat R. die Farben dick, gleichsam strähnig, aufgetragen?

5.) Von wann bis wann ist Govert Flinck Schüler Rdts gewesen?

6.) Von wann bis wann war Bol sein Schüler?

7.) In welcher Weise liess R. diese Schüler arbeiten? Liess er sie von ihm gemalte Bilder vollständig und genau copieren?

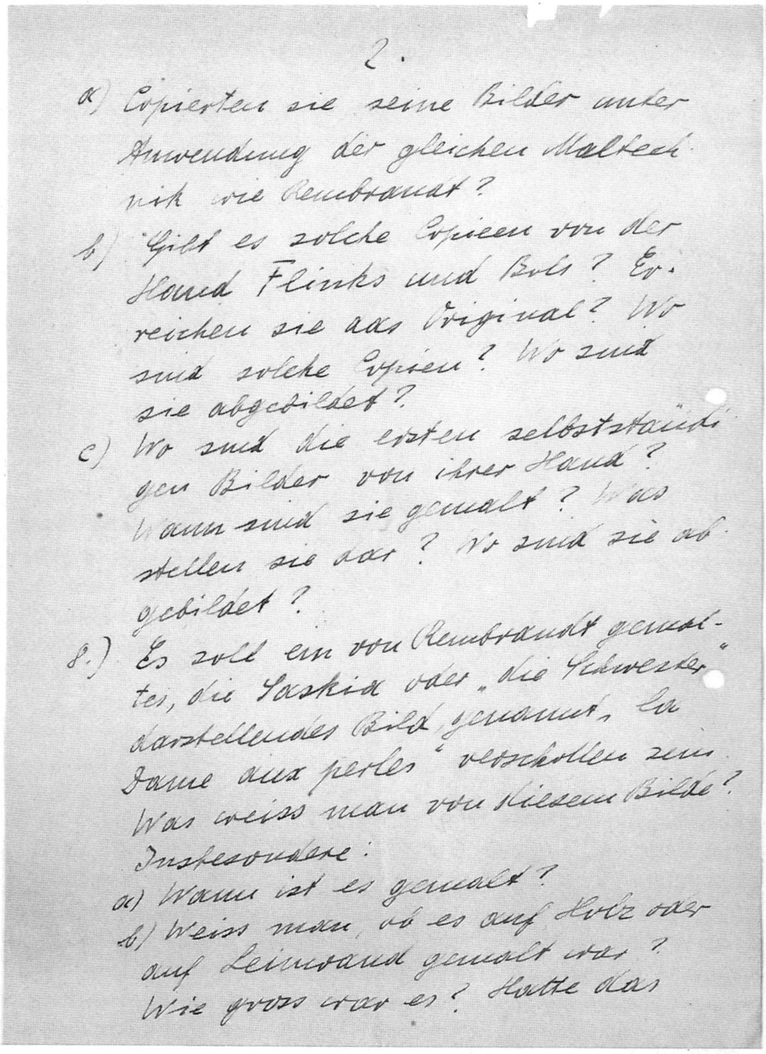

2.

a) Copierten sie seine Bilder unter
Anwendung der gleichen Maltech-
nik wie Rembrandt?
b) Gibt es solche Copieen von der
Hand Flinks und Bols? Er-
reichen sie das Original? Wo
sind solche Copien? Wo sind
sie abgebildet?
c) Wo sind die ersten selbstständi-
gen Bilder von ihrer Hand?
Wann sind sie gemalt? Was
stellen sie dar? Wo sind sie ab-
gebildet?
8.) Es soll ein von Rembrandt gemal-
tes, die Saskia oder „die Schwes-
ter" darstellendes Bild, genannt „La
Dame aux perles" verschollen sein.
Was weiss man von diesem Bilde?
Insbesondere:
a) Wann ist es gemalt?
b) Weiss man, ob es auf Holz oder
auf Leinwand gemalt war?
Wie gross war es? Hatte das

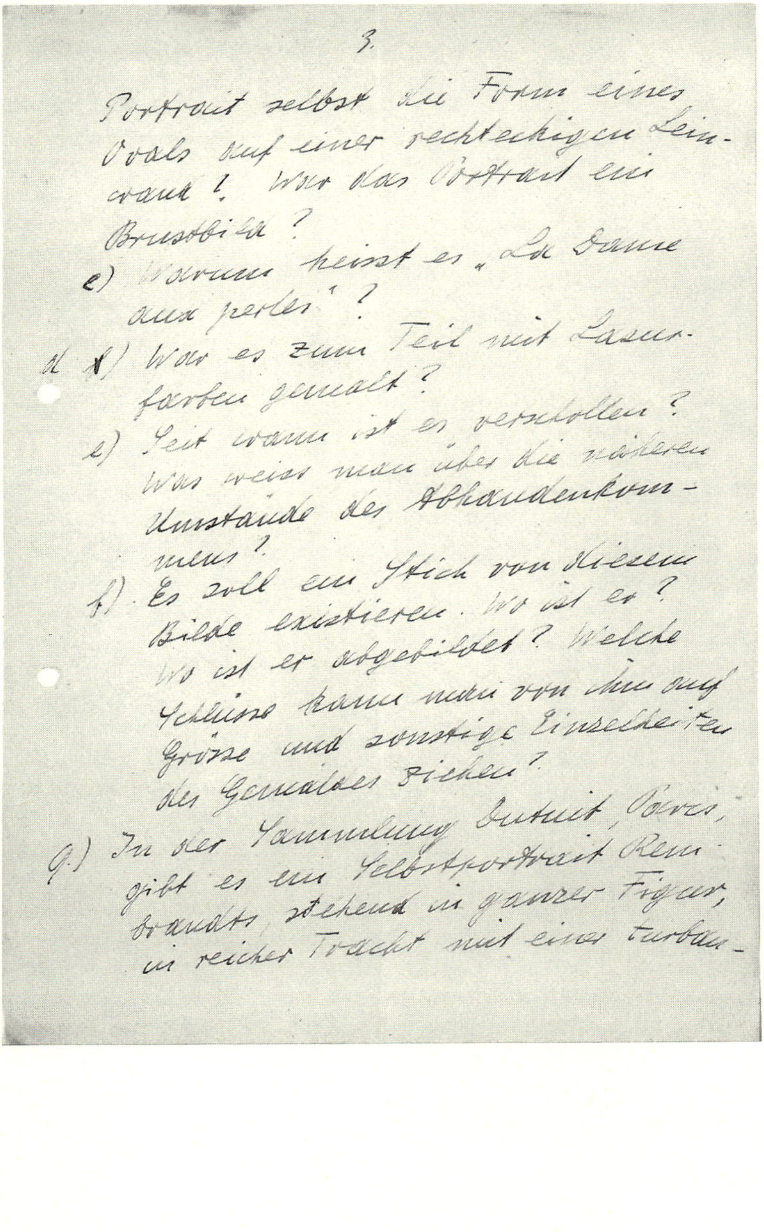
3.

Portrait selbst die Form eines
Ovals auf einer rechteckigen Lein-
wand ! War das Portrait ein
Brustbild ?

c) Warum heisst es „La Dame
aux perles" ?

d ~~f~~) War es zum Teil mit Lasur-
farben gemalt ?

e) Seit wann ist es verschollen ?
Was weiss man über die näheren
Umstände des Abhandenkom-
mens ?

f) Es soll ein Stich von diesem
Bilde existieren. Wo ist er ?
Wo ist er abgebildet ? Welche
Schlüsse kann man von ihm auf
Grösse und sonstige Einzelheiten
des Gemäldes ziehen ?

g) In der Sammlung Dutuit, Paris,
gibt es ein Selbstportrait Rem-
brandts, stehend in ganzer Figur,
in reicher Tracht mit einem turban-

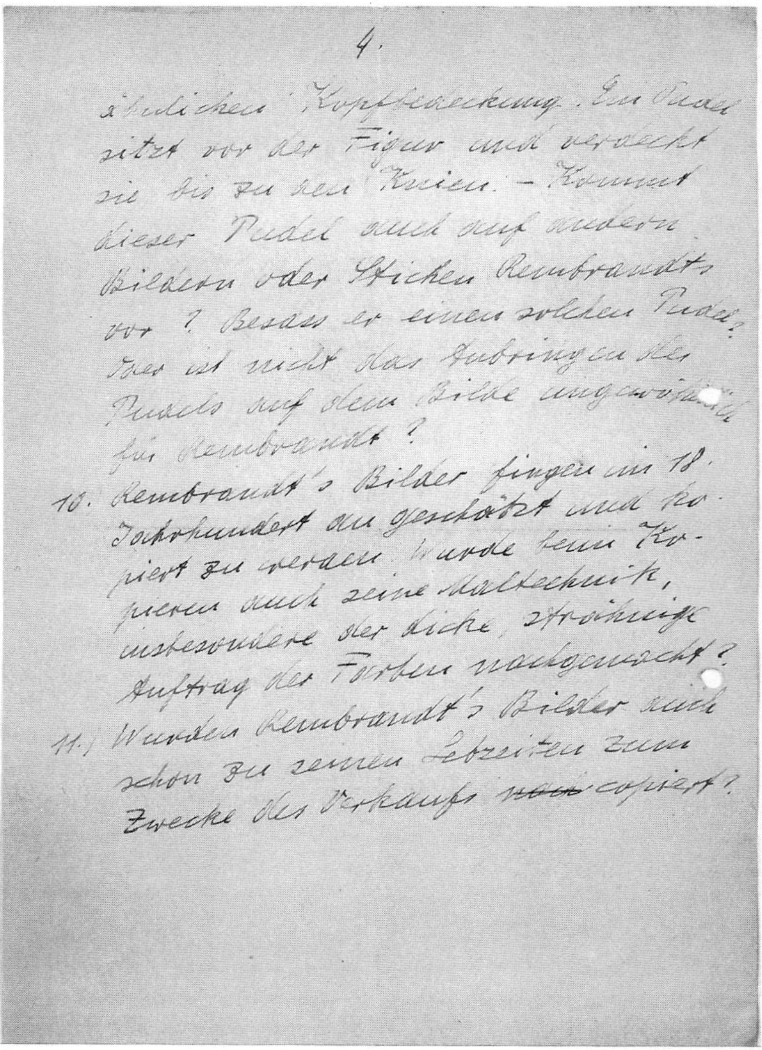
4.

ähnlichen Kopfbedeckung. Ein Pudel sitzt vor der Figur und verdeckt sie bis zu den Knien. – Kommt dieser Pudel auch auf andern Bildern oder Stichen Rembrandts vor? Besass er einen solchen Pudel? Oder ist nicht das Anbringen des Pudels auf dem Bilde ungewöhnlich für Rembrandt?

10. Rembrandt's Bilder fingen im 18. Jahrhundert an geschätzt und kopiert zu werden. Wurde beim Kopieren auch seine Maltechnik, insbesondere der dicke, strichige Auftrag der Farben nachgemacht?

11.) Wurden Rembrandt's Bilder auch schon zu seinen Lebzeiten zum Zwecke des Verkaufs ~~noch~~ copiert?

Nr. 351
11. April 1939: Tagebucheintragung von Dr. Josef Busley

Heute Dr. Weitz und Adenauer mit Frauen bei uns. Besprechung der Lage Firma Th. Schütte[1]. Wir wollen Weitz als unseren Vertreter nehmen.

Nr. 352
3. Mai 1939 (Rhöndorf): An Dannie N. Heineman, Brüssel

Lieber Freund!

Mit vielem Dank empfing ich den Geschäftsbericht der Sofina und die beiden Beilagenhefte[1]. – Aus dem Geschäftsbericht ersah ich zu meinem großen Bedauern, daß Herr Oliven[2] gestorben ist, ich wußte davon nichts.
Der Geschäftsbericht und die beiden Hefte sind außerordentlich interessant. Ich werde sie, wenn ich sie durchgearbeitet habe, meinen Söhnen schicken.
Ich hoffe sehr, daß es Ihnen und den Ihrigen gut geht, daß insbesondere auch Ihre Schwiegertochter wieder ganz hergestellt ist. Meine Tochter hat vor zwei Monaten das erste Kind, einen Jungen bekommen, es herrschte große Freude[3]. – Max ist noch bei Klöckner, Konrad, mein anderer Sohn, bei Spennrath. Er ist dort an sich zufrieden, nur wünscht er sich mehr Arbeit. – Wenn Sie in Berlin sind und ihn sich einmal kommen ließen, würden er und ich sich darüber sehr freuen.
Ob wir diesen Sommer in die Schweiz kommen, wissen wir noch nicht[4]. Wenn Sie wieder dorthin gehen, geben Sie mir bitte Bescheid.
Mit vielen herzlichen Grüßen von Haus zu Haus
bin ich wie immer

Ihr sehr ergebener
K. Adenauer

Nr. 353

Juni 1939: »Erfassung führender Männer der Systemzeit« durch den Reichsführer-SS und Chef des Sicherheitshauptamtes

Der Reichsführer-SS
Der Chef des Sicherheitshauptamtes

№ 245
1

Geheim!

46

Erfassung führender Männer der Systemzeit

Juni 1939

Konfessionelle Parteien

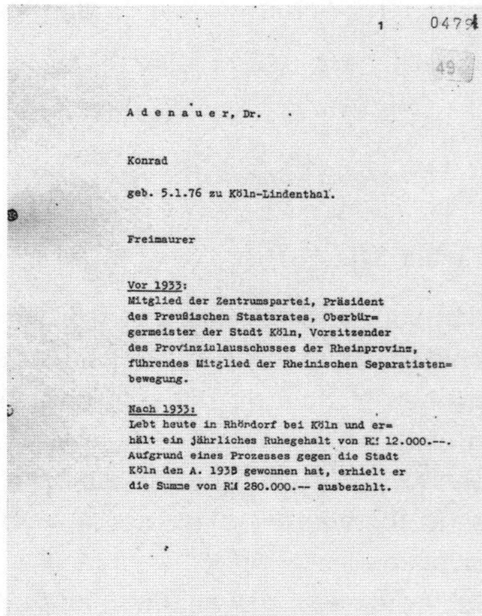

1 0479

49

Adenauer, Dr.

Konrad

geb. 5.1.76 zu Köln-Lindenthal.

Freimaurer

Vor 1933:
Mitglied der Zentrumspartei, Präsident des Preußischen Staatsrates, Oberbürgermeister der Stadt Köln, Vorsitzender des Provinzialausschusses der Rheinprovinz, führendes Mitglied der Rheinischen Separatistenbewegung.

Nach 1933:
Lebt heute in Rhöndorf bei Köln und erhält ein jährliches Ruhegehalt von RM 12.000.--. Aufgrund eines Prozesses gegen die Stadt Köln den A. 1938 gewonnen hat, erhielt er die Summe von RM 280.000.-- ausbezahlt.

Nr. 354

18. Juni 1939: Zu Gast bei Fritz Thyssen in Mülheim/Ruhr

Es traf sich nur ein ganz kleiner Kreis. An Gästen waren es nur Konrad Adenauer, Gräfin Metternich[1] aus Liblar bei Euskirchen und ein junger Assessor Dr. Cramer[2], ein weitläufiger Verwandter des Hauses Thyssen. Nach kurzer Fühlungnahme gingen die Wogen der Unterhaltung sehr hoch, und niemand nahm ein Blatt vor den Mund. Alle waren sich über die unheilvolle Entwicklung im klaren, die Fritz Thyssen[3] wenige Wochen später in seinem Brief an Hitler in die beschwörenden Worte gefaßt hat: Ihre neue Politik treibt Deutschland in den Abgrund und das deutsche Volk ins Verderben. Kehren Sie um, solange dies noch möglich ist! Ihre Politik ist in ihrer Vollendung ein finis Germaniae!«[4]

(Walter Rohland, Bewegte Zeiten)

Nr. 355
15. August 1939 (Chandolin): An Dannie N. Heineman, Brüssel

Lieber Freund!

Unsere Briefe[1] haben sich gekreuzt. Ich darf nochmals wiederholen: Ich bleibe in Chandolin bis 21.8.; an diesem Tage fahre ich nach Glion, Hotel au Righi Vaudois, von dort wahrscheinlich am 22.8. nach Genf zur Ausstellung und am selben Tage nach Bad Schinznach bei Olten zum Besuch des auch Ihnen bekannten Herrn Paul Silverberg[2]. Dort bleiben wir einen Tag und fahren dann nach Hause[3]. – Ich lege, wie ich Ihnen schrieb, aus persönlichen und sachlichen Gründen größten Wert auf ein Zusammentreffen mit Ihnen; hoffentlich können Sie es ermöglichen. Die Dauer unseres Aufenthaltes in der Schweiz ist eine Frage der frcs[4]. Sollten Sie, damit wir uns treffen, eine kleine Verlängerung unseres Aufenthaltes in der Schweiz wünschen, so bitte ich Sie, rechtzeitig an Herrn Marc Pont, Hotel Chandolin, Chandolin près Sierre, zu disponieren.
Hoffentlich lassen Ihre Geschäfte es zu, daß Sie recht bald Ihren Urlaub antreten, Sie werden ihn dringend brauchen.
Mit herzlichen Grüßen wie stets Ihr
K. Adenauer

August 1939 in Chandolin, mit Gussie Adenauer

Nr. 356

8. September 1939 (Ulm): Kartengruß an Ilse und Dr. Josef Busley, Bonn

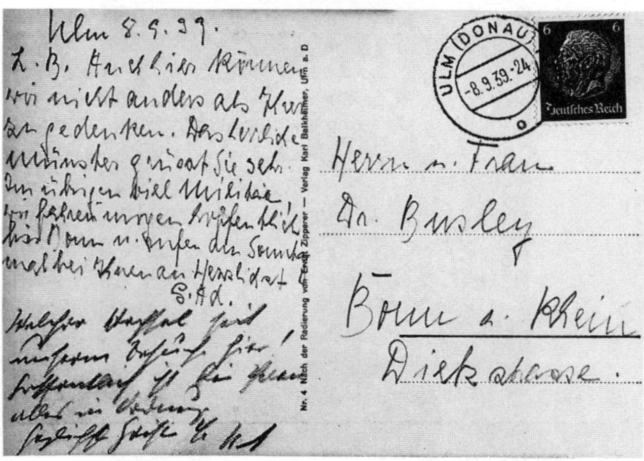

Nr. 357

Ende August/Anfang September 1939: Zur Situation bei Kriegsausbruch

Ich glaubte, daß ich in den ersten Tagen nach Kriegsausbruch verhaftet und fortgeschafft werden würde[1]*. Jahre später hörte ich, daß ich als Erster nach der für die Rheinprovinz aufgestellten Liste*[2] *der bei Ausbruch des Krieges zu Verhaftenden gestanden hatte, daß mein Name aber durchgestrichen worden war. Ich habe niemals in Erfahrung bringen können, wer mich damals vor dem sicheren Tode gerettet hat. Der Retter hat sich auch niemals bei mir gemeldet.*
(Adenauer am 4.1.1961 im Gespräch mit Ludwig von Danwitz)

Nr. 358

29. September 1939 (Köln): Ella Schmittmann an Gussie Adenauer, Rhöndorf

Liebe Gussie.

Vielen Dank für Deine liebe Absicht. Mit Schrecken hörte ich dann von Paul's Erkrankung. So hast Du nun neue Sorgen in unserer sorgenreichen Zeit. Hoffentlich bewahrheitet sich Paula [Embs'] Bericht, daß es ein leichter Fall von Scharlach ist.
Im Geiste gibt mir die stille Gemeinschaft mit Euch viel Trost und Stärkung. Wenn ich innerlich etwas weiter bin, komme ich mal dorthin, mich mit Euch auszusprechen. Augenblicklich habe ich nur Einsamkeit notwendig, um mit dem furchtbar Schweren[1] mich innerlich so weit abzufinden, daß ich mir wieder einen Lebenssinn aufbauen kann. Das kann ich aber nicht, wenn die äußeren Dinge, die mich augenblicklich leider zu stark in Anspruch nehmen, etwas zurücktreten. Mit innigem Dank für Eure treue Liebe und mit besten Wünschen für Paul

Eure
Ella

Lex veritas, regina caritas, finis aeternitas.
St. Augustinus.

Zur christlichen Erinnerung
an Herrn
Dr. jur. Benedikt Schmittmann
o. ö. Professor a. D. der Universität Köln
früher Landesrat bei der Rheinischen
Provinzialverwaltung
Komtur des Päpstlichen Gregorius-Ordens mit Stern,
Inhaber des Eisernen Kreuzes am weiß-schwarzen Bande
und anderer Auszeichnungen.

Geboren in Düsseldorf am 4. August 1872, vermählte er sich am 21. April 1903 mit Ella Wahlen. Er starb unerwartet, fern seiner Familie und seiner engeren Heimat, im Alter von 67 Jahren.

Sein Leben war erfüllt von Hingabe an seinen katholischen Glauben, an sein Volk und seine Heimat. Sein Wirken ist verzeichnet im Buche des Lebens.

„Jeden, der mich vor den Menschen bekennt, den will auch ich vor meinem Vater bekennen, der im Himmel ist."
Matth. 10, 32.

R. i. p.

H. Gomperts, Köln

Zu Dok. Nr. 358

Nr. 359

12. Oktober 1939 (Rhöndorf): An den Schweizerischen Konsul Dr. Franz-Rudolph von Weiss, Köln

Sehr verehrter Herr von Weiss!

Heute wende ich mich an Sie in einer etwas eigenartigen Sache, falls Sie meiner Bitte nicht stattgeben können, bitte ich mir das ohne Umstände mitzuteilen.

Vor drei Jahren erlitt ich in Titisee im Schwarzwald durch das Verschulden des Hotels, in dem ich übernachtete, einen Unfall[1], der mir bisher sehr viel Schmerzen, Behinderungen und auch ‹ erhebliche ›[a] Kosten gemacht hat ‹ und noch macht ›[b]. Das Hotel hatte seinen Eingang nach Eintritt der Dunkelheit nicht beleuchtet, ich habe infolgedessen den rechten Fuß umgeschlagen und eine teilweise Zerreißung und Überdehnung des Bandapparates des Fußes erlitten. –

Der Hotelier ist bei der Zürich gegen Haftpflicht versichert, mein Entschädigungsanspruch wird von deren Zweigniederlassung in Frankfurt am Main bearbeitet. Diese Bearbeitung ist mehr als eng und unbillig. Ich bin bereit, um die Geschichte endlich los zu werden, mich durch Zahlung eines Betrages von RM 1500 abfinden zu lassen, die Zweignieder-

lassung bietet 750. –. Nun kommt meine Bitte an Sie. Ich nehme an, daß Sie Verbindungen zu der Direktion in der Schweiz haben. Können Sie dieser nicht mitteilen, daß ich eine solche Sache wirklich nicht benutze, um eine übertriebene Entschädigung herauszuschlagen? Und daß man deshalb sich mit mir auf anständige Weise verständigt, vielleicht nachdem man nochmals meinen Arzt, Dr. Arnold[2] in Bonn, gehört hat (diesen Vorschlag habe ich der Leitung der Zweigniederlassung in Frankfurt in einem gleichzeitig abgehenden Brief gemacht).
Obgleich erfahrungsgemäß in derartigen Fällen der Unfallbeschädigte bei einer prozessualen Erledigung die Gunst des Gerichts in hohem Maße genießt, möchte ich, wenn möglich, die Angelegenheit wegen der Unbequemlichkeiten, die jeder Prozeß mit sich bringt, im Wege eines Vergleichs erledigen, aber über eine gewisse Grenze hinaus kann ich dabei nicht gehen[3]. –
Unser Aufenthalt in der Schweiz war herrlich. Wir sind erst am 7.9. dort abgereist[4]. Wir haben bis zum Schluß, auch von amtlichen hohen Persönlichkeiten aus Basel, die denkbar größte Liebenswürdigkeit genossen.
Wir würden uns freuen, Sie bald einmal zu sehen.
Mit verbindlichsten Grüßen, auch von meiner Frau,

Ihr sehr ergebener
Adenauer

Als wir in Zürich waren, war die Ausstellung leider geschlossen.

Nr. 360
19. Oktober 1939 (Rhöndorf): An Professor Dr. Walter Braunfels, Überlingen/Bodensee

Lieber Herr Braunfels!

Über Ihren lieben Brief vom 15.10.39[1] habe ich mich sehr gefreut. – Meine Gedanken weilen oft bei Ihnen und den Ihrigen, wir wollen sicher die verbindenden Fäden stark und kräftig halten. – Ich freue mich über das, was Sie hinsichtlich Ihrer Söhne mitteilen. Unser 2. Sohn, Max, ist am 15.5. nach Osnabrück eingezogen worden; er kam am 15.7. nach Ostpreußen. Er wurde einem mot[orisierten] M.G. Bataillon und mit diesem einem fliegenden Detachement zugeteilt. Er hat den ganzen Feldzug mitgemacht und zuletzt an der Belagerung von Warschau[2] teilgenommen. Sie waren in recht schwierigen Situationen und haben dementsprechende Verluste gehabt. Es hat ihm aber Gott dank gut gegangen bisher. In dieser Woche kommen sie nach dem Westen[3]. –

Es waren sorgenvolle Wochen, und eine sorgenvolle Zeit steht noch vor uns. Wir merken allerhand vom Kriege, viel durchmarschierende Truppen, Flugzeuge, deutsche und feindliche, Flakfeuer. Bei günstigem Wind hören wir auch das Artilleriefeuer der Westfront. – Alles in allem: ich glaube, zur Zeit sind Sie am Bodensee besser daran als hier, wo alles Aufmarschgebiet ist. – Wir waren bis zum 7.9. in der Schweiz; es waren herrliche Wochen. Die Mobilmachungen – deutsche und schweizerische – kamen uns dann in die Quere, und wir mußten über St. Margrethen, Lindau, Überlingen, Ulm in dreitägiger Fahrt zurück[4]. – Ich suchte Sie telefonisch zu erreichen, aber es geriet nicht. – Paul liegt augenblicklich an Scharlach krank, sonst ist alles in Ordnung. – Aber die Gedanken an die Zukunft beschäftigen einen doch außerordentlich; wer weiß, ob wir uns schließlich statt am Rhein am Bodensee treffen? –
Es geht mir wie Ihnen; die innere Aktivität ist mit dem Schreibtisch nicht zufrieden; aber es bleibt nichts anderes übrig, als sich zu fügen – wie so oft im Leben.
Mit herzlichsten Grüßen von Haus zu Haus wie immer Ihr

Adenauer

Nr. 361
22. Dezember 1939 (Rhöndorf): An Professor Dr. Walter Braunfels, Überlingen/Bodensee

Lieber Herr Braunfels!

Haben Sie vielen Dank für Ihren l[ieben] Brief[1]. Auch uns war es damals im September eine wirkliche Enttäuschung, Sie nicht begrüßen zu können. – Es freut uns sehr, daß es Ihnen allen relativ gut geht; hoffentlich bringt das heraufziehende Jahr 1940 eine weitere Besserung. –
Unser ältester Sohn liegt leider an Scharlach erkrankt in Berlin, unser zweiter, der Soldat, hat keinen Urlaub, unsere Tochter kann auch nicht kommen, und so feiern wir dann Weihnachten im kleinen Kreis (dafür haben wir aber Einquartierung). – Ich glaube wohl, daß Ihre Ecke dort sehr ruhig ist, ruhiger als hier, und freue mich sehr darüber. Es ist eine sehr drückende Zeit, aber sie geht ja vorüber, und einmal wird wieder Friede sein. – Darauf wollen wir hoffen und vertrauen. Wir wünschen Ihnen allen ein frohes und gesegnetes Fest und von Herzen alles Gute für 1940.
Mit recht herzlichen Grüßen von Haus zu Haus
wie immer

Ihr
K. Adenauer

Nr. 362

21. März 1940 (Rhöndorf): An Professor Dr. Walter Braunfels, Überlingen/Bodensee

Lieber Herr Braunfels!

Wir wünschen Ihnen und den Ihrigen ein gesegnetes Osterfest und einen starken Osterglauben, der uns über die Schwere unserer Zeit hinaushebt. Manches von dem, was Sie schreiben, könnte ich auch von hier schreiben: es ist sehr einsam geworden infolge der Verkehrsschwierigkeiten und der Verdunkelung, man muß in sich hineinhorchen, um Herr zu bleiben, und die Zukunft steht sehr ernst vor einem. Ich finde es – wenigstens für mich gilt das – so außerordentlich schwer, geistig frisch und produktiv zu bleiben, weil alles, was ich tue, so fern ab von dem liegt, was mich früher ausfüllte, vom »handeln«. Jetzt kann man nur betrachten, und das ist schwer. Unser 2. Sohn liegt im Westen irgendwo vorn, es hat ihm bis jetzt leidlich gegangen; mein ältester Sohn ist noch in Berlin; meine Tochter in M. Gladbach hält sich täglich bereit, mit ihrem Jungen nach hier überzusiedeln, wenn es dort zu ungemütlich werden sollte. Paul hat ein gutes Examen gemacht, aber er ist derart aufgeschossen, daß die inneren Organe nicht Schritt halten konnten, er muß sich zunächst einmal kräftigen. – Was Sie über Ihre Arbeit sagen, interessiert mich sehr, die Johanna[1] ist ja eine in Wahrheit mystische Persönlichkeit, eine schöne, aber schwere Aufgabe. –

Es war ein schwerer und harter Winter; es ist viel erfroren im Garten. Da keine Arbeiter zu haben sind, steht die Gartenarbeit des Frühlings und des Sommer wie ein Berg vor mir. Ich hatte mir auch nie träumen lassen, daß ich im Alter soviel körperliche Arbeit zu verrichten haben würde[2]. –

Wir haben ständig Einquartierung, und wir fühlen täglich, daß wir im Kriege stehen[3]. – Auch meine Frau hat mancherlei Lasten zu tragen, ehe alle gesättigt sind. »Unser tägliches Brot gib uns heute«, lernt man wieder richtig zu sagen. – Schreiben Sie mir gelegentlich über den Fortgang Ihrer Arbeit.

Mit vielen herzlichen Grüßen von Haus zu Haus

wie immer

Ihr

Adenauer

Nr. 363

Frühjahr 1940 (Rhöndorf): Aus dem Gartenbuch Adenauers

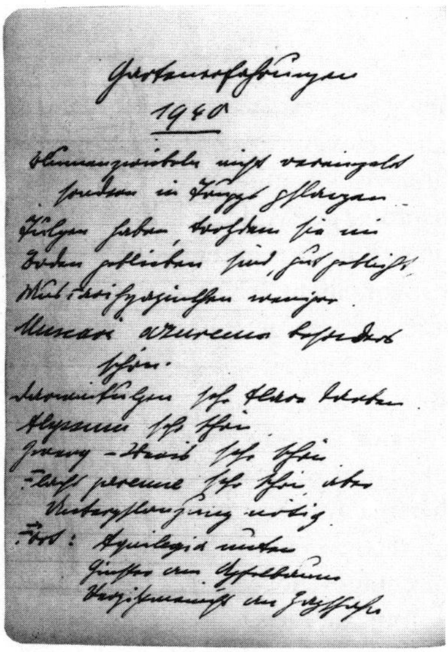

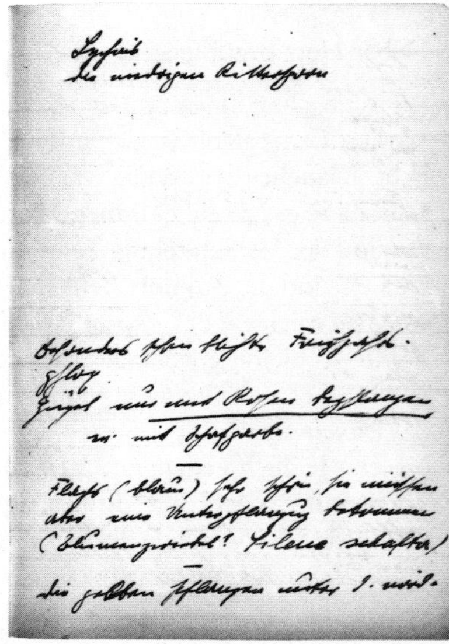

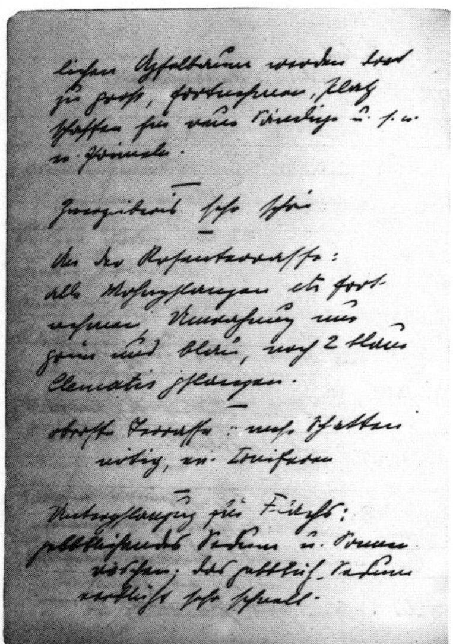

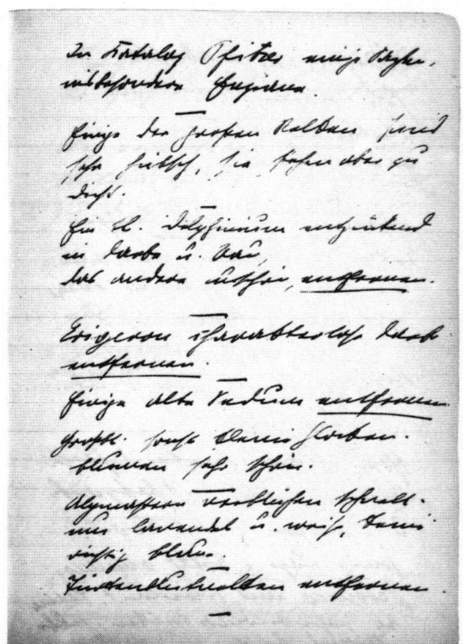

Nr. 364
31. Mai 1940 (Rhöndorf): An das Reichspatentamt (Berlin) – Patentanmeldung für einen »Brausekopf« (Auszug)

Zu den im Gebrauch befindlichen Gießkannen gehören meist trichterförmig sich erweiternde, mit einer durchlöcherten Stirnwand versehene Brauseköpfe, die auf das Rohr der Gießkanne, die Tülle fest aufgeschoben werden können, so daß aus der gleichen Gießkanne je nach Bedarf mit ungeteiltem Strahl, nach Abnahme des Brausekopfes, wie mit vielen kleineren Strahlen, nach Aufstecken des Brausekopfes, gegossen werden kann. Derartige Brauseköpfe werden leicht verlegt, oder sie gehen verloren. Oft setzen sie sich auf der Tülle durch Verklemmen, Verbiegen, Verschmutzen oder Rost so fest, daß sie sich nur mit großer Mühe herunternehmen oder später wieder wasserdicht aufsetzen lassen. Auch lassen sich solche Brausen schlecht reinigen, wenn ihre Löcher sich, was unvermeidlich ist, zusetzen. Endlich muß man, wenn man dickere oder dünnere Wasserstrahlen braucht, in umständlicher Weise verschiedene Brauseköpfe oder gar verschiedene Gießkannen verwenden. Bei Gießkannen mit ortsfester Brause, bei denen die Löcher im vorderen Ende des Strahlrohres angebracht sind, ist eine Reinigung der verstopften Löcher nahezu unmöglich, auch sind diese Gießkannen in ihrer Verwendbarkeit sehr beschränkt, da man aus ihnen nicht mit ungeteiltem Strahl gießen kann. Demgegenüber sieht die den Gegenstand der Anmeldung bildende Erfindung einen ortsfesten Brausekopf vor, der sowohl das Gießen mit einem ungeteilten Strahl als auch mit Sprühregen ermöglicht und ferner jederzeit leicht gereinigt werden kann. Erreicht wird das dadurch, daß das in seinem vorderen Teil trichterförmig erweiterte Ende des Strahlrohres der Gießkanne als aufklappbarer Deckel eingerichtet ist. Der zylindrische Teil des Strahlrohres kann des weiteren erfindungsgemäß etwas in die trichterförmige Erweiterung hinein verlängert werden – auch unter Anbringung von Leitzungen am Ende –, damit sich beim Begießen mit ungeteiltem Strahl dieser nicht vorzeitig teilt und am Trichterrande fängt. Es kann auch an Stelle dieser Verlängerung des zylindrischen Teiles des Strahlrohres zu dem gleichen Zwecke in dem unteren Teil des trichterförmigen Fortsatzes in Verlängerung des zylindrischen eine Rinne als Führung des Wasserstrahles angebracht werden.
Der siebartig durchlöcherte Klappdeckel läßt sich mittels einer der bekannten, bei Flaschen, Einmachgläsern im Gebrauch befindlichen Verschlüsse unter Verwendung eines Gummiringes o. dgl. einfach und sicher wasserdicht mit dem Trichterrand verbinden, sei es, daß er auf einen an

dem Rande der trichterförmigen Erweiterung angebrachten Flansch, sei es, daß er mit seinem vorstehenden Rande in eine an deren Rande angebrachte Aussparung gepreßt wird. [...]

Patentansprüche.

1. Brausekopf, mit dem Rohr der Gießkanne eine Einheit bildend, dadurch gekennzeichnet, daß seine durchlöcherte Stirnwand als Klappdeckel eingerichtet ist.
2. Brausekopf nach Anspruch 1 dadurch gekennzeichnet, daß der zylindrische Teil des Strahlrohres in den Trichter hineinverlängert ist.
3. Brausekopf nach Anspruch 1 dadurch gekennzeichnet, daß als Verlängerung des zylindrischen Teiles des Strahlrohres in dem untern Teil der trichterförmigen Ausweitung eine Laufrinne als Führung für den Strahl eingepreßt ist.
4. Brausekopf nach Anspruch 1–3 dadurch gekennzeichnet, daß die Verlängerung oder die Führung Leitzungen aufweist.
5. Brausekopf nach Anspruch 1–4 dadurch gekennzeichnet, daß der Klappdeckel unter Federzug steht und sich nach dem Öffnen in einer Klemme fängt.
6. Brausekopf nach Anspruch 1–5 dadurch gekennzeichnet, daß im Klappdeckel auswechselbare Bleche verschiedener Lochung vorgesehen sind.

Nr. 365

27. Juni 1940 (Schwäbisch Gmünd): Kartengruß an Ilse und Dr. Josef Busley, Bonn

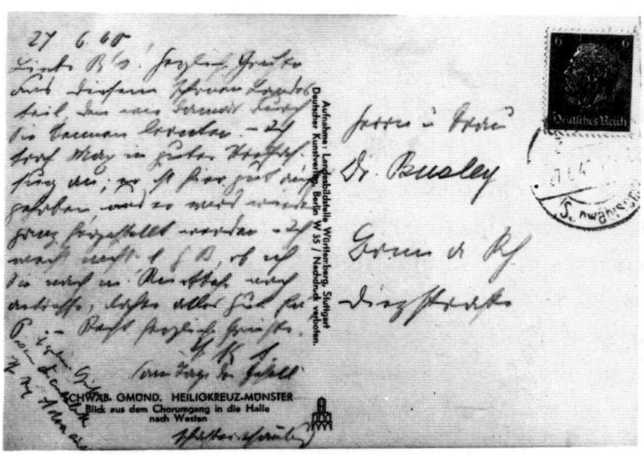

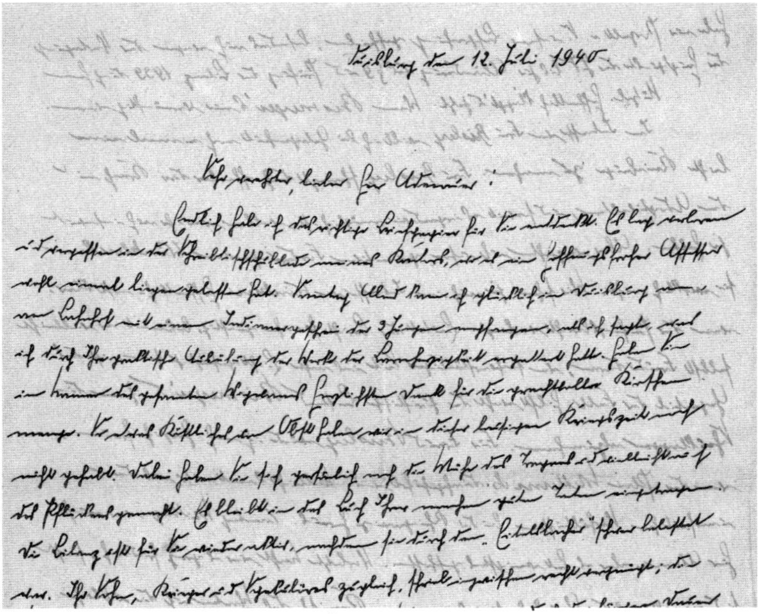

Nr. 366

12. Juli 1940 (Duisburg): Dr. Heinrich Weitz an Adenauer, Rhöndorf

Sehr verehrter, lieber Herr Adenauer!

Endlich habe ich das richtige Briefpapier für Sie entdeckt. Es lag verloren und vergessen in der Schreibtischschublade meines Bruders, wo es ein hoffnungsfroher Assessor wohl einmal liegengelassen hat. Sonntag abend kam ich glücklich in Duisburg an, am Bahnhof mit einem Indianergeschrei der drei Jungen empfangen, als ich sagte, was ich durch ihre praktische Ausübung des Werks der Barmherzigkeit ergattert hatte. Haben Sie im Namen des gesamten Wigwams herzlichsten Dank für die prachtvolle Kirschenmenge. So etwas Köstliches an Obst haben wir in dieser lausigen Kriegszeit noch nicht gehabt. Dabei haben Sie sich persönlich noch die Mühe des Tragens und vielleicht auch des Pflückens gemacht. Es bleibt in das Buch Ihrer ‹...›[a] guten Taten eingetragen.

‹...›[b]

Viele herzliche Grüße von Haus zu Haus

Ihr getreuer
Heinrich Weitz

Nr. 367
8. Oktober 1940: Zur Teilnahme Adenauers an den Beisetzungsfeierlichkeiten für Peter Klöckner

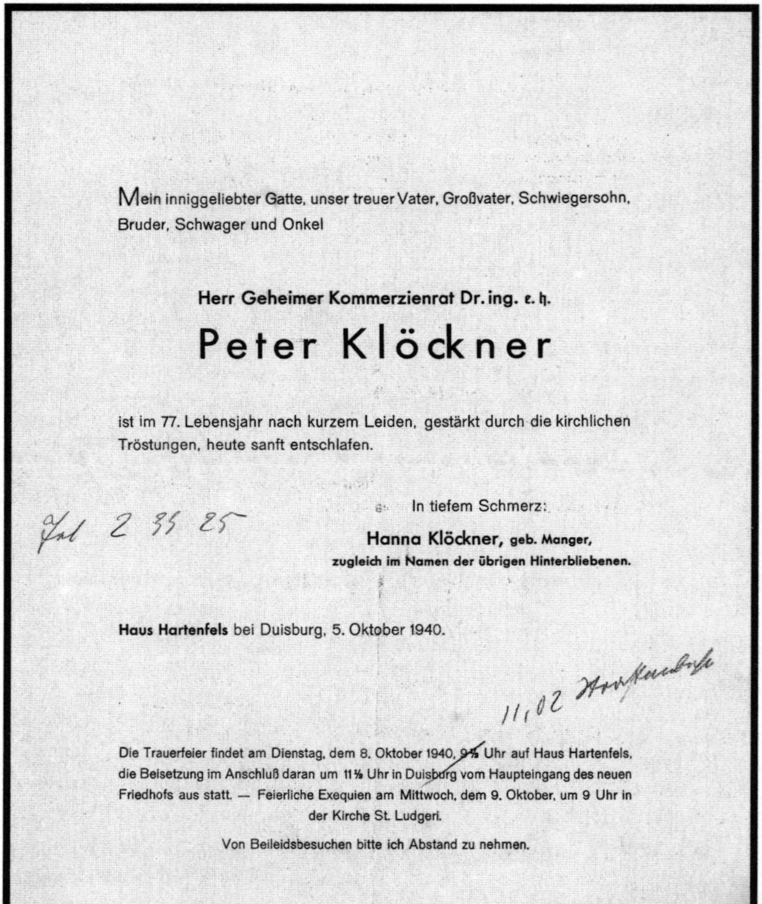

Mein inniggeliebter Gatte, unser treuer Vater, Großvater, Schwiegersohn, Bruder, Schwager und Onkel

Herr Geheimer Kommerzienrat Dr. ing. e. h.

Peter Klöckner

ist im 77. Lebensjahr nach kurzem Leiden, gestärkt durch die kirchlichen Tröstungen, heute sanft entschlafen.

In tiefem Schmerz:
Hanna Klöckner, geb. Manger,
zugleich im Namen der übrigen Hinterbliebenen.

Haus Hartenfels bei Duisburg, 5. Oktober 1940.

Die Trauerfeier findet am Dienstag, dem 8. Oktober 1940, ~~9½~~ Uhr auf Haus Hartenfels, die Beisetzung im Anschluß daran um 11½ Uhr in Duisburg vom Haupteingang des neuen Friedhofs aus statt. — Feierliche Exequien am Mittwoch, dem 9. Oktober, um 9 Uhr in der Kirche St. Ludgeri.

Von Beileidsbesuchen bitte ich Abstand zu nehmen.

Nr. 368

19. Dezember 1940 (Rhöndorf): An den Kreisbeauftragten des Winter-Hilfswerks des Deutschen Volkes, Siegburg

Dr. Adenauer Rhöndorf, den 19.12.40

An den Herrn Kreisbeauftragten des WHW
Finanzabteilung
Siegburg

Betr. Spenden KontoSi 4

Den Abzug für das WHW von meiner Pension nimmt jetzt der Oberbürgmeister Köln vor.
Ausserdem habeich bei der hiesigen Ortsgruppe einen monatlichen Beitrag von RM 4 gezeichnet.
Den Betrag für meine Hausangestellte werde ich nach dort abführen.

Heil Hitler

Winter-Hilfswerk des Deutschen Volkes

Siegburg, Ringstraße 35/37
Franz Müller-Haus
Kreissparkasse Siegburg Konto 523

Fernruf Siegburg 2351/52
Postscheck-Konto:
Postscheckamt Köln Nr. 57800

Bank- und Postscheck-Konto-Bezeichnung: Der Kreisbeauftragte für das Winterhilfswerk des Deutschen Volkes, Kreis Sieg

Der Kreisbeauftragte
Finanzabteilung
Spendenmeldestelle

Siegburg, den 14.12.1940

Herrn
Dr. h. c. Adenauer
Oberbürgermeister i. R.
Rhöndorf
Löwenburgerstrasse 76

Betr.: Spenden-Konto Nr. Si. 4
(Bei Rückfragen und Überweisungen bitte obige Nummer angeben.)

Anläßlich der Eröffnung des 2. Kriegswinterhilfswerkes übersandte ich Ihnen mit einer Werbeschrift u. a. auch einen Zeichnungsschein mit der Bitte, denselben mit Ihrer Spende ausgefüllt zurückzureichen.
Leider erhielt ich bisher weder diesen Zeichnungsschein zurück, noch ging eine Spende von Ihnen ein. Ich gestatte mir deshalb nochmals an die Rücksendung des ausgefüllten Zeichnungsscheines zu erinnern. Bei Festsetzung Ihrer Spende bitte ich zu berücksichtigen, daß die Ihnen übersandten

Nr. 369

19. Dezember 1940 (Rhöndorf): An Dr. Wim J. Schmitz, Heemstede, Niederlande

Lieber Wim!

Wir rüsten uns zum Weihnachtsfest: Libet ist heute aus ihrem Institut[1] in Ferien gekommen, Konrad kommt am Sonntag, am ersten Weihnachtstage kommt Max mit seiner Braut[2]. Dann sind wir vollzählig, nur unsere Tochter mit unserm Schwiegersohne und ihrem Jungen fehlt, sie kann mit dem Kinde nicht abkommen. Allmählich kommt auch Weihnachtsstimmung auf trotz der Schwere der Zeiten, die uns beschieden sind. Auch Ihre liebe Frau und Sie werden jetzt mit Vorbereitungen für das Fest beschäftigt sein. Wir wünschen sehnlichst, daß es für Sie beide und für Ihre Kinder ein schönes Fest werden möge! –
Das Weihnachtsfest, das wir im Jahre 1933[3] zusammen feierten, ist mir noch so gut im Gedächtnis, es war so wunderbar schön und friedlich. Auch Ihnen hat damals das Fest nach den schweren Verlusten, die Sie grade in Ihrer Familie erlitten hatten, so wohl getan. Ich glaube, wenn Sie mit damals vergleichen und bedenken, daß Sie jetzt das Fest mit einer lieben Frau und mit lieben Kindern zusammen feiern, so werden Sie miteinander froh und guten Mutes werden.
Wir sind alle gesund, das Christkind bringt auch allerlei, den Verhältnissen angepaßt. Ich freue mich, durch Konrad Ausführliches über Sie und die Ihrigen zu hören. Wenn Sie einmal eine Reise so einrichten können, daß wir uns in Köln treffen könnten, so würde das sehr schön sein.
Wie geht es Ihnen geschäftlich? Bringt der zwischen Schweden und Deutschland abgeschlossene Vertrag[4] auch für Sie das, was Sie brauchen? Haben Sie genügende Selbständigkeit gegenüber der schwedischen Gesellschaft? – Was macht Ihre Frau, was Ihr Schwiegervater? Kann er arbeiten? Wie geht es Ihrer Schwester und Ihrem Schwager? – Es würde mich sehr interessieren, über alles das einmal etwas zu hören.
Meine Frau und ich wünschen Ihnen beiden und Ihren Kindern ein recht gesegnetes, gnadenfrohes Weihnachtsfest und alles Gute für das Jahr 1941.
Mit recht herzlichen Grüßen von uns allen an Ihre ganze Familie
wie immer

Ihr
K. Adenauer

Nr. 370

22. Dezember 1940 (Rhöndorf): An Professor Dr. Walter Braunfels, Überlingen / Bodensee

Lieber Herr Braunfels!

Ihr Brief vom 21.8.40[1], für den ich vielmals danke, liegt die ganzen Monate über mahnend auf meinem Schreibtisch. Ich habe immer wieder mit der Antwort gezögert, weil ich hoffte, froher und tröstender schreiben zu können, aber es ging nicht. Nun steht Weihnachten und der Beginn des neuen Jahres vor der Tür. Da wollen wir kurz entschlossen, wenigstens für einige Tage, alle Lasten von uns abwerfen und uns des Festes und der Hoffnung freuen. So wünschen denn meine Frau und ich Ihrer Gattin und Ihnen recht von Herzen ein gesegnetes Weihnachtsfest[2] und alles Gute für 1941! – Hoffentlich sind Sie alle bei guter Gesundheit, körperlich und seelisch; denn das scheint mir zunächst einmal das Wesentlichste für diese Zeiten. – Uns geht es zeitentsprechend gut. Mein Sohn Max ist ganz wiederhergestellt; er hat sich mit einer Kölner jungen Dame, einem sehr lieben Mädchen, verlobt und pendelt zwischen Arbeitsurlaub und seinem Sammeldepot in Königsberg i. Pr. hin und her. Unser Ältester ist noch in Berlin, wir erwarten ihn heute; unserer ältesten Tochter geht es gut, und unsere 4 Jüngsten wachsen und wachsen; sie sind einstweilen noch in guter Obhut. Meiner Frau und mir geht es ganz gut, ich freue mich, wenn die Arbeit im Garten wieder beginnt. Sie werden das auch tun. Hoffentlich bringt das Jahr 41 Sie und Ihre Frau einmal an den Rhein!
Mit vielen guten Wünschen und herzlichen Grüßen, auch von meiner Frau, an Ihre Gattin, Ihre Kinder und Sie
wie immer

Ihr
Adenauer

Nr. 371

4. Januar 1941 (Rhöndorf): An Dora Pferdmenges, Köln

Liebe Frau Pferdmenges!

Haben Sie herzlichen Dank für Ihre schönen Weihnachtsgaben. – Wenn man Gartenfreund ist – und seitdem ich so viele Arbeiten im Garten selbst verrichten muß, bin ich es noch mehr als früher –, genießt man diese Kulturgeschichte des Gartens sehr. Das »Eigen-Gewächs«, das ja nicht im Garten, aber im Hause gewachsen war, vertrug sich ausgezeichnet mit der Lektüre des Buches. –

Weihnachten 1940 ist nun dahin, 1941 ist angebrochen; was Weihnachten 1941 bringen wird? Vielleicht ist es gut, nicht in die Zukunft sehen zu können. –
Ich hoffe, daß es Ihnen und den Ihrigen gut geht und daß Sie auch wegen Ihres Sohnes keine Sorge zu haben brauchen.
Grüßen Sie Ihren Mann bestens und seien Sie herzlich gegrüßt von

Ihrem
K. Adenauer

Nr. 372
3. Januar 1941 (Köln): Dora Pferdmenges an Adenauer, Rhöndorf

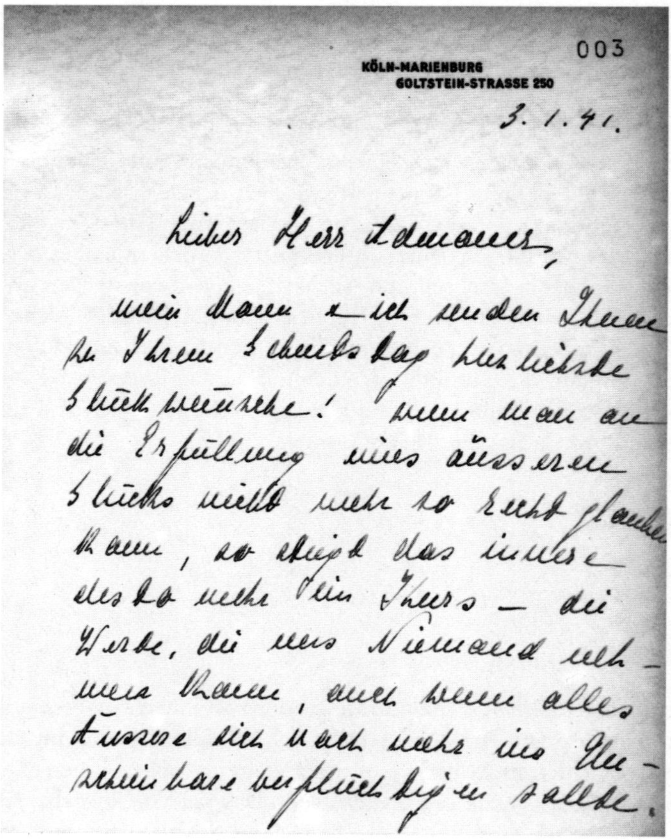
003
KÖLN-MARIENBURG
GOLTSTEIN-STRASSE 250
3. 1. 41.

Lieber Herr Adenauer,

mein Mann u. ich senden Ihnen zu Ihrem Geburtstag herzlichste Glückwünsche! Wenn man an die Erfüllung eines äusseren Glücks nicht mehr so recht glauben kann, so steigt das innere desto mehr im Preis – die Werte, die uns Niemand nehmen kann, auch wenn alles Äussere sich nach mehr ins Unscheinbare verflüchtigen sollte.

Nr. 373
10. Januar 1941 (Berlin-Wilmersdorf): Jakob Kaiser an Adenauer, Rhöndorf

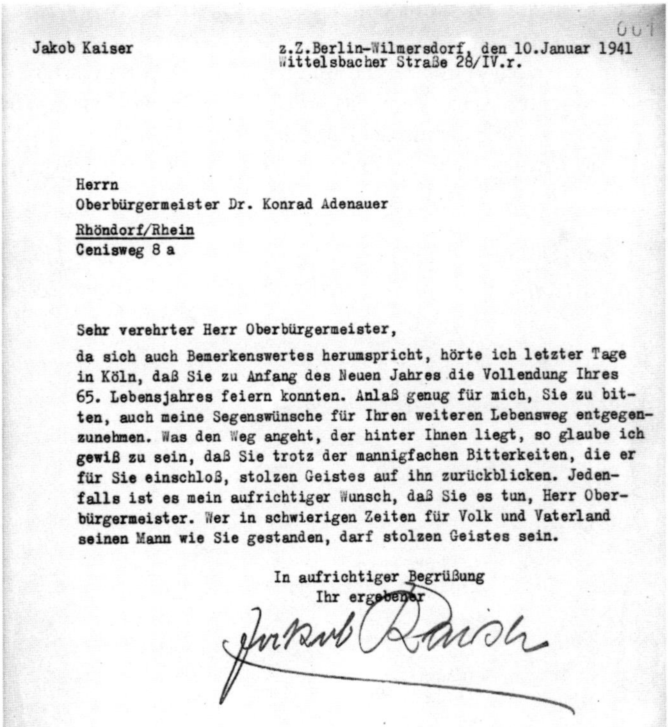

Jakob Kaiser

z.Z.Berlin-Wilmersdorf, den 10.Januar 1941
Wittelsbacher Straße 28/IV.r.

Herrn
Oberbürgermeister Dr. Konrad Adenauer
Rhöndorf/Rhein
Cenisweg 8 a

Sehr verehrter Herr Oberbürgermeister,

da sich auch Bemerkenswertes herumspricht, hörte ich letzter Tage in Köln, daß Sie zu Anfang des Neuen Jahres die Vollendung Ihres 65. Lebensjahres feiern konnten. Anlaß genug für mich, Sie zu bitten, auch meine Segenswünsche für Ihren weiteren Lebensweg entgegenzunehmen. Was den Weg angeht, der hinter Ihnen liegt, so glaube ich gewiß zu sein, daß Sie trotz der mannigfachen Bitterkeiten, die er für Sie einschloß, stolzen Geistes auf ihn zurückblicken. Jedenfalls ist es mein aufrichtiger Wunsch, daß Sie es tun, Herr Oberbürgermeister. Wer in schwierigen Zeiten für Volk und Vaterland seinen Mann wie Sie gestanden, darf stolzen Geistes sein.

In aufrichtiger Begrüßung
Ihr ergebener
Jakob Kaiser

Nr. 374
11. Januar 1941 (Rhöndorf): An Dora Pferdmenges, Köln (Auszug)

Ich habe den Tag[1] im engsten Familienkreise verbracht, möglichst ohne Reflexionen nach rückwärts und nach vorwärts. Ich finde, daß, je älter man wird, desto rätselhafter Welt und Menschen werden. Ich will ja nicht soweit gehen, wie Leonardo da Vinci nach dem auf der letzten Seite des Buches von Foerster[2] zitierten Ausspruch gegangen ist, ich bin eben nicht mehr aktiver Mitspieler, sondern betrachtender Beobachter, aber es ist schon alles sehr merkwürdig.

Das Buch »Das wahre Gesicht der Heiligen«[3] kenne ich. Es ist ein großer Trost, wenn man beim Abschiede von einem lieben Verstorbenen das Wunder der Verklärung sieht. Ich habe es zweimal erlebt, man vergißt es nie.
Das arme Köln, hat Pech mit seinen Oberbürgermeistern[4]. – Nun, eine Stadt steht ja lange.
Man sehnt sich nach dem Frühjahr und nach Tätigkeit im Garten, wahrscheinlich törichter Weise; denn das Frühjahr wird ja wohl soviel Unruhe bringen, daß man sehnsüchtig der Ruhe des Winters gedenken wird. Aber hinter dieser Unruhe steht der Frieden, darauf wollen wir vertrauen.

Nr. 375

11. März 1941 (Honnef): Rechnungsbeleg des Schreinermeisters Jakob Walkembach; auf der Rückseite eigenhändige Notizen Adenauers

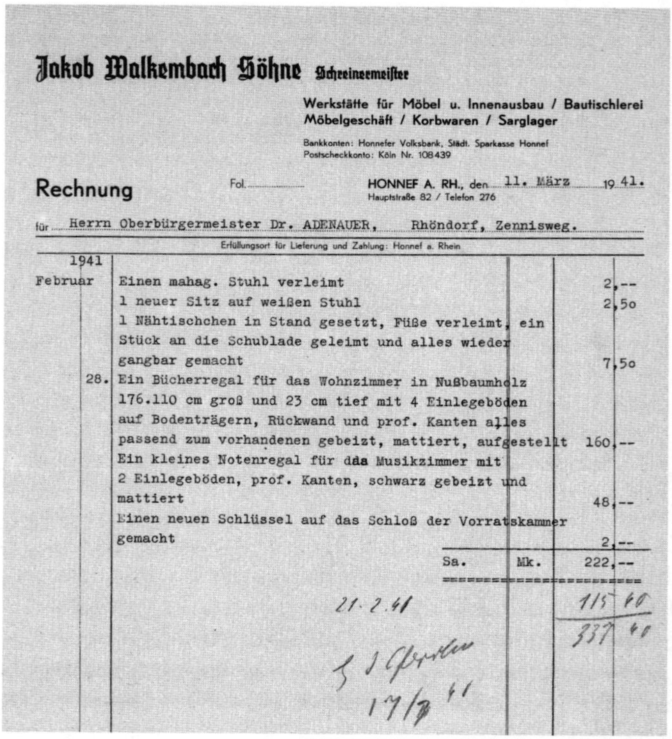

Jakob Walkembach Söhne Schreinermeister

Werkstätte für Möbel u. Innenausbau / Bautischlerei
Möbelgeschäft / Korbwaren / Sarglager

Bankkonten: Honnefer Volksbank, Städt. Sparkasse Honnef
Postscheckkonto: Köln Nr. 108439

Rechnung Fol. .... HONNEF A. RH., den 11. März 1941.
Hauptstraße 82 / Telefon 276

für Herrn Oberbürgermeister Dr. ADENAUER, Rhöndorf, Zennisweg.

Erfüllungsort für Lieferung und Zahlung: Honnef a. Rhein

1941 Februar	Einen mahag. Stuhl verleimt		2,--
	1 neuer Sitz auf weißen Stuhl		2,5o
	1 Nähtischchen in Stand gesetzt, Füße verleimt, ein Stück an die Schublade geleimt und alles wieder gangbar gemacht		7,5o
28.	Ein Bücherregal für das Wohnzimmer in Nußbaumholz 176.110 cm groß und 23 cm tief mit 4 Einlegeböden auf Bodenträgern, Rückwand und prof. Kanten alles passend zum vorhandenen gebeizt, mattiert, aufgestellt		160,--
	Ein kleines Notenregal für das Musikzimmer mit 2 Einlegeböden, prof. Kanten, schwarz gebeizt und mattiert		48,--
	Einen neuen Schlüssel auf das Schloß der Vorratskammer gemacht		2,--
	Sa.	Mk.	222,--
	21.2.41		115,40
			337,40
	17/3 41		

Nr. 376

10. April 1941 (Rhöndorf): An Professor Dr. Walter Braunfels, Überlingen/Bodensee

Lieber Herr Braunfels!

Ihnen und Ihrer Frau wünschen wir ein schönes, vom Wissen um die Auferstehung getragenes Osterfest. – Haben Sie vielen Dank für Ihren Gruß aus Rom. Ich habe mich für Sie gefreut, daß Sie hin konnten. – Hoffentlich sind Sie alle wohl. Hier ist alles unverändert. Paul tritt jetzt ins Convikt ein[1].

Herzliche Grüße von Haus zu Haus, wie immer

Ihr
Adenauer

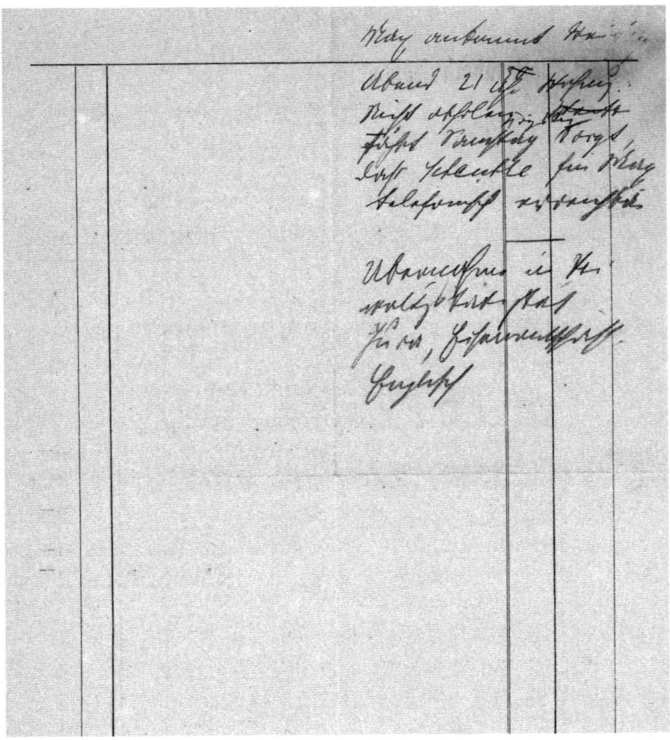

Zu Dok. Nr. 375

Nr. 377

24. April 1941 (Heemstede, Niederlande): Dr. Wim J. Schmitz an Adenauer, Rhöndorf

Lieber Herr Adenauer,

Sie werden sich wohl schon gewundert haben, daß Sie lange nichts mehr von mir gehört haben. Seit einigen Monaten habe ich jedoch wenig Lust gehabt, meinen Freunden zu schreiben, aber man muß doch schließlich mal wieder anfangen.

Soweit ich den Vergleich aus der Zeitschrift »Das Reich«[1] ziehen kann, glaube ich, daß die Fleisch- und Fettlage bei Ihnen etwas besser ist. Ich muß ehrlich gestehen, daß meine Frau es wirklich 100 % versteht, immer noch die nötige Abwechslung auf den Tisch zu bringen. Wir denken häufig daran zurück, als wir bei Ihnen das letzte Mal waren[2] und Sie sich die größte Mühe gegeben hatten, uns gutes Brot und Fleisch vorzusetzen. Jetzt wissen wir, welche Mühe Sie damals bestimmt damit gehabt haben, und meine Frau wirft mir jetzt oft vor, daß ich mich damals bestimmt nicht dankbar genug gezeigt habe.

Vielleicht erinnern Sie sich, daß Max, als er bei dem Tode meiner Mutter uns besuchte, bei einer Familie um die Straßenecke logiert hat. Diese Woche erhielten wir die traurige Nachricht, daß der Herr in Buchenwald gestorben ist[3]. Sie haben ihn, glaube ich, damals in 1929 auch bei uns zu Tisch getroffen.

So geht das Leben weiter, und man denkt besser nicht zuviel. Von Franz-Heinrich Verbeek[4] erhielt ich diese Woche auch mal wieder ein Schreiben, und erzählte er, daß er verschiedentlich mit Konrad in Berlin telefoniert hat. Ich wollte Konrad jetzt auch schreiben, weiß aber nicht, ob er schon umgezogen ist, können Sie mir dies mitteilen? Dann schreibe ich ihm bald wieder.

Verbeek teilte mir mit, daß der kinderreiche Hugo Zillikens[5] auch eingezogen ist. Gestern durchblätterte ich nochmals die Fotos aus meiner Kölner Zeit, u. a. die mit Prinz Heinrich in Ihrem Garten[6]. Aber das Leben geht weiter. ‹...›[a]

Mit den herzlichsten Grüßen, auch an Ihre Frau Gemahlin, an Max [und] Fräul[ein] Gisela und Konrad, wenn Sie ihm schreiben. Meine Frau schließt sich hierbei an, und zeichne ich

Ihr

[Wim Schmitz]

Nr. 378
27. April 1941 (Rhöndorf): Notizen und Berechnungen

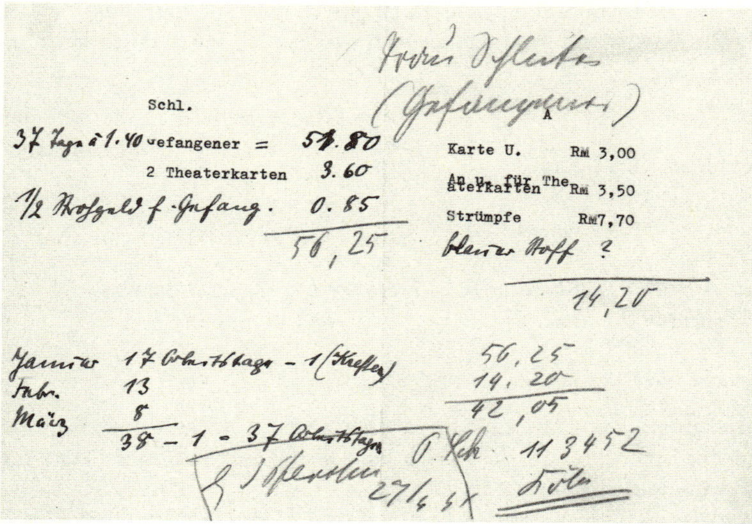

Schl.

37 Tage à 1.40 Gefangener = 51.80
2 Theaterkarten 3.60
1/2 Trostgeld f. Gefang. 0.85
56,25

Karte U. RM 3,00
An U. für Theaterkarten RM 3,50
Strümpfe RM7,70
blauer Stoff ?
14,20

Januar 17 Arbeitstage – 1
Febr. 13
März 8
38 – 1 = 37 Arbeitstage

56,25
14,20
42,05

27/4 41

Nr. 379
15. Juli 1941 (Rhöndorf): An Ilse Busley, St. Märgen/Schwarzwald

Liebe Frau Busley!

Den Brief Weitz[1] habe ich Ihrem Manne, der ja noch seine alte Feldpostnummer hat, weitergesandt und ihm geschrieben, daß ich die Ansicht des Herrn Weitz über den mit Winkler abzuschließenden Vertrag nicht teile.
Über Ihren Entschluß, den Aufenthalt dort zu verlängern, habe ich mich von Herzen gefreut. Eine gründliche Erholung haben Sie so sehr verdient! Haben Sie recht herzlichen Dank für Ihren lieben Brief; ich habe mich sehr über ihn gefreut. Wenn Sie zurück sind, müssen Sie mir erzählen, was Sie gelesen haben.
Von hier gibt es wenig zu berichten. Es ist sehr still im Hause, und man hat den ganzen Tag zu arbeiten, besonders seitdem ich den Gefangenen nicht mehr habe[2]. An Ersatz ist nicht zu denken, alle werden für die Ernte gebraucht. – Am Sonntag hat es ausgiebig geregnet, es wird Ihrem Garten gut getan haben.

Ihr Mann ist doch ein richtiges Stehaufmännchen; hoffentlich nimmt er sich aber doch etwas in acht[3].
Paul kommt Freitag in Ferien, Lotte bleibt noch 14 Tage fort; Libet und Schorsch – Schorsch hat sehr an Heimweh gelitten[4] – geht es, wie wir hoffen, gut. Meine Frau läßt vielmals grüßen. Ich sende Ihnen herzlichste Grüße.
Stets

Ihr
K. Adenauer

Gruß an Karl-Georg.

Nr. 380
22. August 1941 (Rhöndorf): An Professor Dr. Walter Braunfels, Überlingen/Bodensee

Lieber Herr Braunfels!

Haben Sie vielen Dank für Ihren Brief[1]. Meine Gedanken sind oft bei Ihnen. Das Schreiben ist ja doch ein sehr unvollkommener Ersatz für den mündlichen Austausch.
Paul hat von Stephan Nachricht bekommen, so daß wir über ihn Bescheid wußten. Ich hoffe, daß es auch Ihren Töchtern und insbesondere Ihnen und Ihrer Frau zeitgemäß gut geht. Ich freue mich, daß Sie arbeiten. Ich denke, da Sie doch noch Früchte Ihrer Arbeit sehen werden, auch wenn die jetzigen Zeiten den Musen nicht hold sind. Mein Sohn Max ist vor

Beginn der Offensive[2] von der russischen Grenze zurückgeschickt worden, weil sich die Folgen seiner vorjährigen Verwundung doch noch immer geltend machen. Er ist jetzt zu seiner und unserer Freude zur Verwaltung nach Brüssel kommandiert. Er will nächste Woche heiraten, ein liebes, religiöses Mädchen. Der Älteste, Konrad, hat eine aussichtsreiche Stellung in Aachen angetreten. Paul wartet auf seine Einberufung zum Arbeitsdienst[3], die anderen besuchen die Schule. Meiner Frau und mir geht es zeitgemäß gut. Das will nicht sehr viel besagen, denn die Zeiten sind doch sehr ernst. Aber wir halten den Kopf oben, Sie werden dasselbe tun! Wir würden uns so sehr freuen, Sie und Ihre Frau einmal zu sehen.
Mit vielen herzlichen Grüßen von Haus zu Haus
wie immer Ihr
Adenauer

Nr. 381
9. Dezember 1941 (Rhöndorf): An Dr. Wim J. Schmitz, Heemstede, Niederlande

Lieber Wim!

Ihrer lieben Frau, Ihnen und Ihren Kindern senden wir zu Weihnachten und Neujahr die herzlichsten Grüße und Wünsche. Sie schließen alles ein, was zu Ihrer aller Glück gereicht. Vor allem wünschen wir Ihnen Kraft und Gesundheit, um alle Stürme und Unwetter unserer Zeit gut zu überstehen. –
Von uns weiß ich Ihnen kaum etwas Neues zu berichten. Wir erwarten Max Weihnachten in Urlaub und freuen uns sehr darauf. Konrad kommt alle vierzehn Tage Samstag-Sonntag zu uns, das ist uns auch eine Freude. Unser Paul ist jetzt Arbeitsmann in einem Lager auf der Insel Sylt[1]. Sie wissen, daß es auf einer Nordseeinsel im Winter nicht grade besonders behaglich ist, und Sie können sich denken, daß ein so junger Mensch auch hin und wieder Heimweh nach der elterlichen Atmosphäre hat. Aber davon abgesehen, geht es ihm ganz gut. Im übrigen geht es uns leidlich, die Verhältnisse in der Versorgung sind ja natürlich nicht friedensmäßig, aber doch noch besser als in den meisten Ländern Europas. Was macht Ihr Geschäft? Wie hat sich alles nach dem Tode Ihres Großvaters dort entwickelt? Als unlängst Gisela, die Frau von Max, ihr Diplomkaufmannexamen bestanden hat und davon sprach, daß sie nunmehr ihren Dr. rer. pol. machen wolle, habe ich sehr an Sie und Ihr Studium in Köln denken müssen. Wie lange liegt das jetzt zurück, und vor allem, was haben wir seit die-

ser Zeit erlebt? – Nun, ich denke, diese Periode nähert sich auch einmal ihrem Ende, vielleicht eher, als wir jetzt glauben. Sorgen Sie, daß Sie alle diese Zeit in Gesundheit erleben! Wir würden uns sehr freuen, wenn das gestattet ist, ein kleines Bildchen von Ihnen beiden und Ihren Kindern zu erhalten.
Mit nochmaligen recht guten Weihnachtswünschen und Wünschen für 1942 von meiner Frau und mir an Sie beide

Ihr
K. Adenauer

Nr. 382
21. Dezember 1941 (Rhöndorf): An Professor Dr. Walter Braunfels, Überlingen/Bodensee

Lieber Herr Braunfels!

Ihrer Frau, Ihnen und Ihren Kindern wünschen wir von ganzem Herzen ein gesegnetes Weihnachtsfest und alles Gute für 1942.
Soviel ich weiß, sind Ihre Söhne nicht unmittelbar in Gefahr, so daß Sie – ebenso wie ich – diese Sorge zur Zeit nicht zu haben brauchen. Ich denke sehr viel an Sie. Es wird Ihnen vielleicht gehen wie mir: der Herbst und Winter bringt viel trübe Gedanken in einer so schweren Zeit. Man muß halt stillhalten und warten, bis die bessere Jahreszeit kommt. – Unser Leben verläuft sehr still, soweit es nicht von Luftangriffen, die auch hier stattfinden – Unkel, Honnef, Königswinter, Mehlem, Dollendorf, Oberkassel, Limperich haben alle schon Bomben abbekommen –, unterbrochen wird. Paul ist noch auf Sylt im Arbeitsdienst und scheint sich dort durchzusetzen, mein Sohn Max ist in Brüssel und mein Sohn Konrad ist jetzt in Aachen. Meiner Frau und mir geht es gesundheitlich leidlich, zeitgemäß. Damit haben Sie eigentlich unsere ganze Chronik. – Von Ihnen hoffe ich bald etwas zu hören, wie es Ihnen allen geht, und ob Sie arbeiten können. – Eine leise Hoffnung habe ich, daß das Jahr 1942 doch das Ende des Krieges bringen könnte. Seien Sie alle recht herzlich von uns gegrüßt!
Wie immer

Ihr
Adenauer

Nr. 383
26. Dezember 1941 (Rhöndorf): An Paul Adenauer, Sylt [Auszug]

Lieber Paul!

Ich möchte nicht, daß Du infolge der Feiertage um den Sonntagsbrief kommst. Hoffentlich kommt er noch zur Zeit an. – Dein Brief mit Deinem Bilde kam rechtzeitig an. [...] Auf dem Bilde siehst Du nicht schlecht aus, trügt es nicht? – Und nun, wie magst Du den ersten Tag verbracht haben, wie mag es Dir am zweiten gehen? Wir hoffen, daß Du durch die innere Einstellung, die ja stärker ist als äußere Umstände, doch ein gnaden- und darum freudenreiches Fest gehabt hast, dem auch einige äußere lichte Momente beschieden waren. [...] Das Christkindchen hatte alles in allem mehr gebracht, als man erwarten konnte, es hatte ja auch schon im Januar angefangen zu sammeln. Bücher waren natürlich die Hauptsache, und es waren noch ganz schöne dabei. Dich wird interessieren, daß Reiners der ganzen Familie zum gemeinsamen Gebrauch drei Bände ausgewählter deutscher Literatur der verschiedenen Zeiten von von der Leyen[1] geschenkt hatten. Für die Kinder ist natürlich der Hauptclou der wieder funktionierende kleine Kinoapparat. Er wird von Libet für Schorsch und sie selbst stundenlang gedreht. Wir haben auch noch eine Reservelampe bekommen. [...] Lotte, Libet, Konrad und ich waren in der Mitternachtsmette in Honnef. Lotte wird Dir davon, auch von dem Krippenspiel, das vorherging – Gesang, Deklamation, Flötenspiel –, und der Feier selbst berichten. Sie war sehr schön und stimmungsvoll. In der Kirche brannten nur am Altar Kerzen, da sie nicht verdunkelt werden kann. Immerhin war es ein Risiko, aber es kamen keine Flieger (am Abend vorher hatten sie in Oberwinter ein Schiff, das vor Anker lag und Licht zeigte, getroffen). Das Wetter in der Nacht war fürchterlich, Sturm und Regen. Gestern war auch noch Sturm, heute ist es kälter, es hat gefroren, der Himmel klar. [...] Nun warten wir voll Spannung auf Deine Schilderung Deiner Weihnachtstage dort.
Sei herzlichst von uns allen gegrüßt.

Nr. 384

29. Dezember 1941 (Rhöndorf): An den Schweizerischen Konsul Dr. Franz-Rudolph von Weiss, Köln

Lieber Herr von Weiss!

Wir alle wünschen Ihnen ein recht schönes und gesegnetes Weihnachtsfest und Ihnen und Ihrem teuren Heimatlande alles Gute für 1942.
Sie waren uns in dem nun zu Ende gehenden Jahre immer ein so hülfsbereiter Freund, daß es mich drängt, Ihnen dafür, auch im Namen meiner Frau und meiner Kinder, herzlichst zu danken.
Bitte betrachten Sie den kleinen beiliegenden für Ihre Kolonie bestimmten Betrag als einen kleinen Entgelt für die Gastfreundschaft, die unsere Kinder in der Schweiz genießen durften[1]. Es würde uns sehr freuen, Sie bald einmal hier zu sehen[2].
Mit recht herzlichen Grüßen, auch von meiner Frau, Ihr

Adenauer

Nr. 385

20. Januar 1942 (Rhöndorf): An Paul Adenauer, Sylt (Auszug)

Augenblicklich sind von Petersburg bis zur Krim sehr harte Kämpfe im Gange[1]. Die Stimmung hier ist sehr gut, ebenso an der Front. – Man ist sich natürlich im Klaren darüber, daß die Russen sehr tapfere und vorzüglich ausgerüstete Gegner sind, deren Industrie auch ganz ausgezeichnet sein muß.
Ich lege Dir ein Gedicht von Geibel[2] bei, das mir immer so sehr gut gefallen hat. Sage es Dir öfter vor im Stillen. Ich bin sehr froh, daß Du ein so starkes Gottvertrauen hast und darum auch so mutig bist. Es ist mir das ein wirklicher Trost. Max ist ja noch in Brüssel, aber er rechnet auch damit, dort fortzukommen, da ja so sehr viele eingezogen werden. Ich glaube, wenn er Offizier wäre, wäre er schon fort nach dem Osten. Es ist ein sehr großer Bedarf dort, weil sehr viele ausgefallen sind.

Nr. 386
22. Februar 1942 (Rhöndorf): An Major Fritz Schliebusch, Berlin

Sehr geehrter Herr Schliebusch!

Meine Frau und ich sind Ihnen zu größtem Danke für Ihre Hülfe verpflichtet. Wie ich von Herrn Scheuble höre, sind Sie auch Vater eines Sohnes[1] in ähnlicher Lage. So werden Sie wissen, wie dankbar wir Ihnen sind. Ich würde mich herzlichst freuen, wenn ich einmal Gelegenheit hätte, diese Dankbarkeit nicht nur in Worten zu zeigen. Von der Erlaubnis, mich durch Herrn Scheuble wieder an Sie wenden zu können, wenn noch Schwierigkeiten auftauchen, werde ich gerne Gebrauch machen. Wie mir Herr Scheuble schrieb[2], reisen Sie öfters und kommen Sie auch in's Rheinland. Machen Sie dann bitte meiner Frau und mir die große Freude, und besuchen Sie mich hier in Rhöndorf, Zennigsweg 8 a, Tel. Honnef 867. – Sie erreichen Rhöndorf bei den heutigen Zugverbindungen am besten mit der Rheinuferbahn Köln-Bonn und dann mit der elektr[ischen] Bahn Bonn-Honnef.
Ich danke Ihnen nochmals herzlichst und bin mit ergebenen Grüßen

Ihr
Adenauer

Nr. 387
9. März 1942 (Rhöndorf): Aufzeichnung zum »Bild der Saskia«
(siehe folgende Seite)

Nr. 388
1./2. April 1942 (Rhöndorf): An Professor Dr. Walter Braunfels, Überlingen/Bodensee

Lieber Herr Braunfels!

Meine Gedanken gehen öfters zu Ihnen, und ich frage mich, wie Sie wohl diese langen Tage, Monate und Jahre verleben und überstehen. Ich bin ja älter als Sie, und wenn man doch schon dieses Alter erreicht hat, dann empfindet man es doppelt hart, daß der letzte Lebensabschnitt von diesem Weltgeschehen erfüllt ist.
Ich bin froh – und ich denke, Ihnen geht es ebenso –, wenn der Frühling wirklich kommt und mit ihm die Gartenarbeit, die den schweifenden Gedanken doch etwas Zügel anlegt. Was machen Ihre Frau und Ihre

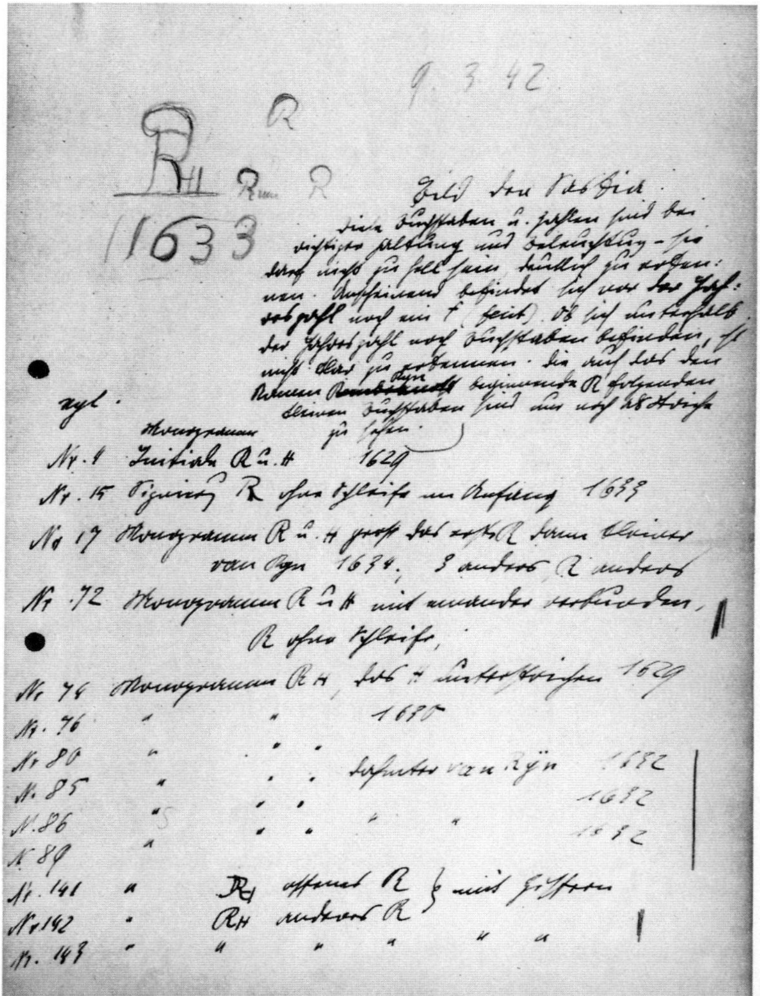

9. 3. 42

R

RH Rm R

11633

Bild [illegible] [illegible].

Diese Buchstaben u. Zahlen sind bei richtiger Haltung und Beleuchtung – sie darf nicht zu hell sein – deutlich zu erkennen. Dazwischen befindet sich vor der Jahreszahl noch ein f (fecit). Ob sich unterhalb der Jahreszahl noch Buchstaben befinden, ist nicht klar zu erkennen. Die auf das dem kleinen ~~Rembrandt~~ Ryn beginnende R folgenden kleinen Buchstaben sind nur noch als Striche zu sehen.

vgl.

Nr. 1 Initiale (Monogramm) R u. H 1629

Nr. 15 Signierung R ohne Schleife am Anfang 1633

Nr 17 Monogramm R u. H groß das erste R dann kleiner van Ryn 1634. 3 anderes R anders

Nr. 72 Monogramm R u H mit einander verbunden, R ohne Schleife.

Nr 74 Monogramm RH, das H durchstrichen 1629

Nr. 76 " " 1630

Nr 80 " " " [illegible] van Ryn 1632

Nr. 85 " " " 1632

Nr. 86 " " " " " 1632

Nr. 89 "

Nr. 141 " RH offenes R } mit [illegible]

Nr 142 " RH anderes R

Nr. 143 " " " " " "

Dok. Nr. 387

Kinder? In gewisser Hinsicht können wir zufrieden sein, wenngleich Paul jetzt schon sieben Wochen krank liegt, jetzt im Luftwaffenlazarett auf der Insel Sylt. Er hatte zuerst eine schwere Grippe, während der das Arbeitsdienstlager die ärztliche Betreuung völlig vernachlässigte, dann eine Lungenentzündung. Wir hoffen, daß er in zwei bis drei Wochen Genesungsurlaub bekommt. Alsdann wird er wohl zur Wehrmacht eingezogen werden. – Mein Sohn Max ist zur Zeit gvH [garnisonverwendungsfähig Heimat] und steht in Braunsberg in Ostpreußen. Meine Tochter Ria erwartet in Bälde ein Baby[1], ich wollte, es wäre schon da ohne Fliegerangriffe. Meiner Frau und mir geht es also ‹...›[a]. Und nun, was machen Sie? Komponieren Sie, spielen Sie viel[2]? Wie geht es Ihrer Frau, Ihren Kindern?
Haben Sie gewisse Erleichterungen bei der Nahrungsmittelversorgung dort am Bodensee? Wir hatten wenigstens Kartoffeln und Gemüse, alles andere sehr knapp[3]. Und trotzdem sagte mir neulich jemand, gegenüber den Verhältnissen in Berlin lebten wir in den Vorhöfen des Paradieses.
Dieser Sommer wird ja nun wohl die Entscheidung bringen, wenn auch vielleicht noch kein Ende des Krieges, so doch die Entscheidung. Wenn man bedenkt, daß in vier bis fünf Monaten alles vorbei sein wird, und wenn man weiter sieht, wie wenig die Menschen sich der Größe und der Tragik der Entscheidungen unserer Zeit bewußt sind, dann ..., ja man verstummt.
Ich schreibe weiter am Gründonnerstag [2. April 1942]. Leider ist der Gottesdienst erst um 10 Uhr, da diese Nacht Alarm war. Wenn nur die Ostertage ruhig verlaufen würden! Wenn die Osterfreude, die wahre und wirkliche, nur gedämpft sein kann, so wünschen wir doch Ihnen und den Ihrigen recht von Herzen ein frohes Osterfest.
Mit herzlichen Grüßen von Haus zu Haus.
Wie immer Ihr
Adenauer

Nr. 389

3. Mai 1942 (Rhöndorf): Programm für ein Treffen im Familien- und Freundeskreis

(siehe folgende Seite)

Mutter

Zirkel am 3. Mai 1942

PROGRAMM

1)Frühlingsregen (Claudius)
2)Regenlied
3)Im Maien der Bauer..
4)Es tönen die Lieder...
5)Grüss Gott..
6)Frühling(Claudius)
7)Der Mai,der Mai...
8)Kuckuck,Kuckuck..
9)Kuckucksgedicht
10)Kuckuck und Jäger
11)Juchheissa..
12)Maienzeit
13)Nun will der Lenz uns grüssen
14)Da kommt von den blauen Hügeln..
15)Alle Vögel
16)Ich gehedurch den grünen Wald
17)Konzert
18)Ihr keleinen Vögelein

Vortrag

-----

19)Erwachet zum Leben..
20)Die Natur(Herder)
21)Die linden Lüfte..([redacted])
22)Draussen ist alles so prächtig..
23)Gott,Du lässest..

S ~~Alle: Maria,Maienkönigin~~

Lilie der Auen...(Gisela)

Alleß Maria,Maienkönigin..

Dok. Nr. 389

Nr. 390

1. Juli 1942 (Rhöndorf): An Professor Dr. Walter Braunfels, Überlingen/Bodensee

Lieber Herr Braunfels!

Haben Sie vielen Dank für Ihren l[ieben] Brief[1]. Das Verhängnis, das Köln betroffen hat, ist in Wahrheit furchtbar[2]. Hinter den Ruinen steht unendlich viel persönliches Leid. Meine Schwester und mein Schwager Suth haben alles verloren, sie waren verreist. Man erlebt das Schwere so in etwa mit. – Der wirtschaftliche Schaden ist auch noch gar nicht abzuschätzen. Ein großer Teil des wirtschaftlichen Organismus, den eine Stadt darstellt, ist tot! –

Ich lege Ihnen einige Zusendungen des auch Ihnen bekannten früheren Stadtverordneten Rings bei[3], aus denen Sie wegen ihrer Unmittelbarkeit einen starken Eindruck bekommen werden. Rings ist Anfang des Sommers bei einem Angriff schwer getroffen worden. – Die Musikhochschule ist unversehrt. –

Wie hier noch alles werden wird! Man weiß es nicht; vielleicht müssen wir alle eines Tages fort. –

Sie haben die Wahrheit gesagt: wir sind Objekte eines ungeheuren göttlichen Vollziehens! – Paul erwartet täglich seine Einberufung. Mein Sohn Max ist durch die Folgen seiner Verwundung noch gvH [garnisonverwendungsfähig Heimat].

Paul erhielt dieser Tage einen Brief von Stephan, aus dem wir zu unserer Freude hörten, daß es ihm gut geht. – Hoffentlich gilt das gleiche von Ihrer Frau, Ihnen und den anderen Kindern; uns geht es auch einigermaßen.

Recht herzliche Grüße von Haus zu Haus wie immer Ihr

K. Adenauer

Wie ich zuverlässig höre, steht Material zum Wiederaufbau der Kirchendächer nicht zur Verfügung. Wenn sie vor Herbst kein Notdach erhalten, sind sie verloren!

Nr. 391

2. Juli 1942 (Rhöndorf): An Dr. Wim J. Schmitz, Heemstede, Niederlande

Lieber Wim!

Haben Sie vielen Dank für Ihren Brief vom 10.6.42[1].
Ich freue mich, daß es Ihnen und den Ihrigen leidlich geht. Bei uns ist das Gleiche der Fall. Natürlich wird man älter und damit müder.
Was die Engländer Köln angetan haben, hat mich sehr geschmerzt[2]. Es ist wirklich furchtbar. Wenn man seine ganze Arbeit einer Stadt gewidmet hat, trifft es einen besonders schwer.
Konrad geht es gut. Er sagte am Sonntag, daß Sie ihm auf seinen letzten Brief nicht geantwortet hätten. Es kann ja immer ein Brief verloren gehen.
Max ist gvH [garnisonverwendungsfähig Heimat] in seiner Garnison. – Paul wird in diesen Tagen seine Einberufung erhalten.
Gisela war bei dem Überfall noch bei Max, es ist ihr oder ihren Sachen nichts passiert. Meine Schwester hat alles verloren, mein älterer Bruder einen Teil.
Unser Freund Ildefons ist noch nicht verreist, er rüstet sich aber darauf, bald zu verreisen[3].
Wir wünschen Ihrer Frau, Ihren Kindern und Ihnen von Herzen alles Gute.
Mit vielen Grüßen von Haus zu Haus wie immer Ihr

Adenauer

Nr. 392

15. Juli 1942 (Rhöndorf): An das Reichspatentamt (Berlin) – Patentanmeldung für eine »Vorrichtung zum Vernichten von Schädlingen mit Hilfe elektrischen Stromes und Netzflüssigkeit hierfür« (Auszug)

Die Erfindung betrifft ein Gerät zum Bekämpfen von Schädlingen an Rebstöcken, Sträuchern, Bäumen o. dgl. mit Hilfe elektrischen Stromes.
Diese Art der Bekämpfung unter Verwendung hochgespannten Wechselstromes ist an sich bekannt, der eine Pol der festen oder fahrbaren Elektrizitätsquelle wird dabei in den Boden gesteckt oder in diesem bewegt, während der andere Pol soweit über den Erdboden oder die Pflanze geführt wird, daß durch die Einwirkung der überspringenden Funken die Schädlinge vernichtet werden. Diese Behandlung ist wenig wirtschaftlich und in ihrem Erfolge davon bedingt, daß die Schädlinge genügend frei

liegen, was nicht immer zutrifft. Ein anderer Vorschlag bezweckt die Bekämpfung mittels aufgeladener Wasserstrahlen, wodurch auch erhebliche Strommengen nötig sind, und wobei außerdem vorausgesetzt werden muß, daß die Stromableitung nicht schon durch den bestrahlten Gewächsteil erfolgt, bevor der Strahl den Schädling selbst trifft. Hinzu kommt, daß der Wasserstrahl sich an der bestrahlten Stelle unter Verspritzen teilt.

Diesen bekannten Vorrichtungen gegenüber bedient sich die Erfindung eines Gerätes in Form von benetzten Bürsten, Pinseln oder Schwämmen, das von Elektroden begrenzt oder durchsetzt ist, die bis nahe an ihre Spitzen hin isoliert sind. Werden die zu behandelnden Gewächse mit einem derartigen Gerät bestrichen, so gelangen die Schädlinge unter gleichzeitiger vollständiger Benetzung zwischen den Elektroden in den Stromkreis und werden dadurch selbst von schwachen Strömen vernichtet. Die Behandlung der Gewächse ist dabei einfach und benötigt nur kleine, handliche und daher wohlfeile Geräte. Die Netzflüssigkeit kann vorteilhaft durch Farbstoffe kenntlich gemacht werden, damit man jederzeit sieht, welche Pflanzen und Pflanzenteile bereits behandelt worden sind. [...]

Patentansprüche.

1. Vorrichtung zum Vernichten von Schädlingen mit Hilfe elektrischen Stromes, gekennzeichnet durch ein benetztes Gerät in Form von Bürsten, Pinseln oder Schwämmen, das von Elektroden begrenzt oder durchsetzt ist, die bis nahe an ihre Spitze hin isoliert sind.
2. Netzflüssigkeit für die Vorrichtung nach Anspruch 1, dadurch gekennzeichnet, daß ihr ein färbender Stoff zugesetzt ist.

Nr. 393

Herbst 1942: Pater Laurentius Siemer über eine Besprechung im Kettelerhaus Köln (Auszug)

Im Herbst 1942 wurde ich zu einer besonderen Besprechung zum Kettelerhaus gebeten, und zwar zum Prälaten Müller[1]*, dem Generalpräses der katholischen Arbeitervereine. Ich war kaum einige Minuten dort, als auch schon Nikolaus Groß*[2]*, Karl Arnold*[3] *und Bernhard Letterhaus*[4] *erschienen. Dann kamen Jakob Kaiser und Dr. Goerdeler*[5]*. Wir überlegten, mit welchen Persönlichkeiten die Ämter in Rheinland und Westfalen nach dem Abgang Hitlers besetzt werden könnten. Die Meinungen gingen sehr aus-*

einander. Dennoch war schließlich eine provisorische Liste fertiggestellt, die von Goerdeler mit zwei Herren aus unserm Kreis eingehend besprochen werden sollte. [...] Dr. Goerdeler sprach seine Absicht aus, am andern Tag Herrn Dr. Adenauer in Rhöndorf aufzusuchen und den früheren Oberbürgermeister von Aachen Dr. Rombach[6]*. Abends sollten wir uns wieder im Kettelerhaus treffen. ‹ An diesem Abend war Goerdeler anfangs sehr niedergeschlagen. Dr. Adenauer hatte sich geweigert, ihn zu empfangen. ›*[a]
(Laurentius Siemer: Aufzeichnungen. Nach dem ungekürzten Manuskript)

Nr. 394
Herbst 1942 (Rhöndorf): Aus dem Gartenbuch Adenauers

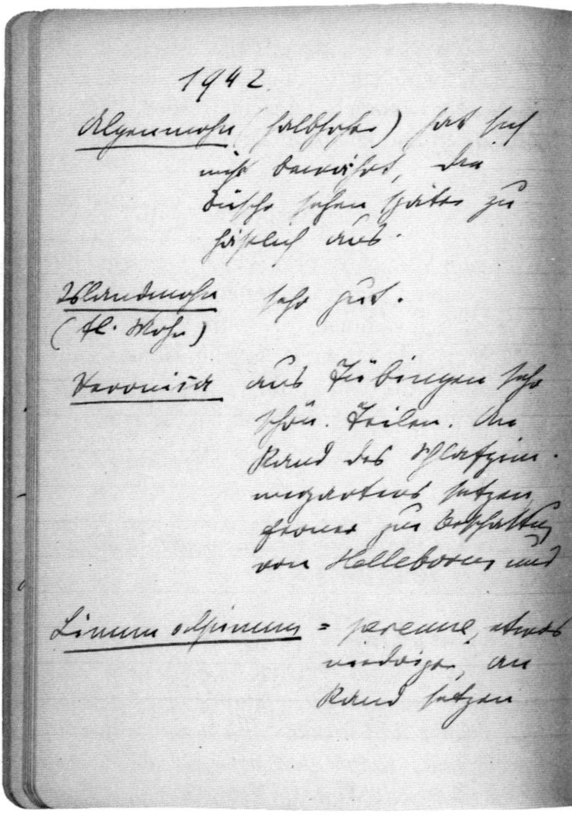

Nr. 395

22. Oktober 1942 (Rhöndorf): An Dr. Wim J. Schmitz, Heemstede, Niederlande

Lieber Wim!

Haben Sie recht herzlichen Dank für Ihre Glückwünsche und Ihren ganzen lieben Brief vom 24.9.42. Die Verlobung von Konrad war uns auch eine große Freude[1].
‹...›[a]
Unser Freund Ildefons ist noch zu Hause, soviel ich weiß. Ich habe noch manchmal an die Stunden gedacht, die wir vor Jahren zusammen bei ihm verlebt haben.
Ich freue mich sehr über Ihre optimistische Grundanschauung, ich teile sie.
Es wird Sie interessieren zu hören, daß bei dem Angriff auf Köln Ende Mai auch unser altes Haus in der Max-Bruch-Straße ausgebrannt ist[2]. Ich habe mir es in dieser Woche einmal angesehen, ich war seit 9 Jahren nicht dort.
Was Sie über das Heranwachsen Ihrer Kinder sagen, hat uns sehr amüsiert. Jedes hat doch seine eigne Entwicklung! In so schweren Zeiten sind die Kleinen eine ganz große Freude. Wenn sie groß und draußen sind, macht man sich doch schon viele Gedanken und Sorgen. Gesundheitlich geht es uns relativ gut, natürlich ist jeder etwas nervös. Meine Erholung ist die Gartenarbeit, sie zerstreut am meisten, und der Garten hat uns dieses Jahr besonders alles erleichtert. Ich denke, wir werden es doch noch erleben, daß wir Sie und Ihre liebe Frau hier begrüßen und durch ihn hindurch führen können.
Seien Sie davon überzeugt, daß wir an allem, was Sie und die Ihrigen betrifft, mit größter Teilnahme teilnehmen und alles miterleben.
Wir grüßen Ihre Frau, Sie und Ihre Kinder recht von Herzen und wünschen alles Gute.

Ihr
K. Adenauer

Nr. 396

21. Dezember 1942 (Rhöndorf): An Oberpräsident a. D. Dr. Hans Fuchs, Cochem/Mosel

Lieber Hans!

Dir und Hedwig ein gesegnetes Weihnachtsfest und alles Gute für 1943. – Wir haben uns sehr gefreut, über Herrn Weitz von Euch zu hören. Mit herzlichen Grüßen an Dich und Hedwig, auch von Gussie

Dein Konrad

Nr. 397

28. Dezember 1942: Gespräch mit Dr. Paul Franken bei Dr. Josef Vollmar in Bonn

Einige Tage nach Weihnachten 1942 habe ich Herrn Franken im Hause des Zahnarztes Dr. Vollmar in Bonn getroffen. Franken hat mir dort erzählt, daß er in militärischem Auftrag nach Rom gehen müsse. Er habe nur die Wahl zwischen dem Konzentrationslager oder Annahme dieses Auftrages. Zur Deckung für das, was er dort tun solle, habe das preußische Kultusministerium ihn mit einer Arbeit im Deutschen Historischen Institut in Rom betraut. Ich habe ihm damals gesagt, daß er sich darüber klar sein müsse, daß die Annahme dieses Auftrages ihm nach dem Zusammenbruch des Nationalsozialismus bei den Alliierten Schwierigkeiten machen könnte, trotzdem ich davon überzeugt sei, daß er, Franken, nach besten Kräften bemüht sein werde, alles zu tun, um den Nationalsozialismus zu schädigen. Franken erklärte mir, es bleibe ihm keine Wahl, ich könne aber überzeugt davon sein, daß er nicht das geringste tun werde, was irgendwie Hilfe für den Nationalsozialismus oder die militärischen Kreise bedeuten würde, daß er im Gegenteil glaube, bei Erfüllung dieser Aufgabe den Nationalsozialismus in stärkster Weise schädigen zu können.
(Adenauer in einer Bescheinigung vom 14.5.1946)

Ich unterrichtete Konrad Adenauer von Zeit zu Zeit über die Personenkreise, die wir heute als die Gruppe 20. Juli bezeichnen. Konrad Adenauer war in dieser Frage nüchterner Realist. Er hat mich mehrfach entschieden zur Vorsicht ermahnt, weil er weder den militärischen noch den zivilen Führern, insbesondere Carl Goerdeler, zutraute, eine solche Situation zu meistern. Sein nüchterner Sinn bezweifelte, ob in einer totalitären Diktatur überhaupt ein Staatsstreich mit Erfolg durchgeführt werden könnte.

ACDP Bestand Nr.

CHRISTLICH DEMOKRATISCHE UNION
DER ZONENAUSSCHUSS
FÜR DIE BRITISCHE ZONE

KÖLN, den 14. Mai 1946
Herwarthstraße 17
Fernsprecher 50800

Ihr Zeichen:
Unser Zeichen: A/S

Bescheinigung

Herr Dr. Paul Franken, Bonn, ist mir seit 1933 bekannt. Ich kann aus den sehr häufigen Besprechungen, die ich mit ihm hatte, und aus dem, was ich über seine Tätigkeit hörte, bekunden, daß er trotz seiner Zugehörigkeit zur NSDAP ein überzeugter und tätiger Gegner des Nationalsozialismus gewesen ist.

Er ist im November 1937 von der Gestapo verhaftet worden und wurde bis Ende Januar 1939 in Haft gehalten. Nach seiner Entlassung hat er mir gesagt, daß er sich wöchentlich bei der Gestapo melden müsse, daß er kein Examen machen könne und daß er unter sehr großem Druck gehalten werde.

Einige Tage nach Weihnachten 1942 habe ich Herrn Franken im Hause des Zahnarztes Dr. Volmar in Bonn getroffen. Franken hat mir dort erzählt, daß er in militärischem Auftrag nach Rom gehen müsse. Er habe nur die Wahl zwischen dem Konzentrationslager oder Annahme dieses Auftrages. Zur Deckung für das, was er dort tun solle, habe das preussische Kultusministerium ihn mit einer Arbeit im Deutschen Historischen Institut in Rom betraut. Ich habe ihm damals gesagt, daß er sich darüber klar sein müsse, daß die Annahme dieses Auftrages ihm nach dem Zusammenbruch des Nationalsozialismus bei den Alliierten Schwierigkeiten machen könnte, trotzdem ich davon überzeugt sei, daß er, Franken, nach besten Kräften bemüht sein werde, alles zu tun, um den Nationalsozialismus zu schädigen. Franken erklärte mir, es bleibe ihm keine Wahl, ich könne aber überzeugt davon sein, daß er nicht das geringste tun werde, was irgendwie Hilfe für den Nationalsozialismus oder die militärischen Kreise bedeuten würde, daß er im Gegenteil glaube, bei Erfüllung dieser Aufgabe den Nationalsozialismus in stärkster Weise schädigen zu können.

Ich bescheinige dies Herr Dr. Paul Franken zwecks Vorlage bei amtlichen Stellen.

Adenauer

(Dr. A d e n a u e r)
Vorsitzender der Christlich Demokratischen Union für die britische Zone. Mitglied des Zonenbeirates.

Unmittelbar vor meiner ersten Romreise am 28.12.1942 habe ich fast drei Stunden unter vier Augen ein Gespräch mit Konrad Adenauer geführt. Er warnte mich sehr eindringlich, ich solle mich nicht und er wolle sich auf dieses Spiel nicht einlassen, weil er nicht an einen Erfolg glauben könne. Er beschloß das Gespräch mit den Worten: »Ich weiß, daß ich selten so offen gesprochen habe, wie in dieser Stunde.« Auch der zwei Tage darauf unternommene Versuch Heinrich Körners, ihn zu einer anderen Haltung zu bewegen, mußte an dieser nüchternen Beurteilung scheitern. Rückschauend muß ich hinzufügen, daß Konrad Adenauer sicherlich die Monate nach dem 20. Juli nicht lebend überstanden hätte, wenn er damals nachgegeben hätte. In Rom habe ich dann in zahlreichen langstündigen Besprechungen die weitere Entwicklung mit Prälat Kaas und anderen besprechen können.
(Paul Franken: 20 Jahre später)

Nr. 398
9. Januar 1943 (Bonn): Rechnungsbeleg der Gilde-Buchhandlung Carl Kayser

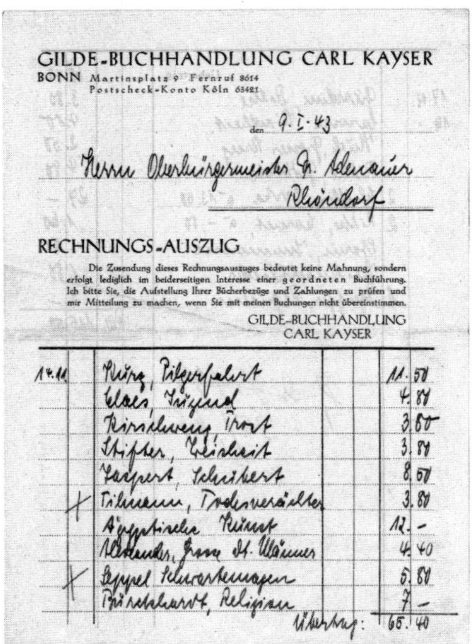

GILDE-BUCHHANDLUNG CARL KAYSER
BONN Martinsplatz 9 Fernruf 8614
Postscheck-Konto Köln 63421

den 9. I. 43

Herrn Oberbürgermeister Dr. Adenauer
Rhöndorf

RECHNUNGS-AUSZUG

Die Zusendung dieses Rechnungsauszuges bedeutet keine Mahnung, sondern erfolgt lediglich im beiderseitigen Interesse einer geordneten Buchführung. Ich bitte Sie, die Aufstellung Ihrer Bücherbezüge und Zahlungen zu prüfen und mir Mitteilung zu machen, wenn Sie mit meinen Buchungen nicht übereinstimmen.

GILDE-BUCHHANDLUNG
CARL KAYSER

14.11.		Kürz, Pilgerfahrt	11.50
		Claes, Jugend	4.80
		Kirschweng, Trost	3.80
		Stifter, Weisheit	3.80
		Jaspert, Scheibert	8.50
	X	Tillmann, Todesverächter	3.80
		Ägyptische Kunst	12.–
		Schneider, Grosse dt. Männer	4.40
	X	Eggel, Schwertenmagen	5.80
		Burckhardt, Religion	7.–
		Übertrag:	65.40

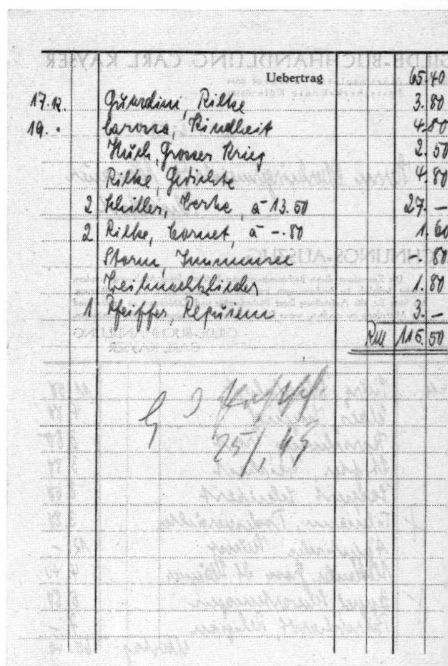

		Uebertrag	65.40
17.12.		Guardini, Rilke	3.80
19. "		Carossa, Kindheit	4.80
		Hoch, Grosser Krieg	2.50
		Rilke, Gedichte	4.80
	2	Schiller, Werke, à 13.50	27.–
	2	Rilke, Cornet, à –.80	1.60
		Storm, Immensee	–.80
		Weihnachtslieder	1.80
	1	Pfeiffer, Rapsodie	3.–
		RM	115.50

[illegible] 25/1. 43

Nr. 399

14. Januar 1943 (Rhöndorf): An Reichskanzler i. R. Dr. Wilhelm Marx, Bonn

Hochverehrter, lieber Herr Reichskanzler!

Am morgigen Tage werden meine Frau und ich mit besonderer Wärme und Verehrung Ihrer gedenken und Gott bitten, daß Er Sie und die Ihrigen auf Ihrem weiteren Lebenswege segnen und behüten möge.
In herzlichster Dankbarkeit gedenke ich besonders der großen, unvergeßlichen Verdienste, die Sie sich als Reichskanzler in schwerster Zeit um die Sicherung der Rheinlande für das Reich erworben haben. Grade diese Epoche Ihrer Tätigkeit muß Ihnen eine große Genugtuung beim Rückblick auf Ihre Lebensarbeit sein, sie verdient vor allem in den Blättern der deutschen Geschichte rühmlichst verzeichnet zu werden. Unvergeßlich ist uns auch die Liebenswürdigkeit, die Hilfsbereitschaft und die Güte, die Sie in jener schweren Zeit uns in allen unseren Nöten immer wieder gezeigt haben.
In herzlichster Mitfreude mit Ihrer Familie und Ihren vielen Verehrern vereinigen meine Frau und ich unsere Wünsche mit diesem großen Kreise und bitten Gott, daß Er Sie noch lange uns allen erhalten möge.
In aufrichtiger Verehrung und mit herzlichsten Grüßen

Ihr
K. Adenauer

Nr. 400

6. Februar 1943 (Rhöndorf): An Stabsarzt Dr. Jaeger, Köln-Ossendorf

Sehr geehrter Herr Stabsarzt!

Mein Sohn, Ihr Untergebener, Soldat Adenauer, hat mir bei meinem Besuche in Butzweiler Hof[1] am 5.2. wiederum so dankbar von der wohlwollenden Behandlung gesprochen, die Sie Ihren Untergebenen, also auch ihm, zuteil werden lassen, daß es mich drängt, Ihnen als Vater hierfür herzlich zu danken. ‹...›[a]
Mit herzlichem Dank und in ausgezeichneter Hochachtung bin ich

Ihr sehr ergebener
Adenauer

Nr. 401

23. April 1943 (Rhöndorf): An Professor Dr. Walter Braunfels, Überlingen/Bodensee

Lieber Herr Braunfels!

Ihr Osterbrief[1] kam so zeitig an, daß ich die Antwort auf ihn mit unseren recht herzlichen Osterwünschen verbinden kann. Ostern ist ein so von Hoffnung getragenes Fest, die Natur ist diesmal so überreich an Schmuck und Fülle, und die Menschheit ist so zerrissen und von Vernichtungswillen erfüllt, daß einen diese entsetzliche Dissonanz tief erschüttert. Aber einmal wird doch wieder Friede sein, gebe Gott schon in diesem Jahr, unmöglich ist es wohl nicht. Möge trotz aller Schwere der Zeit ein wahrer und tiefer Osterglaube Sie und die Ihrigen erfüllen, das wünsche ich Ihnen von ganzem Herzen am 4. Kriegsostern. –

Es freut mich sehr, daß es einigermaßen bei Ihnen geht. Bei uns ist das gleiche der Fall. Paul ist z. Zt. gvH [garnisonverwendungsfähig Heimat] in Köln-Butzweilerhof[2], mein Sohn Max, gvH, war in Frankreich, kommt jetzt nach dem Balkan, mein ältester Sohn, 36 Jahre alt, [...] ist Kv [kriegsverwendungsfähig] u. zur Zeit Rekrut in einem Panzergrenadierregiment. Er hat grade vorher geheiratet[3], eine Aachenerin, ein sehr liebes Mädchen. Sein Los macht z. Zt. am meisten Sorge. – Auch ich arbeite viel im Garten, und das zerstreut doch am meisten. Es ist so schade, daß wir so weit voneinander wohnen und daß das Reisen so schwierig ist. Ich möchte mich gerne mit Ihnen austauschen. Diese 10 Jahre haben doch sehr vieles in einem neu geweckt oder vertieft, aber im Großen bin ich wie früher. Hoffentlich bringt uns ein baldiges gutes Kriegsende einmal zusammen. Auch hier ist das Frühjahr atembeklemmend in seiner Fülle, seiner Wärme und seiner Eile; die erste Rose blüht schon seit einigen Tagen! – Ich meinte aus Ihrem Briefe einen frischen und energischen Zug zu fühlen; erhalten Sie sich diese Stimmung für die Zukunft.

Mit vielen herzlichen Grüßen von Haus zu Haus wie stets

Ihr

K. Adenauer

Nr. 402
7. Mai 1943 (Rhöndorf): An Dr. Wim J. Schmitz, Heemstede, Niederlande

Lieber Wim!

Ihre beiden Briefe[1] habe ich erhalten und mich mit meiner Frau darüber wie über jedes Lebenszeichen von Ihnen sehr gefreut. – Es ist wirklich tapfer, wie Ihre Frau und Sie sich durch alle Schwierigkeiten der Kriegszeit hindurcharbeiten. Hoffentlich ist bei Ihrer Frau nun gar keine Gefahr mehr, so daß Sie beide mit Ruhe und Freude dem Familienzuwachs entgegensehen können. Ich kann mir schon vorstellen, daß geschäftlich die Dinge bei Ihnen sehr schwierig liegen, ich wundere mich ja, daß Sie noch immer genügend Rohstoffe haben.
Bei uns sieht es folgendermaßen aus. – Konrad ist seit 26.3. Panzergrenadier, seine Adresse ist Panzergrenadier K.A., 3. Ausbild.batl. 3, Eberswalde bei Berlin. ‹...›[a]
Seine tapfere Frau hat eine Stelle als Stenotypistin bei der Reichskammer der Wirtschaftsprüfer in Berlin angenommen, sie wohnt in Konrads Wohnung, Berlin-Charlottenburg, Uhlandstraße 2. Für Dezember erwarten die beiden das erste Kind[2], und sie sind sehr glücklich darüber.
Max hat seinen Jahresurlaub bei uns verbracht. Seit dem 3. Mai ist er fort zu seiner inzwischen aus Frankreich verlegten Truppe, wohin er kommt, wissen wir noch nicht.
Paul ist Luftsanitätssoldat. Er war drei Monate auf dem Flugplatz Köln-Butzweilerhof und ist jetzt bei einer schweren Flakbatterie in der Umgegend von Bonn.
Lotte ist seit einigen Wochen im Arbeitsdienst im Westerwald[3]. Sie hat sich dort beim Turnen ziemlich unangenehm den Fuß verletzt und mußte einige Wochen liegen. Wir hoffen, sie bald besuchen zu können.
Libet und Georg gehen zur Schule.
Meine Frau und ich bemühen uns, unsere Pflichten zu erfüllen und gut durch alles hindurchzukommen.
Mir ist die Beschäftigung im Garten eine sehr große Zerstreuung und Erholung.
Max hat bis jetzt noch keinen Fliegerschaden erlitten, auch Konrad nicht, wir, abgesehen von einigen Dachschiefern durch Splitter, auch noch nicht. Konrad und Max werden aber jetzt Möbel hierhin nach Honnef bringen lassen.
Nun, lieber Wim, haben Sie eine gedrängte Übersicht über uns. Sie sehen daraus, daß es noch bisher gut gegangen hat. Wir hoffen, daß es Ihnen und

uns auch weiter gut geht und daß wir uns in nicht zu ferner Zeit wohlgemut wiedersehen.
Mit recht herzlichen Grüßen an Ihre Frau und Sie von uns beiden wie immer

Ihr
Adenauer

Freund Ildefons geht es gut.

Nr. 403
30. Juni 1943 (Köln): Bericht des Schweizerischen Generalkonsuls Dr. Franz-Rudolph von Weiss an die Schweizerische Gesandtschaft, Berlin über ein Telefongespräch mit Adenauer (Auszug)

Heute früh wurde ich von dem früheren Oberbürgermeister der Stadt Köln, Herrn Dr. Adenauer, der in Rhöndorf, gegenüber unserem neuen Konsulatsgebäude wohnt, angerufen, der mir mitteilte, daß die Schildergasse und die Gürzenichstraße, die den Heumarkt und den Neumarkt miteinander verbinden, vollständig ausgebrannt sind. Der ehrwürdige Saalbau des Gürzenich, das Rathaus, die ganze Hohestraße, die Hauptverkehrsader der Stadt Köln, alles wurde zerstört und eingeäschert. Der alte ehrwürdige Dom wurde in seinem Querschiff von einem Bombenvolltreffer schwer in Mitleidenschaft gezogen und die wunderschöne Orgel zerstört. In Zusammenhang mit der schweren Beschädigung, die der Dom erlitten hat, führt der »Westdeutsche Beobachter« in seiner heutigen Ausgabe aus, daß in Köln bisher durch Luftangriff 31 Kirchen zerstört wurden, darunter solche mit einer tausendjährigen Geschichte, wie die Apostelkirche, die Kirche Maria im Capitol, St. Martin, Severin usw. In der Umgebung des Doms wurden der Bahnhof, das Domhotel schwer und das Hotel Excelsior, dessen 3. und 4. Stockwerk ausbrannten, in Mitleidenschaft gezogen. Das Deichmannshaus gegenüber dem Dom, die Hauptpost, die Deutsche Bank, die Commerzbank, die Industrie- und Handelskammer, alles wurde ein Opfer dieses Angriffs. Mit großer Wehmut vernahm ich weiter, daß das erzbischöfliche Palais, in welchem Sie im Jahre 1939 so schöne Stunden mit S.E. Kardinal Schulte verbrachten, ebenfalls zerstört wurde. In der Nähe des Bahnhofs wurde die Reichsbahndirektion sowie die ganze Umgebung ein Opfer der Flammen.
Dieser Angriff soll, wie Herr Oberbürgermeister Adenauer mir sagte, denjenigen vom 30./31.5.1942 bei weitem übertreffen[1]. Oberflächliche

Schätzungen, die ich nicht nachprüfen konnte, sprechen von 100 000–150 000 Obdachlosen. Die kleine Stadt Godesberg (ca. 25 000 Einwohner) hat gestern 2 000 Flüchtlinge aus Köln beherbergen müssen, und heute kommen ebenfalls wieder 2 000 nach hier. Über die Zahl der Toten ist nichts genaues zu erfahren. Jedoch hörte ich, daß hunderte von Leichen in den Straßen gelegen haben.

Nr. 404
Juli 1943: Besuch von Professor Dr. Friedrich von der Leyen in Rhöndorf

1943 sprach Adenauer traurig und tief besorgt über die Zeit, klar- und weitblickend und doch mit gütiger Menschenkenntnis. Er war in Köln gewesen. »Denken Sie sich«, sagte er, »ich habe es gar nicht wiedererkannt, und ich hatte Mühe mich darin zurechtzufinden – und: mein Lebenswerk gehörte Köln. Das ist nun zerstört.«[1]
(Friedrich von der Leyen: Leben und Freiheit der Hochschule)

Nr. 405
6. Juli 1943 (Rhöndorf): An Reichsminister a. D. Dr. Hans Fuchs, Cochem/Mosel

Lieber Hans!

Habe recht herzlichen Dank für Dein liebes Gedenken. – Ich war noch nicht in Köln, man kann schwer hin, und weite Teile sind abgesperrt. Aber nach allen, sehr zahlreichen Berichten, die ich bekommen habe, ist es eine schreckliche Katastrophe[1]. Unser ganzes Rheinland! – Die armen Kölner sind wie von Sinnen, man kann es verstehen. Ich habe z. Zt. 5 Flüchtlinge im Haus.
Herzliche Grüße von Haus zu Haus und nochmals vielen Dank!

Dein
Konrad

oben: Im Familien- und Freundeskreis
unten: Mit Gussie und Paul Adenauer

Nr. 406

9. August 1943 (Berlin): Notiz von Peter Graf Yorck von Wartenburg (Auszug)

Die Anlagen wurden erst Montag früh 4.30 Uhr fertig gestellt und verabschiedet. Es war daher nicht möglich, den Boten vor Montagabend in Marsch zu setzen[1].

Die Korrekturen sind auf der Karte vermerkt. Es wird gebeten, nunmehr die übrigen Exemplare fertigzustellen und die Karten bis zum Samstag hierher zu schicken.

Pater König[2] bringt sie bei seinem Besuche zweckmäßig mit und läßt sich von dem Anwalt begleiten, der die Einweisung der Landesverweser, soweit sie von dort vorgenommen wird, durchführen soll. Eine baldige Besprechung mit dem Anwalt scheint dringend geboten.

Für das Saarland fehlt ein Kandidat. Um Namensnennung wird gebeten. Für Franken kann ein Arbeiter nicht benannt werden. Herr Fröhlich[3] muß sich deshalb selbst nach einem geeigneten Landeshauptmann umsehen und diesen benennen. Der Vorschlag Adenauer für Mittelrhein wurde angenommen. Kann ein geeigneter Landeshauptmann aus dem Ermland benannt werden?

Nr. 407

September 1943: Gespräch mit Dr. Paul Franken in Rhöndorf

... es sei darum gegangen, wo die Russen aufgehalten werden könnten, wie weit die Westmächte vordrängen, ob es einen Frieden mit ihnen geben könne, Adenauer habe gesagt, er sei belehrt durch die Erfahrungen im ersten Weltkrieg: »Dieser Krieg muß restlos zu Ende gehen, damit es keinen Kriegsschuldkomplex gibt.«[1]

(Paul Franken am 5.1.1970 im Gespräch mit Klaus Dreher)

Nr. 408

6. September 1943 (Rhöndorf): An Dr. Wim J. Schmitz, Heemstede, Niederlande

Lieber Wim!

Ihrer Frau und Ihnen wünschen wir von ganzem Herzen Glück und Gottes reichsten Segen zur Geburt Ihrer kleinen Marion[1]. – Wir haben uns sehr darüber gefreut, insbesondere auch darüber, daß es Ihrer Frau so gut geht. – In einer so schweren Zeit ein Kind zur Welt zu bringen, ist doch eine sehr schwere Aufgabe für eine Frau, die gleichzeitig für eine schon große Familie zu sorgen hat. Hoffentlich hilft die Freude, die ein so kleines Wesen Ihnen beiden macht, über die Alltagssorgen etwas hinweg. – Nun, vier Jahre Krieg sind ja glücklich überstanden, und einmal wird auch wieder Friede werden!

Uns geht es leidlich. Wo Konrad und Max stecken, wissen Sie, Paul ist noch bei Bonn, er ist zur Zeit eigentlich der am meisten gefährdete. Lola haben wir jetzt bei uns, da sie in ihrem Zustand nicht gut in Aachen sein kann, auch meine Tochter Ria ist im allgemeinen mit einem Kinde bei uns, Frauen und Kinder sollen dort weg. Augenblicklich ist sie bei ihrem Manne, sie hatten einen recht unangenehmen Angriff. Das Verwaltungsgebäude der Fabrik hat erheblichen Schaden gelitten, die Fabrik selbst weniger, sie ist schon nach zwei Tagen wieder in Betrieb gewesen. Mein Schwiegersohn hat Knieverletzungen davongetragen, die ihn einige Zeit ans Bett fesseln, das ist ihm im gegenwärtigen Augenblick doppelt schmerzlich.

Wir leben, wie Sie wissen, hier sehr mit der Natur, und so bedauern wir, daß der Sommer schon vorüber ist. Wir waren nicht sehr zufrieden mit dem Ergebnis unserer Arbeit, die Witterung war zu sprunghaft. – Wir sind hier bis jetzt von Bombenangriffen verschont geblieben, natürlich gibt es nachts genug Alarm, wenn sie hier durchfliegen.

Hoffentlich kommt bald wieder einmal die Zeit des mündlichen Austauschs zwischen uns. – Wir alle grüßen Sie und Ihre Frau recht herzlich und wünschen Ihnen beiden und Ihren Kindern alles, alles Gute.

Mit vielen Grüßen

Ihr
K. Adenauer

Nr. 409

Herbst 1943: Gespräch mit Dr. August Dresbach und Franz Thedieck in Rhöndorf

Im Herbst des Jahres 1943 habe ich zusammen mit August Dresbach[1], dem späteren langjährigen Bundestagsabgeordneten, in Rhöndorf lange Stunden mit Konrad Adenauer über die Pläne der Widerstandsbewegung gegen Hitler gesprochen. In seinem nüchternen Realismus legte er die Gründe seiner Skepsis gegenüber den Absichten der Gruppe um Generaloberst Beck[2], Carl Goerdeler und Jakob Kaiser, um einige der wesentlichen Namen zu nennen, dar. Er hielt nichts von einem Putsch, der sich auf Generäle stützen sollte[3]. Mir ist noch gut in Erinnerung, wie er sagte, Generäle seien bei uns zum Gehorchen erzogen, zum Putschen seien sie in Deutschland ungeeignet. Ich war zu der Zeit anderer Meinung als er und habe ihm heftig widersprochen. Leider sollte er auch hier recht behalten.
(Franz Thedieck: Erinnerungen an Konrad Adenauer)

Nr. 410

3. Dezember 1943 (Rhöndorf): An die Fernsprechstelle Bonn
(siehe folgende Seite)

Nr. 411

23. Dezember 1943 (Rhöndorf): An Professor Dr. Walter Braunfels, Überlingen/Bodensee

Lieber Herr Braunfels!

Haben Sie vielen Dank für Ihren lieben Brief[1]. Ich erhielt davor einen Brief von Ihnen im Juli und erinnere mich bestimmt, daß ich ihn kurz nach Empfang beantwortet habe. Die Post ist ja schon einmal nicht besonders zuverlässig.
Ich freue mich aufrichtig, daß es Ihnen und den Ihrigen einigermaßen gut geht. Ihr Entschluß, zum Bodensee zu gehen, hat doch gute Früchte getragen. An der Zuversicht, die aus Ihrem Briefe spricht, habe ich mich erbaut, es ist sehr schwer, sie sich zu bewahren. Ich hoffe, daß Ihre Gattin auch bald ganz wiederhergestellt ist. Wir dürfen auch nicht klagen, es gibt so sehr viele, die es unendlich viel schwerer haben. Solange man keinen teuren Angehörigen zu beklagen hat und so lange man das Dach über dem Kopf hat, darf man ja nicht klagen. Natürlich ist man den Fliegerangriffen viel näher als dort, und wenn ich eine solche zerstörte Stadt

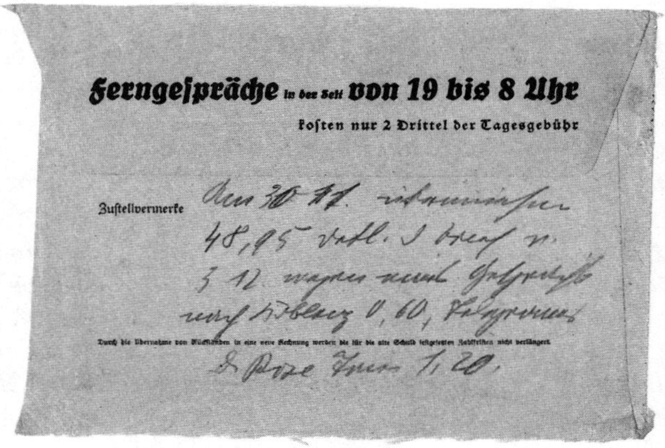

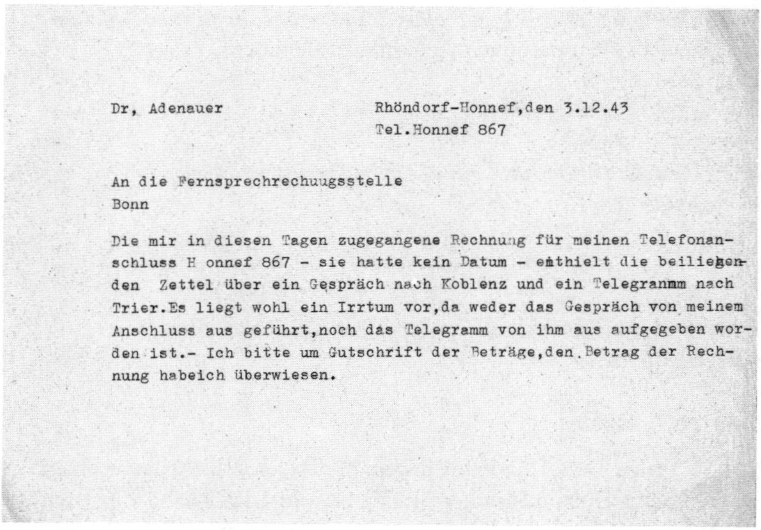

Dr, Adenauer Rhöndorf-Honnef,den 3.12.43
Tel.Honnef 867

An die Fernsprechrechuugsstelle
Bonn

Die mir in diesen Tagen zugegangene Rechnung für meinen Telefonanschluss H onnef 867 - sie hatte kein Datum - enthielt die beiliegenden Zettel über ein Gespräch nach Koblenz und ein Telegranmm nach Trier.Es liegt wohl ein Irrtum vor,da weder das Gespräch von meinem Anschluss aus geführt,noch das Telegramm von ihm aus aufgegeben worden ist.- Ich bitte um Gutschrift der Beträge,den.Betrag der Rechnung habeich überwiesen.

Dok. Nr. 410

sehe, namentlich wenn ich Köln sehe, bin ich sehr traurig und niedergeschlagen. –
Drei Söhne von uns sind jetzt bei der Wehrmacht: der älteste, Konrad, 37 Jahre alt, ist zur Zeit unser größtes Sorgenkind, er war bis jetzt in Riga, muß aber in diesen Tagen zur Ostfront. Seine Frau und ihr einen Monat altes Kind sind bei uns[2]. Max, der zweite, Leutnant bei den Panzergrenadieren, ist im November an endemischer Gelbsucht erkrankt und befindet sich im Lazarett in Bonn, er wird noch eine Zeitlang gvH [garnisonverwendungsfähig Heimat] bleiben. Paul, gvH, ist als Sanitäter bei einer Flakbatterie bei Bonn, er hat wegen der häufigen Alarme sehr viel Dienst, der auch gar nicht ungefährlich ist, aber er ist nahe bei uns, und wir können ihn gelegentlich sehen, das wiegt schwer. Unsere Lotte ist auf einer Krankenpflegerinnenschule in Bonn mit außerordentlich schwerem Dienst. Meine Frau war auch einige Zeit gar nicht in Ordnung, sie hat sich einer kleinen Operation unterziehen müssen, ich habe sie gestern aus dem Krankenhause in Bonn nach Hause holen können, sie ist aber noch sehr schonungsbedürftig. –
Garten und Natur sind auch meine einzigen Erholungsquellen natürlicher Art, darum ist der Winter doppelt schwer.
Nun wollen wir versuchen, trotz allem Weihnachten zu feiern in des Wortes und Festes eigentlicher Bedeutung.
Ihnen, Ihrer Frau und Ihren Kindern wünschen wir von ganzem Herzen ein recht gesegnetes Weihnachtsfest und Gottes Schutz und Segen im Jahre 1944.
Mit vielen herzlichen Grüßen von Haus zu Haus Ihr
Adenauer

Nr. 412
23. Dezember 1943 (Heemstede, Niederlande): Dr. Wim J. Schmitz an Adenauer, Rhöndorf

Lieber Herr Adenauer,

wahrscheinlich wird dieser Brief Sie zwischen Weihnachten und Neujahr erreichen, und nehme ich jetzt auch noch eben die Gelegenheit, [Ihnen] und Ihrer lieben Familie für 1944 das Allerbeste zu wünschen. Lola und Ihr Baby[1], eine Nachricht hierüber habe ich noch nicht erhalten, wird bestimmt dazu beigetragen haben, daß die nötige Lustigkeit vorhanden ist.
Hier sieht momentan alles sehr dunkel aus[2]. Das heißt, wir sind feste überzeugt, daß 1944 die Entscheidung bringen wird, über dessen wir uns ja klar sind, was das Ergebnis betrifft, aber immerhin bin ich persönlich der Mei-

nung, daß wir Gott danken können, wenn wir es lebendig davon bringen. Nimmt man an, daß hier nicht die Invasion stattfindet, und spricht man sogar die Hoffnung aus, daß hier nicht zuviel gekämpft wird, so befürchte ich doch, daß viele Männer unter 40 Jahren den Rückzug mitmachen müssen und demzufolge von ihren Frauen und Kindern getrennt werden.
Die verschiedenen Gebiete haben bereits kein Telefon mehr, und bei uns wird das auch wohl bald der Fall sein. Im ganzen sollen in Holland nur 6 000 Telefonverbindungen bestehen bleiben, die von einer Handzentrale bedient werden. Reichsdeutsche, Beamte, Doktoren usw. haben den Vorzug. Auch bedroht uns eine plötzliche Evakuierung, d. h. sobald irgendwo an der Küste die Invasion beginnt, muß bis Amsterdam alles weg. Wir müssen das alles hinterlassen, dürfen pro Kopf nur 20 kg Bagage mitnehmen, und dann geht es zu Fuß nach dem Osten.
Trauern wir darum, ach nein, das ist nun mal das Pech, das man hat, und schließlich weiß man ja auch noch, daß kein einziger Mensch, sondern letzten Endes nur Gott entscheidet, wiewohl wir uns sehr gut bewußt sind, daß der liebe Gott manchmal recht unangenehme Situationen zuläßt. Die Radios haben wir inzwischen auch in ganz Holland abgeben müssen, wodurch es manchmal auch recht langweilig wird, da man keine Musik mehr hören kann. Viele Zeitungen sind bereits eingestellt, sind oder werden bald nur noch einige Male pro Woche erscheinen, also diese Abwechslung ist auch nicht mehr da.
Aber wir wissen, daß wir diesen Weg gehen müssen, wollen wir die Zukunft für uns haben.
Manchmal denke ich an Sie und Ihr schönes Haus und möchte dahin fliehen. Es ist wohl einer der sichersten Ortschaften Europas, glaube ich. ‹...›[a] Wenn man weiß, daß man durch eine Tiefe gehen muß, damit es besser wird, dann kann es sogar passieren, daß man dieser Tiefe sogar mit einer Art Freude entgegensieht.
Nun für heute Schluß. Wenn Sie mir schreiben, sagen Sie dann, daß Sie von Joseph Bericht erhalten haben, dann weiß ich, daß Sie diesen Brief empfangen haben.
Lieber Herr Adenauer, hoffentlich waren Sie in der Lage, einen erheblichen Teil Ihrer Kinder in diesen Tagen um sich herumzuziehen, und haben Sie dadurch zeitentsprechende schöne Stunden verbracht.
Mit herzlichen Grüßen, und nochmals das Beste für 1944, auch im Namen meiner Frau, besonders auch für Ihre Frau Gemahlin und weitere Familie,

Ihr
[Wim Schmitz]

Nr. 413
13. Januar 1944 (Rhöndorf): An Dr. Wim J. Schmitz, Heemstede, Niederlande

Lieber Wim!

Haben Sie vielen Dank für Ihren Brief vom 25.11.43[1]. Über den Brief selbst, alle darin enthaltenen Nachrichten, haben wir alle uns herzlichst gefreut. Sie wissen ja, daß alles, was Sie, Ihre liebe Frau und Ihre Kinder, ja auch Ihre weitere Familie betrifft, unser lebhaftes Interesse findet.
Briefe Lolas und Giselas werden Sie inzwischen über alles, was uns betrifft, unterrichtet haben. Wir haben Lola und ihr kleines Mädchen sehr gerne bei uns, sie ist ein lieber Hausgenosse. Das Kind Konrads ist wirklich nett und einstweilen sehr brav.
Konrad hat Bombenurlaub, mußte aber vorgestern ins Lazarett überführt werden und hat gestern eine Blinddarmoperation gut überstanden. Max, der gestern für einige Stunden aus dem Lazarett hier war, wird wohl spätestens Ende des Monats aus dem Lazarett entlassen werden. Es scheint, daß die Sache ohne üble Folgen bleiben wird.
Im übrigen werden wir alle im Hause zur Zeit sehr von Grippe heimgesucht, aber das ist nicht weiter schlimm. ‹...›[a]
Weihnachten habe ich sehr an unser gemeinschaftlich verbrachtes Weihnachtsfest im Jahre 1933[2] gedacht.
Für das Jahr 1944 wünschen wir Ihnen allen Gottes Schutz und Segen.
Wie würden wir uns freuen, wenn wir Sie, Ihre Frau und Ihre Kinder gesund wiedersehen würden. Nun, hoffen wir, daß das in nicht zu langer Zeit einmal eintreten wird.
Über die andern Kinder will ich Ihnen auch noch kurz berichten. – Paul ist noch immer gvH [garnisonverwendungsfähig Heimat] und als Sanitäter bei einer Flakbatterie tätig, nicht so ganz gefahrlos. Lotte ist auf einer Krankenpflegerinnenschule in Bonn, augenblicklich liegt sie mit einer Grippe bei uns. Libet und Georg gehen zur Schule. Der Schwiegervater[3] unserer Tochter Ria ist ganz plötzlich auf einer Reise im Haag gestorben. Unser Schwiegersohn hat jetzt die ganze Last der Leitung des Unternehmens zu tragen.
Nun seien Sie alle recht herzlich von uns gegrüßt und Gottes Schutz empfohlen!
Wie immer Ihr
K. Adenauer

Nr. 414

24. Januar 1944 (Rhöndorf): An Christine Teusch, Köln

Sehr verehrtes Fräulein Teusch!

Haben Sie, zugleich im Namen meiner Frau, recht herzlichen Dank für Ihre guten Wünsche[1]. Ihnen und Ihrer Schwester[2] wünschen wir von ganzem Herzen Gottes reichsten Segen im Jahre 1944[3]. Der Jahresanfang brachte uns allerlei Krankheiten – mir eine Grippe, die die Ursache meiner späten Antwort ist – ins Haus und auch sonst viele Sorgen. Wenn man drei Söhne bei der Wehrmacht hat, kommt das ja von selbst. – Aber wir wollen doch voll Vertrauen auch das Jahr 1944 durchhalten. –
Hoffentlich geht es Ihnen beiden zufriedenstellend. –
Mit vielen herzlichen Grüßen, auch von meiner Frau Ihr

Adenauer

Nr. 415

Januar 1944: Mitgliedskarte und Mitteilung des Verschönerungsvereins für das Siebengebirge
(siehe folgende Seite)

Nr. 416

4. April 1944 (Rhöndorf): An Professor Dr. Walter Braunfels, Überlingen/ Bodensee

Lieber Herr Braunfels!

Ihrer Gattin, Ihnen und Ihren Kindern wünschen wir ein recht gesegnetes Osterfest. In diesen Zeiten werden wir ja das Fest der Auferstehung mit ganz besonderer Inbrunst begehen. –
Ich hoffe, daß es Ihnen und den Ihrigen relativ gut geht.
Der Frieden des Bodensees ist ja wohl in der letzten Zeit auch mehrfach gestört worden, aber ich denke, daß Ihre Gegend doch verschont worden ist. Uns und unseren Kindern geht es relativ gut, wenngleich der Winter viele Aufregungen und Sorgen gebracht hat. Meiner Frau ging es längere Zeit gar nicht gut, jetzt ist es besser. Auch bei mir macht sich die Länge des Krieges allmählich immer stärker bemerkbar, und die Arbeit im Garten muß rationiert werden. Es war bis vor wenigen Tagen ein trauriges Frühjahr. Wenn ich denke, daß im vorigen Jahr auf Charfreitag die erste Rose im Garten blühte, und wie es jetzt aussieht! Das wird eine recht gemüsearme Zeit werden. –

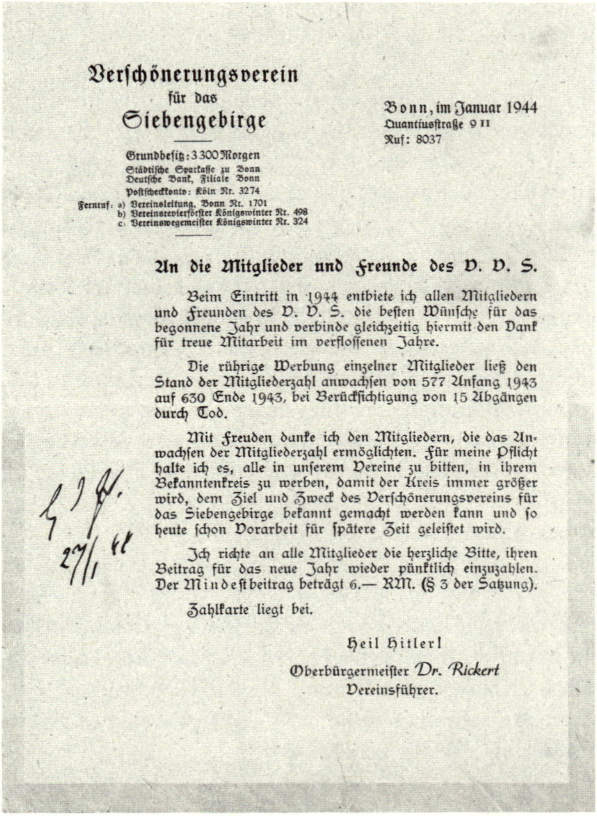

Verschönerungsverein für das Siebengebirge

Grundbesitz: 3300 Morgen
Städtische Sparkasse zu Bonn
Deutsche Bank, Filiale Bonn
Postscheckkonto: Köln Nr. 3274
Fernruf: a) Vereinsleitung, Bonn Nr. 1701
b) Vereinsrevierförster Königswinter Nr. 498
c) Vereinswegemeister Königswinter Nr. 324

Bonn, im Januar 1944
Quantiusstraße 9 II
Ruf: 8037

An die Mitglieder und Freunde des V. V. S.

Beim Eintritt in 1944 entbiete ich allen Mitgliedern und Freunden des V. V. S. die besten Wünsche für das begonnene Jahr und verbinde gleichzeitig hiermit den Dank für treue Mitarbeit im verflossenen Jahre.

Die rührige Werbung einzelner Mitglieder ließ den Stand der Mitgliederzahl anwachsen von 577 Anfang 1943 auf 630 Ende 1943, bei Berücksichtigung von 15 Abgängen durch Tod.

Mit Freuden danke ich den Mitgliedern, die das Anwachsen der Mitgliederzahl ermöglichten. Für meine Pflicht halte ich es, alle in unserem Vereine zu bitten, in ihrem Bekanntenkreis zu werben, damit der Kreis immer größer wird, dem Ziel und Zweck des Verschönerungsvereins für das Siebengebirge bekannt gemacht werden kann und so heute schon Vorarbeit für spätere Zeit geleistet wird.

Ich richte an alle Mitglieder die herzliche Bitte, ihren Beitrag für das neue Jahr wieder pünktlich einzuzahlen. Der Mindestbeitrag beträgt 6.— RM. (§ 3 der Satzung).

Zahlkarte liegt bei.

Heil Hitler!

Oberbürgermeister Dr. Rickert
Vereinsführer.

27/1. 44

Dok. Nr. 415

Verschönerungsverein für das Siebengebirge in Bonn (V.V.S.)

Bankkonten: Städtische Sparkasse zu Bonn, Deutsche Bank, Filiale Bonn, Postscheckkonto: Köln 3274

Fernruf: Vereinsleitung und Geschäftsstelle: Quantiusstraße 9II Bonn Nr. 8037, Revierförster: Königswinter Nr. 498, Wegemeister: „ „ 324

Drucksache

Herrn
Dr. Konr. Adenauer
Oberbürgermeister a. D.
in Bad-Honnef
Rhöndorf
Zennigsweg 8 b

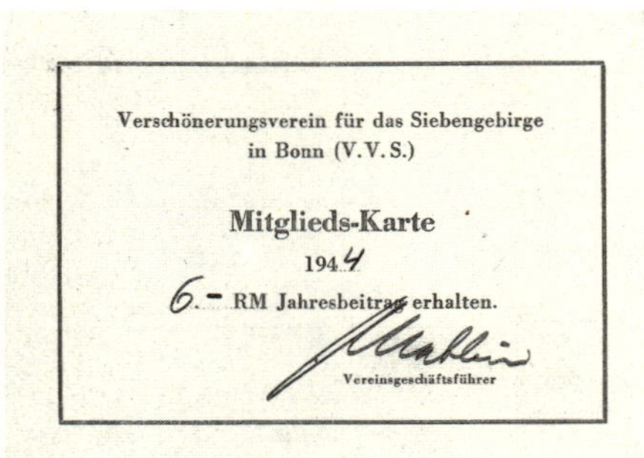

Verschönerungsverein für das Siebengebirge
in Bonn (V.V.S.)

Mitglieds-Karte

1944

6.– RM Jahresbeitrag erhalten.

Vereinsgeschäftsführer

Den Invasionsversuchen sehen wir mit einer gewissen Sorge entgegen, jedenfalls ist die Spannung sehr groß. Ich bin zwar noch gar nicht so davon überzeugt, daß der Versuch schon bald gemacht wird.
Paul ist noch bei der Flakbatterie im Vorgebirge, nicht ungefährlich und wegen der vielen Alarme recht anstrengend. Er und wir sind aber froh, daß wir ihn doch jede Woche einmal, wenn auch nur kurz, sehen, daß man ihn auch sättigen kann, denn daran hapert es bei ihm sehr. Es fällt einem heute sehr schwer, in Ruhe etwas Ernstes zu lesen. Sie erzählten mir einmal, daß Sie wegen Ihrer Oper genauer studiert hätten diesen ganzen Fragencomplex[1]. – Darf ich mir die Frage erlauben, was es denn nach Ihrer Meinung mit ihr [Jeanne d'Arc] war? Ihre ganzen »Stimmen«, ihr Einfluß auf den König lassen sich ja auf natürliche Weise erklären, auch die Tatsache, daß sie, das einfache Mädchen, glaubte, diese Aufgabe erfüllen zu müssen. Ist wirklich ein übernatürlicher Einfluß durch sie tätig gewesen in anderer Form und in stärkerer Weise als bei allen bedeutenden Menschen? Ich zweifle daran. – Arbeiten Sie soviel wie nötig, aber bleiben Sie schaffensfroh.
Mit recht herzlichen Grüßen von Haus zu Haus Ihr
Adenauer

Wir hörten die Matthäuspassion in der Münsterkirche in Bonn. Ich werde schon Aufführungen gehört haben, die nach dieser oder jener Richtung musikalisch besser gewesen sind, obgleich Erb[2] hervor[ragend] war, aber im Ganzen im Rahmen dieser schönen Kirche war es die eindrucksvollste Aufführung, die ich gehört habe.

Nr. 417

11. April 1944 (Honnef): Rundfunkgenehmigung für Adenauer

Nr. der Genehmigung GF 6696
Kartei-Nr. 3034
(Diese Nr. bei allen Eingaben und Zahlungen angeben)

Sorgfältig aufbewahren

Deutsches Reich

HONNEF (RHEIN) 11.4.44.-15 d

Rundfunkgenehmigung

Herrn ~~Frau~~ ~~Fräulein~~ Dr. Konrad Adenauer
(Vor- und Zuname)
Zennigsweg 8a
(Wohnung)

wird hiermit die Genehmigung zum Aufstellen und Betreiben eines Rundfunkempfängers nach den »Bestimmungen über den Rundfunk« vom 27. November 1931 (Amtsblatt des Reichspostministeriums S. 509/1931 und S. 141/1940) erteilt.

Postamt
I. A.
Balla

Rückseite beachten!

(2. 40) △ C 278 a Din A 6

»Ich habe keinen Tag vorübergehen lassen, ... ohne mehrere Male täglich ausländische Sender zu hören. Insbesondere hörte ich ständig BBC *London in deutscher Sprache und den Schweizer Sender Beromünster.«*
(Adenauer in seinen »Erinnerungen 1945–1953«)

Nr. 418
19. Mai 1944 (Rhöndorf): An Professor Dr. Anton Kippenberg, Leipzig

Sehr geehrter Herr Professor[1]!

An Ihrem 70. Geburtstage gedenke ich mit größter Dankbarkeit all der schönen Stunden, der Bereicherung meines Innern an Wissen und Erholung und Freude, die ich Ihrer Lebensarbeit verdanke. –
Nehmen Sie daher meine von herzlicher Dankbarkeit getragenen Glückwünsche entgegen! Möge Gott Ihnen die Kraft geben, auch bei Erfüllung der großen Aufgaben, die das Buch nach diesem Kriege haben wird, Wegweiser und Führer zu sein! –

In aufrichtiger Ergebenheit
Ihr
K. Adenauer
Oberbürgermeister a. D.

Nr. 419
26. Mai 1944 (Rhöndorf): An Professor Dr. Walter Braunfels, Überlingen/Bodensee

Lieber Herr Braunfels!

Ihrer Gattin und Ihnen senden wir recht herzliche Grüße zum Pfingstfest. – Wenn nur der Geist sich unserer bald erbarmen wollte! – Langsam wird es wohl auch bei Ihnen unruhiger in der Luft geworden sein. Bei uns ist es sehr unruhig geworden. Das arme Köln sieht schrecklich aus. Man sollte es nicht für möglich halten, daß die frühere Verwüstung noch derartig hätte gesteigert werden können. – Auch Königswinter hatte unlängst bei einem Tagesangriff der Amerikaner an die 70 Tote, für einen so kleinen Ort sehr viel[1]. – Uns geht es noch so ziemlich unverändert, wenngleich die Nerven und die Körperkräfte doch allmählich zu wünschen lassen. Die gestörten Nächte tragen sehr dazu bei. – Der Garten machte dies Jahr bis jetzt wenig Freude, immer trocken und kalt.

Alles steht sehr dürftig. – Meiner Frau geht es besser, Lotte studiert Medizin, die drei zur Wehrmacht Eingezogenen haben es leidlich.
Seien Sie und Ihre Gattin herzlichst von uns gegrüßt. Ihr

Adenauer

Nr. 420

1. Juni 1944 (Heemstede, Niederlande): Dr. Wim J. Schmitz an Adenauer, Rhöndorf

Lieber Herr Adenauer,

es [sind] bereits wieder Gott sei Dank einige schwere Monate verlaufen, seitdem ich zuletzt schrieb. Es muß leider gesagt werden, daß die Spannungen nicht leichter, sondern eher größer geworden sind, und wenn man dann wie heute in der Zeitung liest, daß das bekannte Rheinschiff, die »Ostmark« beschossen worden ist, so zeigt dies leider klar, daß auch die friedlichsten Stellen heutzutage vom Kriege ernähert [!] werden[1]. Ob wir wollen oder nicht, ein jeder Einzelne wird in diesem fanatischen Strom [mitgerissen], und ein jeder Einzelne, ob er bei Ihnen oder bei uns lebt, weiß, daß er es nur Gott zu verdanken hat, wenn er bis jetzt ohne Schaden davongekommen ist.
Vor kurzem stand ein großer Artikel in der Zeitung betreffs des Wiederaufbaus der deutschen Städte, und war wieder [die] Sprache von Grüngürtel[2] und Blaugürtel, Pläne des Reichsministeriums Speer entstanden[3]. Meine Gedanken gingen selbstverständlich nach glücklichen Zeiten zurück, welche ich damals so ganz intensiv miterleben durfte. Es sind Zukunftspläne für Sie. Ein jeder Mensch macht Zukunftspläne, Gott sei Dank, denn nur das hält einem den Kopf über das Wasser. Dies sind Gedanken, welche heutzutage bei einem so dann und wann mal auftreten, besonders, wenn man so nahe wie wir bei der Küste wohnt. ‹...›[a]
Lieber Herr Adenauer, ich schließe jetzt und ich bitte Sie, falls Sie die Gelegenheit haben zurückzuschreiben, dies an meine obige Büroadresse zu tun. Diese Adresse ist jetzt am sichersten, wiewohl wir noch in unserem Hause sind. Sehnsüchtig sehe ich nach dem Tag aus, daß wir einander wieder persönlich begrüßen können und mit Gottes Hilfe hoffentlich wieder alle diese schweren Zeiten bestanden haben.
Mit herzlichen Grüßen, besonders auch für Ihre Frau Gemahlin, die Söhne mit ihren Frauen ebenfalls, auch im Namen von Gi,

Ihr

Wim Schmitz

Nr. 421

19. Juli 1944 (Bonn): Rechnungsbeleg von Zahnarzt Dr. Josef Vollmar, Bonn

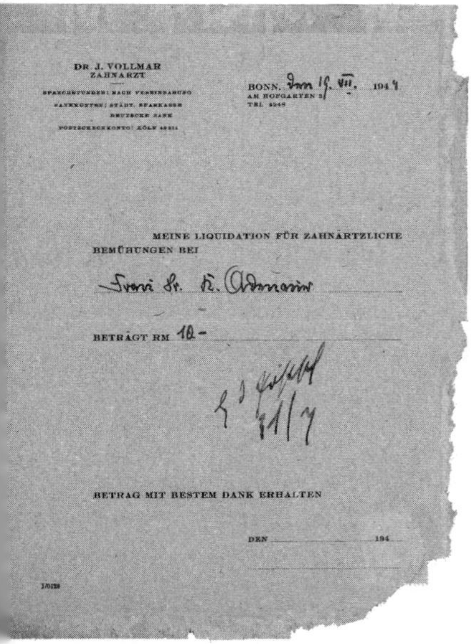

DR. J. VOLLMAR
ZAHNARZT

BONN, den 19. VII. 1944
AM HOFGARTEN 3
TEL. 4248

MEINE LIQUIDATION FÜR ZAHNÄRZTLICHE BEMÜHUNGEN BEI

Frau Dr. K. Adenauer

BETRÄGT RM 10.-

BETRAG MIT BESTEM DANK ERHALTEN

DEN 194

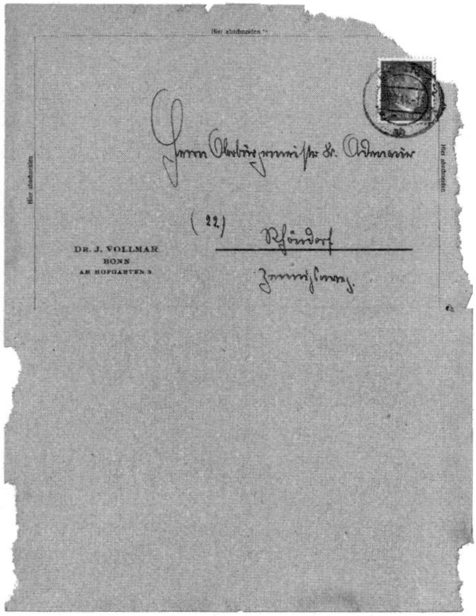

Hier abschneiden

Herrn Oberbürgermeister Dr. Adenauer

(22) Rhöndorf

Zennigsweg

DR. J. VOLLMAR
BONN
AM HOFGARTEN 3

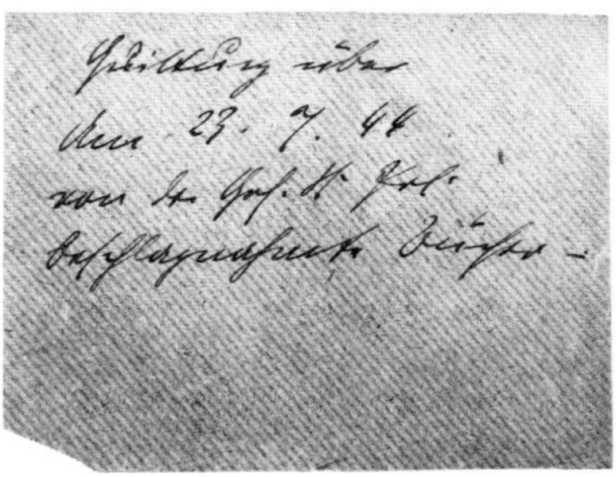

Zu Dok. Nr. 423

Nr. 422

23. Juli 1944: Hausdurchsuchung durch den Sicherheitsdienst Bonn

In den letzten Tage des Juli 1944 hat bei mir, Rhöndorf, Zennigsweg 8 a, eine Haussuchung durch 7 Beamte stattgefunden, die unter Leitung des Leiters[1] des SD in Bonn, sowie eines Kriminalrats in Köln, standen. Die Namen sind mir entfallen. Die Haussuchung hat 1 1/2 Tage gedauert. Die Beamten haben eine Anzahl Papiere und Briefe, die an mich gerichtet waren, mitgenommen. Was sie mitgenommen haben, wurde mir nicht mitgeteilt. Ich konnte es auch nicht feststellen. Ich weiß, daß sie insbesondere auch Briefe meiner im Felde stehenden Söhne mitgenommen haben.

(Adenauer am 18.4.1948 an die Regierungsbezirkspolizei Köln)

Nr. 423

23. Juli 1944 (Rhöndorf): »Quittung über beschlagnahmte Bücher«

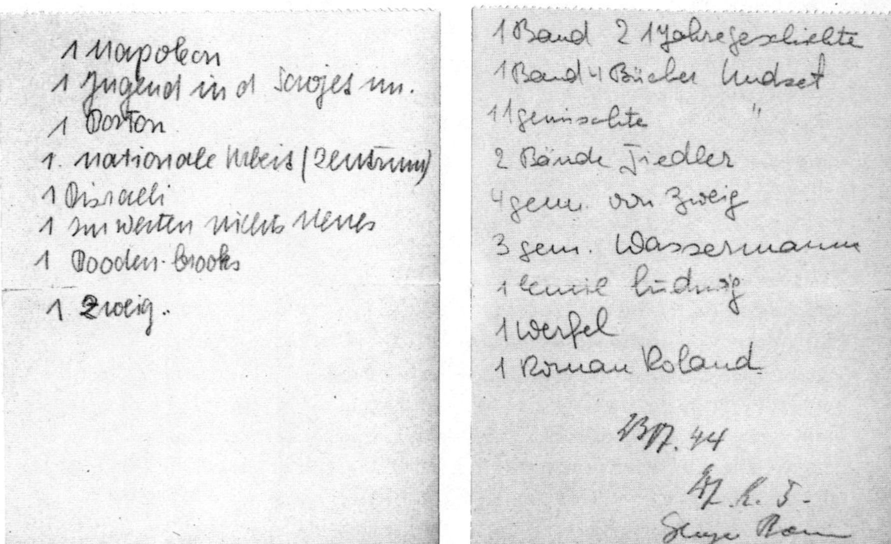

1 Napoleon
1 Jugend in d. Sowjet-Un.
1 Danton
1. nationale Arbeit (Zentrum)
1 Disraeli
1 Im Westen nichts Neues
1 Buddenbrooks
1. Zweig.

1 Band 2 Jahresgeschichte
1 Band 4 Bücher Undset
11 gemischte "
2 Bände Fiedler
4 gem. von Zweig
3 gem. Wassermann
1 Emil Ludwig
1 Werfel
1 Roman Roland

23.VII.44

Nr. 424

27. Juli 1944 (Rhöndorf): An Ria und Walter Reiners, Mönchengladbach

Liebe Ria und Walter!

Meinen vorigen Wochenbrief hatte ich endlich Sonntag mit mehreren Unterbrechungen fertiggestellt, und er lag couvertiert auf meinem Schreibtisch, als gegen 1.15 – wir saßen beim Mittagessen – 7 Beamte der Gestapo und des SD in Bonn ins Haus kamen und sagten, sie müßten eine Haussuchung vornehmen. Den an Euch gerichteten Brief mußte ich sofort öffnen, und sie frugen, ob sie ihn mitnehmen könnten, was ich natürlich bejahte. Die Haussuchung dauerte am Sonntag bis 4.30, dann wurde mein Zimmer versiegelt, und die Haussuchung am Montag um 10 Uhr fortgesetzt mit einer Mittagspause bis gegen 5.30. Die Durchsuchung des Hauses nach Lebensmitteln ergab nichts Belastendes, man interessierte sich aber sehr für jedes Papier, das ich in meinem Zimmer verwahrte, und das war viel, da ich seit 1933 so ziemlich meine ganze Correspondenz, Disziplinarakten, Bankakten usw. aufbewahrt habe. Interesse fand eigentlich nur die Correspondenz, die man zum Teil mitnahm, da keine Zeit zur Prüfung bei mir im Hause mehr sei. Man sagte mir aber zu, ehe man auf Grund meiner Correspondenz gegen irgend jemand etwas unternehme, das diesem unangenehm sei, werde man mich um Auskunft vorher ersuchen, da dadurch die Sache möglicherweise aufgeklärt werde. Die Herren waren sehr höflich und correkt[1]. Das Ganze war aber so zeitraubend und natürlich auch nervenanspannend, daß ich ihnen gesagt habe, ich würde in Zukunft nichts mehr aufbewahren, dadurch erspare ich mir solche Untersuchungen und ihnen Arbeit, sie fanden das vernünftig. Man sollte auch wahrhaftig nicht alles aufbewahren, man liest es später ja doch nicht mehr. Übrigens hat man auch alle Bücher von Wassermann und dgl., auch von Undset mitgenommen, wir würden sie nicht wiederbekommen.

Nun aber zum Inhalt des Briefes, den Du nicht bekommen hast. Ich berichtete zuerst darin von einer Reise nach Wesseling nach dem Überfall und sagte, es sei mir schrecklich gewesen zu sehen, wie ein so großes und wichtiges Werk in einer halben Stunde vernichtet worden sei. Ich schrieb weiter, daß am Freitag nachmittag Herr Giesen verhaftet worden sei, man wisse aber nicht warum[2]. Seine Frau sei hier gewesen und habe gesagt, anscheinend – nach Äußerungen der Beamten, die ihn verhaftet haben – vermisse man Treibstoff. Merkwürdig fand ich und schrieb Euch das, daß man den Freund des Herrn Giesen, Erdmann[3] von der Union-Wesseling, durch den wohl Herr Giesen allein an Treibstoff hätte

kommen können, nicht verhaftet [habe]. Erdmann habe ich Euch gegenüber schon erwähnt, er ist der Ingenieur, den ich auch in der Locsache[4] wiederholt consultiert habe. – Ich schrieb dann, daß Du, liebe Ria, meiner Erinnerung nach Keuchhusten als Kind von einigen Jahren sehr schwach gehabt hättest, und daß Konrad noch in Münster, Max in Frankreich und Paul in Jüterbog[5] sei und daß es ihnen verhältnismäßig gut gehe und daß ich hoffte, der Krieg werde durch unsere neuen Waffen im Laufe dieses Jahres beendigt werden[6].
Im übrigen geht es uns zeitgemäß gut. Gestern waren wir in Gielsdorf zum Namenstag. Kinder und Enkel, soweit im Lande, waren dort, mein Bruder und Tante Maria[7] sind recht gealtert. Ludwig[8] ist jetzt in Rußland an der Front, Resi[9] dürfe nicht fort.
Hoffentlich kommt Ihr bald noch einmal nach hier. Ich will für Mutter noch etwas Platz lassen.
Seid alle vier herzlichst gegrüßt!

Euer
V[ater]

Nr. 425
14. August 1944 (Rhöndorf): An Bernhard Günther, Köln

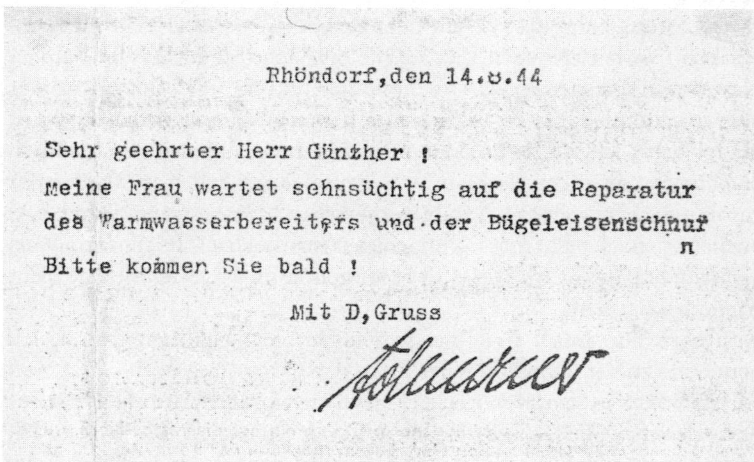
Rhöndorf,den 14.8.44

Sehr geehrter Herr Günther !
Meine Frau wartet sehnsüchtig auf die Reparatur des Warmwasserbereiters und der Bügeleisenschnur
Bitte kommen Sie bald !

Mit D,Gruss

Nr. 426

22. August 1944 (Rhöndorf): An Dr. Hermann Pünder, Münster/Westfalen

Lieber Herr Pünder!

Der beiliegende Durchschlag eines Briefes, den ich heute an Herrn Hauptmann Sester[1] gerichtet habe, gibt Ihnen Auskunft über den Verlauf der Angelegenheit. Der Antrag des Stalag VI[2] war an die zuständige Stelle des Wehrkreiskommandos gerichtet und von dieser anscheinend an die Reichsfachschaft weitergegeben worden. Es ist sehr schade, daß Ihr guter Gedanke über eine wirklich zweckmäßige Verwendung meines Sohnes nicht vollen Erfolg gehabt hat, wenigstens bis jetzt nicht. Wenn es Ihnen möglich sein sollte, im Sinne des beiliegenden Schreibens etwas zu tun, so würden wir Ihnen wirklich dankbar sein.
Wird die neue Anordnung über die Verjüngung des Offizierscorps auch für Sie von Bedeutung sein? Das wäre doch wirklich schade. –
Wir sind in Sorge um meinen Sohn Max, der mitten in Frankreich war und von dem wir seit einiger Zeit nichts hören. Würden Sie mir vielleicht die Adresse Ihres Herrn Bruders[3] geben können, vielleicht können wir durch ihn etwas erfahren.
Mit recht herzlichen Grüßen von Haus zu Haus Ihr

Adenauer

Nr. 427

23. August 1944 (Rhöndorf): Bericht des Schweizerischen Generalkonsuls Dr. Franz-Rudolph von Weiss an die Schweizerische Gesandtschaft, Berlin (Auszug)

Soeben, spätabends, nach Abfertigung unserer Kurierpost, die ich morgen früh nach Köln bringen werde, damit sie unserem aus Berlin kommenden Kurier ausgehändigt werden kann, erfahre ich von Frau Oberbürgermeister Dr. Adenauer, deren Mann ich kurz besuchen wollte, daß er heute früh um 6 Uhr verhaftet worden ist und zusammen mit einer großen Anzahl von maßgebenden Männern der ehemaligen Zentrumspartei [in] Köln-Deutz, wahrscheinlich in den Messehallen, wo früher die für den Abtransport nach dem Osten vorgesehenen Juden untergebracht worden waren, vorläufig Unterkunft gefunden hat.

Nr. 428

23. August 1944: Hausdurchsuchung in Rhöndorf und Verhaftung durch Gestapo-Kommissar Kurt Bethke (nach dessen Darstellung im Spruchkammerverfahren 1948)

Während meiner Tätigkeit bei der Staatspolizeistelle in Köln[1] *habe ich u. a. Vorgänge gegen den ehemaligen Oberbürgermeister der Stadt Köln, Dr. Conrad Adenauer, wohnhaft in Rhöndorf, Zennigsweg 8 a, und Dr. Korsing*[2]*, wohnhaft Köln, Brüsselerplatz 15, bearbeitet.*
Gegen Dr. Adenauer waren von der Gauleitung der NSDAP und vom SD in Bonn Anzeigen erstattet worden. U. a. hatte der SD in Bonn bei einer in der Wohnung des Dr. Adenauer vorgenommenen Hausdurchsuchung ein Schreiben eines früheren Zentrumsmitgliedes gefunden, welches Angriffe gegen die Regierung enthielt[3]*. Dieses Schreiben war an mehrere Personen gerichtet, so daß daraus ein hochverräterisches Komplott formuliert wurde. Bei meinen Ermittlungen habe ich dieses Rundschreiben gänzlich unterschlagen, habe absichtlich ein umfangreiches Protokoll über die unwichtigsten Punkte der Anzeige gefertigt.*
Während dieser Ermittlungen ging von Berlin ein Fernschreiben ein, nach welchem Dr. Goerdeler ausgesagt hätte, Dr. Adenauer wäre an den Vorbereitungen für den 20.7.1944 beteiligt gewesen. Ich wurde beauftragt, auch diese Ermittlungen zu führen, trotzdem mir der gesamte Komplex unbekannt war. In diesem Falle habe ich die Ermittlungen ganz unterlassen, sondern Dr. Adenauer nur kurz dazu zu Protokoll vernommen und dann dem RSHA berichtet, daß die Ermittlungen die Angaben Dr. Goerdelers nicht bestätigt hätten.
Da die Unterschlagung des erwähnten Rundschreibens nicht aufgefallen war und damit gegen Dr. Adenauer ein Verfahren wegen Vorbereitung zum Hochverrat abgewendet werden konnte, gelang es mir, die Entlassung des Dr. Adenauer in Berlin durchzusetzen.
(Kurt Bethke am 5.3.1948 an das Spruchgericht in Bergedorf)

Nr. 429

Nach dem 23. August 1944: Gussie Adenauer und Walter Reiners bemühen sich um Haftentlassung

In dem Schreiben[1] *der Frau Baronin von Schröder [...] wünschte diese auch eine Erklärung darüber, daß ihr Mann sich bemüht habe, meine Haftentlassung im Jahre 1944 zu erreichen*[2]*. Mir ist davon nichts bekannt. Ich*

habe im Gegenteil gehört, daß, als meine Frau und mein Schwiegersohn Herrn Baron von Schröder nach meiner Verhaftung im Sommer 1944 in Rolandseck aufgesucht haben, er sich betont ablehnend verhalten habe. Frau von Schröder, die im Hause anwesend war, hat es damals nicht für der Mühe wert erachtet, zum Vorschein zu kommen, um meiner Frau ein tröstendes Wort zu sagen.
(Adenauer am 7.10.1947 an Rechtsanwalt Dr. Friedrich Manstetten)

Nr. 430
25. August 1944 (Rhöndorf): Gussie Adenauer an die Geheime Staatspolizeistelle Köln

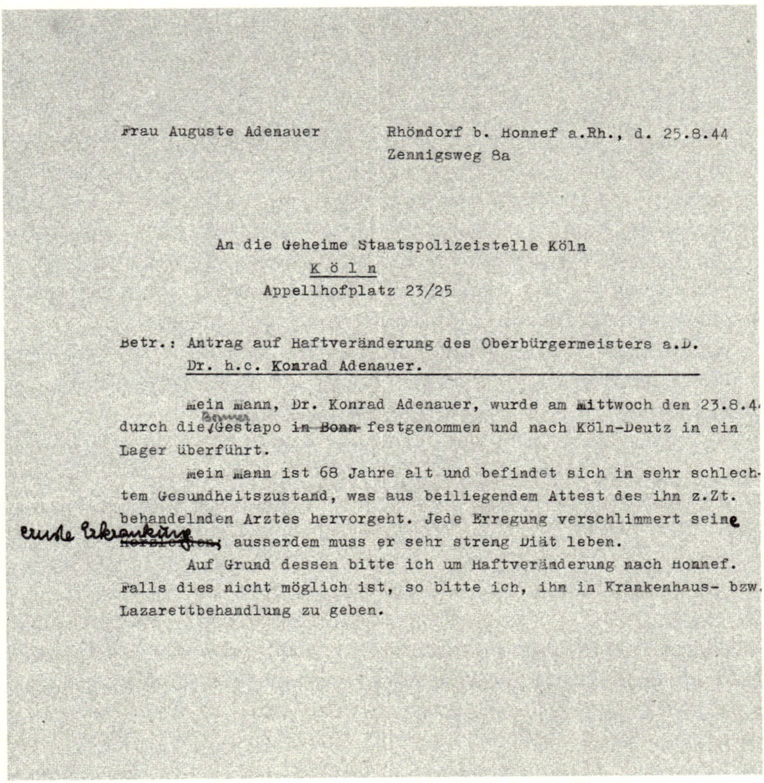

Frau Auguste Adenauer Rhöndorf b. Honnef a.Rh., d. 25.8.44
Zennigsweg 8a

An die Geheime Staatspolizeistelle Köln
K ö l n
Appellhofplatz 23/25

Betr.: Antrag auf Haftveränderung des Oberbürgermeisters a.D.
Dr. h.c. Konrad Adenauer.

Mein Mann, Dr. Konrad Adenauer, wurde am Mittwoch den 23.8.44 durch die Bonner Gestapo ~~in Bonn~~ festgenommen und nach Köln-Deutz in ein Lager überführt.

Mein Mann ist 68 Jahre alt und befindet sich in sehr schlechtem Gesundheitszustand, was aus beiliegendem Attest des ihn z.Zt. behandelnden Arztes hervorgeht. Jede Erregung verschlimmert seine ernste Erkrankung ~~Herzleiden~~; ausserdem muss er sehr streng Diät leben.

Auf Grund dessen bitte ich um Haftveränderung nach Honnef. Falls dies nicht möglich ist, so bitte ich, ihn in Krankenhaus- bzw. Lazarettbehandlung zu geben.

Nr. 431

31. August 1944 (Köln): Erzbischof Dr. Josef Frings an den Leiter des Kommissariats der Fuldaer Bischofskonferenz in Berlin, Weihbischof Heinrich Wienken

Hochwürdigste Excellenz[1]!

In den letzten Wochen wurden im Gebiet meines Sprengels eine Reihe von prominenten Katholiken verhaftet, ohne daß ein Grund dafür bekannt gegeben worden wäre. So wurden [...] verschiedene führende Laien des kath. Gesellenvereins in Köln, 3 Herren aus dem Kettelerhause der kath. Arbeitervereine, der frühere Kölner Oberbürgermeister Konrad Adenauer, der frühere Landtagsabgeordnete Dr. Leo Schwering[2] festgenommen. In meiner Heimat Neuss wurden 15 Herren verhaftet und z. T. wieder freigelassen, z. T. bis heute festgehalten. Aus anderen rheinischen Städten wird ähnliches berichtet, so b[e]z[üglich] des Reichsministers a. D. Hermes[3] u[nd] des Freiherrn Hermann v. Lüninck.
Ich kann mir nicht vorstellen, daß in einer Stunde wie der heutigen, wo Einigkeit das erste Erfordernis zu sein scheint, solche Maßnahmen von der zentralen Leitung ausgehen, da sie geeignet sind, Mißtrauen und Mißmut zu wecken, und tatsächlich starke Beunruhigung hervorgerufen haben. Es will mir daher scheinen, als könne es sich nur um Übergriffe örtlicher Instanzen handeln, die die Ruhe verloren haben.
Darum bitte ich Ew. Excellenz, diese Sache beim R.S.H.A. in meinem Namen vorzubringen, auf die üblen Wirkungen dieser Maßnahmen hinzuweisen und auf ihre Zurücknahme hinzuwirken.
Mit meinem besten Dank im voraus bin ich in Liebe und Verehrung

Ew. Excellenz ergebenster
Josef
Erzbischof von Köln

Nr. 432

31. August 1944 (Rhöndorf): Bericht des Schweizerischen Generalkonsuls Dr. Franz-Rudolph von Weiss an die Schweizerische Gesandtschaft, Berlin (Auszug)

Ich fuhr am vergangenen Freitag [25.8.1944] mit den beiden jüngsten Töchtern des Herrn Dr. Adenauer nach Köln, die trotz ihrer Jugend, 16 und 18 Jahre, eine wirklich bewundernswerte Haltung, Initiative und Charakterfestigkeit zeigten[1]. Wie sie mir auf dem Rückweg erzählten, konnten sie durch allerlei List bis zu ihrem Vater gelangen, um ihm etwas Wäsche und vor allen Dingen Lebensmittel zu bringen. Die Verhafteten wurden von Schutzleuten und einigen Gestapobeamten bewacht, wobei die Schutzleute jedoch in rührender Weise für Herrn Dr. Adenauer eintraten[2]. Die beiden Töchter konnten sich eine halbe Stunde lang mit ihrem Vater unterhalten, wobei die fraglichen Polizisten ihnen einfach den Rücken kehrten.

Am Sonntag [27.8.1944] wollte Frau Adenauer nur allzugerne zum ersten Male nach Köln fahren, um zu versuchen, mit ihrem Manne sprechen zu können. Ich kam ihrer Bitte nach und brachte sie ohne jeden Zwischenfall nach Köln, Hauptbahnhof, wovon aus sie über die Brücke zu Fuß mit ihren Töchtern nach Deutz ging. Da die Gestapoleute Urlaub hatten und die Wache nur von Schutzleuten gestellt wurde, konnten Frau Adenauer und ihre Töchter, von denselben in rührender Weise unterstützt, mit Herrn Dr. Adenauer sprechen. Sie wurden in die Wachstube geführt, 4 Stühle wurden herbeigeholt, und die Angehörigen konnten sich dann eine ganze Stunde mit Herrn Dr. Adenauer unterhalten. Für alle Fälle hatte Frau Adenauer mir einige Zeilen geschrieben, falls sie mich nicht rechtzeitig zur Rückkehr nach Rhöndorf hätte treffen sollen. Ich glaube, Ihnen diese rührenden Worte hier zur Kenntnis bringen zu sollen:

> »Lieber, guter Onkel Tony,
>
> Sie sind so rührend und gut zu uns gewesen. Haben Sie so vielen Dank. Wir haben meinen Mann eine Stunde lang gesprochen. Es wurde gesagt, daß die Zentrumsleute morgen oder übermorgen freikommen. Wir sind guten Mutes, sind Sie es auch. Die ganzen Sachen, besonders Kaffee, hat er erhalten. Für alles Dank, besonders auch für das Auto.
>
> Ihre
> Gussie Adenauer«

Da ich sie doch nachher noch in Köln traf, aus begreiflichen Gründen wollte ich mich natürlich nicht in der Nähe der Messehallen aufhalten, erzählte sie mir, wie traurig eigentlich das Los ihres Mannes sei. Gleich bei der Einlieferung wurden ihm seine Armbanduhr, sein Ehering, seine Krawatte, Hosenträger usw. abgenommen. Die Verpflegung spottet jeder Beschreibung. Morgens bekommen die Verhafteten ein Pfund Brot und etwas Margarine für den ganzen Tag, also ohne Mittagessen, und gegen Abend erhalten sie eine dünne Gemüsesuppe. Glücklicherweise ist es ihnen erlaubt, Lebensmittel von außen zu erhalten. Sie müssen in denselben Räumen, die seiner Zeit von den Juden vor ihrem Abtransport nach Litzmannstadt benutzt wurden, auf Strohsäcken schlafen, wobei sie ständig von Wanzen und Flöhen gequält werden. In der letzten Nacht hatte

Dr. Adenauer über 50 solcher Ungeziefer getötet. Er sah am Sonntag aber gut aus, nachdem einige russische Kriegsgefangene einen alten Waschkessel mit Lysol gereinigt hatten, damit das ehemalige Oberhaupt der Stadt Köln baden konnte. Ein zu 15 Jahren Zuchthaus verurteilter Gefangener hatte ihm sogar mit einem alten Bügeleisen seine Hose aufgebügelt. Unter den Verhafteten befinden sich ehemalige Mitglieder der SPD, der KPD und der Zentrumspartei. Die ehemaligen Angehörigen der beiden ersten Parteien müssen jeden Tag bei Aufräumungsarbeiten – darunter befinden sich Rechtsanwälte, Stadtverordnete, ehemalige Reichstagsabgeordnete – in der Stadt Köln helfen. In seiner bekannten ruhigen Art erklärte sich Herr Dr. Adenauer damit einverstanden, die Rheinbrücken zu fegen, worauf ihm bedeutet wurde, daß aus wohlweislichen Gründen die Zentrumsleute nicht draußen arbeiten sollten. Daraufhin meldete er sich freiwillig auf die Amtsstube der Gestapo.
Da ich Dienstag [29.8.1944] wiederum in Köln dienstlich zu tun hatte, fuhr ich mit der Tochter von Herrn Dr. Adenauer wieder nach Köln, wo sie Gelegenheit hatte, mit ihrem Vater zu sprechen. Sie erfuhr dabei, daß die ganze Aktion wahrscheinlich abgeblasen würde und daß er heute oder morgen wieder nach Hause kommen werde. Der Ortsgruppenleiter von Honnef und der Kreisleiter in Siegburg müssen noch ihre Stellungnahme bekanntgeben. Dabei kennt Herr Dr. Adenauer den Ortsgruppenleiter von Honnef überhaupt nicht, während der Kreisleiter[3] von Siegburg erst seit 14 Tagen im Amt ist.

Nr. 433

Ende August/Anfang September 1944: Aufenthalt im Gestapo-Gefängnis auf dem Kölner Messegelände

Kurze Zeit darauf wurde ich dennoch verhaftet und in das Bonner Gestapo-Haus gebracht. Dort fand ich viele Leidensgefährten vor, die mir zum Teil bekannt waren. Wir wurden erst nach Köln und dann in ein Auffanglager der Gestapo auf der rechten Rheinseite im Kölner Messegelände gebracht. In dem Konzentrationslager waren nicht nur Deutsche, sondern auch Belgier und Holländer, viele Russen und Polen. Die inhaftierten polnischen Offiziere benahmen sich mir gegenüber außerordentlich zuvorkommend: Der Kapo[1] des Lagers war ein früherer Gartenarbeiter der Stadt Köln, der auch in meinem Hausgarten, als ich noch Oberbürgermeister war, gearbeitet hatte. Er war erschüttert, als er mich sah. Als alter Kommunist hatte er eine achtjährige Zuchthausstrafe verbüßt und war dann ins Konzentra-

tionslager gesteckt worden. Er war ein sehr anständiger Mann, der sein Bestes für mich tat. Als ich nach dem Zusammenbruch Oberbürgermeister von Köln war, habe ich ihn zum Garteninspektor befördern können. Während der Nacht bewachten die Gestapo-Aufseher das Lager mit Hunden von außen. Im Lager herrschte Selbstverwaltung, und der Oberste war jener Kapo. Um uns etwas Abwechslung zu verschaffen, veranstaltete er an einem Sommertag einen Tanzabend, an dem die Angehörigen der verschiedenen Völkerschaften ihre Nationaltänze aufführten. Der Abend endete mit einem Konzert, bei dem vor allem die Polen sich durch ausgezeichnetes Violinspiel auszeichneten. Wo die Instrumente herkamen, ist mir heute noch ein Rätsel.
(Adenauer auf der Schallplatte »Aus meinem Leben«)

In September 1944, as a result of an Allied offensive, the Gestapo started to evacuate Brauweiler and transferred POWs in three separate transports to a temporary camp in Köln-Deutz. The former Mayor of Cologne and future chancellor of West Germany, Konrad Adenauer, was being detained in this camp by the Gestapo. He had been placed there after the July 20th 1944 attempt on Hitler's life. He had been detained in Köln-Deutz camp since the 23rd of August. […] Adenauer then received a delegation of Polish POWs and wished everybody a quick return to a free Poland. He was greatly impressed by the wonderful soldierly bearing of the Polish prisoners of war.
(Miroslaw Wierzbicki/Miroslaw Zawodny: Conspiratorial activity of Polish POW's during WWII in the Rhine area of Germany).

Nr. 434
September 1944: Entführung aus dem Krankenhaus Köln-Hohenlind – Flucht in den Westerwald – erneute Verhaftung (in der Darstellung von Fritz Schliebusch; Auszug)

Ende August 44 wurde Dr. Adenauer als früherer Zentrumsabgeordneter des Rheinischen Provinziallandtages verhaftet und unter unwürdigsten und gesundheitsschädlichsten Umständen in das Barackenlager im Kölner Messegelände eingeliefert. Für ihn habe ich mich bei dem Chef der Bonner Gestapo, SS Obersturmführer Dr. Müller, selbst verwendet. Dieser bezeichnete Dr. Adenauer selbst als einen Ehrenmann, wie die von ihm selbst vorgenommene Haussuchung ergeben hatte. Trotzdem war Dr. Adenauer mehr als 10 Tage in Haft, in Schmutz und Ungeziefer, bei denkbar unzureichender und ungeeigneter Ernährung. Der Mann durfte mit seinen 69 Jah-

ren nicht auf diese Weise umkommen, denn wir erwarteten von ihm noch wertvolle Arbeit, wenn der Krieg mal vorbei war. Ich habe darum einen Plan überlegt, wie man Dr. Adenauer aus der Haft entführen konnte. Inzwischen wurde der erkrankte Herr Adenauer ins Krankenhaus Hohenlind[1] in Köln eingeliefert. Von dort aus erschien ein Abtransport eher möglich. Ich besprach Einzelheiten (vor allem technische Dinge wie Fahren des Wagens, Fahrstrecke u.s.w.) mit dem Unterarzt der Luftwaffe Heinz Giesen, dem Sohn unseres Freundes Direktor Josef Giesen, und mit meinem damals gerade auf Dienstreise in Bonn weilenden Sohn Klaus. Jeder der beiden erklärte sich natürlich begeistert bereit, mitzumachen. Zwischen dem 5. und 10. September 44 wurde der Plan ausgeführt. Dem Direktor des Krankenhauses, Dr. Müller, erklärte ich, daß ich seitens der Wehrmacht Dr. Adenauer verhaften und mit nach Berlin nehmen müsse. Allerdings brauchten die beiden jungen Leute als Fahrer des Wagens nicht in Tätigkeit zu treten, da ein gemeinsamer Bekannter gerade in Köln und auf dem Wege zu einem Besuch bei Dr. Adenauer war.
Der hatte einen Wagen bei sich. Wir haben Dr. Adenauer dann zu einer einsamen Mühle im Nistertal im Westerwald gebracht, deren Besitzer[2] ein

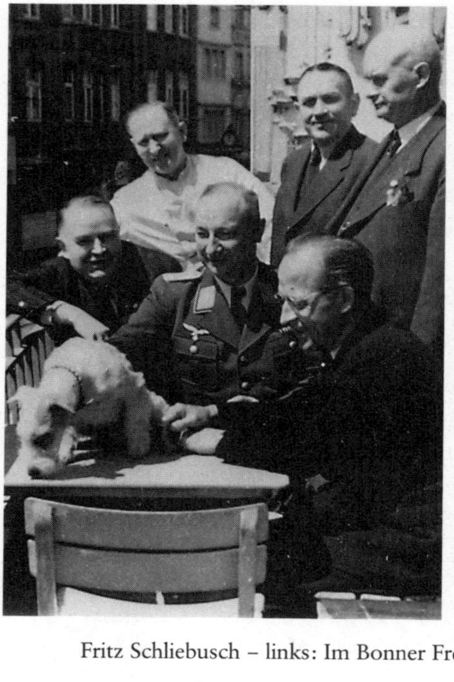

Fritz Schliebusch – links: Im Bonner Freundeskreis (1944)

Freund des Entführten war. Mitentscheidend für unser Handeln war unsere Hoffnung, daß der alliierte Vormarsch aus der Bretagne, der damals in vollem Zuge war, wenigstens bis zum Rhein durchstoßen würde. Der Vormarsch kam allerdings an der Westgrenze des Reiches zum Stehen. Mehr als je setzten jetzt weitere Überprüfungen von »verdächtigen« Staatsfeinden ein (das waren alle Leute, die vor 33 etwas bedeutet haben und von denen man annahm, daß sie nach dem Einmarsch der Besatzung mit dieser zusammenarbeiten würden). [Dabei] stieß man wieder auf Dr. Adenauer. Da man ihn am 25.9. bei einer Kontrolle nicht in seiner Wohnung antraf, verhaftete man seine Frau, setzte sie in brutalster Weise unter Druck und drohte, sie mit ihren Kindern solange einzusperren und hungern zu lassen, bis ihr Mann sich freiwillig melde. Sie gab daraufhin unter schwerstem Druck den Aufenthaltsort ihres Mannes und auch meinen Namen [an]. Noch in derselben Nacht wurden Dr. Adenauer und ich verhaftet, 8 bis 10 Tage später mein Sohn und der junge Heinz Giesen.
(Fritz Schliebusch in seinem »Bericht über meine Tätigkeit im Dritten Reich« vom 12.3.1945)

Nr. 435
Anfang September 1944 (Köln-Hohenlind): An Ria und Walter Reiners, Mönchengladbach

Liebe Ria u[nd] lieber Walter!

Es geht mir leidlich, man muß ja froh sein, wenn eine so schwere Erkrankung wie »perniziöse Anämie« zum Stehen gebracht wird. Schellenberger[1] gab mir ja schon seit einiger Zeit Lebertropfen gegen Anämie, er hatte mir verschwiegen, daß es »perniziöse A.« sei, ist aber dem Lagerarzt gegenüber damit herausgekommen. – Da mein Zimmer etwas unruhig ist, versuche ich ein anderes, ruhigeres zu bekommen, hoffentlich klappt das heute Abend. – Dein Anruf ist mir immer eine Freude, trotzdem bitte ich Dich, ihn für einige Tage zu unterlassen, er stört hier. – Die Gesellschaft, bei der Walter neulich war[2], hat übrigens ihre ihm gegenüber geäußerten Tendenzen noch nicht abgelegt! – Ich bin auf Grund des Attestes des Lagerarztes[3] als lager- u[nd] haftunfähig entlassen worden, aber die Ansichten darüber könnten sich ja schließlich ändern. –

Ich freue mich auf ein ruhigeres Zimmer, dort hoffe ich dann, wieder in einen erträglicheren Gesundheitszustand zu kommen.
Seid beide mit Euren Kindern recht von Herzen gegrüßt. Auf baldiges Wiedersehen

Euer
V[ater]

[Gussie Adenauer] Wir hoffen, daß es Vater recht bald wieder ganz gut geht und wir uns alle wiedersehen. Diese schwere Krankheit muß Vater überwinden, betet mit für uns. Seid umarmt und geküßt von

Mutter u[nd] Großmutter

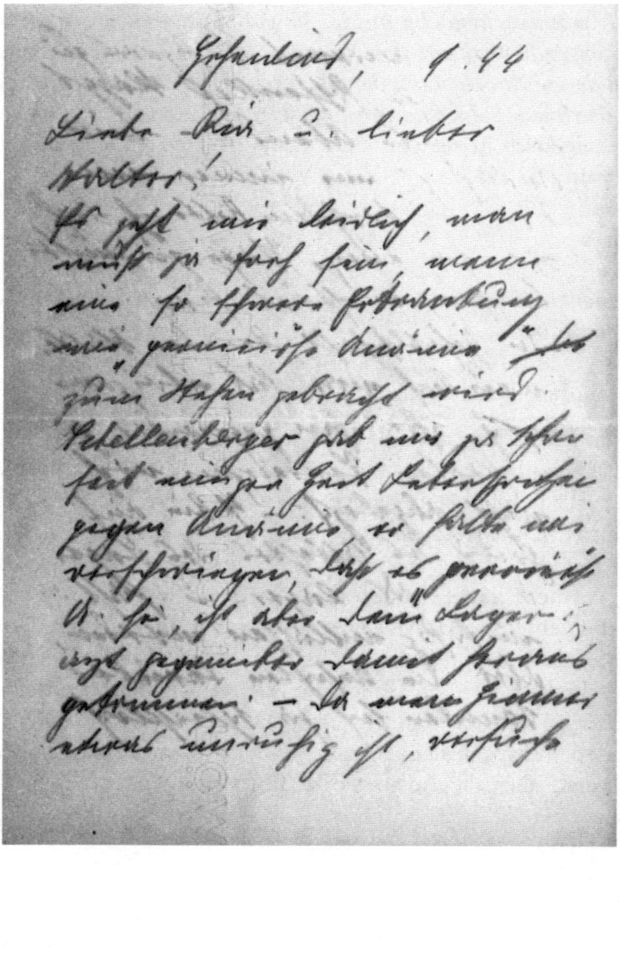

Nr. 436

September 1944: Siegmund Neumann in »Political Science Quarterly« zur Nachkriegsplanung der USA (Auszug)

The most adequate political leadership in the transition period might be sought in the ranks of former experienced administrators, who possibly have no political past, certainly do not claim any political future, and, therefore, may be ready to offer services as a patriotic duty in preventing chaos and disorder. If there is to be a national government at all, a Geschäftsministerium of respectable experts, a ministry of undersecretaries, may thus be the natural government during the transition period with its limited sovereign controls.

Whether such experts will be easily available is doubtful. Probably even the »undersecretaries« will be too closely identified with the Nazi regime; in fact many members of this administrative class, next to the policy-making ministerial heads of the bureaucracy, became Nazis or at least made all the adjustments to the Third Reich. Thus it may well be necessary to go further down in the civil service, to the level of Ministerialdirektoren, in order to find »neutral experts« to form a reliable German government during the transition period. Possible ministerial material may also be found among some mayors of large cities, though all communal administrations by now have been thoroughly nazified, and the few great mayors of pre-1933, such as Adenauer of Cologne, will be too old and too long retired to assume active responsibilities of such importance.

Nr. 437

16. September 1944 (Nistermühle/Westerwald): Unter dem Decknamen K. Zennig: An Ria und Walter Reiners, Mönchengladbach

Liebe Ria und Walter!

Ich bin sehr froh, daß es Euch relativ gutgegangen ist. Möge Euch Gott in den nächsten Tagen beschützen! Denkt an Rhöndorf oder wenigstens an Waldbach!

Ich bin auf der Rast und kann sehr zufrieden sein, aber es drängt mich doch sehr weiter.

Hoffentlich sehen wir uns alle bald gesund wieder!

Gott befohlen und herzlichste Grüße Euch allen!

Euer

K. Zennig

Nr. 438
24. September 1944: Verhaftung von Gussie Adenauer durch die Gestapo

Meine Ehefrau wurde durch Bethke verhaftet. Es sollte von ihr eine Aussage erpreßt werden über meinen damaligen Aufenthalt. Ich hielt mich zu dieser Zeit im Westerwald verborgen. Meine Frau wurde von Rhöndorf zunächst in das Gestapo-Gebäude in Köln gebracht und dort in eine Sammelzelle mit vielen anderen Häftlingen eingesperrt. Wie sie mir erzählte, wurde sie in der ersten Nacht mehrmals durch Bethke zur Vernehmung geholt. Es wurde ihr angedroht, daß auch unsere Töchter ins Gefängnis kämen, wenn sie nicht meinen Aufenthalt angebe. Aufgrund dieses seelischen Druckes[1] *hat sie dann meinen Aufenthalt genannt, worauf ich noch in der gleichen Nacht gegen 5 Uhr früh bei Hachenburg verhaftet wurde. Trotz inständigen Bittens meinerseits und obwohl er meiner Frau gesagt hatte, sie würde gleich nach Bekanntgabe meines Aufenthaltsortes freigelassen, hat Bethke meine Frau dann noch ein volle Woche in Haft gehalten, was als reiner Willkürakt betrachtet werden muß. Meine Frau hat hierdurch einen schweren seelischen Zusammenbruch erlitten und einen Selbstmordversuch unternommen. Im übrigen hat sich Bethke mir gegenüber in dienstlicher Hinsicht scharf, aber korrekt verhalten.*
Ich erwähne noch, daß meine Frau sich bereits in Brauweiler befand, als ich dort eingeliefert wurde. Während der Zeit unserer dortigen Haft war Bethke für uns verantwortlich.
(Adenauer am 11.8.1948 vor dem Amtsgericht Köln)

Nr. 439

25. September 1944: Beleg für die Einlieferung Adenauers in die Strafanstalt Brauweiler

Zelle 57

Dr. Adenauer

eingeliefert am 25.9.44

Nr. 440

27. September 1944 (Tübingen): Wilhelmine und Professor Dr. Ferdinand Zinsser an Gussie und Konrad Adenauer, Strafanstalt Brauweiler

Liebste Gussie und lieber Konrad!

Als wir heute morgen um 5 Uhr im Luftschutzraum saßen und die Zeiten besprachen, da fiel es Lotte[1] auf einmal ein, daß vorgestern Euer Hochzeitstag[2] war und dazu sogar der silberne Hochzeitstag. Ihr müßt es mit den schlimmen Zeiten entschuldigen, daß so etwas möglich war. Ihr habt Euch gewiß den Tag schöner und erfreulicher gedacht im Kreise Eurer Kinder und aller Lieben und Freunde. Und nun seid sogar Ihr selber getrennt! Konrad im Krankenhaus und Du womöglich nicht einmal im Stande, ihn zu besuchen. Und über allem die drückende Sorge um Deutschlands Schicksal. Aber wir wollen nicht aufhören zu hoffen und zu vertrauen. Ich kann nicht anders als glauben, daß schließlich alles doch noch zu einem guten Ende kommen muß, und da wird es Euch vielleicht doch noch vergönnt sein, im Kreise Eurer Lieben den kommenden Jahren hoffnungsvoll entgegenzusehen. Das verflossene Vierteljahrhundert hat Euch doch neben vielen Härten und Sorgen manches Gute und Glückliche gebracht. Namentlich in Gestalt Eurer Kinder und in Eurer Zusammengehörigkeit.

Nun wollen wir hoffen, daß sie Euch erhalten bleiben und daß Ihr gesund und frisch bleibt, trotz allem, und daß auch wieder gute freie Tage kommen, in denen man aufatmen kann.
‹...›[a]
Seid umarmt von

Euren
Alten

Nr. 441
Ende September 1944: Vernehmungen von Gussie und Konrad Adenauer durch Gestapo-Kommissar Kurt Bethke (in der Darstellung seines Rechtsanwalts im Spruchkammerverfahren 1948; Auszug)

Der Angeklagte [Bethke] hat Frau Adenauer gegenüber wiederholt betont, daß es ihm selber leid täte, daß er so handeln müsse. Frau Adenauer gab dann auch den Aufenthalt ihres Mannes an, worauf dieser festgenommen und in die Anstalt Brauweiler gebracht wurde[1]. Der Chef des Angeklagten, der sich nun von der Inhaftierung der Familie abbringen ließ, bestand aber darauf, daß Frau Adenauer noch in Haft genommen werde, da er auf Grund seiner Vermutung der Beteiligung Dr. Adenauer's am 20. Juli Verdunkelungsgefahr annahm[2]. Um Frau Adenauer nicht in dem überfüllten Polizeigefängnis Klingelpütz[3] unterbringen zu müssen, hat der Angeklagte sie ebenfalls nach Brauweiler bringen lassen und den Anstaltsdirektor gebeten, sie für einige Tage in der dortigen Frauenabteilung aufzunehmen. Der Angeklagte hat dann sofort mit Dr. Adenauer eine Vernehmung über den Grund seiner Flucht aufgenommen, die Angabe dem inzwischen auch festgenommenen Major Schliebusch und Frau Adenauer vorgehalten, die diese bestätigten[4]. Hierauf hat der Angeklagte seinem Chef über dieses Ergebnis Vortrag gehalten und ihm gesagt, er hätte nicht den Eindruck, daß eine Beteiligung am 20. Juli 1944 vorläge, und hätte auch keine Möglichkeit mehr, Frau Adenauer weiterhin in Haft zu behalten. Der Chef des Angeklagten hielt diesem vor, er hätte doch noch längst nicht genügend Ermittlungen angestellt, um dieses behaupten zu können. Aus seinen Einwendungen gewann der Angeklagte den Eindruck, daß zwischen ihm und der Gauleitung der NSDAP bereits irgendeine Verabredung bestand, die Gelegenheit zum Anlaß zu nehmen, Dr. Adenauer in ein Konzentrationslager zu bringen. Der Angeklagte hat nach dieser Rücksprache noch einige Feststellungen getroffen und am folgenden Tage Frau Adenauer auf seine Verantwortung aus der Haft entlassen.
Hätte Frau Adenauer den Aufenthalt ihres Mannes nicht angegeben, wäre folgende Lage entstanden:

Der Angeklagte selbst wäre in Haft genommen worden. Dies hätte die weitere Durchführung der Ermittlungen jedoch keineswegs verhindert. Der Nachfolger des Angeklagten wäre höchstwahrscheinlich in Anbetracht dessen, daß der Angeklagte in der Angelegenheit schon in Haft genommen, besonders genau und eingehend gewesen. Nach Dr. Adenauer wäre von Berlin die Reichsfahndung ausgelöst worden und sein Aufenthalt hierbei auf jeden Fall festgestellt. Für Frau Adenauer bestand außerdem in diesem Falle die Gefahr der Überführung nach Berlin, um sie dort von Fachleuten auf dem Gebiet der Ermittlungen um den 20. Juli 1944 vernehmen zu lassen.
(Bethkes Rechtsanwalt Dr. Scholz am 14.6.1948 an das Spruchgericht Bergedorf)

Nr. 442
Oktober 1944: Aufenthalt in der Strafanstalt Brauweiler

In dem Gestapogefängnis, in dem ich war, waren zu der Zeit 67 Leute. Davon sind 27 aufgehängt worden, und einer wurde erschossen, alles Deutsche; das war immerhin ein großer Prozentsatz. Es wurden sogar Kinder von 16 Jahren aufgehängt. Sie mußten aber, ehe sie aufgehängt wurden, ihre Hitlerjacken ausziehen; das habe ich selbst gesehen. [...] meine Zelle lag gerade über dem Raum, in dem Menschen gemartert wurden. Das war ein Betonbau, und ich konnte alles hören und habe manche Nacht schweißbedeckt auf meinem Strohsack gelegen wegen der geistigen Qualen, die ich da mitmachen mußte, wenn ich das alles hörte.
(Adenauer am 23.6.1958 im Informationsgespräch mit Serge Groussard)

Nr. 443
3. Oktober–9. November 1944: Tagebucheintragungen von Dr. Max Adenauer

(3.10.)
Von Rastatt wird nach Ankunft eines Telegramms von Libet gemeldet, wonach beide Eltern verhaftet.
(4.10.)
Das Telegramm von Libet wird mir zugestellt. Der Inhalt lautet:
»An den Standortältesten der Stadt Rastatt. Bitte herzlichst und dringend um Angabe der Adresse von Leutnant Max Adenauer und ihm auszurichten, daß seine Rückkehr nach Rhöndorf dringend erforderlich sei, daß jetzt beide Eltern fort. Libet Adenauer.«

(8.10.)
Ein inzwischen von mir beantragter Urlaub von meinem vorgesetzten Kommando in Freiburg abgelehnt.
(24.10.)
5 Uhr Frankfurt, 8 Uhr in Usingen, 13 Uhr nach Riedelbach zu Oberstleutnant Reile, 19 Uhr ab Usingen über Frankfurt und Mainz, 0.15 Uhr nach Bingen, 4 Uhr über Koblenz nach Rhöndorf 12.30 Uhr, Busley[1], Ettighofer[2] und Hellweg dort.
(26.10.)
7 Uhr nach Köln und 12 Uhr Besuch bei Vater in Brauweiler[3], Rücksprache bei Bethke. Bei Tante Mia, 20 Uhr in Rhöndorf.
(27.10.)
17 Uhr Abfahrt mit Gisela nach Berlin über Koblenz, 22 Uhr Abfahrt von Koblenz.
(28.10.)
15 Uhr Ankunft in Berlin, Unterkunft Uhlandstr. 2.
(29.10.)
Vormittags zu Dr. Leopold[4], vergeblicher Versuch, Achter und Otten zu erreichen, desgleichen Hauptmann Lummitzsch abwesend.
(30.10.)
Otten verreist, bei Direktor Rasche von Dresdner Bank, – nachmittags in Wildpark bei Kaps[5] und Oberstleutnant [Werner] Pünder, – Paul kommt an.
(31.10.)
Umzug zum Frauenwohnhaus in Charlottenburg, – mit Paul im Landwehrkasino, – nachmittags bei Achter und Spennrath.
(1.11.)
Morgens im Wildpark, dort keine Hilfe, – 16 Uhr Hauptmann Lummitzsch.
(2.11.)
Zu Dr. Leopold (Reichswirtschaftskammer), anschließend Stapo, Prinz-Albrecht-Str. 8, von dort zu Hauptsturmführer Kunze in der Meinekestraße (Bearbeiter in Vaters Angelegenheit), – nachmittags zu Kaps und Oberstleutnant Pünder. – Gisela nach Lindenberg zu Pferdmenges.
(3.11.)
16 Uhr Dr. Leopold, nichts dort ausgerichtet, – 12 Uhr Essen mit Walter Berndorff im Adlon, – 15 Uhr bei Kunze und Hahnenbruck in der Meinekestraße. Nach Kunze steht Vaters Sache günstig (war allerdings im Augenblick nicht bearbeitet worden). – Umzug zur Uhlandstraße.

(4.11.)
Zum Mittagessen im Landwehrkasino, – 16 Uhr bei Hahnenbruck, noch keine Entscheidung. Paul und Pferdmenges unterrichtet. Abfahrt 18.52 Uhr (da Urlaub zu Ende).
(5.11.)
16 Uhr Ankunft in Rhöndorf, – Wiedbrücke durch Bomben zerstört, von Fahr-Irlich mit Lastwagen.
(6.11.)
Mit Tante Ella nach Köln – Besuchserlaubnis bei Weitz. 2 Stunden bei Vater in Brauweiler. – Bei Schwester Annakletha Auskunft über Tante Mias Tod.
(9.11.)
Letzter Abend in Rhöndorf.

Nr. 444
26. Oktober 1944 (Köln): Bescheinigung für Dr. Max Adenauer

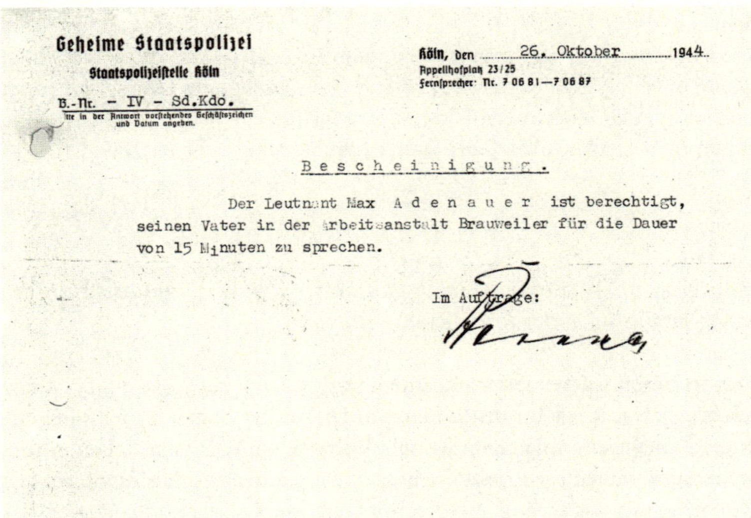

Geheime Staatspolizei
Staatspolizeistelle Köln
B.-Nr. – IV – Sd.Kdo.
...tte in der Antwort vorstehendes Geschäftszeichen und Datum angeben.

Köln, den 26. Oktober 1944
Appellhofplatz 23/25
Fernsprecher: Nr. 7 06 81 – 7 06 87

Bescheinigung.

Der Leutnant Max Adenauer ist berechtigt, seinen Vater in der Arbeitsanstalt Brauweiler für die Dauer von 15 Minuten zu sprechen.

Im Auftrage:
[illegible]

Nr. 445

17. Oktober 1944 (Rhöndorf): Gussie Adenauer an Elisabeth und Josef Roedig, Nistermühle bei Hachenburg/Westerwald

Ihr lieben Roedigs.

Es drängt mich doch, Ihnen endlich ein Lebenszeichen zu geben, die Zeit eilt so unerbittlich weiter und reißt alles in ihren Strudel hinein – aber auch ist es gut zu wissen, daß alles vorbei geht und wir geduldig ausharren müssen, um zum Ziel zu kommen. Nur Gottes Güte ist ewig unveränderlich und immer da, welch' große Gnade!
Mein Mann ist leider noch immer in Gewahrsam in Brauweiler, wo auch ich 10 Tage war, deshalb konnte ich nicht schreiben; und ich wollte Ihnen doch immer nochmal so ganz herzlichen Dank sagen für all' Ihre Liebe und Güte und treue Sorge für meinen Mann. Nun wollte ich Ihnen noch sagen, daß wir den Lodenmantel nach Beuel zur Garage bringen werden, damit Sie, lieber Herr Roedig, denselben dort abholen können. Würden Sie dann wohl so gut sein und die Sachen meines Mannes, die noch dort sind, bei Gelegenheit auch dort abgeben[1], wir wären Ihnen sehr dankbar!
Und nun wollen wir weiter vertrauen auf Gott und auf seine Hilfe. Meinem Mann geht es soweit ordentlich, Libet war am Donnerstag dort und geht auch nächste Woche mal wieder hin.
Ihnen beiden alles, alles Gute wünschend, grüßt recht herzlich

Ihre
Gussie Adenauer

Nr. 446

26. Oktober 1944 (Berlin): Anklageschrift des Oberreichsanwalts beim Volksgerichtshof gegen Josef Giesen (Auszug)

Den früheren Gartenbaudirektor der Stadt Köln Josef Giesen [...] klage ich an, sich fortgesetzt bis Juli 1944 in Urfeld bei Bonn der feindbegünstigenden Wehrkraftzersetzung schuldig gemacht zu haben. Der Angeschuldigte hat aus Mißtrauen gegen die deutschen Nachrichten seit Kriegsbeginn wiederholt die Nachrichten des Schweizer Senders Beromünster[1] abgehört und mit anderen erörtert. Er hat außerdem im Juli 1944 gegenüber einem Wehrmachtsangehörigen den Feldmarschall Rommel[2] verächtlich gemacht, die Einsatzbereitschaft des Führers und der gesamten NSDAP in Zweifel gezogen, die Ansicht vertreten, der Friede werde erst kommen, wenn die nationalsozialistische Staatsführung beseitigt sei,

und dabei geäußert, »für eine derartige Führung müsse das Volk so bluten«. [...]
Der Angeschuldigte trat – angeblich erst nach wiederholter Aufforderung – im Jahre 1928 der Zentrumspartei bei und gehörte dieser bis zu ihrer Auflösung im Jahre 1933 an. Mit seiner Ehefrau erzog er seine drei Kinder in streng katholischem Sinne. Nach seiner Entlassung aus dem Dienste der Stadt Köln hielt er den Verkehr mit dem früheren Oberbürgermeister Adenauer aufrecht.

Nr. 447
26. November 1944: Entlassung aus Brauweiler und Rückkehr nach Rhöndorf

Als ich im Herbst 1944 im Gestapo-Gefängnis Brauweiler war, wurde mir und meiner Familie von Einwohnern von Weiden, insbesondere von den dort wohnenden Brüdern Sinn[1], Hilfe zuteil. Als ich aus Brauweiler am 26. November 1944 entlassen wurde, war mein erster Gang nach Weiden zu den Herren Sinn. Ich wurde dort in einer rührenden Weise aufgenommen, die mich infolge ihres Kontrastes gegenüber der Atmosphäre im Gestapo-Gefängnis tief beeindruckt hat. Dann brachte Herr Otto Ritterbach[2] mich im Behelfslieferwagen nach Eintritt der Dunkelheit nach Rhöndorf.
(Adenauer im Geleitwort zur Chronik der Gemeinde Lövenich).

Nr. 448
29. November 1944 (Rhöndorf): An Dr. Max Adenauer

Lieber Max!

Das Telegramm, das Dir meine Rückkehr mitteilte, hast Du hoffentlich inzwischen bekommen. Als ich mich Sonntag, 26.11., bei einem Alarm im Luftschutzkeller bei dem zufällig anwesenden K[urt] B[ethke] nach dem Stande meiner Sache erkundigte, erhielt ich die Antwort: Wenn Sie wollen, können Sie heute gehen, ich habe die Entlassungsverfügung bekommen, wollen Sie nicht bis morgen bleiben? Er sagte noch, daß von Berlin mit Fernschreiben[1] eine Anfrage, warum meine Entlassung noch nicht angezeigt sei, vor Eingang der Entlassungsverfügung gekommen sei. Trotzdem mir die mir gehörigen asservierten Sachen – Geld, Briefta-

sche, Hosenträger, Schlips u.s.w. – an dem Sonntage nicht mehr ausgehändigt werden konnten, habe ich für das gastfreundliche Anerbieten vielmals gedankt, eine Verpflichtungserklärung, die ich unterschreiben konnte, unterschrieben und bin dann ohne irgendeine Auflage bez. Wohnort, Anzeige oder dgl. mit herzhaftem Händedruck entlassen worden. Du kannst Dir denken, wie beschwingt ich dann nach Weiden zu Sinn getippelt bin[2]. Er hat mich mit einer außerordentlichen Wärme und Herzlichkeit aufgenommen, mir einen kleinen Lieferwagen »organisiert«, mit dem ich 18.30 von Weiden über Frechen, Brühl, Bonn abgefahren bin. In Königswinter kamen wir in das tolle Hochwasser und mußten über Margaretenhof, Löwenburg, Honnef fahren; um 21.45 kamen wir an[3]. Von Königswinter aus hatte ich telefonisch Mitteilung machen lassen. Es war ein schöner Schluß meines Namenstages, mir war es wie ein Traum, daß ich wieder zu Hause war, und auch jetzt kommt es mir oft wie ein Traum vor. – Dir danke ich noch einmal recht herzlich für Deine Mühe und Deine Geschicklichkeit[4], ohne Deine Hilfe wäre ich wohl noch in Brauweiler – wo von allem andern abgesehen, sich auch die immer näher rückende Front sehr unliebsam bemerkbar macht; es war hohe Zeit, daß ich fortkam. Schl[iebuschs] sind noch dort[5].
Wegen der Vorgänge im Südabschnitt der Front waren wir in Sorge um Dich. Heute kam Dein Brief vom 20.11. an. Wir entnahmen daraus, daß Du wohl nicht mehr bis Straßburg gekommen sein wirst, was uns beruhigte. Hoffentlich hören wir bald Näheres über Deinen jetzigen Aufenthalt. – Hier ist regere Lufttätigkeit, aber sie ist natürlich sehr viel geringer, als sie in Brauweiler war. – Ich habe dort 11–12 Pfund an Gewicht verloren, auch das Herz ist etwas angegriffen, aber ich denke, das wird sich alles wieder geben, zumal wenn wir nicht Kampfgebiet werden, und das scheint mir nicht wahrscheinlich.
Alles Gute, lieber Max, und von ganzem Herzen viele, viele Grüße!

Dein
Vater

Unsere Gräber sollen unversehrt sein, ich habe allerdings Zweifel.

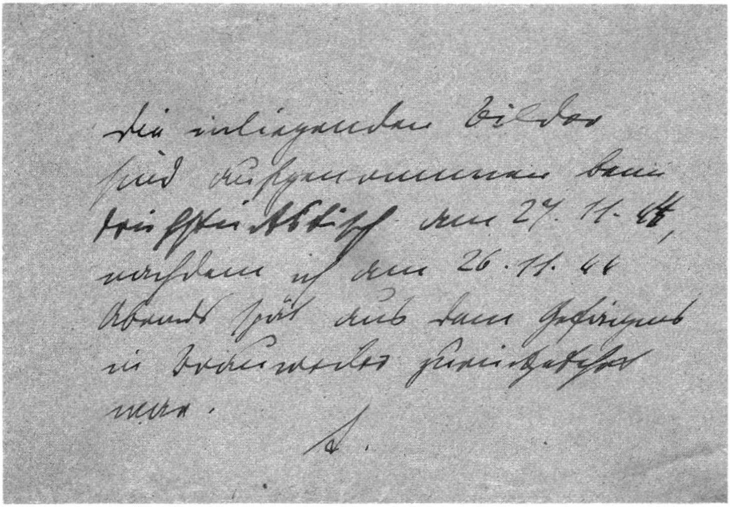

Die einliegenden Bilder
sind aufgenommen beim
Frühstückstisch am 27.11.44,
nachdem ich am 26.11.44
abends spät aus dem Gefängnis
in Brauweiler zurückgekehrt
war.
A.

»Die einliegenden Bilder sind aufgenommen beim Frühstückstisch am 27. 11. 44, nachdem ich am 26. 11. 44 abends spät aus dem Gefängnis in Brauweiler zurückgekehrt war« (zeitgenössische Notiz Adenauers)

Nr. 449

14. Januar 1945 (Rhöndorf): An Magda und Paul Hunold, Aachen (Auszug)

Die Transport- und damit die Versorgungslage ist hier recht schwierig geworden, die Eisenbahn fällt sozusagen ganz aus, auch zum Teil die elektrischen Bahnen. Luft war in den letzten Tagen wegen des vorherrschenden Nebels ziemlich ruhig, insbesondere auch des Nachts. Lola hat zwar keine Angst, aber es ist das doch namentlich für die ersten Tage sehr gut gewesen.
Von Lola haben wir gehört, daß es Euch einigermaßen geht, daß auch Du, liebe Magda, Dich dort langsam einlebst. Diese Woche nach Lolas Weggang aus dem Krankenhause wird der kleine »Konrad, Paul, Karl« also getauft werden, dann werden wir Eurer besonders gedenken. Karl wird er auch getauft, da unsere Lotte außer mir Patin werden soll. Ich hoffe, daß Euch dieser Brief bald erreicht und Euch wohl antrifft.

Nr. 450

4. Februar 1945 (Honnef): Beleg für die Beschäftigung von Kriegsgefangenen

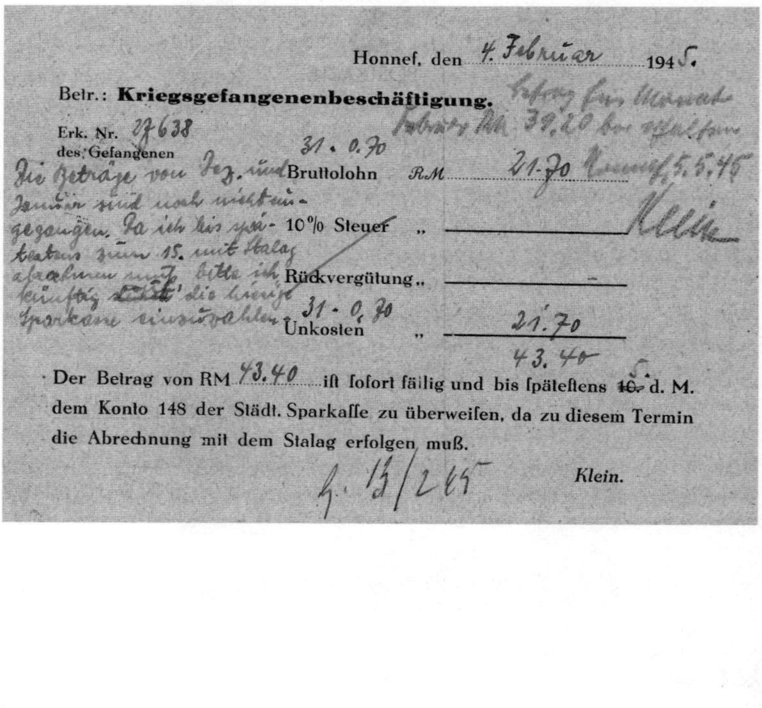

Honnef, den 4. Februar 1945.

Betr.: **Kriegsgefangenenbeschäftigung.**

Erk. Nr. des Gefangenen 27638

Die Beträge von Dez. und Januar sind noch nicht eingegangen. Da ich bis spätestens zum 15. mit Stalag abrechnen muß, bitte ich künftig [illegible] die Beträge Sparkasse einzuzahlen.

Bruttolohn	RM	31.0.70 21-70
10% Steuer	„	
Rückvergütung	„	–
Unkosten	„	31.0.70 21.70
		43.40

Der Betrag von RM 43.40 ist sofort fällig und bis spätestens ~~10.~~ 5. d. M. dem Konto 148 der Städt. Sparkasse zu überweisen, da zu diesem Termin die Abrechnung mit dem Stalag erfolgen muß.

Klein.

Nr. 451

6. Februar 1945 (Rhöndorf): Notizen Adenauers zu seiner Kollegmappe

»Diese Mappe hat mir meine Mutter, als ich in das 1. Semester nach Freiburg ging, aus Wachstuch als Kollegmappe genäht« (zeitgenössische Notiz Adenauers)

Nr. 452

8. März 1945: Anruf von Lilli Suth (Unkel) in Rhöndorf

Am Morgen des 8. März rief meine Schwester, Frau Lilly Suth, bei uns in Rhöndorf an. Sie war mit ihrem Mann von Köln nach Unkel, einem Ort rheinaufwärts von Rhöndorf, gezogen, da ihre Wohnung in Köln zerstört war[1]*. Sie sprach in aufgeregtem Ton und sagte: »Wir sind schon frei, bei uns sind Amerikaner, übrigens ganz nette Leute.« Später stellten wir fest, daß wir durch die Fronten hindurch telefoniert hatten; die Fernsprechzentrale in Honnef umfaßte auch Unkel, das von den amerikanischen Truppen besetzt worden war, während Honnef-Rhöndorf noch in deutscher Hand war.*

(Adenauer in seinen »Erinnerungen 1945–1953«)

Nr. 453
9. März 1945: Kampfhandlungen in Honnef

Freitags erreichten die Amerikaner Lohfeld, während die deutsche Artillerie sich nahe bei Selhof aufbaute und südwärts und auf das linke Rheinufer schoß. Schon gab es Einschläge in der Stadt (Kirchturm), verwundete Soldaten in der Haupt- und Bahnhofstraße. Samstags hielt der Artilleriebeschuß an. SS wartete im Löwenburger Tale vergeblich auf Verstärkung. Ihr Kommandant, sichtlich mit der Stimmung der Rhöndorfer Bevölkerung unzufrieden, drohte, führende Katholiken – Namen wie Dr. Adenauer, Pfarrer von Contzen wurden genannt – erschießen zu lassen. In die Gefahr, niedergeschossen zu werden, geriet auch der schweizerische Konsul von Weiss, der als Parlamentär von Rhöndorf nach Mehlem übersetzen wollte, um von den Amerikanern zu erreichen, daß die Lazarette Lehrerheim und Mütterheim in einem Umkreis von 400 m als »neutrale Zone« erklärt würden.
(August Haag: Bilder aus der Vergangenheit von Honnef und Rhöndorf)

Nr. 454
11. März 1945: Vormarsch der Amerikaner und Beschießung Rhöndorfs

Es war an einem Sonntagmorgen, als ich die erste direkte Bekanntschaft mit den amerikanischen Truppen machte. Ich war sehr unklugerweise in meinen Garten gegangen, um von dessen höchstem Punkte aus die Bewegungen der Amerikaner, die sich auf der linken Rheinseite befanden, zu beobachten. Plötzlich sah ich in einer Entfernung von etwa 300 Metern – ich konnte dort alle Entfernungen gut schätzen, da ich mit der Örtlichkeit sehr vertraut war – eine Granate auf mich zufliegen. Ich warf mich sofort zu Boden. Wir wußten aus Erfahrung, daß die Amerikaner in der Regel drei Granaten nach demselben Ziel schossen; so wartete ich die beiden folgenden Granaten ab. Die erste Granate – es war die, die ich gesehen hatte – schlug 12 Meter von mir entfernt ein. Wie alle amerikanischen Granaten war sie hoch brisant, ihre Splitter gingen über mich hinweg. Die zweite Granate schlug 7 Meter, die dritte schließlich 5 Meter unterhalb von mir ein. Danach rannte ich ins Haus zurück. Abgesehen davon, daß mein Gehör noch längere Zeit erheblich beeinträchtigt blieb, war mir nichts geschehen[1]*. Übrigens zeigten sich die amerikanischen Truppen im weiteren Verlauf sehr viel umgänglicher als bei dieser ersten Begegnung.*
(Adenauer in seinen »Erinnerungen 1945–1953«)

Nr. 455

15. März 1945 (Rhöndorf): Dankschreiben französischer Kriegsgefangener

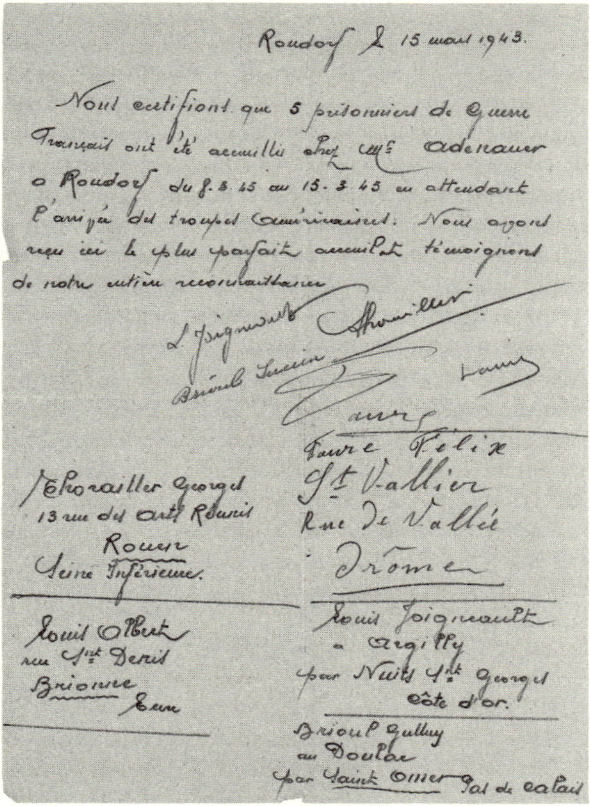

Roudorf le 15 mars 1945.

Nous certifions que 5 prisonniers de Guerre Français ont été accueillis chez Mr Adenauer a Roudorf du 8.3.45 au 15.3.45 en attendant l'arrivée des troupes Américaines. Nous avons reçu ici le plus parfait accueil et témoignons de notre entière reconnaissance

L. Joignault Chevailler Briout Lucien Faure

Chevailler Georges
13 rue des Arts Réunis
Rouen
Seine Inférieure.

Faure Félix
St Vallier
Rue de Vallée
Drôme

Louis Albert
rue St Denis
Brionne
Eure

Louis Joignault
a Argilly
par Nuits St Georges
Côte d'or.

Briout Gullay
au Doulac
par Saint Omer Pas de Calais

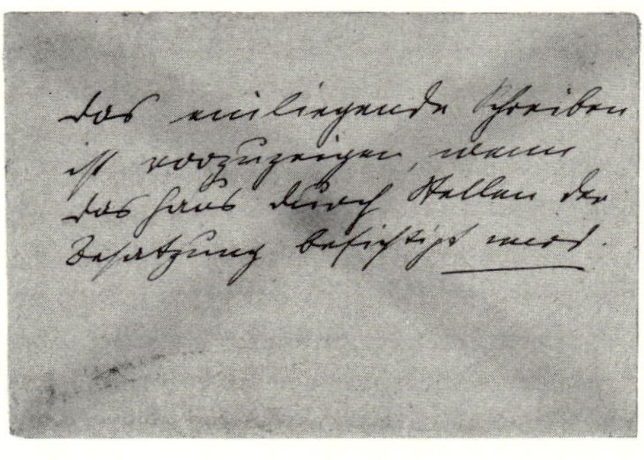

Das einliegende Schreiben ist vorzuzeigen, wenn das Haus durch Stellen der Besatzung besichtigt wird.

»Das einliegende Schreiben ist vorzuzeigen, wenn das Haus durch Stellen der Besatzung besichtigt wird« (zeitgenössische Notiz Adenauers)

Nr. 456

16. März 1945: Tagebucheintragung von Dr. Werner Bornheim gen. Schilling (Auszug)

Am 16. März morgens kurzer Besuch in Rhöndorf; Adenauer grinst über die Erzählung der neuen Verwendung des Parteiabzeichens[1]. Zu Hause in Honnef animiert das herrliche Wetter, mit der Bestellung des Gartens zu beginnen. Da fährt nachmittags um 15 Uhr ein amerikanischer Wagen vor[2]. In dem Wagen Lieutenant Colonel Tuhus und Captain Emerson mit dem Honnefer Bürgermeister. Sie bitten mich, sie zu Oberbürgermeister Adenauer zu begleiten. Die beiden Offiziere stellen sich als Abgesandte des amerikanischen Kommandeurs von Köln vor. Haus Adenauer liegt ganz in der Sonne. Adenauer empfängt die Offiziere steif, ja ernst. Sie bitten ihn im Auftrag des Kölner Kommandeurs, Lieutenant Colonel Patterson[3], und der Kölner Bevölkerung, das Amt des Oberbürgermeisters wieder zu übernehmen. Adenauer führt uns – mit Ausnahme des Bürgermeisters, in dessen Gegenwart er nicht reden möchte – in den Salon. Dort eröffnet er den Offizieren, daß er ablehnt. Erneutes heftiges Zureden von diesen, wobei Tuhus Wortführer ist. Adenauer holt seine Frau hinzu. Sie, weich, fraulich und voll unterirdischer Zähigkeit, ganz Mutter und junge Großmutter, lehnt ebenfalls ab. Drei Söhne stünden im Felde, wahrscheinlich seien Repressalien zu befürchten, falls der Oberbürgermeister annähme[4]. Dies sei aber nur ein Grund zur Ablehnung. Als die Amerikaner erstaunt fragen, was Adenauer denn überhaupt wolle, erfolgt zum ersten Male eine deutliche Erklärung des Anspruchs Adenauers. Er fühle sich vor allem dazu ausersehen, »das deutsche Volk von Grund auf zum Frieden zu erziehen«. Die Offiziere drängen, fast befremdet ob des Widerstandes. Schließlich schlägt Adenauer – »ich will ja helfen« – eine beratende Mitarbeit vor. Die Offiziere sind froh und bereit dazu, wiederholen aber ihre Bitten aufs dringlichste.

Nr. 457

16. März 1945 (Köln): Tagesbericht des amerikanischen Militärgouverneurs von Köln, Lt. Col. John K. Patterson (Auszug)

c. *Zivilverwaltung* – Nach Dr. B[i]llstein[1], dem ehemaligen Beigeordneten und in Aussicht genommenen Oberbürgermeister, wird noch immer gesucht. Er soll Köln am 3. März 45 verlassen haben. In Unkel, auf der rechten Rheinseite, wurde Dr. Suth, ehemaliger Beigeordneter

(Dezernent für Finanzen) und Schwager des früheren Oberbürgermeisters Adenauer, ausfindig gemacht[2]. Er wird nach Köln zurückkehren und kommt nach Überprüfung eventuell als Stadtkämmerer, gegebenenfalls auch als zeitweiliger Chef der Stadtverwaltung in Frage[3].

Aufnahmen aus dem Photoalbum von Lt. Col. John K. Patterson
oben: Rhöndorf im März 1945
unten: Patterson (2. v.l.) mit Gussie, Lotte, Gisela und Konrad Adenauer

Nr. 458

16. März 1945 (Bad Godesberg): Bericht des Schweizerischen Generalkonsuls Dr. Franz-Rudolph von Weiss an die Schweizerische Gesandtschaft, Berlin (Auszug)

Da mir bis zur Abfahrt des amerikanischen Autoboots von Königswinter noch Zeit blieb, besuchte ich Herrn Dr. Adenauer, den von der Partei so verfolgten und schwer mißhandelten früheren Oberbürgermeister von Köln, bei dem ich zufällig auch den amerikanischen Gouverneur von Köln antraf, der nach Rhöndorf gekommen war, um Herrn Dr. Adenauer seine Aufwartung zu machen[1]. Der Gouverneur schien über die Persönlichkeit von Herrn Dr. Adenauer voll und ganz orientiert zu sein[2] und versprach ihm jegliche Unterstützung und Erleichterung, die er wünschen werde. Da ich in den nächsten Tagen beabsichtige, nach Köln zu fahren, um mich nach dem Schicksal unserer Landsleute, dem Hotel Excelsior usw. zu erkundigen, vereinbarte ich mit Herrn Dr. Adenauer unter Zustimmung des Gouverneurs von Köln, ihn nach dorthin zu bringen. Bei Herrn Adenauer wurde mir auch bestätigt, daß die Kämpfe in Rhöndorf nur dadurch so hart geworden sind, weil 30 Junker der Burg Vogelsang, die sich in der Drachenburg festgesetzt hatten, diese Gegend verteidigten[3].

Nr. 459

17. März 1945 (Köln): Tagesbericht des amerikanischen Militärgouverneurs von Köln, Lt. Col. John K. Patterson (Auszug)

In Unkel wurde mit einem ehemaligen Finanzbeigeordneten, Dr. Suth, ein Gespräch geführt. Auch mit dem ehemaligen Oberbürgermeister Adenauer wurde gesprochen. – Weil drei Söhne Adenauers in der Wehrmacht dienen, zögert er, eine aktive Rolle in der Regierung zu übernehmen[1]. Da er einer der geachtetsten Oberbürgermeister der Zeit vor Hitlers Machtübernahme war, könnte er beratend mitwirken. Heute traf in dieser Dienststelle ein weiterer Hinweis auf den Verbleib des ehemaligen Beigeordneten Billstein ein. Man rechnet damit, ihn morgen im Vorort Bayenthal aufzuspüren. Um jedem Verdacht eines Einflusses der Nazis auf die Verwaltung vorzubeugen und jeglichem Vorwurf, einzelne ehemalige NSDAP-Mitglieder würden bevorzugt, zu begegnen, verfolgt die Dienststelle die Politik, keinen Verwaltungsposten – unabhängig davon, wie wichtig oder unwichtig er ist – mit ehemaligen Parteimitgliedern zu besetzen. Da somit von vornherein viele Beamte ausgeschlossen sind, hat diese Politik unmittelbar eine verminderte Leistungsfähigkeit der Verwaltung zur Folge. Man ist jedoch der Ansicht, daß ein Versuch, Kompromisse mit nationalsozialistischen Elementen zu schließen und fragwürdige Unterscheidungen zu treffen zwischen »überzeugten Nazis« und »unfreiwilligen Mitläufern«, letzten Endes verhängnisvoll wäre[2].

Nr. 460

20. März 1945: Tagebucheintragung von Dr. Werner Bornheim, gen. Schilling (Auszug)

Am folgenden Tag[1] holt Schweizer[2] Adenauer und mich zur Besprechung mit Lt. Colonel Patterson ab. [...]
In dieser ersten Unterredung betont Patterson den strikten Befehl Eisenhowers[3], daß keine Nationalsozialisten, keine Parteigenossen in der Verwaltung beschäftigt werden dürfen[4]. Er verweist auf schlechte Erfahrungen, die man bei gewissen Lockerungen in Aachen gemacht habe[5]; dort sei eine schlechte Beratung durch die kirchliche Behörde erfolgt. Adenauer plädiert für gewisse Milderungen. Er bezieht sich auf die Zwangslage bei dem Eintritt in die Partei, erklärt, eine Prüfung des gesamten noch in Köln verbliebenen Verwaltungspersonals habe nur sechs Leute ergeben, welche nicht parteizugehörig waren, und diese bekleideten ganz untergeordnete Stellungen, aus denen sich die neue Stadtverwaltung nicht einmal mittlere Beamte bzw. Angestellte auswählen könne. Patterson bleibt unnachgiebig.

Nr. 461

23. März 1945 (Köln): Tagesbericht des amerikanischen Militärgouverneurs von Köln, Lt. Col. John K. Patterson (Auszug)

c. *Zivilverwaltung* – Mit Bürgermeister Suth wurde die Personalauswahl besprochen[1]. Ihm wurde gesagt, sobald geeignete Personen gefunden und deren Überprüfungen abgeschlossen seien, sollten sie sofort eingestellt werden, anstatt abzuwarten, bis eine vollständige Verwaltungsmannschaft mit einem Schlag eingestellt werden könne. Die Raumverteilung im Allianzgebäude, das als Rathaus dienen soll, wurde ebenfalls besprochen. Es wurde beschlossen, in diesem Gebäude möglichst viele Abteilungen unterzubringen, da es genü-

gend Platz bietet. Eine Firma wurde mit den notwendigen Renovierungsarbeiten beauftragt. Sie hat heute angefangen.
Für die in der Verwaltung und Kommunalverwaltung tätigen Offiziere wurden neue Entwürfe einer ständigen Dienstanweisung[2] ausgearbeitet. Ebenso wurden Anweisungen für den Chef der Stadtverwaltung verfaßt.
Zu dem kürzlich zum Bürgermeister der Stadt ernannten Willi Suth können folgende Angaben gemacht werden: Suth ist 64 Jahre alt und eine recht würdevolle Erscheinung. Er stammt aus Köln und spielte unter Dr. Adenauer eine wichtige Rolle in der Stadtverwaltung, bis die Nationalsozialisten an die Macht kamen. Von 1920 bis zum 17. März 1933 war Suth Stadtkämmerer. Zuvor war er Beigeordneter in der Stadtverwaltung.
Er ist nie in die NSDAP eingetreten und hat nach 1919 keinen Militärdienst geleistet. Auch wurden ihm nach der Machtergreifung durch die Nazis keine Ehrenauszeichnungen von der deutschen Regierung verliehen. Vor 1933 war er Mitglied der Zentrumspartei. Seit seiner Entlassung aus dem Staatsdienst war er als Anwalt tätig. Er ist mit den Zielsetzungen der Militärregierung gut vertraut und erfüllt seine Aufgabe mit großer Hingabe.

Nr. 462

25. März 1945 (Bad Godesberg): Bericht des Schweizerischen Generalkonsuls Dr. Franz-Rudolph von Weiss an die Schweizerische Gesandtschaft, Berlin (Auszug)

Ich benutzte meinen Aufenthalt in Rhöndorf, um Herrn Oberbürgermeister Dr. Adenauer, der mich am letzten Mittwoch [21.3.1945] in Godesberg aufsuchen wollte, meine Aufwartung zu machen.
Herr Dr. Adenauer bestätigte mir, daß er mit Rücksicht auf seine drei noch im Felde stehenden Söhne nicht gewillt sei, irgendein öffentliches Amt anzunehmen, konnte jedoch nicht umhin, sich zur Lösung von lebenswichtigen Fragen zur Verfügung zu stellen, so daß er von Zeit zu Zeit nach Köln geholt wird. Er versprach mir, mich am Dienstag, anläßlich einer solchen Fahrt, in Bad Godesberg aufzusuchen und war der Meinung, daß wir in diesen schweren Zeiten zusammenhalten müssen. Nach den Schilderungen des Herrn Dr. Adenauer scheinen die amerikanischen Truppen in Honnef und Rhöndorf[1] sich genauso wild aufgeführt zu haben wie in

Godesberg usw., indem sie alle beschlagnahmten Wohnungen plünderten sowie alles kurz und klein schlugen. Sehr bedenklich sei die große Zahl der Frauen, die von den Angehörigen der amerikanischen Truppen, vor allem von Negern, vergewaltigt worden seien.

Nr. 463

30. März 1945 (Bad Godesberg): Bericht des Schweizerischen Generalkonsuls Dr. Franz-Rudolph von Weiss an die Schweizerische Gesandtschaft, Berlin (Auszug)

Auf dem Rückwege nach Hause begegnete ich Herrn Oberbürgermeister Dr. Adenauer, der sich mit seiner Gattin in Begleitung eines amerikanischen Hauptmanns auf dem Wege nach Rhöndorf befand[1]. In Köln soll man in anti-militärischen Kreisen der Ansicht sein, daß die Front in den nächsten 10 Tagen zusammenbrechen wird. Herr Dr. Adenauer erzählte mir u. a., daß 32 Gestapoleute, die durch einen Tunnel unter dem Rhein flüchten wollten, getötet wurden, als von deutscher Seite dieser Kanal gesprengt wurde.

Nr. 464

4. April 1945: Tagebucheintragung von Dr. Werner Bornheim gen. Schilling (Auszug)

Patterson fragt schließlich direkt, ob Adenauer nach Beendigung des Krieges Oberbürgermeister werden wolle. Adenauer entgegnet, er werde alles tun, womit er helfen könne. Patterson wiederholt, daß dies auch seine Pflicht dem Volke gegenüber sei, was Adenauer bestätigt. Wieder schneidet Adenauer die Frage der hoffentlich baldigen Erweiterung des Machtbereichs Pattersons als dringend notwendig für die Stadt Köln an. Dies führt zu einer Diskussion über die Stellung der Landräte. Adenauer ist wieder für den Zustand vor 1933, autonom und staatlich zugleich[1]. Ihre oberste Behörde bis zur Wiedereinsetzung des Regierungspräsidenten[2] sollte der Kölner Bürgermeister sein.

Nr. 465

4. April 1945 (Köln): Tagebucheintragung von Dr. Robert Grosche (Auszug)

Nachmittags entwickelt uns Adenauer einen Stadtbebauungsplan[1]: Wiederherstellung der Innenstadt als Wohnviertel mit Wiederaufbau sämtlicher alten Kirchen. Die Amerikaner seien am Wiederaufbau der Kirchen nicht interessiert.

Nr. 466

4. April 1945: Bericht des amerikanischen Offiziers Lt. Just Lunning über Begegnungen und Gespräche mit Adenauer am 27./28.3.1945 (Auszug)

[27. März] Dieser Tag war ziemlich unnütz vertan. [...] Von Interesse war lediglich, daß ich Hauptmann S[ch]weizer zu Adenauers Unterschlupf auf der anderen Rheinseite südlich von Bonn fuhr. Wir nahmen Adenauer nach Köln mit, wo er einige Tage zu Gesprächen mit Oberstleutnant Patterson und örtlichen deutschen Politikern verbringen wollte. Sein Schwager fungiert derzeit als Bürgermeister von Köln. Im Büro der Dienststelle der Militärregierung herrschte beträchtliche Aufregung wegen der Ermordung des Aachener Oberbürgermeisters[1]; Wachen wurden aufgestellt, um die bei der Militärregierung tätigen Deutschen zu schützen, aber da der Grund für die Aufstellung der Wachen nicht bekanntgegeben wurde, blieb eine Reaktion der Einheimischen auf den Mord aus.

[28. März] Am späten Nachmittag besuchte ich Adenauer auf dessen Wunsch hin und verbrachte eine Stunde mit ihm und seiner Frau im Garten des katholischen Hospitals[2], in dem er wohnt, wenn er in Köln ist. Wie bereits erwähnt, werden seine gegenwärtigen Aktivitäten streng geheimgehalten, weil er um die Sicherheit seiner beiden Söhne in der Wehrmacht besorgt ist. Adenauer begann das Gespräch mit einem langen Vortrag über die zwei Deutschlands: das Deutschland, das sich im wesentlichen auf die römische Kultur gründet, und das Deutschland Preußens, das ersterem seinen Willen aufgezwungen habe. ‹ Seit einigen Jahren frage er sich, ob es richtig gewesen sei, Stresemann 1923 zu sagen, ein Separatist dürfe nicht anerkannt werden[3]. Adenauer erläuterte dann seine Vorstellung von einer idealen Lösung: Errichtung eines Bundesstaates aus Österreich, den Resten Preußens, Westdeutschland (Westfalen und Rheinland) und Süddeutschland. Wäre Preußen nur einer von vier Staa-

ten, dann lasse sich der vorwiegend »undeutsche« Einfluß Preußens neutralisieren. Sollte diese Idee nicht verwirklicht werden können, dann müßte das Rheinland als separater Staat anerkannt werden. ›[a] Unter keinen Umständen – hier wurde er fast heftig – dürfe es unter die Kontrolle Frankreichs geraten, weil dieses das Rheinland völlig zerstören würde. Eine britische oder amerikanische Vormachtstellung wäre hingegen hinnehmbar. Seine Frau, die während der Unterhaltung nur zweimal etwas sagte, betonte ebenfalls, Frankreich würde das Rheinland und dessen Kultur zerstören, wenn es dazu Gelegenheit erhielte.
Als ich die beiden fragte, wie sie sich den Beginn des politischen Lebens in Deutschland vorstellten, meinte er, Deutschland könne noch lange Zeit an kein politisches Leben denken. In diesem Zusammenhang lobte er die Militärregierung dafür, daß sie alle politischen Aktivitäten unterdrückt habe. Vor einem Neubeginn des politischen Lebens müßten alle die Deutschen, die von den Nazis verdorben worden seien, umerzogen werden. Später könne das politische Leben wieder mit den alten politischen Parteien neu beginnen, wobei er allerdings meine, sie müßten sich so zusammenschließen, daß ihre Zahl geringer werde. Zu einer Meinungsäußerung über die Zukunft der Zentrumspartei[4] konnte ich ihn nicht bewegen. In diesem Zusammenhang äußerte er die Ansicht, die Anzahl der kommunistischen Stimmen habe sich beträchtlich erhöht. Er fügte hinzu, eine Zusammenarbeit mit den Kommunisten wäre dann nicht schwierig, wenn sie eine von Rußland unabhängige Politik verfolgten. Würden sie aber von Rußland beherrscht, dann wäre eine Zusammenarbeit unmöglich. Im weiteren Verlauf der Unterhaltung bemerkte er bei einer Schilderung seiner Erfahrungen während der Haft in der zweiten Jahreshälfte 1944, er habe Russen kennengelernt, die ihn in seiner Hochachtung vor den großen Errungenschaften Rußlands bestärkt hätten[5]. Er wies besonders auf die großartigen Fortschritte auf dem Bildungssektor hin. Er bemerkte, das Bemühen der Russen, der Bildung größere Verbreitung zu verschaffen, sei einer der entscheidenden Unterschiede zwischen ihnen und den Nazis, die Bildung und Wissen unterdrückten.
Adenauer sprach auch über den teuflischen Plan der Nazis, Deutschland wirtschaftlich zu ruinieren, selbst wenn dies das Leben weiterer Millionen von Deutschen koste. Nach Adenauers Ansicht meinten die Nazis, damit könne man den Deutschen am besten Rachegelüste einpflanzen und so einen fruchtbaren Boden für ein künftiges Wiederaufleben der Nazi-Ideologie schaffen. Frau Adenauers zweite Bemerkung während unserer Unterhaltung galt der Bestätigung dieser Feststellung über den Plan der Nazis.

Die Kölner Dienststelle der Militärregierung unterschied sich dadurch von den anderen besuchten Dienststellen, daß sie beim Aufbau der Stadtverwaltung sehr langsam vorging. Auch schien sie viel stärker als andere darauf zu achten, nur ja keine Mitglieder der Nazipartei einzustellen[6]. Adenauers Schwager Suth war als Bürgermeister tätig; ihm standen stellvertretende Bürgermeister zur Seite. Auf Anraten Adenauers ist die Einsetzung eines Beirats geplant. Dessen Mitglieder sollen einen Querschnitt durch die wirtschaftlichen, politischen und religiösen Interessen der Gesellschaft darstellen. Adenauer erklärte, er hoffe, daß Fach-Unterausschüsse für Bereiche wie Ernährung, Gesundheit, gewerbliche Wirtschaft usw. diesen Rat ergänzen würden.

Nr. 467

5. April 1945: Tagebucheintragung von Dr. Werner Bornheim gen. Schilling (Auszug)

Der 5. April beginnt mit einer anderthalbstündigen Besprechung bei Patterson, im Beisein von Schweizer und Hartmann. Adenauer wirkt unverhohlen deprimiert über Mißstände der Besatzung. Er hat sich vorgenommen, dies scharf zu tadeln. Warnt zunächst vor einer Unterschätzung noch verbliebener Naziorganisationen. Eine Untergrundorganisation, die sich Werwolf[3] nennt, mordet. Die deutsche Polizei ist vollkommen ungenügend, Bewaffnung dringend nötig. Patterson ist derselben Ansicht, aber von oben gebunden. Adenauer schlägt vor, eine Polizeitruppe aus bewährten deutschen Kriegsgefangenen zu bilden[2]. Patterson erklärt, daß nur Washington darüber entscheiden könne. Adenauer bittet noch einmal um Prüfung des Vorschlages, auch für die weitere Nachkriegszeit. Legt eindeutig die momentane Situation dar: Arge Enttäuschung der Bevölkerung, zuviele maßgebende Parteigenossen noch unbestraft, harmlose dagegen verurteilt.

Nr. 468

9. April 1945 (Bad Godesberg): Bericht des Schweizerischen Generalkonsuls Dr. Franz-Rudolph von Weiss an die Schweizerische Gesandtschaft, Berlin (Auszug)

Was mir bereits vom Kommandeur von Königswinter gesagt worden war, erklärte der Gouverneur von Köln auch Herrn Dr. Adenauer, daß der durch die amerikanische Propaganda hervorgerufene Haß gegen

Deutschland eine dringende Notwendigkeit sei, ansonsten die Amerikaner nicht zu bewegen gewesen wären, um in Europa zu kämpfen. Herr Dr. Adenauer erzählte mir weiter, wie schwerfällig die amerikanische Verwaltungsmaschinerie arbeitet, wobei die zahlreichen Juden am meisten zu sagen haben. Aus verschiedenen Gesprächen mit höheren Offizieren hat er den Eindruck gewonnen, daß das Verhältnis zwischen Anglo-Amerikanern und Russen denkbar schlecht ist, indem von erster Seite mit der Wahrscheinlichkeit einer kriegerischen Auseinandersetzung mit Rußland gerechnet wird[1].

Nr. 469

10. April 1945: Tagebucheintragung von Dr. Werner Bornheim gen. Schilling (Auszug)

Abends – im Garten des Krankenhauses [Köln-Hohenlind] – erzählt Adenauer über seine Erfahrungen mit den verschiedenen Besatzungsmächten: Amerikaner, Franzosen und auch Deutsche neigen dazu, sofort zu organisieren, während Engländer stärker auf eine Selbstorganisation bauen, die Dinge an sich herankommen lassen, nach dem Prinzip des lockeren Zügels. Adenauer betont die englische Schuld, den Nationalsozialisten vor dem Kriege zuviel gestattet zu haben[1].

Nr. 470

10. April 1945 (Rhöndorf): An Professor Dr. Hertha Kraus, Bryn Mawr/ Pennsylvanien (Auszug)

Ich habe eine sehr große Bitte an Sie: Kommen Sie doch wenigstens für einige Zeit, sobald als eben möglich, herüber! – Ich könnte mir denken, daß das ein großes Opfer für Sie bedeuten würde. Aber ich kenne ja Ihre Hilfsbereitschaft und Ihre Arbeitsfreudigkeit; Sie kennen unser Land, und Sie kennen USA. Ich glaube, Sie könnten sowohl der Stadt Köln wie Deutschland und unsern gemeinsamen Idealen sehr wertvolle Dienste leisten[1]. Also kommen Sie bitte recht bald!

Nr. 471

11. April 1945: Tagebucheintragung von Dr. Werner Bornheim gen. Schilling (Auszug)

Abermals berührt Adenauer das Problem des Friedensschlusses. Frieden sei nötig, nicht nur ein unabsehbarer Waffenstillstand. Die Bedingungen von 1918 hätten die Grundlage einer Politik gegeben, die »nicht Fisch noch Fleisch« bedeutete. Daran habe vor allem England schuld, das Adenauer doch so verehre. Wäre England früher auf dem Posten gewesen, hätte es wahrscheinlich kein 1914 und kein 1933 gegeben.

Nr. 472

13. April 1945 (Köln): Tagebucheintragung von Dr. Robert Grosche (Auszug)

Gestern abend Gespräch mit Adenauer, der von meinem Vorhaben gehört hat, mich im Namen des Klerus gegen die unterschiedslose Behandlung der Parteigenossen durch die Amerikaner einzusetzen. Adenauer glaubt, mich dringend davon abhalten zu müssen: einmal, weil der Schritt wirkungslos sei, was ich auch einsehe; dann aber, weil er überhaupt unangebracht sei, denn alle diese Parteigenossen seien schuldig durch ihre Feigheit; wenn sich das deutsche Volk von Anfang an gewehrt hätte, so wäre die ganze Geschichte unmöglich gewesen.

Nr. 473

13. April 1945 (Honnef): »Zeitweilige Registrierungskarte«

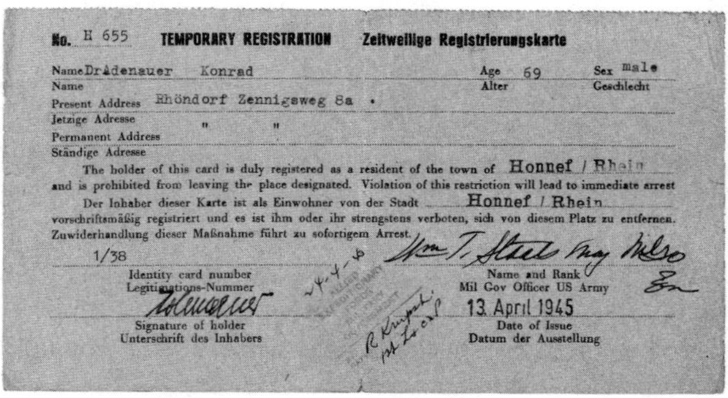

No. H 655 **TEMPORARY REGISTRATION** **Zeitweilige Registrierungskarte**

Name Dr Adenauer Konrad — Age 69 — Sex male
Name — Alter — Geschlecht

Present Address Rhöndorf Zennigsweg 8a
Jetzige Adresse
Permanent Address " "
Ständige Adresse

The holder of this card is duly registered as a resident of the town of Honnef / Rhein and is prohibited from leaving the place designated. Violation of this restriction will lead to immediate arrest

Der Inhaber dieser Karte ist als Einwohner von der Stadt Honnef / Rhein vorschriftsmäßig registriert und es ist ihm oder ihr strengstens verboten, sich von diesem Platz zu entfernen. Zuwiderhandlung dieser Maßnahme führt zu sofortigem Arrest.

1/38
Identity card number
Legitimations-Nummer

Name and Rank
Mil Gov Officer US Army

Signature of holder
Unterschrift des Inhabers

13 April 1945
Date of Issue
Datum der Ausstellung

Nr. 474

17. April 1945: Tagebucheintragung von Dr. Werner Bornheim gen. Schilling (Auszug)

Abends erzählt Adenauer vom Besuch eines Oberleutnants[1] aus dem Hauptquartier des Generals Bradley[2]. Sehr offene Aussprache mit diesem, worüber er Schweigen versprechen mußte. Immerhin: Die Amerikaner stehen im Augenblick ratlos vor der Reorganisation Deutschlands und der PG-Frage. Am zielbewußtesten seien die Russen. Unklar, welche Besatzung für die Zukunft. Die deutschen Schulbücher würden in New York gedruckt[3]. Adenauer berichtet kommentarlos.

Nr. 475

19. April 1945: Tagebucheintragung von Dr. Werner Bornheim gen. Schilling (Auszug)

Tags darauf rät Adenauer davon ab, bei der Regierungsneubildung[1] zu vorschnell zu sein. Patterson erklärt dagegen, eine schnelle Bildung sei gerade als »Modellregierung« nötig. Verweist darauf, daß alle Militärgouverneure in Deutschland bisher in englischen und amerikanischen Zeitungen kritisiert worden seien, nur er nicht. Adenauer sagt, da die Staatsform noch gar nicht feststehe, könne eine Regierungsbildung womöglich vergebens sein. Der Gouverneur dagegen hofft, daß man gerade deshalb bei der Neuorganisation vielleicht auf schon Bestehendes zurückgreifen könne. Darauf schildert Adenauer die Zusammensetzung der Provinz- und Bezirksregierung. Ebenso auch deren Tendenzen und Strömungen. Patterson führt aus, daß eine endgültige Regelung wohl in Berlin getroffen werde.

Nr. 476

21. April 1945 (Bad Godesberg): Bericht des Schweizerischen Generalkonsuls Dr. Franz-Rudolph von Weiss an die Schweizerische Gesandtschaft, Berlin (Auszug)

Ich benutzte meine Anwesenheit in Rhöndorf, um Herrn Oberbürgermeister Dr. Adenauer einen Besuch abzustatten. Die lange Unterhaltung mit ihm zeigte mir wieder, welche hervorragenden Eigenschaften dieser große Staatsmann besitzt, der sicherlich seinem unglücklichen Vaterland

noch große Dienste leisten wird. Nach wie vor hält er sich jede Woche einige Tage in Köln auf, wo er seine Verwaltungskenntnisse, wenn auch inoffiziell, seiner Vaterstadt zur Verfügung stellt. Er wird vom Gouverneur von Köln, Oberst Patterson, außerordentlich geschätzt, der die Ratschläge des Herrn Dr. Adenauer nicht nur gerne anhört, sondern auch beinahe immer durchführt. Im Laufe meiner Unterhaltung hörte ich, daß der Erzbischof von Köln einige Tage nach meinem Besuch bei ihm zusammen mit Herrn Dr. Adenauer nach Köln zurückgekehrt ist[1]. Während seiner verschiedenen Anwesenheiten in Köln konnte Herr Oberbürgermeister Adenauer feststellen, wie unvorbereitet die Amerikaner in allen Fragen sind, die die Verwaltung und Besetzung Deutschlands betreffen. In Verwaltungsfragen sind sie die reinsten Kinder, und niemand weiß, wie die Besetzung eingeteilt wird. Auf alle Fälle steht fest, daß die Russen große Teile des Reichs besetzen werden. Die russischen Truppen sollen überhaupt hervorragend diszipliniert sein und sich korrekt aufführen.
Große Sorgen macht Herr Dr. Adenauer sich auch wegen der ohne Zweifel hereinbrechenden Hungersnot. Von maßgebender amerikanischer Seite mußte er verschiedentlich die Ansicht hören, daß der Tod des Präsidenten Roosevelt ein schwerer Verlust für Deutschland sei[2], denn er sei immer für eine strenge, aber gerechte Behandlung des deutschen Volkes gewesen. Nach dem Ableben des Präsidenten Roosevelt wurden von amerikanischer Seite bei den zuständigen kirchlichen Behörden Schritte unternommen, um ein feierliches Hochamt abzuhalten. Dieses Ansinnen wurde vom Stadtdechant [Grosche] abgelehnt. Dafür wird morgen, am 22.4.45, ein Hochamt abgehalten, in welchem Gottes Segen auf die Konferenz von San Franzisco[3] herabgefleht wird, und in einer Ansprache soll auch des Präsidenten Roosevelt gedacht werden. Der Stadtkommandant, Oberst Patterson, will an diesem Hochamt teilnehmen.
Am regsten sind in Deutschland augenblicklich die Kommunisten, denen die alliierten Truppen nichts zu tun wagen. Als Kennzeichen tragen sie, wie überhaupt eine große Anzahl der Kriegsgefangenen der verschiedenen Nationen, ein rotes Halstuch. Die bolschewistische Gefahr wird von Herrn Dr. Adenauer als sehr groß bezeichnet. Worunter Deutschland am meisten zu leiden haben wird, ist der nationale Bolschewismus und die Tuberkulose, die verheerende Ausmaße angenommen haben soll. Das deutsche Volk ist im Augenblick vollkommen apathisch und durcheinander. Die Nachkriegsjahre werden für ganz Europa kritisch und labil werden. Nach Ansicht des Herrn Dr. Adenauer wird die allgemeine Lage es nicht erlauben, daß die Schweiz ihre Armee vollständig demobilisiert.

Nr. 477
26. April 1945: Tagebucheintragung von Dr. Werner Bornheim gen. Schilling (Auszug)

Am 26. April geht es um das Problem Regierungsbezirk oder Provinz[1]. Patterson bittet wiederholt um Vorschläge für einen Regierungspräsidenten[2]. Adenauer kommt auf seine Besprechung mit Schweizer von gestern zurück und nennt weitere Ungerechtigkeiten der Besatzung. Warnt davor, die kleinen Leute, die Parteigenossen waren, skrupellos zu entlassen, während die Großen sogar offiziell zur Mitarbeit mit amerikanischen Wagen geholt würden. Bittet, mir in allen Fragen der Sicherung der Museumsgüter und Archivbestände als des einzigen realen Besitzes der Stadt behilflich zu sein[3]. [...] Anschließend zur Leyboldstraße 52. Dort wartet Captain Schaefer[4] von der Zentralkommission für Schulwesen, die in Berlin zusammentreten soll. Der Captain ist auf der Durchreise von London nach Berlin. Bittet um Adenauers Ideen zur Schulreform[5] und stimmt in allem zu. [...]
Adenauer betont die Notwendigkeit einer besonderen Schulung der Volksschullehrer, da gerade unter diesen viele Nationalsozialisten. »Keine Experimente« auch im Hinblick auf die konfessionelle Schule, sondern alles nach Möglichkeit zunächst wie vor 1933, damit die Menschen nicht noch mehr beunruhigt würden. Notwendige Änderungen sollte man erst allmählich durchsetzen. Adenauer weist auf das vorzügliche Schulsystem der Russen hin, namentlich in bezug auf Sprachen. Er lernte junge Russen von hoher Durchschnittsqualität im Konzentrationslager kennen[6]. Er hebt die Bereitwilligkeit unter der Jugend hervor.

Nr. 478
1. Mai 1945 (Rhöndorf): An Fritz Oebel, Rhöndorf (Auszug)

Ganz allgemein möchte ich sagen: Wir sind in Deutschland so arm geworden, daß kein Rentner mehr sein Auskommen haben wird. Derjenige, der ein Geschäft hat, das seinen Mann nährt, kann sich glücklich preisen.

Nr. 479

3. Mai 1945: Tagebucheintragung von Dr. Werner Bornheim gen. Schilling (Auszug)

Patterson erklärt feierlich, daß der Krieg in Deutschland vorüber sei. Er bittet Adenauer herzlich und dringlich um eine Erklärung, ob er jetzt gewillt sei, am Wiederaufbau der Verwaltung teilzunehmen, und zwar nach Möglichkeit als Oberbürgermeister[1]. Adenauer lehnt ab. Er wünsche, ein freier Mann zu bleiben. Patterson wird inständiger, erinnert Adenauer daran, Deutschland zu helfen – Deutschland habe wenige Männer wie ihn, er sei gesund an Körper und Geist, wie er und die amerikanische Militärregierung während der bisherigen Verhandlungen festgestellt hätten. [...] Nun erklärt Adenauer sehr gemessen, ein Zeitraum von zwei Wochen für seine Tätigkeit als Kölner Oberbürgermeister sei zu kurz. Patterson stimmt begeistert zu. Adenauer, nun Oberbürgermeister, nimmt das Angebot an, unter der ausdrücklichen Bedingung, jederzeit nach eigenem Ermessen das Amt niederlegen zu können.

Nr. 480

4. Mai 1945: Gespräch mit Dr. Otto Schumacher-Hellmold und Dr. August Dresbach in Rhöndorf

Seine Sorgen am Tag der Wiederaufnahme seines »angestammten« Amtes[1] und politischer Tätigkeit nach dem Ende des Nationalsozialismus konzentrierten sich auf die Not in unserem Volk. Deshalb hatte er sich offenbar auch schon mit der amerikanischen Militärregierung angelegt. Er kritisierte ihr brüskes Verhalten, in dem er »das Verständnis für die Gegebenheiten, für die Realität« vermißte. Als das mich begleitende DDB[2]-Mitglied Dr. Dresbach [...] meinte, die Amerikaner seien Kinder, reagierte Adenauer mit der Feststellung: »Aber böse Kinder, bösartige Kinder.« [...]
Auch auf außenpolitischem Feld offenbarte er zu jener Zeit enorme Fehleinschätzungen. Es mochte noch hingehen, daß er den neuen amerikanischen Präsidenten Harry Truman[3] als »zweitrangigen Politiker« bezeichnete und den Verlust Roosevelts bedauerte. Aber dann nannte er den britischen Premier Winston Churchill[4] einen »Deutschenhasser« und – zu meiner höchsten Verwunderung – den sowjetischen Diktator Stalin[5] einen »Freund Deutschlands«. Er wußte sogar zu berichten, Plünderungen und Übergriffe durch die Russen seien fast nicht vorgekommen. Nach seinen Worten waren »die Russen für ihre Operation im Reich vorbereitet und die Amerikaner für

die neuen Aufgaben im Westen, Süden und in der Mitte des Reiches vollkommen unvorbereitet«.
Im wirtschaftlichen Bereich sah Adenauer »recht schwarz für uns«. Er vermißte den Weitblick der Besatzungsmächte. Wörtlich erklärte er: »Wir haben heute den 4. Mai und noch ist die Rheinschiffahrt nicht klar. Die zerstörten Brücken sind nicht das Schlimmste; aber daß diese Brücken bis heute nicht auseinander geschnitten sind, daß der Verkehr noch nicht freigegeben ist, das ist die große Gefahr. Kohle muß in großen Mengen verschifft werden, damit die Stromversorgung sichergestellt bleibt, damit die Industrien anlaufen können und – das ist das Wichtigste – damit die Bevölkerung zu Beginn des kommenden Winters warm wohnen kann; denn die Verpflegung ist sehr mangelhaft.«
Die Wiederaufnahme des Verkehrs auf dem Rhein[6] *hielt er für lebenswichtig, ja von existentieller Bedeutung für Westdeutschland: »Wie ich soeben höre, sind den Deutschen täglich 1150 Kalorien zugebilligt. Das ist eine Verpflegung, die ein Volk, das schon unter stärksten Einschränkungen gelitten hat, schneller dem Hungertod preisgibt. Auf meinen Einwand hin, daß diese Kalorien bei weitem nicht ausreichend seien, erwiderte mir der amerikanische Kommandant: ›Die Holländer haben 900 Kalorien von den Deutschen zugebilligt bekommen!‹«*
Von einer Wiederbelebung des Zentrums[7]*, der katholischen Partei Weimars, der er früher angehört hatte, wollte Adenauer nichts wissen. Er hielt dies für »sehr unratsam und unangebracht«. Er war auf der Suche nach einer neuen politischen Heimat: »Ihre Bewegung dürfte die richtige Lösung sein. Ich will Ihnen gerne behilflich sein. Es fehlt mir aber (im Namen der Deutschen Demokratischen Bewegung) das Wörtchen ›christlich‹.«*
(Otto Schumacher-Hellmold: Konrad Adenauer)

Nr. 481
5. Mai 1945 (Köln): Tagesbericht des amerikanischen Militärgouverneurs von Köln, Lt. Col. John K. Patterson (Auszug)

2. *Regierungsgeschäfte*

   a. Zivilverwaltung: Der als Sonderberater der Militärregierung tätige Dr. Konrad Adenauer wurde zum Oberbürgermeister ernannt. Er wird dieses Amt nur so lange ausüben, wie zur Einführung bestimmter, für eine wirksame Erledigung der Regierungsgeschäfte notwendiger Veränderungen in der Verwaltung erforderlich. Der Leiter der Stadtverwaltung, Herr Suth, wird mit Dr. Adenauer bei

oben: Lt. Col. John K. Patterson
unten: Köln bei Kreigsende

der Führung der Verwaltung zusammenarbeiten. Man ist übereingekommen, daß die Militärregierung diese zeitweilige Ernennung von Dr. Adenauer nicht bekanntgibt. Vor 1933 war Dr. Adenauer eine einflußreiche Persönlichkeit, deren Bedeutung weit über die Stadt und Provinz hinausragte. Von 1917 bis 1933 bekleidete er das Amt des Oberbürgermeisters von Köln, war Präsident des Preußischen Staatsrates und Vorsitzender des Provinzialrats der Rheinprovinzen. Nach der Machtergeifung durch die Nazis waren er und seine Familie ständiger Verfolgung ausgesetzt. Heute erfreut er sich im Rheinland größerer Beliebtheit als jeder andere Deutsche. Er ist charakterstark, vertritt klare Meinungen und besitzt einen schnellen und scharfen Verstand[1].

Nr. 482

8. Mai 1945: Tagebucheintragung von Dr. Werner Bornheim gen. Schilling (Auszug)

Dienstag, der 8. Mai, ist Waffenstillstand. Niemand freut sich. Wir werden zu Patterson gebeten, der den Waffenstillstand preist. Adenauer übergibt ihm ein kleines seidenes Sternenbanner, aufgerollt. Eine amerikanische Gesellschaft habe es ihm vor 16 Jahren geschenkt[1]. Patterson steht auf, entrollt es, salutiert, und mit ihm tun dies noch andere Offiziere, die er zu diesem Akt herbeiholen läßt.

Adenauer folgt seiner Taktik, keine Euphorie und kein falsches Pathos aufkommen zu lassen. Er warnt zunächst vor einem kommunistischen Frieden, vor der kommunistischen Gewerkschaft; ein Vertreter von dieser war gerade bei ihm.

Dann verbreitet er sich über den Sinn des Friedens. Waffenstillstand sei kein Friedensschluß, nur eine Etappe, und man dürfe den Friedensschluß nicht zu lange hinauszögern, das bringe allen Unheil.

Nr. 483

29. Mai 1945 (New York): Bericht des CIP Press Service

COrtlandt 7-2375-6-7 Pless… VII – 3 – 48

CIP PRESS SERVICE
5 Beekman Street
New York 7, N. Y.

Tuesday, May 29, 1945 FOR IMMEDIATE RELEASE

COLOGNE MAYOR ESCAPED FROM NAZIS BY HIDING IN VINEYARD 5/29/45

London(CIP) Dr. Konrad Adenauer, a prominent Catholic who is now back in Cologne as Mayor of the city which he administered before the Nazis came to power, spent the long years of the Hitler regime partly in prisons, partly under close surveillance in a little house in Rhoendorf-on-the-Rhine. During the battle of the Remagen bridgehead, when he was in danger of being deported to Central Germany, he went into hiding, spending several days in a secret cellar in a vineyard. After the region was safely in American hands, he went back to his house which he found damaged by the fighting.

When he was arrested after the "attack on Hitler's life" of July 20, 1944 (CIP PRESS & DOCUMENTATION SERVICE, May 25,1945), the Gestapo tried hard to discover possible relations of Dr. Adenauer with Dr. Goerdeler, the former Mayor of Leipzig and alleged civilian leader of the anti-Nazi plot. It is now known that Dr. Goerdeler had indeed tried to establish contact with Dr. Adenauer, through a third person, but that Dr. Adenauer, knowing how carefully he was being watched, refused to be drawn into the matter.

Dr. Adenauer was kept under arrest until the middle of December 1944. In the prison of Brauweiler, near Cologne, he spent much time in an unheated cell. He was frequently cross-questioned. In the meantime, his sons and some of his friends tried in Berlin to obtain his liberation. One night, in December, during an air raid, Dr. Adenauer asked his "interrogator": "When shall I be allowed to go home again?" He was very surprised when the answer came: "Tomorrow if you want to, or even right now". Dr. Adenauer left immediately and reached Rhoendorf (which is part of the city of Honnef) the same night.

At the beginning of February 1945, Dr. Adenauer was called again to the Gestapo. He was told: "If the Americans continue to advance and to approach the Rhine, you will have to go without delay to Central Germany and hold yourself at our disposal, even if you do not get special orders to do so". He started immediately to make plans for going into hiding when that would be necessary. Dr. Adenauer had been repeatedly under arrest between 1933 and 1944.

Mrs. Adenauer was also arrested after July 20, 1944, and was imprisoned, together with prostitutes and thieves, in the cellar of the Court House on Apellhofplatz, in Cologne. After one questioning she refused to go back into that company. She was then sent to Brauweiler, but without being able to see her husband. Eight days later, she was released. Their 19 year-old daughter, Miss Lotte Adenauer, was also cross-questioned by the Gestapo, at first in a polite manner, later in a very rough way, but without any "success" for the questioners.

Dr. Adenauer was a close relative of Dr. Benedikt Schmittmann, a prominent Catholic leader and Professor of Cologne University, whom the Nazis murdered in October 1939. Professor Schmittmann had been President of the Catholic Home Rule League (Reich- und Heimatbund deutscher Katholiken) and the Reich Committee of German Federalists (Reichs-Arbeitsgemeinschaft deutscher Foederalisten), organizations aiming at destroying Prussia and obtaining autonomy for the Rhineland and other parts of Germany in a reorganized Federal State.

The former Governor(Regierungspraesident) of Cologne, Wilhelm Elfes, has also survived the Nazi terror. He had been in contact with Dr. Goerdeler and other anti-Nazi leaders. He was running a tobacco shop and thus in a position to see many "customers". He was arrested after July 20, kept in prison for several months, and finally released. Herr Elfes had been a leader of the Catholic labor movement and was for many years Editor of the Westdeutsche Arbeiterzeitung ("West German Labor News"), one of the most progressive Catholic weekly papers in Germany.

5. Januar 1946 (70. Geburtstag Adenauers),
v. l. n. r.: Gisela, Max, Lotte, Gussie und Georg Adenauer,
Ria und Walter Reiners, Konrad, Libet und Paul Adenauer, Jan Reiners

Gussie Adenauer

Walter Braunfels

Mit Josef Busley und Heinrich Weitz

Hermann Bücher

Paul Clemen

Carl Duisberg

Paul Franken

Dannie N. Heineman

Fritz Schliebusch

Wim J. Schmitz

Ella Schmittmann

Ernst Schwering

Friedrich Spennrath

Fritz Schumacher

Wilhelmine und Ferdinand Zinsser

Verzeichnis der Dokumente

Kommentar

Nr. 1

* StBKAH VI-B-10, ms., mit eigenhändigem Vermerk Adenauers »am 16.1.46 an Pünder gesandt«. – Mit diesem Schreiben schaltete Adenauer den Kölner Oberbürgermeister der Jahre 1945–1948, Hermann *Pünder* (vgl. Nr. 44), in seine Bemühungen um Wiedergutmachung für die nach 1933 erlittenen vermögensrechtlichen Schäden ein; vgl. Nr. 314, Kopfregest.

Nr. 2

* HAStK 902/42/2 (2.), S. 535 f., eigenhändig, auf Kopfbogen »Der Präsident des Preußischen Staatsrats«. – Druck: Konrad *Adenauer*, Adenauer als Präsident des Preußischen Staatsrats, S. 396. – Zu dieser Aufzeichnung vgl. a. Rudolf *Morsey*, Adenauer und der Nationalsozialismus, S. 459.

In das Amt des Staatsratspräsidenten war Adenauer am 18.1.1933 erneut gewählt worden; hierzu seine schriftliche Mitteilung desselben Tages an das Preußische Innenministerium in: GStA Merseburg, Ministerium des Innern, Rep. 77 Tit. 494b Nr. 1 Bd. 2, Bl. 59 f.

1 Nach Rudolf *Morsey* (vgl. a.a.O.) stützt sich Adenauer auf ein mit dem preußischen Landtagspräsidenten geführtes Gespräch. – Hanns *Kerrl* (1887–1941), seit 1928 MdL (NSDAP) in Preußen, 1932/33 im genannten Amt, 1933/34 preußischer Justizminister, 1935–1941 Reichsminister für kirchliche Angelegenheiten.

2 Zum Wahlkampf vor den Reichstagswahlen vom 5.3.1933 (vgl. Nr. 23, Anm. 1) Adenauers Äußerungen vom Vortag in einer Sitzung der Reichstagsfraktion der Deutschen Zentrumspartei: »Für das Volk ist jede einseitige Machtentwicklung von Nachteil. Eine starke Mitte ist eine Staatsnotwendigkeit. Diesen Gedanken besonders herausstellen«; Druck des Protokolls dieser Fraktionssitzung, an der Adenauer als Gast teilnahm: Rudolf *Morsey* (Bearb.), Die Protokolle der Reichstagsfraktion und des Fraktionsvorstands der Deutschen Zentrumspartei 1926–1933, Mainz 1969, S. 617.

3 Franz *von Papen* (1879–1969), 1920–1928, 1930–1932, 1933–1945 MdR (bis 1932 für das Zentrum), 1932 Reichskanzler, 1932/33 Reichskommissar für das Land Preußen, 1933/34 Vizekanzler, dann Botschafter in Österreich (1934–1938) und in der Türkei (1939–1944). – Zur Beurteilung seiner Person und seiner Funktionen im Dritten Reich durch Adenauer vgl. seine »Briefe 1945–1947«, S. 350. Vgl. a. Nr. 335, Kopfregest.

4 Angelehnt an diesen von *Bismarck* 1868 geprägten Begriff, hatte Alfred *Hugenberg* ähnlich bereits im Herbst 1932 argumentiert; dazu Jürgen *Bay*, Der Preußenkonflikt 1932/33, S. 268.

5 Vgl. Akten der Reichskanzlei. Die Regierung Hitler, Teil I: 1933/34, Bd. 1: 30.1.–31.8.1933, bearb. von Karl-Heinz *Minuth*, Boppard/Rhein 1983, S. 34-37.

Nr. 3

* StBKAH, Materialsammlung für die »Erinnerungen« Adenauers, Abschrift.

a ‹...› Die ausgelassene Passage enthält Ausführungen zu einem Briefwechsel mit Adenauers Tochter Ria (vgl. Nr. 44, Anm. 3), die sich zu diesem Zeitpunkt in Paris aufhielt, wo sie im Folgemonat auch von der Entlassung ihres Vaters erfuhr: »Man sagte mir eben, daß Vater seines Amtes enthoben ist. Ich kann mir gar keine Vorstellung machen, was eigentlich los ist, was werden soll. Ob ich besser nach Hause komme?«, *Ria Adenauer* am 13.3.1933 an ihre Eltern; vgl. Nr. 34, Kopfregest.

1 Helene (gen. Ella) *Schmittmann* (1880–1970; Kusine Emma *Weyers,* der ersten Frau Adenauers), seit 1903 verheiratet mit dem Sozialwissenschaftler Benedikt *Schmittmann* (1872–1939), Prof. Dr. jur., ab 1906 Landesrat und Leiter des Wohlfahrtswesens bei der Rheinischen Provinzialverwaltung, 1919–1933 Ordinarius an der Universität Köln, gründete 1924 den »Reichs- und Heimatbund deutscher Katholiken«. – Zu den gegen ihn gerichteten nationalsozialistischen Verfolgungsmaßnahmen und zu seiner Ermordung am 13.9.1939 im Konzentrationslager Sachsenhausen vgl. Nr. 73, Anm. 3, Nr. 358, Anm. 1.

Weitere Belege für den für diese Edition erstmals ausgewerteten Briefwechsel Adenauer–Ella Schmittmann unter Nr. 34, 35, 53, 58, 64, 70. Hierzu vgl. a. ihre bei Paul *Weymar,* Adenauer, S. 191-193, wiedergegebenen Erinnerungen an die Zeit des Dritten Reiches.

2 Das Adenauer-Itinerar dieser Tage ist noch nicht lückenlos rekonstruierbar. Nach einem Brief *Gussie Adenauers* vom 30.1.1934 – »Heute vor einem Jahr waren wir in der begeisterungsstarken Rede von Kaas, welche Wandlung!« – hielt er sich mit seiner Frau am Tag der »Machtergreifung« Hitlers vermutlich in Berlin auf (Schauplatz der Veranstaltung mit Ludwig *Kaas* und Wortlaut seiner Rede nicht nachgewiesen). Am 31.1.1933 wieder in Köln, leitete er dort routinemäßig die Verwaltungskonferenz (Protokoll in HAStK 902/240/2). Auch am Folgetag ging er noch seinen Amtsgeschäften nach (Schreiben vom 1.2.1933 an Hugo *Efferoth:* »Es geht nichts über einwandfreie Journalistik«; a.a.O., 902/173/5). Ebenfalls am 1.2.1933 legte ihm sein Bürodirektor *Wolfgarten* mehrere Vorgänge »auftragsgemäß zur heutigen Reise nach Berlin« vor (a.a.O., 902/42/2), wo er am 2.2.1933 an einer Fraktionssitzung des Zentrums teilnahm; vgl. Nr. 2, Anm. 2.

Nr. 4

* »Vossische Zeitung«, 5.2.1933 (Morgen-Ausgabe), Artikel »Warum Adenauer und Braun ablehnten«. – Otto *Braun* (1872–1955), 1913–1918, 1921–1933 MdL in Preußen (SPD), 1920–1932 MdR, 1920–1933 preußischer Ministerpräsident (mit Unterbrechungen 1921 und 1925), am 4.3.1933 in die Schweiz emigriert. – Eigene Erinnerungen Adenauers an diese Beratungen enthalten seine Schreiben an Friedrich *Grimm* vom 29.7. und 2.8.1933; vgl. Nr. 109, 111.

1 Dieser Artikel der Preußischen Verfassung vom 30.11.1920 enthält zugleich auch die grundlegende Bestimmung für die Zusammensetzung des Dreimänner-Kollegiums: »Die Auflösung des Landtags erfolgt durch eigenen Beschluß oder durch den Beschluß eines aus dem Ministerpräsidenten und den Präsidenten des

Landtags und des Staatsrats bestehenden Ausschusses oder durch Volksentscheid. Der Volksentscheid kann auch durch Beschluß des Staatsrats herbeigeführt werden.«

2 Aufgrund der Veröffentlichung dieser Erklärung trafen im Kölner Oberbürgermeisteramt anonyme Beschimpfungen ein; vgl. HAStK 902/11/1, S. 345-347. Druck: Konrad *Adenauer,* Adenauer als Präsident des Preußischen Staatsrats, S. 769. Vgl. a. Konrad Adenauer. Seine Zeit – sein Werk, S. 114; Widerstand und Verfolgung in Köln, S. 56.

Nr. 5

* GStA Merseburg, Hist. Abt. II 2.1.7 Nr. 86, Bl. 20. Dort (Bl. 19) auch das Begleitschreiben des Reichskommissars für das Land Preußen, Franz *von Papen,* mit dem dieser (auf Kopfbogen »Der Preußische Ministerpräsident«) am Folgetag Adenauer die »Abschrift der Niederschrift« zuleitete. Ebenfalls am 7.2.1933 übermittelte von Papen, diesmal mit Kopfbogen »Der Reichskommissar für das Land Preußen«, die nachfolgend abgedruckte Aktennotiz von Staatssekretär *Nobis;* dieser Vorgang in HAStK 902/11/1, Bl. 321. Druck (u. a.): »Vossische Zeitung«, 7.2.1933 (Morgen-Ausgabe), Artikel »Der Landtag aufgelöst«; Schulthess' Europäischer Geschichtskalender 1933, S. 40; Rudolf *Morsey,* Der Beginn der »Gleichschaltung«, S. 95.

1 »Jedes Land muß eine freistaatliche Verfassung haben. Die Volksvertretung muß in allgemeiner, gleicher, unmittelbarer und geheimer Wahl von allen reichsdeutschen Männern und Frauen nach den Grundsätzen der Verhältniswahl gewählt werden. Die Landesregierung bedarf des Vertrauens der Volksvertretung« (WRV Art. 17 Abs. 1).

2 Nach dem ›Preußenschlag‹ vom 20.7.1932 (Übernahme der Regierungsgewalt in Preußen durch Reichskanzler von Papen) hatte Preußen beim Staatsgerichtshof gegen die Reichsexekution geklagt. Das Urteil vom 25.10.1932 hatte das Kabinett Braun als rechtmäßige Regierung bestätigt, die Exekutivgewalt in Preußen aber beim Reichskommissar belassen; vgl. Rudolf *Morsey,* Zur Geschichte des ›Preußenschlags‹, passim.

3 Paul *von Beneckendorff und von Hindenburg* (1847–1934), 1916–1919 Chef des Generalstabes des Feldheeres und der Obersten Heeresleitung, 1925–1934 Reichspräsident.

4 Die »Verordnung zur Herstellung geordneter Regierungsverhältnisse in Preußen« (vgl. RGBl. 1933 I, S. 43) sprach Reichskommissar von Papen »bis auf weiteres« die Hoheitsbefugnisse des preußischen Ministerpräsidenten zu.

Nr. 5 A

* HAStK 902/11/1, S. 323, 329-343; Druck der vollständigen Aktennotiz (einschließlich der hier nicht wiedergegebenen Ausführungen *von Papens* und *Kerrls*) und ausführliche Kommentierung: Rudolf *Morsey,* Der Beginn der »Gleichschaltung«, S. 90-95. Zu diesem Vorgang vgl. a. *ders.,* Adenauer und der Nationalso-

zialismus, S. 459 f.; Konrad *Adenauer,* Adenauer als Präsident des Preußischen Staatsrats, S. 397; Jürgen *Bay,* Der Preußenkonflikt 1932/33, S. 275 f.
Adenauer erinnert an diese Beratungen in seinen Schreiben an *Grimm* vom 29.7. und 2.8.1933; vgl. Nr. 109, 111.

a ‹ › Vom Bearb. korrigiert aus »April«, nach dem Änderungswunsch Adenauers, den er am 9.2.1933 Reichskommissar von Papen mitteilte.

b ‹. . .› Hier folgt die in der vorstehend abgedruckten Verlautbarung bereits enthaltene Erklärung Adenauers.

1 Ludwig Eduard *Nobis* (1868–1943), Dr. jur., 1919–1933 Ministerialdirektor, 1933 Staatssekretär im Preußischen Staatsministerium.

2 Hermann *Göring* (1893–1946), Februar–April 1933 Reichsminister ohne Geschäftsbereich und Reichskommissar für den Geschäftsbereich des Preußischen Innenministeriums, 1933–1945 preußischer Ministerpräsident (in dieser Funktion – in Adenauers Nachfolge – Vorsitzender des im nationalsozialistischen Sinne neugeordneten Staatsrats), Reichsminister für Luftfahrt (1933–1945), Forsten (1934–1945) und Wirtschaft (1937/38), 1935–1945 Oberbefehlshaber der Luftwaffe.

3 Kurt *von Schleicher* (1882–1934), seit 1913 im Generalstab, seit 1926 Abteilungsleiter im Reichswehrministerium, 1932 Reichswehrminister, Dezember 1932/Januar 1933 Reichskanzler. – Zu seiner Ermordung am 30.6.1934 und zum »Röhm-Putsch», der auch zur Verhaftung Adenauers führte, vgl. Nr. 189, 189 A.

4 Albert *Lauscher* (1872–1944), Prof. Dr. theol., Ordinarius an der Universität Bonn (seit 1917), 1920–1924 MdR (Zentrum), 1919–1933 MdL in Preußen, dort 1932/33 Vorsitzender der Zentrumsfraktion.

5 Auf Behauptungen Kerrls, seine im Dezember 1932 unternommenen Versuche, »mit dem Zentrum zu einer Einigung« hinsichtlich der Wahl eines Ministerpräsidenten durch den preußischen Landtag zu kommen, seien durch den Rückzug des Zentrums gescheitert.

6 Nachdem Kerrl der Hoffnung Ausdruck verliehen hatte, »daß auch nach der Wahl bei beiden Parteien die Bereitwilligkeit zur Zusammenarbeit . . . weiterbestehen werde.«

7 Auf von Papens Appell an Adenauer, »das Vergangene vergangen sein zu lassen. . . . In jedem Fall sei aber heute ein großer Erfolg errungen worden, als durch die Verordnung des Herrn Reichspräsidenten . . . die Einheitlichkeit der Staatsgewalt in Preußen wiederhergestellt sei«.

Nr. 6

* GStA Merseburg, Hist. Abt. II 2.1.7 Nr. 86, Bl.17; HAStK 902/42/2, S. 315, mit ms. Briefkopf »Der Präsident des Preuß. Staatsrats«. – Zum Nachfolgenden vgl. die Darstellung des Adressaten in seinen Lebenserinnerungen: Arnold *Brecht,* Mit der Kraft des Geistes, S. 280-283; vgl. a. Konrad *Adenauer,* Adenauer als Präsident des Preußischen Staatsrats, S. 398.

a ‹ › von Adenauer in der im HAStK enthaltenen Vorlage eigenhändig korrigiert aus »Natürlich«.
b ‹...› aus »befürchte«.
1 Arnold *Brecht* (1884–1977), Prof. Dr. jur., Ministerialdirektor im Reichsinnenministerium (1921–1927) und im preußischen Staats- und Finanzministerium (1928–1933), Hauptbevollmächtigter im Reichsrat, 1932 Vertreter Preußens vor dem Staatsgerichtshof, 1933 in die USA emigriert, 1933–1954 Professor für Politische Wissenschaft an der New School for Social Research, New York.
2 Vgl. Nr. 6 A.

Nr. 6 A
*GStA Merseburg, Hist. Abt. II 2.1.7 Nr. 86, Bl. 18, ms.; HAStK 902/42/2, S. 319. Zu diesem Vorgang vgl. Konrad Adenauer. Seine Zeit – sein Werk, S. 114.
1 Vgl. Nr. 6.
2 Hierzu, unter Verwendung dieser Aktennotiz, Hagen *Schulze,* Otto Braun, S. 781.

Nr. 7
*Druck: Mitteilungen des Reichsfrauenbeirats der Deutschen Zentrumspartei, Jg. 8, 2. Wahlnummer 1933, S. 82; dazu die Vorlage (Auszug der Rede in der am 8.2.1933 in der »Kölnischen Volkszeitung« veröffentlichten Form) in HAStK 902/258/5, S. 1125. – Diesen Auszug leitete am 11.2.1933 Helene *Weber* Adenauer zu (vgl. a.a.O., S. 1119), dies auch mit der Bitte um Überarbeitung des in der Presse nur in indirekter Rede wiedergegebenen zweiten Absatzes. Adenauer daraufhin am 13.2.1933: »Leider ist es mir nicht möglich, Ihrem Wunsche auf Vervollständigung des letzten Teiles meiner Rede zu entsprechen, da ich ohne Manuskript gesprochen habe« (vgl. a.a.O., S. 1123).
Zu dieser Rede vgl. Konrad *Adenauer,* Adenauer als Präsident des Preußischen Staatsrats, S. 398; Rudolf *Morsey,* Der Beginn der »Gleichschaltung«, S. 95; *ders.,* Adenauer und der Nationalsozialismus, S. 460; Adolf *Klein,* Köln im Dritten Reich, S. 61.
a ‹ › Von Adenauer korrigiert aus *»die«.*
1 Joseph *Joos* (1878–1965), 1919–1933 MdR (Zentrum), 1928–1933 stellvertretender Parteivorsitzender des Zentrums, langjähriger Schriftleiter der »Westdeutschen Arbeiter-Zeitung« bzw. der »Ketteler Wacht«, nach 1933 verfolgt und mehrfach inhaftiert, 1938 ausgebürgert, 1941–1945 im Konzentrationslager Dachau, nach 1949 in der Männerseelsorge tätig, Vorsitzender der »Gemeinschaft der Katholischen Männer«. – Zu den gegen ihn nach 1933 gerichteten Verfolgungsmaßnahmen vgl. die Dokumentation in: M.d.R., S. 311-314.
2 Adenauers Wahlkampfaktivitäten im Februar 1933 wurden auch in der Reichshauptstadt registriert; hierzu ein im Büro des Vizekanzlers *von Papen* angefertigter Vermerk vom 14.2.1933 (nicht gezeichnet, oben die hs. Namensangabe »Scholtz«): »In Köln ist Oberbürgermeister Dr. Adenauer für den Wahlkampf

völlig im Dienste seiner Partei tätig, was er bisher nie getan hat, und wird aus diesem Grunde von der Parteileitung, die nicht immer so zufrieden mit ihm war, weitgehend gedeckt« (BA R 53/77, Bl. 180).

Nr. 8

* HAStK 902/42/2, S. 529 f.; »Vossische Zeitung«, 9.2.1933 (Abend-Ausgabe), Artikel »Herriot schlägt Alarm. Hitler-Debatte in der außenpolitischen Kammerkommission« (nach einer Veröffentlichung im »Ere Nouvelle« vom gleichen Tage). – Hierzu und zu einer zu den Äußerungen *Herriots* im Kölner Oberbürgermeisteramt angefertigten Vorlage (18.2.1933, ohne Verfasserangabe, mit Vermerk »Herr Oberbürgermeister wünscht Aufbewahrung der Vorlage«) vgl. Konrad *Adenauer,* Adenauer als Präsident des Preußischen Staatsrats, S. 397, 769 f.
Edouard *Herriot* (1872–1957), 1924/25 französischer Außenminister, 1924/25 und 1932 Ministerpräsident, 1936–1940 Präsident der Deputiertenkammer, 1942 verhaftet, 1944/45 nach Deutschland deportiert, 1947–1954 Präsident der Nationalversammlung. – Zu den Kontakten Adenauer–Herriot vor 1933 (1928 aus Anlaß der »Pressa«) und nach 1945 vgl. Hans-Peter *Schwarz,* Adenauer. Der Aufstieg, S. 297-299; »Teegespräche 1955–1958«, S. 472.

Nr. 9

* »Westdeutscher Beobachter«, 10.2.1933, Artikel »Das Kölner Universitätsmuseum wurde eingeweiht. Ein Werk, das weit über die Grenzen der Alma Mater Bedeutung hat. – Geheimrat [Christian] Eckert und Oberbürgermeister Adenauer hielten die Festansprachen.« – Der Auszug dokumentiert, daß in der Phase heftiger politischer Konfrontation und nationalsozialistischer Agitation gegen Adenauer die repräsentativen Funktionen des Stadtoberhaupts vorerst noch wahrgenommen und auch gewürdigt wurden.

1 Vgl. Kurt *Düwell,* Universität, Schulen und Museen, passim; Konrad Adenauer. Seine Zeit – sein Werk, S. 97-102. Vgl. a. Nr. 283, Kopfregest.

Nr. 10

* HAStK 902/105/3, S. 133 f. mit ms. Briefkopf »D[er] O[berbürgermeister]« und hs. Vorzimmernotiz »ab 18. [2.1933]«.

1 Raban Graf *Adelmann* (geb. 1877), Dr. jur., 1919–1925 in den Reichsministerien des Innern und für die besetzten Gebiete, 1925–1930 Stellvertreter des Reichskommissars für die besetzten Gebiete, 1931–1934 Generalkonsul in Kattowitz, ab 1934 Gesandter in Brüssel.

2 Johannes *Horion* (1876–1933), Dr. jur., seit 1904 Landesrat für das Wohlfahrtswesen der Rheinprovinz, 1922–1933 Landeshauptmann, 1926 Präsident des Deutschen Katholikentages. – Zu Horion (der zwei Tage nach dieser brieflichen Erwähnung verstarb) und zu seinen engen Kontakten zu Adenauer vgl. Nr. 13.

3 Hans *Fuchs* (1874–1956), Dr. jur., Oberpräsident der Rheinprovinz (1922–

1933) und der Nordrheinprovinz (1945), 1923 Reichsminister für die besetzten Gebiete. – In der »Erfassung führender Männer der Systemzeit« (Juni 1939; vgl. Nr. 353) heißt es zur Fuchs-Vita nach 1933: »Lebt heute in Cochem-Kond .... hält enge Verbindung zu führenden katholischen Kreisen in Trier.« – Seine freundschaftliche Verbindung zu Adenauer wird durch dessen Briefe unter Nr. 178, 196, 396, 405 belegt.

4 Hierzu, unter Verwendung dieses Briefes, Rudolf *Morsey*, Adenauer und der Nationalsozialismus, S. 461.

5 Auguste Amalie Julie, genannt *Gussie Adenauer* geb. *Zinsser* (1895–1948), zweite Frau Adenauers (Heirat 1919).

Nr. 11

* HAStK 903/49/1. Diesen Bericht über die Vorkommnisse vom 19.2.1933 (aus Anlaß einer Wahlkundgebung Hitlers in Köln) verfaßte in amtlicher Eigenschaft: Heinrich *Billstein* (1883–1956), Dr. jur., 1918–1933 Beigeordneter der Stadt Köln (ab 1930 im Dezernat Flughafen, Häfen und Brückenbau), Amtsenthebung am 18.3.1933. – Adenauers Kontakte zu ihm gingen weit über die kommunalpolitischen hinaus, er benannte ihn 1946 als guten Bekannten »seit 1912« und »persönliche Referenz«; vgl. »Briefe 1945–1947«, S. 28.
Ergänzend zu diesem zeitgenössischen Bericht *Billsteins* vgl. seine ausführliche Darstellung des Vorgangs bei Paul *Weymar*, Adenauer, S. 147-150. Vgl. a. Adenauers eigene Angaben im Schreiben vom 27.6.1933 (Nr. 90) sowie Rudolf *Morsey*, Adenauer und der Nationalsozialismus, S. 460f.; Hans-Peter *Schwarz*, Adenauer. Der Aufstieg, S. 345; Adolf *Klein*, Köln im Dritten Reich, S. 64-66.

1 Hans *Wolfgarten* (geb. 1886), enger Mitarbeiter Adenauers in der Kölner Kommunalpolitik, seit 1914 im Vorzimmer, 1925–1933 Leiter des Vorzimmers (Bürodirektor, später Verwaltungsdirektor), in dieser Funktion bis 1937 auch für Adenauers Nachfolger Riesen tätig. Hierzu Adenauers Bescheinigung vom 11.11. 1946 in seinen »Briefen 1945–1947«, S. 362, 364; » ... daß er im März 1933 ... ein Aktenstück, das er unter besonderem Verschluß nach meinem Auftrag aufzubewahren hatte, nicht dem nationalsozialistischen Oberbürgermeister Riesen aushändigte, sondern heimlich meinem damals noch lebenden Bruder, Domkapitular Adenauer, überbracht hat, weil er fürchtete, daß die Nationalsozialisten mir, wenn sie den Inhalt dieses Aktenstückes kennten, noch größere Schwierigkeiten würden machen können.«

2 Eberhard *Bönner* (1891–1944), 1926–1944 Beigeordneter der Stadt Köln, u. a. zuständig für Werbe- und Verkehrswesen, Ausstellungen und Messen. – 1934–1937 war Bönner in maßgeblicher Funktion in den Rechtsstreit Adenauers mit der Stadt Köln involviert; vgl. Nr. 310, 311.

3 Zu *Schüssler* konnten keine biographischen Angaben ermittelt werden.

4 H. *Ahrens* (geb. 1886) nahm 1946 wegen der hier geschilderten Vorgänge erneut mit Adenauer Kontakt auf, der ihm daraufhin bescheinigte: »Ich habe damals, und zwar im Februar 1933, angeordnet, daß 4 Hakenkreuzfahnen, die

über Nacht auf den Pylonen der Kölner Hängebrücke aus Anlaß des Besuchs des damaligen Reichskanzlers Hitler in Köln gehißt worden waren, evtl. mit Gewalt entfernt werden sollten. Bei der Erfüllung dieses Auftrags hat der damalige Stadtingenieur Ahrens sich mutig und pflichtgetreu verhalten. Ich habe ihm deswegen meine Anerkennung durch den Personaldezernenten ausdrücken lassen«; vgl. »Briefe 1945–1947«, S. 373f.

5 Josef *Grohé* (1902–1988), 1926–1931 Hauptschriftleiter des »Westdeutschen Beobachters«, ab 1929 Stadtverordneter der NSDAP in Köln, ab 1931 NSDAP-Gauleiter im Gau Köln–Aachen, ab 1933 MdR, 1944 Reichskommissar für die besetzten Gebiete von Belgien und Nordfrankreich.

6 Richard *Schaller* (1903–1989), 1930–1933 MdR (NSDAP), 1932–1945 stellvertretender NSDAP-Gauleiter im Gau Köln–Aachen, 1933–1936 Bürgermeister von Köln. – Schallers Bruder Alfons (NSDAP-Kreisleiter in Köln) bemühte sich im Entnazifizierungsverfahren 1948 um eine entlastende Aussage Adenauers; vgl. »Briefe 1947–1949«, S. 200.

7 Walter *Lingens* (1882–1940), 1926 Polizeioberst, 1932 Polizeikommandeur der Preußischen Schutzpolizei, 1932–1935 Polizeipräsident von Köln. – Zu seiner Verwicklung in die Vorgänge, die im Folgemonat zur Amtsenthebung Adenauers führten, vgl. Nr. 30.

8 Hans *Elfgen* (1889–1960), 1922–1925 im preußischen Staatsdienst (zuletzt als Ministerialrat im Staatsministerium), 1926–1933 Regierungspräsident in Köln, Absetzung am 15.4.1933, später u. a. Rechtsberater einer Kranken- und Pflegeanstalt, nach 1945 Rechtsanwalt in Köln. – Zur Amtsenthebung Elfgens (kurz nach den von ihm exekutierten Maßnahmen gegen Adenauer) vgl. August *Klein,* Die Kölner Regierungspräsidenten, S. 108-110.

Nr. 12

* »Westdeutscher Beobachter«, 21.2.1933. – Zu dieser Veröffentlichung vgl. Widerstand und Verfolgung in Köln, S. 57; Konrad Adenauer. Dokumente aus vier Epochen deutscher Geschichte, S. 61; Rudolf *Morsey,* Adenauer und der Nationalsozialismus, S. 461; Hans-Peter *Schwarz,* Adenauer. Der Aufstieg, S. 345.

1 Vgl. Nr. 4, 5, 5 A.

2 Vgl. Nr. 11.

3 Zu dieser Thematik auch einer der *ersten* Vorgänge, die in den Akten des Preußischen Innenministeriums zu dem im März 1933 gegen Adenauer eingeleiteten Dienststrafverfahren erhalten sind. Schreiben eines Ferdinand *Wortig* (Neuwied/Rhein) an Hermann *Göring* vom 10.3.1933: »Als nationaler Rheinländer spreche ich hiermit den dringenden Wunsch aus, nachprüfen lassen zu wollen, ob sich s. Zt. der Kölner Oberbürgermeister Dr. Adenauer an unheilvollen separatistischen Machenschaften soweit betätigt hat, daß unter den heutigen Zeitverhältnissen sein Verbleiben als Oberbürgermeister in der bedeutungsvollen Stadt Köln nicht mehr zugegeben werden kann. Sollte hier eine Änderung durchzuführen sein, so würden Sie des Dankes der gesamten rheinischen nationalen Bevölkerung

gewiß sein« (GStA Merseburg, Ministerium des Innern, Rep. 77 Tit. 444 Nr. 3 Beiheft zu Bd. 9, Bl. 276). – Zur »Separatismus«-Kampagne gegen Adenauer vgl. Nr. 87, 98, 112.

4 Gemeint ist: Ernst *Fresdorf* (1889–1965), Dr. jur., 1926–1931 Oberbürgermeister von Brandenburg (Havel), am 20.11.1931 zum Ersten Beigeordneten der Stadt Köln gewählt (Vertreter des Oberbürgermeisters), am 13.3.1933 amtsenthoben, später ins Konzentrationslager Buchenwald verbracht, 1950–1954 Stadtdirektor in Köln.

5 Vgl. Rudolf *Morsey,* Vergleichende Übersicht über die Gehälter der Oberbürgermeister 1914 und 1930, in: Die Verwaltung, Bd. 6 (1973), S. 90-102.

Nr. 13

* HAStK 902/287/7, S. 1023-1029. Ergänzend zum Manuskript der Trauerrede Adenauers, das er für die Veröffentlichung den »Düsseldorfer Nachrichten« zur Verfügung gestellt hatte, sind im NL Horion (ACDP I – 006) zeitgenössische Berichte über die Beisetzungsfeierlichkeiten erhalten. Ein auf dem Ausriß nicht genanntes Blatt nahm als Titel des Artikels, mit offenkundig aktuellem Bezug, die Sentenz Adenauers »Ein Führer, der zu dienen wußte«. Ähnlich auch die Akzentsetzung im Bericht des »Nachrichtenblatts des Zentralverbandes der Beamten und Angestellten der preußischen Provinzialverwaltungen«, Jg. 5 (1933), Nr. 4 vom 1.3.1933, S. 22.

1 Zur Zusammenarbeit Adenauers in seiner Eigenschaft als Vorsitzender des Provinzialausschusses der Rheinprovinz mit *Horion* als Verwaltungschef der Rheinprovinz vgl. die zahlreichen Angaben bei Horst *Romeyk,* Adenauers Beziehungen zum Rheinischen Provinzialverband und zu staatlichen Behörden; *ders.,* Verwaltungs- und Behördengeschichte der Rheinprovinz. – Ihre gemeinsame Initiative führte im Zeitraum 1926–1932 zum Bau der Autobahn Köln–Bonn; dazu vgl. *Landschaftsverband Rheinland* (Hrsg.), Europas erste Autobahn. Kraftwagenstraße Köln–Bonn 50 Jahre, Köln 1982.

Nr. 14

* GStA Merseburg, Hist. Abt. II 2.1.7 Nr. 76, Bl. 28-30. – An dieser Sitzung des Staatsrats (vgl. Stenographische Berichte des Staatsrats, 5. Sitzung vom 23.2. 1933, S. 58f., 120f.) hatte Adenauer nicht teilgenommen; er stützte sich bei der Mitteilung der Beschlüsse auf den ihm noch am 23.2. vom Verwaltungsdirektor Dr. *Albrecht* zugeleiteten brieflichen Bericht über den Sitzungsverlauf und die ihm am Folgetag von Albrecht zur Unterschrift vorgelegten Unterlagen.

Auf dieser Grundlage teilte Adenauer ebenfalls am 24.2.1933 Dr. *Remertz,* Braunlage/Harz, mit, »daß der Staatsrat in seiner gestrigen Sitzung beschlossen hat, die Verordnung vom 4. Februar d. Js. durch Klage beim Staatsgerichtshof insoweit anzufechten, als sie sich auf Auflösung derjenigen Wahlkörper, von denen die Mitglieder des Staatsrats gewählt sind, bezieht.« (vgl. a.a.O., Nr. 86, Bl. 26). – Zu den Staatsratsbeschlüssen vom 23.2.1933 vgl. Konrad *Adenauer,* Adenauer als Präsident des Preußischen Staatsrats, S. 400; Rudolf *Morsey,* Adenauer und der Nationalsozialismus, S. 461.

1 Erlaß zur Auflösung sämtlicher kommunaler Vertretungskörperschaften und zu deren Neuwahl am 12.3.1933; vgl. Preußische Gesetzsammlung 1933, S. 21. Dazu auch Konrad *Adenauer,* a.a.O., S. 396.

2 Vgl. Nr. 5, Anm. 4.

3 Vgl. a.a.O., Anm. 2.

4,5 Runderlasse vom 10.2.1933 an alle Oberpräsidenten und Polizeibehörden und 17.2.1933 an alle Polizeibehörden (sog. »Schießerlaß« über die »Förderung der nationalen Bewegung«; vgl. Cuno *Horkenbach,* Das Deutsche Reich von 1918 bis heute. Das Jahr 1933, S. 61) – beide zur Durchführung der »Verordnung zum Schutz des deutschen Volkes« vom 4.2.1933; vgl. Konrad *Adenauer,* a.a.O., S. 318.

6 »Alle Deutschen sind vor dem Gesetze gleich« (WRV Art. 109 Satz 1). – »Die Freiheit der Person ist unverletzlich. Eine Beeinträchtigung oder Entziehung der persönlichen Freiheit durch die öffentliche Gewalt ist nur auf Grund von Gesetzen zulässig« (WRV Art. 114 Abs. 1).

7 Erwin *Schütze,* seit 1932 Ministerialdirektor im Preußischen Innenministerium. – Zu seinen hier angesprochenen Ausführungen im Verfassungsausschuß des Staatsrats vgl. Konrad *Adenauer,* a.a.O., S. 398f.

Nr. 15

*HAStK 902/11/1, S. 349f., eigenhändig. – Hierzu, unter Verwendung dieser Aufzeichnung, Konrad *Adenauer,* Adenauer als Präsident des Preußischen Staatsrats, S. 400f.; Rudolf *Morsey,* Adenauer und der Nationalsozialismus, S. 461.

1 Otto *Meissner* (1880–1953), Dr. jur., 1920–1934 Leiter des Büros des Reichspräsidenten (seit 1923 als Staatssekretär), 1934–1945 Chef der Präsidialkanzlei (seit 1937 als Reichsminister).

2 Wilhelm *Albrecht,* Oberregierungsrat, Verwaltungsdirektor des Preußischen Staatsrats.

3 Erich *Gritzbach* (geb. 1896), Ministerialrat im Preußischen Staatsministerium, dort ab 1934 Leiter der Pressestelle.

4 Zum Ergebnis des Gesprächs vgl. Nr. 19.

Nr. 16

*»Der Feuerreiter«, Jg. 9 (Nr. 8), Ausgabe vom 25.2.1933. Abb.: Ulrich *Frank-Planitz,* Konrad Adenauer, S. 79. – Zu diesem Portrait (Original im Arbeitszimmer Adenauers im Rhöndorfer Wohnhaus) und zum Künstler, Johannes *Greferath* (1872–1946), vgl. die Angaben in Adenauers »Briefen 1945–1947«, S. 287, 669. Der katholischen Illustrierten »Feuerreiter« (die 1941 verboten wurde) schrieb Bundeskanzler Adenauer am 14.10.1950, anläßlich des 25jährigen Bestehens: »... hat in den hinter ihm liegenden Jahren dem Unterhaltungs- und Bildungsbedürfnis weiter Kreise in vorbildlicher Weise Rechnung getragen« (StBKAH 10.16).

Nr. 17
* GStA Merseburg, Hist. Abt. II 2.1.7 Nr. 86, Bl. 27f.
1 Vgl. Nr. 14.
2 Hierzu ist bestätigend ein im Büro *von Papens* angefertigter Vermerk über ein Telefongespräch mit *Albrecht* erhalten: »Herr Präsident Adenauer habe den Wunsch, zuvor mit Herrn Vizekanzler von Papen und Herrn Reichsminister Göring zu verhandeln, da er es für möglich halte, daß sich die Audienz bei dem Herrn Reichspräsidenten vermeiden lasse« (BA R 53/150, Bl. 2).

Nr. 18
* GStA Merseburg, Ministerium des Innern, Rep. 77 Tit. 444 Nr. 3 Beiheft zu Bd. 9, Bl. 275; dort liegt das Wahlflugblatt der Mitteilung *Elfgens* an *Göring* vom 6.3.1933 bei; vgl. Nr. 22. – Neben *Gussie Adenauer* unterzeichneten:
Antonie *Hopmann* (1882–1941), 1916 Mitbegründerin, bis 1941 stellvertretende Vorsitzende des Vereins katholischer deutscher Sozialbeamtinnen, 1926–1941 Generalsekretärin des Katholischen Deutschen Frauenbundes (KDFB).
Barbara *Joos* (1883–1939; verheiratet mit Joseph Joos), langjährige Sekretärin der Katholischen Arbeiterinnenvereine Westdeutschlands und Vorstandsmitglied des Reichsbundes der Kinderreichen.
Amalie *Lauer* (1882–1950), 1917–1933 Leiterin der Städtischen Wohlfahrtsschule Köln, 1919–1933 MdL (Zentrum) in Preußen.
Christine *Teusch* (1888–1968), 1919–1933 MdR (Zentrum), 1923–1966 Vorsitzende des Katholischen Mädchenschutzvereins, 1946–1966 MdL (CDU), 1947–1954 Kultusministerin in Nordrhein-Westfalen. – Zu ihren Kontakten zu Adenauer und zu seiner Familie in den Jahren der Verfolgung vgl. Nr. 414.
Katharina *Zinnicken* (1893–1987), ab 1919 im Vorstand der Kölner Zentrumspartei, 1926–1933 in der Stadtverordnetenversammlung, führende Vertreterin des Vereins Katholischer deutscher Lehrerinnen (VKdL), nach dem 20.7.1944 im KZ Köln-Deutz.
Zu diesem Vorgang vgl. die ausführlichen Angaben bei Elisabeth *Prégardier*/ Anne *Mohr*, Politik als Aufgabe. Engagement christlicher Frauen in der Weimarer Republik, S. 365-382 (S. 376: Abb. des Aufrufs).

Nr. 19
* GStA Merseburg, Hist. Abt. II 2.1.7 Nr. 86, Bl. 30 (mit eigenhändigem Briefentwurf auf Bl. 29f.), mit ms. Briefkopf »Der Präsident des Preußischen Staatsrats« und hs. Vorzimmervermerk »Erklärung im Lokalanzeiger, Tagebl[att] am 3.III. erschienen« (vgl. Nr. 21, Anm. 2). – Eine Abschrift des Schreibens leitete Adenauer am selben Tag Vizekanzler von Papen zu (a.a.O., Bl. 31).
1 Zum Gespräch mit Göring und *von Papen* (zu dem der Adenauer-Forschung dieser authentische Beleg bisher fehlte) vgl. Rudolf *Morsey,* Adenauer und der Nationalsozialismus, S. 461; Hans-Peter *Schwarz,* Adenauer. Der Aufstieg, S. 344. Vgl. a. Nr. 20, 21.

2 Weitgehend identisch die Formulierung in einem Brief an das norddeutsche Zentrumsmitglied Hans *Beran* (Wandsbek) vom 2.3.1933; vgl. HAStK 902/42/2, S. 545.

Nr. 20

* »Vossische Zeitung«, 26.2.1933 (Morgen-Ausgabe), Artikel »Papens Intervention erfolgreich«. – Auf einen weiteren Pressebericht über dieses Gespräch (»Hamburger Nachrichten«, 26.2.1933: »Adenauer hat sich beruhigt«) machte am 27.2.1933 Hans *Beran* Adenauer aufmerksam; vgl. Nr. 19, Anm. 2. Vgl. a. Rudolf *Morsey,* Adenauer und der Nationalsozialismus, S. 461f.; Konrad *Adenauer,* Adenauer als Präsident des Preußischen Staatsrats, S. 401.

1 Vgl. Nr. 14.

2 Vgl. Nr. 19.

Nr. 21

* HAStK 902/11/1, S. 353-355, mit ms. Briefkopf »Der Präsident des Preuß. Staatsrats« und Vermerk »Persönlich«. – Druck: Rudolf *Morsey,* Vom Kommunalpolitiker zum Kanzler, S. 74f.; Teildruck: *ders.,* Der Beginn der »Gleichschaltung«, S. 97; Widerstand und Verfolgung in Köln, S. 57. Vgl. a. Konrad Adenauer. Seine Zeit – sein Werk, S. 114; Rudolf *Morsey,* Adenauer und der Nationalsozialismus, S. 462; *ders.,* Der Untergang des politischen Katholizismus, S. 112; Konrad *Adenauer,* Adenauer als Präsident des Preußischen Staatsrats, S. 402.

1 Vgl. Nr. 19.

2 Vgl. a.a.O., Kopfregest. – Ebenfalls am 1.3.1933 richtete Adenauer die telefonische Anfrage an das Staatsrats-Büro in Berlin, »ob in der Angelegenheit des bekannten Polizeierlasses inzwischen im Staatl. Preuß. Pressedienst eine Veröffentlichung erfolgt sei. Es soll auch festgestellt werden, ob etwa durch den Rundfunk etwas in der Sache bekannt gegeben ist« (Vermerk des Staatsratsarchivars Walter *Kühn* vom 1.3.1933 in GStA Merseburg, Hist. Abt. II 2.1.7 Nr. 109/1, Bl. 259).

3 Fritz *Grass,* Direktor der Mittelrheinisch-Nassauischen Bauernvereine, 1925–1933 MdL (Zentrum) in Preußen, Fraktionsgeschäftsführer. – Im nachfolgenden angesprochen: Kontakte Grass–*Göring,* über die Rudolf *Morsey* berichtet (Der Untergang des politischen Katholizismus, S. 111f.).

4 Zum Ergebnis der Kommunalwahlen vgl. Nr. 23, Anm. 1.

5 Soweit ersichtlich, hat Vizekanzler *von Papen* dieses Schreiben nicht beantwortet.

Nr. 22

* GStA Merseburg, Ministerium des Innern, Rep. 77 Tit. 444 Nr. 3 Beiheft zu Bd. 9, Bl. 274, auf Kopfbogen »Der Regierungs-Präsident«, mit Vermerk »*Vertraulich!*«, Verteilerangabe »M[inisterium] d[er] J[ustiz], O[ber] P[räsidium der Rhein-

provinz]«, Eingangsstempel des Preußischen Innenministeriums vom 8.3. 1933 mit handschriftlicher Notiz (»i. A. Jakoby«) »Herrn Staatssekretär Schmid auf Anordnung des Herrn Ministers [Göring] übersandt«.

1 Vgl. Nr. 18.

2 »Druckschriften, deren Inhalt geeignet ist, die öffentliche Sicherheit oder Ordnung zu gefährden, können polizeilich beschlagnahmt und eingezogen werden« (RGBl. 1933 I, S. 36).

3 »Die Artikel 114, 115, 117, 118, 123, 124 und 153 der Verfassung des Deutschen Reichs werden bis auf weiteres außer Kraft gesetzt. Es sind daher Beschränkungen der persönlichen Freiheit, des Rechts der freien Meinungsäußerung, einschließlich der Pressefreiheit, des Vereins- und Versammlungsrechts, Eingriffe in das Brief-, Post-, Telegraphen- und Fernsprechgeheimnis, Anordnungen von Haussuchungen und von Beschlagnahmen sowie Beschränkungen des Eigentums auch außerhalb der sonst hierfür bestimmten gesetzlichen Grenzen zulässig« (a.a.O., S. 83).

Nr. 23

*HAStK 902/105/4, S. 753-755, mit Vermerk »Vertraulich aufzubewahren«. – Druck: Rudolf *Morsey*, Vom Kommunalpolitiker zum Kanzler, S. 75; Widerstand und Verfolgung in Köln, S. 58. Vgl. a. Rudolf *Morsey*, Adenauer und der Nationalsozialismus, S. 462.

a ‹ › Von Adenauer eigenhändig korrigiert aus »vorfand«.

b ‹ › ... eingefügt.

c ‹ › ... korrigiert aus »stehen«.

1 Ergebnis der Reichstagswahlen vom 5.3.1933: NSDAP 43,9 %, (6.11.1932: 33,1 %), SPD 18,3 % (20,4 %), KPD 12,3 % (16,9 %), Zentrum 11,2 % (11,9 %), DNVP, Kampffront Schwarz-Weiß-Rot 8,0 % (8,3 %). – In dieser Reihenfolge erzielten die Parteien in Köln folgende Ergebnisse: 33,1 % – 14,9 % – 18,1 % – 25,6 % – 5,7 %. Bei der Kommunalwahl vom 12.3.1933 verschoben sich die Prozentanteile so: 39,6 % – 13,2 % – 11,1 % – 28,3 % – 5,4 %; vgl. Adolf *Klein*, Köln im Dritten Reich, S. 68 f.

2 Zu dieser Anweisung *Görings* vgl. Horst *Matzerath*, Nationalsozialismus und kommunale Selbstverwaltung, S. 67. – Als Staatsratsvorsitzender wurde Adenauer am 11.3.1933 von einem Schnellbrief Görings in Kenntnis gesetzt, demzufolge »am Gefallenengedenktage neben den Farben schwarz-weiß auch auf den preußischen staatlichen und kommunalen Dienstgebäuden, den Gebäuden der Körperschaften des öffentlichen Rechts sowie den Gebäuden der öffentlichen Schulen zum Gedächtnis der unter diesen Farben Gefallenen nur die Flaggen schwarz-weiß-rot gezeigt werden dürfen« (GStA Merseburg, Hist. Abt. II 2.1.7 Nr. 100, Bl. 148).

Nr. 24
* HAStK 902/173/5, S. 651. Dort (S. 653) beiliegend: eine Pressenotiz Adenauers vom Folgetag, die diese Vorgänge vom 7.3.1933 weiter rekonstruiert: »Am Dienstag nachmittag gegen 6 Uhr erschienen die Herren Schaller und Ebel von der N.S.D.A.P. beim Oberbürgermeister und verlangten das Hissen der Hakenkreuzfahne auf dem Rathausturm. Der Oberbürgermeister erhob dagegen Einspruch mit dem Hinweis darauf, daß das Rathaus nicht für eine einzelne Partei, sondern für die gesamte Bürgerschaft da sei; da polizeiliche Hilfe ihm nach der Erklärung des Regierungs-Präsidenten und des Polizei-Präsidenten nicht gewährt werde, werde er sich dem Hissen der Flagge durch die N.S.D.A.P. nicht mit Gewalt widersetzen. Die Vertreter der N.S.D.A.P. haben darauf dem Oberbürgermeister erklärt, daß am folgenden Tage – Mittwoch – um 10 Uhr vormittags eine Hundertschaft S.A. vor das Rathaus ziehen und die Hakenkreuzfahne auf dem Rathausturm hissen werde.«

1 Zu *Hoffmann* konnten keine Angaben ermittelt werden.

2 Karl *Winkler,* bis März 1933 Stellvertreter des Polizeipräsidenten in Köln, in der Zeit des Dritten Reiches aus rassischen Gründen verfolgt, lebte verborgen in Köln, 1945–1953 Kölner Polizeipräsident.

Nr. 25
* HAStK 902/287/7, S. 1099-1129, eigenhändiger Entwurf, mit zahlreichen Unterlagen (Leistungsbilanzen, statistischen Materialien u. ä.), die am 8. und 9.3. 1933 in der Stadtverwaltung für den von Adenauer geplanten Rechenschaftsbericht zusammengestellt worden waren. – Durchschlag des ms. Redemanuskripts (mit dem Vermerk Adenauers »Diese Rede wollte ich auf der später verbotenen Versammlung vom 10.3.1933 halten«) in StBKAH, Ausstellungsvorlagen zu den Tafeln 45 und 46; danach der für die Adenauer-Forschung maßgebliche Druck (der den vollständigen Neudruck in dieser Edition erübrigt): Konrad Adenauer, Reden 1917–1967, S. 68-75, mit den Erläuterungen auf S. 76.
Zum Inhalt der Rede und Verbot der Versammlung vgl. Rudolf *Morsey,* Adenauer und der Nationalsozialismus, S. 463; Hans-Peter *Schwarz,* Adenauer. Der Aufstieg, S. 347f. Vgl. a. Widerstand und Verfolgung in Köln, S. 58f.; dort der Vermerk im Protokollbuch der Kölner Zentrumspartei: »Die aus Anlaß der Stadtrats-Wahl am 12. März 1933 für den 10. März in der großen Messehalle vorgesehene Versammlung, in der Oberbürgermeister Dr. Adenauer sprechen sollte, ist von der Polizei tags vorher verboten worden. Die Einlaßkarten waren zum größten Teil verkauft. Rückerstattung des Eintrittsgeldes war bekanntgegeben worden, aber nur ein ganz geringer Teil hat auf Rückzahlung bestanden. Damit ist die letzte öffentliche Versammlung der Zentrumspartei nicht zustandegekommen«.

1 Der »Westdeutsche Beobachter« hatte am 9.3.1933 eine vierseitige Sonderausgabe zu den Kommunalwahlen vom 12.3.1933 veröffentlicht (»Fort mit Adenauer! Zerschlagt die schwarz-rote Korruptionsmehrheit! Reinigt das Kölner Rathaus! ... Wer nicht Liste 1 wählt, stimmt für Adenauer!«).

2 Zur Kölner Kommunalwahl vom 17.11.1929, vor Wiederwahl Adenauers in das Amt des Oberbürgermeisters am 17.12.1929, vgl. Hans-Peter *Schwarz,* a.a.O., S. 313, 316. Dort (S. 310-313) auch ausführliche Angaben zu der bereits in den 20er Jahren geübten »Kritik an Adenauers Ausgabenpolitik«, mit der er sich im nachfolgenden auseinandersetzt; vgl. a. Friedrich-Wilhelm *Henning,* Finanzpolitische Vorstellungen und Maßnahmen, passim.

3 Dazu grundlegend Karl Dietrich *Erdmann,* Adenauer in der Rheinlandpolitik, passim. Weiterführende Literaturhinweise finden sich bei Nr. 112, 117, 125, 186, 194, 340.

4 Philipp *Scheidemann* (1865–1939), 1903–1933 MdR (SPD), rief am 9.11.1918 in Berlin die Republik aus, 1918/19 Mitglied des Rates der Volksbeauftragten, 1919 Reichsministerpräsident, 1920–1925 Oberbürgermeister von Kassel, 1933 nach Dänemark emigriert.

5 Zu den Kölner Ereignissen vom November 1918 vgl. Marie-Luise *Recker,* Adenauer und die englische Besatzungsmacht, S. 101f. Vgl. a. Hans-Peter *Schwarz,* a.a.O., S. 202-212.

6 Gustav *Stresemann* (1879–1929), 1907–1912, 1914–1918 MdR (Nationalliberale Partei), 1918/19 Mitbegründer, bis zu seinem Tode Vorsitzender der DVP, 1923 Reichskanzler, 1923–1929 Reichsaußenminister.

7 Dazu vgl. die ergänzenden Angaben Adenauers in Nr. 117, 194 und seine Erinnerungen bei Paul *Weymar,* Adenauer, S. 119-126. Vgl. a. Karl Dietrich *Erdmann,* a.a.O., S. 129-135; Hans-Peter *Schwarz,* a.a.O., S. 274-276.

8 Wilhelm *Marx* (1863–1946), Dr. jur., 1910–1932 MdR (Zentrum; 1921–1923, 1925/26 Fraktionsvorsitzender), 1922–1928 Vorsitzender des Zentrums, 1923–1925 und 1926–1928 Reichskanzler. – Briefe Adenauers an ihn aus den Jahren 1933/34, in denen auch die hier geschilderten Ereignisse weiter erörtert werden, unter Nr. 117, 128, 130, 136, 139, 158, 174.

9 Rede des Reichspräsidenten aus Anlaß der Feier zur Befreiung der Rheinlande von britischer Besatzung am 31.1.1926; vgl. Hans-Peter *Schwarz,* a.a.O., S. 295.

Nr. 26

* Peter Joseph *Schaeven,* Als Köln seinen Oberbürgermeister vertrieb. Nach eigenen Erlebnissen und Erinnerungen, Auszug aus dem Artikel in der »Kölnischen Rundschau« vom 5.1.1951; auch bei: Peter Joseph *Hasenberg* (Bearb.), Quellen zur Geschichte Kölns in der neuesten Zeit, 1918–1945, S. 47f.

Peter Joseph *Schaeven* (1885–1958), ab 1914 Geschäftsführer des Kölner Zentrums, 1919–1933 und 1945–1958 erneut Mitglied der Stadtverordnetenversammlung, zugleich Generalsekretär der CDU in Köln.

1 Vgl. Nr. 25.

2 Prinz *August Wilhelm* von Preußen (1887–1949; vierter Sohn Kaiser Wilhelms II.), seit 1930 in der NSDAP und SA-Führer, 1932/33 MdL in Preußen, 1933–1945 MdR und Mitglied des preußischen Staatsrats. – Zur NSDAP-Kundgebung vgl. Adolf *Klein,* Köln im Dritten Reich, S. 67f.

3 Zum Aufenthalt in Bonn und den dortigen Gastgebern konnten keine weiteren Angaben ermittelt werden.

4 An die damalige Situation in der Max-Bruch-Straße erinnern Adenauers Söhne Konrad, Max und Paul bei Rainer *Hagen*/Karl-Ernst *Moring*, Adenauer. Das Buchmanuskript, S. 51f., 55; vgl. a. Paul *Weymar*, Adenauer, S. 150-153.

5 Adenauers letzter öffentlicher Auftritt in offizieller Funktion: seine Teilnahme an einer Gedenkfeier für die Toten des Ersten Weltkriegs am 12.3.1933; vgl. Rudolf *Morsey*, Adenauer und der Nationalsozialismus, S. 464.

6 Nach Paul *Weymar* (Adenauer, S. 152) war Robert *Pferdmenges* entscheidend an dieser Aktion beteiligt. Auf seine Kontakte zu Adenauer in diesen Tagen verweist Ella *Schmittmann* in ihrem Brief vom 15.3.1933 (Nr. 34). Vgl. a. Nr. 43.

Nr. 27

* StBKAH 10.28: Schreiben Adenauers an Dr. Ralf *Lingens* (Düsseldorf–Oberkassel) vom 19.11.1955. Der Adressat, Sohn des Kölner Polizei-Präsidenten Walter *Lingens*, hatte sich am 2.11.1955 wegen der Darstellung der Vorgänge vom 12./13.3.1933 in der Adenauer-Biographie Paul *Weymars* (vgl. S. 152) an Adenauer gewandt: »... weiß sich meine Mutter genau zu entsinnen, daß sie damals zusammen mit meinem Vater bis in die späte Nacht auf Ihr Kommen gewartet hat. Meiner Mutter ist dies umso besser erinnerlich, als Vater am darauffolgenden Tag noch vor dem Ankleiden in Ihrer Wohnung angerufen und hierdurch Ihre plötzliche Abreise in Erfahrung gebracht hatte. Hinzu kommt, daß mein Vater in der Folgezeit bis zu seiner eigenen Dienstenthebung 1935 mehrfach bedrohte Personen ebenfalls dadurch geschützt hat, daß er sie zu uns ins Präsidium bat und sie alsdann auch tatsächlich dem Zugriff ihrer Verfolger entzog.«
Ähnlich wie hier rekonstruierte Adenauer auch in einer zum Entnazifizierungsverfahren gegen Günter *Riesen* abgegebenen eidesstattlichen Erklärung vom 2.5.1951 die Ereignisse: »In der Nacht zum 13. März wurde mir durch den damaligen Beigeordneten Bönner mitgeteilt, daß die NSDAP beabsichtige, am 13.3. das Rathaus mit einigen SA-Stürmen zu besetzen, mich gefangen zu nehmen und mich gefangen durch die Stadt zu führen. Ich habe mich darauf telefonisch an den damaligen Polizeipräsidenten Lingens gewandt, ihm hiervon Mitteilung gemacht und auf seine Frage, was er denn dagegen tun könne, erwidert, er wisse doch wohl, daß es sich hier um strafbare Handlungen handele und daß er die Pflicht habe, die nötigen Vorkehrungen dagegen zu treffen. Er hat mir erklärt, daß er erst mit dem Regierungspräsidenten Fühlung nehmen müsse und mir dann telefonisch erwidert, er habe den Auftrag, es zu keinen Auseinandersetzungen tätlicher Natur mit Gliederungen der NSDAP kommen zu lassen. Ich bin darauf nach Berlin gefahren, um mich im Preußischen Innenministerium über den Polizei- und den Regierungspräsidenten zu beschweren« (StBKAH 01.06). Vgl. den zeitgenössischen Bericht Lingens' unter Nr. 30.

Nr. 28
* GStA Merseburg, Ministerium des Innern, Rep. 77 Tit. 316 Nr. 94 Bd. 1, Bl. 26, mit ms. Briefkopf »Der Regierungspräsident«, Verteilerangabe »M[inisterium] d[er] J[ustiz], Staatssekretär im Staatsministerium, H.P.F. i. W. [?], O[ber] P[räsidium der Rheinprovinz]«, Eingangsstempel des Preußischen Innenministeriums vom 14.3.1933 und Bearbeitungsvermerk von unbekannter Hand »Weiteres ist in der Angelegenheit z. Zt. nicht zu veranlassen. Zu den Vorgängen«.

1 Vgl. Nr. 26.

2 Zur Wahrnehmung dieser Funktion, noch im März/April 1933, vgl. Nr. 38, Anm. 1, Nr. 60, Anm. 2.

Nr. 29
* GStA Merseburg, Ministerium des Innern, Rep. 77 Tit. 316 Nr. 94 Bd. 1, Bl. 25 f., mit zusätzlicher Adressatenangabe »O[ber] P[räsidium der Rheinprovinz] Koblenz«, Zeitangabe »11.55« zur Aufgabe des Funkspruchs und Vermerk Ministerialdirektor *Surén* (Preußisches Innenministerium) »O[ber] B[ürger] M[eister] Adenauer ist d[urch] den H[errn] Min[ister Göring] beurlaubt«.

1 Vgl. Nr. 28.

Nr. 30
* GStA Merseburg, Ministerium des Innern, Rep. 77 Tit. 316 Nr. 94 Bd. 1, Bl. 27 f., Abschrift.

1 *Hitler* hatte am 12.3.1933 einen Erlaß des Reichspräsidenten bekanntgegeben, »daß vom morgigen Tage ab bis zur endgültigen Regelung der Reichsfarben die schwarz-weiß-rote Fahne und die Hakenkreuzfahne gemeinsam zu hissen sind«; vgl. Schulthess' Europäischer Geschichtskalender 1933, S. 57.

2 »Wer es unternimmt, durch Gewalt oder Drohung eine Behörde oder einen Beamten zur Vornahme oder Unterlassung einer Amtshandlung zu nötigen, wird mit Gefängnis nicht unter drei Monaten bestraft« (Reichsstrafgesetzbuch § 114 Satz 1).

3 Vgl. Schulthess' Europäischer Geschichtskalender 1933, S. 57 f.

4 Rudolf *zur Bonsen* (1886–1952), Dr. jur., seit 1919 bei der Regierung in Köln (seit 1922 als Regierungsrat), am 22.2.1933 zum Regierungsvizepräsidenten ernannt, am 24.4.1933 mit der Leitung der Regierung kommissarisch beauftragt, 15.6.1933–20.4.1934 Regierungspräsident in Köln (damit in den entscheidenden Monaten, in entscheidender Funktion in das Dienststrafverfahren gegen Adenauer involviert), danach kurzfristig Regierungspräsident in Stettin, 1935/36 mit der Verwaltung der Preußischen Bau- und Finanzdirektion beauftragt, 1936 in den einstweiligen Ruhestand versetzt, 1940 endgültiger Ruhestand.
Zur Karriere und zu den Konflikten zur Bonsens im Dritten Reich vgl. Adolf *Klein*, Die Kölner Regierungspräsidenten, S. 110 f.

5 Josef *Schmitt* (1874–1939), Dr. jur., 1921–1925, 1929–1933 MdL (Zentrum) in Baden, 1932/33 MdR, 1931–1933 badischer Staatspräsident, 1939 in der

»Erfassung führender Männer der Systemzeit« aufgeführt; vgl. Nr. 353. – Zu seiner Absetzung am 11.3.1933 die Angaben in: M.d.R., S. 500.

Nr. 31

* GStA Merseburg, Ministerium des Innern, Rep. 77 Tit. 316 Nr. 94 Bd. 1, Bl. 5. – Zu den aus der Abb. ersichtlichen Angaben zum Zeitablauf (Durchgabe des Funkspruchs durch das Telegraphenamt um 13.45 h, Weiterbeförderung nach Köln um 14.40 h) ist auf ein bereits um 13.50 h von Gauleiter *Grohé* nach Berlin durchgegebenes Telegramm zur Beurlaubung Adenauers und Einführung *Riesens* hinzuweisen (»Bevölkerung jubelt«; vgl. a.a.O., Bl. 122, 122 a).

Göring verfügt hier auch die Beurlaubungen von:

Ludwig *Landmann* (1868–1945), Dr. phil. h.c., 1917–1924 Stadtrat in Frankfurt/Main, dort 1924–1933 Oberbürgermeister, Vorstandsmitglied der DDP/DStP, 1939 in die Niederlande emigriert.

Ernst *Reuter* (1889–1953), Prof. Dr. h.c., 1931–1933 Oberbürgermeister von Magdeburg, 1932/33 MdR (SPD), 1933 nach Großbritannien, später in die Türkei emigriert, 1947–1949 Oberbürgermeister, 1949–1953 Regierender Bürgermeister von Berlin.

Max *Brauer* (1887–1973), 1919–1924 Bürgermeister von Hamburg, 1921–1933 Mitglied des Preußischen Staatsrats (SPD), 1924–1933 Oberbürgermeister von Altona, nach Inhaftierung (1933) erst nach Österreich, dann in die USA emigriert, 1946–1953 und 1957–1961 Erster Bürgermeister von Hamburg, 1961–1965 MdB.

Emil *Lueken* (geb. 1879), Dr. jur., Oberbürgermeister von Kiel (1920–1933), 1919–1933 Vorstandsmitglied des Deutschen Städtetages, 1939–1942 Bankdirektor in Bremen, dort nach 1945 für die FDP kommunalpolitisch tätig. – Hinweise auf Kontakte Adenauer–Lueken nach 1933 (» ... vertrauliche Gespräche in Berlin ..., wobei Adenauer ihm bereits damals seinen Plan erläuterte, die Katholiken und Protestanten in Deutschland in einer Partei zusammenzufassen«) bei Horst *Adamietz,* Das erste Kapitel, Bremen 1975, S. 77.

Organisatorisch verbunden war Adenauer mit den Genannten durch die gemeinsame Tätigkeit im Deutschen Städtetag; wie Reuter und Brauer gehörte er zudem dem Verwaltungsrat der Reichsanstalt für Arbeitsvermittlung an. Hierzu die zahlreichen Angaben bei Wolfgang *Hofmann,* Zwischen Rathaus und Reichskanzlei.

Nr. 32

* StBKAH VI-A-10, eigenhändig, mit Notiz Adenauers »beantwortet«. Damit möglicherweise gemeint: ein am 24.3.1933 mit *Klöckner* geführtes Telefonat (u. a. zu energiewirtschaftlichen Fragen), zu dem in StBKAH 01.06 eine eigenhändige Aufzeichnung erhalten ist.

Peter *Klöckner* (1863–1940), Dr.-Ing. E. H., Großindustrieller, gründete 1906 den nach ihm benannten Konzern der Montan- und der Investitionsgüterindustrie und 1917 die Lothringer Hütten- und Bergwerksverein AG, vereinigte nach 1920 mehrere Unternehmen des Motoren-, Maschinen- und Fahrzeugbaus zur Klöckner-Humboldt-Deutz AG, 1923–1940 Aufsichtsratsvorsitzender der Klöckner AG, 1921–1933 Mitglied des Preußischen Staatsrats für das Zentrum.

1 Im Adenauer-Nachlaß sind an schriftlichen Bekundungen der Anteilnahme am Schicksal Adenauers, der Anerkennung und Ermutigung bzw. Empörung über das Vorgehen des nationalsozialistischen Regimes u. a. weiter nachweisbar (neben den nachfolgend unter Nr. 34, 36, 43, 46, 48, 52 ganz oder auszugsweise veröffentlichten Schreiben) Briefe von Maria *Deimann,* Köln-Nippes (11.3.: »Machtlos stehen Ihre Getreuen in diesen Ölbergsstunden an Ihrer Seite, haben Sie Mut, es kommt für Sie auch ... ein Ostern«), Dr. *Corty,* Köln (11.3.: » ... da Ihnen so maßloses Unrecht zugefügt wird und Sie wehrlos den widerwärtigsten Beschimpfungen ausgesetzt sind ... «), Robert *Bachem und Frau,* Köln (o. D.: » ... senden dem verehrten Herrn Oberbürgermeister in schweren Tagen, wo er sich auch durch Mannhaftigkeit hohe Verdienste erworben hat, den Ausdruck höchster Anerkennung ... «), Staatssekretär a. D. Dr. Philipp *Brugger,* Berlin-Steglitz an Dr. Heinrich *Billstein* (o. D.: »Die widerrechtliche Absetzung ... gibt vielen Leuten, die einst zu ihm gestanden, Veranlassung, ihn jetzt mit Schimpf zu überhäufen«), Erzbischof Karl Joseph Kardinal *Schulte,* Köln (15.3.: » ... daß ich in diesen für Sie so schmerzlich schweren Tagen tief mit Ihnen fühle, bitte ich Ihnen herzlichen Gruß senden zu dürfen ... «; vgl. Nr. 45, Anm. 2), Hans *Verbeek,* Köln- Marienburg (15.3.: »Ich bin überzeugt, daß in kurzer Zeit auch Leute, die unter dem Eindruck der Maßlosigkeiten heute noch anderer Ansicht sind, das ungeheure Unrecht einsehen werden ... «), Prof. Dr. Jakob *Breuer,* Köln (17.3.: » ... Verlust, den die Stadt und nicht zuletzt auch die Universität durch Ihre widerrechtliche Amtsenthebung erfahren ..., bedaure auch, daß Sie mit Ihrer charaktervollen politischen Haltung den Katholiken vorerst als Führer fehlen«), Edith *Schröder,* Köln (27.3.: »Es war doch für uns selbstverständlich in diesen schweren Tagen, die Sie [Gussie Adenauer] durchmachen mußten, in treuer Freundschaft zu Ihnen zu stehen. Wir haben uns doch in all den Jahren so nahe gestanden, und da dürfen politische Gegensätze doch nicht unsere menschlichen Beziehungen trüben«; hierzu vgl. Nr. 429), Dr. Hans *Fuchs,* Koblenz (16.4.: »Man kann nur wünschen, daß nach dieser Leidenszeit doch recht bald für das Ganze wie für den Einzelnen eine wahre, echte Auferstehung kommen möge. So sehr ich mich in Dein Denken und Sehnen einfühlen kann, so möchte ich doch empfehlen, zunächst eine Rückkehr nach Köln oder in die Nähe Kölns noch nicht ins Auge zu fassen.«)

Nr. 33

* Wiedergabe nach dem Teildruck: Alfred *Kuhlmann,* Benedikt Schmittmann, S. 379 f. Dort (S. 375) auch Angaben zum damaligen Aufenthalt Benedikt Schmittmanns in Rom, in dessen Verlauf es auch zu einer Begegnung mit Papst Pius XI. kam (» ... zu warnen vor den Gefahren des nun zur Macht gelangenden Nationalsozialismus«).

1 Dazu die Erinnerungen von Luise *Raskin,* die in jener Zeit bei der Familie

Adenauer als Erzieherin tätig war, bei Rainer *Hagen*/Karl-Ernst *Moring*, Adenauer. Das Buchmanuskript zur Fernseh-Biographie, S. 56.

2 Günter *Riesen* (1892 – 1951), Dr. rer. pol., seit 1924 im Kölner Bankhaus A. Levy tätig (1925 Prokura), ab 13.3.1933 Staatskommissar für die Stadt Köln, ab 29.7. 1933 Nachfolger Adenauers im Amt des Kölner Oberbürgermeisters, 1936 von Karl Georg Schmidt abgelöst. – Zum direkten Schriftverkehr mit Adenauer vgl. Nr. 41, 42 – zu seinen Aktivitäten im Dienststrafverfahren gegen Adenauer Nr. 89.

Nr. 34

* StBKAH VI-A-10, eigenhändig. – Aus einem weiteren Brief Ella *Schmittmanns* vom Vortage: »Ich war heute morgen bei G[ussie]. Ich bewundere sie, wie tapfer sie diese schweren Tage hinnimmt. Auch die Kinder waren guter Dinge und gut aufgehoben. – Eben habe ich mit Ria telefoniert, die sehr dankbar dafür war, da sie höchst beunruhigt war durch die wildesten Gerüchte und nicht wußte, woran sie war. Ich habe ihr geraten, dort zu bleiben, bis sie irgendeinen anderen Bescheid erhielte. Hoffentlich war das in Deiner Intention. – Einstweilen ist hier bei uns noch alles ruhig. Wie lange noch, ist natürlich eine andere Frage, denn es gehen Gerüchte über weitere Eingriffe. Man muß dem aber in Ruhe entgegensehen. – Also nochmals: Rechne auf uns bis zum Letzten, solange wir uns nicht in der gleichen oder einer schlimmeren Lage befinden wie Du. Ich wiederhole nur: Je ernster die Lage, desto fester die Freundschaft.«

1 »... hat sich Adenauer bekanntlich auch als Politiker betätigt. Er ist verschiedentlich für den Posten des Reichskanzlers vorgeschlagen worden, was er jedoch stets abgelehnt hat. Er ist seit 1920 u. a. Vorsitzender des Rheinischen Provinzialausschusses und seit mehr als einem Jahrzehnt Präsident des Preußischen Staatsrates. Besondere Verdienste hat sich Dr. Adenauer während der Besatzungszeit erworben, wo er nicht nur die Interessen von Köln, sondern auch der gesamten Rheinlande mit Erfolg vertreten hat« (»Frankfurter Zeitung« vom 14.3.1933).

Nr. 35

* StBKAH, Materialsammlung für die »Erinnerungen« Adenauers, Abschrift.

1 Vgl. Nr. 34.

2 Vgl. Nr. 37.

Nr. 36

* StBKAH VI-A-10.

Namens der Bundesleitung des »Görresrings« unterzeichneten u. a.:

Kurt *Adenauer* (geb. 1908), Sohn des Adenauer-Bruders August, später in Köln als Rechtsanwalt tätig.

Godehard Josef *Ebers* (1880–1958), Prof. Dr. jur., Ordinarius für Staats-, Verwaltungs-, Völker- und Kirchenrecht an den Universitäten Köln (1919–1936) und, nach der Emigration nach Österreich, Innsbruck (1936/37, ab 1945 erneut, zwischenzeitlich mehrfach inhaftiert). – Als damaliger Rektor der Kölner Universität wandte sich Ebers kurz vor seiner eigenen Entlassung im April 1933 am 30.3.1933 an Adenauer: »Ihrer Initiative, Ihrem Weitblick und Ihrer Tatkraft verdankt die Universität ihre Wiedererrichtung, in Anknüpfung an die große stadtkölnische Vergangenheit, ihren Ausbau zu einer der ersten Hochschulen des Reiches, und ihr neues stattliches und so überaus zweckmäßiges Haus, daß sie trotz der Ungunst der Zeiten hoffentlich doch noch in absehbarer Zeit wird beziehen können. Ein monumentum aere perennius!« (StBKAH, Ausstellungsvorlage zu Tafel 48).

Wilhelm *Hamacher* (1883–1951), Dr. phil., 1920–1933 Generalsekretär des rheinischen Zentrums, nach 1933 als Studienrat tätig, 1945 Mitbegründer der Deutschen Zentrumspartei, 1946 nordrhein-westfälischer Kultusminister, 1949–1951 MdB. – Hamacher hatte bereits im Februar 1933 mit Adenauer korrespondiert, u. a. wegen einer geplanten »großen politischen Kundgebung« katholischer Jungakademiker- und Studentenkreise; vgl. HAStK 902/258/5.

Josef *Hofmann* (1897–1973), Dr. rer. pol., 1929–1941 Redakteur der »Kölnischen Volkszeitung«, 1941–1945 der »Kölnischen Zeitung«, ab 1946 Chefredakteur der »Aachener Volkszeitung«, 1946–1968 MdL (CDU) in Nordrhein-Westfalen. – In seinen Lebenserinnerungen berichtet Hofmann über Adenauers Situation im März 1933; vgl. Journalist in Republik, Diktatur und Besatzungszeit, S. 74.

Theodor *Menken*, vor 1933 im Kartellverband katholischer deutscher Studentenvereine, später Architekt in Köln.

Arnold *Rademacher* (1873–1939), Prof. Dr. theol., katholischer Theologe, seit 1912 Ordinarius an der Universität Bonn.

Josef *Roesch* (1902–1969), bis 1933 Mitglied des Reichsjugendausschusses der Zentrumspartei, später langjähriger Verbandsvorsteher und Präsident des Rheinischen Sparkassen- und Giroverbandes, ab 1948 Landrat des Rheinisch-Bergischen Kreises, 1950–1966 MdL (CDU) in Nordrhein-Westfalen.

Adolf *Süsterhenn* (1905–1974), Prof. Dr. jur., 1932–1946 Rechtsanwalt in Köln und Unkel, am 12.3.1933 für das Zentrum in die Kölner Stadtverordnetenversammlung gewählt, nach 1945 CDU-Politiker in Rheinland-Pfalz, dort 1946/47 Justizminister, 1947–1951 Justiz- und Kultusminister und 1951–1961 Präsident des Oberverwaltungsgerichts und des Verfassungsgerichtshofes, 1948/49 Mitglied des Parlamentarischen Rates, 1961–1969 MdB.

Nr. 37

* GStA Merseburg, Ministerium des Innern, Rep. 77 Tit. 444 Nr. 3 Beiheft zu Bd. 9, Bl. 277-278, auf Kopfbogen »Der Oberbürgermeister« mit ms. Vermerk »Ur[schriftlich?] Herrn Staatssekretär Schmid *im Hause* zur gef. Kenntnisnahme ergebenst übersandt. Berlin 22.3.1933 [...] Ministerbüro [Stempel]«.

1 Zum Gespräch mit *Göring* vom 16.3.1933 waren bisher nur die bei Paul *Weymar* (Adenauer, S. 153 f.) wiedergegebenen, anders akzentuierten Erinnerungen Adenauers bekannt (nach dem Bericht Heinrich *Billsteins*). Vgl. a. die Reminiszenz auf der Schallplatte »Aus meinem Leben«: »Ich kam nach Berlin und ersuchte

um eine Besprechung bei Göring. Sie wurde mir gewährt. Ich beschwerte mich bei ihm über den Kölner Regierungs- und Polizeipräsidenten. Göring hörte sich alles ruhig an und fragte mich dann: ›Mir ist gemeldet worden, daß Sie mit x Millionen Reichsmark aus der Stadtkasse von Köln weggegangen seien. Wo ist das Geld?‹ Ich gab ihm die entsprechende Antwort darauf. Er war ruhig und zurückhaltend.«

2 Dieser Vorwurf wurde im Dienststrafverfahren gegen Adenauer nicht erneut erhoben. – Zu der gegen den preußischen Ministerpräsidenten Otto *Braun* gerichteten Kampagne vgl. Hagen *Schulze,* Otto Braun, S. 782-784.

3 Willy *Suth* (1881–1956; verheiratet mit Adenauers Schwester Lilli [1879–1950]), Dr. jur. h.c., 1920–1933 Stadtkämmerer von Köln (Amtsenthebung am 18.3.1933), leitete die Kölner Stadtverwaltung vom 16.3.1945 bis zur erneuten Amtsübernahme durch Adenauer am 4.5.1945, im Oktober/November 1945 sein kommissarischer Nachfolger, 1946–1953 Oberstadtdirektor von Köln.

4 Max *Wallraf* (1859–1941; Onkel der ersten Frau Adenauers, Emma *Weyer* [1880–1916, Heirat 1904]), 1900–1903 Polizeipräsident in Aachen, 1903–1907 Oberpräsident in Koblenz, 1907–1917 Oberbürgermeister von Köln und Mitglied des Herrenhauses, 1917/18 Staatssekretär und Leiter des Reichsamtes des Innern, 1921–1924 MdL (DNVP) in Preußen, 1924–1930 MdR.

Nr. 38

* »Frankfurter Zeitung«, 17.3.1933 (Abendblatt), Artikel »Sitzung des preußischen Staatsrates abgesagt«.

1 Bezieht sich auf eine Verordnung vom 15.3.1933; dazu die Angaben bei Konrad *Adenauer,* Konrad Adenauer als Präsident des Preußischen Staatsrats, S. 403. – Die amtlichen Kontakte zu Adenauer als Staatsratspräsident hielt der Vizekanzler Ende März/Anfang April 1933 noch aufrecht; so leitete er ihm am 1.4. einen Sonderdruck aus dem Finanzministerialblatt zu (u. a. zu den Zehnten Durchführungsbestimmungen zum Preußischen Schlachtsteuergesetz), den Adenauer mit Verfügung vom 10.4.1933 an den Hauptausschuß des Staatsrats weitergab (GStA Merseburg, Hist. Abt. II 2.1.7 Nr. 147, Bl. 66).

Nr. 39

* GStA Merseburg, Hist. Abt. II 2.1.7 Nr. 61, Bl. 54. – Dort (Bl. 53) auch das Anschreiben, mit dem Eduard *Windthorst* (Rechtsanwalt und Notar in Hamm, seit 1921 Mitglied des Preußischen Staatsrats, gehörte dort der preußischen Arbeitsgemeinschaft an) um Mitteilung der Gründe für die Absage der nächsten Staatsratstagung gebeten hatte.

1 Vgl. Nr. 38, Anm. 1.

Nr. 40

* StBKAH VI-A-10, eigenhändig.

August *Adenauer* (1872–1952), Prof. Dr. jur., Rechtsanwalt und Justizrat in Köln, 1934–1937 neben Ernst *Schwering* und Friedrich *Manstetten* Anwalt seines Bruders in den Auseinandersetzungen mit der Stadt Köln. Hierzu vgl. Nr. 204-206, 237, 299, 310, 311.

a ‹. . .› unleserlich.

1 Die »Kölnische Zeitung« hatte in ihrer Abendausgabe vom 18.3.1933 über »Beweise ungeheuerlichster Korruptionsvorkommnisse« berichtet (die »Zeugenvernehmung und Aktenprüfung« durch »Sonderkommissar« Richard *Schaller* erbracht hätten) und die Amtsenthebung von sieben Beigeordneten gemeldet: Johannes *Bergmann,* Dr. Max *Berndorff,* Dr. Heinrich *Billstein,* Dr. Wilhelm *Greven,* Joseph Maria *Herlet,* Dr. Ernst *Schwering* und Dr. Willy *Suth.* Zu den gegen sie erhobenen Vorwürfen vgl. Nr. 49.

Nr. 41

* StBKAH 01.06, Abschrift, ohne Anrede; beiliegend eigenhändiger Entwurf mit geringfügigen Formulierungsvarianten. Zu diesem Schreiben vgl. Widerstand und Verfolgung in Köln, S. 60; Konrad Adenauer. Dokumente aus vier Epochen deutscher Geschichte, S. 62; Rudolf *Morsey,* Adenauer und der Nationalsozialismus, S. 467; Hans-Peter *Schwarz,* Adenauer. Der Aufstieg, S. 351.

1 Vgl. Nr. 40, Anm. 1.

Nr. 42

* StBKAH 01.06, mit ms. Briefkopf »Der Kommissarische Oberbürgermeister«. Druck: Paul *Weymar,* Adenauer, S. 155 f.; Abb.: Hugo *Stehkämper* (Hrsg.), Konrad Adenauer, nach S. 464. Teildruck (u. a.): Widerstand und Verfolgung in Köln, S. 60; Konrad Adenauer. Dokumente aus vier Epochen deutscher Geschichte, S. 63; Rudolf *Morsey,* Adenauer und der Nationalsozialismus, S. 467 f.; Hans-Peter *Schwarz,* Adenauer. Der Aufstieg, S. 351.

Das von Adenauer als »Verbrecherbrief« gekennzeichnete Dokument (vgl. die Abb. auf S. 93) wird auch in der im HStAD NW 1037-B III 7053 enthaltenen Entnazifizierungsakte Riesen mehrfach angesprochen. In diesem Verfahren stellte Riesen nach 1950 die Behauptung auf, er habe »diesen, von der Gauleitung ihm vordiktierten, aber von ihm unterschriebenen Brief damals als eine notwendige Warnung an Herrn Dr. Adenauer angesehen, die dahinging, seine Kenntnis von den vorgefallenen Dingen und die Stimmung, die in weitesten Kreisen Kölns gegen Herrn Dr. Adenauer herrschte, nicht so zu verkennen, wie es aus dessen schroffem Schreiben mit seinen Forderungen hervorging. . . – Ferner habe er kurz nach seinem Amtsantritt, nämlich am 14.3.33, einen Besuch bei Frau Adenauer gemacht und ihr und ihren Kindern seinen persönlichen Schutz und Hilfe angeboten« (aus einem Schreiben des Berufungsausschusses beim Deutschen Entnazifizierungsausschuß für den Regierungsbezirk Düsseldorf an Ministerialdirektor Herbert *Blankenhorn* vom 12.4.1951; StBKAH 01.06). Dazu Adenauer am 2.5.1951:

»Die Unwahrheit dieser Behauptung ergibt sich schon daraus, daß der Brief vom 21.3.1933 kurz nach der Machtergreifung durch die NSDAP erfolgt ist und daß er eine Antwort auf einen Brief von mir war, in dem ich für die mir unterstellt gewesenen Beamten verlangte, daß sie gehört würden. Es ist lächerlich, diesen Brief als eine Warnung an mich zu bezeichnen. ... Richtig ist, daß Herr Riesen einen Besuch bei meiner Frau in Köln gemacht hat. Ich habe diesen Besuch als eine Unverschämtheit empfunden« (a.a.O.). Hierzu vgl. »Briefe 1945–1947«, S. 247, 571.

Nr. 43
* StBKAH VI-A-10, eigenhändig. – Bei diesem Brief handelt es sich um den ersten Beleg für die ab 1933 intensive Korrespondenz mit Dora *Pferdmenges* (1887–1970) und ihrem Mann Robert *Pferdmenges* (1880–1962), Dr. rer. pol. h.c., 1931–1955 Teilhaber des Bankhauses Sal. Oppenheim jr. & Co (1938–1947 Fa. Pferdmenges & Co), 1944 als Mitglied des Union-Club von der Gestapo beobachtet, verfolgt und verhaftet, 1947–1949 Mitglied des Wirtschaftsrates (CDU), 1950–1962 MdB. Zur Charakterisierung seiner geschäftlichen Tätigkeit vgl. Adenauers Schreiben an *Heineman* vom 18.6.1933 (Nr. 86), zur Fortführung des Briefwechsels mit seiner Frau Nr. 75, 78, 92, 95, 115.
1 Vgl. Nr. 26, Anm. 6. – Zu dem tags darauf mit Pferdmenges in Berlin geführten Gespräch ist in StBKAH 01.03 eine eigenhändige Aufzeichnung Adenauers erhalten (»... sagte mir, daß er für das RWE bei dem Staatskommissar Dr. Riesen gewesen sei«).
2 Nicht nachgewiesen.

Nr. 44
* BA, NL Pünder Nr. 606, eigenhändig. Druck: Rudolf *Morsey,* Vom Kommunalpolitiker zum Kanzler, S. 76; Abb.: Hugo *Stehkämper* (Hrsg.), Konrad Adenauer, nach S. 464.
1 Hermann *Pünder* (1888–1976), Dr. jur., 1926–1932 als Staatssekretär Chef der Reichskanzlei, 1932/33 Regierungspräsident in Münster, Ende Juni 1933 amtsenthoben, danach privatwirtschaftlich tätig, 1944/45 inhaftiert, 1945–1948 Oberbürgermeister von Köln, 1948/49 Oberdirektor des Verwaltungsrates des Vereinigten Wirtschaftsgebietes, 1949–1957 MdB (CDU). – Ein Beleg für die nach 1933 beibehaltenen Kontakte zu Adenauer unter Nr. 93; zu den gegen ihn gerichteten nationalsozialistischen Verfolgungsmaßnahmen vgl. Nr. 426, Kopfregest.
2 »Mit Ingrimm und Erbitterung habe ich verfolgt, welche Behandlung Ihnen vom Balkon Ihres altehrwürdigen Rathauses zuteil geworden ist. ... Ihnen einen Abschiedsbrief zu schreiben, kommt mir noch gar nicht in den Sinn. Einstweilen möchte ich es jedenfalls noch für völlig unmöglich halten, daß der Staat und vor allem auch unsere gemeinsame liebe Vaterstadt Köln ernstlich auf Ihre künftige Mitarbeit verzichten sollten« (Pünder am 21.3.1933; vgl. a.a.O.).
3 Adenauers Kinder aus seiner ersten Ehe mit Emma geb. *Weyer:* Konrad (geb. 1906), Max (geb. 1910) und Ria (geb. 1912); aus seiner zweiten Ehe mit Gussie geb. *Zinsser:* Paul (geb. 1923), Lotte (geb. 1925), Libet (geb. 1928) und Georg (geb. 1931).

Nr. 45
* AEK Gen. 23.23a (Neubestand) 2, auf Kopfbogen »Vizekanzler. Reichskommissar für das Land Preußen«. –
a ‹...› Von Kardinal *Schulte* eigenhändig in den Brief eingefügt (Adenauer von *von Papen* nicht namentlich erwähnt).
1 Karl Joseph Kardinal *Schulte* (1871–1941), 1910–1920 Bischof von Paderborn, 1920–1941 Erzbischof von Köln, 1921 Kardinal.
2 »Wie sehr gerade er und seine aufrechte charaktervolle Art während der schlimmen Besatzungszeit den Franzosen unbequem war, hörte ich in einer denkwürdigen Unterredung, über die ich damals sogleich dem Auswärtigen Amte ausführlich berichtete, aus dem Munde des französischen Oberkommissärs Tirard unmittelbar. Es war Ende 1923. Von der zwangsweisen Beurlaubung war ich persönlich auch deshalb überrascht, weil Herr Dr. Adenauer mir bereits im Herbst vor[igen] Jahres und dann wieder anfangs Februar seine politische Überzeugung von der Notwendigkeit einer guten Verständigung mit den Rechtsparteien offenbarte« (aus dem Anschreiben des Kardinals vom 19.3.1933, in BA R 53/77, Bl. 246; Abb.: Hugo *Stehkämper* [Hrsg.], Konrad Adenauer, nach S. 464). Über Schultes Bemühungen um Adenauer gibt auch ein Brief von Domkapitular *Johannes Adenauer* vom 24.3.1933 Auskunft: »Gestern morgen habe ich mit Eminenz gesprochen; ... er hatte bis gestern morgen von Herrn von Papen noch keine Antwort; er sagte mir, er sei aber auch bereit, noch energischer aufzutreten.« Dazu vgl. Nr. 63, Anm. 1.
3 Adolf Kardinal *Bertram* (1859–1945), 1906–1914 Bischof von Hildesheim, 1914–1945 Fürstbischof bzw. Erzbischof von Breslau, 1916 Kardinal, seit 1920 Vorsitzender der Fuldaer Bischofskonferenz.
4 Hierzu, unter Verwendung dieses Briefes (nach der Überlieferung in BA R 53/77), Rudolf *Morsey,* Adenauer und der Nationalsozialismus, S. 466.

Nr. 46
* StBKAH VI-A-10, eigenhändig.
1 Keine Angaben.
2 Vgl. Nr. 40, Anm. 1.
3 Vermutlich gemeint: die Reichstagssitzung vom 23.3.1933, bei der das sog. »Ermächtigungsgesetz« angenommen wurde (»Gesetz zur Behebung der Not von Volk und Reich«; RGBl. 1933 I, S. 141); dazu vgl. die Dokumentation: Rudolf *Morsey,* Das ›Ermächtigungsgesetz‹ vom 24.3.1933, passim.
Für die hier von Ella *Schmittmann* vermutete Anwesenheit Gussie Adenauers gibt es keinen Beleg; ein derartiges Pressephoto konnte nicht nachgewiesen werden.

Nr. 47
* GStA Merseburg, Ministerium des Innern, Rep. 77 Tit. 444 Nr. 3 Beiheft zu Bd. 9, Bl. 281, ohne Anrede, mit Vermerk »*eilt* – persönlich«.
Carl Christian *Schmid* (1886–1955), ab 1923 Reichskommissar für Rhein und

Ruhr in der Reichskanzlei, danach bis 1930 Staatssekretär im Reichsministerium für die besetzten Gebiete, 1924–1928 MdL (DVP) in Preußen, 1928–1932 MdR, Februar–Mai 1933 Kommissar z.b.V. im Preußischen Innenministerium, 1933–1938 Regierungspräsident in Düsseldorf.
Friedrich-Karl *Surén* (1888–1979), Dr. jur., ab 1921 Regierungsrat, ab 1924 Ministerialrat, ab 1932 Ministerialdirektor im Preußischen Innenministerium. Zu seiner Funktion im Dienststrafverfahren gegen Adenauer vgl. Nr. 94, 118, 127, 146, 156, 160.
a ‹. . .› Hier folgen, bereits in diesem frühen Dokument, nahezu wortidentisch die Punkte 1.)–8.) des vorläufigen Ermittlungsergebnisses, wie sie Adenauer am 4.4.1933 vom Kölner Regierungspräsidenten mitgeteilt wurden; vgl. Nr. 56.
1 Vorausgegangen waren ein am 20.3.1933 zwischen Schmid und Günter *Riesen* geführtes Telefonat sowie dessen schriftliche Mitteilungen desselben Tages: »Nach der hier geführten amtlichen Untersuchung kann es als festgestellt bezeichnet werden, daß der beurlaubte Oberbürgermeister Adenauer die Pflichten, die ihm sein Amt auferlegt, verletzt und sich durch sein Verhalten der Achtung, des Ansehens und des Vertrauens, die sein Beruf erfordern, unwürdig gezeigt hat (§ 2 der Beamten-Dienststraf-Ordnung)« (vgl. a.a.O., Bl. 279).
2 Adolf *Miller* (geb. 1870), Ministerialdirektor im Reichsschatzministerium (ab 1919), im Reichsministerium des Innern (ab 1923) und im Reichsministerium für die besetzten Gebiete (bis 1930). – Zu seiner Funktion als Untersuchungsführer im Dienststrafverfahren vgl. Nr. 114; Adenauer wurde von der Ernennung am 6.4.1933 in Kenntnis gesetzt – vgl. StBKAH 01.06 –; die Tätigkeit dauerte zunächst vom 24.3.–23.8.1933 – vgl. GStA Merseburg, Ministerium des Innern, Rep. 77 Tit. 444 Nr. 3, Bd. 9, Bl. 209.

Nr. 48
* StBKAH VI-A-10, eigenhändig, mit Vermerk Adenauers »beant[wortet] 10.4.«; vgl. Nr. 59.
Ildefons *Herwegen* (1874–1946), OSB, Dr. jur. h.c. et theol. h.c., 1913–1946 Abt des Benediktiner-Klosters Maria Laach. – Die besonders enge Verbindung und das Vertrauensverhältnis zu Adenauer (mit dem er gemeinsam das Apostelgymnasium Köln besucht hatte) wird durch den intensiven Briefwechsel der Jahre 1933–1939 (vgl. u. a. Nr. 59, 65, 69, 162, 336, 342) und durch die bereits publizierte Nachkriegskorrespondenz belegt; vgl. »Briefe 1945–1947«, S. 63, 74, 138 f., 196. Zur politischen Haltung Herwegens im Dritten Reich vgl. Nr. 113, Anm. 2, Nr. 258.

Nr. 49
* GStA Merseburg, Ministerium des Innern, Rep. 77 Tit. 444 Nr. 3 Bd. 9, Bl. 41 f., ohne Anrede, auf Kopfbogen »Der [ms. eingefügt: Kommissarische] Oberbürgermeister der Stadt Köln«.

1 Zu den Vorhaltungen und Unterstellungen, auf die sich das Dienststrafverfahren dann konzentrierte, vgl. Nr. 56 – zur Stellungnahme bzw. Richtigstellung Adenauers Nr. 66.
2 Vgl. Nr. 40, Anm. 1.
3 Wilhelm *Greven* (1875–1939), Dr. jur., 1905–1933 Beigeordneter der Stadt Köln, nach 1918 u. a. zuständig für das Wohnungswesen und für die Rechtsabteilung (Justitiar der Stadt), Gründer und 1. Vorstandsvorsitzender der Gemeinnützigen AG für Wohnungsbau. – Ein Rechtfertigungsschreiben Grevens an *Riesen* vom 16.4.1933 (»... in scharfem, sachlichem Gegensatz zu Oberbürgermeister Dr. Adenauer stets für größte Sparsamkeit eingetreten ...«) ist in BA, NL Thedieck Nr. 11 erhalten.
4 Ernst *Schwering* (1886–1962), Dr. jur., 1926–1933 Beigeordneter der Stadt Köln, zuständig für Wohlfahrtspflege, 1933–1945 Ruhestand, maßgeblicher Berater Adenauers während der Auseinandersetzungen mit der Stadt Köln, 1945/46 erneut Beigeordneter (leitete die Dezernate Wohlfahrtswesen sowie Personal- und Organisationsamt in Personalunion), 1948/49 Bürgermeister, 1949/50 und 1951–1956 Oberbürgermeister von Köln. – Adenauer benannte ihn 1946 als »politische Referenz« (vgl. »Briefe 1945–1947«, S. 28), dies wegen der Zusammenarbeit im Zentrum bis 1933, in der CDU ab 1945. Zu den engen Kontakten und zur Korrespondenz (1934–1937) vgl. Nr. 238, 241, 247, 249, 287, 290, 293, 297, 317.
5 Gemeint ist, mit Anspielung auf ihre SPD-Mitgliedschaft: Hertha *Kraus* (1897–1968), Prof. Dr. rer. pol., leitete 1923–1933 das Wohlfahrtsamt der Stadt Köln, 1933 in die USA emigriert, dort Professor of Social Economy an der Universität Bryn Mawr. – Zu den nach 1933 beibehaltenen Kontakten (über ihre Eltern in Berlin) vgl. Nr. 264, Anm. 8.
6 Joseph Maria *Herlet* (1876–1951), 1923–1933 Beigeordneter der Stadt Köln, ab 1931 zuständig für Grundstücksverwaltung und Bodenpolitik.

Nr. 50
* »Kölnische Zeitung«, 31.3.1933 (Morgen-Ausgabe), Bericht »Hindenburg und Hitler Ehrenbürger in Köln. Die feierliche Versammlung der [am 12.3.1933 gewählten] neuen Stadtverordneten – Die Sozialdemokraten nach der Sitzung in Haft genommen«. – Ausführliche Angaben zur Eröffnungssitzung der neuen Stadtverordnetenversammlung bei Adolf *Klein,* Köln im Dritten Reich, S. 90-93.

Nr. 51
* »Kölnische Zeitung«, 31.3.1933 (Morgen-Ausgabe), aus einer Erklärung, die die Zentrumsfraktion der Kölner Stadtverordnetenversammlung noch vor der Sitzung vom 30.3.1933 *Riesen* übergeben hatte und dann durch das Städtische Presseamt veröffentlicht wurde; Teildruck: Adolf *Klein,* Köln im Dritten Reich, S. 93. – Hierzu die Reaktionen Adenauers in Nr. 53, 55, 57, 58.

Nr. 52
* StBKAH VI-A-10. – Zur Arbeit des Katholischen Deutschen Frauenbundes (KDFB) unter den Bedingungen des Dritten Reiches vgl. Elisabeth *Prégardier*/Anne *Mohr:* Politik als Aufgabe. Engagement christlicher Frauen in der Weimarer Republik, S. 365-375. Zu diesem Dokument vgl. a. den Wahlaufruf führender Vertreterinnen des Frauenbeirats der Zentrumspartei, der organisatorisch und personell eng mit dem KDFB verbunden war, unter Nr. 18.
Die Solidaritätsbekundung wurde mitunterzeichnet von: Hanna *Gerig* (geb. 1900; 1945 Mitbegründerin der CDU in Köln, dort 1946–1965 Stadtverordnete), deren Mann Otto *Gerig* (1885–1944; 1924–1933 MdR [Zentrum]) als Opfer des Widerstands gegen den Nationalsozialismus im Konzentrationslager Buchenwald umkam.

Nr. 53
* StBKAH, Materialsammlung für die »Erinnerungen« Adenauers, Abschrift.
1 Brief Ella *Schmittmanns* vom 29.3.1933 in StBKAH VI-A-10.
2 Vgl. Nr. 50.
3 Vgl. Nr. 51.
4 Hierzu die Adressatin im Antwortbrief vom 2.4.1933: »Um gerecht zu sein, muß man sich dabei allerdings die furchtbare Zwangslage vor Augen halten, unter der sich z. Zt. hier alles vollzieht. Wie mir erzählt wurde, hat man die Partei hier stark unter Druck gesetzt und ihr schärfste [Maßnahmen] angedroht für den Fall, daß auch nur ein Wort zu Deinen Gunsten gesagt würde. Man wird sich schweren Herzens diesem Druck gefügt haben – ähnlich wie bei der Annahme des Ermächtigungsgesetzes im Reichstag –, um gewisse Chancen für bessere Zeiten offenzuhalten« (StBKAH VI-A-10).
5 Wenige Wochen später wurde Benedikt *Schmittmann* inhaftiert; vgl. Nr. 73, Anm. 3.
6 Gesetz zur Wiederherstellung des Berufsbeamtentums vom 7.4.1933 (RGBl. 1933 I, S. 175-177), nach dessen § 4 Adenauer am 17.7.1933 aus dem Dienst der Stadt Köln entlassen wurde; vgl. Nr. 89, 100.
7 Vgl. Nr. 85, 114.
8 Nicht nachgewiesen.

Nr. 54
* GStA Merseburg, Ministerium des Innern, Rep. 77 Tit. 444 Nr. 3 Bd. 9, Bl. 43, ohne Anrede, mit ms. Briefkopf »Staatssekretär z. D. Schmid, K[ommissar] z.b.V.« und ms. Vermerk *»Eilt«*.
a ‹...› In der ausgelassenen Passage Ausführungen und Anweisungen des Staatssekretärs zum »Fall der 7 beurlaubten Beigeordneten« (vgl. Nr. 40, Anm. 1, Nr. 49).
1 Vgl. Nr. 49.
2 Vgl. Nr. 53.

Nr. 55

* StBKAH VI-A-10, eigenhändig.

1 Fritz *Burgbacher* (1900–1978), Dr. rer. pol., 1928–1931 MdL in Hessen (Zentrum), 1929–1971 Vorstandsmitglied der Rheinischen Energie AG (RHENAG) in Köln, am 12.3.1933 in die Kölner Stadtverordnetenversammlung gewählt, 1952–1967 Landesschatzmeister der CDU Rheinland, 1957–1976 MdB, 1960–1967 Bundesschatzmeister der CDU.

2 Vgl. Nr. 51.

3 Vgl. Nr. 57.

Nr. 56

* StBKAH 314.1, behändigte Erstausfertigung, auf Kopfbogen »Der Regierungs-Präsident«; StBKAH 01.06, Abschrift; GStA Merseburg, Ministerium des Innern, Rep. 77 Tit. 444 Nr. 3 Bd. 9, Bl. 48-51, Durchschlag. – Regest: Rudolf *Morsey,* Adenauer und der Nationalsozialismus, S. 468f.; Hans-Peter *Schwarz,* Adenauer. Der Aufstieg, S. 352.

Zu den nachfolgend formulierten Verdachtsmomenten und Ermittlungsergebnissen vgl. die Entgegnung Adenauers unter Nr. 66. – Zum Vergleich sind auch heranzuziehen: sein kommunalpolitischer Rechenschaftsbericht im Entwurf der für den 10.3.1933 geplanten Ansprache (Nr. 25 – mit den dort nicht abgedruckten Teilen in: Konrad Adenauer. Reden 1917–1967, S. 68-73) sowie sein Schreiben an Alfred *Hugenberg* vom 5.1.1933, in dem er dessen Kritik an kommunaler Mißwirtschaft in Köln (in einer am 23.10.1932 in Gelsenkirchen gehaltenen Rede) mit sehr ausführlichen Darlegungen der tatsächlichen Verhältnisse zurückgewiesen hatte; vgl. HAStK 902/105/3, S. 279-285.

1 Zu diesem Vorgang war bereits 1932 ein Untersuchungsausschuß des Preußischen Landtags »zur Nachprüfung der Geschäftsgebarung des früheren Finanzministers Klepper bei der Deutschen Pächterkreditbank [Domänenbank], der Domänenbetriebsgesellschaft und der Preußischen Zentralgenossenschaftskasse« eingesetzt worden; dazu die Unterlagen, die Ministerialdirektor *Surén* bereits am 15.2.1933 von Ministerialrat Dr. *Meyer* (Preußisches Finanzministerium) zugeleitet worden waren, a.a.O., Beih. zu Bd. 9, Bl. 250-273. Vgl. Winfried *Steffani,* Die Untersuchungsausschüsse des Preußischen Landtags, S. 270-274. Vgl. a. Nr. 68, Anm. 6.

2 Zur Überprüfung der Mißstände bei der Müllverbrennungs- und Müllverwertungsanlage (MVA) hatte die Kölner Stadtverordnetenversammlung bereits im Juni 1932 einen Untersuchungsausschuß eingesetzt; hierzu die Unterlagen in HAStK 902/287/7. Dazu auch das im Kopfregest nachgewiesene Schreiben an Hugenberg: »Daß hier und da Fehlinvestitionen vorgekommen sind, ist ohne weiteres zuzugeben. ... Zu diesen Fehlinvestitionen rechne ich auch die Ihnen bekannte Erbauung der Müllverwertungsanstalt.«

3 »Ob man bei der von der Stadt Köln befolgten Grundstückspolitik von Fehlinvestitionen sprechen kann, ist mir sehr zweifelhaft. Ich stehe deswegen dieser

Angelegenheit verhältnismäßig objektiv gegenüber, weil ich, wenn auch formell, so doch materiell nicht die Verantwortung dafür trage. ... Übrigens habe ich, als nach meiner Auffassung schließlich doch zuviel gekauft wurde, ehe die Kapitalknappheit sich merklich fühlbar machte, den Ankauf weiteren Grund und Bodens inhibiert. Man wird aber bei der Beurteilung der Grundstückskäufe nicht übersehen dürfen, daß durch die neue Entfestigung Kölns genau wie bei den vergangenen große Grundstückstransaktionen nötig wurden« (am 5.1.1933 an Hugenberg; vgl. a.a.O.).

4 Zu diesem Punkt mehrere Veröffentlichungen in der nationalsozialistischen Presse der Vorwochen, so der Artikel »Herrn Adenauers Garten. 12 000 Mark für Blumen allein in einem Jahr aus städtischen Steuermitteln vergeudet« im »Westdeutschen Beobachter« vom 17.3.1933.

5 Zur PRESSA (12.5.1928–14.10.1928) die ausführlichen Angaben in Konrad Adenauer. Seine Zeit – sein Werk, S. 92-96; vgl. a. Hans-Georg *Klose,* Zeitungswissenschaft in Köln, S. 136-138.

6 Am 13.10.1929; vgl. Konrad Adenauer. Seine Zeit – sein Werk, S. 84-88. Vgl. a. Hans-Peter *Schwarz,* Adenauer. Der Aufstieg, S. 307-309.

7 Zu beiden Ereignissen hatte *Riesen* bereits am 20.3.1933 Staatssekretär *Schmid* detailliertes Zahlenmaterial zu »dem die städtischen Belange schädigenden Wirken« Adenauers übermittelt (Kosten für die Einweihungsfeier 1929: 133.474,83 RM; Pressa: »Speisen und Getränke 423.887,56 RM (darunter Wein: 95.130,85 RM)/Zigarren pp.: 39.260,– RM/Blumen: 35.602,95 RM/Pralinen: 486,– RM/Ratssilber und Wäsche: 3.071,56 RM«; vgl. GStA Merseburg, Ministerium des Innern, Rep. 77 Tit. 444 Nr. 3, Beiheft zu Bd. 9, Bl. 280).

8 Dazu die Angaben bei Friedrich-Wilhelm *Henning,* Finanzpolitische Vorstellungen und Maßnahmen, passim. Vgl. a. Hans-Peter *Schwarz,* a.a.O., S. 310-313.

9 Zum Nepotismus-Vorwurf vgl. Nr. 37, 108 (Kopfregest).

10 Vgl. Nr. 122, 123.

11 Zu den »durch preußische Notverordnung zu regelnden besoldungsrechtlichen Fragen, insbesondere in der Frage der Kürzung der Oberbürgermeistergehälter«, vgl. die Ausführungen des preußischen Ministerpräsidenten Otto *Braun* in einer Chefbesprechung in der Reichskanzlei vom 11.9.1931 (in: Akten der Reichskanzlei: Die Kabinette Brüning I u. II, Bd. 2, S. 1673-1675).

12 Nicht nachgewiesen.

13 § 2 (1): »Ein Beamter, der 1. die Pflichten verletzt, die ihm sein Amt auferlegt, oder 2. sich durch sein Verhalten in oder außer dem Amte der Achtung, des Ansehens oder des Vertrauens, die sein Beruf erfordert, unwürdig zeigt, hat nach den Vorschriften dieses Gesetzes wegen Dienstvergehens die Dienstbestrafung verwirkt«; § 22: »Gehaltskürzung und Dienstentlassung können als Dienststrafen nur im förmlichen Dienststrafverfahren verhängt werden. Dieses besteht in der schriftlichen Voruntersuchung durch einen Untersuchungsführer und in einer mündlichen Verhandlung vor der Dienststrafkammer«; § 95 (1): »Eines förmlichen Verfahrens bedarf es gegenüber allen Beamten der Gemeinden und Gemeindever-

bände zur Verhängung der Dienstentlassung und der Gehaltskürzung sowie zur Feststellung der Dienstunfähigkeit«; vgl. Preußische Gesetzsammlung, Jg. 1932, S. 59, 63, 74.

14 § 90: »Für die Beamten der Gemeinden und Gemeindeverbände gelten die Vorschriften dieses Gesetzes mit den Maßgaben, die sich aus den §§ 91 bis 100 ergeben«; § 54 (1): »Besteht gegen einen Beamten der Verdacht eines Dienstvergehens, wegen dessen seine Verurteilung zur Dienstentlassung oder zur Gehaltskürzung gerechtfertigt erscheint, und hält die Einleitungsbehörde es mit den Erfordernissen des Dienstes nicht für vereinbar, daß er bis zur Entscheidung im Dienste verbleibt, so kann sie ihn vorläufig des Dienstes entheben. Vor dieser Anordnung soll dem Beamten Gelegenheit gegeben werden, sich zu der gegen ihn erhobenen Beschuldigung und zu der in Aussicht genommenen vorläufigen Enthebung vom Dienste zu äußern«; § 55 (1): »Die Einleitungsbehörde kann anordnen, daß vom Ablauf des Monats an, in dem sie es anordnet, ein Teil des Diensteinkommens, das dem vorläufig des Dienstes enthobenen Beamten zusteht, vorläufig einzubehalten ist. Diese Anordnung ist nur zulässig 1. wenn der Beamte eines Dienstvergehens dringend verdächtig ist, das seine Beurteilung zur Dienstentlassung rechtfertigen würde, oder 2. wenn gegen den Beamten ein noch nicht rechtskräftig gewordenes strafgerichtliches Urteil erlassen ist, das den Verlust des Amtes ausspricht oder kraft Gesetzes nach sich zieht, oder 3. wenn im Dienststrafverfahren eine noch nicht rechtskräftige Entscheidung ergangen ist, die auf Dienstentlassung lautet«; vgl. a.a.O., S. 73, 67f.

15 Hierzu die Mitteilung des Vorsitzenden Dr. *Schlemmer* vom 6.4.1933 in StBKAH 01.06.

16 Mit Schreiben vom 14.6.1933 teilte *zur Bonsen* dem Preußischen Innenministerium die Ernennung des »mit der Wahrnehmung der Vizepräsidentengeschäfte bei der Regierung in Köln beauftragten Oberregierungsrat[es] Dr. Dietz von Bayer« mit; vgl. GStA Merseburg, Ministerium des Innern, Rep. 77 Tit. 444 Nr. 3 Bd. 9, Bl. 96.

Nr. 57

* StBKAH, Ausstellungsvorlage zu Tafel 47. Abb.: Hugo *Stehkämper* (Hrsg.), Konrad Adenauer, vor S. 393; Teildruck: Konrad Adenauer. Dokumente aus vier Epochen deutscher Geschichte, S. 64.

Das Schreiben der Rheinischen Zentrumspartei unterzeichnete deren langjähriger Generalsekretär Josef *Ruffini* (1887–1946), zu dem Adenauer auch nach 1933 in Verbindung blieb (vgl. Nr. 124, 125) und der 1945/46 an den Vorbereitungen der Kölner CDU-Gründung beteiligt war.

Transkription der eigenhändigen Notizen Adenauers: »Ich habe am 7/4 an J[ustiz] R[at] Mönnig depeschiert, ich bäte, von meiner Wiederwahl sowohl in den Provinzialausschuß wie in den Staatsrat absehen zu wollen.« – Damit angesprochen: sein Telegramm vom 7.4.1933 an den Vorsitzenden des rheinischen Zentrums, Hugo *Mönnig* (1864–1950, Dr. jur.; 1921–1933 auch Fraktionsvorsitzender in der Kölner Stadtverordnetenversammlung und Mitglied des Preußischen Staatsrats): »Höre von Absicht des Rheinischen Parteivorstandes, mich zur Wahl in Provinzialausschuß und Staatsrat vorzuschlagen. Bitte hiervon absehen zu wollen« (nach dem Entwurf in StBKAH 01.03).

Nr. 58
* StBKAH, Materialsammlung für die »Erinnerungen« Adenauers, Abschrift.
1 Brief Ella *Schmittmanns* vom 7.4.1933 in StBKAH VI-A-10. – Die nachfolgend angesprochene Einladung in das Landhaus Schmittmanns in Düsseldorf-Flehe (»Die stille Rheinpromenade ist wie Labsal für die Herzen«) hatte Ella *Schmittmann* in einem weiteren Brief vom 4.4.1933 ausgesprochen; vgl. a.a.O.
2 Die Kontakte dorthin hatte Adenauers Bruder, Domkapitular *Johannes Adenauer*, hergestellt, der am 3.6.1933 schrieb: »Hier im Leonardus-Stift wohnt jetzt für 4 Monate in dem Zimmer, das seinerzeit vor Ostern Euch reserviert war, Amelunxen aus Münster. Er sagte mir übrigens vor einer 1/2 Stunde, er sei gerade dem Benedikt begegnet; er wohne mit seiner Frau Ella im Schaumburger Hof« (StBKAH VI-A-10). Der hier angesprochene Rudolf *Amelunxen* berichtet in seinen Lebenserinnerungen: »In unserem Refugium lebte mehrere Monate auch der aus Köln verbannte Konrad Adenauer« (vgl. Ehrenmänner und Hexenmeister, S. 131); vgl. Nr. 151, 218, 233.
3 Vgl. Nr. 56.
4 Vgl. Nr. 53, 55, 57.

Nr. 59
* Archiv der Abtei Maria Laach, eigenhändig.
1 Vgl. Nr. 48; vgl. a. Nr. 65, 69.

Nr. 60
* StBKAH, Bestand Heineman, eigenhändig, mit Eingangsstempel Brüssel 4.5.1933; Druck: Hans-Peter *Schwarz*, Adenauer. Der Aufstieg, S. 355.
1 Dannie N. *Heineman* (1872–1962), ging nach dem Tod seines Vaters James (1844–1880) mit seiner deutschstämmigen Mutter Minna (1847–1927) nach Deutschland, Studium der Elektrotechnik in Braunschweig, graduierte 1895 am Technischen Institut Hannover zum Elektroingenieur, zunächst für die Union-Elektricitäts-Gesellschaft (Berlin) tätig, konstruierte und elektrifizierte Straßenbahnen u. a. in Belgien und Italien, 1905 Eintritt in den belgischen Elektrokonzern Sofina (Société Financière de Transports et d'Entreprises Industrielles), bis 1955 deren Generaldirektor, seit 1907 im Kontakt, seit Ende der 20er Jahre in enger Verbindung zu Adenauer, die – wie in dieser Edition dokumentiert – besonders in der Zeit ab 1933 für den vertrauensvollen Gedankenaustausch und auch die familiäre Versorgung eine lebenswichtige Funktion erhielt. Hierfür die Belege u. a. unter Nr. 72, 86, 96, 105, 122, 129, 145, 155, 163. Vgl. a. Nr. 173, Anm. 2.
2 Das letzte Schreiben, das Adenauers Präsidentschaft dokumentiert, richtete er

am 18.4.1933 an Peter *Klöckner:* »... erlaube ich mir, Ihnen ein Bewerbungsgesuch eines jungen Ingenieurs, namens Kurt Lange, zu überreichen. Der Gesuchsteller ist der Sohn des Leiters des maschinellen Betriebes im Staatsratsgebäude, der seit über 30 Jahren im Dienste des Herrenhauses, des Landtags und des Staatsrats tätig ist« (GStA Abt. Merseburg, Hist. Abt. II 2.1.7 Nr. 109/1, Bl. 260). Die letzte Eintragung in das »Tagebuch 1933« des Staatsratspräsidenten datiert vom 25.4.1933: »[Einsender] Dr. Goerdeler, Oberbürgermeister Leipzig – [Inhalt] Ers[uchen] um Erstattung eines Ferngesprächs, 3,50 RM« (a.a.O., Nr. 181). – Zu den abschließenden Amtshandlungen im April 1933 (auch noch nach Günter *Riesens* Vermerk vom 15.4.1933 »Herr Oberbürgermeister Dr. Adenauer gehört dem Preußischen Staatsrat nicht mehr an«; HAStK 902/42/2) vgl. Konrad *Adenauer,* Adenauer als Präsident des Preußischen Staatsrats, S. 403 f.

Nr. 61
* StBKAH, Bestand Heineman, eigenhändig, mit Eingangsstempel Brüssel 4.5. 1933.
1 Hermann *Bücher* (1882–1951), Dr. phil., Dr. oec. publ. h.c., Geheimrat, 1928–1930 Mitglied des AEG-Generaldirektoriums, 1931–1946 Vorstandsvorsitzender, 1950/51 Aufsichtsratsvorsitzender. – Nach der Begegnung mit Bücher kam *Heineman* auch mit Reichsbankpräsident Hjalmar *Schacht* zusammen. Zu diesem Gespräch teilte er am 14.4.1933 Norman *Davis* (Paris) mit: »I had to tell Dr. Schacht how quickly Germany was losing the sympathy of the world at large owing to the actions of the Government and of the National Socialist Party, and how much German industry would suffer in consequence. I said that the world was very much concerned about the actions taken against foreign business established in Germany, especially American business ...«. Zu den Kontakten Heineman–Schacht vgl. Nr. 138, Kopfregest.
2 Hierzu, unter Verwendung dieses Schreibens, Hans-Peter *Schwarz,* Adenauer. Der Aufstieg, S. 355.

Nr. 62
* Konrad *Adenauer,* Erinnerungen 1953–1955, S. 157. Hierzu auch die Darstellung bei Paul *Weymar,* Adenauer, S. 158 f.: *(Heineman)* »›Ich kann mir denken, daß Sie jetzt Geld brauchen, Herr Adenauer. Ich habe Ihnen 10.000 Mark in bar mitgebracht, denn bei Einlösung eines Schecks würden Sie sicherlich Schwierigkeiten haben. ... Ich weiß, daß das Geld gut angelegt ist‹, sagte er, zog seine Brieftasche und legte ein Kuvert mit Geldscheinen auf den Tisch. Einen Schuldschein lehnte er beinahe unwillig ab, und als Adenauer danken wollte, stand er hastig auf, schüttelte dem Verdutzten die Hand und ging, eilig und geschäftig wie immer.« Vgl. Hans-Peter *Schwarz,* Adenauer. Der Aufstieg, S. 355 f. – Mit dem genannten Betrag unterstützte Heineman die Familie Adenauer Anfang Juni 1933 erneut; vgl. Nr. 82.

Nr. 63

* StBKAH VI-A-10, eigenhändig.

Johannes *Adenauer* (1873–1937), Prälat, Domkapitular in Köln, in der Notlage seines Bruders ab Frühjahr 1933 häufig um Hilfestellung für ihn und seine Familie bemüht; vgl. Nr. 87, 131.

a ‹...› Unleserlich.

b ‹...› Unleserlich.

1 Schreiben *Schultes* vom 12.4.1933: »... nach allem Hin und Her der Überlegung schrieb ich dem Herrn Nuntius [Cesare *Orsenigo*] eine dringliche herzliche Empfehlung der Sache Ihres Herrn Gemahls mit der Bitte, eine Unterredung beim Reichskanzler zu vermitteln. Vorher möge er Ihren Herrn Gemahl empfangen, wenn dieser sich bei ihm melde« (StBKAH VI-A-10).

2 Kurt Freiherr *von Schröder* (1889–1966), ab 1921 Mitinhaber des Bankhauses J. M. Stein, gehörte ab 1.2.1933 der NSDAP, ab 13.9.1936 der SS an, 1933–1945 Präsident der Industrie- und Handelskammer Köln sowie der Gauwirtschaftskammer Köln–Aachen, Mitglied des Freundeskreises Reichsführer SS. – Zu seinen Funktionen im Dritten Reich und zu seinen Verbindungen zu Adenauer vgl. Nr. 313. Vgl. a. die in einer Bescheinigung Adenauers vom 7.10.1947 enthaltenen Aussagen: »Wir haben niemals über den Nationalsozialismus näher gesprochen, und die Verbindung erkaltete langsam, so daß ich erst nachträglich aus der Presse erfuhr, daß [am 4.] Januar 1933 in seinem Hause sich Hitler und von Papen getroffen hatten. Nachdem die Nationalsozialisten an die Macht gekommen waren, hat jede persönliche Verbindung zum Ehepaar Schröder aufgehört. Durch meinen Bruder, Professor Dr. August Adenauer, Gielsdorf b/Bonn, habe ich gehört, daß von Schröder sich im Jahre 1933 bemüht habe, meine Verfolgung durch die Nazis zu bremsen. Näheres weiß ich selbst darüber nicht« (»Briefe 1947– 1949«, S. 84).

3 Paul *Tirard* (1879–1945), 1912–1914 Generalsekretär des Residenten in Marokko, 1919–1925 Präsident der Interalliierten Rheinlandkommission in Koblenz. – Näheres zu seinen Adenauer-Kontakten in Nr. 194. Vgl. a. Nr. 91, Anm. 7.

4 Bezieht sich auf die Feiern aus Anlaß der Erhebung Schultes zum Kardinal (1921).

5 Aus der hier angesprochenen Veröffentlichung des Düsseldorfer »Mittag« vom 30.3.1933 zitiert Adenauer in Nr. 194.

6 Vgl. das Kapitel »Für eine Regierungskoalition Zentrum–NSDAP 1932 in Berlin« bei Rudolf *Morsey,* Adenauer und der Nationalsozialismus, S. 455-458.

Nr. 64

* StBKAH, Materialsammlung für die »Erinnerungen« Adenauers, Abschrift.

1 Hierzu hat Adenauer eine Meldung des »Berliner Tageblatts« vom 13.4.1933 aufbewahrt: »Das Referat zur Bekämpfung der Korruption im preußischen Justizministerium hat bisher bereits 22 Fälle aufgestellt, die unter dem Gesichtspunkt der Korruption nachgeprüft werden sollen. Der erste Fall betrifft den Präsidenten

der Handwerkskammer in Köln, Stadtverordneten Wolter, den Syndikus bei der Kölner Handwerkskammer, Dr. Engels, und den Reichstagsvizepräsidenten Thomas E[ß]er... Weitere Untersuchungen gelten u. a. dem Generalkonsul Rund, Herrn von Gontard, dem Düsseldorfer Bankdirektor Schäfer, dem Kölner Oberbürgermeister Adenauer, der Behala-Leitung, dem Fall Rotter und dem Generallandschaftsdirektor von Hippel« (StBKAH 01.06[2]).

2 »Leider kann auch die Tatsache, daß nun [Robert] Lehr im Gefängnis sitzt und der Selbstmord vom Beigeordneten Odenthal die hiesigen Verhältnisse grell beleuchtet, Euren Schmerz des Fernseins von Köln nicht beheben. Er hat nur das Gute, daß sowohl der Judenboykott wie die Zuspitzung der Lage in Düsseldorf etc. das Interesse von der in Köln betriebenen Hetze ablenkt« (aus dem Antwortbrief Ella *Schmittmanns* vom 15.4.1933; StBKAH VI-A-10). – Die Verhaftung *Lehrs* am 12.4.1933 (»Gegenstand der Anschuldigung: Untreue und Bestechung«) ist aus einer Liste zu den im Frühjahr 1933 eingeleiteten (Dienst-)Strafverfahren gegen leitende Beamte von Gemeinden und Gemeindeverbänden ersichtlich, die der Oberpräsident der Rheinprovinz am 22.5.1933 dem Preußischen Innenminister zuleitete. Diese Übersicht zu den Regierungsbezirken Aachen, Düsseldorf, Koblenz, Köln (mit Erwähnung Adenauers; Begründung: »Verletzung seiner Amtspflichten«) und Trier ist erhalten in GStA Merseburg, Ministerium des Innern, Rep. 77 Tit. 316 Nr. 94 Bd. 1 Beiheft II, Bl. 84-92.

3 Zur Situation an der Kölner Universität (»›Machtergreifung‹ im studentischen Bereich«, »Verfolgung Kölner Hochschullehrer«) vgl. die ausführliche Darstellung von Frank *Golczewski,* Kölner Universitätslehrer und der Nationalsozialismus, S. 88-247.

Nr. 65

* Archiv der Abtei Maria Laach, eigenhändig; StBKAH, Ausstellungsvorlage zu Tafel 49, eigenhändiger Entwurf – davon die Abb. in: Hugo *Stehkämper* (Hrsg.), Konrad Adenauer, vor S. 465. Teildruck: Hans-Peter *Schwarz,* Adenauer. Der Aufstieg, S. 356f. Vgl. a. Konrad Adenauer. Seine Zeit – sein Werk, S. 115; Konrad Adenauer. Dokumente aus vier Epochen deutscher Geschichte, S. 66.

1 Bereits zwei Tage vorher hatte Adenauer einen kurzen Ostergruß an *Herwegen* mit dem Satz ergänzt: »Ich muß hier ausharren und kann bis auf weiteres nicht nach Köln zurück« (a.a.O.).

Nr. 66

* GStA Merseburg, Ministerium des Innern, Rep. 77 Tit. 444 Nr. 3 Beiheft zu Bd. 9, Bl. 302-312; StBKAH 01.06, ms., Durchschlag; StBKAH 314.1, eigenhändig korrigierter Entwurf Adenauers.

Zu *diesem* Schriftstück nähere Angaben bei Rudolf *Morsey,* Adenauer und der Nationalsozialismus, S. 469f.; Hans-Peter *Schwarz,* Adenauer. Der Aufstieg, S. 352.

a ‹ › Im Entwurf von Adenauer eigenhändig korrigiert aus »solches Verfahren«.

b, c, d, e, f, g, h, i ‹...› eingefügt.

1 Vgl. Nr. 56. Die Rückbezüge zu den dort formulierten Vorwürfen werden im Nachfolgenden nicht mehr einzeln nachgewiesen. Im Hinblick auf den weiteren Verlauf des Dienststrafverfahrens ist zu berücksichtigen, daß Adenauer *diese* Gegendarstellung im Schreiben vom 27.6.1933 (Nr. 90) zu den Punkten 4 und 6 wesentlich ergänzt.

2 Anton Paul *Brüning*, Filialdirektor der Deutschen Bank in Köln (mit Heinrich Brüning nicht verwandt). Hinweise auf seine Kontakte zu Adenauer vor 1933 bei Rudolf *Morsey*, Adenauer und Ludwig Kaas, S. 240f.; Hans-Peter *Schwarz*, Adenauer. Der Aufstieg, S. 317-320. Zu den Aussagen Adenauers in dem 1933/34 gegen Brüning laufenden Strafverfahren vgl. Nr. 203, 204. Vgl. a. die Beurteilung Brünings in Nr. 72, Anm. 2; Nr. 122, Anm. 3.

3 1904 von dem Kölner Unternehmer Otto *Wolff* (1881–1940) gegründetes Handelshaus für Berg-, Hütten- und Walzwerkerzeugnisse.

4 Heinrich *Hirtsiefer* (1876–1941), 1921–1933 MdL (Zentrum) in Preußen und preußischer Volkswohlfahrtsminister, im September 1933 verhaftet, später ins Konzentrationslager Börgermoor bei Papenburg verbracht, starb im Mai 1941 an den Folgen der dortigen Mißhandlungen. Das Schicksal Hirtsiefers wird auch in der Adenauer-Korrespondenz mehrfach angesprochen; vgl. Nr. 191, 241, 371, Kopfregest.

5 Otto *Klepper* (1888–1957), 1924–1928 Vorstandsvorsitzender der Deutschen Domänenbank, danach Präsident der Preußischen Zentralgenossenschaftskasse (Preußenkasse), 1931/32 preußischer Finanzminister, 1933–1947 in der Emigration (u. a. in Skandinavien), ab 1947 als Rechtsanwalt in Frankfurt/Main tätig.
1939 kam der hier erwähnte Vorgang in der »Erfassung führender Männer der Systemzeit« (vgl. Nr. 352) erneut zur Sprache: »... als Präsident der Preußenkasse gab er hohe Kredite an Zentrumsgrößen, verschaffte der ›Kölnischen Volkszeitung‹ einen Kredit von mehreren Millionen Mark. Als er wegen Betrügereien zur Rechenschaft gezogen werden sollte, floh er ins Ausland.«

6 Werner *Kehl* (geb. 1887), nach 1929 Direktor der Dedi-Bank in Berlin, im Aufsichtsrat zahlreicher Unternehmen der Textil-, Stahl- und Glasindustrie. – Im weiteren Verlauf des Dienststrafverfahrens wurde die an ihn gerichtete briefliche Mitteilung Adenauers vom 17.9.1932 verwendet: »Die Preußenkasse hat seinerzeit nicht der Deutschen Bank, sondern der Stadt Köln helfen wollen. Die vorliegende Form mußte gewählt werden, weil die Statuten der Preußenkasse etwas anderes nicht zuließen« (GStA Merseburg, Ministerium des Innern, Rep. 77 Tit. 444 Nr. 3 Bd. 9, Bl. 239f.).

7 Max *Berndorff* (1878–1948), Dr. jur., 1912–1933 Beigeordneter der Stadt Köln, zuständig für Personalangelegenheiten.

8 Friedrich *Spennrath* (1888–1959), Dr.-Ing. E. H., 1927–1931 technischer Beigeordneter der Stadt Köln, ab 1931 Vorstandsmitglied, 1947–1955 Vorstandsvorsitzender der AEG in Berlin. – Zu den Begegnungen und brieflichen Kontakten mit Adenauer nach 1933 vgl. Nr. 220, 271, Anm. 3.

9 Richard *Piehl*, Oberbaurat beim Hafenamt der Stadt Köln.

10 Zu *Söhling* konnten keine biographischen Angaben ermittelt werden.
11 Friedrich Wilhelm *von Becker* (1835–1924), Oberbürgermeister in Dortmund (1875), Düsseldorf (1876–1886) und von Köln (1886–1907), langjähriges Mitglied des Preußischen Herrenhauses.
12 Johann Baptist *Wahlen* (1850–1927; Vater von Ella *Schmittmann*), Kaufmann und Ziegeleibesitzer in Köln.
13 Wahl am 18.9.1917 – offizielle Einführung am 18.10.1917 – Erlaß des Königs von Preußen, *Wilhelm II.*, über die Verleihung des Titels am 21.10.1917 – Anstellungsurkunde vom 29.11.1917 (auf 12 Jahre, Jahresgehalt 30.000 Mark zuzüglich 12.000 Mark Dienstaufwandsentschädigung); vgl. Gertrud *Wegener*, Die Wahl Konrad Adenauers zum Oberbürgermeister von Köln im Jahre 1917, passim; vgl. a. Hans-Peter *Schwarz*, Adenauer. Der Aufstieg, S. 162-174.
14 Wilhelm *Külz* (1875–1948), 1920–1932 MdR (DDP/DStP), 1926/27 Reichsinnenminister, 1931–1933 Oberbürgermeister von Dresden, 1932 gemeinsam mit Adenauer im Reichswirtschaftsrat, Amtsenthebung am 14.3.1933, zeitweise in Schutzhaft, ab 1935 als Rechtsanwalt in Berlin tätig, 1945–1948 Vorsitzender der LDPD in der SBZ. – Zu seiner hier erwähnten Funktion, Reichskommissar für die Internationale Presse-Ausstellung PRESSA (Köln 1928), vgl. Konrad Adenauer. Seine Zeit – sein Werk, S. 93, 95.
15 Sir James Eric *Drummond* (1876–1951), 1919–1932 Erster Generalsekretär des Völkerbundes, 1933–1939 britischer Botschafter in Italien.
16 Zu *Tapolski* konnten keine biographischen Angaben ermittelt werden. Zu seiner Tätigkeit als »Sparkommissar«, der 1931 die »Finanzgebarung der Stadt Köln« begutachtete, wurde im weiteren Verlauf des Dienststrafverfahrens sein im Juni 1931 erstatteter Bericht herangezogen und gegen Adenauer ausgewertet; vgl. GStA Merseburg, Ministerium des Innern, Rep. 77 Tit. 444 Nr. 3 Bd. 9, Bl. 327f.
17 Ernst Alexander *Bail* (geb. 1871), ab 1920 Ministerialdirektor (Leiter der Handelsabteilung) im Preußischen Handelsministerium.
18 Emil *Schniewind* (1852–1941), Rechtsanwalt und Justizrat in Köln, bei dem Adenauer während seiner juristischen Ausbildung 1899/1900 die Anwaltsstation absolvierte.
19 Carl *Severing* (1875–1952), 1907–1912 und 1919–1933 MdR (SPD), 1920–1926 und 1930–1932 preußischer Innenminister, 1928–1930 Reichsinnenminister.

Nr. 67
* StBKAH 01.06, eigenhändiger Entwurf. – Zu diesem Vorgang vgl. Rudolf *Morsey*, Adenauer und der Nationalsozialismus, S. 469.
a ‹ › Von Adenauer korrigiert aus »Disziplinarverfahren«.
b ‹. . .› aus »gegen mich zur Last gelegten Punkte«.
1 Vgl. Nr. 56.
2 Vgl. a.a.O., Anm. 11, 12.
3,4 »(1) Richtlinien, die für die Höhe der Besoldung von Beamten aufgestellt sind,

werden der Berechnung der Dienstbezüge und des Ruhegeldes zugrunde gelegt. Liegen Entscheidungen der zuständigen Behörde über die Anwendung der Richtlinien noch nicht vor, so haben sie unverzüglich zu ergehen. (2) Haben Beamte nach der Entscheidung der zuständigen Behörde über die Anwendung der Richtlinien höhere Bezüge erhalten, als ihnen hiernach zustanden, so haben sie die seit 1. April 1932 empfangenen Mehrbeträge an die Kasse zu erstatten, aus der die Bezüge gewährt worden sind. Der Einwand der nicht mehr bestehenden Bereicherung (§ 812 ff. BGB) ist ausgeschlossen« (RGBl. 1933 I, S. 176).

5 Hierzu die Antwort des Regierungspräsidenten unter Nr. 77.

Nr. 68

* StBKAH 01.06, eigenhändig. – Zu diesem Vorgang vgl. Rudolf *Morsey*, Adenauer und der Nationalsozialismus, S. 470.

1 Nach einem in StBKAH 314.3 erhaltenen Vernehmungsprotokoll erklärte Adenauer hierbei auch, die schriftliche Stellungnahme sei »nur vorläufig, da mir hier keinerlei Aktenunterlagen zur Verfügung standen. Ich bitte, diese Stellungnahme als Anlage zur Niederschrift über die heutige Vernehmung beizufügen. ... Wenn mir in Ziffer 1 des Eröffnungsbeschlusses zum Vorwurf gemacht wird, politische Beziehungen in der Kreditaktion, insbesondere auch in bezug auf das Verhältnis zwischen Dedi-Bank und Preußenkasse eingesetzt zu haben, so ist das unbegründet. Ich habe in dieser ganzen Angelegenheit politische Persönlichkeiten niemals zu Rate gezogen oder davon Hilfe in Anspruch genommen.« Zu dieser Vernehmung auch die Angaben in Nr. 102, 116.

2 Vgl. Nr. 66.

3 Heinrich *Brüning* (1885–1970), Prof. Dr. phil., 1921–1930 Geschäftsführer des Deutschen Gewerkschaftsbundes, 1924–1933 MdR (Zentrum; 1929/30 Fraktionsvorsitzender), 1930–1932 Reichskanzler, 1931/32 Reichsaußenminister, ab 1934 im Exil, 1937–1952 Professor für politische Wissenschaft an der Harvard-Universität, 1951–1955 Professor in Köln, danach wieder in den USA.

4 Ludwig *Kaas* (1881–1952), Prof. Dr. theol., 1919–1933 MdR (Zentrum), 1928–1933 Parteivorsitzender, maßgeblich an der Vorbereitung des Reichskonkordats (20.7.1933) beteiligt, ab April 1933 im römischen Exil, ab 1934 Apostolischer Protonotar, Berater von Pius XII.

5 Hans *Luther* (1879–1962), Dr. jur., Dr. med. h.c., Reichsminister für Ernährung (1922/23) und Finanzen (1923/24), 1925/26 Reichskanzler, 1930–1933 Reichsbankpräsident, 1933–1937 Botschafter in den USA.

6 Hierbei stützte sich das Dienststrafverfahren auf Unterlagen des bereits in Nr. 56, Anm. 1 angesprochenen Untersuchungsausschusses des Preußischen Landtages, vor dem der Industrielle Rudolf *Siedersleben* am 12.8. und 18.8.1932 u. a. ausgesagt hatte: »Noch am 11.7. [1931] teilte Dr. Adenauer dem Präs. Klepper schriftlich mit, daß Dr. Brüning nach Berlin kommen werde, um den Reichskanzler Dr. Brüning für die Angelegenheit zu interessieren. ... Inzwischen hatte ein weiterer beim Reichskanzler Dr. Brüning unternommener Schritt dazu geführt, daß am

31.7.1931 eine Unterredung zwischen dem Prälaten Dr. Kaas und dem Reichsbankpräsidenten Dr. Luther stattgefunden hatte« (GStA Merseburg, Ministerium des Innern, Rep. 77 Tit. 444 Nr. 3, Beiheft zu Bd. 9, Bl. 261, 263).

Nr. 69

* StBKAH 01.03, ms., auf Kopfbogen »Abtei Maria Laach«. Abb. dieser Antwort *Herwegens* auf Adenauers Brief vom 17.4.1933 (Nr. 65) in: *Landkreis Ahrweiler* (Hrsg.), Kreis Ahrweiler unter dem Hakenkreuz, S. 184. Vgl. a. Rudolf *Morsey,* Adenauer und der Nationalsozialismus, S. 486; Hans-Peter *Schwarz,* Adenauer. Der Aufstieg, S. 357.

1 Johannes Paul *Vollmar* – auch genannt Pater *Joannes* – (1886–1970; Bruder von Josef Vollmar), OSB, begann 1905 sein Noviziat in der Abtei Maria Laach, 1911 zum Priester geweiht, 1913–1933 und 1939–1947 Sakristan, 1923–1947 Gastpater der Abtei. – Adenauer war ihm in diesen Jahren und in den folgenden Jahrzehnten freundschaftlich verbunden: »Ich bin von Dank erfüllt für alle die Güte und Liebe, die Sie mir in der Zeit, die ich in Ihrem Kloster verbringen durfte, erwiesen haben. Wenn jenes Jahr trotz aller der schweren Schicksalswege und Schicksalsschläge, die es mit sich brachte, in meiner Erinnerung als ein schönes und wertvolles Jahr lebt, dann verdanke ich das zum großen Teil Ihnen« (aus der Gratulation zum Goldenen Priesterjubiläum am 17.9.1961; Archiv der Abtei Maria Laach).

Nr. 70

* StBKAH, Materialsammlung für die »Erinnerungen« Adenauers, Abschrift.

1 Carl *Hilty* (1833–1909), schweizerischer Strafrechtslehrer und Philosoph, dessen Schriften Adenauer große Bedeutung beimaß. Vgl. die eingehende Würdigung bei Hans-Peter *Schwarz,* Adenauer. Der Aufstieg, S. 109-114.

Von Ella *Schmittmann* vermutlich übersandt: der 1919 von der Tochter M. *Mentha-Hilty* posthum herausgegebene 2. Teil der Betrachtungen »Für schlaflose Nächte«, der in der Adenauer-Bibliothek mit der eigenhändigen Eintragung »Maria Laach 1933« erhalten ist. – Zu Hilty auch ein Brief an Dora *Pferdmenges* vom 4.5.1933: »Wenn man nicht von dem getrennt wäre, was einem teuer ist, und wenn nicht die Sorge für die Zukunft wäre, könnte man zufrieden sein. Ich bemühe mich redlich, mit der Zeit und mit mir innerlich fertig zu werden. Hilty, den Sie ja auch schätzen, spricht in einem seiner Bücher von den ›Stufen des Lebens‹. Ich will versuchen, eine weitere Stufe zu ersteigen«; vgl. Hans-Peter *Schwarz,* a.a.O., S. 367.

Nr. 71

* StBKAH, Ausstellungsvorlage zu Tafel 48; Teildruck: Konrad Adenauer. Dokumente aus vier Epochen deutscher Geschichte, S. 65. Transkription der eigenhändigen Notizen Adenauers: »Von Ihrem Wunsche, ich möchte die Festrede auf dem 50. Stiftungsfest der Saxonia nicht halten, nahm ich Kenntnis. Ich versage mir Ausführungen dazu u[nd] betrachte die Angelegenheit hiermit als erledigt.«

Der Verbindung Saxonia war Adenauer seit seinem Studium in München (1894/95) verbunden; hierzu vgl. die Angaben bei Nr. 302, Kopfregest, Nr. 451, Kopfregest. – Zur Situation der im Kartellverband der katholischen deutschen Studentenvereine zusammengeschlossenen Korporationen vgl. Widerstand und Verfolgung im CV, passim. Vgl. a. Karl *Cornelius,* K.D.St.V. Rheinland-Köln. Geschichte in der Zeit des »Dritten Reiches« [o. O., o. J.; diese Schrift leitete der Verf. 1961 Bundeskanzler Adenauer zu – vgl. StBKAH 10.44].

Nr. 72

* StBKAH Bestand Heineman, eigenhändig, mit Eingangsstempel Brüssel 22.5. 1933. – Zu diesem Brief vgl. Hans-Peter *Schwarz,* Adenauer. Der Aufstieg, S. 366.

1 Vgl. Nr. 62.

2 Die Görreshaus GmbH (1925 für Druck und Vertrieb der »Kölnischen Volkszeitung« gegründet) war 1930 zum Ausgleich erheblicher finanzieller Verluste in eine Aktiengesellschaft umgewandelt worden, deren Vorstandsmitglieder Hugo *Mönnig,* Heinrich *Maus* und Julius *Stocky* wie auch Bankier *Brüning* wegen angeblicher Verstöße gegen handelsrechtliche Bestimmungen bzw. Komplizenschaft Ende April 1933 verhaftet worden waren. Dazu vgl. die Angaben bei Adolf *Klein,* Hundert Jahre Akten – Hundert Jahre Fakten, S. 143 f. – Zu dieser Briefpassage vgl. a. die Aussage Adenauers im Schreiben an Dora *Pferdmenges* vom 4.5.1933: »[Brüning] hat ... unter dem Deckmantel der Religion in der verwerflichsten Weise betrogen. Auch mich hat er um einen Betrag, den ich jetzt schmerzlich entbehre, unter besonders häßlichen Umständen – anscheinend – betrogen! Seit Monaten habe ich Verdacht gegen ihn, auch bez. seiner Religiösität aus ganz bestimmten Gründen, ich habe darum auch Ihren Mann gebeten, doch ja vorsichtig zu sein, allerdings war ich auf Derartiges nicht gefaßt. Ich habe ihn seit längerer Zeit für leichtsinnig und unordentlich und unwahr gehalten, aber nicht für einen kaltblütigen Verbrecher« (Hans-Peter *Schwarz,* Adenauer. Der Aufstieg, S. 340).

3 Vgl. Nr. 67.

4 Vgl. Nr. 82.

5 Mit den Leihkarten der Bibliothek der Abtei Maria Laach ist nachweisbar, daß sich Adenauer 1933/34 u. a. mit folgender Literatur beschäftigte: Henrik *Ibsen,* Sämtliche Werke, Bd. 5, Berlin 1911; Wilhelm *von Kügelgen,* Jugenderinnerungen eines alten Mannes, Ebenhausen 1922; Selma *Lagerlöf,* Wunder des Antichrist, Mainz 1899; Rembrandt. Des Meisters Gemälde (Klassiker der Kunst, Bd. II), Stuttgart ^{2}1906; Kurd von Schlözer, Jugendbriefe 1841–1856, hrsg. von Leopold *von Schlözer,* Stuttgart 1922; Franz *Schnabel,* Deutsche Geschichte im 19. Jahrhundert, Bd. 1, Freiburg/Breisgau 1929; Arthur *Schopenhauer,* Sämtliche Werke in fünf Bänden, Bd. 1 und 2, Leipzig [o. J.].

6 Mit weiteren Briefen vom 23. und 31.5.1933 führte Adenauer die Korrespondenz mit *Heineman* in den nächsten Wochen fort: »Die außenpolitische Lage hat sich ja wohl etwas gebessert, so daß man auch die wirtschaftlichen Verhältnisse in der Welt etwas günstiger ansehen kann. In meiner persönlichen Situation hat

sich noch nichts geändert, seit wir uns zuletzt gesprochen haben«. – »Ihr Brief ... war mir in diesen nach wie vor recht trüben Zeiten sehr willkommen. ... Mir geht es leidlich; ich studiere viel, wozu ich bisher keine Zeit hatte« (a.a.O.).

Nr. 73
* Privatbesitz Familie Adenauer, eigenhändig.
a ‹...› In der ausgelassenen Briefpassage spricht *Gussie Adenauer* familiäre Angelegenheiten an.
1,2 Nicht überliefert.
3 Benedikt *Schmittmann* war nach seiner Beurlaubung Ende April 1933 »von einer SA-Kolonne in seiner Wohnung überfallen und gemeinsam mit seiner Frau unter Beschimpfungen und Schmähungen auf einem offenen Lastwagen in ›Schutzhaft‹ abgeführt« worden; vgl. Alfred *Kuhlmann,* Benedikt Schmittmann, S. 333. Vgl. a. Frank *Golczewski,* Kölner Universitätslehrer und der Nationalsozialismus, S. 184-196.

Nr. 74
* Niederschrift, für diese Edition zur Verfügung gestellt von Christian *Gallhöfer,* Sekretär des Rotary-Clubs Köln am Rhein (mit Schreiben vom 17.10.1989). – Aus den Protokollauszügen sind auch ersichtlich: Adenauers Beteiligung an der Gründung des Rotary-Clubs Köln am 16.4.1928 (Initiator: Reichskanzler i. R. Dr. Wilhelm *Cuno*), seine dort gehaltenen Vorträge (15.4.1929: »Besprechung über Rotary und die Katholische Kirche [Adenauer & v. Stein]«; 7.9.1930: »Wirtschaftliche Notlage im kommenden Winter«; 12.12.1932: »Stadtkölnische Fragen«) und der am 11.10.1937 einstimmig gefaßte Beschluß zur sofortigen Auflösung des Clubs. – Am 19.6.1945 bat Adenauer, mit einem der ersten Schreiben aus seiner Amtszeit als Kölner Nachkriegsoberbürgermeister, Rotary International (Chicago) um Neugründung des Clubs; als Gründungsinitiatoren benannte er Robert *Pferdmenges,* Gustav *Brecht* und sich selbst.
1 Fritz Karl *Mann* (1883–1979), Prof. Dr. jur. et phil., Ordinarius für wirtschaftliche Staatswissenschaft bzw. Finanzwissenschaft an den Universitäten Königsberg (ab 1922) und Köln (ab 1926), 1936 Entzug der Lehrbefugnis und in die USA emigriert, dort Professor an der American University, Washington D.C.
2 Walter *Braunfels* (1882–1954), Prof. Dr. phil., Pianist, Komponist und Hochschullehrer, 1925–1933 (Beurlaubung im Juli) und 1946–1953 Direktor der Staatlichen Hochschule in Köln. – Diese Edition weist ihn erstmals als engen Vertrauten und regelmäßigen Briefpartner in den Jahren der Verfolgung aus; vgl. Nr. 257, 316, 325, 360-362, 370, 376, 380, 382, 388, 390, 401, 411, 416, 419.

Nr. 75
* Privatbesitz Heinz Pferdmenges; Wiedergabe nach dem Teildruck: Hans-Peter *Schwarz,* Adenauer. Der Aufstieg, S. 363-365.
1 Gemeint ist die Genfer Abrüstungskonferenz (1932–1935), deren Verlauf zum Austritt Deutschlands aus der Konferenz und aus dem Völkerbund (14.10.1933) führte.

2 Weltwirtschaftskonferenz in London (12.6.–27.7.1933); vgl. Nr. 83.

Nr. 76

* Privatbesitz Familie Adenauer, eigenhändig.

a, b ‹. . .› In den ausgelassenen Briefpassagen spricht *Gussie Adenauer* familiäre Angelegenheiten an.

1 Am 5.5.1933 in Maria Laach, wie anderen Familienbriefen dieses Zeitraums zu entnehmen ist.

2 Nicht überliefert.

3 Vgl. Nr. 72, 80, 82.

4 Mia *Weyer,* Tochter von Emanuel und Emilie Weyer, ältere Schwester der ersten Frau Adenauers.

5 Präsident der Industrie- und Handelskammer Köln, in der Nachfolge von Paul *Silverberg,* der 1932 in dieser Funktion Louis *Hagen* abgelöst hatte; vgl. Nr. 80.

6 Nach den in StBKAH VI-B-36 erhaltenen Rechnungsbelegen hielt die Familie Adenauer auch in den Folgejahren ihr Abonnement für das Konversationslexikon »Der große Herder. Nachschlagewerk für Wissen und Leben« aufrecht.

Nr. 77

* StBKAH 01.06, auf Kopfbogen »der [kommissarische] Regierungs-Präsident«, behändigte Erstausfertigung ohne Anrede.

1 Vgl. Nr. 67.

Nr. 78

* Privatbesitz Heinz Pferdmenges; Wiedergabe nach dem Teildruck: Hans-Peter *Schwarz,* Adenauer. Der Aufstieg, S. 365, 368.

1 Am 17.5.1933 hielt *Hitler* vor dem Reichstag seine außenpolitisch ausgerichtete, von allen Fraktionen gebilligte »Friedensrede«; Druck: Verhandlungen des Reichstags, VIII. Wahlperiode 1933, Bd. 457, Berlin 1934, S. 47-54.

2 Nicht nachgewiesen.

Nr. 79

* GStA Rep. I. HA, 77/9, davon Abschrift in StBKAH, Materialsammlung für die »Erinnerungen« Adenauers. – Zu diesem Schreiben wie auch zur Antwort *Grauerts* vom 25.5.1933 (». . . nicht in der Lage, in die Angelegenheit Ihres Herrn Bruders jetzt einzugreifen, da auf seinen eigenen Wunsch das Verfahren gegen ihn eingeleitet worden ist und zur Zeit noch schwebt«) ausführliche Angaben bei Rudolf *Morsey,* Adenauer und der Nationalsozialismus, S. 470.

1 Ludwig *Grauert* (1891–1964), bis 1923 Staatsanwalt in Münster und Bochum, Geschäftsführer des Arbeitgeberverbandes Duisburg (1923–1928) und des Arbeitgeberverbandes der Nordwestlichen Gruppe des Vereins Deutscher Eisen- und Stahlindustrieller (1928–1933), ab Februar 1933 Leiter der Polizeiabteilung im Preußischen Innenministerium, dort ab 10.4.1933 Staatssekretär, damit in maßgeblicher Funktion in das Dienststrafverfahren involviert; vgl. Nr. 94, 100.

Nr. 80

* Privatbesitz Familie Adenauer, eigenhändig.

a, b, c ‹...› In den ausgelassenen Briefpassagen spricht *Gussie Adenauer* familiäre Angelegenheiten an.

1 Vgl. Nr. 72, 82.

2 Paul *Silverberg* (1876–1959), Dr. jur., 1908–1926 Vorstandsvorsitzender, 1926–1933 Aufsichtsratsvorsitzender der Rheinischen AG für Braunkohlenbergbau und Brikettfabrikation (Rheinbraun), 1919–1933 Präsidiumsmitglied des Reichsverbandes der deutschen Industrie, gehörte ab 1926 der »Ruhrlade« an, 1927–1933 Aufsichtsratsvorsitzender der Harpener Bergbau AG, 1929–1933 Mitglied des rheinischen Provinziallandtags (DVP), 1932/33 Präsident der Industrie- und Handelskammer Köln, 1934 in die Schweiz emigriert. – Dort traf ihn Adenauer 1939; vgl. Nr. 355.

3 Julian Ito *Piggott* (1888–1965), 1920–1925 britischer Kommissar der Interalliierten Rheinlandkommission, 1929–1936 Manager der British Steel Association, 1940–1944 in den Ressorts für Flugzeugindustrie und Kriegsindustrie, nach 1950 Vorsitzender der Anglo German Association. – Zur direkten Kontaktaufnahme nach 1933 vgl. Nr. 161, 166, 171.

4 Ebenfalls in diesen Tagen richtete *Gussie Adenauer* brieflich folgende Frage an ihren Mann: »Sollen wir nicht aus dem Anglo-German-Club austreten? Von Schröders höre und sehe ich nichts, hat er Dir geschrieben?« (a.a.O.).

Nr. 81

* Archiv der Bayer-Werke, Leverkusen, Autographen-Sammlung Duisberg, eigenhändig. – Im Bayer-Archiv auch der Hinweis: »Brief vom 5.6.1933 von Herrn Geheimrat *Duisberg* handschriftlich beantwortet. Kopie der Antwort wurde nicht gemacht; deren Inhalt unbekannt.« A.a.O. auch ein weiteres Schreiben Adenauers vom 12.6.1933 sowie eine Mitte Juni 1933 mit einem Ansichtskartengruß aus Maria Laach an *Duisberg* gerichtete Einladung (»Richten Sie sich aber bitte so ein, daß Sie auch den Kaffee und ein Glas Wein noch hier nehmen. Der Abt wird sich eine Freude daraus machen, Ihnen das Kloster zu zeigen«), der Duisberg mit seiner Frau Johanna geb. *Seebohm* am 21.6.1933 Folge leistete.

1 Carl *Duisberg* (1861–1935), Geheimer Regierungsrat, seit 1884 in der Farbenfabrik vorm. Friedrich Bayer & Co tätig, 1912–1925 deren Generaldirektor, 1925–1935 Vorsitzender des Aufsichtsrates und des Verwaltungsrates, 1925–1931 Vorsitzender des Reichsverbandes der deutschen Industrie. – Sein in den letzten beiden Lebensjahren mit Adenauer geführter, vertrauensvoller Briefwechsel (der aus einer 1917 begonnenen, in der Oberbürgermeisterzeit regelmäßig fortgeführten Korrespondenz erwuchs) wird in dieser Edition erstmals publiziert; vgl. Nr. 141, 169, 181, 197.

Nr. 82

* Privatbesitz Familie Adenauer, eigenhändig.

a, b ‹ . . . › In den ausgelassenen Briefpassagen spricht *Gussie Adenauer* familiäre Angelegenheiten an.

1 Hierzu ist in StBKAH, Bestand Heineman, die Quittung über den Empfang von »RM 10.000,– . . . als Vergütung aus Brüssel« erhalten.

2 Joseph *Conrad* (1857–1924), englischer Schriftsteller polnischer Herkunft (1884 naturalisiert), dessen Erzählungen und Romane teilweise auf eigenen Erfahrungen als Kapitän der englischen Handelsflotte im Fernen Osten beruhen. Adenauer las seine Werke mit Vorliebe – schon als Kind, intensiv und häufig besonders nach 1933 (vgl. Nr. 250) –; hierzu Anneliese *Poppinga,* Meine Erinnerungen, S. 238 f. – In der Bibliothek des Rhöndorfer Wohnhauses u. a. folgende deutsche Ausgaben: Der Nigger von Narzissus (1926), Lord Jim (1927), Der Geheimagent (1927), Die Rettung (1931), Der Freibeuter (1931), Mit den Augen des Westens (1933), Der goldene Pfeil (1933).

Nr. 83

* StBKAH, Bestand Heineman, eigenhändig.

1 Vgl. Nr. 82, Anm. 1.

2 Vgl. Nr. 62.

3 Vgl. Nr. 75, Anm. 3. – Die aus diesem Zeitraum überlieferten Heineman-Briefe enthalten keine Kommentare zur Konferenz.

Nr. 84

* Privatbesitz Familie Adenauer, eigenhändig.

a ‹ . . . › In der ausgelassenen Briefpassage spricht *Gussie Adenauer* familiäre Angelegenheiten an.

1 Zu diesem Besuch am 7. 6. 1933 in Maria Laach (vgl. die Photos auf S. 137) ein weiterer Brief Gussie Adenauers (o. D.): »Die Kinder können im Hotel essen und Frau Pferdmenges und ich vielleicht bei Dir. Sollen die Kinder ihren Namen nennen?« (a.a.O.).

2, 4 Ferdinand *Zinsser* (1865–1952; Prof. Dr. med., ab 1919 Ordinarius für Dermatologie und Leiter der Dermatologischen Klinik der Universität Köln) – seit 1895 verheiratet mit Wilhelmine *Tourelle.* – Die Bemühungen des Schwiegervaters um Konrad Adenauer in dessen Verfolgungszeit sind u. a. aus Nr. 254 ersichtlich.

3 Hervey C. *Merrill* war der Zahnarzt Adenauers in Köln, er emigrierte bei Beginn des Zweiten Weltkrieges in die USA – vgl. »Briefe 1951–1953«, S. 119, 523.

5, 6 Nach mündlichen Auskünften von Dr. Konrad *Adenauer* (Köln) in einem am 20. 3. 1991 geführten Gespräch sind gemeint: ein Sohn des Kölner Bankdirektors *Leber* und der spätere Kölner Großkaufmann Edgar *Berndorff* (geb. 1912).

Nr. 85

* Privatbesitz Familie Adenauer, eigenhändig, o. D. – Die Datierung erfolgt nach dem an anderer Stelle des Briefes erwähnten, kurz bevorstehenden Fronleichnamsfest, das 1933 auf den 15. 6. fiel.

1 Nicht nachgewiesen. – In direkter Kontaktaufnahme mit Gauleitung und Regierungspräsidium setzte sich *Zinsser* auch später häufiger für seinen Schwiegersohn ein; vgl. Nr. 254.
2 Hierfür ist ein zeitgenössischer Beleg überliefert. – In einer am 16.1.1948 für Staatsanwalt Karl *Thiessen* ausgestellten Bescheinigung, die auf diesen Zeitraum Bezug nimmt, erinnerte sich Adenauer: »Die Gauleitung versuchte damals mit allen Mitteln, mich, ihren politischen Gegner, in der Öffentlichkeit zu erledigen und ins Gefängnis zu bringen«; vgl. »Briefe 1947–1949«, S. 150. Vgl. a. Nr. 129.

Nr. 86
* StBKAH, Bestand Heineman, eigenhändig, mit Eingangsstempel Brüssel 21.6. 1933. – Ausführliche Angaben zu diesem Brief bei Hans-Peter *Schwarz*, Adenauer. Der Aufstieg, S. 375, 377. Vgl. a. Wilhelm *Treue*, Robert Pferdmenges, S. 194.
1 Hierzu vgl. Michael *Stürmer*/Gabriele *Teichmann*/Wilhelm *Treue*, Wägen und Wagen, S. 362-365.
2 Albert *Vögler* (1877–1945), MdR 1919–1924 (DVP) und 1933–1945 (NSDAP, Gast), 1919–1933 Präsidiumsmitglied des Reichsverbandes der deutschen Industrie, 1926–1935 Generaldirektor, danach Aufsichtsratsvorsitzender der Vereinigten Stahlwerke AG.
3 Friedrich *Flick* (1883–1972), begründete den nach ihm benannten Konzern der Eisen- und Stahlindustrie, nach 1933 NSDAP-Mitglied und Wehrwirtschaftsführer, 1945 interniert, 1947–1950 inhaftiert. – Zu persönlichen Begegnungen mit Flick 1933 und danach gibt es keine zeitgenössischen Belege, aber die spätere Bestätigung des Bundeskanzlers vom 12.4.1960: »Ich kenne Herrn Flick aus der Zeit vor dem Nationalsozialismus und aus der Zeit des Nationalsozialismus. Ich weiß aus eigener Erfahrung, daß [er] auch in der Zeit des Nationalsozialismus sehr zurückhaltend gewesen ist gegenüber dem Nationalsozialismus«; vgl. Heuss-Adenauer. Der Briefwechsel, S. 440.
4 Aus der Antwort *Heinemans* vom 27.7.1933: »Ich halte es für meine Gesellschaft für unmöglich, eine Beteiligung bei einer Bank überhaupt zu nehmen, da dieses nicht in den Rahmen unserer Tätigkeit fällt. ... Ich verstehe Ihre Situation sehr wohl, und wie Sie wissen, bin ich absolut bereit, alles zu tun, um Ihnen zu helfen. Der vorliegende Plan scheint mir aber sehr schwer ausführbar« (vgl. a.a.O.) – Adenauer greift seine Überlegungen in Nr. 96, 105 auf.

Nr. 87
* StBKAH VI-A-10, eigenhändig, auf Kopfbogen »Erzbistum Köln«.
1 Unter diesem Titel, aus Anlaß des »10. Gedenkjahres des Kampfes um Rhein und Ruhr«, veröffentlichte der »Westdeutsche Beobachter« vom 17.–23.6.1933 Auszüge aus sog. »Geheimprotokollen der vorläufigen Regierung der Rheinischen Republik«. – *Johannes Adenauer* bemühte sich in diesem Zeitraum häufiger um Unterlagen für die Rechtfertigung seines Bruders: »Die Broschüre von [Fritz] Brüggemann [Die Rheinische Republik. Ein Beitrag zur Geschichte und Kritik der

rheinischen Abfallbewegung während des Waffenstillstandes im Jahre 1918/19, Bonn 1919] war von der Stadt-Bibliothek ›ausgeliehen‹; wir haben sie jetzt bestellt beim Verleger (Cohen in Bonn), hoffentlich ist sie dort noch zu haben, sonst bestellen wir sie bei der Univers.-Bibliothek in Bonn; ich hoffe doch, daß wir sie irgendwo bekommen. Ich hoffe, daß Dir die Änderungen an dem Exposé [nicht erhalten] nicht zu sehr mißfallen haben; später, wenn Du einmal alles ausführlicher schreibst, kann ja auch das von mir kurz Zusammengefaßte ausführlicher geschrieben werden« (3.6.1933; a.a.O.).
Zum weiteren Verlauf der ›Separatismus‹-Kampagne vgl. Nr. 98, 112, 124, 125, 128.

2 »... Berliner Besprechungen vom 4.–6.9.[1923], bei denen Adenauer und Louis Hagen von Stresemann den Abbruch des Ruhrkampfes und für das Rheinland Verhandlungsfreiheit verlangt – und nach ihrer Auffassung zugestanden erhalten – hatten ...«; vgl. a.a.O.

Nr. 88

* Privatbesitz Familie Adenauer, eigenhändig, o. D. – Als Datierungsanhalt dient die Veröffentlichung des beiliegenden Artikels.

1 Vgl. Nr. 88 A.

2 Bund Neudeutschland, 1919 gegründete, nach 1933 verbotene Vereinigung von Schülern höherer Katholischer Lehranstalten.

3 Über einen derartigen Vorfall berichtete der »Westdeutsche Beobachter« am 12.6.1933 (»Auch in Köln Provokationen der Zentrumsjugend! Zwischenfälle beim Aufmarsch der Hitlerjugend in Niehl«). Auch für diese Konflikte dieses Zeitraums ergiebig und informativ: Barbara *Schellenberger,* Katholische Jugend im Dritten Reich, S. 33-74. Vgl. a. die grundlegende Studie zum Verhalten katholischer Jugendlicher gegenüber dem Nationalsozialismus: Klaus *Gotto,* Die Wochenzeitung Junge Front/Michael, passim. – Hierzu auch Nr. 157.

4 Ada *Deichmann* (geb. 1886; Ehefrau des Kölner Bankiers Karl Deichmann), 1909–1918 städtische Armenpflegerin in Köln, später Mitglied des Sozialausschusses der Stadt Köln. – Ihre Tochter Freya (geb. 1911) heiratete 1931 Helmuth James Graf *von Moltke,* den am 23.1.1945 in Berlin-Plötzensee ermordeten Angehörigen des Kreisauer Kreises, der in seinen Planungen auch Adenauer berücksichtigte; vgl. Nr. 406. – Zu den genealogisch-biographischen Zusammenhängen der Familien von Moltke und Deichmann vgl. Moltke Almanach I: Die Herkunft des Kreisauer Kreises, S. 11-23.

Nr. 88 A

* »Westdeutscher Beobachter«, 22.6.1933. – Für diese Art der nationalsozialistischen Presseagitation gegen Adenauer ein weiterer Beleg unter Nr. 113.

1 Hierzu ein Schreiben von A. *Duthaler* (Saarbrücken) an den Schweizer Konsul Dr. Franz-Rudolph *von Weiss* (Köln) vom 19.5.1933: »Bezüglich Ihrer ... Anfrage betreffend Dr. A. aus Köln erfahre ich soeben aus zuverlässiger Quelle, daß dersel-

be tatsächlich einige Tage hier [in Saarbrücken] war, jedoch nicht in einem Hotel. Vor circa 14 Tagen ist er nach London verreist zu seiner dort verheirateten Tochter. Adresse unbekannt« (SBA, Konsulat Köln IV-A Adenauer 1931–1944).

2 Zu den auch gegen *Gussie Adenauer* gerichteten Maßnahmen nach der nationalsozialistischen Machtergreifung vgl. Nr. 18, 22.

Nr. 89

* GStA Merseburg, Ministerium des Innern, Rep. 77 Tit. 444 Nr. 3 Beiheft zu Bd. 9, Bl. 287, ohne Anrede.

1 »Beamte, die nach ihrer bisherigen politischen Betätigung nicht die Gewähr dafür bieten, daß sie jederzeit rückhaltlos für den nationalen Staat eintreten, können aus dem Dienst entlassen werden. Auf die Dauer von drei Monaten nach der Entlassung werden ihnen ihre bisherigen Bezüge belassen. Von dieser Zeit an erhalten sie drei Viertel des Ruhegeldes (§ 8) und entsprechende Hinterbliebenenversorgung« (RGBl. 1933 I, S. 175).

2 Adenauer zitiert aus dieser Verordnung in Nr. 194.

3 Vgl. Nr. 90.

4 »Abs. 1 Satz 2 findet auf Wahlbeamte der Gemeinden und Gemeindeverbände und auf sonstige Beamte der Gemeinden und Gemeindeverbände in leitender Stellung, die im Interesse des Dienstes in den Ruhestand versetzt werden, keine Anwendung. Ferner kann bei Beamten in Eingangsstellen, die aus diesem Grunde in den Ruhestand versetzt werden, die für das Besoldungswesen allgemein zuständige oberste Reichs- oder Landesbehörde ausnahmsweise die Wiederbesetzung der Stelle zulassen« (RGBl. 1933 I, S. 389).

Nr. 90

* GStA Merseburg, Ministerium des Innern, Rep. 77 Tit. 444 Nr. 3 Beiheft zu Bd. 9, Bl. 293-301, ohne Anrede und Grußformel. Dort (Bl. 292) auch das Begleitschreiben *Riesens,* mit dem dieser am 30. 6. 1933 die Erklärung Adenauers dem Kölner Regierungspräsidenten zuleitete. Dort ebenfalls (Bl. 302-325) zwei von Adenauer beigefügte Anlagen: Durchschrift seines Schreibens an *Miller* vom 17. 4. 1933 (vgl. Nr. 66) und der Wortlaut seiner nicht gehaltenen Rede vom 10. 3. 1933 (vgl. Nr. 25).

a ‹ › Von Adenauer eigenhändig korrigiert aus »nur«.

b ‹ › ... eigenhändig eingefügt.

c ‹ › ... eigenhändig korrigiert aus »Gesicht«.

1 Schreiben des Kommissarischen Beigeordneten der Stadt Köln, Dr. Julius *Ludwig,* in StBKAH 01.06.

2 Vgl. Nr. 90, Anm. 1.

3 Vgl. Nr. 56.

4 Vgl. Nr. 66.

5 Josef *Giesen* (1887–1962), seit 1918 im Dienst der Stadt Köln, zunächst als Gartenmeister, 1926–1933 als Gartenbaudirektor, Entlassung 1934, errichtete

danach einen Gartenbaubetrieb in Urfeld bei Wesseling, nach 1945 Beigeordneter, Bürgermeister von Urfeld. – Seine enge Verbindung zu Adenauer (in verschiedenen Lebensbereichen, besonders durch die gemeinsame Hingabe zum Gartenbau, auch durch die Verfolgungsmaßnahmen im Herbst 1944) wird in dieser Edition vielfach belegt; vgl. Nr. 152, 182, 321, 446.

6 Ludwig *Intemann,* städtischer Gartenbauinspekteur in Köln.

7 Vgl. Nr. 25.

8 Zum Nachfolgenden vgl. die ähnlich ausgerichteten Darlegungen Adenauers in seinem Schreiben an den preußischen Innenminister vom 10.8.1934 (Nr. 194). Vgl. a. Rudolf *Morsey,* Adenauer und der Nationalsozialismus, S. 449-454.

9 Vgl. Nr. 11.

10 Vgl. Everhard *Kleinertz,* Konrad Adenauer als Beigeordneter der Stadt Köln, passim.

11 Am 20.3.1917. Vgl. Konrad Adenauer. Seine Zeit – sein Werk, S. 15, 18; Hans-Peter *Schwarz,* Adenauer. Der Aufstieg, S. 168f.

12 Vgl. Nr. 66, Anm. 13.

13 Vgl. Hugo *Stehkämper,* Konrad Adenauer und das Reichskanzleramt während der Weimarer Zeit, passim.

14 Vgl. Carl-Wolfgang *Schümann,* Adenauers Ansichten zur Architektur im Spiegel der Akten, passim.

15 Vgl. Petra *Adenauer,* Konrad Adenauers sportpolitisches Wirken, passim.

16 Vgl. Kurt *Düwell,* Universität, Schulen und Museen, passim.

Nr. 90 A

* GStA Merseburg, Ministerium des Innern, Rep. 77 Tit. 444 Nr. 3 Beiheft zu Bd. 9, Bl. 290-291f. Dort (Bl. 288) auch das Begleitschreiben *Riesens,* mit dem dieser am 23.6.1933 den Fragebogen zusammen mit 14 anderen Bögen leitender stadtkölnischer Wahlbeamter dem Kölner Regierungspräsidenten zuleitete, der ihn in Verbindung mit der Erklärung Adenauers vom 27.6.1933 am 1.7. an das Preußische Innenministerium weitergab; vgl. a.a.O., Nr. 3 Bd. 9, Bl. 129f.
Ein weiteres Exemplar des Fragebogens (ohne Eintragungen bei Punkt 4a–e) ist in StBKAH 01.06 enthalten.

Nr. 91

* StBKAH 01.06, Durchschlag, mit eigenhändigem Randvermerk Adenauers »an August [Adenauer] am 29.6. gegeben«. – Zu diesem Schreiben vgl. Rudolf *Morsey,* Adenauer und der Nationalsozialismus, S. 471.

a ‹...› In der ausgelassenen Briefpassage Angaben zur Mitteilung des Kölner Oberbürgermeisters vom 24.6.1933; vgl. Nr. 90, Anm. 1.

1 Friedrich *Grimm* (1888–1959), Prof. Dr. jur., Rechtsanwalt und Publizist, 1933–1945 MdR (NSDAP), 1945–1948 in französischer Haft, ab 1949 wieder als Anwalt tätig. – Für diesen Ausgang des Spruchkammerverfahrens nicht unerheblich: eine für ihn am 30.12.1948 ausgestellte Bescheinigung Adenauers; Druck:

»Briefe 1947– 1949«, S. 372. Die erste Erwähnung Grimms vor Übernahme des Mandats findet sich in einem Brief von *August Adenauer* an seinen Bruder vom 15.4.1933: »Herrn Prof. Grimm mußt Du natürlich gleich auch nach der voraussichtlichen Höhe des Honorars fragen. Am besten kann man das natürlich mündlich« (StBKAH VI-A- 10).

2,3 Vgl. Nr. 41, 42.

4 Vgl. Nr. 37.

5 Vgl. Nr. 56.

6 Vgl. Nr. 66.

7 Zu den im Sommer 1933 in Maria Laach geführten Gesprächen Grimm in seinen Lebenserinnerungen: »Wir sprachen in diesen Stunden viel von politischen Dingen der Vergangenheit – insbesondere über den rheinischen Separatismus. ... ich hatte nicht den Eindruck, daß er landesverräterische Absichten verfolgte – auch dann nicht, als er im Herbst 1923 unmittelbar nach Einstellung des passiven Widerstandes als einer der ersten zum französischen Rheinlandkommissar Tirard ging; die ›Tirard-Gängerei‹ war eine Erscheinung der damaligen Zeit, die sich keineswegs nur mit dem Namen Adenauer verband« (Mit offenem Visier, S. 134).

Nr. 92

* Privatbesitz Heinz Pferdmenges; Wiedergabe nach dem Teildruck: Hans-Peter *Schwarz*, Adenauer. Der Aufstieg, S. 364, 369.

1 Die sich in diesen Tagen anbahnende Selbstauflösung des Zentrums wurde Anfang Juli 1933 vollzogen, der Auflösungsbeschluß am 6.7.1933 vom »Westdeutschen Beobachter« mitgeteilt. Vgl. Widerstand und Verfolgung in Köln, S. 63-79; Rudolf *Morsey*, Der Untergang des politischen Katholizismus, S. 202-207.

2 »... die Hoffnung auf die Wiedererrichtung der Monarchie« (Emmanuel *von Severus*) hatte im Sommer 1933 auch der Abt von Maria Laach; vgl. Hans *Rink*, Ildefons Herwegen, S. 70.

3 Das Anschreiben ist nicht überliefert.

4 Vgl. Nr. 89.

Nr. 93

* BA, NL Pünder Nr. 606, eigenhändig.

1,2 Zum Ausscheiden *Pünders* aus dem Amt des Regierungspräsidenten in Münster vgl. seine Lebenserinnerungen: Von Preußen nach Europa, S. 140f.; vgl. a. Rudolf *Morsey*, Hermann Pünder, in: Rheinische Lebensbilder, Bd. 12 (1991), S. 280f. – Auf welche Nachricht und welchen Kommentar sich Adenauer hier bezieht, konnte nicht nachgewiesen werden.

Nr. 94

* GStA Merseburg, Ministerium des Innern, Rep. 77 Tit. 444 Nr. 3 Bd. 9, Bl. 102f., eigenhändig, mit handschriftlichem Vermerk von unbekannter Hand »Herrn Min[isterial] Dir[ektor] Dr. Surén i. A. d[es] H[errn] Staatssekretärs mit der Bitte um [...] weitere Veranlassung gehorsamst vorgelegt. [...] 8.7.«

1 Vgl. Nr. 89. Dort auch in Anm. 1 und 4 die nachfolgend angesprochenen Paragraphen.
2 Anders als *Grauert* in seiner am 17.7.1933 (Nr. 100) Adenauer mitgeteilten Entscheidung gab *Surén* am 12.7. dem Staatssekretär die Pensionierung in dem von Adenauer gewünschten Sinne zu erwägen; vgl. a.a.O., Beiheft zu Bd. 9, Bl. 284-286.

Nr. 95
* Privatbesitz Heinz Pferdmenges; Wiedergabe nach dem Teildruck: Hans-Peter *Schwarz,* Adenauer. Der Aufstieg, S. 364f.
1 Vgl. Nr. 92; vgl. a. Nr. 113, Anm. 2.
2 Adenauer hatte bereits 1922, als Präsident des Deutschen Katholikentages in München, seine nach 1945 in der CDU verwirklichten Vorstellungen von einer überkonfessionellen christlichen Volkspartei dargelegt; vgl. Hugo *Stehkämper,* Konrad Adenauer als Katholikentagspräsident 1922, passim.
3 Vgl. Wolfgang *Stump,* Adenauers Beziehungen zur Zentrumspartei, passim.
4 Nach Adenauers eigener Angabe in dem unter Nr. 90 A abgebildeten Fragebogen gehörte Adenauer der Zentrumspartei »seit 1901« an.

Nr. 96
* StBKAH, Bestand Heineman, eigenhändig.
a ‹...› In der ausgelassenen Passage einige Erläuterungen zum Schreiben vom 18.6.1933; vgl. Nr. 86.
1 George S. *Messersmith* (1883–1960), 1930–1934 Generalkonsul der USA in Berlin, 1937–1940 Assistant Secretary of State, Botschafter in Havanna (1940/41) und Mexiko (1941/42). – Zu dem hier erwähnten Besuch des Diplomaten in Maria Laach konnten keine weiteren Angaben nachgewiesen werden. Eine andere Kontaktperson, die nach 1933 zwischen Adenauer und *Heineman* vermittelte, wird in Nr. 172 benannt.
2 Vgl. Nr. 86, Anm. 4.

Nr. 97
* StBKAH 01.06, behändigte Erstausfertigung. – Zu diesem Vorgang vgl. Rudolf *Morsey,* Adenauer und der Nationalsozialismus, S. 471.
1 Dieses zweite Schreiben an *Grimm,* als Ergänzung des ersten vom 27.6.1933 (vgl. Nr. 91), ist nicht erhalten. – Die erste direkte Kontaktaufnahme Grimms mit seinem Mandanten erfolgte am 18.7.1933 in Berlin anläßlich einer Vernehmung Adenauers durch Untersuchungsführer *Miller;* hierzu der vorbereitende Schriftverkehr a.a.O. – Ebenfalls wegen des Dienststrafverfahrens hielt sich Adenauer am 21.7.1933 in Düsseldorf auf, um vom Staatskommissar bei der Landesbank der Rheinprovinz, *Weltzien,* Aufklärung über Vorwürfe wegen angeblicher Spekulationen bei der Kölner Landesbankfiliale (1922/23 gemeinsam mit Willy *Suth*) zu erhalten; hierzu die Unterlagen in StBKAH 310 und GStA Merseburg, Ministerium des Innern, Rep. 77 Tit. 444 Nr. 3 Bd. 9, Bl. 84-90, 106-122.

2 Dazu ergänzte Adenauer am 12.7.1933 seine »gestrige telefonische und schriftliche Mitteilung an Sie« (nicht nachgewiesen) dahingehend, »daß ich Sie bitte dahin zu wirken, daß das gesamte Verfahren eingestellt wird, daß aber, wenn eben möglich, in Berlin gleichzeitig zugesagt wird, daß die Akten der Stadt Köln über meine Haus- und Gartenangelegenheit auch nach meinem Ausscheiden aus dem Dienste Ihnen, mir und von uns zu benennenden Persönlichkeiten zur Einsichtnahme auch außerhalb des Rathauses Köln zur Verfügung gestellt werden« (StBKAH a.a.O.).

3 Bezieht sich auf den Londoner Vertrag über den Dawesplan vom 16.8.1924, der mit den dort getroffenen Vereinbarungen zur Räumung des Ruhrgebietes im ergänzenden diplomatischen Briefwechsel auch zur Freilassung der Ruhrgefangenen führte. Zur »Ruhr-Amnestie« die auf die Erinnerungen von Grimm, einem der Beteiligten an den Verhandlungen, gestützte Darstellung in: Mit offenem Visier. S. 78f.

Nr. 98

* »Völkischer Beobachter«, 13.7.1933. – Veröffentlichungen mit ähnlicher Tendenz waren bereits am 11.7.1933 im »Westdeutschen Beobachter« und am 12.7. 1933 im »Westdeutschen Grenzblatt« erschienen (»Adenauer des offenen Landesverrats überführt«). Darauf machte Regierungspräsident *zur Bonsen* ebenfalls am 13.7.1933 den Preußischen Innenminister aufmerksam (»Sobald ich in den Besitz des ungekürzten Wortlautes der Rede gekommen bin, werde ich weiter berichten«; vgl. GStA Merseburg, Ministerium des Innern, Rep. 77 Tit. 444 Nr. 3 Bd. 9, Bl. 132). Zur »Separatismus«-Kampagne vgl. Nr. 87, 112, 124, 125, 128.

1 Ansprache vor einer Versammlung der linksrheinischen Abgeordneten zur Deutschen Nationalversammlung und zur Preußischen Landesversammlung sowie der Oberbürgermeister der besetzten rheinischen Städte; Druck: Karl Dietrich *Erdmann,* Adenauer in der Rheinlandpolitik, S. 214-227; Konrad Adenauer. Reden 1917–1967, S. 25-37. Adenauer verweist auf diese Rede (in der er gegen die Gefahr französischer Annexion der Rheinlande die Bildung »zu einem westdeutschen Bundesstaat, zu einer westdeutschen Republik im Verbande des Deutschen Reiches« empfohlen hatte) in Nr. 194.

2 Vgl. Nr. 97, Anm. 3.

Nr. 99

* StBKAH 01.06, behändigte Erstausfertigung, auf Kopfbogen »Preußisches Ministerium des Innern«; GStA Merseburg, Ministerium des Innern, Rep. 77 Tit. 444 Nr. 3 Bd. 9, Bl. 104, Durchschlag.

1 Vgl. Nr. 94, dort auch das Kopfregest.

Nr. 100

* StBKAH 01.01, behändigte Erstausfertigung, auf Kopfbogen »Der Preußische Minister des Innern«. Abb.: Hugo *Stehkämper* (Hrsg.), Konrad Adenauer, vor

S. 465. Zu diesem Vorgang vgl. a. Rudolf *Morsey,* Adenauer und der Nationalsozialismus, S. 472; Konrad Adenauer. Seine Zeit – sein Werk, S. 114; Konrad Adenauer. Dokumente aus vier Epochen, S. 68.
Die Entlassungsverfügung wurde Adenauer am 24.7.1933 (Nr. 103) durch den Kölner Regierungspräsidenten übermittelt; vgl. Nr. 106.

Nr. 101
* GStA Rep. I. HA, 77/9, davon Abschrift in StBKAH, Materialsammlung für die »Erinnerungen« Adenauers. – Zu diesem Vorgang vgl. Rudolf *Morsey,* Adenauer und der Nationalsozialismus, S. 471f.
a ‹...› In der ausgelassenen Briefpassage u. a. der Hinweis auf die Folgen der Entlassung nach § 4 des – so *August Adenauer* – »Beamtensäuberungs-Gesetzes«: »Allgemeine Diffamierung als Gegner des Staates und damit Unmöglichkeit, im Zivilleben irgendwie noch einmal eine angesehene Stelle, welche die Zukunft der Familie gewährleistet, zu erlangen, weiter Verminderung der gesetzlichen Pension um ein Viertel.«
1 Vgl. Nr. 104.

Nr. 102
* StBKAH 314.1, Auszüge in Abschrift.
a, b ‹...› Auslassungen auch in der Vorlage.
1 Untersuchungsführer *Miller* legte am 28.7.1933 dem Preußischen Innenministerium einen 16 1/2seitigen Bericht zum »Stand des Verfahrens« vor, in dem er abschließend für die Beschleunigung des Verfahrens plädierte: »... halte ich es für richtig, nicht an Einzelheiten hängen zu bleiben, sondern schwache Anschuldigungspunkte fallen zu lassen und allen Nachdruck auf die großen Gesichtspunkte zu legen« (GStA Merseburg, Ministerium des Innern, Rep. 77 Tit. 444 Nr. 3 Bd. 9, Bl. 238-254, hier Bl. 253). – Vgl. Nr. 114.
2 Vgl. Nr. 68.

Nr. 103
* StBKAH 01.06, behändigte Erstausfertigung, auf Kopfbogen »Der Regierungs-Präsident«. – Zu diesem Vorgang vgl. Rudolf *Morsey,* Adenauer und der Nationalsozialismus, S. 472.
1 Vgl. Nr. 100. – Die erste schriftliche Reaktion Adenauers auf die Verfügung (von der er am 25.7.1933 telefonisch erfuhr; vgl. Nr. 106) geht aus einem Schreiben an *Grimm* ebenfalls vom 24.7. hervor: »Ob man später einmal dagegen remonstriert, wird man sich später überlegen müssen. Über das Verfahren sagt Ziff. 7 der Durchprüfungsbestimmungen [sic!] für die Beamten der Gemeinden und Gemeindeverbände vom 27.5.33 ›Es ist dem Beamten Gelegenheit zu geben, sich zu Behauptungen im Sinne der §§ 2-4, die über ihn erhoben werden, binnen 3 Tagen zu äußern; soweit die Anhörung in Ausnahmefällen nicht tunlich erscheint, ist das in dem Bericht zu begründen.‹ – Mir sind ›Behauptungen im Sin-

ne des § 4‹ nicht mitgeteilt worden, und ich habe keine Gelegenheit gehabt, mich dazu zu äußern« (StBKAH 314.1).

Nr. 104
* GStA Rep. I. HA, 77/9, davon Abschrift in StBKAH, Materialsammlung für die »Erinnerungen« Adenauers.
1 Zur Begegnung des Kardinals mit dem Staatssekretär am 23.7.1933 in Trier vgl. Rudolf *Morsey,* Adenauer und der Nationalsozialismus, S. 472.
2 Vgl. Nr. 101.
3 Druck der Aufzeichnung Schultes über eine Unterredung mit *Tirard* (am 28.10.1923 in Koblenz): Karl Dietrich *Erdmann,* Adenauer in der Rheinlandpolitik, S. 298-303. – Vgl. Nr. 45, Anm. 2.
4 Vgl. Nr. 90.

Nr. 105
* StBKAH, Bestand Heineman, eigenhändig.
1 Vgl. Nr. 100, 103.
2 Am 27.7.1933 übermittelte Adenauer seinem Anwalt *Grimm* »Rechtsausführungen und tatsächliche Angaben in der Frage der Ordnung meiner finanziellen Beziehungen mit der Stadt Köln« (HAStK 904/1146).
3 *Riesen* hatte Adenauer mit Schreiben vom 26.6.1933 »auf Grund des Gesetzes zur Gleichschaltung der Aufsichtsräte von Körperschaften des öffentlichen Rechts vom 15. d. M. (RGS. Teil I, S. 371) ... als Vorsitzenden oder Mitglied des Aufsichtsbezw. Verwaltungsrats« mehrerer Gesellschaften der Energie- und Verkehrswirtschaft abberufen (StBKAH 01.06).
4 Vgl. Nr. 61.
5 Vgl. Nr. 86, 96.
6 An einem der Folgetage erreichte Adenauer *Heinemans* skeptischer Brief vom 27.7.1933 (vgl. Nr. 86, Anm. 4), er antwortete am 1.8.: » ... Ich habe nunmehr meinem Kölner Freunde Kenntnis von unserm Briefwechsel gegeben und ihn gebeten, sich diese Frage, etwaige Combinationsmöglichkeiten, in Ruhe durch den Kopf gehen zu lassen. ... Meine Frau ist sehr tapfer; meine Kinder arbeiten angestrengt und unverdrossen im Hinblick auf die Zukunft, das ist mir wirklich ein Trost.« – Heineman erwiderte am 7.8.1933: »Auf die Gefahr hin, Sie zu enttäuschen, muß ich Ihnen sagen, daß es außerordentlich schwer ist, eine Beschäftigung zu finden, welche Ihnen genehm sein könnte« (alle Vorgänge in StBKAH, Bestand Heineman).

Nr. 106
* Privatbesitz Heinz Pferdmenges; Wiedergabe nach dem Teildruck: Hans-Peter *Schwarz,* Adenauer. Der Aufstieg, S. 370f.
1 Vgl. Nr. 100, 103.
2 Camillo Benso Graf *von Cavour* (1810–1861), sardinischer Ministerpräsident

(1852–1859, 1860/61), italienischer Ministerpräsident (1861), nahm mit der Erweiterung des sardinischen zum italienischen Parlament maßgeblichen Einfluß auf die Einigung Italiens (bis auf Rom und Venetien). – Ob sich Adenauer hier auf ein eigenes Werk (z. B. eine der mehrbändigen Ausgaben seiner Parlamentsreden oder Briefe) oder auf eine Biographie Cavours (z. B. die in mehreren Auflagen erschienene von Heinrich *von Treitschke*) bezieht, konnte nicht geklärt werden.

Nr. 107
* StBKAH, Ausstellungsvorlage zu Tafel 48; Teildruck: Konrad Adenauer. Dokumente aus vier Epochen, S. 65. – Transkription des eigenhändigen Antwort-Entwurfs: »Inhalt und Fassung Ihres Schreibens ... veranlaßt mich, Ihnen mitzuteilen, daß ich auf die Ehrenmitgliedschaft keinen Wert lege. Hochachtend A[denauer] O[ber] B[ürgermeister]«. Die anderen Notizen und Kommentare stammen von *Gussie* (oben) und *Konrad Adenauer jun.* (oben).
Das Schreiben unterzeichnete: Josef *Klefisch* (1879–1954), Dr. jur., Rechtsanwalt in Köln, 1933–1949 Präsident des Kölner Männer-Gesang-Vereins (KMGV) – am 4.5.1933 »im Zuge der Neuordnung des deutschen Kulturlebens im Sinne der nationalsozialistischen Führung durch Regierungspräsident zur Bonsen mit der Führung des Vereins beauftragt«; vgl. Hundert Jahre deutscher Männergesang, dargestellt am Werden und Wirken des Kölner-Männer-Gesang-Vereins 1842–1942, Köln 1942, S. 125. – Am 26.7.1945 brachte Heinrich *Sinkhöfer* den Vorgang in Erinnerung: » ... machte Dr. Klefisch den Vorschlag, Ihnen die Ehrenmitgliedschaft abzusprechen« (HAStK 2/367).

Nr. 108
* »Westdeutscher Beobachter«, 28.7.1933. Zu dieser Veröffentlichung vgl. Rudolf *Morsey*, Adenauer und der Nationalsozialismus, S. 472.
Ein weiteres Beispiel für die Agitation der nationalsozialistischen Presse gegen Adenauer: der am 5.8.1933 in den »Deutschen Nachrichten« erschienene Bericht »Adenauer und Goldschmidt«: »Bei der Entlassung des Kölner Oberbürgermeisters Adenauer hat sich herausgestellt, daß Adenauer 11 Herren seiner engeren Verwandtschaft und etwa 30 Herren seiner Bekanntschaft in die höchsten Stellen der von ihm verwalteten Stadtgemeinde hineingebracht hatte.«

Nr. 109
* StBKAH 314.1, Auszüge in Abschrift.
a, c, d ‹...› Auslassungen auch in der Vorlage.
b ‹ › Vom Bearb. korrigiert aus »März«; vgl. Nr. 5 A.
1 Vgl. Nr. 108.
2 Vgl. Nr. 4.
3 Vgl. Nr. 5 A.

Nr. 110

* Privatbesitz Familie Adenauer, eigenhändig. – Weitere Auszüge aus der Privat- und Familienkorrespondenz dieses Zeitraums in Nr. 111, Anm. 1.

a ‹...› In der ausgelassenen Briefpassage spricht *Gussie Adenauer* familiäre Angelegenheiten an.

1 Hierzu die Unterlagen in BA, NL Grimm II Nr. 55. Vgl. a. die Angaben zum Verlauf der Verhandlungen gegen *Mönnig* und dessen erfolgreicher Verteidigung durch *Grimm* in dessen Lebenserinnerungen (Mit offenem Visier, S. 130-133) und bei Adolf *Klein,* Hundert Jahre Akten – Hundert Jahre Fakten, S. 144f.

2 Keine Angaben.

3 Johannes *Rings* (1856–1950), 1900–1933 Mitglied der Kölner Stadtverordnetenversammlung (Zentrum), 1919–1933 Parteivorsitzender in Köln, 1922–1932 Chefredakteur des »Kölner Lokalanzeigers« bzw. der »Rheinischen Volkswacht«.

4 Vgl. Nr. 108, 109.

Nr. 111

* StBKAH 314.1, Abschrift. – Zu diesem Vorgang vgl. Rudolf *Morsey,* Adenauer und der Nationalsozialismus, S. 472f.

a ‹ › Vom Bearb. korrigiert aus »Dezember 1932«, da sich Adenauer im nachfolgenden offenkundig auf den Staatsratsbeschluß vom 23.2.1933 sowie auf Vorbereitung und Verlauf seiner Verhandlungen mit *Göring* und *von Papen* am 25.2.1933 bezieht; vgl. Nr. 14, 15, 17, 19.

1 Nicht nachgewiesen. – Anfang August 1933 teilte *Max Adenauer* seinem Vater mit: »Onkel August hat hier angerufen und läßt folgendes mitteilen: Professor Grimm war bei Grauert und beim Reichsjustizminister. (Es kann auch der preußische Justizminister gewesen sein; Konrad hat Onkel August nicht deutlich verstanden.) Prof. Gr[imm] hat von seinen Besprechungen einen günstigen Eindruck erhalten«. Diesem Brief liegt eine Notiz von *Gussie Adenauer* bei: »August hat Prof. Grimm gefragt, ob Deine Sache nicht ungünstig sei, und da hat Prof. G. geantwortet, man könne sogar im Gegenteil sagen, direct günstig. (Ich bin so glücklich deswegen).« Kurz darauf erfuhr Adenauer von seiner Frau: »Nun schreibt Grimm an August, daß er in Berlin gehört habe, daß das neue Gesetz mit § 6 gemacht sei, um möglichst schnell eine Klarheit zu schaffen über die neuen und pensionierten Beamten. Du seist auch ein solcher nach § 6 vorgesehener Fall, und er meint, daß sich dann auch Dein Disziplinar-Verfahren, wenn Du pensioniert bist, anders darstellt. Du habest das Verfahren beantragt und könntest es dann nach dem neuen Gesetz zurückziehen. Grimm scheint unbedingt darauf hinaus zu arbeiten, daß von Berlin aus der Antrag auf Einstellung bei der Dienststrafkammer erfolgt, wenn Du das für richtig hälst. August meint, Du solltest aber auf jeden Fall Gelegenheit zu einer Stellungnahme vor der Einstellung bitten. Ich weiß nicht, ob das gut ist, die Einstellung als solche zeigt ja, daß alles erledigt ist, und macht die Leute nicht wieder unruhig« (alle Vorgänge, o. D., in Privatbesitz Familie Adenauer).

2 Vgl. Nr. 110, Anm. 1.
3 Vgl. Nr. 4.
4 Vgl. Nr. 5 A.
5 Unter der Überschrift »Dienststrafverfahren gegen Adenauer läuft weiter« hatte der »Westdeutsche Beobachter« den Bericht vom Vortage (vgl. Nr. 108) dahingehend ergänzt, daß die Entlassung Adenauers keinen Einfluß auf das Verfahren habe; dieses gehe unvermindert weiter, und Adenauer werde seiner »gerechten Strafe« nicht entgehen.

Nr. 112
* GStA Merseburg, Ministerium des Innern, Rep. 77 Tit. 444 Nr. 3 Bd. 9, Bl. 230. Dort (Bl. 231) auch der Vermerk von Staatssekretär *Grauert,* die Mitteilung *Millers* müsse, da sie in die Akten des Dienststrafverfahrens gelangt sei, »von der Einleitungsbehörde, dem Regierungspräsidenten in Köln, gewürdigt werden.«
1 August *Haas* (1881–1945), ab 1919 in der Kölner Stadtverordnetenversammlung (SPD), 1920–1930 Beigeordneter der Stadt Köln, u. a. zuständig für Häfen, Brücken und Luftverkehr, ab 1921 MdL in Preußen, 1930–1933 (Amtsenthebung im Februar) Oberpräsident von Hessen-Nassau.
2 Am 22./23.10.1923, einen Tag nach dem Aachener Separatistenputsch vom 21.10.1923; vgl. Edith *Ennen*/Dietrich *Höroldt,* Kleine Geschichte der Stadt Bonn, S. 246.
3 Karl *Jarres* (1874–1951), Dr. jur., Beigeordneter in Düren (1903–1907) und Köln (1907–1910), Oberbürgermeister von Remscheid (1910–1914) und Duisburg (1914–1923 und 1925–1933), 1923–1925 als DVP-Politiker Reichsinnenminister, Vizekanzler in den ersten beiden Kabinetten Marx.
4 Am 24.10.1923 – zur Vorbereitung der Konferenz zwischen Vertretern der besetzten Gebiete und der Reichsregierung in Hagen am 25.10.1923. Vgl. Karl Dietrich *Erdmann,* Adenauer in der Rheinlandpolitik, S. 88-90; vgl. a. Klaus *Reimer,* Rheinlandfrage und Rheinlandbewegung, S. 314-317.
5 Im Wortlaut nicht erhalten. Zur Wiedergabe der Ausführungen Adenauers im Bericht Jarres' vor der Hagener Konferenz vgl. Karl Dietrich *Erdmann,* a.a.O., S. 94f. Vgl. a. Hans-Peter *Schwarz,* Adenauer. Der Aufstieg, S. 268f.
6 Vgl. Karl Dietrich *Erdmann,* a.a.O., S. 96f.

Nr. 113
* »Westdeutscher Beobachter«, 20.8.1933, Artikel »Sieben Tage zurück. Querschnitt durch die Politik der letzten Woche«. – Hierzu vgl. Nr. 88 A.
1 Vgl. Nr. 56, Anm. 5, Nr. 66.
2 In Maria Laach hatte vom 21.–23.7.1933 eine Tagung des Katholischen Akademikerverbandes zum Thema »Die nationale Aufgabe im Katholizismus – Idee und Aufbau des Reiches« stattgefunden; dazu und zum einleitenden Referat *Herwegens* (»Was auf religiösem Gebiet die liturgische Bewegung ist, ist auf politischem Gebiet der Faschismus«) die Angaben bei Hans *Rink,* Ildefons Herwegen, S. 70f. Vgl. a. Nr. 258.

An der Tagung hatte Vizekanzler *von Papen* teilgenommen, unmittelbar nach der Unterzeichnung des Reichskonkordats (20.7.1933). Dazu sind keine zeitgenössischen Stellungnahmen Adenauers überliefert; als CDU-Vorsitzender äußerte er sich am 10.3.1956 vor dem Bundesvorstand seiner Partei: »Ich mache keinen Hehl daraus, daß mir die Zustimmung damals recht unwillkommen war, weil ich daran Anstoß genommen hatte, daß man diese Kerle, den Hitler und Konsorten, damit als völkerrechtlich anerkannte«; vgl. Adenauer: »Wir haben wirklich etwas geschaffen«, S. 865.

Nr. 114
* GStA Merseburg, Ministerium des Innern, Rep. 77 Tit. 444 Nr. 3 Bd. 9, Bl. 338 f. Mit diesem Begleitschreiben legte Miller seinen 22-seitigen Abschlußbericht (vgl. a.a.O., Bl. 323-333) zum Dienststrafverfahren nach Abgabe an den Kölner Regierungspräsidenten auch dem Preußischen Innenministerium vor.
1 Vom 31.3.1933; vgl. a.a.O., Bl. 37-38 f.
2 Vgl. Nr. 47, Anm. 2.
3 Vgl. Nr. 102, Anm. 1.
4 Vgl. Nr. 56, 66. Nach der Empfehlung Millers konzentrierte sich das Dienststrafverfahren vornehmlich auf die zuletzt genannten Anklagepunkte; vgl. Nr. 121, 127, 133.

Nr. 115
* Privatbesitz Heinz Pferdmenges; Wiedergabe nach dem Teildruck: Hans-Peter *Schwarz,* Adenauer. Der Aufstieg, S. 371 f.
1 Internationale Konferenz der Sozialistischen Arbeiter-Internationalen vom 21.–25.8.1933 in Paris; hierzu das Protokoll in: Kongreß-Protokolle der Sozialistischen Arbeiter-Internationale, Bd. 5, Glashütten/Taunus 1976. Dort (S. 99-111) der Wortlaut der nachfolgend erwähnten, am 22.8.1933 gehaltenen Rede von Otto Wels.
2 Otto *Wels* (1873–1939), seit 1913 im Vorstand, 1931–1933 Vorsitzender der SPD, 1912–1933 MdR (SPD), 1933 nach Prag, 1938 nach Paris emigriert, leitete die Exil-SPD (SOPADE).
3 »Der Durst nach Rache, der Haß, der in Deutschland Millionen durchglüht, ist ein Aktivum, das in organisatorische Formen zu gießen so leicht wäre« (a.a.O., S. 110).

Nr. 116
* StBKAH 01.06, Durchschlag (ohne Anrede und Grußformel); GStA Merseburg, Ministerium des Innern, Rep. 77 Tit. 444 Nr. 3 Beiheft 10, Bl. 30-35. – Der in mehreren Verfahren agierende *Grimm* wandte sich in diesem Zeitraum mit einem allgemeiner gehaltenen Schreiben an Reichsjustizminister *Gürtner,* in dem er – ohne Adenauer namentlich zu erwähnen – dafür plädierte, »daß wir sehr schnell zu einer neuen Befriedungsamnestie kommen müssen, durch die [die] gesamte Kor-

ruptionsverfolgung beendet wird. ... daß bei den Maßnahmen, die zur Gleichschaltung und zur Säuberung des Beamtenkörpers und zur Bekämpfung der Korruption getroffen werden, im Rheinland der Gedanke Beachtung finden möchte, daß diejenigen keinen Schaden leiden sollten, die sich besondere Verdienste in den Abwehrkämpfen an Rhein und Ruhr erworben haben. Meine Erfahrungen in der letzten Zeit bestätigen meine Besorgnis, daß diesen Gedanken noch nicht genügend Rechnung getragen wird, weil die zuständigen Stellen über die örtlichen Vorkommnisse aus der Zeit von 1919–1923 nicht immer genügend unterrichtet sind« (Schreiben vom 1.9.1933 in BA, NL Grimm II, Nr. 65).

a ‹...› In der ausgelassenen Passage Angaben zu den Vernehmungen Adenauers am 19.4. und 18./19.7.1933; vgl. Nr. 68, 97, Anm. 1.

1 Vgl. Nr. 56.

2 Vgl. Nr. 67.

3 § 40 (2): »Der Angeschuldigte, seine Verteidigung und der Beamte der Staatsanwaltschaft sind berechtigt, den Beweiserhebungen beizuwohnen. Sie sind zu allen Beweiserhebungen, abgesehen von Beschlagnahmen und Durchsuchungen, zu laden ...« (Preußische Gesetzsammlung, Jg. 1932, S. 65).

4 Vgl. Nr. 68.

5 Vgl. Nr. 126, 133, 134.

Nr. 117

* HAStK 1070/97, eigenhändig. Teildruck: Hugo *Stehkämper* (Hrsg.), Schätze aus fünf Jahrhunderten, S. 43; *ders.* (Bearb.), Wilhelm Marx, Teil II, S. 116f.; Widerstand und Verfolgung in Köln, S. 61f. Vgl. a. die Hinweise bei Karl Dietrich *Erdmann,* Adenauer in der Rheinlandpolitik, S. 199f.; Rudolf *Morsey,* Adenauer und der Nationalsozialismus, S. 476.

1 Vgl. Nr. 98.

2 Vgl. Nr. 25, Anm. 7. Vgl. a. die ergänzenden Angaben Adenauers in Nr. 194.

3 Heinrich *Brauns* (1868–1939), Dr. rer. pol., 1903–1920 Direktor der Zentralstelle des Volksvereins für das katholische Deutschland, 1919–1933 MdR (Zentrum), 1920–1928 Reichsarbeitsminister, 1933 Anklage im Volksvereinsprozeß, lebte nach 1933 zurückgezogen im Allgäu.

4 Am 6.12.1923 (mit Hugo Mönnig); Druck der hierzu im HAStK 2/253/4 erhaltenen Aufzeichnung Adenauers: Karl Dietrich *Erdmann,* a.a.O., S. 327.

5 Alexander *von Brandt* (geb. 1873), 1919–1922 Stellvertreter des Reichskommissars für die besetzten Gebiete, 1922–1927 Ministerialdirektor im Reichsfinanzministerium (Reparations-Abteilung), 1927–1934 Präsident des Landesfinanzamtes in Köln.

6 Zu den am 9./10.1.1924 in der Reichskanzlei geführten Verhandlungen über Fragen wirtschaftlicher Annäherung zwischen Frankreich und Deutschland vgl. Karl Dietrich *Erdmann,* a.a.O., S. 171-175, 351-359; Günter *Abramowski* (Bearb.), Die Kabinette Marx I und II, Bd. 1, S. 211-215. Vgl. a. »Briefe 1945–1947«, S. 435; »Briefe 1949–1951«, S. 209.

7 Hugo *Stinnes* (1870–1924), gründete 1901 die Deutsch-Luxemburgische Bergwerks- und Hütten AG, erwarb 1902 mit August Thyssen das Rheinisch-Westfälische Elektrizitätswerk, 1918 Initiator, bis 1924 Mitglied der Zentralarbeitsgemeinschaft der Gewerkschaften und Arbeitgeber, 1920–1924 MdR (DVP).
8 Vincent *Arnaud,* französischer Ingenieur, in führender Funktion bei der Straßen- und Brückenverwaltung, 1923 Verbindungsmann zwischen Adenauer und französischen Politikern.
9 Charles *Laurent,* 1920–1922 französischer Botschafter in Deutschland.
10 Max *Weyer,* Bruder der ersten Frau Adenauers, Emma geb. Weyer.
11 Johann *Hamspohn* (1840–1926), 1872–1885 Stadtverordneter in Köln, 1881–1888 MdR, leitete 1902–1907 die Union Elektricitäts-Gesellschaft AG, 1910–1926 im Vorstand der AEG. – Vermittelte 1907 den ersten Kontakt Adenauers zu Heineman.

Nr. 118
* GStA Merseburg, Ministerium des Innern, Rep. 77 Tit. 444 Nr. 3 Bd. 9, Bl. 340f. Beiliegend (Bl. 342f.) ein hs. korrigierter Entwurf dieses »Privatdienstschreibens« *Suréns* an *zur Bonsen.*
1 Vgl. Nr. 114.
2 Vgl. Nr. 121.

Nr. 119
* GStA Merseburg, Ministerium des Innern, Rep. 77 Tit. 444 Nr. 3 Bd. 9, Bl. 344, Abschrift (Anlage zum nachfolgend abgedruckten Schreiben des Kölner Regierungspräsidenten; Nr. 121).
1 Vgl. Nr. 114.

Nr. 120
* StBKAH, Ausstellungsvorlage zu Tafel 49: Druck: Konrad Adenauer. Dokumente aus vier Epochen, S. 67. Vgl. a. Rudolf *Morsey,* Adenauer und der Nationalsozialismus, S. 486f.; Hans-Peter *Schwarz,* Adenauer. Der Aufstieg, S. 382.
Diese Tagebucheintragung ist von Adenauer nicht mehr fortgeführt worden; vergleichbare frühere Notizen sind nur aus dem Jahr 1917 bekannt – daraus zitiert sein Sohn Konrad in: Rainer *Hagen*/Karl-Ernst *Moring,* Adenauer. Das Buchmanuskript zur Fernseh-Biographie, S. 32.

Nr. 121
* GStA Merseburg, Ministerium des Innern, Rep. 77 Tit. 444 Nr. 3 Bd. 9, Bl. 345-358, behändigte Erstausfertigung, auf Kopfbogen »Der Regierungs-Präsident«.
a ‹...› In der ausgelassenen Passage Erläuterungen zu den Ermittlungsergebnissen zu den für weniger gravierend erachteten Punkten 2 (»Müllverwertungs-Skandal«), 3 (Liegenschaftsgeschäfte), 4 (Regelung der Dienstbezüge) und 7 (Begünstigungen für Verwandte und Verschwägerte) sowie zu jenen Punkten, bei

denen das Dienststrafverfahren »einen durchschlagenden Erfolg mit größter Wahrscheinlichkeit« verspreche, 8 (persönliche Geschäfte in Wertpapieren), 9 (Besoldungsangelegenheiten der städtischen Ruhestandsbeamten) und 10 (Gehaltsnachzahlungen). Die Punkte 1 (Preußenkasse), 2 (Aufwand für repräsentative Zwecke) und 6 (Finanzpolitik) ordnete der Regierungspräsident einer dritten Gruppe zu, »bei der das Ergebnis insofern zweifelhaft sein kann, ob es an und für sich betrachtet für eine Verurteilung ausreichen würde«.

1 Vgl. Nr. 56.

2 Vgl. Nr. 100, 103.

3 »Gegen die auf Grund dieses Gesetzes in den Ruhestand versetzten oder entlassenen Beamten ist auch nach ihrer Versetzung in den Ruhestand oder nach ihrer Entlassung die Einleitung eines Dienststrafverfahrens wegen der während des Dienstverhältnisses begangenen Verfehlungen mit dem Ziele der Aberkennung des Ruhegeldes, der Hinterbliebenenversorgung, der Amtsbezeichnung, des Titels, der Dienstkleidung und der Dienstabzeichen zulässig. Die Einleitung des Dienststrafverfahrens muß spätestens am 31. Dezember 1933 erfolgen« (RGBl. 1933 I, S. 177).

4 § 12 (1): »Der zur Dienstentlassung Verurteilte verliert den Anspruch auf Dienstbezüge, Ruhegehalt, Hinterbliebenenversorgung, Amtsbezeichnung, Titel, Dienstkleidung und Dienstabzeichen.« – § 13 (1): »Wenn besondere Umstände eine mildere Verurteilung zulassen, kann das Urteil auf Dienstentlassung dem Verurteilten auf Zeit oder lebenslang als Unterstützung einen Teil des Ruhegehalts bewilligen, das er im Zeitpunkt der Dienstentlassung erdient hätte. Die Unterstützung ist nach Hundertteilen des Ruhegehalts festzusetzen« (Preußische Gesetzsammlung, Jg. 1932, S. 61).

5 Vgl. Nr. 114, Kopfregest.

6 Vgl. Nr. 119.

7 Zur Stellungnahme des Innenministeriums vgl. Nr. 127.

Nr. 122

* StBKAH, Bestand Heineman, eigenhändig, mit Eingangsstempel Brüssel 26.9. 1933. – Zu diesem Vorgang vgl. Hans-Peter *Schwarz,* Adenauer. Der Aufstieg, S. 378. Dort (S. 378-381) auch ausführliche Angaben zu den beiden Anlagen dieses Briefes: a) 4 1/2seitige Aufzeichnung über »laufende Einnahmen und Ausgaben von jetzt bis Ende 1934«, »Vermögensstand« und »Absichten für die Zukunft«; b) 9 1/2seitige Niederschrift zu Adenauers »Forderungen gegen die Dedi (Deutsche Bank und Discontgesellschaft)«.

1 Vgl. Nr. 171, Kopfregest.

2 Nach der Gegenkorrespondenz dieses Zeitraums hielt sich *Heineman* am 18./ 19.9.1933 in Berlin auf, wo er am Tag der Weiterreise nach Paris den Empfang des Adenauer-Schreibens bestätigte: »Ich habe den gestrigen Abend mit Dr. S[chacht] verbracht, jedoch von Ihrer Angelegenheit nichts erwähnt. Ich möchte zuerst mit Ihnen sprechen« (vgl. a.a.O.; zur nächsten Begegnung Adenauer–Heineman vgl. Nr. 145).

3 Zum Punkt 8 der Einleitungsverfügung vom 4.4.1933 (vgl. Nr. 56) hatte *Miller* im Bericht vom 22.8.1933 ausgeführt: »... hat der Angeschuldigte nicht, wie er behauptet, nur sein Vermögen, sondern er hat auch einen ganz erheblichen Bankkredit in amerikanischen Kunstseidenpapieren angelegt« (GStA Merseburg, Ministerium des Innern, Rep. 77 Tit. 444 Nr. 3 Bd. 9, Bl. 331f.
Adenauer hatte sich 1928 nach Hinweisen von Fritz *Blüthgen* (vgl. Nr. 123) und Empfehlungen von Bankdirektor *Brüning* zur Vermögensanlage in Aktien der amerikanischen Tochterunternehmen der Vereinigten Glanzstoffwerke, American Bemberg und American Glanzstoff (später durch die Associated Rayon Corporation vereinigt) entschlossen, deren Wert aber schon kurz nach Erwerb sank. Die Aktienspekulation führte zu erheblicher Verschuldung, als ihm 1929 die Deutsche Bank den Umtausch der alten in neue, scheinbar gewinnträchtigere Anteile u.a. durch Belastung der Altaktien ermöglichte. Nach späterem Kursverfall, besonders nach dem »Bankenkrach« vom Herbst 1929, betrug die Schuld Adenauers bei der Deutschen Bank ca. 1,4 Millionen Mark. Wegen der Aufklärung des komplizierten Sachverhalts bat Adenauer Heineman nach 1933 häufiger um Hilfestellung, dieser schaltete in den Folgejahren mehrmals den belgischen Rechtsanwalt Alfred *Dorff* ein; vgl. Nr. 217, Anm. 4.

Nr. 123
* StBKAH 01.06, behändigte Erstausfertigung.
a ‹ › Hier der eigenhändige Randvermerk Adenauers »hat Schlußvernehmung in Aussicht gestellt«.
1 Vgl. Nr. 121.
2 Vgl. Nr. 114.
3 Vgl. Nr. 134, Anm. 3, Nr. 138, Anm. 3.
4 Fritz *Blüthgen* (1881–1968), Dr. jur., bis 1933 Vorstandsmitglied der Vereinigten Glanzstoff-Fabriken AG, Kunstseidefabriken in Elberfeld, Geschäftsführer der 1928 im Kölner Industriegebiet angesiedelten Glanzstoff-Courtaulds GmbH, nach 1933 Aufsichtsratsvorsitzender der Luganer Kammgarn-Spinnerei (Erzgebirge). – Zu seinen geschäftlichen Kontakten zu Adenauer und der mit ihm ab 1929 geführten Korrespondenz vgl. die Unterlagen in BA, Kl. Erw. Nr. 778: Rechtsstreit Dr. Fritz Blüthgen ./. Vereinigte Glanzstoff-Fabriken AG – Handakten des Rechtsanwalts Dr. Adams, Bonn (1929–1959), 1959–1962. Vgl. a. Hans-Peter *Schwarz*, Adenauer. Der Aufstieg, S. 318f., 381, 384.
5 Oskar Wilhelm *Türk* (1893–1978), Dr. med. et jur., 1936–1945 Stadtkämmerer von Köln, 1956–1958 und 1961–1966 MdL (FDP) in Nordrhein-Westfalen.
6 Nicht nachgewiesen.

Nr. 124
* Privatbesitz Familie Adenauer, eigenhändig.
a ‹...› In der ausgelassenen Briefpassage spricht *Gussie Adenauer* familiäre Angelegenheiten an.

1 Paul *Wentzcke,* Separatismus. Angriff und Abwehr am Rhein 1923, in: »Süddeutsche Monatshefte«, Jg. 31 (1933), S. 6-51. Hierzu vgl. Adenauers Briefe an Wilhelm *Marx* unter Nr. 128, 130, 139, 158, 174.
2 Vgl. Nr. 125, Anm. 1.

Nr. 125
* Privatbesitz Familie Adenauer, eigenhändig.
a, b ‹...› In den ausgelassenen Briefpassagen spricht *Gussie Adenauer* familiäre Angelegenheiten an.
1 Vermutlich gemeint: F. Walther *Ilges,* Der Hochverrat von Zentrum und Bayerischer Volkspartei 1918–1933. Die geplante Aufteilung Deutschlands, Berlin 1933. – Zu dieser Veröffentlichung (für die Ilges »als Kommissar alle Akten der Stadt Köln über die Rheinlandbewegung durchgearbeitet« hatte; vgl. sein Schreiben an den Oberpräsidenten der Rheinprovinz vom 24.4.1933 in LHAK 700, 41 Nr. 9) ausführliche Angaben bei Rudolf *Morsey,* Adenauer und der Nationalsozialismus, S. 476. Vgl. a. Konrad Adenauer. Seine Zeit – sein Werk, S. 35. – Einen ersten Hinweis auf Ilges hatte *Gussie Adenauer* schon an einem der Vortage gegeben: »Ruffini war sehr nett und will heute noch mit Thedieck sprechen und mir über Ilges Auskunft verschaffen. Er wohnt Maastrichterstr. 49, ohne Telefon. Er wußte übrigens durch Heinr[ich] Brüning schon von der Schrift« (vgl. a.a.O.).
2 Johannes *van Acken* (1880–1937), Prälat, Initiator und erster Direktor des 1932 gegründeten Caritas-Lehrinstitutes und St. Elisabeth-Krankenhauses Köln-Hohenlind; vgl. Nr. 309. Vgl. a. Nr. 153, Anm. 2.
3 Walter *Bacmeister,* Verleger, in dessen »Nationalverlag« 1934 auch die Schrift »Hochverrat des Zentrums am Rhein« erschien (vgl. Nr. 186). – Henning *Köhler* (Autonomiebewegung oder Separatismus, S. 8) charakterisiert ihn und Ilges als »Vertreter einer chauvinistischen und extrem antiklerikalen Tradition ..., die sich von den Alldeutschen herleitete und ohne Schwierigkeiten Anschluß an den Nationalsozialismus fand.«
4 Franz *Thedieck* (geb. 1900), 1923–1930 Leiter der preußischen Abwehrstelle gegen den Separatismus in Köln, 1931–1940 Regierungsrat, 1946–1949 Oberregierungsrat bei der Bezirksregierung in Köln, 1940–1943 Generalreferent bei der Militärverwaltung in Belgien und Nordfrankreich, 1950–1964 Staatssekretär im Bundesministerium für gesamtdeutsche Fragen, 1966–1972 Intendant des Deutschlandfunks. – Zu seinen Kontakten zu Adenauer 1933 und 1943/44 vgl. Nr. 128, Anm. 3, Nr. 409.
5 Zur Befassung *Grimms* mit dieser Fragestellung nur nachweisbar: die ihm 1937 von Franz Thedieck zugeleitete Abschrift des »Tagebuchs aus der Separatistenzeit [17.10.–11.12.] 1923« von Johannes *Meerfeld;* vgl. BA, NL Thedieck Nr. 21.
6 Josef Kardinal *Frings* (1887–1978), Dr. theol., 1924–1937 Pfarrer in Köln-Braunsfeld, 1942–1969 Erzbischof von Köln (1946 Kardinalserhebung), 1945–1965 Vorsitzender der Fuldaer Bischofskonferenz. – Seine Verbindung zur Familie

Adenauer erwähnt Gussie Adenauer mehrfach, u. a. im Dezember 1933: »Eben war ich mit Lotte bei der ersten Beichte, ich war die einzige Mutter, die in der Kirche war, und wurde nachher rührend von Pastor Frings … begrüßt« (a.a.O.).

Nr. 126
* GStA Merseburg, Ministerium des Innern, Rep. 77 Tit. 444 Nr. 3 Beiheft zu Bd. 10, Bl. 389 f., behändigte Erstausfertigung (die am 9.10.1933 vom Innenministerium an den Kölner Regierungspräsidenten weitergeleitet wurde; vgl. a.a.O. Nr. 3 Bd. 9, Bl. 360), ohne Anrede; ein Durchschlag ist in StBKAH 01.06 erhalten. Zu diesem Vorgang vgl. Rudolf *Morsey,* Adenauer und der Nationalsozialismus, S. 473.
a ‹ … › In der ausgelassenen Passage verfahrensrechtliche Ausführungen ähnlich denen im Schreiben *Grimms* von Anfang September 1933 (Nr. 116).
1 Vgl. Nr. 116, 133.

Nr. 127
* GStA Merseburg, Ministerium des Innern, Rep. 77 Tit. 444 Nr. 3 Bd. 9, Bl. 359 f., ms. Entwurf, mit Paraphe *Suréns* vom 5.10.1933 und Stempel »ab 9/10«. In der ausgefertigten Fassung konnte dieses Schreiben nicht nachgewiesen werden; die Datierung erfolgt hier nach dem Rückbezug, der aus Nr. 133, 138 ersichtlich ist.
a ‹ … › Von Surén im Entwurf hs. korrigiert aus »Ich will es Ihnen überlassen, ob und«.
b ‹ … › … in den Entwurf hs. eingefügt.
1 Vgl. Nr. 121.
2 Am 25.9.1933 hatte *Grimm* neben dem unter Nr. 126 abgedruckten Schreiben dem preußischen Innenminister in einem weiteren Vorgang zwei Sachverständige benannt.

Nr. 128
* HAStK 1070/97, eigenhändig; Regest: Hugo *Stehkämper* (Bearb.), Wilhelm Marx, Teil II, S. 117. Vgl. a. Rudolf *Morsey,* Adenauer und der Nationalsozialismus, S. 476.
1 Vgl. Nr. 124.
2 Dort heißt es u. a.: »In Wahrheit führten vertrauliche Abmachungen die Rheinlande noch einmal an den Rand des Abgrundes. Der verantwortliche Staatsmann, Reichsaußenminister Dr. Stresemann, ward übergangen. Lediglich seinen eng befreundeten Parteigenossen Dr. Wilhelm Marx, den das deutsche Parlament Anfang Dezember nach zehntägigem Feilschen als Reichskanzler anerkannt hatte, unterrichtete Adenauer über weitere Unterredungen mit Tirard und über eine von anderen Zentrumskreisen mit Raymond Poincaré persönlich aufgenommene Verbindung. … Als der nächste Vorschlag des Kölner Oberbürgermeisters daher die Schaffung eines ›Pufferstaates‹ ablehnte, dagegen ganz im Sinne der von ihm Anfang 1919 vorgetragenen Reden dem Sicherheitsverlangen Frankreichs weite-

stes Entgegenkommen zusagte, zeigte er die ganze Unbelehrbarkeit des reinen Parteimanns, der die Erfahrungen von fünf schweren Jahren in den Wind schlug und lediglich seinem ›Preußenhaß‹ freien Lauf ließ.«

3 An einen Besuch Josef *Ruffinis* in Maria Laach in diesem Zeitraum, gemeinsam mit Josef *Joos* und Franz *Thedieck*, erinnert letzterer in: Gespräche und Begegnungen mit Konrad Adenauer, S. 328.

4 Nicht nachgewiesen. – Auf diesen Adenauer-Brief antwortete Marx am 12.10. 1933; dazu vgl. Hugo *Stehkämper* (Bearb.), a.a.O., S. 117.

Nr. 129

* StBKAH, Bestand Heineman, eigenhändig, mit Eingangsstempel Brüssel 13.11. 1933; Teildruck: Hans-Peter *Schwarz*, Adenauer. Der Aufstieg, S. 382.

a ‹...› In der ausgelassenen Briefpassage bringt Adenauer u. a. Anregungen seiner Briefe vom 18.6. und 11.7.1933 in Erinnerung; vgl. Nr. 86, 96.

1 Vgl. Nr. 184, Anm. *a*.

2 Vgl. Nr. 85, Anm. 2.

3 Vgl. Nr. 132.

Nr. 130

* HAStK 1070/97, eigenhändig; Regest: Hugo *Stehkämper* (Bearb.), Wilhelm Marx, Teil II, S. 117f.

a ‹...› In dem ausgelassenen ersten Teil des Briefes, aus dem hier die Nachschrift veröffentlicht wird, der Dank Adenauers für *Marx'* Schreiben vom 12.10. 1933 und Angaben zu den bereits angebahnten oder noch herzustellenden Kontakten zu *Mönnig*, *Ruffini* und *Joos*.

1 Soweit ersichtlich, nicht geschehen. – Wegen einer ähnlichen Veröffentlichung entschloß sich Adenauer erst am 25.4.1935 zu einem Schreiben an den Chef der Reichskanzlei (Nr. 219).

2 Marx wandte sich am 20.10.1933 an Staatssekretär *Lammers* und bat »für mich und gleichzeitig für Herrn Adenauer, der im Auftrage der Reichsregierung gehandelt hat, um die Genehmigung der Reichsregierung, von den Kenntnissen, die wir bei den damaligen Verhandlungen erlangt haben, öffentlich Gebrauch zu machen«; vgl. BA, R 43 II/127b; HAStK 1070/97, Durchschlag, davon Regest und Teildruck bei Hugo *Stehkämper* (Bearb.), a.a.O., S. 118. Vgl. a. Rudolf *Morsey*, Adenauer und der Nationalsozialismus, S. 476; Ulrich *von Hehl*, Wilhelm Marx, S. 481f.

Nr. 131

* StBKAH VI-A-10, eigenhändig.

a ‹...› In der ausgelassenen Briefpassage spricht Adenauers Bruder familiäre Angelegenheiten an.

1 Otto *Paschen* (1873–1947), Dr. theol., Dompropst in Köln, im Generalvikariat Sachbearbeiter für Schulfragen.

2 Keine Angaben.
3 Vgl. Nr. 42.
4 Vor den Reichstagswahlen vom 12.11.1933: Wahlrede Hitlers am 26.10.1933 in den Kölner Messehallen; vgl. Max *Domarus,* Hitler. Reden und Proklamationen 1932–1945, 1. Halbband, München 1965, S. 324.
5 Nicht geschehen.
6 Vgl. Nr. 63.

Nr. 132
* Privatbesitz Familie Adenauer, eigenhändig.
a, b ‹...› In den ausgelassenen Briefpassagen spricht *Max Adenauer* familiäre Angelegenheiten an.
c ‹...› Unleserlich.
1 Dies der erste konkrete, genau datierbare Beleg für das Interesse Adenauers und seiner Familie am Wohnortwechsel nach Rhöndorf, der aber erst im April/Mai 1935 erfolgte – nach Vermittlung des Hauses Löwenburger Str. 76 durch Josef *Giesen* (so Paul *Weymar,* Adenauer, S. 182). Vgl. Nr. 213, 220.

Nr. 133
* GStA Merseburg, Ministerium des Innern, Rep. 77 Tit. 444 Nr. 3, Bd. 10, Bl. 1, auf Kopfbogen »Der Regierungs-Präsident«, mit Vermerk »Berichterstatter: Regierungsvizepräsident Dr. Dietz von Bayer« und Eingangsstempel des Preußischen Innenministeriums vom 1.11.1933.
1 Vgl. Nr. 127.
2 Vgl. Nr. 56.
3 Vgl. Nr. 116.
4 Vgl. a.a.O., Anm. 3.
5 Vgl. Nr. 68.
6 Vgl. Nr. 134, Anm. 2.
7 Vgl. a.a.O., Anm. 3, Nr. 138, Anm. 3.

Nr. 134
* GStA Merseburg, Ministerium des Innern, Rep. 77 Tit. 444 Nr. 3 Bd. 10, Bl. 260f., Abschrift.
1 Am 6.11.1933 teilte *Grimm* Adenauer die Übernahme folgender Akten mit: »Heft Nr. 1 Kommunal-Kredit 12 Mill.; Heft Nr. 4 Dienstbezüge (Sondervorteile); Heft Nr. 7 Verwandte in Städt. Diensten; Heft Nr. 8 (Speculationen); Heft Nr. 9 Besoldungsangelegenheiten; Heft Nr. 10 Nachzahlungen – Gehaltskürzung. Ferner kommen hinzu: Ein kleines Aktenstück Preuß. Finanzministerium ›12 Mill.-RM-Geschäft‹ sowie Beiheft Nr. 1 zu Heft Nr. 4. ›Sondervorteile Garten pp‹« (StBKAH 01.06).
2 Unter diesem Datum teilte das Sekretariat des Beauftragten für Wirtschaftsfragen beim preußischen Ministerpräsidenten, Wilhelm *Tengelmann,* dem Polizei-

präsidium Berlin mit, »daß Herr Prof. Dr. Grimm die Akten in der Dienststrafsache Adenauer ... auf Anfordern des Herrn Landrats Tengelmann hierher direkt zurückgegeben hat, und bitte, Herrn Prof. Dr. Grimm zu bestätigen, daß er somit von der Aktenrückgabe an Sie entlastet ist« (vgl. a.a.O., Bl. 261). – Zu *Tengelmann* vgl. Nr. 137, 146.

3 Die abschließende Stellungnahme *Grimms* datiert vom 30.11.1933; vgl. a.a.O., Nr. 3 Beiheft zu Bd. 10, Bl. 40-72.

Nr. 135

* StBKAH, Bestand Heineman, eigenhändig, mit Eingangsstempel Brüssel 7.11. 1933. – Ob die schnelle Übermittlung mit Botendiensten zu erklären ist, geht aus der anderen Korrespondenz, die Adenauer und *Heineman* in diesem Zeitraum führten, nicht hervor. Auch eine persönliche Begegnung in Maria Laach, die Heineman in seinen Anschreiben vom 28. und 30.10.1933 in Aussicht gestellt hatte, war nicht zustandegekommen. Zum Wiedersehen am 15.12.1933 in Berlin vgl. Nr. 145.

1 Wegen der bis zum 18.11.1933 möglichen Akteneinsicht (vgl. Nr. 133, 134); dazu Rudolf *Morsey*, Adenauer und der Nationalsozialismus, S. 473.

Nr. 136

* HAStK 1070/97, eigenhändig; Regest: Hugo *Stehkämper* (Bearb.), Wilhelm Marx, Teil II, S. 118f.

1 *Marx* hatte Adenauer von dem Zwischenbescheid von Staatssekretär *Lammers* zu seinem Schreiben vom 20.10.1933 (vgl. Nr. 130, Anm. 2) in Kenntnis gesetzt: »... habe ich mich zunächst mit dem Herrn Reichsminister für Volksaufklärung und Propaganda in Verbindung gesetzt. Weitere Nachricht darf ich mir ergebenst vorbehalten«; vgl. a.a.O., S. 118.

2 Vgl. Nr. 133, 134.

3 Albert *Hackelsberger* (1893–1940), Dr. jur. et phil., Besitzer eines Unternehmens für Konservenherstellung, 1932–1938 MdR (Zentrum, ab 1933 NSDAP), leitete im Sommer 1933 die »Abwicklungsstelle der Deutschen Zentrumspartei«.

4 Vermutlich gemeint (wie aus dem Rückbezug in Nr. 139 ersichtlich): Walther *Funk* (1890–1960), 1932/33 MdR (NSDAP), 1933–1937 Pressechef der Reichsregierung und Staatssekretär im Reichsministerium für Volksaufklärung und Propaganda, 1937–1945 Reichswirtschaftsminister, 1939–1945 Reichsbankpräsident, 1946 zu lebenslänglicher Haft verurteilt, 1958 Haftenlassung aus Spandau.

5 Vgl. Rudolf *Morsey*, Adenauer und der Nationalsozialismus, S. 476f.

Nr. 137

* Wiedergabe nach der Abbildung des Originalschreibens bei: Helmut *Lindemann*, Konrad Adenauer, S. 55. Zu diesem Vorgang vgl. a. Rudolf *Morsey*, Adenauer und der Nationalsozialismus, S. 473f.

1 Oscar *Schlitter* (1868–1939), Dr. phil. h.c., Vorstandsmitglied (1912–1931) und

Aufsichtsratsvorsitzender (1933–1939) der Deutschen Bank, 1932–1939 Mitglied der Mittwochs-Gesellschaft.

2 Emil Georg *von Stauß* (1877–1942), Dr.-Ing. E.H., 1915–1932 Vorstandsmitglied, 1932–1942 Aufsichtsratsmitglied der Deutschen Bank.

3 Hjalmar *Schacht* (1877–1970), Dr. phil., 1924–1929 und 1933–1939 Reichsbankpräsident, 1934–1937 Reichswirtschaftsminister, 1937–1943 Reichsminister ohne Geschäftsbereich, 1947 zu achtjährigem Arbeitslager verurteilt, 1950 Haftentlassung. – Zu seiner Verbindung zu Adenauer in diesem Zeitraum vgl. Nr. 143; zu früheren Kontakten in StBKAH u. a. nachweisbar: seine Eintragung in das Gästebuch der Familie Adenauer vom 11.9.1928 »Gewalt nicht noch Geld/ Formen die Welt,/Geistige Kraft und sittliches Handeln/Vermögen Welten zu wandeln«.

4 Wilhelm *Tengelmann* (1901–1949), 1933 Landrat des Landkreises Unna, ab 2.10.1933 Beauftragter für Wirtschaftsfragen beim Preußischen Ministerpräsidenten, später Wehrwirtschaftsführer und Vorstandsvorsitzender einer Bergwerksgesellschaft in Herne.
Zu seiner Einflußnahme auf das Dienststrafverfahren vgl. Nr. 134, Anm. 2; vgl. a. Rudolf *Morsey,* Adenauer und der Nationalsozialismus, S. 798.

5 Vgl. Nr. 133, 134.

Nr. 138

* GStA Merseburg, Ministerium des Innern, Rep. 77 Tit. 444 Nr. 3 Bd. 10, Bl. 2f.

1, 2 Vgl. Nr. 127.

3 Die im November 1933 fertiggestellte Gegenschrift Adenauers (eigenhändig, 48 S.) ist in StBKAH 300 erhalten. Da in ihr die in der Korrespondenz der Vormonate, vornehmlich mit *Grimm,* angestellten Überlegungen und prozeßrechtlichen Erwägungen noch einmal zusammengefaßt werden, erscheint sie nicht in der Edition. Bei der Vorbereitung dieses Schriftstücks war auch P. Johannes *Vollmar* behilflich, dem Adenauer am 18.11.1933 schrieb: »Man hat so vielerlei versucht zusammenzutragen, daß die Durcharbeitung und die Beantwortung Zeit und Nervenkraft erfordert. ... In dem rechten Schrank meines Schreibtisches, obere Hälfte ganz links, liegen 2 Briefordner, eine mit Steuersachen, eine mit sonstigen Urkunden. Würden Sie die große Liebenswürdigkeit haben, mir die letztere Mappe *eingeschrieben* ... umgehend zu schicken?« (Archiv der Abtei Maria Laach).

Nr. 139

* HAStK 1070/97, eigenhändig; Regest: Hugo *Stehkämper* (Bearb.), Wilhelm Marx, Teil II, S. 119.

1 *Marx* hatte sich bereits am 8.11.1933 seinerseits mit *Grimm* in Verbindung gesetzt; vgl. a.a.O., Teil IV, S. 177f. – Zu diesem Vorgang vgl. Nr. 124, 128, 130.

2 Gemeint ist die im Sommer 1933 erzwungene Auflösung des Volksvereins für das katholische Deutschland (gegen dessen langjährigen Vorsitzenden Marx und weitere Mitglieder Anfang November 1933 Anklage wegen Betrugs erhoben

worden war); dazu die Dokumentation bei Hugo *Stehkämper* (Bearb.), a.a.O., Teil IV, S. 137-202, und die ausführliche Darstellung von Ulrich *von Hehl,* Wilhelm Marx, S. 475-483.

Nr. 140

* »Der Bund« (Bern), 23.11.1933 (Abend-Ausgabe), Artikel »Herbstfahrt ins Dritte Reich. IV. Heitere Stunden am Rhein«, Verfasser-Angabe »Ad. Sch.« – Der Ausriß wurde von Adenauer aufbewahrt und ist in StBKAH 01.06 (2) erhalten. Hinweise auf weitere für Adenauer relevante ausländische Presseberichte aus der Zeit des Dritten Reiches unter Nr. 147, 265.

Nr. 141

* Archiv der Bayer-Werke AG Leverkusen, Autographen-Sammlung Carl Duisberg, eigenhändig.

a ‹. . .› In der ausgelassenen Passage spricht Adenauer berufliche Angelegenheiten eines Familienmitgliedes an.

1 Carl *Duisberg,* Abhandlungen, Vorträge und Reden. II: Aus den Jahren 1922–1933, Berlin 1933. – *Ders.,* Lebenserinnerungen, Leipzig 1933.
Von dieser Zusendung hatte Adenauer durch P. Johannes *Vollmar* erfahren, dem er am 28.11.1933 schrieb: »Ich danke Ihnen auch herzlich für Ihre freundlichen Wünsche zu meinem Namenstage; ich mußte an ihm nach Halle, um dort Herrn Grimm, der in der Welt herumschwebt, zu treffen« (Archiv der Abtei Maria Laach).

Nr. 142

* Privatbesitz Familie Adenauer, eigenhändig.

a ‹. . .› In der ausgelassenen Briefpassage spricht *Gussie Adenauer* familiäre Angelegenheiten an.

1 Am 21.12.1933 dankte *van Acken* »für die Übermittlung meines Anliegens [durch Gussie Adenauer] und die gütige Vermittlung Ihrer baldigen Antwort [nicht nachgewiesen]. Nunmehr aber ist es mir eine völlig unerläßliche Pflicht, Ihnen, hochverehrter Herr Oberbürgermeister, aus vollem Herzen zu danken für alles dasjenige, was Sie bisher zur Gründung und Entwicklung des Deutschen Caritasinstitutes getan haben. Ohne Ihre entscheidende Mitwirkung wäre der Plan gleich im Anfang in sich erstorben« (StBKAH 01.03). Dazu die Antwort Adenauers unter Nr. 153.

2 Heinrich *Haake* (1892–1945), 1924 erster nationalsozialistischer Gauleiter im Rheinland, 1925–1928 MdL (NSDAP) in Preußen, 1933–1945 Landeshauptmann der Rheinprovinz in Düsseldorf (Nachfolger von Johannes Horion).

Nr. 143

* StBKAH 01.06. – Transkription der eigenhändigen Notizen Adenauers vom 8.12.1933: »Habe nicht zu irgend einem Eingreifen veranlassen, sondern bei ihm entstandenes falsches Bild richtig stellen wollen. Ob nicht unter diesem Gesichts-

punkt Unterredung möglich?« Das Anschreiben Adenauers konnte nicht nachgewiesen werden. Zur Einschaltung *Schachts* vgl. Nr. 137; vgl. a. Rudolf *Morsey*, Adenauer und der Nationalsozialismus, S. 474.
Bei der Vermittlung des Kontakts zum Reichsbankpräsidenten dürfte auch Dannie N. *Heineman* behilflich gewesen sein, der in diesem Zeitraum regelmäßig mit Schacht (»a friend of mine for twenty years«, am 14.4.1933 an Norman *Davis*) korrespondierte und mit ihm wie anschließend mit Adenauer am 15.12.1933 in Berlin zusammenkam; vgl. Nr. 145.

Nr. 144
* Archiv der Bayer-Werke AG, Leverkusen, Autographen-Sammlung Carl Duisberg, eigenhändig.
a ‹...› In der ausgelassenen Passage spricht Adenauer berufliche Angelegenheiten eines Sohnes an. – Nach weiterer, in der *Duisberg*-Sammlung erhaltener Korrespondenz unterstützte der Industrielle auch Adenauers Neffen Hans bei dessen Bemühungen um ein Cecil Rhodes Stipendium für das Studium in Großbritannien. Die Bewerbung wurde vom Deutschen Auswahlkomitee abschlägig beschieden. Später nahm das Balliol College der Universität Oxford Hans Adenauer dennoch auf; dort erinnert eine Gedenktafel für die im Zweiten Weltkrieg gefallenen Studenten (unter ihnen Adam *von Trott zu Solz*) auch an ihn; vgl. »Briefe 1951–1953«, S. 459.
1 Vgl. Nr. 150.

Nr. 145
* StBKAH, Bestand Heineman, Durchschlag.
1 Wegen »einer Komitee-Sitzung der Bekula [Berliner Kraft und Licht AG] am 15. Dezember« (*Heineman* am 30.11.1933 an Adenauer; vgl. a.a.O.).
2 Zu dieser Begegnung der anschließende Brief Adenauers: »Je mehr ich darüber nachdenke, desto mehr komme ich zu der Überzeugung, daß der Vorschlag, den ich Ihnen gestern machte, mir das geben würde, was ich jetzt brauche: eine gewisse Beschäftigung, einen Beitrag zu meinem Lebensunterhalt, vor allem aber die Basis zu einer Ausdehnung meiner Tätigkeit. Ich glaube auch bestimmt, Ihrer Gesellschaft ... ein Äquivalent auf Grund meiner ganzen Verbindungen und Erfahrungen bieten zu können« (am 16.12.1933 an Heineman; vgl. a.a.O.). Vgl. a. Nr. 155, Anm. 1.

Nr. 146
* GStA Merseburg, Ministerium des Innern, Rep. 77 Tit. 444 Nr. 3 Bd. 10, Bl. 16. – Auf diesem Vermerk die handschriftliche Notiz *Suréns* vom 15.12.1933 »... Herrn Staatssekretär. ... Ich weiß nicht, ob ... Tengelmann ... Ermächtigung hatte, die Akten einzusehen und mit Herrn Grimm zu besprechen«, darunter Paraphe *Grauert*.
a, b ‹...› Unleserlich.

1 Vgl. Nr. 134, Anm. 2.
2 Zum Fortgang des Verfahrens vgl. Nr. 148, 156, 160.

Nr. 147
* Auf dem von Adenauer aufbewahrten Ausriß sind Herkunft (aus welcher Tageszeitung) und Jahreszahl (neben dem Tagesdatum »16. Dez.«) nicht vermerkt. Die Datierung wird hier nach der unmittelbar darunter veröffentlichten Meldung über die Auflösung des Deutschen Richterbundes auf seiner Tagung in Fischbachau vorgenommen, die nach telefonischer Auskunft des Deutschen Richterbundes (Bonn) vom 12.3.1991 Mitte Dezember 1933 erfolgte.
1 Hierzu vgl. Adenauers eigenen Beitrag: Die Grünflächenpolitik der Stadt. Aus der Arbeit einer modernen Großstadt, in: Kommunalpolitische Blätter, Jg. 21 (1930), S. 8-11. Vgl. a. Konrad Adenauer. Seine Zeit – sein Werk, S. 75-79; Hans-Peter *Schwarz*, Adenauer. Der Aufstieg, S. 239-242. – Vgl. a. Nr. 256, 420.
2 Vgl. W. S. *Grice*, Green Belt for London. How Cologne is making the Plan practicable, in: »Daily Telegraph«, 16.12.1933.

Nr. 148
* GStA Merseburg, Ministerium des Innern, Rep. 77 Tit. 444 Nr. 3, Bd. 10, Bl. 1-6, hier Bl. 6, behändigte Erstausfertigung, auf Kopfbogen »Der Regierungs-Präsident«, mit Eingangsstempel des Preußischen Innenministeriums vom 22.12. 1934.
a ‹...› Hier wird die für den Fortgang des Verfahrens maßgebliche Zusammenfassung wiedergegeben, da die anschließenden und abschließenden Stellungnahmen des Regierungspräsidiums und des Innenministeriums (vgl. Nr. 156, 160, 175, 180) die nicht abgedruckten Teile der Argumentation erneut aufgreifen.
1 Adenauer erfuhr von dieser entscheidenden Wende des Dienststrafverfahrens zunächst inoffiziell; vgl. Nr. 149.

Nr. 149
* Privatbesitz Familie Adenauer, eigenhändig.
a ‹...› In der ausgelassenen Briefpassage spricht *Gussie Adenauer* familiäre Angelegenheiten an.
1 Friedrich *Bering* (1878–1950), Prof. Dr. med., ab 1919 Ordinarius für Haut- und Geschlechtskrankheiten an der Universität Köln (damit in enger beruflicher Verbindung zum Vater Gussie Adenauers, Ferdinand *Zinsser*), 1942–1944 Rektor der Universität Köln. – Vgl. Nr. 154.
2 Vgl. Nr. 148.
3 Vgl. Nr. 150.
4 Hilarius *Emonds* (1905–1958), OSB, Dr. phil., trat 1924 in die Abtei Maria Laach ein, 1931–1937 Studium der klassischen Philologie an der Universität Bonn, später Mitarbeit am Reallexikon für Antike und Christentum, ab 1948 Herausgeber des Archivs für Liturgiewissenschaft.

Nr. 150

* StBKAH 02.40; Druck: Konrad *Adenauer,* Glauben an den Sieg des Lichtes. Weihnachtsansprachen 1949–1958, Buxheim/Allgäu 1959. – Zum Weihnachtsfest 1933 in Maria Laach vgl. den Bericht einer »Freundin des Hauses« (bei der es sich nach Auskunft von Dr. Roswitha *Theile-Schlüter* um Ella *Schmittmann* handelte) über Erzählungen von *Gussie Adenauer* bei: Paul *Weymar,* Adenauer, S. 164-168; vgl. a. Hans-Peter *Schwarz,* Adenauer. Der Aufstieg, S. 361f. und das dort verwendete Schreiben an *Heineman* vom 31.12.1933: »Weihnachten und Neujahr waren bezw. sind diesmal für meine Familie und mich recht ernste Tage, aber Weihnachten hatte doch hier in dieser Umgebung seinen eigenen Zauber« (StBKAH, Bestand Heineman). – In späterer Korrespondenz erinnert sich Adenauer an diese Tage in Maria Laach; vgl. Nr. 253, 347, 369.

Zu den Auswirkungen der gemeinsamen Weihnachtsfeier heißt es bei Paul *Weymar,* a.a.O., S. 168: »Trotz aller Vorsichtsmaßregeln war der Besuch der Familie bei Adenauer der Öffentlichkeit nicht verborgen geblieben. Abt Ildefons erhielt eine Aufforderung des Oberpräsidenten der Rheinprovinz, Freiherr v. [Lüninck], ein Verweilen Adenauers im Kloster nicht länger zu dulden.« Auf die Veröffentlichung reagierte *von Lüninck* mit einer Bitte um Richtigstellung (23.10. 1955: »... Darstellung ... in allen Teilen unrichtig«), die Adenauer mit dem Hinweis beantwortete, »daß Abt Ildefons diese Erklärung abgegeben hat« (StBKAH, Materialsammlung für die »Erinnerungen« Adenauers).

Nr. 151

* Rudolf *Amelunxen,* Ehrenmänner und Hexenmeister, S. 135. – Rudolf *Amelunxen* (1888–1969), Dr. jur., 1923–1926 Ministerialrat im preußischen Staatsministerium, 1926–1932 Regierungspräsident in Münster, nach 1933 publizistisch tätig, wegen Schreibverbot unter Pseudonym, 1945/46 Oberpräsident von Westfalen, danach Ministerpräsident (1946/47), Sozialminister (1947–1959) und Justizminister (1950–1958) von Nordrhein-Westfalen.

Hinweise auf diesen Vorgang bei Rudolf *Morsey,* Adenauer und der Nationalsozialismus, S. 486; Hans-Peter *Schwarz,* Adenauer. Der Aufstieg, S. 386. Vgl. a. die Aussage von Emmanuel *von Severus* bei Rainer *Hagen*/Karl-Ernst *Moring,* Adenauer. Das Buchmanuskript zur Fernseh-Biographie, S. 59.

Ein genauer Datierungsanhalt läßt sich nicht ermitteln, da »sich im Nachlaß meines Vaters aus der Sie interessierenden Zeitspanne keinerlei Korrespondenz von und mit Konrad Adenauer befindet«; briefliche Mitteilung von Dr. Clemens *Amelunxen,* Vorsitzender Richter am Oberlandesgericht Düsseldorf, an den Bearb. vom 12.10.1989. Vgl. a. *ders.,* Vierzig Jahre Dienst am sozialen Rechtsstaat, S. 21-26.

Zu den Kontakten Adenauer–Amelunxen ab 1933 auch Nr. 58, Anm. 2.

1 Andere Belege für die Zukunftserwartung Adenauers im Dritten Reich unter Nr. 258, 305.

Nr. 152
* HAStK, Bestand Giesen, eigenhändig. Dort auch ein Schreiben vom Folgetag, mit dem Adenauer (»... muß ich unerwarteter Weise nach Berlin ... «, vgl. Nr. 154) die geplante nächste Begegnung absagte.
1 Maria *Giesen* geb. *Wessing,* seit 1919 mit Josef Giesen verheiratet.

Nr. 153
* Archiv des Deutschen Caritasverbandes, Freiburg / Breisgau, R 35 a (Akten: Kölner Institut), eigenhändig.
1 Aus diesem Zeitraum nur nachweisbar: das in Nr. 142, Anm. 1, zitierte Schreiben *van Ackens* vom 21.12.1933.
2 Vgl. Nr. 309. – Zum Caritas-Institut in Köln-Hohenlind (Unterkunft Gussie Adenauers und ihrer Kinder in den ersten Wochen der Verfolgung 1933 und Konrad Adenauers im September 1944, nach Besetzung durch die Amerikaner am 5.3.1945 sein erster Kölner Aufenthaltsort vor und nach Kriegsende) vgl. die Dokumentation zum 50jährigen Bestehen der Fortbildungsakademie für Gesundheitshilfe Köln-Hohenlind GmbH und der St. Elisabeth-Krankenhaus GmbH, Köln-Hohenlind 1982, passim.

Nr. 154
* Privatbesitz Familie Adenauer, eigenhändig. – Zum nachfolgend angesprochenen Aufenthalt im Berliner Franziskuskrankenhaus (*Gussie Adenauer* wenige Tage später: »Daß Du das öde Zimmer von Frl. [Christine] Teusch beziehst, finde ich greulich, doch wie wichtig ist für Dich das Telefon«) vgl. Rudolf *Morsey,* Adenauer und der Nationalsozialismus, S. 486; Hans-Peter *Schwarz,* Adenauer. Der Aufstieg, S. 383 f. – Der in diesem Krankenhaus tätige Internist Gustav *von Bergmann* erwähnt in seinen Lebenserinnerungen »Rückschau« (Geschehen und Erleben auf meiner Lebensbühne, München 1953, S. 207-281: Kliniker in Berlin) Adenauer nicht, geht aber auf seine gesellschaftlichen Kontakte ein, u. a. zum Außenminister *von Neurath,* die er möglicherweise zugunsten seines Gastes nutzte.
a ‹...› In der ausgelassenen Briefpassage spricht *Gussie Adenauer* familiäre Angelegenheiten an.
1 Zu den Kontakten zu *Bering* und *Tengelmann* vgl. Nr. 137, 149.
2 Aus diesem Zeitraum sind keine Briefe Adenauers an seine Frau überliefert.
3 In einem anderen Brief dieses Zeitraums nennt Gussie Adenauer die Adresse von »Generaldirektor Müller, Düsseldorf«. Demnach vermutlich identisch mit Carl Wilhelm Theodor *Müller* (geb. 1869), Geschäftsführer der Drahtverband GmbH und Aufsichtsratsmitglied des Gerling-Konzerns.
4 Auch in anderen in diesen Tagen geführten Gesprächen erfuhr Gussie Adenauer von der bevorstehenden positiven Wende des Dienststrafverfahrens; vgl. Nr. 156, Kopfregest.

Nr. 155

* StBKAH, Bestand Heineman, eigenhändig, mit Eingangsstempel Brüssel 29.1. 1934. – Ein Hinweis auf dieses Schreiben bei Hans-Peter *Schwarz*, Adenauer. Der Aufstieg, S. 383.

1 Schreiben des AEG-Vorstandsvorsitzenden *Bücher* vom 18.1.1934: »Herr Adenauer hat mich an einem der letzten Tage aufgesucht und um Unterstützung seiner Pläne, daß er der Vertreter der Sofina für Deutschland wird, gebeten. ... Mir schiene es aber zweckmäßiger zu sein, wenn er die Beziehungen, die er sich als Oberbürgermeister von Köln erworben habe, und die Fähigkeiten und Erfahrungen, die er besitze, in seinem eigentlichen Fache ausnutzen würde. Ich könnte mir denken, daß er, da er große Erfahrungen in der Selbstverwaltung von Stadtgemeinden sowie im Städtebauwesen habe, als Gutachter für organisatorische und städtebauliche Aufgaben im Auslande wirken könnte.« *Heineman* antwortete am 1.2.1934: »Ob die von Ihnen gegebene Anregung praktisch verwendbar ist, ist unmöglich zu erkennen. Ich werde aber mit dem Bürgermeister von Brüssel und mit dem früheren Bürgermeister von Antwerpen – der augenblicklich im Handels-Ministerium ist – sprechen und sehen, was dieselben von Ihrer Idee halten. Beide kannten Herrn A. sehr gut, stehen ihm sympathisch gegenüber und würden sicherlich alles tun, um ihm Beschäftigung zu verschaffen, wenn es ihnen möglich ist« (a.a.O.).

Nr. 156

* GStA Merseburg, Ministerium des Innern, Rep. 77 Tit. 444 Nr. 3 Bd. 10, Bl. 73 f., behändigte Erstausfertigung, auf Kopfbogen »Der Regierungs-Präsident«, mit Eingangsstempel des Preußischen Innenministeriums vom 21.1.1934. – Die in diesem Schreiben zum Ausdruck kommende offizielle Beurteilung *zur Bonsens* wird durch eine Mitteilung *Gussie Adenauers* an ihren Mann von Mitte Januar 1934 bestätigt: »Ich traf eine Reihe Bekannter, z. B. Fr[au] Frangenheim, Gräfin Adelmann, die mich nachher noch besuchte, Lohmers, zur Bonsen, Fr[au] Stier Somlo u. a., alle waren sehr nett, und Gräfin Ad[elmann] sagte, daß z[ur] Bonsen immer sehr nett von uns spräche« (Privatbesitz Familie Adenauer). Hierzu vgl. Nr. 154.

1 Nicht in den Akten. – Hierzu auch die Ausführungen *Suréns* in seiner Stellungnahme vom 5.2.1934 (Nr. 160).

2 Vgl. Nr. 100, 103.

3 Vgl. Nr. 121.

4 Vgl. Nr. 148.

5 Vgl. Nr. 156.

6 Zur Stellungnahme des Innenministeriums vgl. Nr. 160, 175.

Nr. 157

* Privatbesitz Familie Adenauer, eigenhändig.

a ‹...› In der ausgelassenen Briefpassage spricht *Gussie Adenauer* familiäre Angelegenheiten an.

1 Hierzu berichtete der »Westdeutsche Beobachter« ebenfalls am 29.1.1934 über »Unerhörte Provokationen katholischer Jugendverbände. Trotz Untersagung öffentlicher Betätigung in Uniform fanden Aufmärsche und Herausforderungen der deutschen Staatsjugend statt – Neuer einschneidender Erlaß des Polizeipräsidenten [Lingens gegen Umzüge des ND]«; dazu vgl. Widerstand und Verfolgung in Köln, S. 213. – Einen ähnlichen Vorfall hatte Gussie Adenauer bereits im Juni 1933 angesprochen; vgl. Nr. 88.
2 Vgl. Barbara *Schellenberger,* Katholische Jugend und Drittes Reich, S. 66.

Nr. 158
* HAStK 1070/97, eigenhändig; Regest: Hugo *Stehkämper* (Bearb.), Wilhelm Marx, Teil II, S. 119. Dort auch Angaben zum Anschreiben vom 16.1.1934, in dem *Marx* u. a. noch einmal auf die »Separatismus«-Veröffentlichung in den »Süddeutschen Monatsheften« eingegangen war; vgl. Nr. 128, 130, 139, 174.
1 Vgl. Nr. 139, Anm. 2.

Nr. 159
* StBKAH VI-B-24, Abschrift, o. D. – Die Aufzeichnung von Dora *Pferdmenges* erscheint in der Edition als *erster* Beleg für die nach 1933 zeitweise intensive Beschäftigung Adenauers mit kunstgeschichtlichen Fragen, auch für seine Bemühungen, in finanzieller Notlage den Wert seines Kunstbesitzes wegen etwaigen Verkaufs ermitteln zu lassen. Vgl. Heinz *Kisters,* Adenauer als Kunstsammler, München 1970.
1 Das Gemälde hatte *Gussie Adenauer* wegen der beim Berliner Kunsthändler Karl *Haberstock* vorgenommenen Untersuchung Mitte Januar 1934 aus Köln nach Berlin geschickt: » ... ich habe mit dem Reber vereinbart, daß er morgen kommt und die beiden Rembrandts aus dem Rahmen nimmt, und ich fahre dann mit ihm ins Geschäft, wo alles gut verpackt wird, und bringe die Kiste mit ihm zur Post« (Privatbesitz Familie Adenauer).
2 *Rembrandt* – eigentlich R. *Harmensz van Rijn* – (1606–1669), niederländischer Maler, Zeichner und Radierer, heiratete 1634 *Saskia van Uijlenburgh.* – Ein Saskia-Gemälde aus der Schule Rembrandts wird in späteren Korrespondenzen und Aufzeichnungen Adenauers häufiger angesprochen; vgl. Nr. 350, 350 A, 387.
3 Zu seinen Kontakten zu Haberstock auch Notizen Adenauers für den ersten Band seiner Memoiren: »Haberstock – Rembrandt verkaufen. Haberstock erkannte an, daß das Bild ein echter Rembrandt sei. Er bot mir 30 000 RM. Ich sagte: ›Aber das ist doch gar kein Preis für einen Rembrandt.‹ Er hielt dem entgegen: ›Das Bild ist kein anerkannter Rembrandt.‹ Er nehme deshalb das Risiko auf sich, daß das Bild unecht sei. Daher dieser Preis. Zähes Gespräch. Er lud mich anschließend zu einem Abendessen in seinem Hause ein und setzte mir dort köstlichen Wein vor. Offenbar wollte er mich durch den Wein gefügig machen. Ich tat ihm aber nicht den Gefallen. Ich habe das Bild nicht verkauft« (StBKAH, Materialsammlung für die »Erinnerungen« Adenauers).

Nr. 160
* GStA Merseburg, Ministerium des Innern, Rep. 77 Tit. 444 Nr. 3 Bd. 10, Bl. 264-277, mit hs. Vermerk *Millers* vom 8.2.1934, der sich der Stellungnahme *Suréns* anschließt, zumal »der Angeschuldigte aufgrund der schärfsten Bestimmung des Wiederherstellungsgesetzes seit langem entlassen ist.«
1 Vgl. Nr. 148.
2 Vgl. Nr. 156.
3 Vgl. Nr. 146.
4 Vgl. Nr. 156, Anm. 1.
5 Vgl. Nr. 134.
6 Vgl. a.a.O., Anm. 3.
7 Zum Nachfolgenden vgl. Nr. 56, 66.
8 Vgl. Nr. 175.

Nr. 161
* StBKAH 01.16, auf Kopfbogen »British Steel Export Association«. – Der brieflichen Kontaktaufnahme war im Dezember 1933 ein Besuch *Piggotts* in Köln vorausgegangen; »Herr Piggott war hier und hat außerordentlich bedauert, Vater nicht angetroffen zu haben. Auch zur Bonsen gab Piggott ein Essen. Piggott besucht ein Konzentrationslager, Arbeitsdienstlager, die Hitlerjugend u. dergl. Institutionen, und war mit Studenten der Bonner Universität zusammen. Er will dafür Sorge tragen, daß England Deutschland verstehen lernt« (aus einem Brief von *Konrad Adenauer jun.* an seine Eltern vom 2.12.1933). Vgl. a. Nr. 80, 166, 171.
1 Paul *Müller* (geb. 1876), Dr. phil., seit 1926 Vorstandsvorsitzender der Dynamit AG, Köln, langjähriges Präsidiumsmitglied der Vereinigung der Deutschen Arbeitgeberverbände und des Reichsverbandes der Deutschen Industrie.

Nr. 162
* Archiv der Abtei Maria Laach, eigenhändig.
1 Vgl. Nr. 160.
2 Gemeint ist die Dienststrafkammer bei der Regierung zu Köln, deren Einstellungsbeschluß am 4.6.1934 erging (Nr. 180).
3 Ähnlich die Aussagen Adenauers in seinen Briefen an *Herwegen* vom 4.3.1934 (Nr. 165) und an seine Frau vom 19.2.1936 (Nr. 271).

Nr. 163
* StBKAH Bestand Heineman, eigenhändig, mit Eingangsstempel Brüssel 27.2.1934. – Zu diesem Schreiben ein Hinweis bei Hans-Peter *Schwarz*, Adenauer. Der Aufstieg, S. 383.
1 Vgl. Nr. 160. – »... recht zufrieden mit dem Erfolg« hatte sich Adenauer schon im Brief vom Vortage an P. Johannes *Vollmar* geäußert (Archiv der Abtei Maria Laach).
2 Der belgische König *Albert I.* (1875–1934; 1909 inthronisiert) war am 17.2.1934 tödlich verunglückt.

Nr. 164
* StBKAH VII-A-10, eigenhändig.
a ‹...› In der ausgelassenen Briefpassage spricht Adenauers Schwiegervater familiäre Angelegenheiten an.
1 Vgl. Nr. 160. – Das Anschreiben Adenauers ist nicht überliefert.
2 Vgl. Nr. 180.

Nr. 165
* Privatbesitz Heinz Pferdmenges; Wiedergabe nach dem Teildruck: Hans-Peter *Schwarz*, Adenauer. Der Aufstieg, S. 367, 384.
1 Hierzu Adenauer im Rückblick der letzten Lebensjahre: »Das Chorgebet schätze ich besonders seit der Zeit, als ich mich in Maria Laach verborgen halten mußte – 1933/34 – ...« (am 16.1.1962 an Pater Th. *Stallaert*, Roermond; StBKAH 10.46).
2 Vgl. Nr. 150.
3 Vgl. Nr. 162, 271.
4 »Ab 11. ds. M. bin ich auf etwa 10 Tage in Berlin ...«, Adenauer am 9.3.1934 an *Heineman* (StBKAH Bestand Heineman). Vgl. Nr. 167.

Nr. 166
* StBKAH 01.03. – Zu diesem Vorgang vgl. Nr. 161, 171.

Nr. 167
* StBKAH Bestand Heineman, eigenhändig, mit Eingangsstempel Brüssel 29.3. 1934. – Ein Hinweis auf dieses Schreiben bei Hans-Peter *Schwarz*, Adenauer. Der Aufstieg, S. 384.
1 Der Umzug nach Neubabelsberg war in den Vormonaten vorbereitet worden, wie aus mehreren Briefen *Gussie Adenauers* hervorgeht: »Ich würde mich bei der Wahl einer Wohnung nicht zu sehr nach der Stadtbahn richten. Volksschulen sind doch in allen Vororten, und wenn die Kinder größer sind, gewöhnen sie sich schnell an jedes Verkehrsmittel. Frage auch mal, wo das Jesuitengymnasium und die Ursulinerinnenschule ist« (Ende Januar 1934). »Viele Grüße von Falks. Der frühere Staatssekretär im Preußischen Finanzministerium, jetzt Rechtsanwalt, wohnte früher in Neubabelsberg, er könne Dir Auskunft geben über Schulen, Geschäfte etc. Wohnt jetzt Kleiststr. 27. Tel. Barbarossa 8621. Frl. Wingerath schwärmte von Neubabelsberg« (vor dem 8.2.1934; beide Vorgänge in Privatbesitz Familie Adenauer).
2 Am 19.4.1934 kam es in Berlin zur nächsten Begegnung Adenauers mit *Heineman* (dessen Frau *Hettie* sich nach einem Skiunfall in Arosa während dieser Wochen in der Behandlung eines Orthopäden im Sanatorium Hohen-Lychen bei Berlin befand).

Nr. 168
* Privatbesitz Familie Adenauer, eigenhändig.
a ‹...› In der ausgelassenen Briefpassage spricht *Gussie Adenauer* familiäre Angelegenheiten an.
1 Alfons *Scheuble* (1893–1982), Dr. phil., 1927–1933 Referent für Auslandsangelegenheiten der Stadt Köln, nach 1933 Vertreter der Breslauer Messe AG für Südosteuropa, 1946–1948 Abteilungsleiter des Zentralamts für Arbeit der britischen Zone, 1948/49 der Verwaltung für Arbeit des Vereinigten Wirtschaftsgebiets, 1950–1958 Pressereferent und Leiter des Sprachendienstes des Bundesministeriums für Arbeit und Sozialordnung. – Druck einer 1948 für Scheuble ausgestellten Bescheinigung (» ... 1933 von den Nationalsozialisten als politischer Gegner entlassen«): »Briefe 1947–1949«, S. 146. Zu den direkten Kontakten Adenauer–Scheuble vgl. Nr. 308; vgl. a. Nr. 386.
2 Die Familie des Unternehmers Moritz *Goldstein* (Inhaber einer Werkzeugmaschinenfabrik) bewohnte in Köln-Lindenthal das Nachbarhaus Max-Bruchstraße 8; vgl. Greven's Kölner Adreßbuch 1933. – An einen anderen Kontakt zu jüdischen Mitbürgern erinnerte am 23.9.1959 Arthur *Joseph* den Bundeskanzler: »Mit Respekt erinnerte ich mich ..., daß viele Mitglieder Ihrer nähern und weitern Familie das Schuh-Haus Joseph bis zu seinem bittern Ende im Jahre 1938 betraten, um dort zu kaufen – in einer Zeit, als für Prominente sowohl Mut wie Charakterstärke zu einem solchen Schritt gehörten« (StBKAH 10.40; mit diesem Brief übersandte Joseph seine Veröffentlichung: Meines Vaters Haus, Stuttgart 1959).

Nr. 169
* Archiv der Bayer-Werke AG Leverkusen, Autographen-Sammlung Carl Duisberg, eigenhändig.
1 *Duisberg* war von den Bayer Werken am 29.9.1884 fest eingestellt worden (mit einem Dreijahresvertrag, dotiert mit dem ersten Jahresgehalt von 2.100 Mark); vgl. Meilensteine, S. 72f.

Nr. 170
* Privatbesitz Familie Adenauer, eigenhändig. Dort auch die unter Nr. 170 A abgebildete »Chinesische Weisheit«, die *Gussie Adenauer* ihrem Mann in diesen Tagen zusandte.
a ‹...› In der ausgelassenen Briefpassage spricht Gussie Adenauer persönliche Angelegenheiten an.
1 Zu den gesellschaftlichen Kontakten zu Edith und Kurt Freiherr *von Schröder* vgl. a. Nr. 32, Anm. 1, 313, 429.

Nr. 171
* StBKAH 01.16, ms., »Übertragung aus dem englischen Urtext«. Dieses auf den 3.4.1934 datierte Dokument muß Adenauer in einer früheren Fassung (die ihm *Piggott* wohl bei der Begegnung in Berlin am 14.3.1934 übergeben hatte; vgl.

Nr. 166) schon vorher vorgelegen haben, wie aus einem Schreiben an P. Johannes *Vollmar* vom 20.3.1934 hervorgeht: »Mein Bruder Professor Adenauer hätte gerne eine Abschrift der Erklärung Piggott; ich habe das Original diesem zwecks Beeidung wiedergegeben« (Archiv der Abtei Maria Laach).
In StBKAH 01.16 auch erhalten: das Begleitschreiben vom 5.4.1934, in dem Piggott den Empfang eines Adenauer-Briefes vom 2.4.1933 bestätigt: »Your letter ... from Maria Laach has just come, after having been opened by the German Customs (?)«. – Dieses wie auch andere an Piggott gerichtete Schreiben aus der Zeit vor 1933 und den Jahren nach 1945 konnten nicht nachgewiesen werden: »I am indeed sorry that I cannot let you have the letters which my husband exchanged with Dr Adenauer as, a little time before he died, he gave *all* his papers to an Englishman who wanted to write about the time of the occupation of the Rhineland after the first World War. This man never returned the papers and I do not know his name« (briefl. Mitteilung von Mrs. Helen M. *Piggott* an den Bearb. vom 5.1.1987).
Zu diesem Vorgang vgl. Rudolf *Morsey,* Adenauer und der Nationalsozialismus, S. 477; Hans-Peter *Schwarz,* Adenauer. Der Aufstieg, S. 374. Vgl. a. Nr. 210 A, 211, 221.

Nr. 172
* StBKAH, Bestand Heineman, Auszug aus einem Schreiben *Dorffs* an *Heineman* vom 1.6.1953, auf den letzterer den Bundeskanzler mit Schreiben vom 9./12.6. 1953 aufmerksam machte: »... Dr. Dorff, der Sie auf meine Veranlassung in Maria Laach besucht hat, denn ich wollte, daß er sich nach Ihrem Ergehen erkundigt. Er schreibt mir sehr interessant über diesen Besuch.« – Die Datierung erfolgt nach Adenauers Angaben im nachfolgend abgedruckten Schreiben an Heineman; vgl. Nr. 173.

Nr. 173
* StBKAH, Bestand Heineman, eigenhändig, mit Eingangsstempel Brüssel 1.5. 1934.
1 Vgl. Nr. 172.
2 Hierzu in der anderen Korrespondenz dieses Zeitraums keine weiteren Erläuterungen. Vermutlich bezieht sich Adenauer auf eine am 19.4.1934 in Berlin getroffene Vereinbarung (vgl. Nr. 167, Anm. 2), die im Zeitraum Juni 1934–März 1937, also während der Klärung der finanziellen Angelegenheiten mit der Stadt Köln, zur regelmäßigen Überweisung von RM 1.000,– durch den Industriellen führte; vgl. Nr. 183, Anm. 4.

Nr. 174
* HAStK 1070/97, eigenhändig; Regest: Hugo *Stehkämper* (Bearb.), Wilhelm Marx, Teil II, S. 119. Dort (S. 119 f.) auch ausführliche Angaben zur Antwort von *Marx* vom 16.5.1934 (»Berlin ist besser als sein Ruf. Namentlich die Katholiken

sind vom echten Diasporageist erfüllt. Sie sind opferwillig und treu zusammenhaltend.«).

1 Vgl. Nr. 128, 130, 139, 158.

Nr. 175

* GStA Merseburg, Ministerium des Innern, Rep. 77 Tit. 444 Nr. 3 Bd. 10, Bl. 269. Dort (Bl. 270) auch ein Begleitschreiben *Millers,* mit dem er am selben Tag Oberregierungsrat *Scheffler* »31 Hefte in Sachen Dienststrafverfahren Dr. Adenauer« übersandte. Diese wurden am 14.5.1934 vom Preußischen Innenministerium dem »Kommunalbüro der Regierung Köln« zugeleitet (a.a.O., Bl. 270f.).

1 Vgl. Nr. 156.

2 »Das Dienststrafverfahren kann auf Antrag der Einleitungsbehörde mit Rücksicht auf den Ausfall der Voruntersuchung durch Beschluß der Dienststrafkammer ohne mündliche Verhandlung eingestellt werden ...« (Preußische Gesetzsammlung, Jg. 1932, S. 75).

3 Vgl. Kopfregest.

Nr. 176

* Archiv der Abtei Maria Laach, eigenhändig. – Das Anschreiben *Herwegens* (»Mir war es eine aufrichtige Freude, daß ich Dir in der schweren Zeit ein Asyl bieten konnte, in dem Du Dich wohlgefühlt hast«) ist in StBKAH 01.03 erhalten. Dort auch der Brief von P. Severin *Uhles* vom 8.5.1934: »Sie waren so fast einer der unseren geworden, und ich habe es Ihnen sehr nachfühlen können, wie schwer es Ihnen sein mußte, Laach zu verlassen, damit Ihre Rheinische Heimat, um in ›ein anderes Land zu ziehen‹, das sicher nicht ›von Milch und Honig fließt‹«; dazu vgl. Hans-Peter *Schwarz,* Adenauer. Der Aufstieg, S. 384.

1 Vgl. die Abb. auf S. 211.

2 »Sicher habt Ihr in den ersten Tagen viel zu tun, insbesondere wohl die Kinder in die Schule zu bringen und abzuholen. Im Geiste stelle ich mir auch Vater bei dieser netten Beschäftigung vor«, *Konrad Adenauer jun.* am 12.5.1934 an seine Eltern (Privatbesitz Familie Adenauer). – Zur damaligen Situation auch eine Mitteilung an P. Johannes *Vollmar:* »... ich räume alte Papiere auf und nehme eine Generalsäuberung und Generalsichtung vor; es ist keine erfreuliche, aber eine – wenigstens teilweise – interessante Arbeit« (Brief vom 16.5.1934; Archiv der Abtei Maria Laach).

3 Desiderius Paul *Schmitz* (gest. 1976), OSB, nach kaufmännischer Ausbildung 1921 in die Abtei Maria Laach eingetreten, dort ab 1929 Cellerar, wirtschaftlicher Berater vieler Klöster des Benediktinerordens, auch im Ausland, u. a. in Chile.

4 Vermutlich gemeint: Reichspräsident *Hindenburg,* der bald darauf verstarb; vgl. Nr. 193, Kopfregest.

Nr. 177

* StBKAH, Bestand Heineman, eigenhändig, mit Eingangsstempel Brüssel 25.5. 1934.

1 »Ordinary General Meeting of the Shareholders of Société Financière de Transports et d'Entreprises Industrielles (SOFINA) held on April 26th 1934. – Adress of the Managing Director, Mr. D. Heineman.« Die Niederschrift wurde für diese Edition von James *Heineman,* New York, zur Verfügung gestellt.
2 »It must be admitted, of course, that mistakes have been committed in the managing of capital. All is not well in the best of possible economic systems. But if, to-day, the whole world is in the throes of a grave crisis, this proves not that ›capitalism has failed‹ but merely that its principles have been misunderstood or misapplied«; vgl. a.a.O.

Nr. 178
* LHAK Bestand 700, 40 Nr. 165, eigenhändig.
1 Nicht überliefert.
2 Das Alltagsleben in Neubabelsberg und die dortigen Kontakte werden in Adenauers Nachkriegskorrespondenz bisweilen in Erinnerung gebracht. Gerhard *Schiche* schrieb ihm am 15.7.1947: »Als Sie mit Ihrer Familie nach Neubabelsberg übersiedelten, war ich ehrenamtlicher Gemeindeschulze dieser kleinen Gemeinde. Ich hatte den Vorzug, Sie damals kennenlernen zu dürfen, als Sie mich auf meinem Büro aufsuchten. ... Ohne Rücksicht auf Rasse, Stand, Herkunft, Religion oder frühere Parteizugehörigkeit habe ich alle Einwohner gerecht behandelt« (StBKAH 07.03; dazu die Bescheinigung Adenauers in seinen »Briefen 1947–1949«, S. 34). – Am 12.5.1949 fragte Pfarrer Dr. Georg *Auditor:* »Erinnern Sie sich noch des Pfarrers von Babelsberg, dem ehemaligen Nowawes? Sie wohnten s. Zt. in Neubabelsberg, besuchten mich, auch unser Gotteshaus ad honorem St. Antonie!« (StBKAH 07.07; dazu die Antwort Adenauers a.a.O., S. 456). – Im August 1949 erinnerte Lore *Lehmann* an die Zeit, als »die Kinder zusammen im Garten in Neubabelsberg herumtollten!« (»Briefe 1949–1951«, S. 426; dort, S. 442, auch der Hinweis auf eine Reminiszenz der später in die USA emigrierten Berliner Geschäftsinhaberin Bertha *Lustig*).

Nr. 179
* »Westdeutscher Beobachter«, 29.5.1934 (Abend-Ausgabe). Der von Adenauer aufbewahrte Ausriß ist in StBKAH 01.03 erhalten.
1 Hierzu die vergleichbaren Veröffentlichungen unter Nr. 88 A, 113, 265. Vgl. a. Nr. 206.
2 Vgl. Nr. 155.

Nr. 180
* StBKAH 01.06, behändigte Erstausfertigung; GStA Merseburg, Ministerium des Innern, Rep. 77 Tit. 444 Nr. 3 Bd. 10, Bl. 312, Abschrift (dem Innenminister am 7.6.1934 vom Kölner Regierungspräsidenten Diels zugeleitet). – Abb.: Hugo *Stehkämper* (Hrsg.), Konrad Adenauer, vor S. 465. Vgl. a. Konrad Adenauer. Seine Zeit – sein Werk, S. 115; Konrad Adenauer – Dokumente aus vier Epochen, S. 68,

und die Angaben bei Rudolf *Morsey,* Adenauer und der Nationalsozialismus, S. 475, 798.

1 Vgl. Nr. 100, 103.

2 Vgl. Nr. 160.

3 Vgl. Nr. 156.

Nr. 181

* Archiv der Bayer-Werke AG Leverkusen, Autographen-Sammlung Duisberg, eigenhändig.

1 Verleihung der Harnack-Denkmünze durch die Kaiser-Wilhelm-Gesellschaft zur Förderung der Wissenschaft; hierzu die Antwort *Duisbergs* vom 7.6.1934 (a.a.O.).

2 Vgl. Nr. 180.

Nr. 182

* HAStK, Bestand Giesen, eigenhändig.

1 Vgl. Nr. 180.

2 Ein Vertreter der Berliner Gartenbaufirma *Späth,* Gartenarchitekt *Kempkes,* wurde 1933 im Dienststrafverfahren (zu Punkt 4 des Einleitungsbeschlusses; vgl. Nr. 56) als Sachverständiger gehört; vgl. das Schreiben *Grimms* an *Miller* vom 4.9.1933.

Nr. 183

* StBKAH, Bestand Heineman, eigenhändig, mit Eingangsstempel Brüssel 8.6. 1934.

1 Vermutlich gemeint: Hans Erich *Winter* (geb. 1894), Dr. jur. et phil., 1933 Staatskommissar der Sächsischen Staatskanzlei und Delegierter zur Weltwirtschaftskonferenz London, danach Hauptabteilungsleiter im Stabsamt des Reichsbauernführers.

2 Dannie N. *Heineman,* Skizze eines neuen Europa. Vortrag gehalten in der Mitgliederversammlung des Vereins der Freunde und Förderer der Universität Köln im Hansasaal des Rathauses am 28.11.1930, Köln 1930. Dazu die ausführlichen Angaben bei Hans-Peter *Schwarz,* Adenauer. Der Aufstieg, S. 301-304.

3 Vgl. Nr. 180.

4 Bezieht sich auf die Überweisung von RM 1.000,–, um die Heineman am 30.5.1934 Frl. G. *Schönfelder* (c/o Gesfürel [Gesellschaft für elektrische Unternehmungen] – Lud. Loewe & Co. A.G., Dorotheenstr. 35/36, Berlin-N.W. 7) gebeten hatte. Vgl. Nr. 173, Anm. 2. – In der finanziellen Notlage dieses Zeitraums half der Familie Adenauer auch ein Zufall: »Fassadenkletterer, Kopf in das Zimmer, in dem Lotte schlief, hineingesteckt. Lotte von den Geräuschen wach geworden, Gesicht des Mannes gesehen, wurde jedoch nicht so wach, daß sie Lärm schlug, Fassadenkletterer Schmuck gestohlen. Der Schmuck war gut versichert. Glück im Unglück, so viel Geld hätten wir nie bekommen, hätten wir die

Schmuckstücke einzeln verkauft« (Notizen Adenauers, o. D., in StBKAH, Materialsammlung für seine »Erinnerungen«. Dazu Paul *Weymar,* Adenauer, S. 170).

Nr. 184
* StBKAH 01.03, eigenhändig, auf Kopfbogen »Der Erzbischof von Köln«. – Zu diesem Schreiben vgl. Konrad Adenauer. Seine Zeit – sein Werk, S. 116; Rudolf *Morsey,* Adenauer und der Nationalsozialismus, S. 475, 798.
a ‹...› Auf beiliegendem Bogen hinzugefügt. – Mit der Gewährung der Dispens entsprach der Kardinal einer Bitte, die ihm P. Johannes *Vollmar* am 10.4.1934 vorgetragen hatte: »... daß Herr Adenauer seit seiner Ankunft am 24. April 1933 keine Nachtruhe findet, es sei denn durch künstliche Schlafmittel. Um über Tag ohne größere Kopfschmerzen sein zu können, muß er in der Frühe Pulver nehmen und dazu eine Tasse starken Kaffees. Monatlich ging Herr Adenauer zu den hl. Sakramenten, da aber das Nüchternsein ihm außerordentliche Beschwerden macht an Kopfschmerzen schlimmster Art und an Übelkeit, sprach er sich kürzlich mit mir aus und bat um Bescheid, ob es nicht möglich wäre, daß er die Erlaubnis erhielte, vor Empfang der hl. Kommunion das nötige Pulver u. ev. etwas Kaffee zu sich zu nehmen, um dadurch in den Stand gesetzt zu werden, öfters am hl. Opfermahl teilzunehmen« (Archiv der Abtei Maria Laach).
1 Vgl. Nr. 180.

Nr. 185
* StBKAH VI-A-10, eigenhändig.
a ‹...› In der ausgelassenen Briefpassage spricht Ferdinand *Zinsser* familiäre Angelegenheiten an.
1 Vgl. Nr. 180. – Pressemeldungen zur Einstellung des Dienststrafverfahrens sind, soweit ersichtlich, nicht veröffentlicht worden.

Nr. 186
* HAStK 902/254/2, S. 13 f., Briefauszug, wiedergegeben in der Schrift von Christian *Eckert,* Widerlegung von Anwürfen der Broschüre Ilges–Schmid: »Hochverrat des Zentrums am Rhein [Neue Urkunden über die wahren Führer der Separatisten, Berlin 1934]« (vgl. Nr. 125, Anm. 1). – Auf diese Veröffentlichung war Adenauer am 9.6.1934 von Wilhelm *Marx* aufmerksam gemacht worden; vgl. Hugo *Stehkämper* (Bearb.), Wilhelm Marx, Teil II, S. 120.
Christian *Eckert* (1874–1952), Prof. Dr. jur. et phil., Ordinarius für Staats- und Wirtschaftswissenschaft an der Handelshochschule (ab 1902) und der Universität Köln (1919–1933, 1945–1952), deren Gründungsrektor. – Zu seinen nachfolgend angesprochenen Kontakten zu Adenauer nach dem Ersten Weltkrieg vgl. Karl Dietrich *Erdmann,* Adenauer in der Rheinlandpolitik, S. 36, 52, 245, 271.
1 Adam *Dorten* (1880–1963), Dr. jur., bis 1918 Staatsanwalt in Berlin, dann in Wiesbaden in enger Verbindung zu französischen Besatzungsbehörden, Führer

der separatistischen Bewegung im Rheinland, 1923 nach Frankreich emigriert, erhielt die französische Staatsangehörigkeit. Zu Dorten vgl. Adenauers Angaben in Nr. 194, 340; vgl. a. Hans-Peter *Schwarz*, Adenauer. Der Aufstieg, u. a. S. 216-219.

Nr. 187
* StBKAH, Ausstellungsvorlage zu Tafel 51. Vgl. Nr. 188.

Nr. 188
* StBKAH, Ausstellungsvorlage zu Tafel 51, ms., Durchschlag; vgl. Konrad Adenauer. Dokumente aus vier Epochen, S. 70. – Die vorangegangene Beschwerde vom 21. 6. 1934, die in der unter Nr. 187 abgebildeten Mitteilung des Postamtes Neubabelsberg erwähnt wird, konnte nicht nachgewiesen werden. Gleiches gilt für die Aufklärung des Vorgangs und seinen denkbaren Zusammenhang (Observation Adenauers, seine anschließende Verhaftung) mit dem Ereignis des Folgetages; vgl. Nr. 189, 189 A.

Nr. 189
* StBKAH 07.01: Bescheinigung Adenauers für Generalleutnant a. D. Jenö *von Egan-Krieger;* Druck: »Briefe 1945–1947«, S. 459 f. Dort (S. 738) auch Hinweise auf die briefliche Bitte von Egan-Kriegers um die Erklärung Adenauers »anläßlich unseres gemeinsamen Erlebnisses 1934«. Hierzu die ergänzenden Angaben (»als wir 1934 von den Nazis in der Villa Alexander [Abb. auf S. 35] bei Herbert M. *Gutmann* in ›Ehrenhaft‹ gehalten wurden«) bei Hanns Jürgen *Küsters*/Hans Peter *Mensing* (Hrsg.), Kriegsende und Neuanfang am Rhein, S. 42.
Eine beglaubigte Abschrift der Bescheinigung ist auch in der Entnazifizierungsakte zu von Egan-Krieger erhalten (HStAD NW 1065). Dort finden sich mehrere andere Aussagen zum Tatbestand, nicht aber zu den näheren Umständen der Verhaftung, den Haftbedingungen oder der Haftentlassung.

Nr. 189 A
* Aussage *Paul Adenauers* bei Rainer *Hagen*/Karl-Ernst *Moring,* Adenauer. Das Buchmanuskript zur Fernseh-Biographie, S. 59 f. Hierzu auch die ausführlichere Schilderung des Adenauer-Sohnes bei Paul *Weymar,* Adenauer, S. 171-175. – Auf eigene Angaben Adenauers stützt sich ein biographisches Portrait von Manfred *George* aus dem Jahre 1953; daraus die Auszüge bei Hanns Jürgen *Küsters*/Hans Peter *Mensing* (Hrsg.), Kriegsende und Neuanfang, S. 42.
Vgl. a. Elfriede *Nebgen,* Jakob Kaiser. Der Widerstandskämpfer, S. 60 (» . . . daß er nach dem 30. 6. 1934 in Berlin vorübergehend verhaftet worden war und im Gefängnis schlechte Erfahrungen mit Offizieren gemacht habe, die sich dort ebenfalls in Haft befanden«); Rudolf *Morsey,* Adenauer und der Nationalsozialismus, S. 475, 477; Hans-Peter *Schwarz,* Adenauer. Der Aufstieg, S. 384 f.

1 Zur Ermordung Kurt *von Schleichers* und seiner Frau Elisabeth geb. *von Hennigs* (geb. 1893; Heirat 1931) vgl. Thilo *Vogelsang,* Kurt von Schleicher, S. 104. – Zu dem dort genannten Tatort (Griebnitzstr. 4) die Angaben in BA, NL von Schleicher N 42/3 und 6.
2 Vgl. die am 13.7.1934 vor dem Reichstag abgegebene Erklärung Hitlers, in: Schulthess' Europäischer Geschichtskalender 1934, S. 171-187.

Nr. 190
* StBKAH VI-A-10, eigenhändig. – Das Anschreiben ist, wie die gesamte Gegenkorrespondenz Konrad und Gussie Adenauers mit den Schwiegereltern bzw. Eltern in Tübingen, nicht überliefert.
a ‹...› In der ausgelassenen Passage werden familiäre Angelegenheiten angesprochen.
1 Vgl. Nr. 189, 189 A. – An anderen schriftlichen Reaktionen auf die Verhaftung Adenauers sind nachweisbar: Briefe von Heinrich *Billstein* (13.7.1934: »Von Prof. Pirl[et] ... habe ich in anschaulicher Weise die erschütternden Neuigkeiten erfahren ...«; StBKAH 01.03); Max *Weyer* (17.7.1934: »... hörte ich durch Maria von den schlimmen Stunden, die Du hast durchmachen müssen«; StBKAH VI-A-10); Johannes *Sampels* (5.8.1934: »Hier schwirren so allerhand Gerüchte um den 30. Juni durch die Stadt, an die ich nicht glauben will und kann ...«; StBKAH 01.03 – Abb.: Hugo *Stehkämper* [Hrsg.], Konrad Adenauer, nach S. 488).

Nr. 191
* StBKAH VI-A-11, ms., Durchschlag. Dort auch ein weiteres Schreiben Adenauers, mit dem er bereits am 29.6.1934 das Deutsche Nachrichtenbureau (Berlin) auf eine ähnliche Falschmeldung, die »auch in die ausländische Presse übergegangen« sei, hingewiesen hatte. Auf diesem Vorgang der eigenhändige Vermerk Adenauers: »Eine Antwort habe ich nicht erhalten. Eine Berichtigung ist nicht erfolgt.«
1 Zu dem Ende Juni 1934 in Berlin gegen Heinrich *Hirtsiefer* geführten Prozeß hatte die »Frankfurter Zeitung« bereits am 27.6.1934 gemeldet: »Obwohl die Kiste Wein, die vom Düsseldorfer Magistrat im Zusammenhang mit der Gesolei-Ausstellung [1926] beim damaligen Minister Hirtsiefer gestiftet wurde, erst später zur Erörterung kommen soll, wurde Oberbürgermeister a. D. Adelung jetzt schon gefragt, ob solche Weinspenden damals allgemein üblich gewesen seien.« Mit dem hier erwähnten Bernhard *Adelung* (1876–1943; 1928–1931, bis 1933 geschäftsführend hessischer Ministerpräsident) wurde Adenauer, wohl auch wegen der nicht korrekten Angabe »Oberbürgermeister a. D.«, in der anschließenden Berichterstattung dann offensichtlich verwechselt.
2 Robert *Lehr* (1883–1956), Dr. h.c., 1924–1933 Oberbürgermeister von Düsseldorf, gehörte nach 1933 oppositionellen Kreisen an (vgl. Nr. 64, Anm. 2), 1945 als ehemaliger DNVP-Politiker an der CDU-Gründung beteiligt, 1945/46 Oberpräsident der Nordrheinprovinz, 1946 Vorsitzender des Zonenbeirats für die briti-

sche Zone, 1946–1950 MdL in Nordrhein-Westfalen, 1948/49 Mitglied des Parlamentarischen Rates, 1949–1953 MdB, 1950–1953 Bundesminister des Innern.

3 »... können nicht ohne vorherige Nachfrage den Namen des Oberbürgermeisters Dr. Lehr für den Ihren einsetzen. Wenn wir uns geirrt haben sollten, so wird eine Richtigstellung natürlich erfolgen« (aus der Antwort der »Frankfurter Zeitung« vom 13.7.1934).

Nr. 192

* StBKAH 01.03, ms.

a ‹...› Namenszug unleserlich.

1 Hierzu vgl. die ähnlichen Vorgänge unter Nr. 71, 107.

Nr. 193

* »Westdeutscher Beobachter«, 3.8.1934. – Der Artikel erschien aus Anlaß des Todes von Reichspräsident *Hindenburg* am 2.8.1934 (der Hitler zur Vereinigung von Reichskanzler- und Reichspräsidentenamt veranlaßte). Bezeichnend für diese nationalsozialistische Presseveröffentlichung: die verfälschende Fotoauswahl, die so getroffen wurde, daß der auf den Originalaufnahmen als Gastgeber Hindenburgs am 20.3.1926 naturgemäß auch abgebildete Oberbürgermeister Adenauer nicht erschien.

Nr. 194

* GStA Merseburg, Ministerium des Innern, Rep. 77 Tit. 444 Nr. 3 Bd. 11, Bl. 155-165, mit Eingangsstempel des Reichsministeriums des Innern vom 20.8. 1934, beiliegend (Bl. 154) Vermerk vom 30.8.1934 zur Abgabe von dort an den Preußischen Ministerpräsidenten. (Nach Übertragung der Hoheitsrechte der Länder auf das Reich waren die preußischen Ministerien seit dem 30.1.1934 mit den Reichsministerien vereinigt.) – StBKAH 314.1, Entwurf, ms.

Kopien der Originalvorlage aus den Akten des Preußischen Innenministeriums sind in StBKAH 01.06 und 13.11 erhalten – Bundeskanzler Adenauer am 19.7. 1961 vom schleswig-holsteinischen Ministerpräsidenten Kai-Uwe *von Hassel* übermittelt, nachdem dieser eine Ablichtung vom Herausgeber des »Spiegel«, Rudolf *Augstein,* erhalten hatte; Augstein am 11.7.1961: »Meines Erachtens steht kein Wort darin, das vom heutigen Standpunkt aus zu beanstanden wäre. Im Gegenteil, der Brief zeichnet sich durch eine würdige und feste Sprache aus, wenn man die damaligen Zeitläufe in Rechnung stellt. Wir beabsichtigen also nicht, den Brief gegen den Herrn Bundeskanzler ›auszuschlachten‹, wir werden ihn auch nicht an Dritte weitergeben.«

Auszüge veröffentlichte der »Spiegel« in seiner Adenauer-Serie »Mein Gott – was soll aus Deutschland werden?«, Nr. 41 (1961), S. 62f. Vollständig und als Faksimile veröffentlicht wurde das Dokument ebenfalls im Herbst 1961 vom Deutschen

Institut für Zeitgeschichte (Berlin-Ost) in der »Dokumentation der Zeit« (Jg. 13, H. 250, S. 28-39): »Brief Adenauers vom 10.8.1934 an den preußischen Nazi-Innenminister«; vgl. a. die Faksimiles im »Neuen Deutschland« vom 19.11.1961 (»Dokumente entlarven Adenauer als Naziförderer«). Aus diesen Original-Wiedergaben geht zweifelsfrei hervor, daß sich die DDR-Publikationen auf die auch dem Abdruck in *dieser* Edition zugrundeliegende authentische GStA-Überlieferung stützten. Die SED-Propaganda und folglich die an sie angelehnten späteren Veröffentlichungen (vgl. u. a. Sefton *Delmer,* Die Deutschen und ich, Hamburg 1961 und 1962, S. 758-766) verzichteten aber darauf, auch auf die in diesem Aktenbestand unmittelbar nachfolgende Stellungnahme des Reichs- und Preußischen Ministers des Innern vom 8.11.1934 aufmerksam zu machen (vgl. Nr. 200), die mit dem Ost-Berliner Deutungsversuch (Albert *Norden* am 8.11.1961 im »Neuen Deutschland«: »Adenauer ... ein Förderer der faschistischen Diktatur«) unvereinbar ist.

Zu diesem Vorgang (zu dem Adenauer am 18.9.1962 dem Nannen-Verlag Hamburg mitteilte: »Ob der vom 10.8.1934 datierte Brief ... in jedem Satz authentisch ist, kann ich Ihnen nicht sagen. Dem Inhalt nach ist er authentisch«), zu seiner weiteren Erörterung und zu den anderen Druckorten vgl. die ausführlichen Angaben bei Rudolf *Morsey,* Adenauer und der Nationalsozialismus, S. 477f., 799; vgl. a. Konrad *Adenauer,* Adenauer als Präsident des Preußischen Staatsrats, S. 356, 751.

a ‹...› Vom Bearb. korrigiert aus »2.«, da die »Erste Verordnung zur Durchführung des Gesetzes zur Wiederherstellung des Berufsbeamtentums« vom 11.4. 1933 datiert; vgl. Preußisches Archiv. Halbjahres-Verzeichnisse 1933, S. 307.

b ‹...› ... aus »im Winter 32/33«; vgl. Nr. 4-5 A.

1 Vgl. Nr. 100, 103.

2 Hierzu und zum Nachfolgenden vgl. Adenauers Ausführungen in Nr. 90.

3 Zu diesen Kontakten zu Generalleutnant *Kruge* vgl. Hans-Peter *Schwarz,* Adenauer. Der Aufstieg, S. 187; vgl. a. Konrad Adenauer. Seine Zeit – sein Werk, S. 20.

4 Otto *Schwink* (1919 Verbindungsoffizier der Obersten Heeresleitung zum Brückenkopf Köln) nahm 1936 direkten Kontakt zu Adenauer auf; vgl. sein Schreiben unter Nr. 260. – Druck seiner hier angesprochenen Berichte vom 15., 19., 26.5.1919: Karl Dietrich *Erdmann,* Adenauer in der Rheinlandpolitik, S. 279-287; vgl. a. seine ausführlichen Angaben bei Paul *Weymar,* Adenauer, S. 72-81.

5 Hierfür konnten, bis auf den in Nr. 112, Kopfregest, nachgewiesenen Vorgang, in den für diese Edition ausgewerteten Akten des Preußischen Innenministeriums keine Unterlagen ermittelt werden.

6 Vgl. Nr. 25.

7 Druck der Resolution dieser Zentrumsversammlung (» ... fordert deshalb ..., baldigst die Proklamierung einer dem Deutschen Reiche angehörigen, selbständigen Rheinisch-Westfälischen Republik in die Wege zu leiten«): Ursachen und Folgen, Bd. 3, S. 145; auch bei Henning *Köhler,* Adenauer und die rheinische Republik, S. 35. Vgl. a. Nr. 341.

8 Am 19. bzw. 26.1.1919.
9 Vgl. Nr. 98, Anm. 1.
10 Dazu die ausführlichen Angaben bei Henning *Köhler,* a.a.O., S. 55.
11 Georges *Clemenceau* (1841–1929), 1906–1909 und 1917–1920 französischer Ministerpräsident. – Auf das nachfolgend wiedergegebene Zitat stützt sich auch die Darstellung dieser Ereignisse bei Paul *Weymar,* a.a.O., S. 79f.
12 Hierzu vgl. die Darstellung des damaligen britischen Militärgouverneurs, Sir Sidney *Clive,* in Nr. 210 A.
13 Am 19.5.1919; dazu der Bericht Adenauers vom 30.5.1919 in einer Sitzung des Westdeutschen politischen Ausschusses. Druck: Karl Dietrich *Erdmann,* a.a.O., S. 255-257.
14 Vgl. Nr. 25, Anm. 7, Nr. 117.
15 Vgl. Nr. 117.
16 Vgl. Nr. 87, Anm. 1.
17 Vgl. Nr. 63.
18 Graf *d'Arboneau,* 1923 Chef der Politischen Abteilung der Rheinlandkommission.
19 Zu den nachfolgend genannten Personenkreisen um die Separatistenführer Josef Friedrich *Matthes* (geb. 1886; Journalist, gehörte bis 1920 der SPD an) und Josef *Smeets* (gest. 1925; 1918 Mitglied des Arbeiter- und Soldatenrates in Köln – für die USPD –, nach 1920 Vorsitzender der Rheinisch-Republikanischen Volkspartei) vgl. die Angaben bei Paul *Wentzcke,* Ruhrkampf. Einbruch und Abwehr im rheinisch-westfälischen Industriegebiet, 2 Bde., Berlin 1930, 1932.
20 Zu diesem Aufenthalt in den Niederlanden (auf Einladung der Niederländisch-Deutschen Vereinigung; 6.11.1929: Vortrag in Amsterdam über die Wirtschaftsbeziehungen beider Länder) der Hinweis bei Hans-Peter *Schwarz,* a.a.O., S. 298. Vgl. a. Konrad Adenauer. Seine Zeit – sein Werk, S. 66, 68.
21 Hierzu die weiteren Angaben in einer undatierten Aufzeichnung Adenauers: »... kam eines Tages der damalige französische Generalkonsul Laffon in Köln zu mir und sagte mir folgendes: Er fühle sich verpflichtet, mich zu bitten, nicht nach Amsterdam zu gehen; er habe aus früheren separatistischen Kreisen vertraulich die Mitteilung erhalten, daß mich der aus Deutschland ausgewiesene Matthes in Amsterdam ermorden wolle; er bitte mich, seine Warnung ernst zu nehmen. Ich setzte mich daraufhin mit dem Polizeipräsidium in Köln in Verbindung, das diese Mitteilung gleichfalls ernst nahm. Es setzte, da ich an meiner Absicht, nach Amsterdam zu gehen, festhielt, die Amsterdamer Polizeiverwaltung in Kenntnis und gab mir zu meinem Schutze einen Kriminalbeamten mit, der Matthes kannte. In Amsterdam wurde ich in sorgfältigster Weise polizeilich geschützt; ein Zwischenfall hat sich infolgedessen nicht ereignet« (StBKAH, Materialien für die »Erinnerungen« Adenauers).
22 Vgl. Nr. 200, 201.

Nr. 195
* StBKAH, Bestand Heineman, eigenhändig, mit Eingangsstempel Brüssel 5.9. 1934.
1 Zu diesem Aufenthalt im badischen Schwarzwald konnten keine weiteren Angaben ermittelt werden. Aus diesem Zeitraum als Ergänzung lediglich nachweisbar: ein Ansichtskartengruß an Ildefons *Herwegen* aus Baden-Baden vom 16.9.1934 (»Leider war meine Hoffnung, Dich in Lichtental zu treffen, nicht begründet«; Archiv der Abtei Maria Laach).
Paul Adenauer zur Situation seines Vaters nach dem 30.6.1934: »Damit begann ein gehetztes Flüchtlingsleben, das meinen Vater wochenlang von Ort zu Ort durch ganz Deutschland führte. Niemand wußte, wo er war, und nirgends hielt er sich länger als vierundzwanzig Stunden auf«; vgl. Paul *Weymar,* Adenauer, S. 175.
2 Im Kurhaus Bühlerhöhe hielt sich Adenauer als Bundeskanzler nach 1950 häufiger als Kur- und Urlaubsgast auf. Zu seinen Kontakten zum dortigen Chefarzt Gerhard *Stroomann* vgl. a. Nr. 233, 235.

Nr. 196
* LHAK Bestand 700, 40 Nr. 165, eigenhändig.
1 Nicht nachgewiesen. – Beim spärlichen Briefwechsel Adenauers mit seinem Freund Hans *Fuchs* ist in Rechnung zu stellen, daß sich die beiden nach 1933 gelegentlich auch besuchten. An eine solche Begegnung erinnert Paul *Franken* (vgl. Nr. 258): » ... so war ich im Herbst [1935] mal einen Nachmittag mit ihm auf seinen Wunsch beim ehemaligen Oberpräsidenten Fuchs in Cochem gewesen« (Franken im Gespräch mit Heinrich *Krone* und Klaus *Gotto;* S. 14 der Niederschrift in ACDP I-013-003/2).

Nr. 197
* Archiv der Bayer-Werke AG Leverkusen, Autographen-Sammlung Duisberg, eigenhändig. – Dieser Brief schließt die Korrespondenz mit dem am 19.3.1935 verstorbenen Industriellen ab.
1 Gottes Wort Deutsch, aus Luthers Bibel, nach Luthers Regel, in Luthers Geist – ausgewählt und den deutschen Gottsuchern und Gottesfreunden im Jubeljahr der deutschen Bibel gewidmet von Professor D. Hans *Schöttler,* Generalsuperintendant i. R., Wittenberg 1934. – Zur sog. »Duisberg-Bibel«, die nahezu zeitgleich mit der »Barmer Erklärung« der Bekennenden Kirche erschien, vgl. Hans-Joachim *Flechtner,* Carl Duisberg, S. 408.

Nr. 198
* Deutschland-Bericht der Sozialdemokratischen Partei Deutschlands (SOPADE) 1934–1940, Jg. 1 (1934), S. 606. – Der Auszug ist einer von der Exil-SPD in Prag am 30.10.1934 zusammengestellten bzw. fertiggestellten, auf geheimen, namentlich nicht gezeichneten Kurierberichten beruhenden ›Übersicht‹ über »Katholische

Kirche und Drittes Reich« (»3. Der deutsche politische Katholizismus nach dem Kriege«) entnommen.

1 Adenauers Position in der Rheinlandpolitik fand in diesem Zeitraum auch das Interesse der äußersten Linken, in der – anders als in dieser sozialdemokratischen Bewertung – ähnlich argumentiert wurde wie in der nationalsozialistischen Kampagne (vgl. Nr. 87, 98). Hierfür ein Beleg in den Erinnerungen von Karl *Mewis:* »... sei nun der Vorschlag gekommen, man sollte die Zusammenarbeit mit einer Gruppe von Separatisten aus der Zeit der Rheinlandbesetzung aufnehmen, zu denen der ehemalige Oberbürgermeister von Köln, Konrad Adenauer, gehörte.... Aus dem katholischen Kreis wurde ein angesehener Geschäftsmann beauftragt, mit Adenauer zu sprechen. Allerdings durfte er nichts von den Verbindungen zu Kommunisten sagen; es ging lediglich um den Zusammenhalt der Katholiken gegen die Nazis. ... Adenauer hörte zunächst zu, unterbrach dann aber unseren Mann lachend und sagte: ›Jetzt sind Sie aber völlig auf dem Holzwege, Herr X. Habe Sie denn nit begriffe, was der Dingsda noch alles anstellen kann? Da wird die Welt noch staunen. Glauben Sie, da ist noch manches drin in dem großen Spiel, was für uns große Vorteile bringen kann. Meinen Sie denn, die Industrie würde mitmachen, wenn nix dabei rauskäme? Lassen Sie die Finger von solchen Sachen wie Widerstand! Lächerlich! Erstens ist das Spiel sowieso nicht aufzuhalten und zweitens – warum denn? Wissen Sie, entweder gelingt es denen, Deutschland wieder hochzubringen, dann werden die Braunen nach und nach zivilisiert; oder sie wirtschaften ab, und dann ist immer noch Zeit. Geduld muß man haben, Herr X. Lassen Sie sich bloß nicht auf so etwas ein – Widerstand! Absoluter Unsinn‹« (Im Auftrag der Partei. Erlebnisse im Kampf gegen die faschistische Diktatur, Berlin-Ost 1971, S. 29 f.).

Nr. 199

* Archiv der Abtei Maria Laach, eigenhändig.

1 Vgl. Nr. 195, Anm. 1.

2 Bereits am 27.10.1934 hatte Adenauer P. Johannes *Vollmar* mitgeteilt und gefragt: »Hinsichtlich der Zeit für meinen Besuch bin ich nun ziemlich festgelegt, ich werde am 19.11. in Köln in der Hauptverhandlung gegen Brüning vernommen – bitte das vertraulich zu behandeln, da ich in Köln keine Ovationen haben möchte –, ich kann nun nicht zweimal reisen, ich möchte daher am 12.11. abends dort eintreffen und bis zum 25.11. bleiben, wird das gehen?«

3 Infolge einer starken Erkältung mußte Adenauer die Abreise nach Maria Laach auf den 17.11.1934 verschieben; hierzu ein weiteres Schreiben an *Herwegen* vom 10.11.1934 (a.a.O.) und die Angaben in Nr. 204, Anm. 1.

Nr. 200

* GStA Merseburg, Ministerium des Innern, Rep. 77 Tit. 444 Nr. 3 Bd. 11, Bl. 166-167, mit ms. Dokumentenkopf »Der Reichs- und Pr[eußische] Minister des Innern«.

1 Vgl. Nr. 194.
2 Vgl. Nr. 5 A.
3 Hierzu und zum Nachfolgenden vgl. Nr. 56, 66, 90.
4 Vgl. Nr. 180.

Nr. 201
* StBKAH 01.06, behändigte Erstausfertigung; GStA Merseburg, Ministerium des Innern, Rep. 77 Tit. 444 Nr. 3, Bd. 11, Bl. 167, Entwurf, darauf die Anweisung zur Weitergabe von Abschriften des ausgefertigten Schreibens an den Kölner Regierungspräsidenten und den Oberpräsidenten der Rheinprovinz in Koblenz. Wilhelm *Frick* (1877–1946), Dr. jur., 1924–1945 MdR (NSDAP), 1930/31 Innen- und Volksbildungsminister von Thüringen, 1933–1943 Reichsinnenminister, danach Reichsprotektor von Böhmen und Mähren, 1946 in Nürnberg hingerichtet. – Zu dieser Stellungnahme Fricks zur Eingabe Adenauers vom 10.8.1934 (Nr. 194) vgl. Rudolf *Morsey,* Adenauer und der Nationalsozialismus, S. 479.

Nr. 202
* Privatbesitz Familie Adenauer, eigenhändig.
a ‹...› In der ausgelassenen Briefpassage spricht *Gussie Adenauer* familiäre Angelegenheiten an.
1 Nicht überliefert.
2 Friedrich *Manstetten* (1888–1968), Dr. jur., seit 1919 Rechtsanwalt beim Oberlandesgericht Köln, dort 1932/33 Stadtverordneter für das Zentrum, 1934–1937 und 1945–1950 erneut Vertreter Adenauers in der Auseinandersetzung mit der Stadt Köln, gehörte nach 1945 der CDU an. – Zur Begegnung mit Manstetten vgl. Nr. 207.

Nr. 203
* »Berliner Tageblatt«, 24.11.1934 (Morgen-Ausgabe). – Der Ausriß wurde von Dannie N. *Heineman* aufbewahrt und ist in StBKAH Bestand Heineman erhalten. Auf andere Presseberichte zum Prozeß gegen Anton Paul *Brüning* gehen die nachfolgenden Schreiben ein. Zum Vorgang insgesamt vgl. Paul *Weymar,* Adenauer, S. 177-181; Rudolf *Morsey,* Adenauer und der Nationalsozialismus, S. 488; Hans-Peter *Schwarz,* Adenauer. Der Aufstieg, S. 387.
1 Vgl. Nr. 72. – Zum Urteil gegen Brüning vgl. Nr. 205, Anm. 1.

Nr. 204
* StBKAH, Materialsammlung für die »Erinnerungen« Adenauers, ms. Durchschlag.
a ‹ › Nach der Grußformel ms. hinzugefügt.
1 Landgerichtsdirektor *Fehr,* stellvertretender Vorsitzender des »Sondergerichts bei dem Landgericht Köln«, hatte bereits im Sommer 1933 die Hauptverhandlung im Görreshaus-Prozeß geleitet; vgl. Adolf *Klein,* Hundert Jahre Akten

– hundert Jahre Fakten, S. 144, 151. Diesem Schreiben an Fehr war am 23.11. 1934 im Hause von *Johannes Adenauer* eine Vernehmung vorangegangen; dazu eine kurz darauf angefertigte Aufzeichnung Adenauers: »Als mein Bruder [August] ihn [Fehr] aufgesucht hat, hat er zuerst erklärt, ich hätte Grippe, ich könne deshalb nicht an Gerichtsstelle vernommen werden, ich solle durch einen Richter in Maria Laach vernommen werden. Mein Bruder hat ihm darauf erwidert, wenn ich krank sei, würde er das wissen, er möge ihm doch sagen, was los sei, ob er mich an Gerichtsstelle nicht vernehmen wolle. Fehr hat ihm darauf erwidert, er wolle mich nicht vor Gericht vernehmen, weil er Demonstrationen fürchte. ... Mein Bruder ist darauf zu dem Regierungspräsidenten Diels gegangen, um diesen um polizeilichen Schutz für mich zu bitten. Diels hat ihm diesen zugesagt und gleichzeitig erklärt, die Gauverwaltung wolle nicht, daß ich vor dem Gericht vernommen würde, sie fürchte kommunistische Demonstrationen gegen mich, er, Diels, glaube zwar nicht an diese. – Meine Vernehmung hat dann am Freitag, den 23.11., im Hause meines Bruders, Domkapitular A., Burgmauer 1, stattgefunden« (StBKAH 314.1).

2 Peter *Steeg* (geb. 1866), seit 1899 in der Kölner Stadtverwaltung, seit 1920 Stadtdirektor (Dienststelle Finanzamt).

3 Ergänzend hierzu ist ein weiteres Schreiben Adenauers erhalten, das er am 27.11.1934 aus Neubabelsberg an *Fehr* richtete: »Zu Beginn meiner Vernehmung über diesen Punkt habe ich den Angeklagten ersucht, anzugeben, bei welchem Geschäfte er mich beteiligt habe. Er erwiderte, bei der Spekulation in den Aktien der Amylobank. ... Ich habe ihn ferner darauf hingewiesen, daß die von ihm veranlaßten Buchungen – Errichtung eines Kontos Adenauers bei der Amylobank [Münster/Westfalen] und Zahlung aus ihm, später Einrichtung eines Spezialkontos A. bei der Dedi 1931 und Überweisung aus ihm auf das Amylobankkonto – durch seine Angaben über meine Beteiligung nicht erklärt seien. ... Gerade weil der Angeklagte derjenige Vertreter der Dedi war, der Namens dieser mit der Stadt verhandelt, würde ich niemals auf eine Beteiligung eingegangen sein. ...
Ein ausländischer Freund [Dannie N. *Heineman*], der in ungleich größerer Position ist, als der Angeklagte jemals war, und den ich schon viel länger kenne, hat mir 1929/1930 einmal eine Beteiligung angeboten. Ich habe sie ausgeschlagen, obgleich er sich dadurch verletzt fühlte, weil die entfernte Möglichkeit bestand, daß das von ihm geführte Unternehmen einmal in geschäftliche Beziehungen zu der Stadt Köln treten könnte – der Fall ist übrigens nicht eingetreten. – Ich habe in diesen Dingen sehr streng gedacht und empfinde es daher um so härter, daß ich Gefahr laufe, in ein falsches Licht zu geraten. –« (StBKAH, Materialsammlung für die »Erinnerungen« Adenauers).

4 Zu Staatsanwaltschaftsrat *Thomas* konnte nur dessen Funktion als Anklagevertreter im Görreshaus-Prozeß nachgewiesen werden; vgl. Adolf *Klein* a.a.O., S. 144.

5 Nicht überliefert.

Nr. 205

* StBKAH, Materialsammlung für die »Erinnerungen« Adenauers, Durchschlag.

1 In diesem Bericht über die Verurteilung *Brünings* (wegen Untreue und Betrugs 8 Jahre Gefängnis und 3 Jahre Ehrverlust) wird Adenauer nicht namentlich erwähnt, mehrere Anspielungen aber sind auch auf ihn gemünzt: »Je höher die Stellung ist, die ein Mann in der Öffentlichkeit bekleidet, um so sauberer muß seine Einstellung in geldlichen Dingen sein.«

2 In einem Schreiben an *August Adenauer* vom 11.12.1934 hielt es die Hauptschriftleitung der »Kölnischen Zeitung« nicht für »erforderlich, ... eine Erklärung des von Ihnen gewünschten Inhalts abzugeben« (StBKAH 314.1).

Nr. 206

* StBKAH, Materialsammlung für die »Erinnerungen« Adenauers, Durchschlag, darauf der hs. Vermerk *August Adenauers* (o. D.): »Die Berichtigung ist meines Wissens bis heute nicht erfolgt. Es wäre dies nachzuprüfen.«

1 »Westdeutscher Beobachter«, 5.12.1934, in der Glosse »Haben Sie schon gehört ... «.

2 Nikolaus *Bares* (1871–1935), 1929–1933 Bischof von Hildesheim, 1933–1935 Bischof von Berlin.

3 Vgl. Nr. 179.

Nr. 207

* HAStK 904/1144, ms. – Dort auch die Antwort vom 14.12.1934 mit Mitteilungen *Schwerings* über anderweitige Belastungen und eine ärztliche Behandlung *Manstettens;* dieser hoffe aber, »noch vor dem Fest damit fertig zu werden. Jedenfalls werde ich von Zeit zu Zeit daran erinnern.« – Zum weiteren Verlauf der Verhandlungen mit der Stadt Köln vgl. Nr. 212, 214, 218.

1 Vermutlich während des Kölner Aufenthaltes vom 23./24.11.1934, am Rande des Prozeßgeschehens; vgl. Nr. 203, 204.

2 Zur Vorgehensweise seines Kölner Anwalts ähnlich die Formulierungen Adenauers in Nr. 212, 241.

3, 4 Ernst Schwering hatte 1927 M. Sibylla *Elshorst* (1896–1957) geheiratet (die durch ihren Vater Gerhard Elshorst mit *Emma Adenauer* geb. *Weyer* verwandt war) – ihre ersten Kinder: Karl Ernst (geb. 1929), Marlene (geb. 1931) und Hermann (geb. 1932). Vgl. Nr. 249, Anm. 1.

Nr. 208

* StBKAH, Bestand Heineman, ms., mit Eingangsstempel Brüssel 14.12.1934.

1 *Heinemans* kunst- und literaturgeschichtliche Bibliothek, seine Sammlungen von mittelalterlichen und Renaissance-Manuskripten sowie von Briefen bedeutender Autoren der Weltliteratur wie auch von musikalischen Autographen wurde 1977 der Pierpont Morgan Library (New York, N. Y.) übereignet; vgl. The Dannie and Hettie Heineman Collection, New York 1978 (mit der Bestandsbeschreibung von Herbert *Cahoon,* S. 1-23).

2 Carl *Burckhardt,* Richelieu. Der Aufstieg zur Macht, München 1935.
3 Vgl. Nr. 183, Anm. 4.
4 Zum Schreiben Alfred *Dorffs* vom 30.6.1934 ist im Bestand Heineman nur die ausführliche Antwort Adenauers vom 13.7.1934 nachweisbar.

Nr. 209
* Aus der letzten nach 1933 erschienenen Ausgabe des Nachschlagewerks »Degeners Wer ist's?«, X. Ausgabe (»vollkommen neu bearbeitet und bedeutend erweitert«), Berlin 1935 (gegenüber der IX. Ausgabe von 1928 ohne tendenziöse Entstellungen verändert).

Nr. 210
* StBKAH VI-A-11, eigenhändig, auf Kopfbogen »British Embassy, Berlin«.
Sir Sidney *Clive* (1874–1959), 1918/19 britischer Militärgouverneur von Köln, 1930–1934 Military Secretary im Londoner Kriegsministerium, ab Oktober 1934 Marshall des Diplomatischen Corps in London. Vgl. die ausführlichen Angaben im Schreiben des deutschen Botschafters in London unter Nr. 211.
Die besondere Bedeutung der Kontakte zu Clive ist neben den Belegen in dieser Edition auch aus der bereits vorliegenden Nachkriegskorrespondenz Adenauers ersichtlich; hierzu seine »Briefe 1945–1947« (S. 112f., 236, 339-341) und »1947–1949« (S. 125).
1 Im Anschluß an die Begegnung stellte Clive die nachfolgend abgedruckte Bescheinigung für Adenauer aus; vgl. Nr. 210 A.

Nr. 210 A
* Auswärtiges Amt, Bonn, PA Abt. Deutschland, Ref. Inland II A/B, Akten betreffend Proteste fremder Organisationen, Bd. 2; GStA Merseburg, Ministerium des Innern, Rep. 77 Tit. 444 Nr. 3 Bd. 11, Bl. 294 (Übersetzung des Originals). – Druck der englischsprachigen Vorlage: Hans Georg Lehmann, Adenauer und der rheinische Separatismus 1918/19, S. 223. Dort (S. 222-225) auch das Begleitschreiben *Clives* an den deutschen Botschafter in London, *von Hoesch,* vom 22.1.1935, dessen Schreiben an das Auswärtige Amt vom 26.1.1935 (Nr. 211) sowie die Belege für weitere Bearbeitung im Auswärtigen Amt und Weitergabe an Reichsminister *Frick* und den Stellvertreter des Führers der NSDAP, Rudolf *Hess.* Zur späteren Verwendung der Bescheinigung durch Adenauer vgl. Nr. 237.
Hinweise auf diese diplomatischen Bemühungen bei Rudolf *Morsey,* Adenauer und der Nationalsozialismus, S. 479; Hans-Peter *Schwarz,* Adenauer. Der Aufstieg, S. 374. Vgl. a. die ähnlich ausgerichtete Bescheinigung *Piggotts* vom 3.4.1934 (Nr. 171) und das Schreiben Ernst *Jäckhs* vom 15.5.1935 unter Nr. 221.
a ‹ › Originalwortlaut: »Not that there was any chance of such a movement being initiated in Cologne, since the loyalty of the inhabitants to the rest of the Reich was never in doubt.«

b ‹ › Vom Bearb. korrigiert aus »1918«; hierzu vgl. die Darstellung Adenauers in Nr. 194.
1 Dazu die Angaben bei Marie-Luise *Recker,* Adenauer und die englische Besatzungsmacht, S. 106f., 671-673 (mit Hinweis auf Unstimmigkeiten bei den Angaben Clives, von Hoeschs und der an ihnen orientierten Forschung zum damaligen Kölner Militärgouverneur – Sir Charles *Fergusson,* nicht Clive –).
2 Vgl. Nr. 186, 194.

Nr. 211
* Wie Nr. 210 A; Druck: Hans Georg *Lehmann,* Adenauer und der rheinische Separatismus 1918/19, S. 222f.
Leopold *von Hoesch* (1881–1936), Dr. jur., Geschäftsträger (1921–1923), dann Botschafter in Frankreich (1923–1932), anschließend in Großbritannien (1932–1936).
1 Vgl. Nr. 210 A.
2 Vgl. Nr. 210.
3 Constantin Freiherr *von Neurath* (1873–1956), Botschafter in Italien (1922–1930) und Großbritannien (1930–1932), 1932–1938 Reichsaußenminister, 1939–1943 Reichsprotektor in Böhmen und Mähren (Beurlaubung 1941), 1946 in Nürnberg zu 15-jähriger Gefängnishaft verurteilt, 1954 Haftentlassung.
4 Ferdinand *Foch* (1851–1929), 1917 Chef des französischen Generalstabs, 1918 Oberbefehlshaber der alliierten Streitkräfte in Frankreich, 1919 Marschall von Frankreich.
5 Sir John *Hanbury-Williams* (1859–1946), 1920–1934 Marshall des Diplomatischen Corps in London.
6 Graf Manfredo *Gravina* (gest. 1932), 1929–1932 Hoher Kommissar des Völkerbundes in Danzig.

Nr. 212
* HAStK 904/1144, ms., mit Vermerk »Vertraulich!«. Zu diesem Schreiben vgl. Rudolf *Morsey,* Adenauer und der Nationalsozialismus, S. 481.
a ‹...› Von Adenauer eigenhändig korrigiert aus »erklären«.
1 Briefe vom 14.2. (»Anbei folgen meine Ausführungen zu der Frage, welche Ansprüche ich gegen die Stadt aus der Hausangelegenheit habe«) und 21.2.1935 (»Ausführungen zu dem Punkte ›Vergütung der Provinzialfeuerversicherung – Aufsichtsrat Dedi‹«), beide in HAStK 904/1145.
2 Hierfür nur indirekte Belege in Briefen *Gussie Adenauers:* »Frau Pferdmenges sagte, daß Riesen etwas ruhiger wäre und von seinem ›Vorgänger‹ in besseren Tönen rede« (12.9.1933); »Von Riesen ist noch keine Antwort da« (19.9.1933; beide Vorgänge in Privatbesitz Familie Adenauer).
3 Vgl. Nr. 105, Anm. 2.
4 »Ihre Sache erfordert sehr gründliches Aktenstudium, das viel Zeit beansprucht. Außerdem aber auch innere Ruhe, da scharfes Nachdenken notwendig

ist. Dabei handelt es sich um eine den Anwälten ganz fremde Materie« (aus der Antwort *Schwerings* vom 3.3.1935; HAStK 904/1144). Vgl. Nr. 214.

Nr. 213

* StBKAH VI-A-11, eigenhändig.

a ‹ . . . › In der ausgelassenen Briefpassage spricht *Gussie Adenauer* persönliche Angelegenheiten an.

1 Ernst *Zinsser* (geb. 1904; Bruder von Gussie Adenauer), Diplomingenieur, später Regierungsbaumeister, 1936/37 Architekt Adenauers beim Hausbau in Rhöndorf.

2 Zum bevorstehenden Umzug nach Rhöndorf vgl. Nr. 132, Anm. 1; Nr. 217. – »Wir werden wohl Ende April von hier fortziehen, wir wissen aber noch immer nicht wohin« (Adenauer am 7.3.1935 an *Heineman;* StBKAH, Bestand Heineman).

Nr. 214

* HAStK 904/1145, ms., Nachsatz zu einer 4 1/2seitigen Stellungnahme »gegenüber den Ansprüchen der Stadt«.

a ‹ . . . › Im ausgelassenen Hauptteil u. a. die Anregung Adenauers: »Man sollte m. E. . . . den Regierungspräsidenten persönlich um eine Besprechung bitten und ihm die ganze Sache vortragen und die Situation schildern. Er wird sich ja doch auf alle Fälle mit der Angelegenheit beschäftigen müssen. Ich glaube, es würde sich empfehlen, wenn mein Bruder J[ustiz] R[at] Aden[auer] mit zu dem Regierungspräsidenten ginge, er ist schon einmal für mich bei ihm gewesen, er könnte dann auch ev. schildern, welche Unannehmlichkeiten ich durch die Angaben der Stadt über die Kosten der Unterhaltung meines Gartens bei der Steuerverwaltung habe.« – *August Adenauer* »war aus Anlaß des Brüning-Prozesses bei Diels und hat dort eine gute Aufnahme gefunden«; am 10.3.1935 an *Schwering* (vgl. a.a.O. Vgl. a. Nr. 204, Anm. 1).

Zu diesem Vorgang die Angaben bei Hans Georg *Lehmann,* Adenauer und der rheinische Separatismus 1918/19, S. 219; Rudolf *Morsey,* Adenauer und der Nationalsozialismus, S. 481.

1 Rudolf *Diels* (1900–1957; nach Heirat 1942 Schwager Hermann Görings), ab 1931 im Preußischen Innenministerium (leitete das Dezernat Kommunistenbekämpfung), 1933/34 erster Leiter des Geheimen Staatspolizeiamtes, Regierungspräsident in Köln (1934–1936) und Hannover (ab 1936), 1942–1944 Generaldirektor der »Reichswerke« Salzgitter, 1945–1948 interniert. – Zu seiner Einschaltung in die Bemühungen um Adenauer (der sich in seinen »Erinnerungen 1945–1953«, S. 280f., an ihn erinnert) vgl. Nr. 237.

Nr. 215

* StBKAH VI-A-11, ms., Durchschlag. Dort auch weitere Korrespondenz wegen der Notlage der Benediktinerinnen-Abtei vom Hl. Kreuz Herstelle, u. a. mit

P. Dr. Odo *Casel,* der am 24.3.1935 Adenauer, »auch Ihrem Freunde, Herrn Dr. Pferdmenges, und natürlich auch dem gütigen Schenker« für zwischenzeitlich erfolgte Hilfestellung dankte.
Dieses Schreiben erscheint in der Edition, da es die Kontakte Adenauers zu diesem Kloster und seine genauen Kenntnisse der dortigen Situation belegt; damit bietet es Anhaltspunkte für eine genauere Datierung seines Aufenthaltes in Herstelle, der – bislang unbekannt geblieben und in das Adenauer-Itinerar nicht einzuordnen – in der nachfolgend abgedruckten Mitteilung geschildert wird. Nach Auskünften der Familie Adenauer in einem am 26.1.1991 geführten Gespräch legte Adenauer möglicherweise während der im Frühjahr 1935 häufigeren Fahrten Neubabelsberg–Köln einen Halt oder mehrtägigen Aufenthalt in der Abtei ein.
a ‹. . .› In der ausgelassenen Briefpassage spricht Adenauer finanzielle Angelegenheiten an.
1 Genovefa *Neuerburg* (1886–1965), Malerin und Bildhauerin, widmete sich der sakralen Kunst, trat 1925 in die Abtei Herstelle ein.
2 Einer der Brüder von Schwester Genovefa, Hermann *Neuerburg* (1890–1937; Dr. jur.), gründete 1908 die 1921 nach Köln übergesiedelte Zigarettenfabrik »Haus Neuerburg«.
3 Vgl. Nr. 58, Anm. 2.

Nr. 215 A
* Briefl. Mitteilung von Sr. Eunike *Wilkens* OSB, Archiv der Abtei Herstelle, an den Bearb. vom 12.1.1991. – Hierzu in StBKAH 10.26 erhalten: ein Briefwechsel Adenauers (5.9.1954: »Ich denke manchmal zurück an die Wochen, die ich bei Ihnen in der Verborgenheit geweilt habe«) mit Äbtissin Theresia *Jackisch* (29.8.1954: »Seit jenen wenigen Tagen, da Sie in schwerer Zeit unser Gast waren, haben wir Sie nicht mehr vergessen.«)
1 Theresia *Jackisch* (1895–1972), OSB, trat 1917 in die Abtei Herstelle ein, 1925–1966 Äbtissin.
2 P. Odo *Casel* (1886–1948), OSB, Dr. theol., OSB, trat 1905 in die Abtei Maria Laach ein, 1911 Priesterweihe, ab 1921 Herausgeber des »Jahrbuches für Liturgiewissenschaft«, ab 1922 Beichtvater in der Abtei Herstelle.

Nr. 216
* StBKAH VI-B-36. – Adenauer hatte der Deutschen Kolonialgesellschaft vor 1933 in führenden Funktionen angehört, zeitweise als ihr stellvertretender Präsident. Zu einer in dieser Eigenschaft gehaltenen Grundsatzrede bei einem »kolonialen Werbeabend« am 28.11.1931 in Köln vgl. die Unterlagen (u. a. Korrespondenz mit dem Vorsitzenden der Abteilung, Köln, Robert *Pferdmenges*) in HAStK 902/287/7.

Nr. 217
* StBKAH, Bestand Heineman, eigenhändig, mit Eingangsstempel Brüssel 1.4. 1935.

1 Vgl. Nr. 213, Anm. 2.
2 Zur Tätigkeit *Heinemans* im Raum Köln–Bonn–Koblenz (wo er 1897/98 als Ingenieur der Union Elektrizitätsgesellschaft an der Elektrifizierung der Straßenbahnen beteiligt war) vgl. Hans-Peter *Schwarz,* Adenauer. Der Aufstieg, S. 182f.
3 Vgl. Nr. 167, Anm. 2.
4 Alfred *Dorff* » . . . steht in der Angelegenheit, die Sie erwähnen, zu Ihrer Verfügung«, Heineman im Anschreiben vom 12.3.1935 (a.a.O.). Bereits am 15.1.1935 hatte der belgische Rechtsanwalt dem Büro Heineman eine 10-seitige »Note confidentielle . . . sur l'affaire Dr. Adenauer c/Dr. Blüthgen« übermittelt (a.a.O.); vgl. Nr. 122, 123.
5 Vgl. Nr. 212.
6 Nach Umbildung der belgischen Regierung hatte der neue Ministerpräsident Paul *van Zeeland* am 29.3.1935 in seiner Regierungserklärung auf die »Unmöglichkeit der Aufrechterhaltung des heutigen Standes des Belgakurses« hingewiesen; vgl. Schulthess' Europäischer Geschichtskalender 1935, S. 389.
7 Vgl. Nr. 183, Anm. 4.

Nr. 218
*HAStK 904/1145, ms., Durchschlag ebenfalls am 22.4.1935 an Dr. Ernst *Schwering.* – Zu diesem Schreiben ein Hinweis bei Rudolf *Morsey,* Adenauer und der Nationalsozialismus, S. 489. Dort auch nähere Angaben zu der weiteren Korrespondenz dieses Zeitraums mit *Manstetten* und *Schwering.* An ersteren am 4.4. 1935: » . . . wie sehr ich davon durchdrungen bin, welche Arbeit Ihnen diese Sache macht. Es handelt sich ja um eine schon recht entfernt liegende und nicht einfache Materie, dazu kommt, daß die Stadt ihre Ausführungen sehr ›willkürlich‹ gestaltet, und daß eine Fülle von Material und einzelnen Punkten zu verarbeiten ist«; an letzteren am 20.4.1935: »Der arme Herr Manstetten tut mir wirklich leid, aber es handelt sich um so wichtige Dinge für mich, daß ich glaube, pflichtwidrig zu handeln, wenn ich nicht alles versuchte.«
Die Vielschichtigkeit der mit und von beiden Kölner Juristen behandelten Materie geht aus dem Detail eines weiteren Schreibens an Manstetten vom 13.4.1935 hervor: »Als ich 1927 in dem von der Stadt gepachteten Grundstück Grabungen vornehmen ließ, bin ich auf wertvolle römische Gegenstände gestoßen. – [Fritz] Fremersdorf bezifferte den Wert einer Vase allein auf RM 10.000. Das Grundstück war von der Stadt gepachtet. Die Stadt hat wohl in den Grundstücksverkaufsverträgen eine Bestimmung, daß derartige Funde ihr abzuliefern sind, sie hat aber in den Pachtverträgen diese Bestimmung nicht, wahrscheinlich, weil auf gepachtetem Grundstück sie als Eigentümerin schon Rechte hat. Ich habe damals vorläufig die Sachen dem Wallraf-Richartz-Museum als Leihgabe überlassen. Nach § 984 gehört der Schatz zur Hälfte der Stadt als Grundstückseigentümerin, zur Hälfte mir als Finder. Bei der Art der Stellungnahme der Stadt mir gegenüber – ich bitte das zum Ausdruck zu bringen – verlange ich den mir zustehenden Teil heraus. Diese Forderung dürfte noch anzumelden sein« (alle Vorgänge a.a.O.).

1 Vgl. Nr. 58, Anm. 2.
2 »Was dort wird, weiß der Himmel. Ich habe wenig Mut mehr, die Kraft zum Widerstand fehlt« (am 17.4.1935 an Dora *Pferdmenges;* vgl. Hans-Peter *Schwarz,* Adenauer. Der Aufstieg, S. 388). Vgl. a. Nr. 220, Anm. 5.
3 Im nachfolgenden Schreiben an Schwering vom 12.5.1935 erwähnt Adenauer eine »Besprechung, die wir Ende April bei Herrn Manstetten hatten« (HAStK 904/1144). Dabei ging es um die weitere Vorgehensweise gegenüber der Stadt Köln nach Ernennung eines Zwangsverwalters für die seit Frühjahr 1934 zum größten Teil leerstehenden Häuser in der Max-Bruch-Straße; dazu vgl. Rudolf *Morsey,* Adenauer und der Nationalsozialismus, S. 481f.
4 Das Schreiben Heinrich *Billsteins* konnte nicht nachgewiesen werden.

Nr. 219
* BA R 43 II/127b, Bl. 8f., ms., Erstausfertigung; StBKAH 01.16, Durchschlag. – In beiden Überlieferungen fehlt das Datum; die Datierung erfolgt nach dem am 29.4.1935 ergangenen Zwischenbescheid des Ministerialrats in der Reichskanzlei, Richard *Wienstein:* »... habe ich Ihr gefälliges Schreiben vom 25. April d.Js. ... dem Reichsminister für Volksaufklärung und Propaganda zur Stellungnahme zugeleitet«. Auffallend an diesem Vorgang auch die Angabe zum Absendeort *Rhöndorf,* die Adenauer – im Widerspruch zu allen anderen Informationen zum Itinerar dieses Zeitraums – verwendet haben dürfte, um die korrekte Zustellung der Antwort nach dem Wohnortwechsel sicherzustellen (vgl. Nr. 218). Daß er sich an diesem Tag noch in Neubabelsberg aufhielt, geht u. a. aus einem in StBKAH VI-B-36 erhaltenen Frachtbrief hervor, der mit eigenhändigen Eintragungen Adenauers vom 25.4.1935 zur Rückgabe von 5 Kisten mit leeren Flaschen an Pastor *Schubach,* Niederemmel/Mosel, versehen ist. – Zum Nachfolgenden vgl. die ausführlichen Angaben bei Rudolf *Morsey,* Adenauer und der Nationalsozialismus, S. 799f.
1 Hans-Heinrich *Lammers* (1879–1962), Dr. jur., 1920–1933 im Reichsministerium des Innern, 1933–1945 Staatssekretär und Chef der Reichskanzlei (ab 1937 als Reichsminister), 1949 zu 20 Jahren Haft verurteilt, 1951 Haftentlassung.
2 Vgl. Nr. 130, Anm. 2.
3 Vgl. Nr. 124, Anm. 1.
4 Vgl. Nr. 223. – In einer 1937 (Leipzig/Berlin) erschienenen Neuauflage des genannten Schulbuches (neuer Untertitel: »Die Entscheidungsjahre seit dem Weltkrieg«) wurde der von Adenauer zitierte Passus unverändert übernommen.

Nr. 220
* StBKAH VI-B-68.9, ms., Durchschlag.
1 Franz *Lenze* (1878–1937), Dr.-Ing. E.H., seit 1906 Mitarbeiter von August Thyssen, langjähriger Generaldirektor der Thyssen'schen Gas- und Wasserwerke in Hamborn. – Zu den Kontakten und zur Korrespondenz Adenauer–Lenze vgl. a. Nr. 233, 242, 262.

2 Nach dem in StBKAH VI-B-68 erhaltenen Schriftverkehr ging es dabei um ein von Adenauer in diesem Zeitraum auch entwickeltes Verfahren gegen Luftverunreinigung; dazu vgl. Nr. 291.
3 Damit spricht Adenauer seine Überlegungen und technischen Vorschläge zu einem Verfahren der Schädlingsbekämpfung an; hierzu vgl. die späteren Schriftstücke (Nr. 229, 392) sowie die Darstellung von Hans-Peter *Schwarz,* Adenauer. Der Aufstieg, S. 393f. Vgl. a. Peter *Koch,* Die Erfindungen, S. 17-32.
4 Hermann *Sierp* (geb. 1885), Prof. Dr. phil., Ordinarius für Botanik an den Universitäten Tübingen (ab 1920), Halle (ab 1922), München (ab 1923) und Köln (ab 1928), dort Direktor des Städtischen Gartens.
5 Ähnlich ein Schreiben an *Schwering* vom 12.5.1935: »Wir sind glücklich hier installiert und sind froh, wieder in der Heimat zu sein. Auch unser Haus befriedigt uns durchaus, seine Lage ist herrlich« (HAStK 904/1144). Hierzu auch Adenauer im Rückblick der letzten Lebensjahre: »In Rhöndorf hatten wir ein Haus in einem Seitentale ausfindig gemacht, das als Sommerhaus gedient hatte und viele kleine Räume besaß. Wir brauchten sie für die zahlreichen Kinder. Wir waren glücklich, wieder am Rhein zu sein und auch eine gewisse Verbindung mit Köln und denjenigen Freunden, die man noch besaß, aufnehmen zu können. Die Einwohner Bonns und Rhöndorfs nahmen uns sehr freundlich auf und betrachteten uns vollkommen als zu ihnen gehörig« (StBKAH, Material für die Schallplatte »Aus meinem Leben«).

Nr. 221
* StBKAH VI-A-11. – Ernst *Jäckh* (1875–1959), Prof. Dr. phil., 1920–1933 Präsident der von ihm gegründeten Deutschen Hochschule für Politik in Berlin (Kuratoriumsmitglied: Adenauer), bereitete gemeinsam mit Adenauer die Kölner Werkbund-Ausstellungen von 1913/14 und 1932 vor, 1933 nach Großbritannien, 1940 in die USA emigriert, Professor an der Columbia University.
Druck des in diesem Dokument erwähnten Schreiben *Jäckhs* vom 14.3.1935: Ernst *Jäckh,* Weltsaat, S. 148f. Zu diesem Vorgang vgl. Nr. 210 A, 211. Vgl. a. Nr. 307.

Nr. 222
* HStAD, Dienstakten des Landratsamtes Siegburg Nr. 38. (Reproduktionen aus diesen Dienstakten übersandte am 13.4.1961 der nordrhein-westfälische Kultusminister Werner *Schütz* Bundeskanzler Adenauer.) – Die Kölner Staatspolizeistelle wandte sich mit diesem Schreiben an:
Ludwig *Buttlar* (1891–1945), Dr. jur., seit 15.4.1933 kommissarischer Landrat, 1934–1936 des Siegkreises (Amtsaufgabe am 28.10.1936).
1 Nicht ermittelt.
2 Hierzu ist lediglich die von Adenauer im Juni 1934 beklagte Postkontrolle nachweisbar; vgl. Nr. 188.
3 Die Observation führte zur Ausweisung aus dem Regierungsbezirk Köln; vgl. Nr. 227, 228, 230-232. Vgl. a. Einleitung, S. 10.

Nr. 223
*BA R 43 II/127b, Bl. 13.
1 Vgl. Nr. 219, Kopfregest.
2 Dazu der Vermerk *Wiensteins* (Reichskanzlei) vom 29.5.1935: »Eine Bewilligung der Bitte kommt nicht in Betracht. ... Es wird sich empfehlen, Adenauer erst dann in diesem Sinne zu bescheiden, wenn er erneut auf die Angelegenheit zurückkommen sollte.« – Daß Adenauer die Möglichkeit öffentlicher Richtigstellung verwehrt blieb, beklagte er noch 1937: »Ich kann nichts machen, weil man mir die Erlaubnis, der Öffentlichkeit Mitteilung von den Verhandlungen in der Reichskanzlei Winter 1923–24 zu machen, nicht erteilt. Aber auch hier wird die Wahrheit einmal an den Tag kommen« (am 4.6.1937 an P. Johannes *Vollmar;* Archiv der Abtei Maria Laach).

Nr. 224
*Privatbesitz Familie Adenauer, eigenhändig. – Wegen des Aufenthaltes von *Gussie Adenauer* bei ihren Eltern in Tübingen berichtete ihr Mann in diesem Zeitraum häufiger über das Geschehen in Rhöndorf: »Sonntag war Frl. Maria [Schwab-Lohmer] mit den Kindern – ausgenommen Lotte, die in Honnef an der Pfarrprozession teilnehmen mußte – schwimmen. ... Dann kam Max und gegen 9 Uhr kamen Herr und Frau Pferdmenges und Frau v. Hamacher. Wir haben erst einen Spaziergang gemacht, dann an dem unteren großen Tisch Butterbrote gegessen, darauf oben an unserem Plätzchen einige Glas Wein. ... Es war ein herrlicher Sommerabend, und ich glaube, daß es allen sehr gut gefallen hat. Gegen 11 1/2 sind sie mit Max zurückgefahren. – Jetzt, Nachmittag, sind die drei nach Honnef zur Kirmes, ich habe jedem 50 Pf. gegeben« (24.6.1935, a.a.O.); vgl. Nr. 226.
a ‹...› In der ausgelassenen Briefpassage spricht *Gussie Adenauer* familiäre Angelegenheiten an.
1 Ernst *Röhm* (1887–1934), 1931–1934 Stabschef der SA, 1933 Staatssekretär beim Reichsstatthalter in Bayern, am 1.7.1934 ermordet; vgl. Nr. 189, 189 A.
2 Volksoper des österreichischen Komponisten Wilhelm *Kienzl* (1857–1941).

Nr. 225
*StBKAH VI-B-36.
Das hier erwähnte Anschreiben vom 26.6.1935 konnte nicht nachgewiesen werden. – Zu der nach dem Schriftsteller und Historiker Joseph *von Görres* (1776–1848) benannten »Gesellschaft zur Pflege der Wissenschaft« (im Geburtsjahr Adenauers gegründet, nach 1933 in ihrer Tätigkeit behindert, 1941 aufgelöst, 1948 neu gegründet) vgl. den Artikel von Rudolf *Morsey* in: Staatslexikon, Bd. 2, S. 1082-1085.

Nr. 226
*Privatbesitz Familie Adenauer, ms. Zu diesem Brief vgl. Nr. 224, Kopfregest.

a ‹. . .› In der ausgelassenen Briefpassage spricht Adenauer familiäre Angelegenheiten an.
b ‹ › Von Adenauer nach der Grußformel eigenhändig hinzugefügt.
1 Maria *Schwab-Lohmer,* Nichte des Adenauer-Schulfreundes Hubert Lohmer, ab 1934 Kindermädchen in der Familie Adenauer.
2 Amtsgerichtsrat Karl *Embs,* seit 1913 mit Paula *Wahlen* verheiratet (Schwester von Ella Schmittmann).
3 Wim J. *Schmitz* (1907–1977), Dr. rer. oec., 1925–1931 Studium der Betriebswirtschaft an der Universität Köln, 1931 Promotion mit einer Arbeit über den »Amsterdamer Geldmarkt«, 1931–1934 an der Hollandse Koopmansbank, 1934–1974 Geschäftsführer der Firma Attema & Co. (Verkaufsbüro eines schwedischen Zündholzherstellers). Die enge Verbindung Adenauers und seiner Familie zu Schmitz (als dem im Weltkrieg – soweit nachweisbar – einzigen Briefpartner im Ausland) wird in dieser Edition vielfach belegt; vgl. Einleitung, S. 15.
4 Keine Angaben.
5 Vgl. Nr. 227, 228.
6 Daran erinnert Adenauer in Nr. 231.
7 Vgl. Nr. 189, 189 A.

Nr. 227
* HStAD, Dienstakten des Landratsamtes Siegburg Nr. 38 (vgl. Nr. 222, Kopfregest), auf Kopfbogen »Nationalsozialistische Deutsche Arbeiterpartei. Kreisleitung Siegkreis«, mit Eingangsstempel Siegburg 24.7.1935. – Teildruck: Hans-Peter *Schwarz,* Adenauer. Der Aufstieg, S. 390.
Zur »Schützen«-Affaire, die zur Ausweisung Adenauers aus dem Regierungsbezirk Köln führte, vgl. a. Paul *Weymar,* Adenauer, S. 182 f.; Rudolf *Morsey,* Adenauer und der Nationalsozialismus, S. 489 f. Die Funktion des NSDAP-Kreisleiters für den Siegkreis hatte 1933 / 34–1940 inne: Fritz *Marrenbach* (geb. 1896), zuvor – seit 1928 – Kreisleiter im Oberbergischen Kreis.
1 Lieblingsmarsch Hitlers.
2 Zum weiteren Vorgehen von Partei- und Staatsapparat vgl. Nr. 230, 231, 232.

Nr. 228
* HStAD, Dienstakten des Landratsamtes Siegburg Nr. 38 (vgl. Nr. 222, Kopfregest). Dort auch die Protokolle der polizeilichen Vernehmungen der Mitglieder des Rhöndorfer Junggesellenschützenvereins (29. / 30.7.1935). Einer der Beteiligten, Josef *Thiesen* (29.7.: »Einen politischen Grund hat die Sache bestimmt nicht, es geschieht nur, weil es schon immer in unserem Verein so gewesen ist«), erinnerte sich noch 1987 an das Ereignis; vgl. Rainer *Hagen* / Karl-Ernst *Moring,* Adenauer. Das Buchmanuskript zur Fernseh-Biographie, S. 61.
1 Kampflied der NSDAP (»Die Fahne hoch . . . «), benannt nach dem Verfasser Horst *Wessel* (1907–1930).

Nr. 229
* StBKAH VI-B-68.9, ms., Durchschlag. – Zum Nachfolgenden vgl. Nr. 220, Anm. 3.

Nr. 230
* StBKAH 01.06, behändigte Erstausfertigung, auf Kopfbogen »Der Regierungs-Präsident«; Druck: Konrad Adenauer. Dokumente aus vier Epochen, S. 71f. Vgl. a. Widerstand und Verfolgung in Köln, S. 62; Konrad Adenauer. Seine Zeit – sein Werk, S. 116; Rudolf *Morsey*, Adenauer und der Nationalsozialismus, S. 489; Hans-Peter *Schwarz*, Adenauer. Der Aufstieg, S. 391; Verfolgung und Widerstand, S. 23.
Nach einer im HStAD RW 18-4 (Bl. 222f.) erhaltenen Abschrift übersandte der Regierungspräsident ebenfalls am 10.8.1935 »Überdrucke« der Verfügung, die Adenauer am 14.8.1935 zugestellt wurde (hierzu seine nachfolgend abgedruckte Aufzeichnung), an die »Landräte des Bezirks pp.«: »Im Falle der Zuwiderhandlung ist Adenauer unter schnellstmöglicher Unterrichtung nach hier in Schutzhaft zu nehmen.«
1 § 14 (1): »Die Polizeibehörden haben im Rahmen der geltenden Gesetze die nach pflichtmäßigem Ermessen notwendigen Maßnahmen zu treffen, um von der Allgemeinheit oder dem Einzelnen Gefahren abzuwehren, durch die die öffentliche Sicherheit oder Ordnung bedroht wird« (Preußische Gesetzsammlung, Jg. 1931, S. 79).
2 Vgl. Nr. 22, Anm. 3.
3 Das Verbot wurde im Frühjahr 1936 aufgehoben; vgl. Nr. 280, Kopfregest; vgl. a. den Hinweis Adenauers in dem am 3.1.1961 geführten Gespräch mit Ludwig *von Danwitz:* »Nach einigen Monaten durfte ich durch Vermittlung des Kölner Regierungspräsidenten, den mein ältester Bruder August darum gebeten hatte, nach Rhöndorf zurückkehren« (StBKAH 16.29).

Nr. 231
* StBKAH VI-A-11, ms., Durchschlag. – Zu dieser Aufzeichnung vgl. die ausführlichen Angaben bei Rudolf *Morsey*, Adenauer und der Nationalsozialismus, S. 489f.
1 Vgl. Nr. 230.
2 Vgl. Nr. 227, 228.
3 Josef *Vollmar* (1896–1986; Bruder von P. Johannes Vollmar OSB), Dr. med., Zahnarzt in Bonn, dem Adenauer am 26.3.1964, beim Ausscheiden aus dem Berufsleben, schrieb: »Da drängt es mich, Ihnen – und Ihrer Frau – von Herzen zu danken für alle die treue Sorge und die Hilfe, die Sie mir in den hinter uns liegenden Jahrzehnten gewährt haben. Ich denke, wenn ich auf diese Zeit zurückschaue, nicht nur [an] Ihre ärztliche Kunst, ich denke besonders auch an Ihr menschliches Verstehen, an Ihre und Ihrer lieben Frau menschliche Güte, die ich nie vergessen habe und nie vergessen werde« (eigenhändiges Schreiben in ACDP Bestand I-013-0034).

Zu den Kontakten Adenauer–*Vollmar* in diesem Zeitraum vgl. Paul *Frankens* Darstellung »Dr. Josef Vollmar 85 Jahre«: »Im Jahre 1935 bat der Laacher Gastpater Johannes Vollmar O.S.B. seinen Bonner Bruder, den Zahnarzt Dr. Josef Vollmar, nach Laach zur Behandlung des von ihm betreuten Oberbürgermeisters a. D. Dr. Konrad Adenauer. Aus diesem Zusammensein entwickelten sich bald sehr freundschaftliche Beziehungen. Schon als Konrad Adenauer Herbst 1935 von Maria Laach in das Pax Heim nach Unkel übersiedelte, aber das Gebiet des Regierungsbezirks Köln noch nicht von ihm betreten werden durfte, wagte er es, zweimal in Bonn bei Dr. Vollmar zu übernachten« (a.a.O.).

4 Vgl. Nr. 90, Anm. 11.

5 Gemeint sind Julian Ito *Piggott* (vgl. Nr. 171) und Sir Sidney *Clive* (vgl. Nr. 210 A); letzterer hielt sich in diesem Zeitraum mit einer Delegation der »British Legion« erneut in Deutschland auf und durchreiste im Juli 1935 auch das Rheinland, ohne daß es dabei aber – soweit ersichtlich – zu einer weiteren Begegnung mit Adenauer kam; hierzu die Unterlagen (»Visit of British ex-servicemen to Germany«) in PRO, FO 371/18882.

6 Albert *von Contzen* (1878–1954), 1931–1952 Pfarrer in Rhöndorf, nach einer Angabe bei Ulrich *von Hehl* (Priester unter Hitlers Terror, S. 526) nach 1933 »wegen Kanzelmißbrauchs und Nichthissen der Nazifahne von der Gestapo verwarnt«.

Nr. 232

* StBKAH VI-A-11. – Bereits vor der Abmeldung von Honnef-Rhöndorf hatte sich Adenauer am 14./15.8.1935 in Maria Laach aufgehalten; dort verbrachte er auch die folgenden Wochen (20.8.–19.9.; nach den von P. Johannes *Vollmar* geführten Gastbüchern im Archiv der Abtei Maria Laach).

Nr. 233

* Privatbesitz Familie Adenauer, eigenhändig.

1 Josef *Terboven* (1898–1945), 1930–1945 MdR (NSDAP), 1933–1945 NSDAP-Gauleiter in Essen, 1935 Oberpräsident der Rheinprovinz, 1940–1945 zugleich Reichskommissar für Norwegen.

2 Nach Adenauers Angaben im Schreiben vom Folgetag wahrscheinlich gemeint: Franz *Grohé* (1887–1965; ab 1933 Wachtmeister, später Polizeioberwachtmeister in Honnef), dessen Einflußnahme auf seinen Bruder, den NSDAP-Gauleiter in Köln, im Briefwechsel Gussie–Konrad Adenauer häufiger erwähnt wird.

3 Johann *Stehle* (1892–1943), Justizangestellter. – In einem Empfehlungsschreiben für die Ehefrau Stehles erinnerte sich Adenauer im März 1947: »Ich habe ihren vor einigen Jahren verstorbenen Mann gut gekannt. Er hat sich meiner Angelegenheit, als ich im Jahre 1935 nach Rhöndorf zog, trotz meiner starken politischen Belastung, in ausgezeichneter Weise angenommen, und hat er selbst dadurch politische Schwierigkeiten seitens der NSDAP sich zugezogen« (»Briefe 1945–1947«, S. 444); vgl. Nr. 263.

4 Vgl. Nr. 58, Anm. 2.

5 Vgl. Nr. 231, Anm. 3.

6 Adenauer bescheinigte Baurat Paul *Busse* 1955, er habe »mir durch seinen Rat während der nationalsozialistischen Zeit gute Dienste erwiesen« und »während der Nazizeit treu zu mir gehalten« (Schreiben an Arthur *Klärner* vom 9.7. und 30.8.1955; StBKAH 10.28 a).

7 Peter *Profittlich* (1894–1963), Bäckermeister und Cafébesitzer in Rhöndorf, nach 1945 für die CDU kommunalpolitisch tätig.

8 Nicht überliefert.

9 Gerhard *Stroomann* (1887–1957), Prof. Dr. med., ab 1920 Leitender Arzt, ab 1929 Chefarzt des Kurhauses Bühlerhöhe.

10 »Ich gehe nicht nach Bühlerhöhe, die Preise sind auch in der Nachsaison zu horrend« (am 18.9.1935 an *Heineman:* StBKAH Bestand Heineman). Vgl. Nr. 240.

11 Vgl. Nr. 304.

Nr. 234

* Privatbesitz Familie Adenauer, ms.

a ‹. . .› Auslassung in der Vorlage.

1 Wahrscheinlich gemeint: die unter Nr. 231 abgedruckte Aufzeichnung Adenauers.

2 Vgl. Nr. 227, 228, 231.

3 Die gewünschte Weitergabe bzw. offizielle Verwendung des Briefes erklärt, daß Adenauer im nachfolgenden den gedanklichen und sprachlichen Duktus des privaten und familiären Briefwechsels mit seiner Frau verläßt und die unpersönliche Argumentation seiner Rechtfertigungsschreiben an amtliche Stellen aufgreift; vgl. Nr. 90, 194.

4 Vgl. Nr. 210 A, 211.

5 Neben der Begegnung in Berlin vom Frühjahr 1934 (vgl. Nr. 166, 171) sind weitere direkte Kontakte zu *Piggott* nicht nachweisbar.

6 Zur Lockerung (Weihnachten 1935) und Aufhebung des Aufenthaltsverbots (Frühjahr 1936) vgl. Nr. 252, 280, Kopfregest.

7 Vgl. Nr. 194, Anm. 5.

8 Vgl. Nr. 11.

Nr. 235

* StBKAH, Bestand Heineman, ms., mit Eingangsstempel Brüssel 26. 8. 1935 und hs. Vorzimmervermerk »Copie à M. Heineman«, der zu dieser Zeit unterwegs in den Urlaub in Evian bzw. Aix-les-Bains war (sein Schreiben vom 20.8.1935, a.a.O.).

1 Bezieht sich auf eine weitere Überweisung von RM 1.000,–; vgl. Nr. 183, Anm. 4.

2 Vgl. Nr. 230, 232.

3 Vgl. Nr. 233, Anm. 10.

Nr. 236

* Privatbesitz Familie Adenauer, eigenhändig.

a ‹...› In der ausgelassenen Briefpassage spricht Adenauer familiäre Angelegenheiten an.

Nr. 237

* StBKAH 01.06, ms., Durchschlag, o. D., nicht gezeichnet. Da der Verfasser in der »ich«-Form berichtet und Adenauer im Brief vom 31.8.1935 an seine Schwiegereltern (vgl. Nr. 239) das Gespräch seines Bruders August mit *Diels* erwähnt, ist der Autor dennoch zweifelsfrei nachzuweisen. Hierzu vgl. a. Rudolf *Morsey*, Adenauer und der Nationalsozialismus, S. 490, 802; Hans-Peter *Schwarz*, Adenauer. Der Aufstieg, S. 391f.

a ‹ › Hierzu der eigenhändige Vermerk Adenauers »Sehr wichtig auf dem 2. Blatt«.

1 Vgl. Nr. 230, 232.

2 Eine dieser Einrichtungen, die sog. »Gau-Schulungsburg« der NSDAP für den Gau Köln–Aachen war im »Feuerschlößchen« in Honnef-Rommersdorf untergebracht, nur wenige hundert Meter von Rhöndorf entfernt, in unmittelbarer Nähe der Kriegsunterkunft von Erzbischof *Frings*. – In dieser Region 1933 ebenfalls errichtet: die »Landesführerschule I (Dr. Robert Ley Schule)« in Königswinter; briefl. Mitteilung von Kreisoberarchivrat Dr. Heinrich *Linn* (Siegburg) an den Bearb. vom 24.5.1991.

3 Ottmar *Strauß* (geb. 1878), 1903/04 an der Gründung der Eisengroßhandlung Firma Otto Wolff beteiligt, deren langjähriger Mitinhaber, gehörte u. a. auch dem Aufsichtsrat der Vereinigten Stahlwerke AG an.

4 Dazu die Hinweise von August *Haag*, Bilder aus der Vergangenheit von Honnef und Rhöndorf, S. 120.

5 Vgl. Nr. 210 A.

6 Joachim *von Ribbentrop* (1893–1946), ab 1934 Beauftragter der Reichsregierung für Abrüstungsfragen, schloß im Juni 1935 als Sonderbotschafter das deutsch-britische Flottenabkommen ab, 1936–1938 Botschafter in London, 1938–1945 Reichsaußenminister.

7 Paul *Körner* (1893–1954), ab Februar 1933 persönlicher Referent Görings im Preußischen Innenministerium, ab April 1933 Staatssekretär im Preußischen Staatsministerium, ab 1936 Stellvertreter Görings als Beauftragter des Vierjahresplanes.

Nr. 238

* HAStK 904/1146, ms.

a ‹...› Vom Bearb. korrigiert aus »20.7.«, nach den Angaben in der polizeilichen Abmeldung unter Nr. 232.

1 Die Verordnung des Reichspräsidenten vom 28.2.1933 (vgl. Nr. 230) war »zur Abwehr *kommunistischer* [Hervorhebung durch den Bearb.] staatsgefährdender Gewaltakte« erlassen worden.
2 Vgl. Nr. 240.
3 Nach einem Schreiben *Manstettens* vom 6.9.1935 (a.a.O.) kam diese Besprechung des weiteren Vorgehens in den Verhandlungen mit der Stadt Köln vermutlich am 12. oder 13.9.1935 zustande. – Aus der daran anschließenden Korrespondenz mit *Schwering:* »Ich fürchte, daß irgend etwas Neues im Gange ist, daß es sich nicht allein um die Bearbeitung durch eine andere Stelle handelt. Vielleicht können Sie es feststellen« (18.9.). Vgl. Nr. 241.

Nr. 239
* StBKAH VI-A-11, ms., Durchschlag.
1 Das Anschreiben der Schwiegereltern Adenauers ist nicht überliefert.
2 Vgl. Nr. 230, 232.
3 Vgl. Nr. 227, 228, 231.
4, 5 Vgl. Nr. 237.
6 Vgl. Nr. 240.

Nr. 240
* Gäste- und Fremdenbuch des Kurhauses St. Elisabeth, Freudenstadt/Schwarzwald. – Die Durchsicht dieses für das Adenauer-Itinerar bisher noch nicht ausgewerteten Hilfsmittels nahm freundlicherweise *Schwester Maria Lydia* (Kurhaus St. Elisabeth) vor, die diesen Beleg wie auch einen weiteren zum nachfolgenden Aufenthalt Adenauers in Freudenstadt (15.5.–12.6.1936; vgl. Nr. 284) mit Begleitschreiben vom 16.11.1990 für die Edition zur Verfügung stellte.

Nr. 241
* HAStK Best. 904/1146, ms.
1 Darin u. a. die Bitte, »... alles, und zwar mit äußerster Energie zu versuchen, um die ganze Angelegenheit mit Riesen selbst zu besprechen. Er hat sich ja die Bearbeitung der Sache vorbehalten, und Sie haben ja auch seinerzeit schon mit ihm gesprochen. Ich sehe keine Möglichkeit, anders irgendwie weiterzukommen. Eine Besprechung, wenn Sie mit Energie darauf bestehen, kann Ihnen doch nicht abgeschlagen werden« (a.a.O.). – Die entscheidenden Verhandlungen, die den Vergleich mit der Stadt Köln zur Folge hatten, wurden erst 1937 mit *Riesens* Nachfolger *Schmidt* geführt; vgl. Nr. 311, 314. Riesen seinerseits hatte »... in einer liebenswürdigerweise im Oktober 1933 gewährten Unterredung hinsichtlich der förmlichen Behandlung der von mir vertretenen Interessen erklärt ..., er werde in diesen, seinen Amtsvorgänger betreffenden Fragen wahrscheinlich nur in einigen einfach gelagerten Tatbeständen selbst entscheiden, im übrigen aber das Schwergewicht der Entscheidung wohl bei der Aufsichtsbehörde belassen« (nach dem Entwurf eines *Manstetten*-Schreibens an den Kölner Oberbürgermeister vom 28.10.1935, a.a.O.).

2 Zur Anwaltstätigkeit von Adolf *Süsterhenn* für Heinrich *Hirtsiefer* ein Hinweis bei Winfried *Baumgart,* Adolf Süsterhenn, S. 191.

Nr. 242
* StBKAH VI-A-11, ms., Durchschlag.
1 Adenauer bezieht sich hier auf das am 21.8.1935 mit *Lenze* in Maria Laach geführte Gespräch (vgl. Nr. 233).
2 Hierzu das Schreiben vom Folgetag an *Johannes Adenauer;* vgl. Nr. 243.
3 Vgl. Nr. 253, Anm. 2.
4 Vgl. Nr. 280, Kopfregest.

Nr. 243
* StBKAH VI-A-11, ms., Durchschlag. – Dort auch die Antwort des Adenauer-Bruders Johannes vom 8.10.1935, die nähere Angaben zu dem nachfolgend erstmals angesprochenen Paxheim in Unkel enthält: »Das Haus gehört ... dem ›Priesterverein Pax‹ Sitz Köln, ebenso wird auch die Verwaltung auf dessen Rechnung geführt. Vorsitzender des Vereins ist der ehemalige Gefängnispfarrer, Prälat Limberg.« – Neue Forschungsergebnisse zur Vita eines anderen Gastes, der im Dritten Reich verfolgt wurde – Thomas *Eßer* –, lassen den Schluß zu: »Auch wenn in den Polizeiakten, von denen die meisten verloren gegangen sind, das Haus nicht als Stätte der Opposition oder des Widerstands ausgewiesen wird, so ist davon auszugehen, daß sich hier regimekritische und oppositionelle Kreise des politischen Katholizismus trafen«; vgl. Reinhold K. *Weitz,* Thomas Eßer – ein Zentrumspolitiker und das Dritte Reich, S. 37.
In Unkel wurde Adenauer häufiger von Paul *Franken* besucht (vgl. Nr. 258), der dabei gelegentlich von dem Berliner Mediziner Dr. C. W. *Roesgen* begleitet wurde; vgl. dessen Schreiben an Franken vom 27.7.1946 in ACDP I-012-001/5. Zur Situation in Unkel vgl. a. Nr. 250, 258, 259, Kopfregest.
1 Vgl. Nr. 230, 232, 237.

Nr. 244
* Privatbesitz Familie Adenauer, eigenhändig, o. D. – Der Datierungsanhalt ist mit der Empfangsbestätigung in der Antwort Adenauers vom 16.10.1935 gegeben. Dieser Brief enthält neben der Erörterung wirtschaftlicher und finanzieller Fragen Angaben zur Abreise aus Freudenstadt (21.10.1933) und zur Rückfahrt über Tübingen (24.10., Zwischenstation bei den Schwiegereltern *Zinsser*) nach Unkel.
a ‹...› In der ausgelassenen Briefpassage spricht *Gussie Adenauer* familiäre Angelegenheiten an.
1 Hund der Familie Adenauer.

Nr. 245
* Privatbesitz Familie Adenauer, ms.
1 Benito *Mussolini* (1883–1945), begründete 1919 die faschistische Partei Itali-

ens, 1922–1943 Ministerpräsident, 1943 abgesetzt und verhaftet, nach Befreiung durch deutsche Truppen 1943–1945 Ministerpräsident der Repubblica Sociale Italiana, am 28.4.1945 von kommunistischen Partisanen erschossen. – Hinweise auf indirekte Kontakte Adenauer–Mussolini in Nr. 308.

Nr. 246
* Privatbesitz Familie Adenauer, eigenhändig.
a ‹. . .› Unleserlich.
1 Durchschlag dieses Schreibens in StBKAH VI-B-68.9. – Abb. eines weiteren Schreibens an *Giesen,* mit dem Adenauer in diesem Zeitraum wegen seiner Patentanmeldung betr. »Schädlingsbekämpfung« regelmäßig in Verbindung stand (vgl. Nr. 220, 229), bei Peter *Koch,* Die Erfindungen, S. 23.
2 »Und ich sah ein Tier aus dem Meer steigen, das hatte zehn Hörner und sieben Häupter und auf seinen Hörnern zehn Kronen und auf seinen Häuptern lästerliche Namen. ... Und es tat sein Maul auf zur Lästerung gegen Gott, zu lästern seinen Namen und sein Haus und die im Himmel wohnen. ... und ihm ward gegeben Macht über alle Geschlechter und Völker und Sprachen und Nationen« (Auszug aus diesem Kapitel). – Die Anlage ist nicht erhalten, der Artikel konnte nicht nachgewiesen werden.
3, 4 Nicht nachgewiesen.
5 Nach den bibliographischen Angaben bei Ferdinand *Seibt,* Karl V. Der Kaiser und die Reformation, Berlin 1990, kann Adenauer als damals aktuelle Veröffentlichung gelesen haben: Peter *Rassow,* Die Kaiseridee Karls V. (1932).
6 Zur Heirat von Gussie und Konrad Adenauer am 25. 9. 1919 vgl. Paul *Weymar,* Adenauer, S. 86f. Vgl. a. Nr. 440.
7 Vgl. Nr. 244, Kopfregest.

Nr. 247
* HAStK 904/1146, ms. – Zu diesem Vorgang und zum Stand der Verhandlungen mit der Stadt Köln im Herbst 1935 vgl. die Angaben bei Rudolf *Morsey,* Adenauer und der Nationalsozialismus, S. 482. Vgl. a. Nr. 238, 241.
a ‹ › Von Adenauer eigenhändig korrigiert aus »dann«.
1 Vgl. Nr. 243, Kopfregest.
2 Das Schreiben an *Manstetten* ist nicht erhalten. – Sein nächster Besuch bei Adenauer (Terminvorschlag im Brief an Schwering vom 28.10.1935: »Mitte dieser Woche«; a.a.O.) konnte nicht datiert werden.

Nr. 248
* StBKAH, Bestand Heineman, ms., mit Eingangsstempel Brüssel 30.10.1935 und hs. Vorzimmernotiz »écrit à Mlle. Schönfelder 31.10.35« (hierzu vgl. Nr. 183, Anm. 4).
1 Vgl. Nr. 243, Kopfregest.
2 Anspielung auf die Ausweisung aus dem Regierungsbezirk Köln; vgl. Nr. 230, 232.

3 August *Schlüter,* Mitinhaber der Kölner Firma Bergfelder & Schlüter, der nach 1933 in nicht geklärter geschäftlicher Verbindung zu Adenauer stand; dieser bescheinigte ihm am 3.9.1946, »daß ich ihn und seine Familie seit langem kenne. Er und seine Familie waren immer anti-nationalsozialistisch eingestellt« (StBKAH 07.12).

Nr. 249
* HAStK 904/1146, ms.
1 Brief Ernst *Schwerings* aus Anlaß der Geburt seiner Tochter Ursula am 20.10. 1935.
2 Hintere Teile des Gartens an der Max-Bruch-Straße, angrenzend an die Kitschburgerstraße; hierzu ein weiteres Schreiben an Schwering vom 7.12.1935 (a.a.O.).
3 Nach Empfehlungen Schwerings entschied sich Adenauer für einen »Herr[n] Peglow. Das ist der Mann, der mal in der Verteidigung seiner Pflichten beim Wohlfahrtsamt einen schweren Schnitt mit einer Schere durch einen angreifenden Petenten erlitt und von Ihnen mit einer Gratifikation ausgezeichnet wurde« (Schwering am 14.11.1935; a.a.O.).

Nr. 250
* StBKAH 16.29, Auszug aus einem Interview, das Ludwig *von Danwitz* aus Anlaß des 85. Adenauer-Geburtstages am 3.1.1961 mit dem Bundeskanzler führte (gesendet im WDR Hörfunk am 4.1.1961). Druck: Bulletin des Presse- und Informationsamtes der Bundesregierung, Nr. 4 (1961), S. 32. – Zu diesem autobiographisch besonders aufschlußreichen Gespräch vgl. a. Nr. 325, Anm. 1, Nr. 344, 357.
1 Zum Nachfolgenden vgl. die inhaltlich weitgehend identische Auskunft bei Paul *Weymar,* Adenauer, S. 184. Vgl. a. Hans-Peter *Schwarz,* Adenauer. Der Aufstieg, S. 392.
2 Vgl. Nr. 82, Anm. 2.

Nr. 251
* StBKAH 01.06 und Ausstellungsvorlage zu Tafel 53, ms., Durchschlag, ohne Anrede und Grußformel. Vgl. Konrad Adenauer, Dokumente aus vier Epochen, S. 72; Rudolf *Morsey,* Adenauer und der Nationalsozialismus, S. 490. – Zu den anderweitigen Bemühungen um vorübergehende Aufhebung des Aufenthaltsverbots vgl. Nr. 254, Anm. 1.
1 Vgl. Nr. 230.

Nr. 252
* StBKAH 01.06. – Adenauer kommentierte den Vorgang in einem Brief an Ernst *Schwering* vom 24.12.1935 so: »Ich habe vom 24. bis 28.12. ›Heimaturlaub‹ bekommen« (HAStK 904/1146).

Nr. 253
* Archiv der Abtei Maria Laach, eigenhändig.
1 Vgl. Nr. 150.
2 *Herwegen* war 1934/35 mehrfach von der Gestapo verhört worden und hatte sich 1935 nach einer Morddrohung länger in der Schweiz aufgehalten; vgl. Emmanuel *von Severus,* Abt Ildefons Herwegen von Maria Laach, S. 46f. Vgl. a. die Angaben Paul *Frankens* in Nr. 258.
3 Vgl. Nr. 252.

Nr. 254
* StBKAH VI-A-11, eigenhändig.
a ‹...› In der ausgelassenen Passage werden private Angelegenheiten angesprochen.
1 Neben Adenauers Schwiegervater hatte sich Paul *Franken* um diese Sonderregelung für die Weihnachtstage bemüht; er übernahm auch die Fahrtendienste von Unkel nach Rhöndorf und zurück am 24. bzw. 28.12.1935; vgl. Paul *Franken,* 20 Jahre später, S. 94, und Klaus *Dreher,* Der Weg zum Kanzler, S. 43.
2 Adenauer hoffte auch später auf die vermittelnde Funktion *Zinssers:* »Vater wird ja sicher nach Köln gehen. Es wäre sehr gut, wenn er von Haberer aufsuchte, um von ihm über den Stand der Dinge zu hören, nicht nur um seine Intervention zu bitten« (am 29.2.1936 an Gussie *Adenauer;* Privatbesitz Familie Adenauer).

Nr. 255
* Hermann *Giesler,* Ein anderer Hitler, S. 11. Die Darstellung Gieslers (geb. 1898; Architekt, seit 1930 Parteiredner der NSDAP, 1938 zum »Generalbaurat für die Hauptstadt der Bewegung« – München – berufen, Mitglied des Reichskultursenats) erlaubt keine genauere Datierung des Gesprächs. Die hier vorgenommene zeitliche Zuordnung ergibt sich aus seinen Angaben zu einer »Ende 1935« an ihn ergangenen Aufforderung, »an dem Wettbewerb für das Gauforum Weimar teilzunehmen« (S. 119), und dem anschließenden Gewinn dieses und eines weiteren Wettbewerbs, der zur Einladung in die Reichskanzlei führte. – Zu diesem Vorgang vgl. Hans-Peter *Schwarz,* Adenauer. Der Aufstieg, S. 373.
1 Paul Ludwig *Troost* (1878–1934), Architekt, entwarf u. a. NSDAP-Parteibauten und das »Haus der Deutschen Kunst« in München.

Nr. 256
* Albert *Speer,* Spandauer Tagebücher, S. 212f. – Die Tagebucheintragung Speers (1905–1981; Architekt und Berater Hitlers, 1937 zum Generalinspekteur für die Reichshauptstadt Berlin ernannt, 1943–1945 Reichsminister für Bewaffnung und Kriegsproduktion, 1946–1966 in Spandau inhaftiert), der diese Sätze entnommen sind, datiert vom 24.10.1949; Anlaß für die Reminiszenz: »Adenauer, das frühere Stadtoberhaupt von Köln, soll Chef der neuen westdeutschen Regierung geworden sein.«

1 Willy *Liebel* (geb. 1897), ab 1933 Oberbürgermeister von Nürnberg, ab 1936 MdR (NSDAP).
2 Vgl. Nr. 147, Anm. 1; vgl. a. Nr. 420, Anm. 3.

Nr. 257
* Bayerische Staatsbibliothek München, Nachlaß Braunfels, eigenhändig. – Das Anschreiben zum Adenauer- Geburtstag vom 5.1.1936 ist in StBKAH 14.01 erhalten: »... welch ein größeres äußeres Fest wäre in anderen Jahren wohl Ihr 60ter Geburtstag geworden, wie hätte die Welt sich nicht genug tun können in Ehrungen.... Heute ist es anders; heute wagen viele nur heimlich, zu Ihnen zu kommen, und viele werden für Sie hoffen und beten, von denen nichts an Sie kommt«. A.a.O. auch weitere Gratulationen, wegen der Trennung größtenteils von Familienmitgliedern, daneben auch von: Hubert *Lohmer,* Köln (2.1.), Hermann *Best,* Wiesbaden (3.1.: »Ich bin der festen Überzeugung, daß eine spätere Zeit Ihrer kraftvollen Führerpersönlichkeit, dem von Ihnen Erstrebtem und Erreichtem besser gerecht werden wird«), Familie *Berndorff,* Köln-Lindenthal (4.1.), Heinrich *Billstein,* Köln (4.1.), Ernst *Schwering* (4.1.), Theo und Dr. Hans *Greven,* Köln-Bayenthal (5.1.), Gerta *Volk,* Köln (5.1.; mit Bericht über ihre Tätigkeit im »›Zusammenschluß Kath. Beamtinnen‹, mit dem ich im September – Sie entsinnen sich gewiß – in M[aria] L[aach] war«), Pfarrer Otto *Finger,* Köln-Lindenthal (6.1.), Dora *Pferdmenges,* Köln-Marienburg (7.1.; mit Ankündigung eines Besuchs in Unkel am Folgetag), Else *Falk,* Köln (9.1.), Peter Josef *Schaeven,* Köln-Sülz (9.1.), Paul *Clemen,* Bonn (10.1.: »Sie werden längst als lächelnder Philosoph die ausgebliebenen Wünsche Ihrer alle Zeit getreuen Stadt zu dem Übrigen gelegt haben«).
1 Bertel *Braunfels* geb. *von Hildebrand.*

Nr. 258
* Paul *Franken,* 20 Jahre später, S. 94. – Paul *Franken* (1903–1984), Dr. phil., 1930–1936 Geschäftsführer des Kartellverbandes der Katholischen Deutschen Studentenvereine, 1937–1939 in Schutzhaft, später als Privatlehrer tätig, 1943 als Wehrmachtsangehöriger in Italien, ab 1949 Dozent, 1950–1953 Direktor der Pädagogischen Hochschule Vechta, 1952–1968 Leiter der Bundeszentrale für Heimatdienst bzw. für Politische Bildung. – Seine Funktion als Verbindungsmann Adenauers zu oppositionellen Kreisen im Dritten Reich wird in dieser Edition vielfach belegt; hierzu u. a. Nr. 285, 305, 320, 323, 329, 397, 407. Vgl. Einleitung, S. 16 f.
1 Ob sich Adenauer bei dieser Gelegenheit auch mit seinem in Cochem ansässigen Freund Hans *Fuchs* traf, konnte nicht geklärt werden.
2 Eine andere Erinnerung an den 5.1.1936 ist in einem Brief Wilhelm *Hamachers* vom 4.1.1941 enthalten: »... sprach Ihnen bei diesem Besuch meine herzlichsten Glückwünsche zu Ihrem 60. Geburtstage aus. Beim Abendtisch gab es eine sehr frische Unterhaltung über das Thema: Soll man in das politische Leben eintreten oder nicht; ich stimmte diesmal Ihnen lebhaft zu, der Sie diese Frage unbedingt bejahten und die Forderung stellten, daß möglichst viele, aber saubere und feste

Charaktere sich dem öffentlichen Leben widmen, aber sich dann auch als solche bewähren müßten; nicht die Politik an sich sei schlecht, sondern sie werde schlecht durch die entsprechenden Persönlichkeiten bzw. Menschen. Wir standen damals in den ersten Proben der politischen Totalität; mittlerweile haben wir manche Erfahrungen dieser politischen Ideologie sammeln und dabei feststellen können, daß in dem Zeitalter des totalen Denkens nichts mehr unpolitisch ist ...« (StBKAH 14.02).

3 In diesem Sinne schrieb Adenauer am 22.10.1946 Pia Gräfin *Fürstenberg-Herdringen,* »wie tief empört ich ... über die Haltung des größten Teils Ihrer Standesgenossen während der nationalsozialistischen Zeit bin; sie sind unter Verleugnung ihrer Tradition aus einer völlig unbegründeten Abneigung gegen eine wirkliche Demokratie einem verbrecherischen Abenteurer nachgelaufen und haben dadurch vor Gott eine schwere Schuld auf sich geladen«; vgl. »Briefe 1945–1947«, S. 351.

4 Vgl. Nr. 113, Anm. 2.

5 Vgl. Nr. 253, Anm. 2.

Nr. 259

* StBKAH VI-B-36. – Zur Bedeutung der in StBKAH vollständig erhaltenen Rechnungen des Pax-Erholungsheims (Unkel) für die Rekonstruktion des Adenauer-Itinerars in dieser Zeit der Trennung von der Familie vgl. Nr. 280, Kopfregest. Adenauers Situation in Unkel wird in einem Privatbrief beleuchtet, den am 10.4. 1956 Heinrich *Kelter* (Kevelaer) an ihn richtete: »Ich fuhr damals von Kevelaer nach Erpel–Rhein. ... Im Zuge saßen mir 2 Herren gegenüber. Diese unterhielten sich und fiel hierbei der Name Konrad. Einer von den Herren sagte, wir müssen mal sehen, was der Bürgermeister [von Unkel; Hans Hartdegen] für ein Kerl ist, damit der Konrad aus dem Paxheim heraus kommt. Ich bin dann sofort in Unkel ausgestiegen und zu dem damaligen Bürgermeister gegangen, der ein guter Bekannter von mir war. Auf meine Frage hin, wer denn der hohe Gast mit Namen Konrad vom Paxheim sei, sagte er mir, das sei der Herr Oberbürgermeister von Köln, Dr. Adenauer. Ich sagte ihm dann das Gespräch der beiden Herren aus dem Zuge. Aus dem Gespräch der Leute sei hervorgegangen, daß sie von der NSDAP waren und den Konrad aus dem Paxheim herausholen wollten. Bei dieser Gelegenheit sagte mir der Herr Oberstleutnant, daß Ihre Post unter scharfer Zensur stehe und er die ganze Post von Ihnen nachsehen müsse. Ich habe dann den Herrn Oberstleutnant gebeten, er möge sich für Sie einsetzen und Ihnen jeden Schutz zukommen lassen. ... Herr Hartdegen hat mir dann zugesagt, daß er alles für Sie tun würde, was in seiner Kraft stehe. Er sagte dann wörtlich, daß ich mit keinem darüber sprechen dürfe. Es wären dieselben wie die Moskauer. Sollte etwas davon an das Tageslicht kommen, so wären Sie und ich abgeholt worden. Eines Tages hieß es dann, ›Auf der Flucht erschossen! 2 Verräter!‹« (StBKAH 10.32).

Nr. 260
* StBKAH VI-A-11, eigenhändig. – Dies das, soweit ersichtlich, einzige Schreiben *Schwinks* an Adenauer nach der Kölner Zusammenarbeit nach dem Ersten Weltkrieg (vgl. Nr. 194).
1 Nicht nachgewiesen.
2 Keine Angaben.
3 Vgl. Nr. 230, 232.

Nr. 261
* StBKAH VI-A-11. – Ob der Schriftsteller und Dramaturg Herbert *Eulenberg* (1876–1949; 1920 Direktor am Burgtheater Wien, Verfasser von historischen Dramen und Biographien, auch von Kölner Volksstücken) dieses Widmungsexemplar Adenauer bei einer Begegnung überreichte oder zusandte, konnte nicht geklärt werden. – 1945 gehörte er zu den ersten aus dem alten Bekanntenkreis, mit denen Adenauer wieder brieflichen Kontakt aufnahm; vgl. »Briefe 1945–1947«, S. 57.

Nr. 262
* StBKAH VI-B-68.9, ms. Durchschlag.
1 Vgl. Nr. 154, Kopfregest. Vgl. a. Nr. 272.
2 Gemeint ist das von Adenauer entwickelte Verfahren zur Schädlingsbekämpfung (vgl. Nr. 220, 229), das er während des bevorstehenden Aufenthaltes in Berlin häufiger mit AEG-Vertretern besprach. – Zur Vorbereitung dieser Verhandlungen hatte er in den Vorwochen häufiger mit dem Kölner Ingenieur O. *Garbe* wie auch besonders mit Josef *Giesen* korrespondiert: »Die Angelegenheit ruht augenblicklich. Das Patentamt hat einige Patentschriften entgegen gehalten. Ich habe Auftrag gegeben, sie zu beschaffen, aber es geht unendlich langsam. Vorher Zeit und Geld kostende Versuche zu machen, vorher d. h. ehe man sie kennt, hat keinen Zweck. Wenn die eventuell mögliche Verfahrensart dort schon angeführt ist, kann man sich ja alles weitere sparen. – Eventuell wollte ich sehen, ob man die nicht zahlreichen Versuche, die zu machen wären, in Berlin gemacht bekäme. Wo kann man dort wohl Schädlinge bekommen und zwar solche, die in ihren natürlichen Schlupfwinkeln sitzen, also mit Ast- und Zweigstücken?« (Schreiben vom 14.1.1936, a.a.O.); vgl. Nr. 263.

Nr. 263
* Privatbesitz Familie Adenauer, eigenhändig.
a ‹...› In der ausgelassenen Briefpassage spricht Adenauer familiäre Angelegenheiten an.
1 Felix *Schwering* (1884–1961; Bruder von Ernst und Leo Schwering), Dipl.-Ing. 1932–1945 Mitglied des Hauptprüfungsamtes der Deutschen Reichsbahn in Berlin, 1946/47 stellvertretender Generaldirektor der Reichsbahndirektion in Bielefeld und Mitglied des Zonenbeirats für die britische Zone.

2 Hierzu in StBKAH VI-B-68.7 eine eigenhändige Aufzeichnung Adenauers zu dem mit Schwering am 12.2.1936 geführten Gespräch »über Bewegungsabläufe bei Lokomotiven«. Die in diesem Faszikel des Adenauer-Nachlasses erhaltenen Korrespondenzen und Aufzeichnungen zu seinem »alte[n] Lieblingsgedanke[n] einer Reaktionsdampfmaschine« (Hans-Peter *Schwarz,* Adenauer. Der Aufstieg, S. 393) umfassen vornehmlich Vorgänge aus den 30er und frühen 40er Jahren, aber auch erste Skizzen und Briefwechsel aus den ersten Jahren nach der Jahrhundertwende; hierzu vgl. Peter *Koch,* Die Erfindungen, S. 121-128.
3 Carl Wilhelm *Ramsauer* (1879–1955), Prof. Dr. phil., Ordinarius der Experimentalphysik an der Technischen Hochschule Danzig (1921–1928) und an der Technischen Universität Berlin (nach 1945), 1928–1945 Direktor des Forschungsinstituts der AEG in Berlin.
4 Dazu die eigenhändige Gesprächsaufzeichnung Adenauers in StBKAH VI-B-68.9; vgl. Nr. 220, 229, 262.
5 Paul *Schulte* (1895–1974), OMI, Missionar, 1927 Begründer der Missionsverkehrs-Arbeitsgemeinschaft (MIVA). – Nachfolgend angesprochen: seine 1934 erschienene Veröffentlichung »Der fliegende Pater«. Das Werk eines modernen Missionars. Dazu und zu seinen Konflikten mit dem Nationalsozialismus vgl. die Angaben bei Josef *Schulte*/Hermann *Lembeck,* Der fliegende Pater Paul Schulte. Gründer der MIVA, Aschaffenburg 1987, S. 35-46.
6 Vgl. Nr. 233, Anm. 3.
7 Vermutlich gemeint: Ernst *Overhues,* dessen Veröffentlichung »Weltgeschichte im Winkel« (Dortmund 1934) mit Widmung des Verfassers in der Bibliothek Adenauers erhalten ist.
8 Philipp *Brugger* (1865–1943), 1900–1907 Beigeordneter der Stadt Köln, danach im preußischen Kultusministerium, 1919–1921 Regierungspräsident in Köln und Staatskommissar für die Universität Köln, 1921–1923 Staatssekretär im Reichsministerium für die besetzten Gebiete.
9 Lore *Lehmann,* Tochter von Walter *Lehmann* (1878–1939, Prof. Dr. med. et phil.; Völkerkundler an der Universität Berlin, ab 1903 an der amerikanischen Abteilung des Berliner Museums für Völkerkunde).
10 Wim *Mertens,* Sohn des Düsseldorfer Landgerichtspräsidenten Mertens – Bundesbruder des ältesten Adenauer-Sohnes, nach 1939 als Kriegsverwaltungsrat in Frankreich, dort ums Leben gekommen.

Nr. 264
* Privatbesitz Familie Adenauer, eigenhändig.
a ‹...› In der ausgelassenen Briefpassage spricht Adenauer familiäre Angelegenheiten an.
1 Vgl. Nr. 233, Anm. 3, Nr. 263.
2 Vgl. Nr. 263, Anm. 2, 4.
3 Henry *Benrath,* Die Kaiserin Konstanze, Stuttgart–Berlin 1935.
4 Vom Reiseschriftsteller Colin *Ross* (1885–1945) nach 1933 in mehreren Auflagen erschienen: Unser Amerika. Der deutsche Anteil an den Vereinigten Staaten.

5 Holländische Kultur im 17. Jahrhundert, 1933 auch in Deutschland veröffentlichte Schrift des niederländischen Historikers Johan *Huizinga* (1872–1945).
6 Grete *Falk,* Schwiegertochter von Else *Falk* (1874–1956; 1920–1933 Vorsitzende des Stadtverbandes der Kölner Frauenverbände) und Bernhard *Falk* (1867–1944; Kölner Rechtsanwalt, 1924–1932 MdL – DDP/DStP – in Preußen, 1933 nach Belgien emigriert). Zu Grete Falk vgl. Nr. 322, Anm. 3.
7 Nicht überliefert.
8 An Berliner Kontakte zu den Eltern von Hertha *Kraus,* Hedwig und Prof. Dr. Alois *Kraus* (1863–1953), erinnert Adenauer in seinen Memoiren: »Ihr Vater, emeritierter Professor an der Universität Frankfurt, suchte mich in Neubabelsberg auf, wo ich damals wohnte, um sich von mir zu verabschieden. Er wollte zu seiner Tochter, die sich in Amerika eine neue Existenz geschaffen hatte. ... Professor Kraus sagte, er habe einige Ersparnisse, und bot mir diese an. Mich hat diese Geste zutiefst gerührt. Ich dankte ihm, nahm aber sein hochherziges Angebot nicht an« (Erinnerungen 1953–1955, S. 157).

Nr. 265
* »Berner Tagblatt«, 10.2.1936.
1 Hitler 1933: »Es ist unsere Ehrenpflicht, die Namen der Novemberverbrecher von unseren öffentlichen Straßen und Plätzen zu entfernen«; vgl. Schulthess' Europäischer Geschichtskalender 1933, S. 105.
2, 4 Vgl. Rudolf *Morsey,* Leben und Überleben im Exil. Am Beispiel von Joseph Wirth, Ludwig Kaas und Heinrich Brüning, in: Paulus *Gordan* (Hrsg.), Um der Freiheit willen. Eine Festgabe von und für Johannes und Karin Schauff, Pfullingen 1983, S. 86-117.
3 James Ramsey *MacDonald* (1866–1937), 1893 Mitbegründer der Labour Party, 1924, 1929–1935 britischer Premierminister. – Ein, wie hier kolportiert, längerer Aufenthalt Brünings bei MacDonald ist nicht nachweisbar. Zu ihren Kontakten in den beiden Vorjahren vgl. Claire *Nix* (Hrsg.), Heinrich Brüning. Briefe und Gespräche 1934–1945, S. 23f., 65, 69f., 95.
5 Vgl. den Artikel »Wo sind die deutschen Politiker von einst?« in der »Weltwoche« vom 7.2.1936.
6 Hierzu veröffentlichte das »Berner Tagblatt« am 14.2.1936 eine Richtigstellung: »Der Abt des Klosters Maria Laach (Rheinland) ersucht uns ... um die Mitteilung, daß sich Dr. Adenauer nur vorübergehend in seinem Kloster aufgehalten habe, seit längerer Zeit jedoch in einem kleinen Rheinstädtchen wohne.«

Nr. 266
* Privatbesitz Familie Adenauer, eigenhändig.
a ‹...› In der ausgelassenen Briefpassage spricht *Gussie Adenauer* familiäre Angelegenheiten an.
1 Gegenüber 1935 stiegen die Rüstungsausgaben 1936 von 5.2 auf 9.0 Milliarden Reichsmark (1937: 10.9, 1938: 15.5); vgl. Karl Dietrich *Erdmann,* Die Zeit

der Weltkriege, S. 404. Auf eine der Folgen in diesem Zeitraum verweist Adenauer in Nr. 277.

2 Vgl. Nr. 263, 264.

Nr. 267

* Privatbesitz Familie Adenauer, eigenhändig.

a ‹...› In der ausgelassenen Briefpassage spricht Adenauer familiäre Angelegenheiten an.

1 Vgl. Nr. 263, Anm. 4.

2 Vgl. Nr. 264.

Nr. 268

* StBKAH, Bestand Heineman, eigenhändig, mit Eingangsstempel Brüssel 14.2. 1936 und hs. Vorzimmernotiz »écrit à Mlle Schönfelder le 19.2.36« (hierzu vgl. Nr. 183, Anm. 4).

1 Vgl. Nr. 154, Kopfregest, Nr. 272.

Nr. 269

* Privatbesitz Familie Adenauer, eigenhändig.

a ‹...› In der ausgelassenen Briefpassage spricht *Max Adenauer* familiäre Angelegenheiten an.

1 Ernst *Poensgen* (1871–1949), Dipl.-Ing., 1916–1926 Vorstandsmitglied der Phoenix AG für Bergbau- und Hüttenbetriebe, ab 1926 stellvertretender Vorsitzender, ab 1935 Vorsitzender des Vorstandes der Vereinigten Stahlwerke AG.

2 Hans *von Haberer* (1875–1958), Hofrat, Prof. Dr. med., Direktor der Chirurgischen Universitätskliniken in Innsbruck (1911–1924), Graz (1924–1928) und Köln (1930–1945), 1935–1939 Rektor der Universität Köln.

3 Vgl. Nr. 230. – Adenauer geht auf diese Informationen seines Sohnes in Nr. 271 ein.

Nr. 270

* Privatbesitz Familie Adenauer, eigenhändig.

a ‹...› Möglicherweise gemeint: Ernst *Poensgen* oder Julian I. *Piggott;* vgl. Nr. 269.

b, c ‹...› In den ausgelassenen Briefpassagen spricht Adenauer familiäre Angelegenheiten an.

1, 3 In einem am 26.1.1991 mit den Kindern Konrad Adenauers geführten Gespräch konnten diese sich nicht an die beiden Genannten erinnern.

2 Vgl. Nr. 234.

4 Daisy *Gutmann* geb. *von Frankenberg und Ludwigsdorf,* seit 1913 verheiratet mit dem Bankier Herbert M. *Gutmann* (geb. 1879; 1909–1939 Vorstandsmitglied der Deutschen Bank), in dessen »Villa Alexander« in Potsdam Adenauer nach dem 30.6.1934 in Haft gehalten worden war; vgl. Nr. 189, 189 A.

5 Adolf Freiherr *Bachofen von Echt* (1864–1947). – Zu den verwandtschaftlichen Verbindungen vgl. Adenauers »Teegespräche 1959–1961«, S. 624.
6 Ilse und Oskar *Mulert* (1881–1951), Dr. jur. et phil., 1926–1933 Präsident des Deutschen und des Preußischen Städtetages, in dieser Funktion im regelmäßigen Kontakt zu Adenauer.

Nr. 271
* Privatbesitz Familie Adenauer, eigenhändig.
a, b, c ‹...› In den ausgelassenen Briefpassagen spricht Adenauer familiäre Angelegenheiten an.
1 Briefe Adenauers an *Franken* aus der Zeit des Dritten Reiches sind nicht erhalten; vgl. Nr. 302, Kopfregest. – Zu den Kontakten in diesem Zeitraum vgl. Nr. 275, Anm. 1.
2 Weltanschauliche Schulungslehrgänge im Referendarlager Jüterbog gehörten nach 1933 obligatorisch zur juristischen Ausbildung; vgl. den Bericht von Bernhard *Sperlich* in: Widerstand und Verfolgung im CV, S. 40-45.
3 Die Tochter von Margarethe und Friedrich *Spennrath,* Frau Marlies *Kremer,* stellte für diese Edition den eigenhändigen Glückwunschbrief Adenauers zum 70. Geburtstag ihres Vaters zur Verfügung, in dem sich der Bundeskanzler erinnert: »In Berlin brachte ja dann die Nazizeit uns wieder in nähere Berührung, und ich habe Ihnen und Ihrer lieben Gattin nie vergessen, wie freundschaftlich Sie meine Frau und mich aufgenommen haben« (4.8.1958). Zu diesen Kontakten zu Spennrath vgl. a. Nr. 275, Anm. 1.
4 Der Drogist Dr. Max *Riese* erfand 1904 in Rhöndorf die speziell für Kleinkinder gedachte Creme »Penaten«, die zu einem weltweit bekannten Markenartikel wurde.
5 Vgl. Nr. 234.
6 Vgl. Nr. 269.
7 Hans *Ringsdorff* (1887–1951), leitete seit 1918 die von seinem Vater Johannes P. Ringsdorff gegründeten Ringsdorff-Werke für die Herstellung von Stromabnehmern in Bad Godesberg-Mehlem.

Nr. 272
* StBKAH VI-B-36. – Hierzu vgl. Nr. 154, Kopfregest.

Nr. 273
* Privatbesitz Familie Adenauer, eigenhändig.
a, b ‹...› In den ausgelassenen Briefpassagen spricht Adenauer familiäre Angelegenheiten an.
1 Fastnachtsgebäck.
2 Vgl. Nr. 266.
3 Bruno *Kittel* (1870–1948), Chordirigent, Direktor des Brandenburgischen (1901–1914) und des ehem. Sternschen Konservatoriums in Berlin (1936–1945).

4 Wilhelm *Furtwängler* (1886–1954), Dirigent des Leipziger Gewandhausorchesters (1922–1928) und Leiter der Berliner Philharmoniker (1922–1945, 1947–1954).
5 Hermann *Abendroth* (1883–1956), Prof., 1915–1933 städtischer Kapellmeister in Köln, 1925 Mitbegründer der dortigen Staatlichen Hochschule für Musik, 1934–1945 Gewandhauskapellmeister in Leipzig.
6 Vgl. Nr. 275.

Nr. 274
* Privatbesitz Familie Adenauer, eigenhändig.
a ‹...› Auslassung in der Vorlage.
b ‹...› In der ausgelassenen Briefpassage spricht Adenauer familiäre Angelegenheiten an.
1 Vgl. Nr. 275.
2 Vermutlich gemeint: Johann *Möller* (1894–1975), ab 1934 in Honnef ansässig, langjähriger Schulleiter in Rhöndorf.
3 Mundartlicher Ausdruck für alte, alleinstehende Frau.

Nr. 275
* Privatbesitz Familie Adenauer, eigenhändig.
a ‹...› In der ausgelassenen Briefpassage spricht Adenauer familiäre Angelegenheiten an.
1 »... später habe ich ihn auch wieder in Ems abgeholt. Er hatte in Berlin auch den Generaldirektor der AEG getroffen .... Von diesem hatte er erfahren, welche Überwachungseinrichtungen die Gestapo von Sowjetrußland übernommen und erworben hatte«; aus einer brieflichen Mitteilung Paul *Frankens* an Prof. Dr. Rudolf *Morsey* vom 14.3.1977.

Nr. 276
* StBKAH VI-B-36. – Zur Mitgliedschaft Adenauers in der Gesellschaft für Christliche Kunst konnten bis auf ähnliche Vorgänge vom 26.6.1935 und 24.12.1940 (Dank für eine Mitteilung, »daß Sie Ihre Mitgliedschaft wieder aktiv aufnehmen wollen«) sowie mehrere Rechnungsbelege für den regelmäßigen Bezug der von ihr herausgegebenen Zeitschrift ›Die christliche Kunst‹ keine weiteren Angaben ermittelt werden.

Nr. 277
* StBKAH 02.27, Auszug aus dem unkorrigierten Manuskript (Teil 3, S. 2) des Adenauer-Gesprächs mit dem amerikanischen Journalisten Daniel *Schorr* (geb. 1916; 1946–1953 Korrespondent der »New York Times«, 1953–1976 Berichterstatter für CBS News). – Zum Nachfolgenden ähnliche Aussagen Adenauers bei Anneliese *Poppinga,* Meine Erinnerungen, S. 145. Vgl. die ausführliche Darstellung der Ereignisse vom 7.3.1936 bei Adolf *Klein,* Köln im Dritten Reich, S. 211- 216.

1 Vertrag vom 16.10.1925 zwischen Belgien, Deutschland, Frankreich, Großbritannien und Italien, der die Unverletzlichkeit der Grenzen garantierte und eine Nichtangriffsverpflichtung enthielt. – Zur weiteren Bewertung durch Bundeskanzler Adenauer vgl. seine »Teegespräche 1950–1954«, S. 73.

Nr. 278

* HStAD RWN 199 Nr. 73; dort die detaillierten Eintragungen *Busleys* zum Zeitraum 24.–28.3.1936.

Josef *Busley* (1888–1969), Dr. phil., 1925–1933 Leiter der Abteilung für Kultur- und Denkmalpflege bei der Rheinischen Provinzialverwaltung in Düsseldorf, ab 1933 in der Inventarisation rheinischer Kunstdenkmäler (Sitz: Bonn), ab 1940 mit dem Kunstschutz im besetzten Frankreich beauftragt, 1945 Referent für Kultur- und Denkmalpflege beim Oberpräsidenten der Nordrheinprovinz, 1946–1954 Abteilungsleiter im nordrhein-westfälischen Kultusministerium (Ministerialrat). Zur Anbahnung der Beziehung Adenauer–Busley (1935) finden sich Tagebuchnotizen unter dem 14.5., 16.5., 23.5., 5.7., 26.8., 10.9. – »Nachmittag mit Franken und Vollmar's nach M[aria] Laach und Mayen – mit K. Adenauer zusammen« – und 2.11. Vgl. Einleitung, S. 16.

a 〈...〉 Unleserlich.

1 Ergänzend hierzu die Notizen a.a.O., Nr. 66: »Heute Nachmittag die gewaltige Kundgebung in Köln! ... Wir hörten in Rhöndorf die Rede teilweise an!« Gemeint ist die am sog. »Deutschen Volkstag für Ehre, Freiheit und Frieden« abends in den Kölner Messehallen gehaltene Rede Hitlers zum Abschluß des Wahlkampfes vor den Reichstagswahlen vom Folgetag (99 % Ja-Stimmen). Zum »Führer«-Besuch in Köln am 28.3.1936 vgl. Darstellung und Photos bei Adolf *Klein,* Köln im Dritten Reich, S. 218-223.

Nr. 279

* HStAD RWN 199 Nr. 75. – Zu dieser Ausflugsfahrt am Karfreitag 1936 (u. a. nach Kaub, Oberwesel und Boppard) ergänzend in Nr. 66 die Eintragung *Busleys:* »... mit ihnen Tagesfahrt in die Kirschblüte ... – ein unvergeßlich schöner Tag!!! – Sonne, Blüten, Blumen!!! ... Eine Pracht und Herrlichkeit wie selten in meinem Leben!! – Wir alle waren selig!« Dort auch weitere Notizen zu Begegnungen und Gesprächen in diesem Zeitraum; vgl. den unter dem 15.4.1936 abgedruckten Auszug und die Eintragung vom 18.4.1936: »Nachmittags mit Franken in Rhöndorf bei Adenauer.«

Nr. 280

* Archiv der Abtei Maria Laach, eigenhändig, auf Ansichtskarte. – Dieser Ostergruß erscheint in der Edition, weil er mit der Angabe zum Absendeort dokumentiert, daß Adenauer ab Ostern 1936 wieder mit seiner Familie in Rhöndorf zusammenlebte und daß somit die Ausweisung aus dem Regierungsbezirk Köln (Nr. 230) aufgehoben worden war (hierzu ein offizieller Vorgang nicht nachweis-

bar). Dies wird bestätigt durch den in StBKAH VI-B-36 erhaltenen *letzten* Rechnungsbeleg des Pax-Erholungsheims für die Bezahlung von RM 21.–, »Pension vom 4.–8.4.[1936]«.
Hierzu auch ein Brief der Schwiegereltern aus Tübingen vom 11.4.1936 (»Wir sind mit Euch glücklich, daß der Bann gebrochen ist und sind froh, Euch wieder beisammen zu wissen«; StBKAH VI-A-11) und Adenauers Mitteilung an *Heineman* vom 28.4.1936 (»... Meine Adresse ist seit kurzem wieder Rhöndorf, zu unser aller Freude«; StBKAH, Bestand Heineman).
1 Heinrich *Weitz* (1890–1962), Dr. jur., 1920–1927 Beigeordneter der Stadt Duisburg, 1927–1933 Oberbürgermeister von Trier (mit Adenauer im Deutschen Städtetag), 1933–1945 Rechtsanwalt in Duisburg, dort 1945–1947 Oberbürgermeister, 1947–1951 als CDU-Politiker nordrhein-westfälischer Finanzminister, 1952–1961 Präsident des Deutschen Roten Kreuzes. – Weitz gehörte nach 1933 zum engsten Bekanntenkreis um Adenauer; vgl. Nr. 351, 366, 379, 396. Zu den Kontakten dieses Zeitraums auch der Hinweis im Ostergruß an Pater Johannes *Vollmar:* »Herr Weitz wird Ihnen Näheres über die Aufhebung meiner Ausweisung erzählt haben« (Archiv der Abtei Maria Laach).

Nr. 281
*HStAD RWN 199 Nr. 66. – Zu diesen Notizen eine briefliche Mitteilung Paul *Frankens* an Prof. Dr. Rudolf *Morsey* vom 13.3.1977: »Als Adenauer 1936 wieder in Rhöndorf sein durfte, entwickelten sich sehr freundschaftliche Beziehungen. Ich war selbst mehrere Male im Hause Busley mit ihm zusammen.«
An eine andere Begegnung in diesem Zeitraum erinnerte am 21.3.1946 der Industrielle Dr. Otto *Hartmann:* »... besinne ich mich auf einen Vorgang, der sich im April 1936 ereignete, als ich eine Kneipp-Kur in Honnef mitmachte und ... Ihnen auf einem Spaziergang begegnete. Wir haben uns begrüßt und anschließend auf Verabredung uns mehrere Male auf einer Bank zwischen Rhöndorf und Honnef in der Anhöhe getroffen. Sie klagten damals darüber, daß Sie immer noch fortwährend von der SS beobachtet und selbst auf Ihren Ausgängen kontrolliert würden. Unsere Gespräche drehten sich ausschließlich um politische Dinge. Wir sprachen von den seit 1933 veränderten Verhältnissen in der inneren und äußeren Politik. Sie gaben schon damals Ihrer ernsten Sorge über die kommende Entwicklung Ausdruck, da der Nationalsozialismus, seine Idee und seine Staatsform nichts Gutes auf die Dauer versprächen« (StBKAH 07.01).
1 Johannes *Hinsenkamp* (1870–1949), Dechant, 1920–1945 Oberpfarrer an der Münsterkirche in Bonn, 1930 zum Päpstlichen Geheimkämmerer ernannt.
2 Alois *Dempf* (1891–1982), Prof. Dr. phil., Ordinarius für Philosophie an den Universitäten Bonn (1930–1937), Wien (1937/38; Zwangsentlassung) und München (ab 1948).
3 Hanna *Adenauer* (1904–1978; Tochter von August Adenauer), Dr. phil., nach 1933 zeitweise Mitarbeiterin Josef Busleys, später des Konservators der Stadt Köln, Hans Vogts, 1953–1969 dessen Nachfolgerin. – Zu ihrer Tätigkeit im Dritten Reich vgl. die Bescheinigung Adenauers in seinen »Briefen 1947–1949«, S. 72.

Nr. 282
* HStAD RWN 199 Nr. 65, 66.
a, b ‹...› Unleserlich.
1 Zu diesem zweiten Aufenthalt in Freudenstadt vgl. die Abb. auf S. 295. – Aus dem Urlaubsort schrieb Adenauer am 20.5.1936 an Ernst *Schwering:* »Wenn ich nicht irre, feiert Herr Rings in kurzem seinen 80. Geburtstag [2.6.1936]. Würden Sie die Freundlichkeit haben, wann er ist, mir mitzuteilen? – Seit einigen Tagen sind wir hier, meine Frau, mein Sohn Paul und ich, namentlich meine Frau und mein Sohn hatten es dringend nötig. Es ist noch etwas kühl hier oben« (HAStK 904/ 1146).
2 Vgl. Nr. 283.
3 Wilhelm *Ewald* (1878–1955), Prof. Dr. phil., plante und leitete die Jahrtausend-Ausstellung der Rheinlande in Köln (1925), ab 1936 Direktor des Rheinischen Museums in Köln.

Nr. 283
* StBKAH VI-A-11, eigenhändiges Schreiben von:
Paul *Clemen* (1866–1947), Prof. Dr. phil., 1893–1912 erster Konservator der Rheinprovinz, ab 1906 Vorsitzender des Rheinischen Vereins für Denkmalpflege und Heimatschutz, langjähriger Ordinarius an der Universität Bonn, Direktor ihres Kunsthistorischen Instituts. – Aus der Zeit des Dritten Reiches in StBKAH 01.03 u. a. weiter erhalten: ein Schreiben Clemens vom 18.11.1934, mit dem er aus Anlaß der Fertigstellung von Neubauten der Kölner Universität ihrem »weitblikkenden Schöpfer und Begründer ..., dem sorgenden Wegbereiter und Wegbegleiter der Hochschule« Grüße übermittelte.
1 Zur Eröffnung des Rheinischen Museums am 21.5.1936 (durch Josef *Goebbels:* offizielle Namensgebung: ›Haus der Rheinischen Heimat‹) und zu den zugrundeliegenden Plänen Adenauers wie auch zur Beteiligung *Clemens* an den Vorbereitungen vgl. Kurt *Düwell,* Universität, Schulen und Museen, S. 197-206. – Vgl. a. Konrad Adenauer. Seine Zeit – sein Werk, S. 103-106.

Nr. 284
* Gäste- und Fremdenbuch des Kurhauses St. Elisabeth, Freudenstadt/Schwarzwald; vgl. Nr. 240. – Beim Datum unterlief Adenauer offenkundig ein Schreibfehler bei der Monatszahl, da das Gästebuch als Aufenthaltsdauer 15.5. (Ankunft 18.00 h) – 12.6.1936 angibt.

Nr. 285
* Elfriede *Nebgen,* Jakob Kaiser. Der Widerstandskämpfer, S. 59 f. – Zu dieser Darstellung der Ehefrau Jakob *Kaisers* (Heirat 1953) vgl. die Angaben bei Klaus *Dreher,* Der Weg zum Kanzler, S. 72 f.; Rudolf *Morsey,* Adenauer und der Nationalsozialismus, S. 492; Hans-Peter *Schwarz,* Adenauer. Der Aufstieg, S. 405 f. Eine genauere Datierung des Gesprächs Adenauer–Kaiser ist nach dem gegen-

wärtigen Forschungsstand nicht möglich, da in den Nachlässen beider Politiker keinerlei Aufzeichnungen, Korrespondenzen oder andere Anhaltspunkte nachweisbar sind (in BA, NL Kaiser auch nicht der nachfolgend erwähnte ›spätere Bericht‹, bei dem es sich aber auch um mündliche Ausführungen gegenüber Elfriede Nebgen gehandelt haben kann). In StBKAH lediglich erhalten: das unter Nr. 373 abgebildete Glückwunschschreiben Kaisers zum 65. Adenauer-Geburtstag am 5.1.1941.
Zur inhaltlichen Bestätigung der Gesprächswiedergabe eine Aussage Paul *Frankens* bei Klaus *Dreher,* a.a.O., S. 269: »Im Sommer 1936 sprach Kaiser mit Adenauer drei Stunden unter vier Augen. Körner, Frau Adenauer und ich warteten das Gespräch ab. Es ergab sich danach eindeutig, daß Kaiser sagte: ›Es ist mit Adenauer nicht zu rechnen.‹ Kaiser wollte Adenauer überzeugen, ein Umschwung sei nur mit Hilfe der Wehrmacht zu erreichen. Adenauer sagte, er mache da nicht mit.« – Franken ergänzend gegenüber Heinrich *Krone* und Klaus *Gotto:* »Dann hat auf dem Rückweg Jakob Kaiser sein negatives Urteil gesagt. ... ›Vergessen Sie nicht‹, habe ich [Franken] immer der Elfriede gesagt, ›der hat sieben Kinder, würden Sie als Familienvater von sieben Kindern ein so gewagtes Spiel treiben?‹« (ACDP I-013-003/2, S. 42 der Niederschrift). – Der nachfolgend genannte Bonner Bekannten- und Freundeskreis wird in den Tagebucheintragungen Josef *Busleys* häufiger angesprochen, so z. B. in mehreren Notizen aus dem Frühsommer 1937: »Fahrt mit Dr. Franken, Kaiser und Körner an die Ahr und auf den Nürburg-Ring« (21.5.); »... zum Abendbrot bei uns: Dr. Franken, Kaiser und Körner« (27.5.); »Mittags Adenauer und Schwiegersohn [Walter Reiners] bei uns zu Tisch« (8.6.).
1 Jakob *Kaiser* (1888–1961), seit 1912 in der christlichen Gewerkschaftsbewegung, 1924–1933 deren Landesgeschäftsführer für Rheinland und Westfalen, 1933 MdR (Zentrum), 1934 am Aufbau eines Widerstandskreises beteiligt, 1938 Gestapo-Haft, ab Ende 1941 in Verbindung zu Carl Goerdeler (vgl. Nr. 393), 1945–1947 CDU-Vorsitzender in Berlin und in der SBZ, 1948/49 Mitglied des Parlamentarischen Rates, 1949–1957 MdB und Bundesminister für gesamtdeutsche Fragen.
2 Heinrich *Körner* (1892–1945), 1926–1933 Landesgeschäftsführer der christlichen Gewerkschaften in Westdeutschland, nach 1933 in enger Verbindung zu Kaiser im Widerstand, im April 1945 von der SS erschossen.
3 Hierzu vgl. Nr. 409. – In anderer Form urteilte Adenauer in seiner Nachkriegskorrespondenz: »Ich bin der Auffassung, daß man bezüglich der leitenden Männer des Generalstabs anders denken muß. Sie hatten die Pflicht, gegenüber den Absichten der Nationalsozialisten, die nur zum Untergang Deutschlands führen konnten, rechtzeitig Front zu machen, evtl. ihren Abschied zu nehmen« (vgl. »Briefe 1945–1947«, S. 272).

Nr. 286
* Aus einem Informationsgespräch vom 30.5.1963 mit Vertretern der amerikani-

schen Zeitschrift »Life«, James *Bell* und Headley Williams *Donovan*. – Das vollständige Wortprotokoll wird 1992 in den Adenauer-»Teegesprächen 1961–1963« veröffentlicht.
Zu den am 1.8. eröffneten, am 16.8.1936 beendeten Olympischen Spielen in Berlin und Kiel und zu ihrem politischen Stellenwert auch die Aussage Adenauers in seinen »Teegesprächen 1955–1958«, S. 96.

Nr. 287
* HAStK 904/1146, ms. Dort auch das vorangegangene Schreiben an *Schwering* vom 13.8.1936, in dem Adenauer erneut zur Vorgehensweise *Manstettens* Stellung genommen hatte (»... habe von der juristischen Art und Weise, wie er meine Sachen ansieht, und von der Intensität, mit der er sie betreibt, einen wirklich niederschmetternden Eindruck bekommen«) und um Schwerings Besuch in Rhöndorf bat (der am 18.8.1936 zustandegekommen war).
a ‹ › In der ausgelassenen Passage dieses insgesamt 5-seitigen Schreibens stellt Adenauer verhandlungstaktische Überlegungen zu den verschiedenen Möglichkeiten der weiteren Behandlung der Hausbau- und Grundstücksfragen an.
b ‹ › Von Adenauer eigenhändig nach der Grußformel hinzugefügt.
1 Nach Adenauers Angabe im nachfolgenden Schreiben an Schwering (Nr. 290) ist gemeint: Karl Georg *Schmidt* (1904–1940), Dr. jur., nach 1933 u. a. Gauwirtschaftsberater der NSDAP und Hauptgeschäftsführer der IHK Köln, 1936 (Einführung 20.1.1937)–1940 Oberbürgermeister von Köln. – Rudolf *Diels*, mit dem *August Adenauer* mehrfach zusammengekommen war (vgl. Nr. 214, Anm. a, Nr. 237), war Anfang Juli 1936 aus dem Amt des Kölner Regierungspräsidenten ausgeschieden.
2 Hierzu die ergänzende Aussage in Nr. 290.
3 Vgl. Nr. 231.
4 Dazu vgl. Rudolf *Morsey*, Adenauer und der Nationalsozialismus, S. 482.
5 Vgl. Nr. 280, Kopfregest.

Nr. 288
* HAStK 904/1146. – Weitere Kartengrüße oder andere Mitteilungen aus dem Urlaub sind nur indirekt nachweisbar: »... Wir hoffen, daß Ihr Euch auf der schönen Kunstfahrt so recht erholt und erfrischt habt. Eindrücke habt Ihr ja genug gehabt, und Eure schönen Karten haben bei uns so manche schönen Erinnerungen geweckt. Ihr seid ja rings um uns herum gefahren, und indem ich hinter Euch hergeguckt habe, habe ich mir schier den Hals abgedreht« (Ferdinand *Zinsser* am 29.9.1936; StBKAH VI-A-11).
Vgl. a. HStAD RWN 199 Nr. 65. Dort detaillierte Angaben zum Verlauf der gemeinsamen Urlaubsreise von Ilse und Josef *Busley* mit Gussie und Konrad Adenauer: 8.–10.9.: Aufenthalt in *Lindenfels* (»Die Reise läßt sich herrlich an! ... Störend nur die fortgesetzten Reden-Übertragungen vom Parteitag in Nürnberg!«); 11.–12.9.: Aufenthalt in Lindenfels; 12.9.: Fahrt nach *Wimpfen* a. d. Berg

(»Alles voll Militär! ... Manöver!«); 13.–18.9.: Aufenthalt in *Blaufelden;* 19.9.: Fahrt nach *Günzburg;* 20.–23.9.: Aufenthalt in *Ettal;* 23.9.: Fahrt nach *Wasserburg;* 24.9.: Fahrt von Wasserburg nach *Überlingen;* 25.9.: Fahrt von Überlingen nach *Titisee;* 26.9.: Fahrt von Titisee nach *Kiedrich* (hierzu vgl. Nr. 359); 27.9.: Heimfahrt von Kiedrich nach Rhöndorf und Bonn.

Nr. 289
* StBKAH VI-B-36, ms. – Adenauer wendet sich hier erstmals an:
Bernhard *Günther* (1906–1981), 1928–1933 Vorsitzender des Kölner Windthorstbundes, Monteur bei den städtischen Elektrizitätswerken, 1938 entlassen (nach erster Denunziation 1933), übernahm und leitete dann ein Elektrofachgeschäft, 1945 Mitbegründer der CDU in Köln, dort 1945–1947 Mitglied der Stadtverordnetenversammlung, 1945–1975 Präsident der Handwerkskammer Köln, 1948/49 Mitglied des Wirtschaftsrates, 1949–1965 MdB. – Zu seiner besonderen Funktion als Mittelsmann Adenauers zu oppositionellen Kreisen in Köln vgl. Nr. 425, Kopfregest.
1 Mit Dr. *Vieth* »bei Leybold Nachfolger, Köln« (Fa. E. Leybold, Unternehmen für die Herstellung physikalischer Apparate) stand Adenauer 1936 wegen der »Angelegenheit der Bekämpfung von Schädlingen – tierischer und pilzlicher Art –« in Verbindung; vgl. a.a.O. Vgl. a. Nr. 220, 229.

Nr. 290
* HAStK 904/1146, ms. – Zu diesem Schreiben vgl. Rudolf *Morsey,* Adenauer und der Nationalsozialismus, S. 482f.
1 Vgl. Nr. 287.
2 »Die stimmungsmäßig günstige Lage bei maßgebenden Stellen, die Abhängigkeit von der Sparkasse, die Wandelbarkeit aller Verhältnisse usw. verlangen unabweislich, die Sache jetzt zur Entscheidung zu bringen« (am 6.11.1936 an *Schwering,* a.a.O.). – Zum weiteren Verlauf der Verhandlungen vgl. Nr. 299, 310, 311, 314, 317.

Nr. 291
* StBKAH VI-B-68.2, ms., mit eigenhändiger Notiz Adenauers »... Eingeg[angen] beim P[atent] A[mt] am 29.10.36«. – Zu der von Adenauer hier dargelegten Methode der »Entnebelung von Großstädten« und zur Zurückweisung der Patentanmeldung (die am 25.1.1938 erging), vgl. Hans-Peter *Schwarz,* Adenauer. Der Aufstieg, S. 393, und die ausführliche Darstellung bei Peter *Koch,* Die Erfindungen, S. 53-64. – Wegen der Begutachtung und Nutzanwendung des Verfahrens schaltete Adenauer wenig später auch seine Bekannten im Ausland ein; vgl. a. Nr. 292, Anm. 2, Nr. 307.

Nr. 292
* StBKAH, Bestand Heineman, ms., mit Eingangsstempel Brüssel 7.12.1936 und

hs. Vorzimmernotiz »écrit à Mlle Schönfelder 14.12.1936«; hierzu vgl. Nr. 183, Anm. 4.

1 Am 16./17.11.1936 in Berlin; hierzu der vorbereitende Briefwechsel vom 13.11. (Heineman) und 15.11. (Adenauer) a.a.O.

2 »Mein Sohn Max, über dessen Zukunft ich unlängst mit Ihnen sprach, hat ein Stipendium an der Universität in Washington für das nächste Semester erhalten« (am 6.1.1938 an *Heineman,* a.a.O.; hierzu vgl. Nr. 306). – Nach einem im Bestand Heineman auch erhaltenen Briefentwurf vom 14.12.1936 (ohne Verfasserangabe, in französischer Sprache) hatte Adenauer mit dem Industriellen bei dieser Gelegenheit auch seine »Entnebelungs«-Erfindung (vgl. Nr. 291) erörtert, die u. a. wegen technischer und ökonomischer Schwierigkeiten für die Sofina weniger interessant sei: »Quoi qu'il en soit, j'estime qu'il s'agit d'une question d'hygiène publique qui reste exclusivement du ressort des autorités municipales et ne peut guère présenter d'intérêt pour des sociétes comme la Sofina.«

Nr. 293

* HAStK 904/1144, eigenhändig.

1 Nach dem Dankschreiben *Schwerings* vom 22.12.1936 (»... mich mal so recht in die Gedanken eines klugen Mannes, der mit *am Webstuhl der Zeit* [Hervorhebung durch den Bearb.] gesessen hat – und das in unsern Tagen –, zu versetzen und Vieles an meinem geistigen Auge vorüber ziehen lassen, was ich bewußt und zum Teil sorgenvoll, ja manchmal bitter leidend, miterlebt habe«) hatte Adenauer ihm zugesandt: Am Webstuhl der Zeit. Eine Erinnerungsgabe – Hans Delbrück, dem Achtzigjährigen, von Freunden und Schülern dargebracht, hrsg. von Emil *Daniels* und Paul *Rühlmann,* Berlin 1928.

Nr. 294

* HStAD RWN 199 Nr. 66. Dort in Nr. 65 auch der Hinweis auf einen Besuch *Busleys* in Rhöndorf am 18.12.1935; in Nr. 80, 81 die Notiz: »Abends: Adenauers bei uns ... begeistert von unserem Heim!!! Gemütlicher Abend« (12.1.1937).

a, b ‹...› Unleserlich.

1 In den am 18.7.1936 ausgebrochenen spanischen Bürgerkrieg hatten kurz darauf italienische Interventionstruppen und deutsche Heeres-, Marine- und Luftwaffeneinheiten eingegriffen (Aufstellung der »Legion Condor« am 26.7., erster Einsatz am 5.8.1936).

Nr. 295

* StBKAH VI-A-11. – Diese nicht datierten Exzerpte Adenauers liegen den an ihn gerichteten Privat- und Familienbriefen aus dem Dezember 1936 bei.

Zum Autor Heinrich *Wolf* (geb. 1858; Studienprofessor in Düsseldorf) vgl. die biographischen und bibliographischen Angaben (»... von W. auch die übliche völkische Broschürenliteratur ...«) bei Armin *Mohler,* Die Konservative Revolution in Deutschland 1918–1932. Ein Handbuch, Darmstadt ^{2}1972, S. 344.

Transkription (die aus Platzgründen nicht in der Legende erscheint): »Heinrich Wolf, Geschichte der katholischen Staatsidee. Kaiser Augustus oder Jesus Christus? Verlag von K. F. Kohler, Leipzig [1933] – S. 233 ›Das Muster eines Zentrums-Flavusdeutschen war der Kölner Oberbürgermeister, Vorsitzender des Preußischen Staatsrats und Katholikentagspräsident Dr. Adenauer. Sein Liebäugeln mit den Welschen grenzte hart an Landesverrat. In der Besatzungszeit, wo der französische Sadismus sich in der widerwärtigsten Weise austobte, spielte er mit dem Gedanken einer rheinischen Republik und stand mit dem französischen Befehlshaber Tirard in Verbindung. Und später rief er, obgleich deutsche Künstler hungerten und deutsche Bauern in Not waren, die comédie française nach Köln und veranstaltete eine Ausstellung italienischen Obstes‹. – S. 165 ›Wir sehen zwei Wege der Entwicklung: der eine ist die Fortsetzung von Wittenberg, Potsdam, Weimar; den anderen Weg gehen die Flavusdeutschen, d. h. die Internationaldemokraten, Menschheitsapostel, Vertreter der katholischen Staatsidee verschiedenster Färbung.‹«

Nr. 296
* StBKAH 07.01: Bescheinigung Adenauers »zwecks Vorlage bei amtlichen deutschen und britischen Entnazisierungsstellen«; vollständiger Druck: »Briefe 1947–1949«, S. 94.

1 Ella *Bebber-Buch* (1898–1982), Dr. med., 1931–1974 praktische Ärztin in Honnef, langjährige Hausärztin Adenauers und seiner Familie, begleitete und betreute ihn u. a. bei seinen Auslandsreisen als Bundeskanzler; vgl. Hans-Peter *Schwarz*, Adenauer. Der Aufstieg, S. 816f.

2 Hinweise auf weitere Kontaktpersonen in Rhöndorf und Honnef in Nr. 378, Kopfregest.

Nr. 297
* HAStK 904/1146, eigenhändig. – Ein Hinweis auf dieses Schreiben bei Rudolf *Morsey*, Adenauer und der Nationalsozialismus, S. 483.

1 Der Wechsel in der NSDAP-Gauleitung kam nicht zustande.

2 Vgl. Nr. 290, Anm. 2.

Nr. 298
* StBKAH VI-A-15, eigenhändig.

a, b ‹...› In den ausgelassenen Passagen spricht Wilhelmine *Zinsser* familiäre Angelegenheiten, u. a. den bevorstehenden USA-Aufenthalt des Adenauer-Sohnes Max, an; hierzu vgl. Nr. 306.

1 Dies der erste konkrete Beleg in der Privat- und Familienkorrespondenz für die im Laufe des Jahres 1937 realisierte Absicht zum Bau des Adenauer-Hauses am Zennigsweg in Rhöndorf (Adenauers Architekt: sein Schwager Ernst *Zinsser*).

Nr. 299

* StBKAH Ausstellungsvorlage zu Tafel 54, eigenhändig. – Bemerkenswert an diesem Vorgang der Absendeort Mülheim/Ruhr; zu den dort und in Duisburg Mitte Februar 1937 geführten Gesprächen (mit Franz *Lenze* und Heinrich *Weitz*) ein Hinweis bei Rudolf *Morsey,* Adenauer und der Nationalsozialismus, S. 491. Zum Stand der Verhandlungen mit der Stadt Köln (vor dem nunmehr vorbereiteten Vergleich) vgl. das im HAStK 904/1146 erhaltene Schreiben Adenauers an *Manstetten* (o. D.; Durchschlag am 1.2.1937 an *Schwering*) über eine Besprechung *August Adenauers* mit Eberhard *Bönner:* »1. Die Frage der Bezüge aus 1933 ist nur kurz gestreift worden. B. hat erklärt, darüber werde man sich wohl verständigen, anscheinend habe er die Einzelheiten nicht gekannt, ihn habe nur die Hausfrage interessiert. 2. Hausfrage. – B. habe erklärt, das Gesetz vom 30.6.33 mache auch vor Wohnungsentschädigungen nicht halt, das Gutachten Mehrtens- Buhr erkennten sie nicht an, ob ich nicht ev. bereit sei, das Haus der Stadt zu übertragen.«

1 Die Anlagen sind in StBKAH 301 erhalten.

2 Nach Einschaltung seines Bruders schrieb Adenauer am 17.2.1937 Schwering: »Von meinem Bruder haben Sie den Ausgang des Zwischenspiels gehört. Mein Bruder wollte Herrn Laut unterrichten, damit dieser und Bönner nicht den Eindruck bekommen, man habe hinter ihrem Rücken etwas erreichen wollen; er hat ihn aber verfehlt und wird noch versuchen, ihn telefonisch zu fassen (mein Bruder reist am Freitag ab). M[ein] Bruder meint, es werde alles darauf ankommen, wie Bönner und Laut Schmidt die Sache vortrügen. Wenn sie ihm erklärten, der Rechtsausschuß sei der Auffassung, daß ich ein Recht auf Ersatz meiner Aufwendungen hätte, gehe das übrige von selbst« (HAStK, a.a.O., eigenhändig).

Nr. 300

* StBKAH VI-B-68.8, ms., Durchschlag, mit eigenhändiger Notiz Adenauers »Anmeldung vom 26.2.37«. – Dort auch der Bescheid des Reichspatentamtes vom 13.3.1937 (»... wolle Anmelder ... je ein einfaches Muster ... nach hier geben, aus denen einmal der Anmeldungsgegenstand als Brille und zum anderen als Kopfschirm erkenntlich wird«) und der anschließende Schriftverkehr, u. a. mit dem amtlichen Hinweis vom 22.9.1937 auf eine bereits vorliegende französische Patentschrift: »... Gegenstand nicht mehr neu ..., Anspruch ist mithin nicht gewährbar.«

Hierzu vgl. Hans-Peter *Schwarz,* Adenauer. Der Aufstieg, S. 394f.; Peter *Koch,* Die Erfindungen, S. 75–82 (mit Abb. der »Blendschutzbrille für Fußgänger« auf S. 77).

Nr. 301

* »Weltwarte«, Nr. 13 vom 28.3.1937, S. 8. – Adenauers Bruder Johannes war am 4.3.1937 verstorben; vgl. Nr. 302, 303.

Nr. 302

* StBKAH VI-A-13. – Aus den dort erhaltenen Beileidsbekundungen zum Tod von *Johannes Adenauer* wurde diese von Paul *Franken* ausgewählt, weil es sich dabei um seine *einzige* heute nachweisbare *persönliche* Mitteilung aus der Zeit des Dritten Reiches handelt. Es kondolierten auch (u. a.): die Bischöfe *Berning* und *Bornewasser,* die ehemaligen Regierungspräsidenten *Amelunxen* und *Elfgen* sowie Staatssekretär a. D. *Brugger,* Geheimrat *Eckert,* die Justizräte *Falk, Mönnig* und *Schrömbgens,* Abt *Herwegen* und Prälat *Kreutz,* die Professoren *Kroll, Lauscher* und *Schmittmann,* Robert *Pferdmenges,* Pater Johannes *Vollmar,* Heinrich *Weitz* und Franz-Rudolph *von Weiss.*

Aus diesem Zeitraum in StBKAH VI-B-37 ebenfalls erhalten: ein von Franken und Martin *Schwingeler* gezeichnetes Rundschreiben des Philistervereins Arminia (Bonn) vom 1.3.1937, das in einem politisch scheinbar unverfänglichen Bereich den nach 1933 beibehaltenen Kontakt Adenauers zu einem der katholischen Vereine seiner Studentenzeit in Freiburg/Brsg. (Brisgovia), München (Saxonia) und Bonn (Arminia) und die auch auf diese Weise bestehende Verbindung zu Franken dokumentiert. – Dieser erinnerte sich 1956: »Ich hatte Konrad Adenauer zum ersten Mal Ende der 20er Jahre auf einem Arminentag in Köln gesehen« (20 Jahre später, S. 95). Zur Bedeutung der Arminia für die Biographie Adenauers (u. a. auch von Wilhelm *Marx* und Robert *Schuman*) vgl. Hans-Peter *Schwarz,* Adenauer. Der Aufstieg, S. 99f.

Nr. 303

* SBA, E 2300 Berlin 38, 3 S., hier S. 2.

Franz-Rudolph *von Weiss* (1885–1960), Dr. jur., 1912–1916 im Eidgenössischen Politischen Departement in Bern, ab 1917 an der Schweizerischen Gesandtschaft in Berlin, ab 1920 im Schweizerischen Generalkonsulat Köln, dort 1928 Vizekonsul, 1935 Konsul, 1943–1950 Generalkonsul. – Von Weiss gehörte zu den engsten Kontaktpersonen Adenauers und seiner Familie in der Zeit des Dritten Reiches; vgl. Nr. 335, 337, 359, 384, 403, 427, 432, 458, 462f., 468, 476.

In seinem hier auszugsweise wiedergegebenen Bericht hatte der Konsul eingangs über die »Wiederkehr des 7. März« berichtet, »an dem im Jahre 1936 die Remilitarisierung des Rheinlandes erfolgte. Die Blätter sind sich einig darin, diesen Tag als einen historischen zu betrachten, der Europa ein neues Gesicht gab. Die Wiederkehr dieses Tages wurde in Köln und allen rheinischen Garnisonen gefeiert, besonders vom Militär durch Paraden, wobei auch SA und SS und andere [nationalsozialistische] Formationen antraten. Die Remilitarisierung des Rheinlandes schreitet planmäßig fort, wenn es auch aus begreiflichen Gründen außerordentlich schwer ist, Näheres darüber zu erfahren.«

Nr. 304

* Privatbesitz Heinz Pferdmenges, eigenhändig, mit der sonst nie im Briefwechsel mit Robert *Pferdmenges* verwendeten Anschrift »Rittergutsbesitzer Dr. von Pferd-

menges-Gracht«. Bezieht sich auf das Gut seiner Frau, Lindenberg im Kreis Beestrum bei Berlin (vgl. Wilhelm *Treue,* Robert Pferdmenges, S. 195), das Adenauer in diesen Tagen besucht hatte. – Zu Anlaß und Verlauf dieser Reise konnten keine genauen Angaben ermittelt werden; da Ferdinand *Zinsser* ebenfalls am 20.3.1937 in Rhöndorf anfragte, »ob Ihr endlich in Besitz der Euch zukommenden Gelder gelangt seid, ob die Schädlingsbekämpfung erfolgreich war und noch viel mehr«, kann vermutet werden, daß es u. a. auch um weitere Gespräche in den AEG-Versuchsanstalten ging.

1 Fritz *Bollig* (1863–1930), Ökonomierat und Gutsbesitzer, Sprecher der Bauernschaft im rheinischen Zentrum, seit 1908 in der Kölner Stadtverordnetenversammlung.

Nr. 305

* Paul *Franken,* 20 Jahre später, S. 95. – Dieses Gespräch konnte nicht näher datiert werden; im Elisabeth-Krankenhaus Bonn sind keine Unterlagen zum damaligen Aufenthalt Frankens erhalten.

1 Keine Angaben.

Nr. 306

* StBKAH, Bestand Heineman, ms., mit Eingangsstempel 27.4.1937 und hs. Vorzimmernotiz »écrit à Mlle. Schönfelder 13.5.37«; hierzu vgl. Nr. 183, Anm. 4.

1 Nicht nachgewiesen.

2 Vgl. Nr. 292, Anm. 2. Wegen des USA-Aufenthaltes von *Max Adenauer* schaltete Adenauer in diesem Zeitraum auch den Schweizerischen Konsul *von Weiss* ein, dieser die Gesandtschaft seines Landes in Washington (vgl. SBA, Konsulat Köln IV-A Adenauer 1931–1944).

3 Vgl. Nr. 322, Anm. 3.

4 Nach der Rückkehr des ältesten Adenauer-Sohnes aus Norwegen wurde zunächst erwogen, »ob er dem Ruf nach Johannesburg folgt« (Ferdinand *Zinsser* an Gussie Adenauer am 1.5.1937; StBKAH VI-A-15). Seine berufliche Entscheidung fiel anders aus; vgl. Nr. 322.

Nr. 307

* StBKAH VI-B-68.2, ms., auf Kopfbogen »The New Commonwealth Institute«. – Hinweise auf dieses Schreiben (zu dem das Anschreiben oder eine Antwort Adenauers nicht überliefert sind; vgl. Nr. 221, Kopfregest) bei Hans-Peter *Schwarz,* Adenauer. Der Aufstieg, S. 393; Peter *Koch,* Die Erfindungen, S. 63.

1 Vgl. Nr. 291, 292, Anm. 2. – Daß Adenauer gerade auf britisches Interesse an seinem »Verfahren zur Entnebelung von Großstädten« hoffte, ergibt sich aus seinen früheren Studien, über die er am 22.6.1935 Patentanwalt Rülf (Köln) berichtet hatte: »Ich habe auch gerade über den Londoner Nebel gelesen, daß seine absonderliche Dichte durch die Rußteilchen herbeigeführt werde, die infolge der in London üblichen Verfeuerung von Steinkohlen in offenen Kaminfeuern dort in besonders großer Zahl in der Luft schwebten« (a.a.O.).

2 »I am afraid his method is some what revolutionary and might cause very great inconvenience« (aus dem Schreiben der Ocean Coal Company Limited, Cardiff, an Lord *Davis,* o. D.).
3 Zu Lord *Davis* (Mitbegründer der britischen »League of Nation's Union«, 1932 Begründer der »New Commonwealth Society«) vgl. die zahlreichen Angaben bei Ernst *Jäckh,* Weltsaat.

Nr. 308
* StBKAH VI-A-15, ms.
a, b ‹...› In den ausgelassenen Passagen spricht *Scheuble* (vgl. Nr. 168) private Angelegenheiten an.
1 Nicht nachgewiesen.
2 Galeazzo Graf *Ciano* (1903–1944; Schwiegersohn Mussolinis), 1936–1943 italienischer Außenminister.
3 Giuseppe *Gabetti* (1886–1948), Prof. Dr. phil., Ordinarius für deutsche Literatur an den Universitäten Genua (ab 1915) und Rom (ab 1919).
4 Giovanni *Gentile* (1875–1944), Prof. Dr. phil., Ordinarius für Philosophie an der Universität Rom (ab 1917), 1922–1924 Unterrichtsminister im ersten Kabinett Mussolini.
5 Zur Entschlüsselung dieser Mitteilung trägt bei: ein in StBKAH VI-A-11 erhaltenes Empfehlungsschreiben des Präsidenten des Italienischen Kulturinstituts und Leiters des Kölner Petrarca-Hauses, Arturo *Farinelli* (Mitglied der Königl. Italienischen Akademie), für Adenauer vom April 1933, in dem es u. a. heißt: »Und seine Verbundenheit mit dem Institut war vollendet, wie seine Liebe zu Italien aufrichtig war, aufrichtig und sogar leidenschaftlich seine Ergebenheit gegenüber dem italienischen Regierungschef Mussolini; Adenauer hatte keinen größeren Wunsch als den, nach Rom zu kommen, um dem Chef Italiens seine Aufwartung zu machen, der in vollem Einvernehmen zu dem deutschen Regierungschef stand.« Dem Vorgang liegt bei: eine Briefkarte Farinellis (o. D., vermutlich vom April 1933), mit der er Adenauer (»Hochverehrter teurer Freund«) u. a. mitteilt: »Ich war unlängst in Rom zu einem Mittagessen mit Mussolini, Göring und von Papen« (das Nachfolgende konnte wegen hs. Eigenarten nicht transkribiert werden).

Nr. 309
* Archiv des Deutschen Caritasverbandes, Freiburg/Breisgau, CA I, 1 van Acken, eigenhändig.
1 Benedikt *Kreutz* (1879–1949), Dr. rer. pol., Päpstlicher Hausprälat, 1921–1949 Präsident des Deutschen Caritasverbandes. – Auf das Kondolenz-Schreiben antwortete Kreutz am 6.7.1937: »Ihre Worte geben mir Anlaß, in einer Rückschau über den Werdegang der von dem Heimgegangenen uns nun hinterlassenen Schöpfungen auch jener Männer dankbarst zu gedenken, die unserem teueren Toten ihre starke Förderung zur Verwirklichung seiner bedeutsamen Ideen zuteil

werden ließen. Unter diesen Persönlichkeiten stehen Sie, sehr verehrter Herr Oberbürgermeister, an bevorzugter Stelle« (StBKAH VI-A-15).
2 Am 17.5.1937. Zu den Kontakten Adenauer–van Acken vgl. Nr. 125, 142, Anm. 1, Nr. 153.

Nr. 310
* StBKAH 301, ms., Durchschlag, o. D. Als Datierungsanhalt dient der nachfolgende Hinweis auf die bevorstehenden Verhandlungen mit dem Kölner Oberbürgermeister *Schmidt*, die am 21.6.1937 geführt wurden; vgl. Nr. 311.
1 Vgl. Nr. 287.
2 Direktor Dr. *Laut* war bereits im März 1933 als »erster Mitarbeiter« des von Riesen eingesetzten Untersuchungskommissars Richard *Schaller* an den Kölner Vorermittlungen zum Dienststrafverfahren beteiligt gewesen; vgl. GStA Merseburg, Ministerium des Innern, Rep. 77 Tit. 444 Nr. 3 Beiheft zu Bd. 9, Bl. 280 f.
3 Vgl. Rudolf *Morsey*, Adenauer und der Nationalsozialismus, S. 482.
4 Zu diesem Gutachten (»nicht bekanntgegeben«, nicht nachgewiesen) vgl. den Hinweis in Nr. 311.
5 Am 21.5.1937. Zu dieser Besprechung eine Aktennotiz *Manstettens*, a.a.O. Dazu vgl. a. Rudolf *Morsey*, Adenauer und der Nationalsozialismus, S. 483.
6 A. W. *Klieforth* hatte am 4.10.1935 dem Oberpräsidenten der Rheinprovinz die Übernahme der »Leitung des hiesigen amerikanischen Generalkonsulats« mitgeteilt (vgl. LHAK 403, 16728, Bl. 476). – Sein Sohn Alexander Klieforth (»... wuchs in der Max-Bruchstraße in Nachbarschaft zur Familie Adenauer auf«; vgl. Henric L. *Wuermeling*, Die weiße Liste, S. 56) war bei Kriegsende in die Bemühungen der amerikanischen Besatzungsmacht um Reaktivierung Adenauers involviert; vgl. Nr. 456, Kopfregest.

Nr. 311
* StBKAH 301, ms. – Die Stadt Köln wurde bei dieser Besprechung durch Oberbürgermeister Dr. Karl Georg *Schmidt* und den Beigeordneten Eberhard *Bönner*, Adenauer durch seinen Bruder August und Dr. Friedrich *Manstetten* vertreten. Ausführliche Angaben zu dieser »entscheidende[n] Besprechung über die Möglichkeit einer vergleichsweisen Lösung« (vor dem Abschluß der Verhandlungen am 26.8.1937; vgl. Nr. 314) bei Rudolf *Morsey*, Adenauer und der Nationalsozialismus, S. 483.
1 Mit den genannten Summen sind Adenauers Angaben in Nr. 317, Anm. 1 zu vergleichen.
2 Hierzu die verdeutlichenden Angaben Schmidts in Nr. 314.
3 Nicht nachgewiesen.

Nr. 312
* StBKAH, Bestand Heineman, ms., mit Eingangsstempel Brüssel 12.8.1937.
a ‹...› In der ausgelassenen Passage spricht Adenauer berufliche Angelegenheiten seiner ältesten Söhne an.

b ‹›Eigenhändiger Zusatz Adenauers.

1 Bereits zur Verlobung seiner Tochter Ria hatte Adenauer am 27.5.1937 *Heineman* geschrieben: »Meine Tochter, die im Herbste das Dolmetscherexamen bestanden hat und deretwegen Ihnen ich einmal schrieb, verlobt sich in diesen Tagen mit einem jungen Dr.-Ing. aus M[önchen] Gladbach, einem Herrn Reiners, der als einziger Sohn seines Vaters später einmal dessen sehr gut organisierte und gutgehende Fabrik von Spulmaschinen übernehmen soll. Wir sind mit der Verlobung nach jeder Richtung hin einverstanden« (a.a.O.). – Glückwünsche zur Verlobung hatten Ende Mai / Anfang Juni 1937 übermittelt: Richard Heinrich *Berndorff,* Philipp *Brugger,* Albert *Lauscher,* Hugo *Mönnig,* Josef *Pauli,* Gabriele und Waldemar *Oppenheim,* Ernst *Schwering* (» ... weil hier wieder einmal in die schweren Tage der mühseligen Klärung der Hausangelegenheit die frohe Sonne der Jugend lebens- und zukunftsbejahend zu Ihnen hereinleuchtet«) und Hans *Verbeek* (alle Schreiben in StBKAH VI-A-15).

2 Vgl. Nr. 311, 314.

3 Vgl. Nr. 248, Anm. 3.

4 Antwort Heinemans vom 13.8.1937, u. a. mit Hinweis auf einen Besuch von *Konrad Adenauer jun.* bei ihm in Brüssel (a.a.O.).

Nr. 313

* BA NS 48/73 (Kopien aus Berlin Document Center, ›Biographic Files‹), Bl. 16-20, hier Bl. 19 f., »Abschrift von Abschrift«, o. D. Die Datierung erfolgt nach dem Begleitschreiben, in dem es u. a. heißt: »Der Reichsführer-SS hat verfügt, daß diese Abschrift verschlossen zur Personalakte des SS-Standartenführers von Schröder zu nehmen ist.« – Vollständiger Druck der Beurteilung Kurt Freiherr *von Schröders:* Joachim *Petzold,* Großbürgerliche Initiativen für die Berufung Hitlers zum Reichskanzler, in: ZfG, Jg. 31 (1983), H. 1, S. 41-54, hier S. 51-53.

Der SS-Bericht wurde von der Adenauer-Forschung früher nach dem bei Heinz *Höhne,* Der Orden unter dem Totenkopf, S. 133, wiedergegebenen Auszug (Schröder »sei ehemaliger Kumpan rheinischer Separatisten und Freund Adenauers, mithin ›zweifellos kein Aktivist im Sinne der SS‹«) zitiert; vgl. Rudolf *Morsey,* Adenauer und der Nationalsozialismus, S. 803.

1 Louis *Hagen* (1855–1932), Teilhaber des Bankhauses Oppenheim, 1915–1932 Präsident der Industrie- und Handelskammer Köln, für das Zentrum langjähriges Mitglied der Kölner Stadtverordnetenversammlung, des Preußischen Staatsrats und des Rheinischen Provinziallandtages.

2 Zu den Kontakten Adenauer–von Schröder vgl. Nr. 32, Anm. 1, 170, 429.

3 Dazu die zahlreichen Angaben bei Reinhard *Vogelsang,* Der Freundeskreis Himmler, Göttingen–Zürich–Stuttgart 1972.

Nr. 314

* StBKAH VI-B-10; HAStK 904/1144, ms., Abschrift, mit Vermerk Adenauers »Niederschrift, von mir gemacht in Rhöndorf am gleichen Tage«. – Zu diesem

Vorgang vgl. Konrad Adenauer. Seine Zeit – sein Werk, S. 116, und die ausführlichen Angaben bei Rudolf *Morsey,* Adenauer und der Nationalsozialismus, S. 483 f. Dort auch Hinweise auf die Anfechtung des Vergleichs durch Adenauer nach Kriegsende: »Der Oberbürgermeister Schmidt der nationalsozialistischen Zeit hat mich am 26.8.1937 durch Drohung gezwungen, zu äußerst ungünstigen Bedingungen mein Haus Max-Bruchstraße 6 an die Stadt Köln abzutreten. Ich habe den Vertrag auf Grund des § 123 des BGB sofort nach dem Zusammenbruch des nationalsozialistischen Regimes angefochten und Wiederherstellung des alten Zustandes sowie Schadensersatz gefordert. Diese Angelegenheit schwebt noch immer in den zuständigen Kommissionen der Stadt Köln. In der Zwischenzeit habe ich auch die gleiche Forderung auf Grund der inzwischen ergangenen Bestimmung der britischen Militärregierung als politisch Verfolgter angemeldet« (am 17.12.1946 an Robert *Görlinger;* StBKAH 07.01).
Die Interessen Adenauers vertrat nach 1945/46 erneut Friedrich *Manstetten,* der am 29.12.1945 dem Rechtsamt der Stadt Köln mitteilte: »Die Willenserklärung meines Mandanten vom 26. August 1937 ist in anfechtbarer Weise zu Stande gekommen. Die freie Willensentschließung des Oberbürgermeisters a. D. Dr. Adenauer war ausgeschlossen, weil ihm unter Hinweis auf seine politische Mißliebigkeit und die Stärke der politischen Situation der Stadtverwaltung nur die Wahl gelassen wurde zwischen einem für ihn ungünstigen Abkommen und der in ihren Aussichten ungewissen Anrufung der in ihrer Unabhängigkeit politisch beeinträchtigten ordentlichen Gerichte« (StBKAH VI-B-10). Auf die zögerliche Behandlung des Vorgangs durch städtische Stellen reagierte Adenauer am 2.3.1946: »Nur Männer, denen im Dritten Reich niemals etwas widerfahren ist, können zu einer solchen Ansicht kommen. Jeder, der im Dritten Reich als politischer Gegner verfolgt wurde, kennt den ständigen Druck, unter dem man stand und weiß, daß man ständig bei Tag und Nacht den Besuch der Gestapo zu erwarten hatte. Im übrigen sind die Ausdrücke des Dr. Schmidt, die ich wiedergegeben habe, so eindeutig – daß bei mir ... rechtliche Gründe nur bis zu einem gewissen Umfang gelten könnten, daß ich mit großen Unannehmlichkeiten zu rechnen hätte, wenn ich bei meinen Forderungen verbliebe –, daß ich nicht verstehe, wie man solche Äußerungen ... machen kann. Ich werde zu der in Aussicht genommenen Besprechung noch weiteres Material mitbringen und den Herren einmal mündlich erzählen, was ›Zwang‹ bedeutet« (an Manstetten, a.a.O.).

1 Bei diesen Formulierungen ist in Rechnung zu stellen, »daß die Ausführungen von Schmidt in der damaligen Unterredung viel schroffer lauteten, als ich sie niedergeschrieben habe. Ich mußte ja ständig mit Haussuchungen durch die Gestapo rechnen und konnte mich nicht dem Verdacht aussetzen, daß ich das Abkommen später wegen Zwangs anzufechten beabsichtigte« (am 29.11.1945 an Manstetten, a.a.O.). – »Falls ich diese Niederschrift zu deutlich gemacht hätte, wäre daraus hervorgegangen, daß ich an den Zusammenbruch des Dritten Reichs glaube. Die Folgen für mich brauche ich nicht auszumalen« (am 16.12.1945 an Schwering, a.a.O.).

2 Vgl. Nr. 311. Vgl. a. Nr. 317.

Nr. 315
* StBKAH 10.31, ms., Durchschlag, mit kurzem Begleitschreiben an *Dr. Gisela Adenauer* vom 17.12.1955 (»Anbei die Beantwortung einiger der sehr neugierigen Fragen«). In dieser aufschlußreichen Liste autobiographischer Mitteilungen neben der hier abgedruckten Auskunft u. a. auch folgende Mitteilungen: »An die Gleitflüge Lilienthals erinnere ich mich sehr gut. Ich weiß, welch tiefen Eindruck die Todesnachricht Bismarcks bei uns machte. Die Vorgänge um Hitler in München wurden im Rheinland wenig verfolgt und leider auch zu wenig beachtet. – Ich habe freiwillig verzichtet, Reichskanzler zu werden, weil ich bei der parteipolitischen Zerrissenheit des deutschen Volkes, die sich im Reichstag widerspiegelte, eine ersprießliche Arbeit nicht für möglich hielt.«

Nr. 316
* Bayerische Staatsbibliothek München, Nachlaß Braunfels, ms.
1 Nicht nachgewiesen. Gleiches gilt auch für einen Besuch *Braunfels'* in Rhöndorf in diesem Zeitraum, den Adenauer im nachfolgenden anregt. Vgl. Nr. 318, Anm. 1.
2 Vgl. Nr. 312, 315. – Ebenfalls am 14.9.1937 schrieb Adenauer P. Johannes *Vollmar:* »Das Hochzeitsfest meiner Tochter war dank M[aria] Laach, dank der Güte des Vaters Abts, dank aber vor allem auch Ihrer von so feinem Verständnis getragenen Mühe ein so schöner Tag, ein so ernstes und doch frohes und schönes Fest, daß es uns allen unvergeßlich bleiben wird« (Archiv der Abtei Maria Laach).
3 »Die Aufbauarbeit [an der Musikhochschule Köln] wurde jäh unterbrochen, als Braunfels bei der nationalsozialistischen Machtübernahme seines Postens enthoben wurde. Wegen seiner väterlichen jüdischen Abstammung wurde ihm jede öffentliche Tätigkeit untersagt. ... Er zog erst nach Godesberg, dann an das stille Ufer des Bodensees. Die innere Emigration erwies sich als segensreich für sein Komponieren. In der völligen Abgeschiedenheit vermochte er wieder auf die innere Stimme zu hören, die von der Arbeit des Hochschuldirektors erstickt worden war. Es entstand das gewichtige Spätwerk, ein Kantatenzyklus für das Kirchenjahr und drei Bühnenwerke« (Frithjof *Haas,* Komponistenportrait: Walter Braunfels, WDR, 3. Hörfunkprogramm, 1.12.1990). Dazu vgl. a. den biographischen Aufsatz seines hier erwähnten Sohnes Michael *Braunfels,* in: Rheinische Musiker, 1. Folge, in: H. 43 der Rheinischen Musikgeschichte, hrsg. von Karl Gustav *Fellerer,* Köln 1960, S. 24-28.
4 Zum Stand der Bauarbeiten am Zennigsweg Ferdinand *Zinsser* am 26.9. 1937: »Was wir von Ernst's Bauwerken zu sehen bekamen, hat uns einen vortrefflichen Eindruck gemacht. ... Hoffentlich schreitet Euer Bau rüstig vorwärts, so daß Ihr noch vor dem Winter es Euch gemütlich machen könnt und nicht gar im Schnee Euren Flügel auf die Drahtseilbahn verladen müßt.«
5 Vgl. Nr. 314, 317.

Nr. 317

*HAStK 904/1146, eigenhändig. – Zu diesem Schreiben vgl. Konrad Adenauer. Seine Zeit – sein Werk, S. 116; Rudolf *Morsey,* Adenauer und der Nationalsozialismus, S. 484.

1 Hierzu hatte Adenauer am 19.9.1937 eine »Zusammenstellung der beiderseitigen Forderungen und Schulden Adenauer und Stadt Köln« schriftlich fixiert: »Der Kaufpreis für die beiden Häuser beträgt RM 170 000, er ist nicht getrennt für die Häuser festgesetzt worden. Darauf zu achten ist, daß A. keine Kosten treffen. Es ist ferner auf folgendes zu achten. Das Haus Nr. 4 ist 1926/27 erbaut worden, als die Stadt schon das Grundstück an A. verkauft hatte, aber ehe die Umschreibung im Grundbuche erfolgt ist. Nach der Wertzuwachssteuerordnung der Stadt Köln sind anrechnungsfähig die Aufwendungen, die der Eigentümer gemacht hat. Dem Sinne der Wertzuwachssteuer entspricht es, daß die vor der Umschreibung im Grundbuche gemachten Aufwendungen des Eigentümers, die in seinem Kaufpreise natürlich nicht zum Ausdruck gekommen sein dürfen, ihm angerechnet werden« (StBKAH 303).

2 Nach Abschluß der Verhandlungen schrieb Adenauer am 21.10.1937 seiner Schwester Lilli *Suth:* »Mit der Stadt habe ich mich geeinigt. Es blieb mir nichts anderes übrig. Ich habe etwa 40 % von dem erhalten, was mir nach dem Gutachten des Rechtsausschusses zugestanden hätte. Aber ich kann ja gegen die Stadt keinen Prozeß führen. Die beiden Häuser sind an die Stadt verkauft. Es war schmerzlich« (StBKAH VI-A-12).

Nr. 318

*StBKAH VI-A-8, ms., Durchschlag.

a ‹. . .› In der ausgelassenen Passage spricht Adenauer finanzielle Angelegenheiten an.

1 Der Münchener Bildhauer Professor Theodor *Georgii* (1883–1963; Schwager von Walter *Braunfels*) hatte 1916 – nach dem Tod von Emma Adenauer – den Grabstein der Familie Adenauer auf dem Kölner Friedhof Melaten gestaltet und wurde 1937, nach dem Tod von *Johannes Adenauer,* wegen der Umgestaltung des Steines erneut eingeschaltet. Einen Besuch Georgiis in Rhöndorf erwähnt Adenauer in seinem Weihnachtsbrief an Braunfels vom 23.12.1938.

2 Dazu die Angaben bei Konrad *Adenauer,* »Der Alte« und Rhöndorf, S. 85.

Nr. 319

*HStAD RWN 199 Nr. 81. – Dort und in Nr. 80 aus den Vormonaten weitere Eintragungen *Busleys* zu Begegnungen mit Adenauer am 26.6., 28.6. und 14.7. (jeweils mit Paul *Franken*), 20.7., 20.8. (»mit Adenauers nach Oberpleis [Frau Brabender]«), 8.9. (»mit Ilse und Dr. Franken nach Rhöndorf-Hausbesichtigung, Abendessen, ... sehr gemütlich«), 29.9., 30.9. (»Besichtigung des Neubaus«).

a, b, c ‹. . .› Unleserlich.

1 Vgl. Nr. 314, 317.

Nr. 320

*HStAD RWN 199 Nr. 80. – Die Bedeutung dieser Tagebucheintragung *Busleys* besteht darin, daß sie den Kontakt Adenauers zu Paul *Franken* 2 Tage vor dessen Verhaftung unter dem Verdacht des Hoch- und Landesverrats belegt; hierzu die Unterlagen in den Akten der ehemaligen Gestapo(leit)stelle Düsseldorf in HStAD RW 58-37984, 64380 (ohne Erwähnung Adenauers). Vgl. Nr. 323, Kopfregest, Nr. 329. – Zur Haft Frankens vgl. seine eigene Darstellung: 20 Jahre später, S. 98, und die Dokumente in: Verfolgung und Widerstand, S. 229, 235-237.

Nr. 321

*Aus dem Gartenbuch Adenauers, in Privatbesitz Familie Adenauer; dazu die Erläuterung in Nr. 363, Kopfregest. – Weitere Abbildungen auf S. 356, 382. Transkription (die aus Platzgründen nicht in der Legende erscheint): »Erdbewegungen/2 neue Plätze/obere Gartenterrasse frei bis wann?/Pirletmauer bis wann?/Abhang bis wann?/wie Pirletmauer,/wie Abhang,/wie Lücken herrichten?/wie Streifen an Drahtzaun herrichten?« – Hier angesprochen: der am Hausbau in Rhöndorf beteiligte Prof. Dr.-Ing. Josef *Pirlet* (1880–1961; Baukonstrukteur, lehrte an der Technischen Hochschule Aachen).

Nr. 322

*StBKAH Bestand Heineman, ms., mit Eingangsstempel Brüssel 22.11.1937.

1 *Heineman* hatte Adenauer am 12.11.1937 von der Rückkehr von einer Reise in die USA berichtet (vgl. a.a.O.).

2 Vgl. Nr. 306. – Kurz zuvor hatte Adenauer von der amerikanischen Staatsbürgerin Mrs. Th. H. *Wickenden* (»... had the pleasure of entertaining your son Max at our home in U.S.A. ...«) Näheres über den Amerika-Aufenthalt seines Sohnes erfahren (bei einem »Lunch at Petersberg« am 7.11.1937; StBKAH VI-A-15).

3 Bereits am 18.8.1937 hatte Max Adenauer (Kontaktadresse: »Dr. Grete Falk, 1101-M. Street N.W. Washington D.C.«) Heineman wegen des beabsichtigten Besuches bei »Herrn Auchincloss in New York« geschrieben. – Gordon *Auchincloss* (1886–1943), mit Heineman befreundeter, einflußreicher amerikanischer Rechtsanwalt und Geschäftsmann, »Schwiegersohn von Colonel House [Edward M. *House*, Berater von Präsident Woodrow Wilson] ..., mit den Präsidenten Roosevelt und mehreren Kabinettsmitgliedern sehr befreundet ..., kennt viele Senatoren und führende Leute aus der Bank- und Industriewelt« (Heineman am 17.11.1934 an Carl *Bosch*).

4 Vgl. Nr. 312, 315.

5 »Ich hörte von Herrn Dr. Hett. aus Berlin, der neulich bei mir war, daß es Ihnen viel besser geht« (aus dem Anschreiben Heinemans, a.a.O.). – Wahrscheinlich gemeint (weil in früherer Korrespondenz Heinemans mit Hjalmar *Schacht* als Kontaktmann in Berlin mit vollständigem Namen erwähnt): Karl Maria *Hettlage* (geb. 1902), Prof. Dr. jur., 1929–1931 im Finanzdezernat der Stadt Köln, 1934–1938 Stadtkämmerer von Berlin, später u. a. Staatssekretär im Bundesfinanzmini-

sterium (1959–1962 und 1967–1969) und Mitglied der Hohen Behörde der EGKS (1962–1967).

6 Das Gerücht wächst, während es sich verbreitet.

7 Im Januar 1938 in Brüssel; vgl. Nr. 328.

8 Vgl. Nr. 324.

9 Vgl. Nr. 298, Anm. 1.

Nr. 323

* HStAD RWN 199 Nr. 80.

1 Zum Bezug des neuen Hauses, zu dem die polizeiliche Ummeldung am 13.12. 1937 erfolgte (vgl. Nr. 324), Hans-Peter *Schwarz,* Adenauer. Der Aufstieg, S. 398.

2 Vgl. Nr. 320, Kopfregest. – Protokolle der *Franken*-Vernehmungen während seiner Düsseldorfer Gestapo-Haft sind nicht überliefert. Zu den weiteren Stationen der Beobachtung, Verfolgung und Inhaftierung ein Vermerk der Gestapo-Außendienststelle Mönchengladbach vom 7.9.1938 (»Betrifft: Schutzhäftling Dr. Paul Franken. ... Der Einsender ist politisch hier noch nicht bekannt. Früher war er Zentrumsmann, ohne jedoch nach außen in Erscheinung zu treten«) und weitere Vermerke vom 14.2.1939 (»... am 7.4.1938 vom Amtsgericht Düsseldorf wegen Verdachts eines Vergehens gegen das Heimtückegesetz Haftbefehl erlassen. ... am 7.5.1938 aufgehoben ..., anschließend in Schutzhaft genommen. ... am 25.1.1939 aus der Schutzhaft entlassen. ... Paßsperre zu verhängen«) und vom 25.9.1939 (»Die über Franken verfügte Postkontrolle hat nichts erbracht«); alle Vorgänge in HStAD RW 58-37984.

Nr. 324

* StBKAH Ausstellungsvorlage zu Tafel 56.

Nr. 325

* Bayerische Staatsbibliothek München, Nachlaß Braunfels, eigenhändig.

1 Ähnlich die Formulierung im Rückblick des Jahres 1961: »Ich wollte, obwohl die Höhe des Bauplatzes den Bau verteuerte, auf eine Höhe ziehen, um einen weiten Blick in die Ferne zu haben. Ich habe immer gefunden, daß nichts wohltuender und befreiender ist, als ein weiter Blick über das Land bis zum Horizont« (im Gespräch mit Ludwig *von Danwitz;* StBKAH 16.29).

2 Nicht überliefert.

Nr. 326

* StBKAH Ausstellungsvorlage zu Tafel 55. – Transkription (die aus Platzgründen nicht in der Legende erscheint): »1. Vertrau auf Gott im Glück und im Unglück/ 4. Liebe Deinen Nächsten in Wort und Tat/5. Halte Ordnung in inneren und in äußeren Dingen/3. Halte Maß in allem!/2. Erfülle Deine Pflicht/6. Widme Dich vielem, aber nicht zu vielem, damit Du alles was Du [von Adenauer gestrichen; die letzten drei Worte unleserlich – Korrektur des Punktes 6] Was Du tust, tue ganz! Zersplittere Dich nicht!«

Nr. 327
* HStAD RWN 199 Nr. 84. – Dort, in Nr. 83, auch die Eintragung zum Vortag: »Abends bei uns Ehepaar Adenauer und Frau Dempf.«
1 So auch Ferdinand *Zinsser* am 20.1.1938 an seine Tochter: »Daß Konrad wieder aufgehängt werden soll, ist doch hochinteressant. Das Gute bricht sich immer Bahn!« (StBKAH VI-A-15). – »Über die Aufhängung des Adenauerbildes gibt es in den Zeitungen keine Berichte. Amtliches Schriftgut ist nicht erhalten« (briefl. Mitteilung Dr. Manfred Groten, Historisches Archiv der Stadt Köln, an den Bearb. vom 23.1.1991). Daß zumindest eine derartige Absicht bestand, muß nicht überraschen, da sich Adenauers Lebensumstände nach dem Vergleich mit der Stadt Köln erstmals seit 1933 wieder normalisierten (Hans-Peter *Schwarz*, Adenauer. Der Aufstieg, S. 408: »Wochen des Atemholens«), er offiziell eher respektiert wurde und in diesen Tagen auch ins Ausland reisen konnte; vgl. Nr. 328.

Nr. 328
* Privatbesitz Dr. Konrad Adenauer, Köln. – Zur »Erinnerung an unsern Besuch [Oktober] 1930« bei Heineman in Brüssel das hier abgebildete Photo, ebenfalls von Dr. Adenauer für diese Edition zur Verfügung gestellt.
Bei diesem Kartengruß an seinen Sohn Konrad handelt es sich um den einzigen zeitgenössischen Beleg für die *erste* Auslandsreise Adenauers nach 1933 (gemeinsam mit seiner Frau und seinem Sohn Max): »11.1.–14.1.1938 Besuch eines amerikanischen Freundes« in Belgien (aus einem Fragebogen des Jahres 1946; vgl. »Briefe 1945–1947«, S. 26; dort – S. 53f. – auch das erste Nachkriegsschreiben an Heineman: »Seit wir uns zuletzt in Brüssel gesehen haben, haben wir noch schwere Zeiten durchlebt«). Hierzu Hans-Peter *Schwarz*, Adenauer. Der Aufstieg, S. 408f.

Nr. 329
* HStAD RWN 199 Nr. 84. – Dort, und in Nr. 83, auch die Eintragungen *Busleys* zum 13.1.1938 (»Vom armen Franken immer noch nichts bekannt. – Es scheint sich doch um den Fall [Friedrich] Muckermann und seine Nachrichtenquelle [›Der Deutsche Weg‹] zu handeln: ... der arme Kerl ist nun schon zwei Monate eingesperrt – genau so unschuldig wie wir«), 20.1.1938 (»Abends Adenauer bei uns ... – große Sorge um Franken«) und 2.2.1938 (»Gestern hörte ich zweierlei zum Fall Franken: ... sagt, daß es sehr schlimm um Dr. [Walther] Hensel u. ... stehe. Ja! – ... R.-A. [Josef] Müller dagegen sagt, daß es sehr günstig stehe und man nichts ... Belastendes finden könne«; die ausgelassenen Namen in der Vorlage unleserlich).
a, b ‹...› Unleserlich.
1 Vgl. Nr. 320, 323.

Nr. 330
* HStAD RWN 199 Nr. 84.
1 Am 13.3.1938 (am 21.3.1938 erlosch die Mitgliedschaft Österreichs im

Völkerbund). – Weitere Belege für die Beurteilung der außenpolitischen Entwicklung des Jahres 1938 unter Nr. 332, 344, 346.

Nr. 331
* StBKAH VI-B-68.10, ms., Durchschlag. – Dort auch weitere Unterlagen (Korrespondenzen, Skizzen, Zeichnungen) zu der von Adenauer hier erläuterten »innenbeleuchteten Stopfhilfe«, zu der in den »AEG-Mitteilungen« im März / April 1940 (H. 3 / 4, S. 100) folgende Notiz erschien: »Ein Gegenstand, der nicht nur preiswert ist, sondern auch täglich seine Nützlichkeit erweist, ist das neue AEG-Stopflicht. Das leider immer wieder notwendige Strümpfestopfen für die großen und kleinen Kinder ist für die Hausfrau, gerade in der heutigen Zeit, die leider nicht zu umgehende abendliche Zugabe nach allen Mühen und Sorgen des Tages. Mag die Allgemeinbeleuchtung noch so gut sein, immer war es bisher besonders anstrengend, nicht nur schwarze Socken, sondern auch die hauchdünnen, hellen Damenstrümpfe zu stopfen. Hier hilft in geradezu verblüffender Weise der neue AEG-Helfer.« – Vgl. Peter *Koch*, Die Erfindungen, S. 109-112.

Nr. 332
* HStAD RWN 199 Nr. 84.
1 Vgl. Nr. 159, 333, 343, 350, 350 A.
2 Nach dem Anschluß Österreichs (zu dem am 10.4.1938 eine Volksabstimmung durchgeführt worden war; 99,7 % Ja-Stimmen) wurde in diesem Zeitraum die Zerschlagung der Tschechoslowakei vorbereitet; vgl. Nr. 344.

Nr. 333
* HStAD VI-B-24, ms., Durchschlag.
1 Fritz *Schumacher* (1869–1947), Prof. Dr.-Ing. E.H., 1899–1908 Professor an der Technischen Hochschule Dresden, ab 1909 Baudirektor, 1923–1933 Oberbaudirektor in Hamburg, 1920–1923 Beigeordneter der Stadt Köln, u. a. zuständig für Hoch- und Tiefbauamt, öffentliche Bauten, erstellte den Generalbebauungsplan für den inneren Grüngürtel. – »In Erinnerung an den 14ten Juni 1938« widmete *Schumacher* Adenauer bei dieser Gelegenheit seine ›Erinnerungen eines Baumeisters‹: Stufen des Lebens (Stuttgart 1935; von Adenauer im Bücherbestand seines Schlafzimmers aufbewahrt), die auf S. 341-378 eine ausführliche Darstellung der Kölner Tätigkeit des Architekten und Stadtplaners enthalten. Als einziges in der Zeit des Dritten Reiches erschienenes Buch ist diese Veröffentlichung um eine objektiv-wohlwollende Würdigung Adenauers bemüht; vgl. Hans-Peter *Schwarz*, Adenauer. Der Aufstieg, S. 238 f.
2 »Das Bild ›Mann in phantastischer Tracht in einem Raume stehend‹, Leinwand, stammt aus der Sammlung Weyer. Es ist im Weg der Erbteilung an meine verstorbene Frau Emma, geb. Weyer und durch sie an mich gekommen. Das Bild wurde in der Familie zwar immer als Rembrandt bezeichnet, aber man glaubte nicht, daß es echt sei. Eine Untersuchung des Bildes hat meines Wissens nie

stattgefunden, jedenfalls nicht, seit es in meinem Besitz ist, bis jetzt« (aus einer eigenhändigen Aufzeichnung Adenauers, o. D., nach Vergleich mit anderen Manuskripten vermutlich in diesem Zeitraum entstanden). – Hierzu vgl. die ähnlichen Vorgänge unter Nr. 159, 332, 343, 350, 350 A.

Nr. 334
* StBKAH VI-A-15, eigenhändig.
1 Über den Besuch in Rhöndorf hatte *Schumacher* tags zuvor seinem Bruder Hermann berichtet: »Dann kam Rhöndorf. Adenauer war am Bahnhof, ganz abgemagert und von grau gezeichnet, aber in alter geistiger Frische. Er hat sich am Berghang ein entzückendes Heim geschaffen, in dem er mit seiner reizenden Frau und vier noch schulpflichtigen hübschen Kindern haust. Von den Terrassen des Hauses und des Gartens hat man ein großartiges Rheinpanorama« (Archiv der Bildenden Künste im Germanischen Nationalmuseum, Nürnberg).
2, 3 Gemeint sind die Entwürfe des Berliner Stadtplaners Professor Hermann *Jansen* und des Architekten Paul *Bonatz,* die 1919 – konkurrierend mit *Schumachers* eigenem erfolgreichen Plan – beim Wettbewerb zur städtebaulichen Neugestaltung Kölns und zur Schaffung von Grünflächen im ehemaligen Festungsgürtel eingereicht worden waren. Dazu die Angaben bei Carl-Wolfgang *Schümann,* Adenauers Ansichten zur Architektur im Spiegel der Akten, S. 156-159.
4 Vgl. Nr. 335, 337, 338.

Nr. 335
* SBA, Konsulat Köln, IV-A-Adenauer 1931–1944, ms. Dort auch die Korrespondenz der Vortage, in der Adenauer Einzelheiten der geplanten Urlaubsreise in die Schweiz (Bahnverbindungen, Billetbestellungen, Reservierung von Hotelzimmern usw.) mit *von Weiss* erörtert hatte.
Ausführliche Angaben zur Hilfestellung des Konsuls, der die Ferienaufenthalte der Familie Adenauer in Chandolin ob Siders (bei Sierre, Wallis) bereits in den 20er Jahren vorbereitet hatte, bei Hanns Jürgen *Küsters*/Hans Peter *Mensing* (Hrsg.), Kriegsende und Neuanfang, S. 12 f.; vgl. a. Hans-Peter *Schwarz,* Adenauer. Der Aufstieg, S. 300, 409. Zu dieser Reise auch die Angaben bei Paul *Franken,* Dr. Josef Vollmar 85 Jahre (» . . . verbrachten die beiden Ehepaare [Vollmar und Adenauer] 3 Wochen gemeinsamen Urlaub in Chandolin . . . «). – Nach Ulrich *Frank-Planitz* (Konrad Adenauer, S. 53) kam es in der Schweiz auch zu einer Begegnung mit Franz *von Papen:* » . . . der Hotelier Marc Pont erinnert sich daran, daß diese geheimgehaltene Begegnung in zweitausend Meter Höhe abends acht Uhr in einem abgelegenen Privatsalon begann und erst früh vier Uhr zu Ende war. ›Niemand‹, so weiß Pont, ›sollte Papen kommen, niemand sollte ihn gehen sehen.‹« Hierzu Adenauer 1946: »Ich kenne Herrn von Papen seit mehr als 25 Jahren. Seit 1933 habe ich ihn allerdings nicht mehr gesehen oder gesprochen« (»Briefe 1945–1947«, S. 350).

Nr. 336
* Archiv der Abtei Maria Laach, eigenhändig. – Zur Übermittlung dieses Briefes, der *Herwegen* erst im Folgemonat erreichte, vgl. Nr. 342.
1 Silbernes Abtsjubiläum am 17.7.1938; vgl. Hans *Rink,* Ildefons Herwegen, S. 72.
2 Vgl. Nr. 65, 69.

Nr. 337
* SBA Konsulat Köln, IV-A Adenauer 1931–1944, eigenhändig. – Ein Hinweis auf dieses Schreiben bei Hans-Peter *Schwarz,* Adenauer. Der Aufstieg, S. 409.
1 Vgl. Nr. 335, Kopfregest.

Nr. 338
* StBKAH, Bestand Heineman, eigenhändig, mit Eingangsstempel Brüssel 25.7. 1938.
a ‹...› In der ausgelassenen Briefpassage spricht Adenauer berufliche Angelegenheiten eines Sohnes an.
1 Zur Behandlung *Heinemans* in den Heilanstalten Hohenlychen, »um mein Knie wieder herzustellen« (nach einem nicht näher beschriebenen Unfall), sein Anschreiben vom 16.7.1938, a.a.O.
2 Nach Änderung der »Reisedispositionen« (»Ich muß unbedingt am 15.8. wieder in Rhöndorf sein«; Adenauer am 29.7.1938, a.a.O.) trafen sich die Ehepaare Heineman und Adenauer am 9.8.1938 in Ouchy-Lausanne; hierzu das Photo auf S. 330 und die Erinnerung Adenauers im Brief an Heineman vom 4.11. 1938: »Wir denken noch mit großer Freude an unsere Ferien zurück und haben namentlich den schönen sorgenlosen Tag am Genfer See in allerbester Erinnerung, obgleich man seitdem so viel erlebt hat, daß man meinen könnte, es seien Jahre schon vergangen« (a.a.O.).

Nr. 339
* StBKAH VI-B-24, ms., Durchschlag. – Zu dem hier dokumentierten, mit anderen Belegen nicht genauer datierbarem Besuch bei dem belgischen Kunsthändler I. *de Bruyn* die Reminiszenz Adenauers in einem Brief an Prof. Dr. Kurt *Bauch* (Freiburg/Breisgau) vom 16.5.1951; vgl. »Briefe 1951–1953«, S. 59.
Zu der in diesem Zeitraum besonders intensiven Beschäftigung mit kunstgeschichtlichen Fragen vgl. a. Nr. 333, 343, 350, 350 A.
1 Vgl. Nr. 343, Anm. 5.

Nr. 340
* The Archives of The University of Notre Dame, CSHU Box 4 Folder 15: Footnotes (Appendix), erste Fassung der Manuskripte mit zahlreichen eigenhändigen Korrekturen Shusters, o. D., nach Papierqualität, anderen äußeren Merkmalen und Vergleich mit weiteren Nachlaßmaterialien um 1945 erstmals niedergeschrie-

ben, davon (in zwei Bearbeitungsformen) die dem Abdruck in dieser Edition zugrundeliegenden, 1971 angefertigten Reinschriften (vgl. Anm. 1).
George Nauman *Shuster* (1894–1977; mütterlicherseits von deutscher Abstammung), Prof. Dr. phil., amerikanischer Historiker, Literatur- und Erziehungswissenschaftler, 1929–1937 Herausgeber der katholischen Wochenzeitschrift »Commonweal«, 1930 Studium an der Deutschen Hochschule für Politik in Berlin, erhielt 1937 einen Forschungsauftrag für Studien zur Weimarer Republik und zur Deutschen Zentrumspartei (deswegen in diesem Zeitraum in Deutschland), 1940 Herausgeber und wissenschaftlicher Bearbeiter einer amerikanischen Ausgabe von Hitlers »Mein Kampf«, 1940–1960 Präsident des katholischen Hunter College (New York), 1944/45 Mitglied eines Beraterkomitees des State Department für Fragen kultureller Auslandsbeziehungen, 1945 Vorsitzender der Historischen Kommission des State Department (führte zur Vorbereitung der Nürnberger Prozesse zahlreiche Befragungen maßgeblicher Vertreter des nationalsozialistischen Regimes durch), nach 1945 in führenden Funktionen für die UNESCO tätig, 1950/51 ›Land Commissioner‹ für Bayern, 1961–1971 enger Mitarbeiter des Präsidenten der Universität Notre Dame.
a ‹...› Auslassung in der Vorlage.
1 In Veröffentlichungen Shusters sind diese Manuskripte als wissenschaftliche Fußnoten *nicht* erschienen. Doch ist nach Einschätzung des Bearbeiters – die vom Mitarbeiter Shusters und seinem Biographen Rev. Thomas E. *Blantz* (Dept. of History, University of Notre Dame) geteilt wird – anzunehmen, daß die 1971 entstandenen letzten Fassungen für eine damals in Aussicht genommene Publikation des Tagungsprotokolls eines Symposiums der Stiftung Bundeskanzler-Adenauer-Haus gedacht waren: Conference on Contemporary History. The Beginnings of Konrad Adenauer's European Alliance Policy between 1949 and 1952 (4./5.10.1971, Washington, D.C.). Auf S. 81 der hierzu vorliegenden Abschrift der Tonbandaufzeichnung ist ein Beitrag Shusters wiedergegeben, dem er dann diese »footnotes« wohl hinzufügen wollte: »I visited him primarily in Rhöndorf during the Nazi period. We talked of the overall German situation till two o'clock in the morning that we were both Center Party (Zentrumspartei) people and stayed until the dawn broke and then we climbed down the hill again. I still have some marks on my body that date from Adenauer's brushes and thorns in his garden. That's really when I came to know him.«
Erstmals hatte Shuster diese Begebenheit und die Begegnung mit Adenauer in einem Brief an den Bundeskanzler vom 11.2.1954 erwähnt: »Ich brauche nicht zu sagen, daß Sie in McCloy, Shepard Stone und mir drei eingeweihte Verehrer und Freunde haben, die Ihrer Tätigkeit sehr genau folgen. Die zwei sind aber niemals im Jahre 1938 zu Ihrem Hause hinaufgeklettert, um die Stunden zwischen 12 und 2 auszunützen« (StBKAH 10.09). Ausführlicher die Darstellung in der 1961 erschienenen amerikanischen Originalausgabe seiner Lebenserinnerungen: The ground I walked on, S. 73, 164 (hierzu auch die Seiten 156f. des zugrundeliegenden Manuskripts in: CSHU Box 9 Folder 1); vgl. a. die deutsche Übersetzung:

In Amerika und Deutschland, S. 76, 165f. Zu dem dort auch geschilderten Gespräch über die aktuelle »Situation in Deutschland« und über das, »was in strengstem Vertrauen über die Pläne der Opposition gesagt werden konnte« (S. 166), sind im NL Shuster keine ergänzenden Niederschriften nachweisbar.

2 In den Originalmanuskripten datierte Shuster diese Deutschlandreise und die Unterredung mit Adenauer auf August *1937* – dies im Gegensatz zu der Angabe August 1938 in den in Anmerkung 1 genannten Rekonstruktionen. Für die hier vorgenommene Angleichung an die wiederholt publizierte Jahreszahl spricht vor allem, daß sich Shuster im nachfolgenden unzweideutig an den Besuch des erst im Dezember 1937 fertiggestellten und bezogenen Adenauer-Hauses am Zennigsweg 8 a erinnert und die topographischen und anderen Details keinesfalls auf Grundstück und Haus Löwenburgstraße 76 zutreffen. Dieser Befund wird durch Erkenntnisse der Shuster-Forschung bestätigt, die Rev. Thomas E. *Blantz* dem Bearb. am 25.1.1991 brieflich mitteilte.

3 Auch weiterhin erfolgt die Gesprächswiedergabe durchgehend in der auf Adenauer bezogenen Ich-Form. Dies läßt bei der Ausführlichkeit der Darlegungen und der insgesamt wie im Detail Adenauer-authentischen Diktion und Argumentationsweise darauf schließen, daß Shuster ein ihm von Adenauer übergebenes Manuskript vorgelegen haben kann. Ein solches ist in beiden Nachlässen aber nicht erhalten. – Ähnlich wie im nachfolgenden analysiert Adenauer die Entstehungsbedingungen des Nationalsozialismus in mehreren seiner Nachkriegsreden, so in der am 24.3.1946 in der Kölner Universität gehaltenen Grundsatzrede; Druck: Konrad Adenauer. Reden 1917–1967, S. 82-106.

4 Zur »Rheinstaatkampagne« (1918/19) der »Kölnischen Volkszeitung« vgl. Henning *Köhler,* Autonomiebewegung oder Separatismus, passim.

5 Joseph *Froberger* (1871–1931), Dr. theol., aus dem Elsaß gebürtiger Theologe und Journalist, nach dem Studium der Missionsgesellschaft der »Weißen Väter« beigetreten, nach Missionarstätigkeit 1910 zum Weltgeistlichen säkularisiert, danach in Bonn ansässig, bis 1923 Mitarbeiter der »Kölnischen Volkszeitung«, stand in Verbindung zur Obersten Heeresleitung, publizistischer Verfechter französischer Interessen in der Rheinlandpolitik nach dem Ersten Weltkrieg. – Zu seiner Funktion in der Rheinlandbewegung nach 1918/19 und zu seinen Adenauer-Kontakten vgl. Ekkehard *Häussermann,* Konrad Adenauer und die Presse vor 1933, S. 216-223, und die zahlreichen Angaben bei Henning *Köhler,* Autonomiebewegung oder Separatismus.

6 Im Januar 1919; vgl. a.a.O., S. 220, und Karl Dietrich *Erdmann,* Adenauer in der Rheinlandpolitik, S. 245. Zu *Dorten* vgl. a. Nr. 186, 194.

7 Clemens Freiherr *von Schorlemer-Lieser* (1856–1922), 1905–1910 Oberpräsident der Rheinprovinz, 1910–1917 preußischer Minister für Landwirtschaft, Domänen und Forsten.

8 »Die Gliederung des Reichs in Länder soll unter möglichster Berücksichtigung des Willens der beteiligten Bevölkerung der wirtschaftlichen und kulturellen Höchstleistung des Volkes dienen. Die Änderung des Gebiets von Ländern und

die Neubildung von Ländern innerhalb des Reichs erfolgen durch verfassungsänderndes Reichsgesetz« (WRV Art. 18, Abs. 1).
9 Hierzu und zum Nachfolgenden vgl. Nr. 210 A.
10 Vgl. Nr. 194.
11 Vgl. Adam *Dorten,* Rheinische Republik, Koblenz 1922.
12 Kurt Freiherr *von Schröder;* zu seiner hier angesprochenen Funktion als Mitglied einer Bankiersgruppe, die im Dezember 1923 in der Reichskanzlei verhandelte, vgl. Henning *Köhler,* Adenauer und die rheinische Republik, S. 252.
13 Vgl. Nr. 117, 194.
14 Vgl. Nr. 194, Anm. 3.

Nr. 341
* Wie Nr. 340.
1 Zur Position *Mönnigs* in der Rheinlandfrage die zahlreichen Angaben bei Rudolf *Morsey,* Die Deutsche Zentrumspartei 1917–1923; Henning *Köhler,* Adenauer und die rheinische Politik.
2 Maurice *Barrès* (1862–1923), französischer Schriftsteller, vertrat nationalsozialistisch-chauvinistische und antisemitische Ansichten, u. a. in seiner Veröffentlichung »Le génie du Rhin« (1921).
3 Vgl. Nr. 194, Anm. 7.
4 Zum Nachfolgenden vgl. Marie-Luise *Recker,* Adenauer und die englische Besatzungsmacht, S. 99-104.
5 Am 15.11.1923; dazu die ausführliche Darstellung bei August *Haag,* Bilder aus der Vergangenheit von Honnef und Rhöndorf, S. 118 f. Vgl. a. Friedrich *Grimm,* Mit offenem Visier, S. 89-91.

Nr. 342
* Archiv der Abtei Maria Laach, eigenhändig.
1 Vgl. Nr. 336.

Nr. 343
* StBKAH VI-B-24, ms., Durchschlag.
1, 3 Geneviève Marie *Schmitz* geb. *Molkenboer* (geb. 1909), seit 1936 mit Wim Schmitz verheiratet. – Laetitia *Schmitz,* 1937 geborene erste Tochter des befreundeten Ehepaares.
2 An diesen Besuch in Rhöndorf erinnert *Schmitz* in seinem Brief vom 24.4. 1941; vgl. Nr. 377.
4 In StBKAH (a.a.O.) auch weitere Korrespondenz dieses Zeitraums, in der sich Adenauer um Literatur und andere Unterlagen bemühte, die ihm bei der kunstgeschichtlichen Zuordnung seiner Gemälde behilflich sein sollten: Schreiben an Hubert *Becher* (1.9.), Josef *Busley* (1.9.), Karl *Haberstock* (4.10., 25.10. und 21.11. 1938). – Zu den mit Schmitz erörterten Fragen vgl. Nr. 350 A.
5 Dieser nach 1760 entstandene Stich von A. *de Marcenay* interessierte Adenau-

er wegen angeblicher Ähnlichkeiten mit seinem »Saskia«-Gemälde (vgl. die Abb. auf S. 342). Hierzu Adenauers Abschriften aus: Beschreibendes und Kritisches Verzeichnis der Werke der Hervorragendsten Holländischen Maler des 17. Jahrhunderts, zusammengestellt von Dr. Hofstede de Groot, Bd. 6, Esslingen– Paris 1915 (a.a.O.).

6, 7 Govaert *Flinck* (1615–1660) und Ferdinand *Bol* (1616–1680), niederländische Maler, Schüler Rembrandts.

Nr. 344

* StBKAH 16.29, aus dem Gespräch mit Ludwig *von Danwitz* vom 3.1.1961 (vgl. Nr. 250); Druck: Bulletin des Presse- und Informationsamtes der Bundesregierung, Nr. 4 (1961), S. 32. – Zum Nachfolgenden vgl. das am 30.12.1960 mit Herbert *Altschull* geführte Informationsgespräch Adenauers: »Ich wohnte damals in Rhöndorf, als Hitler hier bei Dreesen war und Chamberlain oben auf dem Petersberg, und da habe ich die Hände gerungen über den Unverstand der Engländer, daß die dem Manne auch nur so viel glauben konnten; das ist mir immer ein Rätsel gewesen« (»Teegespräche 1959–1961«, S. 398).

1 Arthur Neville *Chamberlain* (1869–1940), 1923 und 1931–1937 britischer Schatzkanzler, 1924–1929 und 1931 Wohlfahrtsminister, 1937–1940 Premierminister, 1940 Lord-Präsident. – Seine Verhandlungen mit Hitler vom 22./23.9. 1938 gingen dem Münchener Abkommen vom 29.9.1938 zur Abtretung der sudetendeutschen Gebiete an Deutschland voran. Dazu, nach einem Besuch mit Dora *Pferdmenges* in Rhöndorf, die Tagebucheintragung *Busleys* vom 28.9.1938: »... zum Abend plötzlich die Meldung: morgen früh kommen Chamberlain, Daladier und Mussolini mit Hitler in München zusammen!«

Zur Münchener Konferenz und zum Münchener Abkommen vom 29.9.1938 vgl. Rudolf *Morsey,* Adenauer und der Nationalsozialismus, S. 492: »Vermutlich seit 1938, mit dem Abschluß des Münchener Abkommens, ging Adenauer davon aus, daß die Deutschen das Terrorsystem bis zum bitteren Ende durchstehen und anschließend aus eigener Kraft eine Selbstreinigung und Bestrafung der Schuldigen vornehmen müßten.«

2 Vgl. Nr. 286.

Nr. 345

* StBKAH VI-A-15, ms.

1 Bei diesem nicht überlieferten Brief handelte es sich vermutlich um ein Glückwunschschreiben zum 75. Geburtstag *Klöckners* am 9.11.1938.

2 Die nächste Begegnung kam am 14.1.1939 zustande; vgl. Nr. 348, 349.

3 Robert *Pferdmenges* vermittelte in diesen Jahren häufiger zwischen Adenauer und Klöckner; am 17.6.1938 hatte er nach Rhöndorf geschrieben: »Auf einer Rückreise traf ich gestern im Zuge ab Hannover Herrn Geheimrat Klöckner, mit dem ich bis Duisburg zusammenfuhr. Herr Klöckner sprach auch über Sie und die mit Ihnen geführte Korrespondenz. Er freute sich sehr, wie er sich ausdrückte, ›Ihnen eine Freude machen zu können‹« (a.a.O.).

Nr. 346
* HStAD RWN 199 Nr. 83, 84.
a ‹...› Unleserlich.
1 Vgl. Nr. 330, 344.

Nr. 347
* Archiv der Abtei Maria Laach, eigenhändig.
1 Vgl. Nr. 150.

Nr. 348
* StBKAH VI-A-15, ms. – Dieses Schreiben *Klöckners* erscheint in der Edition, da es mit der beiliegenden Einladung zu einem Empfang auf dem Wohnsitz des Industriellen, Haus Hartenfels bei Duisburg, am 14.1.1939 einen Anhaltspunkt zur genauen Datierung des im Januar 1939 zwischen Adenauer und General *von Kluge* geführten Gesprächs bietet (vgl. Nr. 349).
1 Nach Adenauers Besuch in Duisburg schrieb ihm Klöckner am 27.1.1939: »Nachdem es mir gelungen ist, meine Bestände in den 37er Weinen, welche Sie bei uns probiert haben, etwas aufzufrischen, ist es mir eine große Freude, Ihnen eine Sendung übermitteln zu können mit der Bitte, dieselbe freundlichst anzunehmen in Erinnerung an die schönen Stunden, welche wir bei diesem Jahrhundertwein im Haus Hartenfels mit Ihrer lieben Frau zusammen verbringen konnten« (a.a.O.).

Nr. 349
* StBKAH 02.20, Auszug aus Adenauers Informationsgespräch vom 31.7.1959 mit Dr. Otto *Schulmeister* und Klaus *Emmerich;* Druck: »Teegespräche 1959–1961«, S. 103. – Zur Unterredung mit General *von Kluge* (s. u.) vgl. die bei Hans-Peter *Schwarz* (Adenauer. Der Aufstieg, S. 410) zitierte Aufzeichnung eines Teilnehmers am Teegespräch des Bundeskanzlers vom 10.3.1959; hierzu vgl. a. Hanns Jürgen *Küsters*/Hans Peter *Mensing* (Hrsg.), Kriegsende und Neuanfang, S. 21.
Die Erinnerungen Adenauers an dieses Gespräch werden hier bei der Ortsangabe korrigiert (Duisburg statt Düsseldorf) und um das Tagesdatum ergänzt (*14.* Januar 1939), da sich die Tochter Peter *Klöckners,* Anne-Liese *Henle,* an die Teilnahme Adenauers und *von Kluges* an dem an diesem Tag gegebenen Empfang ihres Vaters erinnert. Hierzu ein von Adenauer eigenhändig korrigiertes Manuskript aus dem Januar 1961 in StBKAH, Material für die Schallplatte »Aus meinem Leben«: » Ich werde nie einen Abend im [Januar 1939; Vorlage: Februar 1938] vergessen, als ich bei dem inzwischen verstorbenen Geheimrat Klöckner war und dort General von Kluge, den späteren Feldmarschall, traf. Der General, der ein hochintelligenter Mann war, erzählte mir, wie Hitler und seine nächste Umgebung sich den Krieg und den Sieg vorstellten. Danach gelte es, einen Feind nach dem anderen zu schlagen. Das Potential Amerikas wurde auf eine seltsame Weise beur-

teilt. Wie Kluge mir sagte, gingen die entscheidenden Leute dabei von folgender Überlegung aus: Bei Krupp habe die Entwicklung eines geländegängigen Lastkraftwagens etwa zwei Jahre gedauert. Amerika benötige mindestens die gleiche Zeit zur Entwicklung von Kriegsmaterial. Ehe Amerika gerüstet in den Krieg eintreten könne, seien alle anderen Länder besiegt. Amerika werde sich aus dem Krieg heraushalten, da es zu spät kommen würde. Man brauchte über die amerikanische Industrie nur Bescheid zu wissen, um zu begreifen, daß Hitler, wenn er von so leichtfertigen Voraussetzungen ausging, nur unser Ende heraufbeschwören konnte.«

1 Hans Günther *von Kluge* (1882–1944), 1934 Generalleutnant, 1939–1941 Armeekommandeur, führte 1941 die Heeresgruppe Mitte in der Sowjetunion, 1944 Generalfeldmarschall (Oberbefehl an der Westfront), am 17.8.1944 wegen Verdacht auf Beteiligung am Widerstand gegen Hitler seines Kommandos enthoben, beging danach Selbstmord.

Nr. 350

* StBKAH VI-B-24; Transkription: »16.3.39/ohne Vergrößerungsglas/sehr helles Wetter, Sonne/11 Uhr vormittags/man sieht die Initiale auch am anderen Glanz des Firnisses.« Diese Aufzeichnung Adenauers bezieht sich auf das vermeintlich von *Rembrandt* stammende »Saskia«-Gemälde; hierzu die Abb. auf S. 342. Vgl. a. Adenauers Aufzeichnung unter Nr. 387.

Nr. 350 A

* Privatbesitz Frau Schmitz-Molkenboer, Heemstede, Niederlande. – Eine ms. Abschrift des eigenhändigen Fragenkatalogs, den Adenauer *Schmitz* im Sommer 1938 in Rhöndorf übergeben hatte (vgl. Nr. 343), ist in StBKAH VI-B-24 erhalten. Transkription (die aus Platzgründen nicht in der Legende erscheint): »1.) Hat Rembrandt ab 1[6]30, namentlich auch auf den nach 1[6]30, bis etwa 1[6]30 entstandenen Bildern seiner ›Schwester‹ oder der Saskia mit Lasurfarben gemalt?/ 2.) Seit wann hat er seine Bilder vornehmlich in dem ihm eigenen Gold-braunen Ton gemalt?/ 3.) Sind die unter 1) erwähnten Bildnisse noch nicht vornehmlich in diesem Gold-braun gemalt?/ 4.) Seit wann hat R. die Farben dick, gleichsam strähnig, aufgetragen?/ 5.) Von wann bis wann ist Govaert Flinck Schüler R[embran]dts gewesen?/ 6.) Von wann bis wann war Bol sein Schüler?/ 7.) In welcher Weise ließ R. diese Schüler arbeiten? Ließ er sie von ihm gemalte Bilder vollständig und genau copieren?/ a) Copierten sie seine Bilder unter Anwendung der gleichen Maltechnik wie Rembrandt?/ b) Gibt es solche Copien von der Hand Flincks und Bols? Wo sind solche Copien? Wo sind sie abgebildet? c) Wo sind die ersten selbständigen Bilder von ihrer Hand? Wann sind sie gemalt? Was stellen sie dar? Wo sind sie abgebildet?/ 8.) Es soll ein von Rembrandt gemaltes, die Saskia oder ›die Schwester‹ darstellendes Bild, genannt ›La Dame aux perles‹, verschollen sein. Was weiß man von diesem Bilde? Insbesondere: a) Wann ist es gemalt? b) Weiß man, ob es auf Holz oder auf Leinwand gemalt war? Wie groß war es? Hat-

te das Portrait selbst die Form eines Ovals auf einer rechteckigen Leinwand? War das Portrait ein Brustbild? c) Warum heißt es ›La Dame aux perles‹? d) War es zum Teil mit Lasurfarben gemalt? e) Seit wann ist es verschollen? Was weiß man über die näheren Umstände des Abhandenkommens? f) Es soll ein Stich von diesem Bilde existieren. Wo ist er? Wo ist er abgebildet? Welche Schlüsse kann man von ihm auf Größe und sonstige Einzelheiten des Gemäldes ziehen?/ 9.) In der Sammlung Dutuit, Paris, gibt es ein Selbstportrait Rembrandts, stehend in ganzer Figur, in reicher Tracht mit einer turbanähnlichen Kopfbedeckung. Ein Pudel sitzt vor der Figur und verdeckt sie bis zu den Knien. – Kommt dieser Pudel auch auf andern Bildern oder Stichen Rembrandts vor? Besaß er einen solchen Pudel? Oder ist nicht das Anbringen des Pudels auf dem Bilde ungewöhnlich für Rembrandt?/ 10.) Rembrandt's Bilder fingen im 18. Jahrhundert an geschätzt und kopiert zu werden. Wurde beim Kopieren auch seine Maltechnik, insbesondere der dicke, strähnige Auftrag der Farben nachgemacht?/ 11.) Wurden Rembrandt's Bilder auch schon zu seinen Lebzeiten zum Zwecke des Verkaufs copiert?«

Nr. 351
* HStAD RWN 199 Nr. 85, 86.
1 Färberei und Reinigungsunternehmen in Düsseldorf, gegründet vom Vater *Ilse Busleys,* Theodor Schütte. Zur Bedeutung des Unternehmens für den Freundes- und Bekanntenkreis um Adenauer eine briefl. Mitteilung von *Carl-Georg Busley* an den Bearb. vom 27.5.1991: »Wer auf den Gedanken gekommen ist, ist heute nicht mehr festzustellen. Weitz, Adenauer und Lehr legten Wert darauf, in engem Kontakt zu bleiben. Und da war über ›Schütte‹ eine ideale Möglichkeit gegeben. Weitz übernahm es, bei Gesellschafterversammlungen der Firma und bei Bilanzbesprechungen mit dem Wirtschaftsprüfer Stützel meine Mutter zu vertreten, während Adenauer als Vermögensberater fungierte. Irgend wie war auch Lehr eingebunden, aber wie, ist heute nicht mehr festzustellen. Jedenfalls war so die Möglichkeit gegeben, völlig legale Treffen abzuhalten und so den Kontakt untereinander nicht abreißen zu lassen. Bleibt noch hinzuzufügen, daß diese Treffen in unserem Haus auf der Diezstraße in Bonn stattfanden.«

Nr. 352
* StBKAH Bestand Heineman, ms., mit Eingangsstempel Brüssel 3.5.1939.
1 *Heineman* hatte Adenauer u. a. eine Niederschrift seines am 27.4.1939 vor der Aktionärsversammlung der Sofina gehaltenen Vortrages über »Exchange Restrictions« zugeleitet.
2 Oskar *Oliven,* Studien- und Geschäftsfreund Heinemans, elektrifizierte nach 1890 im Auftrag der Deutschen Überseeischen Elektrizitäts-Gesellschaft Straßenbahnen in Argentinien, nach der Jahrhundertwende Aufsichtsratsmitglied der Ludwig Loewe AG und der mit der Sofina eng verbundenen Gesellschaft für elektrische Unternehmungen (Gesfürel; 1929 Fusion zur Gesfürel-Loewe AG).
3 Zur Geburt des *ersten* Adenauer-Enkelkindes, Jan *Reiners* am 3.3.1939, hatte

Ferdinand *Zinsser* am 6.3.1939 geschrieben: »Möge der kleine Kerl wachsen, blühen und gedeihen und den Kristallisationspunkt bilden für eine schier endlose Reihe von strammen und braven Enkeln, denen Ihr dann zu Namenstagen und Geburtstagen und Weihnachten und Ostern und Kommunion oder gar Konfirmation schöne Paketchen schicken dürft« (StBKAH VI-A-15).

4 Vgl. Nr. 355.

Nr. 353

* BA R 58/236, Bl. 46-124, hier Bl. 46, 49. – Die Dokumente konnten dank der Hilfestellung von Frau Dr. Brigitte *Kaff* (Archiv für Christlich-Demokratische Politik, Sankt Augustin) und von Dr. Josef *Henke* (Bundesarchiv, Koblenz) in die Edition einbezogen werden.

Abb. des Deckblattes und der Angaben zu Adenauer: Joachim *Hellwig*/Wolfgang *Weiss*, So macht man Kanzler, Berlin (Ost; Verlag der Nation), o.J. [1962], S. 277 (mit der für die DDR-Historiographie bezeichnenden Bewertung: »Adenauer blieb zwar im Hitlerstaat ohne staatliche Funktion, erhielt aber ... eine recht ansehnliche Pension«). Druck der Liste, die 76 Mitglieder »Konfessioneller Parteien« und – nach dem Auszug aus der Kartei – ihre »Funktion vor 1933« erfaßt: Verfolgung und Widerstand, S. 65-67. Aus dem Kreis der Bekannten und Kontaktmänner Adenauers sind dort auch genannt: Heinrich *Brüning* (Nr. 11), Nikolaus *Ehlen* (Nr. 17), Thomas *Eßer* (Nr. 20), Hans *Fuchs* (Nr. 23), Johannes *Gronowski* (Nr. 26), Ludwig *Kaas* (Nr. 40), Otto *Klepper* (Nr. 42), Hermann Freiherr *von Lüninck* (Nr. 50), Hermann *Pünder* (Nr. 58), Fritz *Schäffer* (Nr. 60), Karl *Scharnagl* (Nr. 62), Georg *Schreiber* (Nr. 65), Adam *Stegerwald* (Nr. 69).

Nr. 354

* Walter *Rohland*, Bewegte Zeiten. Erinnerungen eines Eisenhüttenmannes, Stuttgart 1978, S. 65 f. Dort auch der Hinweis auf eine Begegnung *Rohlands* (geb. 1898; Vorstandsmitglied der DEW ab 1938 und der Vereinigten Stahlwerke ab 1941, später Mitinhaber und Beiratsvorsitzender der Ofenbau-Union GmbH Düsseldorf) mit Bundeskanzler Adenauer aus Anlaß der Einweihung der ersten Breitband-Straße auf der August-Thyssen-Hütte 1954.

1 Keine Angaben.

2 Hans *Cramer* (1897–1972), Dr.-Ing., 1927–1938 Oberingenieur bei der Deutschen Edelstahlwerke AG (Krefeld), 1939–1942 Vorstandsvorsitzender der Bandeisenwalzwerke AG (Dinslaken), seit 1942 Vorstandsmitglied der Hüttenwerke Siegerland AG.

3 Fritz *Thyssen* (1873–1953), Sohn des Begründers der August-Thyssen-Hütte AG (Duisburg), leitete 1926–1939 den aus ihr hervorgegangenen Thyssen-Konzern, 1928–1936 Vorsitzender der Internationalen Rohstahlgemeinschaft, 1933 (nach früherer DNVP-Mitgliedschaft) der NSDAP beigetreten, finanzieller Förderer Hitlers und der NSDAP, im September 1939 in die Schweiz emigriert, 1940 nach Frankreich, dort verhaftet und nach Deutschland ausgeliefert, bis Kriegsende in den Konzentrationslagern Oranienburg und Buchenwald.

4 Schreiben vom 28.12.1939; Druck in den aus Interviewauskünften zusammengestellten, später von Thyssen für nicht authentisch erklärten Erinnerungen: I paid Hitler, London–New York 1941, S. 52-57. Zur Abwendung Thyssens vom Nationalsozialismus vgl. Wilhelm *Treue*/Helmut *Uebbing*, Die Feuer verlöschen nie. August Thyssen-Hütte 1926–1966, Bd. 2, Düsseldorf–Wien 1969, S. 101-113, hier S. 110.

Nr. 355
* StBKAH, Bestand Heineman, eigenhändig, mit Eingangsstempel Brüssel 17.8. 1939.
1 Briefe vom 12.8. *(Heineman)* und 13.8.1939 (Adenauer) zur Vorbereitung eines Treffens in der Schweiz, das nicht zustande kam; Heineman am 26.8.1939, in seinem *letzten* überlieferten Schreiben aus der Vorkriegskorrespondenz (die ab September 1939 nicht mehr fortgeführt werden konnte): »... kann natürlich unter den gegenwärtigen Umständen nicht am 28. ds. Mts. mich mit Ihnen in der Schweiz treffen« (a.a.O.).
Zum Sommerurlaub im August/September 1939 in der Schweiz (den Gussie und Konrad Adenauer gemeinsam mit ihrem Sohn Konrad und Ria und Walter *Reiners* verbrachten) vgl. Otto *Kopp*, Adenauer, S. 49; vgl. a. die Hinweise bei Ulrich *Frank-Planitz*, Konrad Adenauer, S. 99-101; Rudolf *Morsey*, Adenauer und der Nationalsozialismus, S. 491; Hans-Peter *Schwarz*, Adenauer. Der Aufstieg, S. 409.
2 Zum Besuch bei *Silverberg* die Angabe in Adenauers Fragebogen des Jahres 1946 (in »Briefe 1945–1947«, S. 26). Der einzige überlieferte schriftliche Beleg für die nach 1933 beibehaltenen Kontakte zu dem im Schweizer Exil lebenden Industriellen: dessen Kartengruß zum 65. Adenauer-Geburtstag am 5.1.1941 (vgl. Nr. 371, Kopfregest).
3 In einem Anfang 1961 entstandenen, von Adenauer eigenhändig korrigierten Manuskript (in StBKAH, Material für die Schallplatte »Aus meinem Leben«) heißt es hierzu: »Ich war zur Erholung für kurze Zeit in der Schweiz. In der Schweiz wurde früher mobilisiert als in Deutschland. Keine Privatperson konnte einen Zug benutzen. So mußten meine Frau und ich fast eine Woche in einem kleinen Kurort bei Basel zubringen.«
4 Am 19.8.1939 übermittelte Heineman Adenauer 500 Schweizer Franken (»Beiliegendes wird Ihren weiteren Aufenthalt in der Schweiz ermöglichen«); vgl. Hans-Peter *Schwarz*, a.a.O.

Nr. 356
* Privatbesitz Carl-Georg Busley, Monheim-Baumberg. – Transkription: »[Gussie Adenauer] Liebe Busleys. Auch hier können wir nicht anders als Ihrer zu gedenken. Das herrliche Münster grüßt Sie sehr. Im übrigen viel Militär, wir fahren morgen hoffentlich bis Bonn und rufen am Sonntag mal bei Ihnen an. Herzlichst G. Ad. [Konrad Adenauer] Welcher Wechsel seit unserm Besuch hier! Hoffentlich ist bei Ihnen alles in Ordnung. Herzliche Grüße Ihr K. A.« Von ihrem vorherigen

Aufenthalt am Bodensee hatte *Gussie Adenauer* am Vortage an Ilse und Josef *Busley* geschrieben: »Wir haben die Grenze heute passiert und sitzen in Lindau, schöner gemeinsamer Stunden gedenkend. Morgen geht es weiter heimwärts, ich fürchte eine wahrhafte Fahrt ins Blaue!« – In beiden Kartengrüßen angesprochen: die Urlaubsreise der Ehepaare Adenauer und Busley vom September 1936; vgl. Nr. 288, Kopfregest.

Nr. 357

* StBKAH 16.29, Auszug aus dem *von Danwitz*-Interview vom 3.1.1961 (vgl. Nr. 250, Kopfregest): Druck: Bulletin des Presse- und Informationsamtes der Bundesregierung, Nr. 4 (1961), S. 32. Zu dieser Darstellung vgl. Paul *Weymar,* Adenauer, S. 193; Klaus *Dreher,* Der Weg zum Kanzler, S. 66; Rudolf *Morsey,* Adenauer und der Nationalsozialismus, S. 491.

1 Dazu vgl. die bei Paul *Weymar* (Adenauer, S. 192f.) wiedergegebenen Erinnerungen Ella *Schmittmanns:* »Eines Tages im Sommer 1939 ... setzte er uns auseinander, daß er mit einem baldigen Krieg rechne. ›Bei Kriegsausbruch wird Hitler alle politisch Verdächtigen festnehmen und ins Konzentrationslager bringen lassen, dich, Benedikt, und mich auch‹, sagte er. ›Ich weiß seit langem, daß man für den Fall eines Krieges Massenverhaftungen plant‹, sagte mein Mann ruhig, ›und ich weiß auch, daß wir beide auf der Proskriptionsliste der Gestapo stehen. Aber weshalb fliehen? Was sollte ich als Mann von 67 Jahren draußen noch anfangen? Nein, wir bleiben in Deutschland.‹ Adenauer machte ihm klar, daß auch er nicht an Emigration dächte. ›Es handelt sich nur darum‹, sagte er eindringlich, ›im gegebenen Moment nicht greifbar zu sein. Wenn man einige Zeit abgewartet hat, kann man voraussichtlich ohne Gefahr zurückkehren.‹«

2 Aus diesem Zeitraum nur nachweisbar: die zur »Erfassung führender Männer der Systemzeit« zusammengestellte Liste vom Juni 1939; vgl. Nr. 353.

Nr. 358

* StBKAH VI-A-15, eigenhändig.

1 Ermordung Benedikt *Schmittmanns* am 13.9.1939 im Konzentrationslager Sachsenhausen. Dazu Adenauer in seiner Kölner Grundsatzrede vom 24.3.1946; vgl. Konrad Adenauer. Reden 1917–1967, S. 100; vgl. a. die Dokumentationen in: Widerstand und Verfolgung in Köln, S. 287-290; Verfolgung und Widerstand, S. 74f., sowie Alfred *Kuhlmann,* Benedikt Schmittmann, S. 334-336.

Nr. 359

* SBA, Konsulat Köln IV-A-Adenauer 1931–1944, ms.

a, b ‹ › Von Adenauer eigenhändig eingefügt.

1 Zu diesem Unfall die Tagebucheintragung Josef *Busleys* vom 26.9.1936: »Adenauer hat sich gestern abend eine ernsthafte Sehnenverzerrung am Fuße zugezogen« (HStAD RWN 199 Nr. 65); vgl. Nr. 288, Kopfregest.

2 Keine Angaben.

3 Nach Vermittlung durch *von Weiss* (hierzu sein Schreiben vom 22.10.1939) kam es zu einem Vergleich mit der genannten Versicherungsgesellschaft, der Adenauer zufriedenstellte: »Heute habe ich mich mit der Zürich, die einen sehr angenehmen Vertreter geschickt hatte, geeinigt. Ich bin überzeugt, daß ich ohne Ihre Intervention in einen langweiligen Prozeß mit der Gesellschaft geraten wäre« (am 31.10.1939 an den Konsul, a.a.O.).

4 Vgl. Nr. 355, Anm. 1.

Nr. 360

* Bayerische Staatsbibliothek München, Nachlaß Braunfels, eigenhändig.

1 Nicht nachgewiesen.

2 Zum Polenfeldzug (in dessen Verlauf Warschau am 27.9.1939 kapituliert hatte) vgl. Lothar *Gruchmann,* Totaler Krieg, S. 38-52. Diese neueste Darstellung der Ereignisse »Vom Blitzkrieg zur bedingungslosen Kapitulation« ist zum Vergleich und zur genaueren Information auch bei der Schilderung des Kriegsgeschehens in den Adenauer-Briefen der Folgejahre heranzuziehen.

3 »Heute kam eine kurze Nachricht von Max. Sie sind noch am Dienstag weiter gerückt. Man hatte einmal vierzehn Tage Ruhe, jetzt ist man wieder in Sorge« (Adenauer am 9.11.1939 an seine Schwester Lilli *Suth;* StBKAH VI-A-12).

4 Vgl. Nr. 355, Anm. 1.

Nr. 361

* Bayerische Staatsbibliothek München, Nachlaß Braunfels, eigenhändig.

1 Nicht nachgewiesen. Gleiches gilt für andere Korrespondenz mit Freunden und Bekannten in diesem Zeitraum, so den damals fortgeführten, nicht überlieferten, nur indirekt nachweisbaren Briefwechsel mit Heinrich *Weitz* (der am 17.12. 1939 Hans *Fuchs* geschrieben hatte: »Mit Konrad korrespondiere ich weiter«; LHAK Best. 700, 40 Nr. 177). Vgl. Nr. 366.

Nr. 362

* Bayerische Staatsbibliothek München, Nachlaß Braunfels, eigenhändig.

1 *Braunfels* arbeitete in dieser Zeit an Opernszenen zum Leben der französischen Nationalheldin *Jeanne d'Arc* (gest. 1431); hierzu vgl. die in Nr. 316, Anm. 3 verwendete Literatur. Vgl. a. Nr. 416.

2 Hierzu auch Adenauer im Rückblick der letzten Lebensjahre: »Ich habe meine Tage ausgefüllt mit Lesen, mit dem Zusammensein mit meiner Frau und der Erziehung meiner Kinder, mit Spaziergängen und vor allem der Pflege meines Gartens. Über die Schwielen, die ich mir durch die Gartenarbeit damals zugezogen habe, freute ich mich aufrichtig. Ich habe niemals Rosen gezüchtet, wie mir nachgesagt wird. Rosen züchten ist eine langwierige, kostspielige Angelegenheit. Wohl habe ich Rosen gepflanzt und sie betreut, übrigens nicht nur Rosen, sondern viele andere Blumen. Aber es war nicht nur ein Ziergarten, es war auch ein Nutzgarten. Er lieferte uns Gemüse und Obst« (StBKAH, Material für die Schallplatte »Aus meinem Leben«). Vgl. Nr. 363, 394.

3 Zu den auch in Rhöndorf spürbaren Kriegsereignissen eine Bemerkung im Brief an Fritz *Thies* vom 24.5.1940: »Die Nächte sind hier auch nicht gerade ruhig, aber man hört den Lärm mehr ringsherum« (StBKAH VI-B-68.11).

Nr. 363

* Aus dem Gartenbuch Adenauers, Privatbesitz Familie Adenauer; Transkription (die aus Platzgründen nicht in der Legende erscheint): »Gartenerfahrungen *1940*/ Blumenzwiebeln nicht vereinzelt, sondern in Trupps pflanzen./Tulpen haben, trotzdem sie im Boden geblieben sind, gut geblüht,/Muscarihyazinthen weniger./ Muscari azureum besonders schön./Darwintulpen sehr klare Farben./Alyssum sehr schön./Zwerg-Iberis sehr schön./Flachs perenne sehr schön, aber Unterpflanzung nötig./Fort: Aquilegia unten, Ginster am Apfelbaum, Vergißmeinnicht am Zapfhahn, Lychnis der niedrige Rittersporn./Besonders schön blühte Frühjahrsphlox./Hügel nur *mit Rosen bepflanzen,* ev. mit Schafgarbe./Flachs (blau) sehr schön, sie müssen aber eine Unterpflanzung bekommen (Blumenzwiebel? Silene schafta)./Die gelben Pflanzen unter dem nördlichen Apfelbaum werden dort zu groß, fortnehmen, Platz schaffen für neue Sämlinge u.s.w., ev. Primeln./ Zwergiberis sehr schön./An der Rosenterrasse: alle Mohnpflanzen etc. fortnehmen, Umrahmung nur grün und blau, noch 2 blaue Clematis pflanzen./Oberste Terrasse: mehr Schatten nötig, ev. Coniferen./Unterpflanzung für Flachs: gelbblühendes Sedum u. Sonnenröschen; das gelbliche Sedum verblüht sehr schnell./ In Katalog Pfitzer einige Sachen, insbesondere Enziane./Einige der großen Nelken sind sehr hübsch, sie stehen aber zu dicht./Ein kl. Delphinium entzückend in Farbe u. Bau, das andere unschön, *entfernen.*/Erigeron charakterlose Farbe, *entfernen.*/Einige alte Sedum *entfernen.*/Großbl. sonst kleine Glockenblumen sehr schön./Alpenastern verblühen schnell, nur lavendel u. weiß, keine richtig blauen./ Türkenblutnelken entfernen.«

Nr. 364

* StBKAH VI-B-68.11, ms., Durchschlag, mit Begleitschreiben desselben Datums an das Reichspatentamt Berlin. – Dort auch die Korrespondenz dieses Zeitraums (u. a. mit Dr. Fritz *Thies,* Aachen) und der Folgejahre (letzter Vorgang vom 6.11. 1943) zu der von Adenauer hier für die Patentierung vorgeschlagenen Erfindung eines Gießkannen-Brausekopfs mit abklappbarem Deckel. Dazu teilte das Reichspatentamt Adenauer am 28.12.1940 mit: »Durch die deutschen Patentschriften 33214 und 183604 sowie die österreichische Patentschrift 122709 sind Gießkannen bekannt geworden, die in ganz ähnlicher Weise wirken und ausgebildet sind wie der Anmeldungsgegenstand.« Abb. dieser ausführlichen Stellungnahme wie auch der Zeichnung Adenauers für eine »Gießkannentülle« bei Peter *Koch,* Die Erfindungen, S. 43, 45.

Nr. 365

* Privatbesitz Carl-Georg Busley, Monheim-Baumberg. – Transkription: »Liebe B[usley]s! Herzliche Grüße aus diesem schönen Landesteil, den wir damals durch

Sie kennen lernten. – Ich traf Max in guter Verfassung an; er ist hier gut aufgehoben, und er wird wieder ganz hergestellt werden. – Ich weiß nicht, l[ieber] H[err] B[usley], ob ich Sie nach m[einer] Rückkehr noch antreffe, daher alles Gute für P[...]. – Recht herzliche Grüße Ihr K. A. (am Tage der Gesellschafter[...])«. Einen weiteren Aufenthalt in Schwäbisch Gmünd plante Adenauer im August 1940: »Max ist noch immer dort im Lazarett«, am 18.8.1940 an P. Johannes *Vollmar* (Archiv der Abtei Maria Laach).

Nr. 366
* StBKAH VI-A-15. – Der hier von Heinrich *Weitz* (in seinem *einzigen* aus der Zeit des Dritten Reiches in StBKAH nachweisbaren Brief an Adenauer) erwähnte Besuch in Rhöndorf konnte nicht datiert werden. Zu den 1939/40 beibehaltenen Kontakten vgl. Nr. 361, Anm. 1, und den Hinweis in seinem Brief an Hans *Fuchs* vom 12.12.1940: »Zu Peter [Klöckners] Beerdigung war Bruder Konrad von Rhöndorf hier, schade, daß Sie nicht dabei waren« (LHAK Best. 700, 40 Nr. 177). Vgl. a. Nr. 379, 396, Kopfregest.
a, b ‹...› Unleserlich.

Nr. 367
* StBKAH VI-A-15. – Zur Teilnahme Adenauers an den Beisetzungsfeierlichkeiten für Peter *Klöckner* vgl. Nr. 349, Kopfregest; Nr. 366, Kopfregest.

Nr. 368
* StBKAH VI-A-15. Dort auch eine für Adenauer am 12.2.1941 ausgestellte Geldspendenquittung des Winter-Hilfswerkes des Deutschen Volkes (über RM 2.–). Diese Hilfsorganisation zur Beschaffung von Lebensmitteln, Kleidung u. dgl. für Arbeitslose und Bedürftige war 1933 im Rahmen der NS-Volkswohlfahrt e. V. gegründet worden, der Adenauer »seit 1936« als Mitglied angehörte. Hierzu seine Eintragung in einen Fragebogen des Jahres 1946; vgl. »Briefe 1945–1947«, S. 24.

Nr. 369
* Privatbesitz Frau Schmitz-Molkenboer, Heemstede (Niederlande), eigenhändig. – Ergänzend zu diesem ersten Adenauer-Brief an Wim *Schmitz* aus den Kriegsjahren sind in StBKAH VI-A-15 mehrere Mitteilungen des holländischen Freundes der Familie Adenauer aus dem Jahre 1940 erhalten: »Nun wir auch von der englischen Blockade getroffen sind, kann ich leider keine Pakete mehr senden« (18.6.); »Ein wirtschaftlicher Aufbau mit wirklichem Erfolge kann erst stattfinden, wenn die militärischen Maßnahmen nicht mehr nötig sind, der Krieg zu Ende ist und man einigermaßen mit bestimmter Sicherheit in die Zukunft blicken kann« (19.8.).
1 Sacre Cœur in Pützchen bei Bonn-Beuel. – Der Ökonomin des dortigen Herz Jesu-Klosters bescheinigte Adenauer 1947: »Die Schwestern arbeiteten jahrelang unter dem Druck der Gestapo, da das Kloster enteignet war und die Schwestern unter die Aufsicht der Gestapo gestellt waren« (»Briefe 1945–1947«, S. 451).

2 Zur Verlobung des zweitältesten Adenauer-Sohnes mit Gisela *Klein* im Juli 1940 waren in Rhöndorf auch Glückwünsche eingetroffen von (u. a.): Ildefons *Herwegen,* Abtei Maria Laach; Hubert *Lohmer,* Köln-Marienburg; Pierre *Pont,* Chandolin; Johannes *Rings,* Köln-Lindenthal; Friedrich *Spennrath,* Berlin und Pater Johannes *Vollmar,* Abtei Maria Laach.

3 Vgl. Nr. 150.

4 Am 16.12.1940 waren in Stockholm ein deutsch-schwedisches Verrechnungsabkommen sowie ein Abkommen über den Warenverkehr im Jahre 1941 abgeschlossen worden.

Nr. 370

* Bayerische Staatsbibliothek München, Nachlaß Braunfels, eigenhändig.

1 Nicht nachgewiesen.

2 Zu Weihnachten und zum Jahreswechsel schrieb Adenauer am 21.12.1940 auch an Ildefons *Herwegen* (»Sobald die Tage etwas länger geworden sind, ich bleibe wegen des immer zu erwartenden Alarms nicht gern über Nacht aus, werde ich mir erlauben, Dir einen Besuch zu machen«; Archiv der Abtei Maria Laach) sowie am 22.12.1940 an Franz-Rudolph *von Weiss* (vgl. SBA E 2300 Köln 5-6).

Nr. 371

* StBKAH 14.02. – Dort, neben dem nachfolgend abgebildeten Schreiben von Jakob *Kaiser,* weitere Glückwünsche zum 65. Geburtstag Adenauers am 5.1.1941 von: Paul *Silverberg,* Lugano (Kartengruß vom 28.12.1940, nur mit Absenderangabe »P.S.« und mit Stempel »Geprüft. Oberkommando der Wehrmacht«), Heinrich *Hirtsiefer,* Berlin-Tempelhof (3.1.1941: »Glück- und Segenswünsche in alter Verehrung«; Hirtsiefer starb am 15.5.1941 an den Folgen der Mißhandlungen im KZ Börgermoor bei Papenburg), Adam *Krahforst,* Köln (3.1.), Hubert und Evi *Lohmer,* Köln (3.1.), Johannes *Rings,* Köln-Lindenthal (3.1.: »Dem Leitziel des großen englischen Staatsmannes Gladstone folgend . . . , arbeiten Sie tapfer in Garten, Wald und Feld«), Maria *Schwab-Lohmer,* Köln (3.1.), Heinrich *Billstein,* Köln (4.1.: daß Gott »Ihnen in diesem Jahre gnädigst das Ende des furchtbaren Blutvergießens und der fanatischen und satanischen Zerstörung in der Welt, das Ende des allgemeinen Hasses und der Umkehrung aller Werte bescheren möge«), Willy *Broicher,* Köln (4.1.), Wilhelm *Hamacher,* Troisdorf (4.1.; vgl. Nr. 258, Anm. 2), Sibylle *Hartmann,* Köln (4.1.), Theodor *Klein,* Köln (4.1.), Wilhelm *Reiners,* Mönchengladbach (4.1.), Willy *Suth,* Köln (4.1.), Gerta *Volk,* Köln-Ehrenfeld (4.1.), Hans *Wolfgarten,* Köln (4.1.), Joseph *Zander,* Bad Godesberg (4.1.), Wilhelm *Rombach,* Aachen (5.1.), Josef *Giesen,* Wesseling (5.1.), August *Schlüter,* Köln (5.1.), Ernst *Schwering,* Köln (5.1.), Margarethe und Friedrich *Spennrath,* Garmisch Partenkirchen (5.1.), Johannes *Albers,* Köln (8.1.: »Ihr arbeits- und tatenreiches Leben, mit den auch vom letzten Kölner mittlerweile anerkannten außerordentlichen Erfolgen, wird wohl doch einmal die gebührende öffentliche Achtung und Anerkennung finden. Das gilt auch für die Zeit, als Sie als Oberhaupt der rhei-

nischen Metropole bei den Siegermächten deutsche Ehre und Würde so erfolgreich wahrnahmen«), Familie *Berndorff*, Köln-Lindenthal (8.1.), Johannes *Dech*, Köln-Braunsfeld (8.1.), Robert *Perthel*, Köln (10.1.).

Nr. 372
* Privatbesitz Heinz Pferdmenges, eigenhändig.

Nr. 373
* StBKAH 14.02. – Zu den Kontakten Adenauer–*Kaiser* nach 1933 vgl. Nr. 285; vgl. a. Nr. 393.

Nr. 374
* Privatbesitz Heinz Pferdmenges; Wiedergabe nach dem Teildruck: Hans-Peter *Schwarz*, Adenauer. Der Aufstieg, S. 411.
1 Vgl. Nr. 371.
2 Otto H. *Förster*, Leonardo da Vinci, Hamburg [o.J.]. – Dort (S. 76) die hier von Adenauer angesprochene Sentenz: »[Die Menschen] finden kein Ende in ihrer Bosheit... O Erde, warum öffnest du dich nicht, um den Menschen in deine tiefen Schlünde zu stürzen, damit du dem Himmel nicht mehr grausame, unbarmherzige Ungeheuer zu zeigen hast?«
3 Wilhelm *Schamoni*, Das wahre Gesicht der Heiligen, Leipzig 1938.
4 Nach dem Tod von Karl Georg *Schmidt* am 26.11.1940 hatte Peter *Winkelnkemper* das Amt des Kölner Oberbürgermeisters übernommen; vgl. Adolf *Klein*, Köln im Dritten Reich, S. 254f.

Nr. 375
* StBKAH VI-B-37. Dieser Rechnungsbeleg erscheint wegen der auf der Rückseite notierten Angaben zu einem Heimataufenthalt von *Max Adenauer* in der Edition: »Max ankommt Freitag / Abend 21 Uhr Wohnung / Nicht abholen . . . / Fährt Samstag. Sorgt, daß Scheuble für Max telefonisch erreichbar. / Übernahme in Verwaltungstätigkeit / Jura, Eisenwirtschaft, Englisch.«
Auch dokumentiert dieser Vorgang die seit 1937 bestehenden Kontakte Adenauers zum Honnefer Schreinermeister Jakob *Walkembach*, dessen Sohn (gleichen Namens) ausführlich über diese Beziehungen berichtet hat: Adenauer und die kleinen Leute, passim (mit Abb. eines Adenauer-Briefes vom 4.10.1937 zur Abänderung eines Bücherschrankes). – Während des Weltkrieges war Adenauer aus anderen Gründen auf die Dienstleistungen Walkembachs angewiesen; er schnitt im Februar 1942 für »die Stützbalken im Luftschutzkeller Hartholzkeile« und fertigte im November 1943 die Verdunkelung für ein Küchenfenster an; vgl. a.a.O., VI-B-37/38.

Nr. 376
* Bayerische Staatsbibliothek München, Nachlaß Braunfels, eigenhändig, auf Osterkarte.

1 *Paul Adenauer* hatte sich nach dem Abitur (1940) für den Priesterberuf entschieden: »[Mein Vater] sagte daraufhin: Dann ergreifst Du einen gefährlichen Beruf. – Er legte dann eine bedeutungsvolle Pause ein. Ich dachte, das, was er meinte, hing mit den Nazis zusammen. Ich fragte deshalb: Denkst Du an die Nazis? Das geht ja einmal vorbei. – Nein, sagte er, ich denke daran: Ihr bekommt ja keinen Widerspruch.« Vgl. Hans-Peter *Schwarz* (Hrsg.), Adenauers Regierungsstil, S. 2f.

Nr. 377
* Privatbesitz Frau Schmitz-Molkenboer, Heemstede (Niederlande), ms., Durchschlag.
a ‹...› In der ausgelassenen Passage spricht *Schmitz* private Angelegenheiten an.
1 1940–1945 erschienene nationalsozialistische Wochenzeitung, u. a. mit der Aufgabenstellung, »›daß das Ausland einschließlich derer, die trotz kritischer Einstellung über Absichten und Entwicklung der deutschen Politik informiert sein wollen und müssen, an ihrem Inhalt nicht vorbeigehen können‹«; vgl. Joseph *Wulf,* Presse und Funk im Dritten Reich, Eine Dokumentation, Gütersloh 1964, S. 158-161.
2 Vgl. Nr. 343.
3 Carvens *Goseling* (1891–1941), 1937–1939 niederländischer Justizminister, am 14.4.1941 im Konzentrationslager Buchenwald ums Leben gekommen. – Der Hinweis auf sein Schicksal weist *Schmitz* als Informanten Adenauers aus, von dem er bereits in den ersten Kriegsjahren von dem Vernichtungssystem in den nationalsozialistischen Konzentrationslagern erfuhr. In seinen Erinnerungen 1945–1953 (S. 43) nennt er in diesem Zusammenhang Franz-Rudolf *von Weiss,* von dem er »von den Schandtaten, die von Deutschen an Deutschen begangen wurden, und von den Verbrechen, die an der Menschheit geplant waren, erfahren« habe.
4 Franz-Heinrich *Verbeek,* Dr. jur., später Bundesbahndirektor in Köln.
5 Keine Angaben.
6 Zum Besuch des niederländischen Prinzen *Heinrich* (Herzog von Mecklenburg, Ehemann der Königin Wilhelmina) in Köln seine Eintragung vom 28.6.1928 in das Gästebuch der Familie Adenauer; vgl. Konrad Adenauer. Dokumente aus vier Epochen, S. 52.

Nr. 378
* StBKAH VI-B-37. Diese Berechnungen und Notizen erscheinen in der Edition, da sie durch die Nennung der Namen »Frau Schlüter« und »Krefter« den einzigen nachweisbaren zeitgenössischen Beleg für die nachbarschaftlichen Beziehungen zu Dr. Maria *Schlüter-Hermkes* und zu Prof. Dr. Friedrich *Krefter* (geb. 1898; Architekt und Archäologe) enthalten. Letzterem bescheinigte Adenauer am 10.2. 1948: »Seine Frau hat sich, als meine Frau und ich im Herbst 1944 von der Gestapo verhaftet wurden und wir damit rechnen mußten, aus dem Hause vertrieben zu

werden, in liebenswürdiger Weise bereit erklärt, meine Schwiegertochter und deren Kinder aufzunehmen. Unter den damaligen Verhältnissen schloß dieses Angebot ein Risiko in sich« (»Briefe 1947–1949«, S. 168).
An die engen Verbindungen zwischen den Familien Adenauer und Schlüter (-Hermkes) erinnert Roswitha *Theile-Schlüter* bei Rainer *Hagen*/Karl-Ernst *Moring,* Adenauer. Das Buchmanuskript zur Fernseh-Biographie, S. 64f.: »Und dann wurde ein Zirkel zusammengesetzt, der sich alle 14 Tage traf. ... Adenauer hat mal über Machiavelli gesprochen, meine Mutter über Dante.... da wurde sehr viel zwischen den beiden Juristen, Adenauer und meinem Vater, diskutiert, was Recht und Unrecht ist, wann man dem Staat gegenüber verpflichtet ist, die Wahrheit zu sagen; wenn jemand vertragsbrüchig ist, wie man seinen Vertrag halten muß, oder nicht«; vgl. Paul *Weymar,* Adenauer, S. 194. – Hierzu auch Nr. 389.
Als weitere Rhöndorfer Kontaktperson erwähnt Adenauer am 12.1.1946 Landgerichtsdirektor *Joesten:* »Ich habe mich mit ihm in den Jahren 1942–1944 oft über die politischen Verhältnisse in Deutschland und die Lage in der Justiz unterhalten. Er hat dabei immer uneingeschränkt seinem Abscheu gegenüber dem Nationalsozialismus und den Verhältnissen in der deutschen Justiz Ausdruck gegeben« (StBKAH 07.01).

Nr. 379
* Privatbesitz Carl-Georg Busley, Monheim-Baumberg, eigenhändig.
1 Nicht überliefert. – Wie aus dem Nachfolgenden hervorgeht, handelte es sich um einen geschäftlichen Vorgang zur Kooperation Adenauer–*Busley*–*Weitz* wegen der Firma Schütte; vgl. Nr. 351, Anm. 1.
2 Vgl. Nr. 450, Kopfregest.
3 Nach einer schweren Erkrankung in Angers hatte sich Josef *Busley* in den Vormonaten zur Heilbehandlung und Genesung in der Heimat aufgehalten, um am 5.7.1941 von Freiburg aus wieder nach Frankreich zurückzukehren (nach den Tagebuchaufzeichnungen Ilse Busleys vom 10.8.1941; a.a.O.).
4 Vgl. Nr. 384, Anm. 1.

Nr. 380
* Bayerische Staatsbibliothek München, Nachlaß Braunfels, ms.
1 Nicht nachgewiesen. Vgl. das vorausgegangene Schreiben an Braunfels unter Nr. 376, das nachfolgende unter Nr. 382.
2 Der deutsche Angriff auf die Sowjetunion hatte am 22.6.1941 begonnen; vgl. Lothar *Gruchmann,* Totaler Krieg, S. 108-123. Hierzu und zu den in den Briefen der Folgezeit angesprochenen Kriegsereignissen vgl. a. Horst *Boog*/Werner *Rahn*/Reinhard *Stumpf*/Bernd *Wegner,* Der globale Krieg. Die Ausweitung zum Weltkrieg und der Wechsel der Initiative 1941–1943, in: Das Deutsche Reich und der Zweite Weltkrieg, Bd. 6, 1990.
3 Vgl. Nr. 381, Anm. 1.

Nr. 381
* Privatbesitz Frau Schmitz-Molkenboer, Heemstede (Niederlande), ms.
1 Zur Einberufung *Paul Adenauers* zu einer Arbeitsdienstabteilung auf der Nordseeinsel Sylt (1.10.1941) vgl. seine eigene Darstellung: Briefe Konrad Adenauers an einen Sohn im Reichsarbeitsdienst, S. 156f. Dort der Teildruck mehrerer 1941/42 geschriebener »Arbeitsdienstbriefe« seines Vaters, mit dem der Adenauer-Forschung 1976 erstmals ein zentraler Bestand an Privat- und Familienbriefen aus der Zeit des Dritten Reiches zugänglich gemacht wurde. Aus den Briefen dieser Wochen: »Die große Kunst, die man lernen muß, ist das innere eigentliche Sein niemals vom Getriebe des Tages ersticken zu lassen. Das war auch die große Gefahr meiner früheren Tätigkeit, gegen die ich immer mit Gewalt ankämpfen mußte« (7.11. 1941). – »Nun kommt auch langsam Weihnachten heran. Wir werden sehr an Dich denken und Dich sehr vermissen. Im Geiste sind wir eng miteinander verbunden. Leider ist es auch nicht viel, was wir Dir schicken können, es gibt nichts mehr, die Verknappung hat sehr stark zugenommen. In den Läden gibt es nichts mehr. Auf dem Büchermarkt sieht es ganz besonders traurig aus. Nun, wir haben ja noch so viele schöne und gute Bücher, die wir noch nicht gelesen haben, daß wir es noch eine Zeitlang aushalten können« (9.12.1941). – »Nun ist auch Japan und USA im Krieg, er wird also noch länger dauern. Die arme Welt!« (11.12. 1941); vgl. a.a.O., S. 159-162.

Nr. 382
* Bayerische Staatsbibliothek München, Nachlaß Braunfels, ms.

Nr. 383
* Privatbesitz Dr. Paul Adenauer, Wiedergabe nach dem Teildruck: *ders.*, Briefe Konrad Adenauers an einen Sohn im Reichsarbeitsdienst, S. 163.
1 Friedrich *von der Leyen* (1873–1966), Prof. Dr. phil., Ordinarius für ältere deutsche Philologie an der Universität Köln (1921–1937; 1937 emeritiert), dort 1946 Honorarprofessor für Volkssage und -dichtung, 1947–1953 an der Universität München. – Hier möglicherweise gemeint: die 1935 von *von der Leyen* herausgegebene Sammlung »Das Reich deutscher Volksdichtung: Märchen, Sage, Legende, Zauberspruch, Segen, Rätsel und Volkslied«; vgl. die bibliographischen Angaben bei Karl Otto *Conrady*, Völkisch-nationale Germanistik in Köln, S. 56. – 1943 sandte der Germanist Adenauer das gemeinsam mit Anton *Kippenberg* herausgegebene »Buch deutscher Reden und Rufe« zu, wofür er »einen sehr freundlichen und beifälligen Dankesbrief« erhielt (Friedrich *von der Leyen*, Leben und Freiheit der Hochschule, S. 243); dieses Schreiben ist nicht überliefert. Vgl. Nr. 404.

Nr. 384
* SBA, Konsulat Köln, IV-A-Adenauer 1931–1944, ms., Abschrift. – Ein Hinweis auf dieses Schreiben bei Hanns Jürgen *Küsters*/Hans Peter *Mensing* (Hrsg.), Kriegsende und Neuanfang, S. 14.

1 Zur »Erholungsreise in die Schweiz 1.7.–15.8.41« findet sich eine Eintragung in den in StBKAH 07.01 erhaltenen »Antrag für eine zeitlich begrenzte Reisebescheinigung«, den Adenauer 1947 für seine Tochter Libet stellte.
2 Die Verbundenheit mit dem Konsul und seinen im Rheinland lebenden Landsleuten brachte Bundeskanzler Adenauer in seiner am 15.3.1950 aus Anlaß des Ausscheidens *von Weiss'* aus dem Kölner Generalkonsulat zum Ausdruck: »Einer der schönsten Tage mitten im Krieg war am 1. August – ich weiß nicht mehr welchen Jahres –, als Sie auf meine Terrasse zu mir heraufkamen und wir den Nationalfeiertag auch feierten«; vgl. Hanns Jürgen *Küsters*/Hans Peter *Mensing* (Hrsg.), a.a.O., S. 9.

Nr. 385
* Privatbesitz Dr. Paul Adenauer, Wiedergabe nach dem Teildruck: *ders.*, Briefe Konrad Adenauers an einen Sohn im Reichsarbeitsdienst, S. 165 f.
1 Vgl. Nr. 380, Anm. 2.
2 Vermutlich gemeint: Emanuel *Geibels* Gedicht ohne Titel, das Anneliese *Poppinga* in der von ihr herausgegebenen Sammlung »Konrad Adenauers Lieblingsgedichte« (Stuttgart 1987) wiedergibt (S. 29): »Ich sah den Wald sich färben,/ die Luft war grau und stumm;/mir war betrübt zum Sterben,/und wußt' es kaum, warum./ Durchs Feld vom Herbstgestände/her trieb das dürre Laub;/da dacht ich: deine Freude/ward so des Windes Raub./Dein Lenz, der blütenvolle,/dein reicher Sommer schwand;/an die gefrorne Scholle/bist du nun festgebannt./Da plötzlich floß ein klares/Getön in Lüften hoch:/ein Wandervogel war es,/der nach dem Süden zog.«

Nr. 386
* Privatbesitz Wolfgang Schliebusch, Essen, eigenhändig. Dies der erste und, soweit ersichtlich, einzige Adenauer-Brief an:
Fritz *Schliebusch* (1882–1945), 1913/14 Schuldienst, 1914–1918 Kriegsdienst, nach 1919 als Wirtschaftsjournalist für den Kölner »Stadtanzeiger« tätig, 12.4. 1933 zum Geschäftsführer der Handwerkskammer gewählt, ab 15.6.1937 in Diensten der Reichswirtschaftskammer (Generalreferent für das Handwerk).
Das Schreiben belegt bereits für die erste Phase des Weltkriegs den Kontakt zu einem Verbindungsmann in der Reichshauptstadt und, indirekt, auch zu oppositionellen Kreisen. Auf die Anbahnung und frühe Bedeutung der Beziehung (vor der 1944 dann zentralen Funktion Schliebuschs während des letzten Stadiums der Verfolgungsmaßnahmen, denen Adenauer ausgesetzt war) hat Adenauer nach Kriegsende mehrfach hingewiesen: »Herrn Major Fritz Schliebusch habe ich in den ersten Kriegsjahren kennengelernt. Er war damals im Luftfahrtministerium und wurde später in das OKW versetzt. Er kam in regelmäßigen zeitlichen Abständen in das Rheinland und pflegte dann bei mir eine Nacht zuzubringen, so daß sich Gelegenheit zu ausführlichem Meinungsaustausch ergab. ... Er setzte mich dadurch in die Lage, bei mit mir in Verbindung stehenden Persönlichkeiten

die Zuversicht, daß der Nationalsozialismus zusammenbrechen werde, wachzuhalten und zu stärken.« Vgl. »Briefe 1945–1947«, S. 131; vgl. a. Konrad *Adenauer*, Erinnerungen 1945–1953, S. 17.
Schliebusch seinerseits schilderte die ersten Adenauer-Kontakte in seinem »Eingehenden Bericht über meine Tätigkeit im Dritten Reich« vom 12.3.1945 so: »Bei regelmäßigen Dienstreisen nach dem heimatlichen Westen (etwa alle 6 bis 8 Wochen) hielt ich die Verbindung mit den mir bekannten Kreisen in der Heimat, vor allem mit Dr. Adenauer und Direktor Giesen, durch regelmäßige Besuche aufrecht. Das gravierendste Ereignis war in dieser Zeit die Woche der Judenprogrome (November 38)« (S. 10 des Manuskripts in StBKAH, Materialsammlung für die »Erinnerungen« Adenauers; dazu vgl. Nr. 434).
1 Klaus *Schliebusch* (1921–1945). – Zu seinem und seines Vaters Schicksal bei Kriegsende vgl. Nr. 428, Anm. 2.
2 Der Brief von Alfons *Scheuble* ist nicht erhalten. Zu den früheren Kontakten vgl. Nr. 168, 308.

Nr. 387
* StBKAH VI-B-24. – Abb. einer ähnlichen Aufzeichnung zum »Saskia«-Gemälde (vgl. Nr. 350) aus dem Zeitraum Februar–April 1943 in Adenauers »Briefen 1951–1953«, S. 58.

Nr. 388
* Bayerische Staatsbibliothek München, Nachlaß Braunfels, ms. – Zu diesem Brief an *Braunfels* vgl. den vorausgegangenen unter Nr. 382 und den nachfolgenden unter Nr. 390.
a ‹...› Satz unvollständig.
1 Barbara *Reiners* wurde am 29.4.1942 geboren.
2 Vgl. Nr. 362, Anm. 1.
3 Zur Versorgung mit Nahrungsmitteln im Kriegsjahr 1942 vgl. Heinz *Boberach* (Hrsg.), Meldungen aus dem Reich, Bd. 9, 10, 11.

Nr. 389
* Privatbesitz Familie Adenauer. – Dieser Programmentwurf für musisch-musikalische Darbietungen am Muttertag des Jahres 1942 erscheint in der Edition, weil es sich dabei um den einzigen zeitgenössischen Beleg für die von Roswitha *Theile-Schlüter* beschriebenen Zusammenkünfte im familiär-freundschaftlichen »Zirkel« handelt; vgl. Nr. 378, Kopfregest.

Nr. 390
* Bayerische Staatsbibliothek München, Nachlaß Braunfels, eigenhändig.
1 Nicht nachgewiesen. Zu diesem Brief an *Braunfels* vgl. den vorangegangenen unter Nr. 388 und den nachfolgenden unter Nr. 401.
2 Adenauer spricht hier den »Tausend-Bomber-Angriff« der britischen Luftwaf-

fe vom 31.5.1942 auf Köln an; dazu die ausführlichen Angaben bei Eric *Taylor,* 1000 Bomber auf Köln. Operation Millenium 1942, Düsseldorf 1982, passim; Adolf *Klein,* Köln im Dritten Reich, S. 254. – Der Angriff richtete auch schwere Schäden in der Max-Bruch-Straße an; vgl. Nr. 395.
3 Nicht nachgewiesen.

Nr. 391
* Privatbesitz Frau Schmitz-Molkenboer, Heemstede (Niederlande), ms.
1 *Schmitz* hatte u. a. den Bombenangriff auf Köln kommentiert: »Besonders stark war auch ich berührt von dem harten Schlag, der Köln getroffen hat. Auch ich hatte mein Herz ganz an diese Stadt verpfändet, den Gürzenich, das alte Rathaus, etc., nicht nur aus bautechnischen Gründen, sondern auch durch die vielen persönlichen Beziehungen hat dies alles sehr stark auf mich eingewirkt, aber ich weiß, daß mein Empfinden nur sehr geringfügig ist dem Ihrigen gegenüber« (a.a.O.).
2 Vgl. Nr. 390, Anm. 2.
3 Korrespondenz mit *Herwegen* aus diesem Zeitraum oder andere Informationen zu seiner damaligen Lebenssituation konnten nicht nachgewiesen werden.

Nr. 392
* StBKAH VI-B-68.9, ms., Durchschlag. Dort auch die schriftlichen Bescheide des Reichspatentamts vom 12.1. und 15.7.1943, mit denen Adenauers Patentanmeldung wegen bereits bekannter ähnlicher Erfindungen zurückgewiesen wurde (»... kann ... etwas Fortschrittliches nicht erkannt werden«). Vgl. Nr. 220, Anm. 3, und die dort angegebene Literatur.

Nr. 393
* Archiv der Dominikaner-Provinz Teutonia, Köln, Auszug aus dem Originalmanuskript der Erinnerungen *Siemers* (S. 453 f.). Die Vorlage wurde für diese Edition von Pater Provinzial Dr. Karl *Meyer* OP mit Begleitschreiben vom 5.12. 1990 zur Verfügung gestellt.
Laurentius *Siemer* (1888–1956), OP, 1932–1946 Provinzial der norddeutschen Dominikanerprovinz, stand nach 1933 in enger Verbindung zu Widerstandskreisen, 1935/36 Untersuchungshaft, 1945/46 an der CDU-Programmdiskussion beteiligt, langjähriger Leiter des Klosters Walberberg bei Bonn.
Im Manuskript wie in der daraus resultierenden Publikation (Aufzeichnungen und Briefe, S. 129) datiert Siemer die Besprechung auf den Herbst 1942. Zwei wesentliche Paralleldarstellungen sprechen für das Folgejahr (Herbst 1943): Elfriede *Nebgen,* Jakob Kaiser. Der Widerstandskämpfer, S. 162; Karl H. *Brüls* (Bearb.), Arbeit und Opfer, hrsg. von der Kettelerhaus GmbH, Köln 1972, S. 142; vgl. a. Widerstand und Verfolgung in Köln, S. 380. – Diese Edition folgt der Version Siemers, da sie durch Gerhard *Ritters* maßgebliche Biographie Carl *Goerdelers,* um dessen Versuch einer Kontaktaufnahme mit Adenauer es im nachfolgenden geht,

und die darin enthaltenen Angaben zum Itinerar und zu den Kontakten Goerdelers bestätigt wird (vgl. S. 286).

a ‹ › Dieser Satz ist in der 1958 erschienenen Buchausgabe der »Aufzeichnungen und Briefe«, die ansonsten das Manuskript wortwörtlich wiedergibt, nicht enthalten.

1 Otto *Müller* (1870–1944), Dr. rer. pol., Prälat, gründete 1929 mit Unterstützung Adenauers das Kettelerhaus in Köln, errichtete 1930 die westdeutsche Zentrale der Katholischen Arbeiterbewegung in Köln, dort maßgeblich am katholischen Widerstand gegen den Nationalsozialismus beteiligt, nach dem 20.7.1944 inhaftiert, verstarb am 12.10.1944. Zu Müller und den anderen nachfolgend genannten Oppositionellen vgl. Verfolgung und Widerstand, passim.

2 Nikolaus *Groß* (1898–1945), langjähriger Sekretär der christlichen Bergarbeiter, bis 1938 Schriftleiter der »Westdeutschen Arbeiter-Zeitung« bzw. »Ketteler Wacht«, nach dem 20.7.1944 inhaftiert, am 21.1.1945 hingerichtet.

3 Karl *Arnold* (1901–1958), ab 1920 in der christlichen Gewerkschaftsbewegung, 1925–1933 stellvertretender Zentrumsvorsitzender in Düsseldorf, am Widerstand gegen den Nationalsozialismus beteiligt, nach dem 20.7.1944 inhaftiert, 1945 Mitbegründer der CDU und des DGB im Rheinland, 1946 Oberbürgermeister von Düsseldorf, 1947–1956 Ministerpräsident von Nordrhein-Westfalen, 1957/58 MdB.

4 Bernhard *Letterhaus* (1894–1944), 1928–1933 Verbandssekretär in der Zentrale der Katholischen Arbeiterbewegung und MdL (Zentrum) in Preußen, nach 1933 in einem Verlag tätig, nach 1939 OKW-Offizier (Referent für Auslandspresse), 1943 aus der Wehrmacht ausgestoßen, wegen Widerstandsbeteiligung am 14.11.1944 hingerichtet.

5 Carl *Goerdeler* (1884–1945), Dr. jur., 1930–1937 Oberbürgermeister von Leipzig (bis 1933 mit Adenauer im Deutschen Städtetag), 1934/35 Reichskommissar für Preisüberwachung, als führender Vertreter des Widerstandes gegen Hitler am 2.2.1945 hingerichtet. – Zur Beurteilung seiner Pläne gegen Hitler durch Adenauer vgl. a. Nr. 397.

6 Wilhelm *Rombach* (1884–1973), Dr. jur., 1924–1928 Regierungspräsident in Aachen, dort 1928–1933 (Entlassung im Juli) und 1945 Oberbürgermeister, 1948–1952 Ministerialdirektor im nordrhein-westfälischen Kultusministerium.

Nr. 394

* Aus dem Gartenbuch Adenauers, Privatbesitz Familie Adenauer; Transkription (die aus Platzgründen nicht in der Legende erscheint): »1942/ *Alpenrose* (halbhohe) hat sich nicht bewährt, die Büsche sehen später zu häßlich aus./ [. . .] *mohn* (kl. Mohn) sehr gut./ *Veronica* aus Tübingen sehr schön. Teilen. An Rand des Schlafzimmergartens setzen, ferner zur Beschattung von Helleborus und/ Linum alpinum = perenne, etwas niedriger, an Rand setzen.«

Nr. 395
* Privatbesitz Frau Schmitz-Molkenboer, Heemstede (Niederlande), ms.
a ‹. . .› In der ausgelassenen Passage spricht Adenauer persönliche Angelegenheiten seiner Kinder an.
1 Zur Verlobung des ältesten Adenauer-Sohnes mit Lola *Hunold* (die er im Februar 1942 in Aachen kennengelernt hatte und Anfang 1943 heiratete) vgl. deren ausführliche Darstellung: Mein Schwiegervater, der Kanzler – Folge 1 (20.12.1975): »Unsere Verlobung löste bei unseren Verwandten und Bekannten eine sehr unterschiedliche Reaktion aus ... oder Anspielungen darauf [aus], daß mein Schwiegervater politisch doch sehr belastet war. So sagte beispielsweise der Regierungspräsident von Aachen zu meinem Vater: ›Wie können Sie Ihre einzige Tochter einem Sohn des ‚schwarzen Oberbürgermeisters' zur Frau geben?‹ ... Unsere Verlobungszeit wurde überschattet von der Tatsache, daß man meinen Mann, der sich damals in leitender Position in einem größeren Unternehmen befand, kündigte, und zwar mit der Begründung, daß ein leitender Angestellter mit diesem Namen nicht tragbar sei. Die Kündigungsbegründung gipfelte in der Bemerkung: ›Nicht nur, daß Sie Adenauer heißen, sondern daß Ihr Vorname darüber hinaus auch noch Konrad ist, das läßt Sie für uns untragbar erscheinen.‹«
2 Beim Luftangriff vom 31.5.1942 (vgl. Nr. 390) waren auch die Häuser Max-Bruch-Straße 6 und 4 getroffen worden; beim ersteren waren »Dachstuhl und der größere Teil des zweiten Stockwerkes ... in Mitleidenschaft gezogen« worden, das letztere »hat in der Folge Luftdruckschäden zu verzeichnen gehabt und wurde von vereinzelten Brandbomben getroffen« (aus einer Nachkriegsaufzeichnung Adenauers in StBKAH VI-B-10).

Nr. 396
* LHAK Best. 700, 40 Nr. 165. – Dies der einzige zum vierten Weihnachtsfest im Weltkrieg nachgewiesene Gruß an einen Freund. Der darin erwähnte Kontakt zu Heinrich *Weitz* ist nicht datierbar. Dessen letztes aus der Kriegszeit überliefertes Schreiben an Hans *Fuchs* vom 19.12.1941 enthält die verschlüsselte Mitteilung: »Nur Bruder Konrad in Rhöndorf hat Sorge, daß ich als reiner Materialist nicht mehr durch das Nadelöhr kriechen kann. Ich kann nur in Gleichnissen zu Ihnen reden« (a.a.O., Nr. 177).

Nr. 397
* ACDP I-013-001/4. – Dort weitere Bescheinigungen und eidesstattliche Erklärungen für *Franken* von Josef *Busley* (15.9.1946), Edmund *Forschbach* (28.5. 1946), Johannes *Henry* (23.4.1946), Paul Egon *Hübinger* (24.5.1946), Jakob *Kaiser* (3.4. 1946) und Pater Laurentius *Siemer* (30.11.1946).
** Paul *Franken,* 20 Jahre später, S. 98 f. – Zur damaligen Situation auch die Angaben Frankens in einem Schreiben an Prof. Dr. Rudolf *Morsey* vom 22.3.1977: ». . . unterstand ich vom 1.1.43 bis kurz vor dem Einmarsch der Amerikaner in Rom der Außenstelle des OKW in Rom. So kam ich jetzt in ganz engen Kontakt zu

Ludwig Kaas und P. Robert Leiber. Alle mir aufgetragenen Meldungen gab ich an den Vatikan weiter und umgekehrt, was um so wichtiger war, als RA. Josef Müller im Frühjahr 43 verhaftet wurde. Bei meinen Aufenthalten in Bonn konnte ich A. über vieles unterrichten, und er benutzte diese für ihn einmalige Gelegenheit, seine sehr bestimmten Meinungen in Rom bekannt werden zu lassen. Ich bin subjektiv sicher, daß er mit niemand in diesen Jahren so offen gesprochen hat wie mit mir«; hierzu vgl. Nr. 407, Anm. 1.

Nr. 398
* StBKAH VI-B-37. Dort auch zahlreiche weitere Belege für die Buchbestellungen Adenauers bei der Gilde-Buchhandlung Carl *Kayser*, Bonn.

Nr. 399
* HAStK 1070/30, eigenhändig. Teildruck dieses Glückwunsches zum 80. Geburtstag von Wilhelm *Marx* am 15.1.1943: Hugo *Stehkämper* (Bearb.), Wilhelm Marx, Teil I, S. 134.

Nr. 400
* Privatbesitz Frau Carin Klein, Bottrop, eigenhändig, auf dem Briefumschlag die Angaben »Feldpost« und »persönlich«.
a ‹. . .› In der ausgelassenen Passage spricht Adenauer persönliche Angelegenheiten seines Sohnes Paul an.
1 Der im Krieg für militärische Zwecke genutzte Flughafen Butzweiler Hof (auf dem *Paul Adenauer* Anfang 1943 seinen Dienst als Sanitätssoldat ableistete) war auch ein Schauplatz der kommunalpolitischen Tätigkeit Adenauers vor 1933; vgl. das Photo von einem Besuch des Flughafens in: Konrad Adenauer. Seine Zeit – sein Werk, Abb. 10; dort auch die Angaben auf S. 42-44.

Nr. 401
* Bayerische Staatsbibliothek München, Nachlaß Braunfels, eigenhändig.
1 Nicht überliefert. – Zu diesem Brief an *Braunfels* vgl. den vorangegangenen unter Nr. 390 und den nachfolgenden unter Nr. 411.
2 Vgl. Nr. 400.
3 Vgl. Nr. 395, Anm. 1.

Nr. 402
* Privatbesitz Frau Schmitz-Molkenboer, Heemstede (Niederlande), ms.
a ‹. . .› In der ausgelassenen Passage spricht Adenauer persönliche Angelegenheiten seines Sohnes Konrad an.
1 Vom 5.3. und 6.4.1943. Im März-Brief die Mitteilung: »Viel Zeit zum Schreiben gibt es jetzt nicht mehr, besonders infolge der neuen Arbeiterforderung [sic!] im Rahmen des ›totalen‹ Krieges. ... Alles arbeitet jetzt mit in dem Kampf gegen den Bolschewismus. Häufig denke ich in diesen Tagen an unsre damalige Unterredung mit unserem Freund Ildefons« (a.a.O.).

2 Irene *Adenauer* wurde am 21.11.1943 geboren.
3 Dies der erste Hinweis auf Verbindungen zum Westerwald, wo sich Adenauer aufgrund der Orts- und Personenkenntnisse seiner Tochter Lotte in der Nähe von Hachenburg im September 1944 vorübergehend dem Zugriff der Gestapo entzog; vgl. Nr. 434, 437, 438.

Nr. 403
* SBA, E 2300 Köln 7, mit ms. Kopfangabe »Schweizerisches Konsulat Köln, z. Zt. Rheinhotel Dreesen«. Hierzu die Angaben auf S. 1 des Berichts: »Unter Bezugnahme auf unsere heutige telefonische Unterredung muß ich Ihnen leider bestätigen, daß unser Konsulat bei dem gestrigen Großangriff auf Köln vollständig eingeäschert wurde, trotzdem ich mir die größte Mühe gegeben hatte, das Feuer zu löschen. Der einzige Trost der mir bleibt, ist, daß es unter vollständigem Einsatz unseres gesamten Personals gelungen ist, unsere Akten, die Kasse, Buchhaltungsbücher, Kartothek, Stempel usw. zu retten, so daß es uns möglich ist, nach Einrichtung eines neuen Konsulates unseren Dienst wieder aufzunehmen.«
Auszüge aus diesem Bericht bei Hanns Jürgen *Küsters*/Hans Peter *Mensing*, Ein Neutraler am Rhein. Manuskript der WDR-Hörfunksendung vom 27.4.1985, S. 1f.; vgl. a. *dies.* (Hrsg.), Kriegsende und Neuanfang, S. 16. Dort auch weitere Informationen zur Unterbringung des Konsulats zunächst kurzfristig in Bad Godesberg, dann in Rhöndorf (im »Haus am Turm« unterhalb des Adenauer-Hauses). – Zu den nachfolgend geschilderten Auswirkungen des britischen Bombenangriffs auf Köln vom 29.6.1943 vgl. Adolf *Klein*, Köln im Dritten Reich, S. 258.
1 Vgl. Nr. 390, Anm. 2.

Nr. 404
* Friedrich *von der Leyen*, Leben und Freiheit der Hochschule, S. 244. Dort (S. 243f.) auch die Schilderung der Begleitumstände des Besuchs in Rhöndorf: »Nun lernte ich Konrad Adenauer, der für mich der Oberbürgermeister von Köln blieb, als Gastgeber und als Familienoberhaupt kennen. Frau Adenauer war die Tochter eines Kollegen in Köln, eines deutsch-amerikanischen Mediziners. Sie war von natürlicher und frauenhafter, bezaubernder Güte. Die Kinder, wohlerzogen, einfach und bescheiden, begabt, unbefangen und hübsch, sagten sich untereinander allerlei brüderliche und schwesterliche Freundlichkeiten, so daß die Erwachsenen über die unverblümten Meinungsäußerungen herzlich lachten. Der jüngste Sohn war noch ein echter Schulbub. Der Vater saß als Patriarch dabei und schmunzelte. Er ließ scheinbar jeden gewähren, im Grunde geschah aber alles genau so, wie er es wollte.«
An einen weiteren, nicht genauer datierbaren Besuch dieses Zeitraums erinnerte Adenauer in einer am 16.11.1946 für Wilhelm Karl *Gerst* (1887–1968; ab 1949 ADN-Chefkorrespondent, Agitator des SED-Regimes gegen Adenauer) ausgestellten Bescheinigung: »Im Jahre 1943 waren Sie bei mir und haben mir damals

ein umfangreiches Programm der von Ihnen für die Zeit nach dem Zusammenbruch des Nationalsozialismus in Aussicht genommenen Arbeiten auf dem Gebiete, das früher der Bühnenvolksbund betreut hat, dargelegt« (»Briefe 1945–1947«, S. 365).

1 Vgl. Nr. 403, 405.

Nr. 405

* LHAK Best. 700, 40 Nr. 165, eigenhändig. – Bei diesem Brief handelt es sich um das letzte aus der Zeit des Dritten Reiches überlieferte Schreiben an Hans *Fuchs*. Nach Kriegsende nahmen sie erneut in dienstlichen und politischen Funktionen Kontakt miteinander auf; beider Amtszeit als Oberbürgermeister von Köln bzw. Oberpräsident der Nordrheinprovinz endete durch die Entlassungen vom Oktober 1945. Hierzu die zahlreichen Angaben bei Hanns Jürgen *Küsters*/Hans Peter *Mensing* (Hrsg.), Kriegsende und Neuanfang.

1 Vgl. Nr. 403.

Nr. 406

* Archiv der Oberdeutschen Provinz der Jesuiten, München, NL Lothar König SJ; Druck: Roman *Bleistein* (Hrsg.), Alfred Delps Gesammelte Schriften, Bd. IV, S. 406f. Dort der Hinweis auf einen eigenhändigen Randvermerk *Yorks* »Es wird gebeten, die Unterlagen zu vernichten«. – Neudruck: *ders.* (Hrsg.), Dossier: Kreisauer Kreis. S. 340f. – Dort auch die Unterlagen und Aufzeichnungen zu den Tagungen des Kreisauer Kreises vom 16.–18.10.1942 (S. 179-237) und 12.–14.6.1943 (S. 239-299), aus denen die Konzepte dieser Widerstandsgruppe für die Neuordnung Deutschlands nach dem Nationalsozialismus und auch genaue Definitionen zur Funktion des »Landeshauptmanns« ersichtlich sind, die für den Mittelrhein Adenauer zugedacht war.

Zum Nachfolgenden vgl. Ger *van Roon,* Staatsvorstellungen des Kreisauer Kreises, in: Jürgen *Schmädeke*/Peter *Steinbach* (Hrsg.), Der Widerstand gegen den Nationalsozialismus, München 1985, S. 561. – Hinweisen von Prof. Dr. van Roon ist es zu verdanken, daß dieses Dokument in die Edition aufgenommen werden konnte.

Peter Graf *York von Wartenburg* (1904–1944), 1936–1941 Referent im Reichskommissariat für die Preisbildung (ab 1938 Oberregierungsrat), ab 1938 zentrale Persönlichkeit eines Oppositionskreises zur Neuordnung Deutschlands nach dem Dritten Reich, ab 1940 in Zusammenarbeit mit Helmuth James Graf von Moltke, 1940 Mitbegründer des Kreisauer Kreises, 1942–1944 in einem Wehrwirtschaftsstab, dort in Kontakt zum militärischen Widerstand, am 20.7.1944 inhaftiert, am 4.8.1944 hingerichtet.

1 Zu den Aktionen des Kreisauer Kreises in diesem Zeitraum hat Roman Bleistein (Dossier, S. 338f.) aus dem Tagebuch von P. Lothar König, Briefen von Graf *von Moltke* und RSHA-Unterlagen einen »Terminkalender« zu den »Kontakte[n] zwischen Moltke, den Jesuiten und den Bischöfen (Gröber, Preysing, Faulhaber)«

zusammengestellt, in dem keine Kontaktpersonen genannt werden, die im Sommer 1943 auch zu Adenauer in direkter Verbindung standen.
Als vermittelnde Personen könnten in Frage kommen: Ada *Deichmann* als Mutter der Ehefrau von *Graf von Moltke* (vgl. Nr. 88, Anm. 4) – oder, als höchst bedeutender Kontaktmann im Klerus zu den oben Genannten, der Kölner Erzbischof Josef *Frings*, der nach der Zerstörung seiner Wohnung in der Bombennacht vom 29.6.1943 ab Ende Juli 1943 nur wenige hundert Meter vom Adenauer-Haus entfernt in Honnef residierte; vgl. seine Erinnerungen: Für die Menschen bestellt, S. 26-30.
2 Nach den Erläuterungen von Roman *Bleistein* (Alfred Delps Gesammelte Schriften, Bd. IV, S. 406) ist mit diesem Decknamen gemeint: Wilhelm *Leuschner* (1888–1944), 1924–1933 MdL (SPD) in Hessen, dort 1929–1933 Innenminister, 1932/33 stellvertretender Vorsitzender des Allgemeinen Deutschen Gewerkschaftsbundes, 1933/34 im Konzentrationslager, stellte später Verbindungen zwischen sozialdemokratischer, gewerkschaftlicher, militärischer Opposition und dem Kreisauer Kreis her, am 29.9.1944 hingerichtet.
3 Lothar *König* (1906–1946), SJ, 1922–1924 Gauleiter des Bundes »Neudeutschland« für Württemberg, 1924 ins Noviziat des Jesuitenordens eingetreten, 1936 zum Priester geweiht, 1939–1944 Professor für Kosmologie am Berchmannskolleg in Pullach, 1942–1944 Mitarbeit im Kreisauer Kreis.

Nr. 407
* Klaus *Dreher*, Der Weg zum Kanzler, S. 262. – Verbindung zu *Franken* konnte Adenauer in diesem Zeitraum wieder aufnehmen, da dieser im Sommer 1943 »3 Monate als italienischer Dolmetscher beim Stalag VIg« (Kriegsgefangenen-*Sta*mm*lag*er) in Bonn tätig war; nach seinem am 22.8.1949 Adenauer zugeleiteten Lebenslauf in StBKAH 07.26. Hierzu ergänzend der 1946 verfaßte Lebenslauf Frankens im ACDP I-013-001/4: »In den 13 Monaten, die ich mit Unterbrechungen in Rom war, habe ich meine deutschen Freunde und Bekannten über die deutschen Verhältnisse und über die Vorbereitungen meiner Freunde unterrichtet. So war ich seitens meiner Freunde ermächtigt und beauftragt, in den ersten Unterhaltungen zu erklären, daß das OKW den Krieg für verloren erachte und daß Generaloberst Beck bereit sei, die bedingungslose Kapitulation zu unterzeichnen. Da kurz nach meiner Ankunft der Münchener Abwehroffizier, der mir eng befreundete Rechtsanwalt Müller verhaftet wurde, waren meine römischen Freunde um so mehr auf mich angewiesen. Durch mich erfuhren sie im Herbst 43 die Zusammensetzung des geplanten Kabinetts Goerdeler, alle sonstigen entscheidenden Personalien, die für den Umsturz geplanten Termine, die in Rom vorgesehenen Botschafter etc.«.
1 Im Oktober 1943 kam es zu einem weiteren Gespräch mit Adenauer, über das Franken 1975 Heinrich *Krone* und Klaus *Gotto* berichtete: » ... bin ich bereit, vor jedem deutschen Gericht die Hand zu erheben zu dem Satz: Als ich in Rom war, und er [Adenauer] genau ein Konzept ausgearbeitet hatte, wie er sich den Frieden

nach dem Abgang des Dritten Reiches vorstellte, daß ich also dem höchsten Chef der Katholischen Kirche die Auffassung von Konrad Adenauer sagen sollte und sie bis in alle Einzelheiten ihm mitgeteilt habe, wobei ich dann bei Pius nur offene Türen einrannte.« – Zur Übermittlung des »Konzepts« sind keine schriftlichen Belege nachweisbar (briefl. Mitteilung von Pater *Metzler*, Archivio Segréto Vaticano, an den Bearb. vom 11.10.1989).

Nr. 408

* Privatbesitz Frau Schmitz-Molkenboer, Heemstede (Niederlande), ms.

1 Zur Geburt von Marion *Schmitz* am 11.8.1943; dort auch die für Adenauers Informationsstand wichtigen Mitteilungen zur Kriegslage: »Europa geht einem entsetzlichen Leidensweg entgegen, und die Vernichtung wird immer weiter fortschreiten. Entsetzlich sind alle Geschichten, die man hört, und seien Sie überzeugt, daß wir ganz intensiv mit Ihrer Familie mitleben, die Kinder beten auch täglich für unsere persönlichen Freunde.... Man merkt deutlich, daß die besetzenden Behörden auch hier immer nervöser werden. Andauernd Razzia's, K.Z.-Lager, Haussuchungen, Mitnehmen der Vorräte, und Untersuchungen nach Radios usw. Viele Krankheiten, in Amsterdam ist jetzt Kinderlähmung, so stark sogar, daß Urlauber nicht herein dürfen. ... Ich persönlich halte eine Invasion für ausgeschlossen. Es kann sein, daß noch eine in Frankreich und vielleicht in Norwegen probiert wird, aber weil die Herren jetzt erst konferieren, sieht es nicht danach aus, ob wir in den nächsten 2 Monaten etwas erwarten können.« Vgl. Nr. 412.

Nr. 409

* Franz *Thedieck*, Erinnerungen an Konrad Adenauer, S. 5. Diese 1967, kurz nach dem Tod Adenauers veröffentlichte Darstellung hat *Thedieck* in seinem 1976 erschienenen Beitrag »Gespräche und Begegnungen mit Konrad Adenauer« (S. 329 f.) ohne wesentliche Veränderung bei der Wiedergabe des Gesprächsverlaufs mit Angaben zu den Begleitumständen dieser Begegnung und einer weiteren im Winter 1943/44 ergänzt: »Die Anlässe für die beiden Einladungen ... waren väterliche Sorgen für die Söhne Max und Paul. ... Es ergaben sich bei beiden Gelegenheiten sehr ausführliche Gespräche, die sich vom Nachmittag bis in die Nacht ausdehnten. Sie drehten sich besonders um zwei Fragenkomplexe, um den früheren Reichskanzler Dr. Brüning und um den Widerstandskreis von Dr. Goerdeler und Jakob Kaiser« (S. 329).

Zu den Erinnerungen Thediecks (zu denen in seinem an das BA abgegebenen Nachlaß wie auch im NL Dresbach im Kreisarchiv des Oberbergischen Kreises, Gummersbach, keine zeitgenössischen Aufzeichnungen erhalten sind) vgl. Rudolf *Morsey*, Adenauer und der Nationalsozialismus, S. 492; Hans-Peter *Schwarz*, Adenauer. Der Aufstieg, S. 407.

1 August *Dresbach* (1894–1968), Dr. phil., Redakteur der »Kölnischen Zeitung« (1925–1939) und der »Frankfurter Zeitung« (1941–1943), 1945–1951 Landrat in Gummersbach, 1949–1965 MdB (CDU). – »... war als persönlicher Bekannter

und Vertrauter des Preußischen Finanz-Ministers Dr. [Johannes] Popitz genau unterrichtet über die Vorgänge, die zu dem Attentat auf Hitler am 20. Juli 1944 geführt haben.« (Dresbach in einem Leumundszeugnis vom 23.1.1946; BA, NL Thedieck Nr. 55).

2 Ludwig *Beck* (1880–1944), seit 1911 im Generalstab, seit 1933 Chef des Truppenamtes, seit 1935 Chef des Generalstabs des Heeres, 1938 zurückgetreten, danach im Mittelpunkt des militärischen Widerstandes, Selbstmord am 20.7. 1944.

3 Vgl. Nr. 285

Nr. 410

* StBKAH VI-B-39.

Nr. 411

* Bayerische Staatsbibliothek München, Nachlaß Braunfels, ms.

1 Nicht überliefert. – Zu diesem Brief an *Braunfels* vgl. den vorangegangenen unter Nr. 401 und den nachfolgenden unter Nr. 416.

2 Zur Geburt von *Irene Adenauer* vgl. die Erinnerungen ihrer Mutter: Lola *Adenauer,* Mein Schwiegervater, der Kanzler, Folge 2 (22.12.1975).

Nr. 412

* Privatbesitz Frau Schmitz-Molkenboer, Heemstede (Niederlande), ms.

a ‹...› In der ausgelassenen Passage spricht *Schmitz* familiäre Angelegenheiten an.

1 Vgl. Nr. 411, Anm. 2.

2 Zum Nachfolgenden vgl. die Schilderung der Kriegsgeschehnisse im Schmitz-Schreiben vom 11.8.1943 (Nr. 408, Anm. 1). Vgl. a. Gerhard *Hirschfeld,* Fremdenherrschaft und Kollaboration. Die Niederlande unter deutscher Besatzung 1940–1945, Stuttgart 1984, passim.

Nr. 413

* Privatbesitz Frau Schmitz-Molkenboer, Heemstede (Niederlande), ms.

a ‹...› In der ausgelassenen Passage spricht Adenauer private Angelegenheiten seiner Schwiegertöchter an.

1 Darin, bereits vor dem Brief zu Weihnachten 1943 (Nr. 412), Informationen zur Kriegslage aus niederländischer Sicht: »... besonders für uns an der Küste sieht es in 1944 recht ungemütlich aus. Die Evacuierung steht noch immer als ein drohendes Ungeheuer vor der Türe, und wenn sogar eine Notevacuierung kommen sollte, dann müssen wir in 2 Stunden weg, und dann muß alles hinterlassen werden. Ja, Sie sind dort wirklich wohl ein klein wenig zu beneiden.«

2 Vgl. Nr. 150.

3 Wilhelm *Reiners* (1873–1943), Dr.-Ing. E. H., Ingenieur und Unternehmer, ab 1903 Teilhaber, ab 1910 Alleineigentümer der Firma W. Schlafhorst & Co in Mönchengladbach.

Nr. 414
* HAStK 1187/236, eigenhändig.
1 Nicht nachgewiesen. Dies gilt auch für andere Grüße und Glückwünsche zum Jahreswechsel und zum 68. Adenauer-Geburtstag am 5.1.1944.
2 Käthe *Teusch,* Zwillingsschwester der Adenauer-Bekannten.
3 Zur gefahrvollen Lebenslage der Adressatin im Jahre 1944 vgl. Sr. J. Dominica *Ballof,* Christine Teusch, S. 207.

Nr. 415
* StBKAH VI-B-40. Zur Mitgliedschaft Adenauers im Verschönerungsverein für das Siebengebirge, die er nach 1945 aktiv nutzte, um Belange des Natur- und Umweltschutzes wahrzunehmen, vgl. die Belege in »Briefe 1945–1947«, S. 238 f.; »Briefe 1949–1951«, S. 236.

Nr. 416
* Bayerische Staatsbibliothek München, Nachlaß Braunfels, ms.
1 Vgl. Nr. 362, Anm. 1.
2 Karl *Erb* (1877–1958), Tenor, Opernsänger (1913–1925 an der Münchener Oper) und Oratoriensänger.

Nr. 417
* StBKAH VI-B-40; Konrad *Adenauer,* Erinnerungen 1945–1953, S. 17. – Die Genehmigung erscheint als authentischer Beleg für eine von Adenauer im Weltkrieg besonders intensiv genutzte Informationsmöglichkeit in der Edition: »Ich habe niemals in meinem Leben mit solch absoluter Regelmäßigkeit ausländische Sender gehört wie in diesen Jahren bis zum Zusammenbruch«; StBKAH, Material für die Schallplatte »Aus meinem Leben«. – Mit dem Direktor der deutschsprachigen BBC-Programme, auf die Adenauer hier auch hinweist, mit Sir Hugh Carleton *Greene* (1910–1987) nahm er in den letzten Lebensjahren wiederholt Kontakt auf, um Kriegserinnerungen auszutauschen und um Unterlagen für seine Memoiren zu bitten; hierzu vgl. »Teegespräche 1959–1961«, S. 19, 593, 600.
Von Bedeutung für Information und Meinungsbildung waren auch die Ausstrahlungen des von Adenauer ebenfalls erwähnten schweizerischen Landessenders Beromünster; dort der einflußreiche Kommentator: Jean Rudolf *von Salis* (geb. 1901), Prof. Dr. phil., seit 1935 Historiker an der Eidgenössischen Technischen Hochschule Zürich.

Nr. 418
* Deutsches Literaturarchiv / Schiller-Nationalmuseum, Archiv Anton und Katharina Kippenberg, 64.1639/5, eigenhändig. – Dieser Glückwunsch zum 70. Geburtstag *Kippenbergs* am 22.5.1944 konnte dank der Unterstützung durch Dr. Peter-Paul *Schneider* (Marbach am Neckar) in die Edition einbezogen werden. Ebenfalls am 22.5.1944 wurde Hugo *Mönnig* 80 Jahre alt – die Geburtstagsfei-

er fand in Rhöndorf statt: »Wer hätte im vorigen Mai, als wir zusammen in Rhöndorf den Geburtstag meines lieben Onkel Mönnig feierten, gedacht, daß wir so furchtbar auseinandergerissen werden würden« (Helene *Custodis* am 13.6.1945 an Adenauer; vgl. »Briefe 1945–1947«, S. 563).

1 Anton *Kippenberg* (1874–1950), Prof. Dr. phil., Schriftsteller, Übersetzer und Verleger, leitete ab 1905 den Insel-Verlag; vgl. Nr. 383, Anm. 1.

Nr. 419

* Bayerische Staatsbibliothek München, Nachlaß Braunfels, ms. – Die Kriegskorrespondenz Adenauer– *Braunfels* klingt mit diesem Schreiben aus; zur Fortführung des Briefwechsels im April 1946 (Adenauer am 29.4.: »Alles, was wir tun, ist z. Zt. ein Fantasiestück«) vgl. »Briefe 1945–1947«, S. 227, 645.

1 Zu den Kriegsereignissen in diesem Zeitraum und in dieser Region vgl. ergänzend zu der in Nr. 380, Anm. 2, verwendeten Literatur: Rainer *Mennel,* Die Schlußphase des Zweiten Weltkrieges im Westen (1944/45). Eine Studie zur politischen Geographie, Osnabrück 1981, passim.

Nr. 420

* Privatbesitz Frau Schmitz-Molkenboer, Heemstede (Niederlande), ms., Durchschlag. – Weitere Kriegsbriefe von oder an Wim *Schmitz* sind nicht überliefert; zum ersten Nachkriegsschreiben an ihn, in dem Adenauer am 27.9.1945 die Geschehnisse der Folge- und Verfolgungszeit schildert, vgl. »Briefe 1945–1947«, S. 107 f.

a ‹...› In der ausgelassenen Briefpassage spricht *Schmitz* familiäre Angelegenheiten an.

1 Vgl. Nr. 419, Anm. 1.

2 Vgl. Nr. 147, 256.

3 Zur Beauftragung *Speers* mit dem »Wiederaufbau der bombengeschädigten Städte« und dazu erschienenen Pressemeldungen (»›Heller, freier, stolzer‹«) vgl. Heinz *Boberach* (Hrsg.), Meldungen aus dem Reich, Bd. 16, S. 6206.

Nr. 421

* StBKAH VI-B-49. – Dieser Rechnungsbeleg erscheint in der Edition, weil er für die Phase kurz vor dem gescheiterten Attentat auf Hitler vom 20.7.1944 und den daraus resultierenden Verfolgungsmaßnahmen den direkten Kontakt der Familie Adenauer zu *Vollmar* dokumentiert, dem im September 1944 – während der Flucht Adenauers in den Westerwald (vgl. Nr. 434) – größere Bedeutung zukam: »Eines abends im September 1944 läutete die Hausklingel, die Hausangestellte öffnete die Tür und berichtete mir, Herr Major Schliebusch wünsche mich zu sprechen. In Begleitung des Herrn Schliebusch befanden Sie sich mit Ihrer verstorbenen Gattin und ein mir unbekannter Fabrikdirektor aus Wesseling. Nach kurzen Worten der Begrüßung erklärte mir Herr Schliebusch, durch das Herannahen der Amerikaner sei Ihre Verschleppung durch die Gestapo zu befürchten. Aus

diesem Grunde sei es notwendig, Sie in Sicherheit zu bringen. Sie hätten den Wunsch, bei mir zu übernachten, um am nächsten Tage zu einer Mühle im Westerwald weiterzufahren. ... Im Laufe des Gesprächs erklärte ich freimütig, daß ich den Fluchtplan für unrichtig halten würde, und zwar deswegen, weil nach den mir überbrachten Nachrichten der Vormarsch der Amerikaner abgestoppt sei und damit nach Bekanntwerden Ihrer Flucht eine große Gefahr für Ihre Frau und Ihre Kinder entstehen würde. Die Verhaftung Ihrer Frau und Kinder würde eine solche seelische Not über die Verhafteten, aber auch über Sie bringen, daß Sie sich der Gestapo stellen würden. Diese meine Ansicht wurde von Ihnen und Ihrer Begleitung nicht geteilt. Wie recht ich aber mit meiner Auffassung hatte, zeigten die folgenden Ereignisse« (Josef Vollmar am 26.9.1955 an den Bundeskanzler; StBKAH, Materialsammlung für die »Erinnerungen« Adenauers). Vgl. Rudolf *Morsey,* Adenauer und der Nationalsozialismus, S. 493.

Nr. 422
* StBKAH 07.04, Auszug aus einer im Spruchkammerverfahren gegen Kurt *Bethke* abgegebenen Erklärung vom 18.4.1948; vollständiger Druck: »Briefe 1947–1949«, S. 208-210. – Das Original der Stellungnahme in BA Z 42 III/156; zu den dort weiter erhaltenen Rekonstruktionen der Ereignisse nach dem 20.7.1944 vgl. Nr. 428, 438, 441.
Als zeitgenössische Darstellung der Aktion vom 23./24.7.1944 ist neben dem nachfolgend abgedruckten Brief an Ria und Walter *Reiners* die ausführliche Schilderung des Augenzeugen Franz-Rudolf *von Weiss* vom 26.7.1944 heranzuziehen; vgl. Hanns Jürgen *Küsters*/Hans Peter *Mensing* (Hrsg.), Kriegsende und Neuanfang, S. 41-43. Vgl. a. die Erinnerungen von *Lola Adenauer* bei Paul *Weymar* (S. 197-199) und in der Serie Mein Schwiegervater, der Kanzler, Folge 3 (24.12. 1975).
1 Heinrich *Müller* (geb. 1897), Dr. med., 1936–1943 wissenschaftlicher Assistent an der Zahnklinik der Universität Bonn, ab 1939 Leiter der SD-Außendienststelle Bonn. Vgl. die in BA Z 42 V/1559 erhaltenen Akten zum Spruchkammerverfahren (ohne Beleg für diesen Vorgang); vgl. a. die zahlreichen Angaben in der Dokumentation: Bonn und die NS-Zeit im Spiegel Bonner Nachkriegszeitungen (1946–1949).

Nr. 423
* StBKAH, Materialsammlung für die »Erinnerungen« Adenauers. Diese im kleinen braunen, eigenhändig beschrifteten Umschlag aufbewahrte »Quittung« zeugt als einziger Beleg authentisch von der Rhöndorfer Hausdurchsuchung. – Die Durchsuchung und Beschlagnahmung galt u. a. den Werken folgender Autoren, die im Dritten Reich verfemt und als Literaten der »Verfallszeit« geächtet wurden: Emil *Ludwig* (1881–1948), Thomas *Mann* (1875–1955), Erich Maria *Remarque* (1898–1970), Romain *Rolland* (1866–1944), Sigrid *Undset* (1882–1949), Jakob *Wassermann* (1873–1934), Franz *Werfel* (1890–1945), Stefan *Zweig* (1881–1942).

Als (partei-)politisch relevanter Titel hier auch aufgeführt: Nationale Arbeit. Das Zentrum und sein Wirken in der Weimarer Republik, hrsg. von Karl Anton *Schulte,* Berlin/Leipzig 1929.

Nr. 424

* Privatbesitz Frau Ria Reiners, Mönchengladbach, ms.; Teildruck: Hans-Peter *Schwarz,* Adenauer. Der Aufstieg, S. 415.

1 Bei diesen Formulierungen ging Adenauer sicher von der Vermutung bzw. Gefahr aus, daß der Brief an die Tochter und den Schwiegersohn geöffnet und zensiert werden konnte. Unbefangener konnte sich Generalkonsul *von Weiss* am Vortage äußern: »Ein bekannter Bonner Zahnarzt sowie einige Bonner Studenten, wovon einer, der beide Hände im Felde verloren hatte, sich als besonders rabiat erwies, wirkten bei der Haussuchung mit. Sehr scharf suchten die erschienenen Herren auch nach gehamsterten Lebensmitteln, indem sie alle Schränke und sogar den Eisschrank sowie den Vorratsraum der vielköpfigen Familie des Herrn Dr. Adenauer einer genauen Prüfung unterzogen. Sogar die in jedem Raum vorschriftsmäßig aufgestellten Luftschutz-Sandsäcke wurden sehr genau nach ihrem Inhalt untersucht. Worüber Herr Dr. Adenauer sehr ungehalten war, ist, daß über die ganze Aktion in seinem Hause weder ein Protokoll noch eine Bestandsaufnahme über die mitgenommenen Bücher und Schriftstücke erfolgte. Wie leicht ist es unter diesen Umständen möglich, daß durch heimliches Zuschieben von belastendem Material durch die Gestapo die schwerwiegendste Anklage gegen den früheren Kölner Oberbürgermeister erhoben werden kann«; vgl. Hanns Jürgen *Küsters*/ Hans Peter *Mensing* (Hrsg.), Kriegsende und Neuanfang, S. 43.

2 Auf den unmittelbaren Zusammenhang zwischen der Verhaftung Josef *Giesens* und der Rhöndorfer Aktion verweist *Lola Adenauer* bei Paul *Weymar* (S. 196f.): »Schon am [21.7.1944] traf uns eine Hiobsbotschaft aus Urfeld. Meine Schwiegermutter kam von einem Besuch bei Bekannten zurück und berichtete aufgeregt: ›Heute früh ist Herr Giesen von der Gestapo wegen Zersetzung der Wehrkraft verhaftet worden.‹ Giesen hatte an seinen Sohn geschrieben, der als Soldat im Felde stand. In seinem Brief hatte er auch von einem englischen Fliegerangriff berichtet, dem ein Rüstungsbetrieb in Urfeld zum Opfer gefallen war. ›Die Engländer haben Maßarbeit geleistet‹, hatte er dem Sohn mitgeteilt und der Hoffnung Ausdruck gegeben, daß der furchtbare Krieg bald ein Ende finden müsse. Der Brief war von der Zensur geöffnet worden. In den frühen Morgenstunden war die Gestapo gekommen, hatte stundenlang das Haus durchsucht, sämtliche Lebensmittel beschlagnahmt und Giesen einem stundenlangen Verhör unterzogen. Dabei war er immer wieder nach seiner Verbindung zu Adenauer gefragt worden. Er hatte nichts gesagt, was Adenauer belasten konnte, aber trotzdem hatte er, kurz bevor er abgeführt wurde, seiner Frau noch zugeflüstert: ›Warne Adenauers.‹« Vgl. Nr. 446.

3 Oberingenieur *Dr. Erdmann* (Mitarbeiter der Union Rheinische Braunkohlen Kraftstoff AG in Wesseling) hielt sich im September 1944 gemeinsam mit Adenau-

er in der Nistermühle auf; vgl. »Briefe 1945–1947«, S. 54, 102. – Im Werksarchiv der DEA-Mineraloel AG, Werk UK Wesseling, finden sich zu ihm keine biographischen Hinweise; briefl. Mitteilung des Werksdirektors Dipl.-Ing. Friedrich *Schwarze* an den Bearb. vom 31.10.1989.

4 Vgl. Nr. 263, Anm. 2.

5 Vgl. Nr. 271, Anm. 2.

6 Vgl. Anm. 1.

7 Maria *Adenauer* geb. *Greven* (1876–1949), seit 1900 mit Adenauers Bruder August verheiratet.

8 Ludwig *Adenauer,* 1902 geborener Sohn von Maria und August Adenauer, später Staatssekretär im Kultusministerium (1959–1962) und im Innenministerium (1962–1967) von Nordrhein-Westfalen.

9 Resi *Adenauer,* 1901 geborene Tochter von Maria und August Adenauer.

Nr. 425

* Privatbesitz Heribert Günther, Köln, ms. – Abb. dieser Mitteilung an den Kölner Elektromeister Bernhard *Günther* im Artikel »Im Monteuranzug Kurierdienste für Konrad Adenauer«, »Kölnische Rundschau« vom 1./2.5.1969. Dort der für das Verständnis des Vorgangs unerläßliche Hinweis: »Die Kölner Freunde Adenauers, darunter Sibille Hartmann und Peter Josef Schaeven, hielten trotz aller Schwierigkeiten ständig Kontakt mit Adenauer. Bernhard Günther übermittelte, gewissermaßen im geheimen Kurierdienst, mündliche Botschaften an die Gesinnungsfreunde Adenauers, Günther wurde mit fingierten Briefen in die Rhöndorfer Wohnung Adenauers bestellt, in der angeblich immer etwas zu reparieren war. Im blauen Monteuranzug kreuzte der Handwerksmeister dann bei den Adenauers auf und erledigte zuverlässig alle Aufträge, die allerdings mehr politischer als handwerklicher Natur waren.«

Hierzu ergänzend Günthers Erinnerungen in einem 1975 geführten Interview: »Der Adenauer hatte seine Haussuchung. ... Ich komme gerade hin, wie die 7 Gestapo-Leute heruntergingen, und oben waren seine Türen noch plombiert.... Dann habe ich einmal den Max mit der Frau Adenauer und der Libet auf meinem Lieferwagen – ich hatte so einen Holzkocher – nach Brauweiler gefahren. Glück war, daß Großalarm war, der zwei Stunden gedauert hat, so daß die Frau Adenauer und die Kinder zwei Stunden bei ihrem Vater sein durften. Sonst wäre der Besuchsmoment nur ein paar Minuten gewesen« (nach der Tonbandaufnahme, in Privatbesitz Heribert Günther, Köln).

Nr. 426

* HAStK 1304/357, ms. – Zu diesem und anderen (nicht überlieferten) Schreiben Adenauers die Erinnerung Hermann *Pünders* in einem Brief vom 15.10.1949 an Robert *Pferdmenges:* »Wie viel Dutzende von Briefen hat Herr Adenauer während des Zweiten Weltkrieges an den Major der Reserve im Wehrkreiskommando Münster wegen der militärischen Verwendung seiner Söhne gerichtet! ... Diese

meine fortgesetzte Inanspruchnahme für die Söhne Adenauer war für mich sehr gefährlich, und sie hat mir dann auch in meinem Hochverratsverfahren im Herbst 1944 sehr geschadet. Der berüchtigte Präsident *Freisler* hielt mir in meinem ersten Verhandlungstermin abgefangene Briefe Adenauers mit Hohn vor und beschuldigte mich, ich hätte kriegsverwendungsfähige Soldaten ihrem militärischen Einsatz entzogen« (BA, NL Pünder, Nr. 274). Vgl. Nr. 446, Kopfregest.
Pünder war am 21.7.1944 verhaftet, gegen ihn vor dem Volksgerichtshof ein Verfahren wegen Hochverrats eingeleitet worden, nachdem Carl *Goerdeler* ihn »im November 1942 in Münster im Generalkommando, wo Pünder als Major und Abwehroffizier tätig war, aufgesucht [hatte]. Auf Grund einer Aussage Goerdelers wurde Pünder in der Anklage vorgeworfen, er sei von Goerdeler über dessen Verratspläne unterrichtet worden und habe dies nicht zur Anzeige gebracht. Pünder hat von Beginn an bestritten, daß das Gespräch mit Goerdeler einen irgendwie belastenden Inhalt gehabt habe«; aus dem Prozeßbericht über die Verhandlung vom 21.12.1944, die zum Freispruch Pünders führte. Vgl. BA NS 6/19, Bl. 128-133 und a.a.O. NS 6/21, Bl. 21-33; vgl. a. Hermann *Pünder,* Von Preußen nach Europa, S. 148-174.

1 In diesem Schreiben an Hauptmann Dr. *Sester,* Münster, berief sich Adenauer auf nicht nachgewiesene Empfehlungen von und Korrespondenz mit Prof. *Schöffler* und Major *Bramkamp,* dessen Ehefrau Helene sich 1948 unter Berufung auf diesen Vorgang an Adenauer wandte; vgl. »Briefe 1947–1949«, S. 181, 547.

2 Dieser Hinweis auf das Kriegsgefangenen-*Sta*mm*lag*er VI (Bonn) läßt darauf schließen, daß Paul *Franken* in den Vorgang involviert war; vgl. Nr. 407, Kopfregest.

3 Hinweise auf Dr. Werner *Pünder* (geb. 1885; Rechtsanwalt am Berliner Kammergericht, im Oktober 1944 Kontaktmann von *Max Adenauer* – vgl. Nr. 443) in den Erinnerungen seines Bruders; vgl. a.a.O., S. 142, 161, 163, 166, 169.

Nr. 427

* SBA, E 2300 Köln 8, ms., Auszug; vollständiger Druck: Hanns Jürgen *Küsters*/Hans Peter *Mensing* (Hrsg.), Kriegsende und Neuanfang, S. 44. – Der Bericht des Generalkonsuls, in unmittelbarer Nähe zum Schauplatz zu Papier gebracht, kann als die *erste* authentische Mitteilung von der Verhaftung Adenauers am 23.8.1944 gelten. Auf die Erinnerungen der im Hause anwesenden Familiemitglieder stützt sich die Darstellung bei Paul *Weymar,* Adenauer, S. 200-203. Vgl. a. *Lola Adenauer,* Mein Schwiegervater, der Kanzler, Folge 3 (24.12.1975).
Die Inhaftierung erfolgte im Rahmen der vom Reichsführer SS befohlenen »Aktion Gewitter«, die sich zunächst gegen alle ehemaligen Abgeordneten der SPD und KPD sowie gegen die Funktionäre der 1933 aufgelösten Gewerkschaften, ab 21.8.1944 auch gegen die »ehemaligen Landtags- und Reichstagsabgeordneten der Zentrumspartei« richtete; vgl. Darstellung und Dokumentation in: Widerstand und Verfolgung in Köln, S. 388-393; Verfolgung und Widerstand, S. 259-268. Vgl. a. Adolf *Klein,* Köln im Dritten Reich, S. 266f., und die zahlreichen Hinweise in M.d.R.

Nr. 428
* BA Z 42 III/156, aus einer Erklärung, die Gestapo-Kommissar Kurt *Bethke* am 5.3.1948 dem Spruchgericht in Bergedorf zuleitete. – Dort auch die beglaubigte Abschrift einer Erklärung der in Rhöndorf anwesenden Schreibkraft Bethkes, Hanni *Schaefer,* vom 6.2.1948.
1 Vom 1.8.1943–6.3.1945 bei der Staatspolizeistelle Köln: Kurt *Bethke* (1903–1972), 1924 Eintritt in die Schutzpolizei in Pommern, ab 1936 Gestapo Köslin, 1938/39 Gestapo Linz, 1939/40 Grenzpolizeikommissariat Bütow, 1940 im RSHA Berlin, 1941 Gestapo Schwerin, 1941–1943 Gestapo Bromberg; nach den Angaben in BA Z 42 I/32. Dort (42 III/156) auch die Unterlagen zu dem am 12.10. 1948 ergangenen Urteil des Spruchgerichts Hamburg-Bergedorf: *2 Jahre Gefängnis, Strafe durch »die erlittene Internierungshaft« verbüßt.*
2 Kurt *Korsing* (geb. 1906), Dr., im November 1944 wegen seiner »antifaschistischen Tätigkeit auf Veranlassung von Komm. Bethke festgenommen und sofort in der Arbeitsanstalt in Brauweiler ... inhaftiert«, dort u. a. Augenzeuge der Mißhandlungen von Fritz und Klaus *Schliebusch* (» ... wahnsinnig von ihm durch solche Maßnahmen gequält und später auf seine Veranlassung in das Gefängnis Klingelpütz geschafft, wo sie dann verstorben sind«; nach einer Erklärung Korsings vom 12.4.1948, a.a.O.).
3 Hierzu Adenauer in seiner am 18.4.1948 an die »Regierungsbezirkspolizei Köln – Kriminalpolizei –« gerichteten Stellungnahme: »Weder von dem erwähnten Briefe ist mir etwas gesagt worden, noch ist mir mitgeteilt worden, daß Goerdeler erklärt hätte, ich sei an den bekannten Vorgängen beteiligt, mir ist nur gesagt worden, daß in meinen Akten der Name Goerdeler genannt sei, daß ein ausdrücklicher Befehl bestehe, wonach in allen Fällen, in denen auch nur der Name Goerdeler genannt werde, das Hauptsicherungsamt in Berlin allein endgültig entscheiden dürfe« (a.a.O.; StBKAH 07.04 – danach der Druck: »Briefe 1947–1949«, S. 209f.). – Die einzigen nach dem heutigen Forschungsstand nachweisbaren indirekten Kontakte oder Erwähnungen Adenauers im Kontext der *Goerdeler*-Vita sind aus Nr. 393 und Nr. 483 ersichtlich.

Nr. 429
* StBKAH 07.03, aus einer am 7.10.1947 Friedrich *Manstetten* zugeleiteten Erklärung Adenauers; vollständiger Druck: »Briefe 1947–1949«, S. 83f. Vgl. a. Hans-Peter *Schwarz,* Adenauer. Der Aufstieg, S. 418. In Adenauers Nachkriegskorrespondenz findet sich ein anderer, indirekter Hinweis auf die Einschaltung von Walter *Reiners:* »Es ist mir bekannt, daß Herr [Dr. Josef] Otten, der ein Schwager meines Schwiegersohnes ... ist, als ich im Jahre 1944 verhaftet und im Konzentrationslager war, sich meinem Schwiegersohn gegenüber auf jede Weise bereit erklärt hat, zu meiner Befreiung beizutragen« (aus einer Bescheinigung vom 11.6. 1947 in StBKAH, Materialsammlung für die »Erinnerungen« Adenauers). Vgl. a. den Anfang September 1944 an Ria und Walter Reiners gerichteten Brief unter Nr. 435.

1 Dazu »Briefe 1945–1947«, S. 83f.
2 Aus den in BA Z 42 IV/375 erhaltenen Akten zu den 1947–1950 vor dem Spruchgericht Bielefeld durchgeführten Spruchkammerverfahren gegen *von Schröder* sind keine entlastenden Aussagen oder Erläuterungen ersichtlich, die derartige Bemühungen für diesen Zeitraum bestätigen. – Zu den früheren Adenauer-Kontakten zu Edith und Kurt von Schröder vgl. Nr. 32, Anm. 1, Nr. 313.

Nr. 430
* StBKAH, Ausstellungsvorlage zu Tafel 60; vgl. Konrad Adenauer. Dokumente aus vier Epochen, S. 77. – Nachdem sich am 31.8.1944 auch Erzbischof *Frings* für Adenauer eingesetzt hatte (vgl. Nr. 431), wurde er »nach 10-tägiger Haft am 2.9. 1944 auf freien Fuß gesetzt ..., worauf er sich in Spitalpflege begeben mußte« (aus einem *von Weiss*-Bericht vom 13.9.1944; Druck: Hanns Jürgen *Küsters*/ Hans Peter *Mensing* (Hrsg.), Kriegsende und Neuanfang, S. 50). Vgl. Nr. 434, Anm. 1.

Nr. 431
* AEK Gen. 23.23a (Neubestand) 4, eigenhändiger Entwurf. Dort auch erhalten: ein weiteres Schreiben des Erzbischofs an *Wienken* vom 13.9.1944: »... die Nachricht von der Freilassung Leo Schwerings sich nicht bestätigt hat. Ferner sind noch fest die früheren Reichstagsabgeordneten Thomas Eßer, [Otto] Gerig, [Peter] Schlack, [Josef] Baumhoff. Die Verhaftungen erzeugen hier große Unruhe, da sie ohne Angabe von Gründen geschehen und niemand weiß, wie weit die Verhaftungswelle noch gehen wird, und das in einer Stunde, wo doch Einigkeit und ... Geschlossenheit als oberstes Erfordernis erscheinen müssen.«
Hinweise auf diese Bemühungen des Kölner Erzbischofs bei Ulrich *von Hehl*, Katholische Kirche und Nationalsozialismus im Erzbistum Köln, S. 235f.
1 Heinrich *Wienken* (1883–1961), 1937–1951 Koadjutor des Bischofs von Meißen, leitete zugleich das Kommissariat der Fuldaer Bischofskonferenz, 1951–1957 Bischof von Meißen.
2 Leo *Schwering* (1883–1971), Dr. phil., ab 1912 Leiter der Kölner Sektion des Volksvereins für das katholische Deutschland, 1921–1932 MdL (Zentrum) in Preußen, 1934 zwangspensioniert, 1944/45 im KZ-Durchgangslager Köln-Deutz, 1945/46 Mitbegründer und erster 1. Vorsitzender der CDU des Rheinlandes, 1946–1958 MdL in Nordrhein-Westfalen. – Für das Schicksal Schwerings und seiner Leidensgefährten sowie die Bedingungen der Gestapo-Haft sehr aufschlußreich: die von seinem Sohn Markus herausgegebenen Tagebuchaufzeichnungen der Jahre 1944/45: In den Klauen der Gestapo, Köln 1988. Dazu ergänzend die Erinnerungen des ebenfalls auf dem Messegelände inhaftierten Dr. Albert *Maas*: Im schwankenden Kahn. Eines Kleinstadtjungen schlichte Geschichte, Bd. II (1954), in ACDP I-385-006/6: »Der Kölner Oberbürgermeister Dr. Adenauer war, wie wir erfuhren, vor drei Tagen entlassen worden. Ebenso der 89jährige (!) frühere Kölner Stadtverordnete Rings. Wie man erzählte, hatte der stellvertreten-

de Gauleiter Schaller vor einigen Tagen das Lager inspiziert und verfügt, daß die Alten entlassen würden. ›Greise machen keine Revolutionen!‹« (S. 21).

3 Andreas *Hermes* (1878–1964), Dr. phil., Reichsminister für Ernährung und Landwirtschaft (1920–1923) und der Finanzen (1922/23), 1928–1933 MdR (Zentrum), zugleich Präsident der Vereinigung der deutschen christlichen Bauernvereine, 1936–1939 in der Emigration in Kolumbien, Todesurteil nach dem 20.7.1944, 1945 Mitbegründer und Vorsitzender der CDUD, Präsident des Deutschen Bauernverbandes (1947–1954) und des Deutschen Raiffeisenverbandes (1948–1961).

Nr. 432

* SBA, E 2300 Köln 8, ms., Auszug; vollständiger Druck: Hanns Jürgen *Küsters*/ Hans Peter *Mensing* (Hrsg.), Kriegsende und Neuanfang, S. 47-49.

1 An die Kontakte zu *von Weiss* in diesem Zeitraum erinnert *Libet Adenauer* bei Paul *Weymar,* Adenauer, S. 221-223.

2 Zu den Haftbedingungen im Konzentrationslager Köln-Messe ist in StBKAH umfangreiche Nachkriegskorrespondenz erhalten, u. a. mit: Luise *Klein* (Oberkassel) wegen ihres Mannes Jakob, vom April/Mai 1946 (07.02); Josefine *Mächler* (Stolberg) wegen Anton *Sassy,* vom Juni 1946 (07.02); Kurt *Meyer* (Oeleroth/ Siegkreis) vom Juni 1949 (07.28); Heinrich *Sass* (Honnef) vom Dezember 1955 (10.29). Vgl. a. die gedruckten Belege in Adenauers »Briefen 1945–1947«, »1947–1949« (Rückbezug durch das Sachregister auf S. 735).

3 Am 11.8.1944 erstmals im »Westdeutschen Beobachter« genannt: Kreisleiter *Thiel,* der in dieser Funktion den seit 1940 amtierenden Kreisleiter *Bergmann* abgelöst hatte; nach einer briefl. Mitteilung von Kreisoberarchivrat Dr. Heinrich *Linn* (Siegburg) an den Bearb. vom 24.5.1991.

Nr. 433

* StBKAH, Material für die Schallplatte »Aus meinem Leben«.

** Miroslaw *Wierzbicki*/Miroslaw *Zawodny,* Conspiratorial activity of Polish POW's during WW II in the Rhine area of Germany, in: The Polish American, Vol. 6 (1987), No. 6, S. 22.

1 Kapo (= Kaderpolizist) Eugen *Zander* hat später ausführlich über seine Funktionen im Konzentrationslager auf dem Kölner Messegelände und über seine dortigen Kontakte zu Adenauer berichtet; vgl. Paul *Weymar,* Adenauer, S. 203-212. Vgl. a. die Angaben bei Rudolf *Morsey,* Adenauer und der Nationalsozialismus, S. 493, 803; »Teegespräche 1955–1958«, S. 297.

Nr. 434

* Aus Fritz *Schliebuschs* »Eingehenden Bericht über meine Tätigkeit im Dritten Reich« (12.3.1945), ms., Durchschlag (S. 12), in StBKAH, Materialsammlung für die »Erinnerungen« Adenauers. – Zum Nachfolgenden vgl. Adenauers eigene Rekonstruktion in einer 1945 für *Schliebusch* ausgestellten Bescheinigung (»Briefe 1945–1947«, S. 131); die Darstellung Jakob *Dahmens* bei Paul *Weymar,* Adenauer,

S. 248-253, und die Erinnerungen *Lola Adenauers* in der Serie: Mein Schwiegervater, der Kanzler, Folge 4 (27.12.1975).

1 Zum dortigen Aufenthalt die Erinnerungen von Prälat Dr. Franz *Müller* (1938–1947 als Nachfolger *van Ackens* Direktor des Deutschen Caritasinstituts): »Er war vom Roten Kreuz aus dem Internierungslager in der Kölner Messehalle in das Elisabeth-Krankenhaus nach Hohenlind gebracht worden ... Dr. Adenauer lag wie ein Patient auf der Privatstation in einem Ein-Bett-Zimmer und empfing mich sehr freundlich. Von da an besuchte ich ihn täglich bis zu dem Tag seiner mißglückten ›Entführung‹« (aus einem 1983 dem Bearb. zur Verfügung gestellten Manuskript).

2 Zum Inhaber der Nistermühle, Josef *Roedig* (1882–1952), ein Schreiben Adenauers vom 19.1.1947 an den rheinland-pfälzischen Ministerpräsidenten Wilhelm *Boden:* »Die Verhältnisse im dortigen Bezirk habe ich im September 1944, als ich unter einem falschen Namen dort lebte, näher kennengelernt. Die ganze Gegend war durch und durch nationalsozialistisch. Herr Roedig hatte einen außerordentlich schweren Stand, weil er niemals aus seiner Gegnerschaft gegen den Nationalsozialismus Hehl gemacht hat.« Vgl. a. die Angaben in »Briefe 1945–1947«, S. 54, 101, 349, 694.

Nr. 435

* Privatbesitz Frau Ria Reiners, Mönchengladbach, eigenhändig (vgl. die Abb. auf S. 418). – Auszüge aus diesem Brief bei Hans-Peter *Schwarz,* Adenauer, S. 416.

1 Mathias *Schellenberger* (1903–1987; Dr. med.) »brachte es ... fertig, meinen Schwiegervater krank schreiben zu lassen, und so wurde er in das Krankenhaus Hohenlind gebracht und sehr gut gepflegt«; vgl. *Lola Adenauer,* Mein Schwiegervater, der Kanzler, Folge 3 (24.12.1975).

2 Vgl. Nr. 429.

3 »Dr. Richartz war auch ein Mitgefangener, der aber als Arzt bestimmte Vergünstigungen hatte. So konnte er die Mitgefangenen behandeln. Er kam also an, untersuchte Adenauer. Es war aber noch jemand ..., eine Person vom Lager dabei, die aufpaßte, daß alles richtig war, und Dr. Richartz stellte nun fest, daß dieser Mann, der da lag und so schwer atmete, sicher gerade einen Herzinfarkt oder etwas Ähnliches gehabt haben mußte. Er mußte sofort ins Krankenhaus nach Hohenlind gebracht werden« (Roswitha *Theile-Schlüter* bei Rainer *Hagen*/Karl-Ernst *Moring,* Adenauer. Das Buchmanuskript zur Fernseh-Biographie, S. 72; vgl. Paul *Weymar,* Adenauer, S. 209-212).

Nr. 436

* Siegmund *Neumann,* Transition to democracy in Germany, in: Political Science Quarterly, Vol. 59, No. 3, September 1944, S. 341-362, hier S. 362.

Siegmund *Neumann* (1904–1962), Prof. Dr. phil., Ordinarius für Moderne Geschichte, Politische Wissenschaften und Sozialwissenschaft, lehrte an der Universität Leipzig (1926–1928) und an der Deutschen Hochschule für Politik (1928–1930), 1933 zunächst nach Großbritannien, 1934 in die USA emigriert, dort

u. a. an den Universitäten Yale (1943–1945, 1948/49) und Harvard (1947), 1949 nach Deutschland zurückgekehrt (Gastprofessuren in München und Berlin). Neumanns Beitrag – mit der, soweit ersichtlich, einzigen Erwähnung Adenauers in der amerikanischen Wissenschaftspublizistik der Kriegsjahre – entstand »under the auspices of the Institute of International Studies, Yale University, as part of an analysis of the political and social reconstruction of postwar Europe« (a.a.O., S. 341; zu der dortigen Tätigkeit auch die Angaben in: Biographisches Handbuch der deutschsprachigen Emigration, Bd. 2, S. 857). Zur Einbeziehung Adenauers in die personalpolitischen Planungen der USA für die Neuordnung Deutschlands nach Kriegsende vgl. Nr. 458, Anm. 2.

Nr. 437
* Privatbesitz Frau Ria Reiners, Mönchengladbach, ms. – Dieses Schreiben bestätigt den bereits bei Paul *Weymar* (Adenauer, S. 218) gegebenen Hinweis, daß »es ihm sogar gelang, von Hachenburg aus die Postverbindung mit seiner Familie aufzunehmen«. Der hier gewählte Deckname *K. Zennig* bezieht sich auf den Zennigsweg in Rhöndorf, an dem das Adenauer-Haus liegt. Während des ca. zweiwöchigen Aufenthaltes in der Nistermühle (bis 25.9.1944) nannte sich Adenauer ansonsten »Dr. Weber«. Vgl. Paul *Weymar,* a.a.O., S. 217; *Lola Adenauer,* Mein Schwiegervater, der Kanzler, Folge 4 (27.12.1975).

Nr. 438
* BA Z 42 III/156. – Diese Erklärung zur Verhaftung seiner Frau Gussie gab Adenauer am 11.8.1948 vor dem Amtsgericht Köln ab, bei seiner Zeugenvernehmung in der »Strafsache gegen [Kurt] Bethke, Verbr[echen] geg[en] d[ie] Menschl[ichkeit]«. Sie wurde anschließend dem Spruchgericht Hamburg-Bergedorf zugeleitet. Vgl. Nr. 441.
Zum Nachfolgenden vgl. die auf Erinnerungen von *Libet Adenauer* gestützte ausführliche Darstellung bei Paul *Weymar,* Adenauer, S. 218-237; *Lola Adenauer,* Mein Schwiegervater, der Kanzler, Folge 4 (27.12.1975). Vgl. a. Rudolf *Morsey,* Adenauer und der Nationalsozialismus, S. 493; Manfred *Huiskes* (Bearb.), Die Wandinschriften des Kölner Gestapogefängnisses im EL-DE Haus, S. 60; Hanns Jürgen *Küsters*/Hans Peter *Mensing* (Hrsg.), Kriegsende und Neuanfang, S. 56-59; Hans-Peter *Schwarz,* Adenauer. Der Aufstieg, S. 418.
1 »Nur aus dieser seelischen Situation heraus ist zu erklären, daß sie damals einen Selbstmordversuch unternahm: Sie hatte kleines Gepäck mitnehmen können, und in diesem Gepäck befanden sich auch zwei Röhrchen Pyramidon, die meine Schwiegermutter dann in einem Verzweiflungsanfall schluckte. Das Medikament hatte jedoch keine tödliche Wirkung. Meiner Schwiegermutter wurde nur furchtbar schwindelig. Aber da es zu ihren Aufgaben in Brauweiler gehörte, die Strümpfe der Mitgefangenen zu stopfen, besaß sie das notwendige Stopfgarn, Nadeln und vor allem eine Schere. Mit dieser Schere hat sie dann versucht, sich die Pulsadern aufzuschneiden, erlitt auch einen ziemlich starken Blutverlust, wur-

de aber noch rechtzeitig gefunden und gerettet«; *Lola Adenauer,* a.a.O., Folge 5 (29.12.1975). – An den Folgen dieser Verletzungen verstarb Gussie Adenauer am 3.3.1948.

Nr. 439
* StBKAH, Materialsammlung für die »Erinnerungen« Adenauers.

Nr. 440
* StBKAH, Materialsammlung für die »Erinnerungen« Adenauers, eigenhändig.
a ‹...› In der ausgelassenen Briefpassage sprechen Adenauers Schwiegereltern private Angelegenheiten an.
1 Gemeint ist Gussie Adenauers Schwester Lotte *Oertel* geb. Zinsser.
2 Vgl. Nr. 246, Anm. 6.

Nr. 441
* BA Z 42 III/156, Auszug aus einer Darstellung, die der Anwalt in der »Spruchgerichtssache gegen den Internierten Kurt Bethke, 700 336-6-, 6. C.I.C. Neuengamme«, Dr. *Scholz* (Stade), am 14.6.1948 dem Spruchgericht Bergedorf zuleitete.
1 Vgl. Nr. 438.
2 Vgl. Nr. 428.
3 Vgl. Joachim *Deeters* (Bearb.), Klingelpütz, in: Widerstand und Verfolgung in Köln, S. 366-369.
4 Vgl. Nr. 434.

Nr. 442
* ACDP, NL von Eckardt I-010-002/1, Auszug aus Adenauers Informationsgespräch vom 23.6.1958 mit Serge Groussard; Druck: »Teegespräche 1955–1958«, S. 295, 297. Vgl. a. Hans-Peter *Schwarz,* Adenauer. Der Aufstieg, S. 419.
Die Situation in Brauweiler schildert anschaulich der dortige Hauptwachtmeister Jakob *Dahmen* bei Paul *Weymar,* Adenauer, S. 248-253. – Zu *Dahmen* (für dessen berufliche Belange sich Adenauer als Bundeskanzler mehrfach einsetzte; hierfür Belege in StBKAH 10.28 a) vgl. Adenauers Bescheinigung vom 26.7.1946 in »Briefe 1945–1947«, S. 290-292.
Die 1944/45 in dieser Anstalt herrschenden Verhältnisse werden detailliert dargelegt in den Prozeßunterlagen zu einer 1949 vor dem Landgericht in Köln behandelten Strafsache gegen den Gestapo-Kommissar Josef *Hoegen* (dem Adenauer 1948 ein Leumundszeugnis verweigerte; vgl. StBKAH 07.18); hierzu die Dokumentation in: Justiz und NS-Verbrechen, Bd. V (1970), S. 683-780. Vgl. a. die grundlegenden Informationen bei Josef *Wißkirchen,* Das Konzentrationslager Brauweiler 1933/1934, in: Pulheimer Beiträge zur Geschichte und Heimatkunde, Bd. 13 (1989), S. 153-196, und die zahlreichen Angaben bei Bernd-A. *Rusinek,* Gesellschaft in der Katastrophe.

Nr. 443
* StBKAH 06.01, aus einem Schreiben vom 5.3.1952, mit dem Dr. *Max Adenauer* seinen Vater über seine Bemühungen informierte, »die ich im Jahre 1944 bei dem damaligen Reichssicherheitshauptamt unternahm, um Deine Freilassung aus der Haft zu erwirken«. Hierzu vgl. die ausführliche Darstellung des zweitältesten Adenauer-Sohnes bei Paul *Weymar,* Adenauer, S. 244-248; dort auch weitere Angaben zu den im nachfolgenden benannten Kontaktpersonen, von denen hier jene vorgestellt werden, die auch aufgrund späterer Verbindungen zu Adenauer und dazu erhaltener Belege in den Kontext seiner Vita einzuordnen sind.
1 Josef *Busley* hielt sich in diesen Tagen und Wochen wieder bei seiner Familie auf; dazu die Tagebucheintragung seiner Frau Ilse zum 18.10.1944: »... erlitt Bonn seinen ersten ganz schweren Angriff. Papi war in der Stadt im Bahnhofsbunker und erlebte eine große Angst um uns. Ich war gerade mit einem Heizungsmonteur im Keller, als auf einmal die Spreng- und Brandbomben nur so runter krachten ...«; weiter im Rückblick des 30.1.1945: »Am 26. Nov. 44 fuhren wir mit dem letzten Motorboot über den enorm gestiegenen Rhein, über uns die kreisenden [Jagdbomber].... Die Straße Königswinter–Honnef war völlig überflutet, nur am Drachenfels entlang konnten wir nach Rhöndorf zu Adenauers gelangen. Es war Konradstag; am gleichen Abend wurde Herr Adenauer aus seiner Haft in Brauweiler entlassen, er mußte über das Siebengebirge fahren, um von Honnef endlich zu den Seinen zu kommen« (Privatbesitz Carl-Georg Busley, Monheim-Baumberg).
2 Paul Coelestin *Ettighofer* (1896–1975), Schriftsteller, Autor von Kriegsromanen und -reportagen, im März 1945 Augenzeuge des Rhöndorfer Geschehens bei Kriegsende; vgl. Nr. 454, Kopfregest.
3 Vgl. Nr. 444.
4 Kurt *Leopold* (1900–1973), Dr. rer. pol., 1937–1945 Mitarbeiter der Reichswirtschaftskammer, 1949–1951 stellvertretender Leiter, 1951–1965 Leiter der Treuhandstelle für den Interzonenhandel Berlin. – Ein Hinweis auf seine beruflichen Kontakte zu Fritz *Schliebusch* in Adenauers »Briefen 1945–1947«, S. 192.
5 »Herr Regierungsrat Norbert Kaps hat, als ich im Herbst 1944 im Gestapo-Gefängnis in Brauweiler war, mir sehr geholfen, aus der Haft entlassen zu werden«, vgl. »Briefe 1945–1947«, S. 274. Dort (S. 663) auch die biographischen Angaben zu *Kaps* (1912–1990; nach 1949 im Presse- und Informationsamt der Bundesregierung).

Nr. 444
* Privatbesitz Dr. Max Adenauer, Köln.

Nr. 445
* Kopie des eigenhändigen Schreibens von *Gussie Adenauer* im Besitz von Prof. Dr. Rudolf Morsey, Speyer.
1 Noch nach Kriegsende wurde Adenauer mit der Frage des Verbleibs von Kleidungsstücken und Gebrauchsgegenständen in der Nistermühle befaßt (nach

dem Eindringen russischer Soldaten und Plünderungen durch »Fremdarbeiter«); vgl. »Briefe 1945–1947«, S. 54, 102.

Nr. 446

* SBA, E 2300 Köln, Auszug aus der Anlage zu einem Schreiben des Schweizerischen Generalkonsuls *von Weiss*, mit dem dieser am 31.1.1946 der Abteilung für Auswärtiges beim Eidgenössischen Politischen Departement (Bern) die Abschrift der Anklageschrift des Oberreichsanwalts beim Volksgerichtshof gegen Josef *Giesen* zugeleitet hatte. – Das Original der Anklageschrift und weitere Unterlagen zum Verfahren gegen Giesen (dem durch die von Weiss-Überlieferung einzigen heute nachweisbaren Volksgerichtshofprozeß gegen einen Freund oder Bekannten Adenauers, in dem auch Adenauer selbst angesprochen wird) sind nicht erhalten. Nach Giesens eigener Nachkriegsangabe »Mein Aktenzeichen beim Volksgerichtshof in Berlin war 1 J 1842/44« (in einer Bescheinigung für H. *Hermanns*, Bonn, vom 8.9.1945, in StBKAH 07.01) gehört sein Vorgang zu den mit den Findmitteln zum Bestand BA R 60 (Volksgerichtshof und Oberreichsanwalt beim Volksgerichtshof) nicht auffindbaren oder bei Kriegsende vernichteten Akten dieser Provenienz.

1 Vgl. Nr. 417, Kopfregest.

2 Erwin *Rommel* (1891–1944), Generalfeldmarschall, 1939 Kommandant des Führerhauptquartiers, 1941–1943 Kommandeur und Oberbefehlshaber des deutschen Afrika-Korps, dann Befehlshaber von Heeresgruppen in Norditalien (1943) und Nordfrankreich (1944), beging als Sympathisant der Männer des 20.7.1944 Selbstmord am 14.10.1944.

Nr. 447

* Die Gemeinde Lövenich im Spiegel der Geschichte, Weiden 1956, S. 5; Abb. des Geleitworts: *Kölnischer Kunstverein* (Hrsg.), Le musée sentimental de Cologne, S. 29f. – Zur Entlassung aus Brauweiler und zur Rückkehr nach Rhöndorf (hierzu die Photos auf S. 429) vgl. Adenauers ausführliche Darstellung in seinen Erinnerungen 1945–1953, S. 16f. Vgl. a. die Erinnerungen *Lola Adenauers* in der Serie: Mein Schwiegervater, der Kanzler, Folge 5 (29.12.1975).

1 Josef *Sinn* (1875–1959) – Andreas *Sinn* (1877–1954) – Leo *Sinn* (1880–1950); vgl. »Briefe 1949–1951«, S. 241.

2 Otto *Ritterbach* (Bruder des langjährigen Bürgermeisters von Weiden, Wilhelm *Ritterbach*, dort auch Inhaber einer Buchdruckerei) konnte mit »einem alten, zum Lieferwagen umgebauten Opel P 4 ... den ›Entlassenen‹ ungefährdeter nach Hause bringen als in einem normalen Kraftwagen«, vgl. Die Gemeinde Lövenich, S. 150.

Nr. 448

* Privatbesitz Dr. Max Adenauer, eigenhändig; Druck: Hans-Peter *Schwarz*, Adenauer. Der Aufstieg, S. 420f.

1 Nicht nachgewiesen.
2 Vgl. Nr. 447.
3 Vgl. Nr. 443, Anm. 1.
4 Vgl. Nr. 443.
5 Vgl. Nr. 428, Anm. 2.

Nr. 449
* Privatbesitz Konrad Adenauer jun., Köln, ms. – Der Enkel Adenauers (Notar in Köln, Verfasser einer Arbeit über die Präsidentschaft seines Großvaters im Preußischen Staatsrat, seit 1991 Vorstandsmitglied der Stiftung Bundeskanzler-Adenauer-Haus) stellte diesen hier nur auszugsweise wiedergegebenen Brief an Lola Adenauers Eltern Magda und Paul *Hunold* – in dem die Ereignisse am Tage seiner Geburt (9.1.1945) beschrieben werden – bereits für den Abdruck in den »Briefen 1945–1947« (S. 33f.) zur Verfügung. Vgl. a. die Schilderung seiner Mutter *Lola Adenauer* in der Serie: Mein Schwiegervater, der Kanzler, Folge 5 (29.12.1975).

Nr. 450
* StBKAH VI-B-40. Dort zahlreiche weitere derartige Belege für die Beschäftigung von Kriegsgefangenen, vornehmlich bei der Gartenarbeit auf dem Rhöndorfer Grundstück. – Hierzu vgl. das unter Nr. 455 abgebildete Schreiben der in diesem Zeitraum auf dem Rhöndorfer Grundstück tätigen französischen Kriegsgefangenen.

Nr. 451
* Privatbesitz Familie Adenauer. – »Mein 1. Semester verlebte ich in Freiburg i. Br. Ich genoß die Natur des Schwarzwaldes in vollen Zügen. Das 2. und 3. Semester verlebte ich in München, das 4., 5. und 6. Semester in Bonn« (aus den am 17.12. 1955 Dr. *Gisela Adenauer* übermittelten Antworten; StBKAH 10.31). Zur Studienzeit Adenauers vgl. Paul *Weymar,* Adenauer, S. 32-38; Hans-Peter *Schwarz,* Adenauer. Der Aufstieg, S. 93-101.
Daß sich Adenauer in diesem Zeitraum mit diesem für ihn persönlich wichtigen Erinnerungsstück beschäftigte, mag mit Aufräumungsarbeiten in dem von Kriegseinwirkung betroffenen Wohnhaus zu erklären sein. U. U. hängt es auch mit der erneuten existentiellen Bedrohung zusammen, die in dem unter Nr. 483 abgebildeten Bericht des amerikanischen »CIP Press Service« angesprochen wird: »Anfang Februar 1945 wurde Dr. Adenauer erneut zur Gestapo bestellt. ... Er begann sofort, Pläne für ein Versteck auszuhecken für den Fall, daß dies notwendig sein sollte.« Dazu auch Adenauers Aussage im Informationsgespräch vom 30.12.1960: »Noch ganz zuletzt, als die Amerikaner schon oben im Westen standen, ist hier von den Nazis eine Liste der Leute aufgestellt worden, die vor dem Rückgang zu erledigen seien« (»Teegespräche 1959– 1961«, S. 397f.); vgl. Nr. 454, Anm. 1.

Nr. 452

* Konrad *Adenauer,* Erinnerungen 1945–1953, S. 18. Die hier beschriebene Situation nach der Einnahme Kölns (6.3.1945) und der Überquerung des Rheins durch die Amerikaner bei Remagen (7.3.) wird in der für diese Region und für diesen Zeitraum aufschlußreichsten zeitgenössischen Überlieferung – den Berichten des Generalkonsuls *von Weiss* – detailliert geschildert; vgl. Hanns Jürgen *Küsters*/ Hans Peter *Mensing,* Kriegsende und Neuanfang, S. 64-69 und die dort nachgewiesene Literatur.

1 Zur Situation von Lilli und Willy *Suth* vgl. die in den *Patterson*-Berichten vom 16.3. und 23.3.1945 enthaltenen Angaben (Nr. 457, 461).

Nr. 453

* August *Haag,* Bilder aus der Vergangenheit von Honnef und Rhöndorf, S. 122. Weitere Reminiszenzen an den 9.3.1945: a) in einem Schreiben des Bonner Arztes Dr. P. *Klasen* an den Bundeskanzler vom 8.3.1955: »Um die Vormittagsstunde des 9.3.1945, als der Beschuß auf Rhöndorf begann, saß ich in der sog. Villa Kehr, unmittelbar unterhalb vom Rolandsbogen. Dort wurde etwa um 9 Uhr eine Artillerie-Beobachtungsstelle aufgemacht. ... Dritter Schuß – Ihnen, Herr Bundeskanzler, vor die Terrasse. Auf meine Frage, welches Ziel man mit diesem Schuß verfolge, behauptete der Offizier, er habe deutlich jemand auf der Terrasse gesehen; in diesem Hause sei offenbar Militär verschanzt, und er habe allen Grund, das Feuer auf dieses Haus fortzusetzen. Ich habe daraufhin dem Offizier Ihre Lebensgeschichte erzählt, vor allem von der Verfolgung durch die Nazis nach 1933, schließlich auch von Ihrer Verhaftung anläßlich des 20.7.1944 usw. Das alles hat ihn offenbar so interessiert, daß kein Schuß mit dem Ziel auf Ihr Haus am Berg mehr gefallen ist« (StBKAH 10.28); b) in den Auskünften des damals in Honnef stationierten Kompanieführers Karl *Wolter* (Schlossermeister aus Neuwied), die Jakob *Weiler* am 7.3.1985 in der »Honnefer Volkszeitung« (2. Fortsetzung der Serie »Krieg und Angst rückten immer näher«) publizierte: »Während Wolter seine Leute einweist, kommt ein Zivilist zu ihm. Er stellt sich als Dr. Adenauer vor und fordert ihn im Namen der Honnefer Bürgerschaft auf, den Kampf um die Stadt einzustellen. Wolter antwortete ihm bestimmt, wenn er Ahnung von militärischen Dingen hätte, dann sähe er, daß seine Männer momentan gar nicht kämpften, und außerdem hätte er als Offizier von Zivilisten keine Weisungen anzunehmen. Er möge sich schnellstens wieder nach Hause scheren. ›Dieser Aufforderung kam der Zivilist dann ohne weitere Diskussion nach‹, erzählte mir Karl Wolter.«

Nr. 454

* Konrad *Adenauer,* Erinnerungen 1945–1953, S. 18. Dazu vgl. die auf Erinnerungen von Familienmitgliedern gestützte Darstellung bei Paul *Weymar,* Adenauer, S. 263-265. Vgl. a. die detaillierten Angaben des damals in Honnef-Rhöndorf anwesenden Schriftstellers und Kriegsberichterstatters Paul Coelestin *Ettighofer*

in der Serie: Der Mann im grüngetarnten Haus, Folge 3 und 4 in »Kölnische Rundschau« vom 5.4. und 13.4.1955; *Lola Adenauer,* Mein Schwiegervater, der Kanzler, Folge 7 (31.12.1975).

1 Die unmittelbare Bedrohung hielt auch in den Folgetagen noch an: »... am 14. März, nachmittags, geht der Kampf um das Rheintal an dieser Stelle zu Ende. Der Hauptmann besucht wieder einmal den SS-Bataillonsgefechtsstand, der sich inzwischen in einem Haus im Löwenburger Tälchen befindet, ziemlich außerhalb von Rhöndorf, also bereits auf dem Rückzug. ›Wie die Lage ist?!‹ sagt man ihm. ›Die Lage ist gut, sie wird noch besser. Ganz England brennt. In 14 Tagen ist der Krieg siegreich für uns beendet. Heute Abend kommen drei Panzerdivisionen hierher, um den Ami über den Rhein zurückzuwerfen. Und dann werden wir mal hier Ordnung schaffen. Auch der Kerl in der getarnten Villa da drüben (Blickrichtung zum Adenauer-Haus) kommt dran, der kann sich freuen ...‹« (aus einem am 4.1.1951 Bundeskanzler Adenauer zugeleiteten Manuskript von P. C. *Ettighofer,* Wilhelm *Heinen* und Hans *Möller;* StBKAH, Materialsammlung für die »Erinnerungen« Adenauers). Vgl. Nr. 451, Kopfregest.

Nr. 455

* StBKAH, Ausstellungsvorlage zu Tafel 62; Transkription der französischsprachigen Vorlage: Konrad Adenauer. Dokumente aus vier Epochen, S. 79, Abb.: Ulrich *Frank-Planitz,* Konrad Adenauer, S. 106.

An einen der Gefangenen, Louis *Albert* (Brionne), und seinen Aufenthalt in Rhöndorf (»›Können Sie mich aufnehmen ...? Ich bin geflohen aus Gefangenenlager ... Sollte weggebracht werden nach Mitteldeutschland‹«) erinnern die von Roswitha *Theile-Schlüter* und Paul *Weymar* befragten Familienmitglieder; vgl. Adenauer, S. 261f. – Ein anderer, früher bei Adenauer beschäftigter französischer Kriegsgefangener, H. *Empereur* (Innsbruck), nahm aus Anlaß der ersten Kanzlerwahl am 4.10.1949 erneut mit Adenauer Kontakt auf: »J'ai été près de vous pendant la guerre comme prisonnier français et je tiens à rendre hommage à votre bonté et votre humanité sincéres« (StBKAH 07.07).

Nr. 456

* Werner *Bornheim gen. Schilling,* Der rheinische Phönix, Teil I, S. 46.

Werner *Bornheim gen. Schilling* (geb. 1915), Prof. Dr. phil., 1942–1945 Kunsthistoriker am Wallraf-Richartz-Museum (Köln), 1945 Mitarbeiter Adenauers im Oberbürgermeisteramt, ab 1947 Landeskonservator von Rheinland-Pfalz. – An erste Kontakte zu Adenauer (bei einem Gespräch »im Winter 1944/45 über die Gestaltung der Kölner Kirchen nach dem Kriegsende«) erinnerte Bornheim den Bundeskanzler im Brief vom 9.11.1957 (StBKAH 10.36). Ergänzend zu dem hier und in den nachfolgenden beiden Dokumenten beschriebenen ersten direkten Kontakt Adenauers mit Vertretern der amerikanischen Besatzungsmacht berichtet *Lola Adenauer* über diese Begegnung: Mein Schwiegervater, der Kanzler, Folge 7 (2.1.1976). – Zu den vorangegangenen Versuchen der Amerikaner, Adenauer ausfindig zu machen, vgl. die Auskünfte von Alexander A. *Klieforth* bei Henric L. *Wuermeling*, Die weiße Liste, S. 58, 61.

1 »... dampft mitten auf der Straße frisch ein Haufen Notdurft, auf dem der Verfertiger sein Parteiabzeichen mit Hakenkreuz obendrauf pflanzte« (a.a.O., S. 45).

2 An die damalige Situation erinnert Adenauer in einem Schreiben vom 15.6. 1949 an den Honnefer Pfarrer Hubert *Wüsten*: »Es kamen damals zwei amerikanische Offiziere zu mir; in ihrer Begleitung befand sich der damalige Bürgermeister [Johannes] Schlömer [1935–1945 Bürgermeister, 1949–1962 Stadtdirektor von Honnef]. Ich fand das ein so starkes Stück, daß ich den Offizieren erklärt habe, in Gegenwart dieses Mannes würde ich kein Wort mit ihnen sprechen. Darauf haben sie Schlömer weggeschickt« (StBKAH 07.09).

3 John Knox *Patterson* (1900–1990), 1918 in die amerikanische Armee eingetreten, leitete ab 1933 die »Civilian Conservation Corps«, 1943 an der School for Military Government der Universität Virginia für den Einsatz in Deutschland ausgebildet (vgl. Nr. 458, Anm. 2), kam im Sommer 1944 mit den amerikanischen Invasionstruppen nach Frankreich, am 16.9.1944 mit der Einnahme Kölns und der dortigen Militärverwaltung beauftragt, nach Einsatz in Alsdorf (November 1944) ab 6.3.1945 in Köln, gab Mitte Mai 1945 sein Amt als Militärgouverneur aus Gesundheitsgründen auf, 1946–1965 Ingenieur, später leitender städtischer Ingenieur in San Diego. Zur Anbahnung und Bedeutung seiner Kontakte zu Adenauer vgl. Einleitung, S. 18.

4 Diese Begründung für Adenauers anfängliche Zurückhaltung vor offizieller Zusammenarbeit mit der Besatzungsmacht dominiert in allen zeitgenössischen Berichten und späteren Rekonstruktionen; vgl. Konrad *Adenauer*, Erinnerungen 1945–1953, S. 20 (»... drei Söhne an der deutschen Front; sie würden sicher von den Nazis erschossen werden, wenn bekannt würde, daß ich von den Amerikanern zum Oberbürgermeister von Köln ernannt sei«).
Die deswegen zugunsten von Willy *Suth* vereinbarte Übergangsregelung charakterisierte *Patterson* später so: »I agreed to announce the appointment of a figurehead Mayor, but Adenauer would be the actual Mayor and would do the work of Mayor« (nach der in Nr. 458, Anm. 2 verwendeten Aufzeichnung).

Nr. 457

* Privatbesitz Mrs. Virginia Patterson-Waller, La Jolla/San Diego, California. – Zur Überlieferung und zur Bedeutung der im Nachlaß ihres Vaters, John K. *Patterson*, erhaltenen ›daily summaries‹ bzw. ›reports‹ des amerikanischen Militärgouverneurs von Köln vgl. Einleitung, S. 18. Dieser Auszug des Berichts wie auch die nachfolgend unter Nr. 459, 461, 481 erstmals publizierten Teile werden in der Übersetzung des Sprachendienstes des Auswärtigen Amtes (Bonn) wiedergegeben.

1 Zu *Billstein* die bereits im Patterson-Bericht vom 13.3.1945 enthaltenen Angaben: »It was learned that Dr. Billstein, former Beigeordneter, who was

sought as a possible head of the Finance Administration and acting Oberburgermeister, will not be available. He was seized by the Gestapo on 2 March 45 while leaving Mess at the Cathedral. A number of non-Nazi administrators were picked up by the NSDAP just before the latter left Cologne to prevent them from falling into Allied hands. It is not known where these men were taken or if they are still alive.« – Bei ihrer Suche nach geeigneten deutschen Führungskräften stützten sich die Amerikaner auf Auskünfte von Robert *Grosche:* »Dr. Grosche volunteered to give names of about 12 or 15 men he knew who might be available for use in establishing a local government. It was made clear to him that Military Government was not interested in any man who had ever been a member of the Nazi Party« (Patterson-Bericht vom 10.3.1945). –

2 Die erste indirekte Erwähnung Adenauers findet sich im »summary« des Gouverneurs vom 13.3.1945: »A new issue of Die Mitteilungen was circulated today. The most interesting political story of the day was brought in by a local Doctor who said his brother who lived in another town in Germany had been selected by the Allies as Oberburgermeister of Cologne during the occupation. He said this deal was arranged by his brother and ›certain interests‹ through the medium of a Swiss Consul. The Doctor's name was given to CIC for investigation.«

3 Vgl. Nr. 459, 461.

Nr. 458

* SBA, E 2300 Köln 9; Druck: Hanns Jürgen *Küsters*/Hans Peter *Mensing* (Hrsg.), Kriegsende und Neuanfang, S. 84f.

1 Die *von Weiss*-Information zum ersten Besuch *Pattersons* bereits am 16.3. 1945 weicht von den Angaben in den anderen zeitgenössischen Berichten ab. Nach Werner *Bornheim gen. Schilling,* Der rheinische Phönix, Teil I, S. 48, sahen und sprachen sich beide erstmals am 20.3.1945 in Köln (Nr. 460); die offiziellen ›reports‹ des Militärgouverneurs enthalten keine Aussagen oder Aufzeichnungen zu persönlichen Begegnungen. – Bei einem der ersten Aufenthalte Pattersons in Rhöndorf entstanden die auf S. 435 abgebildeten Photos, die Mrs. Virginia *Patterson-Waller* für diese Edition zur Verfügung stellte.

2 In einer in den letzten Lebensjahren angefertigten eigenhändigen Niederschrift erinnert sich Patterson daran, erste Informationen über Adenauer bereits im Herbst 1943 erhalten zu haben: »At the University of Virginia where the Army sent me to learn about Military Government, I learned that Dr. Conrad Adenauer and his wife had been imprisonned by Hitler but he had finally released them provided they would go to their home in Bad Gotesburg [!] and remain there taking no part in politics. Adenauer had never been a member of the Nazi Party.« Zu der hier angesprochenen »School of Military Government« vgl. Earl F. *Ziemke,* The U.S. Army in the Occupation of Germany, S. 3-22.

3 Zu den Kämpfen unterhalb des Drachenfels' eine ausführliche Schilderung von Thomas E. *Henry,* War's Wake in the Rhineland, in: The National Geographic Magazine, Vol. LXXXVIII, No. 1 (Juli 1945), S. 28f.

Nr. 459

* Privatbesitz Mrs. Virginia Patterson-Waller, La Jolla / San Diego, California.

1 Vgl. Nr. 456, Anm. 4.

2 Die sog. »Pg.-Frage« löste die wenigen Konflikte aus, die – neben der ansonsten reibungslosen und von Sympathie getragenen Zusammenarbeit mit den Amerikanern – zwischen Adenauer und Patterson entstanden; vgl. Nr. 460. Vgl. a. Toni *Diederich,* Adenauer als Kölner Oberbürgermeister, S. 504; Vera *Bücker,* Die Schulddiskussion, S. 339- 350.

Nr. 460

* Werner *Bornheim gen. Schilling,* Der rheinische Phönix, Teil I, S. 48. – Zu der hier beschriebenen ersten Unterredung mit dem amerikanischen Militärgouverneur vgl. Adenauers eigene Darstellung (Erinnerungen 1945–1953, S. 20), die aber hinsichtlich des von ihm genannten Gesprächspartners – »Lt. Col. R. L. H[i]les« – zu korrigieren ist; Raymond L. *Hiles* übernahm erst am 16. / 17.5.1945 *Pattersons* Funktion, nachdem sich dieser krankheitshalber nach Südfrankreich begeben hatte (von wo er nur noch zu privaten Besuchen ins Rheinland zurückkehrte). Adenauers Verwechslung wird auch von der amerikanischen Spezialliteratur übernommen, Patterson als maßgeblicher *erster* Militärgouverneur von Köln überhaupt nicht erwähnt; vgl. Earl F. *Ziemke,* The U.S. Army in the Occupation of Germany, S. 189-191.

1 Adenauer war bereits am 19.3.1945 nach Köln gekommen; »... tauchte plötzlich Oberbürgermeister Adenauer auf, der von den Amerikanern nach hier geholt worden ist; wir sprechen über die mögliche Einrichtung einer stadtkölnischen Verwaltung«; vgl. Robert *Grosche,* Kölner Tagebuch, S. 127. – Während seiner Aufenthalte in der Heimatstadt wohnte Adenauer im Caritas-Krankenhaus Köln-Hohenlind; vgl. Paul *Weymar,* Adenauer, S. 269.

2 Albert C. *Schweizer* (1900–1949), amerikanischer Architekt und Städteplaner, bis zum Eintritt in die Armee (November 1943) Professor an der New York University School of Architecture, Planungsberater der Civil Aeronautics Administration, in führenden Funktionen in den amerikanischen Militärregierungen im Rheinland (1945) und in Bayern (1945–1949).

3 Dwight D. *Eisenhower* (1890–1969), 1943–1945 Oberbefehlshaber der Invasionsstreitkräfte in Europa, 1945 Oberbefehlshaber der amerikanischen Besatzungstruppen in Deutschland, 1945–1947 Generalstabschef des Heeres, 1950–1952 Oberkommandierender der NATO-Streitkräfte, 1953–1961 Präsident der USA.

4 Auf dieser Grundlage erging am 26.3.1945 die Instruktion der Militärregierung an die Stadtverwaltung Köln: »Niemand, der zu irgend einer Zeit Mitglied der NSDAP, der SA oder SS, aus welchem Grunde auch, gewesen ist, kann bei der Stadtverwaltung oder einer ihrer Amtsstellen beschäftigt werden«; vgl. Toni *Diederich,* Adenauer als Kölner Oberbürgermeister, S. 508.

5 Aachen war am 21.10.1944 als erste Großstadt auf Reichsgebiet von den

Amerikanern erobert worden; zur dortigen Besatzungssituation vgl. Bernhard *Poll,* Geschichte Aachens in Daten, S. 373-378.

Nr. 461
* Privatbesitz Mrs. Virginia Patterson-Waller, La Jolla/San Diego, California.
1 In den Patterson-Berichten der Folgetage wird die Benennung und Ernennung der Beigeordneten Carl *Schweyer* (24.3.), Hubert *Lohmer* und Alexander *Hellwig* (25.3.) erwähnt. – Zur Zusammenstellung und Zusammensetzung der Kölner Stadtverwaltung vgl. Toni *Diederich,* Adenauer als Kölner Oberbürgermeister, S. 501f.
2 Vgl. Nr. 457, 459.

Nr. 462
* SBA, E 2300 Köln 9; Druck: Hanns Jürgen *Küsters*/Hans Peter *Mensing* (Hrsg.), Kriegsende und Neuanfang, S. 100f.
1 Zur Situation in Honnef-Rhöndorf in diesen Kriegstagen vgl. August *Haag,* Bilder aus der Vergangenheit von Honnef und Rhöndorf, S. 123.

Nr. 463
* SBA, E 2300 Köln 9; Druck: Hanns Jürgen *Küsters*/Hans Peter *Mensing* (Hrsg.), Kriegsende und Neuanfang, S. 108.
1 Für diesen Zeitraum sind neben den in Nr. 466 genannten keine weiteren amerikanischen Kontaktpersonen nachweisbar.

Nr. 464
* Werner *Bornheim gen. Schilling,* Der rheinische Phönix, Teil I, S. 52f.
1 Zu den Fragen der zukünftigen Verwaltungsstruktur die grundsätzlichen Darlegungen Adenauers in einer am 5.6.1945 der Militärregierung zugeleiteten Denkschrift; Druck: »Briefe 1945–1947«, S. 42-46.
2 Am 21.5.1947 zum Kölner Regierungspräsidenten ernannt: Clemens *Busch* (1879–1966), Dr. jur., 1913–1919 Landrat in Altenkirchen, 1922–1936 am Reichsfinanzhof München, bis zum 1.3.1947 im genannten Amt.

Nr. 465
* Robert *Grosche,* Kölner Tagebuch, S. 134.
1 Dazu vgl. Toni *Diederich,* Adenauer als Kölner Oberbürgermeister, S. 505. Vgl. a. die zahlreichen Angaben zu den im Sommer 1945 entwickelten städtebaulichen Konzepten Adenauers bei Hanns Jürgen *Küsters*/Hans Peter *Mensing* (Hrsg.), Kriegsende und Neuanfang.

Nr. 466
* National Archives Washington, R 6 226, Records of the Office of Strategic Services, Correspondence – France (Including 1945), Entry 75, S. 4f. Der Bericht

wird hier in der Übersetzung durch den Sprachendienst des Auswärtigen Amtes (Bonn) wiedergegeben. – Druck der amerikanischen Vorlage: Hanns Jürgen *Küsters*/Hans Peter *Mensing* (Hrsg.), Kriegsende und Neuanfang, S. 24f.; vgl. a. die ausführlichen Angaben bei Hans-Peter *Schwarz*, Adenauer. Der Aufstieg, S. 447.

Zum Vergleich sind die Aufzeichnungen des bei diesem Gespräch auch anwesenden Werner *Bornheim gen. Schilling* heranzuziehen (Der rheinische Phönix, Teil I, S. 51), mit denen im folgenden als textkritische Variante die Version *Lunnings* unterlegt wird.

a »Adenauer warnt vor krasser Zerstückelung Deutschlands als Keim für eine Irridenta. Schlägt tastend eine Art von Bundesstaaten vor: Rheinland-Westfalen, Mittel- und Norddeutschland, Baden-Bayern, eventuell Österreich angegliedert, das allein nicht existieren könne. Patterson fragt, was Adenauer denn meine, wenn man dem Rheinland, dem weiteren Maingebiet und dem Ruhrgebiet einen Sonderstatus, etwa für den Wiederaufbau, in der Zuteilung von Lebensmittelmarken und so fort bewilligen würde. Adenauer entgegnet: ›Das würde ich ablehnen.‹ Der Gouverneur strahlt über das ganze Gesicht.« Zu den auf dieser Grundlage im Sommer/Herbst 1945 weiterentwickelten deutschlandpolitischen Zukunftskonzepten Adenauers vgl. Hanns Jürgen *Küsters*/Hans Peter *Mensing* (Hrsg.), a.a.O., S. 23-37.

1 Franz *Oppenhoff* (geb. 1902) war im Oktober 1944 von den Amerikanern als Oberbürgermeister von Aachen eingesetzt worden. Zu seiner Ermordung am 25.3.1945 vgl. Wolfgang *Trees*/Charles *Whiting*, Unternehmen Karneval. Der Werwolf-Mord an Aachens Oberbürgermeister Oppenhoff, Aachen 1982.

2 Vgl. Nr. 153, Anm. 2.

3 Vgl. Nr. 25, 117, 194.

4 Ebenfalls Anfang April 1945 hatte Adenauer im Gespräch mit Leo *Schwering* die direkte Beteiligung an dem von ihm vorbereiteten Aufbau der überkonfessionellen Volkspartei CDP (ab Dezember 1945: CDU) vorerst abgelehnt (»›... dazu sei der Augenblick noch nicht gekommen‹«); vgl. Horstwalter *Heitzer*, Die CDU in der britischen Zone, S. 36f. Vgl. a. die zu dem ab Juli 1945 wachsenden parteipolitischen Engagement zusammengestellte Dokumentation: Hans Peter *Mensing*, »Daß sich die Fama ...«, S. 91-98.

5 Vgl. Nr. 432, 433.

6 Das amerikanische Entnazifizierungsvorgehen in Köln galt als besonders konsequent und kompromißlos: »The fame of the Cologne Detachment is on all lips here at the Harvard Training School. The first thing Col. Perkins, an old CAC officer and CO here, said to me was: ›Tell me all about Colonel Patterson's anti-Nazi policy.‹ I did. He kept saying over and over: ›That's amazing. Why didn't somebody do it before?‹« (aus einem Schreiben des Patterson-Bekannten Ed *Juttle* vom 27.6.1945; Privatbesitz Mrs. Virginia Patterson-Waller, La Jolla/ San Diego, California).

Nr. 467
* Werner *Bornheim gen. Schilling,* Der rheinische Phönix, Teil I, S. 53.
1 Zur Werwolf-Bewegung der im Frühjahr 1945 ergangene nationalsozialistische Aufruf: »Jedes Mittel ist dem Werwolf recht, um dem Feind Schaden zuzufügen. Er hat seine eigene Gerichtsbarkeit, die über Leben und Tod des Feindes wie der Verräter an unserem Volk entscheidet«; vgl. Eric *Taylor*/Willy *Niessen,* Frontstadt Köln, S. 125.
2 Zu dieser Anregung Adenauers sind keine weiteren Hinweise überliefert.

Nr. 468
* SBA, E 2300 Köln 9; Druck: Hanns Jürgen *Küsters*/Hans Peter *Mensing* (Hrsg.), Kriegsende und Neuanfang, S. 114.
1 Vgl. Nr. 476, 480.

Nr. 469
* Werner *Bornheim gen. Schilling,* Der rheinische Phönix, Teil I, S. 54f.
1 Vgl. Nr. 344. Vgl. a. Nr. 471.

Nr. 470
* StBKAH 07.01, ms.; vollständiger Druck und Abb. des Schreibens: »Briefe 1945–1947«, S. 34f. Dort (S. 60, 560) auch weitere Angaben zur Übermittlung des Briefes (durch Albert C. *Schweizer*) an die in der Emigration lebende Kölner Sozialdemokratin *Kraus* und zu deren Antwort vom 21.6.1945. – Nachweis späterer Kontakte und Korrespondenz Adenauer–Kraus in Adenauers »Briefen 1949– 1951«, S. 576; vgl. a. »Briefe 1951–1953«, S. 353.
1 Nach Werner *Bornheim gen. Schilling,* Der rheinische Phönix, Teil I, S. 53f., ging es Adenauer darum, sie »als Organisatorin des Kölner Schulwesens« zu gewinnen.

Nr. 471
* Werner *Bornheim gen. Schilling,* Der rheinische Phönix, Teil I, S. 55.

Nr. 472
* Robert *Grosche,* Kölner Tagebuch, S. 137.
Robert *Grosche* (1888–1967), Dr. phil. et theol. h.c., 1921–1930 Studentenseelsorger an der Universität Köln, 1933 Entzug eines Lehrauftrages an der Kunstakademie Düsseldorf, ab 1942 Pfarrer an Mariä Himmelfahrt in Köln, ab 1943 Stadtdechant von Köln. – Zu den Aktivitäten Grosches in diesen Tagen vgl. a. Nr. 476, Anm. 2.

Nr. 473
* StBKAH, Ausstellungsvorlage zu Tafel 64; vgl. Konrad Adenauer. Dokumente aus vier Epochen, S. 81. – Die Registrierungskarte wurde vom Stadtkommandan-

ten von Godesberg, Major T. William *Staats,* ausgestellt, über dessen Tätigkeit in dieser Region Generalkonsul *von Weiss* mehrfach berichtet hat; vgl. Hanns Jürgen *Küsters*/Hans Peter *Mensing* (Hrsg.), Kriegsende und Neuanfang, S. 70, 72, 74, 76f., 97, 112, 135.
Zu dem ab Ende März 1945 laufenden Verfahren der Registrierung nähere Angaben bei Eric *Taylor*/Willy *Niessen,* Frontstadt Köln, S. 123-125.

Nr. 474
* Werner *Bornheim gen. Schilling,* Der rheinische Phönix, Teil II, S. 104.
1 Mit den anderen zeitgenössischen Überlieferungen ist der Name nicht nachweisbar.
2 Omar *Bradley* (1893–1981), als amerikanischer General 1942–1944 an den Landungen in Nordafrika, auf Sizilien und in der Normandie beteiligt, 1949–1953 Chef der Vereinigten Generalstäbe.
3 Hierzu im ›daily summary‹ Pattersons vom Folgetag der Hinweis auf eine Besprechung in Frechen: »impound all Nazi text books« (Privatbesitz Mrs. Virginia Patterson-Waller, La Jolla/San Diego, California).
Zur Situation im Schulwesen vor und nach Kriegsende vgl. Gerhard *Brunn,* Köln in den Jahren 1945 und 1946, S. 59f.

Nr. 475
* Werner *Bornheim gen. Schilling,* Der rheinische Phönix, Teil II, S. 105.
1 Zu den Beratungen vom 19.4.1945 der *Patterson*-Bericht vom Folgetag (ohne Erwähnung Adenauers): »At a conference concerning the development of the Regierungsbezirk government, it was decided to expand individually those state functions now temporarily under city jurisdiction rather than attempt the setting up of a complete Regierungsbezirk government at one time. The functions to have first consideration are Food, Labor, Police, and Industry.« Vgl. a. Nr. 464, Anm. 2.

Nr. 476
* SBA, E 2300 Köln 9; Druck: Hanns Jürgen *Küsters*/Hans Peter *Mensing* (Hrsg.), Kriegsende und Neuanfang, S. 125f.
1 Zur Rückkehr von Erzbischof *Frings* von Honnef nach Köln am 20.4.1945 vgl. seine Erinnerungen: Für die Menschen bestellt, S. 39-42. Vgl. a. Robert *Grosche,* Kölner Tagebuch, S. 141.
2 Franklin D. *Roosevelt* (1882–1945; 1933–1945 Präsident der USA) war am 12.4.1945 verstorben. Dazu der *Patterson*-Bericht vom 15.4.1945: »Dr. Robert Grosche, Dean of the Cologne Cathedral and representative of the Archbishop, called to express the sorrow of his clergy over the death of President Roosevelt. The Oberburgermeister of Cologne sent a note expressing the sympathy of the city administration over the loss of the President«; vgl. a. Werner *Bornheim gen. Schilling,* Der rheinische Phönix, Teil I, S. 58.

3 Die Konferenz in San Francisco (25.4.–26.6.1945) führte zur Gründung der Vereinten Nationen.

Nr. 477

* Werner *Bornheim gen. Schilling*, Der rheinische Phönix, Teil II, S. 106f.

1 Vgl. Nr. 475, Anm. 1.

2 Vgl. Nr. 464, Anm. 2.

3 Zu den deswegen in den Folgemonaten durchgeführten Maßnahmen zahlreiche Angaben bei Werner *Bornheim gen. Schilling*, a.a.O. Vgl. a. Toni *Diederich*, Adenauer als Kölner Oberbürgermeister, S. 510; Hanns Jürgen *Küsters*/Hans Peter *Mensing* (Hrsg.), Kriegsende und Neuanfang, S. 91f., 131, 187.

4 Keine Angaben.

5 Vgl. Toni *Diederich*, a.a.O., S. 520, 812. Vgl. a. Nr. 474, Anm. 3.

6 Vgl. Nr. 433.

Nr. 478

* Privatbesitz Heinz Müller, Köln, eigenhändig; vollständiger Druck des Schreibens an den Kaufhausinhaber Fritz *Oebel* (der in den Kriegsjahren in der Nähe des Adenauer-Hauses in Rhöndorf wohnte): »Briefe 1945–1947«, S. 36.

Nr. 479

* Werner *Bornheim gen. Schilling*, Der rheinische Phönix, Teil II, S. 111.

1 Vgl. Nr. 481, Kopfregest.

Nr. 480

* Otto *Schumacher-Hellmold*, Konrad Adenauer, S. 12-14. Zu dieser Gesprächswiedergabe auch die Angaben bei Hans-Peter *Schwarz*, Adenauer. Der Aufstieg, S. 443, 445, 486f.

1 Vgl. Nr. 479, 481.

2 Zur Deutschen Demokratischen Bewegung (DDB) Friedrich *Henning*, 25 Jahre FDP in Nordrhein-Westfalen. Die Entstehung der Partei. Ein Rückblick auf 1945/46, in: Das Rathaus. Zeitschrift für Kommunalpolitik, Jg. 24 (1971), S. 113-119.

3 Harry S. *Truman* (1884–1972), 1944/45 Vizepräsident, 1945–1953 Präsident der USA.

4 Sir Winston L. S. *Churchill* (1874–1965), 1940–1945 und 1951–1955 britischer Premierminister, 1945–1951 für die Konservativen Oppositionsführer im Unterhaus.

5 Jossif Wissarionowitsch *Stalin* (1879–1953), 1922–1953 Generalsekretär des ZK der KPdSU, ab 1941 Vorsitzender des Rates der Volkskommissare, ab 1946 Vorsitzender des Ministerrats.

6 Druck eines dazu am 26.5.1945 an Generalkonsul *von Weiss* gerichteten Schreibens: »Briefe 1945–1947«, S. 39. Vgl. a. Hanns Jürgen *Küsters*/Hans Peter *Mensing* (Hrsg.), Kriegsende und Neuanfang, S. 160.

7 Vgl. Nr. 466, Anm. 4.

Nr. 481
* Privatbesitz Mrs. Virginia Patterson-Waller, La Jolla / San Diego, California. – Zu der hier gemeldeten offiziellen Ernennung Adenauers zum ersten Kölner Oberbürgermeister der Nachkriegszeit (Amtsausübung bis zum 6.10.1945) vgl. a. den *von Weiss*-Bericht zum 6.5.1945: »Ich traf ihn im Kreise seiner Familie und erfuhr aus seinem Munde, daß er den Bitten sowohl der Besatzungsbehörden wie Kölner Kreisen nachgekommen sei und den Posten eines Oberbürgermeisters von Köln wieder angenommen habe, unter der Bedingung jedoch, daß er sich zeitlich nicht binden wollte« (Hanns Jürgen *Küsters*/Hans Peter *Mensing* [Hrsg.], Kriegsende und Neuanfang, S. 138).
1 Diese Beurteilung Adenauers findet ihre Entsprechung in dem vielfach zitierten und faksimilierten Empfehlungsschreiben *Pattersons* für Adenauer vom 8.5. 1945, in dem er ihm bescheinigt: »his name is Number One of the White List for Germany.« Das Dokument wird wegen seines hohen Bekanntheitsgrades nicht erneut abgedruckt. Vgl. Konrad Adenauer, Erinnerungen 1945–1953, S. 23; »Briefe 1945–1947«, S. 38.
Die Patterson-Berichte enthalten keine weiteren Hinweise auf das Zustandekommen und die Zusammenstellung der »Weißen Liste«. Als Ergänzung der hierzu bereits publizierten Materialien (vgl. Henric L. *Wuermeling,* Die weiße Liste, S. 283-296) konnte im Nachlaß George N. *Shusters* – University of Notre Dame Archives, CSHU Box 1 – eine undatierte, vermutlich aus dem Frühjahr 1945 stammende Namensliste unbelasteter Deutscher nachgewiesen werden. Diese ist regional gegliedert (»Southern Germany [1. Ludwig Kastl, 2. Hermann Strathmann, 3. Hermann Josef Schmitt, 4. Theodor und Elly Heuss]«, »Thuringia-Hessen«, »Bremen«) und benennt für »Ruhr-Rhineland« in numerischer, nicht alphabetischer Abfolge u. a.: 1. Hans *Fuchs,* 2. Konrad *Adenauer,* 3. Otto *Rippel,* 4. Albert *Schmidt,* 5. Franz *Bielefeld,* 8. Maria *Brüning,* 9. Moritz *Kloenne,* 12. Hermann *Pünder.*

Nr. 482
* Werner *Bornheim gen. Schilling,* Der rheinische Phönix, Teil II, S. 113.
1 Vermutlich gemeint: die Ford Motor Company, zu deren Kölner Werk am 2.10.1930 der Grundstein gelegt worden war (im Beisein von Henry Ford I); dazu vgl. Sabine *Saphörster,* Die Ansiedlung der Ford-Motor-Company 1929/30 in Köln, in: Rheinische Vierteljahrsblätter, Jg. 53 (1989), S. 178-210.

Nr. 483
* CIP Press Service (New York, N.Y.), Informationsblatt vom 29.5.1945, »for immediate release«. Amerikanische Presseberichte, die diese Agenturvorlage übernahmen und ganz oder teilweise veröffentlichten, konnten nicht nachgewiesen werden.
Übersetzung (die aus Platzgründen nicht in der Legende erscheint):

»Dr. Konrad Adenauer, ein führender Katholik, der jetzt wieder als Bürgermeister nach Köln zurückgekehrt ist – in eine Stadt, der er als Verwaltungschef vorstand, bevor die Nazis an die Macht kamen –, verbrachte die langen Jahre der Hitler-Diktatur teils im Gefängnis, teils unter strenger Bewachung in einem kleinen Haus in Rhöndorf am Rhein. Während der Schlacht um den Brückenkopf von Remagen, als er in Gefahr war, nach Mitteldeutschland verschleppt zu werden, begab er sich in ein Versteck: er verbrachte mehrere Tage in einem geheimen Keller eines Weinbergs. Nachdem das Gebiet sicher in die Hände der Amerikaner gefallen war, kehrte er zu seinem Haus zurück, das er in einem durch die Kämpfe beschädigten Zustand vorfand.
Als er im Gefolge des ›Anschlags auf Hitlers Leben‹ vom 20. Juli 1944 (CIP Presse- und Dokumentationsdienst vom 25. Mai 1945) verhaftet wurde, versuchte die Gestapo hartnäckig, mögliche Verbindungen Dr. Adenauers zu Dr. Goerdeler, dem ehemaligen Bürgermeister von Leipzig und vermutlichen zivilen Führer des Anschlags gegen die Nazis, aufzudecken. Es ist nun bekannt geworden, daß Dr. Goerdeler tatsächlich versucht hatte, vermittels einer dritten Person Kontakte zu Dr. Adenauer zu knüpfen, daß sich allerdings Dr. Adenauer, er wußte, daß er unter strenger Bewachung stand, weigerte, in die Angelegenheit hineingezogen zu werden.
Dr. Adenauer blieb bis Mitte Dezember 1944 in Haft. Im Gefängnis von Brauweiler, in der Nähe von Köln, verbrachte er lange Zeit in einer ungeheizten Zelle. Er wurde oft ins Kreuzverhör genommen. Unterdessen versuchten seine Söhne und einige seiner Freunde, seine Freilassung in Berlin zu erwirken. Eines Nachts, während eines Luftangriffes im Dezember, fragte Dr. Adenauer seinen ›Vernehmungsbeamten‹: ›Wann wird es mir erlaubt sein, wieder nach Hause zurückzukehren?‹ Er war sehr erstaunt, als ihm die Antwort gegeben wurde: ›Morgen, wenn Sie wollen, oder gar sofort.‹ Dr. Adenauer machte sich unverzüglich auf den Weg und erreichte Rhöndorf (ein Teil der Stadt Honnef) noch in der gleichen Nacht.
Anfang Februar 1945 wurde Dr. Adenauer erneut zur Gestapo bestellt. Ihm wurde mitgeteilt: ›Wenn die Amerikaner weiter vorrücken und sich dem Rhein nähern sollten, werden Sie sich unverzüglich nach Mitteldeutschland begeben und sich in Verfügungsbereitschaft halten, selbst wenn Sie die diesbezüglichen Sonderbefehle nicht erhalten sollten.‹ Er begann sofort, Pläne für ein Versteck auszuhecken für den Fall, daß dies notwendig sein sollte. Zwischen 1933 und 1944 war Dr. Adenauer wiederholt in Haft.
Auch Frau Adenauer wurde im Gefolge des 20. Juli 1944 verhaftet und eingesperrt, und zwar zusammen mit Prostituierten und Dieben im Keller des Gerichtsgebäudes am Appellhofplatz in Köln. Nach einem einzigen Verhör weigerte sie sich, in diese Gesellschaft zurückzukehren. Dann wurde sie nach Brauweiler verlegt, allerdings ohne ihren Ehemann dort sehen zu können. Acht Tage später wurde sie freigelassen. Ihre 19jährige Tochter, Fräulein Lotte Adenauer, wurde ebenfalls von der Gestapo ins Kreuzverhör genommen, zunächst höflich, später sehr hart, allerdings ohne daß der Verhörende ›erfolgreich‹ gewesen wäre.

Dr. Adenauer war ein naher Verwandter von Dr. Benedikt Schmittmann, einem prominenten Führer des Katholizismus und Professor der Kölner Universität, der im Oktober 1939 von den Nazis ermordet wurde. Professor Schmittmann war Präsident des Reichs- und Heimatbundes deutscher Katholiken und der Reichs-Arbeitsgemeinschaft deutscher Föderalisten – beides Organisationen, deren Ziel es war, Preußen zu zerstören und in einem neustrukturierten Bundesstaat Autonomie für das Rheinland und andere Teile Deutschlands durchzusetzen. ... «

a.a.O.	am angegebenen Ort
Abb.	Abbildung
Abs.	Absatz
Abt.	Abteilung
ACDP	Archiv für Christlich-Demokratische Politik der Konrad-Adenauer-Stiftung
AEG	Allgemeine Elektricitäts-Gesellschaft
AEK	Historisches Archiv des Erzbistums Köln
AG	Aktiengesellschaft
Anm.	Anmerkung
BA	Bundesarchiv
BBC	British Broadcasting Corporation
Bd./Bde.	Band, Bände
Bearb.	Bearbeiter
Beih.	Beiheft
Best.	Bestand
BGB	Bürgerliches Gesetzbuch
Bl.	Blatt
CBS	Columbia Broadcasting System
CDP	Christlich-Demokratische Partei
CDU	Christlich-Demokratische Union Deutschlands
CDUD	Christlich-Demokratische Union Deutschlands
Col.	Colonel
DDP	Deutsche Demokratische Partei
Dedi-Bank	Deutsche Bank und Discontogesellschaft
ders.	derselbe
DGB	Deutscher Gewerkschaftsbund
DNVP	Deutschnationale Volkspartei
Dok.	Dokument
DStP	Deutsche Staatspartei
DVP	Deutsche Volkspartei
EGKS	Europäische Gemeinschaft für Kohle und Stahl
FDP	Freie Demokratische Partei
FO	Foreign Office
Gesfürel	Gesellschaft für elektrische Unternehmungen
Gestapo	Geheime Staatspolizei
GStA	Geheimes Staatsarchiv Preußischer Kulturbesitz
H.	Heft
HAStK	Historisches Archiv der Stadt Köln
Hrsg.	Herausgeber
hs.	handschriftlich
HStAD	(Nordrhein-Westfälisches) Hauptstaatsarchiv Düsseldorf

IHK	Industrie- und Handelskammer
Jg.	Jahrgang
Kapo	Kaderpolizist
KPD	Kommunistische Partei Deutschlands
LDPD	Liberal-Demokratische Partei Deutschlands
LHAK	(Rheinland-pfälzisches) Landeshauptarchiv Koblenz
Lt.	Lieutenant
MdB	Mitglied des Bundestages
MdL	Miglied des Landtages
MdR	Miglied des Reichstages
ms.	maschinenschriftlich
NATO	North Atlantic Treaty Organization
ND	(Bund) Neudeutschland
NL	Nachlaß
NSDAP	Nationalsozialistische Deutsche Arbeiterpartei
NSV	Nationalsozialistische Volkswohlfahrt
o.D.	ohne Datum
o.J.	ohne Jahr
OKW	Oberkommando der Wehrmacht
o.O.	ohne Ort
OP	Ordo Fratrum Praedicatorum
OSB	Ordo Sancti Benedicti
P	Pater
PG	Parteigenosse
PRO	Public Record Office
R	Akten der Reichsorgane im Bundesarchiv
Rep.	Reposituren im Geheimen Staatsarchiv
RG	Reichsgericht
RGBl.	Reichsgesetzblatt
RSHA	Reichssicherheitshauptamt
RWE	Rheinisch-Westfälische Elektrizitätswerke
SA	Sturmabteilung der NSDAP
SBA	Schweizerisches Bundesarchiv
SBZ	Sowjetisch Besetzte Zone
SD	Sicherheitsdienst
SED	Sozialistische Einheitspartei Deutschlands
SJ	Societas Jesu
Sofina	Société Financiére de Transports et d'Entreprises Industrielles
Sopade	Sozialdemokratische Partei Deutschlands (SPD-Emigrationsvertretung)
SPD	Sozialdemokratische Partei Deutschlands
SS	Schutzstaffeln der NSDAP
Stapo	Staatspolizei

StBKAH	Stiftung Bundeskanzler-Adenauer-Haus
Tit.	Titel
UNESCO	United Nations Educational, Scientific and Cultural Organization
USPD	Unabhängige Sozialdemokratische Partei Deutschlands
VfZ	Vierteljahrshefte für Zeitgeschichte
vgl.	vergleiche
WRV	Weimarer Reichsverfassung
Z	Akten zonaler Einrichtungen im Bundesarchiv
ZfG	Zeitschrift für Geschichtswissenschaft
‹ ›	Textvarianten und Auslassungen
[ ]	Ergänzungen und Korrekturen des Bearbeiters

Quellen- und Literaturverzeichnis

Ungedruckte Quellen:

Stiftung Bundeskanzler-Adenauer-Haus, Bad Honnef-Rhöndorf
Nachlaß Konrad Adenauer
Bestand Dannie N. Heineman

Archiv der Abtei Maria Laach
Briefwechsel Adenauers mit Ildefons Herwegen und Johannes Vollmar

Archiv für Christlich-Demokratische Politik der Konrad-Adenauer-Stiftung, Sankt Augustin
Nachlaß Johannes Ernst
Nachlaß Paul Franken

Archiv des Deutschen Caritasverbandes, Freiburg/Breisgau
Briefwechsel Adenauers mit Johannes van Acken und Benedikt Kreutz

Archiv der Universität Notre Dame/South Bend, Indiana
Nachlaß George N. Shuster

Bayer-Archiv Leverkusen
Autographen-Sammlung Carl Duisberg

Bayerische Staatsbibliothek München
Nachlaß Walter Braunfels

Bundesarchiv Koblenz
Nachlaß Friedrich Grimm
Nachlaß Hermann Pünder
Nachlaß Kurt von Schleicher
Nachlaß Franz Thedieck
NS 6: Stellvertreter des Führers / Parteikanzlei
NS 19: Persönlicher Stab Reichsführer-SS
NS 48: Sonstige zentrale Dienststellen und Einrichtungen der SS (Freundeskreis des Reichsführers-SS)
R 43: Reichskanzlei
R 53: Stellvertreter des Reichskanzlers
R 58: Sicherheitspolizei und politischer Nachrichtendienst
Z 42: Spruchgerichte in der britischen Zone
Kleine Erwerbung Nr. 778

Deutsches Literaturarchiv/Schiller-Nationalmuseum, Marbach am Neckar
Archiv Anton und Katharina Kippenberg

Geheimes Staatsarchiv Preußischer Kulturbesitz, Abteilung Merseburg
Hist. Abt. II: Akten des Preußischen Staatsrates
Rep. 77: Akten des Preußischen Ministeriums des Innern

Historisches Archiv des Erzbistums Köln
Bestand Generalia 23.23a: Beziehungen zwischen Staat und Kirche

Historisches Archiv der Stadt Köln
Bestand 902: Oberbürgermeister Adenauer
Bestand 904: Ernst Schwering
Bestand 1070: Wilhelm Marx
Bestand 1187: Christine Teusch
Bestand 1193: Leo Schwering
Bestand 1294: Josef Giesen
Bestand 1304: Hermann Pünder

Landeshauptarchiv Koblenz
Bestand 403: Oberpräsidium der Rheinprovinz
Bestand 662: NSDAP und verwandte Provenienzen der NS-Zeit
Bestand 700, 40: Hans Fuchs
Bestand 700, 41: Hermann Freiherr von Lüninck

Nordrhein-Westfälisches Hauptstaatsarchiv Düsseldorf
Nachlaß Josef Busley
Bestand NW 1037: Der Sonderbeauftragte für die Entnazifizierung im Lande Nordrhein-Westfalen
Bestand RW 18: Landratsamt des Siegkreises als Kreispolizeibehörde
Bestand RW 34: Staatspolizeistelle Köln
Bestand RW 36: Staatspolizei(leit)stelle Düsseldorf
Einzelne Personenakten der Gestapo

Korrespondenzen und Nachlaßteile in Privatbesitz
Familie Adenauer
Dr. Konrad Adenauer, Köln
Dr. Max Adenauer, Köln
Carl-Georg Busley, Monheim-Baumberg
Heribert Günther, Köln
James H. Heineman, New York, N.Y.
Marlies Kremer, Düsseldorf
Virginia Patterson-Waller, La Jolla/San Diego, California
Heinz Pferdmenges, Mönchengladbach
Ria Reiners, Mönchengladbach
Wolfgang Schliebusch, Essen
Geneviève Marie Schmitz-Molkenboer, Heemstede, Niederlande

Schriftliche und mündliche Auskünfte:

Dr. Georg Adenauer, Schleiden
Dr. Konrad Adenauer, Köln
Notar Konrad Adenauer, Köln
Dr. Max Adenauer, Köln
Dr. Paul Adenauer, Bergisch Gladbach
AEG, Abteilung Öffentlichkeitsarbeit, Frankfurt/Main
Dr. Clemens Amelunxen, Düsseldorf
Amtsgericht Bonn
Amtsgericht Köln
Amtsgericht Königswinter
Regierungspräsident Dr. Franz-Josef Antwerpes, Köln
Pfarrer Giuseppe Audisio, Mainz
Auswärtiges Amt (Bonn), Sprachendienst
Rosemarie Baumert, Siegen
Rev. Thomas E. Blantz, Universität Notre Dame/
South Bend, Indiana
Prof. Dr. Werner Bornheim gen. Schilling, Wiesbaden
Colette Bouverat, Bonn
Richard L. Boylan, National Archives/Suitland Reference Branch,
Washington, D.C.
Dr. Peter Brommer, Landeshauptarchiv Koblenz
Dr. Günter Buchstab, Archiv für Christlich-Demokratische Politik
der Konrad-Adenauer-Stiftung, Sankt Augustin
Carl-Georg Busley, Monheim-Baumberg
Prof. Dr. Hermann-Josef Busley, München
Dr. Kevin Cawley, Archiv der Universität Notre Dame/
South Bend, Indiana
Christa Dempf, Eggstätt
Rechtsanwalt Josef Dichgans, Überlingen
Prof. Dr. Toni Diederich, Historisches Archiv des Erzbistums Köln
Dokumentationsarchiv des österreichischen Widerstandes, Wien
Dokumentationsstelle für neue österreichische Literatur, Wien
Dr. Anselm Faust, Nordrhein-Westfälisches Hauptstaatsarchiv,
Düsseldorf
»Frankfurter Allgemeine« (Archiv), Frankfurt/Main
Michael Frings, Bayer-Archiv, Leverkusen
Christoph Gallhöfer, Sekretär des Rotary-Clubs Köln
Dr. Manfred Groten, Historisches Archiv der Stadt Köln
Fred Grubel, Leo Baeck Institute, New York, N.Y.
Heribert Günther, Köln
Franz Hastrich, Köln

James H. Heineman, New York, N.Y.
Dr. Josef Henke, Bundesarchiv, Koblenz
Jörg A. Henle, Duisburg
Dipl.-Kaufmann Herwegh, St. Elisabeth Krankenhaus, Köln-Hohenlind
Prof. Dr. Franz-Josef Heyen, Landeshauptarchiv Koblenz
Dr. Dietrich Höroldt, Stadtarchiv Bonn
Dr. H. D. Huber, Bonifatiuswerk der deutschen Katholiken, Paderborn
Dr. Eberhard Illner, Historisches Archiv der Stadt Köln
Dr. Brigitte Kaff, Archiv für Christlich-Demokratische Politik der Konrad-Adenauer-Stiftung, Sankt Augustin
Dr. Dieter Kastner, Archivberatungsstelle Rheinland, Abtei Brauweiler
Katholischer Frauenbund, Köln
Dr. Werner Kind, Handwerkskammer Köln
»Kölnische Rundschau« (Archiv), Köln
Dr. Meta Kohnke, Geheimes Staatsarchiv Preußischer Kulturbesitz, Abteilung Merseburg
Dr. Erika Kossol, Archiv der Klöckner & Co AG, Duisburg
Dr. Hanns Jürgen Küsters, Seminar für Politische Wissenschaft der Universität Bonn
Marlies Kremer, Düsseldorf
Prof. Dr. Ekkehart Krippendorf, Freie Universität Berlin
Dr. Alfred Kuhlmann, Köln
Wilhelm Lensing, Historisches Archiv der Stadt Köln
Ministerialrat Klaus Leonhardt, Bonn – Kiel
Dr. Heinrich Linn, Archiv des Rhein-Sieg-Kreises, Siegburg
Schwester Maria Lydia, Kurhaus St. Elisabeth, Freudenstadt
Dr. Horst Matzerath, NS-Dokumentationszentrum (EL-DE-Haus), Köln
P. Metzler, Vatikanisches Archiv, Cittá del Vaticano
P. Dr. Karl Meyer OP, Provinzial der Dominikaner-Provinz Teutonia, Köln
Militärgeschichtliches Forschungsamt, Freiburg/Breisgau
Dr. von Moisy, Bayerische Staatsbibliothek, München
Prälat Dr. Franz Müller †, Freiburg/Breisgau
Martin L. Müller, Institut für bankhistorische Forschung, Frankfurt/Main
Dr. Lotte Multhaupt, Bonn
Dr. Otto Oertel, Metzingen
John K. Patterson †, La Jolla/San Diego, California
Virginia Patterson-Waller, La Jolla / San Diego, California
Heinz Pferdmenges, Mönchengladbach
Dr. Guntram Philipp, Seminar für Wirtschafts- und Sozialgeschichte der Universität Köln
Helen M. Piggott, Kingston, Cambridge
Polizeidienststelle Bad Honnef

Marc Pont †, Sierre, Wallis
Dr. Heinz Jürgen Real, Bundesarchiv, Koblenz
Jan Reiners, Mönchengladbach
Ria Reiners, Mönchengladbach
Josef Rommerskirchen, Vorsitzender des Vorstands der Stiftung Bundeskanzler-Adenauer-Haus, Rhöndorf
Prof. Dr. Ger van Roon, Amsterdam,
Rechtsanwalt Wilhelm Scheffen, Köln
Wolfgang Schliebusch, Essen
Schmittmann-Kolleg, Köln
Geneviève Marie Schmitz-Molkenboer, Heemstede
Dr. Peter-Paul Schneider, Deutsches Literaturarchiv/ Schiller-Nationalmuseum, Marbach/Neckar
Karl Ernst Schwering, Köln
Franz Seelert, Stadtarchiv Gummersbach
P. Dr. Emmanuel von Severus OSB, Archiv der Abtei Maria Laach
Sparkasse Uedem
»Der Spiegel« (Archiv), Hamburg
Stadtverwaltung Bonn, Einwohnermeldeamt
Stadtverwaltung Wilhelmshafen, Einwohnermeldeamt
Prof. Dr. Hugo Stehkämper, Historisches Archiv der Stadt Köln
Prof. Dr. Herbert Strauss, Berlin
Sharon Sumpter, Archiv der Universität Notre Dame/ South Bend, Indiana
Dr. Karl Teppe, Münster
Dr. Roswitha Theile-Schlüter, Ahrensburg
Brigitta Torsy, Historisches Archiv des Erzbistums Köln
Dr. Bernhard Truffer, Staatsarchiv des Kantons Wallis, Sion
Verein »An der Synagoge«, Bonn
Otto Victor, Nistermühle/Hachenburg
Rudolf Vollmer, Unkel
Dr. Dieter Weber, Nordrhein-Westfälisches Hauptstaatsarchiv, Düsseldorf
»Die Weltwoche« (Archiv), Zürich
Libet Werhahn, Neuss
Dr. Wolfram Werner, Bundesarchiv, Koblenz
Dr. Johannes Wetzel, München
Mirek Wierzbicki, Burlington/Boston, Massachusetts
Schwester Eunike Wilkens OSB, Archiv der Abtei Herstelle
Dr. Hans-Josef Wollasch, Deutscher Caritasverband, Freiburg/Breisgau
Miroslaw Zawodny, Poznan

Gedruckte Quellen und Literatur:

Adenauer, Konrad: Erinnerungen, Bd. 1: 1945-1953; Bd. 2: 1953-1955; Bd. 3: 1955-1959; Bd. 4: 1959-1963. Fragmente, Stuttgart 1965-1968.

Adenauer, Briefe 1945-1947; 1947-1949; 1949-1951; 1951-1953; Heuss-Adenauer. Der Briefwechsel 1948-1963, hrsg. von *Rudolf Morsey* und *Hans-Peter Schwarz,* bearb. von *Hans Peter Mensing,* Berlin 1983, 1984, 1985, 1987, 1989.

Adenauer, Teegespräche 1950-1954; 1955-1958; 1959-1961, hrsg. von *Rudolf Morsey* und *Hans-Peter Schwarz,* bearb. von *Hanns Jürgen Küsters,* Berlin, 1984, 1986 und 1988.

Adenauer: »Es mußte alles neu gemacht werden.« Die Protokolle des CDU-Bundesvorstandes 1950-1953, bearb. von *Günter Buchstab,* Stuttgart 1986.

Adenauer: »Wir haben wirklich etwas geschaffen.« Die Protokolle des CDU-Bundesvorstandes 1953-1957, bearb. von *Günter Buchstab,* Düsseldorf 1990.

Adenauer-Studien I, III und IV, hrsg. von *Rudolf Morsey* und *Konrad Repgen,* Mainz 1971, 1974 und 1977.

Konrad Adenauer. Dokumente aus vier Epochen deutscher Geschichte. Führer durch Ausstellung und Wohnhaus in Rhöndorf, Bad Honnef/Rhöndorf [3]1981.

Konrad Adenauer. Reden 1917-1967. Eine Auswahl, hrsg. von *Hans-Peter Schwarz,* Stuttgart 1975.

Konrad Adenauer und seine Zeit. Politik und Persönlichkeit des ersten Bundeskanzlers, Bd. 1: Beiträge von Weg- und Zeitgenossen; Bd. 2: Beiträge der Wissenschaft, hrsg. von *Dieter Blumenwitz, Klaus Gotto, Hans Maier, Konrad Repgen* und *Hans-Peter Schwarz,* Stuttgart 1976.

Konrad Adenauer. Seine Zeit – sein Werk. [Katalog zur] Ausstellung aus Anlaß des 100. Geburtstages am 5. Januar 1976, bearb. von *Everhard Kleinertz* und *Hugo Stehkämper,* hrsg. vom *Historischen Archiv der Stadt Köln,* Köln 1976.

Adenauer jun., Konrad: Adenauer als Präsident des Preußischen Staatsrats, in: *Hugo Stehkämper* (Hrsg.), Konrad Adenauer, S. 355-404, 751-771.

Adenauer jun., Konrad: »Der Alte« und Rhöndorf, in: Zwischen Stadt und Dorf. Rhein-Sieg/Bonn-Lesebuch, hrsg. von *Jochen Arlt und Dieter Brockschnieder,* Köln 1990.

Adenauer, Lola: Mein Schwiegervater, der Kanzler – Artikelserie (9 Folgen) in: »Kölnische Rundschau« vom 20., 22., 24., 27., 29., 31.12.1975, 2.1., 7.1., 9.1.1976.

Adenauer, Paul: Briefe Konrad Adenauers an einen Sohn im Reichsarbeitsdienst, in: Konrad Adenauer und seine Zeit, Bd. 1, S. 156-166.

Adenauer, Petra: Konrad Adenauers sportpolitisches Wirken als Oberbürgermeister von Köln 1917-1933, in: Jahrbuch des Kölnischen Geschichtsvereins 57 (1986), S. 243-292.

Akten der Reichskanzlei. Weimarer Republik, hrsg. von *Karl Dietrich Erdmann* und *Wolfgang Mommsen/Hans Booms:* Die Kabinette Stresemann I und II, 2 Bde., bearb. von Karl *Dietrich Erdmann/Martin Vogt;* Die Kabinette Marx I und II, 2 Bde., bearb. von *Günter Abramowski;* Die Kabinette Brüning I und II, 3 Bde., bearb. von *Tilman Koops,* Boppard/Rhein 1978, 1973, 1982, 1990.

Akten der Reichskanzlei. Regierung Hitler 1933-1938, hrsg. von *Konrad Repgen* und *Hans Booms:* Die Regierung Hitler I: 1933/34, Bd. 1, bearb. von *Karl-Heinz Minuth,* Boppard/Rhein 1983.

Amelunxen, Clemens: Vierzig Jahre Dienst am sozialen Rechtsstaat. Rudolf Amelunxen zum 100. Geburtstag. Porträt eines Demokraten, Berlin – New York 1988.

Amelunxen, Rudolf: Ehrenmänner und Hexenmeister. Erlebnisse und Betrachtungen, München 1960.

Baumgart, Winfried: Adolf Süsterhenn, in: Zeitgeschichte in Lebensbildern, Bd. 6, S. 189-199.

Bay, Jürgen: Der Preußenkonflikt 1932/33. Ein Kapitel aus der Verfassungsgeschichte der Weimarer Republik, Diss.jur., Erlangen 1965.

Billstein, Reinhold (Hrsg.): Das andere Köln. Demokratische Tradition seit der Französischen Revolution, Köln 1979.

Biographisches Handbuch der deutschsprachigen Emigration nach 1933, Bd. 1: Politik, Wirtschaft, Öffentliches Leben; Bd. 2: The Arts, Science and Literature; Bd. 3: Gesamtregister, hrsg. vom *Institut für Zeitgeschichte,* München, und von der Research Foundation for Jewish Immigration, Inc., New York, München-New York-London-Paris 1980 und 1983.

Blantz, Thomas E.: George N. Shuster and American Catholic Intellectual Life, in: Studies in Catholic History - In Honor of John Tracy Ellis, Wilmington o.J., S. 345-365.

Bleistein, Roman (Hrsg.): Alfred Delps Gesammelte Schriften, Bd. IV: Aus dem Gefängnis, Frankfurt/Main 1984.

Bleistein, Roman (Hrsg.): Dossier: Kreisauer Kreis. Dokumente aus dem Widerstand gegen den Nationalsozialismus. Aus dem Nachlaß von Lothar König S.J., Frankfurt/Main 1987.

Boberach, Heinz (Bearb.): Berichte des SD und der Gestapo über Kirchen und Kirchenvolk in Deutschland 1934-1944, Mainz 1971.

Boberach, Heinz (Hrsg.): Meldungen aus dem Reich. Die Geheimen Lageberichte des Sicherheitsdienstes der SS 1938-1945, 17 Bde., Hersching 1984.

Bonn und die NS-Zeit s. Verein »An der Synagoge«

Bornheim gen. Schilling, Werner: Der rheinische Phönix. Konrad Adenauer 1945 (I/II) – Erinnerungen eines Weggefährten, in: Die politische Meinung Jg. 27, H. 200 (1982), S. 44-55; H. 201 (1982), S. 104-119.

Bothien, Horst-Pierre: Bonn in der NS-Zeit – Verfolgung und Widerstand, Köln 1989.

Bracher, Karl Dietrich: Die Auflösung der Weimarer Republik. Eine Studie zum Problem des Machtverfalls in der Demokratie, Düsseldorf [6]1978.

Brecht, Arnold: Mit der Kraft des Geistes. Lebenserinnerungen. Zweite Hälfte 1927-1967, Stuttgart 1967.

Brunn, Gerhard: Köln in den Jahren 1945 und 1946. Die Rahmenbedingungen des gesellschaftlichen Lebens, in: *Otto Dann* (Hrsg.), Köln nach dem Nationalsozialismus, S. 35-72.

Buchstab, Günter/Kaff, Brigitte/Kleinmann, Hans-Otto: Verfolgung und Widerstand 1933-1945. Christliche Demokraten gegen Hitler, Düsseldorf 1986.

Bücker, Vera: Die Schulddiskussion im deutschen Katholizismus nach 1945, Bochum 1989.

Conrady, Karl Otto: Völkisch-nationale Germanistik in Köln. Eine unfestliche Erinnerung, Schernfeld 1990.

Dann, Otto (Hrsg.): Köln nach dem Nationalsozialismus. Der Beginn des gesellschaftlichen und politischen Lebens in den Jahren 1945/46, Wuppertal 1981.

Deeters, Joachim (Bearb.): Klingelpütz, in: Widerstand und Verfolgung in Köln.

Das Deutsche Führerlexikon 1934/35, Berlin 1934.

Deutschland-Berichte der Sozialdemokratischen Partei Deutschlands (Sopade) 1934-1940, neu hrsg. von *Klaus Behnken,* Frankfurt/Main 1980.

Diederich, Toni: Adenauer als Kölner Oberbürgermeister von Mai bis Oktober 1945, in: *Hugo Stehkämper* (Hrsg.), Konrad Adenauer, S. 499-530, 807-815.

Dreher, Klaus: Der Weg zum Kanzler. Griff nach der Macht, Düsseldorf-Wien 1972.

Düwell, Kurt: Universität, Schulen und Museen. Adenauers wissenschafts- und bildungspolitische Bestrebungen für Köln und das Rheinland (1917-1932), in: *Hugo Stehkämper* (Hrsg.), Konrad Adenauer, S. 167-206, 695.

Ennen, Edith/Höroldt, Dietrich: Vom Römerkastell zur Bundeshauptstadt. Kleine Geschichte der Stadt Bonn, Bonn [4]1985.

Erdmann, Karl Dietrich: Adenauer in der Rheinlandpolitik nach dem Ersten Weltkrieg, Stuttgart 1966.

Erdmann, Karl Dietrich: Die Zeit der Weltkriege, Stuttgart 1976.

Flechtner, Hans-Joachim: Carl Duisberg. Eine Biographie, Düsseldorf 1960 (Taschenbuchausgabe 1981).

Franken, Paul: 20 Jahre später. Eine Erinnerung an den Achtzigjährigen zum 5. Januar 1956, in: Akademische Monatsblätter, Jg. 68 (1956), S. 94-100.

»Frankfurter Zeitung«, Jg. 1933.

Frank-Planitz, Ulrich: Konrad Adenauer. Eine Biographie in Bild und Wort, Bergisch Gladbach [2]1975, Neuausgabe Stuttgart 1990.

Frings, Josef: Für die Menschen bestellt. Erinnerungen des Altbischofs von Köln, Köln 1973.

Giesler, Hermann: Ein anderer Hitler. Bericht seines Architekten Hermann Giesler. Erlebnisse-Gespräche-Reflexionen, Leoni [4]1978.

Golczewski, Frank: Kölner Universitätslehrer und der Nationalsozialismus. Personengeschichtliche Ansätze, Köln-Wien 1988.

Gotto, Klaus: Die Wochenzeitung Junge Front/Michael. Eine Studie zum katholischen Selbstverständnis und zum Verhalten der jungen Kirche gegenüber dem Nationalsozialismus, Mainz 1970.

Greven's Kölner Adreßbuch 1933.

Grimm, Friedrich: Mit offenem Visier. Aus den Lebenserinnerungen eines deutschen Rechtsanwalts, bearb. von *Hermann Schild,* Leoni 1961.

Grosche, Robert: Kölner Tagebuch 1944-46. Aus dem Nachlaß hrsg. von *Maria Steinhoff,* Köln 1969.

Gruchmann, Lothar: Totaler Krieg. Vom Blitzkrieg zur bedingungslosen Kapitulation, München 1991.

Haag, August: Bilder aus der Vergangenheit von Honnef und Rhöndorf, Köln 1954.

Hagen, Rainer/Moring, Karl-Ernst (Hrsg.): Adenauer. Das Buchmanuskript zur Fernseh-Biographie des Norddeutschen Rundfunks in sieben Teilen, München 1987.

Handbuch für den Preußischen Staatsrat, bearb. von *Wilhelm Albrecht* und *Walter Kühn,* Berlin 1930.

Hasenberg, Peter Joseph (Bearb.): Quellen zur Geschichte Kölns in der neuesten Zeit, 1918-1945, Köln 1961.

Hehl, Ulrich von: Katholische Kirche und Nationalsozialismus im Erzbistum Köln 1933-1945, Mainz 1977.

Hehl, Ulrich von: Wilhelm Marx 1863-1946. Eine politische Biographie, Mainz 1987.

Hehl, Ulrich von (Bearb.): Priester unter Hitlers Terror. Eine biographische und statistische Erhebung, Mainz 1984.

Henning, Friedrich-Wilhelm: Finanzpolitische Vorstellungen und Maßnahmen Konrad Adenauers während seiner Kölner Zeit (1906-1933), in: *Hugo Stehkämper* (Hrsg.), Konrad Adenauer, S. 123-153, 683-693.

Heuss-Adenauer s. Adenauer, Briefe

Heyen, Franz Josef: Nationalsozialismus im Alltag. Quellen zur Geschichte des Nationalsozialismus vornehmlich im Raum Mainz-Koblenz-Trier, Boppard/Rhein 1967.

Hirschfeld, Gerhard: Fremdenherrschaft und Kollaboration. Die Niederlande unter deutscher Besatzung 1940-1945, Stuttgart 1984.

Höhne, Heinz: Der Orden unter dem Totenkopf, Gütersloh 1967.

Hofmann, Josef: Journalist in Republik, Diktatur und Besatzungszeit. Erinnerungen 1916-1947, bearb. und eingeleitet von *Rudolf Morsey,* Mainz 1977.

Hofmann, Wolfgang: Zwischen Rathaus und Reichskanzlei. Die Oberbürgermeister in der Kommunal- und Staatspolitik des Deutschen Reiches von 1890-1933, Stuttgart-Berlin-Köln-Mainz 1974.

Horkenbach, Cuno: Das Deutsche Reich von 1918 bis heute. [Das Jahr 1930. Das Jahr 1933.], Berlin 1930, 1935.

Hüttenberger, Peter: Die Gauleiter. Studie zum Wandel des Machtgefüges in der NSDAP, Stuttgart 1969.

Huiskes, Manfred (Bearb.): Die Wandinschriften des Kölner Gestapogefängnisses im EL-DE Haus 1943-1945, Köln-Wien 1983.

Jäckh, Ernst: Weltsaat. Erlebtes und Erstrebtes, Stuttgart 1960.

Jeserich, Kurt G.A./Neuhaus, Helmut (Hrsg.): Persönlichkeiten der Verwaltung. Biographien zur deutschen Verwaltungsgeschichte 1648-1948, Stuttgart-Berlin-Köln 1991.

Joos, Joseph: So sah ich sie. Menschen und Geschehnisse, Augsburg 1958.

Jung, Ute: Walter Braunfels (1882-1954), Regensburg 1980.

Justiz- und NS-Verbrechen. Sammlung deutscher Strafurteile wegen nationalsozialistischer Tötungsverbrechen 1945-1966, Bd. V, bearb. von *Adelheid L. Rüter-Ehlermann* und *C.F. Rüter,* Amsterdam 1970.

Keesings Archiv der Gegenwart, Jg. 15 (1945).

Klein, Adolf: Köln im Dritten Reich. Stadtgeschichte der Jahre 1933-1945, Köln 1983.

Klein, Adolf: Hundert Jahre Akten – hundert Jahre Fakten. Das Landgericht Köln ab 1879, in: *ders.* und *Günter Rennen,* Justitia Coloniensis. Landgericht und Amtsgericht Köln erzählen ihre Geschichte(n), Köln 1981, S. 89-193.

Klein, August: Die Kölner Regierungspräsidenten 1816-1966 – ihr Leben und Wirken, in: 150 Jahren Regierungsbezirk Köln, S. 116.

Kleinertz, Everhard: Konrad Adenauer als Beigeordneter der Stadt Köln (1906-1917), in: *Hugo Stehkämper* (Hrsg.), Konrad Adenauer, S. 33-78, 647-663.

Kleinertz, Everhard/Pabst, Klaus: Die Kölner Beigeordneten 1906-1933 (Biographische Daten), in: *Hugo Stehkämper* (Hrsg.), Konrad Adenauer, S. 619-641.

Klose, Hans-Georg: Zeitungswissenschaft in Köln. Ein Beitrag zur Professionalisierung der deutschen Zeitungswissenschaft in der ersten Hälfte des 20. Jahrhunderts, München-New York-London-Paris 1989.

Koch, Peter: Die Erfindungen des Dr. Adenauer, Reinbek 1986.

Köhler, Henning: Adenauer und die rheinische Republik. Der erste Anlauf 1918-1924, Opladen 1986.

Köhler, Henning: Autonomiebewegung oder Separatismus? Die Politik der »Kölnischen Volkszeitung« 1918/19, Berlin 1974.

Kölnischer Kunstverein (Hrsg.): Le musée sentimental de Cologne. Entwurf zu einem Lexikon von Reliquien und Relikten aus zwei Jahrtausenden [Katalog zu einer Ausstellung vom 18.3.-29.4.1979], Köln 1979.

Kopp, Otto: Adenauer. Eine biographische und politische Dokumentation, Stuttgart ^{2}1963.

Küsters, Hanns Jürgen/Mensing, Hans Peter (Hrsg.): Kriegsende und Neuanfang am Rhein. Konrad Adenauer in den Berichten des Schweizer Generalkonsuls Franz-Rudolph von Weiss 1944-1945, München 1986.

Kuhlmann, Alfred: Das Lebenswerk Benedikt Schmittmanns, Münster 1971.

Landkreis Ahrweiler (Hrsg.): Kreis Ahrweiler unter dem Hakenkreuz, Bad Neuenahr-Ahrweiler 1989.

Lehmann, Hans Georg: Adenauer und der rheinische Separatismus 1918/19. Clives Intervention zugunsten Adenauers vom Januar 1935, in: Adenauer-Studien III, S. 213-225.

Leyen, Friedrich von der: Leben und Freiheit der Hochschule. Erinnerungen, Köln 1960.

Lindemann, Helmut: Konrad Adenauer, München 1965.

Longerich, Peter: Die braunen Bataillone. Geschichte der SA, München 1989.

Matthias, Erich/Morsey, Rudolf (Hrsg.): Das Ende der Parteien 1933, Darstellungen und Dokumente, Düsseldorf 1960 (Taschenbuchausgabe 1979).

Matzerath, Horst: Nationalsozialismus und kommunale Selbstverwaltung, Stuttgart 1970.

M.d.R. Die Reichstagsabgeordneten der Weimarer Republik in der Zeit des Nationalsozialismus. Politische Verfolgung, Emigration und Ausbürgerung 1933-1945. Eine biographische Dokumentation, hrsg. und eingeleitet von *Martin Schumacher,* Düsseldorf 1991.

Meilensteine s. Verg.

Mensing, Hans Peter: Frühe Westdiplomatie und landesgeschichtliche Weichenstellung. Neue Quellenfunde zu den Nachkriegsaktivitäten Konrad Adenauers, in: Geschichte im Westen, Jg. 1 (1986), S. 79-92.

Mensing, Hans Peter: »... daß sich die Fama auch meiner mysteriösen Angelegenheit bemächtigt hat.« Neues zur Entlassung Adenauers als Kölner Nachkriegsoberbürgermeister im Herbst 1945, in: Geschichte im Westen, Jg. 3 (1988), S. 84-98.

Mohler, Armin: Die Konservative Revolution in Deutschland 1918-1932. Ein Handbuch, Darmstadt ²1972.

Moltke Almanach I: Die Herkunft des Kreisauer Kreises, hrsg. von *Jürgen Arndt,* Berlin 1984.

Morsey, Rudolf: Adenauer und der Nationalsozialismus, in: *Hugo Stehkämper* (Hrsg.), Konrad Adenauer, S. 447-497, 791-805.

Morsey, Rudolf: Adenauer und Ludwig Kaas (1929-1931), in Adenauer-Studien III, S. 226-242.

Morsey, Rudolf: Christliche Demokraten in Emigration und Widerstand 1933-1945, in: Kirche und Gesellschaft, Nr. 145 (1987), S. 3-16.

Morsey, Rudolf: Das »Ermächtigungsgesetz« vom 24. März 1933, Göttingen 1968.

Morsey, Rudolf: Der Beginn der »Gleichschaltung« in Preußen. Adenauers Haltung in der Sitzung des »Dreimänner-Kollegiums« am 6. Februar 1933, in: VfZ, Jg. 11 (1963), S. 85-97.

Morsey, Rudolf: Der Untergang des politischen Katholizismus. Die Zentrumspartei zwischen christlichem Selbstverständnis und 'Nationaler Erhebung' 1932/33, Stuttgart-Zürich 1977.

Morsey, Rudolf: Die Deutsche Zentrumspartei 1917-1923, Düsseldorf 1966.

Morsey, Rudolf (Bearb.): Die Protokolle der Reichstagsfraktion und des Fraktionsvorstands der Deutschen Zentrumspartei 1926-1933, Mainz 1969.

Morsey, Rudolf: Vom Kommunalpolitiker zum Kanzler, in: Konrad Adenauer – Ziele und Wege. Drei Beispiele, hrsg. von der *Konrad Adenauer-Stiftung für Begabtenförderung,* Mainz 1972, S. 13-81.

Morsey, Rudolf: Zur Geschichte des 'Preußenschlags' am 20.7.1932, in: VfZ, Jg. 9 (1961), S. 430-439.

Nebgen, Elfriede: Jakob Kaiser. Der Widerstandskämpfer, Stuttgart 1967.

Nix, Claire (Hrsg.): Heinrich Brüning. Briefe und Gespräche 1934-1945, Stuttgart 1974.

Peukert, Detlev/Reulecke, Jürgen: Alltag im Nationalsozialismus. Vom Ende der Weimarer Republik bis zum Zweiten Weltkrieg, Wuppertal 1981.

Politik und Wirtschaft in der Krise 1930-1932. Quellen zur Ära Brüning, eingeleitet von *Gerhard Schulz,* bearb. von *Ilse Maurer* und *Udo Wengst,* 2 Bde., Düsseldorf 1980.

Poll, Bernhard (Hrsg.): Geschichte Aachens in Daten, Aachen 1965.

Poppinga,Anneliese: Konrad Adenauer. Geschichtsverständnis, Weltanschauung und politische Praxis, Stuttgart 1975.

Poppinga, Anneliese: Meine Erinnerungen an Konrad Adenauer, Stuttgart 1970.

Prégardier, Elisabeth/Mohr, Anne: Politik als Aufgabe. Engagement christlicher Frauen in der Weimarer Republik, Essen 1990.

Pünder, Hermann: Von Preußen nach Europa. Lebenserinnerungen, Stuttgart 1968.

Recker, Marie-Luise: Adenauer und die englische Besatzungsmacht (1918-1926), in: *Hugo Stehkämper* (Hrsg.), Konrad Adenauer, S. 99-121, 669-682.

150 Jahre Regierungsbezirk Köln, zusammengestellt von der *Bezirksregierung Köln,* Berlin 1966.

Reimer, Klaus: Rheinlandfrage und Rheinlandbewegung (1918-1933). Ein Beitrag zur Geschichte der regionalistischen Bestrebungen in Deutschland, Frankfurt/Main 1979.

Rink, Hans: Ildefons Herwegen, in: Zeitgeschichte in Lebensbildern, Bd. 2, S. 64-74.

Ritter, Gerhard: Carl Goerdeler und die deutsche Widerstandsbewegung, Stuttgart ^{2}1955.

Rohland, Walter: Bewegte Zeiten. Erinnerungen eines Eisenhüttenmannes, Stuttgart 1978.

Romeyk, Horst: Adenauers Beziehungen zum Rheinischen Provinzialverband und zu staatlichen Behörden, in: *Hugo Stehkämper* (Hrsg.), Konrad Adenauer, S. 295-328, 733-743.

Romeyk, Horst: Verwaltungs- und Behördengeschichte der Rheinprovinz 1914-1945, Düsseldorf 1985.

Roon, Ger van: Staatsvorstellungen des Kreisauer Kreises, in: *Jürgen Schmädeke/Peter Steinbach* (Hrsg.), Der Widerstand gegen den Nationalsozialismus. Die deutsche Gesellschaft und der Widerstand gegen Hitler, München 1985.

Roon, Ger van: Neuordnung im Widerstand. Der Kreisauer Kreis innerhalb der deutschen Widerstandsbewegung, München 1967.

Rusinek, Bernd-A.: Gesellschaft in der Katastrophe. Terror, Illegalität, Widerstand – Köln 1944/45, Essen 1989.

Sauer, Paul (Hrsg.): Reinhold Maier – Briefwechsel mit seiner Familie 1930-1946, Stuttgart-Berlin-Köln 1989.

Schellenberger, Barbara: Katholische Jugend und Drittes Reich. Eine Geschichte des Katholischen Jungmännerverbandes 1933-1939 unter besonderer Berücksichtigung der Rheinprovinz, Mainz 1975.

Schümann, Carl-Wolfgang: Adenauers Ansichten zur Architektur im Spiegel der Akten, in: *Hugo Stehkämper* (Hrsg.), Konrad Adenauer, S. 155-166, 695.

Schulthess' Europäischer Geschichtskalender, Bd. 74 (1933), München 1934.

Schulze, Hagen: Otto Braun oder Preußens demokratische Sendung. Eine Biographie, Frankfurt/Main-Berlin-Wien 1977.

Schumacher, Fritz: Stufen des Lebens. Erinnerungen eines Baumeisters, Stuttgart 1935.

Schumacher-Hellmold, Otto: Konrad Adenauer, in: Demokraten. Profile unserer Republik, hrsg. von *Claus Hinrich Casdorff,* Königstein/Taunus 1983, S. 11-25.

Schwarz, Hans-Peter: Adenauer. Der Aufstieg: 1876-1952, Stuttgart 1986.

Schwarz, Hans-Peter (Hrsg.): Adenauers Regierungsstil. Rhöndorfer Gespräche Bd. 11, Bonn 1991.

Schwarz, Hans-Peter: Der unbekannte Adenauer. Einige Aufgaben künftiger Forschung, in: Konrad Adenauer und seine Zeit, Bd. 2, S. 589-609.

Schwarz, Max: MdR. Biographisches Handbuch der Reichstage, Hannover 1965.

Severus, Emmanuel von: Abt Ildefons Herwegen von Maria Laach, in: Heimatjahrbuch für den Kreis Ahrweiler 1975.

Shuster, George N.: The Ground I Walked On. Reflections of a College President, New York 1961.

Shuster, George N.: In Amerika und Deutschland. Erinnerungen eines amerikanischen College-Präsidenten, Frankfurt/Main 1965.

Siemer, Laurentius: Aufzeichnungen und Briefe, Frankfurt/Main ^{2}1958.

Speer, Albert: Spandauer Tagebücher, Frankfurt/Main-Berlin-Wien 1975.

Steffani, Winfried: Die Untersuchungsausschüsse des Preußischen Landtags zur Zeit der Weimarer Republik. Ein Beitrag zur Entwicklung, Funktion und politischen Bedeutung parlamentarischer Untersuchungsausschüsse, Düsseldorf 1960.

Stehkämper, Hugo: (Hrsg.): Konrad Adenauer. Oberbürgermeister von Köln. Festgabe der Stadt Köln zum 100. Geburtstag ihres Ehrenbürgers am 5. Januar 1976, Köln 1976.

Stehkämper, Hugo: Konrad Adenauer als Katholikentagspräsident 1922. Form und Grenze politischer Entscheidungsfreiheit im katholischen Raum, in: Adenauer-Studien IV, passim.

Stehkämper, Hugo: Konrad Adenauer und das Reichskanzleramt während der Weimarer Zeit, in: *ders.:* (Hrsg.), Konrad Adenauer, S. 405-431, 773-785.

Stehkämper, Hugo (Bearb.): Der Nachlaß des Reichskanzlers Wilhelm Marx, Teil II, Köln 1968.

Stehkämper, Hugo (Hrsg.): Schätze aus fünf Jahrhunderten. Dokumente in Nachlässen und Sammlungen des Kölner Stadtarchivs, Köln 1963.

Steimel, Robert: Kölner Köpfe, Köln-Zollstock 1958.

Steimel, Robert: Mit Köln versippt, T. I und II, Köln-Zollstock 1955 und 1956.

Stockhorst, Erich: Fünftausend Köpfe. Wer war was im Dritten Reich, Rheinhausen 1967.

Stürmer, Michael/Teichmann, Gabriele/Treue, Wilhelm: Wägen und Wagen. Sal. Oppenheim jr. & Cie. Geschichte einer Bank und einer Familie, München 1989.

Stump, Wolfgang: Adenauers Beziehungen zur Zentrumspartei, in: *Hugo Stehkämper* (Hrsg.), Konrad Adenauer, S. 433-446, 787-790.

Taylor, Erik: 1000 Bomber auf Köln. Operation Millenium 1942, Düsseldorf 1982.

Taylor, Erik/Niessen, Willy: Frontstadt Köln. Endkampf 1945 an Rhein und Ruhr, Düsseldorf 1980.

Thedieck, Franz: Erinnerungen an Konrad Adenauer, in: Eichholz-Brief 2 (1967), S. 4f.

Thedieck, Franz: Gespräche und Begegnungen mit Konrad Adenauer, in: Konrad Adenauer und seine Zeit, Bd. 1, S. 326-339.

Treue, Wilhelm: Robert Pferdmenges, in: Geschichte im Westen, Jg. 5 (1990), S. 188-210.

Treue, Wilhelm: Das Schicksal des Bankhauses Sal. Oppenheim jr. & Cie. und seiner Inhaber im Dritten Reich, in: Zeitschrift für Unternehmensgeschichte, Beiheft 27 (1983).

Verein »An der Synagoge« (Hrsg.): Bonn und die NS-Zeit. Die NS-Zeit im Spiegel Bonner Nachkriegszeitungen (1946-1949), Bonn 1990.

Verfolgung und Widerstand s. Buchstab.

Verg, Erik: Meilensteine. 125 Jahre Bayer 1863-1988, Leverkusen 1988.

»Völkischer Beobachter«, Jg. 1933/34.

Vogelsang, Thilo: Kurt von Schleicher. Ein General als Politiker, Göttingen-Frankfurt-Zürich 1965.

»Vossische Zeitung«, Jg. 1933.

Walkembach, Jakob: Adenauer und die kleinen Leute, Bad Honnef 1988.

Wegener, Gertrud: Die Wahl Konrad Adenauers zum Oberbürgermeister von Köln im Jahre 1917, in: *Hugo Stehkämper* (Hrsg.), Konrad Adenauer, S. 79-98, 665-668.

Weitz, Reinhold K.: Thomas Eßer – ein Zentrumspolitiker und das Dritte Reich, in: Geschichte im Kreis Euskirchen, Jg. 1 (1987), S. 6-68.

Wer ist's? (Unsere Zeitgenossen), begründet und hrsg. von *Hermann A. L. Degener,* IX. und X. Ausgabe, Berlin 1928 und 1935.

Wer ist wer? Das deutsche Who's who, XII.-XXV. Ausgabe von Degeners Wer ist's?, Berlin-Frankfurt/Main-Lübeck 1951-1986/87.

»Westdeutscher Beobachter«, Jg. 1933/34.

Weymar, Paul: Konrad Adenauer. Die autorisierte Biographie, München 1955.

Who's who 1951-1983, hrsg. von *Adam Black* und *Charles Black,* London 1951-1983.

Who's who in America, 27.-40: Ausgabe, Chicago 1952-1979.

Who's who in World Jewry, hrsg. von *Harry Schmeidermann* und *Itzhan J. Carmin,* New York 1955.

Who's who 1951-1960, 1961-1970, 1971-1980. Vol. V-VII, hrsg. von *Adam Black* und *Charles Black*, London 1961, 1972 und 1981.

Who was who in America, Vol. IV-VII (1961-1981), Chicago 1968-1981.

Widerstand und Verfolgung im CV. Eine Dokumentation, hrsg. von der *Gesellschaft für Studentengeschichte und studentisches Brauchtum e. V.*, München 1983.

Widerstand und Verfolgung in Köln. [Katalog zur] Ausstellung 8. Februar bis 28. April 1974, hrsg. vom *Historischen Archiv der Stadt Köln.*

Wierzbicki, Miroslaw/Zawodny, Miroslaw: Conspiratorial activity of Polish POW'S during WW II in the Rhine area of Germany, in: The Polish American – representing the Views of the Polish American Community, Vol. 6 (1987), S. 18-23.

Wißkirchen, Josef: Das Konzentrationslager Brauweiler 1933/1934, in: Pulheimer Beiträge zur Geschichte und Heimatkunde, Bd. 13 (1989).

Wistrich, Robert: Wer war wer im Dritten Reich. Anhänger, Mitläufer, Gegner aus Politik, Wirtschaft, Militär, Kunst und Wissenschaft, München 1983.

Wuermeling, Henric L.: Die weiße Liste. Umbruch der politischen Kultur in Deutschland 1945, Berlin-Frankfurt/Main-Wien 1981.

Zeitgeschichte in Lebensbildern. Aus dem deutschen Katholizismus des 19. Jahrhunderts, Bd. 1 und 2, hrsg. von *Rudolf Morsey*, Mainz 1973 und 1975; Bd. 3-6, hrsg. von *Jürgen Aretz, Rudolf Morsey* und *Anton Rauscher*, Mainz 1979, 1980, 1982 und 1984.

Ziemke, Earl F.: The U.S. Army in the Occupation of Germany 1944-1946, Washington, D.C., 1975.

Nachweis der Abbildungen

Abbildungen, die im folgenden nicht verzeichnet sind, stammen aus dem Nachlaß Konrad Adenauers.

Neben den Vorlagen, deren Leihgeber mit den entsprechenden Provenienzangaben bereits in den Kopfregesten des Kommentars benannt werden, stellten Bilder und andere Materialien mit freundlicher Genehmigung zur Verfügung:

Dr. Konrad Adenauer (Köln): 324 · AEG, Abteilung Öffentlichkeitsarbeit (Frankfurt/Main): 39, 460, · Bayer-Archiv Leverkusen: 457 · Carl-Georg Busley (Monheim-Baumberg): 455 · Deutsches Caritasinstitut Köln-Hohenlind: 34, 43 · Josef Dichgans (Überlingen): 455 · James H. Heineman (New York, N. Y.): 330, 457 · Frau Hermeling-Franken (Bonn-Bad Godesberg): 457 · Kurhaus St. Elisabeth (Freudenstadt): 38 · Wolfgang Schliebusch (Essen): 416, 458 · Schmittmann-Kolleg (Köln): 459 · Karl-Ernst Schwering (Köln): 459 · Ullstein-Bilderdienst (Berlin): 32f.

Personenregister

Seitenzahlen in Kursivschrift weisen die Verfasser von Schriftstücken und Briefempfänger aus, fettgedruckte Zahlen die biographischen Angaben im Kommentar.
Ursula Pinkus, Ursula Raths, Marion Scheller und Peter Beines waren an der Erstellung des Registers beteiligt.

CIP-Kurztitelaufnahme der Deutschen Bibliothek

Adenauer, Konrad:
Adenauer/Stiftung Bundeskanzler-Adenauer-Haus. Hrsg.
von Rudolf Morsey und Hans-Peter Schwarz. –
Rhöndorfer Ausg. – Berlin: Siedler

NE: Adenauer, Konrad: [Sammlung]; HST

Adenauer im Dritten Reich/bearb. von Hans Peter Mensing. – 1991
ISBN 3-88680-415-1

NE: Mensing, Hans Peter [Bearb.]

Der Siedler Verlag ist ein gemeinsames Unternehmen
der Verlagsgruppe Bertelsmann und von Wolf Jobst Siedler

Schutzumschlag: Jürgen Stockmeier, Berlin
Einband und Typographie: Brigitte und Hans Peter Willberg, Eppstein
Reproduktionen: Rembert Faesser, Berlin
Satz: Bongé + Partner, Berlin
Druck und Buchbinder: Mohndruck, Gütersloh
Printed in Germany 1991
ISBN 3-88680-415-1